D0919469

LE NUMÉRO 1 DEPUIS 51 ANS

LE GUIDE DE L'AUTO.MC

2017

LES ÉDITIONS DE L'HOMME

Une société de Québecor Média

Chef de pupitre
Alain Morin

Conseillers spéciaux
Michel Deslauriers
Denis Duquet
Gabriel Gélinas
Jean Lemieux
Sylvain Raymond

Coordination de production
Marie-France Rock

Journalistes
Peter Bleakney, Frédérick Boucher-Gaulin, Jacques Deshaies,
Michel Deslauriers, Denis Duquet, Marc-André Gauthier, Gabriel Gélinas,
Jean-François Guay, Marc Lachapelle, Daniel Melançon, Alain Morin,
Costa Mouzouris, Sylvain Raymond, Mathieu St-Pierre

Correction
Hélène Paraire, Karina Veilleux

Révision
Daniel Beaulieu, Michel Deslauriers

Traduction
Pierre René de Cotret

Fiches techniques
Jean-Charles Lajeunesse

Liste de prix
Guy Desjardins

Graphistes
Mario Bergeron
Leïla Coiteux-Clermont
Sophie Leclerc
Marie-Odile Thellen

Page Couverture
Photographe: Bill Petro
Graphiste: Marie-Odile Thellen

Photographe matchs comparatifs
Jeremy Alan Glover, Guillaume Fournier

Président
Jean Lemieux

Représentation publicitaire
Simon Fortin

Les marques de commerce *Le Guide de l'auto*,
Le Guide de l'auto Jacques Duval et les marques
associés sont la propriété de

Copyright 2016 Tous droits réservés, LC Média inc.
Site internet: www.guideautoweb.com

SECTION *LA MUSTANG*:

Design graphique
François Daxhelet

Inforgaphie
Chantal Landry

Traitement des images
Mélanie Sabourin

Révision
Joëlle Bouchard

Correction
Brigitte Lépine

DISTRIBUTEUR EXCLUSIF:

Pour le Canada et les États-Unis:
MESSAGERIES ADP*
2315, rue de la Province
Longueuil, Québec J4G 1G4
Téléphone: 450-640-1237
Télécopieur: 450-674-6237
Internet: www.messageries-adp.com
* filiale du Groupe Sogides inc.,
  filiale de Québecor Média inc.

08-16

Imprimé au Canada

Consultez nos sites Internet et inscrivez-vous à l'infolettre pour rester
informé en tout temps de nos publications et de nos concours en ligne.
Et croisez aussi vos auteurs préférés et notre équipe sur nos blogues!

EDITIONS-HOMME.COM
EDITIONS-JOUR.COM
EDITIONS-PETITHOMME.COM
EDITIONS-LAGRIFFE.COM

Dépôt légal: 2016
Bibliothèque et Archives nationales du Québec

ISBN 978-2-7619-4621-6

Gouvernement du Québec –
Programme de crédit d'impôt pour l'édition de livres –
Gestion SODEC – www.sodec.gouv.qc.ca

L'Éditeur bénéficie du soutien de la Société de développement des entreprises
culturelles du Québec pour son programme d'édition.

 Canada Council   Conseil des arts
for the Arts   du Canada

Nous remercions le Conseil des Arts du Canada de l'aide accordée à notre
programme de publication.

Nous reconnaissons l'aide financière du gouvernement du Canada par l'entremise
du Fonds du livre du Canada pour nos activités d'édition.

En janvier 2016, lors du Salon International de l'Auto de Montréal,
LC Média inc. (éditeur du *Guide de l'auto*) a fait tirer une Ford Mustang 1967
qui avait été restaurée par École des métiers de l'équipement motorisé
de Montréal (ÉMÉMM). Les profits (25 500$) recueillis lors de la vente des
billets ont été remis à la fondation de la Corporation des Concessionnaires
Automobiles de Montréal. Ce montant a ensuite été distribué parmi d'autres
fondations ayant pour mission, entre autres, la persévérance scolaire.

LE GUIDE DE L'AUTO 2017

Frédérick Boucher-Gaulin

Ayant rejoint le *Guide de l'auto* pour alimenter la section Actualités du site web, Frédérick signe ses premiers essais en 2014. Mordu d'automobile depuis 25 ans, il vit maintenant de sa plus grande passion.

Jacques Deshaies

Chroniqueur automobile et animateur de plusieurs émissions consacrées à l'automobile, Jacques est co-animateur de l'émission Propulsion à TVA et du *Guide de l'Auto* à TVA Sport.

Michel Deslauriers

Michel a amorcé sa carrière de journaliste en 2004. Il a été rédacteur en chef d'auto123.com, il siège actuellement comme président de l'AJAC et contribue quotidiennement aux publications web du *Guide*.

Denis Duquet

Chroniqueur automobile depuis 1977, il collabore au *Guide de l'auto* depuis l'édition de 1981. Membre du jury du North American Car and Truck of the Year, il est également membre de l'AJAC.

Marc-André Gauthier

Diplômé en administration et journalisme, Marc-André a touché à plusieurs domaines avant de s'arrêter au journalisme automobile. Il aime particulièrement analyser et dégager les tendances de l'industrie.

Gabriel Gélinas

Chroniqueur automobile depuis 1992, Gabriel Gélinas a été instructeur-chef à l'école de pilotage Jim Russell. Il écrit également pour *The National Post* et est chroniqueur à *Salut, Bonjour!* au réseau TVA.

Jean-François Guay

Avocat de formation, Jean-François Guay a démarré sa carrière de chroniqueur automobile en 1983. Reconnu pour sa vaste expertise, il réalise des essais routiers et commente l'actualité dans les médias.

Marc Lachapelle

Après ses débuts au *Guide* en 1982, Marc fut collaborateur ou rédacteur en chef pour divers médias, au Québec et ailleurs. Il a gagné des prix, courses et rallyes et fait encore partie de quatre jurys.

Daniel Melançon

Montréalais d'origine, Daniel anime *Le Guide de l'auto* depuis 8 ans. Tous les matins, on le retrouve à *Salut, Bonjour!* comme chroniqueur aux sports. Parallèlement, il anime Golf Mag sur TVA Sports.

Alain Morin

C'est en 1997 que Alain Morin signe son premier texte portant sur l'automobile. Puis, la vie l'amène à signer la section des voitures d'occasion dans le *Guide de l'auto 2001*. Le reste appartient à l'Histoire...

Sylvain Raymond

Sylvain Raymond a débuté son métier de journaliste automobile il y a plus de 14 ans. Il a été rédacteur en chef d'autonet.ca pendant 5 ans et est maintenant directeur du contenu au *Guide de l'auto*.

Mathieu St-Pierre

Mécanicien automobile de formation, il devient chroniqueur automobile chez Protégez-Vous et l'APA en 1998. Il a collaboré avec CTV et Auto123.com, entres autres. Il est membre de l'AJAC et de l'IMPA

INDEX

FAIT POUR ÉLEVER LES STANDARDS

« Au premier rang des véhicules utilitaires compacts pour la qualité initiale aux É.-U. »

SPORTAGE

La plus récente étude de J.D. Power sur la qualité initiale^{SM} nous confirme que le Kia Sportage 2016 s'est hissé au sommet parmi tous les véhicules utilitaires compacts. Plus que jamais, Kia s'engage à construire des véhicules de qualité supérieure et à maintenir un niveau d'excellence inégalé afin de vous offrir le pouvoir de surprendre. Pour en savoir plus sur notre gamme primée, **visitez kia.ca**.

Le pouvoir de surprendre

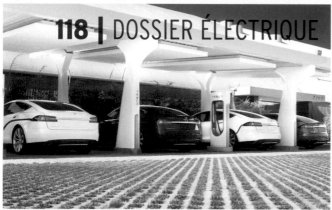

68 | MATCHS COMPARATIFS

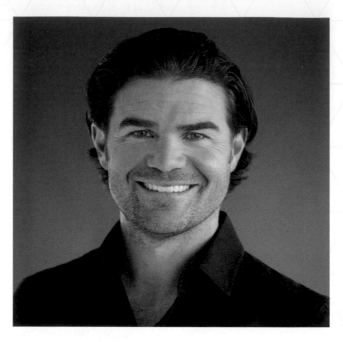

Cette année, *Le Guide de l'auto* est particulièrement heureux d'accueillir Daniel Melançon parmi ses auteurs. Depuis déjà huit ans, Daniel est l'animateur du *Guide de l'auto TV,* ce qui lui a permis de développer un œil critique sur le monde de l'automobile.

LAISSONS-LE NOUS RACONTER...

Sans faire de mauvais jeu de mots, c'est presque par accident que je me suis retrouvé au sein de la grande famille du *Guide de l'auto* en 2009.

Je n'ai pas grandi dans l'univers automobile, mais j'avoue être fasciné par son évolution. Ma première voiture a été une Ford Granada 1982 que mon grand-père Fernand m'avait donnée. Mon premier véhicule neuf, et encore le seul à ce jour, a été une Honda Prélude 1998. Au fil des années, des accrochages, plus ou moins sérieux, et des contraventions, j'en ai eu! Aujourd'hui, l'âge aidant, je me suis calmé!

C'est durant ces années de folie que j'ai complété mon cours en communication radio, à Jonquière. J'ai fait mon stage à RDS... et j'y suis resté 17 ans! D'assistant producteur à animateur, en passant par lecteur de nouvelles, j'ai à peu près tout fait à RDS. Puis, j'ai commencé à Salut, Bonjour!, en tant que remplaçant. Pratiquement au même moment, les dirigeants de MAtv, l'ancien diffuseur du *Guide de l'auto*, m'ont approché pour animer cette émission établie et très spécialisée. J'avoue m'être demandé s'il n'y avait pas erreur sur la personne!

Mais MAtv cherchait davantage un animateur qu'un fin connaisseur de l'automobile, quelqu'un qui pouvait relancer une conversation qui commençait à s'enliser, qui pouvait compenser quand un invité s'empêtrait... Bref, un communicateur, un rassembleur, une personne qui allait diriger la circulation autour d'une table où prenaient place une joyeuse bande de chroniqueurs chevronnés! À ce moment, j'avais peine à croire que j'étais sur le point de me retrouver à la barre d'une émission sur l'automobile... Plus jeune, si l'on m'avait dit que j'allais, un jour, écrire des essais sur les voitures, dans *Le Guide de l'auto*, je serais parti à rire!

Toutes ces années à côtoyer les Denis Duquet, Marc Lachapelle, Gabriel Gélinas ou Jacques Deshaies, de grands noms dans le milieu du journalisme automobile, m'ont amené à porter un regard différent sur l'automobile. Pour moi, et pour une foule de raisons, elle davantage un moyen de transport qu'un objet de plaisir. Pourtant, j'adore conduire et j'apprécie quand une voiture me procure de belles sensations de conduite. De plus en plus, le marché se tourne vers les VUS et cette tendance est compréhensible. Ils sont confortables, logeables et aussi agréables à conduire que bien des berlines.

Mais peu importe ce que l'on conduit, l'automobile vit une période de profonds changements. Sa conduite devient de plus en plus autonome et nombre d'accessoires ou d'options permettant cette autonomie trouvent leur chemin jusque dans les véhicules les moins dispendieux. À tel point que nous n'utilisons souvent pas plus de la moitié de leurs capacités! Parallèlement, l'automobile s'électrifie de plus en plus. Et je souhaite que ce marché prenne de l'expansion. Il me semble évident que l'électrification gagnera en popularité au fur et à mesure que les batteries pourront être rechargées plus rapidement.

L'avenir de l'automobile s'annonce rempli de défis et je suis très heureux que *Le Guide de l'auto* me donne le privilège de le commenter.

Daniel Melançon

NISSAN

Innover
pour exalter

LA NISSAN SENTRA

Alliant un niveau de sécurité sans précédent et une allure sportive, la Sentra redessinée et encore plus aérodynamique est tout simplement spectaculaire. Vous ne passerez pas inaperçu, notamment grâce à ses phares à DEL. Ajoutez à cela les technologies de son bouclier de sécurité intelligent, dont le système de freinage d'urgence*, et vous voilà prêt à prendre la route avec élégance et confiance.

2016 IIHS **TOP SAFETY PICK+**
MEILLEUR CHOIX
SÉCURITAIRE PLUS.

Lorsqu'elle est équipée du système de freinage d'urgence.
Pour plus de détails, consultez le site www.iihs.org.

nissan.ca/sentra2016

REMERCIEMENTS

John Adzija (Kia Canada) - Tina Allison (Royal Automotive Agency) - John Arnone (Mitsubishi du Canada) - Elie Arsenault (Circuit ICAR) - Marc Arsenault (Circuit ICAR) - Amyot Bachand (Subaru Canada) - Guy Barbeau (Mazda Canada) - Barbara Barrett (Jaguar Land Rover Canada) - Marc Belcourt (BMW Group Canada) Vincent Boillot (GM Canada) - Philippe-André Bisson (GM Canada) - Cheryl Blas (Décarie Motors) - Joanne Bon (BMW Group Canada) - Umberto Bonfa (Ferrari Québec) - JoAnne Caza (Mercedes-Benz Canada) - Valérie Charron (Cadillac Chevrolet Buick GMC du West Island) - Germain Cornet (Alfa Romeo) - Gérald Côté (Kia Canada) - Kyle Denton (Volvo Cars of Canada) - Sophie Des Marais (Mitsubishi du Canada) - Denis Dessureault (CCAM) - Rob Dexter (BMW Group Canada) - Lucas Dias (BMW Group Canada) - Matt Drennan Scace (Ford du Canada) - Sophie Dufour (Mitsubishi Brossard) - Bernard Durand (John Scotti Auto Lotus / Lamborghini) - Stephen M. Dutile (Services Spenco) - Joe Felstein (Subaru Canada) - Christophe Georges (Bentley Motors Inc) - Gemi Giaccari (BMW Laval) - Claudianne Godin (Nissan Canada) - LouAnn Gosselin (FCA Canada) - Terry Grant (BMW Laval) - Nathalie Gravel (Mercedes-Benz Canada) - Carole Guindon (Mazda Canada) - Rania Guirguis (Mazda Canada) - Rose Hasham (Toyota Canada) - Chad Heard (Hyundai Canada) - Laura Heasman (Honda Canada) - Norman jr Hébert (Groupe Park Avenue) - Shanna Hendricks (Tesla Motors) - John Hill (Bugatti) - Christine Hollander (Ford du Canada) - Bradley Horn (FCA Canada) - Maki Inoue (Honda Canada) - Megan Joakim (Ford du Canada) - Tamar Kantarjian (CCAM) - Mark Khoury (GM Canada) - Franck Kirchoff (Circuit Mécaglisse) - Naomi Kislanski (Subaru Canada) - Daniel Labre (FCA Canada) - Alain Laforêt (BMW Group) - Sébastien Lajoie (Subaru Canada) - Cathy Laroche (Groupe Albi) - Romaric Lartilleux (Toyota Canada) - Denis Leclerc (Groupe Albi) - Sandra Lemaitre (Mazda Canada) - Bruce Logan (GM Canada) - Julie Lychak (Subaru Canada) - Yves Madore (Ressources naturelles Canada) - Masha Marinkovic (GM Canada) - Richard Marsan (Subaru Canada) - Didier Marsaud (Nissan Canada) - Allie Marsh (AJAC) - Orazio Mastracchio (Pirelli) - Heather May (GM Canada) - Jennifer McCarthy (Nissan Canada) - Tony McCloud (Ford du Canada) - Karine McGown (Mercedes-Benz Canada) - Heather Meehan (Nissan Canada) - Maria Morgado (Maserati North America) - Christian Meunier (Nissan Canada) - Lauren More (Ford du Canada) - Leeja Murphy (Agence Pink) - Laurence Myre Leroux (Hyundai Canada) - Natalie Nankil (GM Canada) - Arden Nerling (Mercedes-Benz Canada) - Cort Nielsen (Audi Canada) - Robert Pagé (GM Canada) - Rosemarie Pao (Ford du Canada) - Martin Paquet (Tesla Motors) - Jacques Parent (Mazda Canada) - Luis Pereira (CCAM) - Barbara Pitblado (BMW Group Canada) - Justine Plourde (Zone Franche) - Daniel Ponzini (Porsche Cars Canada) - Chuck Reimer (Mazda Canada) - Don Romano (Hyundai Canada) - Corey Royal (Royal Automotive Agency) - Alen Sadeh (Honda Canada) - George Saratlic (GM Canada) - Alex Schteinberg (Saint-Laurent Hyundai) - Pasquale Scotti (John Scotti Auto) - Frédéric Senay (Circuit ICAR) - Joel Segal (Décarie Motors) - Kathleen Smith (Mazda Canada) - Steve Spence (Services Spenco) - Patrick St-Pierre (Porsche Cars Canada) - Maxime Surette (Kia Canada) - Carol Susko (Honda Canada) - Rob Takacs (Mercedes-Benz Canada) - Mélanie Testani (Toyota Canada) - Thomas Tetzlaff (Volkswagen Canada) - Morgan Theys (Ferrari USA) - Éric Tremblay (Audi Park Avenue) - Catherine Vachon (CCAM) - Ashley Vaness (Tesla) - Jordan Wasylyk (FCA Canada) - Laurance Yap (Pfaff Automotive)

L'an dernier, le *Guide de l'auto* fêtait sa cinquantième parution. Et on l'a fêtée de belle façon ! Tout d'abord en lui rendant hommage dans un livre-souvenir livré dans un superbe coffret avec le *Guide de l'auto 2016*. Puis, en organisant le premier Super Auto Show, tenu le 12 septembre 2015 au complexe motorisé ICAR. Et, pour couronner l'année, *Le Guide de l'auto 2016* a connu un immense succès ! Tout cela n'a été possible que grâce à nos fidèles lecteurs. Du fond du cœur, merci.

Les festivités terminées, nous nous sommes concentrés sur le 51e *Guide de l'auto*, celui que vous tenez entre vos mains. Avant même de l'ouvrir, deux choses frappent l'œil. Premièrement, la magnifique voiture qui orne son couvert. Il s'agit de la BMW VISION NEXT 100, une voiture-concept que notre nouveau collègue, mais loin d'être nouveau dans le milieu du journalisme automobile, Jacques Deshaies, a eu la chance de voir « en personne », une exclusivité canadienne. Avec sa verve habituelle, le Trifluvien nous raconte sa séance de photos avec cette voiture unique. Rendez-vous à la page 58 ! L'autre élément qui retient l'attention dès le premier coup d'œil est l'épaisseur du *Guide*. Puisque le livre-souvenir sur les 50 ans du *Guide de l'auto* a été un véritable succès, nous avons décidé de récidiver en racontant l'histoire d'une voiture aussi populaire que *le Guide*, la Mustang. *Le Guide* passe ainsi de 672 à 768 pages !

Si *Le Guide de l'auto* compte tant de pages, c'est également parce qu'il recense toutes les voitures vendues au Canada, qu'elles soient à essence, hybrides, hybrides rechargeables, diesel et même à l'hydrogène. *Le Guide de l'auto*, c'est un regard objectif sur l'ensemble de notre marché.

Ce regard objectif, c'est celui des journalistes qui ont fait du *Guide* ce qu'il est aujourd'hui. Denis Duquet, Marc Lachapelle, Gabriel Gélinas, Sylvain Raymond, Alain Morin, Jean-François Guay, Frédérick Boucher-Gaulin, Marc-André Gauthier et Costa Mouzouris ont encore une fois beaucoup voyagé, conduit et rédigé pour vous offrir les nouveautés du monde de l'automobile.

Outre Jacques Deshaies, *Le Guide de l'auto 2017* accueille d'autres « nouveaux », dont Mathieu St-Pierre pour qui la passion de l'automobile n'a d'égale que ses connaissances en la matière. Michel Deslauriers, pour sa part, manie aussi bien le clavier que l'automobile et son analyse du marché saura vous éclairer. De son côté, Daniel Melançon n'est pas journaliste automobile à plein temps mais derrière l'animateur de *Salut, Bonjour !* et, surtout, du *Guide de l'auto TV*, se cache un amateur invétéré d'automobiles. En plus de nous entretenir sur quelques-unes des voitures qu'il a essayées durant l'année, Daniel fera rayonner *le Guide* d'un bout à l'autre du Québec.

Alors que le marché des publications imprimées est en pleine mutation, le Guide de l'auto continue sa progression. Mais cela ne se fait pas sans effort. Les journalistes mettent les bouchées doubles, quand elles ne sont pas triples, pour respecter les dates de tombée, les Infographistes marient la créativité aux contraintes de temps pendant que la coordinatrice de production gère tout ce beau monde, avec le plus beau des sourires... crispé à l'occasion. Pendant ce temps, une autre équipe prépare le prochain Super Auto Show qui aura lieu les 10 et 11 septembre 2016 à ICAR.

Nous n'avons jamais calculé le nombre d'heures requis pour créer un *Guide de l'auto*... et c'est sans doute mieux ainsi ! L'important, c'est que vous ayez autant de plaisir à le lire que nous en avons à l'écrire.

Merci et à l'an prochain !

Jean Lemieux
Président du *Guide de l'auto*

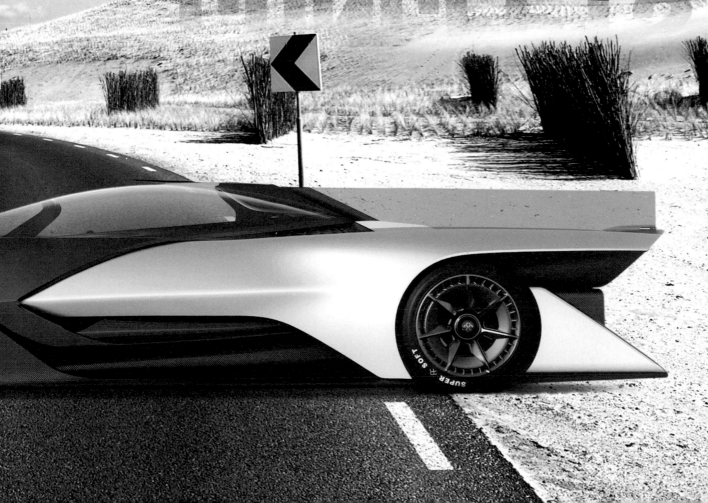

CONCEPTS

ACURA **PRECISION CONCEPT**

L'Acura Precision Concept a deux rôles: premièrement, elle souligne le 30e anniversaire de la marque, lancée en 1986. Deuxièmement, elle annonce la direction stylistique que prendra Acura au cours des prochaines années. La Precision Concept est un imposant coupé à quatre portes avec une carrosserie frappante, dotée de lignes angulaires et de proportions dynamiques. Elle a droit aux phares Jewel Eye typiques de la marque, mais a troqué la grille en forme de bec d'oiseau contre une calandre allongée plus esthétique... c'est du moins notre opinion. Il n'y a pour l'instant pas de plans pour commercialiser l'Acura Precision Concept; cependant, si elle était adaptée en véhicule de production un jour, elle se classerait quelque part entre la berline RLX et la supervoiture NSX.

ALPINE **VISION CONCEPT**

Le nom n'est plus aussi reconnu aujourd'hui, mais Alpine était autrefois un constructeur français de voitures de course utilisant des motorisations Renault. En 1973, ce manufacturier a d'ailleurs racheté la marque, utilisant son savoir-faire pour produire des voitures sport. Récemment, Renault a décidé de faire revivre Alpine: le premier modèle à porter ce nom sera la Vision Concept, qu'on admire ici. L'Alpine Vision Concept a un moteur en position centrale, un poids d'environ 1100 kilos ainsi qu'un quatre cylindres faisant cavaler autour de 300 chevaux. Renault annonce qu'elle pourrait atteindre 100 km/h à partir d'un arrêt complet en 4,5 secondes. Si les plans de Renault fonctionnent, il y a fort à parier que la version de production ressemblera beaucoup à ce concept.

ASTON MARTIN **VANQUISH ZAGATO**

Durant les premières années de l'automobile, l'industrie des carrossiers était lucrative: les manufacturiers automobiles fabriquaient un châssis et un moteur, mais c'était au client de faire affaire avec un carrossier pour poser de la tôle sur son véhicule. L'un d'eux, Zagato, est encore dans les affaires aujourd'hui: sa plus récente création, la Vanquish Zagato Concept, a été présentée au Concorso d'Eleganza Villa d'Este. Cette splendide voiture reprend des éléments propres aux autres légendaires créations de Zagato, comme, entre autres, le toit fuyant en forme de double bulles et les ouvertures dans les ailes avant. Basée sur une Aston Martin Vanquish, cette voiture pourrait même être vôtre: si vous apportez un chèque en blanc à Zagato, il se fera probablement un plaisir de reproduire son œuvre pour vous...

BMW **2002** HOMMAGE CONCEPT

Pour commémorer la mise en production en 1966 de la 2002, un joli coupé propulsé par son premier moteur turbocompressé, BMW a dévoilé un splendide concept au Concorso d'Eleganza Villa d'Este: il s'agit de la 2002 Hommage. Si ce concept est basé sur la M2 − signifiant qu'il a droit à un six cylindres en ligne turbocompressé développant 365 chevaux et un couple pouvant monter jusqu'à 369 livres-pied grâce à la fonction Overboost −, il est visuellement très différent de l'original. Chaque panneau est dessiné pour rappeler le coupé des années 70. Par exemple, les larges ailes sont un clin d'œil à la 2002 Turbo, tout comme les petits phares arrondis et l'écusson dans la grille avant. D'autres éléments, comme les feux à DEL et les grosses roues équipées de pneus à profil bas, sont décidément plus modernes.

LA MÉLODIE DU MOTEUR.

Le plus beau son que vous entendrez dans une WRX STI ne vient pas du poste de radio. Il vient de son moteur BOXER® SUBARU turbocompressé à double entrée de 2.5L, 4 cylindres et injection directe. Il vient de la réponse à l'accélération, des échappements à 4 embouts. Et il se pourrait bien que ce son devienne votre mélodie préférée. Rendez-vous sur subaru.ca/WRX pour en savoir plus.

BUICK **AVISTA CONCEPT**

Qu'obtient-on si l'on croise une voiture sport comme la Chevrolet Camaro avec le style fluide des Buick d'aujourd'hui ? Probablement quelque chose comme le concept Avista, qui a été présenté au Salon de l'auto de Detroit. Ce joli coupé a le même empattement que le muscle car de Chevrolet, de belles roues de 20 pouces ainsi qu'un V6 biturbo d'une cylindrée de 3,0 litres développant 400 chevaux. Pour relier les roues à la carrosserie, Buick fait confiance aux suspensions magnétiques Magnetic Ride Control que General Motors utilise depuis déjà quelques années. Tout comme dans le cas du concept Avenir, nous ne retiendrons pas notre souffle en attendant que l'Avista se pointe en concession; elle n'a vraisemblablement pas été conçue pour une production en série.

BUICK **AVENIR CONCEPT**

Qui aurait cru que la marque Buick, longtemps laissée à l'abandon au sein de l'empire GM, allait un jour recommencer à dessiner des véhicules aussi séduisants que le concept Avenir ici présent ? Pour nous prouver que Buick est promise à un brillant avenir (!), les stylistes se sont amusés à concevoir un véhicule nous donnant un avant-goût de ce que le futur nous réserve. Baptisé Avenir, ce concept prend la forme d'une longue berline. Ses lignes sont inspirées notamment de la Y-Job de 1938, mais aussi des Riviera des années 60. Pour déplacer son Avenir, GM fait confiance à un V6. Malheureusement, Buick ne donnera pas suite à ce projet, car une berline de la taille de l'Avenir viendrait concurrencer directement la Cadillac CT6. L'Avenir n'a donc pas de futur...

CHANGEZ DE DIRECTION SANS TOURNER LE VOLANT.

Avec plus de 120 stations de contenu soigneusement sélectionné, il est facile de trouver ce que vous avez envie d'écouter. Que ce soit sur la route des vacances ou pendant le trajet quotidien, des succès pop au country, vous pouvez changer d'idée quand vous voulez, sans même activer le clignotant.

BLAKE SHELTON
KATY PERRY
JENNY MCCARTHY

FARADAY FUTURE **FFZERO1 CONCEPT**

Faraday Future ne peut pas être accusée de manquer d'ambition : la jeune marque – qui n'a pour l'instant encore rien construit – a l'intention de concurrencer Tesla en fabriquant des voitures électriques dès cette année. Son premier concept, la FFZERO1, est entièrement électrique, possède quatre moteurs (un pour chaque roue), atteint plus de 320 km/h et passe de 0 à 100 km/h en moins de trois secondes. Rien que ça ! L'habitacle ressemble à ce que l'on pourrait trouver dans une voiture de course : il n'y a qu'une seule place, le volant est conçu pour qu'on y intègre son iPhone – lequel servira alors à informer le pilote sur tous les paramètres imaginables de la voiture – et le toit du cockpit s'abaisse pour le protéger ; celui-ci doit porter un casque. Faraday Future a l'intention de construire une usine de 4 millions de pieds carrés et d'y employer 4 500 personnes.

HYUNDAI **RM16 N**

Hyundai en est actuellement à son troisième prototype de la série RM. Ces véhicules sont basés sur la Veloster, une compacte à traction. Les ingénieurs se débarrassent cependant du moteur situé à l'avant et l'installent au milieu du châssis. Dans le cas de la RM16 N, il s'agit d'un quatre cylindres de 2,0 litres turbocompressé développant pas moins de 295 chevaux. Ce moteur est accouplé à une boîte manuelle à six rapports, et la puissance est envoyée aux roues arrière. Par rapport à une Veloster ordinaire, la RM16 N a droit à un turbocompresseur électrique pour l'aider à générer le couple à bas régime, des panneaux de carrosserie en fibre de carbone ainsi qu'un aileron arrière ajustable. Visuellement, elle a également un nez unique, qui pourrait éventuellement se retrouver sur la Veloster de production.

ÉCONOMISEZ SUR VOS ASSURANCES

JUSQU'À

240 $
en regroupant
vos assurances auto et habitation[1]

OU

JUSQU'À

100 $
sur une nouvelle
assurance auto[1]

L'ASSURANCE QUI NE VOUS LAISSE JAMAIS SEUL

Optez pour la meilleure protection Réclamations auto pardonnées
et évitez les hausses causées par 1 ou même 2 réclamations!

Payez 0 $ d'augmentation
pendant 24 mois grâce à nos polices 2 ans

Obtenez une assistance routière gratuite
en combinant vos assurances auto, habitation et
protection juridique chez nous

Demandez une soumission!

1 855 747-7805
lacapitale.com

La Capitale
Assurances générales

HYUNDAI **SANTA CRUZ**

Le concept Hyundai Santa Cruz a été lancé au Salon de Detroit et a reçu un accueil surprenant : en effet, plus d'un visiteur du salon a apprécié l'apparence de ce VUS troquant la partie arrière pour une caisse, comme sur une camionnette. Le Santa Cruz a l'air étonnamment pratique : même s'il semble de n'avoir que deux portières, le concept cache deux autres portes de type suicide à l'arrière, de même qu'une banquette. La boîte peut être allongée pour transporter des objets plus longs : selon Hyundai, elle est aussi spacieuse que celle d'un camion intermédiaire. Sous le capot, on retrouve un moteur diesel qui offre un couple de 300 livres-pied expédiés à un rouage intégral. Bonne nouvelle : le Hyundai Santa Cruz a été approuvé pour une production en série !

HYUNDAI **VISION G**

Durant le Concours d'Élégance de Pebble Beach, Hyundai a impressionné la galerie avec son concept Vision G. Ce joli coupé a pour mandat de présenter au monde entier l'orientation philosophique et esthétique que Hyundai veut donner à sa nouvelle marque de luxe, Genesis. La Vision G a été dessinée conjointement par tous les studios de design Hyundai à travers le globe, mais c'est une équipe californienne qui a mené le projet. On reconnaîtra la Vision G à sa large grille hexagonale, son toit fuyant et à l'absence de piliers B. L'habitacle respire la qualité, et il semble très près de ce que l'on retrouverait dans un modèle de production. C'est le V8 de 5,0 litres de Hyundai qui motorise la Vision G; ses 420 chevaux et 383 livres-pied de couple sont suffisants pour déplacer la voiture avec célérité.

JANNARELLY **DESIGN-1**

Voici l'œuvre d'un nouveau joueur : baptisé Jannarelly Design-1, le roadster que vous pouvez admirer ici est une création d'un jeune styliste nommé Anthony Jannarelly, qui a auparavant dessiné la W Motors Lykan Hypersport. Le Design-1 s'inspire des voitures de course des années 50 et 60, notamment celles qui ont couru aux 24 Heures du Mans comme la Ferrari 250 Testa Rossa et la Jaguar D-Type. Sous son style classique, cette voiture de course est moderne à souhait : son châssis est en aluminium, sa carrosserie en fibre de carbone et elle est propulsée par un V6 à double arbres à cames en tête qui sera monté en position centrale. Le Design-1 a été présenté pour la première fois au Salon de l'auto de Dubaï, là où il y a beaucoup d'acheteurs potentiels pour un véhicule de ce type... et de ce prix.

SUPERSTRUCTURE^{MC}.
SUPER SOLIDITÉ.

VOICI LA TOUTE NOUVELLE *ELANTRA* 2017

La toute nouvelle Elantra 2017 est décidément digne d'une classe supérieure à sa catégorie. D'une conception entièrement nouvelle, elle est dotée d'un châssis à la fine pointe de la technologie – ce que nous appelons sa SUPERSTRUCTURE^{MC}. Composé en grande partie de notre acier avancé à haute résistance, ce châssis ultra rigide établit une nouvelle norme pour la précision de la maniabilité, l'insonorisation de l'habitacle et l'amélioration de la sécurité.

Pour en savoir plus, visitez Hyundaicanada.com/Elantra-2017/fr

Facteur H

KIA **TELLURIDE CONCEPT**

Kia a eu une courte expérience dans le segment des grands VUS : on se souvient du Borrego qui, s'il n'était pas dénué d'intérêt, n'a pas réussi à convaincre les acheteurs. Le constructeur coréen semble cependant vouloir faire un retour dans cette catégorie, puisqu'il a dévoilé le concept Telluride au Salon de l'auto de Detroit. Ce concept est basé sur la plateforme du Sorento, mais a droit à un style bien à lui et à plus d'espace intérieur pour les passagers de troisième rangée. Petite gâterie, une plaque sous chaque siège surveille l'état de santé des passagers. Si l'ordinateur juge qu'un d'eux a besoin d'un peu de luminothérapie, il peut modifier l'éclairage de l'habitacle. Le Telluride est également hybride et rechargeable : son moteur à essence développe 270 chevaux, et un moteur électrique en ajoute 130 pour un total de 400. Ce véhicule ne serait toutefois pas mis en production.

LINCOLN **NAVIGATOR CONCEPT**

A près avoir annoncé la création de la Continental, une berline ultra luxueuse, Lincoln poursuit avec une modernisation de son VUS pleine grandeur, le Navigator. On a pu apercevoir ce concept pour la première fois au dernier Salon de l'auto de New York. Cet immense VUS est basé sur la même plateforme que la Continental; il a droit à un V6 EcoBoost de 3,5 litres développant 400 chevaux, ce qui sera suffisant pour assurer de bonnes accélérations et remorquer une lourde charge. La cabine du Navigator Concept est luxueuse au possible, comprenant notamment des sièges réglables en 30 positions! Le concept est aussi équipé d'énormes portes en ailes de mouette; celles-ci aideront à prendre place dans le véhicule, mais elles font en sorte qu'on devra se stationner à trois mètres de tout obstacle, puisque ces portes n'ont pas de doubles pentures comme celles de la Tesla Model X...

MINI **CLUBMAN ALL4 SCRAMBLER CONCEPT**

L'idée derrière ce concept MINI est simple : puisque la firme anglaise appartient à BMW, pourquoi ne pas s'inspirer de l'un de ses véhicules ? C'est ainsi que la MINI Clubman ALL4 Scrambler Concept a vu le jour. Basée sur la moto BMW R nineT Scrambler, cette familiale a droit à une garde au sol relevée de quelques centimètres, des roues uniques à cinq branches, de gros pneus hors route ainsi qu'à des phares antibrouillards ronds rappelant la petite moto. De même, la peinture métallisée gris foncé ainsi que les sièges en cuir brun rappellent aussi la R nineT Scrambler. Mécaniquement, le concept ne diffère pas d'une Clubman ALL4 ordinaire. Donc, les capacités hors route sont assurées par le rouage intégral ALL4.

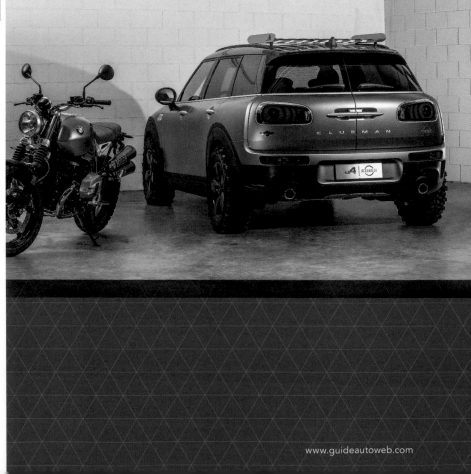

MORGAN **EV3**

Morgan est un petit constructeur plutôt conservateur: ses voitures sont encore construites sur un châssis en bois, tandis que son 3 Wheeler utilise une architecture mise au point il y a plus d'un siècle. Voilà pourquoi le concept EV3 a surpris les visiteurs du Salon de l'auto de Genève: son bicylindre en V habituel était absent, remplacé par un moteur électrique et une batterie. Propulsé par un moteur de 64 chevaux et affichant un poids de 500 kilos, l'EV3 devrait être agile. De plus, il pourra parcourir jusqu'à 224 kilomètres si on est tendre avec l'accélérateur... en mode Sport cependant, l'autonomie descend à 80 km. Le plus intéressant, c'est que Morgan veut que son EV3 soit plus qu'un concept: si tout va bien, le constructeur anglais démarrera la production de ce modèle dès cette année.

NISSAN **TITAN WARRIOR CONCEPT**

Avec le Titan XD, Nissan a frappé un grand coup dans le segment des grandes camionnettes. Le Titan Warrior Concept est une réponse à une question que peu de gens ont posée : que se passerait-il si le constructeur nippon essayait de glaner des ventes au Ford Raptor ? Basé sur le châssis du Titan XD, le Titan Warrior a droit à de nouvelle barres antiroulis, des bras de suspension et des réservoirs d'huile séparés pour les amortisseurs. Le camion est aussi plus large de huit centimètres, plus haut de sept centimètres et repose sur des pneus de 37 pouces. Il a aussi droit à des ailes élargies, une nouvelle partie avant et des feux arrière repensés. Côté mécanique, ce Titan XD très particulier propose un V8 diesel de 5,0 litres et une boîte automatique à six rapports.

NISSAN **ROGUE WARRIOR CONCEPT**

Voici le Nissan Rogue Warrior, une création canadienne présentée au dernier salon de Montréal. Capable d'affronter nos rudes hivers, ce petit multisegment troque ses roues pour un ensemble de chenilles, un peu comme un char d'assaut. Le véhicule a été préparé par MIA Motorsport, une entreprise de Saint-Eustache, qui assemble notamment les voitures de la coupe Nissan Micra. Cette firme a remplacé les pneus par des chenilles d'American Track Truck valant à peu près 15 000 $. La suspension est relevée d'environ 2 pouces (50 mm) et plusieurs éléments de la carrosserie ont été modifiés pour améliorer le dégagement au sol. Nissan ne produira évidemment jamais un tel véhicule en série, mais comme coup de marketing, c'est une réussite : cette création canadienne a fait le tour du monde lors de sa présentation !

OPEL **GT CONCEPT**

P résenté comme un aperçu de ce à quoi les voitures sport ressembleront dans le futur, le concept Opel GT nous parvient du Salon de l'auto de Genève. Cette petite bagnole sport est issue d'une recette bien connue: dimensions modestes, moteur en position centrale-avant, architecture à propulsion... L'Opel GT Concept dispose d'une carrosserie deux tons, argenté et noir, séparés par une bande rouge se baladant de l'aile avant jusqu'à la base de la lunette arrière. Son style nous montre qu'il s'agit de toute évidence d'un concept. Les pneus avant sont rouges, tandis que les fenêtres latérales sont opaques! Selon Opel, ce concept pesant moins de 1 000 kilos est doté d'un léger moteur 1,0 litre développant 145 chevaux. C'est suffisant pour effectuer le 0-100 km/h en moins de huit secondes.

RENAULT **LE CORBUSIER COUPE CONCEPT**

Charles-Édouard Jeanneret-Gris, que l'on connaît mieux sous le nom de Le Corbusier, était un architecte français reconnu comme étant l'un des pionniers de l'architecture moderne. Parmi ses nombreux accomplissements, il a été l'un des inventeurs de la planification urbaine et a fondé les Congrès internationaux d'architecture moderne. Pour rendre hommage à cet homme mort il y a 50 ans cette année, Renault a laissé ses stylistes concevoir un concept basé sur son style particulier. Voici donc la Renault Le Corbusier Concept. Sa ligne générale – long capot, toit bas et effilé, large grille – rappelle les voitures des années 30 et 40, tandis que les portières s'ouvrent vers le haut... alors que les penlures sont situées vers l'arrière, ce qui est inusité. Puisque ce concept a été créé seulement pour une exposition, il n'y a probablement pas d'éléments mécaniques sous celle splendide carrosserie.

RINSPEED **ETOS**

Si la forme générale de la Rinspeed Etos vous dit quelque chose, c'est normal, puisque ce concept, qui a été révélé durant le dernier Consumer Electronics Show (CES) est basé sur la BMW i8. Rinspeed l'a cependant lourdement modifié: l'Etos a des panneaux de carrosserie de forme unique ainsi qu'un toit vitré garni de DEL. Pourquoi? Parce que cette voiture héberge aussi un drone, et que ce dernier doit pouvoir atterrir quelque part... Le toit peut donc s'illuminer pour devenir une piste d'atterrissage ou encore afficher des informations utiles, comme une carte ou l'état du véhicule. La Rinspeed Etos est également entièrement autonome; de cette façon, elle peut se conduire d'elle-même pendant que vous êtes occupé à piloter le drone en question.

TOYOTA **86 SHOOTING BRAKE CONCEPT**

I l y a à peine quelques mois, Toyota mettait fin à l'aventure Scion. Le coupé FR-S (le cousin très germain de la Subaru BRZ) s'est donc retrouvé dans la gamme Toyota et a été baptisé 86. On espérait voir de nouvelles variantes, comme une version turbocompressée ou une décapotable... Toyota Australie a pris les choses en main, et a concocté une 86 bien spéciale : au lieu d'un petit coffre arrière, la 86 Shooting Brake a un hayon et beaucoup d'espace de chargement ! Comme son nom l'indique, ce concept est un shooting brake : il s'agit essentiellement d'une familiale, mais avec deux portes latérales au lieu de quatre. À l'avant, pas de changements : la mécanique est la même que dans la 86 ordinaire. Malheureusement, il y a peu de chances pour que Toyota conçoive une version de production de ce concept, néanmoins, sa création témoigne du fait que la passion de l'automobile est toujours là chez Toyota !

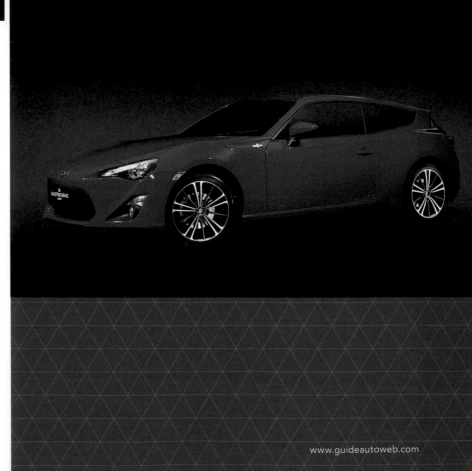

Au Salon de l'auto de Toronto, Toyota a présenté un singulier petit concept. De forme cubique, le U² – rien à voir avec le populaire groupe rock – a été dévoilé dans la Ville Reine en primeur mondiale. Évidemment destiné aux entrepreneurs et aux compagnies de livraison, le U² est paré de pare-chocs en plastique, dispose d'un espace de chargement cubique à l'arrière et ressemble beaucoup plus à un véhicule de production qu'à un concept sans avenir. On ne sait pas exactement quelle mécanique se retrouve sous le capot, mais Toyota a un large éventail de moteurs fiables et frugaux qu'elle pourrait utiliser. La marque japonaise n'a pour l'instant pas annoncé de plan quant à ses intentions concernant le segment des petits véhicules commerciaux, mais le U² pourrait bien devenir populaire auprès des compagnies...

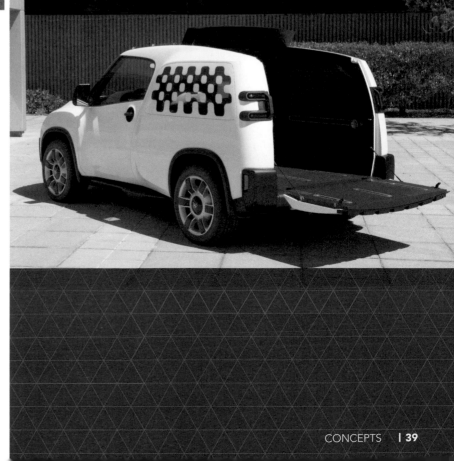

VOLKSWAGEN **TIGUAN GTE ACTIVE CONCEPT**

Volkswagen a longtemps été reconnue pour construire des véhicules frugaux et capables de parcourir de longues distances. Avec les déboires de la marque concernant les moteurs diesel, il lui faut se tourner vers de nouvelles sources d'énergie. C'est ce que tente de démontrer le Tiguan GTE Active Concept. Pour ce faire, le concept, présenté à Detroit, combine un moteur à essence de 2,0 litres produisant 150 chevaux et un duo de moteurs électriques – générant respectivement 40 et 85 kW. L'autonomie totale annoncée est de 930 km, tandis que le Tiguan GTE Active Concept peut rouler 32 km en mode tout électrique. Ensuite, on peut recharger les batteries via une prise murale ou encore en utilisant l'énergie du moteur thermique. À l'intérieur, un écran de 9,2 pouces affiche les informations importantes du véhicule.

Volkswagen est l'un des manufacturiers réussissant le mieux à marier le passé et le futur: à preuve, voici BUDD-e, un concept réunissant le style classique du légendaire Type 2 avec des technologies futuristes. Présenté au Consumer Electronics Show, BUDD-e est équipé de grosses roues de 21 pouces, de panneaux solaires sur le toit et d'une grille électroluminescente. L'habitacle est arrangé comme un salon futuriste: les passagers s'installent sur des banquettes qui longent les parois, et plusieurs commandes – comme la navigation ainsi que le système d'infodivertissement – sont activées par commandes vocales. Devant le conducteur, les contrôles sont placés sur un immense écran tactile. BUDD-e est construit sur la plateforme MEB, qui servira aux prochains véhicules électriques de Volkswagen.

VOLKSWAGEN **T-CROSS BREEZE**

I y a quelques années, Nissan commercialisait le Murano CrossCabriolet, un VUS cabriolet. L'idée d'un VUS sans toit est saugrenue, mais ça n'empêche pas les autres manufacturiers de s'y risquer : Land Rover a récemment lancé l'Evoque Convertible, et Volkswagen a créé le T-Cross Breeze Concept, qu'il a présenté au Salon de l'auto de Genève. Son style se rapproche de celui du Tiguan, mais il a notamment droit à une grille unique, des phares antibrouillards ceinturés de DEL et une peinture bien spéciale appelée *Summer Green Metallic*. Sous le capot sommeille un petit trois cylindres de 1,0 litre, lequel délivre 110 chevaux. Grâce à cela, le T-Cross Breeze peut consommer aussi peu que 5,0 litres aux 100 km. Il y a bien un mode Hors route, mais ce VUS n'a que deux roues motrices (à l'avant). Il faudra donc éviter les sentiers et le sable de la plage...

VOLKSWAGEN **T-PRIME CONCEPT GTE**

L e concept T-Prime Concept GTE de Volkswagen n'a pas été créé seulement pour faire joli; ce concept, que l'on a vu pour la première fois au Salon de l'auto de Beijing, nous montre la direction stylistique qu'entend prendre la marque allemande. De plus, il est probable qu'il soit précurseur d'un nouveau VUS pleine grandeur. Portant la mention GTE, ce véhicule est un hybride rechargeable via une prise murale. Il développe 375 chevaux et 516 livres-pied de couple et peut parcourir environ 50 kilomètres sans consommer une goutte de pétrole. Ensuite, son quatre cylindres turbocompressé de 2,0 litres associé à une boîte automatique à huit rapports prendra le relais. L'habitacle est paré d'un écran incurvé qui transmettra au conducteur toutes les informations nécessaires à la conduite.

MEILLEURS ACHATS

CITADINES

1er NISSAN MICRA

2e CHEVROLET SPARK

3e SMART FORTWO

EN LICE : Chevrolet Spark, Fiat 500, Mitsubishi i-MiEV, Mitsubishi Mirage, Mitsubishi Mirage G4, Nissan Micra, smart Fortwo

SOUS-COMPACTES

1er TOYOTA YARIS

2e HONDA FIT

3e HYUNDAI ACCENT

EN LICE : Chevrolet Bolt EV, Chevrolet Sonic, Ford Fiesta, Honda Fit, Hyundai Accent, Kia Rio, MINI Hayon, Nissan Versa Note, Toyota Prius c

COMPACTES

1er HONDA CIVIC

2e MAZDA3

3e HYUNDAI ELANTRA

EN LICE : Buick Verano, Chevrolet Cruze, Fiat 500L, Ford C-Max, Ford Focus, Honda Civic, Hyundai Elantra, Hyundai Ioniq, Kia Forte, Kia Rondo, Lexus CT, Mazda3, Mazda5, Mitsubishi Lancer, Nissan LEAF, Nissan Sentra, Subaru Impreza, Toyota Corolla, Toyota Corolla IM, Toyota Prius, Volkswagen Beetle, Volkswagen Golf, Volkswagen Jetta

BERLINES INTERMÉDIAIRES   1er MAZDA 6

EN LICE :
Buick Regal, Chevrolet Malibu, Chrysler 200, Ford Fusion, Honda Accord, Hyundai Sonata, Kia Optima, Mazda6, Nissan Altima, Subaru Legacy, Toyota Camry, Volkswagen CC, Volkswagen Passat

2^e KIA **OPTIMA**

3e HYUNDAI **SONATA**

BERLINES DE LUXE MOINS DE 50 000$ 1er AUDI A4

EN LICE :
Acura ILX, Acura TLX, Audi A3, Audi A4, BMW i3, BMW Série 3, Cadillac ATS, Chevrolet Volt, Infiniti Q50, Jaguar XE, Kia Cadenza, Lexus ES, Lexus IS, Lincoln MKS, Lincoln MKZ, Mercedes-Benz Classe C, Mercedes-Benz CLA, Volvo S60

2e BMW **SÉRIE 3**

3e MERCEDES-BENZ **CLASSE C**

BERLINES DE LUXE 50 000 $ À 100 000 $

1er MERCEDES-BENZ **CLASSE E**

2e CADILLAC **CT6**

3e AUDI **A7** / MERCEDES-BENZ **CLASSE C**

EN LICE : Acura RLX, Audi A4, Audi A6, Audi A7, Audi A8, BMW Série 3, BMW Série 4, BMW Série 5, BMW Série 6, Cadillac CT6, Infiniti Q70, Jaguar XE, Jaguar XF, Jaguar XJ, Kia K900, Lexus GS, Lexus LS, Lincoln MKS, Maserati Ghibli, Mercedes-Benz Classe C, Mercedes-Benz CLS, Mercedes-Benz Classe E, Porsche Panamera, Tesla Model S

BERLINES DE LUXE ET COUPÉS PLUS DE 100 000 $

1er TESLA **MODEL S**

2e BMW **SÉRIE 7**

3e MERCEDES-BENZ **CLASSE S**

EN LICE : Aston Martin Rapide, Bentley Continental, Bentley Flying Spur, Bentley Mulsanne, BMW Série 6, BMW Série 7, Jaguar XJ, Lexus LC, Lexus LS, Maserati Quattroporte, Mercedes-Benz Classe S, Mercedes-Maybach, Porsche Panamera, Rolls-Royce Ghost Series II, Rolls-Royce Phantom, Rolls-Royce Wraith, Tesla Model S

GRANDES BERLINES

1er NISSAN **MAXIMA** / DODGE **CHARGER**

◀ Nissan Maxima

Dodge Charger ▶

2e TOYOTA **AVALON**

3e CHRYSLER **300**

EN LICE : Buick LaCrosse, Chevrolet Impala, Chrysler 300, Dodge Charger, Ford Taurus, Nissan Maxima, Toyota Avalon

SPORTIVES MOINS DE 50 000 $

1er AUDI **S3** / FORD **FOCUS RS/ST**

Audi S3

Ford Focus RS/ST

EN LICE :
Audi A3, Chevrolet Camaro, Dodge Challenger, Fiat 500, Ford Fiesta, Ford Focus, Ford Mustang, Hyundai Veloster, MINI Hayon, Nissan Z, Subaru BRZ, Subaru WRX, Toyota 86, Volkswagen Golf, Volkswagen Jetta

2e VOLKSWAGEN **GOLF R**

3e CHEVROLET **CAMARO**

SPORTIVES 50 000 $ À 100 000 $

1er PORSCHE **718**

EN LICE :
Alfa Romeo 4C, Alfa Romeo Giulia, Audi A5, Audi A6, Audi TT, BMW Série 2, BMW Série 3, BMW Série 4, BMW Z4, Cadillac ATS, Cadillac CTS, Chevrolet Corvette, Dodge Challenger, Dodge Charger, Ford Mustang, Infiniti Q50, Jaguar F-Type, Lexus RC, Mercedes-Benz Classe C, Mercedes-Benz CLA, Mercedes-Benz SLC, Porsche 718, Volvo S60, Volvo V60

2e BMW **M2**

3e CHEVROLET **CORVETTE** / AUDI **TT**

SPORTIVES PLUS DE 100 000 $

1er PORSCHE 911

2e FERRARI 488 GTB

3e AUDI R8

EN LICE : Acura NSX, Aston Martin DB11, Aston Martin Vanquish, Aston Martin Vantage, Audi A7, Audi A8, Audi R8, Bentley Continental, BMW i8, BMW Série 5, BMW Série 6, Dodge Viper, Ferrari 488, Ferrari California, Ferrari F12, Ferrari GTC4Lusso, Jaguar F-Type, Jaguar XJ, Lamborghini Aventador, Lamborghini Huracán, Lotus Evora, Maserati GranTurismo, McLaren 650S, Mercedes-AMG GT, Mercedes-Benz CLS, Mercedes-Benz SL, Nissan GT-R, Pagani Huayra, Porsche 911

COUPÉS MOINS DE 50 000 $

1er HONDA CIVIC

2e CHEVROLET CAMARO

3e CADILLAC ATS

EN LICE : Audi A5, BMW Série 2, Cadillac ATS, Chevrolet Camaro, Dodge Challenger, Ford Mustang, Honda Accord, Honda Civic, Hyundai Veloster, Kia Forte, Nissan Z

COUPÉS 50 000 $ À 100 000 $

1er BMW SÉRIE 4

2e MERCEDES-BENZ CLASSE C

3e LEXUS RC / AUDI A5

EN LICE : Audi A5, BMW Série 4, Cadillac ATS, Infiniti Q60, Lexus RC, Mercedes-Benz Classe C

CABRIOLETS ET ROADSTERS MOINS DE 50 000 $

1er MAZDA **MX-5**

EN LICE :
Audi A3, BMW Série 2, Fiat 124 Spider, Fiat 500c, Ford Mustang, Mazda MX-5, MINI Cabriolet, Nissan Z, Volkswagen Beetle

2e ГIAT **124 SPIDER**

3e AUDI **A3**

CABRIOLETS ET ROADSTERS PLUS DE 50 000 $

1er AUDI **A5**

EN LICE :
Audi A3, Audi A5, BMW Série 4, BMW Série 5, Chevrolet Camaro, Fiat 500c, Ford Mustang, Mercedes-Benz Classe C, Mercedes-Benz Classe E, Nissan Z

2e MERCEDES-BENZ **CLASSE C**

3e BMW **SÉRIE 4**/MERCEDES-BENZ **CLASSE E**

1er VOLKSWAGEN **GOLF**

EN LICE :
Audi A3, Mercedes-Benz Classe B, MINI Clubman, Subaru Outback, Toyota Prius v, Volkswagen Golf, Volvo V60

2e SUBARU OUTBACK

3e AUDI A3

VUS SOUS-COMPACTS 1er MAZDA **CX-3**

EN LICE :
Buick Encore, Chevrolet Trax, Fiat 500X, Honda HR-V, Infiniti QX30, Jeep Renegade, Kia Niro, Mazda CX-3, MINI Countryman, MINI Paceman, Mitsubishi RVR, Nissan JUKE, Subaru Crosstrek

2e SUBARU CROSSTREK

3e HONDA HR-V

VUS COMPACTS MOINS DE 40 000 $

1ᵉʳ MAZDA **CX-5**

EN LICE:
Audi Q3, Chevrolet Equinox, Dodge Journey, Ford Escape, GMC Terrain, Honda CR-V, Hyundai Tucson, Jeep Cherokee, Jeep Compass, Jeep Patriot, Kia Soul, Kia Sportage, Mazda CX-5, Mercedes-Benz GLA, Mitsubishi Outlander, Nissan Rogue, Subaru Forester, Toyota RAV4, Volkswagen Tiguan

2ᵉ HYUNDAI TUCSON

3ᵉ KIA SPORTAGE

VUS COMPACTS PLUS DE 40 000 $

1ᵉʳ PORSCHE **MACAN**

EN LICE:
Acura RDX, Audi Q3, Audi Q5, BMW X1, BMW X3, BMW X4, Buick Envision, GMC Terrain, Infiniti QX50, Land Rover Discovery Sport, Land Rover Range Rover Evoque, Lexus NX, Lincoln MKC, Mercedes-Benz GLA, Mercedes-Benz GLC, Porsche Macan, Volvo XC60

2ᵉ MERCEDES-BENZ GLC

3ᵉ LEXUS NX

VUS INTERMÉDIAIRES MOINS DE 50 000 $

1er MAZDA **CX-9**

2^e KIA SORENTO / TOYOTA HIGHLANDER

3^e HONDA PILOT

EN LICE : Cadillac XT5, Chevrolet Traverse, Dodge Durango, Ford Edge, Ford Explorer, Ford Flex, GMC Acadia, Honda Pilot, Hyundai Santa Fe, Infiniti QX60, Jeep Grand Cherokee, Jeep Wrangler, Kia Sorento, Lincoln MKX, Mazda CX-9, Nissan Murano, Nissan Pathfinder, Toyota 4Runner, Toyota Highlander

VUS INTERMÉDIAIRES PLUS DE 50 000 $

1er AUDI **Q7**

2^e PORSCHE CAYENNE

3^e VOLVO XC90

EN LICE : Acura MDX, Audi Q7, Bentley Bentayga, BMW X5, BMW X6, Buick Enclave, Cadillac XT5, Dodge Durango, Ford Explorer, Infiniti QX60, Infiniti QX70, Jaguar F-Pace, Jeep Grand Cherokee, Land Rover Range Rover Sport, Lexus GX, Lexus RX, Lincoln MKT, Mercedes-Benz Classe G, Mercedes-Benz GLE, Porsche Cayenne, Tesla Model X, Volkswagen Touareg, Volvo XC90

VUS GRAND FORMAT

1er MERCEDES-BENZ **GLS**

2^e LAND ROVER RANGE ROVER

3^e CADILLAC ESCALADE

EN LICE : Cadillac Escalade, Chevrolet Suburban, Chevrolet Tahoe, Ford Expedition, GMC Yukon, Infiniti QX80, Land Rover Range Rover, Lexus LX, Lincoln Navigator, Mercedes-Benz GLS, Nissan Armada, Toyota Sequoia

FOURGONNETTES

1ᵉʳ CHRYSLER **PACIFICA**

2ᵉ HONDA ODYSSEY (2016)

3ᵉ KIA SEDONA

EN LICE : Chrysler Pacifica, Dodge Grand Caravan, Ford Transit Connect, Honda Odyssey, Kia Sedona, Mercedes-Benz Metris, RAM ProMaster City, Toyota Sienna

CAMIONNETTES COMPACTES INTERMÉDIAIRES

1ᵉʳ HONDA **RIDGELINE**

2ᵉ GMC CANYON/CHEVROLET COLORADO

3ᵉ TOYOTA TACOMA

EN LICE : Chevrolet Colorado, GMC Canyon, Honda Ridgeline, Nissan Frontier, Toyota Tacoma

CAMIONNETTES PLEINE GRANDEUR

1ᵉʳ RAM **1500**

2ᵉ FORD F-150

3ᵉ GMC SIERRA/CHEVROLET SILVERADO

EN LICE : Chevrolet Silverado, Ford F-150, GMC Sierra, Nissan Titan XD, RAM 1500, Toyota Tundra

PORSCHE **MISSION E**

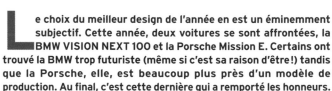

Le choix du meilleur design de l'année en est un éminemment subjectif. Cette année, deux voitures se sont affrontées, la BMW VISION NEXT 100 et la Porsche Mission E. Certains ont trouvé la BMW trop futuriste (même si c'est sa raison d'être!) tandis que la Porsche, elle, est beaucoup plus près d'un modèle de production. Au final, c'est cette dernière qui a remporté les honneurs.

La Porsche Mission E a été présentée au salon de Francfort en septembre 2015. Cette berline à quatre places, 100 % électrique, se déplace grâce à une paire de moteurs qui développent aux alentours de 600 chevaux, expédiés aux quatre roues. L'autonomie est évaluée à 500 km. Tesla a maintenant de la concurrence!

Le style de la Mission E s'inspire des Porsche de course des années 50, 60 et 70 ainsi que de la plus récente 919 Hybrid, qui a couru aux 24 Heures du Mans. Les composantes électriques proviennent de la Boxster E, un prototype qui n'a jamais été produit. Puisqu'il n'y a pas de moteur à l'avant, les designers ont pu créer une partie avant très basse. Les portes arrière s'ouvrent à contresens pour faciliter l'accès à bord. Sans doute que cette particularité ne se retrouvera pas sur les éventuels modèles de série. De son côté, le tableau de bord fonctionne grâce à la reconnaissance gestuelle et visuelle.

Il est déjà certain que la Mission E influencera le style et la technologie des différentes Porsche à venir.

EXPLICATIONS
MEILLEURS ACHATS

Chaque année, le choix des gagnants de chaque catégorie du *Guide de l'auto* fait l'objet de vives discussions, autant dans nos officines que parmi le public. Il n'est d'ailleurs pas toujours facile de s'y retrouver, tellement le nombre de catégories a augmenté depuis quelques années.

Chaque véhicule est jugé selon six critères: consommation, fiabilité, sécurité, système multimédia, agrément de conduite et appréciation générale. Les cinq premiers critères sont purement objectifs. Tous les modèles ont été évalués par rapport à ceux de la même catégorie.

Consommation: Cette note compte pour 10 % du résultat final Nous avons établi la moyenne de consommation pour toute la gamme d'un modèle, selon les données de Ressources naturelles Canada. Cette année, nous avons apporté un petit changement. Même si les véhicules 100 % électriques ne consomment pas d'essence, ils consomment de l'électricité. Nous nous sommes donc basés sur la consommation en Le/100 km (litres équivalents/100 km). Par exemple, la Tesla S 70D consomme 2,3 Le/100 km. Elle a donc perdu quelques points, comparativement à l'an dernier, à ce chapitre. Les données de consommation équivalente, comme celles de la consommation d'essence, proviennent de Ressources naturelles Canada.

De 1 à 6,0 l/100 km de moyenne = 9 points
De 6,1 à 7,0 l/100 km de moyenne = 8 points
De 7,1 à 8,0 l/100 km de moyenne = 7 points
De 8,1 à 10,0 l/100 km de moyenne = 6 points
De 10,1 à 12,0 l/100 km de moyenne = 5 points
De 12,1 à 14,0 l/100 km de moyenne = 4 points
De 14,1 à 16,0 l/100 km de moyenne = 3 points
De 16,1 à 19,0 l/100 km de moyenne = 2 points
De 19,1 à 21,0 l/100 km de moyenne = 1 point
De 21,1 l/100 km et plus = 0 point

Fiabilité: Cette note compte pour 10 % du résultat final. Elle est calculée à partir de données statistiques recueillies par diverses institutions spécialisées en la matière, et ajustée en fonction des conditions particulières du Québec. D'année en année, certaines notes changent dramatiquement, tandis que d'autres sont plus constantes. La chute soudaine et importante d'un modèle reflète souvent, par exemple, l'introduction d'une nouvelle technologie et/ou d'une nouvelle mécanique qui s'avère problématique sur les premiers modèles vendus. Généralement, le constructeur corrige la mise sur les modèles suivants, nous rappelant qu'il est toujours risqué d'être parmi les premiers à adopter une nouvelle technologie.

Sécurité: Cette note compte pour 10 % du résultat final. Elle représente la capacité d'un véhicule à protéger ses occupants, lors d'un impact, à l'aide de coussins gonflables et de la solidité de son châssis, pour 50 % de la note, et les technologies d'aide à la conduite, comme les freins ABS, les détecteurs d'angle mort, etc., pour 30 %, Le dernier 20 % de cette note concerne la nature du véhicule, soit sa motricité (traction, propulsion, quatre roues motrices, etc.), ainsi que la visibilité dont le conducteur dispose derrière le volant.

Système multimédia: Cette note compte pour 10 % du résultat final. Elle a été déterminée par l'ensemble des journalistes automobiles du Guide de l'auto, qui ont eu à voter pour le système de chaque voiture (sur une échelle de 1 à 10, 1 étant particulièrement mauvais et 10, exceptionnel). Nous devions prendre en considération ces critères: la facilité d'utilisation et de compréhension, la qualité graphique, la rapidité de l'affichage, l'ergonomie des commandes, la qualité sonore du système audio, etc. Ce barème devient obligatoire tant les systèmes diffèrent selon la marque... et même, quelquefois, entre un modèle haut de gamme et un d'entrée de gamme. Cette note aurait très bien pu se retrouver dans la section « sécurité » tellement certains systèmes demandent une attention soutenue pendant la conduite. Ces derniers sont ceux qui, en général, ont reçu les pires notes.

Agrément de conduite: Cette note compte pour 30 % du résultat final. Même si cette donnée est difficilement quantifiable, nous croyons avoir trouvé la bonne recette. En faisant abstraction du prix, de la consommation, de la fiabilité, de la sécurité et du système multimédia, chaque auteur du *Guide* devait voter, sur une échelle de 1 à 10 (1 étant particulièrement mauvais et 10, exceptionnel), pour le plaisir ressenti au volant de chaque voiture.

Appréciation générale: Cette note compte pour 30 % du résultat final. Une Ferrari peut bien être des plus agréables à conduire, mais vivre avec elle au quotidien est une autre histoire... Il peut donc arriver qu'une voiture ait un 9/10 pour l'agrément de conduite et un 5/10 pour l'appréciation générale. Ou le contraire.

Toutes ces notes génèrent le pourcentage final donné à chaque voiture, permettant ainsi de déterminer le gagnant de chaque catégorie.

Bonne lecture !

NEXT 100

BMW VISION NEXT 100
UN CONCEPT PRESQUE ACTUEL

TEXTE: JACQUES DESHAIES
PHOTOS: BILL PETRO

Qui aurait cru que 100 ans plus tard, cette petite firme, qui fabriquait des moteurs d'avion, deviendrait l'un des plus prestigieux constructeurs de voitures au monde? Pourtant, BMW fête son honorable 100e anniversaire cette année. Son rappel historique ne passera pas inaperçu et la haute direction a pris plus d'une année pour mettre sur pied les célébrations.

Les soirées mondaines se succèdent autant avec les employés à travers le monde qu'avec les célébrités de l'univers du sport automobile et les artisans de cet immense succès. *Le Guide de l'auto* a eu le privilège d'assister au lancement de ces festivités du côté de Munich, en mars dernier. Nous avons eu droit à un spectacle des plus grandioses sur une scène gigantesque. Les projections et les animations nous ont permis de redécouvrir les cent ans d'histoire de cet emblème marqués par la guerre et par les soubresauts de l'économie mondiale.

Spectaculaire, cette présentation, soit, mais le dévoilement de la BMW VISION NEXT 100 a été le point culminant de cette journée. Les quelques milliers d'invités présents sur place, tout comme les employés de la société fièrement déployés dans des aréas du monde entier, ont été complètement soufflés. Cette vision de l'avenir, selon BMW, demeure l'un des moments forts de la présentation.

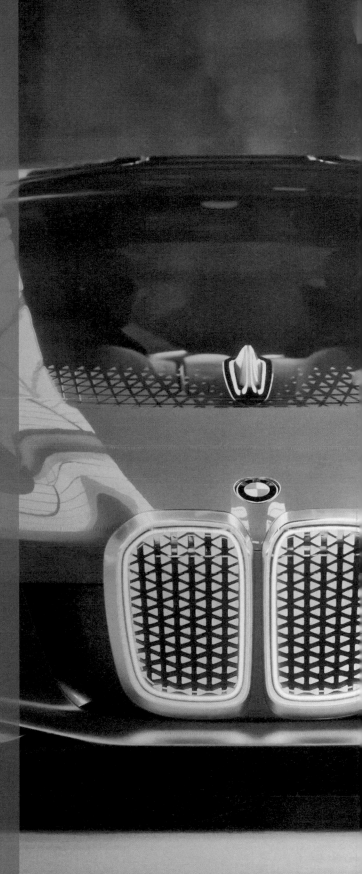

C'est lors de cet événement, où j'ai pu m'entretenir avec la direction de BMW, que j'ai pu faire ma demande officielle: «Est-ce que *le Guide de l'auto* peut avoir la chance d'en faire sa page couverture?» La réponse a été positive presque immédiatement. Restait à régler toute la logistique entourant cette séance de photos avec notre spécialiste, Bill Petro, un Ontarien qui avait photographié la Pléthore sur la couverture du *Guide de l'auto 2011*.

Si ce n'était que de nous, ç'aurait été tellement simple! Mais la BMW VISION NEXT 100, un concept unique était sur le point de faire le tour de la planète. Comment organiser cet événement exceptionnel avec un nombre d'intervenants qui augmentait à chaque journée? Malgré les difficultés, nous avons réussi à trouver une plage horaire pour réaliser les photos tant attendues. Et comme cette opportunité ne reviendrait pas, nous voulions nous entretenir avec l'un des membres de l'équipe qui a réalisé cette véritable œuvre d'art, question d'en savoir davantage. Encore une fois, le défi s'annonçait de taille puisque la journée de la séance de photos, les stylistes de BMW étaient réunis dans un congrès de design, en Italie.

À notre arrivée à Munich, notre photographe officiel s'est plongé tête première dans son mandat. La première journée était réservée pour la visite d'une usine désaffectée en plein cœur du terroir de BMW, question de connaître ce nouvel environnement et d'organiser la location du matériel photographique requis. Dans les années 20 et 30, le bâtiment dans lequel nous nous trouvions renfermait une chaîne d'assemblage pour des wagons de trains de luxe. Aujourd'hui, il est utilisé par BMW, entre autres, pour des séances photo semblables à celles que nous avons réalisées.

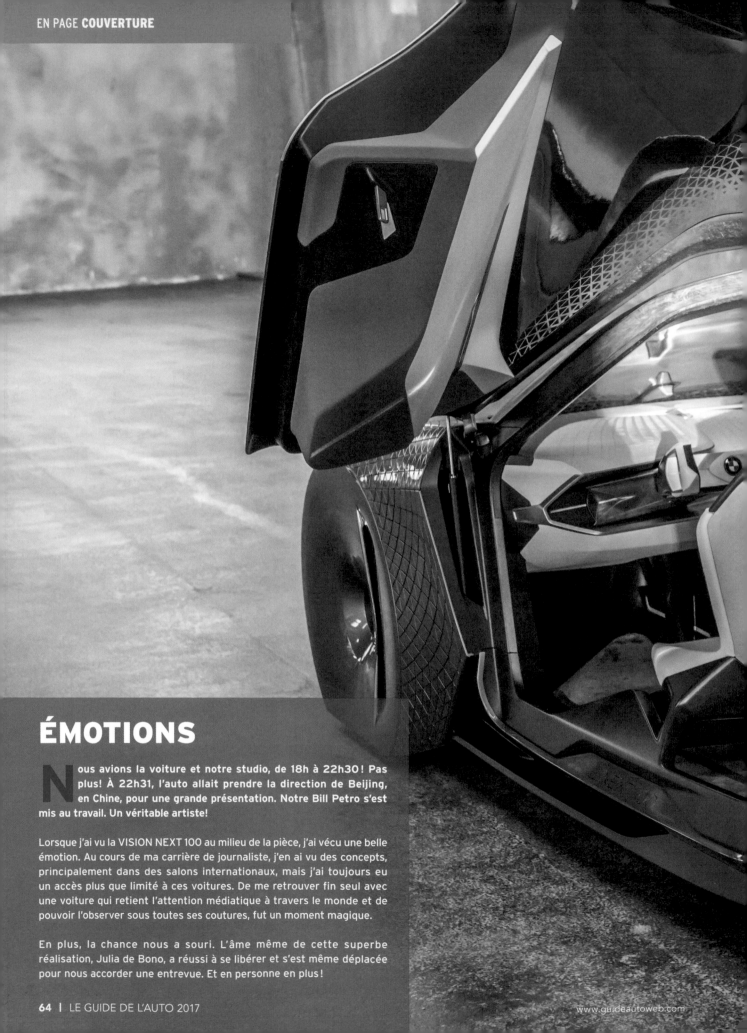

ÉMOTIONS

Nous avions la voiture et notre studio, de 18h à 22h30! Pas plus! À 22h31, l'auto allait prendre la direction de Beijing, en Chine, pour une grande présentation. Notre Bill Petro s'est mis au travail. Un véritable artiste!

Lorsque j'ai vu la VISION NEXT 100 au milieu de la pièce, j'ai vécu une belle émotion. Au cours de ma carrière de journaliste, j'en ai vu des concepts, principalement dans des salons internationaux, mais j'ai toujours eu un accès plus que limité à ces voitures. De me retrouver fin seul avec une voiture qui retient l'attention médiatique à travers le monde et de pouvoir l'observer sous toutes ses coutures, fut un moment magique.

En plus, la chance nous a souri. L'âme même de cette superbe réalisation, Julia de Bono, a réussi à se libérer et s'est même déplacée pour nous accorder une entrevue. Et en personne en plus!

« AVEC L'AIDE DES INGÉNIEURS, NOUS AVONS RÉALISÉ UN ASSEMBLAGE DE FINES BANDES D'ALUMINIUM SUR LESQUELLES SONT APPOSÉES DE PETITES PIÈCES DE COMPOSITE, COMME L'ENSEMBLE DE LA CARROSSERIE. »

UNE VISION RÉALISTE

Julia de Bono est la directrice des projets design pour les véhicules concept de BMW. C'est la grande patronne du département. Elle s'est présentée sur place, à 19h30. Avec simplicité, elle a répondu à nos questions.

« J'ai l'habitude de travailler sur des études de style, mais là, c'était toute autre chose. L'aspect technologique est venu changer le processus. Il faut bien s'adapter. Il est terminé le temps des voitures concept qui n'avaient pour but que d'impressionner la galerie et d'attirer le regard sur nous. Maintenant, il faut y inclure les technologies de demain », nous dit Julia de Bono.

« C'était l'un de nos plus grands défis pour ce concept. Bien représenter la philosophie de BMW pour l'avenir, tant au chapitre du style qu'à celui des technologies, comme la conduite autonome et les contrôles intuitifs. Par exemple, nous avons dû travailler à l'envers pour sa réalisation. Habituellement, l'on débute par la carrosserie pour ensuite se pencher sur l'habitacle. Pour cette VISION NEXT 100, nous avons tout simplement fait l'inverse. »

Ce véhicule du futur peut s'adapter à deux modes de conduite, soit traditionnel, pour le plaisir, ou autonome, comme le veut la nouvelle tendance. Pour cela, l'habitacle se dénude et prend l'allure d'un salon. Lorsque le mode autonome est choisi, le volant s'intègre dans la planche de bord et la console centrale s'installe au centre des quatre passagers, pour une plus grande convivialité. « Pour le volant, nous avons opté pour une forme qui rappelle celui utilisé en sport automobile. J'aime celui des voitures de la série DTM. C'est à partir de ce dessin que nous avons conçu le volant qui se replie sur lui-même et qui se fond dans le dessin du tableau de bord. » Un autre exemple des technologies à venir, en mode autonome, est la surface de la planche de bord qui s'illumine en séquence, en direction du virage, par l'entremise de petits triangles qui se lèvent à tour de rôle.

« DE ME RETROUVER FIN SEUL AVEC UNE VOITURE QUI RETIENT L'ATTENTION MÉDIATIQUE À TRAVERS LE MONDE ET DE POUVOIR L'OBSERVER SOUS TOUTES SES COUTURES, FUT UN MOMENT MAGIQUE. »

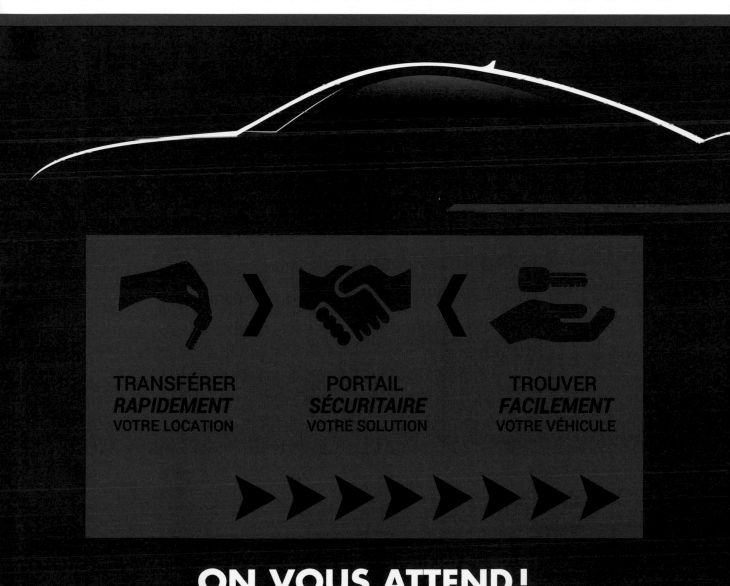

ulia de Bono nous explique également toute la complexité des enveloppes des roues. Particulièrement celles des roues avant qui doivent obéir à leurs mouvements en virage. « C'est probablement cette partie qui m'a provoqué le plus de maux de tête. Avec l'aide des ingénieurs, nous avons réalisé un assemblage de fines bandes d'aluminium sur lesquelles sont apposées de petites pièces de composite, comme l'ensemble de la carrosserie. Ces dernières s'emboîtent les unes dans les autres avec une précision remarquable. Disons que l'opération ne s'est pas parfaitement effectuée du premier coup! Afin de donner un effet de lumière, les bandes d'aluminium sont peintes avec une peinture spéciale. C'est probablement l'un des éléments les plus spectaculaires de cette automobile.»

Avant de terminer, il faut mentionner que la grande majorité des concepts ne sont là que pour épater la galerie et ils sont pratiquement toujours mal assemblés. Dans le cas de cette BMW, c'est tout à fait différent. Simplement pour les spectaculaires passages de roues avant, le défi était de taille. Les fines lamelles s'emboîtent parfaitement les unes dans les autres. La finition intérieure est également relevée. Pour ce qui est des sièges, disons qu'ils sont plus spectaculaires que confortables. Même la position de conduite relève de celle d'une navette spatiale. La BMW VISION NEXT 100 reçoit un petit moteur électrique, tout juste assez puissant pour que les techniciens puissent la déplacer sur de très courtes distances. Pas question qu'elle prenne la route… même pour les photos! D'ailleurs, elle demeurera un concept et ne sera jamais produite. Mais il faut avouer que l'exercice annonce de belles trouvailles pour l'avenir. Et ce n'est pas si loin.

Il ne reste plus au *Guide de l'auto* qu'à remercier la direction de BMW Canada et celle de Munich pour nous avoir offert cette opportunité exclusive.

BON 100ᴱ ANNIVERSAIRE À BMW!

MATCHS
COMPARATIFS

LE LUXE ET LE SPORT, FAÇON 2017

INFINITI **Q50 RED SPORT**

CADILLAC **ATS-V**

« Luxe: Mode de vie caractérisé par de grandes dépenses consacrées à l'acquisition de biens superflus, par goût de l'ostentation et du plus grand bien-être ». Ce n'est pas nous qui le disons, c'est le Petit Robert.

Le luxe est plutôt relatif. Pour les uns, un repas à la Cage aux Sports est un luxe tandis que pour d'autres, c'est pratiquement le quotidien! Il en va de même pour l'automobile. Après des années passées à conduire une Hyundai Accent 1998, on conviendra que se déplacer au volant de la Toyota Corolla 2012 de grand-maman constitue une amélioration notable « du plus grand bien-être »!

PAR ALAIN MORIN
PHOTOS : JEREMY ALAN GLOVER

BMW **M2**

JAGUAR **XF S**

Certaines marques d'automobiles se sont spécialisées dans le luxe: Cadillac, Lincoln, Jaguar, Lexus, Infiniti, Acura, BMW, Mercedes-Benz et on en passe. Si Rolls-Royce ou Bentley ne font pas partie de cette liste, c'est qu'elles gravitent dans le monde du superluxe et sont la partie « goût de l'ostentatoire » de la définition de Robert, et demeurent inaccessibles au commun des mortels.

Il reste la portion « acquisition de biens superflus » de l'équation... Personne n'a besoin d'une voiture de 350 chevaux qui peut accélérer comme un dragster. Or, si l'Humain ne se dotait que des éléments essentiels à sa survie, il s'habillerait uniquement dans les magasins à rabais, n'irait jamais au restaurant, passerait ses vacances dans un rayon de 100 km et conduirait une Toyota Corolla beige en respectant toujours les limites de vitesse. Certains s'en accommodent parfaitement, cependant, la plupart désirent un peu plus de couleurs dans leur vie !

Dans les années 60, le luxe, du moins dans le domaine de l'automobile, c'était un climatiseur, un siège conducteur chauffant et des pneus de 15 pouces. Aujourd'hui, ça s'appelle une Hyundai Accent... Le luxe, à l'époque, c'était aussi un gros V8 de 300 chevaux qui consommait comme un barrage hydroélectrique.

Les temps ont changé. Le luxe a plus que jamais sa place, mais il n'est plus nécessairement associé à un tonitruant V8. Avec la turbocompression, la surcompression, l'injection directe, l'électronique et l'utilisation de matériaux plus légers et plus résistants, la cylindrée des moteurs a drastiquement baissé et la puissance a augmenté tandis que la consommation a diminué. Oh, des V8 il en reste encore mais d'ici quelques années, ils seront l'exception. Dans la banque de données où sont stockées les fiches techniques du *Guide de l'auto*, une recherche rapide nous apprend qu'entre les années-modèle 2010 et 2016, le nombre de modèles, toutes versions incluses, offrant un V8 a diminué de 33 % tandis

que ceux avec un six cylindres ont connu une hausse de 25 %. Pour la petite histoire, mentionnons qu'en 2016, on retrouvait, dans la même banque de données, 85 % plus de versions quatre cylindres qu'en 2010...

Puisque cette tendance est parfaitement engagée, pourquoi alors ne pas comparer quelques-uns de ces modèles qui allient luxe et performance ? L'équipe du *Guide de l'auto* a donc réuni trois des plus récentes créations qui répondaient à deux critères principaux – six cylindres et plus de 350 chevaux. Nous voulions aussi des berlines qui allient confort, polyvalence et, dans le cas qui nous intéresse, puissance.

Bienvenue à la Cadillac ATS-V, à l'Infiniti Q50 Red Sport et à la Jaguar XF S. Une voiture américaine à roues arrière motrices (Cadillac), une japonaise (Infiniti) et une britannique (Jaguar), toutes deux à rouage intégral. Or, cette semaine-là, un de nos collègues conduisait une BMW M2, un coupé allemand provenant d'une marque de luxe, doté d'un six cylindres en ligne. « Pourquoi ne pas l'inclure dans notre match ? », s'est exclamé un collègue. Les uns plaidaient contre puisqu'il s'agissait d'un coupé et non d'une berline et que son six cylindres était en ligne et non en V, les autres prétendaient que son prix, sa puissance et son rapport poids/puissance l'autorisaient amplement à faire partie de ce match. Les « autres » ont eu gain de cause... et la M2 est arrivée par la grande porte !

1609 chevaux, 24 cylindres, 14 portes et 12 roues motrices
La première journée du match, passée sur la Rive-Sud, a été consacrée à l'examen statique des voitures et à la conduite sur les routes quelquefois en bon état sillonnant les environs de Mont-Saint-Hilaire. Le lendemain matin, une des premières vraies belles journées de juin 2016, nous nous sommes retrouvés au circuit Mécaglisse dans les Laurentides où Franck Kirchoff, le sympathique propriétaire et pilote de haut niveau, a poussé nos quatre protagonistes dans leurs derniers retranchements. Au volant de chacune, il a réalisé un tour de chauffe, trois tours à régime maximal et un dernier tour pour « refroidir » la voiture. En plus de nous donner des chronos précis et réalistes, Franck nous a confié ses impressions sur chacune.

Trêve de présentation, place à la confrontation !

1re

BWM **M2**

POINTAGE	318,9 points
PRIX DE LA VERSION ESSAYÉE	64 900 $

ASSEZ POUR PERDRE SON PERMIS

Bien qu'elle ait été admise par la peau des fesses, la M2 s'est avérée une redoutable concurrente, surtout pour la Cadillac ATS-V. Elle a même terminé première dans la catégorie Conduite. Jean-Charles Lajeunesse résume bien la conduite de la M2: «Le moteur, la boîte de vitesse, les freins et la direction forment une équipe d'une redoutable efficacité.» Théo DeGuire-Lachapelle a aussi noté que «le travail de la suspension et la rigidité structurelle sont impeccables en virage». Parlant de suspension, Laurent St-Onge trouve qu'«elle est sèche sur mauvaise route mais le confort des sièges avant compense bien».

Même si elle a gagné ce match comparatif, elle n'est pas parfaite cette M2. Que non! Elle a terminé deuxième une fois (sécurité), troisième une fois (carrosserie) et elle a même été classée dernière dans deux catégories, design et confort/ergonomie. Ses places arrière difficiles d'accès et son habitacle étriqué lui ont fait perdre de précieux points. Avec des places arrière si difficiles à atteindre, on s'attendrait à un inconfort total. Or, ce n'est pas le cas. Laurent remarque que «l'espace à l'arrière est surprenant… une fois que l'on a réussi à s'y loger!» Michel Deslauriers clôt la conversation: «Peu d'espaces de rangement dans l'habitacle. En fait, peu d'espace tout court».

Pour sa part, Yvan Fournier, inspecteur en qualité dans le domaine de l'aviation, n'a pas du tout aimé la piètre qualité de la peinture, très «pelure d'orange». La M2 a cependant terminé première dans le cœur des essayeurs, ce qui l'a grandement aidée à remporter les honneurs de ce match comparatif.

Le commentaire de Franck Kirchoff sur la M2: «Ce n'est pas une voiture pour les pilotes débutants. Même si elle affiche un sous-virage que l'on peut bien contrôler, elle devient survireuse si on la pousse trop et il faut contre-braquer rapidement. Ce n'est pas, non plus, une voiture aussi légère qu'elle en a l'air. Heureusement, sa direction est très précise et sa transmission, très efficace, est toujours sur le bon rapport».

Cadillac **ATS-V**

CAPITAINE AMERICA

POINTAGE	**299,0 points**
PRIX DE LA VERSION ESSAYÉE	**88 730 $**

Parmi les voitures les plus spectaculaires sur le marché, les modèles V de Cadillac occupent une place de choix. Il suffit de se promener au volant d'une ATS-V pour en être convaincu! Elle a d'ailleurs remporté les honneurs dans la catégorie Design/Style. Marie-France Rock écrit: «Je n'ai pas connu les belles années Cadillac et, pour moi, il y a juste les «vieux» qui aiment cette marque. Peut-être parce que je vieillis, je trouve que les *Caddy* sont de plus en plus belles et l'ATS-V, franchement, c'est Capitaine America!».

Le style de cette Cadillac vitaminée est peut-être très beau mais il y a plus que cela... Par exemple, le système multimédia et les commandes tactiles du tableau de bord n'ont pas eu l'heur de plaire à Michel Deslauriers: «Le système CUE est irritant à cause de son manque de réactivité mais aussi à cause des petites zones de boutons et des commandes tactiles à glissement». Félix-Antoine Deshaies, notre plus jeune essayeur, pourtant rompu aux technologies, pense que «le système multimédia avec commande par effleurement est désastreux, trop sensible».

L'ATS-V a été la plus économe d'essence sur la piste. Vraiment? La consommation telle que montrée par l'ordinateur de bord après les tours de piste était anormalement basse. Comble de hasard, cette même journée, pour les besoins de notre site www.guideautoweb. com, nous avions amené une Camaro V6 à boîte manuelle que nous comparions à une Mustang V6 manuelle aussi. La Chevrolet aussi a été d'une sobriété exemplaire. Trop? Difficile à dire. Est-ce que GM fabriquerait tout à coup des voitures super économiques en situation de course? On en doute...

Le commentaire de Franck Kirchoff sur l'ATS-V: «Le moteur est très puissant mais les freins ne sont vraiment pas à la hauteur et l'on peut facilement se faire peur. Les pneus non plus ne sont pas dignes de la puissance (N.D.L.R., des Michelin Pilot Super Sport). Dès le troisième tour, ils commençaient à glisser. Aussi, la boîte automatique est paresseuse, même en modes Sport et Manuel. Et les palettes derrière le volant ne sont pas suffisamment grandes. Ceux qui ont des doigts courts ne pourront pas les rejoindre. D'un autre côté, cette voiture affiche moins de roulis que la M2 et sa direction est plus précise».

3e

Jaguar **XF S**

POINTAGE	**283,3 points**
PRIX DE LA VERSION ESSAYÉE	**79 600 $**

UN BEAU CHAT DE SALON

Jaguar est une marque surprenante. Qu'elle ait pu survivre jusqu'à aujourd'hui est quasiment un miracle. Qu'elle réussisse à maintenir ses ventes en continuant, année après année, de croupir dans les bas-fonds des indices de fiabilité demeure un mystère. Qu'elle construise des hymnes à la sportivité comme la sublime F-Type R et, dans une certaine mesure, la XJ R relève de la passion, tout bonnement.

Pourtant, la XF S, malgré une fiche technique qui n'a rien à envier aux trois autres, n'a pas impressionné notre panel d'essayeurs... Jean-Charles a noté un «bruit de caisse provenant du côté droit, possiblement arrière, aux alentours de 100 - 105 km/h. De plus, l'ajustement de la porte arrière droite ainsi que du capot manquait de précision. Ces deux manquements m'ont agacé. Vrai qu'il s'agissait d'une voiture de presse, souvent brassée. Mais les trois autres aussi!» André Deslauriers a aussi souligné ce *rattle*.

Michel n'a vraiment pas aimé le système d'infodivertissement, le trouvant trop lent à réagir. Félix, lui, affirme qu'il était facile d'utilisation! Les places arrière, par contre, ont fait l'unanimité par leur confort et l'espace dont jouissent les passagers. Ce qui est un peu normal étant donné que la XF S était la plus imposante du lot. Elle a aussi raflé la première place pour ce qui est du confort.

Dans ses commentaires, Michel résume très bien le sentiment général: «La F-Type V6 S, munie du même moteur, est tellement plus agressive, enivrante, racée. La XF S manque cruellement de caractère».

Le commentaire de Franck Kirchoff sur la XF S: «Sur la piste, elle offre plus de *feeling* que l'Infiniti. En outre, sa plage de puissance est linéaire et sa direction est moins assistée. Ses freins sont meilleurs que ceux de l'ATS-V. Par contre, l'arrière est très léger pour une AWD. L'ATS-V colle plus même s'il s'agit d'une propulsion. La boîte automatique n'est visiblement pas à double embrayage. Il y a beaucoup de délai entre le passage des rapports»

Infiniti Q50 Red Sport

PERFORMANCE ZEN

POINTAGE	**278,6 points**
PRIX DE LA VERSION ESSAYÉE	**58 825 $**

Au Salon de Genève, en mars 2014, Infiniti dévoilait le concept Eau Rouge, une Q50 dotée d'un impressionnant V6 3,8 litres double turbo de 560 chevaux pour 443 livres-pied de couple. Mais il n'a jamais été produit. À la place, Infiniti offre la Q50 Red Sport, une version moins extrême, disposant tout de même de 400 chevaux et d'un couple de 350 livres-pied.

La froideur des chiffres d'un match comme le nôtre montre que cette Infiniti est celle qui a été la plus mal classée des quatre protagonistes. Sur sept catégories, elle n'a obtenu aucune première place, une deuxième, quatre troisièmes places et deux dernières places. Elle a donc terminé dernière même si elle a un peu mieux performé que la Jaguar dans les catégories les plus payantes, dont celle des performances (qui compte pour 22 % du total) et celle du choix des essayeurs (10 % du total).

André, notre essayeur le plus âgé, est tombé amoureux de cette Infiniti: «Quand je m'y suis assis, je me suis immédiatement senti à l'aise, comme si la Q50 avait été construite pour moi». Marie-France n'a pas eu le même coup de foudre: «Les autres voitures du match méritent des hashtags du genre *#feelthepower* ou *#dreamcar*... Celui de la Q50 serait plutôt *#incognito*». Théo, de son côté, note que «Le système multimédia est très intuitif et ses boutons sont assez gros pour être utilisés [en conduite]». Félix, notre plus jeune essayeur, n'a pas été emballé par la Q50 mais a quand même admis que «La fiabilité de Nissan/Infiniti est intéressante».

Le commentaire de Franck Kirchoff sur la Q50 Red Sport:
«Puissance non négligeable. Vraiment, ça pousse! Bizarrement, la puissance semble arriver par étage, comme si les deux turbos n'entraient pas en fonction en même temps. Son freinage est bien meilleur que celui de la ATS-V. Malheureusement, les pneus (N.D.L.R., des Dunlop SP Sport Maxx) sont mal adaptés, j'avais l'impression de rouler sur des pneus de tourisme... d'hiver! La direction est déconnectée et manque de précision tandis que la transmission, même en modes Sport et Manuel est trop lente. Les sièges avant manquent de soutien latéral».

AVOIR LE LUXE DU CHOIX...

Bien que nous ayons préparé un match comparatif de quatre voitures, nous nous sommes plutôt retrouvés avec deux matchs de deux voitures. La BMW M2 et la Cadillac ATS-V ont toujours été très près, autant en termes de performance qu'en termes de sportivité, même si ces deux propulsions n'ont pas la même vocation et ne rejoignent pas nécessairement le même public.

Qu'il s'agisse d'accélérations 0-100 km/h, de freinages 100-0 km/h ou de tours de piste, les données sont similaires. L'on s'étonnera de constater que Franck Kirchoff ait mentionné que les freins de l'ATS-V aient été les pires des quatre voitures et que, d'un autre côté, les distances d'arrêt sont les deuxième meilleures. Pour déterminer les distances de freinage, nous effectuons deux arrêts d'urgence, entrecoupés de quelques minutes, le temps de régler l'appareil de mesure et d'effectuer un demi-tour pour refaire l'exercice en sens inverse, question d'annihiler la moindre pente ou l'effet du vent. Sur une piste, même sur trois tours seulement, c'est une autre histoire, car les freins sont extraordinairement sollicités! Il se peut aussi que notre exemplaire ait eu un quelconque problème technique.

Quant aux deux modèles à rouage intégral, la Jaguar XF S et l'Infiniti Q50 Red Sport, ils misent davantage sur le confort et le luxe que sur la sportivité. Leur rouage intégral procure un sentiment de sécurité une fois l'hiver venu. Il est fort probable que le propriétaire d'une M2 ou d'une ATS-V remise sa voiture lors de la blanche saison!

La Jaguar et l'Infiniti sont pourtant des voitures très puissantes, capables d'accélérations dignes de mention et, surtout, de reprises éloquentes. Elles répondent à un public différent de celui de la BMW et de la Cadillac. Elles sont sobres, autant en apparence qu'au chapitre de la conduite, alors que la BMW et la Cadillac sont moins portées sur les compromis.

On pourrait presque dire que ces dernières sont des sportives de luxe et que la Jaguar et l'Infiniti sont des voitures de luxe sportives.

Et heureusement que les voitures de luxe existent. C'est par elles qu'arrivent les nouveautés. Un exemple parmi tant d'autres... La turbocompression a d'abord eu des applications en aviation, puis en course automobile. Aujourd'hui, on la retrouve dans une simple Honda Civic ! Les accessoires de luxe suivent le même cheminement. Les premiers climatiseurs ne sont-ils pas apparus comme option sur des voitures de luxe ? La raison est fort simple. Développer ces dispositifs coûte une fortune. Pour amortir les coûts, ils sont d'abord installés dans des véhicules dispendieux. Quand on parle d'une voiture de plus de 70 000 $, ce ne sont pas trois ou quatre cents dollars qui vont faire fuir les acheteurs. Un jour où l'autre, ce dispositif trouvera sa voie jusque dans les sous-compactes.

Notre match a démontré que luxe et performance vont de pair, aujourd'hui comme il y a cent ans. Mais plus que jamais ces deux visions n'ont été aussi bien mariées. Il n'y a pas si longtemps, une voiture puissante pouvait accélérer comme un missile en ligne droite mais sa suspension et ses pneus ne l'autorisaient pas à négocier des virages rapidement. Pensons aux nombreux muscle cars des années 60 et 70... D'un autre côté, le confort n'est plus uniquement l'affaire de suspensions de trampoline, de sièges moelleux et d'une direction de nuage. Avec l'arrivée des suspensions adaptatives, on peut désormais rouler confortablement en Cadillac et affronter une BMW sur une piste la même journée. Et je parierais une pizza que notre Infiniti Q50 Red Sport, la moins habile sur la piste avec un chrono de 52'41'' sur un tour de piste, battrait à plate couture une Corvette 1970 dotée d'un moteur de la même puissance.

Lorsque nous referons ce match comparatif dans dix ans, si la tendance se maintient, les quatre protagonistes seront dotées de moteurs quatre cylindres développant près de 500 chevaux et seront bardées de toutes les technologies encore inimaginables au moment d'écrire ces lignes. C'est ça, le progrès !

FICHES TECHNIQUES

	BMW **M2**	CADILLAC ATS-V
RANG	1	2
Empattement (mm)	2 693	2 776
Longueur (mm)	4 468	4 674
Largeur (mm)	1 854	1 811
Largeur (mm) - (rétro. inclus)	1 984	
Hauteur (mm)	1 414	1 415
Voie avant (mm)	1 579	1 537
Voie arrière (mm)	1 601	1 534
Poids (kg)	1 565	1 678
Distribution du poids % (av/ar)	51.4 / 48.6	51 / 49
Coefficient de traînée (Cd)	0,35	
Nbre de coussins	6	8
Places	4	5
Capacité coffre (litres)	390	295
Moteur	6L Turbocompressé	V6 Turbocompressé
Cylindrée (litres)	3,0	3,6
Puissance maximale (HP)	365 @ 6500	464 @ 5850
Couple maximal (lb-pi)	343 @ 1400 - 5560	445 @ 3500
Essence recommandée	Super	Super
Boîte de vitesses / rapports	Auto / 7	Auto / 8
Rouage	Propulsion	Propulsion
Suspension avant	Indépendante, jambes de force	Indépendante, jambes de force
Suspension arrière	Indépendante, multibras	Indépendante, multibras
Freins avant / diamètre (mm)	Disque / 381	Disque / 370
Freins arrière / diamètre (mm)	Disque / 368	Disque / 339
Pneus (av - ar)	P245/35 ZR19 - P265/35 ZR19	P255/35 ZR18 - P275/35 ZR18
Direction	Crémaillère variable électrique	Crémaillère variable électrique
Diamètre de braquage (m)	11,7	11,6
Réservoir de carburant (litres)	52	61
Accélération: 0-100 km/h (sec)	4,80	4,60
Reprise: 80-120 km/h (sec)	2,90	3,40
Freinage: 100-0 km/h (m)	35,40	36,78
Piste: ss:00	48:72	49:75
Consommation combinée (2016-06-14)	11,8	12,8
Consommation Piste (2016-06-15)	29,1	17,6
Consommation moyenne	20,45	15,2
Cons. RNC (ville / route l/100 km)	11.8 / 8.8	14.7 / 9.8
Prix de base	61 000 $	67 750 $
Prix voiture essayée	64 900 $	88 730 $
Lieu de fabrication	Leipzig, DE	Lansing MI, US

	INFINITI Q50 RED SPORT	JAGUAR XF S
RANG	**4**	**3**
Empattement (mm)	2 850	2 960
Longueur (mm)	4 803	4 954
Largeur (mm)	1 824	1 880
Largeur (mm) - (rétro. inclus)		2 100
Hauteur (mm)	1 453	1 457
Voie avant (mm)	1 565	1 597
Voie arrière (mm)	1 559	1 594
Poids (kg)	1 839	1 760
Distribution du poids % (av/ar)	57 / 43	
Coefficient de traînée (Cd)	0,28	0,29
Nbre de coussins	6	6
Places	5	5
Capacité coffre min - max (litres)	382	540
Moteur	V6 Turbocompressé	V6 Surcompressé
Cylindrée (litres)	3,0	3,0
Puissance maximale (HP)	400 @ 6400	380 @ 6500
Couple maximal (lb-pi)	350 @ 1600 - 5200	332 @ 3500 - 5000
Essence recommandée	Super	Super
Boîte de vitesses / rapports	Auto / 7	Auto / 8
Rouage	Intégral	Intégral
Suspension avant	Indépendante, bras inégaux	Indépendante, double triangulation
Suspension arrière	Indépendante, multibras	Indépendante, multibras
Freins avant / diamètre (mm)	Disque / 356	Disque / 350
Freins arrière / diamètre (mm)	Disque / 351	Disque / n.d.
Pneus (av - ar)	P245/40 R19	P285/35 R20
Direction	Crémaillère variable électrique	Crémaillère variable électrique
Diamètre de braquage (m)	11,4	11,6
Réservoir de carburant (litres)	76	74
Accélération: 0-100 km/h (sec)	5,20	5,70
Reprise: 80-120 km/h (sec)	3,10	3,60
Freinage: 100-0 km/h (m)	42,52	43,12
Piste: ss:00	52:12	52:41
Consommation combinée (2016-06-14)	11,6	11,3
Consommation Piste (2016-06-15)	31,2	25,5
Consommation moyenne	21,4	18,4
Cons. RNC (ville / route l/100 km)	12.3 / 9.1	12.0 / 8.4
Prix de base	54 600 $	74 000 $
Prix voiture essayée	58 825 $	79 600 $
Lieu de fabrication	Tochigi, JP	Birmingham, GB

POINTAGE DÉTAILLÉ

	RANG	BMW **M2**	CADILLAC **ATS-V**	**Q50 RED SPORT** INFINITI	JAGUAR **XF S**
		1	2	4	3
DESIGN / STYLE					
Extérieur (silhouette, proportions, originalité, style, attrait visuel pur)	/30	17,1	**23,4**	21,7	21,9
Intérieur (design, couleurs, style, originalité, agencement des matériaux)	/20	15	**15,3**	12,9	14,7
	/50	32,1	38,6	34,6	36,5
CARROSSERIE					
Finition intérieure + extérieure (qualité de peinture, écarts, assemblage)	/15	10,8	10,1	**11,8**	10,6
Qualité des matériaux (texture, couleur, surface)	/15	**12,1**	10,3	11,6	11,4
Tableau de bord (clarté, lisibilité des cadrans, graphisme, disposition)	/10	6,9	6,8	**7,9**	7,7
Recharge (facilité pour brancher, débrancher, rangement du câble)	/10	7,5	6,4	6,8	**7,8**
Coffre (accès, volume, commodité, modularité, polyvalence: passage)	/10	5,6	6,9	6,5	**7,7**
Rangements (accès, nombre, taille, commodité, efficacité)	/5	2,8	3,0	**3,5**	**3,5**
	/65	45,7	43,4	48,0	48,6
CONFORT / ERGONOMIE					
Position de conduite (volant, sièges avant, repose-pieds, réglages)	/25	18,1	17,8	16,3	**18,8**
Ergonomie (facilité d'atteindre les commandes, douceur, précision)	/10	6,6	6,3	7,9	**8,0**
Silence de roulement (sur chaussée lisse ou raboteuse, bruit de vent)	/10	6,6	7,4	7,4	**8,6**
Places arrière (nombre, accès, confort, espace, appuie-tête)	/10	5,9	6,6	6,5	**8,2**
	/55	37,3	38,1	38,0	43,7
CONDUITE					
Tenue de route (agilité, adhérence)	/50	38,6	**42,3**	37,5	36,5
Moteur (rendement, puissance, couple, réponse, agrément)	/40	30,7	29,7	27,0	**31,3**
Direction (précision, 'feedback', résistance aux secousses, braquage)	/20	**15,1**	14,1	12,4	14,8
Freins (sensations, modulation, constance, performances, résistance)	/20	14,7	13,0	13,4	**15,4**
Transmission (précision, rapidité, étagement, douceur, embrayage)	/20	**17,6**	16,0	15,2	15,6
Qualité de roulement (suspension, solidité structurelle)	/10	7,4	6,1	5,9	**7,9**
	/160	124,1	121,1	111,5	121,6
SÉCURITÉ					
Visibilité (surface vitrée, largeur des montants, rétroviseurs, angles morts)	/5	2,9	3,4	3,0	**3,9**
Systèmes d'aide à la conduite (efficacité, ajustabilité, rapidité)	/5	3,2	2,5	2,6	**3,3**
	/10	6,1	5,9	5,6	7,1
PERFORMANCES MESURÉES*					
Tour de piste	/40	**36,0**	34,4	23,2	20,8
Accélération 0-100 km/h	/20	15,8	**16,6**	13,4	12,0
Reprises 80-120 km/h	/15	**11,0**	10,5	10,8	10,1
Freinage de 100 km/h	/20	**19,0**	17,6	11,6	10,4
Consommation	/15	7,0	**12,15 ****	6,6	9,0
	/110	88,8	79,1	65,6	62,3
CHOIX DES ESSAYEURS	/50	42,9	37,5	23,2	21,4
POINTAGE BRUT	/500	377,0	363,7	326,5	341,2
POINTAGE FINAL*	/500	318,9	299,0	278,6	283,3

* Avec pondération pour le prix selon la courbe des prix annuels de l'AJAC
** Voir texte pour explications

CHRONO CIRCUIT ROUTIER MÉCAGLISSE (SECONDES)

1er **BMW M2**
48:72

2e **CADILLAC ATS-V**
49:75

3e **INFINITI Q50 RED SPORT**
52:12

4e **JAGUAR XF S**
52:41

ACCÉLÉRATION 0-100 KM/H (SECONDES)

CADILLAC ATS-V	**4,6**
BMW M2	**4,8**
INFINITI Q50 RED SPORT	**5,2**
JAGUAR XF S	**5,7**

ACCÉLÉRATION 80-120 KM/H (SECONDES)

BMW M2	**2,9**
INFINITI Q50 RED SPORT	**3,1**
CADILLAC ATS-V	**3,4**
JAGUAR XF S	**3,6**

FREINAGE 100-0 KM/H (EN MÈTRES)

BMW M2	**35,40**
CADILLAC ATS-V	**36,78**
INFINITI Q50 RED SPORT	**42,52**
JAGUAR XF S	**43,12**

PRIX DU MODÈLE ESSAYÉ

INFINITI Q50 RED SPORT
58 825 $

BMW M2
64 900 $

JAGUAR XF S
79 600 $

CADILLAC ATS-V
88 730 $

CONSOMMATION (L/100 KM)

CADILLAC ATS-V
ROUTE/VILLE 12,8
PISTE 17,6
MOYENNE 15,2

JAGUAR XF S
ROUTE/VILLE 11,3
PISTE 25,5
MOYENNE 18,4

BMW M2
ROUTE/VILLE 11,8
PISTE 29,1
MOYENNE 20,45

INFINITI Q50 RED SPORT
ROUTE/VILLE 11,6
PISTE 31,2
MOYENNE 21,4

REMERCIEMENTS

Un tel match comparatif ne peut se faire que grâce à la complicité de plusieurs personnes. *Le Guide de l'auto* tient à remercier les essayeurs: Michel Deslauriers, André Deslauriers, Jean-Charles Lajeunesse, Yvan Fournier, Marie-France Rock, Laurent St-Onge, Sylvain Raymond, Théo DeGuire-Lachapelle et Félix-Antoine Deshaies. Félicitations à Julie Rouleau qui a gagné un concours dont l'un des prix était d'assister à l'un de nos matchs comparatifs. Elle a judicieusement choisi la journée à Mécaglisse.

Parlant de Mécaglisse... Un très grand merci à Franck Kirchoff qui nous a accueillis dans son magnifique complexe motorisé, situé dans le décor enchanteur des Laurentides. Merci Franck pour la piste, mais aussi pour ton pilotage exceptionnel, ta générosité et ta bonne humeur !

Photo: Mécaglisse

Mécaglisse
1253, Chemin Dufresne
Notre-Dame-de-la-Merci
QC J0T 2A0
(819) 424-3324
www.mecaglisse.com

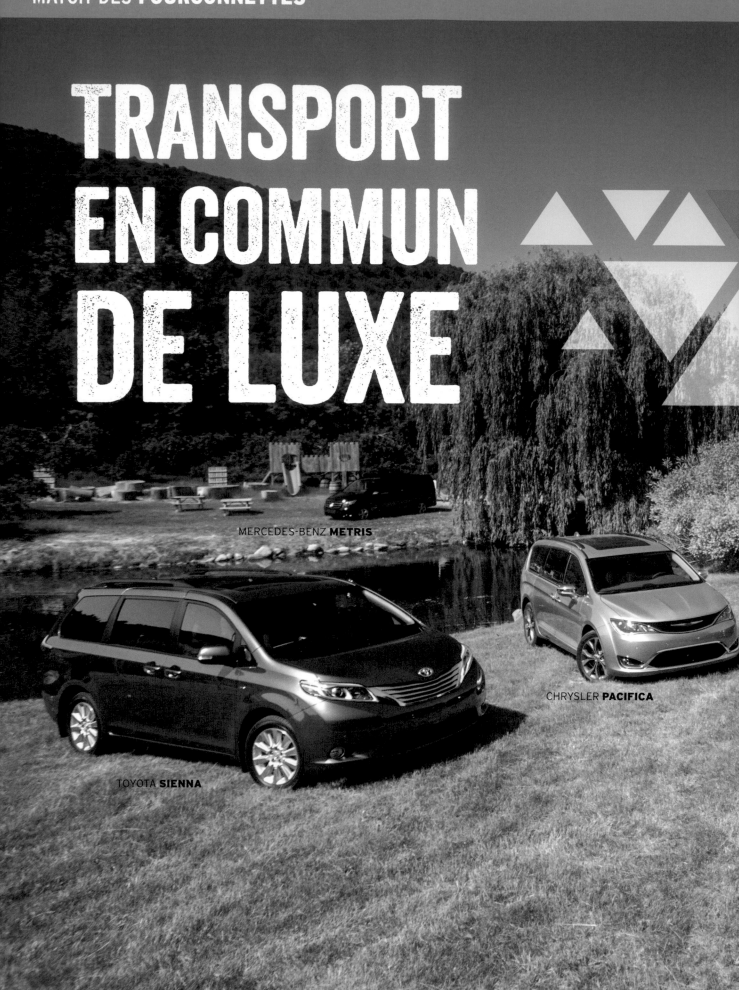

TRANSPORT EN COMMUN DE LUXE

MERCEDES-BENZ **METRIS**

CHRYSLER **PACIFICA**

TOYOTA **SIENNA**

Personne ne sera surpris d'apprendre que le marché de la fourgonnette n'est plus ce qu'il était. Depuis une dizaine d'années, on assiste à une dégringolade en règle des ventes de ces véhicules qui, Il y a à peine trente ans, ont révolutionné le transport familial. On reproche à ces minivans d'être trop gros, pas assez sportifs et, surtout, d'offrir une conduite parfaitement pépère. Alors, on se rue sur les VUS... qui ont souvent tous ces défauts, tout en étant moins polyvalents. Sans doute qu'un sociopsychologue pourrait mieux expliquer ce comportement qu'un journaliste automobile...

Un peu d'histoire. Le premier véhicule pouvant être considéré comme étant une fourgonnette serait la Stout Scarab, construite au milieu des années 30. Capable d'accueillir jusqu'à six personnes, cette voiture offrait un vaste lieu de vie modulable. Mais elle était en avance sur son temps et pas très jolie de surcroît. Ce fut un échec.

PAR ALAIN MORIN
PHOTOS: JEREMY ALAN GLOVER

KIA **SEDONA**

HONDA **ODYSSEY**

C'est Volkswagen qui allait créer le premier véritable engouement envers la fourgonnette avec son Type 2, mieux connu sous le nom de Microbus, apparu en 1950. On l'a vu au cinéma, il a été transformé en ambulance, en camion de livraison mais, surtout, il a été l'un des symboles du *Flower Power* de la fin des années 60 et du début des années 70. Entre le Scarab (peut-être même avant) et le Type 2, des dizaines de véhicules du même type ont vu le jour, sans grand succès, le « station wagon » remplissant à merveille le rôle de transporteur familial.

Au milieu des années 80, la société connaissait de profonds bouleversements. La religion prenait le bord, le divorce était devenu monnaie courante... tout comme la famille reconstituée, donc plus nombreuse. Les jeunes adultes qui avaient grandi sur la banquette arrière d'un station wagon reniaient ce dernier avec véhémence, question de se démarquer de la « vieille » génération. En même temps, la norme CAFE (Corporate Average Fuel Economy), formulée par le gouvernement américain suite à la crise du pétrole de 1973, était de plus en plus contraignante pour les automobiles, donc pour les station wagon. Or, cette norme ne concernait que les automobiles...

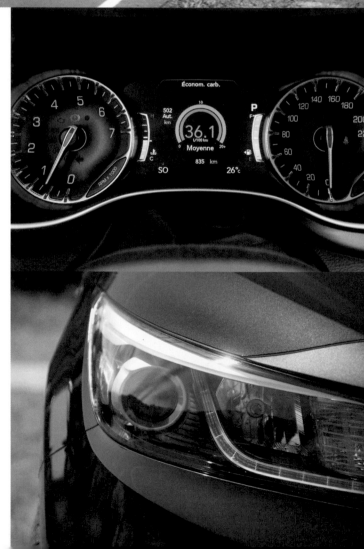

Le 2 novembre 1983, un nouveau type de véhicule faisait son apparition. Il s'agissait de la Dodge Caravan et de la Plymouth Voyager, appelées l'Autobeaucoup dans les publicités de l'époque. Le temps de la minifourgonnette était arrivé, contournant habilement la norme CAFE ! Au fil des années, la fourgonnette – pas juste celles de Chrysler – a pris de l'embonpoint et a perdu son préfixe « mini ».

Durant les années 90, les VUS sont arrivés avec les conséquences que l'on connaît. Depuis, General Motors, Ford et Nissan, entre autres, ont abandonné le marché de la fourgonnette.

Même si cette dernière représente moins de 5% du marché actuel au Canada, il se vend quand même près de 90 000 unités par an. Il y a deux ans, Kia revenait dans ce créneau, qu'elle avait abandonné quelques années auparavant, en dévoilant une Sedona entièrement revue. Cette année, Chrysler présente sa Pacifica, Honda et Toyota continuent avec leur Odyssey et Sienna respectives tandis que Mercedes-Benz a des visées sur ce marché. Si autant de monde s'y intéresse, c'est que ce marché doit être lucratif...

La dernière fois que *Le Guide de l'auto* avait organisé un match comparatif entre fourgonnettes, c'était en 2003. Il était donc temps qu'il compare tout ce beau monde!

La fourgonnette s'adressant tout d'abord aux familles, nous en avons invité quelques-unes. L'âge des sept enfants allait de 4 à 18 ans. L'ambiance étant bien plus à la fête qu'au travail, nos jeunes n'ont eu qu'à répondre à un tout petit sondage, bien peu scientifique, mais dont les résultats s'avèrent néanmoins très intéressants. Ils devaient répondre à quatre questions bien simples: Quelle fourgonnette est la plus belle, la plus laide, la plus confortable et la plus chère, selon eux. La perception des jeunes s'est quelquefois avérée fort intéressante!

Les adultes ont travaillé un peu plus; ils ont dû remplir une grille d'évaluation et livrer leurs commentaires. Laurent, un de nos essayeurs, a été mandaté pour installer un siège de bébé dans chacune des fourgonnettes, tandis que Daniel s'est occupé de vérifier comment réagissait le mécanisme de sécurité des portes coulissantes lorsqu'un obstacle venait obstruer le passage. N'ayez crainte, aucun bras, ou jambe, ou tête d'enfant n'ont été utilisés. Notre essayeur a risqué ses propres bras, par contre. Encore une fois, rien de scientifique, juste du bon vieux jugement.

METRL

1re

CHRYSLER **PACIFICA**

POINTAGE	**335,8 points**
PRIX DE LA VERSION ESSAYÉE	**60 445 $**

LA RÉVOLUTION ?

La grande nouveauté du petit créneau des fourgonnettes, la Chrysler Pacifica, a impressionné nos essayeurs par son style autant intérieur qu'extérieur.

Elle a aussi gagné de précieux points grâce à sa finition, pas parfaite, mais à des années-lumière de ce que Chrysler/Dodge nous a habitué, à la clarté de son instrumentation et à l'ergonomie générale de son tableau de bord. Par contre, plusieurs ont trouvé que les espaces de rangement manquaient. Son système multimédia Uconnect a été salué bien bas, contrairement aux sièges de la deuxième rangée, plus ou moins confortables. Parlant de ces sièges, le système Stow 'n Go est toujours apprécié, mais il faut un peu de pratique pour arriver à le manipuler. Pour se faire pardonner, c'est la Pacifica qui a requis le moins d'essence lors des deux journées du match.

La Pacifica n'est pas donnée. On peut légitimement se poser la question: est-ce que les gens seront prêts à mettre plus de 50 000 $ pour une fourgonnette Chrysler alors que Dodge, qui partage habituellement la même salle de démonstration, offre encore la Grand Caravan à 20 000 $ ou même 25 000 $ de moins ?

EN VRAC

« La boîte à neuf rapports hésite parfois à rétrograder lorsqu'on veut doubler » Le papa de Jules.

« Bravo pour la fonction automatique permettant d'abaisser la troisième rangée » La grande sœur de Loïc et de Mayalys.

Sécurité des portes coulissantes: 5/10 (effort requis variable et imprévisible)

Facilité d'installation d'un siège de bébé: 6/10 (la plus laborieuse pour l'installation d'un tel siège, car les sièges médians n'offrent aucun ajustement latéral ou longitudinal. C'est la faute au Stow 'n Go).

74,1 % des jeunes participants au match ont dit que la Pacifica était la plus belle, 14,3 %, la plus laide, 14,3 %, la plus confortable et 57,4 %, la plus chère.

HONDA **ODYSSEY**

QUELLES RIDES?

POINTAGE	**321,1 points**
PRIX DE LA VERSION ESSAYÉE	**56 211 $**

Au moment où nous avons tenu notre match, Honda n'avait toujours pas dévoilé son Odyssey 2017, entièrement revue. En toute logique, un véhicule renouvelé est meilleur que celui qu'il remplace. On a hâte de voir ce que ça va donner, la « vieille » Odyssey ayant terminé deuxième !

Si ses lignes extérieures n'ont semblé choquer personne, le design intérieur, lui, en a pris pour son rhume. Outre le Mercedes-Benz Metris qui est dans une classe à part, ce fut celui qui s'est attiré le plus de commentaires négatifs. Au chapitre du confort et de l'ergonomie, elle s'est pointée en première place grâce, entre autres, à sa troisième rangée, jugée la meilleure de toutes.

Quant à la conduite, elle obtient le même pointage que la Pacifica. On pourrait dire que la Honda est plus dynamique et la Pacifica, plus confortable. La Honda serait toutefois mieux servie par un moteur plus puissant. Oh, ses performances ne sont pas « dans la cave », mais la Pacifica vient de mettre la barre un peu plus haute

EN VRAC
« Finition du tableau de bord en plastique dur. Pour une version Touring, c'est décevant » L'oncle de Loïc et de Mayalys.

« La suspension multibras se moque des bosses et permet d'attaquer les virages comme si le véhicule faisait 500 kilos de moins » Le papa de deux ados et d'une toute récente adulte.

Sécurité des portes coulissantes : 7/10 (léger effort requis)

Facilité d'installation d'un siège de bébé : 6,5/10 (la seule fourgonnette offrant la possibilité d'installer six sièges simultanément. L'accès à la troisième rangée est compliqué).

42,9 % des jeunes participants au match ont dit que l'Odyssey était la plus confortable, 14,3 %, la plus laide et 14,3 %, la plus chère.

3e

KIA **SEDONA**

POINTAGE	**307,4 points**
PRIX DE LA VERSION ESSAYÉE	**46 000 $**

ELLE VIEILLIT VITE

Il y a quelques années, Kia commercialisait une Sedona infiniment anonyme. Il y a deux ans, quand nous avons appris que la marque coréenne revenait avec la Sedona, nous nous sommes bidonnés. Sauf que la nouvelle Sedona est incroyablement mieux réussie que sa devancière. À tel point que nous pensions qu'elle viendrait jouer les trouble-fêtes dans notre comparo. Mais, ce n'est pas arrivé.

Même si elle est celle qui prend le moins d'espace pour arrêter à partir de 100 km/h (43,4 mètres) et qui prend le moins de temps à passer de 80 à 120 km/h (ex aequo avec la Sienna avec 6,1 secondes), elle ne fait rien parfaitement. Ni rien de mal non plus. C'est pour ça qu'elle se situe en milieu de peloton.

Les essayeurs ont beaucoup apprécié ses sièges capitaine de deuxième rangée qui possèdent un appuie-jambes. Par contre, la troisième rangée a été sévèrement critiquée. Même constat au chapitre de la conduite, un peu trop molasse au goût de plusieurs. Ironiquement, c'est elle qui a eu les meilleurs chronos lors des performances mesurées. Bref, on peut avoir un bon cœur, mais des jambes ankylosées.

EN VRAC

« La Sedona est comme un *flip phone*. Elle est simple et pratique... mais ce n'est pas un iPhone » La maman de Kaïla.

« Je me laisserais conduire en lisant mon journal, bien installé dans les La-Z-Boy de la deuxième rangée » Le grand-papa de Kaïla.

Sécurité des portes coulissantes: 8/10 (elles rebroussent aisément chemin au contact d'un obstacle).

Facilité d'installation d'un siège de bébé: 7/10 (la seule où l'on peut rapidement ajuster les sièges médians dans le sens de la largeur, ce qui facilite la pose du siège, possibilité de trois sièges en même temps).

28,6 % des jeunes participants au match ont dit que la Sedona était la plus belle, 14,3 %, la plus laide et 14,3 %, la plus confortable.

TOYOTA SIENNA

DE L'AIDE, VITE!

POINTAGE	**298,8 points**
PRIX DE LA VERSION ESSAYÉE	**49 700 $**

La Sienna a la réputation d'être une platitude à conduire. Or, selon nos essayeurs, elle ne serait pas «si pire» que ça. En effet, dans le segment conduite, elle est arrivée tout juste derrière les Pacifica et Odyssey, qui ont terminé ex aequo, et devant la Sedona par une bonne marge. Eh ben!

La Sienna s'est aussi passablement bien débrouillée lors des tests de performances. Même si elle a terminé en troisième position, ses accélérations et ses reprises en font un véhicule sécuritaire, d'autant plus que nous avions une version à rouage intégral qui annihile tout effet de couple en accélération vive (avec une traction puissante, les roues avant ont tendance à tirer chacune de leur côté en accélération). Si notre match avait eu lieu en hiver, la Sienna AWD aurait pu gagner de précieux points. C'est d'ailleurs la seule fourgonnette à offrir l'intégrale.

Pour 2017, le V6 de la Sienna aura droit à l'injection directe, ce qui ajoutera une trentaine de chevaux, ainsi qu'à une boîte à huit rapports en remplacement de celle à six rapports. Puisque Honda dévoilera bientôt une nouvelle Odyssey, il y a fort à parier que d'ici peu, Toyota fera de même avec sa Sienna. Une histoire à suivre!

EN VRAC

«Les porte-gobelets sur le tableau de bord ont sûrement été achetés en ligne sur un site à rabais» Le papa de la maman de Kaïla.

«La Sienna penche moins dans les virages que j'aurais imaginé. Dommage que les sièges ne coopèrent pas» Le papa... des fiches techniques du *Guide de l'auto*.

Sécurité des portes coulissantes: 10/10 (au moindre contact d'un petit doigt, elles rebroussent chemin)

Facilité d'installation d'un siège de bébé: 7,5/10 (on peut y installer quatre sièges en même temps. Petit bémol, les crochets d'arrimage sont un peu trop bien camouflés).

14,1% des jeunes participants au match ont dit que la Sienna était la plus confortable et 14,3%, la plus laide.

5e

MERCEDES-BENZ **METRIS**

POINTAGE	**239,7 points**
PRIX DE LA VERSION ESSAYÉE	**44 800 $**

UNE CLASSE À PART

À première vue, on pourrait dire que la Metris a été complètement larguée. Mais ce n'est pas si simple que cela...

Tout d'abord, il convient de préciser que si la Metris a été invitée à notre match, c'est parce qu'elle comptait sept places. Le Transit Connect aussi, mais Ford a refusé notre invitation. Quant au Ram Promaster City Minibus, ses cinq places l'ont disqualifié d'entrée de jeu. Mais revenons à notre Metris. Il s'agit d'un véhicule commercial qui sera appelé à faire la navette, souvent 24 heures par jour, d'un hôtel à un aéroport, par exemple. Il ne s'adresse donc pas aux familles désirant voyager en tout confort.

D'abord, son apparence physique laisse présager une austérité certaine qui se confirme dès une portière ouverte. La Metris est arrivée dernière dans toutes les catégories. Preuve qu'elle était mauvaise ? Non. Preuve qu'elle n'était pas à sa place. À sa décharge, soulignons qu'une Metris bien entretenue devrait pouvoir atteindre le million de kilomètres. Pas sûr que les quatre autres fourgonnettes en feront autant...

EN VRAC
« Typiquement Mercedes... On se trompe toujours entre le levier des clignotants et celui du régulateur de vitesse » Le papa et une demie, devenu papa x2 depuis.

« Dommage que la version à rouage intégrale de la Vito (la version européenne de la Metris) ne soit pas disponible ici. Car affronter l'hiver dans ce véhicule à propulsion – roues arrière motrices – risque d'être pénible » JC, qui s'occupe de tout le monde.

Sécurité des portes coulissantes: n/a (portes manuelles)

Facilité d'installation d'un siège de bébé: 9/10 (véhicule très haut, crochets d'arrimage très visibles et accès aux places arrière facile, possibilité de quatre sièges installés en même temps).

42,9 % des jeunes participants au match ont dit que la Metris était la plus laide, 28,6 %, la plus chère et 14,3 %, la plus confortable.

ET ALORS?

Depuis ses débuts, la fourgonnette n'a cessé d'évoluer. Autant au chapitre de dimensions (la première Caravan était moins longue qu'une Mazda5!) qu'aux chapitres d'équipement et de confort. Depuis quelques années, on sent qu'elle tend davantage vers le VUS que vers la voiture. Lentement mais sûrement, elle perd en polyvalence alors qu'elle gagne en luxe et en beauté. Par exemple, de moins en moins de modèles permettent aux passagers avant de se rendre à l'arrière en passant entre les deux sièges, car une console bloque le passage. Celle de la Sedona, par exemple, ne serait pas déparée dans une voiture ou dans un VUS.

D'ailleurs, les fourgonnettes sont plus vendues comme étant des alternatives aux VUS plutôt qu'aux grosses voitures. Le prix de la Chrysler Pacifica, qui peut dépasser les 60 000 $ si on l'équipe au bouchon, paraît astronomique lorsqu'on le compare à celui, dérisoire, de la Grand Caravan. Pourtant, personne ne s'étonne de payer le même prix pour un Dodge Durango aux dimensions similaires. Certes, on ne peut comparer les deux, la Pacifica consommant infiniment moins tout en ayant davantage d'espace intérieur, le Durango offrant les avantages du rouage 4x4 et d'une meilleure capacité de remorquage.

Notre match a aussi fait ressortir quelques petites évidences. La Chrysler Pacifica est toute nouvelle et elle a remporté la première place. La vieillissante Honda Odyssey n'a pas terminé loin derrière la Pacifica. Elle sera remplacée par une toute nouvelle d'ici quelques mois. Si je m'appelais Pacifica, je commencerais tout de suite à penser à d'importantes mises à jour, surtout en ce qui a trait à la dynamique de conduite.

De son côté, la Sedona impressionne quand on en fait l'essai, mais elle brille moins quand on la compare directement aux autres fourgonnettes. D'ici à peine quelques années, elle pourrait bien être carrément larguée. Souhaitons que Kia lui apporte des améliorations chaque année. Quant à la Sienna, Toyota annonce une mécanique renouvelée pour 2017, mais rien n'a été annoncé au chapitre de l'esthétisme, de la conduite ou des fonctionnalités. Heureusement, Toyota peut compter sur une clientèle d'une extraordinaire fidélité pour en écouler un nombre impressionnant chaque année. Néanmoins, une Sienna de quatrième génération (la troisième est en vente depuis 2011) lui assurerait un succès continu.

La Metris, enfin, ne s'adresse pas au même public que les quatre autres. Il s'agit bien davantage d'un minibus que d'une fourgonnette. Il suffit de voir ses trois rangements sur le dessus du tableau de bord, juste assez larges pour recevoir des planches à pince (mieux connues sous l'appellation « pads pour feuilles ») pour se convaincre de sa vocation commerciale. Et si ça ne vous convainc pas, essayez ses sièges au confort acceptable qui supporteront des dizaines de milliers de fesses avant de montrer le moindre signe d'usure. De plus, la Metris devrait s'avérer la plus facile à modifier pour pouvoir accommoder des personnes à mobilité réduite.

Le marché de la fourgonnette est loin d'être mort. Même qu'il est encore bien vivant. Et peut-être que dans 20 ou 25 ans, nos jeunes essayeurs en posséderont une... Le mot de la fin revient à Jules, 4 ans, qui est convaincu que la Metris est la plus chère parce qu'« elle coûte 1 000 $ ».

REMERCIEMENTS

Le Guide de l'auto tient à remercier Andrée Lamontagne, du Flanc Nord, verger et cidrerie pour son accueil chaleureux. Nous vous invitons à visiter ce très bel endroit, situé au 835 chemin Rouillard, Mont-Saint-Hilaire (Québec) 450 464-7432 ou www.vergerduflancnord.com

MERCI À NOS ESSAYEURS, DE 4 À 63 ANS!

Marie-Odile Thellen, Laurent St-Onge, Jules St-Onge, Daniel Beaulieu, Nathalie Kobel, Ariane Beaulieu, Jasmine Beaulieu, Elodie Beaulieu, Marie-France Rock, François Rock, Kaïla Rock-Bélisle, Jean-Charles Lajeunesse, Leïla Coiteux-Clermont, Philippe-Olivier Rouleau, Loïc Coiteux-Girard, Mayalys Coiteux-Lavoie

FICHES TECHNIQUES

	CHRYSLER **PACIFICA**	HONDA **ODYSSEY**	KIA **SEDONA**
RANG	1	2	3
Modèle	Limited	Touring	SXL
Année	2017	2016	2016
Empattement (mm)	3 089	3 000	3 060
Longueur (mm)	5 172	5 153	5 115
Largeur (mm)	2 022	2 011	1 985
Largeur (mm) - (rétro. inclus)	n.d.	n.d.	n.d.
Hauteur (mm)	1 777	1 737	1 755
Voie avant / arrière (mm)	1 735 / 1 736	1 730 / 1 732	1 740 / 1 748
Poids (kg)	1 964	2 090	2 026
Distribution du poids % (av/ar)	55 / 45	57 / 43	n.d.
Nombre de coussins	8	6	6
Nombre de places	7	8	8
Capacité coffre min / max (litres)	915 - 3 979	846 - 4 205	960 - 4 022
Moteur	V6 Atmosphérique	V6 Atmosphérique	V6 Atmosphérique
Cylindrée (litres)	3,6	3,5	3,3
Puissance maximale (chevaux)	287 @ 6 400	248 @ 5 700	276 @ 6 000
Couple maximal (lb-pi)	262 @ 4 000	250 @ 4 800	248 @ 5 200
Essence recommandée	Ordinaire	Ordinaire	Ordinaire
Boîte de vitesses / rapports	Auto / 9	Auto / 6	Auto / 6
Rouage	Traction	Traction	Traction
Suspension avant	Ind., jambes de force	Ind., jambes de force	Ind., jambes de force
Suspension arrière	Semi-Ind., poutre de torsion	Ind., double triangulation	Ind., multibras
Freins avant	Disque	Disque	Disque
Freins arrière	Disque	Disque	Disque
Pneus (av - ar)	P245/50 R20	P235/60 R18	P235/55 R19
Marque	Falken Ziex CT50 A/S	Michelin Primacy MXV4	Continental CrossContact LX Sport
Direction	Crémaillère variable électrique	Crémaillère variable	Crémaillère assistée
Diamètre de braquage (m)	12,1	11,2	11,2
Réservoir de carburant (litres)	73	80	80
Capacité remorquage (kg)	1 633	1 588	1 590
Accélération: 0-100 km/h (sec)	9,00	9,40	9,00
Reprise: 80-120 km/h (sec)	6,70	6,80	6,10
Freinage: 100-0 km/h (m)	49,50	48,70	43,40
Consommation moyenne (match) (l/100 km)	11,50	11,20	11,30

FICHES TECHNIQUES	MERCEDES-BENZ METRIS COMBI	TOYOTA SIENNA
RANG	**5**	**4**
Modèle	Combi	XLE
Année	2016	2016
Empattement (mm)	3 200	3 030
Longueur (mm)	5 141	5 085
Largeur (mm)	n.d.	1 985
Largeur (mm) - (rétro. inclus)	2 244	n.d.
Hauteur (mm)	1 890	1 810
Voie avant / arrière (mm)	1 666	1 720
Poids (kg)	2 200	2 115
Distribution du poids % (av/ar)	n.d.	n.d.
Nombre de coussins	8	7
Nombre de places	7	7
Capacité coffre min / max (litres)	1 060	1 110 - 4 250
Moteur	4 L Turbocompressé	V6 Atmosphérique
Cylindrée (litres)	2,0	3,5
Puissance maximale (chevaux)	208 @ 5 500	266 @ 6 200
Couple maximal (lb-pi)	258 @ 1 250 - 4 000	245 @ 4 700
Essence recommandée	Super	Ordinaire
Boîte de vitesses / rapports	Auto / 7	Auto / 6
Rouage	Propulsion	Intégral
Suspension avant	Ind., jambes de force	Ind., jambes de force
Suspension arrière	Ind., multibras	Semi-Ind., poutre de torsion
Freins avant	Disque	Disque
Freins arrière	Disque	Disque
Pneus (av - ar)	P225/55 R17	P235/55 R18
Marque	Hankook Ventus S1 Noble2	Bridgestone Turanza EL400-2 RFT
Direction	Crémaillère variable électrique	Crémaillère variable électrique
Diamètre de braquage (m)	11,8	11,4
Réservoir de carburant (litres)	70	79
Capacité remorquage (kg)	2 250	680
Accélération: 0-100 km/h (sec)	11,00	9,30
Reprise: 80-120 km/h (sec)	8,10	6,10
Freinage: 100-0 km/h (m)	43,90	47,30
Consommation moyenne (match) (l/100 km)	12,00	11,30

POINTAGE DÉTAILLÉ

	RANG	1	2	3	5	4
		PACIFICA	ODYSSEY	SEDONA	METRIS	SIENNA
DESIGN / STYLE						
Extérieur (silhouette, proportions, originalité, style, attrait visuel pur)	/10	7,6	7,2	7,3	5,1	5,8
Intérieur (design, couleurs, style, originalité, agencement des matériaux)	/20	17,2	12,8	15,3	9,3	13,3
	/30	24,8	20,0	22,7	14,4	19,1
CARROSSERIE						
Finition int + ext (qualité de peinture, écarts, assemblage, qualité matériaux)	/15	12,0	10,8	10,1	8,3	10,4
Tableau de bord (clarté, lisibilité des cadrans, graphisme, disposition)	/15	11,9	11,3	11,5	9,0	10,5
Équipement (accessoires, innovations, gadgets, système audio, etc.)	/20	17,3	15,5	14,2	9,0	13,3
Coffre (accès, volume, commodité, modularité, polyvalence : passage)	/50	42,9	39,6	32,9	30,4	37,0
Rangements (accès, nombre, taille, commodité, efficacité)	/20	13,6	16,2	14,8	12,0	13,2
	/120	97,7	93,3	83,5	68,7	84,4
CONFORT / ERGONOMIE						
Position de conduite (volant, sièges avant, repose-pieds, réglages)	/20	16,3	16,2	14,8	12,7	14,5
Ergonomie (facilité d'atteindre les commandes, douceur, précision)	/10	7,8	7,4	7,5	6,5	7,1
Système multimédia (facilité d'utlisation, ergonomie, clarté, etc)	/20	16,2	13,7	14,3	10,2	11,4
Seconde rangée (accès, confort, espace)	/50	36,7	39,6	40,4	30,0	40,0
Troisième rangée (accès, confort, espace)	/30	23,3	23,8	19,0	20,3	19,5
	/130	100,3	100,6	96,1	79,6	92,5
CONDUITE						
Tenue de route (équilibre, agilité, adhérence, facilité, marge de sécurité)	/10	7,6	7,7	6,3	5,7	7,3
Moteur (rendement, puissance, couple, réponse, agrément)	/10	7,8	7,6	7,5	5,4	7,8
Direction (précision, *feedback*, résistance aux secousses, braquage)	/10	7,3	7,7	6,2	6,7	6,6
Freins (sensations, modulation, constance, performances, résistance)	/10	7,7	7,5	6,8	5,3	6,8
Transmission (précision, rapidité, étagement, douceur, embrayage)	/10	7,5	7,6	7,0	5,9	8,1
Qualité de roulement (silence, suspension, solidité structurelle)	/10	7,7	7,5	6,4	5,0	7,9
	/60	45,5	45,5	40,2	34,0	44,4
SÉCURITÉ						
Visibilité (surface vitrée, largeur des montants, rétroviseurs, angles morts)	/20	15,3	16,2	13,7	12,0	15,0
Systèmes d'aide à la conduite (efficacité, ajustabilité, rapidité)	/10	7,5	7,4	7,2	3,5	7,0
	/30	22,8	23,6	20,9	15,5	22,0
PERFORMANCES MESURÉES *						
Accélération 0-100 km/h	/15	13,3	8,4	8,9	6,9	8,3
Reprises 80-120 km/h	/20	16,0	15,8	17,2	12,8	17,2
Freinage de 100 km/h	/20	7,6	8,4	13,4	12,8	9
Consommation	/25	21,5	21,0	21,3	19,5	21,3
	/80	58	54	61	52	56
AUTRES CLASSEMENTS						
Choix des essayeurs (sur 10)	/50	45,0	38,3	28,3	10,0	26,7
TOTAL	/500	394,5	374,8	352,4	274,2	344,9
POINTAGE FINAL*	/500	335,8	321,1	307,4	239,7	298,8

* Tient compte de la pondération pour le prix selon la courbe de valeur de l'AJAC

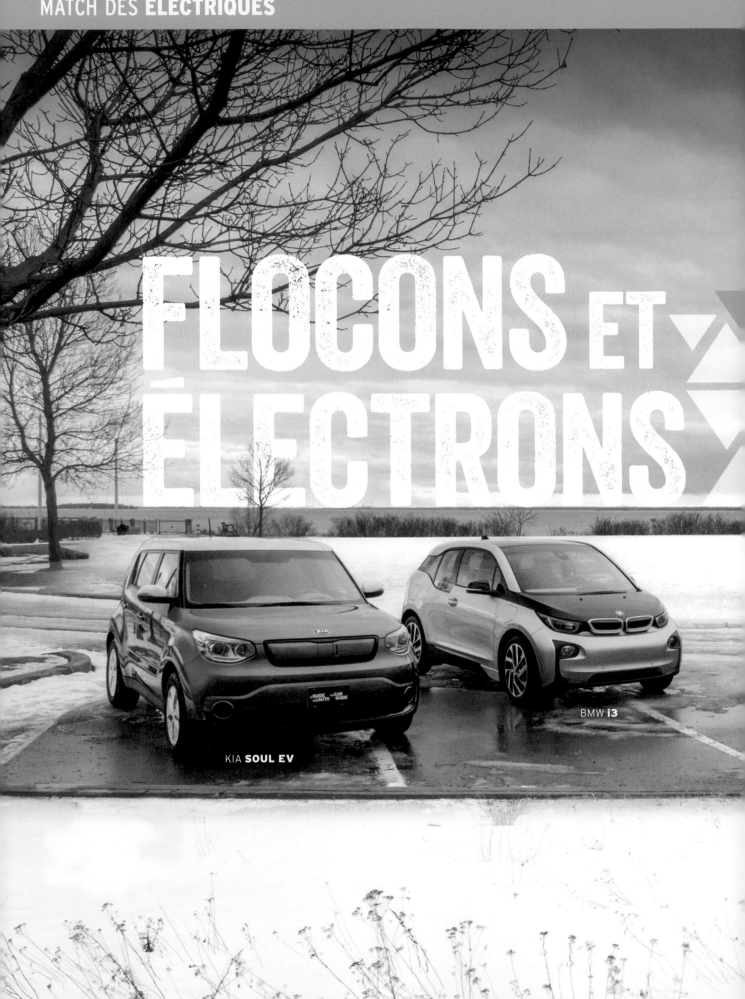

FLOCONS ET
ÉLECTRONS

BMW **i3**

KIA **SOUL EV**

Ah, les voitures électriques! Ces bidules à batteries piquent la curiosité, mais leur faible autonomie, leur prix élevé et leur valeur de revente incertaine demeurent des interrogations à l'achat. Par contre, le gouvernement du Québec souhaite voir 100 000 véhicules électriques sur les routes de la province d'ici 2020, et offre des incitatifs financiers pour encourager les consommateurs. C'est donc un bon moment pour s'en procurer un.

Un autre facteur qui peut refroidir davantage les ardeurs des écologistes en herbe, c'est la rudesse de nos hivers interminables. Notre climat et les routes enneigées peuvent réduire l'autonomie déjà modeste de la plupart des véhicules électriques. Par contre, y en a-t-il qui puissent faire une meilleure gestion de leur énergie que d'autres? C'est ce que l'on a tenté de découvrir.

PAR MICHEL DESLAURIERS
PHOTOS: GUILLAUME FOURNIER

TESLA **MODEL S**

NISSAN **LEAF**

FORD **FOCUS ÉLECTRIQUE**

Photo: Marc-André Gauthier

Au moment de mettre *Le Guide 2017* sous presse, le nombre de VÉ (véhicule électrique) immatriculés au Québec se chiffre à moins de 10 000, alors l'objectif du gouvernement est des plus optimistes. Et de ce nombre, moins de la moitié sont des véhicules 100% électriques, les consommateurs optant plutôt pour l'autonomie et l'assurance d'une hybride rechargeable.

Pourtant, selon Ressources naturelles Canada, les Canadiens parcourent en moyenne 15 200 km par année, ce qui équivaut à moins de 42 km par jour. Pour une proportion de la population, une voiture électrique pourrait convenir amplement à leurs besoins.

On se dirige donc (très) lentement vers un parc automobile parsemé de VÉ, propulsés par de l'énergie propre et conduits par une population prête à caresser cette nouvelle technologie. Adieu moteur V8, tes jours sont comptés !

C'était le temps pour *Le Guide de l'auto* de se tourner vers l'avenir et de faire le point sur les véhicules électriques qui sont actuellement offerts sur le marché. Toutefois, sont-ils adaptés à nos hivers, où le mercure fluctue fréquemment de 30 degrés Celsius en l'espace de 24 heures ? À quel point leurs systèmes de chauffage et les conditions routières difficiles vont-ils réduire leur efficacité énergétique ?

C'est donc durant l'hiver que l'on a décidé d'organiser un match comparatif de VÉ. Se limitant à des véhicules 100% électriques, et non des hybrides rechargeables ou des VÉ à autonomie prolongée (comme la Chevrolet Volt), nous avons dressé une liste de modèles afin de les rassembler à la fin de février 2016.

On s'est rapidement retrouvé avec le Kia Soul EV, la Nissan Leaf, la Ford Focus électrique et la BMW i3. Dans le cas de cette dernière, on a dû se contenter d'un exemplaire équipé d'un moteur à

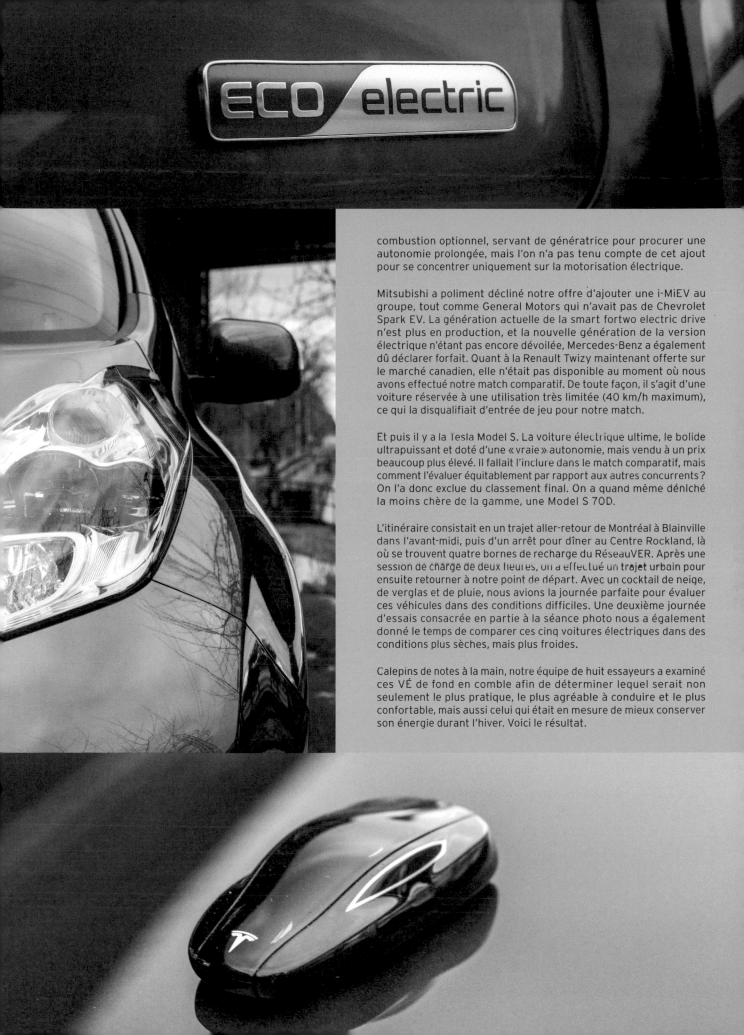

combustion optionnel, servant de génératrice pour procurer une autonomie prolongée, mais l'on n'a pas tenu compte de cet ajout pour se concentrer uniquement sur la motorisation électrique.

Mitsubishi a poliment décliné notre offre d'ajouter une i-MiEV au groupe, tout comme General Motors qui n'avait pas de Chevrolet Spark EV. La génération actuelle de la smart fortwo electric drive n'est plus en production, et la nouvelle génération de la version électrique n'étant pas encore dévoilée, Mercedes-Benz a également dû déclarer forfait. Quant à la Renault Twizy maintenant offerte sur le marché canadien, elle n'était pas disponible au moment où nous avons effectué notre match comparatif. De toute façon, il s'agit d'une voiture réservée à une utilisation très limitée (40 km/h maximum), ce qui la disqualifiait d'entrée de jeu pour notre match.

Et puis il y a la Tesla Model S. La voiture électrique ultime, le bolide ultrapuissant et doté d'une « vraie » autonomie, mais vendu à un prix beaucoup plus élevé. Il fallait l'inclure dans le match comparatif, mais comment l'évaluer équitablement par rapport aux autres concurrents ? On l'a donc exclue du classement final. On a quand même déniché la moins chère de la gamme, une Model S 70D.

L'itinéraire consistait en un trajet aller-retour de Montréal à Blainville dans l'avant-midi, puis d'un arrêt pour dîner au Centre Rockland, là où se trouvent quatre bornes de recharge du RéseauVER. Après une session de charge de deux heures, on a effectué un trajet urbain pour ensuite retourner à notre point de départ. Avec un cocktail de neige, de verglas et de pluie, nous avions la journée parfaite pour évaluer ces véhicules dans des conditions difficiles. Une deuxième journée d'essais consacrée en partie à la séance photo nous a également donné le temps de comparer ces cinq voitures électriques dans des conditions plus sèches, mais plus froides.

Calepins de notes à la main, notre équipe de huit essayeurs a examiné ces VÉ de fond en comble afin de déterminer lequel serait non seulement le plus pratique, le plus agréable à conduire et le plus confortable, mais aussi celui qui était en mesure de mieux conserver son énergie durant l'hiver. Voici le résultat.

1re

KIA **SOUL EV**

POINTAGE	**310 points**
PRIX DE LA VERSION ESSAYÉE	**34 995 $**

LE POLYVALENT

Sans faire d'éclat, le Soul s'est hissé au sommet du classement grâce à sa polyvalence indéniable, son rapport prix/équipement imbattable et sa capacité à bien gérer son énergie en conduite hivernale.

Lors de notre parcours, toutes les voitures du groupe ont consommé une proportion d'autonomie plus grande que la distance parcourue – et l'on s'y attendait. L'autonomie maximale du Kia est évaluée à 149 km, soit dans la moyenne. Par contre, c'est le Kia qui a gaspillé le moins d'électrons. Son système de chauffage efficace, qui comprend notamment une fonction pour ne réchauffer que le conducteur (lorsqu'il est seul, bien sûr), contribue certainement à ce résultat.

À l'exception du Tesla Model X qui vient d'être commercialisé, le petit Kia est le seul véhicule utilitaire 100 % électrique. Son habitacle offre de la place pour cinq personnes et une vaste aire de chargement, surtout lorsque l'on rabat les dossiers arrière. La qualité de la finition a également été soulevée : « l'assemblage des panneaux est excellent, le meilleur du groupe avec celui de la BMW », selon Jean-Charles Lajeunesse. De plus, les informations relatives à la conduite et l'autonomie sont claires et faciles à analyser.

Le Soul n'est toutefois pas sans défauts. Sa conduite n'est pas des plus inspirantes, et sa puissance est suffisante, sans plus. « L'habitacle est aussi beau qu'un calorifère des années 70 », a dit Marie-France Rock, en faisant référence au garnissage des sièges en tissu gris et à la planche de bord blanche. La peinture bleue et les jantes blanches sont un peu trop criardes à notre goût, mais au moins, les teintes noir et blanc sont également disponibles.

« Le choix pour la famille », a noté Marc-André Gauthier. Cela résume bien le Soul pour ceux qui sont à la recherche d'un véhicule électrique, mais avec un besoin d'espace pour les enfants.

BMW i3

L'EXTROVERTIE

POINTAGE	**306 points**
PRIX DE LA VERSION ESSAYÉE	**49 300 $**

Difficile de passer inaperçu dans la i3. Sa carrosserie de voiture urbaine du futur ainsi que son habitacle minimaliste et original ont séduit l'ensemble du groupe. Peu de voitures électriques vont attirer autant les regards.

En regardant les minces pneus de 19 pouces et le gabarit de la i3, on est loin de se douter qu'elle offre un comportement routier digne de son écusson BMW. « La plus maniable du lot ! » a exprimé Frédérick Boucher-Gaulin. La direction est agréable, son moteur électrique procure des performances vives, alors que son rouage à propulsion et son poids (de loin la plus légère du groupe) contribuent à sa belle tenue de route.

Dans l'habitacle, le fonctionnement du système iDrive est identique à celui des autres produits de la marque et brille par sa convivialité. Les sièges fermes ont plu à la plupart des essayeurs, et même si l'accès aux places arrière s'avère un peu complexe avec les portes inversées, une fois assis, l'espace est adéquat. En revanche, le coffre n'est pas très grand si les places arrière sont occupées. Au moins, on retrouve un petit espace de rangement sous le capot pour un bidon de lave-glace.

À l'instar de la Focus, l'autonomie de la i3 essayée n'est pas très élevée, variant de 130 à 160 km, bien qu'en 2017 elle sera augmentée à plus de 180 km. Et lors de notre essai, c'est celle qui a affiché la pire gestion d'énergie en conduite hivernale, alors que son autonomie a chuté du double par rapport à la distance parcourue. Un petit moteur à essence est offert en option dans la i3 : trois quarts des acheteurs le choisissent, ce qui n'est guère surprenant.

« Je pensais détester cette voiture, mais au final, c'est mon coup de cœur », a admis Alain Morin, et elle a été le premier ou le deuxième choix de six essayeurs sur huit. Seul son prix relativement élevé l'a reléguée à la deuxième marche du podium.

3ᵉ

NISSAN **LEAF SL**

POINTAGE	**292 points**
PRIX DE LA VERSION ESSAYÉE	**40 548 $**

LA CONSERVATRICE

La vénérable Leaf bénéficie depuis l'an dernier, dans ses livrées SV et SL, d'une autonomie maximale de 172 km. Seules les Tesla et l'édition 2017 de la i3 en offrent davantage. Comme toujours, la Leaf trouve son lot d'acheteurs grâce à l'espace de son habitacle, son niveau d'équipement intéressant et son prix relativement abordable.

Le style de sa carrosserie n'a ni offusqué, ni enchanté personne. «Une grenouille électrocutée», a noté Marie-France Rock, alors que Daniel Beaulieu l'a comparée à un mammifère marin : «Quand je vois une Leaf blanche, j'ai toujours envie de la remettre à l'eau!» Par contre, l'habitacle a gagné des points pour l'insonorisation, l'ergonomie et la qualité sonore de la chaîne audio, même si la position de conduite n'est pas idéale et que les sièges manquent de soutien. Le coffre de la Leaf est le plus volumineux du groupe, exception faite de la Tesla qui en compte deux.

Le comportement routier de la Leaf est à l'opposé de celui de la Focus. Le moteur électrique suffit à la tâche, sans plus. La direction communique peu de sensations de la route. Ici, l'efficacité énergétique demeure la priorité. «Elle fait très bien le boulot, mais sans exciter son pilote», a souligné Jean-Charles Lajeunesse.

Malgré son manque de caractère, la Leaf a démontré sa polyvalence et une bonne gestion d'énergie en conduite hivernale. «Elle a été conçue dès le départ comme un véhicule électrique et ça paraît, a mentionné Marc-André Gauthier. C'est celle du groupe qui propose la meilleure synergie des composants».

La Leaf a quand même a donné une petite frousse à Frédérick Boucher-Gaulin. À l'approche de l'échangeur de l'Acadie à Montréal, alors que l'on était à deux kilomètres de notre destination pour la recharge, l'affichage de l'autonomie est passé de 10 km à... rien! Ce moment, bien que mémorable, n'a toutefois pas influencé sa position au classement.

FORD **FOCUS ÉLECTRIQUE**

LA SPORTIVE

POINTAGE	270 points
PRIX DE LA VERSION ESSAYÉE	31 999 $

Parmi toutes les voitures électriques sur le marché, la Focus électrique est celle qui passe la plus inaperçue. On la confond facilement pour une Focus « ordinaire ». Un avantage ou un inconvénient, selon que l'acheteur a envie ou non d'afficher son côté écologique.

À l'instar de toutes les Focus, la version électrique offre une conduite dynamique et vivante, ce qui fut très apprécié de nos essayeurs. En fait, la voiture était peut-être même trop nerveuse, car sur des surfaces glacées ou enneigées, il était presque impossible de ne pas faire patiner les pneus au démarrage. « système antipatinage mal adapté? Ça me semble impossible, mais la Focus a maintes fois prouvé le contraire », a noté Alain Morin. De plus, à basse vitesse, les freins trop mordants rendaient les manœuvres de stationnement très désagréables.

Le style de l'habitacle a plu à certains essayeurs, alors que d'autres ont trouvé la finition aléatoire. En revanche, l'excellente position de conduite et le confort des sièges avant ont été soulignés unanimement. Le nouveau système multimédia SYNC 3 de la Focus 2016 essayée (la 2017 n'étant pas encore disponible au moment du match), qui remplace le détestable MyFord Touch, représente une nette amélioration.

Hélas, les qualités dynamiques et le prix le plus bas du groupe n'ont pu nous faire oublier le manque cruel d'espace aux places arrière et le coffre devenu presque inutilisable, dû à la présence du bloc de batteries. L'autonomie annoncée de 122 km est la plus petite de notre groupe, alors que l'affichage devant le conducteur présente une autonomie réelle, basée sur nos habitudes récentes de conduite, et un « budget », c'est-à-dire le kilométrage maximal que l'on pourrait atteindre avec une écoconduite stricte. Daniel Beaulieu résume : « le plaisir est de courte durée, car il faut recharger. Et recharger... et recharger ».

Hors concours

TESLA **MODEL S 70D**

| POINTAGE | **317 points** |
| PRIX DE LA VERSION ESSAYÉE | **99 000 $** |

L'ATHLÈTE

On a longuement réfléchi à savoir si l'on devait inclure la Tesla dans le match. Ses performances, sa conduite, son luxe et son autonomie beaucoup plus grande auraient pu jeter de l'ombre sur le reste du groupe. Et ça a été le cas. Par contre, côté budget, elle a aidé à mettre les choses en perspective.

Évidemment, chacun d'entre nous a été fasciné par les accélérations foudroyantes de la Model S 70D, et ce, malgré qu'elle soit la moins puissante de la gamme. «Les moteurs électriques livrent une performance ahurissante, sans culpabilité», a exprimé Daniel Beaulieu, alors que Frédérick Boucher-Gaulin a déclaré: «Les accélérations sont intoxicantes... on en veut toujours plus!»

Le design de la carrosserie a également été chaudement applaudi, même après déjà quelques années sur le marché. Grâce à ses deux coffres, la Model S est aussi très logeable, et en option, on peut même asseoir jusqu'à sept personnes, bien que quelques-unes d'entre elles devront être des enfants.

Après les fleurs, le pot. La finition intérieure de la Tesla a été critiquée, surtout à l'égard du prix demandé... L'immense écran tactile impressionne à première vue, mais devient une distraction lorsque l'on cherche les commandes de climatisation, par exemple. Outre un espace entre les deux sièges à l'avant, on constate un cruel manque de rangement dans la grande berline. Les sièges arrière ne sont pas très confortables à cause des dossiers à la verticale.

À près de 100 000 $, le prix de la Tesla a fait sursauter la plupart des essayeurs. Surtout ceux qui mettaient le pied dans une Tesla pour la première fois, et qui avaient de grandes attentes. Alors que le classement final favorisait amplement la Model S et son autonomie de 385 km, une fois le pointage réduit en tenant compte du facteur prix, l'écart avec les autres du groupe a diminué considérablement.

Photo: Marc-André Gauthier

REMERCIEMENTS

L'équipe du *Guide de l'auto* aimerait remercier chaleureusement Steve Spence et les Services Spenco (www.servicesspenco.com) pour l'entreposage, la préparation et la recharge des véhicules de notre essai comparatif. Nous tenons également à remercier EEKO Location (www.eekorentals.com/fr), entreprise de location de voitures électriques, de nous avoir permis d'essayer la Tesla Model S. Enfin, un gros merci à notre estimé collègue Marc Lachapelle d'avoir préparé les données d'accélération et de freinage de nos véhicules à l'essai.

CONCLUSION

Cet essai comparatif de véhicules électriques est le premier de l'histoire du *Guide de l'auto*, mais cela ne sera manifestement pas le dernier. Nous avons beaucoup appris de cette expérience, notamment que l'on doit sans cesse prendre des chiffres en note, et effectuer d'innombrables calculs afin de déterminer la réelle efficacité énergétique de ces autos. Au fil du temps, on s'y ajustera, et les constructeurs aussi en uniformisant des mesures telles que le temps de recharge en fonction de l'intensité des bornes, par exemple. De plus, le climat particulier du Canada et du Québec demeurera toujours un baromètre pour l'efficacité de ces véhicules.

L'EFFET TESLA

Évidemment, l'arrivée de la petite entreprise d'Elon Musk a changé la perception des véhicules électriques. La population de masse a pu constater que ce type de motorisation peut rendre une voiture très performante, et qu'une autonomie équivalente à celle d'un véhicule conventionnel était réalisable, tant que le prix ne représente pas le principal critère d'achat.

La commercialisation de nouveaux modèles, comme la Chevrolet Bolt EV et la Tesla Model 3, feront baisser le prix de la technologie à des niveaux plus abordables, sans toutefois sacrifier une autonomie plus intéressante pour la population habitant loin des grands centres urbains.

L'AVENIR DE LA PROPULSION ÉLECTRIQUE

Puisque l'automobile symbolise la liberté, nous sommes réticents à changer nos habitudes de conduite. Car avec une voiture électrique, les distances à parcourir doivent être calculées et lorsqu'on diverge de notre trajet routinier quotidien, il faut planifier nos déplacements afin de s'assurer de ne pas tomber en panne... de courant. C'est pourquoi le gouvernement et d'autres partenaires (des constructeurs automobiles, entre autres) contribuent à l'installation d'un réseau exhaustif de bornes de recharge à travers le Québec. On en compte actuellement plus de 600, dont une trentaine à recharge rapide.

Est-ce suffisant pour convaincre la population de passer aux véhicules électriques ? Pas vraiment, car en réalité, lors de nos trajets quotidiens, on doit disposer d'une autonomie assez grande pour partir de la maison et y revenir confortablement, sans devoir utiliser une borne de recharge en route. Elles sont bien pratiques pour éviter d'épuiser les batteries, mais les temps de charge allongeront sensiblement nos déplacements. Et en ville, ce n'est pas tout le monde qui peut s'installer une borne de recharge, faute d'une place de stationnement réservée.

L'avenir des voitures électriques est-il assuré ? Absolument. Comme toute nouvelle technologie qui progresse à la vitesse de l'éclair, la capacité des batteries ne peut qu'augmenter, l'efficacité des moteurs ne peut que s'améliorer, et les coûts de développement ne peuvent que baisser. Et n'oublions pas que les VÉ ne datent pas d'hier. En effet, ils ont effectué leurs premiers tours de roue il y a plus de 130 ans ! En attendant, les voitures hybrides et hybrides rechargeables représentent un entre-deux intéressant pour économiser à la pompe.

PARTICIPANTS

Munis de bottes imperméables, de tuques et d'une détermination de fer, ces participants ont su garder leur sang-froid, même quand l'autonomie diminuée des voitures a défié leur confiance. Merci à nos essayeurs: Daniel Beaulieu, Frédérick Boucher-Gaulin, Michel Deslauriers, Marc-André Gauthier, Jean-Charles Lajeunesse, Alain Morin, Marie-France Rock et Jean-François Savoie.

FICHES TECHNIQUES	BMW i3	FORD FOCUS ÉLECTRIQUE	KIA SOUL EV
RANG	**2**	**4**	**1**
Empattement (mm)	2 570	2 648	2 570
Longueur (mm)	4 008	4 391	4 140
Largeur (mm)	1 775	1 823	1 800
Hauteur (mm)	1 578	1 478	1 600
Voie avant / arrière (mm)	1 571 / 1 576	1 539 / 1 515	1 575 / 1 585
Poids (kg)	1 195	1 651	1 492
Nombre de coussins	6	7	6
Nombre de places	4	5	5
Capacité coffre min / max (litres)	428 - 1045	402 - 940	532 - 1 402
Puissance maximale (chevaux)	170	143	109
Couple maximal (lb-pi)	184	184	210
Type de batterie	Lithium-ion	Lithium-ion	Lithium-ion polymère
Refroidissement (batterie)	Liquide	Liquide	Air
Voltage (Volts)	360	325	360
Capacité (kWh)	18,8	23,0	27,0
Recharge 110 - 120V (heures)	12,0 - 15,0	20,0	24,0
Recharge 220 - 240V (heures)	3,0 - 6,0	3,6	5,0
Recharge H-V @ 80% (heures)	0,5	non applicable	0,5
Boîte de vitesses / rapports	Auto, rapport fixe	Auto, rapport fixe	Auto, rapport fixe
Rouage	Propulsion	Traction	Traction
Suspension avant	Ind., jambe de force	Ind., jambe de force	Ind., jambe de force
Suspension arrière	Ind., multi-bras	Ind., multi-bras	Semi-ind., poutre de torsion
Freins avant / diamètre (mm)	Disque / n.d.	Disque / 278	Disque / 300
Freins arrière / diamètre (mm)	Disque / n.d.	Disque / 271	Disque / 285
Pneus	P155/70R19	P225/50R17	P205/60R16
Direction	Crémaillère électrique	Crémaillère électrique	Crémaillère électrique
Diamètre de braquage (m)	9,9	11,0	10,6
Autonomie annoncée (km)	130 - 160	122	149
Autonomie hivernale observée (écart en %)	106,4	92,7	60,7
Accélération: 0-100 km/h (sec)**	8,1	10,5	10,6
Reprise: 80-120 km/h (sec)**	6,2	7,3	9,0
Freinage: 100-0 km/h (m)**	44,7	42,3	44,4
Cons. RNC Le/100 km (ville / route / comb)	1,7 / 2,1 / 1,9	2,1 / 2,4 / 2,2	2,0 / 2,6 / 2,2
Prix de base	45 300$	31 999$	34 995$
Prix modèle essayé	49 300$*	31 999$	34 995$
Lieu de fabrication	Leipzig, DE	Wayne, MI	Gwangiu, KR
Garantie batterie	8 ans / 160 000 km	8 ans / 160 000 km	10 ans / 160 000 km

	NISSAN LEAF SL	TESLA MODEL S 70D
RANG	3	**NON CLASSÉE**
Empattement (mm)	2 700	2 960
Longueur (mm)	4 445	4 970
Largeur (mm)	1 770	1 964
Hauteur (mm)	1 550	1 435
Voie avant / arrière (mm)	1 540 / 1 535	1 662 / 1 700
Poids (kg)	1 541	2 205 (est)
Nombre de coussins	6	8
Nombre de places	5	5
Capacité coffre min / max (litres)	668 - 849	745 - 1 645
Puissance maximale (chevaux)	107	328
Couple maximal (lb-pi)	187	387
Type de batterie	Lithium-ion	Lithium-ion
Refroidissement (batterie)	Air	Liquide
Voltage (Volts)	360	375
Capacité (kWh)	30,0	70,0
Recharge 110 - 120V (heures)	26,0	77,0
Recharge 220 - 240V (heures)	6,6	8,2
Recharge H-V @ 80% (heures)	0,5	4,1
Boîte de vitesses / rapports	Auto, rapport fixe	Auto, rapport fixe
Rouage	Traction	Intégral
Suspension avant	Ind., jambe de force	Ind. double triangulation
Suspension arrière	Semi-ind., poutre de torsion	Ind. multi-bras
Freins avant / diamètre (mm)	Disque / 283	Disque / 355
Freins arrière / diamètre (mm)	Disque / 292	Disque / 365
Pneus	P215/50R17	P245/45R19
Direction	Crémaillère électrique (vari.)	Crémaillère électrique (vari.)
Diamètre de braquage (m)	10,4	11,3
Autonomie annoncée (km)	172	385
Autonomie hivernale observée (écart en %)	64,9	69,2
Accélération: 0-100 km/h (sec)**	11,3	5,4
Reprise: 80-120 km/h (sec)**	10,5	3,7
Freinage: 100-0 km/h (m)**	42,9	40,2
Cons. RNC Le/100 km (ville / route / comb)	1,9 / 2,3 / 2,1	2,3 / 2,3 / 2,3
Prix de base	40 548 $	95 300 $
Prix modèle essayé	40 548 $	99 000 $
Lieu de fabrication	Smyrna, TN	Fremont, CA
Garantie batterie	8 ans / 160 000 km	8 ans / illimité

* Le modèle essayé était une version REX (Range Extender) dotée d'un moteur à essence. Nous n'en avons pas tenu compte dans cette fiche technique.
** Données recueillies par Marc Lachapelle.

POINTAGE DÉTAILLÉ

	RANG	BMW **i3**	FORD FOCUS ÉLECTRIQUE	KIA SOUL EV	NISSAN LEAF SL	TESLA MODEL S 70D
		2	**4**	**1**	**3**	**NC**
DESIGN / STYLE						
Extérieur (silhouette, proportions, originalité, style, attrait visuel pur)	/20	14,6	14,0	13,6	10,9	**17,6**
Intérieur (design, couleurs, style, originalité, agencement des matériaux)	/20	**17,4**	13,8	13,6	13,3	15,1
	/40	**32,0**	**27,8**	**27,3**	**24,2**	**32,8**
CARROSSERIE						
Finition intérieure + extérieure (qualité de peinture, écarts, assemblage)	/10	**8,4**	6,9	7,3	7,1	7,0
Qualité des matériaux (texture, couleur, surface)	/10	**8,5**	6,9	7,1	7,0	7,0
Tableau de bord (clarté, lisibilité des cadrans, graphisme, disposition)	/10	7,1	7,3	**7,9**	7,6	7,3
Recharge (facilité pour brancher, débrancher, rangement du câble)	/15	**12,6**	8,3	12,3	11,3	12,2
Coffre (accès, volume, commodité, modularité, polyvalence: passage)	/15	9,6	7,5	11,4	12,7	**13,6**
Rangements (accès, nombre, taille, commodité, efficacité)	/10	7,1	7,1	**7,4**	7,3	5,8
	/70	**53,2**	**44,0**	**53,5**	**52,8**	**52,9**
CONFORT / ERGONOMIE						
Position de conduite (volant, sièges avant, repose-pieds, réglages)	/10	7,4	7,8	7,4	6,9	**9,0**
Chauffage (rapidité, puissance, etc.)	/10	6,9	7,4	**7,7**	7,3	6,0
Ergonomie (facilité d'atteindre les commandes, douceur, précision)	/10	6,8	7,6	**8,2**	7,5	6,1
Ergonomie système multimédia + applications	/20	11,8	12,8	**15,1**	**15,1**	12,5
Places arrière (nombre, accès, confort, espace, appuie-tête)	/10	6,1	6,8	**8,1**	7,8	7,3
Silence de roulement (sur chaussée lisse ou raboteuse, bruit de vent)	/10	7,8	7,7	7,9	7,9	**8,5**
	/70	**46,8**	**50,0**	**54,3**	**52,5**	**49,4**
CONDUITE						
Tenue de route (agilité, adhérence)	/20	16,3	14,5	14,1	13,5	**17,8**
Moteur (rendement, puissance, couple, réponse, agrément)	/20	17,5	15,8	14,6	13,6	**18,8**
Direction (précision, *feedback*, résistance aux secousses, braquage)	/20	**17,1**	15,0	13,8	14,0	16,5
Freins (sensations, modulation, constance, performances, résistance)	/20	15,9	12,0	14,9	15,1	**17,3**
Modes de conduite (quantité, efficacité)	/20	15,7	12,4	14,0	14,2	**16,0**
Qualité de roulement (suspension, solidité structurelle)	/15	16,4	14,4	15,3	14,3	**18,1**
	/115	**98,8**	**84,1**	**86,7**	**84,7**	**104,4**
SÉCURITÉ						
Visibilité (surface vitrée, largeur des montants, rétroviseurs, angles morts)	/10	**8,1**	6,8	**8,1**	7,6	6,0
Systèmes d'aide à la conduite (efficacité, ajustabilité, rapidité)	/10	7,2	4,8	7,0	5,8	**8,4**
	/20	**15,2**	**11,6**	**15,1**	**13,4**	**14,4**
PERFORMANCES MESURÉES*						
Accélération 0-100 km/h	/20	13,9	11,5	11,4	10,7	**16,6**
Reprises 80-120 km/h	/20	15,1	13,6	11,3	9,3	**18,4**
Freinage de 100 km/h	/20	10,7	12,3	11,0	12,0	**13,7**
Autonomie hivernale observée	/50	14,5	19,1	**29,8**	28,4	26,9
	110	**54,1**	**56,6**	**63,5**	**60,4**	**75,6**
AUTRES CLASSEMENTS						
Zone de confort électrique	/25	17,3	10,3	17,2	13,9	**22,0**
Choix des essayeurs	/50	**37,5**	16,3	30,0	28,8	**37,5**
POINTAGE BRUT	**/500**	**355,1**	**300,6**	**347,6**	**330,7**	**389,0**
POINTAGE FINAL**	**/500**	**306**	**270**	**310**	**292**	**317**

* Pointage selon des courbes adaptées   ** Avec pondération pour le prix selon la courbe des prix annuels de l'AJAC

RAPPORT PRIX / AUTONOMIE
PRIX DE LA VOITURE ESSAYÉE / NOMBRE DE KM D'AUTONOMIE

1re KIA SOUL EV
234 $/km

NISSAN LEAF SL
235 $/km

TESLA MODEL S 70D
247 $/km

FORD FOCUS ÉLECTRIQUE
262 $/km

BMW i3
312 $/km

LONGUEUR DES CÂBLES DE RECHARGE 120 VOLTS (EN MÈTRES)

FORD FOCUS ÉLECTRIQUE
7,5 mètres

TESLA MODEL S 70D
5,9 mètres

NISSAN LEAF SL
7,3 mètres

BMW i3
5,3 mètres

KIA SOUL EV
7,0 mètres

ACCÉLÉRATION 0-100 KM/H
(EN SECONDES)

TESLA MODEL S 70D	**5,4**
BMW i3	**8,1**
FORD FOCUS ÉLECTRIQUE	**10,5**
KIA SOUL EV	**10,6**
NISSAN LEAF SL	**11,3**

ACCÉLÉRATION 80-120 KM/H
(EN SECONDES)

TESLA MODEL S 70D	**3,7**
BMW i3	**6,2**
FORD FOCUS ÉLECTRIQUE	**7,3**
KIA SOUL EV	**9,0**
NISSAN LEAF SL	**10,5**

FREINAGE 100-0 KM/H (EN MÈTRES)

TESLA MODEL S 70D	**40,2**	FORD FOCUS ÉLECTRIQUE	**42,3**	NISSAN LEAF SL	**42,9**
KIA SOUL EV	**44,4**	BMW i3	**44,7**		

CONSOMMATION ÉQUIVALENTE
(EN Le / 100KM)

1re BMW i3
1,9 Le/100 km

FORD FOCUS ÉLECTRIQUE
2,2 Le/100 km

NISSAN LEAF SL
2,1 Le/100 km

TESLA MODEL S 70D
2,3 Le/100 km

KIA SOUL EV
2,2 Le/100 km

ÉCARTS D'AUTONOMIE HIVERNALE
DIFFÉRENCE ENTRE L'AUTONOMIE ANNONCÉE ET L'AUTONOMIE OBSERVÉE EN %

1re KIA SOUL EV
60,7 %

NISSAN LEAF SL
64,9 %

TESLA MODEL S 70D
69,2 %

FORD FOCUS ÉLECTRIQUE
92,7 %

BMW i3
106,4 %

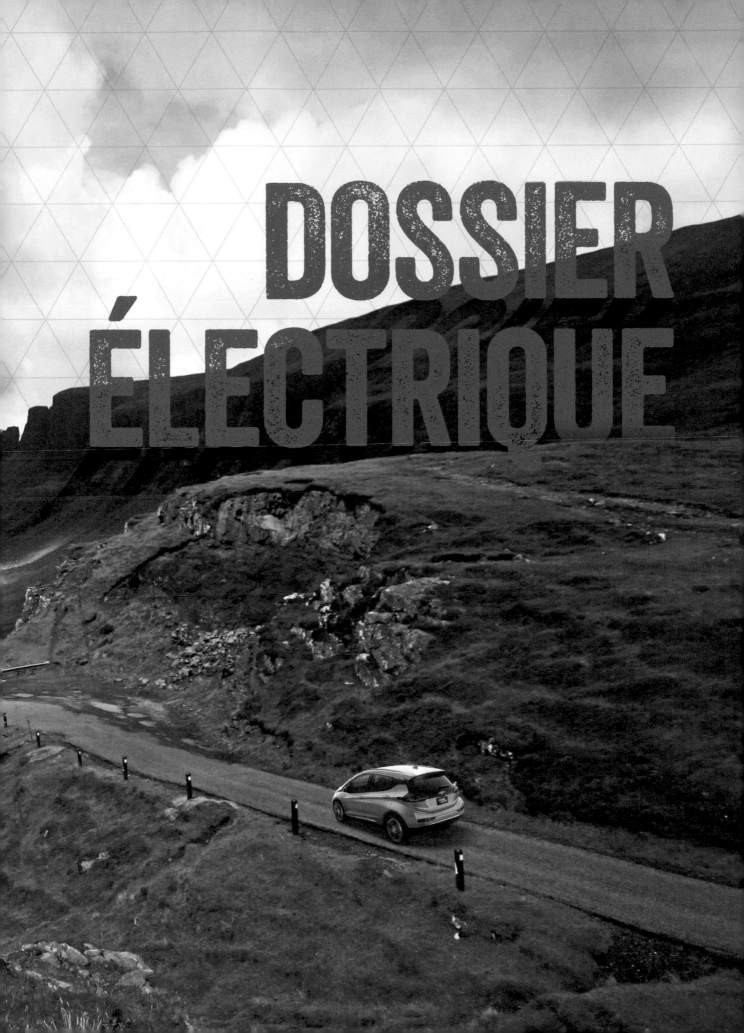

DOSSIER ÉLECTRIQUE

LE BILAN DU VÉHICULE ÉLECTRIQUE EN 2017

PAR DANIEL BEAULIEU, ING.

Depuis déjà quelques années, plus personne n'est surpris de croiser l'une de ces voitures qui roulent en tout silence et qui n'arrêtent jamais aux stations-service. Dans le but de toujours mieux informer ses lecteurs, le *Guide de l'auto* a décidé de faire un grand tour du merveilleux petit monde de la voiture électrique...

Si le bon vieux moteur à combustion interne a fêté son centenaire en 1985, les carburants, que l'on qualifie aujourd'hui d' «alternatifs», ont assuré les débuts de l'automobile. Genèse de la révolution industrielle, la machine à vapeur fut rapidement mise à contribution par des inventeurs afin de propulser non seulement les trains et navires, mais aussi les automobiles.

La vapeur n'était pas la plus pratique des sources d'énergie, en raison du poids et de la chaleur de la chaudière, qu'il fallait d'ailleurs entretenir pour rester en mouvement. La vapeur a donc dû céder le pas à l'énergie qui a marqué la seconde vague de la révolution industrielle: l'électricité. La première automobile électrique est ainsi apparue en 1881, près de 130 ans avant la Nissan Leaf.

Un jeune ingénieur autodidacte, du nom de Ferdinand Porsche, a d'ailleurs eu l'idée d'intégrer un moteur électrique aux roues d'une voiture. C'est ainsi qu'est apparu le premier véhicule hybride essence-électricité, la Lohner-Porsche de 1898. Le poids très élevé des batteries acide-plomb, le temps de recharge et les nombreux incendies ont toutefois donné un bilan mitigé aux premiers pas de l'électrification des transports, et en doublant ces aléas d'une autonomie fort limitée, c'est sur un plateau d'argent que le moteur à combustion interne fut accueilli dans le monde automobile, sur lequel il a régné de façon incontestée pendant plus d'un siècle.

Toutefois, les préoccupations environnementales qui ont accompagné le passage au 21e siècle ont remis d'actualité la propulsion électrique. Le poids, l'autonomie réduite et la complexité sont

toujours au rendez-vous, mais la technologie progresse à pas de géant alors que nous vivons la 3e révolution industrielle.

DE L'ATELIER DU BRICOLEUR À LA PRODUCTION DE MASSE

Si l'industrie du VÉ (véhicule électrique) fut quasiment annihilée au début du 20e siècle en raison de l'engouement pour le moteur à essence, un besoin constant pour des véhicules spécialisés à la fois propres et silencieux a permis à l'électricité de demeurer wprésente au cours des décennies. Plusieurs bricoleurs et petites entreprises n'ont jamais laissé tomber l'idée du VÉ, souvent en fabriquant des véhicules artisanaux, très compacts, comme les CommutaCar, HMV ou Electra King, auxquels on doit l'image populaire de «voiturette de golf» qui colle encore aux VÉ aujourd'hui. Ce n'est que lorsque les grands manufacturiers se sont mis à tâter le terrain que l'espoir d'un VÉ grand public a pu prendre forme.

QUI A TUÉ LA VOITURE ÉLECTRIQUE ?

Offerte sous entente de location seulement, dans le cadre d'un projet pilote, où les clients étaient conscients de leur rôle de pilotes d'essai, la GM EV1 était distribuée par les concessionnaires Saturn. Lancée en 1996, elle ne fut disponible que dans quelques états du sud. Malgré une technologie plus basique, son autonomie et temps de recharge étaient comparables à ceux du VÉ d'aujourd'hui. GM a mis fin à l'expérience en 2002, et a détruit toutes les voitures après avoir annulé les baux.

Ce geste a causé un tollé chez les environnementalistes, qui ont crié au complot (on se rappelle le documentaire «Who killed the electric car ?»). Les amateurs d'automobiles savaient pourtant qu'il était monnaie courante, pour les manufacturiers américains, de détruire des véhicules expérimentaux, pour des raisons de responsabilité légale et de support en pièces détachées.

L'histoire s'est répétée avec les programmes MINI E et Série 2 électriques de BMW. Cette fois, les théoristes du complot n'ont pas fait de bruit, puisque plusieurs VÉ étaient maintenant disponibles pour la vente en Californie, grâce à la loi « zéro émission » lancée avec optimiste par le CARB (California Air Ressource Board) dans la foulée du programme EV1.

En effet, Nissan venait de lancer, fin 2011, sa Leaf, première voiture électrique de grande série à être mise en vente auprès du grand public. La citadine Mitsubishi i-MiEV est arrivée ici en même temps que la Nissan Leaf, mais son format diminutif l'a reléguée à vivre dans l'ombre de la Nissan pisciforme. Mais qu'importe... la voiture électrique était finalement devenue réalité, pour la grande joie des gens soucieux de l'environnement.

ET « NOTRE » MOTEUR-ROUE ?

Le Québec a vécu une saga similaire à celle de la mise à la casse rapide des GM EV1: celle du moteur-roue électrique développé par Hydro-Québec et rapidement mis au rancart. Tout d'abord, il est important de souligner que ce concept n'est pas une invention québécoise, contrairement à ce qui est toujours véhiculé – rappelons-nous Ferdinand Porsche... Malheureusement, ce concept avait du plomb dans l'aile alors même qu'il n'était que sur papier. Tout spécialiste vous le dira: il est primordial de réduire la masse non suspendue, c'est-à-dire le poids des pièces qui ne sont pas supportées par la suspension. En d'autres mots, les bras de suspension, les ressorts et amortisseurs, les freins, les pneus et... les roues.

Un moteur-roue amène, au contraire, un poids considérable qui vient nuire au comportement routier et qui rend plus difficile le travail de la direction et des suspensions. En l'absence d'acheteur, les droits du moteur-roue ont finalement été cédés à une filiale d'Hydro-Québec, TM4, qui a abandonné ce concept pour revenir aux moteurs électriques classiques, installés de façon fixe dans un véhicule. Le concept du moteur-roue reste toutefois intéressant pour un usage dans des véhicules-outils, des véhicules de transport en commun ou d'autres types de véhicules circulant à basse vitesse, comme il permet d'économiser beaucoup d'espace.

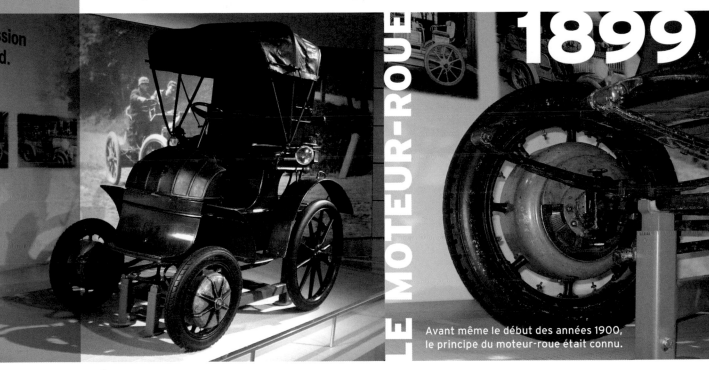

LE MOTEUR-ROUE 1899

Avant même le début des années 1900, le principe du moteur-roue était connu.

Une des premières voitures électriques jamais créées est cette Lohner-Porsche Electric Chaise 1899. Dès l'année suivante, le duo Lohner-Porsche créera aussi la première voiture hybride... À quatre roues motrices !

LES QUATRE DEGRÉS D'ÉLECTRIFICATION DE L'AUTOMOBILE

Il existe sur le marché plusieurs degrés d'électrification des voitures. En ordre décroissant de dépendance à l'essence, il y a: l'hybride, l'hybride rechargeable, l'électrique avec prolongateur d'autonomie et, évidemment, l'électrique complète. Quand on pense « hybride », on a le réflexe d'y associer « Toyota Prius », mais c'est plutôt la Honda Insight qui a introduit cette technologie en 1989 (dans l'ère moderne... car la Lohner-Porsche était aussi une hybride !).

La voiture hybride combine un moteur électrique, qui a pour but d'assister le moteur à combustion interne, donc de réduire son effort et sa consommation d'essence. Comme le couple d'un moteur électrique est élevé et immédiat, il est possible d'utiliser un moteur à essence de moindre cylindrée, et généralement, il suit le cycle de combustion Atkinson, plus efficace, mais pauvre en couple.

La batterie d'une hybride est rechargée uniquement par le véhicule, en récupérant l'énergie au freinage ou en «levant le pied» tout simplement, une technique nommée régénération. Les manufacturiers vont, pour la plupart, employer une boîte automatique à variation continue, avec engrenages planétaires plutôt que des courroies, de façon à dissocier le régime du moteur à essence de l'accélération du véhicule, dans le but d'optimiser les efforts conjoints des deux moteurs. La Lonher-Porsche avait certainement moins d'ordinateurs à son bord pour gérer la relation octane-électrons!

L'hybride rechargeable reprend la même formule, mais dispose d'une batterie de plus grande capacité pouvant être rechargée de la même façon qu'une voiture purement électrique. On reconnaît souvent les modèles offrant cette technologie par le suffixe PHEV, pour Plug-in Hybrid Electric Vehicle. En général, elle permet de circuler normalement dans le trafic, sur quelques dizaines de kilomètres, sans avoir recours au moteur à essence.

À cet effet, l'hybride rechargeable utilise un moteur électrique plus puissant comme il doit, par moment, assurer seul la propulsion de la voiture. Cette approche a été démocratisée par Ford avec ses modèles Energi (C-MAX et Fusion). Pour l'automobiliste frileux face au temps de recharge d'un VÉ «pur», l'hybride rechargeable présente un excellent compromis, car il permet d'aller au boulot en mode électrique et de prendre la clé des champs, le *week-end* venu, sans se faire de soucis.

Pour qui souhaite se déplacer plus longtemps en mode électrique, sans toutefois avoir une épée de Damoclès au-dessus de la tête, le véhicule électrique à prolongateur d'autonomie est tout désigné. La Chevrolet Volt est le porte-étendard de cette catégorie. Ici, le moteur à essence est souvent relégué au seul rôle de génératrice et est rarement accouplé directement aux roues (la Volt le fait parfois, dans un ballet complexe de ses systèmes). La batterie est plus imposante que sur une PHEV, le moteur électrique plus costaud et l'autonomie, en mode électrique, est plus que le double.

MOTEUR ÉLECTRIQUE

Les solutions techniques sont toutefois très variables dans cette catégorie. Si la Volt ressemble à une «super PHEV», avec son moteur d'automobile et sa boîte CVT, la BMW i3, elle, offre en option un petit moteur bicylindre (emprunté à un scooter de la marque) qui sert strictement de génératrice.

Enfin, il y a la voiture purement électrique, dotée d'une batterie plus imposante qui doit être rechargée depuis une source externe d'électricité. Elle dispose au minimum d'un moteur électrique de puissance comparable à un moteur à essence, et simplifie son architecture mécanique par l'absence de toute transmission. Le moteur électrique est, en effet, en prise directe sur les roues, sans les pertes mécaniques des boîtes CVT des hybrides. On jouit aussi du plein couple du moteur, pour une accélération franche et instantanée. Question de choix, le VÉ dit «pur» ne dispose d'aucune génératrice à essence.

Moteur électrique de la Chevrolet Volt.

« **EN ORDRE DÉCROISSANT DE DÉPENDANCE À L'ESSENCE, IL Y A : L'HYBRIDE, L'HYBRIDE RECHARGEABLE, L'ÉLECTRIQUE AVEC PROLONGATEUR D'AUTONOMIE ET, ÉVIDEMMENT, L'ÉLECTRIQUE COMPLÈTE.** »

LE «CARBURANT» ÉLECTRIQUE: PAS SI SIMPLE

Les automobilistes sont bien familiers avec la terminologie associée aux carburants fossiles. Pratiquement tous les véhicules dotés de moteurs à combustion interne carburent à l'essence régulière, super ou diesel.

Avec un véhicule électrique, les choses sont différentes... et similaires, à la fois. Même si aucun électron n'est plus «super» qu'un autre, les postes de recharge présentent différents voltages qui viennent influencer le temps requis pour charger à bloc la batterie du véhicule. Un poste de recharge de plus haut niveau assurera plus de kilomètres d'autonomie par heure de recharge, mais n'aura évidemment aucune influence sur la performance de la voiture! Tous les VÉ ne sont pas capables d'exploiter des postes de recharge les plus performants, la vitesse de charge étant limitée par les systèmes embarqués à bord du véhicule. Et de plus, certains VÉ ne sont carrément pas équipés pour les postes de recharge rapide, et même s'ils le sont, les choses ne sont pas si simples étant donné que trois standards se disputent le marché...

Avec un VÉ, si la prise s'associe au raccord, alors le véhicule est compatible et la recharge va s'effectuer au rythme dicté par les systèmes embarqués. La norme nord-américaine SAE J1772 dicte, en effet, les paramètres techniques de branchement AC des VÉ, en imposant aux manufacturiers une prise électrique universelle. Vous pouvez donc faire le plein sans craindre de vous tromper de prise.

LE PLEIN? AC OU DC?

Une terminologie populaire est associée aux vitesses de recharge, qui correspondent, en fait, au voltage offert. Plus le voltage sera élevé, plus rapide se fera le «plein». C'est ainsi que le jargon électromobile associe «Niveau 1» à une simple prise domestique de 120V, «Niveau 2» aux bornes domestiques ou publiques de 220-240V et, à tort, «Niveau 3» aux bornes de recharge rapide à haute tension (plus de 400V).

Un des grands avantages des véhicules électriques est qu'on peut les recharger sur une simple prise de courant domestique standard avec mise à la terre. Bien que très lente, cette dernière assure une recharge la plus complète possible, car elle est moins «brusque» pour les systèmes embarqués. C'est ce qu'on appelle une charge de «Niveau 1». Avec un temps de recharge de 20 heures environ, pour un VÉ ayant une autonomie aux alentours de 125 km, c'est loin d'être idéal, mais c'est mieux que d'être en panne! Tous les VÉ offerts sur le marché sont compatibles avec ce mode de recharge. Le Niveau 1 utilise un circuit AC classique de 120V, avec fusible ou disjoncteur de 15 ou 20 ampères, et les systèmes embarqués dans le VÉ gèrent la recharge.

Les réseaux électriques domestiques sont également conçus pour supporter quelques appareils fonctionnant sur la «double tension» ou 220-240V, tels les cuisinières, sèche-linge et thermopompes. Ces circuits sont délimités par des prises spéciales de façon à ce que l'usager ne grille pas un petit appareil incompatible avec une telle tension. Le VÉ est conçu de façon à tirer avantage de ce voltage, par le biais des bornes domestiques ou publiques dénommées «Niveau 2». Typiquement, de trois à six heures sont requises pour complètement recharger un VÉ sur une borne AC de Niveau 2, car elle fournit de 208 à 240V avec un courant de 12 à 80 ampères. Encore une fois, tous les VÉ sont compatibles avec les bornes de Niveau 2, lesquelles constituent d'ailleurs la majorité des bornes publiques. Le temps de recharge demeure variable, car ce sont les systèmes embarqués du véhicule qui gèrent le processus.

Les choses se corsent lorsqu'on parle de recharge rapide. Les processus qui entrent dans la gestion d'une recharge à haut voltage sont délicats et les manufacturiers ont souvent leur propre vision de l'approche la plus efficace. Dans le monde de l'électronique, ce phénomène est monnaie courante; on peut penser aux connecteurs propriétaires d'Apple, au duel Blu-Ray contre DVD HD et, pour les plus vieux, à la guerre Beta vs VHS. On retrouve donc trois standards de recharge rapide pour les VÉ offerts ici: CHAdeMO (manufacturiers asiatiques), CCS Combo (manufacturiers nord-américains et européens) et Tesla, éternel électron libre.

CHAdeMO, un acronyme japonais qu'on peut approximer par «déplacement par la charge», a pris les devants puisqu'il équipe les Nissan Leaf et Mitsubishi i-MiEV, pionnières sur notre marché. Élaboré par un consortium de manufacturiers et d'entreprises de services publics, il nécessite un second portail de recharge sur le véhicule et son manchon de branchement est massif.

Le CCS Combo provient de la SAE (Society of Automotive Engineers), un organisme qui régularise toute l'industrie automobile de ce côté de l'Atlantique. L'acronyme «CCS» signifie Combined Charging System, ou système de charge combiné. Il récupère le branchement standard de tous les VÉ, mais lui ajoute une seconde fiche

au-dessous. Il en résulte un portail beaucoup plus compact sur le VÉ. Tesla, jouant la carte Apple, a conçu son propre système de branchement, sans manchon SAE, mais offre des adaptateurs permettant d'utiliser les bornes publiques de Niveau 2 et les CHAdeMO.

Peu importe le standard utilisé, la recharge rapide, dont le vrai nom est DC Niveau 2, et non «Niveau 3», est fondamentalement différente, puisque la gestion de la charge se fait à l'extérieur du véhicule. Le voltage très élevé (plus de 400V) et la conversion AC demandent un système de refroidissement, d'où le format imposant des bornes de recharge rapide. Elles sont en général plus grosses qu'une pompe à essence, et leurs exigences en alimentation électrique font en sorte qu'elles ne peuvent pas être installées dans des quartiers résidentiels. Lorsque vous entendez qu'un VÉ peut recharger 80% de sa batterie en 30 minutes, c'est avec ce type de borne.

Le tableau suivant indique les dénominations officielles de la SAE pour les différents types de recharge. Notez que seulement trois d'entre eux sont utilisés aujourd'hui, bien que Renault expérimente la recharge AC Niveau 3 avec sa Zoé, ainsi que smart avec la version européenne de sa fortwo electric drive.

NIVEAUX DE RECHARGE STANDARDISÉS DE LA SAE

NOM	TENSION NOMINALE	COURANT MAX.	CHARGEUR	EN USAGE ICI	VÉHICULES CONCERNÉS
AC NIVEAU 1	120V	1,9kW @ 16a	Embarqué	Oui	Tous les VÉ et PHEV
AC NIVEAU 2	240V	19,2kW @ 80a	Embarqué	Oui	Tous les VÉ et PHEV
AC NIVEAU 3	En développement	Plus de 20kW	En développement	En développement	
DC NIVEAU 1	200-450V	36kW @ 80a	Externe	Oui	Tous les VÉ sauf la Volt, aucun PHEV
DC NIVEAU 2	200-450V	90kW @ 200a	Externe	Oui	Tous les VÉ sauf la Volt, aucun PHEV
DC NIVEAU 3	200-600V	240kW@400a	Externe	En développement	

LE VÉHICULE ÉLECTRIQUE : SANS ENTRETIEN ?

Certains mythes ont la vie dure. Beaucoup de personnes croient toujours qu'un véhicule électrique ne nécessite pas plus d'entretien que la tondeuse à fil suspendue dans votre cabanon. C'est faux. Les composantes qui demandent plus d'attention sur une voiture à essence, soit les pneus, les freins, les suspensions, les charnières, les systèmes électriques, les glaces, les serrures, les joints de caoutchouc et le système de refroidissement, se retrouvent également sur un VÉ.

Eh oui, les véhicules électriques ont un système de refroidissement complexe pour leur batterie et pour leurs systèmes de gestion d'énergie, dont le liquide doit éventuellement être vidangé et remplacé. Grâce à la régénération, les freins d'un VÉ s'usent beaucoup moins vite, mais la Leaf, par exemple, demande un remplacement annuel du liquide de frein. Dans le calendrier d'entretien, on retrouve également des inspections familières, notamment des joints à rotules et soufflets d'arbre de roues, sans compter le remplacement annuel du micro-filtre d'habitacle et les permutations de pneus.

D'ailleurs, le couple élevé des VÉ semble taxant sur les pneus. Ayant usé très rapidement les pneus arrière de sa Tesla Model S, le magazine américain Edmunds s'est enquis auprès des experts de Tire Rack, qui lui ont révélé que le couple très élevé de la Model S allait littéralement dévorer les pneus, même sans accélérations brusques. Le véhicule électrique fera varier les habitudes de votre garagiste, mais il va quand même le garder en affaires !

UN VÉ, QU'EST-CE QUE ÇA MANGE EN HIVER ?

Si vous avez déjà analysé les options de chauffage pour une maison, vous aurez sûrement remarqué que la plus chère de toutes, à l'usage, est le chauffage électrique à air pulsé, énergivore comme pas un. Et devinez comment on chauffe un VÉ ? Un véhicule à essence standard récupère la chaleur émise par le moteur pour réchauffer l'habitacle, donc à coût nul d'un point de vue énergétique.

Dans un VÉ, le coût nul n'existe pas, étant donné que le moindre accessoire électrique, comme la radio ou les essuie-glaces, doit puiser son électricité dans la batterie, qui est employée pour alimenter le moteur. Le chauffage est, évidemment, électrique et une soufflerie dirige l'air chaud dans l'habitacle. Le truc en VÉ est d'exploiter d'abord et avant tout les sièges chauffants, moins énergivores que le chauffage pulsé, et de bien se vêtir.

Lorsque le VÉ est branché pour la recharge, il permet également de préconditionner l'habitacle, pour qu'il soit chaud et douillet à votre départ. L'énergie requise provient alors de la source d'alimentation électrique externe et non de la voiture; une application pour téléphone intelligent est d'ailleurs offerte par la plupart des manufacturiers, permettant de contrôler ce mode et une foule d'autres paramètres à distance (un VÉ, c'est branché !). Ça, c'est la théorie.

Lors du match comparatif des véhicules électriques faisant partie de ce guide, il tombait une neige molle, mouillée et froide, qui demandait un désembuage intensif, faisant fondre de façon logarithmique l'autonomie affichée de nos voitures. Des essais subséquents nous ont fait remarquer que le simple fait d'allumer le chauffage, sur une Focus électrique ou sur une i3, faisait diminuer l'autonomie affichée de 30 km.

Vous retrouverez également, dans le manuel du propriétaire d'un VÉ, des instructions qui changent radicalement les habitudes des résidents de pays nordiques. Chez Tesla, par exemple, votre garantie sera annulée si vous laissez votre merveille californienne dehors, par une température de -30 degrés, pour plus de 24 heures; la voiture doit être placée dans un garage chauffé par de telles températures. Oubliez donc l'idée de la laisser une semaine durant dans le stationnement de l'aéroport, pendant un voyage hivernal dans le Sud... Ironiquement, il semble donc que la viabilité hivernale des VÉ soit tributaire du réchauffement climatique. Comme s'il fallait une autre preuve des racines californiennes de nos VÉ, leur système de climatisation est efficace et ne réclame que peu d'autonomie...

LE COUP DE POUCE DES GOUVERNEMENTS

Le gouvernement du Québec s'est donné un objectif ambitieux: 100 000 véhicules électriques immatriculés dans la province d'ici 2020 (revu à la baisse... c'était 300 000 dans le Plan d'action 2011-2020 sur les véhicules électriques). À l'heure actuelle, nous sommes toujours à moins de 10 % de cet objectif. Mais ce n'est pas cette tiédeur des ventes qui semble vouloir refroidir l'enthousiasme du gouvernement, qui a non seulement réitéré son objectif de 2020, mais qui en rajoute, avec pas moins de 300 000 immatriculations d'ici 2026.

Or, l'achat d'une voiture ne relève pas toujours de la consommation impulsive. Les incitatifs gouvernementaux sont essentiels pour tenter de stimuler les consommateurs. La formule des rabais gouvernementaux, offerts directement aux consommateur, n'est pas unique au Canada puisqu'on la retrouve un peu partout dans le monde. Le Québec, l'Ontario et la Colombie-Britannique offrent tous des rabais à l'achat d'un VÉ, l'Ontario étant la province la plus généreuse. Au Québec, le rabais est de 8 000 $, applicable au prix de vente, incluant les taxes. Les gouvernements des diverses provinces se sont également inspirés de la Californie pour ajouter certains incitatifs à l'usage des VÉ: accès aux voies de covoiturage, même si le conducteur est seul, ou accès sans péage à certains ponts. Au Québec, ces rabais prendront fin au 31 décembre 2020, ou lorsque les fonds seront épuisés. Les États-Unis et la Norvège suivent le même calendrier de retrait des subventions.

Bien que les ventes de VÉ au Québec doublent chaque année, depuis 2011, l'objectif reste loin, alors le gouvernement actuel mijote actuellement un projet de loi «zéro émission» fortement inspiré de l'expérience californienne. En résumé, tous les manufacturiers qui vendent plus de 5 000 véhicules annuellement, dans la Belle Province, y seront soumis; le programme est axé autour d'unités de crédits applicables à chaque véhicule individuellement vendu, le nombre de crédits par véhicule étant tributaire de son degré d'électrification et de son autonomie. Un registre des ventes serait tenu par le gouvernement, et à la fin de l'année, certains manufacturiers pourraient devoir payer des amendes.

Évidemment, une «bourse» de crédits pourrait être créée, de façon à ce que les manufacturiers puissent vendre leurs surplus, ou en acheter de leurs collègues. Québec vise ainsi l'électrification de 15 % du parc automobile qui sera vendu en 2025, mais le consommateur sera-t-il au rendez-vous, surtout si les subventions à l'achat disparaissent?

La HMV Freeway, une des nombreuses micro-voitures électriques qui n'a pas connu une grande diffusion. Une version à essence était aussi offerte.

TESLA MODEL 3

ET LA REVENTE?

Le paradoxe est que les incitatifs gouvernementaux tuent littéralement la valeur de revente des VÉ, car le marché tient compte du prix «net» après subventions, même dans les provinces où il n'y a pas de rabais. Pas étonnant, donc, que les ventes soient confidentielles dans les sept autres provinces! La situation se répète chez nos voisins du sud, où le magazine Edmunds a enregistré la pire dépréciation de son histoire pour la BMW i3: près de 50% en un an (il faut dire que presque tous les VÉ sont difficiles à revendre aux États-Unis, où l'essence est peu dispendieuse).

Comme il s'agit d'incitatifs aux ventes de VÉ neufs, le rabais ne s'applique qu'au premier acheteur. La plus grande surprise vient, par contre, quand l'acheteur d'un VÉ d'occasion se fait refuser les crédits gouvernementaux pour l'installation électrique requise à son domicile (600 $ au Québec, 1 500 $ en Ontario). Au Québec, le marché du VÉ d'occasion se porte un peu mieux en raison du coût avantageux de l'électricité et des nombreuses taxes sur l'essence.

À la base, les VÉ souffrent du même problème de désuétude programmée que celui du marché des téléphones intelligents. Chaque nouvelle génération amène une autonomie accrue, un temps de recharge optimisé et plus de fonctions embarquées. Revendre un VÉ de la première heure est un peu comme tenter de revendre un Motorola Razr, un téléphone à rabat qui a jadis fait le bonheur des «technos», mais qui est relégué aujourd'hui au rôle de presse-papier.

UN IPHONE OU UN VÉ?

Vous retrouverez dans le présent volume un match comparatif des principaux VÉ disponibles sur le marché, et un article complet sur chacun des véhicules électrifiés dans la section *Essais*. Le marché des VÉ est vraiment similaire à celui des téléphones intelligents: tout le monde veut un iPhone 6, et rêve d'un probable 7, même si un 5 reste très performant et qu'un 4 peut encore faire le travail.

La nouvelle Chevrolet Bolt, c'est le premier «7», une gamme de VÉ qui va changer les règles du jeu par une autonomie de plus de 300 km jumelée à un prix accessible. Dans la catégorie «6», on retrouve les coûteuses Tesla Model S et Model X et que la pression populaire va graduellement expulser des programmes de subventions provinciaux (subventionner une voiture de 100 000 $ avec l'argent du peuple, aussi propre qu'elle soit, a fait grincer plusieurs dents).

Au moment d'écrire ces lignes, seuls quelques détails de la Hyundai Ionic sont connus, mais elle sera au moins un «6». Dans la catégorie des «5», on retrouve la BMW i3, la Ford Focus Electric, le Kia Soul EV et la Nissan Leaf en version SV et SL. Finalement, les bons vieux «4», la Mitsubishi i-MiEV et la Nissan Leaf en version S, avec une plus petite batterie, sont les deux pionnières du segment.

CHEVROLET BOLT

HYUNDAI IONIQ

PASSER AU VERT SANS SE METTRE DANS LE ROUGE

Selon votre situation personnelle, il peut être plus intéressant de louer un VÉ plutôt que de l'acheter. Les rabais gouvernementaux s'appliquent quand même (adaptés au terme du bail), et le consommateur se trouve en partie protégé de la désuétude prochaine du véhicule, dans un marché qui bouge très vite. Pour les plus cartésiens, il est difficile de justifier l'achat d'un VÉ sur la simple base de son portefeuille.

Par exemple, entre une Nissan Versa Note S avec boîte CVT et une Leaf S, deux cousines qui partagent certains éléments, il y a un écart de prix de 12 000 $ après taxes, même en incluant la subvention de 8 000 $ du gouvernement du Québec. À 1,10 $ le litre d'essence, cet écart finance 10 900 litres de carburant, de quoi parcourir plus de 145 000 km en Versa Note en milieu urbain. Selon le classement Énerguide de Ressources naturelles Canada, il en coûte 1 482 $/an pour faire rouler la Versa Note, et seulement 442 $/an pour la Leaf... donc vous mettrez 11,5 années à rentabiliser la Leaf.

RENTABILITÉ DU VÉHICULE ÉLECTRIQUE

	Nissan Versa Note S	Nissan Leaf S
PDSF:	14 490,00 $	32 698,00 $
Boîte automatique (CVT)	1300,00 $	n/a
Transport et préparation	1600,00 $	1990,00 $
Taxe climatiseur	100,00 $	100,00 $
Sous-total	17 498,00 $	34 788,00 $
TPS (5 %)	874,90 $	1739,40 $
TVQ (9,975 %)	1745,43 $	3470,10 $
Total:	20 118,33 $	39 997,50 $
Rabais provincial:	n/a	8 000,00 $
Coût d'achat net:	**20 118,33 $**	**31 997,50 $**
Déboursé additionnel pour le VÉ:	n/a	11 879,18 $
Équivalence en litres d'essence (11 879,18 $ / 1,10 $ le litre)	10 799 litres	n/a
Kilomètres parcourus avec 11 879,18 $ (cote combinée 6,8 l/100 km)	158 813 km	n/a
Coût d'utilisation annuel Énerguide	1482,00 $	442,00 $
Économie annuelle VÉ	n/a	1040,00 $
Période pour rentabiliser (années):	**n/a**	**11,4 années**

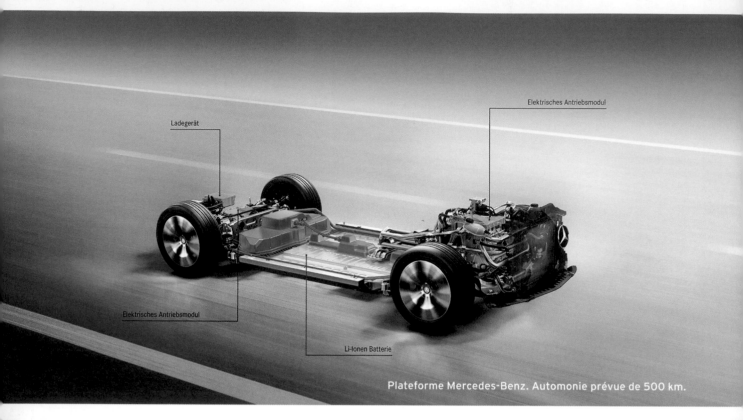

Ladegerät

Elektrisches Antriebsmodul

Elektrisches Antriebsmodul

Li-Ionen Batterie

Plateforme Mercedes-Benz. Automonie prévue de 500 km.

Remarquez que ce genre d'analyse peut grandement varier selon les paramètres employés. Mais vous aurez compris que l'achat d'un VÉ s'avère, avant tout, un choix personnel, et que le coût d'utilisation réduit du véhicule électrique est un mythe qui a la carapace bien dure. On choisit un VÉ par curiosité, par conviction ou pour se faire plaisir, tout simplement. Mais pas pour économiser. Le VÉ est à la source de plusieurs débats idéologiques, et plusieurs groupes environnementaux se sont fait un devoir de le promouvoir, et pas toujours de la façon la plus objective. Attention donc à ne pas confondre lobbyistes et sources neutres d'information, surtout quand il est question d'argent.

L'OFFENSIVE ÉLECTRIQUE : CE QUE DEMAIN NOUS RÉSERVE

Nul ne peut prévoir l'avenir, mais en ce moment, nous sommes en présence d'indicateurs forts qui démontrent que nous assisterons, au cours des prochaines années, à un accroissement à la fois régulier et rapide de l'électrification de l'automobile.

Tout d'abord, examinons le phénomène Tesla. Véritable *rock star* des verts bien nantis, l'électron libre californien a commencé par la conversion en VÉ de la Lotus Elise, créant le Roadster. Grâce à la fortune de son fondateur, aux subventions gouvernementales et au marché des crédits « zéro émission », Tesla dépense une fortune en recherche et développement et en a surpris plus d'un avec sa Model S, une voiture bien aboutie.

Les performances, la grande autonomie, la beauté et le prix élevé de cette voiture font que plusieurs « technos » vouent un véritable culte à cette entreprise qui bouscule l'establishment dans sa mise en marché comme dans ses produits innovants, à la façon d'Apple; les déclarations du fondateur dans les réseaux sociaux tranchent aussi avec les communiqués de presse bien usinés des gens d'affaires.

Derrière le *glamour*, les observateurs voient des retards constants dans la livraison des nouveaux véhicules, des structures financières particulières, un titre en bourse nettement surévalué et, surtout, une incapacité chronique à générer un profit. L'annonce de la Model 3 a généré un tsunami médiatique sans pareil, et près de 400 000 personnes ont fait un dépôt de 1 000 $ afin d'en réserver une. La Model 3, qui doit se vendre à partir de 35 000 $ US, va démontrer si l'édifice Tesla a ce qu'il faut pour rester debout.

L'engouement d'un public, aussi vaste que diversifié, a multiplié tant les attentes que le volume requis, et ce sera tout un défi de livrer – à temps – une voiture complètement nouvelle, pour une jeune entreprise qui ne dispose que d'une seule usine. Les problèmes récurrents de qualité de Tesla inquiètent plusieurs analystes face au volume de ventes anticipé pour la Model 3; de nombreux rappels pourraient mettre en péril la plus célèbre des « start-ups » californiennes. Comme on dit chez nous, ça va passer… ou casser.

Si les VÉ ont été accueillis à bras ouverts en Californie et au Québec, il en va tout autrement en Europe, où la motorisation diesel compte pour 50 % des ventes de véhicules neufs. Est-ce l'image de l'électricité produite par centrales nucléaires, ou encore un héritage mécanique bien ancré ? On peut toujours peut remercier VW pour avoir donné le puissant choc qui était requis pour que le VÉ traverse son plafond de verre, bien bas il est vrai, en Europe. Le scandale des moteurs TDI truqués a, en effet, finalement eu raison de l'image positive du moteur diesel, qui émet moins de gaz à effet de serre qu'un moteur à essence, mais plus d'oxydes d'azote (beaucoup plus, en fait, qu'on l'imaginait !)

Les voitures électrifiées se sont finalement retrouvées sous des projecteurs favorables et plusieurs manufacturiers ont fait des annonces tangibles; en particulier, le groupe Volkswagen semble miser très fort sur son programme électrique, qui va déferler dans toute sa gamme au cours des prochaines années. Et au moment où d'autres constructeurs se font pincer pour interprétation imaginative des règles antipollution, parions que d'autres grands programmes du genre vont nous être révélés prochainement.

VÉHICULE AUTONOME

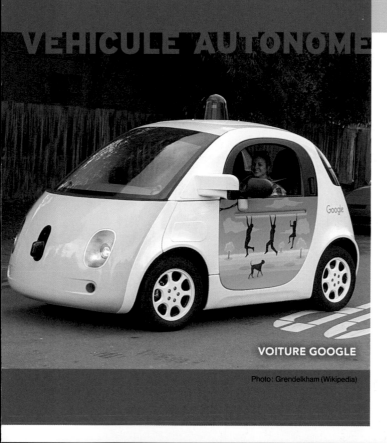

VOITURE GOOGLE

Photo : Grendelkham (Wikipedia)

VÉ ET VA, MAIN DANS LA MAIN

La fébrilité qui entoure la recherche sur le véhicule autonome (VA) va également favoriser l'électrification de l'automobile. Les moteurs et servomécanismes d'un VÉ sont beaucoup plus simples à gérer pour des ordinateurs qu'un moteur à combustion interne, alimenté par un carburant liquide et doté d'une boîte de vitesses à rapports changeants. Le leitmotiv usuel des VA tourne autour de valeurs positives, comme une sécurité accrue, une densité de circulation supérieure et une meilleure efficacité énergétique. La symbiose entre VÉ et VA est donc toute naturelle. D'ailleurs, ne serait-ce que pour l'image, Google emploie des Toyota Prius et Lexus RX 450h (des hybrides) comme base, pour ses prototypes de VA.

Mais il semble que tant nos gouvernements que les militants visent une cible, certes noble, mais bien exotique pour l'automobiliste canadien moyen. Le meilleur véhicule – littéralement – pour créer une culture électrique, l'apprivoiser et la faire sienne est l'hybride rechargeable, dont l'autonomie modeste est souvent suffisante pour assurer les déplacements quotidiens. Grâce aux immatriculations spéciales, le conducteur d'un hybride rechargeable bénéficie – pour le moment – des mêmes avantages que le conducteur d'un VÉ (péages gratuits, accès aux voies de covoiturage, places de stationnement privilégiées, etc.). L'hybride rechargeable semble être oublié à la vue du grand virage électrique, mais c'est par lui que le changement viendra... tout naturellement.

« ... TESLA DÉPENSE UNE FORTUNE EN RECHERCHE ET DÉVELOPPEMENT ET EN A SURPRIS PLUS D'UN AVEC SA MODEL S, UNE VOITURE BIEN ABOUTIE. »

TESLA MODEL S

LA SIGNALISATION ADAPTÉE AUX VÉ

Reproduit avec l'autorisation expresse écrite de l'Association des transports du Canada (ATC)

En raison de leur autonomie relativement réduite, les VÉ sont très dépendants du réseau de postes de recharge pour assurer leur mobilité. Et bien davantage que pour les véhicules à essence, les conditions météo vont sérieusement affecter leur rendement. C'est pourquoi il est important de diriger efficacement les conducteurs de VÉ vers les postes de recharge. Les propriétaires de VÉ sont généralement très friands de technologie, et vont beaucoup plus se fier à des applications pour téléphone intelligent comme « PlugShare » pour dénicher une borne de recharge qu'à des panneaux. Le hic, c'est que selon la loi, on ne peut pas consulter son téléphone lorsqu'on est au volant, et ce ne sont pas tous les VÉ qui sont munis d'un système de navigation qui identifie l'emplacement des bornes.

Plusieurs juridictions ont donc improvisé une signalisation d'acheminement qui ne respecte pas les règles établies de la signalétique. Par exemple, le guide de signalisation élaboré par le Ministère des Ressources naturelles du Québec est truffé d'erreurs aux yeux d'un ingénieur. Le marquage des cases de stationnement utilise le vert, une couleur réservée dans les manuels de normes aux aménagements cyclistes. Les panneaux utilisent également à tort le vert, alors que les services à l'automobiliste doivent être illustrés en bleu. Devant la multiplication de panneaux non régularisés, l'Association des Transports du Canada (ATC) a lancé un projet de signalisation qui a cheminé dans les règles de l'art.

Ainsi, dans un test de compréhension effectué auprès de centaines d'automobilistes, le pictogramme retenu par l'ATC a obtenu une note de 98 %, alors que le pictogramme du gouvernement du Québec (qui ressemble à s'y méprendre à la grue aimantée d'une « cour à scrap ») a échoué au test avec 41 % (la note de passage étant 75 %).

L'ATC est à compléter son offre en signalisation pour VÉ et offrira, sous peu, des panonceaux indiquant le type de recharge offerte depuis l'amorce du jalonnement vers un poste de recharge, de façon à ce que l'électromobiliste se rende à une installation compatible avec son VÉ. Des panneaux normalisés de gestion du stationnement devant les bornes sont également en cours d'élaboration, et l'on peut vous donner un scoop : ils ne seront pas verts !

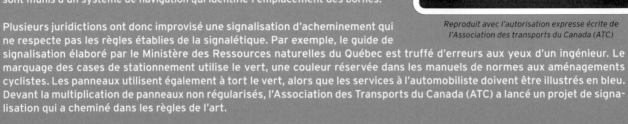

Le poids à vide du véhicule (en ordre de marche, tous réservoirs pleins, roue de secours, sans le conducteur) / La capacité de remorquage est la capacité maximale prescrite par le constructeur, pour le modèle montré. Vérifiez auprès du concessionnaire.

Configuration des moteurs à essence (4 L - quatre cylindres en ligne, V8 - huit cylindres en V, H6 - six cylindres à plat ou W12 - douze cylindres en W), suivi par la cylindrée (2,0 litres, 3,5 litres, etc.), puis par le nombre de soupapes et le type d'alimentation (atmosphérique, turbocompressé, surcompressé).

Transmission: A8 - Automatique 8 rapports, M6 - Manuelle 6 rapports, CVT - À rapports continuellement variables.

Les données de consommation proviennent du Guide de consommation de carburant de Ressources naturelles Canada.

La puissance des moteurs électriques est exprimée en chevaux (ch) et en kilowatts (kW). On y retrouve aussi le type de batterie, le plus souvent Lithium-ion, son énergie en kilowatt/heure (kWh). Pour les hybrides branchables (plug in), nous ajoutons le temps de charge, autant sur une prise 120 Volts que sur une 240 Volts en heures, ainsi que l'autonomie en mode électrique seulement, telle qu'annoncée par le constructeur.

Lorsque l'espace n'est pas suffisant, nous devons abréger les données de certains moteurs (configuration, cylindrée, puissance en chevaux, couple en livres-pied, transmission, accélération 0-100 km/h et consommation ville/route).

Châssis - 330i xDrive berline

Emp / lon / lar / haut	2810 / 4643 / 2031 / 1434 mm
Coffre / Réservoir	480 litres / 60 litres
Nbre coussins sécurité / ceintures	8 / 5
Suspension avant	ind., jambes force
Suspension arrière	ind., multibras
Freins avant / arrière	disque / disque
Direction	à crémaillère, ass. var. élect.
Diamètre de braquage	11,7 m
Pneus avant / arrière	P225/45R18 / P225/45R18
Poids / Capacité de remorquage	1592 kg / n.d.
Assemblage	Munich DE

Composantes mécaniques

330e

Cylindrée, soupapes, alim.	4L 2,0 litres 16 s turbo
Puissance / Couple	184 ch / 215 lb-pi
Tr. base (opt) / rouage base (opt)	A8 / Prop
0-100 / 80-120 / V.Max	6,1 s (const) / n.d. / 225 km/h (const)
100-0 km/h	n.d.
Type / ville / route / CO_2	Sup / 7,0 / 6,0 / 3802 kg/an

Moteur électrique

Puissance / Couple	87 ch (65 kW) / 184 lb-pi
Type de batterie	Lithium-ion (Li-ion)
Énergie	7,6 kWh
Temps de charge (120V / 240V)	n.d. / 2,0 h
Autonomie	37 km

320i xDrive

4L 2,0 l - 180 ch/280 lb-pi - A8 - 0-100: 7,(...)est) - 10,3/6,7 l/100km

---

BMW **SÉRIE 3**

(((**SiriusXM**)))

Prix: 40 990 $ à 74 000 $ (2016)
Catégorie: Berline
Garanties:
4 ans/80 000 km, 4 ans/80 000 km
Transport et prép.: 2 195 $
Ventes QC 2015: 2 422 unités
Ventes CAN 2015: 9 590 unités

Cote du Guide de l'auto

84 %

Fiabilité	■■■■■■■■□□
Sécurité	■■■■■■■■□□
Consommation	■■■■■■■□□□

Appréciation générale	■■■■■■■■□□
Agrément de conduite	■■■■■■■■□□
Système multimédia	■■■■■■■□□□

Cote d'assurance
■■■■■■■□□□
$$$ $

➕ Performances enivrantes (340i, M3) •
Dynamique de conduite • Vaste choix
de versions et d'équipement

➖ Prix qui grimpent rapidement •
Places arrière étriquées • Beaucoup
d'options compliquant l'achat •

Concurrents
Acura TLX, Audi A4, Audi A5, Cadillac ATS

Les ventes canadiennes et québécoises représentent le nombre d'unités vendues durant l'année calendrier 2014.

Cote en pourcentage du *Guide de l'auto*. Cette note est liée à la fiabilité, à la sécurité, à la consommation, à l'appréciation générale, à l'agrément de conduite et au système multimédia. Cette cote sert aussi à déterminer le gagnant dans chaque catégorie. Pour plus d'informations à ce sujet, consultez la page 57.

La cote d'assurance représente une moyenne entre différents acheteurs types (homme âgé de 25 ans, femme âgée de 25 ans, homme âgé de 50 ans, femme âgée de 50 ans, chacun de ces quatre personnages habitant Montréal et un petit village de l'Estrie). Plus il y a de carrés jaunes, meilleure est cette cote. Et meilleure est cette cote, moins cher le véhicule coûtera à assurer. Nous convenons qu'il s'agit d'une cote plus comparative que réelle.

SYMBOLES

Le meilleur achat de chaque catégorie est représenté par un pictogramme gris. Les modèles qui consomment peu (moins de 7,9 l/100 km en ville) ou qui sont à motorisation diesel, électrique ou hybride, sont identifiés par ces symboles.

Dans le but d'alléger les différents textes du *Guide de l'auto*, seul le masculin est utilisé et englobe le féminin.

ESSAIS

ACURA **ILX**

((SiriusXM))

Prix : 29 490 $ à 34 890 $ (2016)
Catégorie : Berline
Garanties :
4 ans/80 000 km, 5 ans/100 000 km
Transport et prép. : 2 110 $
Ventes QC 2015 : 702 unités
Ventes CAN 2015 : 2 551 unités

Cote du Guide de l'auto

67 %

Fiabilité
■■■■■■■□□□

Appréciation générale
■■■■■■■□□□

Sécurité
■■■■■■■■□□

Agrément de conduite
■■■■■■■□□□

Consommation
■■■■■■□□□□

Système multimédia
■■■■■■■□□□

Cote d'assurance
■■■■■■□□□□
$$$ $

➕ Style rafraîchi l'an dernier •
Boîte automatique rapide et fluide •
Conduite nerveuse • Fiabilité de la
marque • Moteur bien adapté

➖ Plus de boîte manuelle •
Plus d'hybride • Pas de rouage intégral •
Système multimédia perfectible •
Banquette rabattable non divisée

Concurrents
Audi A3, Buick Verano, Lexus IS,
Mercedes-Benz CLA

Plus compétitive,
moins unique

Frédérick Boucher-Gaulin

Jusqu'à l'an dernier, l'ILX traînait de la patte dans la gamme Acura. Alors que la TLX et le MDX étaient modernisés, la compacte de luxe demeurait très près de ses modestes origines, partageant sa plate-forme avec la neuvième génération de la Honda Civic. Outre son prix et la réputation de fiabilité de sa marque, elle n'avait pas grand-chose pour se démarquer de ses féroces concurrentes, lesquelles se nomment Mercedes-Benz CLA et Audi A3.

Le millésime 2016 avait apporté un bon lot de changements : l'ILX est maintenant visuellement en phase avec le nouveau style d'Acura, et la motorisation a aussi été retouchée. Ainsi, plutôt que d'avoir le choix entre un 2,0 litres anémique, un système hybride vétuste et un 2,4 litres tiré de la Honda Civic Si (accouplée toutefois à une fantastique boîte manuelle), on a maintenant droit au nouveau quatre cylindres de 2,4 litres et 201 chevaux de la TLX. Une seule boîte offerte, soit une automatique à huit rapports avec double embrayage sur laquelle on a installé un convertisseur de couple.

L'année-modèle 2017 sera donc beaucoup plus tranquille pour la ILX, puisque la petite Acura ne recevra que de nouvelles couleurs de carrosserie.

UNE TOUCHE DE MODERNITÉ
Même si les bases de l'ILX n'ont pas changé depuis 2012, son style a été considérablement modernisé l'an dernier. La voiture a désormais une partie avant parée de la calandre en forme de bec propre aux produits Acura ; si cet aspect ne convient pas à tous les véhicules de la gamme, il est particulièrement bien réussi ici. Les blocs optiques *Jewel Eye* à DEL sont de série sur toutes les versions et donnent une touche de luxe. L'arrière a aussi été retravaillé, mais il est beaucoup plus sobre : à part la bande blanche dans les feux arrière, il y a bien peu à souligner.

L'habitacle est un bel amalgame de nouveautés et d'éléments éprouvés. Par exemple, le système d'infodivertissement est séparé en deux écrans, celui du bas étant tactile. Acura a choisi de ne pas utiliser un frein à main électrique sur l'ILX, et c'est encore un bon vieux levier mécanique qui trône sur la console centrale. On note aussi que les sièges avant fournissent suffisamment de soutien latéral tout en n'étant pas trop restrictifs lors de longs trajets. On apprécie la visibilité tout autour de la cabine, et la banquette arrière conviendra à deux adultes pour des distances moyennes. Bien que l'on puisse rabattre le dossier de ladite banquette pour augmenter l'espace du coffre, il n'est pas divisible 60/40 comme dans bien d'autres voitures, mais ne s'abaisse qu'en une seule pièce.

BEAUCOUP PLUS QU'UNE CIVIC ENDIMANCHÉE

La conduite de l'ILX est un bon compromis entre la sportivité propre aux petites voitures d'Acura (qui a construit l'Integra Type R, rappelez-vous!) et le confort auquel on s'attend dans ce segment. Le silence à bord est amélioré grâce à un dispositif d'élimination active du bruit, et la qualité des matériaux est supérieure à la moyenne. Si l'on désire s'amuser, on peut enclencher le mode manuel et passer les rapports avec les palettes au volant: la transmission automatique à double embrayage est diablement rapide, et le moteur i-VTEC ne se fait pas prier pour révolutionner. De plus, il génère plus de couple à bas régime que les motorisations précédentes de l'ILX. Quant à sa consommation, elle demeure raisonnable avec une moyenne combinée ville/route de 8,2 l/100 km.

Au jour le jour, on appréciera l'optionnel système audio ambiophonique Acura/ELS qui rend fidèlement les sons grâce à ses dix haut-parleurs. La suite d'équipements de sécurité AcuraWatch, de série sur toutes les déclinaisons de l'ILX, inclut le freinage d'urgence automatisé, l'avertissement précollision frontal ainsi que l'avertissement et la prévention de sortie de voie. Sauf sur la livrée de base, on a aussi droit à une surveillance des angles morts avec alerte de trafic transversal.

Son système d'infodivertissement demande un peu de temps pour s'y habituer, mais devient par la suite assez facile d'utilisation. Mentionnons également que toutes les ILX disposent de commandes au volant, permettant d'accéder à de nombreuses fonctionnalités du système multimédia sans quitter la route des yeux.

Il est vrai que l'Acura ILX n'offre pas le rouage intégral, chose que beaucoup de ses rivales possèdent. Elle n'est pas non plus la plus rapide ni la mieux finie de sa catégorie. Cependant, cette compacte allie un style chic et moderne à un prix de base alléchant et offre en prime la réputation de fiabilité et la valeur de revente des produits Acura. Avec ces arguments, il y a de fortes chances que l'ILX 2017 se taille une place dans son segment de marché et fasse oublier ses débuts plus modestes.

Châssis - Premium

Emp / lon / lar / haut	2670 / 4620 / 1794 / 1412 mm
Coffre / Réservoir	348 litres / 50 litres
Nbre coussins sécurité / ceintures	6 / 5
Suspension avant	ind., jambes force
Suspension arrière	ind., multibras
Freins avant / arrière	disque / disque
Direction	à crémaillère, ass. var. élect.
Diamètre de braquage	11,2 m
Pneus avant / arrière	P215/45R17 / P215/45R17
Poids / Capacité de remorquage	1415 kg / n.d.
Assemblage	Greensburg IN US

Composantes mécaniques

Cylindrée, soupapes, alim.	4L 2,4 litres 16 s atmos.
Puissance / Couple	201 ch / 180 lb-pi
Tr. base (opt) / rouage base (opt)	A8 / Tr
0-100 / 80-120 / V.Max	8,0 s (est) / 6,5 s (est) / n.d.
100-0 km/h	n.d.
Type / ville / route / CO_2	Sup / 9,3 / 6,6 l/100 km / 3719 kg/an

« ACURA SE **DISSOCIE** DE L'IMAGE DE HONDA AVEC DES VOITURES QUI ONT LEUR PROPRE **STYLE** ET LEUR PROPRE CARACTÈRE. »

Du nouveau en 2017

Aucun changement majeur, nouvelles couleurs de carrosserie.

Photos : Acura

ACURA **MDX**

((SiriusXM))

Prix : 55 141 $ à 67 141 $ (2016)
Catégorie : VUS intérmédiaire
Garanties :
4 ans/80 000 km, 5 ans/100 000 km
Transport et prép. : 2 110 $
Ventes QC 2015 : 931 unités
Ventes CAN 2015 : 5 814 unités

Cote du Guide de l'auto

78 %

Fiabilité	Appréciation générale
■■■■■■■□□□	■■■■■■■□□□
Sécurité	Agrément de conduite
■■■■■■■■□□	■■■■■■■□□□
Consommation	Système multimédia
■■■■■□□□□□	■■■■■■■□□□

Cote d'assurance
■■■■■■■□□□
$$$ $

➕ Confort princier • Sièges confortables • Système SH-AWD efficace • Nouvelle motorisation hybride • Moins cher que les concurrents

➖ Moins puissant que les concurrents • Direction qui manque de précision • Troisième rangée difficile d'accès • Lourdaud en ville

---

Concurrents
Audi Q7, BMW X5, Cadillac XT5,
Infiniti QX70, Jeep Grand Cherokee,
Lexus RX, Mercedes-Benz GLE,
Toyota Highlander, Volkswagen Touareg,
Volvo XC90

La NSX fait sa marque

Marc-André Gauthier

L'année dernière, Acura a lancé sa NSX de nouvelle génération. Technologie avancée, écologique grâce à sa motorisation hybride, cette supervoiture japonaise devrait connaître du succès sur le marché.

Pourtant, dans cet essai, il n'est pas question de la NSX, mais bien du MDX, le gros VUS de la marque, un véhicule pourtant à des années-lumière d'une sportive ! Si nous faisons le lien avec la NSX, c'est parce qu'elle laisse son empreinte sur le MDX en 2017, avec l'arrivée d'une motorisation hybride du même type, et d'un style extérieur qui s'en rapproche. Le style de la partie avant, par exemple, rappelle celui de la NSX. En attendant une refonte complète du modèle, ces additions devraient permettre au MDX de demeurer une option intéressante dans un marché plutôt complexe.

TECHNOLOGIE POUR PAS CHER

Le MDX est un VUS de luxe intermédiaire plutôt abordable. La version de base coûte, au moment d'écrire ces lignes, moins de 56 000 $, et la version tout équipée avec le moteur V6 hybride se vend en deçà de 68 000 $, alors qu'à ce prix, vous aurez un BMW X5 de base.

Le moteur de base du MDX, un V6 de 3,5 litres, développe 290 chevaux et 267 livre-pied de couple, puissance acheminée aux quatre roues par l'entremise d'une transmission automatique d'origine allemande à neuf rapports, garantissant une bonne économie d'essence, avec une moyenne que l'on peut maintenir aux alentours de 11 l/100 km. Toutefois, les motorisations de base des concurrents déploient en moyenne 350 chevaux.

Acura a doté son MDX du rouage intégral SH-AWD, dit de «super-maniabilité» en français (*Super Handling – All Wheel Drive* en anglais). Il fait un très bon travail, tant sur l'asphalte lorsque la conduite est dynamique, que dans des conditions hivernales difficiles. Ce système se sert des freins pour ralentir les roues et/ou du couple pour les faire accélérer, ce qui autorise une tenue

ACURA MDX

de route de haut calibre et une conduite sécuritaire lorsque la chaussée se dégrade. Et le tout se fait de façon parfaitement transparente.

MODERNITÉ

L'arrivé d'un nouveau groupe motopropulseur dans ce VUS de sept places implique quelques changements positifs. Tous les MDX 2017 seront livrés avec l'ensemble technologique AcuraWatch, qui comprend essentiellement un paquet de radars qui détecteront les autres voitures et les obstacles pour vous, prévenant les collisions au besoin, en plus de vous garder entre les lignes sur la route. Jusqu'alors réservées aux versions plus équipées, ces technologies amènent un meilleur niveau de sécurité. Par exemple, si on lâche le volant sur l'autoroute, chose non recommandée par le constructeur (le contraire aurait été surprenant!), ces systèmes font un bon travail pour garder le véhicule sur le droit chemin.

Cet ajout rendra sans aucun doute le MDX encore plus intéressant. Mais ce qui nous intéresse vraiment, c'est la nouvelle motorisation qui sera disponible en option. Inspirée de ce que l'on retrouve dans la NSX, elle sera composée essentiellement, ici, d'un V6 de 3,0 litres, de trois moteurs électriques et d'une transmission à double embrayage à sept rapports. Les moteurs électriques se chargeront des roues arrière, tandis que le moteur à essence, s'occupera des roues avant via un moteur électrique. La puissance combinée est de 325 chevaux, 35 de plus que la version purement à essence. En plus d'améliorer les accélérations, déjà bien correctes, ce groupe motopropulseur vise surtout à favoriser l'économie d'essence, faisant baisser la moyenne à près de 9,5 l/100 km.

On retrouve un ensemble Sport Hybrid, comme l'appelle Acura, dans la RLX également, à l'exception que dans cette voiture, il développe 377 chevaux, la cylindrée du V6 étant plus imposante à 3,5 litres. C'est à se demander pourquoi Acura n'a pas tout simplement choisi cet ensemble pour son MDX, plutôt que d'y aller pour un V6 de 3,0 litres.

Vous l'aurez compris, il ne s'agit pas d'une transformation en profondeur pour le MDX, mais plutôt d'un rafraîchissement bien mérité. Il s'agit de l'un des meilleurs vendeurs de la marque, et même s'il est l'un des moins chers de sa catégorie, ce n'est pas une raison pour cesser l'innovation.

En offrant son VUS de luxe intermédiaire à un prix bien étudié, Acura a misé juste et a réussi. Il n'a pas la sportivité d'un BMW X5 ou le prestige d'un Mercedes-Benz GLE, mais son grand confort, son raffinement et ses technologies embarquées en font une offre intéressante à part entière. En plus, il est maintenant offert en version hybride!

Du nouveau en 2017

Motorisation hybride, grille avant changée, système AcuraWatch disponible sur toutes les versions.

Châssis - Base

Emp / lon / lar / haut	2820 / 4917 / 1962 / 1716 mm
Coffre / Réservoir	447 à 2575 litres / 74 litres
Nbre coussins sécurité / ceintures	7 / 7
Suspension avant	ind., jambes force
Suspension arrière	ind., multibras
Freins avant / arrière	disque / disque
Direction	à crémaillère, ass. élect.
Diamètre de braquage	11,8 m
Pneus avant / arrière	P245/60R18 / P245/60R18
Poids / Capacité de remorquage	1907 kg / 1588 kg (3500 lb)
Assemblage	Lincoln AL US

Composantes mécaniques

Sport Hybrid

Cylindrée, soupapes, alim.	V6 3,0 litres 24 s atmos.
Puissance / Couple	257 ch / n.d.
Tr. base (opt) / rouage base (opt)	A7 / Int
0-100 / 80-120 / V.Max	n.d. / n.d. / n.d.
100-0 km/h	n.d.
Type / ville / route / CO₂	Ord / 10,8 / 10,3 l/100 km / 4865 (est) kg/an

Moteur électrique

Puissance / Couple	47 ch (35 kW) / 109 lb-pi
Type de batterie	Lithium-ion (Li-ion)
Énergie	n.d.

Base, Technologie, Elite

Cylindrée, soupapes, alim.	V6 3,5 litres 24 s atmos.
Puissance / Couple	290 ch / 267 lb-pi
Tr. base (opt) / rouage base (opt)	A9 / Int
0-100 / 80-120 / V.Max	7,2 s (est) / n.d. / n.d.
100-0 km/h	n.d.
Type / ville / route / CO₂	Sup / 12,2 / 9,1 l/100 km / 4970 kg/an

Photos : Acura

ACURA **NSX**

((SiriusXM))

Prix : 189 900 $ (USD)
Catégorie : Coupé
Garanties :
4 ans/80 000 km, 5 ans/100 000 km
Transport et prép. : 2 996 $
Ventes QC 2015 : 0 unité
Ventes CAN 2015 : 0 unité

Cote du Guide de l'auto

79 %

Fiabilité	Appréciation générale
Nouveau modèle	■■■■■■■■□□
Sécurité	Agrément de conduite
■■■■■■■□□□	■■■■■■■■□□
Consommation	Système multimédia
■■■■■□□□□□	■■■■■■□□□□

Cote d'assurance
n.d.

➕ Techniquement très évoluée •
Tenue de route impressionnante •
Quatre modes de conduite efficaces •
Étonnamment confortable en mode *Quiet*

➖ N'est vraiment pas un poids plume •
Cartésienne à défaut d'être passionnée •
Options coûteuses • Système
multimédia bas de gamme

Concurrents
Audi R8, BMW i8, Chevrolet Corvette,
McLaren 650S, Mercedes-AMG GT,
Nissan GT-R, Porsche 911

Tel un phénix

Gabriel Gélinas

L a première NSX a eu l'effet d'une bombe dans le créneau des voitures sportives de haut calibre et, plus de dix ans après sa disparition, le modèle de deuxième génération a pour mission de raviver la flamme de la passion pour la marque Acura. Côté look, la NSX ressemble beaucoup à une supervoiture actuelle et ses lignes témoignent d'une obsession pour l'efficacité aérodynamique, mais l'on ne peut pas dire qu'elle soulève autant les passions qu'une Lamborghini ou une Ferrari, et sa conception plus conventionnelle rappelle plus une Audi R8 qu'une auto exotique de premier plan.

À L'ASSAUT DU CIRCUIT

Comme il s'agit d'une voiture au potentiel de performance évolué, il convient d'en faire l'essai sur circuit, en prenant soin de sélectionner le mode *Track*. On découvre une voiture qui cherche constamment à livrer une motricité optimale en mettant pleinement à contribution sa motorisation hybride, la NSX étant animée par un V6 biturbo de 3,5 litres et trois moteurs électriques.

Étant donné que deux de ces moteurs sont directement reliés aux roues avant, la NSX se trouve «tractée» en sortie de virage et cela permet aussi d'adopter une fonction de vecteur de couple (*torque vectoring*) alors que la roue avant extérieure tourne plus rapidement que celle de l'intérieur pour combattre le sous-virage et assurer une plus grande agilité. La NSX se montre donc d'une efficacité redoutable en sortie de virage, où l'on sent très bien le train avant «tirer» littéralement la voiture, ce qui n'est pas vraiment naturel. Pour pouvoir profiter pleinement de cette caractéristique, on doit adapter son pilotage.

C'est aussi sur un circuit que l'on prend conscience du poids très élevé de la NSX qui affiche 1725 kg à la pesée, dépourvue d'options. Elle a beau être efficace en virage, il n'en demeure pas moins que les lois élémentaires de la physique s'appliquent toujours et que son poids élevé demeure un handicap majeur. La visibilité vers l'avant est excellente, alors que dans une automobile exotique ou sportive, la hauteur du bassin du conducteur est un facteur important, à l'instar d'une voiture de course. Ce n'est qu'en étant assis très bas que l'on peut sentir le comportement du véhicule et ses réactions, que ce soit en accélération, au freinage ou dans les transitions latérales.

SUR LA ROUTE

En quittant le circuit pour rouler sur des routes balisées, la NSX est très confortable et docile tout en étant très silencieuse lorsque le mode *Quiet* est sélectionné. Ce dernier limite les révolutions du moteur thermique à 4 000 tours/minute ou fait démarrer la voiture dans un silence complet sur la seule puissance électrique.

En sélectionnant le mode Sport, le moteur thermique s'exprime à fond, mais la fonctionnalité arrêt/redémarrage coupe toujours le moteur lors des immobilisations. Il faut choisir le mode Sport Plus pour que les amortisseurs magnétorhéologiques se raffermissent, que la contribution des moteurs électriques soit optimisée et que la réponse à l'accélérateur soit plus rapide.

Le dernier mode, appelé *Track*, retarde l'intervention des systèmes électroniques d'aide au pilotage et donne accès au système de départ-canon. Au sujet du mode départ-canon, précisons que la force d'accélération est immédiate, même si le moteur thermique ne tourne qu'à 2 200 tours/minute, car les trois moteurs électriques livrent leur couple maximum dès que le conducteur relâche les freins, ce qui fait que la NSX décolle aussi rapidement qu'une Porsche 911 Turbo.

Il existe cependant un monde de différences entre les sensations ressenties par le conducteur. En effet, autant la 911 Turbo nous donne l'impression de faire son maximum alors que l'on sent le rouage intégral travailler sans relâche pour optimiser l'adhérence, autant la NSX se montre docile voire même presque sage. Efficace, mais pas exaltante.

Pour ce qui est de la présentation intérieure, on ressent une amère déception en voyant que le système multimédia est identique à celui des Honda Civic ou HR-V. Précisons aussi que le coffre n'offre qu'un volume de 110 litres. De plus, il est positionné au même endroit que sur la NSX de première génération, soit juste derrière le moteur et par-dessus les échappements. Par conséquent, son contenu peut rapidement atteindre des températures élevées, comme j'ai pu le constater en me brûlant un peu les doigts sur la fermeture éclair d'un coupe-vent que j'y avais remisé.

La NSX est un véritable tour de force sur le plan technique, son rapport performances/prix est très favorable et elle sera assurément très fiable, mais elle manque un peu de caractère et d'émotion.

Châssis - Base	
Emp / lon / lar / haut	2629 / 4470 / 1940 / 1214 mm
Coffre / Réservoir	110 litres / 59 litres
Nbre coussins sécurité / ceintures	6 / 2
Suspension avant	ind., multibras
Suspension arrière	ind., multibras
Freins avant / arrière	disque / disque
Direction	à crémaillère, ass. var. élect.
Diamètre de braquage	12,1 m
Pneus avant / arrière	P245/35ZR19 / P305/30ZR20
Poids / Capacité de remorquage	1725 kg / n.d.
Assemblage	Marysville OH US

Composantes mécaniques	
Cylindrée, soupapes, alim.	V6 3,5 litres 24 s turbo
Puissance / Couple	500 ch / 406 lb-pi
Tr. base (opt) / rouage base (opt)	A9 / Int
0-100 / 80-120 / V.Max	n.d. / n.d. / 307 km/h (const)
100-0 km/h	n.d.
Type / ville / route / CO₂	Sup / 13,5 / 12,3 l/100 km / 5962 (est) kg/an
Moteur électrique	
Puissance / Couple	47 ch (35 kW) / 109 lb-pi
Type de batterie	Lithium-ion (Li-ion)
Énergie	n.d.

« LA **CONNEXION** ENTRE LE CONDUCTEUR ET LA NSX EST PLUS **CÉRÉBRALE** QUE **VISCÉRALE**, EN PHASE AVEC NOTRE **ÉPOQUE** OÙ **L'EFFICACITÉ** PRIME AVANT TOUT. »

Du nouveau en 2017

Nouveau modèle.

![Acura logo] ACURA **RDX**

Prix : 41 990 $ à 44 990 $ (2016)
Catégorie : VUS compact
Garanties :
4 ans/80 000 km, 5 ans/100 000 km
Transport et prép. : 2 110 $
Ventes QC 2015 : 1 548 unités
Ventes CAN 2015 : 7 380 unités

Cote du Guide de l'auto

76 %

Fiabilité ■■■■■■■□□□
Appréciation générale ■■■■■■■□□□

Sécurité ■■■■■■■□□□
Agrément de conduite ■■■■■■□□□□

Consommation ■■■■■□□□□□
Système multimédia ■■■■■■□□□□

Cote d'assurance
■■■■■■■□□□
$$$ $

➕ Finition de haut calibre • Habitacle silencieux • Douceur de roulement confirmée • V6 suffisamment puissant • Fiabilité assurée

➖ Conduite ordinaire • Écrans qui sèment la confusion • Direction sans caractère • Équipement pourrait être un peu plus relevé • Commandes du volant trop petites

Concurrents
Audi Q5, BMW X3, Buick Envision, Infiniti QX50, Land Rover Discovery Sport, Lincoln MKC, Mercedes-Benz GLC, Volvo XC60

Les excentriques n'ont pas toujours la cote

Alain Morin

Pour l'année-modèle 2007, Acura présentait un nouveau VUS compact de luxe, le RDX, qui avait, à l'époque, que peu de concurrents. Doté d'un quatre cylindres turbocompressé et d'un rouage intégral raffiné, il avait tout pour réussir. Mais ce ne fut pas le cas. Entre 2007 et 2012, moins de 23 000 unités ont trouvé preneur au Canada. En 2013, le RDX rentre dans le rang. Exit le quatre cylindres turbo et le rouage intégral SH-AWD ! Bienvenue au V6 de 3,5 litres — le même que l'on retrouve partout chez Honda/Acura — et à une intégrale moins performante, provenant en partie du Honda CR-V, et, surtout, moins dispendieuse à produire. Résultat : plus de 20 000 RDX ont été vendus entre 2013 et la fin de 2015. On aime les véhicules exubérants... mais pas dans notre cour !

Heureusement, le RDX n'est pas sobre partout. Il suffit de regarder sa grille de calandre pour s'en convaincre. L'imposante bande en chrome poli, que d'aucuns associent à un ouvre-boîte, est souvent décriée, quelquefois adulée. La partie arrière est nettement plus classique, ce qui nous amène à penser que le véhicule a été dessiné par deux équipes séparées par des dizaines de milliers de kilomètres et n'ayant pas accès à Skype !

MOINS, C'EST SOUVENT MIEUX
Même le tableau de bord s'attire des commentaires opposés. Autant la qualité de ses matériaux et de son assemblage ne peut être prise en défaut, autant son système multimédia suscite des remarques pas toujours élogieuses. Il faut d'abord s'habituer à gérer deux écrans dont seulement un, celui du bas, est tactile. Ce dernier permet de régler les paramètres du système audio et du chauffage. Celui du haut s'occupe aussi de ces deux éléments mais, en plus, de tout ce qui peut être paramétrable dans un véhicule via la molette au centre du tableau bord.

Toujours au chapitre de l'ergonomie, les différents boutons sont suffisamment gros pour être facilement manipulés avec des gants. Et soulignons exactement le contraire pour les touches sur le volant. Enfin, lors de ma dernière prise en main d'un RDX, j'ai passé toute ma semaine à augmenter et diminuer la température plutôt que le volume de la radio... Mais je présume qu'une personne qui possède un RDX depuis plusieurs mois ne fait plus ce genre d'erreur! Les sièges avant sont très confortables. Le même qualificatif s'applique à ceux d'en arrière, mais sans le «très».

MÉCANIQUE RANGÉE

Sous le capot se cache une seule motorisation. Il s'agit, on l'a vu, d'un V6 de 3,5 litres. Dans le RDX, il développe 279 chevaux et un couple de 252 livre-pied, ce qui autorise un 0-100 km/h en 7,1 secondes et des reprises, ma foi, fort délurées. À cet instant précis, où le pied droit est soudé au plancher, le grondement du V6 est étouffé par des kilos de matériel insonore. Dommage.

Pour la boîte de vitesses, encore une fois, pas de choix possible. C'est une automatique à six rapports ou rien! Son fonctionnement est tout à fait transparent sauf à l'occasion où elle avait tendance, du moins sur le dernier RDX essayé, à rétrograder inutilement à la moindre montée.

Quant au rouage intégral, bien qu'il ne soit pas aussi efficace que le SH-AWD, le demeure suffisamment dans 99% des situations auxquelles le RDX sera confronté au cours de sa vie. Lors d'un essai hivernal, nous avons obtenu une moyenne de consommation de plus de 11 litres/100 km. C'est beaucoup, même en hiver, d'autant plus que nous n'avons pas brusqué notre véhicule outre mesure. Il faut également savoir que lorsque les roues arrière ne contribuent pas à faire avancer le véhicule, elles sont déconnectées du rouage intégral, ce qui améliore la consommation. Heureusement...

Il ne suffit que de quelques tours de roue pour remarquer l'absence de bruits inopportuns dans l'habitacle. Bien que le confort ait assurément été mentionné avant la sportivité dans le cahier de charges menant à la création de la douxième génération du RDX, on ne peut pas dire qu'il est démuni devant la première courbe qui se présente. Le roulis est bien maîtrisé et il faut pousser au-delà du raisonnable pour voir apparaître du sous-virage (l'avant veut continuer tout droit). En hiver, le rouage intégral n'est pas aussi réactif que celui de Mercedes-Benz ou Audi, mais il faut vraiment être pointilleux pour lui en vouloir. Malgré cela, la conduite d'un RDX ne laisse pas de souvenirs impérissables.

L'Acura RDX n'est plus aussi «flyé» qu'avant. Et c'est tant mieux, Acura ne lui ayant jamais donné les outils pour se battre à armes égales avec les BMW, Audi ou Land Rover. Il est maintenant rentré dans les rangs tout en conservant sa légendaire fiabilité. C'est là qu'il excelle.

Châssis - Technologie TI	
Emp / lon / lar / haut	2685 / 4685 / 1872 / 1650 mm
Coffre / Réservoir	739 à 2178 litres / 60 litres
Nbre coussins sécurité / ceintures	6 / 5
Suspension avant	ind., jambes force
Suspension arrière	ind., multibras
Freins avant / arrière	disque / disque
Direction	à crémaillère, ass. var. élect.
Diamètre de braquage	11,9 m
Pneus avant / arrière	P235/60R18 / P235/60R18
Poids / Capacité de remorquage	1783 kg / 680 kg (1499 lb)
Assemblage	Marysville OH US

Composantes mécaniques	
Cylindrée, soupapes, alim.	V6 3,5 litres 24 s atmos.
Puissance / Couple	279 ch / 252 lb-pi
Tr. base (opt) / rouage base (opt)	A6 / Int
0-100 / 80-120 / V.Max	7,1 s / 5,5 s / n.d.
100-0 km/h	42,9 m
Type / ville / route / CO_2	Sup / 12,4 / 8,4 l/100 km / 4876 kg/an

“ LES **MANIAQUES** DE *CHARS* N'AIMENT SANS DOUTE PAS LE RDX CAR IL EST **TROP SAGE.** TOUS LES AUTRES SERONT **RAVIS** PAR CE **MÊME RDX !** ”

Du nouveau en 2017
Aucun changement majeur

Photos : Acura

ACURA **RLX**

((SiriusXM))

Prix : 65 490 $ à 69 990 $ (2016)
Catégorie : Berline
Garanties :
4 ans/80 000 km, 5 ans/100 000 km
Transport et prép. : 2 110 $
Ventes QC 2015 : 38 unités
Ventes CAN 2015 : 182 unités

Cote du Guide de l'auto

70 %

Fiabilité   Appréciation générale
■■■■□□□□□□   ■■■■■■■□□□

Sécurité   Agrément de conduite
■■■■■■■■□□   ■■■■■■□□□□

Consommation   Système multimédia
■■■■■■■□□□   ■■■■■■■■□□

Cote d'assurance
■■■■■■■■□□
$$$ $

➕ Économie d'essence appréciée •
Ultra silencieuse • Qualité d'assemblage
surprenante • Elle se conduit toute
seule ! • Couple instantané = belles
performances

➖ Style anonyme • Accélérateur lent
à la détente • Dispendieuse • Valeur de
revente incertaine • Ennuyeuse à conduire

Concurrents
Audi A6, BMW Série 5, Cadillac CTS,
Infiniti Q70, Jaguar XF, Lexus LS,
Lincoln MKS, Mercedes-Benz Classe E,
Volvo S60

Complexe, bien pensée… et oubliée

Frédérick Boucher-Gaulin

Si jamais vous croisez une Acura RLX sur la route, prenez un instant pour la regarder : cette imposante berline est rare, et vous risquez de ne pas en revoir beaucoup. Mais pourquoi ? La luxueuse bagnole japonaise est pourtant éminemment confortable, vendue à un prix compétitif et peut soutenir la comparaison avec la majorité de ses rivales.

UNE VITRINE SUR HONDA

L'Acura RLX est plus qu'une voiture luxueuse : il s'agit d'une vitrine technologique pour le géant Honda. On retrouve une large gamme de gadgets à bord : système audio Krell à 14 haut-parleurs, sièges avant ventilés, caméras et senseurs aux quatre coins du véhicule, pratiquement tous les systèmes d'aide à la conduite disponibles sur le marché, la plus récente génération du système d'infodivertissement du manufacturier…

Un V6 de 3,5 litres déployant 377 chevaux combinés vrombit sous le capot de la RLX. Pour transférer cette puissance aux roues avant, une transmission à double embrayage à sept rapports est utilisée. Il n'y a pas d'arbre de transmission passant sous la voiture, mais Acura annonce cependant que la RLX a quatre roues motrices. Quelle est cette sorcellerie ? C'est que, voyez-vous, la RLX est hybride : telle la Tesla Model S, cette Acura peut se mouvoir par la seule force de ses électrons… mais beaucoup moins longtemps !

Il y a trois moteurs électriques dissimulés sous la RLX : le premier est logé dans la transmission et sert à aider le V6 à faire tourner le train avant. Les deux autres moteurs sont installés sur les roues arrière ; cet arrangement peu orthodoxe permet de transformer une traction (roues avant motrices) en intégrale sans avoir recours à un complexe rouage mécanique, tout en permettant la vectorisation du couple dans les virages ; en envoyant plus ou moins de courant à chaque moteur, l'ordinateur peut enrayer le sous-virage en une fraction de seconde. Finalement, ce système hybride permet également de s'élancer d'un feu rouge très rapidement grâce au couple instantané du système électrique. Si l'on est plus doux avec l'accélérateur, on pourra aussi démarrer et rouler à basse vitesse sans dépenser une seule goutte de pétrole. Notez qu'il n'y a pas de prise pour recharger la RLX; c'est uniquement en freinant que les batteries se rechargeront.

LE NUAGE JAPONAIS

Le comportement routier de la RLX ne surprendra personne : sa direction est légère sans être déconnectée, ses suspensions vous donneront l'impression de voler au-dessus des nids-de-poule les plus profonds et le fait qu'elle vienne de série avec du verre acoustique — consistant en deux épaisseurs de vitre séparées par un vide — fera en sorte que le silence à bord sera pratiquement total. Même en roulant au-delà de la limite légale, on entend à peine le bruit du vent. Finalement, les sièges sont tous recouverts d'un excellent cuir et sont vraiment confortables. Que vous soyez à l'avant ou à l'arrière, vous aurez amplement d'espace pour vous étirer.

Conduire la RLX est une expérience tellement relaxante que votre concentration pourrait faillir : Acura y a pensé, et offre un système s'approchant drôlement de la conduite autonome ! Comme dans plusieurs autres produits de la marque (comme l'ILX et le MDX), on peut activer simultanément le système de maintien de voie — qui scanne la route en permanence et actionnera le volant pour que la berline reste au centre de la route — et le régulateur de vitesse adaptatif. Avec ces deux systèmes, la RLX se conduit pratiquement toute seule sur l'autoroute; il faut simplement s'assurer de garder les deux mains sur le volant pour des raisons évidentes de sécurité.

Visuellement, la RLX ne se distinguera pas dans la circulation; certains apprécieront l'anonymat que cela procure, mais d'autres acheteurs déploreront le fait qu'elle ressemble à la TLX et l'ILX lorsque vue de l'avant. Les feux *Jewel Eye* de la marque étaient auparavant uniques à ce modèle, mais tous les autres membres de la gamme y ont maintenant droit. Qu'à cela ne tienne, ils donnent encore un style très digne à la RLX !

Si elle est si compétente, pourquoi la RLX n'est-elle pas plus populaire ? Aux dernières nouvelles, Acura en écoulait moins d'une vingtaine par mois au pays, tandis que Mercedes-Benz vend une centaine de Classe S durant la même période.

C'est malheureusement une question d'écusson; ceux qui ont l'argent pour ce genre de véhicule auront tendance à privilégier les marques allemandes et leurs produits ayant fait leurs preuves depuis longtemps. Par contre, les véhicules Acura ont progressé à pas de géant depuis les dernières années.La RLX. Elle n'impressionnera pas vos amis au club de golf, mais elle risque de vous surprendre par son confort et sa frugalité... deux caractéristiques très demandées ces temps-ci.

Châssis - Elite SH-AWD	
Emp / lon / lar / haut	2850 / 4982 / 1890 / 1465 mm
Coffre / Réservoir	328 litres / 57 litres
Nbre coussins sécurité / ceintures	7 / 5
Suspension avant	ind., double triangulation
Suspension arrière	ind., multibras
Freins avant / arrière	disque / disque
Direction	à crémaillère, ass. var. élect.
Diamètre de braquage	12,3 m
Pneus avant / arrière	P245/40R19 / P245/40R19
Poids / Capacité de remorquage	1980 kg / n.d.
Assemblage	Saitama JP

Composantes mécaniques	
Cylindrée, soupapes, alim.	V6 3,5 litres 24 s atmos.
Puissance / Couple	310 ch / 273 lb-pi
Tr. base (opt) / rouage base (opt)	A7 / Int
0-100 / 80-120 / V.Max	6,0 s / 4,2 s / n.d.
100-0 km/h	44,3 m
Type / ville / route / CO_2	Sup / 8,0 / 7,5 l/100 km / 3577 kg/an
Moteur électrique	
Puissance / Couple	47 ch (35 kW) / n.d. lb-pi
Type de batterie	Lithium-ion (Li-ion)
Énergie	1,3 kWh

« SI VOUS RECHERCHEZ UNE GRANDE BERLINE DE LUXE **ORIGINALE** ET **ÉCONOMIQUE** POUR MOINS DE 80 000 $, CE PRODUIT EST POUR VOUS ! »

- MARC-ANDRÉ GAUTHIER

Du nouveau en 2017

Aucun changement majeur

Photos : Acura, Frédérick Boucher-Gaulin

ACURA **TLX**

Prix : 35 290 $ à 47 790 $ (2016)
Catégorie : Berline
Garanties :
4 ans/80 000 km, 5 ans/100 000 km
Transport et prép. : 2 110 $
Ventes QC 2015 : 1 320 unités
Ventes CAN 2015 : 5 075 unités

Cote du Guide de l'auto

65 %

Fiabilité	Appréciation générale
■■■■■□□□□□	■■■■■■□□□□
Sécurité	Agrément de conduite
■■■■■■■■□□	■■■■■■□□□□
Consommation	Système multimédia
■■■■■■□□□□	■■■■■■□□□□

Cote d'assurance

■■■■■■■□□□
$$$ $

➕ Fiabilité reconnue • Technologies avancées (V6 SH-AWD) • Qualité de finition relevée • Bon réseau de concessionnaires

➖ Système quatre roues directrices inutile • Deux écrans irritants • Manque de charisme évident • Dynamisme absent

---

Concurrents
Acura TL, Audi A4, BMW Série 3, Cadillac ATS, Infiniti Q50, Jaguar XE, Lexus IS, Lincoln MKZ, Mercedes-Benz Classe C, Volvo S60

Coup d'épée dans l'eau

Jacques Deshaies

J e tente de me souvenir du temps où Acura, la division de voitures de luxe de Honda, offrait des produits attrayants... La compacte du groupe, l'Integra, avait pourtant bien réussi. Puis il y avait eu la Legend et la RSX qui avaient bien fait. Il y a eu, bien sûr, la première génération de la NSX, mais après, plus rien. Peut-être que la nouvelle NSX viendra rehausser l'image de la marque ? Mais je pense, honnêtement, que la direction s'est égarée avec l'introduction de la EL, une Civic endimanchée et la RL, une grande berline trop petite.

La compagnie a tenté de raviver la flamme avec la TSX, une Honda Accord européenne sous la bannière Acura, et avec la TL, au style plutôt raté. Rien n'a pourtant été concluant. Seuls les VUS RDX et MDX sont parvenus à capter l'attention des acheteurs jusqu'à maintenant. Pendant ce temps, les concurrents ont assuré leur avance. Le dernier renouvellement de la gamme Acura a tout de même été bénéfique. Parmi ces transformations, la TSX et la TL se sont transformées en un seul et unique modèle, la TLX. Bien que cette dernière soit mieux tournée, elle présente toujours quelques lacunes difficiles à dissimuler.

COUP DE CRAYON AFFINÉ
Alors que la TL n'avait pas fait l'unanimité, avec sa grille peu inspirante, et que la TSX ne se démarquait pas par son originalité, la TLX, elle, propose des formes beaucoup plus séduisantes. Comme pour les MDX et RDX, les lignes de cette TLX sont épurées. La grille est plus discrète et la silhouette, plus fluide. Mais on ne réinvente pas le genre. C'est peut-être pour ça qu'elle passe pratiquement inaperçue dans le lot des berlines. Malgré tout, son allure s'est améliorée si on la compare à la précédente génération.

Son habitacle demeure cependant dans la lignée de la marque. Le tableau de bord commence à prendre de l'âge, à mon avis. Et je continue à détester cette habitude de l'équiper de deux écrans. Le système multimédia n'est pas très intuitif. Les stylistes ont travaillé à purifier sa silhouette et ils auraient dû en faire autant à l'intérieur. Cependant, il n'y a rien à redire sur la qualité d'exécution. Comme d'habitude, les matériaux sont supérieurs et les agencements de couleurs, élaborés avec soin.

Dans la lancée de réduction de poids, un élément qui contribue, entre autres, à la diminution de la consommation, cette TLX est assemblée avec certains matériaux plus légers, comme l'aluminium et le magnésium. Le capot, les pare-chocs et la colonne de direction sont réalisés avec ces matériaux. D'ailleurs, la TLX est légèrement plus courte que la défunte TL. Par conséquent, l'espace aux places arrière fait encore défaut.

ABONDANCE DE TECHNOLOGIES

Chez Acura, la technologie demeure l'argument de taille pour convaincre de nouveaux clients. On en abuse, même, quelques fois. Entre autres, la TLX est munie de roues arrière directrices. Ce n'est pas nouveau chez le constructeur japonais. À une autre époque, la Honda Prélude avait profité de ce système. En moins évolué évidemment. À mon avis, la version à traction, dotée de cette technologie, me semble toujours aussi inutile.

La TLX de base reçoit un quatre cylindres de 2,4 litres. Disposant d'un honnête 206 chevaux, il est complété par une boîte de vitesses à huit rapports avec double embrayage. Cette version est uniquement offerte en version à roues avant motrices.

La version à rouage intégral porte le système SH-AWD, qui expédie le couple désiré à chacune des roues, en fonction des virages et de l'adhérence. Elle est offerte uniquement avec le V6 qui dispose de 290 chevaux et d'une boîte automatique régulière à neuf rapports. Ce même V6 peut aussi être mû uniquement par les roues avant.

Concernant la conduite, disons que la direction est légèrement imprécise, mais que la suspension, en mode normal, fait du bon boulot. En mode Sport, la voiture se transforme complètement et propose une suspension trop ferme pour nos routes. Ce serait différent sur une piste, mais cette TLX n'a pas le caractère pour s'éclater sur un circuit.

Pour résumer le tout, cette Acura TLX est supérieure aux deux modèles qu'elle remplace. En contrepartie, le charisme est toujours absent. Et c'est justement pour cette raison que les acheteurs de BMW, Audi ou Mercedes-Benz sont prêts à payer davantage. Vanter les mérites d'une voiture au style anonyme, par l'entremise de ses roues directrices arrière, risque de donner des maux de tête aux représentants qui les vendent. La marque aurait besoin d'un peu plus. Pour l'instant, par chance, les RDX et MDX se vendent bien. Sans être une mauvaise voiture, la TLX pourrait toutefois faire mieux si...

Du nouveau en 2017

Aucun changement majeur.
Changements de couleurs de carrosserie.

Châssis - Base

Emp / lon / lar / haut	2775 / 4832 / 2091 / 1447 mm
Coffre / Réservoir	405 litres / 65 litres
Nbre coussins sécurité / ceintures	7 / 5
Suspension avant	ind., jambes force
Suspension arrière	ind., multibras
Freins avant / arrière	disque / disque
Direction	à crémaillère, ass. var. élect.
Diamètre de braquage	11,5 m
Pneus avant / arrière	P225/55R17 / P225/55R17
Poids / Capacité de remorquage	1579 kg / n.d.
Assemblage	Marysville OH US

Composantes mécaniques

Base, Technologie

Cylindrée, soupapes, alim.	4L 2,4 litres 16 s atmos.
Puissance / Couple	206 ch / 182 lb-pi
Tr. base (opt) / rouage base (opt)	A8 / Tr
0-100 / 80-120 / V.Max	7,3 s (est) / n.d. / n.d.
100-0 km/h	n.d.
Type / ville / route / CO_2	Sup / 9,6 / 6,6 l/100 km / 3795 kg/an

SH-AWD

Cylindrée, soupapes, alim.	V6 3,5 litres 24 s atmos.
Puissance / Couple	290 ch / 267 lb-pi
Tr. base (opt) / rouage base (opt)	A9 / Int
0-100 / 80-120 / V.Max	6,6 s / 4,7 s / n.d.
100-0 km/h	47,3 m
Type / ville / route / CO_2	Sup / 11,2 / 7,5 l/100 km / 4386 kg/an

« ACURA DOIT **OFFRIR** DES MODÈLES PLUS **EXUBÉRANTS** ET EXALTANTS. POUR L'INSTANT, ON ACHÈTE UNE TLX POUR SA **FIABILITÉ** OU PAR **FIDÉLITÉ** À LA MARQUE. »

Photos : Acura

 ALFA ROMEO **4C**

(((SiriusXM)))

Prix : 64 495 $ à 76 495 $ (2016)
Catégorie : Coupé, Roadster
Garanties :
4 ans/80 000 km, 4 ans/80 000 km
Transport et prép. : n.d.
Ventes QC 2015 : 30 unités
Ventes CAN 2015 : 122 unités

Cote du Guide de l'auto

71 %

Fiabilité
n.d.
Sécurité
Consommation

Appréciation générale
Agrément de conduite
Système multimédia

Cote d'assurance

$ $ $ $

➕ Silhouette aguichante • Comportement sportif relevé • Version cabriolet • Consommation raisonnable

➖ Confort absent • Coffre ridicule • Suspension ferme • Petit habitacle

Concurrents
Audi TT, Jaguar F-Type,
Lotus Evora 400, Porsche Cayman

La parfaite définition de la voiture sport

Jacques Deshaies

En 1995, après plus de 40 ans, la marque italienne Alfa Romeo quittait définitivement le sol nord-américain. La faiblesse des ventes et la fiabilité plus que douteuse de ses produits ont eu raison de son existence chez nous. Les rumeurs de son retour commencèrent à circuler dès 2007, mais c'est plutôt en 2015 que la 4C fût introduite.

Alfa Romeo s'est payé un retour en sol nord-américain par la grande porte avec sa 4C. Pas de petite voiture d'entrée de gamme au programme, mais un coupé deux places bourré de caractère. L'Alfa Romeo 4C s'offre le privilège de représenter seule la marque pour ce retour. La Giulia viendra la rejoindre cette année. Et l'on nous annonce quelques modèles de plus d'ici les prochaines années. La rumeur parle de sept ! De plus, il faudra bien remplacer cette 4C qui tirerait bientôt sa révérence.

Avec sa bouille séduisante, ce biplace fait tourner les têtes. Même en Californie, lors de mon essai, dans cette partie du globe où les Ferrari sont presque des voitures de livraison, notre Alfa a fait jaser. Je me suis même fait complimenter par le propriétaire d'une magnifique Jaguar Type E d'époque. C'est peu dire ! Mais je dois ajouter que les stylistes d'Alfa Romeo ont le coup de crayon affûté.

DU STYLE
Cette sportive ne passe pas inaperçue. Elle se fait plutôt rare sur nos routes, ce qui entretient tout le mystère autour d'elle. Sous les mêmes dimensions qu'une Porsche Cayman ou d'une Audi TT, elle affiche des traits qui lui sont propres. Comme la plupart des autos exotiques, elle roule avec le nez à ras le sol et une partie arrière remontée et bien galbée. Son « museau » porte le triangle reconnu de la marque en son centre.

Un peu à la façon de Ferrari, deux entrées d'air se retrouvent bien en vue derrière les portières. La lunette est à l'horizontale afin de bien exhiber la mécanique... et nuire au conducteur lors des manœuvres en marche arrière !

C'est d'ailleurs un défaut majeur. La visibilité s'en trouve altérée au maximum, ce qui rend la conduite urbaine quelque peu stressante.

C'est votre gabarit vous indiquera si vous pouvez devenir l'heureux propriétaire d'une 4C, car l'espace intérieur est loin d'être généreux. De plus, notez que le tableau de bord s'avance vers le siège du passager et réduit par conséquent l'espace. Si votre hôte souffre d'embonpoint, il s'en plaindra rapidement. En contrepartie, les commandes sont à portée de main. Les matériaux sont de bonne qualité et l'exécution est honnête.

Monter à bord demande une certaine forme physique. Les bas de portières sont démesurément larges. De plus, pas question de voyager avec votre Alfa. Le coffre lilliputien ne peut accueillir que des articles de toilette. Même constat pour le rangement qui se fait rare à souhait. Et c'est sans oublier les sièges enveloppants qui n'offrent pas d'ajustement par manque d'espace... Qu'à cela ne tienne, cette 4C compense aisément par son comportement !

PETITE, MAIS VIGOUREUSE

C'est une fois bien installé derrière le volant que tout le caractère de ce bolide s'affirme. D'entrée, vous aurez la chance de vous faire des muscles à basse vitesse. Pas de servodirection au programme. Une fois lancée, le 4C se veut d'une précision exemplaire. Nous ne sommes pas loin d'une voiture de compétition. Elle émet une sonorité unique que portait merveilleusement bien le quatre cylindres turbo de 1,7 litre. Accompagnée d'une boîte double embrayage à six rapports, cette Alfa procure une tonne de bonheur.

Sur routes sinueuses, le plaisir est ultime. Vous pointez et elle obéit immédiatement. La suspension à double triangle à l'avant et un poids légèrement plus élevé pour la partie arrière permettent à son conducteur de la pousser presque à la limite. Elle colle au bitume comme si elle était équipée de l'effet de sol. Elle est également dans la catégorie des poids plume : 1128 kilos liés aux 237 chevaux annoncent de généreuses performances.

En terminant, l'Alfa Romeo 4C est un bijou au chapitre du comportement routier. Elle est par surcroît plutôt séduisante. Et passant, la version Spider est encore plus amusante par beau temps. Mais cette sportive italienne n'est pas pour tout le monde : vous devez aimer conduire dans la plus pure tradition d'antan. Et c'est probablement son argument principal, car son habitacle offre peu de confort, le coffre est pratiquement inexistant et la suspension est ferme au point de vous décrocher le dentier. Et c'est sans compter une facture plutôt salée pour un véhicule à utilisation restreinte. Malgré ses quelques caractéristiques, disons négatives, j'en suis tombé littéralement amoureux. Ce que le plaisir de conduire peut faire !

Châssis - Spider	
Emp / lon / lar / haut	2380 / 3989 / 1867 / 1185 mm
Coffre / Réservoir	105 litres / 40 litres
Nbre coussins sécurité / ceintures	2 / 2
Suspension avant	ind., double triangulation
Suspension arrière	ind., jambes force
Freins avant / arrière	disque / disque
Direction	à crémaillère
Diamètre de braquage	12,3 m
Pneus avant / arrière	P205/45ZR17 / P235/40ZR18
Poids / Capacité de remorquage	1128 kg / n.d.
Assemblage	Modène IT

Composantes mécaniques	
Cylindrée, soupapes, alim.	4L 1,7 litre 16 s turbo
Puissance / Couple	237 ch / 258 lb-pi
Tr. base (opt) / rouage base (opt)	A6 / Prop
0-100 / 80-120 / V.Max	4,1 s / n.d. / 258 km/h
100-0 km/h	36,0 m
Type / ville / route / CO_2	Sup / 9,7 / 6,9 l/100 km / 3882 kg/an

« L'ALFA ROMEO 4C EST **RAPIDE, AGILE,** MAIS SANS CONFORT NI **COMMODITÉS.** C'EST **ÇA** UNE VOITURE SPORT. »

Du nouveau en 2017

Aucun changement majeur

ALFA ROMEO **GIULIA**

Prix : n.d.
Catégorie : Berline
Garanties :
4 ans/80 000 km, 4 ans/80 000 km
Transport et prép. : n.d.
Ventes QC 2015 : 0 unités
Ventes CAN 2015 : 0 unités

Cote du Guide de l'auto

53 %

Fiabilité	Appréciation générale
Nouveau modèle	**Nouveau modèle**
Sécurité	Agrément de conduite
Nouveau modèle	**Nouveau modèle**
Consommation	Système multimédia
■■■■■□□□□□	**Nouveau modèle**

Cote d'assurance
n.d.

➕ Carrosserie séduisante • Motorisations puissantes • Équipement de pointe • Rouage intégral disponible • Habitacle luxueux

➖ Fiabilité à prouver • Peu de concessionnaires • Réputation de la marque à rebâtir • Valeur de revente inconnue • Prix élevé

Concurrents
Audi A4, BMW Série 3, Cadillac ATS, Infiniti Q50, Mercedes-Benz Classe C, Volvo S60

Une Alfa pour la masse

Michel Deslauriers

Enfin, la division de performance italienne de Fiat Chrysler Automobiles commence à prendre forme en Amérique du Nord. Après le lancement de la petite bombe 4C il y a deux ans, voici la Giulia qui en met plein la vue au chapitre du style et de la puissance.

Et pour souligner l'arrivée de cette nouvelle berline, on vise dans le cœur des plus rutilants petits bolides allemands et américains avec la flamboyante Giulia Quadrifoglio. Alors que la 4C est une voiture marginale, conçue davantage pour la piste que le stationnement du centre commercial, la Giulia cherchera à élargir le bassin de clientèle d'Alfa Romeo, et vraiment installer la marque chez nous. Toutefois, pour y arriver, il faudra que l'on parvienne à atténuer la réputation de manque de fiabilité des voitures italiennes, ce qui ne sera pas facile.

La Giulia se présente donc au Canada sous l'unique forme d'une berline compacte, de taille similaire aux BMW Série 3, Audi A4, Mercedes-Benz Classe C, Infiniti Q50 et Cadillac ATS. De toute évidence, on ne s'attaque pas aux plus faibles dans ce créneau de luxe et de performances.

UNE CAVALERIE DE 505 CHEVAUX

L'Alfa Romeo Giulia est proposée en trois versions et un choix tout aussi varié de motorisations. Comme apéritif, on nous sert les moutures de base et Ti (*Turismo Internazionale*), équipées d'un quatre cylindres turbocompressé de 2,0 litres. Ce moteur tout en aluminium, doté bien entendu de l'injection directe et du système d'activation variable des soupapes MultiAir, produit 276 chevaux ainsi qu'un couple de 295 lb-pi exploitable entre 2 250 et 4 500 tr/min.

Ce moteur est jumelé à une boîte automatique à huit rapports, nouvellement mise au point par FCA et l'équipementier ZF, alors que le rouage à propulsion peut être remplacé par une transmission intégrale, baptisé Alfa Q4. Selon le constructeur, la boîte est ultrarapide, passant d'un rapport à l'autre en à peine 100 millisecondes. Avec ce moteur, la Giulia accélérerait de 0 à 100 km/h en moins de six secondes.

Par contre, la pièce de résistance pour les amateurs de sportives, c'est la Giulia Quadrifoglio avec son V6 biturbo de 2,9 litres. Malgré sa modeste cylindrée, il génère un stupéfiant 505 chevaux ainsi qu'un couple de 443 lb-pi entre 2500 et 5500 tr/min. Au chapitre de la puissance, on déclasse donc la BMW M3, la Cadillac ATS-V et même la Mercedes-AMG C 63 S avec son V8 turbocompressé. Outre la boîte automatique, on peut également opter pour une boîte manuelle à six rapports. La Quadrifoglio devrait boucler le 0-100 km/h en 3,8 secondes, en route vers une vitesse de pointe de 306 km/h.

Avec les deux moteurs, le conducteur dispose d'un système de modes de conduite baptisé Alfa DNA. Les réglages disponibles sont Natural pour un équilibre entre sport et confort, *Dynamic* pour une conduite agressive et *Advanced Efficiency* pour économiser le maximum de carburant. Dans la Quadrifoglio, le système s'appelle plutôt Alfa DNA Pro, et comprend un mode Race pour les réglages extrêmes de la motorisation, de la suspension, des freins et de la direction. Ce mode ouvre un volet dans l'échappement pour une sonorité plus terrifiante, et désactive le contrôle de stabilité pour une expérience de conduite tout aussi terrifiante. Selon le constructeur, la Giulia profite d'une plate-forme bien équilibrée et d'une répartition de poids avant-arrière frisant les 50/50. La berline devrait donc procurer un agrément de conduite digne des meilleures autos sport de la marque.

BEAUTÉ FRAPPANTE

On a rarement vu des voitures Alfa Romeo se fondre dans la masse ou souffrir d'une silhouette peu flatteuse. La carrosserie de la Giulia est tout simplement magnifique avec son long capot, son couvercle de coffre raccourci et son « visage » pointu doté d'une calandre triangulaire typique de la marque. La version Quadrifolgio en remet avec des jupes de bas de caisse, des bouches d'aération sur le capot et d'immenses roues de 19 pouces enveloppées de pneus Pirelli P Zero Corsa.

L'habitacle de la Giulia propose un habillage luxueux avec un choix de recouvrements de siège en cuir avec surpiqûres contrastantes, des garnitures du tableau de bord en aluminium, en bois, en alcantara ou en fibre de carbone ainsi qu'une chaîne audio Harman/Kardon de 900 watts avec 14 haut-parleurs. Le système multimédia dispose d'un écran de 6,5 ou de 8,8 pouces, selon la version choisie.

Il restera à voir si la Giulia séduira une nouvelle clientèle chez FCA, dans ce populaire segment de marché au Canada. L'entreprise aura besoin d'un peu de chance aussi, mais elle a entre les mains la Quadrifoglio, qui signifie en italien... trèfle à quatre feuilles.

Châssis - Q4

Emp / lon / lar / haut	2819 / 4638 / 1872 / 1425 mm
Coffre / Réservoir	480 litres / 58 litres
Nbre coussins sécurité / ceintures	8 / 5
Suspension avant	ind., double triangulation
Suspension arrière	ind., multibras
Freins avant / arrière	disque / disque
Direction	à crémaillère, ass. var. élect.
Diamètre de braquage	10,8 m
Pneus avant / arrière	n.d. / n.d.
Poids / Capacité de remorquage	1524 kg / n.d.
Assemblage	Cassino IT

Composantes mécaniques

Base, Ti, Q4

Cylindrée, soupapes, alim.	4L 2,0 litres 16 s turbo
Puissance / Couple	276 ch / 295 lb-pi
Tr. base (opt) / rouage base (opt)	A8 / Prop (Int)
0-100 / 80-120 / V.Max	5,5 s (est) / n.d. / 240 km/h (const)
100-0 km/h	n.d.
Type / ville / route / CO_2	Sup / 12,8 / 7,5 l/100 km / 4791 (est) kg/an

Quadrifoglio

Cylindrée, soupapes, alim.	V6 2,9 litres 24 s turbo
Puissance / Couple	505 ch / 443 lb-pi
Tr. base (opt) / rouage base (opt)	M6 / Prop
0-100 / 80-120 / V.Max	3,9 s (est) / n.d. / 307 km/h (est)
100-0 km/h	32,0 m
Type / ville / route / CO_2	Sup / 12,8 / 7,5 l/100 km / 4791 (est) kg/an

« SÉDUISANTE À TOUS LES POINTS DE VUE, LA GIULIA N'AURA TOUTEFOIS PAS LA TÂCHE FACILE POUR SE DÉMARQUER DANS UN CRÉNEAU TRÈS CONCURRENTIEL. »

Du nouveau en 2017

Nouveau modèle.

Photos : Alfa Romeo

ASTON MARTIN DB11

ASTON MARTIN **DB11 / VANQUISH**

((SiriusXM))

Prix: 290 000 $ (estimé)
Catégorie: Coupé, Cabriolet
Garanties:
3 ans/illimité, 3 ans/illimité
Transport et prép.: 4 900 $
Ventes QC 2015: n.d.
Ventes CAN 2015: n.d.

Cote du Guide de l'auto

66 %

Fiabilité
n.d.

Sécurité
■■■■■□□□□□

Consommation
■■■■□□□□□□

Appréciation générale
■■■■■■□□□□

Agrément de conduite
■■■■■■■□□□

Système multimédia
■■■■■■□□□□

Cote d'assurance
n.d.

➕ Puissance bouleversante • Design à faire tourner les têtes • Habitacle somptueux • Équipement moderne (DB11) • Exclusivité assurée (Vanquish)

➖ Prix exorbitants • Places arrière symboliques • Système multimédia peu convivial • Consommation démesurée (Vanquish) • Fiabilité inconnue (DB11)

Concurrents
Audi R8, Bentley Continental, Ferrari 488 GTB, Lamborghini Huracán, McLaren 650S, Mercedes-AMG GT, Porsche 911

Le début d'une nouvelle ère

Michel Deslauriers

Aston Martin a célébré ses 100 ans en 2013. Comme tout constructeur automobile, il a connu des hauts et des bas, mais il semble amorcer son deuxième centenaire du bon pied. Il cherche évidemment à accroître ses ventes, mais pas trop, question de demeurer une marque unique et exclusive. Toutefois, Aston Martin souhaite attirer davantage une clientèle féminine, et pour y arriver, il doit se mettre au goût du jour avec des technologies modernes et, éventuellement, commercialiser un véhicule utilitaire.

Pour le moment, on a droit à une gamme de sportives, dont deux coupés Grand Tourisme ultrapuissants et ultradispendieux, la Vanquish et la nouvelle DB11. Par contre, la différence entre les deux est significative, puisque la première a été conçue avant le tournant du siècle d'Aston Martin, alors que la deuxième marque le début de la nouvelle ère du fabricant.

ON PASSE À LA TURBOCOMPRESSION
L'Aston Martin DB11 2017, offerte en coupé et éventuellement en cabriolet Volante, remplace la DB9 au sein de la gamme, et elle est équipée d'un V12 biturbo de 5,2 litres générant 600 chevaux et un couple de 516 lb-pi. Cette puissance est acheminée aux roues arrière par une boîte automatique à huit rapports.

C'est la première motorisation turbocompressée pour une voiture de série du constructeur anglais, et elle dispose également d'un système automatique Arrêt/redémarrage ainsi que d'une désactivation de cylindres en conduite plus relaxe. Selon Aston Martin, la DB11 sera 25 % moins énergivore que l'ivrogne DB9, mais peut néanmoins accélérer de 0 à 100 km/h en 3,9 secondes, un chiffre qui nous semble d'ailleurs conservateur.

La servodirection électrique est une autre nouveauté, alors que les jantes en alliage de 20 pouces sont identiques à celles de la DB10, dont une seule copie a été vendue à la suite de son apparition dans le film *Spectre* de la série James Bond. Quant aux pneumatiques, on a fait appel à Bridgestone, qui a mis au point un modèle sur mesure nommé S007 en hommage à vous savez qui.

Rien d'étonnant, l'habitacle à quatre passagers de la DB11 est des plus somptueux, alors que son système multimédia est fourni par Mercedes-Benz, y compris la disposition des menus à l'écran, sa molette et son pavé tactile. L'affichage du conducteur est entièrement numérique, et l'on a maintenant droit à une clé intelligente avec bouton de démarrage. Aston Martin, grâce à ces nouvelles commodités, s'attend à ce que la DB11 plaise autant aux femmes qu'aux hommes.

Quant au design extérieur, la calandre de la marque a été conservée, la silhouette de l'auto est originale, élégante et sophistiquée. Le capot qui s'ouvre vers l'avant est, selon le constructeur, le plus gros de l'industrie, sculpté en une seule pièce. Des canalisations situées à la base des piliers C acheminent l'air à travers le couvercle du coffre pour augmenter l'appui au sol, éliminant la nécessité d'un béquet arrière. La DB11 propose quand même un mince aileron qui se déploie à partir d'environ 160 km/h.

LA GT TRADITIONNELLE

Avec l'apparition de la DB11, la Vanquish vient de prendre un sérieux coup de vieux. Aston appelle sa voiture porte-étendard «l'ultime GT», et elle est assemblée à la main, soit en coupé ou en décapotable Volante, au lieu de cheminer sur une chaîne de montage motorisée. Alors que la voiture prend naissance, les ouvriers la poussent d'une station de travail à l'autre sur un cadre roulant. Ses neuf couches de peinture nécessitent à elles seules 50 heures de travail !

Sous le capot, rugit le V12 atmosphérique de 6,0 litres, bien connu des fidèles de la marque. Il produit 568 chevaux et un couple de 465 lb-pi et est lui aussi géré par une boîte automatique à huit rapports. Aux dires du fabricant, le coupé Vanquish boucle le 0-100 km/h en 3,6 secondes. C'est un moteur puissant sans être violent, avec un rugissement à faire frissonner. Ajoutez à cela une consommation totalement déraisonnable qui fera probablement sourire les propriétaires bien nantis.

À l'instar d'une Mercedes-AMG S 65, la Vanquish possède tous les atouts pour procurer des sensations fortes à son conducteur sur la piste, mais se sent plus à l'aise sur des routes de campagne sinueuses, ou sur les boulevards de la métropole où elle attirera sans cesse les regards. Son habitacle luxueux est garni des cuirs les plus riches et d'une confection à couper le souffle de la reine d'Angleterre. Par contre, la planche de bord n'est pas des plus modernes, malgré ses boutons à effleurement, alors que son système multimédia est peu convivial et son affichage est de petite taille.

En somme, le coupé DB11 est plus moderne et plus puissant que l'éternellement jolie — mais vieillissante Vanquish —, et coûtera quelque 50 000 $ de moins. À vous de choisir.

Châssis - DB11 Coupé	
Emp / lon / lar / haut	2805 / 4739 / 1940 / 1279 mm
Coffre / Réservoir	270 litres / 78 litres
Nbre coussins sécurité / ceintures	6 / 4
Suspension avant	ind., double triangulation
Suspension arrière	ind., double triangulation
Freins avant / arrière	disque / disque
Direction	à crémaillère, ass. var. élect.
Diamètre de braquage	12,5 m
Pneus avant / arrière	P255/40ZR20 / P295/35ZR20
Poids / Capacité de remorquage	1770 kg / n.d.
Assemblage	Gaydon GB

Composantes mécaniques	
DB11	
Cylindrée, soupapes, alim.	V12 5,2 litres 48 s turbo
Puissance / Couple	600 ch / 516 lb-pi
Tr. base (opt) / rouage base (opt)	A8 / Prop
0-100 / 80-120 / V.Max	3,9 s (const) / n.d. / 322 km/h (const)
100-0 km/h	n.d.
Type / ville / route / CO_2	Sup / n.d. / n.d. / n.d.
Vanquish	
Cylindrée, soupapes, alim.	V12 6,0 litres 48 s atmos
Puissance / Couple	568 ch / 465 lb-pi
Tr. base (opt) / rouage base (opt)	A6 / Prop
0-100 / 80-120 / V.Max	4,1 s (const) / n.d. / 295 km/h (const)
100-0 km/h	n.d.
Type / ville / route / CO_2	Sup / 16,2 / 10,7 l/100 km / 6305 kg/an

> « UNE ANNÉE **ÉVOLUTIVE** POUR ASTON MARTIN QUI **PROPOSE UN CHOIX** DE DEUX GT, **LA DB11** PLUS MODERNE ET **LA VANQUISH** PLUS CLASSIQUE. »

Du nouveau en 2017

La toute nouvelle DB11 remplace la DB9, aucun changement majeur pour la Vanquish.

Photos : Michel Deslauriers, Aston Martin

ASTON MARTIN VANQUISH

ASTON MARTIN VANQUISH

ASTON MARTIN **RAPIDE**

((SiriusXM))

Prix : 218 600 $ (2016)
Catégorie : Berline
Garanties :
3 ans/illimité, 3 ans/illimité
Transport et prép. : 3 900 $
Ventes QC 2015 : n.d.
Ventes CAN 2015 : n.d.

Cote du Guide de l'auto

75 %

Fiabilité
n.d.

Appréciation générale
■■■■■■■□□□

Sécurité
■■■■■■■□□□

Agrément de conduite
■■■■■■■□□□

Consommation
■■■□■■□□□□

Système multimédia
■■■■■■□□□□

Cote d'assurance
n.d.

➕ V12 exaltant • De la place pour quatre • Habitacle somptueux • Tenue de route sportive • Exclusivité assurée

➖ Prix élevé • Consommation démesurée • Manque d'espace à l'arrière • Boîte automatique perfectible • Rapide, mais moins que ses rivales

Concurrents
Audi A8, Bentley Flying Spur, BMW Série 7, Jaguar XJ, Maserati Quattroporte, Mercedes-Benz Classe S, Porsche Panamera, Tesla Model S

À défaut d'un VUS...

Michel Deslauriers

Alors que Bentley et Jaguar ont mis au marché leurs premiers véhicules utilitaires cette année, c'est toujours le statu quo à ce chapitre chez Aston Martin. Même si les VUS de luxe sont à la mode et très lucratifs pour leur constructeur, ce petit fabricant anglais ne se concentre pour l'instant que sur des voitures sport. Une bonne chose, diront certains.

Le véhicule familial chez Aston Martin se trouve donc à être la berline Rapide S. En fait, « berline » est un grand mot; on devrait plutôt la qualifier de coupé à quatre portes, comme c'est le cas de la Mercedes-Benz CLS et de la Porsche Panamera. Aston Martin mise sur le design spectaculaire de la Rapide pour la comparer avantageusement à ses rivales. Plus belle que la Panamera ? Assurément ! Que la CLS ? Possiblement. Les goûts, ça ne se discute pas, mais nous, on la trouve très belle.

POUR UNE FAMILLE DE QUATRE
Chacun des occupants de la Rapide dispose de sa propre porte. Et tant qu'à y être, de son propre cocon tapissé de cuir matelassé à surpiqûres contrastantes. La ligne de toit plongeante ne facilite en rien l'accès aux places arrière, mais au moins, on n'a pas besoin de se contorsionner outre mesure pour monter à bord.

On retrouve aussi des commandes de climatisation à l'arrière, alors que les quatre sièges sont chauffants de série, ventilés en option. Moyennant supplément, un système de divertissement par DVD avec écrans intégrés aux appuie-têtes avant est offert, et les dossiers des sièges arrière peuvent se rabattre pour créer un coffre encore plus logeable.

Pour 2017, l'ancienne planche de bord avec ses divers petits boutons minces a été remplacée par une nouvelle interface dotée de boutons à effleurement, plus moderne. Le système multimédia AMi III propose désormais un affichage de meilleure résolution, une exécution plus rapide des commandes et une entrée de données plus conviviale. L'écran est toujours trop petit, mais bon, déjà que le système a été amélioré, on ne leur en demandera pas trop...

LE CŒUR DE LA BÊTE

Évidemment, on n'achète pas une Aston Martin pour la convivialité de son système multimédia, puisque l'expérience auditive vient surtout de ce qui se retrouve sous le capot. Dans le cas de la Rapide S, on se gâte avec un V12 de 5,9 litres (Aston Martin préfère parler d'un 6,0 litres même si la cylindrée exacte est de 5 935 cc) qui développe pas moins de 552 chevaux et un couple de 465 lb-pi, sans l'aide de la turbocompression. La voiture porte bien son nom, puisqu'elle n'a besoin que de 4,4 maigres secondes pour atteindre les 100 km/h. Où peut-on exploiter sa vitesse maximale de 327 km/h? Nulle part de ce côté de l'Atlantique, mais cette statistique impressionnera certainement nos voisins!

On n'achète pas une Aston Martin non plus pour son économie de carburant. Au volant de la Rapide, on ne consommera jamais moins de 11,0 l/100 km, même en dévalant une pente raide avec la boîte de vitesse au neutre. Cette dernière, une automatique à huit rapports, fait un bon travail et se marie bien au caractère de la voiture. De plus, elle est montée en position centrale arrière afin de mieux répartir le poids de la berline, séparée du moteur par un arbre de transmission en fibre de carbone. Le seul hic, c'est que les montées en rapport sont saccadées lorsque l'on utilise les sélecteurs montés au volant, ce qui ne fait pas très raffiné dans un bolide de ce prix.

Le comportement routier de la Rapide est surprenant, même si elle est un tantinet moins agile et que son roulis de caisse est plus prononcé que les autres modèles du constructeur, compte tenu de son poids plus élevé. La puissance prodigieuse, la sonorité du V12 et la tenue de route dynamique de la Rapide provoqueront de fréquentes montées d'adrénaline au conducteur, et possiblement le mal des transports aux passagers arrière...

On s'en doute, le prix demandé pour une Aston Martin Rapide S n'est pas à a portée de tous, et elle ne peut concurrencer les versions plus abordables de ses rivales, la Panamera et la CLS. Elle n'est pas aussi rapide que les versions les plus puissantes de ces dernières non plus, et son rouage à propulsion pourrait faire hésiter les acheteurs qui la conduiront durant les rudes hivers québécois. En revanche, son exclusivité vaudra cher pour ses acheteurs qui voudront une berline puissante et somptueuse ainsi qu'une voiture au style unique et spectaculaire.

Châssis - S	
Emp / lon / lar / haut	2989 / 5019 / 2140 / 1360 mm
Coffre / Réservoir	223 à 792 litres / 91 litres
Nbre coussins sécurité / ceintures	8 / 4
Suspension avant	ind., double triangulation
Suspension arrière	ind., double triangulation
Freins avant / arrière	disque / disque
Direction	à crémaillère, ass. var. élect.
Diamètre de braquage	12,5 m
Pneus avant / arrière	P245/40R20 / P295/35R20
Poids / Capacité de remorquage	1990 kg / n.d.
Assemblage	Gaydon GB

Composantes mécaniques	
S	
Cylindrée, soupapes, alim.	V12 6,0 litres 48 s atmos.
Puissance / Couple	552 ch / 465 lb-pi
Tr. base (opt) / rouage base (opt)	A8 / Prop
0-100 / 80-120 / V.Max	4,4 s (const) / n.d. / 327 km/h (const)
100-0 km/h	n.d.
Type / ville / route / CO_2	Sup / 16,8 / 10,9 l/100 km / 6465 kg/an

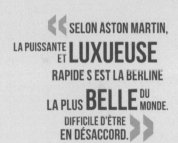

« SELON ASTON MARTIN, LA PUISSANTE ET **LUXUEUSE** RAPIDE S EST LA BERLINE LA PLUS **BELLE** DU MONDE. DIFFICILE D'ÊTRE EN DÉSACCORD. »

Du nouveau en 2017

Aucun changement majeur.
Intégration du nouveau système multimédia AMi III.

Photos : Sylvain Raymond

ASTON MARTIN **VANTAGE**

(((SiriusXM)))

Prix : 194 700 $ (2016)
Catégorie : Coupé, Cabriolet
Garanties :
3 ans/illimité, 3 ans/illimité
Transport et prép. : 5 900 $
Ventes QC 2015 : n.d.
Ventes CAN 2015 : n.d.

Cote du Guide de l'auto

66 %

Fiabilité
n.d.

Sécurité
■■■■■■■□□□

Consommation
■■■□□□□□□□

Appréciation générale
■■■■■□□□□□

Agrément de conduite
■■■■■■□□□□

Système multimédia
■■■■■□□□□□

Cote d'assurance
■■■□□□□□□□
$$$ $

➕ Moteur sublime • Superbe carrosserie, malgré son âge • Finition intérieur • Boîte manuelle disponible • Système multimédia amélioré

➖ Abandon du V8 au Canada • Prix élevé • Consommation démesurée • Écran d'affichage trop petit • Suspension ferme

Concurrents
Audi R8, Bentley Continental, Ferrari F12Berlinetta, Lamborghini Aventador, Mercedes-AMG GT, Porsche 911

Sportive typiquement anglaise

Michel Deslauriers

E n consultant l'éventail de modèles du petit fabricant anglais Aston Martin, il est difficile de croire que la voiture offrant la meilleure dynamique de conduite soit le modèle de base. La Vanquish, la DB11 et la Rapide sont des voitures de grand tourisme ultrapuissantes, mais c'est la Vantage qui démontre les meilleures aptitudes sur un circuit.

Commercialisée depuis 2005 sous sa forme actuelle, la Vantage n'est pas jeune. On réussit tout de même à cacher ses rides avec des mises à jour et des améliorations apportées au fil du temps. Cette rivale à la Porsche 911 poursuit d'ailleurs sa carrière pour le millésime 2017 avec quelques retouches, y compris un nouveau système multimédia.

UN SEUL MOTEUR AU CANADA
La gamme a été simplifiée avec le retrait de la V8 Vantage, laissant la place à la V12 Vantage S, disponible en configurations coupé et décapotable. Son douze cylindres de 5,9 litres ou, plus précisément 5 935 cc (donc non de 6,0l comme l'a annoncé Aston Martin) développe la bagatelle de 565 chevaux et un couple de 457 lb-pi. Équipée de ce moteur, la V12 Vantage S peut atteindre 100 km/h en moins de quatre secondes.

On pleure l'abandon du rugissant moteur V8. En revanche, les puristes seront également contents d'apprendre que pour l'année-modèle 2017, le constructeur offre la possibilité d'opter pour une boîte manuelle à sept rapports dans la V12 Vantage S, au lieu de la boîte automatisée. Douze cylindres et une pédale d'embrayage, c'est une combinaison que l'on ne retrouve même plus chez Ferrari ni Lamborghini !

Que l'on aime ou non, cette nouvelle boîte manuelle sera pourvue d'une fonction de correspondance de régime lors des rétrogradations. Plus besoin de perfectionner la technique du « talon-pointe », la voiture s'en occupera pour vous. Cependant, cette fonctionnalité peut toujours être désactivée par le conducteur.

Ce bolide à propulsion se déchaîne sur la piste, et l'on se sent en plein contrôle grâce à sa répartition de poids avant/arrière presque parfaite, sa structure rigide en aluminium ainsi que sa suspension réglable avec les modes Sport et Piste. Cachés derrière les jantes en alliage de 19 pouces se trouvent d'immenses disques de frein, pincés par des étriers à six pistons à l'avant et à quatre pistons à l'arrière.

Évidemment, une Porsche 911 ou une Audi R8, de conception moderne, sont des bêtes plus viscérales que la Vantage, ce qui n'empêche absolument pas cette dernière d'être un plaisir à conduire sur les routes publiques. Il faut avouer que la fermeté de sa suspension se fera immédiatement sentir sur les boulevards urbains cahoteux, mais ses rivales ne font guère mieux à ce chapitre.

L'HABITACLE TRAHIT SON ÂGE

En prenant place à bord de l'Aston Martin V12 Vantage S, on remarque immédiatement que le design de la cabine date d'une autre époque. Une époque pas si lointaine, bien entendu, mais une décennie dans l'industrie automobile d'aujourd'hui où la nouveauté fait foi de tout, c'est long.

Sur la version à boîte automatique, il n'y a pas de levier de vitesses, mais des boutons-poussoirs placés dans la partie supérieure de la planche de bord centrale. Entre ces boutons se trouve une fente où l'on enfonce la télécommande pour démarrer la voiture. Son fonctionnement est un peu maladroit par rapport à un simple bouton de démarrage et aux clés intelligentes modernes que l'on peut laisser dans le fond de nos poches.

La V12 Vantage S accueille en 2017 le nouveau système multimédia AMi III de la marque. Outre une disposition des commandes plus moderne sur la planche de bord, ce système comprend une cartographie de navigation améliorée, une plus grande rapidité d'exécution et une prise de données plus conviviale. De plus, AMi III intègre Apple CarPlay pour les propriétaires d'appareils iPhone. En revanche, la taille de l'écran d'affichage pourrait être plus importante.

Puisque l'on fait désormais appel à Mercedes-AMG pour des motorisations moins énergivores et plus propres, on peut s'attendre à la turbocompression, comme c'est le cas du V12 biturbo sous le capot de la DB11. En ce moment, la V12 Vantage S représente une espèce en voie de disparition, un choix exclusif par sa relative rareté, et une belle expérience au volant d'une sportive typiquement anglaise.

Châssis - V12 Coupé S

Emp / lon / lar / haut	2600 / 4385 / 2022 / 1250 mm
Coffre / Réservoir	300 litres / 80 litres
Nbre coussins sécurité / ceintures	4 / 2
Suspension avant	ind., double triangulation
Suspension arrière	ind., double triangulation
Freins avant / arrière	disque / disque
Direction	à crémaillère, ass. var.
Diamètre de braquage	11,8 m
Pneus avant / arrière	P255/35ZR19 / P295/30ZR19
Poids / Capacité de remorquage	1665 kg / n.d.
Assemblage	Gaydon GB

Composantes mécaniques

V12 Coupé S

Cylindrée, soupapes, alim.	V12 6,0 litres 48 s atmos.
Puissance / Couple	565 ch / 457 lb-pi
Tr. base (opt) / rouage base (opt)	A7 (M7) / Prop
0-100 / 80-120 / V.Max	3,9 s / n.d. / 330 km/h
100-0 km/h	n.d.
Type / ville / route / CO_2	Sup / 24,1 / 11,6 l/100 km / 7750 kg/an

> « AVEC SON **FURIEUX** MOTEUR V12 ATMOSPHÉRIQUE ET UNE BOÎTE MANUELLE, LA VANTAGE PROPOSE UNE **EXPÉRIENCE** DE CONDUITE DÉSORMAIS **UNIQUE.** »

Du nouveau en 2017

Abandon des versions V8 Vantage et Vantage GT au Canada, nouveau système multimédia, boîte manuelle maintenant disponible sur la V12 Vantage S.

Photos : Aston Martin

⬭⬭ AUDI **A3**

((SiriusXM))

Prix: 32 000 $ à 48 900 $ (2016)
Catégorie: Berline, Cabriolet, Hatchback
Garanties:
4 ans/80 000 km, 4 ans/80 000 km
Transport et prép.: 2 095 $
Ventes QC 2015: 1 361 unités
Ventes CAN 2015: 3 788 unités

Cote du Guide de l'auto

80 %

Fiabilité	Appréciation générale
■■■■■■■□□□	■■■■■■■□□□

Sécurité	Agrément de conduite
■■■■■■■■□□	■■■■■■■■□□

Consommation	Système multimédia
■■■■■■■□□□	■■■■■□□□□□

Cote d'assurance

■■■■■■■■□□

$$$ $

➕ Moteurs raffinés • Boîte à sept
rapports efficace • Qualité de finition
sérieuse • Qualités dynamiques relevées •
Qualités dynamiques très relevées (S3)

➖ Hybride rechargeable offerte
uniquement avec le *hatchback* • Places
arrière peu invitantes • Absence de boîte
manuelle • Coûts d'entretien épicés

Concurrents
Acura ILX, Lexus IS, Mercedes-Benz CLA,

Différences culturelles

Alain Morin

E **n Amérique du Nord, une Audi, une BMW ou une Mercedes se
doit d'être luxueuse et haut de gamme. Pourtant, ailleurs dans
le monde, ces marques de prestige proposent des voitures
relativement basiques, mais dotées des gênes qui ont fait leur
réputation. Ce n'est pas pour rien que Audi met tant d'effort dans
sa A3, sa plus petite voiture vendue chez nous. À peu près partout
sur la planète, Audi offre même une A1. Cependant, ses chances
de survie dans la jungle américaine seraient à peu près nulles. La
A3 a beau être petite, elle est une Audi, tout ce qu'il y a de plus Audi.**

Entièrement remaniée en 2014, la A3 distribuée au Canada se décline en
trois configurations: berline, cabriolet et *hatchback*, cette dernière étant
baptisée Sportback. Chaque année, Audi peaufine sa A3. 2017 ne fait pas
exception. On retrouve peu de changements, mais ils sont notables.

Le plus remarquable concerne la partie avant, dont les phares affichent
maintenant le même design que ceux de sa grande sœur, la A4, avec un
décroché dans la partie inférieure. Du joli. Au point de pratiquement éclipser
la grille, plus grande qu'avant. Les feux arrière ont aussi été revus. Dans l'habitacle,
peu a changé dans les versions de base que sont les Komfort et Progressiv.

VIRTUELLE
La livrée haut de gamme, Technik, se voit dotée du Audi virtual cockpit,
un système d'information, entièrement numérique, placé dans un grand
écran juste devant le conducteur et remplaçant les jauges traditionnelles.
Ce système, l'un des plus avancés, a d'abord été dévoilé sur la TT 2016 et
est en train de se tailler une place dans l'ensemble de la gamme Audi.

À lui seul, la carte de navigation vaut le détour (façon de parler...) et il est
beaucoup plus facile de suivre des instructions, diffusées en haute définition
droit devant le conducteur, qu'en devant regarder vers le centre du tableau
de bord. L'écran central est toujours là cependant, réglable en passant par
le bouton de la console.

L'habitacle des A3, comme de toutes les Audi, est assemblé avec un soin quasiment maladif. La qualité des matériaux est fabuleuse, rien de moins. Les sièges sont fermes, mais ils supportent parfaitement bien les formes du corps. À l'arrière, c'est un peu moins reluisant et l'espace pour les jambes, surtout, est trop restreint. Il ne faut pas oublier que la A3 est une petite voiture, plus courte qu'une Ford Focus, par exemple.

UN NOUVEAU 2,0 LITRES

Dans le rayon de la mécanique, les améliorations sont subtiles. Sauf pour la berline de base à roues avant motrices, qui reçoit un nouveau quatre cylindres de 2,0 litres en remplacement du 1,8 litre. Ce 2,0 litres est plus puissant et possède plus de couple que le moteur qu'il remplace. Il ne donne pas d'ailes à cette A3, mais il autorise des départs et des dépassements sécuritaires et devrait consommer raisonnablement.

Sa boîte de vitesses, quant à elle, est nouvelle. Il s'agit d'une automatique à sept rapports avec double embrayage qui se laisse oublier tellement elle fait son travail de façon transparente. Mais quand on en a besoin, lors d'un dépassement par exemple, elle se réveille aussitôt et se précipite au travail avec entrain. Je connais plusieurs patrons d'entreprise qui aimeraient bien l'embaucher !

Pour les autres versions, c'est le statu quo. La berline quattro ainsi que le cabriolet, offert uniquement avec le rouage intégral, continuent de se balader au gré d'un autre 2,0 litres, mais développant 220 chevaux, et d'une boîte S tronic à six rapports. Je ne serais pas surpris si d'ici quelques années, toute la gamme Audi héritait de l'automatique à sept rapports dont nous parlions un peu plus tôt.

De son côté, la berline S3 continue de faire des ravages dans le cœur des amateurs de performance. Cette voiture n'en fait pas trop, juste assez. Toutes les qualités mécaniques et esthétiques de la A3 sont ici rehaussées avec doigté. Dommage que la RS 3, avec ses 367 chevaux, soit réservée au marché européen.

Enfin, la Sportback est encore offerte, mais uniquement avec une motorisation hybride rechargeable e-tron. Audi annonce l'autonomie «d'une voiture à essence», ce qui ne veut absolument rien dire ! Malgré tout, le moteur à essence de 1,4 litre et le moteur électrique, avec 204 chevaux combinés, procurent des accélérations vives et permettent de s'en tirer avec une consommation moyenne réaliste de 6,5 ou même de 6,0 l/100 km. Un collègue s'est même déjà vanté d'un 5,3.

Décidément, la gamme A3 d'Audi prouve qu'une petite voiture peut très bien être construite avec sérieux, être raffinée et agréable à conduire. Mais allez dire ça à des Américains qui *tripent* encore sur les gros V8...

Du nouveau en 2017

Audi virtual cockpit pour la version Technik, nouveau 2,0 litres en remplacement du 1,8 et boîte à sept rapports (version de base à traction), fonction arrêt/redémarrage sur tous les modèles (sauf e-tron).

Châssis - S3 Progressiv 2.0 TFSI berline Quattro

Emp / lon / lar / haut	2631 / 4469 / 1796 / 1392 mm
Coffre / Réservoir	283 à 544 litres / 55 litres
Nbre coussins sécurité / ceintures	6 / 5
Suspension avant	ind., jambes force
Suspension arrière	ind., multibras
Freins avant / arrière	disque / disque
Direction	à crémaillère, ass. var. électro.
Diamètre de braquage	11,0 m
Pneus avant / arrière	P225/40R18 / P225/40R18
Poids / Capacité de remorquage	1565 kg / n.d.
Assemblage	Gy?r HU

Composantes mécaniques

e-tron

Cylindrée, soupapes, alim.	4L 1,4 litre 16 s turbo
Puissance / Couple	150 ch / 184 lb-pi
Tr. base (opt) / rouage base (opt)	A7 / Tr
0-100 / 80-120 / V.Max	7,6 s (const) / n.d. / 220 km/h (const)
100-0 km/h	n.d.
Type / ville / route / CO_2	Sup / 7,1 / 6,4 l/100 km / 3121 kg/an

Moteur électrique

Puissance / Couple	102 ch (76 kW) / 243 lb-pi
Type de batterie	Lithium-ion (Li-ion)
Énergie	8,8 kWh
Temps de charge (120V / 240V)	n.d. / 3,5 h
Autonomie	50 km

2,0T

Cylindrée, soupapes, alim.	4L 2,0 litres 16 s turbo
Puissance / Couple	220 ch / 258 lb-pi
Tr. base (opt) / rouage base (opt)	A6 / Int
0-100 / 80-120 / V.Max	6,0 s (const) / 6,4 s / 209 km/h (const)
100-0 km/h	37,5 m
Type / ville / route / CO_2	Sup / 10,1 / 7,5 l/100 km / 4108 kg/an

S3

Cylindrée, soupapes, alim.	4L 2,0 litres 16 s turbo
Puissance / Couple	292 ch / 280 lb-pi
Tr. base (opt) / rouage base (opt)	A6 / Int
0-100 / 80-120 / V.Max	4,9 s (const) / n.d. / 250 km/h (const)
100-0 km/h	n.d.
Type / ville / route / CO_2	Sup / 10,1 / 7,7 l/100 km / 4149 kg/an

Photos: Audi

⊙⊙⊙ AUDI **A4**

((SiriusXM))

Prix : 43 200 $ à 56 500 $ (estimé)
Catégorie : Berline, Familiale
Garanties :
4 ans/80 000 km, 4 ans/80 000 km
Transport et prép. : 2 095 $
Ventes QC 2015 : 1 653 unités
Ventes CAN 2015 : 5 461 unités

Cote du Guide de l'auto

88 %

Fiabilité
■■■■■■■■□□

Appréciation générale
■■■■■■■■□□

Sécurité
■■■■■■■□□□

Agrément de conduite
■■■■■■■■□□

Consommation
■■■■■■□□□□

Système multimédia
■■■■■■■□□□

Cote d'assurance
■■■■■■■□□□
$$$ $

➕ Qualité de finition impeccable •
Look classique (berline) ou métissé
(allroad) • Silence et confort de
roulement • Dynamique relevée

➖ Prix élevés • Coût des options •
Plancher pas parfaitement plat (allroad)

Concurrents
Acura TLX, BMW Série 3, Cadillac ATS,
Infiniti Q50, Jaguar XF, Lexus IS,
Lincoln MKZ, Mercedes-Benz Classe C,
Volvo S60

Look classique et finition au top

Gabriel Gélinas

Chez Audi, la A4, renouvelée l'an dernier, fait figure de
best-seller, ce qui explique peut-être pourquoi les concepteurs
ont conservé un certain classicisme de bon aloi, voire une
certaine retenue, lors de la création de ce modèle de cinquième
génération qui a le mérite d'être la voiture la plus aérodynamique
de sa catégorie avec un coefficient de traînée de seulement 0,23.

Sous cette carrosserie se cache une toute nouvelle architecture innovante
dont certains éléments sont réalisés en aluminium et en magnésium afin
de réduire le poids de la voiture. Dès les premiers kilomètres, on sent
immédiatement que le comportement routier de cette Audi est plus direct,
plus incisif, plus «athlétique» qu'auparavant. L'autre belle surprise c'est le
silence de roulement dont elle fait preuve, ce qui rend la vie à bord très
agréable, même lorsque le paysage défile à haute vitesse. Sous cet aspect
précis, la A4 nous montre qu'elle est à la hauteur des berlines plus grandes
et plus chères. Le quatre cylindres turbocompressé de 2,0 litres à essence
lui convient parfaitement, car elle peut ainsi faire preuve d'une belle
sportivité. Très fort en couple, ce moteur est capable de reprises très rapides
et ne s'essouffle pas à haut régime. Du solide, en quelques mots.

LE LOOK FUTURISTE DE L'HABITACLE
Comme c'est toujours le cas dans les véhicules de la marque, la qualité de
la finition est sans reproches et la présentation crée un clivage très net avec
le modèle précédent, particulièrement lorsque le cockpit virtuel paramétrable
d'Audi est au programme, remplaçant les cadrans analogiques de la version
de base. L'écran central fixe, qui est apposé sur la planche de bord, mesure
8,3 pouces et sert aussi d'interface avec les systèmes Apple CarPlay et
Android Auto pour optimiser l'intégration des téléphones intelligents.

Le dégagement pour les jambes des passagers arrière a progressé et les
places avant offrent un dégagement supérieur pour la tête et les épaules
par rapport au modèle précédent. Le facteur luxe est assuré par la qualité

d'assemblage et les appliques en bois à pores ouverts, lesquelles confèrent une grande richesse à la présentation intérieure.

LE MODÈLE ALLROAD

La gamme A4 s'enrichit avec l'arrivée d'une nouvelle allroad élaborée sur la plate-forme de la berline. On remarque immédiatement la calandre avec lames verticales, partagée avec les VUS Audi, ainsi que la garde au sol plus élevée et les passages de roue élargis, tous des éléments qui sous-tendent ses aptitudes en conduite hors route. On apprécie également les lignes classiques et sobres de la carrosserie qui assurent la filiation avec la berline de la gamme. En fait, il s'agit essentiellement d'une familiale surélevée proposée comme une alternative aux VUS.

Au cours d'un premier contact dans la région de Munich, la A4 allroad s'est montrée très silencieuse et confortable, même lors de pointes à 200 kilomètres/heure sur les tronçons sans limites de vitesse de l'*autobahn*, les bruits de roulement et de vent ne filtrant que très peu dans l'habitacle. Le moteur de l'allroad est le même que celui de la berline et il livre son couple sur une plage étendue de 1 600 à 4 500 tours/minute, ce qui autorise des performances tout à fait adéquates en accélération comme en reprises.

La seule boîte disponible est à double embrayage à sept rapports et l'allroad est la première voiture de la marque à recevoir une nouvelle version du rouage intégral, «quattro ultra», qui peut découpler le train arrière lorsque les conditions routières sont favorables, ce qui permet de bonifier la consommation de carburant. Par ailleurs, le système Audi drive select propose un mode de conduite supplémentaire : le mode *Offroad* qui ajuste la réponse des systèmes de la voiture afin d'optimiser son comportement sur sol meuble.

Comme la A4 allroad est élaborée sur la nouvelle plate-forme D9 servant également la berline A4, le dégagement pour les jambes des passagers arrière a progressé de 23 millimètres par rapport au modèle antérieur. L'espace de chargement est de 505 litres avec les dossiers en place, mais le plancher n'est pas parfaitement plat lorsqu'on les replie, ce qui vient réduire un peu la polyvalence.

L'autre modèle qui retient l'attention est la nouvelle S4, elle aussi élaborée sur la plate-forme MLB. Plus légère que le modèle antérieur, elle conserve les éléments visuels typiques du modèle comme les rétroviseurs latéraux de couleur argent. Sous le capot se cache un V6 de 3,0 litres turbocompressé de 354 chevaux et 369 livre-pied de couple. Assez pour éclipser la barre des 100 kilomètres/heure en 4,7 secondes. La S4 n'est pas une rivale directe pour les BMW M3 et M4 mais s'inscrit plutôt en concurrence directe avec la BMW 340i.

Du nouveau en 2017

Aucun changement pour la berline. Nouveau modèle A4 allroad.

Châssis - allroad Quattro 2.0

Emp / lon / lar / haut	2818 / 4750 / 1842 / 1493 mm
Coffre / Réservoir	505 à 1510 litres / 58 litres
Nbre coussins sécurité / ceintures	6 / 5
Suspension avant	ind., multibras
Suspension arrière	ind., multibras
Freins avant / arrière	disque / disque
Direction	à crémaillère, ass. var. élect.
Diamètre de braquage	11,6 m
Pneus avant / arrière	P245/45R18 / P245/45R18
Poids / Capacité de remorquage	1655 kg / 750 kg (1653 lb)
Assemblage	Ingolstadt DE

Composantes mécaniques

4L 2.0 litres TFSI

Cylindrée, soupapes, alim.	4L 2,0 litres 16 s turbo
Puissance / Couple	252 ch / 272 lb-pi
Tr. base (opt) / rouage base (opt)	A7 / Int
0-100 / 80-120 / V.Max	6,0 s (const) / n.d. / 209 km/h (const)
100-0 km/h	n.d.
Type / ville / route / CO$_2$	Sup / 8,7 / 6,0 l/100 km / 3443 (est) kg/an

V6 3.0 litres TFSI

Cylindrée, soupapes, alim.	V6 3,0 litres 24 s turbo
Puissance / Couple	349 ch / 369 lb-pi
Tr. base (opt) / rouage base (opt)	A8 / Int
0-100 / 80-120 / V.Max	4,7 s (const) / n.d. / 250 km/h (const)
100-0 km/h	n.d.
Type / ville / route / CO$_2$	Sup / 13,8 / 8,5 l/100 km / 5251 (est) kg/an

« LA PRÉSENTATION INTÉRIEURE MARQUE UN CLIVAGE TRÈS NET AVEC LE MODÈLE PRÉCÉDENT, PARTICULIÈREMENT LORSQUE LE COCKPIT VIRTUEL **PARAMÉTRABLE** D'AUDI EST AU PROGRAMME. **»**

MODÈLE 2018

MEILLEUR ACHAT DE SA CATÉGORIE

(((SiriusXM)))

Prix : 47 600 $ à 73 650 $
Catégorie : Coupé, Cabriolet
Garanties :
4 ans/80 000 km, 4 ans/80 000 km
Transport et prép. : 2 095 $
Ventes QC 2015 : 416 unités
Ventes CAN 2015 : 1 693 unités

Cote du Guide de l'auto

78 %

Fiabilité
■■■■■■■□□□

Appréciation générale
■■■■■■■□□□

Sécurité
■■■■■■□□□□

Agrément de conduite
■■■■■■■□□□

Consommation
■■■■■■□□□□

Système multimédia
■■■■■■■□□□

Cote d'assurance
■■■■■□□□□□
$$$ $

➕ Look actualisé (2018) • Construction
et finition de haute qualité • Rouage
intégral performant • Moteurs plus
puissants (2018)

➖ Les prix seront probablement plus
élevés (2018) • Places arrière serrées •
Visibilité arrière limitée

Concurrents
BMW Série 4, Cadillac ATS,
Lexus RC, Mercedes-Benz Classe C

L'élégance renouvelée

Costa Mouzouris

Dans le Guide l'auto 2016, nous avions annoncé qu'Audi lancerait une version renouvelée de l'A5 pour l'année-modèle 2017. En réalité, elle sera plutôt considérée un modèle 2018, mais elle arrivera tout de même chez nous dès le premier trimestre de 2017.

Le très élégant coupé allemand est entièrement renouvelé pour 2018. Il repose sur une nouvelle plate-forme dérivée de celle de l'A4, elle-même redessinée l'an dernier. Pour l'A5, il s'agit de la première refonte majeure depuis son lancement initial en 2007. À l'extérieur, les changements sont subtils, mais on remarque notamment la calandre plus large et les ailes avant légèrement bombées qui donnent un style plus musclé.

UN PEU PLUS GRANDE DE PARTOUT
La nouvelle A5 a gagné 4,7 cm en longueur et 1,3 cm en empattement (pour atteindre 276,4 cm). Malgré ce léger gain de volume, elle a perdu jusqu'à 60 kg selon les déclinaisons. À l'intérieur, on gagne 2,6 cm pour les épaules et 2 cm de dégagement pour la tête.

L'habitacle est richement aménagé et la finition est impeccable. Au toucher, tous les matériaux respirent la qualité — cuirs souples, aluminium, Alcantara très doux — et vous pouvez aussi choisir différentes garnitures optionnelles. Le tableau de bord virtuel d'Audi à écran couleur configurable de 12,3 pouces est maintenant optionnel dans l'A5 (il est livré de série dans la S5, renouvelée elle aussi).

La suspension a été revue et dotée de composantes plus légères, montées sur des supports en caoutchouc plus rigides. À l'arrière, on trouve un système à cinq bras au lieu du dispositif trapézoïdal de l'ancienne génération... encore vendue ici ! La direction est munie d'un nouveau dispositif d'assistance électromécanique qui tient compte de la vitesse, et un système à ratio variable est offert en option. En mode *Dynamic*, la réponse de la direction est bien calibrée et elle transmet une rétroaction directe et efficace.

Le quatre cylindres en ligne de 2,0 litres, suralimenté par turbocompresseur, est de retour dans l'A5 2018. Il livre 252 chevaux (au lieu de 220) et un couple de 273 lb-pi (un gain de 15 lb-pi). La puissance est transmise aux roues par l'intermédiaire d'une boîte automatique à sept rapports.

LE BONHEUR EN S5

Le plus gros changement se trouve cependant du côté de la S5. Son V6 suralimenté par compresseur a été remplacé par un tout nouveau V6 turbo de 3,0 litres. Ce moteur comprend plus de 800 nouvelles pièces et est relié à une boîte automatique à huit rapports. Il déballe 354 et un couple de 369 lb-pi (contre 333 chevaux et 352 lb-pi pour l'ancien). Avec ce gain de puissance et la réduction de poids, la S5 passe maintenant de 0 à 100 km/h en 4,7 secondes, une amélioration de 0,4 seconde. La S5 concède désormais seulement un dixième de seconde à la S6 et à son moteur V8.

Vous devrez attendre jusqu'au printemps 2017 pour prendre le volant de la nouvelle A5 2018. Avec ses performances à la hausse et son style renouvelé, elle devrait continuer à séduire les amateurs de coupés sport européens.

LES 2017 NE SONT PAS VILAINES NON PLUS...

En attendant, la A5, et sa version sportive S5, les deux de la génération actuelle, continuent leur petit bonhomme de chemin avec nous. Même après plusieurs années avec la même robe, elle est toujours aussi séduisante. Le quatre cylindres 2,0 litres de 220 chevaux et de 258 livre-pied procure à la A5 des performances très correctes tout en s'avérant assez économique, surtout si l'on prend soin de ne pas écraser le champignon à tout moment !

De son côté, la S5 en rajoute toute une couche avec un V6 3,0 litres de 333 chevaux parfaitement bien adapté à son caractère à la fois sportif et luxueux. La RS 5 et ses 450 chevaux sont disparus du catalogue l'an dernier.

La A5 (et S5) est toujours offerte en modèles coupé et cabriolet. Oui, vous pouvez attendre le modèle 2018. Mais le 2017 n'est pas vilain non plus !

Châssis - S5 3.0 Quattro coupé

Emp / lon / lar / haut	2751 / 4640 / 2020 / 1369 mm
Coffre / Réservoir	346 à 829 litres / 61 litres
Nbre coussins sécurité / ceintures	8 / 4
Suspension avant	ind., multibras
Suspension arrière	ind., multibras
Freins avant / arrière	disque / disque
Direction	à crémaillère, ass. var. électro.
Diamètre de braquage	11,4 m
Pneus avant / arrière	P255/35R19 / P255/35R19
Poids / Capacité de remorquage	1780 kg / n.d.
Assemblage	Ingolstadt DE

Composantes mécaniques

2.0 TFSI Quattro

Cylindrée, soupapes, alim.	4L 2,0 litres 16 s turbo
Puissance / Couple	220 ch / 258 lb-pi
Tr. base (opt) / rouage base (opt)	M6 (A8) / Int
0-100 / 80-120 / V.Max	6,3 s (const) / n.d. / 209 km/h (const)
100-0 km/h	n.d.
Type / ville / route / CO$_2$	Sup / 11,3 / 8,0 l/100 km / 4515 kg/an

3.0 TFSI Quattro

Cylindrée, soupapes, alim.	V6 3,0 litres 24 s surcompressé
Puissance / Couple	333 ch / 325 lb-pi
Tr. base (opt) / rouage base (opt)	A7 / Int
0-100 / 80-120 / V.Max	5,2 s / 4,0 s / 250 km/h (const)
100-0 km/h	36,3 m
Type / ville / route / CO$_2$	Sup / 13,3 / 9,1 l/100 km / 5198 kg/an

« CHEZ AUDI, IL ARRIVE QU'UN **MODÈLE** SOIT LANCÉ EN **EUROPE** PRÈS D'UN AN AVANT NOUS. CE QUI DONNE UN **MODÈLE 2018** DANS UN GUIDE 2017 ! »

Du nouveau en 2017

Nouveau modèle 2018.
En attendant le printemps 2017, Audi continue d'écouler ses A5 et S5 2017.

MODÈLE 2017

MODÈLE 2018

AUDI **A6**

(((**SiriusXm**)))

Prix : 58 400 $ à 90 850 $
Catégorie : Berline
Garanties :
4 ans/80 000 km, 4 ans/80 000 km
Transport et prép. : 2 095 $
Ventes QC 2015 : 217 unités
Ventes CAN 2015 : 990 unités

Cote du Guide de l'auto

74 %

Fiabilité ■■■■■■■□□□

Appréciation générale ■■■■■■■□□□

Sécurité ■■■■■■■■□□

Agrément de conduite ■■■■■■■□□□

Consommation ■■■■■■■□□□

Système multimédia ■■■■■■□□□□

Cote d'assurance

■■■■□□□□□□
$$$ $

➕ Bons choix de moteurs • Prix attrayant
(2,0 litres) • Rouage quattro efficace •
Comportement routier solide • Finition
soignée

➖ Prix des options souvent élevé •
Pneus de 20 po plus ou moins bien
adaptés • Espace étriqué pour les pieds
à l'arrière • Absence du moteur hybride

Concurrents
Acura RLX, Audi A7, BMW Série 5,
BMW Série 6, Cadillac CT6, Infiniti Q50,
Jaguar XF, Lexus LS, Lincoln MKS,
Mercedes-Benz Classe E, Volvo S60

Attaquée de toutes parts

Jean-François Guay

En ces temps difficiles où la concurrence mène une lutte farouche et sans pitié, la seule préoccupation de l'Audi A6 est de prendre l'ascendant sur ses principales concurrentes que sont la Mercedes-Benz Classe E et la BMW Série 5, sans oublier la Cadillac CTS et la nouvelle Jaguar XF. Qui plus est, les succès de sa presque jumelle A7 et de la berline A4, dont les dimensions ont pris du volume, lui portent également ombrage.

Les ingénieurs devront donc œuvrer à parfaire la carrosserie, l'habitacle, la mécanique et les technologies de la prochaine génération. D'ici là, l'A6 continue son petit bonhomme de chemin pour tenter de séduire les acheteurs, qui désertent de plus en plus la catégorie des berlines intermédiaires de luxe pour se rabattre sur les VUS, lesquels se taillent désormais la part du lion.

Depuis l'entrée en scène de la génération actuelle, en 2011, Audi a produit plus d'un demi-million d'A6. Pour ragaillardir les ventes, les stylistes ont retouché subtilement son apparence, l'an dernier, en modernisant la calandre, les phares, les bas de caisse, les pare-chocs, les feux arrière et les embouts d'échappement. De nouvelles jantes ont ajouté également un brin de fraîcheur à ce restylage de fin de parcours.

DOWNSIZING À LA MODE
De toutes les motorisations inscrites au catalogue, le V8 biturbo de 4,0 litres et 450 chevaux de la S6 est celle qui procure le plus de sensations. Toutefois, ce n'est pas le moteur le plus représentatif et il cumule une infime partie des ventes.

Pour attirer de nouveaux clients avec des prix plus alléchants et une consommation moindre, Audi met l'accent, depuis plusieurs années, sur la réduction de la cylindrée de ses moteurs. Qui aurait pu prédire, un jour, que l'A6 proposerait des quatre cylindres à essence de 2,0 litres et de 1,8 litre ?

À noter que le nouveau turbo de 1,8 litre et 190 chevaux fait ses débuts, cette année, sur différents marchés, et qu'il n'est pas offert chez nous.

Pour améliorer l'agrément de conduite et les performances, le quatre cylindres turbo de 2,0 litres a été entièrement remanié l'an dernier. Cette nouvelle génération du moteur 2,0 TFSI développe 252 chevaux et un couple 272 livre-pied, sa consommation est moindre que l'ancien 2,0 litres turbo. Ce moteur est très moderne et son efficacité est optimisée grâce à la pression de la suralimentation plus élevée et de son système bi-injection. En contrepartie, l'entretien risque d'être plus exigeant qu'auparavant.

À défaut d'être moins sobre et plus lourd (+ 170 kg) que le quatre cylindres turbo de 2,0 litres, le V6 de 3,0 litres, suralimenté par compresseur, fonctionne de façon souple et linéaire. Développant 333 chevaux et un couple de 326 livre-pied, ce 3,0 TFSI propose des accélérations et des reprises plutôt pimpantes. Il s'accommode mieux du poids de l'A6, qui frise les 1 900 kg, malgré l'utilisation d'aluminium dans la confection du châssis ainsi que d'autres composantes de la structure et de la carrosserie.

Pour rehausser la sportivité de l'A6, équipée du 3,0 litres turbo, une nouvelle version Competition bénéficie d'une puissance de 340 chevaux. L'équipement de série comprend des jantes de 20 pouces et des pneus 255/35R20 de performance, des étriers de frein rouges, un différentiel arrière sport et une calandre toute noire. Du côté des boîtes de vitesses, les moteurs turbo de 2,0 et 3,0 litres sont arrimés à une automatique à huit rapports, alors que la puissance du V8 biturbo de 4,0 litres est gérée par une boîte à sept rapports avec double embrayage. Quant au V6 TDI de 3,0 litres, la commercialisation était suspendue au moment d'écrire ces lignes (juin 2016). Or, l'avenir des moteurs diesel du Groupe Volkswagen devrait se dessiner au cours des prochains mois. Ceux qui souhaitent l'arrivée d'une motorisation hybride rechargeable devront patienter un peu, car ce modèle est réservé, pour l'instant, au marché chinois, qui profite d'une A6 L e-tron à empattement allongé.

SUR LA ROUTE

Par rapport à l'A8, une berline de grand luxe, l'espace à l'arrière et dans le coffre est limité. Pour le reste, l'A6 n'a rien à envier à sa grande sœur. La qualité des matériaux et de la finition font office de référence dans l'industrie. Malgré son encombrement, l'A6 aborde les courbes avec aplomb. Même s'ils enjolivent l'apparence et améliorent la tenue de route sur les surfaces lisses, les pneus de 20 pouces filtrent mal les irrégularités de la chaussée. S'en tenir aux pneus pourrait être une bonne idée. Par ailleurs, si vous hésitez entre une A6 et une A7, la première nous a semblé un brin plus agile et plus solide que la seconde.

Du nouveau en 2017

Aucun changement majeur. Nouvelle version Competition de 340 chevaux.

Châssis - 2.0T	
Emp / lon / lar / haut	2912 / 4915 / 2086 / 1468 mm
Coffre / Réservoir	399 litres / 75 litres
Nbre coussins sécurité / ceintures	8 / 5
Suspension avant	ind., multibras
Suspension arrière	ind., multibras
Freins avant / arrière	disque / disque
Direction	à crémaillère, ass. var. électro.
Diamètre de braquage	11,9 m
Pneus avant / arrière	P245/45R18 / P245/45R18
Poids / Capacité de remorquage	1725 kg / n.d.
Assemblage	Neckarsulm DE

Composantes mécaniques

2.0T

Cylindrée, soupapes, alim.	4L 2,0 litres 16 s turbo
Puissance / Couple	252 ch / 272 lb-pi
Tr. base (opt) / rouage base (opt)	A8 / Int
0-100 / 80-120 / V.Max	6,9 s (const) / n.d. / 209 km/h (const)
100-0 km/h	n.d.
Type / ville / route / CO_2	Sup / 10,7 / 7,4 l/100 km / 4239 (est) kg/an

3.0T

Cylindrée, soupapes, alim.	V6 3,0 litres 24 s surcomp.
Puissance / Couple	333 ch / 326 lb-pi
Tr. base (opt) / rouage base (opt)	A8 / Int
0-100 / 80-120 / V.Max	5,3 s (const) / n.d. / 209 km/h (const)
100-0 km/h	n.d.
Type / ville / route / CO_2	Sup / 11,8 / 7,8 l/100 km / 4600 (est) kg/an

S6

Cylindrée, soupapes, alim.	V8 4,0 litres 32 s turbo
Puissance / Couple	450 ch / 406 lb-pi
Tr. base (opt) / rouage base (opt)	A7 / Int
0-100 / 80-120 / V.Max	4,6 s (const) / n.d. / 250 km/h (const)
100-0 km/h	n.d.
Type / ville / route / CO_2	Sup / 13,1 / 8,7 l/100 km / 5115 (est) kg/an

OOO AUDI **A7**

Prix : 75 950 $ à 143 100 $
Catégorie : Berline
Garanties :
4 ans/80 000 km, 4 ans/80 000 km
Transport et prép. : 2 095 $
Ventes QC 2015 : 134 unités
Ventes CAN 2015 : 787 unités

Cote du Guide de l'auto

76 %

Fiabilité	Appréciation générale
■■■■■■■□□□	■■■■■■■■□□
Sécurité	Agrément de conduite
■■■■■■■■□□	■■■■■■■□□□
Consommation	Système multimédia
■■■■■□□□□□	■■■■■■■□□□

Cote d'assurance

■■■■■■■□□□
$$$ $

➕ Choix de moteurs • Coupe qui fait tourner les têtes • Habitacle spacieux • Vrais bolides quatre saisons (S7 et RS 7)

➖ Toujours belle, mais elle prend de l'âge... • Direction peu communicative • Options souvent chères • Places arrière peu accessibles

Concurrents
BMW Série 5, BMW Série 6, Cadillac CT6, Infiniti Q70, Jaguar XF, Lexus GS, Maserati Ghibli, Mercedes-Benz CLS, Mercedes-Benz Classe E, Volvo S90

Pour vous et votre famille

Mathieu St-Pierre

Les constructeurs allemands se permettent tout depuis quelques années. Dans la dernière décennie, Audi a décidé de se lancer dans la production de supervoitures, de véhicules utilitaires de tous les formats, de voitures électriques et de coupés quatre portes. Il est quand même impressionnant qu'Audi, Porsche, Mercedes-Benz et BMW aient tous fait la même chose.

Pour sa part, Audi exploite chacun de ses modèles au maximum. Depuis son arrivée en 2010, la A7 se décline en plusieurs versions, visant à satisfaire une plus grande clientèle. En fait, la A7 est la voiture la plus polyvalente et la plus accomplie chez Audi.

DESIGN FONCTIONNEL
On ne peut nier le fait que la A7 est une belle voiture. Les révisions apportées pour 2017, soit de nouvelles couleurs et de nouvelles jantes, démontrent que malgré l'âge de la voiture, son design demeure très contemporain. Peu importe l'angle, la A7 combine à merveille la subtilité et l'élégance allemande à l'allure musclée. Si on passe aux versions supérieures, le muscle prend le dessus, mais le look d'ensemble de la voiture demeure raffiné. L'idéal serait d'opter pour l'ensemble S line — les jantes et les pare-chocs sport sont sublimes.

L'habitacle, d'une finition exemplaire, est des plus accueillants, conçu avec des matériaux de grande classe. La planche de bord comprend un minimum de commandes, ce qui lui donne une apparence épurée. L'interface multimédia MMI avec pavé tactile sert de point d'accès à la majorité des menus, soit pour le système de navigation ou pour l'infodivertissement. L'affichage multifonction n'est pas celui, dernier cri, qui a été introduit avec la nouvelle TT. Il peut par contre afficher l'image projetée par l'assistant de vision nocturne optionnel. Les jauges sont de lecture facile et l'affichage à tête haute est disponible en option.

L'espace pour les occupants est généreux. Cinq adultes peuvent y prendre place et le coffre est en mesure d'avaler toutes leurs emplettes achetées au quartier DIX30. Comme véhicule pour la famille, la A7 est facilement en mesure de répondre aux attentes de plusieurs.

UN MOTEUR AVEC ÇA ?

D'emblée, la A7 est équipée d'un V6 suralimenté de 3,0 litres. Avec ses 333 chevaux, les performances sont assurées, puisque la boîte automatique Tiptronic à huit rapports et le fameux rouage intégral quattro sont de série. Le compresseur a l'avantage de produire de la puissance à très bas régime, ce qui autorise des accélérations soutenues.

Pour 2017, Audi ajoute la variante Competition à la gamme. Elle se loge entre les versions de base et la S7, puisque sa puissance grimpe à 340 chevaux. Pour une somme plus ou moins modique, en plus du gain en vigueur, s'ajoute un bon nombre d'accessoires de performance qui la rendent particulièrement intéressante. Le différentiel sport quattro à l'arrière et les jantes de 20 pouces avec pneus de performance sont maintenant de série.

La S7 est la version la plus équilibrée. Son V8 biturbo de 450 chevaux assure une conduite des plus exaltantes, sans toutefois annoncer, à tous ceux qui l'entourent sur la route. Elle peut facilement et habilement déculotter la majorité des voitures soi-disant sport puisqu'elle peut atteindre 100 km/h en 4,5 secondes et des poussières.

Ensuite, on retrouve la RS 7, un véritable super-bolide qui propose des accélérations fulgurantes grâce à ses 560 chevaux. Si on en veut plus, Audi recommande la version Performance, qui ajoute 45 chevaux et qui retranche 0,3 seconde au sprint 0-100 km/h déjà impressionnant de 3,9 secondes de la RS 7 « de base ». Peu importe le moteur, la boîte automatique gère les changements de rapports avec une expertise admirable, que ce soit en pleine accélération, ou pour descendre à pas de tortue les rues étroites du DIX30.

En tant que routière, la A7 se comporte comme une grosse berline luxueuse et silencieuse. En mode confort, le roulement est confortable et légèrement dynamique. Le sélecteur de mode de conduite Audi drive select permet aussi les réglages automatique, dynamique ou individuel. Puisque les routes du Québec sont loin d'être idéales, on recommande de programmer le mode Individuel de manière à bénéficier d'un roulement plus souple, mais d'une réponse plus agressive des autres composantes. La direction est précise, mais ne communique que très peu les informations de la route au pilote, un trait commun chez Audi.

Du nouveau en 2017

Nouvelles couleurs, nouvelle version Competition, calandre revue et nouvelles jantes.

Châssis - 3.0 TFSI Quattro	
Emp / lon / lar / haut	2914 / 4974 / 1911 / 1420 mm
Coffre / Réservoir	535 à 1390 litres / 75 litres
Nbre coussins sécurité / ceintures	6 / 5
Suspension avant	ind., multibras
Suspension arrière	ind., multibras
Freins avant / arrière	disque / disque
Direction	à crémaillère, ass. var. élect.
Diamètre de braquage	11,9 m
Pneus avant / arrière	P255/40R19 / P255/40R19
Poids / Capacité de remorquage	1945 kg / n.d.
Assemblage	Neckarsulm DE

Composantes mécaniques

3.0 TFSI Quattro

Cylindrée, soupapes, alim.	V6 3,0 litres 24 s surcomp.
Puissance / Couple	333 ch / 326 lb-pi
Tr. base (opt) / rouage base (opt)	A8 / Int
0-100 / 80-120 / V.Max	5,4 s (const) / n.d. / 209 km/h (const)
100-0 km/h	n.d.
Type / ville / route / CO_2	Sup / 11,6 / 7,9 l/100 km / 4570 kg/an

3.0 TFSI Quattro competition

Cylindrée, soupapes, alim.	V6 3,0 litres 24 s surcomp.
Puissance / Couple	340 ch / n.d. lb-pi
Tr. base (opt) / rouage base (opt)	A8 / Int
0-100 / 80-120 / V.Max	n.d. / n.d. / 210 km/h (est)
100-0 km/h	n.d.
Type / ville / route / CO_2	Sup / 11,6 / 7,9 l/100 km / 4570 (est) kg/an

4.0 TFSI S7 Quattro

Cylindrée, soupapes, alim.	V8 4,0 litres 32 s turbo
Puissance / Couple	450 ch / 406 lb-pi
Tr. base (opt) / rouage base (opt)	A7 / Int
0-100 / 80-120 / V.Max	4,6 s (const) / n.d. / 250 km/h (const)
100-0 km/h	n.d.
Type / ville / route / CO_2	Sup / 13,4 / 8,8 l/100 km / 5212 (est) kg/an

4.0 RS7 Quattro

Cylindrée, soupapes, alim.	V8 4,0 litres 32 s turbo
Puissance / Couple	560 ch / 516 lb-pi
Tr. base (opt) / rouage base (opt)	A8 / Int
0-100 / 80-120 / V.Max	3,9 s (const) / n.d. / 280 km/h (const)
100-0 km/h	n.d.
Type / ville / route / CO_2	Sup / 16,2 / 9,3 l/100 km / 6024 (est) kg/an

AUDI **A8**

((·SiriusXM·))

Prix: 86 150 $ à 135 500 $
Catégorie: Berline
Garanties:
4 ans/80 000 km, 4 ans/80 000 km
Transport et prép.: 2 095 $
Ventes QC 2015: 57 unités
Ventes CAN 2015: 238 unités

Cote du Guide de l'auto

76 %

Fiabilité	Appréciation générale
■■■■■■■□□□	■■■■■■■■□□
Sécurité	Agrément de conduite
■■■■■■■□□□	■■■■■■■□□□
Consommation	Système multimédia
■■■■■□□□□□	■■■■■■■□□□

Cote d'assurance

■■■■■■□□□□
$$$ $

➕ Style classique • Performances spectaculaires (S8 Plus) • Freinage performant • Qualité d'assemblage et de finition au top

➖ Prix élevé • Tarifs des options • Modèle en fin de carrière • Freins en composite de céramique sensibles (S8 Plus)

Concurrents
BMW Série 7, Jaguar XJ,
Maserati Quattroporte,
Mercedes-Benz Classe S,
Volvo S90

En transition

....
Gabriel Gélinas
....

Dans le créneau des grandes berlines de luxe, la Audi A8 a toujours fait preuve d'un style classique. Toutefois, l'essai d'un modèle S8 Plus démontre que la marque allemande peut aussi affirmer sa sportivité avec un look plus élaboré et, surtout, son moteur V8 biturbo de 4,0 litres dont la puissance est portée à 605 chevaux, soit seulement cinq de moins que la sportive R8 V10 Plus...

Le lancement en 2016 de ce modèle très performant qu'est la S8 Plus annonce aussi que la gamme des A8 et S8 sera bientôt entièrement renouvelée. On y revient plus tard. Pour l'instant, on admire la S8 Plus qui se démarque avec ses éléments de carrosserie peints en noir, comme la calandre, les rétroviseurs latéraux et le très subtil aileron qui surplombe le couvercle du coffre. Juste ce qu'il faut pour attirer l'attention des véritables connaisseurs.

Prendre son volant, c'est faire l'expérience de la dissonance cognitive à son meilleur, dans la mesure où l'on ne s'attend pas à ce qu'une berline de ce gabarit décolle aussi furieusement que la S8 Plus. Le sprint de 0 à 100 kilomètres/heure est abattu en 3,8 secondes, grâce à une livrée très linéaire du couple, qui s'exprime avec sa pleine force dès les 1750 tours/minute. En accélération franche, la S8 Plus est plus rapide que la Mercedes-AMG S 63 ou que la BMW M5. Bref c'est du sérieux.

OPTIONS CHÈRES
La puissance de freinage est à la hauteur des performances livrées par le moteur grâce aux freins en composite de céramique, qui font partie de l'ensemble d'options Dynamic Package. Ces freins sont très puissants, mais aussi très sensibles, ce qui demande une certaine adaptation lors de la conduite à basse vitesse en zone urbaine.

La S8 Plus n'est pas donnée, son prix de base se situe aux alentours de 135 000 dollars, et les trois ensembles d'options ajoutés à notre voiture d'essai étaient tarifés à plus de 30 000 dollars. C'est beaucoup, mais ça vaut le coût pour rouler dans une berline aussi luxueuse et confortable, capable de performances spectaculaires.

UNE NOUVELLE A8 EN 2017

Face à la Classe S de Mercedes-Benz et, surtout, à la nouvelle Série 7 de BMW, l'actuelle A8 ne suit plus le rythme. C'est pourquoi une toute nouvelle génération verra le jour, probablement vers la fin de 2017.

La grande berline de luxe d'Ingolstadt sera élaborée sur la plate-forme MLB Evo, qui sert de base au VUS Q7, et son design sera fortement inspiré des trois concepts Prologue, dévoilés aux Salons de l'auto de Los Angeles en 2014 ainsi que de Genève et de Shanghai en 2015.

Cette multiplicité de concepts indique que la marque allemande a probablement l'intention de décliner plusieurs versions de sa berline de luxe, il n'est donc pas exclu qu'Audi émule Mercedes-Benz en proposant également un modèle cabriolet, ou qu'un modèle coupé à quatre portes, de conception semblable à celui de l'actuelle A7, fasse partie de la gamme.

Comme la prochaine A8 partagera plusieurs éléments techniques avec le Q7, il y a fort à parier que la future berline de luxe sera dotée du système à quatre roues directrices présent sur le VUS, histoire de bonifier l'agilité. Ou que le moteur turbodiesel avec compresseur électrique du SQ7 TDI se retrouve sous le capot d'une version du tandem A8/S8.

Pour ce qui est des motorisations, il est presque acquis que la A8 sera disponible avec une multiplicité de moteurs, permettant à ce modèle de répondre aux impératifs des différents marchés. Ainsi, des moteurs thermiques à quatre cylindres pourraient être jumelés à une motorisation électrique pour créer des versions hybrides, alors que des variantes à moteurs V6 et V8, essence et diesel, composeront l'essentiel de la gamme. La suspension pilotée sera bien évidemment au programme, permettant au conducteur de paramétrer les réglages selon plusieurs modes de conduite, à l'instar des modèles actuels de la marque.

En tant que porte-étendard, la nouvelle A8 fera le plein de technologie en inaugurant de nouveaux systèmes inédits, comme une nouvelle interface avec affichage en haute définition que l'on pourra contrôler de façon tactile, vocale ou par commande gestuelle, à la BMW Série 7. La nouvelle A8 devrait également nous mener aux portes de la conduite autonome, non seulement pour la conduite en zone urbaine, mais également sur l'autoroute.

Du nouveau en 2017

Aucun changement majeur.
Arrivée en cours d'année d'une nouvelle génération de la A8.

Châssis - S8 Plus 4.0 TFSI Quattro

Emp / lon / lar / haut	2994 / 5147 / 1949 / 1458 mm
Coffre / Réservoir	402 litres / 82 litres
Nbre coussins sécurité / ceintures	10 / 5
Suspension avant	ind., pneumatique, bras inégaux
Suspension arrière	ind., pneumatique, multibras
Freins avant / arrière	disque / disque
Direction	à crémaillère, ass. var. élect.
Diamètre de braquage	12,3 m
Pneus avant / arrière	P275/35R21 / P275/35R21
Poids / Capacité de remorquage	2130 kg / 750 kg (1653 lb)
Assemblage	Neckarsulm DE

Composantes mécaniques

3.0 TFSI Quattro

Cylindrée, soupapes, alim.	V6 3,0 litres 24 s surcomp.
Puissance / Couple	333 ch / 326 lb-pi
Tr. base (opt) / rouage base (opt)	A8 / Int
0-100 / 80-120 / V.Max	5,4 s (const) / n.d. / 209 km/h (const)
100-0 km/h	n.d.
Type / ville / route / CO_2	Sup / 12,6 / 8,0 l/100 km / 4844 kg/an

S8 Plus 4.0 TFSI Quattro

Cylindrée, soupapes, alim.	V8 4,0 litres 32 s turbo
Puissance / Couple	605 ch / 517 lb-pi
Tr. base (opt) / rouage base (opt)	A8 / Int
0-100 / 80-120 / V.Max	3,8 s (const) / n.d. / 250 km/h (const)
100-0 km/h	n.d.
Type / ville / route / CO_2	Sup / 15,2 / 8,7 l/100 km / 5647 (est) kg/an

« ON NE **S'ATTEND PAS** À CE QU'UNE **BERLINE** COMME LA **S8 PLUS** DÉCOLLE AUSSI **FURIEUSEMENT.** MAIS ON S'Y HABITUE RAPIDEMENT... »

⬭⬭⬭ AUDI **Q3**

((**SiriusXM**))

Prix: 34 600 $ à 44 200 $
Catégorie: VUS compact
Garanties:
4 ans/80 000 km, 4 ans/80 000 km
Transport et prép.: 2 095 $
Ventes QC 2015: 1 127 unités
Ventes CAN 2015: 3 596 unités

Cote du Guide de l'auto

76 %

Fiabilité
■■■■■■■■□□

Appréciation générale
■■■■■■■□□□

Sécurité
■■■■■■■■□□

Agrément de conduite
■■■■■■■□□□

Consommation
■■■■■■□□□□

Système multimédia
■■■■■■■□□□

Cote d'assurance
■■■■■■■□□□
$$$ $

➕ Agrément de conduite indéniable •
Rouage intégral efficace •
Look sophistiqué • Prix intéressant •
Bon niveau d'équipement

➖ Espace à l'arrière restreint •
Petit coffre • Consomme plus que ses rivaux •
Moteur qui manque un peu de punch •
Certaines commandes à revoir

Concurrents
BMW X1, Land Rover Range Rover Evoque,
Lexus NX, Lincoln MKC,
Mercedes-Benz GLA

À ne pas sous-estimer

Michel Deslauriers

Le Q3 est commercialisé depuis 2011, mais n'a trouvé son chemin vers le Canada qu'en 2015, après avoir subi une légère mise à jour. Dans un segment de marché en pleine expansion, qui compte notamment le Mercedes-Benz GLA, le BMW X1, le Lexus NX et l'Infiniti QX30, on le croirait dépassé. Mais ce n'est pas le cas.

En ajoutant le Q3, Audi dispose désormais d'une gamme quasi complète de VUS pouvant rivaliser les autres constructeurs de luxe. Il ne lui manque qu'un utilitaire pleine grandeur pour se mesurer aux Cadillac Escalade, Range Rover et Lexus LX, mais les concepteurs pourront s'occuper de ça dans leurs temps libres.

Pour l'instant, le petit Q3 continue d'offrir pas mal tout ce dont l'acheteur de VUS urbain désire, et même ce qui l'intéresse moins. En effet, et contrairement à plusieurs de ses adversaires, Audi a décidé de proposer une version à traction du Q3 afin d'afficher un prix de base alléchant. Logiquement, on devrait privilégier les versions munies de la transmission intégrale quattro, système qui, soit dit en passant, n'est pas piqué des vers en conduite hivernale.

TROIS FINITIONS ABORDABLES
Le Q3 est disponible en livrées Komfort, Progressiv et Technik, qui ne diffèrent que par la quantité d'équipement. Pour 2017, l'ancien ensemble commodités fait maintenant partie des caractéristiques de série de la version Progressiv, alors que l'ensemble navigation est désormais inclus avec la déclinaison Technik.

Le système d'infodivertissement MMI est relativement simple d'utilisation, mais, contrairement aux autres modèles de la gamme, ses boutons et sa molette rotative sont situés sur la planche de bord au lieu de la console centrale. À l'inverse, les boutons du système de climatisation sont trop petits, et l'on se demande toujours pourquoi Audi n'a pas installé de simples rhéostats, pour régler la température, au lieu de ces irritants commutateurs à ressorts.

Autrement, la planche de bord est esthétiquement sobre, mais d'une finition soignée. L'exception ici, c'est la rangée de boutons vides, aléatoires, au milieu de la planche centrale, laissant croire à nos passagers qu'on n'a pas coché toutes les options au catalogue, même dans la version la mieux équipée.

L'espace à l'avant est adéquat, et les sièges sont sculptés pour procurer un bon soutien, même en conduite sportive. Toutefois, à l'instar de ses rivaux, c'est à l'arrière que ça se gâte. À cet endroit, l'espace pour les jambes est précieux, et l'assise, au centre, n'est pas des plus confortables. De toute façon, il faut être mal pris pour asseoir trois personnes sur la banquette. L'aire de chargement n'est pas vaste, mais son ouverture est grande. En rabattant les dossiers arrière, on se retrouve avec un volume maximal de 1 365 litres; seuls le Mercedes-Benz GLA et l'Infiniti QX30 font pire à ce chapitre.

UN SEUL MOTEUR, MAIS UN BON MOTEUR

Le vénérable quatre cylindres TFSI de 2,0 litres que l'on retrouve dans une flopée de produits Audi se retrouve également sous le capot du Q3. Toutefois, il ne profite pas des dernières technologies du constructeur, et est toujours jumelé à une boîte automatique à six rapports au lieu de la boîte à huit engrenages du Q5 et du Q7.

Ce moteur produit un modeste 200 chevaux, mais un couple plus qu'acceptable de 207 lb-pi entre 1 700 et 5 000 tr/min. Le Q3 n'étant pas un lourdaud, les accélérations sont agréables, quoique la consommation combinée de 10,3 l/100 km ne soit pas spectaculaire. Lors d'un récent essai hivernal, on a observé une moyenne de 9,6 l/100 km. En somme, vis-à-vis de la concurrence, le Q3 concède à la fois puissance et économie de carburant, mais compense quelque peu en raffinement.

Il compense en tenue de route aussi. On peut lancer le Q3 dans les courbes sans crainte, alors que sa suspension, sa direction et son rouage intégral prennent les choses en main en procurant un bel agrément de conduite.

Le Q3 vieillit, évidemment, mais il vieillit bien. Il n'est peut-être pas aussi sophistiqué que certains de ses rivaux, mais le petit VUS d'Audi demeure tout de même un choix intéressant dans un créneau qui ne fera que prendre de l'ampleur, au cours des prochaines années. Et c'est tant mieux, car le constructeur allemand devra se concentrer à remanier son Q5 avant d'amorcer le développement d'un nouveau Q3.

Châssis - 2.0 TFSI Quattro Technik	
Emp / lon / lar / haut	2603 / 4388 / 1831 / 1608 mm
Coffre / Réservoir	473 à 1365 litres / 64 litres
Nbre coussins sécurité / ceintures	6 / 5
Suspension avant	ind., jambes force
Suspension arrière	ind., multibras
Freins avant / arrière	disque / disque
Direction	à crémaillère, ass. var. élect.
Diamètre de braquage	11,8 m
Pneus avant / arrière	P255/40R19 / P255/40R19
Poids / Capacité de remorquage	1670 kg / n.d.
Assemblage	Wolfsburg DE

Composantes mécaniques	
2.0 TFSI	
Cylindrée, soupapes, alim.	4L 2,0 litres 16 s turbo
Puissance / Couple	200 ch / 207 lb-pi
Tr. base (opt) / rouage base (opt)	A6 / Tr (Int)
0-100 / 80-120 / V.Max	8,2 s (const) / n.d. / 209 km/h (const)
100-0 km/h	n.d.
Type / ville / route / CO_2	Sup / 11,9 / 8,4 l/100 km / 4750 kg/an

> « LE Q3 N'EST PLUS **JEUNE,** MAIS POSSÈDE DE **BELLES QUALITÉS** QUI LE **DÉMARQUENT** PAR RAPPORT À SES RIVAUX, QUI SONT DE PLUS EN PLUS **NOMBREUX.** »

Du nouveau en 2017

Aucun changement majeur. Quelques ensembles optionnels maintenant offerts de série, nouveau choix de jantes de 20 pouces.

Photos : Audi

AUDI Q5

Prix : 43 800 $ à 69 900 $
Catégorie : VUS compact
Garanties :
4 ans/80 000 km, 4 ans/80 000 km
Transport et prép. : 2 095 $
Ventes QC 2015 : 1 927 unités
Ventes CAN 2015 : 8 203 unités

Cote du Guide de l'auto

80 %

Fiabilité
■■■■■■■□□□

Appréciation générale
■■■■■■■□□□

Sécurité
■■■■■■■■□□

Agrément de conduite
■■■■■■■■□□

Consommation
■■■■■■□□□□

Système multimédia
■■■■■■□□□□

Cote d'assurance
■■■■■■■□□□
$ $ $ $

➕ Bon choix de modèles • Version SQ5 performante • Finition intérieure supérieure • Style dynamique

➖ Moteur diesel en quarantaine (voir texte) • Espace de chargement réduit • Essence super requise • Peut devenir onéreux

---

Concurrents
Acura RDX, BMW X3,
Land Rover Discovery Sport, Lexus NX,
Lincoln MKC, Mercedes-Benz GLK,
Porsche Macan, Volvo XC60

((SiriusXM))

Une nouvelle génération pour l'an prochain

Sylvain Raymond

Introduit au cours de l'année 2009, le Q5 devenait le second VUS offert par Audi, son grand frère le Q7 ayant été le premier des «Q». Même s'il débarquait tardivement dans un créneau en pleine ébullition, il a immédiatement connu du succès, les acheteurs devant même patienter quelques mois avant d'obtenir leur véhicule. Avec une concurrence qui se modernise, le Q5 atteint maintenant un âge plus que vénérable, mais il faudra attendre encore un an avant de voir la seconde génération arriver sur notre continent.

Ce n'est pas un secret, on sait que le nouveau Q5 est rendu à l'étape finale de son développement et qu'il sera introduit initialement dans son marché local pour ensuite traverser l'Atlantique. On a donc droit cette année au modèle de génération courante et puisqu'il est en fin de vie, il ne profite pas de changements dignes de mention. Si pour vous la nouveauté est importante, il vaut peut-être mieux attendre le futur Q5.

L'UN DES PLUS ABORDABLES DU SEGMENT
Au moment d'écrire ces lignes, le Q5 est proposé à un prix de base situé légèrement au-dessus de 43 000 $, une petite hausse par rapport à l'an passé, mais il demeure l'un des plus abordables de sa catégorie. Tout comme la majeure partie de ses rivaux (BMW X3, Land Rover Discovery Sport et Mercedes-Benz GLC, entre autres), il profite de série d'un quatre cylindres turbocompressé de 2,0 litres, lequel se niche dans une multitude de modèles Audi. Il développe 220 chevaux et un couple de 258 lb-pi, une puissance légèrement inférieure aux autres protagonistes du segment, sauf dans le cas du couple. Tous les Q5 sont équipés du rouage intégral quattro, pas de déception à ce chapitre.

Ceux qui désirent un plus de pep peuvent se tourner vers les versions équipées du six cylindres de 3,0 litres à compresseur volumétrique qui génère 272 chevaux. Jumelé à une transmission automatique Tiptronic à huit rapports, il retranche un peu moins d'une seconde au 0-100 km/h.

Quant au Q5 hybride, il est aussi de retour, lui qui devrait faire place à une version rechargeable e-tron dans le futur.

À moins d'avoir quitté la planète en 2016, vous n'êtes pas sans savoir que le groupe Volkswagen a été au cœur d'un scandale concernant la manipulation de résultats de tests d'émissions nocives de ses moteurs diesels. En Amérique du moins, les diesels fabriqués par le conglomérat allemand ne sont plus commercialisés jusqu'à nouvel ordre. Audi a donc retiré de son catalogue son V6 3,0 litres TDI, le temps d'apporter les correctifs nécessaires. Au moment d'écrire ces lignes, son retour n'était toujours pas confirmé.

SQ5, SOUS LE SIGNE DE LA PUISSANCE

Là où le Q5 laisse derrière lui plusieurs concurrents, c'est avec sa livrée S, la plus puissante. Puisque Mercedes-Benz et BMW n'ont pas d'équivalent dans leur division AMG et M, le SQ5 n'a comme seul véritable rival que son cousin le Porsche Macan. Dans sa version de base, ce dernier est un peu moins puissant mais il se reprend dans ses livrées GTS et Turbo, beaucoup plus dispendieuses que le SQ5, par contre!

C'est d'ailleurs le SQ5 que nous avons eu la chance de mettre à l'essai. Il faut avouer que malgré son prix supérieur, il s'avère tout un VUS, offrant le meilleur sous bien des angles. Au cœur de ce bolide, on retrouve un V6 de 3,0 litres suralimenté qui, grâce à l'injection directe et à un compresseur volumétrique, fouette 354 chevaux pour un couple de 347 lb-pi. Voilà des chiffres plus qu'honorables pour un modèle compact, à peine 2000 kg: ce qu'il perd en aspect pratique en raison de ses dimensions, il le reprend au chapitre du ratio poids/puissance. Avec sa riche sonorité, ce moteur ajoute au plaisir de conduire. La puissance est déployée sans délai, même à plus grande vélocité lorsque vient le temps de dépasser un véhicule, par exemple. On croirait être au volant d'une berline sport.

Grâce à une excellente transmission automatique à huit rapports de type Tiptronic, le sprint du 0-100 km/h n'est l'affaire que 5,3 secondes, à peine moins rapide que le Porsche Macan S, mais au chapitre des distances de freinage, c'est le SQ5 qui est favorisé.

Bref, malgré son âge, le Q5 ne perd rien de ses qualités initiales et il continue de séduire par la qualité de ses matériaux et surtout, par l'attention portée aux détails. Rien n'est laissé au hasard, du toucher des commandes et de leur rétroaction, à l'odeur des cuirs.

Châssis - SQ5 Dynamic

Emp / lon / lar / haut	2813 / 4644 / 1911 / 1624 mm
Coffre / Réservoir	824 à 1623 litres / 75 litres
Nbre coussins sécurité / ceintures	6 / 5
Suspension avant	ind., multibras
Suspension arrière	ind., multibras
Freins avant / arrière	disque / disque
Direction	à crémaillère, ass. var. élect.
Diamètre de braquage	11,6 m
Pneus avant / arrière	P255/40R21 / P255/40R21
Poids / Capacité de remorquage	2000 kg / n.d.
Assemblage	Ingolstadt DE

Composantes mécaniques

2.0 TFSI Quattro

Cylindrée, soupapes, alim.	4L 2,0 litres 16 s turbo
Puissance / Couple	220 ch / 258 lb-pi
Tr. base (opt) / rouage base (opt)	A8 / Int
0-100 / 80-120 / V.Max	7,1 s (const) / n.d. / 209 km/h (const)
100-0 km/h	n.d.
Type / ville / route / CO_2	Sup / 12,0 / 8,5 l/100 km / 4796 kg/an

3.0 TFSI Quattro

Cylindrée, soupapes, alim.	V6 3,0 litres 24 s surcomp.
Puissance / Couple	272 ch / 295 lb-pi
Tr. base (opt) / rouage base (opt)	A8 / Int
0-100 / 80-120 / V.Max	6,2 s (const) / n.d. / 209 km/h (const)
100-0 km/h	n.d.
Type / ville / route / CO_2	Sup / 13,2 / 9,2 l/100 km / 5244 kg/an

SQ5

Cylindrée, soupapes, alim.	V6 3,0 litres 24 s surcomp.
Puissance / Couple	354 ch / 347 lb-pi
Tr. base (opt) / rouage base (opt)	A8 / Int
0-100 / 80-120 / V.Max	5,3 s (const) / n.d. / 209 km/h (const)
100-0 km/h	n.d.
Type / ville / route / CO_2	Sup / 14,1 / 9,9 l/100 km / 5617 kg/an

Du nouveau en 2017

Aucun changement majeur. Nouveau modèle prévu durant l'année.

AUDI **Q7**

((SiriusXM))

Prix : 70 400 $ à 73 500 $
Catégorie : VUS intermédiaire plus de 50 000 $
Garanties :
4 ans/80 000 km, 4 ans/80 000 km
Transport et prép. : 2095 $
Ventes QC 2015 : 306 unités
Ventes CAN 2015 : 1 658 unités

Cote du Guide de l'auto

87 %

Fiabilité	Appréciation générale
■■■■■■■□□□	■■■■■■■■□□
Sécurité	Agrément de conduite
■■■■■■■□□□	■■■■■■■□□□
Consommation	Système multimédia
■■■■■■□□□□	■■■■■■■□□□

Cote d'assurance

■■■■■■■■□□
$$$ $

➕ Qualité supérieure d'assemblage et de finition • Confort remarquable • Agrément de conduite relevé • Performances spectaculaires (SQ7 TDI) • Très avancé sur le plan technique

➖ Prix élevé • Coût des options • Dégagement limité à la troisième rangée • Espaces de rangement limités

Concurrents

Acura MDX, BMW X5, BMW X6, Infiniti QX60, Jaguar F-Pace, Jeep Grand Cherokee, Land Rover LR4, Lexus GX, Mercedes-Benz Classe M, Porsche Cayenne, Volkswagen Touareg, Volvo XC90

La nouvelle référence

Gabriel Gélinas

Complètement redessiné l'an dernier, le Q7 d'Audi affiche des lignes classiques qui respectent en tous points les canons esthétiques de la marque. Sous cette allure sobre se cache un véhicule qui est à la fine pointe de la technologie et dont la qualité d'assemblage est irréprochable.

Le gabarit du Q7 peut paraître imposant, mais il est d'une agilité déconcertante, et même les manœuvres de demi-tour deviennent faciles grâce au système à quatre roues directionnelles qui réduit le rayon de braquage. Sur la route, le Q7 offre un confort et un silence de roulement qui est remarquable ainsi qu'un agrément de conduite relevé par rapport au modèle précédent. Le V6 3,0 litres suralimenté développant 333 chevaux est parfaitement adapté au Q7, qui est équipé d'une boîte automatique à huit rapports et du rouage intégral de série.

LE PLEIN D'AIDES ÉLECTRONIQUES

Le Q7 fait également le plein de systèmes avancés d'aides électroniques à la conduite lui permettant presque de devenir un véhicule à conduite autonome grâce à son régulateur de vitesse adaptatif, au maintien automatique de la trajectoire et aussi au freinage automatique en cas de distraction de la part du conducteur. Le Q7 peut aussi être équipé d'un système appelé « Trailer Assist » qui facilite les manœuvres de recul avec une remorque. Le conducteur n'a qu'à appuyer sur un bouton pour ensuite contrôler la direction de l'ensemble véhicule-remorque au moyen du contrôleur rotatif du système de télématique. Ce système est d'une simplicité désarmante à utiliser et facilitera grandement cette tâche pour un conducteur inexpérimenté dans ce type d'exercice. Ajoutons à cela le cockpit virtuel, qui remplace le traditionnel bloc d'instruments par un écran couleur paramétrable, et ça complète le portrait de ce véhicule qui est à la fine pointe technologique. La qualité de la finition intérieure est au top niveau, comme sur tous les autres modèles de la marque, et le Q7 séduit avec sa planche de bord au look épuré. Seule la position du pavé tactile et du contrôleur rotatif du système de télématique, qui sont placés derrière le levier de vitesse, peut poser problème au chapitre de l'ergonomie.

SQ7 TDI, LE NOUVEAU JOUEUR...

Avec son moteur V8 turbodiesel développant 435 chevaux et livrant un couple de 664 livre-pied, le SQ7 TDI se démarque comme le plus puissant des VUS à motorisation diesel et devient le deuxième VUS de la marquer à recevoir la désignation «S», après le SQ5. Son poids est de plus de deux tonnes métriques et pourtant, le SQ7 TDI abat le 0-100 kilomètres/heure en seulement 4,8 secondes, un chrono comparable à celui de la nouvelle Porsche 718 Boxster. Cette performance remarquable en accélération franche est le résultat d'une approche innovante, les ingénieurs de la marque ayant développé un compresseur alimenté par électricité qui peut atteindre une vitesse de rotation de 70 000 tours/minute en un quart de seconde. Ceci permet de gaver immédiatement le moteur, les deux turbocompresseurs classiques prenant le relais presque instantanément, ce qui élimine le temps de réponse à la commande des gaz. Soyez-en assurés, cette technologie sera certainement déployée éventuellement sur d'autres modèles de performance à moteurs turbocompressés de la marque...

La tenue de route est tout aussi impressionnante que les performances en accélération. Le SQ7 TDI innove également en adoptant des barres antiroulis électromécaniques, dont la mission est de réduire le roulis en virages pour assurer un meilleur équilibrage des masses et ainsi permettre de maintenir une vitesse plus élevée en courbes. Par rapport à des barres antiroulis mécaniques classiques, le contrôle électronique développé par Audi permet de les assouplir lorsque le véhicule roule en ligne droite, ce qui autorise un plus grand débattement des suspensions, bonifiant ainsi le confort. Pas de doute, le SQ7 TDI est très avancé technologiquement.

Il y a également fort à parier qu'Audi lance prochainement de nouvelles déclinaisons de son Q7, notamment la version e-tron à motorisation hybride rechargeable ainsi qu'un nouveau modèle, qui recevra probablement la désignation Q8. Ce dernier reprendrait la plate-forme et les caractéristiques techniques du Q7, mais adopterait un look plus stylisé, ce qui permettrait à la marque aux quatre anneaux d'opposer une concurrence directe aux BMW X6 et Mercedes-Benz GLE. Histoire à suivre. Le Q7 d'Audi continue de tabler sur une qualité d'assemblage et de finition supérieure ainsi que sur un niveau de confort remarquable, tout en relevant l'agrément de conduite de plusieurs crans, facteur qui sera décuplé avec l'arrivée imminente du SQ7 TDI.

Châssis - 3.0 TFSI Quattro

Emp / lon / lar / haut	2994 / 5052 / 1968 / 1740 mm
Coffre / Réservoir	235 à 2028 litres / 85 litres
Nbre coussins sécurité / ceintures	6 / 7
Suspension avant	ind., multibras
Suspension arrière	ind., multibras
Freins avant / arrière	disque / disque
Direction	à crémaillère, ass. var. élect.
Diamètre de braquage	12,4 m
Pneus avant / arrière	P285/45R20 / P285/45R20
Poids / Capacité de remorquage	2240 kg / 3500 kg (7716 lb)
Assemblage	Bratislava SK

Composantes mécaniques

3.0 TFSI Quattro

Cylindrée, soupapes, alim.	V6 3,0 litres 24 s surcomp.
Puissance / Couple	333 ch / 325 lb-pi
Tr. base (opt) / rouage base (opt)	A8 / Int
0-100 / 80-120 / V.Max	5,7 s (const) / n.d. / 209 km/h (const)
100-0 km/h	n.d.
Type / ville / route / CO_2	Sup / 12,6 / 9,4 l/100 km / 5134 kg/an

> « LE AUDI Q7 EST À LA **FINE POINTE** SUR LE **PLAN TECHNIQUE** ET SA QUALITÉ D'ASSEMBLAGE EST **IRRÉPROCHABLE.** LE SQ7 POUSSERA LE BOUCHON ENCORE **PLUS LOIN.** »

Du nouveau en 2017

Aucun changement majeur

Photos : Audi

AUDI **R8**

(((**SiriusXM**)))

Prix : 184 000 $ à 213 900 $
Catégorie : Coupé, Roadster
Garanties :
4 ans/80 000 km, 4 ans/80 000 km
Transport et prép. : 2 095 $
Ventes QC 2015 : 14 unités
Ventes CAN 2015 : 89 unités

Cote du Guide de l'auto

84 %

Fiabilité	Appréciation générale
n.d.	■■■■■■■□□□
Sécurité	Agrément de conduite
■■■■■■■□□□	■■■■■■■■□□
Consommation	Système multimédia
■■■□□□□□□□	■■■■■■■□□□

Cote d'assurance
■■■■■□□□□□
$$$ $

+ 610 chevaux pour la R8 V10 Plus •
Tenue de route exceptionnelle •
Structure plus légère et plus rigide •
Qualité d'assemblage au top •
Technologie de pointe

– Absence de boîte manuelle •
Prix élitiste • Options dispendieuses •
Il faut apprendre à voyager léger...

Concurrents
Acura NSX, Aston Martin Vanquish,
Ferrari 488, Lamborghini Huracán,
McLaren 650S, Mercedes- AMG GT,
Nissan GT-R, Porsche 911

Une authentique voiture exotique

Gabriel Gélinas

Depuis sa refonte, la R8 V10 est devenue une très sérieuse rivale pour les voitures exotiques établies, surtout dans le cas du modèle V10 Plus dont le moteur développe 610 chevaux, soit une puissance équivalente à celle de la Lamborghini Huracán...

En fait, il faut presque parler de «deux» nouvelles R8, puisque la gamme est composée de la R8 «de base», moins frappante que la R8 V10 Plus dont le look est plus évocateur, comme en témoigne l'aileron arrière en fibre de carbone. Les différences entre ces deux versions ne se limitent pas qu'à l'apparence, puisque le moteur de base développe 533 chevaux, alors que la puissance de celui animant la R8 V10 Plus est portée à 610 chevaux.

Même si elle est plus puissante et plus rapide qu'auparavant, la R8 V10 Plus est très facile à conduire sur les routes publiques. Alors que plusieurs voitures exotiques exigent presque que les passagers aient la souplesse d'un adepte de yoga lors de l'accès à bord, c'est tout le contraire avec la R8 même si la voiture est très basse.

Le style de l'habitacle reprend le thème d'un cockpit, comme celui d'une voiture de course, mais les inconditionnels de la marque ne seront pas dépaysés par la disposition des principales commandes et indicateurs qui est conforme à celle des autres Audi. La visibilité est excellente vers l'avant et sur les côtés. Pour l'arrière, il y a la caméra de recul. Il est possible de ranger et de recharger son téléphone en roulant grâce aux deux ports USB logés dans un compartiment.

Pour la conduite de tous les jours, la R8 V10 se montre docile en roulant aux vitesses permises, et le confort est remarquable avec des suspensions dont les calibrations sont souples lorsque le mode confort est sélectionné. Comme c'est souvent le cas avec les Audi, un mode Individual est proposé, ce qui permet au conducteur de régler chaque système indépendamment des autres, par exemple, en paramétrant la réponse du moteur et de la boîte de vitesse en mode *Dynamic* et les suspensions en mode Confort.

Cette fonctionnalité permet de disposer d'une plus grande flexibilité en offrant plus d'options que les modes de conduite standard.

LA HAUTE VOLTIGE

L'environnement contrôlé d'un circuit m'a permis d'apprécier au plus haut point la personnalité plus typée de la R8 V10 Plus qui est à la fois plus rigide et plus légère, grâce à sa structure hybride composée de fibre de carbone et d'aluminium. En ayant pris soin de sélectionner le mode Performance avant d'entrer en piste, j'ai pu constater que la R8 V10 Plus est capable de maintenir une accélération latérale supérieure à 1 g en virage. Bref, elle tient vraiment la route...

L'autre facteur que l'on apprécie pleinement sur circuit est le son presque délirant du V10 atmosphérique lorsqu'il atteint sa limite de révolutions plafonnée à 8 700 tours/minute. À cette époque où les moteurs turbocompressés deviennent moins « sonores » même à bord des voitures exotiques de haut calibre, la R8 V10 Plus conserve la sonorité évocatrice d'un moteur atmosphérique à pleine charge en plus d'offrir une réponse immédiate à la commande des gaz.

Avec les freins en composite de céramique, la décélération est aussi massive qu'immédiate et la pédale de frein donne un excellent *feedback*. Comme toutes les autos exotiques à rouage intégral conduites à la limite sur circuit, la R8 V10 Plus affiche un léger sous-virage en entrée de courbe.

Pour le contrer, rien de plus simple. Il suffit de relâcher graduellement les freins après le point d'entrée du virage et de faire la transition à l'accélérateur un peu avant le point de corde pour connaître des sorties de virage canon. Avec son moteur plus performant et sa structure davantage rigide, la R8 V10 Plus devient carrément surprenante sur circuit et son comportement plus affirmé lui permet de rivaliser directement avec les bolides exotiques établis.

UNE R8 PLUS ABORDABLE EN VUE ?

Par ailleurs, il est presque assuré que la R8 sera éventuellement disponible avec un moteur turbocompressé qui viendrait seconder, et non remplacer, l'actuel V10 atmosphérique de 5,2 litres.

Plus puissante et plus avancée sur le plan technique, la R8 de seconde génération est nettement meilleure que la précédente. Son potentiel de performance est exaltant, sans toutefois sacrifier le confort. Son échelle de tarifs est toujours élevée, les options sont coûteuses, mais la R8 demeure moins chère qu'une Lamborghini Huracán. À ce compte-là, on peut considérer que c'est une aubaine.

Du nouveau en 2017

Aucun changement majeur. Nouveau modèle d'entrée de gamme à venir ?

Châssis - V10 Coupé

Emp / lon / lar / haut	2650 / 4427 / 1940 / 1240 mm
Coffre / Réservoir	112 litres / 83 litres
Nbre coussins sécurité / ceintures	4 / 2
Suspension avant	ind., double triangulation
Suspension arrière	ind., double triangulation
Freins avant / arrière	disque / disque
Direction	à crémaillère, ass. élect.
Diamètre de braquage	11,2 m
Pneus avant / arrière	P245/35ZR19 / P295/35ZR19
Poids / Capacité de remorquage	1659 kg / non recommandé
Assemblage	Neckarsulm DE

Composantes mécaniques

V10 Coupé

Cylindrée, soupapes, alim.	V10 5,2 litres 40 s atmos.
Puissance / Couple	533 ch / 398 lb-pi
Tr. base (opt) / rouage base (opt)	A7 / Int
0-100 / 80-120 / V.Max	3,6 s (const) / n.d. / 320 km/h (const)
100-0 km/h	n.d.
Type / ville / route / CO_2	Sup / 16,7 / 8,4 l/100 km / 5964 (est) kg/an

V10 plus Coupé

Cylindrée, soupapes, alim.	V10 5,2 litres 40 s atmos.
Puissance / Couple	602 ch / 413 lb-pi
Tr. base (opt) / rouage base (opt)	A7 / Int
0-100 / 80-120 / V.Max	3,3 s (const) / n.d. / 330 km/h (const)
100-0 km/h	n.d.
Type / ville / route / CO_2	Sup / 17,5 / 9,3 l/100 km / 6353 (est) kg/an

> IL SUFFIT DE BOUCLER UNE SÉRIE DE TOURS DE CIRCUIT POUR **APPRÉCIER** LA PERSONNALITÉ PLUS **AFFIRMÉE** DE LA NOUVELLE **AUDI R8** V10 PLUS.

Photos: Audi Canada

AUDI **TT**

Prix: 52 400 $ à 62 700 $
Catégorie: Coupé, Roadster
Garanties:
4 ans/80 000 km, 4 ans/80 000 km
Transport et prép.: 2 095 $
Ventes QC 2015: 72 unités
Ventes CAN 2015: 251 unités

Cote du Guide de l'auto

82 %

Fiabilité	Appréciation générale
n.d.	■■■■■■■□□□
Sécurité	Agrément de conduite
■■■■■■■□□□	■■■■■■■□□□
Consommation	Système multimédia
■■■■■■■□□□	■■■■■■■■□□

Cote d'assurance

■■■■■□□□□□
$$$ $

➕ Belle à croquer • Excellent comportement routier • Rapide et peu énergivore • Design intérieur original • Technologies modernes

➖ Roulement ferme • Places arrière presque inutiles (coupé) • Pas d'affichage multimédia pour le passager • Petit coffre (Roadster) • Pourrait être plus rapide (TTS)

Concurrents
Alfa Romeo 4C, BMW Z4, Chevrolet Corvette, Jaguar F-Type, Lotus Evora, Mercedes-Benz SLC, Porsche 718 Boxster, Porsche 718 Cayman

La beauté et le talent

Michel Deslauriers

Y'a des gens qui ont tout dans la vie. On admire leur charme, leur intelligence, leur richesse. On peut aussi les envier, les détester ou même chercher les moindres défauts qui les rendraient imparfaits. Dans le domaine de l'automobile, il est difficile de ne pas se laisser séduire par l'Audi TT.

Elle est belle à faire saliver, elle est bourrée de technologie et son comportement routier est impeccable. Aussi contrairement à des bolides munis de moteurs V8 énergivores, la TT mise sur sa légèreté et sur un petit moteur efficace, mais ô combien puissant! Et dans la version TTS, il est encore plus puissant.

ELLE FAIT TOURNER LES TÊTES
Maintenant rendue à sa troisième génération, l'Audi TT a toujours su se démarquer sur le plan esthétique. Redessinée pour l'année-modèle 2016 au Canada, elle est toujours proposée en versions coupé 2+2 et Roadster biplace, cette dernière bénéficiant d'un toit à commande électrique.

Sa forme est toujours rondelette, mais les stylistes de la marque ont conféré à la TT quelques coups de crayon à l'aide d'une règle. C'est un heureux mélange de courbes et d'angles droits, particulièrement en ce qui a trait à la partie avant. On aperçoit très bien deux plis sur le capot qui se fondent avec la bordure des blocs optiques à DEL et la grille de calandre. Sur la version TTS, uniquement disponible en format coupé, on remarque de grandes prises d'air sur le pare-chocs, ce dernier adoptant un style davantage agressif que celui de la TT de base.

L'apparence musclée de la voiture est rehaussée par les passages de roue gonflés. Ils sont reliés par une jupe de bas de caisse qui, malheureusement, est facile à égratigner avec nos souliers ou nos bottes lorsqu'on monte à bord. À l'arrière, on retrouve deux embouts d'échappement sur la TT, quatre sur la TTS, et les deux disposent d'un aileron qui se déploie à partir de 120 km/h afin d'augmenter l'appui aérodynamique.

Fidèle à la tradition Audi, la TT propose un habitacle doté d'une finition particulièrement soignée. Elle TT dispose de l'affichage Audi virtual cockpit, un écran numérique de 12,3 pouces configurable, qui remplace l'instrumentation conventionnelle placée devant le conducteur. Toute l'information est concentrée en un seul endroit, le tout géré par la molette du système MMI. Par contre, le passager avant pourra difficilement régler la chaîne audio ou consulter la carte de navigation, donc il risque de se sentir peu utile comme copilote...

ATHLÉTIQUE, AUSSI

La TT est pourvue d'un quatre cylindres turbocompressé de 2,0 litres, moteur utilisé à toutes les sauces dans les produits Audi, Volkswagen et maintenant, Porsche. Dans le cas qui nous intéresse, il développe 220 chevaux, gérés par une boîte S tronic à six rapports et du rouage intégral quattro. Cette motorisation généreuse en couple à bas régime permet au coupé de boucler le 0-100 km/h en 5,6 secondes, selon le constructeur. La TT Roadster, affichant un poids supplémentaire de 90 kg par rapport au coupé, a besoin d'un autre trois dixièmes de seconde pour atteindre la même vitesse. À peine un battement de paupière, quoi! Le coupé TTS bénéficie d'une version plus musclée du moteur 2,0 TFSI. Grâce à ses 290 chevaux, elle franchit la barre des 100 km/h en 4,9 secondes.

Le système quattro surveille constamment l'adhérence de la voiture afin de varier la répartition de la puissance entre les roues avant et arrière. Lorsque le système de conduite Audi drive select est en mode Dynamic, le rouage achemine davantage de puissance aux roues arrière pour une conduite encore plus sportive.

Et c'est sur les routes sinueuses ou sur piste que la TT brille davantage. Elle n'affiche peut-être pas une répartition de poids parfaite, mais son comportement routier est impeccable, grâce à sa direction d'une précision chirurgicale et les réglages de sa suspension qui minimisent le roulis de caisse.

La TT est chaussée de roues de 18 à 20 pouces, selon la version et l'ensemble choisi. Toutefois, le flanc des pneus est très mince, on doit composer avec un roulement plutôt ferme, surtout sur les routes abîmées du Québec. En passant, la TT RS fera éventuellement un retour au Canada en 2017, munie d'un cinq cylindres turbo de 2,5 litres qui génère 400 chevaux. Elle ne prendra que 3,7 secondes pour atteindre les 100 km/h.

Une R8 au rabais? Pas vraiment. Les performances pures de la TT ne reflètent pas nécessairement son prix, mais c'est tout l'inverse pour son look accrocheur. Au final, on ne peut qu'admirer cette belle petite voiture sport.

Du nouveau en 2017

Aucun changement majeur. Ensemble intérieur avec sièges en cuir brun Murillo (TT) ou bleu Amiral (TT Roadster), autres changements mineurs.

Châssis - Roadster

Emp / lon / lar / haut	2505 / 4177 / 1966 / 1355 mm
Coffre / Réservoir	280 litres / 55 litres
Nbre coussins sécurité / ceintures	4 / 2
Suspension avant	ind., jambes force
Suspension arrière	ind., multibras
Freins avant / arrière	disque / disque
Direction	à crémaillère, ass. var. élect.
Diamètre de braquage	11,0 m
Pneus avant / arrière	P245/40R18 / P245/40R18
Poids / Capacité de remorquage	1500 kg / n.d.
Assemblage	Gyor HU

Composantes mécaniques

Coupé, Roadster

Cylindrée, soupapes, alim.	4L 2,0 litres 16 s turbo
Puissance / Couple	220 ch / 273 lb-pi
Tr. base (opt) / rouage base (opt)	A6 / Int
0-100 / 80-120 / V.Max	5,6 s (const) / n.d. / 250 km/h (const)
100-0 km/h	n.d.
Type / ville / route / CO_2	Sup / 8,5 / 5,6 l/100 km / 3310 kg/an

S Coupé

Cylindrée, soupapes, alim.	4L 2,0 litres 16 s turbo
Puissance / Couple	290 ch / 280 lb-pi
Tr. base (opt) / rouage base (opt)	A6 / Int
0-100 / 80-120 / V.Max	4,9 s (const) / n.d. / 250 km/h (const)
100-0 km/h	n.d.
Type / ville / route / CO_2	Sup / 9,2 / 5,9 l/100 km / 3549 kg/an

« LA TT FERA **TOURNER** LES TÊTES PAR SON **LOOK SÉDUISANT** ET **NON PAR** LE VROMBISSEMENT DE SON MOTEUR. » BREF, UNE **SPORTIVE PURE** ET **MODERNE**.

Photos : Audi

BENTLEY **BENTAYGA**

Prix : 266 090 $
Catégorie : VUS intermédiaire
Garanties :
3 ans/illimité, 3 ans/illimité
Transport et prép. : n.d.
Ventes QC 2015 : 0
Ventes CAN 2015 : 0

Cote du Guide de l'auto

33 %

Fiabilité	Appréciation générale
n.d	n.d
Sécurité	Agrément de conduite
n.d	n.d
Consommation	Système multimédia
■■■□□□□□□□	n.d

Cote d'assurance

n.d
$$$ $

➕ De la Présence (avec un P majuscule) •
Exclusivité garantie • Promesse de
performances surréelles • Prix parfait
pour éloigner les pauvres

➖ Prix extraordinairement élevé... •
... le poids l'est tout autant • Habitacle pas
très grand • Consommation qui promet
d'être abusive • Coûts d'entretien superlatifs

Concurrents
Lamborghini Urus (à venir)

Pourquoi n'y a-t-on pas pensé avant ?

Alain Morin

Les constructeurs automobiles investissent des sommes folles pour mieux comprendre les besoins du marché. Et pour les créer quand ils n'existent pas. Comment expliquer autrement la commercialisation, par exemple, d'un BMW X6 ou d'un Mercedes-Benz Coupé GLE ?

Curieusement, personne n'avait encore pensé investir dans le marché du VUS de prestige. Certes, depuis plusieurs décennies, Range Rover, Mercedes, BMW et Porsche proposent des modèles suffisamment dispendieux pour éloigner la plèbe mais, malgré l'envoûtement du public pour les VUS de plus en plus dispendieux, les marques de prestige demeuraient étonnamment silencieuses.

Il y a quelques années, Lamborghini avait présenté le Urus, un VUS qui devrait être commercialisé en 2018 et dont le prix devrait logiquement être d'une totale indécence. Or, c'est Bentley qui, la première, s'engouffre dans ce marché très lucratif avec son Bentayga. En 2012, la marque de Crewe, en Angleterre, avait dévoilé le concept EXP 9 F, qui affichait une calandre pour le moins... comment le dire poliment... différente. Le Bentayga, dévoilé au Salon de Francfort à l'automne 2015, est bien plus doux pour la rétine. Le nom, qui semble un mélange entre un cri de guerre et la taïga, provient d'une formation rocheuse des îles Canaries.

Le Bentayga est construit sur la plate-forme qui héberge les Audi Q7 ainsi que les futurs Volkswagen Touareg et Porsche Cayman. Même si ses lignes extérieures en imposent et affichent une présence hors du commun, l'habitacle n'est pas très grand. On n'est pas dans un Mazda CX-3, loin s'en faut, mais ceux qui recherchent d'abord de l'espace feraient mieux de regarder ailleurs. Heureusement pour Bentley, il n'y a pas d'ailleurs !

DU GRANDIOSE, MÊME DANS LES DÉTAILS
L'habitacle, on s'en doute, ne fait pas dans la parcimonie. Pour Bentley, la tradition fait partie du quotidien et le Bentayga, bien qu'il soit tout à fait

nouveau, n'échappe pas à cette règle. Les cadrans du tableau de bord et les différents boutons sont d'un design suranné que seules des années à perfectionner le passé peuvent créer. La chaîne audio Naim promet des décibels d'une grande pureté tandis que la montre, qui trône au tableau de bord, rassure conducteur et passagers sur cette richesse qui nous file entre les doigts, le temps. Quatre Bentayga dans le monde auront toutefois droit, pour la modique somme de 160 000 $, à une montre Breitling Mulliner Tourbillon, faite d'or et sertie de diamants. Le temps ne passera pas plus rapidement ou lentement, mais quatre personnes pourront avoir l'ultime impression de l'acheter.

Au moment de mettre sous presse, *le Guide de l'auto* n'avait pas pu prendre le volant du Bentayga mais, au moins, nous avons eu un accès privilégié avec ce monstre de prestige. Les sièges, pour le peu que nous nous y soyons assis, s'avèrent d'un confort exceptionnel. Les deux sièges arrière (en option, on peut obtenir une banquette pour trois personnes) sont tout aussi confortables, mais l'espace pour les jambes et la tête est compté. Une version allongée du Bentayga serait bienvenue!

TROP, CE N'EST JAMAIS ASSEZ

Sous le capot du Bentayga, le W12, qui officie déjà dans la gamme Continental, a été considérablement remanié. Le mot «peu» ne fait pas partie de sa fiche technique. À preuve, sa puissance de 600 chevaux et son couple de 664 livre-pied disponible entre 1 350 et 4 500 tr/min permettent à cet édifice de 2 440 kilos d'atteindre 100 km/h en 4,1 secondes, selon les chiffres de Bentley. Même si nos tests futurs donnaient 5,0 secondes, ça demeurerait quand même un exploit! La boîte automatique est une ZF à huit rapports, dont le fonctionnement devrait être aussi doux qu'une pluie de billets de 100 $.

Le rouage intégral Torsen est contrôlé via une molette sur la console centrale. Pas moins de quatre modes (huit avec l'option Off-Road Specification) sont proposés au conducteur et nul doute que le Bentayga possède des qualités hors route nettement supérieures aux besoins des acheteurs.

Avec un prix de départ bien au-delà des 250 000 $, le Bentley Bentayga n'aura aucun mal à trouver preneur. D'ailleurs, au moment où vous lisez ces lignes, il y a de fortes chances qu'il soit déjà en concession. Allez, vite! Vous pourriez être l'un des premiers humains sur la planète à écrire un nouveau chapitre de l'histoire des VUS. Et ça, ça n'a pas de prix.

Châssis - Base	
Emp / lon / lar / haut	2992 / 5141 / 1998 / 1742 mm
Coffre / Réservoir	430 litres / 85 litres
Nbre coussins sécurité / ceintures	6 / 4
Suspension avant	ind., pneumatique, bras inégaux
Suspension arrière	ind., pneumatique, multibras
Freins avant / arrière	disque / disque
Direction	à crémaillère, ass. var. élect.
Diamètre de braquage	12,4 m
Pneus avant / arrière	P285/45R21 / P285/45R21
Poids / Capacité de remorquage	2440 kg / n.d.
Assemblage	Crewe GB

Composantes mécaniques	
Base	
Cylindrée, soupapes, alim.	W12 6,0 litres 48 s turbo
Puissance / Couple	600 ch / 664 lb-pi
Tr. base (opt) / rouage base (opt)	A8 / Int
0-100 / 80-120 / V.Max	4,1 s (const) / n.d. / 301 km/h (const)
100-0 km/h	n.d.
Type / ville / route / CO$_2$	Sup / 19,0 / 9,6 l/100 km / 6794 (est) kg/an

« LE **COFFRE** DU BENTAYGA EST **SÉPARÉ** DE L'HABITACLE PAR UNE CLOISON FIXE. PAS TRÈS PRATIQUE POUR **DÉMÉNAGER** LA BIBLIOTHÈQUE DE FISTON ! »

Du nouveau en 2017

Nouveau modèle

Photos : Bentley

BENTLEY BENTAYGA

BENTLEY **CONTINENTAL GT / CONVERTIBLE / FLYING SPUR**

(((**SiriusXM**)))

Prix : 234 190 $ à 318 780 $ (2016)
Catégorie : Berline, Cabriolet, Coupé
Garanties :
3 ans/illimité, 3 ans/illimité
Transport et prép. : n.d.
Ventes QC 2015 : n.d.
Ventes CAN 2015 : n.d.

Cote du Guide de l'auto

64 %

Fiabilité
n.d.

Appréciation générale
■■■■■■■□□□

Sécurité
■■■■■■■■□□

Agrément de conduite
■■■■■■■□□□

Consommation
■■■■■□□□□□

Système multimédia
■■■■■■□□□□

Cote d'assurance

n.d.

➕ Puissance brute • Habitacle somptueux • Style accrocheur • Prestige de la marque • Exclusivité

➖ Prix démesuré • Peu d'espace à l'arrière (Continental) • Consommation exagérée • Poids élevé • Mûre pour une refonte (Continental)

Concurrents

Continental : Aston Martin DB11 / Vanquish, Ferrari F12berlinetta, Maserati Gran Turismo, Mercedes-Benz Classe S Coupé.
Flying Spur : Aston Martin Rapide, Maserati Quattroporte, Rolls-Royce Ghost

Puissance et expérience

Michel Deslauriers

On ne fait pas les choses à la moitié chez Bentley. Ce petit constructeur anglais propose non seulement des voitures de prestige musclées, somptueuses et très dispendieuses, **mais aussi une expérience d'achat hors de l'ordinaire.**

Si l'on a les moyens de se payer une automobile dépassant largement 200 000 $, pourquoi ne pas faire un tour à Crewe, en Angleterre, pour voir notre futur bolide se faire assembler ? Ce faisant, on s'assure qu'elle soit confectionnée selon nos désirs, et qu'elle soit unique.

Si la gamme Bentley n'est pas très étoffée, ne comptant que quatre modèles distincts, les coupés et décapotables Continental ainsi que la berline Flying Spur sont déclinés en une foule de variantes, toutes très puissantes et, évidemment, très luxueuses. Surtout la Continental, qui en compte une dizaine.

UNE CAVALERIE SOUS LE PIED DROIT

La Continental de «base», si l'on peut oser l'insulter ainsi, c'est la GT V8 avec son biturbo de 4,0 litres. Elle ne mise sur rien de moins que 500 chevaux et un couple de 487 lb-pi, associés à une boîte automatique à huit rapports et un rouage intégral. La Flying Spur V8 dispose de la même motorisation.

Toutefois, il y a les versions V8 S dans les deux cas, dotées de 520 chevaux et de 502 lb-pi, qui retranchent trois dixièmes de secondes lors des sprints de 0 à 100 km/h. N'oublions pas la Continental GT3-R de 572 chevaux et allégée de 100 kg, la plus dynamique de la gamme et qui boucle le 0-100 km/h en 3,8 secondes.

Les éternels insatisfaits pourront toujours opter pour les Continental GT (582 chevaux), GT Speed (633 chevaux) et Flying Spur (616 chevaux), équipées du magnifique W12 biturbo de 6,0 litres. Elles atteignent 100 km/h en moins de 5,0 secondes et franchissent aisément 300 km/h. Peu importe le moteur, V8 ou W12, la consommation de carburant (super, évidemment) dépassera 15 l/100 km. Les environnementalistes s'en plaignent, les acheteurs s'en foutent. La Continental n'est pas une pure sportive, et c'est encore moins le cas de la Flying Spur. Néanmoins, en dépit de leur poids titanesque oscillant entre 2 300 et 2 500 kg, ces voitures adoptent quand même une tenue de route saine, voire surprenante, sans sacrifier le confort de roulement auquel on s'attend d'elles, grâce à une suspension pneumatique.

UNE FINITION IMPECCABLE

Les carrosseries des Continental et Flying Spur sont étampées et peintes en Allemagne, pour ensuite aboutir à l'usine de Crewe, en Angleterre. On pourrait plutôt qualifier cet endroit de galerie d'art ou de studio, puisque les habitacles de ces voitures y sont confectionnés à la main. Une Continental se fait assembler en 124 heures, alors que l'on consacre 130 heures pour chaque Flying Spur. La Mulsanne, elle, nécessite 500 heures de travail.

Les boiseries arrivent principalement de Valence, en Espagne, mais aussi des États-Unis et du Japon. Vous préférez du bois d'érable, fraîchement coupé dans la cour arrière de votre résidence secondaire dans les Cantons de l'Est? Pas de problème, Bentley l'utilisera avec grand plaisir! Cinq semaines sont nécessaires pour confectionner les placages en bois de l'une de ces voitures. Malgré ces méthodes de la vieille école, la finition et la rigueur d'assemblage sont irréprochables. L'acheteur qui visite l'usine lors de la fabrication de sa voiture peut même participer à certaines tâches, par exemple coudre le cuir qui enveloppe le volant.

La technologie à bord n'a rien à envier à la concurrence. On a droit à un système multimédia complet avec écran tactile, une borne WiFi intégrée, une caméra de recul, des sièges chauffants et ventilés ainsi qu'une puissante chaîne audio ambiophonique Naim. À l'arrière dans la Flying Spur, on peut également obtenir des tables à pique-nique escamotables.

Cette grosse berline inclut aussi une télécommande détachable à écran tactile pour régler une foule de fonctionnalités dont les sièges électriques, le système de climatisation, le pare-soleil de la lunette arrière et même les commandes à l'avant, si notre chauffeur privé est occupé. Les enfants perdront ou échapperont ce bidule en un rien de temps...

Si la Flying Spur a été redessinée pour le millésime 2014, la Continental GT est mûre pour une refonte, malgré des mises à jour esthétiques et technologiques depuis 2011. D'ailleurs, selon des rumeurs qui circulent, une version hybride rechargeable de la Continental verrait la lumière du jour.

Du nouveau en 2017

Aucun changement majeur. Ajout de la version Flying Spur V8 S.

Châssis - GT Speed

Emp / lon / lar / haut	2746 / 4806 / 2227 / 1394 mm
Coffre / Réservoir	358 litres / 90 litres
Nbre coussins sécurité / ceintures	6 / 4
Suspension avant	ind., pneumatique, bras inégaux
Suspension arrière	ind., pneumatique, multibras
Freins avant / arrière	disque / disque
Direction	à crémaillère, ass. var. élect.
Diamètre de braquage	11,3 m
Pneus avant / arrière	P275/35ZR21 / P275/35ZR21
Poids / Capacité de remorquage	2320 kg / n.d.
Assemblage	Crewe GB

Composantes mécaniques

GT V8

Cylindrée, soupapes, alim.	V8 4,0 litres 32 s turbo
Puissance / Couple	500 ch / 487 lb-pi
Tr. base (opt) / rouage base (opt)	A8 / Int
0-100 / 80-120 / V.Max	4,8 s (const) / n.d. / 303 km/h (const)
100-0 km/h	n.d.
Type / ville / route / CO₂	Sup / 16,8 / 9,8 l/100 km / 6279 (est) kg/an

GT V8 S

Cylindrée, soupapes, alim.	V8 4,0 litres 32 s turbo
Puissance / Couple	520 ch / 502 lb-pi
Tr. base (opt) / rouage base (opt)	A8 / Int
0-100 / 80-120 / V.Max	4,5 s (const) / n.d. / 309 km/h (const)
100 0 km/h	n.d.
Type / ville / route / CO₂	Sup / 16,8 / 9,8 l/100 km / 6279 (cst) kg/an

GT

Cylindrée, soupapes, alim.	W12 6,0 litres 48 s turbo
Puissance / Couple	582 ch / 531 lb-pi
Tr. base (opt) / rouage base (opt)	A8 / Int
0-100 / 80-120 / V.Max	4,5 s (const) / n.d. / 319 km/h (const)
100-0 km/h	n.d.
Type / ville / route / CO₂	Sup / 19,6 / 11,8 l/100 km / 7401 (est) kg/an

GT Speed

Cylindrée, soupapes, alim.	W12 6,0 litres 48 s turbo
Puissance / Couple	633 ch / 620 lb-pi
Tr. base (opt) / rouage base (opt)	A8 / Int
0-100 / 80-120 / V.Max	4,2 s (const) / n.d. / 331 km/h (const)
100-0 km/h	n.d.
Type / ville / route / CO₂	Sup / 19,6 / 11,8 l/100 km / 7401 (est) kg/an

Photos : Bentley Continental

BENTLEY FLYING SPUR

BENTLEY CONTINENTAL GT CONVERTIBLE

BENTLEY **MULSANNE**

(((SiriusXM)))

Prix : 367 510 $ à 406 120 $ (2016)
Catégorie : Berline
Garanties :
3 ans/illimité, 3 ans/illimité
Transport et prép. : n.d.
Ventes QC 2015 : n.d.
Ventes CAN 2015 : n.d.

Cote du Guide de l'auto

65 %

Fiabilité
n.d.

Appréciation générale
■■■■■■■□□□

Sécurité
■■■■■■■□□□

Agrément de conduite
■■■■■■■□□□

Consommation
■■□□□□□□□□

Système multimédia
■■■■■■□□□□

Cote d'assurance
n.d.

➕ Style édifiant • Habitacle
incroyablement cossu • Grand silence
de roulement • Performances
étonnantes • Prestige exceptionnel

➖ Prix ahurissant • Voiture extraordinairement lourde • Consommation
absolument honteuse • Conduite
plutôt ordinaire

Concurrents
Mercedes-Maybach,
Rolls-Royce Phantom

Coup de dés

Alain Morin

Ah ! gagner à la loterie... On s'achèterait ci, on irait là, on se payerait ça. Pour les gens peu habitués à la fortune, l'argent est une façon de dépenser. Pour les riches, l'argent est une façon de penser. Entre dépenser et penser, on retrouve les différences fondamentales entre des classes sociales opposées.

La marque Bentley ne s'adresse pas à ceux qui veulent dépenser leurs billets verts. Elle parle à ceux pour qui l'argent ne représente pas une maison ou une auto, mais plutôt le pouvoir et le prestige. Et pour rejoindre ces gens, il ne faut pas une voiture, mais un objet symbolisant le pouvoir et le prestige.

C'est aussi ce qui fait la différence entre un constructeur qui fabrique des véhicules de prestige et un autre qui vend du prestige en y ajoutant une automobile. Acura, Lexus, Lincoln, Infiniti et, dans une certaine mesure, BMW, Mercedes-Benz et Audi appartiennent à la première catégorie. Bentley et Rolls-Royce sont de la deuxième, évidemment.

Pour ces gens, qui n'ont jamais connu que ce qui se fait de mieux, peu importe le prix, Bentley propose la Mulsanne, une immense berline aux lignes aussi imposantes que dérangeantes. Même ceux qui ont de la difficulté à différencier une Volkswagen Beetle d'un Toyota RAV4 comprennent, quand ils voient une Mulsanne, qu'ils ont affaire à quelque chose « d'autre ». Quelque chose de prestigieux, qui est nécessairement puissant, mais aussi plus luxueux que tout ce qu'ils ont déjà vu sur les routes. Et qui coûte terriblement cher.

SUR-MESURE DANS LA DÉMESURE

L'habitacle de la Mulsanne n'est pas vraiment un habitacle de voiture. Certes, il y a un volant, des commandes au tableau de bord, des sièges... Mais ce ne sont pas un volant, des commandes au tableau de bord ou des sièges. Ce sont des objets qui servent à manoeuvrer la machine à prestige. Le volant, tout comme les sièges, est recouvert des cuirs les plus fins qu'on puisse trouver. Les boiseries sont omniprésentes et le choix proposé par Bentley est impressionnant.

Si une personne ne trouve pas ce qu'elle recherche, le catalogue Mulliner s'ouvrira comme par enchantement. Et là, tout, ou presque, sera possible, une essence de bois extrêmement rare à un pommeau de levier de vitesse en cristal.

Les sièges sont parmi les plus confortables de l'industrie. Il y a quelques années, un des dirigeants du département de design nous confiait, d'un air presque gêné, que Bentley étudiait avec minutie ceux des tracteurs routiers. Si ces sièges peuvent soutenir des heures durant des personnes, pas toujours menues, et demeurer confortables, Bentley peut y arriver aussi. Eh oui, Bentley y parvient. À l'arrière, ils sont d'un confort difficile à décrire avec des mots. Et il y a de l'espace plus qu'il n'en faut. Et s'il en faut encore davantage, il y a la version allongée de la Mulsanne.

Sous le long capot, on retrouve un V8 de 6,8 litres turbocompressé. Si sa puissance est phénoménale (505 chevaux), que dire de son couple de 752 livre-pied obtenues dès 1 750 tr/min. Ce moteur permet d'arracher la Mulsanne d'une position stationnaire et de l'amener à 100 km/h en 5,8 secondes. Sans doute que personne n'accélérera jamais aussi rapidement avec une telle voiture, mais il fait bon savoir qu'elle peut le faire.

Et si ce n'était pas suffisant, la Mulsanne Speed ajoute 25 chevaux et 59 livre-pied, ce qui permet de retrancher presque une seconde à l'épreuve du 0-100 km/h. Quand on sait que ce véhicule pèse plus de 2 600 kilos (c'est au moins 500 kilos de plus qu'une Mercedes-Benz Classe S !), ces données rappellent que pour une certaine tranche de la population, il vaut mieux en faire trop que pas assez.

Cette puissance et ce poids sont toutefois responsables d'une consommation tout à fait honteuse alors que les mouvements écologiques se font de plus en plus entendre. Engloutir 17 l/100 km n'est pas difficile et, avec un peu de mauvaise volonté, on peut facilement en arriver à 20 ou même à 22 l/100 km. Baume sur cette fracture ouverte, les Mulsanne ou Rolls-Royce Phantom parcourent généralement peu de kilomètres par année.

Il est difficile pour nous, mortels et communs, de bien saisir la substance de ces voitures dont le prix d'achat pourrait alimenter des populations entières durant des mois. Et ce qui est encore plus désolant, c'est que même si je gagnais à la loterie, je ne serais toujours qu'un pauvre... mais avec de l'argent.

Du nouveau en 2017

Mises à jour esthétiques et ajout de la version à empattement allongé.

Châssis - Base	
Emp / lon / lar / haut	3266 / 5575 / 2208 / 1521 mm
Coffre / Réservoir	443 litres / 96 litres
Nbre coussins sécurité / ceintures	6 / 5
Suspension avant	ind., pneumatique, bras inégaux
Suspension arrière	ind., pneumatique, multibras
Freins avant / arrière	disque / disque
Direction	à crémaillère, ass. var. élect.
Diamètre de braquage	12,6 m
Pneus avant / arrière	P265/45ZR20 / P265/45ZR20
Poids / Capacité de remorquage	2685 kg / n.d.
Assemblage	Crewe GB

Composantes mécaniques	
Base	
Cylindrée, soupapes, alim.	V8 6,8 litres 32 s turbo
Puissance / Couple	505 ch / 752 lb-pi
Tr. base (opt) / rouage base (opt)	A8 / Prop
0-100 / 80-120 / V.Max	5,8 s / 3,6 s / 296 km/h (const)
100-0 km/h	37,1 m
Type / ville / route / CO_2	Sup / 19,6 / 12,4 l/100 km / 7526 (est) kg/an
Speed	
Cylindrée, soupapes, alim.	V8 6,8 litres 32 s turbo
Puissance / Couple	530 ch / 811 lb-pi
Tr. base (opt) / rouage base (opt)	A8 / Prop
0-100 / 80-120 / V.Max	4,9 s (const) / n.d. / 305 km/h (const)
100-0 km/h	n.d.
Type / ville / route / CO_2	Sup / 19,6 / 12,4 l/100 km / 7526 (est) kg/an

« LA **CONSTRUCTION** D'UNE MULSANNE PREND **PLUSIEURS CENTAINES** D'HEURES ET LES **MEILLEURS ARTISANS** Y PARTICIPENT. D'OÙ, SANS DOUTE, CE **CHARME SURANNÉ.** »

Photos : Bentley

BMW i3

SiriusXM

Prix: 45 300 $ à 49 300 $ (estimé)
Catégorie: Hatchback
Garanties:
4 ans/80 000 km, 4 ans/80 000 km
Transport et prép.: 2095 $
Ventes QC 2015: n.d.
Ventes CAN 2015: n.d.

Cote du Guide de l'auto

71 %

Fiabilité	Appréciation générale
■■■■■□□□□□	■■■■■■■□□□

Sécurité	Agrément de conduite
■■■■■■■□□□	■■■■■■■□□□

Consommation	Système multimédia
■■■■■■□□□□	■■■■■■□□□□

Cote d'assurance
n.d

➕ Conduite réjouissante, même l'hiver • Accélérations et reprises surprenantes • Propulsion électrique très au point • Carrosserie antichocs et antirouille

➖ Autonomie électrique moyenne • Très chère pour une compacte • Recharge très longue sur une prise normale (120V) • Roulement assez ferme

Concurrents
Mitsubishi i-MiEV, smart Fortwo EV, Chevrolet Bolt EV

Le noyau solide d'une révolution discrète

Marc Lachapelle

BMW a fait un gigantesque pari en créant la marque «i» pour développer des voitures ultraécologiques et il en récolte déjà les fruits. La i3 a d'ailleurs été couronnée «meilleure citadine» par l'équipe du *Guide de l'auto,* ses ventes augmentent rapidement et son évolution se poursuit au même rythme. Entre-temps, nous sommes bien sûr allés voir comment cette compacte à propulsion électrique se débrouillait chez nous en plein hiver.

Un haut gradé de chez BMW nous a confié que le constructeur avait investi plus de 2 $ milliards seulement pour développer la technologie qui lui permet de fabriquer les coques en polymère renforcé de fibre de carbone (PRFC) qui enveloppent et protègent les passagers des i3 et i8. Or, les ventes de la i3 ont augmenté de 50 % l'an dernier et le groupe vient d'annoncer un profit record de plus de 8 $ milliards.

Alors, tout va bien. Sans compter qu'on retrouve déjà du PRFC dans la nouvelle Série 7 et bientôt dans plusieurs autres modèles, ce qui en réduira vite le coût de fabrication. Voilà une révolution qui est en marche.

TOUJOURS CHIC, BRANCHÉE ET CONNECTÉE

La BMW i3 étonne à coup sûr au premier coup d'œil, mais elle a vite fait de charmer et de convaincre par la suite. On finit même par trouver des airs de bébé panda à sa livrée blanche, avec son capot, son toit et son hayon peints en noir, alors que sa silhouette trapue nous aura d'abord semblé plutôt bizarre. Les stylistes et designers ont privilégié une ligne de toit haute et de grandes surfaces vitrées pour celle qui allait faire de la ville son royaume. Question de lui offrir une visibilité optimale et un habitacle lumineux.

C'est pleinement réussi, surtout que le tableau de bord traditionnel y est remplacé par un écran minimaliste où le conducteur trouve les données essentielles à la conduite devant lui, et un deuxième au centre de l'habitacle. Les menus contrôlés par la molette iDrive placée entre les sièges et la carte d'un système de navigation toujours très efficace s'affichent sur l'écran de 16,5 cm en diagonale qui est installé de série dans la version Loft « de base ».

Comment résister, par contre, au superbe écran HD de 26 cm que l'on retrouve dans les versions Lodge et Suite, en plus d'une présentation plus cossue et d'une longue série d'accessoires et systèmes de luxe et de commodité ? Y compris ces magnifiques pièces incurvées en bois d'eucalyptus pâle qui donnent un sens tout nouveau à l'expression « planche de bord ».

L'accès aux places avant est naturel et facile avec l'assise haute des sièges et l'absence de montant central que permet la coque en fibre de carbone. La position de conduite est à l'avenant, sauf pour un siège dont on règle la hauteur en s'agrippant au volant et en se hissant vers le haut. Les places arrière sont correctes et on s'habitue aux portières en accolade qui exigent d'ouvrir d'abord les portières avant.

L'HIVER SANS PEUR ET SANS REPROCHE

Il suffit de quelques secondes au volant d'une i3 pour sentir sa vivacité et son agilité exceptionnelles. Quelques minutes à peine pour goûter l'équilibre étonnant de sa tenue de route, malgré des pneus incroyablement étroits. C'est la reine de la conduite en ville et elle se débrouille très honnêtement sur la route. Dans les deux cas, on peut seulement lui reprocher une direction un peu trop nerveuse et un roulement ferme.

En hiver, ces qualités sont à peu près intactes, même sur chaussée enneigée et glacée. La motricité est très correcte, avec le poids du moteur électrique et du moteur thermique d'appoint (pour la version REX — Range Extender) posé au-dessus des roues arrière motrices et une répartition des masses à peu près idéale. On peut même conduire la i3 à l'accélérateur sur les virages enneigés, en bonne BMW. Pour ça, il faut cependant désactiver l'antipatinage, une opération fastidieuse qui exige trois clics avec la molette iDrive. Vivement un bouton !

Côté autonomie électrique, le maximum affiché de 105 km en mode Eco Pro (sans chauffage) passe à 87 km en mode Comfort. Le mode Eco est le bon compromis. Le moteur d'appoint, un bicylindre à essence de 650 cm3, est un peu plus bruyant par temps froid, mais on le remarque surtout par une légère vibration. La version 2017 de la i3 offrira, en option, une batterie lithium-ion qui augmenterait l'autonomie d'à peu près 50 %, soit environ 200 km. De quoi donner au moins la réplique aux 300 km promis de la Chevrolet Bolt.

Châssis - Range Extender

Emp / lon / lar / haut	2570 / 4008 / 2039 / 1578 mm
Coffre / Réservoir	260 à 1100 litres / 7 litres
Nbre coussins sécurité / ceintures	6 / 4
Suspension avant	ind., jambes force
Suspension arrière	ind., multibras
Freins avant / arrière	disque / disque
Direction	à crémaillère, ass. var. élect.
Diamètre de braquage	9,9 m
Pneus avant / arrière	P155/70R19 / P175/60R19
Poids / Capacité de remorquage	1420 kg / non recommandé
Assemblage	Leipzig DE

Composantes mécaniques

Moteur Électrique

Puissance / Couple	168 ch (125 kW) / 184 lb-pi
Tr. base (opt) / rouage base (opt)	Rapport fixe / Prop
0-100 / 80-120 / V.Max	7,2 s (const) / 4,9 s (const) / 150 km/h (const)
100-0 km/h	n.d.
Type de batterie	Lithium-ion (Li-ion)
Énergie	19 kWh
Temps de charge (120V / 240V)	15,0 h / 6,0 h
Autonomie	160 km

Moteur Essence

Cylindrée, soupapes, alim.	2L 0,7 litre 8 s atmos.
Puissance / Couple	38 ch / 41 lb-pi
Tr. base (opt) / rouage base (opt)	Rapport fixe / Prop
0-100 / 80-120 / V.Max	8,0 s / 6,2 s / 150 km/h (const)
100-0 km/h	n.d.
Type / ville / route / CO_2	Sup / 5,7 / 6,3 l/100 km / 2760 kg/an

Du nouveau en 2017

Autonomie électrique supérieure en option,
nouveaux systèmes de connectique et de sécurité.

Photos : BMW

BMW i8

((SiriusXM))

Prix : 150 000 $ (2016)
Catégorie : Coupé
Garanties :
4 ans/80 000 km, 4 ans/80 000 km
Transport et prép. : 2 095 $
Ventes QC 2015 : 29 unités
Ventes CAN 2015 : 185 unités

Cote du Guide de l'auto

76 %

Fiabilité
n.d.

Appréciation générale
■■■■■□□□□□

Sécurité
■■■■■■■□□□

Agrément de conduite
■■■■■■■□□□

Consommation
■■■■■■■□□□

Système multimédia
■■■■■■□□□□

Cote d'assurance
n.d.

➕ Look spectaculaire • Technologie de pointe • Performances relevées • Confort étonnant • Exclusivité assurée

➖ Freinage régénératif sec • Places arrière symboliques • Espace de chargement très limité • Manque de rangements dans l'habitacle

Concurrents
Acura NSX, Jaguar F-Type, Lamborghini Huracán, McLaren 650S, Porsche 911

La voiture sport conjuguée au futur

Gabriel Gélinas

Partout où j'ai roulé au volant de la i8, les réactions ont été aussi enthousiastes qu'unanimes, et une question revenait constamment : « Faites-vous l'essai d'un prototype aujourd'hui ? ». « Non, monsieur, cette voiture est déjà sur le marché. » La BMW i8, c'est un look de *star*, rien de moins. Pas étonnant que la version prototype de cette voiture spectaculaire ait été choisie pour faire la couverture de l'édition 2012 du *Guide de l'auto* ou que Tom Cruise ait retenu la i8 pour son film *Mission impossible : Protocole Fantôme.*

Avec ses portières en élytre, ses voies larges et sa silhouette racée, la BMW i8 frappe un grand coup et aimante les regards. Un seul coup d'œil à sa partie avant révèle son identité par l'élément de design indissociable de la marque, soit les doubles naseaux, reproduits ici avec un look futuriste. Un examen attentif signale la présence d'autres éléments qui contribuent à créer cette première impression ensorcelante, comme cette « ceinture noire » qui prend naissance sur le capot avant et qui cintre la voiture de l'avant vers l'arrière. Nous sommes sublimés !

UN *LOOK* FUTURISTE, UN HABITACLE CLASSIQUE
Il faut faire preuve d'une certaine flexibilité pour monter à bord en raison de l'assise très basse des sièges avant. Une fois bien calé dans le siège du conducteur, on remarque que la planche de bord et les principales commandes sont en tous points conformes aux autres modèles de la marque, c'est un peu décevant. En effet, autant la silhouette de la voiture est futuriste, autant son habitacle est classique. La i8 est dotée de places arrière, mais elles ne sont que symboliques et à peine convenables pour de très jeunes enfants.

UNE DOUBLE MISSION
Avec sa coque en plastique renforcé de fibre de carbone, la structure de la i8 joue la carte de la légèreté pour compenser le poids élevé de sa motorisation hybride et de ses batteries, la voiture affichant 1 567 kilos à la pesée.

En mode purement électrique, appelé eDrive, ce sont les roues avant qui assurent seules la motricité, et la voiture s'anime avec un bel aplomb sans toutefois révéler son caractère sportif. Le silence est complet, hormis le bruit de roulement des pneus sur la chaussée, et l'on prend un grand plaisir à faire une vingtaine de kilomètres sans émettre de pollution. Le mode Confort limite la contribution des électrons à des vitesses inférieures à 65 kilomètres/heure, point à partir duquel le moteur trois cylindres turbo se met en marche pour livrer son couple aux roues arrière.

En sélectionnant le mode Sport, la i8 exprime pleinement son potentiel de performance avec sa puissance combinée de 362 chevaux qui permet de boucler le sprint de 0 à 100 kilomètres/heure en 4,3 secondes. Quant à la trame sonore, précisons que le moteur trois cylindres n'est pas en reste avec un beau grognement sourd. Il n'est pas lyrique comme un V8 atmosphérique, mais le son (en partie synthétisé) est tout à fait en phase avec la double personnalité de la i8 qui est aussi performante qu'efficiente. De ce côté, la consommation de carburant varie grandement selon les distances parcourues et le mode de conduite sélectionné. Sur de longues distances, et en la conduisant sportivement, la i8 a consommé moins de 9 litres aux 100 kilomètres. En roulant de façon plus modérée, sa moyenne de consommation a été de 6 litres aux 100.

Le plaisir de conduire est assurément au rendez-vous en mode Sport, la i8 faisant preuve d'une belle maîtrise grâce à sa caisse très rigide et son centre de gravité très bas. Il faut cependant composer avec certaines limites lors de l'entrée en virage à haute vitesse puisque la voiture peut se montrer sous-vireuse. Par ailleurs, le freinage régénératif est parfois difficile à moduler, ce qui vient compliquer les choses si l'on se met à attaquer les virages sans retenue.

Quelle sera la suite des choses pour ce modèle aussi efficient qu'attractif? BMW a profité du Salon de l'auto de Genève pour annoncer la commercialisation d'une édition limitée répondant à la désignation Protonic Red qui affiche une carrosserie rouge parsemée d'éclats gris argenté, une sellerie spécifique arborant des surpiqûres rouges et un habitacle comportant des appliques de carbone et de céramique. De plus, la i8 devrait connaître une plus grande diffusion suite à la décision de doubler la production qui atteindra maintenant 20 voitures par jour à l'usine de Leipzig en Allemagne. Et finalement, on attend avec impatience la version Spider qui sera produite en série pour donner suite au dévoilement de la voiture-concept au *Consumer Electronics Show* de Las Vegas en janvier 2016.

Véritable démonstration du savoir-faire des ingénieurs de la marque, la i8 fait preuve d'une dualité étonnante qui conjugue sportivité et efficience au futur. On aime.

Châssis - Base

Emp / lon / lar / haut	2800 / 4697 / 1942 / 1291 mm
Coffre / Réservoir	154 litres / 42 litres
Nbre coussins sécurité / ceintures	6 / 4
Suspension avant	ind., bras inégaux
Suspension arrière	ind., multibras
Freins avant / arrière	disque / disque
Direction	à crémaillère, ass. var. élect.
Diamètre de braquage	12,3 m
Pneus avant / arrière	P215/45R20 / P245/40R20
Poids / Capacité de remorquage	1567 kg / n.d.
Assemblage	Leipzig DE

Composantes mécaniques

Base

Cylindrée, soupapes, alim.	3L 1,5 litre 12 s turbo
Puissance / Couple	228 ch / 236 lb-pi
Tr. base (opt) / rouage base (opt)	A6 / Int
0-100 / 80-120 / V.Max	4,3 s / 3,6 s / 250 km/h (const)
100-0 km/h	39,1 m
Type / ville / route / CO_2	Sup / 8,4 / 8,1 l/100 km / 3802 kg/an

Moteur électrique

Puissance / Couple	129 ch (96 kW) / 184 lb-pi
Type de batterie	Lithium-ion (Li-ion)
Énergie	7,1 kWh
Temps de charge (120V / 240V)	3,5 h / 1,5 h
Autonomie	24 km

« LA i8 FAIT PREUVE D'UNE DUALITÉ ÉTONNANTE QUI CONJUGUE SPORTIVITÉ ET EFFICIENCE AU FUTUR. ON AIME. »

Du nouveau en 2017

Édition limitée Protonic Red. Production doublée en usine.
Modèle Spider à venir.

Photos : David Miller

BMW **SÉRIE 2**

Prix : 41 000 $ à 61 000 $ (estimé)
Catégorie : Cabriolet, Coupé
Garanties :
4 ans/80 000 km, 4 ans/80 000 km
Transport et prép. : 2 802 $
Ventes QC 2015 : 462 unités
Ventes CAN 2015 : 1 703 unités

Cote du Guide de l'auto

75 %

Fiabilité
n.d

Appréciation générale
■■■■■■■□□□

Sécurité
■■■■■■■□□□

Agrément de conduite
■■■■■■■□□□

Consommation
■■■■■■□□□□

Système multimédia
■■■■■■□□□□

Cote d'assurance

■■■■■□□□□□
$$$ $

➕ Très bonne tenue de route •
Gamme étoffée • Style réussi •
Motorisations performantes •
Performances exceptionnelles (M2)

➖ Manque de dégagement aux places
arrière • Options coûteuses • Poids plus
élevé (cabriolet) • Roulement très ferme
(M2) • Léger délai de réponse du turbo (M2)

Concurrents
Audi A3, Ford Mustang, Infiniti Q60,
Mercedes-Benz CLA

La M2 au sommet
de la pyramide

Gabriel Gélinas

C'est une gamme très complète que propose le constructeur bavarois avec sa Série 2 qui est composée de coupés et de cabriolets, lesquels peuvent compter sur la simple propulsion ou sur un rouage intégral, selon les modèles. En cours d'année 2016, on a même assisté au lancement du modèle M2 dont les performances sont décuplées par rapport aux modèles plus conventionnels.

Les coupés et cabriolets de la Série 2 ont un air de famille puisqu'ils ont été développés en parallèle. Leur partie avant est presque identique, tout comme leurs proportions qui mettent l'accent sur le long capot avant, les porte-à-faux très courts ou la ligne de caisse tirée à l'horizontale. Côté style, c'est tout à fait réussi. En montant à bord, on constate immédiatement que les places avant sont très confortables et qu'elles offrent un bon soutien. Ça se gâte pour les places arrière, car le dégagement pour les jambes est compté au point où ces places ne conviendront que pour de courts trajets. C'est d'autant plus vrai dans le cas des modèles Cabriolet qui deviennent *de facto* des voitures à deux places lorsque l'on installe le déflecteur antiremous qui se déploie sur toute la largeur de la banquette arrière.

UNE DYNAMIQUE AFFÛTÉE
Au sujet des motorisations, le quatre cylindres turbocompressé offre assez de couple pour déplacer la Série 2 avec une certaine autorité, même si sa sonorité n'est pas aussi transcendante que celle du six cylindres en ligne turbocompressé qui représente ce que BMW fait de mieux en matière de moteurs. La dynamique est particulièrement réussie grâce, entre autres, à une répartition optimale des masses qui permet aux coupés et aux cabriolets de faire preuve d'une conduite à la fois homogène et précise. Il faut toutefois noter que les cabriolets sont plus lourds que les coupés et que les sensations de conduite ne sont pas pareilles. Notons également que l'insonorisation des cabriolets est très bonne avec le toit en place et que ces modèles sont une solution moins chère que le cabriolet de la Série 4 ou le roadster Z4.

LA PERFORMANCE AU TOP

Au sommet de la pyramide, on retrouve le nouveau modèle M2 qui fait écho à la légendaire BMW 2002 Turbo, lancée dans les années 70 par le constructeur bavarois. On note aussi une filiation plus directe avec le Coupé 1M, vainqueur d'un match comparatif mettant en vedette plusieurs sportives dans l'édition 2012 du *Guide de l'auto*. Il existe cependant une différence marquée dans la genèse de ces deux voitures. À l'époque, le coupé 1M avait été mis au point en catimini par une petite équipe d'ingénieurs travaillant sans l'aval de la direction, alors que l'actuelle M2 a été développée en tandem avec la Série 2.

Mise à l'épreuve sur circuit, la M2 se retrouve dans son élément et j'ai été agréablement surpris de constater qu'elle est à la fois plus facile et plus amusante à conduire à la limite que la M4 qui est plus lourde et moins agile. Chose remarquable, c'est que le mode de conduite Sport Plus est très permissif puisqu'il autorise de belles glissades contrôlées à l'accélérateur. Comme la M2 ne pèse que 1 590 kilos, avec la boîte à double embrayage, et que son moteur développe 365 chevaux, soit autant que la Porsche 911 Carrera, et 369 livre-pied de couple avec la fonction Overboost, pas étonnant que la M2 soit aussi joueuse. Par ailleurs, les modèles à boîte double embrayage sont dotés d'une fonction appelée Smokey Burnout qui, comme son nom l'indique, permet de faire patiner les roues motrices pour épater la galerie et « brûler » son budget de pneus par la même occasion. Conscients que plusieurs acheteurs écumeront les circuits avec leur M2, deux applications ont été ajoutées à la voiture, l'une permettant de chronométrer les tours de piste et l'autre de contrôler une caméra GoPro.

Pour ce qui est des feux rouges, quatre éléments à relever. On perçoit un très léger délai du temps de réponse du turbo et le niveau de confort sur routes publiques demeure très aléatoire... même lorsque le mode Confort est sélectionné ! Côté look, la partie avant présente des ouvertures au design torturé sur les côtés. Finalement, pour la vie de tous les jours, le dégagement accordé aux passagers arrière est très limité.

Pour les vrais amateurs de conduite sportive, la M2 permet de faire le plein de sensations si l'on est prêt à composer avec certaines lacunes côté confort. Avec la M2, BMW nous livre ce qu'il fait de mieux : une voiture performante et joueuse qui soulève les passions.

Par ailleurs, BMW étant passé maître dans l'art de décliner de nouvelles variantes de modèles existants, il serait possible que la gamme de la Série 2 s'enrichisse éventuellement d'un modèle Gran Coupe, ce qui en ferait une berline aux allures de coupé, qui serait en mesure de rivaliser plus directement avec les berlines Audi A3 et Mercedes-Benz CLA.

Du nouveau en 2017

Aucun changement majeur, moteur 2,0 litres plus puissant.

Châssis - 230i xDrive coupé	
Emp / lon / lar / haut	2690 / 4437 / 1774 / 1418 mm
Coffre / Réservoir	390 litres / 52 litres
Nbre coussins sécurité / ceintures	6 / 4
Suspension avant	ind., jambes force
Suspension arrière	ind., multibras
Freins avant / arrière	disque / disque
Direction	à crémaillère, ass. var. élect.
Diamètre de braquage	11,3 m
Pneus avant / arrière	P225/40R18 / P245/35R18
Poids / Capacité de remorquage	1579 kg / n.d.
Assemblage	Leipzig DE

Composantes mécaniques	
230i xDrive	
Cylindrée, soupapes, alim.	4L 2,0 litres 16 s turbo
Puissance / Couple	248 ch / 258 lb-pi
Tr. base (opt) / rouage base (opt)	A8 / Int
0-100 / 80-120 / V.Max	5,5 s (const) / n.d. / 210 km/h (const)
100-0 km/h	43,5 m
Type / ville / route / CO_2	Sup / 11,4 (est) / 7,8 (est) l/100 km / 4172 (est) kg/an
M2 coupé	
Cylindrée, soupapes, alim.	6L 3,0 litres 24 s turbo
Puissance / Couple	365 ch / 343 lb-pi
Tr. base (opt) / rouage base (opt)	M6 (A7) / Prop
0-100 / 80-120 / V.Max	4,5 s (const) / 4,4 s (const) / 250 km/h (const)
100-0 km/h	n.d.
Type / ville / route / CO_2	Sup / 11,6 / 6,7 l/100 km / 4322 (est) kg/an

« AVEC LA M2, BMW NOUS LIVRE CE QU'IL FAIT DE MIEUX : UNE VOITURE PERFORMANTE ET JOUEUSE QUI SOULÈVE LES PASSIONS. »

Photos : Jeremy Alan Glover, BMW

BMW **SÉRIE 3**

((SiriusXM))

Prix : 40 990 $ à 74 000 $ (2016)
Catégorie : Berline
Garanties :
4 ans/80 000 km, 4 ans/80 000 km
Transport et prép. : 2 195 $
Ventes QC 2015 : 2 422 unités
Ventes CAN 2015 : 9 590 unités

Cote du Guide de l'auto

84 %

Fiabilité
■■■■■■■■□□

Appréciation générale
■■■■■■■■□□

Sécurité
■■■■■■■■□□

Agrément de conduite
■■■■■■■■□□

Consommation
■■■■■■■□□□

Système multimédia
■■■■■■□□□□

Cote d'assurance

■■■■□□□□□□
$$$ $

➕ Performances enivrantes (340i, M3) •
Dynamique de conduite • Vaste choix
de versions et d'équipement •
Bonne finition intérieure • Consomme peu

➖ Prix qui grimpent rapidement •
Places arrière étriquées • Beaucoup
d'options compliquant l'achat • Suspension
ferme (M3) • Boîte manuelle en déclin

Concurrents

Acura TLX, Audi A4, Audi A5, Cadillac ATS,
Infiniti Q50, Jaguar XE, Lexus IS, Lincoln
MKZ, Maserati Ghibli, Mercedes-Benz
Classe C, Volvo S60

En constante évolution

Michel Deslauriers

La BMW Série 3 voit ses rivales s'approcher dans le rétroviseur, pourtant elles sont encore loin derrière. Depuis 40 ans maintenant, elle demeure la référence dans le segment des compactes de luxe, celle que l'on tente d'imiter, mais qui est difficilement égalable.

L'an dernier, elle subissait quelques révisions esthétiques, recevait un nouveau moteur et un habitacle retouché. Pour 2017, on lui a greffé une autre motorisation tout en bonifiant la liste d'équipement. Rien pour s'énerver, vraiment, mais il reste qu'année après année, BMW continue de peaufiner son modèle le plus populaire au lieu de s'asseoir sur ses lauriers.

On a encore droit à une berline, une cinq portes (Gran Turismo) et une familiale (Touring). Si vous avez perdu le fil au cours des dernières années, sachez que les coupés et les cabriolets font maintenant partie de la Série 4, mécaniquement et esthétiquement similaires aux variantes de la Série 3.

NOUVEAU MOTEUR, NOUVELLE APPELLATION

La livrée de base de la berline demeure la 320i, équipée d'un quatre cylindres turbo de 2,0 litres, générant un modeste 180 chevaux. Il est jumelé à une boîte automatique à huit rapports ainsi qu'à un rouage intégral de série. Cette année, les 328i mutent en 330i, profitant ainsi d'une nouvelle génération de moteur turbo à quatre cylindres de 2,0 litres. Ce dernier produit 248 chevaux et devrait être moins énergivore que son prédécesseur, qui consommait déjà peu. Dans son cas, la boîte automatique est également de mise.

Le nouveau six cylindres turbo de 3,0 litres et 320 chevaux, introduit dans la berline l'an dernier, se retrouve désormais dans la Gran Turismo, qui voit sa numérotation passer de 335i à 340i. Le quatre cylindres turbodiesel de 2,0 litres produit toujours 180 chevaux et un couple de 280 lb-pi, dans les versions 328d.

Le rouage intégral xDrive est bien répandu au sein de la gamme de Série 3. Presque toutes les déclinaisons en sont équipées, alors que seules les 340i peuvent être commandées avec un entraînement à propulsion et une boîte manuelle à six rapports. La berline 330e iPerformance, une hybride rechargeable, dotée d'un rouage à propulsion, a fait son apparition tard, en 2016, pourvue d'un quatre cylindres turbo de 2,0 litres et d'un moteur électrique. Le tout produit 248 chevaux combinés et procure une autonomie en mode 100 % électrique d'environ 35 km.

Il y a également la berline M3 qui achemine les 425 chevaux de son six cylindres biturbo de 3,0 litres à ses roues arrière, à l'aide d'une boîte manuelle ou automatisée à sept rapports. Cette sportive propose une apparence résolument agressive et une conduite enivrante, que ce soit sur la route ou sur une piste. Le groupe Compétition, offert en option, ajoute d'immenses roues de 20 pouces, une calandre noircie et, surtout, 19 chevaux supplémentaires pour un total de 444.

En fait, grâce à la disponibilité de suspensions sport, y compris les amortisseurs adaptatifs M, tous les membres de la Série 3 procurent un agrément de conduite et une tenue de route très intéressants, et c'est ce qui les rend si désirables. Évidemment, on tente encore et toujours de copier cette recette secrète chez la concurrence.

PERSONNALISEZ VOTRE SÉRIE 3

Vu la popularité de cette voiture de luxe compacte, les acheteurs rechercheront probablement un peu d'originalité, et c'est pourquoi BMW offre une foule d'options permettant la personnalisation de la finition intérieure ou de l'équipement.

Outre les nombreuses couleurs de la carrosserie, dans l'habitacle, on peut opter pour une dizaine de selleries en cuir et presque autant de garnitures décoratives, y compris des boiseries et de l'aluminium. Comme dans la plupart des berlines compactes de luxe, l'espace est convenable à l'avant, un peu restreint à l'arrière.

Le coffre de la berline est d'une bonne dimension. Pour davantage de polyvalence, la familiale Touring est plus spacieuse, sans pour autant compromettre la dynamique de conduite. Ironiquement, le coffre de la version GT à cinq portes est le plus accommodant des trois, avec un volume maximal de 1 600 litres contre 1 500 pour la Touring.

Grâce au jeu des options, on peut facilement se retrouver avec une voiture dont le prix oscille entre 60 000 $ à 70 000 $, et là, on ne parle même pas de la M3, qui elle peut dépasser largement les 100 000 $ si l'on ne lésine pas sur les ajouts. Cependant, il semble que ce soit le prix à payer pour obtenir la référence de la catégorie.

Du nouveau en 2017

Les 328i deviennent les 330i, la 335i GT devient la 340i GT, la 330e iPerformance hybride apparaît, quelques changements d'équipement.

Châssis - 330i xDrive berline

Emp / lon / lar / haut	2810 / 4643 / 2031 / 1434 mm
Coffre / Réservoir	480 litres / 60 litres
Nbre coussins sécurité / ceintures	8 / 5
Suspension avant	ind., jambes force
Suspension arrière	ind., multibras
Freins avant / arrière	disque / disque
Direction	à crémaillère, ass. var. élect.
Diamètre de braquage	11,7 m
Pneus avant / arrière	P225/45R18 / P225/45R18
Poids / Capacité de remorquage	1592 kg / n.d.
Assemblage	Munich DE

Composantes mécaniques

330e

Cylindrée, soupapes, alim.	4L 2,0 litres 16 s turbo
Puissance / Couple	184 ch / 215 lb-pi
Tr. base (opt) / rouage base (opt)	A8 / Prop
0-100 / 80-120 / V.Max	6,1 s (const) / n.d. / 225 km/h (const)
100-0 km/h	n.d.
Type / ville / route / CO2	Sup / n.d. / n.d. / n.d.

Moteur électrique

Puissance / Couple	87 ch (65 kW) / 184 lb-pi
Type de batterie	Lithium-ion (Li-ion)
Énergie	7,6 kWh
Temps de charge (120V / 240V)	n.d. / 2,0 h
Autonomie	37 km

320i xDrive

4L 2,0 l - 180 ch/280 lb-pi - A8 - 0-100: 7,6 s (est) - 10,3/6,7 l/100km

328d, 328d xDrive, 328d xDrive Touring

4L 2,0 l - 184 ch/280 lb-pi - A8 - 0-100: 7,5 s (est) - 7,7/5,7 l/100km

330i xDrive, 330i xDrive Touring, 330i xDrive Gran Turismo

4L 2,0 l - 248 ch/258 lb-pi - A8 - 0-100: n.d. - 10,0/6,8 l/100km

340i, 340i xDrive, 340i xDrive Gran Turismo

6L 3,0 l - 320 ch/330 lb-pi - A8 (M6) - 0-100: 4,9 s (const) - 12,1/7,6 l/100km

M3

6L 3,0 l - 425 ch/406 lb-pi - A7 (M6) - 0-100: 4,3 s (const) - 13,7/9,0 l/100 km

BMW **SÉRIE 4**

((SiriusXM))

Prix : 50 500 $ à 85 500 $ (2016) (estimé)
Catégorie : Berline, Cabriolet, Coupé
Garanties :
4 ans/80 000 km, 4 ans/80 000 km
Transport et prép. : 2 852 $
Ventes QC 2015 : 946 unités
Ventes CAN 2015 : 4 942 unités

Cote du Guide de l'auto

77 %

Fiabilité

Appréciation générale

Sécurité

Agrément de conduite

Consommation

Système multimédia

Cote d'assurance

$ $ $ $

+ Prestige de la marque • Style sportif à souhait • Version M4 plus extravertie • Rouage intégral disponible

– Fiabilité • Places arrière étriquées (Cabriolet surtout) • Nombreuses options • Devient rapidement dispendieuse

---

Concurrents
Audi A5, Cadillac ATS, Chevrolet Camaro, Chevrolet Corvette, Ford Mustang, Infiniti Q60, Jaguar F-Type, Lexus RC, Mercedes-Benz Classe C, Porsche Cayman

Un peu plus de muscle sous le capot

Sylvain Raymond

Depuis 2014, le constructeur bavarois BMW a sorti les coupés de sa Série 3 et les a regroupés dans, vous le devinez, la Série 4. Certes, un peu moins pratiques que les berlines, les coupés de cette série gagnent en prestance ainsi qu'en sportivité et demeurent, année après année, au sommet de leur art. Ce changement a non seulement permis au constructeur de simplifier la vie de ses clients, on peut douter du résultat, mais il lui a aussi permis de donner un style propre et plus éclaté aux modèles de cette gamme, laissant les berlines davantage dans la sobriété.

La Série 4 se compose d'un coupé, d'un cabriolet et curieusement, d'un modèle à quatre portes, le Gran Coupé. Ce dernier marie les avantages d'une berline à l'allure d'un coupé. On aurait pu le placer dans la Série 3, mais c'est la Série 4 qui en a hérité. Pour ce qui est de l'apparence, tous les modèles se distinguent par leur musculature accentuée, produite par un fascia et par un empattement plus larges ainsi que par quelques éléments aérodynamiques supplémentaires.

C'est vrai qu'elle est belle, la Série 4. Elle transpire la sportivité alors que le prestige de son logo s'ajoute à ses attraits. On retrouve davantage de couleurs tape-à-l'œil dans la palette offerte, mais pour de la véritable extravagance, il faudra opter pour la M4, qui propose notamment le coloris jaune Austin métallisé, celui que vous voyez sur pratiquement toutes les photos.

À bord, l'habitacle est similaire à celui de la Série 3, présenté d'une manière simple et fonctionnelle, bien orienté vers le conducteur et surtout, garni de matériaux de qualité et bien assemblés. On a rarement des reproches à faire à ce chapitre. Bien entendu, l'accès aux places arrière est un peu plus complexe et les larges portes deviennent moins pratiques dans les stationnements, mais c'est le prix à payer pour avoir du style. Le modèle profite, cette année, du système multimédia iDrive 5,0, qui comporte plusieurs améliorations comparativement à l'ancien système. La navigation est aussi de série pour toutes les livrées.

DEUX NOUVEAUX MOTEURS CETTE ANNÉE

Histoire d'appuyer les prétentions sportives du modèle, on retrouve un choix de deux nouveaux moteurs turbocompressés à injection directe. La version 428i tire sa révérence pour faire place à la 430i. Elle reçoit sous le capot un quatre cylindres turbo de nouvelle génération, lequel développe un peu plus de puissance, 248 chevaux pour un couple de 258lb-pi dès les 1500 tr/min. Ce nouveau moteur, qui fait partie de la nouvelle famille des moteurs modulaires chez BMW, permet une économie de consommation et d'émissions de l'ordre de 12% par rapport à l'ancienne mécanique. Couplé à la boîte automatique à huit rapports, il permet de boucler le 0-100 km/h en environ 6,4 secondes, selon les prétentions du constructeur. Dans ce cas-ci, le rouage intégral est de série.

La seconde version, la 435i, reçoit aussi son 4% en 2017, laissant place à la 440i, qui profite du nouveau moteur B58, son nom de code. Avec ce dernier, la puissance passe de 300 à 320 chevaux; pas si mal, mais c'est surtout le couple qui est bonifié, passant de 300 à 330lb-pi. Il y a quelques années, on en aurait dit autant de la M3. En version à propulsion, le sprint 0-100 km/h est réduit à tout juste 5,4 secondes, et il faut ajouter quelques centièmes si vous optez pour le rouage intégral. Ajoutez l'ensemble M II et la puissance passe à 355 chevaux, ce qui en fait un véritable petit bolide, considérant le prix.

LE M4 SE FAIT DAMER LE PION

La seule qui demeure fidèle au poste, c'est la M4, qui est pratiquement inchangée. Elle trône toujours au sommet de la gamme avec son moteur six cylindres en ligne de 3,0 litres qui, grâce à la magie de la turbocompression, développe un étonnant 425 chevaux. Elle se fait tout de même damer le pion côté puissance brute par la Lexus RC F et la Cadillac ATS-V, sans parler des nouveaux coupés AMG C 63 et C 63 S, dont la puissance n'atteint pas moins de 503 chevaux.

Qu'importent les chiffres, BMW dira qu'il ne s'en est jamais soucié, la M4 surprend par son équilibre et son raffinement. La bonne nouvelle, c'est que la boîte manuelle toujours est offerte, mais si l'on demeure logique, l'automatique à sept rapports avec double embrayage fait de l'excellent boulot, tout en s'avérant plus pratique.

C'est au volant que la BMW de Série 4 révèle ses meilleurs atouts. Chaque élément destiné à la conduite est étudié avec soin, histoire de maximiser l'expérience au volant. On a littéralement l'impression de faire corps avec la voiture et avec la route. Sa rigidité exemplaire, sa tenue de route et sa direction, dont l'assistance variable est presque toujours bien dosée, font d'elle une voiture que l'on pilote, beaucoup plus qu'une voiture que l'on conduit.

Du nouveau en 2017

Outre des changements mineurs au chapitre de l'équipement, la 428i devient la 430i et la 435i devient la 440i, les deux obtenant de nouveaux moteurs.

Châssis - 440i coupé	
Emp / lon / lar / haut	2810 / 4638 / 2017 / 1377 mm
Coffre / Réservoir	445 litres / 60 litres
Nbre coussins sécurité / ceintures	8 / 4
Suspension avant	ind., jambes force
Suspension arrière	ind., multibras
Freins avant / arrière	disque / disque
Direction	à crémaillère, ass. var.
Diamètre de braquage	11,3 m
Pneus avant / arrière	P225/40R19 / P255/35R19
Poids / Capacité de remorquage	1637 kg / n.d.
Assemblage	Munich DE

Composantes mécaniques	
430i xDrive	
Cylindrée, soupapes, alim.	4L 2,0 litres 16 s turbo
Puissance / Couple	248 ch / 258 lb-pi
Tr. base (opt) / rouage base (opt)	A8 (Aucune) / Int
0-100 / 80-120 / V.Max	6,4 s (est) / n.d. / n.d.
100-0 km/h	n.d.
Type / ville / route / CO_2	Sup / 9,6 / 5,7 l/100 km / 3609 (est) kg/an
440i, 440i xDrive	
Cylindrée, soupapes, alim.	6L 3,0 litres 24 s turbo
Puissance / Couple	320 ch / 330 lb-pi
Tr. base (opt) / rouage base (opt)	A8 (M6) / Prop (Int)
0-100 / 80-120 / V.Max	5,4 s (est) / n.d. / n.d.
100-0 km/h	n.d.
Type / ville / route / CO_2	Sup / 11,3 / 6,7 l/100 km / 4246 (est) kg/an
M4	
Cylindrée, soupapes, alim.	6L 3,0 litres 24 s turbo
Puissance / Couple	425 ch / 406 lb-pi
Tr. base (opt) / rouage base (opt)	M6 (A7) / Prop
0-100 / 80-120 / V.Max	4,3 s (const) / n.d. / 250 km/h (const)
100-0 km/h	n.d.
Type / ville / route / CO_2	Sup / 12,4 / 7,2 l/100 km / 4628 (est) kg/an

Photos : BMW

DIESEL

MODÈLE 2016

BMW **SÉRIE 5**

(((SiriusXM)))

Prix : 60 500 $ à 82 500 $ (2016)
Catégorie : Berline
Garanties :
4 ans/80 000 km, 4 ans/80 000 km
Transport et prép. : 2 802 $
Ventes QC 2015 : 331 unités
Ventes CAN 2015 : 1 996 unités

Cote du Guide de l'auto
76 %

Fiabilité
■■■■□□□□□□
Appréciation générale
■■■■■■■□□□

Sécurité
■■■■■■■■□□
Agrément de conduite
■■■■■■■■□□

Consommation
■■■■■□□□□□
Système multimédia
■■■■■■■□□□

Cote d'assurance
■■■■■□□□□□
$$$ $

➕ Agrément de conduite indéniable •
Choix de moteurs • Rouage intégral
de série • Finition soignée •
Nouveau modèle prévu

➖ Fiabilité perfectible • Modèle en fin
de carrière • Planche de bord terne •
Abandon de la M5 • Certaines
commandes ambiguës

Concurrents
Audi A6, Cadillac CTS, Infiniti Q70,
Jaguar XF, Lexus GS, Lincoln MKS,
Maserati Quattroporte, Mercedes-Benz
Classe E, Porsche Panamera,
Tesla Model S, Volvo S80

Quand Mercedes-Benz force la main de BMW

Denis Duquet

Depuis au moins deux ans, de multiples photos de modèles camouflés de la nouvelle Série 5 ou, encore, des esquisses de la future génération se retrouvent partout sur le Web. Par contre, toujours pas de version officielle. Chose certaine, la prochaine Série 5 devrait se montrer incessamment. Non seulement ce modèle a peu changé depuis sa dernière révision en 2011, mais Mercedes-Benz vient tout juste de requinquer sa Classe E, sa redoutable concurrente directe. C'est suffisant pour forcer la main à BMW !

Malheureusement, la date de tombée du Guide de l'auto 2017 précède le dévoilement de cette nouvelle génération. Tout de même, selon les indications préliminaires, il semble que la silhouette sera une évolution du modèle actuel, mais avec des modifications qui lui donneront un caractère plus sportif. Toujours selon les photos officieuses, les légendaires naseaux de la calandre seront de retour, plus larges. La planche de bord sera nettement plus jazzée que ce que nous connaissons actuellement et l'écran d'affichage sera séparé du tableau de bord, un peu comme s'il s'agissait d'une tablette, comme le veut la tendance actuelle.

Selon des sources très fiables, le poids du véhicule sera allégé de 100 kg, ce qui réduira la consommation de carburant et, en prime, améliorera la tenue de route en raison d'un transfert des masses moins important.

QUI DIT MOTEUR, DIT BMW
Ce n'est pas sans raison que l'on retrouve le mot « Motor » dans l'appellation de BMW (*Bayerische Motoren Werke*), qui a vu ses fondateurs se spécialiser dans la motorisation avant de passer à la construction automobile. BMW a toujours été fidèle à ses origines et à la qualité de ses moteurs. Il est certain que la motorisation de la future Série 5 sera sophistiquée, mais bien peu de détails nous sont parvenus. Ce qui est sûr, c'est qu'on fera appel à la fabrication de moteurs modulaires afin de pouvoir offrir une plus grande diversité et une meilleure fiabilité.

Pour ce qui est de la génération actuelle, l'acheteur a l'embarras du choix alors que quatre moteurs sont au catalogue. La 528i xDrive, la plus économique, est propulsée par un quatre cylindres de 2,0 litres turbocompressé produisant 241 chevaux. Les amateurs de six cylindres en ligne, notamment ceux produits par BMW, reconnus pour leur douceur incroyable, seront comblés avec celui de 3,0 litres de la 535i xDrive, d'une puissance de 300 chevaux, ce qui permet de boucler le 0-100 km/h en 5,7 secondes. La 535d xDrive, et son moteur diesel de 255 chevaux et 413lb-pi de couple, offre des accélérations quand même musclées avec un temps de 6,0 secondes pour boucler le 0-100 km/h, tout en consommant moins de 8,0 l/100 km.

Pour les amateurs de performances et d'un raffinement technologique encore plus poussé, la 550i xDrive leur est destinée avec son V8 de 4,5 litres, d'une puissance de 445 chevaux. Il faut également souligner que tous ces moteurs sont associés à une boîte automatique Steptronic à huit rapports et au rouage intégral.

EMBOURGEOISÉE?

Les voitures du constructeur de Munich ont toujours été très dynamiques, privilégiant non seulement les performances, mais aussi des sensations de conduite très relevées, en raison d'une suspension efficace et d'une direction ultra précise. Ajoutez à cela des moteurs de grande qualité et il ne faut pas se surprendre que ces voitures aient été fort appréciées des amateurs de pilotage sportif, et ce, même dans le cas d'une berline intermédiaire comme la Série 5. Pour 2017, l'ultra sportive M5 ne sera pas de retour, du moins pas tout de suite, selon la rumeur...

Malgré cette enviable réputation, plusieurs ont critiqué la Série 5 actuelle, lui reprochant un certain embourgeoisement, qui a quelque peu gommé sa légendaire conduite sportive. Il est vrai que les sensations sont moins vives que précédemment, mais il serait plus juste de parler de sophistication plutôt que d'embourgeoisement. Le degré de performances de même que la tenue de route sont supérieurs à ce que les versions précédentes offraient. Toutefois, le confort, l'insonorisation et les aides à la conduite contribuent à rendre l'expérience à bord un peu moins viscérale, plus feutrée, quoi.

Et il est certain que la prochaine génération, dont l'arrivée est imminente, sera supérieure à tous les chapitres, tout en étant dotée d'exclusivités technologiques qui éblouiront son propriétaire et feront rager la concurrence.

Du nouveau en 2017

Nouveau modèle. Arrivée imminente. Version M5 ne sera pas reconduite.

Châssis - 535d xDrive

Emp / lon / lar / haut	2968 / 4899 / 2094 / 1464 mm
Coffre / Réservoir	520 litres / 70 litres
Nbre coussins sécurité / ceintures	6 / 5
Suspension avant	ind., double triangulation
Suspension arrière	Ind., multibras
Freins avant / arrière	disque / disque
Direction	à crémaillère, ass. var.
Diamètre de braquage	12,1 m
Pneus avant / arrière	P245/40R19 / P245/40R19
Poids / Capacité de remorquage	1930 kg / n.d.
Assemblage	Dingolfing DE

Composantes mécaniques

528i xDrive

Cylindrée, soupapes, alim.	4L 2,0 litres 16 s turbo
Puissance / Couple	241 ch / 258 lb-pi
Tr. base (opt) / rouage base (opt)	A8 / Int
0-100 / 80-120 / V.Max	6,6 s (const) / n.d. / 210 km/h (const)
100-0 km/h	n.d.
Type / ville / route / CO_2	Sup / 8,8 / 5,9 l/100 km / 3450 kg/an

535d xDrive

Cylindrée, soupapes, alim.	6L 3,0 litres 24 s turbo
Puissance / Couple	255 ch / 413 lb-pi
Tr. base (opt) / rouage base (opt)	A8 / Int
0-100 / 80-120 / V.Max	6,0 s (const) / n.d. / 210 km/h (const)
100-0 km/h	n.d.
Type / ville / route / CO_2	Dié / 7,9 / 5,3 l/100 km / 3630 (est) kg/an

535i xDrive

Cylindrée, soupapes, alim.	6L 3,0 litres 24 s turbo
Puissance / Couple	300 ch / 300 lb-pi
Tr. base (opt) / rouage base (opt)	A8 (M6) / Int
0-100 / 80-120 / V.Max	5,9 s / 3,9 s / 210 km/h (const)
100-0 km/h	37,7 m
Type / ville / route / CO_2	Sup / 9,7 / 6,6 l/100 km / 3820 kg/an

550i xDrive

Cylindrée, soupapes, alim.	V8 4,4 litres 32 s turbo
Puissance / Couple	445 ch / 480 lb-pi
Tr. base (opt) / rouage base (opt)	A8 / Int
0-100 / 80-120 / V.Max	4,9 s (const) / n.d. / 210 km/h (const)
100-0 km/h	n.d.
Type / ville / route / CO_2	Sup / 13,8 / 8,3 l/100 km / 5210 (est) kg/an

MODÈLE 2016   MODÈLE 2016

Photos : BMW

BMW **SÉRIE 6**

(((SiriusXM)))

Prix : 90 900 $ à 136 500 $
Catégorie : Berline, Cabriolet, Coupé
Garanties :
4 ans/80 000 km, 4 ans/80 000 km
Transport et prép. : 2 852 $
Ventes QC 2015 : 71 unités
Ventes CAN 2015 : 490 unités

Cote du Guide de l'auto

66 %

Fiabilité	Appréciation générale
n.d.	■■■■■■■□□□
Sécurité	Agrément de conduite
■■■■■■□□□□	■■■■■■■□□□
Consommation	Système multimédia
■■■■□□□□□□	■■■■■■■□□□

Cote d'assurance

■■□■■■■■■■
$$$ $

 Moteurs fabuleux • Comportement routier solide • Choix de carrosseries • Tarif concurrentiel • Exclusivité assurée

➖ Dimensions encombrantes • Accès à l'habitacle pénible • Places arrière étriquées • Direction lourde • Prix des options

Concurrents
Audi A6, Audi A7, Cadillac CTS, Lexus RC, Mercedes-Benz Classe E, Volvo S60

À la recherche d'exclusivité

Jean-François Guay

I l y a des bagnoles avec lesquelles on tombe amoureux dès le premier regard. Il y a aussi des voitures qui nous laissent de glace, mais qui parviennent à créer une passion durable grâce à leurs aptitudes sur la route où se mélangent harmonieusement le luxe et la sportivité. Parmi ces modèles, on trouve les différentes déclinaisons de la Série 6 de BMW, la berline-coupé à quatre portes (Gran Coupé), le cabriolet et le coupé.

Élaborée sur la plateforme de la Série 5, la Gran Coupé est si rare qu'elle assure son propriétaire de posséder une voiture des plus exclusives ! Elle doit sa silhouette profilée à sa faible hauteur, mais aussi à sa longueur hors-tout supérieure. Heureusement, le plaisir des sens ne s'arrête pas à contempler les formes musclées de cette voiture puisque le bruit sourd, causé par la fermeture des portières, sollicite agréablement l'ouïe, comme sur les autres versions. Une vraie voiture allemande ! De plus, la sonorité des moteurs à six ou huit cylindres procure de vrais frissons. Pour sa part, le sens du toucher se voit ravi quand on prend en main le gros boudin du volant et qu'on effleure, du bout des doigts, les plastiques et autres matériaux qui ornent l'habitacle. Même si les cuirs ne sont pas aussi odorants que ceux d'une Jaguar XJ ou d'une Aston Matin Rapide, leur odeur laisse présager un épiderme de grande qualité.

MÉCANIQUE AVEC UN GROS « M »
De base, la Gran Coupé 640i xDrive s'anime d'un six cylindres en ligne de 3,0 litres avec turbocompresseur, pour une puissance de 315 chevaux. Si cette dernière paraît un peu juste pour déplacer une masse de près de 2 000 kg, le choix de ce moteur permet de maintenir le prix sous le seuil des 100 000 $, alors que le V8 biturbo de 4,4 litres augmente la facture de plusieurs milliers de dollars. Néanmoins, le coût est justifié puisque les 445 chevaux et le couple de 480 livre-pied de la 650i xDrive se traduisent par des performances plus étincelantes. Ce moteur est le seul offert pour le coupé et le cabriolet.

Pour épater la galerie et oser croire qu'il est possible de se déplacer plus rapidement sur les autoroutes, les biens nantis s'offriront la version M, disponible avec les trois carrosseries et dont le prix de base se situe autour de 130 000 $ et des poussières. Le moteur de ce missile allemand développe 560 chevaux et un couple de 500 livre-pied. En optant pour le groupe Compétition, inclus dans le groupe Ultimate, la puissance du V8 biturbo de 4,4 litres passe à 600 chevaux. Le Gran Coupé peut aussi recevoir le groupe B6 Alpina qui livre aussi 600 chevaux mais qui deviendra un classique, on vous le jure! Sur les modèles M, la boîte automatique est à sept rapports tandis qu'elle est à huit rapports sur tous les autres.

Même si l'habitacle paraît invitant, il n'est pas facile de s'y asseoir, autant à l'avant qu'à l'arrière. Dans le coupé et le Gran Coupé, l'inclinaison du toit et la largeur restreinte des portières nous forcent à faire quelques contorsions. De surcroît, l'espace à l'arrière est ridiculement petit.

Malgré leurs dimensions et leur poids, les modèles de la Série 6 démontrent beaucoup de finesse sur la route, grâce à un châssis rigoureusement ferme. Chaussées de pneus surbaissés de 20 pouces, lesquels sont jumelés à une suspension ajustable selon le style de conduite, ces voitures sont des machines conçues pour avaler les kilomètres. Stables et bien rivées au sol, elles sont imperturbables à haute vitesse. La Gran Coupé est mieux nantie à ce sujet tandis que le coupé et le cabriolet sont plus patauds dans les enchaînements de virages négociés à faible et à moyenne vitesses. La direction est légèrement trop ferme, mais toutefois cette fermeté s'apprécie à haute vitesse où la précision devient chirurgicale.

Au chapitre de la dynamique de conduite, les versions M en rajoutent une couche. Par contre, on ressent tout le poids et l'encombrement de ces imposantes voitures dans les virages en lacet. En ville, la piètre visibilité (cela vaut pour tous les modèles) et le long rayon de braquage rendent certaines manœuvres hasardeuses.

AVEC OU SANS TOIT
Depuis la disparition de la Jaguar XK, le cabriolet et le coupé de la Série 6 trouvent peu de challengeurs sur leur chemin. À part la Mercedes-Benz SL, il y a des modèles exotiques comme la Maserati GranTurismo et la nouvelle Aston Martin DB11, mais qui se situent cependant dans une gamme supérieure de prix. Somme toute, la Série 6 propose les modèles les plus abordables de cette catégorie de grand luxe.

Châssis - 640i Gran Coupé xDrive

Emp / lon / lar / haut	2968 / 5009 / 2081 / 1392 mm
Coffre / Réservoir	460 à 1265 litres / 70 litres
Nbre coussins sécurité / ceintures	6 / 5
Suspension avant	ind., double triangulation
Suspension arrière	Ind., multibras
Freins avant / arrière	disque / disque
Direction	à crémaillère, ass. var.
Diamètre de braquage	12,0 m
Pneus avant / arrière	P245/40R19 / P245/40R19
Poids / Capacité de remorquage	1964 kg / n.d.
Assemblage	Dingolfing DE

Composantes mécaniques

640i Gran Coupé xDrive

Cylindrée, soupapes, alim.	6L 3,0 litres 24 s turbo
Puissance / Couple	315 ch / 330 lb-pi
Tr. base (opt) / rouage base (opt)	A8 / Int
0-100 / 80-120 / V.Max	5,3 s (const) / n.d. / 210 km/h (const)
100-0 km/h	n.d.
Type / ville / route / CO$_2$	Sup / 12,1 / 8,1 l/100 km / 4738 kg/an

650i xDrive Gran Coupé,

Cylindrée, soupapes, alim.	V8 4,4 litres 32 s turbo
Puissance / Couple	445 ch / 480 lb-pi
Tr. base (opt) / rouage base (opt)	A8 / Int
0-100 / 80-120 / V.Max	4,5 s / n.d. / 250 km/h
100-0 km/h	n.d.
Type / ville / route / CO$_2$	Sup / 15,1 / 9,8 l/100 km / 5849 kg/an

M6

Cylindrée, soupapes, alim.	V8 4,4 litres 32 s turbo
Puissance / Couple	560 ch / 500 lb-pi
Tr. base (opt) / rouage base (opt)	A7 (M6) / Prop
0-100 / 80-120 / V.Max	4,2 s (const) / n.d. / 250 km/h (const)
100-0 km/h	n.d.
Type / ville / route / CO$_2$	Sup / 13,3 / 8,6 l/100 km / 5145 kg/an

B6 xDrive Gran Coupe

Cylindrée, soupapes, alim.	V8 4,4 litres 32 s turbo
Puissance / Couple	600 ch / 590 lb-pi
Tr. base (opt) / rouage base (opt)	A8 / Int
0-100 / 80-120 / V.Max	3,8 s (const) / n.d. / 320 km/h (const)
100-0 km/h	n.d.
Type / ville / route / CO$_2$	Sup / 14,3 / 8,2 l/100 km / 5315 kg/an

Du nouveau en 2017
Aucun changement majeur. Système iDrive 5,0 de série, partage de connection Wi-Fi de série.

Photos : BMW

BMW SÉRIE 7

(((SiriusXM)))

Prix : 110 000 $ à 190 000 $ (2016) (estimé)
Catégorie : Berline
Garanties :
4 ans/80 000 km, 4 ans/80 000 km
Transport et prép. : 2 852 $
Ventes QC 2015 : 70 unités
Ventes CAN 2015 : 358 unités

Cote du Guide de l'auto

83 %

Fiabilité
n.d.

Sécurité
■■■■■■■□□□

Consommation
■■■□□□□□□□

Appréciation générale
■■■■■■■■□□

Agrément de conduite
■■■■■■■■□□

Système multimédia
■■■■■■■■□□

Cote d'assurance

■■□□□□□□□□
$$$ $

➕ Moteur puissant et raffiné •
Répertoire de conduite très varié •
Technologie en surabondance • Confort
et luxe inouïs pour quatre (groupe Exécutif)

➖ Pique du nez en freinage intense
(750Li xDrive) • Très sensible aux nids-
de-poule (750Li xDrive) • Mode de
conduite quasi autonome peu fiable

Concurrents

Aston Martin Rapide, Audi A8,
Jaguar XJ, Lexus LS, Mercedes-Benz CLS,
Mercedes-Benz Classe S,
Porsche Panamera, Tesla Model S

Une nouvelle reine

Marc Lachapelle

BMW produit de grandes berlines de luxe depuis quatre décennies avec un bonheur variable. Mais cette fois-ci, c'est la bonne. La sixième génération de la Série 7 est effective-ment la meilleure à ce jour et elle se hisse fièrement au sommet de sa catégorie pour l'ensemble de ses prouesses et de ses vertus. Elle peut même jouer les vraies écolos (brièvement) face à la Tesla Model S dans sa version hybride rechargeable.

Les planètes étaient visiblement alignées à Munich lorsque les ingénieurs et stylistes de BMW se sont attaqués à la création de cette sixième interprétation de la Série 7. Il faut d'ailleurs saluer à la fois le coup de crayon du Montréalais Karim-Antoine Habib et les qualités dont il fait preuve comme chef styliste chez BMW. Il a effectivement dessiné la splendide étude Concept CS qui a grandement inspiré les BMW actuelles, y compris cette nouvelle Série 7 dont il a dirigé la création.

Celle dont le code chez BMW est G11 (ou G12 avec l'empattement long) a considérablement profité des avancées techniques de la division « i ». Surtout pour un habitacle dont la structure est composée de polymères renforcés de fibre de carbone (PRFC) comme la coque des i3 et i8. Combiné à l'aluminium et l'acier à ultrahaute résistance, ce matériau produit une carrosserie autoporteuse plus rigide et plus légère de 40 kg, dont le centre de gravité est plus bas. Tout ça fait des merveilles pour la maniabilité, les performances et la sécurité du nouveau vaisseau amiral de BMW.

À LA FOIS CLASSIQUE ET RÉSOLUMENT MODERNE

Si les premières Série 7 étaient franchement trop sportives, à cause de l'obsession des ingénieurs de BMW pour la tenue de route à l'époque, les suivantes ont souvent péché par excès de luxe, de style ou de technologie. Or, cette sixième édition de la Série 7 rayonne une élégance, une finesse et une prestance qui conviennent parfaitement à une grande berline de luxe, tout en étant particulièrement dégourdie.

Son identité ne fait jamais le moindre doute, des grands naseaux doubles de sa calandre au crochet doucement arrondi du montant arrière de son toit, une variation du fameux Hofmeister Kink. Et sa présence est imposante, comme il se doit pour ce type de voiture. Surtout en version allongée.

Cette filiation claire se reconnaît aussi dans son habitacle dont le dessin et la présentation sont dans le plus pur style BMW, avec une finition et une qualité de matériaux irréprochables. Le dessin du tableau de bord et de la console est épuré et les contrôles qu'on y retrouve sont minimalistes et efficaces. Le soir venu, on a cependant parfois du mal à décrypter les inscriptions sur les jolies touches en aluminium.

Comme toujours chez BMW, l'ergonomie de conduite est magistrale, avec un volant superbement taillé, des commandes bien placées, un grand repose-pied et un siège qu'on peut sculpter à volonté. Luxe ou pas, les priorités sont claires à Munich. Les cadrans électroniques se transforment aussi du tout au tout, selon le mode de conduite choisi. L'indicateur de recharge sur fond bleu en mode Éco devient un compte-tours sur fond rouge en mode Sport et on a droit à des cadrans classiques « blanc sur noir » en mode Confort.

Dans la 750Li à empattement allongé, c'est le super confort, sinon l'opulence totale à l'arrière. On y jouit de tous les réglages et systèmes imaginables, dans des sièges dignes d'un jet privé. Y compris deux grands écrans et une tablette électronique amovible. Le siège avant droit peut même s'avancer et s'incliner pour que vous y posiez vos talons sur un repose-pied escamotable.

CONFORT À PLEIN OU DÉGAINE DE SPORTIVE ?
La 750Li sait donc parfaitement jouer les limousines, confort de roulement inclus. Il suffit toutefois de passer au mode Sport pour lui découvrir un caractère sportif dans la meilleure tradition BMW. La suspension à ressorts pneumatiques se raffermit sans excès, l'accélérateur électronique s'aiguise et la boîte automatique passe ses huit rapports plus vivement. Le sprint 0-100 km/h est bouclé en 4,78 secondes et la grande berline affiche une agilité et un équilibre réjouissants pour sa taille, avec une servodirection électrique « active » précise et légère. On ne sent guère l'effet des roues arrière directrices, par contre, avec un diamètre de braquage de 12,9 mètres.

Vous pourrez bientôt être plus écolo, avec une 740e iPerformance dont le groupe hybride rechargeable aura jusqu'à 40 km d'autonomie électrique ou alors plus déluré avec la nouvelle Alpina B7 Biturbo. Or, la 750Li xDrive offre déjà tout ce que l'on peut souhaiter d'une berline de luxe, raisonnable ou pas.

Du nouveau en 2017
Les versions Alpina B7 Biturbo de performance et 740e iPerformance à groupe propulseur hybride rechargeable.

Châssis - M760Li xDrive

Emp / lon / lar / haut	3210 / 5248 / 1902 / 1479 mm
Coffre / Réservoir	515 litres / 78 litres
Nbre coussins sécurité / ceintures	6 / 5
Suspension avant	ind., pneumatique, double triangulation
Suspension arrière	ind., pneumatique, multibras
Freins avant / arrière	disque / disque
Direction	à crémaillère, ass. var. élect.
Diamètre de braquage	12,9 m
Pneus avant / arrière	P245/40R20 / P275/35R20
Poids / Capacité de remorquage	2195 kg / n.d.
Assemblage	Dingolfing DE

Composantes mécaniques

740Le xDrive

Cylindrée, soupapes, alim.	4L 2,0 litres 16 s turbo
Puissance / Couple	258 ch / 295 lb-pi
Tr. base (opt) / rouage base (opt)	A8 / Int
0-100 / 80-120 / V.Max	5,6 s (const) / n.d. / 240 km/h (const)
100-0 km/h	n.d.
Type / ville / route / CO_2	Sup / n.d. / n.d. l/100 km / 1060 (est) kg/an

Moteur électrique

Puissance / Couple	111 ch (83 kW) / 184 lb-pi
Type de batterie	Lithium-ion (Li-ion)
Énergie	9,2 kWh
Temps de charge (120V / 240V)	n.d. / 4,0 h
Autonomie	37 km

B7

Cylindrée, soupapes, alim.	V8 4,4 litres 32 s turbo
Puissance / Couple	608 ch / 590 lb-pi
Tr. base (opt) / rouage base (opt)	A8 / Prop
0-100 / 80-120 / V.Max	3,7 s (const) / n.d. / 310 km/h (const)
100-0 km/h	n.d.
Type / ville / route / CO_2	Sup / 16,2 (est) / 8,7 (est) / 5900 (est) kg/an

750i xDrive, 750Li xDrive

V8 4,4 l - 445 ch/479 lb-pi - A8 - 0-100: 4,4 s (const) - 11,9/6,5 l/100 km

M760Li xDrive

V12 6,6 l - 600 ch/590 lb-pi - A8 - 0-100: 3,9 s (const) - 15,7/8,7 l/100 km

BMW X1

Prix : 38 800 $ (2016)
Catégorie : VUS sous-compact
Garanties :
4 ans/80 000 km, 4 ans/80 000 km
Transport et prép. : 2 195 $
Ventes QC 2015 : 792 unités
Ventes CAN 2015 : 2 942 unités

Cote du Guide de l'auto

78 %

Fiabilité

■■■■■■■□□□

Sécurité

■■■■■■■□□□

Consommation

■■■■■■□□□□

Appréciation générale

■■■■■■■□□□

Agrément de conduite

■■■■■■■□□□

Système multimédia

■■■■■□□□□□

Cote d'assurance

■■■■■■■□□□
$$$ $

➕ Look réussi • Boîte automatique à huit rapports • Habitacle spacieux • Polyvalence assurée • Bon comportement routier

➖ Puissance un peu juste • Roulement ferme • Fiabilité à démontrer • Options coûteuses • Un seul groupe motopropulseur au programme

Concurrents
Audi Q3, Infiniti QX30,
Mercedes-Benz GLA

Compétence transversale

Gabriel Gélinas

Chez BMW, l'acheteur qui est à la recherche d'un véhicule polyvalent aux dimensions compactes a l'embarras du choix. Le constructeur bavarois propose une authentique familiale comme la Série 3 Touring ou encore la récente Série 3 Gran Turismo, sorte de métissage entre une berline et un VUS, mais force est d'admettre que la diffusion de ces modèles est sérieusement limitée à cause de leur échelle de prix élevée. C'est ici que le X1 entre en scène avec son look d'authentique VUS qu'il a gagné l'an passé et son prix nettement plus abordable.

Le X1 est élaboré sur une toute nouvelle plate-forme qui sert aussi de base à la Série 2 Active Tourer, un modèle qui n'est toutefois pas commercialisé en Amérique du Nord. En Europe, le X1 est vendu en simple traction ou avec la transmission intégrale, mais n'est disponible chez nous qu'avec le rouage intégral xDrive. Sous son look au goût du jour se cache une nouvelle architecture à moteur transversal partagée avec la division MINI.

C'est donc tout un changement de paradigme qui s'opère avec ce nouveau modèle chez le constructeur bavarois, longtemps reconnu pour la dynamique de ses modèles à moteur six cylindres en ligne logés en position longitudinale sous le capot. Dans le cas du X1, cette nouvelle configuration a été adoptée pour des considérations d'efficacité de coûts de production et BMW fait le pari que les acheteurs de VUS, moins portés sur la dynamique que les acheteurs de berline sport, ne se formaliseront pas de ce changement majeur.

POLYVALENT ET SPACIEUX
Au sujet de la plastique, le BMW X1 est très réussi. Il respecte en tout points les canons esthétiques de la catégorie et marque un clivage évident avec le modèle précédent qui ressemblait plus à une familiale surélevée. L'habitacle est spacieux et le X1 s'avère confortable à l'avant comme à l'arrière où l'assise de la banquette est légèrement surélevée par rapport au modèle précédent.

guideautoweb.com/bmw/x1/
BMW X1

La finition est soignée et la planche de bord s'apparente beaucoup à celle d'une BMW Série 3. Elle est séparée en largeur par une bande de couleur, juste sous les buses de ventilation et, en son sommet, trône un écran couleur de 6,5 pouces.

Le nouveau X1 hérite également de la dernière mouture du système de télématique qui est nettement plus convivial qu'à ses débuts. Concernant la dotation d'équipements, on note que le X1 n'échappe pas à la tendance en cours chez BMW, soit celle de regrouper les équipements et accessoires dans des groupes d'options souvent vendus à fort prix.

DYNAMIQUE AFFÛTÉE ET ROULEMENT FERME

Pour l'instant, un seul groupe motopropulseur est au programme chez nous. Le BMW X1 est animé par le même quatre cylindres de 2,0 litres suralimenté par turbocompresseur que l'on retrouve sous le capot de la berline 328i. Ce moteur s'avère tout à fait convenable dans la berline, mais sa puissance de 228 chevaux est un peu juste dans le cas du X1 dont le poids est plus élevé.

Heureusement, la motorisation est complétée par la boîte automatique à huit rapports qui nous a permis d'observer une moyenne de 9,4 litres aux 100 kilomètres lors d'un essai réalisé au début de l'hiver dernier. Le rouage intégral du BMW X1 priorise le train avant en conduite normale, mais peut faire varier la livraison du couple jusqu'à atteindre 100 % sur les seules roues arrière, bref de s'adapter rapidement en fonction des conditions d'adhérence qui prévalent.

Même si la direction est rapide et précise, on ne reçoit pas beaucoup de *feedback* et il est parfois difficile de bien sentir la roue au travers du volant dans une enfilade de virages. C'est peut-être le seul reproche que l'on peut adresser à la dynamique du X1 qui est relativement affûtée et qui lui permet de prendre les virages avec beaucoup d'aplomb grâce à des liaisons au sol calibrées en fonction de la tenue de route. Cela dit, cet aplomb en virages s'accompagne d'un roulement plutôt ferme, particulièrement lorsque l'on roule à basse vitesse sur une chaussée dégradée.

Le BMW X1 s'inscrit dans un créneau en vogue à l'heure actuelle, soit celui des VUS de luxe de taille compacte où la concurrence directe a pour nom Audi Q3, Mercedes-Benz GLA et GLC, ainsi que le Range Rover Evoque. Polyvalent et spacieux, le X1 est doté d'un look accrocheur et d'une dynamique supérieure aux attentes de la clientèle. Son prix de départ en fait un choix intéressant, mais il faut porter une attention particulière à la sélection des options si l'on veut éviter les mauvaises surprises à la signature du contrat.

Châssis - xDrive 28i

Emp / lon / lar / haut	2670 / 4455 / 2060 / 1598 mm
Coffre / Réservoir	505 à 1550 litres / 61 litres
Nbre coussins sécurité / ceintures	6 / 5
Suspension avant	ind., jambes force
Suspension arrière	ind., multibras
Freins avant / arrière	disque / disque
Direction	à crémaillère, ass. var. élect.
Diamètre de braquage	11,4 m
Pneus avant / arrière	P225/50R18 / P225/50R18
Poids / Capacité de remorquage	1660 kg / n.d.
Assemblage	Leipzig DE

Composantes mécaniques

Cylindrée, soupapes, alim.	4L 2,0 litres 16 s turbo
Puissance / Couple	228 ch / 258 lb-pi
Tr. base (opt) / rouage base (opt)	A8 / Int
0-100 / 80-120 / V.Max	6,5 s / n.d. / 210 km/h
100-0 km/h	n.d.
Type / ville / route / CO_2	Sup / 10,7 / 7,4 l/100 km / 4239 kg/an

> **« POLYVALENT** ET **SPACIEUX**, LE X1 EST DOTÉ D'UN **LOOK ACCROCHEUR** ET D'UNE DYNAMIQUE **SUPÉRIEURE** AUX ATTENTES DE LA CLIENTÈLE. **»**

Du nouveau en 2017

Aucun changement majeur

Photos: BMW

BMW | 201

DIESEL

BMW X3

BMW **X3 / X4**

Prix : 44 350 $ à 49 950 $ (2016)
Catégorie : VUS compact
Garanties :
4 ans/80 000 km, 4 ans/80 000 km
Transport et prép. : 2 195 $
Ventes QC 2015 : 716 unités
Ventes CAN 2015 : 4 527 unités

Cote du Guide de l'auto

76 %

Fiabilité
■■■■■■■■□□

Appréciation générale
■■■■■■■■□□

Sécurité
■■■■■■■□□□

Agrément de conduite
■■■■■■■■□□

Consommation
■■■■■■□□□□

Système multimédia
■■■■■■■■□□

Cote d'assurance
■■■■■■■■□□
$$$ $

➕ Choix de moteurs et de carrosseries •
Version M40i performante (X4) •
Habitacle logeable et bien conçu (X3) •
Rouage intégral efficace

➖ Visibilité arrière restreinte (X4) •
Freinage perfectible • Roulement sec
sur pavé inégal • Liste d'options énorme

Concurrents

Acura RDX, Audi Q5, BMW X4,
Land Rover Range Rover Evoque,
Lexus NX, Lincoln MKC,
Mercedes-Benz GLA, Mercedes-Benz GLK,
Porsche Macan

Au milieu de partout

Mathieu St-Pierre

Dans l'espoir d'offrir différentes options à tous ses clients, existants, nouveaux et potentiels, BMW continue de multiplier ses produits. Cette recette assure à la compagnie allemande des records de vente annuels, et ce depuis 25 ans. D'un autre côté, la croissance importante des ventes de véhicules utilitaires pousse les constructeurs automobiles à diversifier leur offre, stimulant ainsi BMW à demeurer vigilante dans cette catégorie.

Les X3 et X4 s'adressent à un éventail de consommateurs, tant les petites familles que les retraités qui recherchent du luxe, un peu de performance (ou beaucoup !) et un habitacle logeable et confortable (X3) ou plus sportif et intimiste (X4).

JUMEAUX NON IDENTIQUES

Entre les deux utilitaires, c'est le X3 qui mérite le plus d'attention. C'est tout à fait normal, car il est plus polyvalent et convivial que le X4, sa version « coupé ». La distinction physique principale entre les deux véhicules est la ligne de toit plongeante du X4. Cette dernière lui donne du style, mais occasionne plus de mal que de bien ! Les aspects négatifs sont principalement reliés à la visibilité arrière et à l'espace disponible dans le coffre. Autrement, ils se ressemblent.

Les habitacles sont identiques à un détail de près. La banquette arrière du X4 est plus basse, ce qui peut créer un certain inconfort sur de longues distances. Les planches de bord respectives, garnies de commandes de toutes sortes, peuvent rapidement rendre leur utilisation complexe. Heureusement, on s'y fait avec le temps.

On aime beaucoup la position de conduite et l'excellente prise du volant du X3. Nous sommes loin des versions sportives de BMW — à l'exception du X4 M40i et de son six cylindres en ligne de 355 chevaux — mais l'impression d'être au poste de pilotage d'un véhicule sportif est évidente. Les sièges avant dans le X4 sont trop élevés, autrement, les deux utilitaires offrent un support et un niveau de confort notable. La banquette arrière sert deux adultes plutôt que trois.

Les X3 et X4 peuvent être équipés d'une panoplie d'aides à la conduite et au stationnement. Le système d'infodivertissement très complet selon les options cochées, et l'affichage, bien conçu, peuvent, par contre, rendre la navigation complexe vu la multitude de menus offerts.

DU CHOIX

Au sujet des groupes propulseurs, BMW nous en met plein la vue. Le X3 peut être doté de trois moteurs intéressants. Les 2,0 litres et 3,0 litres turbocompressés sont reconnus pour être d'excellents moteurs. Le plus intéressant reste le quatre cylindres turbodiesel de 2,0 litres. Ce dernier, unique au X3, demeure, sans contredit, le choix le plus judicieux du lot.

En version 28d, le X3 est performant, mais frugal. Sa consommation combinée s'élève à un peu moins de 8 litres aux 100 km, ce qui est impressionnant. Le seul bémol concerne sa plage de puissance, et de couple surtout, qui est restreinte. Selon la demande de l'accélérateur, la personne qui conduit pourrait remarquer une petite baisse de puissance en forte accélération. En conduite normale, on n'observe rien d'inhabituel.

Chez le X4, le conducteur à la recherche d'émotions fortes sera très bien servi avec la nouvelle version M40i. Ici, le six cylindres en ligne de 3,0 litres turbocompressé, produit la modique écurie de 355 chevaux. Cette cavalerie est suffisante pour propulser le X4 M40i à 100 km/h en aussi peu que 4,9 secondes. À titre comparatif, le Porsche Macan Turbo de 400 chevaux boucle le même sprint en 4,8 secondes...

La boîte automatique à huit rapports est de série, peu importe le moteur. Elle n'hésite jamais à passer au rapport suivant mais, si on le désire, on peut la manipuler à l'aide des palettes de changement de rapports montées au volant ou modifier sa programmation via les différents modes de conduite proposés.

Sur la route, on préfère le comportement du X3. Le roulement est plus doux et confortable tandis que le X4 donne l'impression d'être moins stable, mais ce n'est, justement, qu'une impression. Dans les deux cas, on note une bonne tenue de route pourvu que le bitume soit bien lisse. La direction, précise, communique convenablement avec le conducteur. Le système de freinage manque de mordant, c'est-à-dire que le temps de réponse de la pédale, trop long, devient gênant à l'occasion.

Dans la catégorie des utilitaires compacts de luxe, les BMW X3 et X4 sont en mesure de bien se défendre, mais la compétition forcera surement les Bavarois à revoir entièrement leurs offres bientôt.

Du nouveau en 2017

Aucun changement majeur Nouvelle version X4 M40i qui remplace la 435i.

Châssis - X3 xDrive 28d

Emp / lon / lar / haut	2810 / 4657 / 2098 / 1661 mm
Coffre / Réservoir	550 à 1600 litres / 67 litres
Nbre coussins sécurité / ceintures	6 / 5
Suspension avant	ind., jambes force
Suspension arrière	ind., multibras
Freins avant / arrière	disque / disque
Direction	à crémaillère, ass. var. élect.
Diamètre de braquage	11,9 m
Pneus avant / arrière	P245/50R18 / P245/50R18
Poids / Capacité de remorquage	1820 kg / 750 kg (1653 lb)
Assemblage	Spartanburg SC US

Composantes mécaniques

xDrive 28d

Cylindrée, soupapes, alim.	4L 2,0 litres 16 s turbo
Puissance / Couple	180 ch / 280 lb-pi
Tr. base (opt) / rouage base (opt)	A8 / Int
0-100 / 80-120 / V.Max	8,0 s / 8,8 s / 210 km/h (const)
100-0 km/h	n.d.
Type / ville / route / CO_2	Dié / 6,2 / 5,0 l/100 km / 3060 (est) kg/an

xDrive 28i

Cylindrée, soupapes, alim.	4L 2,0 litres 16 s turbo
Puissance / Couple	241 ch / 258 lb-pi
Tr. base (opt) / rouage base (opt)	A8 / Int
0-100 / 80-120 / V.Max	6,5 s / n.d. / 230 km/h (const)
100-0 km/h	42,5 m
Type / ville / route / CO_2	Sup / 9,1 / 6,2 l/100 km / 3590 (est) kg/an

xDrive 35i

Cylindrée, soupapes, alim.	6L 3,0 litres 24 s turbo
Puissance / Couple	300 ch / 300 lb-pi
Tr. base (opt) / rouage base (opt)	A8 / Int
0-100 / 80-120 / V.Max	6,8 s / 4,4 s / 245 km/h (const)
100-0 km/h	42,5 m
Type / ville / route / CO_2	Sup / 10,7 / 6,9 l/100 km / 4135 (est) kg/an

BMW X3 / X4

BMW X4

BMW X3

BMW X5

BMW **X5/X6**

((SiriusXm))

Prix : 66 000 $ à 105 900 $ (2016)
Catégorie : VUS intermédiaire
Garanties :
4 ans/80 000 km, 4 ans/80 000 km
Transport et prép. : 2 195 $
Ventes QC 2015 : 680 unités
Ventes CAN 2015 : 5 381 unités

Cote du Guide de l'auto

77 %

Fiabilité	Appréciation générale
■■■■■□□□□□	■■■■■■■□□□
Sécurité	Agrément de conduite
■■■■■■■□□□	■■■■■■■□□□
Consommation	Système multimédia
■■■□□□□□□□	■■■■■■■□□□

Cote d'assurance

■■■■■□□□□□
$$$ $

➕ Style d'actualité • Confort relevé
(moins avec X5 M / X6 M) • Système
iDrive presque convivial • Version diesel
consomme peu • V8 très puissant

➖ Version M parfaitement indécente •
Options quelquefois très chères • Visibilité
arrière nulle (X6) • Coûts d'entretien
indigestes • Véhicule trop lourd

Concurrents
Acura MDX, Infiniti QX70, Jaguar F-Pace,
Jeep Grand Cherokee, Lexus RX,
Mercedes-Benz GLE, Porsche Cayenne,
Volkswagen Touareg, Volvo XC90

Ange et démon

Alain Morin

Les constructeurs de voitures de prestige allemands sont bien
connus du public et les noms BMW, Mercedes-Benz, Audi ou
Porsche sont sur toutes les lèvres. Malgré tout, ils demeurent
de petits joueurs sur notre marché. En 2015, par exemple, ces quatre
constructeurs ont vendu un peu plus de 110 000 véhicules au Canada.
Ford, à elle seule, plus de 275 000. Vous me direz que les produits
Ford – ou GM ou FCA – sont moins dispendieux, qu'ils s'adressent
à un public différent, bla-bla-bla. N'empêche que...

Une des façons qu'ont trouvées les Allemands pour vendre plus de voitures
sans qu'il leur en coûte les yeux de la tête est de multiplier les versions d'un
modèle. Juste pour le X5, qui s'est vendu à 5 381 exemplaires au pays l'an dernier,
on compte quatre motorisations et un modèle coupé (X6) disponible avec deux
moteurs. Chacun de ces moteurs donne une personnalité différente au véhicule.

Le bas de gamme du X5 (à plus de 66 000 $, quand même) possède un
six cylindres en ligne turbocompressé de 3,0 litres développant 300 chevaux
et autant de couple. Les accélérations de ce XDrive35i ne sont pas démentes,
mais ne sont pas agonisantes non plus. Et la sonorité de l'échappement
s'avère fort agréable... plus que les arrêts à la pompe. Avec un poids de près
de 2200 kilos, on ne peut pas s'attendre à une consommation de Prius ! Il peut
tirer jusqu'à 750 kilos (1653 livres) si la remorque ne possède pas de freins.

ANGE
Nouveau l'an dernier, le xDrive40e, un hybride rechargeable (*plug-in*), est
doté d'un quatre cylindres turbo de 2,0 litres, qui s'allie à un moteur électrique
pour générer des accélérations très potables et une consommation tout à
fait honorable. La semaine où nous en avons fait l'essai, la porte cachant la fiche
était brisée et ne pouvait être ouverte, même en tirant sur le câble d'appoint sous
le capot. Nous avons donc conduit le véhicule toute la semaine sans le
recharger et il a tout de même terminé avec une moyenne de 10,9 l/100 km.
Pour une montagne de plus de 2300 kilos, c'est remarquable.

La palme de l'économie d'essence revient toutefois à la version xDrive35d, dont le 3,0 litres ne développe que 255 chevaux, mais un couple de 413 livre-pied disponible dès 1500 tr/min, qui autorise des reprises musclées. C'est la beauté des moteurs diesel. En plus de consommer relativement peu, l'autonomie est bonifiée. Assez curieusement, ce modèle ne remorque pas davantage que le xDrive35i, mais, à sa décharge, avec ce poids supplémentaire à l'arrière, il ne consommera guère plus qu'en temps normal. C'est une autre beauté des moteurs diesel

DÉMON

La livrée xDrive50i, de son côté, ne fait pas dans la dentelle avec un V8 de 4,4 litres développant la bagatelle de 445 chevaux. Le temps requis pour accomplir le 0-100 km/h est inversement proportionnel à sa consommation d'essence et annule tous les efforts écologiques faits par le xDrive40e. Ce xDrive50i vous impressionne ou vous écœure? Attendez de faire l'essai d'un X5 M de 567 chevaux! C'est l'enfer, rien de moins, et les oreilles sont au paradis à chaque coup d'accélérateur. Il est immensément lourd, intensément rapide et joyeusement impertinent. On adore ou on déteste, point. Personne ne peut juste dire «bof».

Si le modèle rechargeable s'avère le moins sportif du groupe, il est loin d'être le plus démuni à la première courbe venue. Sa direction est assez légère en mode Normal et s'intensifie un peu en mode Sport. Pas de mode Sport + pour cette version écolo, mais personne ne devrait s'en plaindre. Plus on monte dans la hiérarchie du X5, plus le comportement devient sportif pour culminer avec la version M, dont la tenue de route semble défier les lois physiques, surtout en mode Sport +. Il est toujours impressionnant de lancer un monstre de ce poids dans une courbe et en ressortir sans jamais avoir noté de roulis. Mais, car il y a toujours un «mais», les pneus à taille basse et aussi larges qu'une autoroute (285/35ZR21 à l'avant et 325/30ZR21 à l'arrière) suivent fidèlement la moindre roulière. Ça garde son pilote éveillé! Ah! oui, le X5 M engloutit autant de liquide que Manic 5.

Quant au X6, il s'agit essentiellement d'un X5 dont on a amputé une partie du coffre pour courber la ligne du toit et dont le prix a été augmenté de quelques milliers de dollars. Pour ce VUS absolument pas utilitaire, seules les versions xDrive35i, xDrive50i et M sont offertes.

Qu'il s'agisse d'un X5, d'un X6, que le moteur soit sobre ou alcoolique, BMW a enfin réussi à rendre son système multimédia iDrive presque convivial. Tous les sièges sont confortables et certaines versions du X5 peuvent même recevoir une troisième banquette. Vaut-elle les 2100 $ demandés? On se dit que rendu là, ça ne fera que quelques dollars de plus par mois...

Du nouveau en 2017

Aucun changement majeur. Phares au DEL adaptatifs pour les X5 et X6 xDrive50i, nouveau système iDrive 5,0 avec écran tactile, nouveaux groupes d'option.

Châssis - X5 M

Emp / lon / lar / haut	2933 / 4880 / 1985 / 1717 mm
Coffre / Réservoir	650 à 1870 litres / 85 litres
Nbre coussins sécurité / ceintures	6 / 5
Suspension avant	ind., double triangulation
Suspension arrière	ind., pneumatique, multibras
Freins avant / arrière	disque / disque
Direction	à crémaillère, ass. var. élect.
Diamètre de braquage	12,8 m
Pneus avant / arrière	P285/35R21 / P325/30R21
Poids / Capacité de remorquage	2350 kg / 750 kg (1653 lb)
Assemblage	Spartanburg SC US

Composantes mécaniques

xDrive 40e

Cylindrée, soupapes, alim.	4L 2,0 litres 16 s turbo
Puissance / Couple	241 ch / 258 lb-pi
Tr. base (opt) / rouage base (opt)	A8 / Int
0-100 / 80-120 / V.Max	7,3 s / 5,1 s / 210 km/h (const)
100-0 km/h	n.d.
Type / ville / route / CO_2	Sup / 10,2 / 9,4 l/100 km / 4526 (est) kg/an

Moteur électrique

Puissance / Couple	111 ch (83 kW) / 184 lb-pi
Type de batterie	Lithium-ion (Li-ion)
Énergie	9 kWh
Temps de charge (120V / 240V)	n.d. / 2,8 h
Autonomie	21 km

xDrive 35d

Cylindrée, soupapes, alim.	6L 3,0 litres 24 s turbo
Puissance / Couple	255 ch / 413 lb-pi
Tr. base (opt) / rouage base (opt)	A8 / Int
0-100 / 80-120 / V.Max	7,0 s (const) / n.d. / 210 km/h (const)
100-0 km/h	n.d.
Type / ville / route / CO_2	Dié / 9,8 / 7,2 l/100 km / 4660 kg/an

M

V8 4,4 l - 567 ch/553 lb-pi - A8 - 0-100 : 4,2 s (const) - 16,6/12,1 l/100 km

xDrive 35i

6L 3,0 l - 300 ch/300 lb-pi - A8 - 0-100: 6,6 s (const) - 13,0/8,9 l/100km

xDrive 50i

V8 4,4 l - 445 ch/479 lb-pi - A8 - 0-100: 5,1 s (const) - 16,0/10,9 l/100km

BMW X6

BMW X5

BMW Z4

((SiriusXM))

Prix : 56 200 $ à 77 900 $ (2016)
Catégorie : Roadster
Garanties :
4 ans/80 000 km, 4 ans/80 000 km
Transport et prép. : 2 207 $
Ventes QC 2015 : 22 unités
Ventes CAN 2015 : 121 unités

Cote du Guide de l'auto

67 %

Fiabilité
n.d.

Appréciation générale
■■■■■■□□□□

Sécurité
■■■■■■■□□□

Agrément de conduite
■■■■■■■□□□

Consommation
■■■■■■■□□□

Système multimédia
■■■■■■□□□□

Cote d'assurance

■■■■■■■■□□
$$$ $

➕ Confort et sportivité •
Moteur 2,0 litres économe •
Moteurs à six cylindres sublimes •
Boîte à double embrayage efficace

➖ Absence de boîte manuelle avec le
six cylindres • Habitacle et coffre étriqués •
Sonorité du 2,0 litres • Version 35is
onéreuse • Prix des options

Concurrents
Audi TT, Chevrolet Corvette,
Jaguar F-Type, Mercedes-Benz SLK,
Porsche Boxster

Style néo-rétro

Jean-François Guay

Autrefois perçu comme étant la voiture sport par excellence, le roadster se voulait une réplique des voitures de course de l'époque : toit rabattu, deux sièges à ras le sol, moteur surdimensionné et une finition intérieure à sa plus simple expression. Bien campés dans l'habitacle, rien n'échappe au conducteur et à son passager : la route, le vent, le soleil, les odeurs et parfois la pluie... Or, BMW connaît la recette et conçoit des roadsters depuis la fin des années 1930. Les modèles les plus légendaires de Munich sont assurément les 327, 507, Z3 et Z8, desquels la Z4 a hérité quelques gènes.

Par rapport à des rivales aux lignes fluides et futuristes comme les Porsche Boxster, Audi TT et la nouvelle Mercedes-Benz SLC, la Z4 se démarque en adoptant un style néo-rétro qui se caractérise par un long capot sculpté, des porte-à-faux courts, un arrière râblé et une position de conduite située presque au-dessus de l'essieu arrière. La présentation intérieure n'échappe pas à cette tendance alors que le design des boutons de la ventilation fait un clin d'œil au style d'antan. L'impression que la Z4 est une héritière des Z3, 507 et Z8 est accentuée par la forme de la calandre jusqu'aux ouïes sur les flancs de la carrosserie et les ailes bombées. Seuls son toit rigide — qui peut être rétracté jusqu'à une vitesse de 40 km/h — et la sophistication de sa mécanique indiquent la modernité de ce roadster.

QUATRE OU SIX CYLINDRES ?
Pendant que la Porsche Boxster se convertit aux quatre cylindres turbo-compressés cette année et que la Jaguar F-Type s'apprête à le faire, il y a belle lurette que la Z4 s'est adaptée à cette nouvelle réalité. Depuis 2012, la version sDrive 28i est propulsée par un quatre cylindres turbo de 2,0 litres et 241 chevaux. Même s'il n'a pas la puissance ni le couple des moteurs à six cylindres en ligne qui ont contribué à la renommée de BMW, le quatre cylindres offre plusieurs attraits. Tout d'abord, il permet d'économiser à peu près dix mille dollars à l'achat et il consomme environ 3 l/100 km de moins que le six cylindres. Un autre point qui milite en sa faveur est son poids

allégé pour une répartition plus égale des masses entre les essieux. Cet allègement se traduit par une conduite plus dynamique sur une route en lacet, ce qui ne déplaira pas à ceux qui reprochent à la Z4 de s'être embourgeoisée par rapport à la génération précédente, dont le comportement s'apparentait davantage à une voiture de course.

Pour de meilleures accélérations et une sonorité plus enlevante, le six cylindres turbo de 3,0 litres est une pure merveille. Deux versions sont proposées, la première développe 300 chevaux tandis que la seconde grimpe à 335. Pour profiter de ces 35 chevaux de plus, l'acheteur doit cependant débourser environ 11 000 $ supplémentaires. Même si la version sDrive 35is bénéficie d'un équipement plus complet et élaboré que la sDrive 35i, après calcul cela revient malgré tout à 315 $ du cheval... Mais qu'importe, le ronronnement des six cylindres de BMW est presque aussi jouissif que celui d'un gros V8 américain.

PAS DE BOÎTE MANUELLE !

Demeurant fidèle à ses bonnes vieilles habitudes, BMW permet d'arrimer le quatre cylindres à une boîte manuelle à six vitesses. Une automatique à huit rapports vient en option avec le quatre cylindres alors que les moteurs à six cylindres ont droit de série à une boîte automatique à sept rapports à double embrayage. Même si l'offre et la demande ont diminué au cours des dernières années, il est dommage que BMW déroge à ses préceptes en n'installant plus de boîte manuelle sur une Z4 à six cylindres. Or, cette combinaison est toujours disponible dans la Série 2 (M235i), la Série 3 (340i et M3) et la Série 4 (435i et M4) de BMW. N'en déplaise aux puristes, la boîte automatique à double embrayage fait tout de même bon ménage avec le six cylindres en permettant d'exploiter avec efficacité la courbe de puissance du moteur.

Par rapport à la Z4 précédente (2002-2009) dont le comportement était plus brutal et pointu, la génération actuelle repose sur un châssis et une suspension axés sur le confort de roulement. Qui plus est, le toit rigide et les matériaux insonores isolent mieux l'habitacle des éléments extérieurs. Au final, la Z4 est moins sportive qu'une Boxster et sa conduite s'apparente davantage à celle des F-Type et SLC.

Quant à la prochaine Z4, il est probable qu'elle partage sa plate-forme avec la future Toyota Supra en 2018. La nouvelle Z4 devrait revenir aux principes de base en remplaçant le toit dur par un toit mou afin de réduire son poids et abaisser son centre de gravité. Cette transformation ouvrira la voie également à la commercialisation d'un coupé qui portera le nom de Z5.

Du nouveau en 2017

Aucun changement majeur

Châssis - sDrive 28i	
Emp / lon / lar / haut	2496 / 4239 / 1951 / 1291 mm
Coffre / Réservoir	180 à 310 litres / 55 litres
Nbre coussins sécurité / ceintures	6 / 2
Suspension avant	ind., leviers triangulés
Suspension arrière	ind., multibras
Freins avant / arrière	disque / disque
Direction	à crémaillère, ass. var. élect.
Diamètre de braquage	10,7 m
Pneus avant / arrière	P225/45R17 / P225/45R17
Poids / Capacité de remorquage	1480 kg / n.d.
Assemblage	Ratisbonne DE

Composantes mécaniques

sDrive 28i	
Cylindrée, soupapes, alim.	4L 2,0 litres 16 s turbo
Puissance / Couple	241 ch / 258 lb-pi
Tr. base (opt) / rouage base (opt)	M6 (A8) / Prop
0-100 / 80-120 / V.Max	5,7 s / 5,2 s / 210 km/h
100-0 km/h	n.d.
Type / ville / route / CO_2	Sup / 9,0 / 5,6 l/100 km / 3450 kg/an

sDrive 35i	
Cylindrée, soupapes, alim.	6L 3,0 litres 24 s turbo
Puissance / Couple	300 ch / 300 lb-pi
Tr. base (opt) / rouage base (opt)	A7 / Prop
0-100 / 80-120 / V.Max	5,3 s / 5,0 s / 210 km/h
100-0 km/h	n.d.
Type / ville / route / CO_2	Sup / 11,2 / 7,6 l/100 km / 4416 kg/an

sDrive 35is	
Cylindrée, soupapes, alim.	6L 3,0 litres 24 s turbo
Puissance / Couple	335 ch / 332 lb-pi
Tr. base (opt) / rouage base (opt)	A7 / Prop
0-100 / 80-120 / V.Max	5,0 s / 4,5 s / 250 km/h
100-0 km/h	n.d.
Type / ville / route / CO_2	Sup / 12,4 / 8,5 l/100 km / 4876 kg/an

Photos : BMW

BMW Z4

CHEVROLET TRAVERSE

 BUICK **ENCLAVE** / CHEVROLET **TRAVERSE**

(((SiriusXM)))

Prix: 48 260 $ à 55 760 $ (2016)
Catégorie: VUS intermédiaire
Garanties:
4 ans/80 000 km, 6 ans/110 000 km
Transport et prép.: 2 050 $
Ventes QC 2015: 299 unités
Ventes CAN 2015: 3 361 unités

Cote du Guide de l'auto

69 %

Fiabilité	Appréciation générale
■■■■■■■■□□	■■■■■■■□□□
Sécurité	Agrément de conduite
■■■■■■■■□□	■■■■■■□□□□
Consommation	Système multimédia
■■■■□□□□□□	■■■■■■■□□□

Cote d'assurance

■■■■■■■□□□
$ $ $ $

➕ Moteur V6 adéquat • Espace intérieur étonnant • Polyvalence indéniable • Bon rapport prix équipement • Confort de roulement

➖ Design vieillot • Manque d'équipement de pointe • Consommation élevée • Capacité de remorquage sous la moyenne • Finition intérieure discutable

Concurrents

Ford Flex, Honda Pilot, Mazda CX-9, Toyota Highlander, Volkswagen Touareg

Régime minceur en vue

Michel Deslauriers

Le Buick Enclave n'a subi que de légers changements depuis son arrivée sur le marché, en 2007. Lors de son introduction, il était accompagné de ses cousins, les GMC Acadia et Saturn Outlook, alors que le Chevrolet Traverse est arrivé l'année suivante.

Le quatuor est redevenu un trio, après la fermeture de la division Saturn en 2010, et les ventes sont demeurées plutôt stables jusqu'à maintenant. Pour les familles aux prises avec un grand besoin d'espace, ces VUS intermédiaires ont l'avantage d'être les plus accueillants de leur segment. En revanche, leur gabarit imposant les rend quelque peu difficiles à stationner au centre commercial, leur consommation d'essence est élevée, et pour être franc, je dois dire qu'ils jettent de l'ombre sur les modèles pleine grandeur de General Motors que sont les Tahoe et Yukon, par exemple. Une refonte totale est donc de mise.

Qui d'entre vous ne s'est jamais engagé à s'inscrire au gym ou à suivre un régime amaigrissant, lors des résolutions du Nouvel An, pour ensuite manquer à ses promesses? Eh! bien, dans le cas des Enclave et Traverse, on sait qu'ils tiendront leur parole, puisque le GMC Acadia 2017, lui, a subi une cure minceur tandis que le Buick et le Chevrolet devront vraisemblablement attendre à l'année prochaine.

UN HABITACLE CAVERNEUX
De l'extérieur, l'Enclave et le Traverse sont à peine plus gros que leurs rivaux, notamment les Ford Explorer, Honda Pilot, Infiniti QX60 et Acura MDX. Toutefois, leurs habitacles sont énormes.

On peut asseoir sept ou huit passagers, selon la configuration de sièges choisie, et même la troisième rangée peut accommoder des adultes, sur de courts trajets de préférence. Au besoin, la banquette arrière peut se rabattre dans le plancher pour créer une aire de chargement de 1991 litres. Besoin de déménager un sofa? En repliant les sièges de la deuxième rangée, on se retrouve avec un volume de 3262 litres. Même les Chevrolet Tahoe et GMC Yukon pleine grandeur ne peuvent faire mieux.

Les occupants à l'avant seront également très à l'aise, avec des sièges sculptés, pour une gamme diversifiée de physionomies, et un dégagement intéressant, pour la tête et les jambes. Leur système d'infodivertissement, revu et corrigé en 2013, est facile à utiliser. Toutefois, certains plastiques composant l'habitacle font bon marché, et une clé intelligente n'est pas offerte, ce qui trahit l'âge du véhicule. Un véhicule de luxe, comme le Buick démarré à l'aide d'une vulgaire clé en métal que l'on doit insérer et tourner dans la planche de bord, ça ne fait pas très 2017!

Évidemment, ces VUS ne sont pas des plus faciles à garer, mais, au moins leur diamètre de braquage est adéquat, une caméra de recul fait partie de l'équipement de série et un sonar de recul est offert dans les versions supérieures du Chevrolet, alors qu'il est de série dans le Buick.

Les voyages en famille seront moins stressants grâce au système optionnel de divertissement par DVD à l'arrière, qui comprend un écran monté au plafonnier, deux casques d'écoute sans fil et une télécommande. On retrouve aussi des prises d'entrée pour brancher des appareils externes, mais on déplore l'absence d'un port HDMI. La borne WiFi intégrée 4g LTE, de série, procure une connexion Internet assez rapide au Canada et aux États-Unis. Cette caractéristique réjouira les enfants qui ne peuvent délaisser leurs tablettes numériques et iPod, mais il faut payer une mensualité pour l'activer.

UN MOTEUR MUSCLÉ, MAIS ASSOIFFÉ

Depuis leur apparition sur le marché, il a dix ans, les Enclave et Traverse ont toujours été équipés d'un V6 de 3,6 litres et d'une boîte automatique à six rapports. Cette motorisation fait encore le travail aujourd'hui, produisant 281 ou 288 chevaux, selon la version choisie, mais, comme toujours, c'est un moteur gourmand, surtout si l'on opte pour le rouage intégral optionnel, que l'on recommande chaleureusement pour contrer nos hivers canadiens et conserver une bonne valeur de revente.

En conduite mixte, il faut s'attendre à une moyenne d'au moins 13,0 l/100 km. En outre, la capacité de remorquage est légèrement plus basse que celle des autres modèles de son segment, avec une limite de 2 359 kg (5 200 lb). Sur une note plus positive, le confort de roulement est excellent, surtout dans le cas de l'Enclave.

Que ce soit le Traverse ou l'Enclave, le prix demandé est, somme toute, raisonnable, même après l'ajout d'options liées au confort et à la commodité. Après 2017, ces deux VUS subiront, à leur tour, une refonte complète, et si l'on se fie au GMC Acadia, leurs dimensions seront réduites, l'espace intérieur aussi, et des motorisations moins énergivores seront proposées. Si vous préférez le gabarit actuel, c'est le temps d'acheter un de ces gros utilitaires avant qu'ils entament leur régime minceur.

Châssis - Buick Enclave Cuir TA	
Emp / lon / lar / haut	3020 / 5128 / 2202 / 1821 mm
Coffre / Réservoir	660 à 3262 litres / 83 litres
Nbre coussins sécurité / ceintures	7 / 7
Suspension avant	ind., jambes force
Suspension arrière	ind., multibras
Freins avant / arrière	disque / disque
Direction	à crémaillère, ass. var.
Diamètre de braquage	12,3 m
Pneus avant / arrière	P255/60R19 / P255/60R19
Poids / Capacité de remorquage	2143 kg / 907 kg (1999 lb)
Assemblage	Lansing MI US

Composantes mécaniques	
Cylindrée, soupapes, alim.	V6 3,6 litres 24 s atmos.
Puissance / Couple	288 ch / 270 lb-pi
Tr. base (opt) / rouage base (opt)	A6 / Tr (Int)
0-100 / 80-120 / V.Max	9,4 s / 7,1 s / 200 km/h (est)
100-0 km/h	44,1 m
Type / ville / route / CO_2	Ord / 14,6 / 10,2 l/100 km / 5805 kg/an

« LES **ENCLAVE** ET **TRAVERSE** SONT ARCHAÏQUES, MAIS ILS PEUVENT ENCORE **RENDRE** DE BONS SERVICES À DES FAMILLES À LA RECHERCHE DE **FONCTIONNALITÉ.** »

Du nouveau en 2017

Aucun changement majeur. Ajout de la version Sport Touring Edition pour l'Enclave. Refonte totale attendue pour 2018.

BUICK ENCLAVE

CHEVROLET TRAVERSE

MODÈLE 2016

BUICK **ENVISION**

Prix : 47 500 $ à 50 000 $ (estimé)
Catégorie : VUS compact
Garanties :
4 ans/80 000 km, 6 ans/110 000 km
Transport et prép. : 2050 $
Ventes QC 2015 : 0 unité
Ventes CAN 2015 : 0 unité

Cote du Guide de l'auto

63 %

Fiabilité	Appréciation générale
Nouveau modèle	**Nouveau modèle**
Sécurité	Agrément de conduite
Nouveau modèle	**Nouveau modèle**
Consommation	Système multimédia
■■■■■■□□□□	**Nouveau modèle**

Cote d'assurance
n.d.

➕ Lignes discrètes et sobres •
Finition réussie (modèle de préproduction) •
Mécanique moderne

➖ Comportement probablement peu
sportif • L'étiquette « Made in China »
risque d'en décourager quelques-uns

Concurrents
Audi Q5, BMW X3, BMW X4,
Cadillac XT5, Lexus RX,
Mercedes-Benz GLC, Porsche Macan

L'invasion chinoise, une année en retard

Alain Morin

Au moment d'écrire ces lignes, à la mi-juin 2016, un de nos collègues vient tout juste de faire l'essai de l'Audi A5 2018. Et dans deux mois environ, Buick lancera en grande pompe le Buick Envision 2016, alors que plusieurs modèles de la plupart des marques sont déjà passés à l'année 2017. Pour faire simple, ce modèle 2016 ne sera produit que pour quelques mois Le modèle 2017 suivra sous peu. Les historiens du futur auront du plaisir à démêler tout ça !

Bref, le Buick Envision 2016 a été dévoilé lors du dernier Salon de l'auto de Detroit et sera commercialisé au cours de l'été 2016. Ce véhicule international est construit sur la plate-forme D2XX de General Motors, qu'il partage avec la nouvelle Chevrolet Cruze, la Chevrolet Volt de seconde génération et la remplaçante de la Buick Verano (qui ne sera pas vendue ici). Bien que sa conception soit américaine, il est né et fabriqué en Chine, marché d'une extrême importance pour Buick — à tel point que si ce marché n'avait pas soutenu l'auguste marque américaine lors de la crise financière de 2008 et 2009, elle n'existerait tout simplement plus.

Toujours est-il que l'Envision aura beaucoup de concurrents en sol américain. Que l'on mentionne seulement les Acura RDX, Audi Q5, BMW X3, Lincoln MKC, Mercedes-Benz GLC, Porsche Macan et Volvo XC60. Il y a fort à parier que le comportement routier de l'Envision devrait plutôt se comparer à celui des Lincoln ou Volvo. On le comparera aussi au nouveau Cadillac XT5 qui emprunte la même plate-forme et les mêmes mécaniques. Dans la gamme Buick, l'Envision se situera entre le petit Encore et l'imposant Enclave.

QUI A DIT QUE LES PRODUITS CHINOIS ÉTAIENT MAL FINIS ?
Ce nouveau Buick n'est pas laid, néanmoins, il ne devrait pas ressortir de la masse non plus. Quand nous l'avons vu à Detroit, son degré de finition, autant extérieure qu'intérieure, était très relevé et jamais nous n'aurions pu deviner qu'il s'agissait d'un véhicule fabriqué en Chine, un pays où l'interprétation de la qualité automobile semble souvent très relative. Le tableau de bord peut paraître tarabiscoté pour certains, mais l'on ne

peut redire sur la qualité des matériaux utilisés, du moins sur l'exemplaire examiné. Un écran de huit pouces relaiera les informations du système IntelliLink ainsi que toutes celles nécessaires au bon fonctionnement du véhicule. Le système OnStar avec 4g LTE avec Wi-Fi intégré sera livrable en option.

Le coffre de l'Envision peut contenir 761 litres lorsque les sièges de la deuxième rangée sont relevés et 1622 s'ils sont baissés, ce qui est dans la bonne moyenne pour la catégorie. Et tant qu'à être dans les chiffres, mentionnons que ce VUS compact de luxe peut remorquer jusqu'à 680 kilos (1500 livres)

TRÈS MODERNE... ET C'EST JUSTE UN 2016!

Une seule motorisation a été confirmée pour l'instant. Il s'agit d'un quatre cylindres 2,0 litres turbocompressé développant environ 252 chevaux et un couple de 260 livre-pied. Ce moteur sera lié à une boîte automatique à six rapports — oui, je sais, c'est peu en 2016 mais, en contrepartie, les transmissions de GM ont généralement un fonctionnement irréprochable. Quelquefois, moins c'est mieux.

L'Envision aura droit à un rouage intégral à double embrayage qu'il partagera avec la nouvelle Buick LaCrosse. Ce rouage, plutôt sophistiqué, fait appel à un système à deux embrayages contrôlés électroniquement et qui remplacent le différentiel traditionnel. Fabriqué par l'équipementier anglais GKN, il agit aussi comme un variateur actif du couple (*torque vectoring* en bon français), ce qui permet d'expédier un couple différent à l'une ou l'autre des roues pour améliorer la traction. Un quatre cylindres de 2,5 litres bon pour 197 chevaux et 192 lb-pi de couple pourrait venir s'ajouter sur la version 2017.

Avec un poids prévu de 1 840 kilos, les performances ne devraient pas être éclatantes mais pas trop lambines non plus. GM annonce 11,8 l/100 km en ville et 9,1 sur la route. On espère vérifier ça bientôt! On a également hâte de prendre le volant de l'Envision bien que nous n'envisageons pas un dynamisme à la BMW X3. D'ailleurs, le communiqué de presse de l'Envision parle quatre fois de réduction du bruit et zéro fois de sportivité...

Même si l'on en parle moins depuis quelques années, la menace d'envahissement du marché américain par les Chinois continue d'obséder plusieurs personnes. Alors qu'on attendait une épidémie de petites voitures mal foutues, dangereuses mais redoutablement abordables à l'achat, voilà que ce VUS — qui semble très bien fignolé — nous arrive de Chine, par l'entremise d'un constructeur américain en plus! Si c'est ça l'envahissement chinois, il n'y a pas de quoi s'inquiéter!

Châssis - Haut de gamme I	
Emp / lon / lar / haut	2740 / 4666 / 1839 / 1697 mm
Coffre / Réservoir	761 à 1622 litres / 66 litres
Nbre coussins sécurité / ceintures	10 / 5
Suspension avant	ind., jambes force
Suspension arrière	ind., multibras
Freins avant / arrière	disque / disque
Direction	à crémaillère, ass. var. élect.
Diamètre de braquage	12,0 m
Pneus avant / arrière	P235/50R19 / P235/50R19
Poids / Capacité de remorquage	1840 kg / 680 kg (1499 lb)
Assemblage	Yantai CN

Composantes mécaniques	
Cylindrée, soupapes, alim.	4L 2,0 litres 16 s turbo
Puissance / Couple	252 ch / 260 lb-pi
Tr. base (opt) / rouage base (opt)	A6 / Int
0-100 / 80-120 / V.Max	8,4 s (est) / n.d. / 210 km/h (est)
100-0 km/h	n.d.
Type / ville / route / CO$_2$	Sup / 11,8 / 9,1 l/100 km / 4869 (est) kg/an

EST-CE QUE LES GENS ACCEPTERONT DE SE PROMENER DANS UN VÉHICULE **CHINOIS, MÊME** S'IL EST **MIEUX** FINI QUE CERTAINES **CRÉATIONS AMÉRICAINES?**

Du nouveau en 2017

Nouveau modèle 2016.
Modèle 2017 arrivera sous peu.

MODÈLE 2016

MODÈLE 2016

Photos : Buick

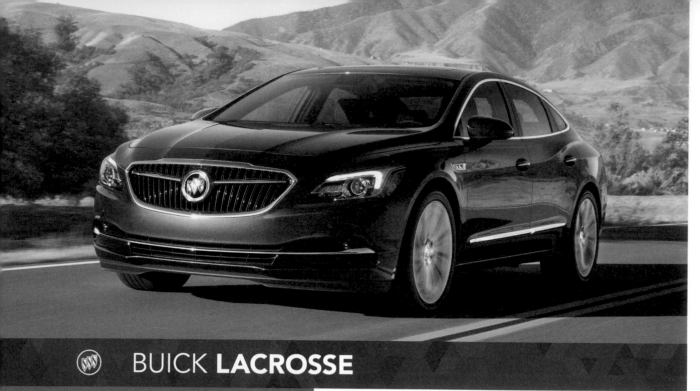

BUICK **LACROSSE**

((SiriusXM))

Prix : 37 000 $ à 44 500 $ (estimé)
Catégorie : Berline
Garanties :
4 ans/80 000 km, 6 ans/110 000 km
Transport et prép. : 2 000 $
Ventes QC 2015 : 136 unités
Ventes CAN 2015 : 990 unités

Cote du Guide de l'auto

68 %

Fiabilité	Appréciation générale
■■■■■■■□□□	■■■■■■■□□□

Sécurité	Agrément de conduite
■■■■■■■□□□	■■■■■■□□□□

Consommation	Système multimédia
■■■■■□□□□□	■■■■■■■□□□

Cote d'assurance

■■■■■■■□□□
$$$ $

➕ Nouvelle silhouette chic • Confortable
et silencieuse • Moteur suffisamment
puissant • Conduite et suspension
raffermie • Spacieuse à souhait

➖ Pas de motorisation plus frugale •
Réputation à refaire • Fiabilité incertaine •
Intégrale en option • Certains matériaux
intérieurs bas de gamme

Concurrents
Chevrolet Impala, Chrysler 300,
Dodge Charger, Ford Taurus,
Nissan Maxima, Toyota Avalon

Rajeunir son auditoire

Frédérick Boucher-Gaulin

Traditionnellement, Buick a toujours eu une grosse berline comme modèle phare : qu'on parle de l'Electra, du Roadmaster ou même de la Park Avenue. On associe généralement Buick à ses bagnoles spacieuses, confortables, ayant les qualités dynamiques d'un divan bien moelleux.

La plus récente dans cette lignée, c'est la LaCrosse que l'on connaissait il y a deux générations sous le nom d'Allure, avant que Buick ne se ravise et utilise le même nom partout. Dévoilée au Salon de Los Angeles l'automne dernier, la LaCrosse 2017 marque des changements importants pour ce modèle. En effet, cette grande berline reçoit une nouvelle plate-forme, des motorisations renouvelées et des technologies ayant pour but de la rendre désirable pour ceux qui recherchent une voiture à la fois moderne et classique.

ALLÉGER, LA NOUVELLE TENDANCE AMÉRICAINE
Puisque légèreté est synonyme, à la fois, de dynamisme et d'économie d'essence, il est logique de vouloir diminuer le poids total d'un véhicule. Dans le cas de la LaCrosse, il est question d'une cure d'amaigrissement de l'ordre d'environ 136 kilos, pas mal quand on sait que l'ancienne pesait près de 1 800 kilos ! Notez que Buick n'emprunte pas le chemin de l'aluminium : la taille nouvellement fine de la LaCrosse provient d'une meilleure utilisation d'acier à haute résistance et de matériaux isolants plus denses.

Parlant d'isolation, Buick a tenu à rehausser la barre pour ce qui est du silence à bord. La marque est reconnue pour sa philosophie *Quiet Tuning*, qui vise à éliminer un maximum de bruits venant de l'extérieur. Dans le cas de la LaCrosse, on parle d'un système d'annulation active du bruit. Ce dispositif écoute les bruits parasites dans l'habitacle et envoie une onde sonore, contraire, pour les neutraliser. Ajoutez à cela une suspension arrière à cinq bras qui diminuerait les vibrations de la route, de fausses ailes acoustiques, un pare-brise et des fenêtres avant laminées, réduisant ainsi les bruits éoliens et, enfin, des caoutchoucs de porte triples. Le résultat final devrait s'apparenter à l'ambiance sonore d'une bibliothèque.

D'autres changements augmenteront le degré de participation du conducteur (on parlerait normalement du plaisir de conduire, mais il s'agit ici d'une grosse Buick, quand même...). Outre la suspension arrière mentionnée plus haut, la LaCrosse 2017 vient avec un nouveau V6 de 3,6 litres. Ce moteur a la même cylindrée que celui de l'ancienne LaCrosse, mais il profite de mises à jour, comme l'injection directe et la désactivation des cylindres (qui suspend l'alimentation en essence et l'allumage sur un tiers du moteur, lorsque la demande en puissance est moindre). Un système *Start/Stop* est également au programme. Selon GM, la LaCrosse aura jusqu'à 305 chevaux, qui seront envoyés aux roues avant via une toute nouvelle boîte automatique à huit rapports.

En option, Buick ajoute un nouveau rouage intégral. Il s'agit du premier système à deux embrayages; ceux-ci gèrent le pourcentage de couple envoyé indépendamment à chaque roue arrière. Cette grosse Buick s'équipe également d'une suspension active; comme sur la Chevrolet Corvette Z06, elle peut ajuster sa rigidité à toutes les deux millisecondes. Le conducteur n'a qu'à sélectionner le mode de son choix: Normal, Touring ou Sport.

La version hybride eAssist de la génération précédente -qui troquait le V6 pour un quatre cylindres de 2,4 litres et un petit moteur électrique logé entre le bloc-moteur et la transmission- n'a pas été reconduite pour 2017. Au moment d'aller sous presse, GM n'avait pas encore statué sur son retour. Il existe bien une version hybride électrique, mais elle est réservée au marché chinois pour le moment.

LES MENEURS DANS SA LIGNE DE MIRE

Avec ces améliorations, la LaCrosse 2017 ne se contente plus de viser les actuels propriétaires de Buick. Le constructeur affirme vouloir courtiser des clients qui iraient normalement vers la Ford Taurus ou encore la Toyota Avalon. L'avenir nous dira si ce marché est prêt à accepter que l'image de la LaCrosse, passe de la « voiture de papi » à « luxueuse berline pleine grandeur ». Néanmoins, il est certain que Buick a réussi à donner à ce modèle des armes qu'il n'a jamais eues auparavant pour séduire de nouveaux acheteurs.

Mentionnons finalement que la LaCrosse 2017 a été d'abord été mise en vente en Chine, avant son arrivée sur le marché nord-américain. Là-bas, la marque jouit d'une popularité inouïe, symbolisant la réussite chez les jeunes professionnels, au même titre que les Audi, Mercedes-Benz et BMW ici chez-nous. Là-bas, il n'y a pas de V6; les futurs propriétaires ont le choix entre un quatre cylindres de 1,5 litre et un 2,0 litres, tous deux turbocompressés.

Châssis - Base TA	
Emp / lon / lar / haut	2905 / 5017 / 1859 / 1460 mm
Coffre / Réservoir	472 litres / 70 litres
Nbre coussins sécurité / ceintures	10 / 5
Suspension avant	ind., jambes force
Suspension arrière	ind., multibras
Freins avant / arrière	disque / disque
Direction	à crémaillère, ass. var. élect.
Diamètre de braquage	11,6 m
Pneus avant / arrière	P235/50R18 / P235/50R18
Poids / Capacité de remorquage	1670 kg / n.d.
Assemblage	Hamtramck MI US

Composantes mécaniques	
Cylindrée, soupapes, alim.	V6 3,6 litres 24 s atmos.
Puissance / Couple	305 ch / 268 lb-pi
Tr. base (opt) / rouage base (opt)	A8 / Tr (Int)
0-100 / 80-120 / V.Max	7,7 s (est) / 5,3 s (est) / n.d.
100-0 km/h	41,4 m (est)
Type / ville / route / CO_2	Ord / 13,5 / 8,9 l/100 km / 5258 (est) kg/an

> « SI BUICK VEUT **ATTIRER** UNE CLIENTÈLE PLUS VARIÉE, IL EST LOGIQUE DE RENDRE SON MODÈLE PHARE **ACCESSIBLE** À PLUS D'UN TYPE D'ACHETEUR. »

Du nouveau en 2017

Nouveau modèle

BUICK **REGAL**

Prix : 33 395 $ à 43 295 $ (2016)
Catégorie : Berline
Garanties :
4 ans/80 000 km, 6 ans/110 000 km
Transport et prép. : 2 000 $
Ventes QC 2015 : 164 unités
Ventes CAN 2015 : 968 unités

Cote du Guide de l'auto

70 %

Fiabilité	Appréciation générale
■■■■■■■□□□	■■■■■■■□□□
Sécurité	**Agrément de conduite**
■■■■■■■■□□	■■■■■■□□□□
Consommation	**Système multimédia**
■■■■■□□□□□	■■■■■■□□□□

Cote d'assurance

■■■■■■■□□□
$ $ $　　　　　　　$

➕ La plus sportive des Buick •
Silence et confort de roulement •
Traction intégrale • Douceur du
moteur turbo • Choix de transmission (2,0 L)

➖ Lignes anonymes • Accès à la banquette
arrière pénible • Places arrière étriquées •
Décor intérieur tristounet •
Puissance un peu juste

Concurrents
Acura TLX, Ford Fusion, Honda Accord,
Lexus ES, Mercedes-Benz Classe C
Volvo S60

En quête de personnalité

Jean-François Guay

S'il y a une marque américaine qui a profité de la mondialisation, c'est bien Buick ! Pourtant, il y a une dizaine d'années, Buick était perçue comme moribonde en Amérique du Nord. Toutefois, le marché chinois a donné une neuvième vie à l'entreprise centenaire qui a survécu à plusieurs crises depuis sa création en 1903. Or, Buick doit sa renaissance non seulement à la Chine, mais aussi aux consommateurs nord-américains qui sont maintenant moins gênés de se promener au volant d'une marque vénérée par leurs grands-parents.

Cette perception favorable envers Buick a été un travail de longue haleine pour ses dirigeants et ingénieurs. En plus d'augmenter la qualité de fabrication et la fiabilité de leurs produits, ces derniers ont dû développer des véhicules aux lignes contemporaines et à la conduite plus amusante. On se rappellera que le renouveau de la marque avait débuté en 2011 avec la résurrection de la Regal, un modèle portant un vieux nom mais doté d'une silhouette jeune et athlétique.

Lors de son retour, le défi de la Regal n'était pas de tout repos puisqu'on la confrontait aux BMW Série 3 et Mercedes-Benz Classe C, des modèles plus cossus et aguerris qui offraient des moteurs à six ou huit cylindres. La comparaison était boiteuse car la Regal était équipée de tire-pois pour rivaliser avec les performances des modèles allemands. En effet, les quatre cylindres de cette époque étaient moins évolués et puissants qu'aujourd'hui et devaient évoluer dans un monde où le moteur à six cylindres régnait en roi et maître.

Mais les choses ont changé. La mise au point de quatre cylindres turbo à haut rendement et la démocratisation de Mercedes et Audi ont mené à la création de nouveaux modèles comme la CLA et l'A3, lesquelles jouent désormais dans les plates-bandes de la Regal. Il est vrai que la Regal est plus grande que ces deux rivales, par contre elle se situe dans le même créneau de prix. À la limite, on pourrait dire que la Regal rivalise autant avec les Mercedes CLA et Classe C que les Audi A3 et A4 en s'immisçant dans les deux catégories à la fois.

L'HÉRITAGE DE BUICK

L'image de Buick n'a pas toujours été associée au monde du troisième âge. En effet, la performance fait partie de son ADN depuis plus d'un siècle, notamment en course NASCAR et aux 500 miles d'Indianapolis. Parmi les modèles qui ont fait l'histoire de Buick, on trouve : la «Bug» Special 60 1910, la Century 1938, la Special 1963, la GSX 1970 et la Grand National GNX 1987. L'actuelle Regal essaie tant bien que mal de concilier cet héritage avec un quatre cylindres turbo optionnel de 2,0 litres qui développe 259 chevaux et 295 livre-pied de couple. Ce qui n'est pas si mal... Mais rien de comparable au V8 455 Stage I de la Buick GSX 1970 qui produisait 510 livre-pied de couple !

Quant à l'autre moteur de la Regal, le quatre cylindres de 2,4 litres livré de série, il s'est converti depuis 2014 à la technologie d'hybridation légère eAssist de GM. Ce système fait appel à un petit bloc-batteries au lithium-ion (0,5kWh et un ensemble moteur-alternateur électrique pour permettre le freinage par récupération. Au lieu d'assurer une propulsion entièrement électrique, le système fournit une assistance en accélération ou à vitesse continue au moteur à essence. Le dispositif eAssist sert également à diminuer la consommation du moteur en décélération, ou lors d'un arrêt à un feu rouge par exemple.

Il est indéniable que le moteur turbo de 2,0 litres manque de pep même si la Regal parvient à réaliser le 0-100 km/h en moins de 7,5 secondes. Pour imposer le respect et se tailler une place dans un segment aussi contingenté, une version avec une puissance avoisinant 300 chevaux ferait un malheur.

AMÉRICAINE OU GERMANIQUE

Si l'attrait des moteurs est remis en question, le comportement routier comble les attentes. Cette bagnole est silencieuse comme... une Buick ! L'ajustement des suspensions et le dosage de la direction procurent un bon confort et une conduite dynamique. En virage, elle demeure stable et prévisible comme une voiture germanique ! Normal puisque la Regal partage sa plate-forme et la majorité de ses composantes avec l'Opel Insigna, une berline allemande vendue en Europe. Seul bémol, la visibilité est perturbée par la largeur des piliers.

Avec ses dimensions de voiture intermédiaire, son prix calqué sur celui d'une voiture allemande d'entrée de gamme et sa ligne de toit qui s'apparente à un coupé-berline, il est difficile de définir la Regal. À qui s'adresse-t-elle vraiment ?

Châssis - GS

Emp / lon / lar / haut	2738 / 4831 / 1857 / 1483 mm
Coffre / Réservoir	402 litres / 70 litres
Nbre coussins sécurité / ceintures	6 / 5
Suspension avant	ind., jambes force
Suspension arrière	ind., multibras
Freins avant / arrière	disque / disque
Direction	à crémaillère, ass. var. élect.
Diamètre de braquage	11,6 m
Pneus avant / arrière	P245/40R19 / P245/40R19
Poids / Capacité de remorquage	1615 kg / n.d.
Assemblage	Oshawa ON CA

Composantes mécaniques

eAssist

Cylindrée, soupapes, alim.	4L 2,4 litres 16 s atmos.
Puissance / Couple	182 ch / 172 lb-pi
Tr. base (opt) / rouage base (opt)	A6 / Tr
0-100 / 80-120 / V.Max	9,0 s / 7,8 s / n.d.
100-0 km/h	42,0 m
Type / ville / route / CO_2	Ord / 8,3 / 5,4 l/100 km / 3220 (est) kg/an

Moteur électrique

Puissance / Couple	20 ch (15 kW) / 79 lb-pi
Type de batterie	Lithium-ion (Li-ion)
Énergie	0,5 kWh
Temps de charge (120V / 240V)	n.d.
Autonomie	n.d.

Turbo, Turbo TI, GS, GS TI

Cylindrée, soupapes, alim.	4L 2,0 litres 16 s turbo
Puissance / Couple	259 ch / 295 lb-pi
Tr. base (opt) / rouage base (opt)	A6 (M6) / Tr (Int)
0-100 / 80-120 / V.Max	7,4 s / 5,6 s / n.d.
100-0 km/h	41,5 m
Type / ville / route / CO_2	Sup / 10,9 / 7,3 l/100 km / 4270 (est) kg/an

Du nouveau en 2017

Aucun changement majeur

Photos : Buick

BUICK **VERANO**

Prix : 25 840 $ à 33 885 $ (2016)
Catégorie : Berline
Garanties :
4 ans/80 000 km, 6 ans/110 000 km
Transport et prép. : 1 950 $
Ventes QC 2015 : 1 982 unités
Ventes CAN 2015 : 6 360 unités

Cote du Guide de l'auto

72 %

Fiabilité
■■■■■■■□□□

Appréciation générale
■■■■■■■□□□

Sécurité
■■■■■■■■□□

Agrément de conduite
■■■■■■□□□□

Consommation
■■■■■■□□□□

Système multimédia
■■■■■□□□□□

Cote d'assurance
■■■■■■■□□□
$$$ $

 Silhouette élégante • Habitacle cossu •
Bonne tenue de route • Moteur turbo
bien adapté • Silence de roulement

— Carrière écourtée • Places arrière
exiguës • Petite ouverture du coffre •
Boîte manuelle inutile •
Système IntelliLink frustrant

Concurrents
Acura ILX, Mercedes-Benz CLA,
Lexus CT

Les VUS ont eu le dessus

Denis Duquet

Après des mois de rumeurs, c'est maintenant officiel. Alors que la Chevrolet Cruze de la seconde génération fait ses débuts avec un nouveau moteur, une carrosserie redessinée et même une version *hatchback*, la Verano, bâtie sur la même plate-forme que la première Cruze, tire sa révérence de façon très discrète.

Ce qui est ironique, dans cette situation, c'est que le départ de cette berline fait de Buick une marque spécialisée dans les VUS puisque 70 % de sa production sera constituée, d'ici peu, de VUS et de multisegments. Par ailleurs, la Verano sera encore vendue en Chine. Il s'agit d'un nouveau modèle, faisant appel aux composantes mécaniques de la Cruze 2017 et doté d'une nouvelle carrosserie.

Mais si la Verano a vu sa popularité à la baisse face aux multisegments et VUS, l'Encore notamment, force est d'admettre que cette compacte était bien fignolée et se défendait pas trop mal sur la route.

À L'IMAGE DE BUICK
Par le passé, les stylistes de Buick n'ont pas toujours eu le coup de crayon heureux. Certains modèles conçus au cours des deux dernières décennies pourraient même remporter une place d'honneur au musée des horreurs de l'automobile. En ce qui concerne la Verano, ces mêmes stylistes méritent des louanges, car ils ont réussi à dessiner une silhouette équilibrée et élégante qui souligne le caractère plus luxueux de la Verano, comparativement à la Chevrolet Cruze qui avait été dévoilée quelques mois plus tôt. En outre, la grille de calandre en forme de chute d'eau de la Verano est juste bien proportionnée par rapport à l'ensemble. On est même parvenu à positionner les incontournables et historiques prises d'air de chaque côté du capot afin de ne pas déplaire à ceux qui s'opposaient à leur utilisation. Sur le capot, leur présence est plus que discrète.

Selon la hiérarchie de General Motors,, une Buick est moins luxueuse qu'une Cadillac, mais plus cossue qu'une Chevrolet. Dans le cas de la Verano, cette philosophie a été respectée avec brio. Dans l'habitacle, on retrouve des matériaux de bonne qualité, une finition soignée et une planche de bord réussie aussi bien en fait de design que d'ergonomie. Cette dernière obtient de bonnes notes également pour certains détails de présentation tels les boutons cerclés de chrome, tout comme les cadrans indicateurs. Il faut toutefois apporter un sérieux bémol sur le système de gestion multimédia IntelliLink, affiché sur l'écran central de sept pouces. Il est efficace, mais ses menus ne sont pas faciles à utiliser.

Les places avant sont confortables et l'espace ne fait pas défaut. Par contre, à l'arrière, elles sont réservées à des personnes de petite taille. Heureusement, le dossier arrière 60/40 ajoute à la polyvalence, mais l'ouverture du coffre est petite.

FIDÈLE À SON IMAGE

La marque Buick projette une image de voitures silencieuses, confortables, dorlotant leurs passagers tout en proposant une bonne tenue de route. La Verano respecte ces critères à la perfection. Il est vrai que le moteur de base, un quatre cylindres 2,4 litres de 180 chevaux, est bruyant en accélération et ses performances sont dans la moyenne de la catégorie. Et si certains snobs de la mécanique boudent la suspension arrière semi-indépendante de la Verano car elle est dérivée de celle de la Cruze, le comportement routier est équilibré, la voiture est stable dans les virages et la direction, précise.

On peut compter sur plus de puissance en optant pour le 2,0 litres turbo de 250 chevaux, disponible sur la version du même nom. Comme sur les autres modèles, une boîte automatique à six rapports est offerte. Il est également possible de commander une boîte manuelle à six rapports, mais uniquement sur le modèle Turbo. Cette transmission n'est pas mauvaise, mais elle semble toutefois ne pas convenir dans une Buick. Heureusement, ce moteur, malgré un taux de compression élevé, n'exige pas d'être alimenté à l'essence super, même si celle-ci est suggérée.

Il est tout de même cocasse de constater que l'une des meilleures berlines de sa catégorie doive céder sa place à des véhicules à vocation plus pratique. Le multisegment Encore, révisé cette année, se vend beaucoup plus que la Verano dont les ventes ont fléchi au cours des deux dernières années contrairement à l'Encore, surtout aux États-Unis. Mais le départ de la Verano sera largement compensé par l'arrivée de nouveaux modèles, notamment l'Envision, un VUS compact de luxe, fabriqué en Chine, qui fait ses débuts cette année. Un geste logique étant donné que les VUS compacts ont dépassé les berlines intermédiaires en tant que segment le plus populaire du marché américain.

Châssis - Base	
Emp / lon / lar / haut	2685 / 4671 / 1815 / 1475 mm
Coffre / Réservoir	405 litres / 59 litres
Nbre coussins sécurité / ceintures	10 / 5
Suspension avant	ind., jambes force
Suspension arrière	semi-ind., poutre torsion
Freins avant / arrière	disque / disque
Direction	à crémaillère, ass. élect.
Diamètre de braquage	11,0 m
Pneus avant / arrière	P225/50R17 / P225/50R17
Poids / Capacité de remorquage	1551 kg / 454 kg (1000 lb)
Assemblage	Orion MI US

Composantes mécaniques	
4L 2,4 litres	
Cylindrée, soupapes, alim.	4L 2,4 litres 16 s atmos.
Puissance / Couple	180 ch / 171 lb-pi
Tr. base (opt) / rouage base (opt)	A6 / Tr
0-100 / 80-120 / V.Max	8,6 s (est) / n.d. / n.d.
100-0 km/h	n.d.
Type / ville / route / CO_2	Ord / 11,1 / 7,4 l/100 km / 4340 kg/an
4L 2,0 litres Turbo	
Cylindrée, soupapes, alim.	4L 2,0 litres 16 s turbo
Puissance / Couple	250 ch / 260 lb-pi
Tr. base (opt) / rouage base (opt)	A6 (M6) / Tr
0-100 / 80-120 / V.Max	7,0 s / 4,8 s / n.d.
100-0 km/h	41,6 m
Type / ville / route / CO_2	Sup / 11,4 / 7,9 l/100 km / 4520 kg/an

❝ IL EST TOUT DE MÊME COCASSE QUE L'UNE DES MEILLEURES BERLINES DE SA CATÉGORIE DOIVE CÉDER SA PLACE À DES VÉHICULES À VOCATION PLUS PRATIQUE. ❞

Du nouveau en 2017

Aucun changement. Dernière année de production.

CADILLAC **ATS**

((**SiriusXm**))

Prix : 38 410 $ à 68 055 $ (2016)
Catégorie : Berline, Coupé
Garanties :
4 ans/80 000 km, 5 ans/160 000 km
Transport et prép. : 2 300 $
Ventes QC 2015 : 1 153 unités
Ventes CAN 2015 : 3 493 unités

Cote du Guide de l'auto

76 %

Fiabilité
■■■■■■□□□□

Appréciation générale
■■■■■■■□□□

Sécurité
■■■■■■■■□□

Agrément de conduite
■■■■■■■□□□

Consommation
■■■■■■■□□□

Système multimédia
■■■■■□□□□□

Cote d'assurance
■■■■■□□□□□
$$$ $

➕ Très bonne tenue de route •
Performances relevées (ATS-V) •
Disponibilité du rouage intégral •
Boîte manuelle disponible

➖ Places arrière exigües • Volume
limité du coffre • Système de télématique
CUE perfectible • Design alambiqué
(ATS-V)

Concurrents
Acura TLX, Audi A4, Audi A5,
BMW Série 3, BMW Série 4, Infiniti Q50,
Infiniti Q60, Lexus IS, Lexus RC,
Lincoln MKZ, Mercedes-Benz Classe C,
Volvo S60

Sprechen Sie Deutsch ?

Ce n'est pas la première fois qu'un constructeur automobile tente d'émuler la Série 3 de BMW, aujourd'hui scindée en deux avec la Série 4. Vers la fin des années 90, Lexus avait même poussé l'audace jusqu'à développer un moteur à six cylindres en ligne pour animer la toute première génération de sa IS en calquant littéralement sa rivale allemande. Aujourd'hui, c'est Cadillac qui tente un assaut pour atteindre le sommet de la pyramide avec sa berline et son coupé ATS, alors que l'ATS-V cible directement les M3 et M4 du constructeur allemand.

Avant toute chose, précisons que le processus d'achat d'une berline ou d'un coupé sport n'est pas que rationnel pour bien des acheteurs. Outre les qualités intrinsèques des voitures elles-mêmes, d'autres facteurs entrent en ligne de compte comme, par exemple, le passé de la marque ou le succès de ses voitures antérieures, deux éléments qui façonnent l'image que l'on se fait d'une marque. Et c'est précisément là que Cadillac perd des plumes par rapport à la concurrence allemande, dont les antécédents sont bien établis. Cadillac qui développe et commercialise des voitures performantes, c'est un phénomène récent, et les modèles antérieurs de la marque de luxe de General Motors misaient avant tout sur le luxe et le confort au détriment de la dynamique et des performances. Voilà pour la toile de fond, qu'en est-il des voitures elles-mêmes ?

UNE DYNAMIQUE PERFORMANTE
L'as dans la manche de la Cadillac ATS, c'est son châssis remarquablement équilibré et le fait que les liaisons au sol sont assurées par des suspensions bien calibrées, qui maîtrisent bien les mouvements de la caisse. La tenue de route est très bonne, la direction est précise et le freinage est performant. Pour ce qui est de la dynamique, l'ATS étonne et marque des points. C'est plutôt du côté des motorisations que le bât blesse, car les quatre cylindres ainsi que le V6 n'offrent pas la même souplesse que les moteurs équivalents chez BMW.

Côté style, l'ATS se démarque avec ses lignes taillées au couteau qui lui confèrent une silhouette polarisante. Pour ce qui est de l'habitacle, on note que le dégagement est limité aux places arrière et que le système de télématique CUE réagit plutôt lentement à la pression des touches virtuelles représentées sur l'écran tactile, ce qui affecte sa convivialité.

V COMME VITESSE

Rivales directes des M3 et M4, la berline et le coupé ATS-V affichent un look presque décalé par rapport à la retenue des allemandes. Dans le cas des américaines, on serait porté à croire que les designers voulaient absolument que l'observateur moyen soit immédiatement mis au parfum de la vocation sportive de ces voitures, ce qui explique peut-être pourquoi les modèles V sont dotés d'un aileron au profil agressif ou d'extracteurs sur le capot avant. Pour la subtilité, on repassera...

Vues de profil, comme la ceinture de caisse est très élevée, on a l'impression que les jantes sont toutes petites, presque d'un diamètre de quinze pouces. Évidemment, c'est une illusion, les jantes sont plus grandes puisqu'elles ont dix-huit pouces de diamètre, mais comme il y a beaucoup de tôle au-dessus, ça donne l'impression qu'elles sont plus petites et, comme les jantes contribuent beaucoup au look d'une sportive, c'est un peu gâché du côté de l'ATS-V

Même constat pour ce qui est du moteur. Le V6 produit beaucoup de puissance, mais il manque de couple à bas régime et sa sonorité est franchement décevante comparée à celle du moteur des M3 et M4, et même celui de la Mercedes-AMG C63. L'ATS-V est très rapide, autant sinon plus que les rivales directes, mais ne suscite pas la même adhésion émotive, qui fait partie de l'expérience de conduite d'une berline ou d'un coupé sport.

C'est du côté de la dynamique que l'ATS-V impressionne. La direction communique parfaitement la sensation de la route et son toucher n'est pas trop léger. Bref, on sent bien ce qui se passe au niveau du train avant en virages. Les liaisons au sol sont assurées par des suspensions magnétorhéologiques, qui absorbent bien les inégalités de la route en ligne droite, mais qui deviennent assez fermes pour maîtriser les mouvements de la caisse en virages. C'est du très beau travail, et l'on comprend pourquoi les ingénieurs de la marque ont passé autant de temps en Europe pour calibrer les suspensions sur les mêmes terrains de jeu que leurs collègues allemands.

L'ATS a causé la surprise lors de son lancement dans ce créneau du marché où les marques allemandes font la loi. C'est du sérieux, et elle mérite le respect.

Châssis - 2.0 turbo coupé TI	
Emp / lon / lar / haut	2776 / 4663 / 1842 / 1399 mm
Coffre / Réservoir	295 litres / 61 litres
Nbre coussins sécurité / ceintures	8 / 4
Suspension avant	ind., jambes force
Suspension arrière	ind., multibras
Freins avant / arrière	disque / disque
Direction	à crémaillère, ass. var. élect.
Diamètre de braquage	11,6 m
Pneus avant / arrière	P225/40R18 / P225/40R18
Poids / Capacité de remorquage	1623 kg / non recommandé
Assemblage	Lansing MI US

Composantes mécaniques

4L 2.5 litres

Cylindrée, soupapes, alim.	4L 2,5 litres 16 s atmos.
Puissance / Couple	202 ch / 191 lb-pi
Tr. base (opt) / rouage base (opt)	A8 / Prop
0-100 / 80-120 / V.Max	7,8 s (est) / 6,0 s (est) / n.d.
100-0 km/h	n.d.
Type / ville / route / CO_2	Ord / 10,6 / 7,3 l/100 km / 4193 kg/an

4L 2.0 litres turbo

Cylindrée, soupapes, alim.	4L 2,0 litres 16 s turbo
Puissance / Couple	272 ch / 295 lb-pi
Tr. base (opt) / rouage base (opt)	A8 (M6) / Prop (Int)
0-100 / 80-120 / V.Max	6,8 s / 4,7 s / n.d.
100-0 km/h	41,5 m
Type / ville / route / CO_2	Ord / 10,8 / 7,8 l/100 km / 4347 kg/an

V6 3.6 litres

Cylindrée, soupapes, alim.	V6 3,6 litres 24 s atmos.
Puissance / Couple	321 ch / 275 lb-pi
Tr. base (opt) / rouage base (opt)	A8 / Prop (Int)
0-100 / 80-120 / V.Max	6,3 s / 4,0 s / n.d.
100-0 km/h	38,8 m
Type / ville / route / CO_2	Ord / 12,8 / 8,9 l/100 km / 5081 kg/an

V6 3,6 litres ATS-V

Cylindrée, soupapes, alim.	V6 3,6 litres 24 s turbo
Puissance / Couple	464 ch / 445 lb-pi
Tr. base (opt) / rouage base (opt)	M6 (A8) / Prop
0-100 / 80-120 / V.Max	4,6 s / 3,6 s / 300 km/h (const)
100-0 km/h	37,1
Type / ville / route / CO_2	Sup / 14,2 / 10,2 l/100 km / 5704 kg/an

Du nouveau en 2017

Aucun changement majeur

Photos : Jeremy Alan Glover, Cadillac

CADILLAC **CTS**

Prix : 49 405 $ à 91 685 $ (2016)
Catégorie : Berline
Garanties :
4 ans/80 000 km, 5 ans/160 000 km
Transport et prép. : 2 300 $
Ventes QC 2015 : 180 unités
Ventes CAN 2015 : 921 unités

Cote du Guide de l'auto

80 %

Fiabilité	Appréciation générale
■■■■■■□□□□	■■■■■■■■□□
Sécurité	**Agrément de conduite**
■■■■■■■■□□	■■■■■■■■□□
Consommation	**Système multimédia**
■■■□□□□□□□	■■■■■■□□□□

Cote d'assurance

■■■■■■■□□□
$$$ $

➕ Silhouette moderne • Exécution en hausse • Performances exceptionnelles (version V) • Rigidité du châssis

➖ Système CUE encore irritant • Certains matériaux à revoir • Réputation toujours à faire • Petite ouverture du coffre

Concurrents

Acura TLX, Audi A6, BMW Série 5, Hyundai Equus, Infiniti Q70, Jaguar XF, Lexus GS, Lincoln MKS, Maserati Ghibli, Mercedes-Benz Classe E, Volvo S60

Celle qui a ouvert la voie

Jacques Deshaies

C'est la CTS qui a pavé la voie à une nouvelle gamme de véhicules chez Cadillac. Revenons un peu en arrière. Pendant des décennies, Cadillac avait symbolisé le luxe et la réussite. Mais les crises multiples chez General Motors avaient poussé cette division vers les bas-fonds pendant que les constructeurs allemands dominaient ce créneau prisé et lucratif. Vers la fin des années 90, Cadillac avait misé sur sa dernière trouvaille, la Catera, pour reprendre le chemin du succès. Un véritable désastre !

Finalement, la surprise a été complète avec l'introduction de la CTS pour l'année-modèle 2003. Cette berline allait tracer la route à une série de nouveautés qui permettraient à la division Cadillac de revivre le succès. Enfin, un succès relatif, disons. La domination des Allemands était telle qu'il était presque impossible de reprendre la tête de ce marché.

La CTS a tout de même ouvert la voie et après trois générations, elle est toujours aussi impressionnante en matière de comportement et de conduite. En seconde génération, elle s'est aussi déclinée sous la forme d'un coupé et d'une familiale. Maintenant, ces deux configurations ont disparu et seule la berline se présente en 2017.

DU MORDANT

La CTS a encore ce style très furtif, très anguleux. Mais elle s'est raffinée avec une partie avant toujours aussi spectaculaire. C'est peut-être sur le plan de la présentation de l'habitacle qu'elle perd quelques points. Le coup d'œil est réussi, mais cela manque peut-être un peu de sobriété, de finesse. De plus, les matériaux font un peu bon marché. Et c'est sans compter ce système multimédia CUE qui, malgré une amélioration notable, est toujours irritant. Au toucher, on a l'impression que l'exécution est défaillante. Et dire que d'autres personnes adorent ce CUE ! Enfin, passons...

La CTS propose également un avantage sur sa petite sœur, l'ATS. Son gabarit, plus imposant, permet un excellent dégagement pour la tête et les jambes des passagers arrière. À l'avant, les sièges offrent un excellent maintien, mais sont beaucoup moins moelleux que les bons vieux fauteuils du Fleetwood de mon oncle Gérard. Le coffre est profond, mais dispose d'une ouverture limitée à cause de l'inclinaison de la lunette arrière. Style oblige!

DE L'ADRÉNALINE

C'est sur le plan des performances que la CTS a établi un nouveau standard chez Cadillac. Les ingénieurs avaient effectué un travail remarquable dans l'élaboration de la structure. Les essais sur le circuit du Nürburgring sont venus signer les lettres de noblesse de cette CTS. À partir de là, les amateurs de berlines de luxe ont commencé à sérieusement la considérer. À cette époque, les V6 et V8 étaient au menu. Aujourd'hui, la réalité a poussé les responsables vers l'introduction de nouvelles motorisations.

Encore cette année, la CTS s'équipe d'un quatre cylindres turbocompressé de 2,0 litres pour 268 chevaux, couplé à une boîte automatique à huit rapports. La consommation de cette berline avoisine les 10 l/100 km au combiné. Cette donnée est à titre comparatif bien sûr.

Pour un gain de puissance substantiel, le V6 de 3,6 litres est toujours au programme. Sa douceur est contrecarrée par un surplus de poids. Ainsi, la CTS est un peu moins agile et affiche un survirage palpable. Évidemment, cette caractéristique est détectable sur routes sinueuses, à vitesse plus élevée. En conduite normale, cette CTS V6 offre de belles prestations. Dans ces deux cas, V6 et quatre cylindres, vous avez encore le choix du mode propulsion ou du rouage intégral. Je préconise ce dernier compte tenu de notre climat.

Passons maintenant aux choses sérieuses. Les versions V représentent bien tout le potentiel conceptuel de cette Cadillac. Le V8 de 6,2 litres à compresseur volumétrique produit 640 chevaux et présente un couple de 630 lb-pi. Pour vous donner une petite idée, cette CTS atteint les 100 km/h en moins de 3,7 secondes. Pas mal pour une berline de ce gabarit!

Mais les plus raisonnables d'entre nous se contenteront de la Vsport avec son V6 turbo de 3,6 litres. Il produit un honorable 420 chevaux et peut vous offrir des accélérations franches et beaucoup de plaisir. Et surtout, son prix est plus raisonnable que celui de la V tout court. Somme toute, la CTS est encore une valeur sûre et demeure, selon moi, la meilleure Cadillac jamais conçue.

Du nouveau en 2017

Aucun changement majeur

Châssis - Vsport biturbo 3.6L	
Emp / lon / lar / haut	2910 / 4966 / 1833 / 1454 mm
Coffre / Réservoir	388 litres / 72 litres
Nbre coussins sécurité / ceintures	10 / 5
Suspension avant	ind., jambes force
Suspension arrière	ind., multibras
Freins avant / arrière	disque / disque
Direction	à crémaillère, ass. var. élect.
Diamètre de braquage	11,5 m
Pneus avant / arrière	P245/40R18 / P275/35R18
Poids / Capacité de remorquage	1793 kg / 454 kg (1000 lb)
Assemblage	Lansing MI US

Composantes mécaniques

4L 2.0 litres Turbo

Cylindrée, soupapes, alim.	4L 2,0 litres 16 s turbo
Puissance / Couple	268 ch / 295 lb-pi
Tr. base (opt) / rouage base (opt)	A8 / Prop (Int)
0-100 / 80-120 / V.Max	n.d. / n.d. / n.d.
100-0 km/h	n.d.
Type / ville / route / CO_2	Sup / 11,2 / 8,1 l/100 km / 4510 (est) kg/an

V6 3.6 litres

Cylindrée, soupapes, alim.	V6 3,6 litres 24 s atmos.
Puissance / Couple	333 ch / 285 lb-pi
Tr. base (opt) / rouage base (opt)	A8 / Prop (Int)
0-100 / 80-120 / V.Max	5,1 s (est) / 3,1 s (est) / n.d.
100-0 km/h	38,0 m
Type / ville / route / CO_2	Ord / 12,2 / 8,5 l/100 km / 4846 (est) kg/an

V6 3.6 litres turbo

Cylindrée, soupapes, alim.	V6 3,6 litres 24 s turbo
Puissance / Couple	420 ch / 430 lb-pi
Tr. base (opt) / rouage base (opt)	A8 / Prop
0-100 / 80-120 / V.Max	4,6 s (const) / n.d. / 275 km/h (const)
100-0 km/h	n.d.
Type / ville / route / CO_2	Sup / 14,7 / 9,8 l/100 km / 5748 (est) kg/an

V8 6,2 litres

Cylindrée, soupapes, alim.	V8 6,2 litres 16 s surcompressé
Puissance / Couple	640 ch / 630 lb-pi
Tr. base (opt) / rouage base (opt)	A8 / Prop
0-100 / 80-120 / V.Max	3,7 s (est) / n.d. / 322 km/h (const)
100-0 km/h	n.d.
Type / ville / route / CO_2	Sup / 16,6 / 11,1 l/100 km / 6498 (est) kg/an

Photos : Cadillac

CADILLAC **CT6**

(((SiriusXM)))

Prix : 61 245 $ à 99 220 $ (2016)
Catégorie : Berline
Garanties :
4 ans/80 000 km, 5 ans/160 000 km
Transport et prép. : 2 300 $
Ventes QC 2015 : 0 unité
Ventes CAN 2015 : 0 unité

Cote du Guide de l'auto

82 %

Fiabilité
Nouveau modèle

Sécurité
■■■■■■■□□□

Consommation
■■■■■□□□□□

Appréciation générale
■■■■■■■□□□

Agrément de conduite
■■■■■■■□□□

Système multimédia
■■■■■■□□□□

Cote d'assurance
n.d.

➕ Bon choix de moteurs • Confort
impressionnant • Habitacle immense •
Agrément de conduite évident

➖ Nomenclature déroutante •
Direction peu communicative •
Tendance au sous-virage •
Rouage intégral non disponible
avec le 2,0T

Concurrents
Audi A8, BMW Série 7, Jaguar XJ,
Lexus LS, Mercedes-Benz Classe S,
Porsche Panamera, Tesla Model S,
Volvo S80

Le summum Cadillac

Mathieu St-Pierre

Malgré ses récents efforts, Cadillac, la légendaire marque de luxe de General Motors n'arrivait tout simplement pas à plaire à son exigeante clientèle. L'arrivée de la toute nouvelle CT6 illustre une attitude différente de la part de GM. Cette fois-ci, la stratégie derrière la CT6 est de démontrer le savoir-faire de Cadillac et non le désir de plaire à tout prix. Cette berline est une vitrine sur le potentiel et la direction future de la marque qui, autrefois, servait de barème auquel tous les autres constructeurs de voitures de luxe se mesuraient.

Par contre, la question se pose : est-ce suffisant ? Est-ce que la CT6 détournera l'attention des acheteurs de BMW, Audi, Mercedes-Benz et Lexus ? Selon moi, pour une fois, Cadillac offre un produit susceptible de faire hésiter les acheteurs traditionnels de ces marques...

TOUT LE PAQUET

La nouvelle Cadillac CT6 joue dans les plates-bandes des grandes et moyennes autos de luxes. Par exemple, c'est comme si on combinait chez Mercedes-Benz des éléments de la Classe E et de la Classe S. Je vous explique.

En ce qui a trait aux dimensions extérieures, la Cadillac est 259 mm plus longue hors tout qu'une berline Mercedes Classe E, et son empattement n'a que 56 mm de moins que celui d'une Classe S à empattement allongé ! Bref, la CT6 est une grosse bagnole mais elle ne semble pas si corpulente. C'est tout un coup de génie de la part de GM !

Le génie se trouve aussi dans les belles proportions de la carrosserie, les accents subtils et le design moderne qui marie à merveille élégance, puissance et prestige. Les éléments physiques connus de la gamme sont présents comme les phares verticaux qui sont aussi osés que brillants. Somme toute, la CT6 est une belle grande berline.

Côté système d'information et multimédia, on retrouve le système CUE sur un écran tactile de 10,2 pouces qui demeure l'un des plus efficaces de l'industrie tant il est facile d'y naviguer et tant son temps de réponse est rapide. Certaines personnes ont beaucoup moins d'atomes crochus avec le CUE... À vous de juger !

TOUTES LES SAUCES

La «Caddy CT6» peut être mue par trois moteurs à vocation bien différente. D'emblée, on retrouve un quatre cylindres turbocompressé de 265 chevaux qui servira efficacement aux flottes de limousines, par exemple. À savoir, ce moteur n'est disponible qu'avec la propulsion (roues arrière motrices) et boîte automatique à huit rapports.

Le V6 de 3,6 litres de 335 chevaux risque d'être plus populaire auprès des acheteurs. Ses performances sont plus qu'adéquates, aidées en grande partie par la boîte automatique à huit rapports, offerte de série. Cette dernière est parfaitement étagée, permettant au moteur d'œuvrer dans sa plage de puissance en tout temps. Pour ceux qui recherchent des sensations un peu plus fortes, le V6 de 3,0 litres biturbo de 404 chevaux saura plaire par ses reprises impressionnantes. Son couple maximal de 400 lb-pi est disponible à aussi peu que 2 500 tr/min. Encore une fois, la transmission fonctionne de concert avec le moteur, transformant du même coup l'imposante bagnole en boulet de canon. Ces deux V6 sont équipés de série avec un rouage intégral.

Le principal secret concernant les surprenantes performances de la CT6 est son poids, ou plutôt son poids plume. La Mercedes de Classe S ci-haut mentionnée, accuse 900 livres (408 kilos) de plus par rapport à la CT6 2,0T. La différence chute à 350 livres (159 kilos) pour les versions à moteur V6, ce qui est tout de même considérable.

Le résultat de cette cure d'amincissement est un agrément de conduite surprenant. Malheureusement pour Cadillac, l'image de la barge flottante demeure. Par contre, je vous assure que la CT6 est plus qu'agréable à piloter. En dépit de ses imposantes dimensions, on a vraiment l'impression de conduire une voiture plus compacte.

La suspension Magnetic Ride Control joue un rôle de premier plan, permettant un confort de roulement étonnant ou, à l'opposé, une tenue de route sportive. La direction active aux roues arrière — disponible en option — rend la CT6 maniable en ville (diamètre de braquage serré) comme sur la grand-route.

Cadillac a vraiment mis le paquet avec la nouvelle CT6. La voiture épate à tous les points de vue. Reste justement à voir si les consommateurs lui donneront la chance de les épater...

Du nouveau en 2017

Aucun changement majeur

Châssis - 2.0L turbo	
Emp / lon / lar / haut	3109 / 5182 / 1880 / 1471 mm
Coffre / Réservoir	433 litres / 73 litres
Nbre coussins sécurité / ceintures	8 / 5
Suspension avant	ind., bras inégaux
Suspension arrière	ind., multibras
Freins avant / arrière	disque / disque
Direction	à crémaillère, ass. var. élect.
Diamètre de braquage	12,2 m
Pneus avant / arrière	P235/50R18 / P235/50R18
Poids / Capacité de remorquage	1654 kg / non recommandé
Assemblage	Hamtramck MI US

Composantes mécaniques

4L 2.0 litres turbo

Cylindrée, soupapes, alim.	4L 2,0 litres 16 s turbo
Puissance / Couple	265 ch / 295 lb-pi
Tr. base (opt) / rouage base (opt)	A8 / Prop
0-100 / 80-120 / V.Max	n.d. / n.d. / n.d.
100-0 km/h	n.d.
Type / ville / route / CO_2	Sup / 10,7 / 7,6 l/100 km / 4280 (est) kg/an

V6 3.6 litres

Cylindrée, soupapes, alim.	V6 3,6 litres 24 s atmos.
Puissance / Couple	335 ch / 284 lb-pi
Tr. base (opt) / rouage base (opt)	A8 / Int
0-100 / 80-120 / V.Max	n.d. / n.d. / n.d.
100-0 km/h	n.d.
Type / ville / route / CO_2	Ord / 12,4 / 8,4 l/100 km / 4876 (est) kg/an

V6 3.0 litres turbo

Cylindrée, soupapes, alim.	V6 3,0 litres 24 s turbo
Puissance / Couple	404 ch / 400 lb-pi
Tr. base (opt) / rouage base (opt)	A8 / Int
0-100 / 80-120 / V.Max	n.d. / n.d. / n.d.
100-0 km/h	n.d.
Type / ville / route / CO_2	Sup / 13,1 / 9,0 l/100 km / 5177 (est) kg/an

Photos : Benjamin Hunting

CADILLAC **XT5**

Prix: 45 100 $ à 68 595 $
Catégorie: VUS intermédiaire
Garanties:
4 ans/80 000 km, 5 ans/160 000 km
Transport et prép.: 1 950 $
Ventes QC 2015: 1 111 unités (SRX)
Ventes CAN 2015: 4 886 unités (SRX)

Cote du Guide de l'auto

77 %

Fiabilité
Nouveau modèle

Sécurité
■■■■■■■□□□

Consommation
■■■■□□□□□□

Appréciation générale
■■■■■■■□□□

Agrément de conduite
■■■■■■■□□□

Système multimédia
■■■■■■■□□□

Cote d'assurance
n.d.

➕ Direction communicative • Système multimédia amélioré • Design de l'habitacle réussi • Excellente boîte automatique

➖ Dégagement arrière pour la tête • Moteur amorphe • Matériaux de base décevants • Prix qui grimpent rapidement • Look sobre

Concurrents
Acura RDX, Audi Q5, BMW X3, Infiniti QX50, Land Rover Discovery Sport, Lexus RX, Lincoln MKX, Mercedes-Benz Classe GLC, Porsche Macan, Volvo XC60

Un pas dans la bonne direction

Marc-André Gauthier

C ontrairement à Acura ou Lincoln qui cherchent leur voie, Cadillac, la marque de luxe de General Motors, a enfin trouvé la sienne et caresse de véritables ambitions mondiales. Elle veut s'attaquer aux marques allemandes, ainsi qu'aux japonaises Lexus et Infiniti, et ce, partout sur la planète. Pour ce faire, elle a besoin de produits remarquables, mais aussi d'un marketing gagnant! Tranquillement, ses produits seront rebaptisés. Les berlines auront le préfixe « CT », et les VUS, le préfixe « XT ». Le chiffre qui suivra indiquera le positionnement hiérarchique du véhicule au sein de la gamme.

La dénomination, c'est bien beau, mais encore faut-il que les produits suivent. Le XT5 vient remplacer le SRX. Plus qu'une simple mise à jour, le XT5 est construit sur une plateforme réinventée. Le SRX, un VUS vieillissant qui ne pouvait se comparer à aucun VUS allemand, BMW en tête, devait disparaître. Pas très agile, pas si confortable, énergivore comme ça ne se peut pas, il ne représentait plus l'image que GM veut projeter avec Cadillac. Heureusement, le XT5, même s'il est loin d'être parfait, représente un grand pas dans la bonne direction.

LE PALAIS AUX ALLURES SOBRES

D'un rapide coup d'œil, le XT5 ressemble beaucoup au SRX. Assez carré, plutôt allongé, les designers de GM semblent avoir fait preuve de paresse. Pourtant, quand on les met côte à côte, les deux véhicules n'ont rien en commun. Comme quoi il est difficile de toujours réinventer la roue. Le changement le plus spectaculaire, sur le XT5, se trouve sur la grille de calandre. Les couronnes de laurier ont cédé leur place à un blason moderne, mais qui respecte l'histoire de l'auguste marque. Dans l'ensemble, nous pouvons parler d'un résultat sobre, mais chic.

Cependant, le département du design s'est laissé aller si l'on examine l'intérieur de plus près. Le XT5 propose un habitacle plutôt unique, avec des formes peu communes. Par exemple, l'écran du système multimédia est encastré dans la planche de bord, tout simplement. Habituellement, c'est plutôt mauvais signe, mais là, c'est joli !

Les commandes de température sont discrètement rangées en dessous de cet écran. Il faut dire que l'interface tactile fonctionne mieux ici que ce à quoi Cadillac nous avait habitués. D'ailleurs, le système d'infodivertissement de la nouvelle génération offre toutes les fonctions modernes souhaitées. Par exemple, il est désormais possible de brancher son téléphone intelligent par le biais d'Apple CarPlay et d'Android Auto. De plus, la borne WiFi 4 g LTE, malgré les frais supplémentaires mensuels, apporte son lot de plaisir à bord !

Les sièges avant sont accueillants, ils offrent beaucoup de soutien, et leur confort est rehaussé par rapport à ceux que l'on retrouvait dans le SRX, trop durs au goût de plusieurs. À l'arrière, nous retrouvons beaucoup de dégagement pour les jambes, mais attention, il y a un défaut majeur à ne pas négliger : ce nouveau châssis comprend plusieurs barres de renforcement pour rendre la conduite plus sportive, et l'un de ces renforts passe sous la banquette arrière, obligeant les ingénieurs à élever l'assise. Si le véhicule est équipé du toit panoramique, qui enlève de précieux millimètres de dégagement, la tête des passagers mesurant six pieds et plus touchera au plafond.

CONDUITE ENGAGEANTE, MOTEUR DÉCEVANT

Cette plateforme est plus rigide qu'auparavant, et une suspension superbement calibrée vous fera passer de beaux moments sur la route. La direction est maintenant précise et communicative, comme dans une voiture sport. Le gros problème du XT5, quant à sa prétention sportive, réside dans sa motorisation. Pourtant, sur papier, tout semble correct. Le XT5 n'a qu'un seul moteur, un V6 de 3,6 litres de nouvelle génération, développant 310 chevaux et un couple de 271 livre-pied. Il envoie sa puissance aux quatre roues, en option, à l'aide d'une boîte automatique à huit rapports.

Cette boîte est sans reproche tandis que le moteur, lui, s'avère amorphe. Le XT5 est plus léger et plus puissant que le SRX, on devrait donc gagner en rapidité, mais en conduite réelle, ce n'est pas le cas. Le moteur ne répond pas avec vigueur aux commandes du conducteur, et malgré l'accélérateur au plancher, il ne semble pas se passer grand-chose...

Cependant, comme voiture de tous les jours, le XT5 s'est grandement amélioré si on le compare au SRX. Avec un moteur plus dynamique, on obtiendrait un VUS BMW sous la main ! En attendant que ce soit le cas, Cadillac continue de démontrer son sérieux.

Du nouveau en 2017

Nouveau modèle en remplacement du Cadillac SRX.

Châssis - Luxe TI	
Emp / lon / lar / haut	2857 / 4815 / 1903 / 1675 mm
Coffre / Réservoir	849 à 1784 litres / 83 litres
Nbre coussins sécurité / ceintures	6 / 5
Suspension avant	ind., jambes force
Suspension arrière	ind., multibras
Freins avant / arrière	disque / disque
Direction	à crémaillère, ass. var. élect.
Diamètre de braquage	11,8 m
Pneus avant / arrière	P235/65R18 / P235/65R18
Poids / Capacité de remorquage	1931 kg / 1588 kg (3500 lb)
Assemblage	Spring Hill TN US

Composantes mécaniques	
Cylindrée, soupapes, alim.	V6 3,6 litres 24 s atmos.
Puissance / Couple	310 ch / 271 lb-pi
Tr. base (opt) / rouage base (opt)	A8 / Tr (Int)
0-100 / 80-120 / V.Max	n.d. / n.d. / n.d.
100-0 km/h	n.d.
Type / ville / route / CO_2	Ord / 12,9 / 8,9 l/100 km / 5106 kg/an

AVEC UN MOTEUR PLUS VIF, LE XT5 RIVALISERAIT MIEUX AVEC UNE MARQUE COMME BMW. MALGRÉ TOUT, CADILLAC DÉMONTRE LE SÉRIEUX DE SON APPROCHE MONDIALE.

Photos : Gabriel Gélinas, Marc-André Gauthier

CHEVROLET **BOLT EV**

(((**SiriusXM**)))

Prix : 37 000 $ (estimé)
Catégorie : Sous-compacte
Garanties :
3 ans/60 000 km, 5 ans/160 000 km
Transport et prép. : 1 900 $
Ventes QC 2015 : 0 unité
Ventes CAN 2015 : 0 unité

Cote du Guide de l'auto

93 %

Fiabilité	Appréciation générale
Nouveau modèle	**Nouveau modèle**
Sécurité	Agrément de conduite
Nouveau modèle	**Nouveau modèle**
Consommation	Système multimédia
■■■■■■■□□	**Nouveau modèle**

Cote d'assurance
n.d.

➕ Bouille plutôt sympathique •
Voiture pratique • Rapport prix /
autonomie prometteur • Important
réseau de concessionnaires

➖ Prix pas encore confirmé •
Valeur de revente ?

Concurrents
Tesla Model 3 (à venir), Nissan LEAF,
Ford Focus EV

De l'eau dans le gaz de Tesla

Alain Morin

Lorsque les historiens de l'automobile porteront un regard, peut-être amusé, sur le début des années 2000, une marque ressortira du lot : Tesla Motors Inc, une petite entreprise californienne qui défiait l'ordre établi. Tout d'abord par sa mission; n'offrir que des voitures électriques performantes et dotées d'une autonomie jusqu'alors inégalée. Tesla y est parvenue avec la Model S, très chère.

Mais Tesla a des visées encore plus grandes : produire une voiture 100 % électrique disposant d'une autonomie d'au-delà de 300 km et à prix abordable. Ce sera la Model 3 qui devrait arriver sur le marché quelque part en 2018. General Motors et les autres ne l'avoueront jamais, mais Tesla les énerve. Non, les *énaaarve*. Et avant que la p'tite maudite fatigante de Tesla ne devienne trop puissante, il faut réagir.

Cette réaction, c'est la Chevrolet Bolt, une compacte tout électrique qui affichera une autonomie de plus de 300 km et qui sera vendue à un coût raisonnable. Pour l'instant, on parle d'environ 37 000 $, avant les incitatifs gouvernementaux. Surtout, la Bolt arrive sur le marché bien avant la Model 3 et s'assure ainsi une place de choix, autant dans les diverses publications spécialisées qu'au chapitre des ventes.

La Chevrolet Bolt est une *hatchback* qui ressemble un peu à une Spark EV qui aurait pris du poids. Ceci étant dit, le tableau de bord de la petite bagnole électrique reprend les thèmes déjà vus sur la plus récente Volt, l'autre voiture écologique de Chevrolet, cette dernière possédant un moteur à essence prenant le relais lorsque la batterie est rendue au bout de ses ions. Dans la Bolt (ne pas mélanger Bolt et Volt !), aucun moteur à essence. Il faut penser à la recharger, sinon c'est l'arrêt pur et simple. Sauf qu'à 300 km d'autonomie, on peut au moins faire pas mal de chemin avant de devoir trouver une borne !

TECHNOLOGIE = 1, AUTOMOBILE = 0

La Bolt fait partie de la nouvelle réalité de l'automobile. Elle fut dévoilée en janvier 2016 au CES (Consumer Electronic Show) de Las Vegas, une semaine avant de l'être à nouveau au Salon de l'auto de Detroit. Le système MyLink, via l'écran central tactile de 10,2 pouces, permettra de régler une infinité de paramètres et divulguera une autre infinité de renseignements sur l'état de la batterie, son autonomie, sa température, etc. Évidemment, il sera possible de se connecter à l'internet grâce au 4 g LTE et de savoir où se trouvent les prochaines bornes de recharge... c'est la moindre des choses !

Pour le peu de temps que nous ayons pu nous asseoir dans un prototype au Salon de Detroit, la position de conduite paraît facile à trouver et le tableau de bord semble profiter d'une bonne ergonomie. Les places arrière n'ont pas l'air très confortables mais cela reste à vérifier.

La Bolt EV n'est issue d'aucune autre création GM. Elle possède une plate-forme créée spécialement pour elle. Les batteries font partie d'un ensemble regroupé sous son plancher, ce qui autorise un habitacle ou un espace de chargement plus grand et qui abaisse le seuil de gravité, une nécessité pour obtenir une tenue de route assurée. L'énergie servant à déplacer la Bolt provient d'une batterie lithium-ion de 60kWhcomposée de 288 cellules et pèse 435 kilos. Cependant, pour satisfaire une demande importante en puissance, la batterie pourra fournir momentanément un maximum de 160kWh En équipement standard, la Bolt sera dotée d'un chargeur de 7,2kWs'accommodant d'une prise murale de 240 V. Une prise DC SAE Combo permettra une recharge rapide, soit 145 km en 30 minutes. De son côté, le moteur électrique promet de livrer 200 chevaux et un couple de 266 livre-pied pour un 0-96 km/h en moins de sept secondes, selon GM.

Grâce aux freins régénératifs, il sera possible de stopper la Bolt sans même freiner. En mode *Low*, il suffira de relâcher l'accélérateur et le « frein moteur » sera tellement puissant que le conducteur n'aura pas à utiliser les freins habituels. La BMW i3 possède cette technologie. C'est un peu déroutant au début puisqu'il faut combattre le reflexe d'appuyer sur la pédale gauche et aussi parce que la sensation de décélération n'est pas la même mais on s'y fait vite, du moins dans la i3.

Lorsqu'elle arrivera sur le marché, sans doute au début de 2017, la Bolt marquera l'histoire de l'automobile. Si elle veut faire mal à Tesla, elle devra connaître beaucoup de succès, et rapidement. Et elle ne sera pas seule non plus dans ce créneau qui sera bientôt l'un des plus convoités. La prochaine Nissan Leaf aura une autonomie améliorée, ainsi que la Ford Focus EV. Oh, que l'avenir s'annonce passionnant !

Châssis - Base	
Emp / lon / lar / haut	2600 / 4166 / 1765 / 1594 mm
Coffre / Réservoir	478 à 1603 litres / s.o.
Nbre coussins sécurité / ceintures	10 / 5
Suspension avant	ind., jambes force
Suspension arrière	semi-ind., poutre torsion
Freins avant / arrière	disque / disque
Direction	à crémaillère, ass. élect.
Diamètre de braquage	10,8 m
Pneus avant / arrière	P215/50R17 / P215/50R17
Poids / Capacité de remorquage	1625 kg / n.d.
Assemblage	Lake Orion MI US

Composantes mécaniques	
Base	
Puissance / Couple	200 ch (149 kW) / 266 lb-pi
Tr. base (opt) / rouage base (opt)	Rapport fixe / Tr
0-100 / 80-120 / V.Max	7,0 s (est) / n.d. / 145 km/h (const)
100-0 km/h	n.d.
Type de batterie	Lithium-ion (Li-ion)
Énergie	60 kWh
Temps de charge (120V / 240V)	n.d. / 9,0 h
Autonomie	320 km

« LA CHEVROLET BOLT EV EST SOUVENT COMPARÉE À LA TESLA MODEL 3, MAIS SA CONCURRENCE POURRAIT PLUTÔT VENIR DES NISSAN LEAF ET FORD FOCUS EV. »

Du nouveau en 2017

Nouveau modèle

CHEVROLET BOLT EV

CHEVROLET **CAMARO**

((SiriusXM))

Prix: 28 245 $ à 63 500 $ (2016) (estimé)
Catégorie: Coupé, Cabriolet
Garanties:
3 ans/60 000 km, 5 ans/160 000 km
Transport et prép.: 2 000 $
Ventes QC 2015: 298 unités
Ventes CAN 2015: 2 668 unités

Cote du Guide de l'auto

79%

Fiabilité	Appréciation générale
■■■■■■■□□□	■■■■■■■■□□
Sécurité	Agrément de conduite
■■■■■■■□□□	■■■■■■■■□□
Consommation	Système multimédia
■■■■■□□□□□	■■■■■■■□□□

Cote d'assurance

■■■■■■□□□□
$$$ $

➕ Version ZL1 de retour • Excellente
tenue de route • Version cabriolet raffinée •
Grand choix de moteurs •
Habitacle plus sophistiqué qu'avant

➖ Visibilité arrière médiocre • Places
arrière symboliques • Fenestration latérale
limitée • ZL1 peu adaptée à l'hiver •
Certains groupes d'options onéreux

Concurrents
Dodge Challenger, Ford Mustang,
Nissan Z, Toyota 86, Subaru BRZ

Performance tous azimuts

Denis Duquet

Dévoilée au cours de l'année-modèle 2016, cette sixième
génération de la Camaro s'est révélée être plus aérodynamique
et plus sophistiquée sur le plan du design et de la technologie
que celle qu'elle remplace. Durant les mois qui ont suivi le
dévoilement initial, un cabriolet est venu se joindre à la gamme
pour être suivi du tonitruant ZL1 et de son moteur suralimenté.

Ce qui impressionne sur la Camaro, c'est son équilibre général et son
agrément de conduite, peu importe le groupe propulseur choisi. Il est certain
qu'avec le quatre cylindres 2,0 litres turbo de 275 chevaux, les performances
seront moins impressionnantes qu'avec les cylindrées plus grosses, mais
il n'en demeure pas moins qu'il est en mesure d'effectuer le 0-100 km/h en
sept secondes environ, ce qui n'est pas à dédaigner pour une voiture
propulsée par un moteur si petit. Pour plusieurs autres, le V6 3,6 litres de
335 chevaux est le meilleur compromis. En effet, sa consommation est
supérieure d'environ 1 litre/100 km à celle du quatre cylindres tout en retranchant
une seconde pour boucler le 0-100 km/h.

Enfin, comme toute voiture sportive qui se respecte, la version SS et son
V8 6,2 litres emprunté à la Corvette comblent les attentes des conducteurs
sportifs. Les performances sont spectaculaires, mais ce qui est important
à souligner, c'est l'homogénéité de ce modèle aussi bien en raison de ses
performances en ligne droite que de sa tenue de route. De plus, malgré sa
vocation sportive, la SS se révèle agréable à conduire sur de longues
distances. Un essai effectué l'an dernier entre La Nouvelle-Orléans en
Louisiane et Dallas au Texas nous a permis de confirmer que ce coupé
deux portes est confortable pendant de longs trajets.

DES HEURES EN SOUFFLERIE
Il est certain que, compte tenu des succès du modèle de cinquième génération
apparu en 2010, les stylistes allaient conserver plus ou moins la même
silhouette. Pour la plus récente génération, dévoilée l'année dernière, celle-ci
a été raffinée sur le plan aérodynamique et l'on a passé plus de 250 heures

en soufflerie afin d'obtenir les résultats escomptés. Ceci a permis de conserver une consommation de carburant raisonnable tout en assurant également une stabilité à haute vitesse, un aspect tout aussi important.

Parmi les éléments visuels typiques de cette nouvelle Camaro, il faut souligner une calandre très étroite superposant une énorme prise d'air, celle-ci encadrée par des ouvertures accueillant les phares antibrouillard. Il faut ajouter que la carrosserie est plus courte et moins large et que l'empattement a été réduit de 41 mm. La Camaro est également plus légère que précédemment.

L'habitacle a été rénové du tout au tout et si la planche de bord avait été l'objet de multiples critiques dans la version précédente, celle de la nouvelle mouture a mérité des éloges aussi bien sur le plan esthétique que pratique. Par contre, la visibilité arrière est toujours mauvaise, que ce soit sur le coupé ou le cabriolet, tandis que les places arrière sont symboliques.

ACCUEILLONS LA ZL1

Comme la course à la puissance est inévitable, la ZL1 s'invite à nouveau dans la famille Camaro, aussi bien en versions coupé que cabriolet. Cette fois, le V8 6,2 litres est doté d'un compresseur afin de porter la puissance à 640 chevaux, de quoi impressionner le plus blasé des conducteurs. Ce moteur est associé à une nouvelle boîte automatique à dix rapports, tandis que la manuelle à six vitesses est toujours disponible.

Pour gérer toute cette cavalerie, le pilote est confortablement assis dans un siège Recaro qui assure un excellent support latéral, tenant un volant sport à section inférieure plate et recouvert de suède, qui se prend bien en main. La ZL1 est également dotée d'un enregistreur qui mémorise les données sur une carte SD permettant d'analyser les performances par la suite. Et comme dans toutes les Camaro, il est possible de se connecter au système avec Apple CarPlay et Android Auto.

La ZL1 roule sur des pneus sport de 20 pouces et est freinée par de puissants freins Brembo dont la réputation n'est plus à faire. D'autre part, la suspension à amortisseurs magnétiques permet d'optimiser la tenue de route, peu importe la vitesse de l'automobile, l'état de la chaussée et le rayon des virages.

Somme toute, la nouvelle génération de la Camaro est en mesure de répondre aux attentes de la majorité, que l'on recherche une voiture plus élégante que performante avec la version LT ou encore de la puissance à revendre avec la ZL1. Pas trop mal pour une voiture qui célèbre ses 50 ans !

Du nouveau en 2017

Version ZL1. Édition 50e anniversaire. Groupe performance 1LE.

Châssis - SS	
Emp / lon / lar / haut	2812 / 4783 / 1897 / 1349 mm
Coffre / Réservoir	258 litres / 72 litres
Nbre coussins sécurité / ceintures	8 / 4
Suspension avant	ind., jambes force
Suspension arrière	ind., multibras
Freins avant / arrière	disque / disque
Direction	à crémaillère, ass. var. élect.
Diamètre de braquage	11,5 m
Pneus avant / arrière	P245/40R20 / P245/40R20
Poids / Capacité de remorquage	1685 kg / n.d.
Assemblage	Lansing MI US

Composantes mécaniques

LT 2,0

Cylindrée, soupapes, alim.	4L 2,0 litres 16 s turbo
Puissance / Couple	275 ch / 295 lb-pi
Tr. base (opt) / rouage base (opt)	M6 (A8) / Prop
0-100 / 80-120 / V.Max	7,0 s (est) / n.d. / n.d.
100-0 km/h	n.d.
Type / ville / route / CO_2	Sup / 13,5 / 7,8 l/100 km / 5030 (est) kg/an

LT V6

Cylindrée, soupapes, alim.	V6 3,6 litres 24 s atmos.
Puissance / Couple	335 ch / 284 lb-pi
Tr. base (opt) / rouage base (opt)	M6 (A8) / Prop
0-100 / 80-120 / V.Max	6,0 s (est) / n.d. / n.d.
100-0 km/h	n.d.
Type / ville / route / CO_2	Ord / 13,2 / 8,7 l/100 km / 5141 (est) kg/an

SS

Cylindrée, soupapes, alim.	V8 6,2 litres 16 s atmos.
Puissance / Couple	455 ch / 455 lb-pi
Tr. base (opt) / rouage base (opt)	M6 (A8) / Prop
0-100 / 80-120 / V.Max	5,0 s (est) / n.d. / n.d.
100-0 km/h	n.d.
Type / ville / route / CO_2	Sup / 14,2 / 8,4 l/100 km / 5331 (est) kg/an

ZL1

Cylindrée, soupapes, alim.	V8 6,2 litres 16 s surcompressé
Puissance / Couple	640 ch / 640 lb-pi
Tr. base (opt) / rouage base (opt)	M6 (A10) / Prop
0-100 / 80-120 / V.Max	n.d. / n.d. / n.d.
100-0 km/h	n.d.
Type / ville / route / CO_2	Sup / 15,9 / 12,0 l/100 km / 6507 (est) kg/an

CHEVROLET COLORADO

CHEVROLET **COLORADO** / GMC **CANYON**

Prix: 20 895 $ à 37 505 $ (2016)
Catégorie: Camionnette compacte / intermédiaire
Garanties:
3 ans/60 000 km, 5 ans/160 000 km
Transport et prép.: 2 045 $
Ventes QC 2015: 1 660 unités*
Ventes CAN 2015: 9 730 unités**

Cote du Guide de l'auto

73 %

Fiabilité
■■■■■□□□□□

Appréciation générale
■■■■■■■□□□

Sécurité
■■■■■■■□□□

Agrément de conduite
■■■■■■□□□□

Consommation
■■■■■■■□□□

Système multimédia
■■■■■■□□□□

Cote d'assurance
■■■■■■□□□□
$$$ $

➕ Bonne capacité de remorquage • Charge utile intéressant e • Conduite d'un VUS • Gabarit parfait • Moteur diesel peu énergivore

➖ Finition intérieure discutable • Prix qui peut grimper rapidement • Moteur diesel peu raffiné • Sièges arrière peu commodes (Cabine allongée)

Concurrents
Honda Ridgeline, Nissan Frontier, Toyota Tacoma

Le juste milieu

Michel Deslauriers

Quand est-ce qu'on a besoin d'une capacité de remorquage de 12 000 livres pour déménager une laveuse? Ou pour transporter notre VTT au chalet? Ou pour rapporter des poches de terre à la maison pour le jardin? Euh! Jamais.

Bien sûr, plus notre camion est gros, plus son moteur rugit et plus on se sent viril aux yeux des autres. Toutefois, ce sentiment de supériorité s'effrite rapidement quand on tente maladroitement de garer ce mastodonte dans le stationnement de la quincaillerie. Heureusement, il y a les camionnettes intermédiaires comme le Chevrolet Colorado et le GMC Canyon pour nous ramener sur terre. Leur gabarit réduit et leurs motorisations moins énergivores les rendent plus utiles dans la vie de tous les jours, mais ne sous-estimons pas leurs capacités pour autant.

TROIS MOTORISATIONS AU CHOIX
Au bas de l'échelle, on retrouve un quatre cylindres à essence de 2,5 litres qui produit 200 chevaux en santé, disponible avec une boîte manuelle à six rapports ou une automatique à six rapports également. C'est un bon moteur d'entrée de gamme, permettant de bonnes capacités, mais sa consommation n'est qu'à quelques dixièmes de litres aux 100 km du V6 de 3,6 litres.

Ce dernier sonne la charge avec 305 chevaux, jumelés obligatoirement à la boîte automatique. Il permet une capacité de remorquage de 3 175 kg (7 000 lb), le double par rapport à ce que celui de base peut accomplir. Avec le V6 et un rouage à 4RM, on a observé une consommation moyenne de 13,0 l/100 km durant l'hiver.

Enfin, il y a le quatre cylindres turbodiesel Duramax de 2,8 litres, l'exclusivité du segment et la motorisation qui permet aux Colorado et Canyon d'être les camionnettes les moins énergivores sur le marché. Ses émissions polluantes sont notamment contrôlées par un système à injection d'urée. Grâce à ses 181 chevaux, mais surtout à son couple de 369 lb-pi à 2 000 tr/min, ce moteur permet à ces camionnettes de tracter une charge allant jusqu'à 3 493 kg (7 700 lb).

Bien que le turbodiesel ait du potentiel, son manque de raffinement gâche l'expérience. Les vibrations sont prononcées et lors des montées en régime, sa sonorité remplit l'habitacle, et ce n'est pas une trame sonore des plus enivrantes. En revanche, on a consommé 9,4 l/100 km à bord d'un Canyon à 4RM muni de ce moteur Duramax, ce qui est fort appréciable.

Au chapitre de la conduite, les deux camionnettes intermédiaires de GM ont l'avantage de se comporter comme un VUS conventionnel. Le sautillement de la suspension n'est pas très prononcé, le roulement est confortable et le diamètre de braquage facilite les manœuvres de stationnement lors des virées à l'épicerie. Une caméra de recul figure de série dans chaque version, ce qui est fort utile.

COLORADO OU CANYON?

La question existentielle : laquelle des deux camionnettes trouvez-vous la plus belle, puisque mécaniquement, elles sont quasi identiques? On peut choisir pour vous? On prend alors le Canyon, avec sa calandre d'allure plus robuste et musclée. On préfère la version Cabine multiplace, puisque la Cabine allongée offre trop peu d'espace à l'arrière, et les occupants relégués à cet endroit devront se contenter de vulgaires strapontins inconfortables. La banquette dans la version multiplace est beaucoup plus accueillante, et les coussins peuvent se relever pour révéler un compartiment de rangement. Une caisse de 6 pieds 2 pouces (188 cm) est disponible avec tous les types de cabines, alors qu'une caisse raccourcie de 5 pieds 2 pouces (157 cm) peut être jumelée à la multiplace.

La finition intérieure est honnête, mais certains de ses rivaux proposent une présentation plus riche, notamment le Honda Ridgeline. La disposition des commandes est tout de même bien étalée, et le système d'infodivertissement à écran tactile (MyLink chez Chevrolet, IntelliLink chez GMC) répond bien aux commandes du doigt.

Aucun autre pick-up intermédiaire ne peut remorquer autant que les Colorado et Canyon, ni transporter une charge aussi lourde dans leur caisse. Les petits camions de GM sont agréables à conduire et pas trop encombrants, même si leurs prix peuvent atteindre ceux des camionnettes pleine grandeur. Surtout si l'on s'intéresse au moteur diesel, qui coûtera au moins 5 000 $ de plus que le V6; ce dernier semble être la meilleure option.

Du nouveau en 2017
Aucun changement majeur

Châssis - Colorado WT 4x2 cab. allongée (6.2')

Emp / lon / lar / haut	3259 / 5403 / 1886 / 1788 mm
Boîtes / Réservoir	1880 mm (74˝) / 80 litres
Nbre coussins sécurité / ceintures	6 / 5
Suspension avant	ind., bras inégaux
Suspension arrière	essieu rigide, ress. à lames
Freins avant / arrière	disque / disque
Direction	à crémaillère, ass. var. élect.
Diamètre de braquage	12,6 m
Pneus avant / arrière	P265/70R16 / P265/70R16
Poids / Capacité de remorquage	1778 kg / 1588 kg (3500 lb)
Assemblage	Wentzville MO US

Composantes mécaniques

2,5 Litres

Cylindrée, soupapes, alim.	4L 2,5 litres 16 s atmos.
Puissance / Couple	200 ch / 191 lb-pi
Tr. base (opt) / rouage base (opt)	M6 (A6) / Prop (4x4)
0-100 / 80-120 / V.Max	n.d. / n.d. / n.d.
100-0 km/h	n.d.
Type / ville / route / CO_2	Ord / 12,2 / 9,1 l/100 km / 4970 (est) kg/an

3,6 Litres

Cylindrée, soupapes, alim.	V6 3,6 litres 24 s atmos.
Puissance / Couple	305 ch / 269 lb-pi
Tr. base (opt) / rouage base (opt)	A6 / Prop (4x4)
0-100 / 80-120 / V.Max	7,8 s / 4,7 s / n.d.
100-0 km/h	41,7 m
Type / ville / route / CO_2	Ord / 13,8 / 9,8 l/100 km / 5520 (est) kg/an

GMC CANYON

CHEVROLET COLORADO

CHEVROLET **CORVETTE**

Prix : 62 895 $ à 97 745 $ (2016)
Catégorie : Coupé, Cabriolet
Garanties :
3 ans/60 000 km, 5 ans/160 000 km
Transport et prép. : 2 350 $
Ventes QC 2015 : 317 unités
Ventes CAN 2015 : 1 715 unités

Cote du Guide de l'auto

82 %

Fiabilité
n.d.

Appréciation générale
■■■■■■■■■□

Sécurité
■■■■■■■■□□

Agrément de conduite
■■■■■■■■□□

Consommation
■■■■■□□□□□

Système multimédia
■■■■■■■□□□

Cote d'assurance
■■■■■■□□□□
$ $ $ $

➕ Moteurs performants et sonores •
Tenue de route exceptionnelle •
Freinage très performant • Rapport
prix/performances imbattable

➖ Rayon de braquage très grand •
Adhérence des pneus Sport Cup 2 sous
la pluie (Z06) • Comportement sensible
sur mauvaises routes (Z06)

Concurrents
Audi R8, BMW Série 6, BMW Z4,
Dodge Viper, Jaguar F-Type, Lexus RC,
Lotus Evora, Porsche 911

La fin d'une lignée et le début d'une autre ?

Gabriel Gélinas

Avec la Stingray, la Corvette de septième génération est devenue le modèle le plus puissant et le plus abouti d'une longue lignée de sportives qui ont toujours offert un rapport performances/prix imbattable. Le lancement de la Stingray a été suivi par celui de la Z06 au potentiel de performance explosif, et les deux sont disponibles en versions coupé et cabriolet. Un succès sur toute la ligne.

La Chevrolet Corvette actuelle est une authentique voiture sportive capable d'en découdre avec des rivales dont le prix est largement supérieur, notamment la Porsche 911 Carrera. Grâce à son châssis en aluminium et certaines pièces de carrosserie en fibre de carbone, la Corvette Stingray pèse à peine plus de 1 500 kilos, ce qui autorise des performances très relevées ainsi qu'une accélération latérale supérieure à 1 g en virage. Bref, au sujet des performances et de la dynamique, rien à redire, la Corvette Stingray livre la marchandise.

Grâce à son très long capot et ses proportions typées, la Corvette ne sera jamais confondue avec un autre modèle. Il en va de même pour la présentation intérieure et l'habitacle de style cockpit qui respecte une certaine filiation avec les modèles antérieurs. Équipée de la suspension magnétorhéologique offerte en option, la conduite de la Stingray est paramétrable sur plusieurs modes, dont le mode Tour qui permet de bonifier le confort pour la conduite de tous les jours.

Ainsi, la Corvette devient très conviviale pour un usage trois saisons. Soulignons que cette voiture est équipée d'un système de désactivation des cylindres, ce qui transforme le V8 *big block* de 6,2 litres en moteur quatre cylindres lorsque l'on roule à vitesse de croisière sur l'autoroute, histoire de réduire la consommation. À l'autre bout du spectre, pour exploiter pleinement les performances de la Corvette, il suffit de choisir les modes Sport et *Track* pour que s'opère une transformation aussi immédiate qu'efficace pour ce qui est du comportement routier de la voiture. De plus l'ensemble performance Z51 ajoute au moteur un circuit d'huile à carter sec, assurant une lubrification toujours parfaite sur piste.

Z06 ET ZR1?

Le modèle Z06, développé en parallèle avec la voiture de course Corvette C7.R, est carrément explosif au chapitre des performances grâce à son V8 surcompressé déployant 650 chevaux et un couple de 650 livre-pied. Tout comme la Stingray, la conduite de la Z06 est paramétrable et le mode *Track* permet d'optimiser la réponse à la commande des gaz, la direction, la fermeté de l'amortissement et le différentiel autobloquant pour la conduite sur circuit.

Véritable bête, la Z06 peut aussi être équipée, en option, du groupe Z07. Celui-ci comprend des étriers Brembo et des disques de frein en composite ainsi que des pneus Michelin Pilot Sport Cup 2 ultraperformants sur chaussée sèche, mais qui rendent la voiture délicate à conduire sous la pluie.

Avec son potentiel de performance délirant, la Corvette Z06 est au sommet de la gamme, mais elle pourrait être éclipsée dès janvier 2017 par le retour du modèle ZR1, encore plus performant, ce qui marquerait aussi la fin de carrière du modèle de septième génération.

Chez Chevrolet, la Corvette est le modèle le plus performant, celui qui a atteint le statut d'icône dans sa forme actuelle. Toutefois, si l'on se fie aux rumeurs persistantes, il est possible que la Corvette évolue dans une toute nouvelle direction avec le modèle de huitième génération qui délaisserait sa configuration de propulsion à moteur avant pour devenir une auto sport à moteur central. Ainsi, la Corvette pourrait «monter en grade» et rivaliser directement avec des modèles comme l'Acura NSX ou l'Audi R8, voire même d'autres bolides exotiques en provenance de marques établies.

Cette perspective tombe sous le sens lorsque l'on tient compte que Ford a choisi cette configuration à moteur central pour sa nouvelle GT, vedette de notre couverture de l'édition 2016, via laquelle le constructeur américain renoue avec la compétition en épreuves d'endurance. General Motors pourrait certainement lui donner la réplique avec cette Corvette à moteur central dont le dévoilement serait programmé pour le Salon de l'auto de Detroit en janvier 2018 comme modèle 2019. Il est également possible que Chevrolet propose une version à motorisation hybride avec un moteur électrique livrant son couple aux roues avant, une conception semblable à celle de l'Acura NSX. C'est une histoire à suivre et, chose est certaine, la Corvette n'a pas fini de faire parler d'elle...

Du nouveau en 2017

Arrivée possible du modèle ZR1.

Châssis - Stingray cabriolet	
Emp / lon / lar / haut	2710 / 4492 / 1877 / 1243 mm
Coffre / Réservoir	283 litres / 70 litres
Nbre coussins sécurité / ceintures	4 / 2
Suspension avant	ind., bras inégaux
Suspension arrière	ind., bras inégaux
Freins avant / arrière	disque / disque
Direction	à crémaillère, ass. var. élect.
Diamètre de braquage	11,5 m
Pneus avant / arrière	P245/40ZR18 / P285/35ZR19
Poids / Capacité de remorquage	1525 kg / n.d.
Assemblage	Bowling Green KY US

Composantes mécaniques	
Stingray, Z51	
Cylindrée, soupapes, alim.	V8 6,2 litres 16 s atmos.
Puissance / Couple	455 ch / 460 lb-pi
Tr. base (opt) / rouage base (opt)	M7 (A6) / Prop
0-100 / 80-120 / V.Max	3,8 s / n.d. / n.d.
100-0 km/h	n.d.
Type / ville / route / CO_2	Sup / 12,2 / 6,9 l/100 km / 4515 (est) kg/an
Z06	
Cylindrée, soupapes, alim.	V8 6,2 litres 16 s surcompressé
Puissance / Couple	650 ch / 650 lb-pi
Tr. base (opt) / rouage base (opt)	M7 (A8) / Prop
0-100 / 80-120 / V.Max	3,0 s (est) / n.d. / 330 km/h (const)
100-0 km/h	n.d.
Type / ville / route / CO_2	Sup / 15,7 / 10,6 l/100 km / 6166 (est) kg/an

> « LA CORVETTE ACTUELLE EST UNE AUTHENTIQUE **VOITURE SPORTIVE** CAPABLE D'EN **DÉCOUDRE** AVEC DES **RIVALES** DONT LE PRIX EST LARGEMENT **SUPÉRIEUR.** »

Photos : Chevrolet

CHEVROLET **CRUZE**

((SiriusXM))

Prix: 15 995 $ à 27 395 $ (2016)
Catégorie: Compacte
Garanties:
3 ans/60 000 km, 5 ans/160 000 km
Transport et prép.: 1 950 $
Ventes QC 2015: n.d.
Ventes CAN 2015: n.d.

Cote du Guide de l'auto

75 %

Fiabilité
■■■■■■□□□□

Appréciation générale
■■■■■■■□□□

Sécurité
■■■■■■■□□□

Agrément de conduite
■■■■■■□□□□

Consommation
■■■■■■■□□□

Système multimédia
■■■■■■■□□□

Cote d'assurance
■■■■□□□□□□
$$$ $

➕ Moteur adéquat • Système Arrêt-départ • Excellente insonorisation • Bonne habitabilité • Tenue de route saine

➖ Accès pénible aux places arrière • Suspension parfois sèche • Affichage du système de navigation perfectible • Boîte manuelle décevante • Pilier B bloque la visibilité

Concurrents
Ford Focus, Honda Civic, Hyundai Elantra, Kia Forte, Mazda3, Mitsubishi Lancer, Nissan Sentra, Subaru Impreza, Toyota Corolla, Volkswagen Jetta

À la poursuite du raffinement

Denis Duquet

Lorsque la Cruze, une voiture à vocation mondiale, est arrivée sur notre marché en 2010, elle avait pour mission de remplacer la Cobalt, une compacte largement dépassée par la concurrence. La Cruze, malgré une silhouette relativement sobre, a rapidement fait oublier sa devancière. Comme elle ne manquait pas d'arguments pour intéresser les clients potentiels, elle est devenue la Chevrolet la plus vendue au Canada.

Les lignes de la Cruze, renouvelée cette année, sont en harmonie avec celle de la Malibu, nouvelle elle aussi. Comme cette dernière, elle adopte le look coupé quatre portes très à la mode de nos jours. Bien qu'elle soit plus longue de 6,8 cm qu'avant et dotée d'un empattement allongé de 1,5 cm, son poids a été réduit de plus de 100 kg grâce à l'utilisation de pièces d'aluminium et d'acier de haute qualité. Le toit a été abaissé d'environ 2,0 cm par rapport au modèle précédent. Ceci lui procure une allure plus sportive tout en permettant d'améliorer le coefficient de pénétration dans l'air qui est de 0,28.

ESPACE SILENCIEUX
La première Cruze possédait une habitabilité supérieure à la moyenne de la catégorie des compactes et sa remplaçante fait encore mieux grâce à son empattement plus long qui permet d'offrir davantage d'espace aux places arrière. C'est ainsi que le dégagement pour les genoux a progressé de 5 cm. Par contre, compte tenu de l'angle du toit, il faut se pencher passablement pour monter à bord. Mais, une fois assis, même les personnes mesurant 1,90 m bénéficient d'un dégagement suffisant pour la tête. Détail à souligner, sur la version Premier, la banquette arrière est chauffante à chaque extrémité.

Sans être extravagante, la planche de bord est relativement élégante et se démarque, entre autres, par des matériaux de meilleure qualité et une finition impeccable. Deux éléments qui ne faisaient toujours pas partie des Chevrolet au tournant du siècle. Peu importe le modèle choisi, deux écrans d'affichage sont de série : d'abord celui de 7 pouces sur les modèles L, LS et LT — de huit pouces sur la version Premier —, et un écran d'information de 4 pouces placé entre le compte-tours et l'indicateur de vitesse, sur lequel il est possible d'accéder à de multiples informations et qui affiche également les instructions du système de navigation.

L'habitacle est relativement cossu tandis que les sièges avant se révèlent confortables bien que le support latéral ne soit pas leur point fort. Un pare-brise insonore, des matériaux antibruit placés en des endroits stratégiques et une plate-forme plus rigide font de la Cruze l'une des voitures compactes les plus silencieuses sur le marché.

HATCHBACK À VENIR

Contrairement à la génération précédente, un seul moteur est au catalogue. Il s'agit d'un quatre cylindres en aluminium à injection directe et double arbre à cames en tête de 1,4 litre qui produit 153 chevaux et 177 livre-pied de couple. Ce faisant, on respecte la tendance actuelle en utilisant un moteur de petite cylindrée doté d'un turbocompresseur et possédant un couple relativement supérieur à la puissance afin d'obtenir des accélérations linéaires et de bonnes reprises. De plus, son niveau sonore est bien atténué. Une boîte manuelle à six rapports est livrée d'office tandis que l'automatique à 6 rapports est en option. Avec cette dernière, le système Arrêt-départ est de série. Il coupe le moteur lorsque la voiture est immobilisée et le relance dès qu'on lève le pied de la pédale de frein. Soulignons qu'une motorisation diesel sera dévoilée en cours d'année. Ce quatre cylindres 1,6 litre proviendra de la filiale européenne Opel et devrait développer autour de 140 chevaux et 240 livre-pied de couple.

La puissance du moteur à essence est correcte et permet de boucler le traditionnel 0-100 km/h en moins de 8 secondes, ce qui est convenable. Concernant la tenue de route, à moins de vouloir jouer au pilote de course, la voiture est neutre dans les virages avec un léger roulis de caisse. La suspension arrière à poutre déformante — avec une barre stabilisatrice supplémentaire (suspension Watt) sur le modèle Premier — accomplit du bon boulot. Toutefois, à basse vitesse, sur des bosses, la suspension paraît parfois un peu sèche. Quant à la direction, elle est linéaire et son assistance très homogène.

Somme toute, la nouvelle Cruze ne possède pas de défauts majeurs et sa liste de prix se veut très concurrentielle. Précisons qu'une version *hatchback* fort élégante et plus polyvalente que la berline sera commercialisée en cours d'année.

Châssis - Premier	
Emp / lon / lar / haut	2700 / 4666 / 1791 / 1458 mm
Coffre / Réservoir	394 litres / 52 litres
Nbre coussins sécurité / ceintures	10 / 5
Suspension avant	ind., jambes force
Suspension arrière	semi-ind., poutre torsion
Freins avant / arrière	disque / disque
Direction	à crémaillère, ass. var. élect.
Diamètre de braquage	10,5 m
Pneus avant / arrière	P225/45R17 / P225/45R17
Poids / Capacité de remorquage	1350 kg / n.d.
Assemblage	Lordstown OH US

Composantes mécaniques	
Limited LTZ	
Cylindrée, soupapes, alim.	4L 1,4 litre 16 s turbo
Puissance / Couple	138 ch / 148 lb-pi
Tr. base (opt) / rouage base (opt)	A6 / Tr
0-100 / 80-120 / V.Max	10,4 s / 7,3 s / n.d.
100-0 km/h	42,1 m
Type / ville / route / CO₂	Ord / 9,1 / 6,3 l/100 km / 3606 (est) kg/an
Limited LS	
Cylindrée, soupapes, alim.	4L 1,8 litre 16 s atmos.
Puissance / Couple	138 ch / 125 lb-pi
Tr. base (opt) / rouage base (opt)	M6 (A6) / Tr
0-100 / 80-120 / V.Max	n.d. / n.d. / n.d.
100-0 km/h	n.d.
Type / ville / route / CO₂	Ord / 9,4 / 6,6 l/100 km / 3744 (est) kg/an
L, LS, LT, Premier	
Cylindrée, soupapes, alim.	4L 1,4 litre 16 s turbo
Puissance / Couple	153 ch / 177 lb-pi
Tr. base (opt) / rouage base (opt)	M6 (A6) / Tr
0-100 / 80-120 / V.Max	8,0 s (est) / n.d. / n.d.
100-0 km/h	n.d.
Type / ville / route / CO₂	Ord / 8,8 / 5,9 l/100 km / 3448 (est) kg/an

Du nouveau en 2017

Nouveau modèle. Version *hatchback* sera bientôt offerte.
Moteur diesel prévu pour l'an prochain.

Photos : David Miller

CHEVROLET **EQUINOX** / GMC **TERRAIN**

((SiriusXM))

Prix : 26 795 $ à 36 655 $ (2016)
Catégorie : VUS compact moins de 40 000 $
Garanties :
3 ans/60 000 km, 5 ans/160 000 km
Transport et prép. : 2 045 $
Ventes QC 2015 : 3 414 unités*
Ventes CAN 2015 : 30 610 unités**

Cote du Guide de l'auto

73 %

Fiabilité	Appréciation générale
■■■■■■■□□□	■■■■■■■□□□
Sécurité	Agrément de conduite
■■■■■■□□□□	■■■■■■□□□□
Consommation	Système multimédia
■■■■■□□□□□	■■■■■■□□□□

Cote d'assurance

■■■■■■□□□□
$$$ $

➕ Véhicules confortables • Habitacle silencieux • L'intégrale offerte pour toutes les versions • Bonne capacité de remorquage (V6) • V6 puissant

➖ Qualité de finition aléatoire • Version Denali très chère (Terrain) • V6 assoiffé • Quatre cylindres dépassé • En fin de carrière

Concurrents

Ford Escape, Honda CR-V, Hyundai Tucson, Jeep Cherokee, Kia Sportage, Mazda CX-5, Mitsubishi RVR, Nissan Rogue, Toyota RAV4, Volkswagen Tiguan

Le temps est venu...

Alain Morin

Bon an mal an, environ 30 000 Equinox et Terrain trouvent preneur au Canada. Ce n'est pas le pactole (la palme appartient au Ford Escape avec près de 50 000 unités annuellement), mais ce n'est pas non plus la misère, dignement représentée par le Mitsubishi Outlander (6 108). Bref, GM a tout intérêt à garder son duo dans les bonnes grâces des consommateurs.

L'an dernier, le Chevrolet Equinox et le GMC Terrain ont connu quelques changements esthétiques mineurs, question de les aider à demeurer dans le coup jusqu'au vrai remaniement, qui devrait arriver d'ici l'an prochain.

Tout d'abord, il convient de préciser qu'outre quelques détails esthétiques, l'Equinox et le Terrain sont rigoureusement identiques, ce qui n'empêche pas le premier de se vendre environ deux fois plus que le second.

EN RETARD ET EN AVANCE

Si l'ergonomie du tableau de bord ne pose pas de problème majeur et si les espaces de rangement sont nombreux, on ne peut passer sous silence la finition assez aléatoire. En 2017, des plastiques durs qui retroussent ou qui sont lâches n'ont plus leur place... Et les différents Terrain essayés au cours des dernières années, surtout le luxueux Denali, m'ont semblé un micron mieux finis. De plus, les sièges avant font preuve de confort tandis que la banquette arrière est moins agréable à vivre.

General Motors a souvent traîné de la patte sur le plan technique, mais pour ce qui est de la connectivité, elle a su suivre la parade quand elle ne la dépasse pas, tout simplement. Le système MyLink dispose de l'intégration Apple CarPlay et Android Auto. De son côté, la borne WiFi 4 g LTE permet de connecter nos appareils portatifs quand bon nous semble ! Pour le GMC Terrain, le système s'appelle IntelliLink, mais c'est du pareil au même.

*Chevrolet Equinox : 2 192 unités / GMC Terrain : 1 222 unités
**Chevrolet Equinox : 19 766 unités / GMC Terrain : 10 844 unités

UNE HISTOIRE DE CHEVAUX

Sous le capot, on retrouve deux moteurs. Mais pas en même temps. Le moteur de base est un quatre cylindres 2,4 litres, dont les 182 chevaux semblent bien démunis devant les 1 700 et quelques kilos à déplacer. Heureusement, l'isolation est réussie et on ne les entend pas trop se lamenter. En conduite normale, on peut s'en tirer assez facilement sous les 11,5 l/100 km, ce qui n'est pas mal du tout.

L'autre moteur est un V6 de 3,6 litres dont les 301 équidés n'attendent qu'un coup d'accélérateur pour partir au galop. Sauf que des chevaux au galop, ça a soif rapidement et beaucoup... Ce moteur, le seul V6 dans la catégorie des VUS compacts avec le Mitsubishi Outlander, est mieux adapté à notre duo que le quatre cylindres. Il permet de remorquer jusqu'à 3 500 livres (1588 kilos) contre 1 500 (680) pour le quatre cylindres.

Ces deux moteurs sont liés à une boîte automatique à six rapports. Ses relations avec le quatre cylindres semblent moins bonnes qu'avec le V6 alors que le passage des rapports est plus doux. Tous les Equinox et Terrain naissent avec la traction (roues avant motrices) et le rouage intégral est optionnel, peu importe le moteur et peu importe la version, ce qui est tout à l'honneur de GM puisque chez les autres constructeurs, il faut habituellement commander le «gros moteur» et/ou la version la plus dispendieuse pour avoir droit aux quatre roues motrices. Étant donné notre climat quelquefois belliqueux, ce rouage nous semble impératif. Les 2 200 $ additionnels en valent le coût.

Personne ne sera surpris si nous avançons que ce duo ne propose pas une conduite très dynamique. Oh qu'on est loin de l'agilité d'un Mazda CX-5. La suspension ne peut contrer un important roulis, tributaire du poids très élevé à soutenir. La direction n'est ni très vive, ni très communicative et la pédale de frein est trop molle, quoique les distances d'arrêt sont dans la bonne moyenne. Par contre, la version Denali est un zeste plus incisive (le mot est peut-être un peu fort...) dans chacun de ces domaines.

Le duo Equinox / Terrain en est à ses derniers kilomètres sous cette forme. Le prochain Equinox (on ne sait pas encore pour le Terrain) serait construit sur la plate-forme de la Cruze, bien que passablement modifiée, pour accueillir un rouage intégral. Les rumeurs parlent de moteurs turbocompressés, rien de surprenant ici, et même d'une motorisation hybride. Sans doute que le véhicule perdra une bonne partie de sa capacité de remorquage. Les mêmes rumeurs évaluent que la première sortie de ce nouvel Equinox aurait lieu au début de 2017 en tant que modèle 2018. Au Salon de Détroit peut-être ?

Du nouveau en 2017

Aucun changement majeur. Probablement la dernière année de la génération actuelle.

Châssis - Equinox LTZ TI (V6)

Emp / lon / lar / haut	2857 / 4770 / 1842 / 1760 mm
Coffre / Réservoir	889 à 1803 litres / 79 litres
Nbre coussins sécurité / ceintures	6 / 5
Suspension avant	ind., jambes force
Suspension arrière	ind., multibras
Freins avant / arrière	disque / disque
Direction	à crémaillère, assistée
Diamètre de braquage	12,2 m
Pneus avant / arrière	P235/65R18 / P235/65R18
Poids / Capacité de remorquage	1881 kg / 1588 kg (3500 lb)
Assemblage	Ingersoll ON CA

Composantes mécaniques

LS TA, LS TI, LT TA, LT TI, LTZ TI

Cylindrée, soupapes, alim.	4L 2,4 litres 16 s atmos.
Puissance / Couple	182 ch / 172 lb-pi
Tr. base (opt) / rouage base (opt)	A6 / Tr (Int)
0-100 / 80-120 / V.Max	9,9 s / 6,9 s / n.d.
100-0 km/h	42,0 m
Type / ville / route / CO_2	Ord / 11,5 / 8,2 l/100 km / 4607 kg/an

LT TI (V6), LTZ TI (V6)

Cylindrée, soupapes, alim.	V6 3,6 litres 24 s atmos.
Puissance / Couple	301 ch / 272 lb-pi
Tr. base (opt) / rouage base (opt)	A6 / Int
0-100 / 80-120 / V.Max	7,7 s / 5,5 s / n.d.
100-0 km/h	42,4 m
Type / ville / route / CO_2	Ord / 14,8 / 9,9 l/100 km / 5794 kg/an

GMC TERRAIN

CHEVROLET EQUINOX

Photos : Chevrolet, GMC

CHEVROLET IMPALA

((SiriusXM))

Prix : 30 895 $ à 42 095 $ (2016)
Catégorie : Grande berline
Garanties :
3 ans/60 000 km, 5 ans/160 000 km
Transport et prép. : 2 000 $
Ventes QC 2015 : 342 unités
Ventes CAN 2015 : 3 337 unités

Cote du Guide de l'auto

72 %

Fiabilité	Appréciation générale
■■■■■■■□□□	■■■■■■■□□□
Sécurité	Agrément de conduite
■■■■■■■□□□	■■■■■■□□□□
Consommation	Système multimédia
■■■■■■□□□□	■■■■■■■□□□

Cote d'assurance

■■■■■■■■□□
$$$ $

➕ Look moderne • Moteurs bien adaptés • Énormément d'espace • Beaucoup de rangement • Habitacle stylisé et bien assemblé

➖ Pas de rouage intégral • Visibilité arrière compromise • Angles morts importants • Image ternie • Difficile à stationner dans la métropole...

Concurrents
Buick LaCrosse, Chrysler 300, Dodge Charger, Ford Taurus, Nissan Maxima, Toyota Avalon

L'art de faire honneur à son nom

Frédérick Boucher-Gaulin

Vous rappelez-vous de l'époque pas si lointaine où le terme « berline américaine » signifiait une grosse voiture balourde, avec des suspensions donnant l'impression d'être faite de guimauve, et une agilité ressemblant à celle d'un cétacé échoué sur une rive ? Avec l'arrivée de voitures comme les Cadillac ATS et CTS, qui font la vie dure aux allemandes en allant jouer dans leurs plates-bandes, on pourrait penser que GM a délaissé le créneau des berlines traditionnelles; même Buick se prend maintenant pour un constructeur mondial, important des modèles Opel de l'Allemagne et bâtissant des VUS en Chine !

Mais une américaine persiste encore : la Chevrolet Impala, qui est passée de modèle de figuration, tout juste bonne pour les parcs automobiles, à modèle compétitif, dans son segment, lors de sa refonte en 2014.

BIEN PORTER SON POIDS

2017 n'apporte pas grand changements à son style, et c'est tant mieux : l'actuelle version de l'Impala a été fort bien dessinée et il serait dommage de changer une recette gagnante. Avec l'arrivée récente des nouvelles Malibu, Cruze et Spark, les berlines Chevrolet partagent maintenant un look commun, mais c'est l'Impala qui a lancé la tendance des phares carrés et pointus, de la ligne de caisse droite et du toit fuyant vers l'arrière.

La version LS de base propose des roues d'acier de 18 pouces, des moulures de plastique aux couleurs de la carrosserie ainsi que des phares halogènes. Si vous voulez un look plus distingué, il faudra vous tourner vers les modèles LT ou LTZ : ceux-ci ont droit à beaucoup plus de chrome, surtout la LTZ qui ajoute aussi de splendides roues en aluminium de 20 pouces optionnelles, un éclairage à DEL ainsi que des projecteurs DHI à l'avant, ce qui transforme la figure de l'Impala.

À l'intérieur, ceux qui ne se sont pas assis dans un produit GM récemment seront confondus : la qualité d'assemblage est à des années-lumière de la précédente génération, et l'habitacle donne enfin l'impression d'avoir été dessiné par un être humain plutôt que par un ordinateur cherchant l'efficacité maximale. Les sièges avant, garnis de tissu sur la version d'entrée de gamme et de cuir sur les LT et LTZ, sont larges, bien rembourrés, mais n'offrent aucun support latéral, comme il se doit dans une voiture de ce type. Il est encore possible d'obtenir des boiseries dans l'Impala; celles-ci seront appréciées par ceux cherchant un style plus classique, et se marient bien avec les accents d'aluminium, comme la grande baguette parcourant le tableau de bord.

Parlant de cette bande, Chevrolet y insère un éclairage verdâtre dans les versions LTZ, ce qui donne une apparence futuriste lorsque la nuit tombe. Mentionnons que les places arrière sont comparables aux meilleurs sofas, que les passagers de plus de six pieds auront amplement d'espace pour leurs jambes et que même les amasseurs compulsifs ne réussiront pas à remplir le gargantuesque coffre arrière.

PAS DE SPORT À CETTE ADRESSE!

Conduire l'Impala est une expérience des plus relaxantes: la motorisation de base est un quatre cylindres EcoTec de 2,5 litres et 196 chevaux. Appareillé à une boîte automatique à six rapports, ce moteur fait un travail honnête. Par contre, pour vivre pleinement l'expérience d'une grosse berline américaine, il faut aller du côté du V6 de 3,6 litres. Bien qu'il n'y ait plus de V8 dans l'Impala depuis un bout, ce 3,6 litres n'est pas à dédaigner, déployant 305 chevaux qui sont envoyés aux roues avant (pas de rouage intégral au programme).

La voiture peut alors accélérer avec autorité, mais elle n'est pas conçue pour les pilotes de course; sa direction demeure totalement déconnectée de la route, le silence à bord est total et même si la boîte automatique dispose d'un mode sport, elle ne transforme par cette Chevrolet en Formule 1. L'Impala existe pour avaler des kilomètres sans broncher. Même si les suspensions sont molles et absorbent les pires trous dans un silence impressionnant, la carrosserie ne tangue pas dans les virages comme un navire en pleine tempête.

Les familles modernes lorgnent immédiatement des VUS lorsque vient le temps de s'acheter un véhicule pour trimballer la marmaille. Mais supposons un instant que vous cherchiez quelque chose d'encore plus confortable, aussi logeable et infiniment plus agréable à l'œil, prenez le temps d'aller faire un tour d'Impala. Bien que ce soit possiblement sa dernière année avec nous sous cette forme (pour 2018, elle sera possiblement redessinée sur la plate-forme de la nouvelle Buick Lacrosse), cette voiture américaine n'est plus confinée à un rôle de figuration dans les parcs commerciaux.

Du nouveau en 2017

Aucun changement majeur

Châssis - LT V6

Emp / lon / lar / haut	2837 / 5113 / 1854 / 1496 mm
Coffre / Réservoir	532 litres / 70 litres
Nbre coussins sécurité / ceintures	10 / 5
Suspension avant	ind., jambes force
Suspension arrière	ind., multibras
Freins avant / arrière	disque / disque
Direction	à crémaillère, ass. var. élect.
Diamètre de braquage	11,8 m
Pneus avant / arrière	P235/50R18 / P235/50R18
Poids / Capacité de remorquage	1717 kg / 454 kg (1000 lb)
Assemblage	Oshawa ON CA

Composantes mécaniques

LS Ecotec 2.5

Cylindrée, soupapes, alim.	4L 2,5 litres 16 s atmos.
Puissance / Couple	196 ch / 186 lb-pi
Tr. base (opt) / rouage base (opt)	A6 / Tr
0-100 / 80-120 / V.Max	9,0 s (est) / 8,0 s (est) / n.d.
100-0 km/h	n.d.
Type / ville / route / CO_2	Ord / 10,6 / 7,5 l/100 km / 4234 kg/an

LT V6, LTZ V6

Cylindrée, soupapes, alim.	V6 3,6 litres 24 s atmos.
Puissance / Couple	305 ch / 264 lb-pi
Tr. base (opt) / rouage base (opt)	A6 / Tr
0-100 / 80-120 / V.Max	7,3 s / 5,2 s / n.d.
100-0 km/h	41,2 m
Type / ville / route / CO_2	Ord / 12,5 / 8,2 l/100 km / 4360 kg/an

" SI VOUS FAITES **BEAUCOUP** DE ROUTE OU SI VOUS VOULEZ **BEAUCOUP D'ESPACE,** DONNEZ UNE CHANCE À LA CHEVROLET IMPALA... ELLE VOUS **SURPRENDRA!** "

CHEVROLET **MALIBU**

(((SiriusXM)))

Prix: 23 495 $ à 34 000 $ (2016) (estimé)
Catégorie: Berline intermédiaire
Garanties:
3 ans/60 000 km, 5 ans/160 000 km
Transport et prép.: 2 000 $
Ventes QC 2015: 1 242 unités
Ventes CAN 2015: n.d.

Cote du Guide de l'auto

75 %

Fiabilité	Appréciation générale
■■■■■■■□□□	■■■■■■■□□□
Sécurité	**Agrément de conduite**
■■■■■■■■□□	■■■■■■□□□□
Consommation	**Système multimédia**
■■■■■■■□□□	■■■■■■■□□□

Cote d'assurance

■■■■■■■■□□
$$$ $

➕ Style moderne • Large choix de motorisations • Plusieurs technologies • Prix compétitifs • Version hybride efficace

➖ Quelques plastiques bas de gamme • Hybride uniquement offert sur les modèles plus dispendieux • Réputation à refaire • Fiabilité inconnue • Pas d'hybride rechargeable

Concurrents

Buick Regal, Chrysler 200, Ford Fusion, Honda Accord, Hyundai Sonata, Kia Optima, Mazda6, Nissan Altima, Subaru Legacy, Toyota Camry, Volkswagen CC, Volkswagen Passat

La berline américaine est de retour

Frédérick Boucher-Gaulin

La Chevrolet Malibu que vous voyez sur les photos accompagnant cet essai est la neuvième génération à porter ce nom. Si le modèle a connu ses heures de gloire dans les années 60 et 70 — à cette époque, la Malibu —, elle a également traversé une période plus sombre. À la fin de 1983, Chevrolet l'abandonne. Quatorze ans plus tard, la Malibu revit; cependant, elle se veut maintenant une berline intermédiaire à traction avant compétente, mais plutôt anonyme! Elle a par la suite fait son bonhomme de chemin, devenant reconnue comme la voiture de location par excellence.

Fournir des voitures aux parcs commerciaux (entreprises de location, flottes pour compagnies, etc), c'est bon pour les chiffres de vente; ça l'est moins pour l'image de marque. Voilà pourquoi Chevrolet, désirant offrir une rivale sérieuse aux Honda Accord, Toyota Camry et Mazda6 de ce monde, a introduit une toute nouvelle Malibu l'an dernier.

UN NEZ MA CHÈRE, UN NEZ!

Dévoilée au Salon de l'Auto de New York au printemps 2015, la Malibu était relativement passée inaperçue. Pourquoi? Tout simplement parce que GM lançait aussi la Cadillac CT6, la Chevrolet Spark et la Chevrolet Volt en même temps! C'est dommage, puisque la Malibu aurait pu profiter d'un lancement en grande pompe: pour la première fois depuis longtemps, les stylistes ont décidé de prendre des risques en la dessinant. Ses phares affûtés lui donnent un style agressif, ses quelques appliques chromées renforcent l'impression de prestige et ses feux à DEL situés dans le bas du pare-chocs avant la rendent vite reconnaissable. Vue de profil, la Malibu est très élancée, ce qui fait contraste avec le style «capot plat, toit plat et valise plate» de la version précédente.

L'habitacle a également reçu beaucoup d'attention: là où il n'y avait auparavant qu'une suite de plastiques mornes et de cuirs de basse qualité, on a désormais droit à une planche de bord bien pensée aux formes fluides, à des sièges moulants et à des panneaux de porte vraiment mieux finis. Le système d'infodivertissement utilisé est la dernière génération de MyLink; les modèles de base ont un écran de 7 pouces, tandis que celui de 8 pouces est optionnel.

BOURRÉ DE GADGETS

La Malibu 2017 offre plusieurs gadgets pour tenter de se démarquer de la concurrence: comme tous les produits GM, elle vient avec la connectivité Wi-Fi 3g LTE. Bien pratique pour les longs voyages (spécialement si vous avez des adolescents!). Parlant d'adolescents, l'une des plus grandes peurs pour un parent est de prêter sa voiture à son rejeton venant d'obtenir son permis de conduire. Se souvenant probablement leur propre tempérament à cet âge, plus d'un adulte refuse carrément de laisser son jeune seul au volant. Chevrolet a pensé à un gadget bien utile pour cette situation. En accédant au système *Teen Driver*, le propriétaire peut empêcher le système audio de fonctionner si les ceintures ne sont pas bouclées, limiter le volume de la radio, activer une alarme si la voiture dépasse une vitesse donnée... Finalement, le parent pourra télécharger les données de conduite lors du retour de la voiture à la maison. Il y verra alors la distance parcourue, la limite maximale atteinte... Cela devrait aider à vous rassurer ou à poser vos conditions...

Sous le capot, on retrouvera l'une des trois motorisations suivantes: le moteur d'entrée de gamme est un 1,5 litre turbocompressé développant 160 chevaux et 184 livre-pied de couple. Vient ensuite un autre quatre cylindres turbocompressé, un 2,0 litres, celui-là plus adapté à une conduite sportive: avec ses 250 chevaux et 258 livre-pied de couple, il permet à la Malibu de faire le 0-100 km/h en six secondes. Le moulin de base est associé à une automatique à six rapports, tandis que le 2,0 litres en a deux de plus. Finalement, une version hybride est proposée. Empruntant le système électrique de la Volt, mais avec une batterie plus modeste et un moteur de 1,8 litre, celle-ci pourrait ne consommer que 5,0 litres aux 100 km... Selon le manufacturier. Contrairement à la Volt, elle ne sera pas rechargeable.

SURPRENANTE MALIBU

La nouvelle Malibu est impressionnante en elle-même, mais c'est surtout lorsqu'on la compare à l'ancienne qu'elle brille : sa direction est beaucoup plus précise, ses suspensions ne sont plus molles et l'on se surprend à prendre les virages avec enthousiasme. Le moteur de base est excellent dans la circulation, mais s'essouffle à vitesse d'autoroute. De son côté, l'hybride brille par sa simplicité d'utilisation. Là où elle n'était auparavant qu'une figurante dans un segment dominé par les voitures japonaises, la Chevrolet Malibu veut faire sa marque. Si vous avez un faible pour son style, prenez le temps de l'essayer; il est fort possible que votre prochain achat porte un nom légendaire.

Du nouveau en 2017

Aucun changement majeur

Châssis - Premier

Emp / lon / lar / haut	2829 / 4922 / 1854 / 1465 mm
Coffre / Réservoir	447 litres / 60 litres
Nbre coussins sécurité / ceintures	10 / 5
Suspension avant	ind., jambes force
Suspension arrière	ind., multibras
Freins avant / arrière	disque / disque
Direction	à crémaillère, ass. var. élect.
Diamètre de braquage	11,5 m
Pneus avant / arrière	P245/40R19 / P245/40R19
Poids / Capacité de remorquage	1536 kg / n.d.
Assemblage	Kansas City KS US

Composantes mécaniques

Hybride

Cylindrée, soupapes, alim.	4L 1,8 litre 16 s atmos.
Puissance / Couple	122 ch / 129 lb-pi
Tr. base (opt) / rouage base (opt)	CVT / Tr
0-100 / 80-120 / V.Max	8,9 s / n.d. / n.d.
Type / ville / route / CO_2	Ord / 4,9 / 5,2 l/100 km / 2316 (est) kg/an

Moteur électrique

Puissance / Couple	182 ch (136 kW) / 375 lb-pi
Type de batterie	Lithium-ion (Li-ion)
Énergie	1,5 kWh
Temps de charge (120V / 240V)	n.d.
Autonomie	n.d.

L

Cylindrée, soupapes, alim.	4L 1,5 litre 16 s turbo
Puissance / Couple	160 ch / 184 lb-pi
Tr. base (opt) / rouage base (opt)	A6 / Tr
0-100 / 80-120 / V.Max	9,7 s (est) / n.d. / n.d.
Type / ville / route / CO_2	Ord / 8,7 / 6,3 l/100 km / 3505 (est) kg/an

Limited

Cylindrée, soupapes, alim.	4L 2,5 litres 16 s atmos.
Puissance / Couple	197 ch / 191 lb-pi
Tr. base (opt) / rouage base (opt)	A6 / Tr
0-100 / 80-120 / V.Max	9,1 s / 6,8 s / n.d.
100-0 km/h	44,6 m
Type / ville / route / CO_2	Ord / 10,0 / 7,0 l/100 km / 3979 (est) kg/an

Premier

4L 2.0 l - 250 ch/258 lb-pi - A8 - 0-100: 6,0 s - 10,6/7,1 l/100km

Photos : Chevrolet

GMC SIERRA

CHEVROLET **SILVERADO** / GMC **SIERRA**

((SiriusXM))

Prix : 28 780 $ à 60 420 $ (2016)
Catégorie :
Camionnette pleine grandeur
Garanties :
3 ans/60 000 km, 5 ans/160 000 km
Transport et prép. : 2 045 $
Ventes QC 2015 : 14 425 unités*
Ventes CAN 2015 : 100 134 unités**

Cote du Guide de l'auto

77 %

Fiabilité   Appréciation générale
■■■■■□□□□□   ■■■■■■■□□□

Sécurité   Agrément de conduite
■■■■■■■□□□   ■■■■■■□□□□

Consommation   Système multimédia
■■■■■□□□□□   ■■■■■■□□□□

Cote d'assurance
■■■■■■■■□□
$ $ $ $

➕ Mécanique simple et éprouvée •
Consommation raisonnable (4,3 et
5,3 litres) • Véhicule robuste • Nombre
quasi illimité de configurations

➖ Consommation élevée (6,2 litres) •
Prix qui grimpe rapidement • Confort
inférieur à celui des rivaux • Freinage
manque de mordant

Concurrents
Ford F-150, GMC Sierra, Nissan Titan,
Nissan Titan XD, RAM 1500,
Toyota Tundra

Un classique

Frédérick Boucher-Gaulin

Si le marché de la camionnette était autrefois un havre de tranquillité, habité uniquement par des véhicules rustiques et adaptés pour le travail, il a évolué dans une drôle de direction. Désormais, les protagonistes de ce segment essaient d'être des voitures de sport puissantes, des berlines luxueuses, des familiales confortables... Par exemple, le Ram 1500 peut être équipé d'une suspension à air, comme sur une Rolls-Royce. De son côté, le Ford F-150 a une carrosserie d'aluminium, comme une Porsche. Son moteur le plus puissant est un V6 biturbo envoyant ses chevaux aux quatre roues, le même arrangement qui propulse la Nissan GT-R.

Mais tous n'ont pas des envies de modernisme : les Chevrolet Silverado et son cousin germain, le GMC Sierra, identiques sauf pour quelques détails esthétiques, sont les plus conservateurs des camions américains. Mais est-ce une mauvaise chose ?

SIMPLE ET EFFICACE
La génération actuelle du Chevrolet Silverado a été dévoilée en 2014, mais il a reçu un petit *lifting* l'an dernier, troquant ses quadruples blocs optiques carrés contre des unités plus anguleuses serties de DEL en leur centre. La grille centrale est maintenant peinte de la couleur de la carrosserie au lieu d'être chromée. Quant au Sierra, il continue son bonhomme de chemin sans grands changements, gagnant une gigantesque grille pleine de chrome sur la variante Denali, ainsi que des diodes électroluminescentes arrangées en forme de C dans ses phares. À notre avis, le Sierra est beaucoup plus réussi, mais les goûts ne se discutent pas...

Les cabines de ces deux camions sont pratiquement identiques : elles disposent toutes deux la même planche de bord, les mêmes sièges, le même volant... mentionnons que la qualité d'assemblage de ces camionnettes est surprenante, pour peu que vous sélectionniez une version moindrement équipée, comme un LS ou un LT chez Chevrolet ou un Sierra de base chez GMC.

MÉCANIQUE ÉPROUVÉE

Les motorisations des camions GM sont simples et ont fait leurs preuves depuis longtemps. Le moteur de base est un V6 de 4,3 litres et 285 chevaux. Il convient aux petits entrepreneurs désirant un *pickup* à bas prix, mais il ne peut remorquer de lourdes charges. Pour plus de capacités, on doit se tourner vers le V8 de 5,3 litres. Ce moteur peut tracter jusqu'à 5 035 kg (11 100 lb), selon la version et l'équipement, ce qui est amplement suffisant pour plusieurs.

Finalement, il est possible de commander son Silverado ou son Sierra avec un autre V8, de 6,2 litres celui-là. Il développe 420 chevaux, un couple de 460 lb-pi et affiche une capacité de remorquage maximale de 5 443 kg (12 000 lb), encore là, dépendant de la version et de l'équipement. Deux boîtes automatiques figurent au catalogue, à six ou huit rapports, selon le moteur ou l'équipement. Des rumeurs persistantes parlent d'une boîte à huit rapports pour toute la gamme mais, au moment d'aller sous presse, ce n'était pas confirmé par General Motors. L'entraînement à propulsion est de série, le rouage 4x4, en option.

Conduire une camionnette n'est pas une expérience transcendante, et le duo qui nous intéresse ici ne fait pas exception. La suspension arrière à lames rebondit sur une chaussée accidentée, mais ça s'améliore si l'on transporte un objet lourd dans la boîte. Mentionnons ici que le contrôle de stabilité du Silverado et du Sierra n'est pas des plus réactifs: sur la terre battue, il est possible de faire déraper le véhicule avant que l'ordinateur ne réagisse, ce qui n'augure pas bien pour la conduite hivernale...

Sur les versions les plus huppées (Silverado High Country et Sierra Denali), une suspension magnétique remplace les amortisseurs conventionnels. Elle ne transforme pas le duo en Cadillac Escalade, mais rend la conduite beaucoup plus agréable et diminue le roulis dans les virages.

Même si les Silverado et Sierra ne sont pas les plus rapides, les plus puissants, les plus confortables ou les plus technologiques, ils trouvent chaque année bon nombre d'acheteurs. Pourquoi? Tout simplement parce qu'ils sont faciles d'entretien, que leurs acheteurs sont fidèles et que, pour beaucoup de clients, une camionnette, c'est fait pour travailler, pas pour parader les dernières technologies dans le vent.

Châssis - Silverado LTZ 4x4 cab. allongée (6.5')	
Emp / lon / lar / haut	3645 / 5843 / 2032 / 1877 mm
Boîte / Réservoir	1999 mm (78,7″) / 98 litres
Nbre coussins sécurité / ceintures	6 / 6
Suspension avant	ind., bras inégaux
Suspension arrière	essieu rigide, ress. à lames
Freins avant / arrière	disque / disque
Direction	à crémaillère, ass. var. élect.
Diamètre de braquage	14,3 m
Pneus avant / arrière	P265/65R18 / P265/65R18
Poids / Capacité de remorquage	2408 kg / 2994 kg (6600 lb)
Assemblage	Fort Wayne IN US

Composantes mécaniques

V6 4,3 litres

Cylindrée, soupapes, alim.	V6 4,3 litres 12 s atmos.
Puissance / Couple	285 ch / 305 lb-pi
Tr. base (opt) / rouage base (opt)	A6 / Prop (4x4)
0-100 / 80-120 / V.Max	n.d. / n.d. / n.d.
100-0 km/h	n.d.
Type / ville / route / CO_2	Ord / 12,6 / 9,0 l/100 km / 5050 (est) kg/an

V8 5,3 litres

Cylindrée, soupapes, alim.	V8 5,3 litres 16 s atmos.
Puissance / Couple	355 ch / 383 lb-pi
Tr. base (opt) / rouage base (opt)	A8 / Prop (4x4)
0-100 / 80-120 / V.Max	n.d. / n.d. / n.d.
100-0 km/h	n.d.
Type / ville / route / CO_2	Ord / 13,3 / 9,0 l/100 km / 5230 (est) kg/an

V8 6,2 litres

Cylindrée, soupapes, alim.	V8 6,2 litres 16 s atmos.
Puissance / Couple	420 ch / 460 lb-pi
Tr. base (opt) / rouage base (opt)	A8 / Prop (4x4)
Type / ville / route / CO_2	Ord / 16,3 / 11,6 l/100 km / 5230 kg/an

Du nouveau en 2017

Aucun changement majeur

CHEVROLET SILVERADO

CHEVROLET SILVERADO

CHEVROLET **SONIC**

(((**SiriusXM**)))

Prix : 14 395 $ à 24 245 $ (2016)
Catégorie : Sous-compacte,
Berline, Hatchback
Garanties :
3 ans/60 000 km, 5 ans/160 000 km
Transport et prép. : 1 850 $
Ventes QC 2015 : 1 510 unités
Ventes CAN 2015 : 5 763 unités

Cote du Guide de l'auto

70 %

Fiabilité
■■■■■■■□□□

Appréciation générale
■■■■■■■□□□

Sécurité
■■■■■■■□□□

Agrément de conduite
■■■■■■□□□□

Consommation
■■■■■□□□□□

Système multimédia
■■■■■■■□□□

Cote d'assurance
■■■■■■■■□□
$$$ $

➕ Style sympathique • Silence de
roulement • Moteur 1,4 bien adapté •
Système multimédia intéressant •
Comportement routier sans surprise

➖ Moteur 1,8 peu motivé •
Consommation trop élevée • Versions
huppées trop chères • Berline plus ou
moins intéressante

Concurrents
Ford Fiesta, Honda Fit, Hyundai Accent,
Kia Rio, Mazda2, Mitsubishi Mirage,
Nissan Micra, Nissan Versa, Toyota Yaris

La maison bleue sur le coin

Alain Morin

Au cours des vingt dernières années, je suis peut-être passé mille fois devant une maison bleu lavande. Pas laide d'ailleurs. Bien entretenue en plus. Et puis, un jour, je me suis rendu compte qu'elle était devenue bleu ciel. Depuis combien de temps ? Aucune idée. Au moins, elle est toujours jolie.

Cette année, la Sonic, autant la berline que la *hatchback*, reçoit son lot de changements esthétiques. La partie avant est la plus touchée et elle arbore désormais le style propre aux plus récentes créations de Chevrolet que sont les Cruze, Bolt EV, Trax et Spark. Le tableau de bord aussi a droit à plusieurs égards. Les jauges font maintenant partie d'une nacelle plus orthodoxe qu'avant, mais aussi plus facile à consulter. Tout cela fait de la Sonic une voiture davantage au goût du jour et, à mon humble avis, vraiment jolie, surtout en livrée *hatchback*, mais je doute qu'on la remarque plus que par le passé...

C'EST LÀ QU'IL N'Y A RIEN
Là où la Sonic aurait vraiment mérité des améliorations... il n'y en a pas ! La mécanique demeure inchangée. C'est donc dire qu'on retrouve deux quatre cylindres développant tous les deux 138 chevaux. C'est bizarre, mais c'est ça. Le premier est atmosphérique et d'une cylindrée de 1,8 litre. D'office, il est associé à une manuelle à cinq rapports ou à une automatique à six rapports.

L'autre moteur fait 1,4 litre, mais grâce à la magie de la turbocompression, il développe autant de chevaux que le 1,8 et 23 livre-pied de couple de plus. Lui aussi est associé à une boîte automatique à six rapports ou à une manuelle, à six rapports aussi. Oui, monsieur ! Les roues motrices sont situées à l'avant, comme sur toutes les autres sous-compactes.

Des deux moteurs, il faut privilégier le 1,4, plus nerveux. Il faut évidemment prendre le terme « nerveux » dans le contexte de la Sonic... Les accélérations sont passablement vives, mais au prix d'une montée de décibels.

Toutefois, une fois la vitesse de croisière atteinte, l'habitacle est étonnamment calme. On sent que le 1,8, même s'il affiche la même puissance, est moins à l'aise dès qu'on le sollicite le moindrement. Les deux transmissions ne transforment pas la Sonic en parangon de plaisir, mais si vous le pouvez, optez pour la manuelle, qui permet de mieux exploiter la puissance du moteur.

Ceux qui font les sacrifices requis pour conduire une sous-compacte dans le but d'épargner de l'essence seraient mieux avisés de regarder du côté des compactes. En effet, espérer s'en tirer avec une moyenne de consommation sous les 7,0 l/100 km relève de l'utopie. Beaucoup de voitures plus imposantes, confortables et agréables à conduire font mieux.

LE VRAI PLAISIR DE LA CONDUITE...

Au moment d'écrire ces lignes, le slogan qui apparaît sur le site public de la Sonic est « Le vrai plaisir de la conduite ». Ou ils en fument du bon à l'agence de publicité de Chevrolet ou leur conception du plaisir de la conduite diffère royalement du mien... Remarquez que la Sonic n'est pas « si pire que ça ». Il faut juste éviter de se lancer à corps perdu dans les courbes. À ce moment, la voiture sous-vire passablement (l'avant veut continuer tout droit), tout en s'écrasant sur la suspension, dont le mandat premier est de préserver le confort des occupants. Notez que cet avertissement est presque inutile, car personne n'a envie de titiller le danger au volant d'une Sonic ! Même si la direction est assez précise.

La vie à bord de la Sonic, sans marquer le parcours de vie de son propriétaire, est quand même assez agréable. Beaucoup plus que dans une triste Mitsubishi Mirage, en tout cas ! Les sièges avant sont confortables, du moins pour quelques heures, tandis que la banquette arrière est très dure.

Personne ne sera surpris si je vous dis que la livrée *hatchback* est beaucoup plus polyvalente que la berline à cause de la configuration de son coffre qui, sans être le plus grand de la catégorie, n'est pas le plus petit non plus. Là où la Sonic se démarque de plusieurs concurrentes, c'est au chapitre de la technologie. Le système d'infodivertissement MyLink offre l'intégration Apple CarPlay et Android Auto via un écran de sept pouces. Ce système offre aussi la borne WIFI LTE 4g.

Le sort de la Sonic n'est pas très enviable. Pour obtenir une version supportable au quotidien, il faut opter pour une livrée haut de gamme. Or, rendu là, on joue dans les prix d'une Chevrolet Cruze, plus agréable à conduire, plus spacieuse et confortable, plus économique en carburant, plus tout, quoi ! Tout comme la maison bleue sur le coin, la Sonic aurait mérité beaucoup plus que des changements cosmétiques.

Du nouveau en 2017

Partie avant et feux arrière redessinés, quatre nouvelles couleurs, tableau de bord remanié.

Châssis - LS hatchback	
Emp / lon / lar / haut	2525 / 4039 / 1735 / 1516 mm
Coffre / Réservoir	538 à 1351 litres / 46 litres
Nbre coussins sécurité / ceintures	10 / 5
Suspension avant	ind., jambes force
Suspension arrière	semi-ind., poutre torsion
Freins avant / arrière	disque / tambour
Direction	à crémaillère, ass. élect.
Diamètre de braquage	10,5 m
Pneus avant / arrière	P195/65R15 / P195/65R15
Poids / Capacité de remorquage	1234 kg / non recommandé
Assemblage	Lake Orion MI US

Composantes mécaniques	
RS, LTZ	
Cylindrée, soupapes, alim.	4L 1,4 litre 16 s turbo
Puissance / Couple	138 ch / 148 lb-pi
Tr. base (opt) / rouage base (opt)	M6 (A6) / Tr
0-100 / 80-120 / V.Max	9,7 s / 7,3 s / n.d.
100-0 km/h	40,3 m
Type / ville / route / CO_2	Ord / 8,7 / 6,9 l/100 km / 3629 kg/an
LS, LT	
Cylindrée, soupapes, alim.	4L 1,8 litre 16 s atmos.
Puissance / Couple	138 ch / 125 lb-pi
Tr. base (opt) / rouage base (opt)	M5 (A6) / Tr
0-100 / 80-120 / V.Max	10,5 s (est) / 7,6 s (est) / n.d.
100-0 km/h	41,8 m
Type / ville / route / CO_2	Ord / 9,6 / 6,7 l/100 km / 3816 kg/an

« LA BERLINE ET LE *HATCHBACK* PARTAGENT LE MÊME EMPATTEMENT, MAIS LE STYLE DE CETTE DERNIÈRE SEMBLE MIEUX ÉQUILIBRÉ... QUESTION DE GOÛT ! »

CHEVROLET SONIC

CHEVROLET **SPARK**

((SiriusXM))

Prix : 9 995 $ à 18 195 $ (2016)
Catégorie : Citadine, Hatchback
Garanties :
3 ans/60 000 km, 5 ans/160 000 km
Transport et prép. : 1 850 $
Ventes QC 2015 : 235 unités
Ventes CAN 2015 : 1 561 unités

Cote du Guide de l'auto

80 %

Fiabilité	Appréciation générale
Nouveau modèle	■■■■■■■□□□
Sécurité	Agrément de conduite
■■■■■■■□□□	■■■■■■■□□□
Consommation	Système multimédia
■■■■■■■■□□	■■■■■■■■□□

Cote d'assurance

■■■■■■■■□□

$$$ $

➕ Infodivertissement sophistiqué •
Bonne habitabilité • Moteur plus puissant •
Tenue de route correcte • Choix entre
de multiples couleurs

➖ Version électrique abandonnée •
Prise USB difficile à atteindre • Petit
coffre • Visibilité arrière perfectible •
Voiture relativement lourde

Concurrents
Fiat 500, Mitsubishi Mirage,
Nissan Micra, smart Fortwo

Vous aimez Internet ?
Chevrolet a pensé à vous.

Denis Duquet

La première génération de la Spark ciblait essentiellement les personnes désirant se procurer une voiture vendue à un prix très compétitif, à faible consommation et avec un minimum de confort. La seconde génération, qui a fait ses débuts au milieu de l'année-modèle 2016, cible une nouvelle clientèle en plus de celle visée précédemment. La nouvelle Spark est faite pour les internautes.

De nos jours, les sondages le prouvent, beaucoup de jeunes acheteurs sont plus intéressés par les médias sociaux et les communications sur la toile que par une voiture. Même si plusieurs de ces jeunes aimeraient bien s'en passer, il reste que le mode de vie actuel en oblige plusieurs à se procurer une auto. C'est dans ce contexte que Chevrolet a décidé de réviser sa sous-compacte afin de la rendre plus attrayante aux acheteurs conventionnels et presque irrésistible aux inconditionnels de l'Internet.

LE WI-FI BIEN ENTENDU
Forte de son association avec OnStar et la possibilité de proposer le Wi-Fi à l'intérieur de la voiture, GM met le paquet : pratiquement toute sa gamme d'automobiles et de camionnettes permet de se brancher au Web par l'intermédiaire du Wi-Fi (grâce à une connectivité 4 g LTE). Comme il se devait, compte tenu de la clientèle ciblée, la Spark fait partie du nombre. Il est donc possible de naviguer sur la toile, à la condition de participer au réseau OnStar. C'est dans ce contexte que l'écran d'affichage est dorénavant de sept pouces, afin que l'on puisse mieux voir les informations fournies par les systèmes MyLink, Apple CarPlay et Android Auto. Comme la quasi-majorité des automobilistes possède un téléphone intelligent, il sera difficile de résister à l'envie de surfer sur le Web à l'aide de son téléphone. Au fil de quelques essais de ce système, force est d'admettre qu'il est impressionnant en termes de simplicité et d'efficacité, qu'il s'agisse d'Apple ou Android. Ceci permet également de bénéficier du système de navigation provenant du téléphone cellulaire, ce qui est un avantage marqué d'autant plus qu'il s'affiche sur l'écran principal.

Cette année, la silhouette de cette minivoiture a été quelque peu requinquée tout en conservant les grandes lignes du modèle précédent. La section avant est plus verticale, les feux de route et les feux arrière ont été redessinés. L'empattement a été allongé de 10 mm et la hauteur a été abaissée de 66 mm, ce qui contribue à donner une allure plus sportive à cette voiture et réduire le coefficient de pénétration dans l'air. Pour assurer un dégagement adéquat pour la tête, l'assise des sièges a été abaissée en conséquence.

Toujours dans l'habitacle, l'affichage des cadrans indicateurs est dorénavant à cristaux liquides plus sophistiqués. Mentionnons que les commandes sont regroupées sur les branches du volant et dans la nacelle centrale, les deux à la portée de la main.

PRINCIPALE FAIBLESSE CORRIGÉE

La version antérieure de la Spark possédait d'indéniables qualités tant esthétiques que pratiques alors que sa tenue de route était dans la bonne moyenne de cette catégorie. Par contre, le moteur manquait de tonus et il fallait jouer du levier de vitesses pour obtenir des performances correctes, tandis que la transmission CVT nous donnait l'impression de piloter un rasoir électrique...

Cette seconde génération a vu sa plate-forme révisée et rigidifiée afin d'optimiser le comportement routier et l'insonorisation dans l'habitacle. Mais la principale amélioration est l'arrivée d'un tout nouveau moteur sous le capot. La cylindrée est la même, mais ce 1,4 litre produit 98 chevaux, soit 17 % de plus que le précédent. Il est à encore associé à une boîte manuelle à cinq vitesses tandis que la transmission à rapports continuellement variables est disponible en option. Cette puissance accrue vient combler l'une des grandes lacunes de ce modèle.

Il faut se souvenir que la Spark était également offerte en version 100 % électrique et elle s'était révélée l'une des plus intéressantes de la catégorie. Malheureusement, cette version n'est pas reconduite avec la nouvelle génération, la direction de Chevrolet préférant nous faire patienter quelques mois et nous proposer la récente Bolt dont l'autonomie peut atteindre 320 kilomètres.

Pour les amateurs de voitures à moteur thermique, la Spark, fabriquée en Corée, se démarque fort bien au chapitre des accélérations et des reprises tout en adoptant une tenue de route sans surprise et bien équilibrée pour la catégorie. Un bref essai comparatif avec la Nissan Micra nous amène à conclure que cette dernière est plus puissante, mais qu'elle ne réussit pas à cacher ses origines plus anciennes face à cette pimpante Chevrolet branchée sur le Web.

Châssis - LS	
Emp / lon / lar / haut	2385 / 3636 / 1595 / 1483 mm
Coffre / Réservoir	313 à 883 litres / 35 litres
Nbre coussins sécurité / ceintures	10 / 4
Suspension avant	ind., jambes force
Suspension arrière	semi-ind., poutre torsion
Freins avant / arrière	disque / tambour
Direction	à crémaillère, ass. var. élect.
Diamètre de braquage	10,5 m
Pneus avant / arrière	P185/55R15 / P185/55R15
Poids / Capacité de remorquage	1019 kg / non recommandé
Assemblage	Changwon KR

Composantes mécaniques	
LS, LT, 2LT	
Cylindrée, soupapes, alim.	4L 1,4 litre 16 s atmos.
Puissance / Couple	98 ch / 94 lb-pi
Tr. base (opt) / rouage base (opt)	M5 (CVT) / Tr
0-100 / 80-120 / V.Max	11,5 s / n.d. / n.d.
100-0 km/h	n.d.
Type / ville / route / CO_2	Ord / 7,4 / 5,8 l/100 km / 3073 (est) kg/an.

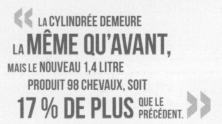

« LA CYLINDRÉE DEMEURE **LA MÊME QU'AVANT,** MAIS LE NOUVEAU 1,4 LITRE PRODUIT 98 CHEVAUX, SOIT **17 % DE PLUS** QUE LE PRÉCÉDENT. »

Du nouveau en 2017

Nouveau modèle.

Photos : Chevrolet

CHEVROLET SPARK

CHEVROLET TAHOE

CHEVROLET **TAHOE** / **SUBURBAN**
GMC **YUKON** / CADILLAC **ESCALADE**

(((SiriusXM)))

Prix : 57 695 $ à 84 995 $ (2016)
Catégorie : VUS grand format
Garanties :
3 ans/60 000 km, 5 ans/160 000 km
Transport et prép. : 2045 $
Ventes QC 2015 : 718 unités*
Ventes CAN 2015 : 9 093 unités**

Cote du Guide de l'auto

67 %

Fiabilité
■■■■■□□□□□

Appréciation générale
■■■■■■■□□□

Sécurité
■■■■■■■□□□

Agrément de conduite
■■■■■■■□□□

Consommation
■■■■■□□□□□

Système multimédia
■■■■■■■□□□

Cote d'assurance
■■■■■■■□□□
$$$ $

➕ Habitacle spacieux et confortable •
Consommation améliorée • Bonnes
capacités de remorquage • Tenue de
route plus dynamique

➖ Prix de base élevé • Consommation
supérieure • Véhicules encombrants •
Direction un peu molle

Concurrents
Dodge Durango, Ford Expedition,
Infiniti QX80, Lexus LX, Lincoln Navigator,
Nissan Armada, Toyota Sequoia

Bienvenue aux claustrophobes

Sylvain Raymond

Les imposants VUS de Chevrolet, GMC et Cadillac semblent tirés d'une époque révolue pour certains, mais ils possèdent tout de même des qualités toujours appréciées. On les aime pour leur capacité à transporter plusieurs passagers dans le luxe et le confort ainsi que pour leur excellente capacité de chargement.

Seul le Cadillac Escalade entre dans une classe à part, servant de carte de visite dans les endroits chics et mondains, aux côtés des autres grands VUS de luxe que sont les Range Rover, Lexus LX ou Mercedes-Benz GLS. Malgré une pression importante à tendre vers les VUS plus compacts, GM dispose toujours d'une offre complète dans le créneau des mastodontes avec ces quatre modèles répartis dans trois marques. Ce constructeur accapare une bonne part du marché avec des camions qui répondent parfaitement aux attentes des acheteurs. Le prix du carburant plus bas ces dernières années leur offre aussi un sursis, eux qui ont durement souffert dans le passé.

UNE 12ᴱ GÉNÉRATION DU SUBURBAN
Sans doute le plus connu de tous, le Suburban, est commercialisé depuis 1935 et s'appelait Suburban Carryall à époque. Ce badaud est maintenant rendu à sa 12ᵉ génération. Son avantage ? Tout comme le Yukon XL et l'Escalade ESV, il a un habitacle ultraspacieux qui procure un espace inégalé, peu importe le nombre de passagers et l'attirail à bord. Vous connaissez plusieurs véhicules qui permettent de transporter un kayak de mer à l'intérieur ? Merci à son volume de chargement de 3 429 litres lorsque les deux rangées de sièges arrière sont baissées.

Sous le capot, le Suburban profite de la même mécanique que celle de son petit frère, le Tahoe, et de celle de son cousin, le GMC Yukon, soit un V8 de 5,3 litres à injection directe qui développe 355 chevaux pour un couple de 383 lb-pi, marié à une boîte automatique à six rapports. C'est en fait le même moteur que l'on retrouve dans les GMC Sierra et Chevrolet Silverado, les

*Tahoe : 134 unités / Suburban : 185 unités / Yukon : 348 unités / Escalade : 51 unités
** Tahoe : 2 364 unités / Suburban : 1 354 unités / Yukon : 3 290 unités / Escalade : 2 085 unités

camionnettes pleine grandeur de General Motors. Ce n'est pas étonnant puisque tout ce beau monde partage la même plate-forme et les mêmes organes mécaniques.

La bonne nouvelle c'est que grâce, notamment, au système de désactivation des cylindres, il est possible d'obtenir une moyenne de consommation plus raisonnable que par le passé, mais faut-il encore adopter une conduite très posée. La conduite urbaine obligeant de nombreux arrêts et départs est sans aucun doute l'ennemi numéro un de ces modèles côté consommation.

LE V8 DE 6,2 LITRES RÉSERVÉ À L'ÉLITE

Si vous voulez plus de puissance, il faudra vous tourner vers le Cadillac Escalade ou les GMC Yukon et Yukon XL Denali, qui sont les seuls à disposer du V8 de 6,2 litres. Ce dernier développe 420 chevaux et un couple de 460lb-pi, le tout jumelé à une boîte automatique à huit rapports. Il faut toutefois vous attendre à une facture beaucoup plus salée pour ces véhicules, leur exclusivité ayant un prix, surtout dans le cas du Cadillac Escalade.

Le seul autre choix pour ce qui est de la mécanique, c'est le type de rouage chez les modèles Chevrolet et GMC. Dans ces cas, le rouage intégral n'est pas inclus de série et comme vous pouvez l'imaginer, il est difficile de recommander une version à propulsion. Ces véhicules sont beaucoup plus efficaces, surtout en hiver, lorsque le couple est réparti aux quatre roues. De plus, le mode Auto, qui permet d'éviter toute intervention manuelle et qui répartit automatiquement le couple entre les roues avant et arrière, selon les conditions de la chaussée, est particulièrement apprécié.

STYLE CLASSIQUE ET PLUS ANGULAIRE

Considérés au départ des VUS robustes, mais rugueux, leur comportement a changé du tout au tout au fil des années. C'est encore plus marqué avec la récente refonte, alors que les ingénieurs se sont attardés à rehausser le confort et surtout, à améliorer le silence de roulement. La rigidité accrue du châssis améliore non seulement leur comportement routier, mais réduit également les vibrations.

Grâce à des suspensions mieux adaptées, la conduite devient alors plus confortable et beaucoup moins similaire à celle d'une camionnette. Une suspension magnétique est aussi proposée, rehaussant encore plus le plaisir au volant, surtout lors des randonnées plus longues.

Ces quatre gros VUS ne sont certes pas appropriés à tous, mais il est difficile de les critiquer puisqu'ils remplissent très bien leur mandat. Il faut toutefois être prêt à y mettre le prix, car aucun n'est réellement une aubaine.

Du nouveau en 2017

Aucun changement majeur

Châssis - Tahoe LT 4x2	
Emp / lon / lar / haut	2946 / 5181 / 2044 / 1889 mm
Coffre / Réservoir	433 à 2681 litres / 98 litres
Nbre coussins sécurité / ceintures	7 / 8
Suspension avant	ind., bras inégaux
Suspension arrière	essieu rigide, multibras
Freins avant / arrière	disque / disque
Direction	à crémaillère, ass. var. élect.
Diamètre de braquage	11,9 m
Pneus avant / arrière	P265/65R18 / P265/65R18
Poids / Capacité de remorquage	2426 kg / 3856 kg (8501 lb)
Assemblage	Arlington TX US

Composantes mécaniques	
Tahoe, Yukon	
Cylindrée, soupapes, alim.	V8 5,3 litres 16 s atmos.
Puissance / Couple	355 ch / 383 lb-pi
Tr. base (opt) / rouage base (opt)	A6 / 4x4 (Prop)
0-100 / 80-120 / V.Max	8,0 s / 5,1 s / n.d.
100-0 km/h	42,1 m
Type / ville / route / CO_2	Ord / 15,1 / 10,4 l/100 km / 5973 (est) kg/an
Yukon Denali, Yukon XL Denali, Escalade	
Cylindrée, soupapes, alim.	V8 6,2 litres 16 s atmos.
Puissance / Couple	420 ch / 460 lb-pi
Tr. base (opt) / rouage base (opt)	A8 / 4x4 (Prop)
0-100 / 80-120 / V.Max	n.d. / n.d. / n.d.
100-0 km/h	n.d.
Type / ville / route / CO_2	Ord / 16,4 / 11,7 l/100 km / 5973 (est) kg/an

CHEVROLET TAHOE / SUBURBAN / GMC YUKON / CADILLAC ESCALADE

CADILLAC ESCALADE

CHEVROLET TAHOE

Photos: Chevrolet, Cadillac

CHEVROLET TRAX

((SiriusXM)) CHEVROLET **TRAX** / BUICK **ENCORE**

((SiriusXM))

Prix : 21 445 $ à 33 045 $ (2016)
Catégorie : VUS sous-compact
Garanties :
3 ans/60 000 km, 5 ans/160 000 km
Transport et prép. : 2050 $
Ventes QC 2015 : 2756 unités*
Ventes CAN 2015 : 13 071 unités**

Cote du Guide de l'auto

66 %

Fiabilité	Appréciation générale
n.d.	■■■■■■□□□□
Sécurité	Agrément de conduite
■■■■■■■□□□	■■■■■■□□□□
Consommation	Système multimédia
■■■■■■■□□□	■■■■■■□□□□

Cote d'assurance

■■■■■■□□□□
$$$ $

➕ Habitacle de meilleure qualité •
Systèmes de sécurité plus nombreux •
Agilité en conduite urbaine • Moteur
plus puissant chez Buick • Rouage
intégral adéquat

➖ Moteur bruyant • Puissance un peu
juste • Places arrière peu spacieuses •
Certaines versions onéreuses

Concurrents

Fiat 500X, Honda HR-V, Jeep Renegade,
Mazda CX-3, MINI Countryman,
Mitsubishi RVR, Nissan JUKE,
Subaru Crosstrek

Duo urbain

Denis Duquet

Le Buick Encore et le Chevrolet Trax sont apparus tous les deux en 2013. Ces deux VUS sous-compacts presque identiques ont été parmi les premiers de cette catégorie à être commercialisés. Ce qui est plutôt inusité puisque, General Motors avait pris l'habitude de se joindre en retard à des marchés en développement. Toutefois, depuis sa réémergence suite à la faillite de 2009, le géant américain a même réussi à devancer la concurrence en plusieurs occasions. Auparavant, GM aurait attendu que ce duo soit carrément dépassé par la concurrence pour l'améliorer. Mais de nos jours, la direction passe plus rapidement à l'action afin que les produits soient toujours dans le coup. Ce qui explique la révision de ces deux modèles pour 2017.

Et même si l'on avait des doutes quant à la popularité des Encore et Trax, les ventes ont été spectaculaires, surtout aux États-Unis. Tant et si bien que le Buick est le plus vendu de sa catégorie. En fait, ses succès initiaux ont même obligé la direction de la division à augmenter sa production tandis que les ventes du Trax étaient également au beau fixe. Pas trop mal pour des véhicules dérivés de la sous-compacte Sonic !

LA MÉTHODE JAPONAISE

Les constructeurs nippons ont pour habitude d'apporter des modifications de moyenne importance à leurs produits tous les trois ans ou presque, profitant de l'occasion pour raffiner le véhicule, tout en apportant quelques retouches à la mécanique. Il faut ensuite attendre trois autres années avant la refonte en profondeur.

GM semble avoir adopté cette politique. Il est impossible de prédire ce que l'avenir réserve au duo Encore/Trax dans trois ou quatre ans, mais pour l'instant, les changements apportés à ces deux modèles comprennent une révision de la partie avant, l'utilisation de DEL dans les phares de route, une section arrière remaniée de même que des feux dotés eux aussi de DEL.

*Chevrolet Trax : 1572 unités / Buick Encore : 1184 unités

** Chevrolet Trax : 8156 unités / Buick Encore : 4915 unités

Les modifications apportées à l'un et l'autre varient bien sûr, mais les silhouettes sont davantage agressives. C'est le Buick Encore qui connaît les changements les plus significatifs à l'avant avec une grille de calandre redessinée et traversée de part en part par une bande de chrome.

Plusieurs reproches avaient été faits au sujet de la qualité des matériaux de l'habitacle. On a corrigé cette lacune sur les modèles 2017. Par la même occasion, les tableaux de bord ont été redessinés et force est d'admettre que celui du Chevrolet est mieux réussi avec ses courbes qui lui donnent plus de caractère. Cependant, l'habitacle du Encore est davantage luxueux et l'insonorisation m'a semblé meilleure. Soulignons que l'écran d'affichage de sept pouces — huit pouces pour la Buick — est de consultation facile tandis que les systèmes Apple CarPlay et Android Auto peuvent être utilisés. Enfin, les cadrans indicateurs des deux modèles sont d'un nouveau design.

SIMPLICITÉ ET AGILITÉ

Si plusieurs changements sur le plan esthétique ont été apportés et que la liste de l'équipement de série s'est quelque peu étoffée, la mécanique est pratiquement demeurée la même. On retrouve donc le même quatre cylindres turbocompressé de 1,4 litre, produisant 138 chevaux et associé à une boîte automatique à six rapports. L'Encore propose en prime une version plus musclée de ce moteur avec une puissance de 153 chevaux et un couple de 177 lb-pi. Comme par les années précédentes, la suspension arrière est semi-indépendante avec une poutre de torsion. Bien entendu, le rouage intégral aux quatre roues est disponible et s'avère efficace, surtout dans la neige profonde.

Sur le plan de la conduite, les performances sont dans la moyenne, sans plus, tandis que le moteur est toujours bruyant en accélération vigoureuse. La direction à assistance électrique n'est pas mauvaise, tout comme la tenue de route qui est, elle aussi, sans défaut majeur. Par ailleurs, les freins sont bien assistés et se sont avérés efficaces lors d'un freinage d'urgence inopiné. En ville, le faible encombrement du Trax et du Encore, une très bonne visibilité ainsi que de bonnes reprises à moins de 50 km/h nous les font apprécier.

La présence de ces deux modèles dans la famille General Motors ainsi que la popularité de cette nouvelle catégorie confirment l'inéluctable transition du marché vers des VUS de toutes les catégories. Et pas question de machisme, puisque 60 % des acheteurs de Chevrolet Trax sont des femmes. Quant à l'Encore, il s'agit du modèle Buick le plus vendu.

Châssis - Trax LS	
Emp / lon / lar / haut	2555 / 4280 / 2035 / 1674 mm
Coffre / Réservoir	530 à 1371 litres / 53 litres
Nbre coussins sécurité / ceintures	10 / 5
Suspension avant	ind., jambes force
Suspension arrière	semi-ind., poutre torsion
Freins avant / arrière	disque / tambour
Direction	à crémaillère, ass. var. élect.
Diamètre de braquage	10,9 m
Pneus avant / arrière	P205/70R16 / P205/70R16
Poids / Capacité de remorquage	1363 kg / non recommandé
Assemblage	San Luis Potosí MX

Composantes mécaniques

Trax, Encore

Cylindrée, soupapes, alim.	4L 1,4 litre 16 s turbo
Puissance / Couple	138 ch / 148 lb-pi
Tr. base (opt) / rouage base (opt)	M6 (A6) / Tr (Int)
0-100 / 80-120 / V.Max	10,3 s / 7,9 s / 195 km/h
100-0 km/h	41,5 m
Type / ville / route / CO_2	Ord / 8,7 / 6,5 l/100 km / 3547 kg/an

Encore Sport Touring

Cylindrée, soupapes, alim.	4L 1,4 litre 16 s turbo
Puissance / Couple	153 ch / 177 lb-pi
Tr. base (opt) / rouage base (opt)	A6 / Tr (Int)
0-100 / 80-120 / V.Max	9,2 s (est) / n.d. / 195 km/h
100-0 km/h	n.d.
Type / ville / route / CO_2	Ord / 8,6 / 7,0 l/100 km / 3625 kg/an

Du nouveau en 2017

Silhouette révisée. Nouvelles planches de bord. Systèmes de sécurité plus nombreux. Nouveau moteur pour le Buick Encore.

Photos : Chevrolet Buick

BUICK ENCORE

CHEVROLET TRAX

CHEVROLET / BUICK ENCORE

CHEVROLET **VOLT**

((SiriusXM))

Prix: 38 390 $ à 42 490 $ (2016)
Catégorie: Compacte
Garanties:
3 ans/60 000 km, 5 ans/160 000 km
Transport et prép.: 1 950 $
Ventes QC 2015: 1 084 unités
Ventes CAN 2015: 1 463 unités

Cote du Guide de l'auto

77 %

Fiabilité	Appréciation générale
Nouveau modèle	■■■■■■■■□□
Sécurité	Agrément de conduite
■■■■■■■□□□	■■■■■■■□□□
Consommation	Système multimédia
■■■■■■■□□□	■■■■■■■□□□

Cote d'assurance

■■■■■■■■□□
$$$ $

➕ Efficacité énergétique remarquable •
Look plus réussi • Présentation intérieure
plus conventionnelle • Freinage régénératif
performant • Volume du coffre

➖ Plastiques bon marché dans l'habi-
tacle • Agrément de conduite absent •
Bruits de vent à vitesse élevée • Simple
toile comme cache-bagages

Concurrents
Audi A3 e-tron, Ford Fusion Energi,
Hyundai Ioniq, Hyundai Sonata Plug-In,
Kia Optima Plug-In

Une évolution continue

Gabriel Gélinas

Avec la Volt de deuxième génération, Chevrolet persiste
et signe en proposant une voiture électrique avec
prolongateur d'autonomie, laquelle est nettement améliorée
à plusieurs égards par rapport au modèle de première génération.
Très avancée sur le plan technique et super efficace en consom-
mation d'énergie, la Volt ne connaît toutefois pas un grand succès
commercial en raison, principalement, du faible coût du carburant
à l'heure actuelle. Pourtant, la Volt enchante ses propriétaires,
et la mission du nouveau modèle est de susciter une plus grande
adhésion au concept de la mobilité électrique.

Côté look, la Volt adopte désormais un style moins clivant que le modèle
de première génération, mais elle conserve certains éléments, comme les
grilles argentées à l'avant, afin d'assurer une certaine filiation en ce qui a
trait au design. Elle est aussi légèrement plus longue et son empattement
a progressé d'un demi-pouce (10 mm), histoire d'accorder un peu plus
d'espace aux passagers arrière.

UN HABITACLE DE FACTURE PLUS CONVENTIONNELLE
En prenant place à bord, on constate que la présentation intérieure de la
Volt adopte une facture conventionnelle qui est en phase avec les autres
modèles de la marque. Exit l'aspect techno des touches sur surface blanche
de «l'ancienne» Volt. Un premier écran remplace le traditionnel bloc
d'instruments, et le second figure au centre de la console servant d'interface
pour la chaîne audio, le système de navigation et les menus permettant
d'accéder aux informations détaillées quant à la consommation d'énergie,
qu'elle soit électrique ou fossile.

Pour ce qui est des autres considérations pratiques, précisons que le volume
du coffre est bon, mais que le seuil de chargement est élevé. De plus,
Chevrolet est chiche en n'offrant qu'une simple toile extensible comme
cache-bagages, toile qui ne recouvre pas complètement l'espace de

chargement et que l'on doit obligatoirement détacher et réinstaller chaque fois que l'on veut placer des objets dans le coffre. Ridicule.

UNE RECHARGE QUI PREND ENTRE 13 HEURES ET 10 SECONDES...

Dans la refonte, la Volt a perdu 100 kilos, elle s'est dotée de deux moteurs électriques à la fois plus légers et plus efficaces, d'une batterie moins lourde mais plus dense, et d'un moteur thermique avec bloc en aluminium de 1,5 litre développant 101 chevaux.

Le résultat de cette démarche, c'est que la performance en accélération du nouveau modèle est améliorée avec un chrono de 8,5 secondes pour le sprint de 0 à 100 km/h. Tant et aussi longtemps que la batterie contient de l'énergie, la Volt roule en mode électrique et, lorsque la charge est épuisée, l'un des moteurs électriques commande le démarrage du moteur thermique.

Il est très difficile d'en arriver à une donnée précise en ce qui a trait à la consommation de carburant. À titre d'exemple, en utilisant judicieusement les bornes du Circuit électrique, j'ai obtenu une moyenne de consommation de 0,6 litre aux 100 kilomètres lors de parcours intra-urbains. Un aller-retour Montréal-Québec s'est soldé par une consommation moyenne de 6,2 litres aux 100 kilomètres. Par ailleurs, les données enregistrées par la voiture quant à sa consommation de carburant depuis sa mise en service faisaient état d'une moyenne de 3,9 litres aux 100 kilomètres.

Comme elle appartenait à General Motors et que plusieurs personnes l'ont conduite, il est impossible de préciser le degré d'assiduité quant à la recharge. De ce côté, signalons que la recharge complète s'opère en treize heures sur une prise conventionnelle de 120 volts ou en quatre heures et demie sur une borne de 240 volts. Personnellement, je suis plutôt d'avis que le temps de recharge est de dix secondes, soit le temps que ça prend pour brancher le câble d'alimentation à la voiture avant d'entrer chez soi le soir...

L'agrément de conduite est largement absent, exception faite du plaisir que l'on prend à se déplacer sans émettre de pollution directe et à modifier sa conduite en fonction de faire un maximum de kilomètres en mode électrique.

Très avancée sur le plan technique, la nouvelle Volt est améliorée à tous les égards par rapport au modèle précédent. Difficile de savoir si elle sera en mesure de faire un plus grand nombre de convertis puisque le faible coût du carburant continue de freiner l'élan des automobilistes vers la mobilité électrique...

Du nouveau en 2017

Aucun changement majeur, ajout de nouvelles couleurs.

Châssis - Premier

Emp / lon / lar / haut	2695 / 4582 / 1808 / 1433 mm
Coffre / Réservoir	300 litres / 34 litres
Nbre coussins sécurité / ceintures	10 / 5
Suspension avant	ind., jambes force
Suspension arrière	semi-ind., poutre torsion
Freins avant / arrière	disque / disque
Direction	à crémaillère, ass. var. élect.
Diamètre de braquage	11,1 m
Pneus avant / arrière	P215/50R17 / P215/50R17
Poids / Capacité de remorquage	1607 kg / non recommandé
Assemblage	Hamtramck MI US

Composantes mécaniques

LT, Premier

Cylindrée, soupapes, alim.	4L 1,5 litre 16 s atmos.
Puissance / Couple	101 ch / n.d. lb-pi
Tr. base (opt) / rouage base (opt)	CVT / Tr
0-100 / 80-120 / V.Max	8,5 s / n.d. / 157 km/h
100-0 km/h	n.d.
Type / ville / route / CO_2	Ord / 5,5 / 5,6 l/100 km / 2551 kg/an

Moteur électrique

Puissance / Couple	149 ch (111 kW) / 294 lb-pi
Type de batterie	Lithium-ion (Li-ion)
Énergie	18,4 kWh
Temps de charge (120V / 240V)	13,0 h / 4,5 h
Autonomie	85 km

« LA **MISSION** DE CE NOUVEAU **MODÈLE** EST DE **SUSCITER** UNE PLUS GRANDE **ADHÉSION** AU CONCEPT DE LA **MOBILITÉ ÉLECTRIQUE.** »

CHRYSLER 200

((SiriusXM))

Prix: 22 895 $ à 33 795 $ (2016)
Catégorie: Berline intermédiaire
Garanties:
3 ans/60 000 km, 5 ans/100 000 km
Transport et prép.: 1 845 $
Ventes QC 2015: 1 772 unités
Ventes CAN 2015: 10 961 unités

Cote du Guide de l'auto

63 %

Fiabilité
■■■ ■■□□□□

Appréciation générale
■■■ ■□□□□□

Sécurité
■■■ ■■■□□□

Agrément de conduite
■■■ ■■□□□□

Consommation
■■■ ■□□□□□

Système multimédia
■■■ ■■■■■□

Cote d'assurance
■■■ ■■■■□□□
$$$ $

➕ Style plutôt réussi • Ergonomie du tableau de bord à souligner • Rouage intégral disponible • Système Uconnect réussi • V6 en pleine forme

➖ Moteur 2,4 litres peu éloquent • Sportive de salon • Consommation décevante • Places arrière un peu justes • Autant de prestige qu'un verre d'eau

Concurrents
Buick Regal, Chevrolet Malibu, Ford Fusion, Honda Accord, Hyundai Sonata, Kia Optima, Mazda6, Nissan Altima, Subaru Legacy, Toyota Camry, Volkswagen Passat

Direction Floride

Alain Morin

I l y a de cela plusieurs années, le catalogue de Chrysler proposait la Sebring, une voiture modeste, d'une fiabilité à faire peur et dont la conduite nous ramenait dans les années 50. Non, 40. En 2011, la Sebring fut remplacée par la 200, nettement meilleure... mais sans ambitions, sans âme. En 2015, Chrysler revenait à la charge avec une toute nouvelle 200. Et là, c'était du sérieux.

Toujours est-il que six ans après sa disparition, bien des gens associent encore la 200 à la Sebring. Pourquoi? Aucune idée. Ce n'est tout de même pas parce qu'elle a marqué l'histoire de l'automobile! Pourtant, Chrysler écoule des tonnes de 200. Or, ces ventes sont surtout faites à des parcs automobiles (compagnies de location, entreprises diverses, etc.) Et ça, ce n'est jamais bon pour la valeur de revente d'une voiture, ni pour sa notoriété.

D'ailleurs, je me demande bien pourquoi cette 200 n'est pas populaire auprès du grand public. Elle est, ma foi, fort jolie avec ses feux avant semblant préparer un mauvais coup (il faut certes un peu d'imagination...), sa ligne de toit fuyante vers l'arrière, qui lui donne des airs de coupé, et le becquet arrière, qui ajoute au dynamisme de l'ensemble. Vraiment, c'est du beau. Pour 2017, la livrée S pourra même recevoir l'édition Alloy, qui remplacera les pièces normalement recouvertes de chrome par des éléments de couleur titane ou bronze.

OUI, OUI, ON PARLE BIEN D'UN PRODUIT CHRYSLER...
Là où la 200 se démarque vraiment, c'est au chapitre de l'ergonomie du tableau de bord. Il est même assez surprenant qu'un constructeur comme Chrysler, pardon FCA, puisse accoucher d'une telle réussite, elle qui, dans un passé pas si lointain, donnait à fond dans la médiocrité... La position de conduite se trouve facilement, le volant se prend bien en main, tous les boutons sont au bon endroit et les commandes sont faciles à comprendre.

Quant au système multimédia Uconnect, il s'agit de l'un des meilleurs de l'industrie et même les pleins de pouces technologiques s'y retrouvent facilement! Comme si ce n'était pas suffisant, les matériaux sont de belle facture, les cadrans s'illuminent d'un superbe bleu la nuit venue et les espaces de rangement sont nombreux. Pour trouver à redire, il faut s'asseoir à l'arrière alors que la tête frotte allègrement sur le plafond.

SONORITÉ TROP SPORTIVE!

Les acheteurs les plus sérieux n'hésiteront pas une seconde à opter pour le V6 de 3,6 litres. Ses 295 chevaux autorisent de solides performances. Certes, personne n'achète une 200 pour son côté sportif, même si les versions S et C se vantent de leur suspension sport... En fait, après avoir fait l'essai d'une 200S, j'avais même noté que la sonorité de l'échappement était un tantinet trop sportive pour l'expérience générale de conduite.

Ce V6 est souple et doux, deux qualités rehaussées par une boîte automatique à neuf rapports, qui n'est sans doute pas la plus rapide pour réagir, mais qui s'accommode généralement fort bien de sa tâche. À froid, toutefois, elle est plus lente, du moins sur le dernier exemplaire essayé.

Les autres acheteurs se contenteront du moteur de base, un quatre cylindres de 2,4 litres de 184 chevaux. Bien que cette puissance soit suffisante pour trimballer adéquatement les quelque 1600 kilos de la 200 de base, il reste que ce moteur se laisse tirer l'oreille (ben quoi, si les murs ont des oreilles, pourquoi les moteurs n'en auraient-ils pas?) quand vient le temps de travailler fort. En plus, même si les chiffres de consommation semblent lui donner un net avantage par rapport au V6, dans la vie de tous les jours, il consomme presque autant.

S'il est un domaine où la 200 fait sa marque dans la catégorie des berlines intermédiaires, c'est grâce à son rouage intégral (AWD) optionnel, qui agit de concert avec le V6. Ce type de rouage est plutôt rare dans ce segment, seules la Ford Fusion et la Subaru Legacy l'offrent aussi. Chez Chrysler, il est un peu cher cependant (4500$ au moment d'écrire ces lignes).

Malgré un style nettement plus au goût du jour, un tableau de bord résolument étudié et des performances fort décentes, surtout avec le V6, la 200, peu importe la version, demeure une voiture placide qui n'a aucune envie de jouer. Sa direction manque cruellement de retour d'information, la suspension, même quand elle se dit «Sport», n'a rien de sportif et les différents systèmes de sécurité interviennent avec une autorité très bien sentie.

Mais est-ce qu'on a vraiment besoin de tout ça quand on «descend» en Floride pour l'hiver au volant d'une voiture louée?

Du nouveau en 2017

Aucun changement majeur. Édition Alloy en option sur la version 200S.

Châssis - S AWD	
Emp / lon / lar / haut	2742 / 4885 / 1871 / 1491 mm
Coffre / Réservoir	411 litres / 60 litres
Nbre coussins sécurité / ceintures	8 / 5
Suspension avant	ind., jambes force
Suspension arrière	ind., multibras
Freins avant / arrière	disque / disque
Direction	à crémaillère, ass. var. élect.
Diamètre de braquage	12,0 m
Pneus avant / arrière	P235/45R18 / P235/45R18
Poids / Capacité de remorquage	1721 kg / non recommandé
Assemblage	Sterling Heights MI US

Composantes mécaniques

LX, Limited, S, C	
Cylindrée, soupapes, alim.	4L 2,4 litres 16 s atmos.
Puissance / Couple	184 ch / 173 lb-pi
Tr. base (opt) / rouage base (opt)	A9 / Tr
0-100 / 80-120 / V.Max	9,0 s (est) / 7,5 s (est) / n.d.
100-0 km/h	n.d.
Type / ville / route / CO₂	Ord / 10,2 / 6,4 l/100 km / 3905 kg/an

S AWD, C AWD	
Cylindrée, soupapes, alim.	V6 3,6 litres 24 s atmos.
Puissance / Couple	295 ch / 262 lb-pi
Tr. base (opt) / rouage base (opt)	A9 / Int
0-100 / 80-120 / V.Max	7,1 s (est) / 4,8 s (est) / n.d.
100-0 km/h	44,5 m
Type / ville / route / CO₂	Ord / 12,8 / 8,1 l/100 km / 4915 kg/an

« LA CHRYSLER 200 A BEAU ÊTRE UNE BONNE VOITURE, CE N'EST PAS SUFFISANT POUR QU'ELLE SE DÉMARQUE DANS LA JUNGLE AUTOMOBILE. »

Photos: Chrysler

CHRYSLER 300

((SiriusXM))

Prix: 39 995 $ à 47 895 $
Catégorie: Grande berline
Garanties:
3 ans/60 000 km, 5 ans/100 000 km
Transport et prép.: 1 845 $
Ventes QC 2015: 79 unités
Ventes CAN 2015: 3 470 unités

Cote du Guide de l'auto

74 %

Fiabilité
■■■■□□□□□□

Appréciation générale
■■■■■■■□□□

Sécurité
■■■■■■■□□□

Agrément de conduite
■■■■■■□□□□

Consommation
■■■■□□□□□□

Système multimédia
■■■■■■■□□□

Cote d'assurance
■■■■■■□□□□
$$$ $

➕ Voiture confortable • Système intégral performant • Look unique • Beaucoup de place à l'intérieur • Prix intéressant

➖ Mauvaise visibilité • Pas d'intégrale avec le V8 • Consommation d'essence élevée • Manque d'agilité en ville • Pas de turbo ou d'hybride

Concurrents
Buick LaCrosse, Chevrolet Impala, Dodge Charger, Ford Taurus, Infiniti Q50, Lexus IS, Nissan Maxima, Toyota Avalon

Quel avenir pour les dinosaures?

Marc-André Gauthier

Les véhicules comme la Chrysler 300 devraient logiquement être en voie d'extinction. Étonnamment, il y en a encore beaucoup sur le marché. Que l'on pense Toyota Avalon, Ford Taurus, Nissan Maxima, Chevrolet Impala, etc., les gens semblent garder un certain intérêt pour les grosses berlines.

Dans le lot, le groupe Fiat Chrysler Automobiles en produit deux, la Charger et la 300. Ces voitures ainsi que la Challenger, fièrement fabriquées en Ontario à l'une des meilleures usines de la marque, reposent sur la plate-forme LX/LD, celle des grands véhicules qui, jadis, nous a également donné la Dodge Magnum.

Dédier totalement une usine à une plate-forme de plus de 11 ans démontre bien l'importance de ces produits pour la marque. N'empêche que ces trois autos sont parmi les plus fiables dans le giron de FCA, et elles remportent toutes des prix quant à leur qualité initiale, signe d'une véritable expertise. Il n'en demeure pas moins qu'après autant d'années sur la même plate-forme, la Chrysler 300 a beaucoup changé.

Aujourd'hui, l'offre est plus limitée que par le passé, avec l'absence de la version SRT de performance, et l'on ne peut plus jumeler un V8 HEMI au rouage intégral. Qui plus est, aucun plan n'est en vue pour l'hybridation ou l'électrification... En fait, à part la nouvelle fourgonnette Pacifica qui recevra une motorisation hybride, Chrysler semble se concentrer sur l'essence et le diesel. Quel sera l'avenir, donc, pour ces grosses voitures vieillissantes et énergivores?

PEU BANALE
D'entrée de jeu, disons que la 300 est une voiture peu banale. Son style, renouvelé il y a quelques années, continue de se démarquer de la masse en offrant quelque chose qui tient pratiquement de Bentley, avec la superbe grille avant. Pour 2017, la seule nouveauté est l'ensemble Sport, lequel comprend désormais une grille noire au lieu de chromée, et quelques autres

accents mineurs. Il y a aussi l'édition Alloy, optionnelle sur la même S, et qui apporte quelques pièces de couleur titane ou bronze.

L'habitacle de la Chrysler 300 continue d'en mettre plein la vue, surtout dans les versions plus équipées, alors qu'on peut le garnir de cuir blanc, assez magnifique, et de vraies boiseries. Le positionnement des instruments s'inscrit dans la logique, et l'écran tactile qui active le système d'infodivertissement est parfaitement accessible. Les sièges sont confortables et supportent également bien.

Côté mécanique, l'acheteur a le choix entre deux motorisations. La première est un V6 de 3,6 litres développant 292 chevaux, associé à une boîte automatique à huit rapports. Sur les versions «S» et «C», on peut y aller pour un V8 de 5,7 litres HEMI, de 363 chevaux. Le V6 peut être jumelé avec une transmission intégrale. Le V6 produit amplement de puissance pour une utilisation quotidienne. Qui plus est, le rouage intégral est réussi. Pour l'avoir testé dans des conditions hivernales épouvantables, il convient de dire que la neige, la glace et le verglas ne l'arrêtent pas.

Le V8 vient épicer la conduite quotidienne même si 363 chevaux ne sont pas suffisants pour pouvoir qualifier cette 300 de «sportive». Mais en hiver, lors d'une bonne tempête, ce niveau de puissance dans une voiture à propulsion pourrait poser quelques inconvénients, surtout sur les rues non déblayées du centre-ville.

DÉFAUTS INHÉRENTS

Les principaux défauts de la 300 viennent du fait qu'il s'agit d'une voiture imposante. D'abord, la visibilité est mauvaise. Heureusement qu'il y a un paquet d'aides électroniques pour nous prévenir des dangers. Ensuite, grosse auto égale poids, ce qui a un effet direct sur la consommation d'essence. Avec le V6, il faut s'attendre à une moyenne assez élevée, surtout en ville, de plus de 11 l/100 km. Avec le V8, c'est pire, avec une moyenne frôlant les 13,5 l/100 km en ville. Moteurs turbo ou hybrides seraient les bienvenus ici...

Toujours en milieu urbain, la 300 manque d'agilité. Gracieuseté d'un rayon de braquage trop grand, on ne peut recommander cette auto à un citadin branché qui passe son temps à se stationner en parallèle sur la rue Saint-Denis.

Alors, quel est l'avenir pour ce genre de voiture? Il y aura toujours des gens pour apprécier le confort dénué de sportivité, là où la 300 excelle. Cela dit, si cette antique formule veut survivre au XXIe siècle, elle devra arriver avec des moteurs turbo plus économiques, voire avec une motorisation hybride/électrique.

Du nouveau en 2017

Aucun changement majeur. Ensembles Sport et Alloy disponibles sur la version 300S.

Châssis - S V6	
Emp / lon / lar / haut	3052 / 5044 / 1902 / 1484 mm
Coffre / Réservoir	462 litres / 70 litres
Nbre coussins sécurité / ceintures	7 / 5
Suspension avant	ind., bras inégaux
Suspension arrière	ind., multibras
Freins avant / arrière	disque / disque
Direction	à crémaillère, ass. var. élect.
Diamètre de braquage	11,9 m
Pneus avant / arrière	P245/45R20 / P245/45R20
Poids / Capacité de remorquage	1828 kg / 454 kg (1000 lb)
Assemblage	Brampton ON CA

Composantes mécaniques

V6	
Cylindrée, soupapes, alim.	V6 3,6 litres 24 s atmos.
Puissance / Couple	292 ch / 260 lb-pi
Tr. base (opt) / rouage base (opt)	A8 / Prop (Int)
0-100 / 80-120 / V.Max	8,0 s / 7,0 s / n.d.
100-0 km/h	n.d.
Type / ville / route / CO_2	Ord / 12,8 / 8,6 l/100 km / 5019 kg/an

V8	
Cylindrée, soupapes, alim.	V8 5,7 litres 16 s atmos.
Puissance / Couple	363 ch / 394 lb-pi
Tr. base (opt) / rouage base (opt)	A8 / Prop (Int)
0-100 / 80-120 / V.Max	6,7 s / 3,7 s / 210 km/h
100-0 km/h	41,4 m
Type / ville / route / CO_2	Ord / 14,7 / 9,4 l/100 km / 5665 kg/an

> LA 300 REPRÉSENTE UNE FORMULE CLASSIQUE : IMPOSANTE, **CONFORTABLE**, PEU SPORTIVE, MAIS AGRÉABLE. POUR L'AVENIR ELLE DEVRA SE **MODERNISER.**

CHRYSLER **PACIFICA**

Prix : 43 995 $ à 59 000 $ (estimé)
Catégorie : Fourgonnette
Garanties :
3 ans/60 000 km, 5 ans/100 000 km
Transport et prép. : 1 845 $
Ventes QC 2015 : 0 unité
Ventes CAN 2015 : 0 unité

Cote du Guide de l'auto

80 %

Fiabilité	Appréciation générale
Nouveau modèle	■■■■■■■□□□
Sécurité	Agrément de conduite
■■■■■■■□□□	■■■■■■■□□□
Consommation	Système multimédia
■■■■■□□□□□	■■■■■■■□□□

Cote d'assurance
n.d.

➕ Finition intérieure soignée •
Moteur puissant • Sièges Stow 'n Go
réussis • Style modernisé •
Version hybride bienvenue

➖ Prix corsé • Modèle de base
moins équipé • Pas de rouage intégral
offert • Comportement de la boîte à
neuf rapports

Concurrents
Dodge Grand Caravan, Honda Odyssey,
Kia Sedona, Toyota Sienna

Mission luxe en famille

Sylvain Raymond

Il y a plus de 30 ans, Chrysler introduisait ses premières fourgonnettes, les Dodge Caravan et Plymouth Voyager, deux véhicules qui ont littéralement révolutionné le mode de transport des familles. Depuis ce temps, d'autres types de véhicules, dont les VUS, ont lentement remplacé la fourgonnette dans le cœur des familles et le créneau a piqué du nez au point où plusieurs modèles concurrents ont disparu. Chrysler n'a jamais abandonné et persiste en proposant cette année la Pacifica.

Cette dernière n'a toutefois rien en commun avec l'ancienne Pacifica commercialisée entre 2004 et 2008. On a droit en fait à une Town & Country de nouvelle génération, rebaptisée afin de marquer le changement. Alors que la Grand Caravan continuera de séduire les familles à plus petit budget, la Pacifica s'attaque à ce qu'il y a de plus haut de gamme chez la concurrence.

V6 OU ÉLECTRIQUE ?

C'est un défi assez imposant puisque Chrysler n'a jamais réussi à se faire accepter comme une véritable marque de luxe. Qui plus est, à plus de 40 000 $ en version de base, la Pacifica est plus onéreuse que toutes les autres fourgonnettes offertes sur le marché. Chrysler n'a pas joué la carte de l'accessibilité et aura fort à faire pour justifier cet écart et convaincre les acheteurs.

Ce qui n'a pas changé par rapport à la Town & Country, c'est le moteur. On retrouve à nouveau le V6 Pentastar de 3,6 litres, mais les ingénieurs en ont extirpé quelques chevaux de plus soit 287, pour un couple de 262 lb-pi. La bonne nouvelle, c'est que ce moteur est utilisé à toutes les sauces chez FCA et sa fiche de fiabilité est excellente.

Pas de rouage intégral pour le moment, la puissance est envoyée aux roues avant via une boîte automatique à neuf rapports, la même qui équipe plusieurs nouveaux modèles Chrysler, Dodge, Ram et Fiat avec plus ou moins de bonheur. Espérons que les ingénieurs auront corrigé les lacunes de jeunesse de cette dernière.

Ce groupe motopropulseur ronronne dans les Pacifica Touring-L, Touring-L Plus et Limited, la plus cossue. Si vous avez la fibre un peu plus verte et que vous êtes prêt à étirer votre budget, Chrysler a concocté une version hybride rechargeable dotée d'une autonomie de près de 50 km en mode purement électrique. C'est une première dans le segment et cette dernière pourrait bien convaincre les amateurs du genre. Déplacer la famille sans une goutte d'essence, pourquoi pas?

LOIN DES LIGNES CARRÉES DU PASSÉ

La Pacifica 2017 dispose d'une toute nouvelle plateforme associée à une structure plus légère, grâce à une utilisation plus marquée qu'avant de l'aluminium dans les portes et le hayon. Malgré l'ajout de gadgets, Chrysler a réussi à réduire le poids du véhicule tout en lui procurant une structure plus rigide. Les designers ont également revu entièrement son style et il faut avouer qu'à ce chapitre, ils ont fait du beau boulot.

Le sentiment de luxe et de sophistication est bien présent et l'on est parvenu à atténuer « l'effet fourgonnette ». On s'est éloigné du design « boîte carrée » pour se rapprocher des lignes d'un VUS. La grille avant n'est pas sans rappeler celle de la berline 200, alors que les feux cerclés d'une bande aux DEL à l'arrière apportent une belle touche de modernisme.

LE TRANSPORTEUR FAMILIAL IDÉAL

À bord, la Pacifica n'a rien perdu de l'expertise de FCA dans le domaine. Difficile de faire plus pratique et le constructeur est passé maître dans l'art de comprendre les familles et ainsi répondre à leurs besoins. On retrouve une pléiade d'espaces de rangement, les sièges Stow 'n Go sont de retour et permettent d'obtenir un immense espace de chargement. Deux écrans multimédia de 10 pouces optionnels sont disponibles, créant à l'arrière un véritable centre de divertissement pour les enfants.

Sur la route, on remarque immédiatement l'effort d'insonorisation. Le véhicule avale les kilomètres dans un silence complet, notamment grâce au système de contrôle actif du bruit offert de série. Avec ces 207 chevaux, aucune rivale n'a autant de puissance que la Pacifica, elle qui est aussi la plus légère du lot. Le tout se traduit par de bonnes performances, surtout lors de reprises à vitesse de croisière. La position de conduite un peu plus basse et moins à angle droit donne davantage l'impression d'être au volant d'un VUS et ajoute au plaisir de conduire. Eh oui, « plaisir de conduire » dans un texte portant sur une fourgonnette!

Du nouveau en 2017

Nouvelle génération qui remplace la Chrysler Town & Country.

Châssis - Limited	
Emp / lon / lar / haut	3089 / 5172 / 2022 / 1777 mm
Coffre / Réservoir	915 à 3979 litres / 73 litres
Nbre coussins sécurité / ceintures	8 / 7
Suspension avant	ind., jambes force
Suspension arrière	semi-ind., poutre torsion
Freins avant / arrière	disque / disque
Direction	à crémaillère, ass. élect.
Diamètre de braquage	12,1 m
Pneus avant / arrière	P235/60R18 / P235/60R18
Poids / Capacité de remorquage	1964 kg / 1633 kg (3600 lb)
Assemblage	Windsor ON CA

Composantes mécaniques	
Touring-L, Touring-L Plus, Limited	
Cylindrée, soupapes, alim.	V6 3,6 litres 24 s atmos.
Puissance / Couple	287 ch / 262 lb-pi
Tr. base (opt) / rouage base (opt)	A9 / Tr
0-100 / 80-120 / V.Max	9,0 s / 6,75 s / n.d.
100-0 km/h	49,5 m
Type / ville / route / CO_2	Ord / 12,9 / 8,4 l/100 km / 5104 (est) kg/an
Touring-L hybride, Limited hybride	
Cylindrée, soupapes, alim.	V6 3,6 litres 24 s atmos.
Puissance / Couple	248 ch / 230 lb-pi
Tr. base (opt) / rouage base (opt)	CVT / Tr
0-100 / 80-120 / V.Max	n.d. / n.d. / n.d.
100-0 km/h	n.d.
Type / ville / route / CO_2	Ord / n.d. / n.d. l/100 km / n.d. kg/an

« LA PACIFICA **DONNERA** À CHRYSLER LES **ARMES** NÉCESSAIRES POUR REPRENDRE LA POSITION **DE TÊTE** DANS LE SEGMENT QU'ELLE A CRÉÉ IL Y A PLUS DE **30 ANS.** »

Photos : Jeremy Alan Glover, Sylvain Raymond

DODGE **CHALLENGER**

Prix : 30 795 $ à 76 695 $ (2016)
Catégorie : Coupé
Garanties :
3 ans/60 000 km, 5 ans/100 000 km
Transport et prép. : 1 845 $
Ventes QC 2015 : 259 unités
Ventes CAN 2015 : 2 669 unités

Cote du Guide de l'auto

69 %

Fiabilité
■■■■■■■□□□

Appréciation générale
■■■■■■■□□□

Sécurité
■■■■■■■□□□

Agrément de conduite
■■■■■■■■□□

Consommation
■■■■■□□□□□

Système multimédia
■■■■■■■□□□

Cote d'assurance
■■■■■■■□□□
$ $ $ $

➕ Style inimitable • Équation V6 /
automatique réussie • Futur classique
(Hellcat) • Sonorité des moteurs jouissive •
Confort étonnant

➖ Visibilité franchement mauvaise •
Voiture commanditée par Esso (sauf V6) •
Poids trop élevé • Places arrière difficiles
d'accès • Pour le raffinement, on repassera !

Concurrents
Chevrolet Camaro, Ford Mustang

Il faut se rendre
à l'évidence...

Alain Morin

Alors que l'automobile en général, et la société à bien y penser,
deviennent de plus en plus sobres, économiques et sécuritaires, la Dodge Challenger est tout le contraire. Elle est
trop tout. Trop grosse, trop lourde, trop puissante. Elle consomme
trop, elle est trop voyante et son habitacle est trop petit. Bref, la
Challenger ramène l'automobile 40 ans en arrière.

Et c'est exactement pour ça qu'on l'aime ! Il y a tout d'abord son style, musclé
à souhait et, selon les versions, capable de terrifier quiconque a la
malencontreuse idée de se retrouver devant elle dans la voie de gauche
d'une autoroute. Puis, la sonorité de ses moteurs. De n'importe lequel de
ses moteurs. Le moindre appui sur l'accélérateur entraîne une exquise
symphonie du système d'échappement. En fait, « exquise symphonie »
devrait être réservé à la subtilité d'un moteur Ferrari. Ici, c'est plutôt un
concert rock de George Thorogood qui sort des échappements.

Faisant fi des règles de l'ergonomie, l'habitacle est démesurément petit par
rapport à la grosseur de la carrosserie. La visibilité, peu importe la direction
où l'on regarde, est au mieux, exécrable. À l'opposé, le tableau de bord est
franchement réussi et, à défaut de jouir d'une finition parfaite, affiche un grand
écran central présentant l'un des meilleurs systèmes d'infodivertissement de
l'industrie, le Uconnect. Les espaces de rangement... Les quoi ?

Les sièges avant, même dans les versions basiques, se révèlent très confortables
tandis que ceux des livrées les plus belliqueuses sont d'un maintien parfait.
Le coffre, enfin, est de bonnes dimensions mais il est handicapé par une
très petite ouverture.

305 CHEVAUX POUR DÉBUTER
Pour mouvoir ses quelque 1760 kilos, la Challenger d'entrée de gamme
peut compter sur un V6 de 3,6 litres développant 305 chevaux.
Comme moteur de base, on a déjà vu pire. Évidemment, lorsqu'on le compare
aux autres qui équipent cette voiture, il semble bien malingre. Ne vous laissez

pas berner, ce moteur est amplement puissant. En plus, il autorise un comportement équilibré et sa consommation, avec un peu de bonne volonté, est presque retenue.

La fiche technique de la Challenger tombe ensuite dans le « trop ». Le V8 5,7 litres HEMI, avec ses 372 chevaux et son couple de 400 livre-pied (plus si l'on opte pour la boîte manuelle à six rapports) ne fait pas dans la dentelle. Il suffit d'enfoncer l'accélérateur pour se rendre compte que l'on est davantage dans le domaine du jean de travail que dans la lingerie fine... Puis, il y a la version SRT. SRT pour *Street and Racing Technology* ou, traduction libre, technologie pour course... et pour rues. Cette SRT, c'est une brute de 6,4 litres développant 485 chevaux capable d'accélérations à vous plaquer le sternum sur la colonne vertébrale.

En configuration Scat Pack, doublée de la très intéressante option Shaker, la Challenger en impose. Sa prise d'air sur le moteur est tellement massive que l'on a dû percer un orifice dans le capot pour lui faire de la place. Quand on démarre le moteur ou que l'on accélère vivement, on voit cette protubérance bouger... ou « shaker », si vous préférez.

TROP, C'EST MIEUX

Et puis il y a la Hellcat. La monstrueuse Hellcat. V8 de 6,2 litres, surcompresseur, refroidisseurs d'air intermédiaires *(intercoolers)* faisant partie d'un système de refroidissement très complexe, 707 chevaux, 650 livre-pied de couple, 16 litres aux cent kilomètres de moyenne... même pas en conduite sportive. Des pneus 275/40ZR20 et des freins Brembo de dimensions olympiques, à six pistons à l'avant et à quatre à l'arrière. Il en faut de la puissance et des freins pour déplacer et stopper une masse de plus de 2 000 kilos.

N'ayez crainte, les ingénieurs n'y ont pas été avec parcimonie. Tout dans la Hellcat est démesuré. Pourtant, alors que les « petits » 5,7 et 6,4 litres donnent dans le brutal, la Hellcat peut être docile comme une Corolla. Il suffit toutefois d'un petit coup sur l'accélérateur pour se retrouver avec des pneus arrière fumants qui font déraper l'arrière avant que les différents systèmes de contrôle interviennent. Décidément, il faut avoir du courage, ou plutôt de l'insouciance, pour choisir le mode Track qui laisse le conducteur seul face à 707 chevaux en furie !

Selon les rumeurs, la Dodge Challenger en serait à sa dernière année de production. Au cas où elle ne reviendrait pas l'an prochain, prenons une minute pour saluer respectueusement cette vieille amie qui nous a fait vivre des moments fous, si fous qu'ils ne se reproduiront sans doute jamais. Merci pour tout « Chall », on ne t'oubliera jamais !

Du nouveau en 2017

Aucun changement majeur

Châssis - SXT

Emp / lon / lar / haut	2946 / 5022 / 2179 / 1450 mm
Coffre / Réservoir	459 litres / 70 litres
Nbre coussins sécurité / ceintures	6 / 5
Suspension avant	ind., bras inégaux
Suspension arrière	ind., multibras
Freins avant / arrière	disque / disque
Direction	à crémaillère, ass. var. élect.
Diamètre de braquage	11,4 m
Pneus avant / arrière	P235/55R18 / P235/55R18
Poids / Capacité de remorquage	1766 kg / 454 kg (1000 lb)
Assemblage	Brampton ON CA

Composantes mécaniques

SXT

Cylindrée, soupapes, alim.	V6 3,6 litres 24 s atmos.
Puissance / Couple	305 ch / 268 lb-pi
Tr. base (opt) / rouage base (opt)	A8 / Prop
0-100 / 80-120 / V.Max	6,5 s / n.d. / n.d.
100-0 km/h	n.d.
Type / ville / route / CO_2	Ord / 12,4 / 7,8 l/100 km / 4752 kg/an

Hemi Scat Pack (auto), Hemi Scat Pack (man), SRT 392

Cylindrée, soupapes, alim.	V8 6,4 litres 16 s atmos.
Puissance / Couple	485 ch / 475 lb-pi
Tr. base (opt) / rouage base (opt)	A8 (M6) / Prop
0-100 / 80-120 / V.Max	4,5 s / n.d. / 292 km/h
100-0 km/h	36,0 m
Type / ville / route / CO_2	Sup / 15,7 / 9,5 l/100 km / 5939 kg/an

SRT Hellcat

Cylindrée, soupapes, alim.	V8 6,2 litres 16 s surcompressé
Puissance /Couple	707 ch / 650 lb-pi
Tr. base (opt) / rouage base (opt)	A8 (M6) / Prop
0-100 / 80-120 / V.Max	5,2 s / 3,7 s / n.d.
100-0 km/h	41,7 m
Type / ville / route / CO_2	Sup / 18,0 / 10,7 l/100 km / 6769 kg/an

R/T (man.)

V8 5.7 l - 375 ch/410 lb-pi - M6 (A8) - 0-100: 6,0 s - 15,6/10,0 l/100km

R/T (auto.)

V8 5.7 l - 372 ch/400 lb-pi - A8 - 0-100: 5,5 s - 14,8/9,3 l/100km

DODGE **CHARGER**

((SiriusXM))

Prix : 33 295 $ à 80 090 $ (2016)
Catégorie : Berline
Garanties :
3 ans/60 000 km, 5 ans/100 000 km
Transport et prép. : 1 845 $
Ventes QC 2015 : 400 unités
Ventes CAN 2015 : 4 518 unités

Cote du Guide de l'auto

81 %

Fiabilité
■■■■■■■□□□

Appréciation générale
■■■■■■■■□□

Sécurité
■■■■■■■■□□

Agrément de conduite
■■■■■■■■□□

Consommation
■■■■■□□□□□

Système multimédia
■■■■■■■■□□

Cote d'assurance
■■■■■■■□□□
$$$ $

➕ Puissance phénoménale
(SRT Hellcat) • Boîte à huit rapports
efficace • Habitacle spacieux •
Bon rapport prix/performances

➖ Consommation élevée (moteurs V8) •
Absence de rouage intégral
(moteurs V8) • Gabarit imposant •
Fiabilité perfectible

Concurrents
Buick LaCrosse, Chevrolet Impala,
Chrysler 300, Ford Taurus,
Nissan Maxima, Toyota Avalon

La démesure est totale

Gabriel Gélinas

La Charger, c'est le *muscle car* à quatre portes, surtout dans
le cas du SRT Hellcat avec lequel la démesure est totale.
Un moteur de 707 chevaux dans une berline à quatre portes,
ça frise la sainte délinquance, rien de moins… Mis à part ce modèle
hors normes au potentiel de performance décuplé qui célèbre le
nouvel âge d'or des *muscle cars*, la Charger se décline avec trois
autres moteurs, soit deux V8 développant respectivement 370 et
485 chevaux et un V6 allant jusqu'à 300 chevaux. Entre le modèle
de base et la SRT Hellcat, la puissance passe donc du simple à
plus du double.

Si la SRT Hellcat existe, c'est parce qu'on ne voit pas la fin de cette course
effrénée vers les sommets de la puissance à notre époque où le prix du
carburant est faible. Tant et aussi longtemps que l'essence coûte juste un
peu plus de un dollar le litre au Québec ou plus de deux dollars le gallon
aux États-Unis, ce modèle est promis à un brillant avenir, et comme la
demande est plus grande que l'offre, cela permet à la marque Dodge
d'augmenter le profit prélevé sur chaque voiture.

PUISSANCE BRUTE
La Charger SRT Hellcat est un véritable « sleeper », soit une voiture dont le
potentiel de performance demeure inconnu pour tous les non-initiés, du
moins jusqu'à ce qu'ils constatent à quel point ils se sont fait larguer au feu
vert… Mais il n'y a pas que la puissance brute qui impressionne. Les freins
proviennent de l'équipementier Brembo qui fournit des marques aussi
adulées que performantes, comme Ferrari, et les pneus sont des Pirelli
montés sur des jantes surdimensionnées. En raison de son gabarit et de
son poids, la Charger SRT Hellcat ne se qualifie pas comme une authentique
auto sport, mais elle fait tout de même preuve d'un aplomb remarquable, et
le fait qu'elle ait hérité d'éléments de suspension prélevés chez Mercedes-Benz
lors de la fusion entre Daimler et Chrysler est un autre élément qui explique
en partie le comportement routier assuré de cette berline.

Au démarrage, la SRT Hellcat annonce furieusement ses intentions. En accélération maximale, la puissance est explosive et le patinage des roues est monnaie courante sur les premier, deuxième et troisième rapports. Heureusement que l'intervention providentielle du système antipatinage permet de limiter les dégâts.

Une chose est certaine, c'est la contribution de l'électronique qui permet à Dodge d'équiper une berline de grand format d'un moteur de 707 chevaux. Il est possible de paramétrer les réglages de la voiture au moyen de l'écran central selon plusieurs modes de conduite, comme le mode Track qui permet d'activer le système départ-canon, et l'on peut voir en temps réel les données de puissance, de couple ou la pression du compresseur volumétrique, entre autres.

Les modèles à moteur V8 font preuve d'une consommation importante si l'on abuse du potentiel de performance et sont dépourvus du rouage intégral qui n'est disponible qu'avec le V6, deux considérations qui ne manquent pas d'intérêt pour la conduite de tous les jours. Côté look, tous les modèles de la gamme ont fait l'objet d'une refonte en 2015, laquelle a permis à la Charger d'évoluer vers un style plus musclé afin de se démarquer encore plus de ses rivales directes à l'allure plus sage.

Pour l'année-modèle 2017, plusieurs changements ont été apportés à la gamme des Charger. Ainsi, le modèle R/T Scat Pack change de désignation pour R/T 392, alors que la version R/T Road & Track est retirée du catalogue. Le choix des ensembles d'options et des jantes est simplifié, et les sièges en cuir des modèles SRT Hellcat sont décorés d'un label d'identification.

UN TRÈS SÉRIEUX TALON D'ACHILLE

La fiabilité à long terme de plusieurs modèles Dodge ne peut être qualifiée autrement que par le mot atroce. En effet, la marque Dodge se classe au dernier rang, soit le 32e sur 32 marques répertoriées dans l'édition 2016 du sondage VDS (*Vehicle Dependability Survey*) de la firme spécialisée J.D. Power and Associates qui mesure la fiabilité des véhicules après trois années d'usage. Parmi les véhicules de la marque, le Journey et la Dart reçoivent les pires notes au chapitre de la fiabilité, tandis que la Charger fait un peu mieux. Bref, il y a sérieusement matière à amélioration concernant le bilan de la fiabilité à long terme.

Plus pratique, et aussi plus stable à haute vitesse que la Challenger, la Charger est une voiture spacieuse et performante au look assez musclé pour épater la galerie. Dommage que la qualité de la finition intérieure soit plutôt inégale et que la fiabilité à long terme de la marque soit aussi mauvaise.

Du nouveau en 2017

Le modèle R/T Scat Pack devient le modèle R/T 392, retrait de la version Road & Track et choix simplifiés des ensembles d'options et jantes.

Châssis - SE AWD

Emp / lon / lar / haut	3052 / 5040 / 1905 / 1479 mm
Coffre / Réservoir	467 litres / 70 litres
Nbre coussins sécurité / ceintures	7 / 5
Suspension avant	ind., bras inégaux
Suspension arrière	ind., multibras
Freins avant / arrière	disque / disque
Direction	à crémaillère, ass. var. élect.
Diamètre de braquage	11,8 m
Pneus avant / arrière	P235/55R19 / P235/55R19
Poids / Capacité de remorquage	1886 kg / 454 kg (1000 lb)
Assemblage	Brampton ON CA

Composantes mécaniques

SE, SE AWD, SXT, SXT AWD

Cylindrée, soupapes, alim.	V6 3,6 litres 24 s atmos.
Puissance / Couple	292 ch / 260 lb-pi
Tr. base (opt) / rouage base (opt)	A8 / Prop (Int)
0-100 / 80-120 / V.Max	7,5 s / 5,9 s / n.d.
100-0 km/h	42,8 m
Type / ville / route / CO_2	Ord / 12,8 / 8,6 l/100 km / 5019 kg/an

R/T

Cylindrée, soupapes, alim.	V8 5,7 litres 16 s atmos.
Puissance / Couple	370 ch / 395 lb-pi
Tr. base (opt) / rouage base (opt)	A8 / Prop
0-100 / 80-120 / V.Max	6,8 s / 5,0 s / n.d.
100-0 km/h	41,0 m
Type / ville / route / CO_2	Ord / 14,8 / 9,3 l/100 km / 5670 kg/an

SRT 392

Cylindrée, soupapes, alim.	V8 6,4 litres 16 s atmos.
Puissance / Couple	485 ch / 475 lb-pi
Tr. base (opt) / rouage base (opt)	A8 / Prop
0-100 / 80-120 / V.Max	n.d. / n.d. / n.d.
100-0 km/h	n.d.
Type / ville / route / CO_2	Sup / 15,7 / 9,5 l/100 km / 5939 kg/an

Hellcat

Cylindrée, soupapes, alim.	V8 6,2 litres 16 s surcompressé
Puissance / Couple	707 ch / 650 lb-pi
Tr. base (opt) / rouage base (opt)	A8 / Prop
0-100 / 80-120 / V.Max	n.d. / n.d. / n.d.
100-0 km/h	n.d.
Type / ville / route / CO_2	Sup / 18,0 / 10,7 l/100 km / 6769 kg/an

Photos: Dodge

DODGE **DURANGO**

Prix : 47 895 $ à 55 195 $ (2016)
Catégorie : VUS intermédiaire
Garanties :
3 ans/60 000 km, 5 ans/100 000 km
Transport et prép. : 1 845 $
Ventes QC 2015 : 212 unités
Ventes CAN 2015 : 3 659 unités

Cote du Guide de l'auto

74 %

Fiabilité
■■■■■■■□□□

Appréciation générale
■■■■■■■□□□

Sécurité
■■■■■■■□□□

Agrément de conduite
■■■■■■■□□□

Consommation
■■■■■□□□□□

Système multimédia
■■■■■■■□□□

Cote d'assurance
■■■■■■■□□□
$$$ $

➕ Confort de roulement • Habitable
des plus spacieux • Moteur HEMI puissant •
Plus beau qu'une fourgonnette

➖ Moteur HEMI assoiffé •
Gabarit imposant • Poids élevé •
Molette de sélection des rapports mal située

Concurrents
Buick Enclave, Chevrolet Traverse,
Ford Explorer, GMC Acadia, Lexus GX,
Nissan Armada, Toyota Sequoia,
Volkswagen Touareg

Géant mais docile

Mathieu St-Pierre

L es véhicules utilitaires, qu'ils soient sportifs ou multisegments,
se veulent une option à tous les autres types de véhicules
automobiles. En premier lieu, ils doivent être logeables,
mais cet aspect est souvent occulté par un design qui est plus
émotif, plus racé.

Fiat Chrysler Automobiles, ou FCA, est connue et reconnue pour avoir
conçu les voitures les plus familiales de tous les temps, les Dodge Caravan
et Plymouth Voyager, au début des années 80. On créa alors une nouvelle
catégorie de véhicules, mais comme toute bonne chose, l'intérêt pour la
minifourgonnette diminua au fil des années. Les ingénieurs ont tout de
même pris des notes et quand le moment de la refonte du Durango est
arrivé pour l'année-modèle 2011, ils ont brillamment combiné les atouts du
VUS et de la fourgonnette.

L'AMALGAME IDÉAL
Que recherchent les familles d'aujourd'hui ? De l'espace ? Des accessoires
de luxe et de la technologie ? Une position de conduite surélevée ? De la
sécurité ? Du confort ? Et bien voilà, le Durango répond à toutes ces obligations.

Parmi les produits de FCA, ce sont les Dodge qui ont le plus de gueule.
Pratiquement tous les véhicules sont dotés de la calandre à réticule à l'avant
et de feux arrière à DEL en forme de piste de course. Chez le Durango, c'est
la corpulence qui impressionne surtout. Il est long, large et haut sur roues.
En fait, à bien l'étudier, le Durango ressemble beaucoup à une fourgonnette
du pilier « A » jusqu'à l'arrière.

S'il est un peu « rondelet », le gros VUS de Dodge a tout de même une belle
apparence. La nouvelle version GT est particulièrement intéressante grâce
aux différentes moulures ou accessoires agencés à la couleur de la
carrosserie. Les versions R/T et Citadel continuent de bien représenter son
côté sportif et son côté luxueux, respectivement.

Même avec la troisième banquette en place, le coffre demeure suffisant pour de gros objets, un sac d'équipement de hockey, par exemple. À l'avant, les occupants font face à une planche de bord simple, bien conçue et finie avec soin. L'écran disponible Uconnect de 8,4 pouces est le centre nerveux du véhicule. Heureusement, il est efficace et se consulte avec aisance. Ce centre multimédia comporte de nombreuses commandes audio, de téléphone, de navigation et plus.

Les vide-poches sont nombreux et l'ergonomie est bien pensée. La molette de sélection pour la boîte automatique semble novatrice, mais tant qu'à faire, des boutons sélecteurs ou un bon vieux *shifter* sur la colonne de direction libéreraient davantage d'espace dans la console centrale.

SPORTIF OU RELAX

Le moteur de base, un V6 de 3,6 litres, est bien assorti au Durango. Sa puissance et particulièrement son couple suffisent très bien à la tâche de faire bouger les quelque 2 400 kilos du VUS. Pour le remorquage ou simplement pour avoir un peu plus de plaisir, le V8 HEMI de 5,7 litres garantit les résultats. Aussi, n'oublions pas qu'il possède une très belle sonorité.

Les deux moteurs proposés sont bien adaptés, mais les lauriers reviennent à la superbe boîte automatique à huit rapports offerte de série. Elle fait un boulot exemplaire, qu'elle soit lourdement sollicitée par une charge importante ou par un conducteur désirant changer de voie rapidement. Pour le moment, FCA ne semble pas tentée d'intégrer sa boîte à neuf rapports au Durango et nous souhaitons qu'elle résiste à la tentation. Chaque moteur est jumelé à un rouage intégral qui lui est propre. Dans le cas du V8, il comprend une gamme basse qui peut être utile dans les situations extrêmes. Notons qu'en temps normal, le HEMI ne consomme qu'environ 10 à 15 % de plus que le V6. Selon nous, c'est un avantage non négligeable.

La suspension indépendante du Durango lui assure un comportement routier sain que l'on apprécie en ville tout comme sur les longues distances. Le roulis en virage est présent bien sûr, par contre, il n'y a pas de quoi s'inquiéter, car le véhicule demeure stable et silencieux à haute vitesse. La direction électrique fait un travail satisfaisant et les freins (ventilés aux quatre coins avec le V8) répondent amplement aux attentes.

Somme toute, le Durango de Dodge mérite d'être considéré l'une des meilleures alternatives à la fourgonnette. Entendons-nous, rien ne peut battre la polyvalence d'une fourgonnette, mais le gros Dodge peut tout faire aisément. De plus, il est plus beau qu'une *minivan*...

Du nouveau en 2017

Nouvelle version GT qui remplace la Limited, nouvel ensemble Citadel Platinum, nouveau groupe Technologie optionnel pour les versions R/T et Citadel, nouvelles couleurs.

Châssis - GT

Emp / lon / lar / haut	3042 / 5110 / 2172 / 1801 mm
Coffre / Réservoir	490 à 2393 litres / 93 litres
Nbre coussins sécurité / ceintures	7 / 7
Suspension avant	ind., bras inégaux
Suspension arrière	ind., pneumatique, multibras
Freins avant / arrière	disque / disque
Direction	à crémaillère, assistée
Diamètre de braquage	11,2 m
Pneus avant / arrière	P265/50R20 / P265/50R20
Poids / Capacité de remorquage	2418 kg / 3266 kg (7200 lb)
Assemblage	Détroit MI US

Composantes mécaniques

Crossroad TI

Cylindrée, soupapes, alim.	V6 3,6 litres 24 s atmos.
Puissance / Couple	290 ch / 260 lb-pi
Tr. base (opt) / rouage base (opt)	A8 / Int
0-100 / 80-120 / V.Max	9,4 s / 7,8 s / n.d.
100-0 km/h	43,0 m
Type / ville / route / CO_2	Ord / 13,9 / 9,8 l/100 km / 5545 kg/an

GT

Cylindrée, soupapes, alim.	V8 5,7 litres 16 s atmos.
Puissance / Couple	360 ch / 390 lb-pi
Tr. base (opt) / rouage base (opt)	A8 / Int
0-100 / 80-120 / V.Max	9,3 s / 6,7 s / n.d.
100-0 km/h	45,1 m
Type / ville / route / CO_2	Ord / 17,3 / 11,5 l/100 km / 6757 kg/an

> **LES *MINIVANS* NE SONT PAS COOL**, C'EST BIEN CONNU... LES VUS **LE SONT,** ALORS POURQUOI PAS **UN MÉLANGE DES DEUX** COMME LE DURANGO ?

Photos: Dodge

DODGE **GRAND CARAVAN**

(((SiriusXM)))

Prix: 20 895 $ à 35 995 $ (2016)
Catégorie: Fourgonnette
Garanties:
3 ans/60 000 km, 5 ans/100 000 km
Transport et prép.: 1 845 $
Ventes QC 2015: 9 940 unités
Ventes CAN 2015: 46 927 unités

Cote du Guide de l'auto

69 %

Fiabilité

Appréciation générale

Sécurité

Agrément de conduite

Consommation

Système multimédia

Cote d'assurance

$$$ $

➕ Polyvalence inégalée • Système Uconnect réussi • Moteur puissant • Capacité de remorquage étonnante • Prix engageant (modèles de base)

➖ Fin de carrière imminente • Consommation décevante • Conduite ennuyante • Sensible aux vents latéraux • Quelques matériaux ordinaires

Concurrents
Chrysler Pacifica, Honda Odyssey, Kia Sedona, Toyota Sienna

Celle qui sauvera la mise ?

Alain Morin

C ertaines décisions ne sont pas faciles à comprendre... Il y a quelques mois, FCA (Fiat Chrysler Automobiles) dévoilait la Chrysler Pacifica, celle que nous croyions être la remplaçante de la Dodge Grand Caravan et de sa contrepartie chez Chrysler, la Town & Country. Or, si la Pacifica remplace bel et bien la Town & Country, la Grand Caravan, elle, refait un tour de manège inespéré en 2017. Son dernier sans doute.

Et il y a fort à parier que les concessionnaires se l'arracheront puisque la Pacifica, dont le prix de base commence à plus de 40 000 $, ne s'adresse absolument pas au même marché. On peut d'ailleurs se demander qui sera prêt à payer une telle somme pour une fourgonnette Chrysler, une marque qui n'est pas réputée pour sa fiabilité ni pour la valeur de revente de ses véhicules.

La Grand Caravan revient donc en 2017, sans changements d'importance. On retrouve ses lignes extérieures génériques à souhait, qui se fondent dans la circulation. En fait, ce ne sont pas tant les lignes qui font qu'on ne voit plus la Grand Caravan, mais plutôt la quantité qu'on peut compter sur les routes ! Lors d'un long voyage, les enfants peuvent s'exercer à compter jusqu'à mille juste en dénombrant les Grand Caravan rouges. Ou bleues.

C'EST EN DEDANS QUE ÇA SE JOUE

Dans l'habitacle, c'est un peu moins ordinaire. Sans être excentrique, le tableau de bord est bien conçu. Il est ergonomique, les plastiques sont de meilleure qualité qu'avant (remarquez que je n'ai pas écrit qu'ils étaient d'excellente qualité...), les espaces de rangement sont nombreux et pratiques, le système multimédia Uconnect s'avère être l'un des meilleurs de l'industrie et les sièges avant sont confortables.

Ceux de la deuxième rangée, par contre, sont plus rudes pour le dos et surtout pour les fesses, leur assise étant très mince. C'est le prix à payer pour pouvoir les insérer dans le plancher, grâce au génial mécanisme Stow 'n Go, encore inimité dans l'industrie. La banquette de la troisième rangée, pour sa part, est assez mal foutue. L'assise et le dossier forment un angle bizarre et les trous et bosses de notre réseau routier sont ressentis avec vigueur.

Heureusement, cette banquette s'escamote en partie ou en totalité (60/40) dans le plancher. Lorsque les deux rangées de sièges sont insérées dans leur cavité, l'espace ainsi créé, bas et parfaitement plat, est l'un des plus grands de la catégorie, ce qui est toujours apprécié. De fiston, des beaux-frères, des voisins...

Sous le capot, on retrouve un V6 de 3,6 litres, apprêté à toutes les sauces chez FCA. Ici, il livre 283 chevaux pour un couple de 260 livre-pied. La boîte de vitesses est une automatique à six rapports et les roues motrices sont situées à l'avant, une configuration classique pour ce type de véhicule. Seule la Toyota Sienna offre le rouage intégral en option.

Le moteur de la Grand Caravan procure des accélérations et des reprises fort potables pour une fourgonnette, presque sans effet de couple dans le volant (on n'a pas l'impression que le volant veut tirer à gauche et à droite en même temps quand on écrase le champignon). La transmission, du moins celle des derniers modèles essayés, se comporte généralement de façon correcte, sans trop se presser cependant, surtout lorsque vient le temps de rétrograder.

ON NE RIT PLUS !
Là où ça se corse, c'est en ce qui concerne la consommation. En étant des plus polis avec l'accélérateur, il est rare qu'on puisse obtenir une moyenne de moins de 12 l/100 km, même en ne roulant que sur des autoroutes et des routes secondaires. On peut donc facilement faire du 13 l/100 km. On me dira que la Grand Caravan pèse plus de 2 000 kilos, n'empêche qu'aujourd'hui, c'est beaucoup. Alors, imaginez sa consommation lorsqu'elle traîne une remorque d'au plus 3 600 livres (1 633 kilos)...

Personne ne sera surpris d'apprendre que conduire une Grand Caravan ne constitue pas une expérience très marquante. Sauf quand on tente de se garer dans un centre-ville bondé.

Avec l'arrivée de la Pacifica et le départ éventuel de la Grand Caravan, le temps des fourgonnettes abordables semble malheureusement révolu et pourrait connaître un certain déclin. Ceux qui désirent profiter d'un bas prix devraient se précipiter chez un concessionnaire Dodge le plus tôt possible, pendant que la Grand Caravan est toujours offerte. Qui sait, peut-être sauvera-t-elle le petit monde de la fourgonnette ?

Châssis - Ensemble Valeur Plus

Emp / lon / lar / haut	3078 / 5151 / 2247 / 1725 mm
Coffre / Réservoir	934 à 4072 litres / 76 litres
Nbre coussins sécurité / ceintures	7 / 7
Suspension avant	ind., jambes force
Suspension arrière	semi-ind., poutre torsion
Freins avant / arrière	disque / disque
Direction	à crémaillère, assistée
Diamètre de braquage	12,0 m
Pneus avant / arrière	P225/65R17 / P225/65R17
Poids / Capacité de remorquage	2050 kg / 1633 kg (3600 lb)
Assemblage	Windsor ON CA

Composantes mécaniques

Ensemble Valeur Plus, SXT, Crew, GT

Cylindrée, soupapes, alim.	V6 3,6 litres 24 s atmos.
Puissance / Couple	283 ch / 260 lb-pi
Tr. base (opt) / rouage base (opt)	A6 / Tr
0-100 / 80-120 / V.Max	8,8 s / 7,3 s / n.d.
100-0 km/h	44,5 m
Type / ville / route / CO_2	Ord / 13,7 / 9,4 l/100 km / 5412 kg/an

« LA DODGE **GRAND CARAVAN** A DÉBUTÉ SA CARRIÈRE EN **1983** SOUS LE NOM DE **CARAVAN**. SALUONS-LA BIEN BAS PENDANT QU'ELLE EST ENCORE **DES NÔTRES**. MERCI ! »

Du nouveau en 2017

Aucun changement majeur. Modèle R/T rebaptisé GT. Quelques options abandonnées. Modèle sans doute à sa dernière année de production.

Photos : Dodge

DODGE **JOURNEY**

Prix: 21 495 $ à 36 240 $ (2016)
Catégorie: VUS compact
Garanties:
3 ans/60 000 km, 5 ans/100 000 km
Transport et prép.: 1 845 $
Ventes QC 2015: 3 525 unités
Ventes CAN 2015: 25 646 unités

Cote du Guide de l'auto

66 %

Fiabilité
■■■■□□□□□□

Appréciation générale
■■■■■□□□□□

Sécurité
■■■■■□□□□□

Agrément de conduite
■■■■■□□□□□

Consommation
■■■■□□□□□□

Système multimédia
■■■■■□□□□□

Cote d'assurance

■■■■■■□□□□
$ $ $ $

➕ Véhicule confortable • Habitacle spacieux • Nombreux espaces de rangement • Prix intéressants

➖ Automatique à quatre rapports seulement (2,4 litres) • Consommation d'essence élevée • Fiabilité sous la moyenne • Faible valeur de revente

Concurrents
Chevrolet Equinox, Ford Escape, GMC Terrain, Honda CR-V, Hyundai Tucson, Kia Sportage, Mazda CX-5, Nissan Rogue, Subaru Forester, Toyota RAV4, Volkswagen Tiguan

Beau, bon, pas cher

Marc-André Gauthier

Quand on pense à Dodge, on pense à la Challenger et la Charger, des voitures que l'on peut maintenant équiper d'un moteur de 707 chevaux. Pourtant, Dodge continue de bien faire dans la catégorie des voitures «accessibles». En effet, son Grand Caravan demeure le choix de plusieurs familles, tandis que du côté des multisegments, le Journey continue de plaire aux Canadiens.

Pourquoi? Même si l'on vante allègrement le Mazda CX-5 ou bien le Toyota RAV4, le Journey demeure l'un des plus polyvalents à un prix vraiment abordable. Autrement dit, tant que le Journey demeurera beau, bon, et pas cher, il devrait demeurer populaire.

SUR MESURE POUR VOUS
Contrairement, par exemple, au Honda CR-V qui n'offre qu'une seule motorisation et de l'espace pour cinq occupants, le Dodge Journey, lui, propose deux moteurs, et deux aménagements intérieurs, l'une à cinq places, l'autre à sept.

Quels sont ces moteurs? Pour 2017, il n'y a rien de nouveau à ce chapitre. Par défaut, on retrouve un quatre cylindres de 2,4 litres qui développe 173 chevaux et un couple de 166 livre-pied. L'autre est un V6 de 3,6 litres de 283 chevaux et 260 livre-pied. D'office, la puissance est acheminée aux roues avant, mais en option, on peut ajouter un rouage à quatre roues motrices.

Où l'histoire devient plus étrange, c'est au chapitre des boîtes de vitesses. Le V6 est marié à automatique à six rapports, ce qui est assez standard de nos jours, tandis que le quatre cylindres est jumelé à automatique à quatre rapports... Assez archaïque, merci. Il est étrange de voir une boîte automatique à quatre rapports équipant un multisegment en 2017, mais c'est le prix à payer pour l'accessibilité!

Le quatre cylindres de 2,4 litres surprend. Même si l'on ne retrouve que 173 chevaux sous le capot, et à peine quatre rapports dans la boîte de vitesses, la puissance semble adéquate. Cependant, l'économie d'essence de ce moteur déçoit. Même en faisant attention, il est difficile de consommer moins de 10 l/100 km.

Même histoire pour le V6. Oui, les 283 chevaux sont les bienvenus, mais ils viennent au prix d'une consommation qui donne le vertige. Dodge annonce 9,9 l/100 km sur l'autoroute pour la version à transmission intégrale. Au combiné, nos essais ont donné une moyenne de 12 l/100 km. Et si l'on préfère l'adhérence supplémentaire du rouage intégral, il est obligatoirement jumelé au moteur V6, mais au moins, ce dernier procure au VUS une capacité de remorquage de 1134 kg (2 500 lb).

Dans l'ensemble, ces deux moteurs décrivent bien le Journey. Si Dodge ne souhaite pas miser sur une technologie turbo ou hybride dans ce véhicule, il faudrait au moins qu'elle songe à y mettre une boîte automatique à huit rapports, histoire de diminuer la consommation.

Outre les motorisations, c'est davantage le comportement du Journey qui surprend. Sur la route, il est confortable, et offre toutes les commodités d'un véhicule moderne. On note beaucoup d'espace, du silence, une belle qualité de finition, un tableau de bord bien dessiné et un grand écran pour le système multimédia. De plus, on peut équiper le Journey d'un système de divertissement à l'arrière pour les enfants, d'un toit ouvrant, d'un système de navigation et d'une caméra de recul.

Cela dit, les places de la troisième banquette, si le modèle en est équipé, ne sont pas très spacieuses. Elles conviendront à de jeunes enfants, mais si l'on envisage y asseoir de jeunes ados, une minifourgonnette serait plus indiquée.

Le point fort du Journey demeure sa logeabilité. On retrouve des espaces de rangement sous le plancher de toutes les versions, et les dossiers de la deuxième rangée s'abaissent pour offrir un plancher complètement plat, comme dans un véhicule commercial. Pour les enfants, on peut même ajouter des sièges d'appoint intégrés à l'assise de la deuxième rangée. Le Journey s'adresse donc autant à la famille, qui doit transporter plusieurs accessoires, qu'aux amateurs de plein air, qui doivent transporter leurs «jouets».

Certes, le Journey n'est pas le véhicule le plus moderne du marché, et loin de là, mais il possède beaucoup de qualités à prix avantageux. D'un autre côté, pour obtenir un Journey équipé au bouchon, il faut débourser au-delà de 35 000 $. À plus petit budget, bien d'autres véhicules nous rendront de fiers services, dont un plus moderne qui partage le plancher de vente avec le Journey, et qui s'appelle Jeep Cherokee.

Du nouveau en 2017

Aucun changement majeur, version R/T remplacée par la GT et nouvelles couleurs.

Châssis - GT TI

Emp / lon / lar / haut	2891 / 4887 / 2127 / 1692 mm
Coffre / Réservoir	1121 à 1914 litres / 80 litres
Nbre coussins sécurité / ceintures	7 / 5
Suspension avant	ind., jambes force
Suspension arrière	ind., multibras
Freins avant / arrière	disque / disque
Direction	à crémaillère, ass. var.
Diamètre de braquage	12,0 m
Pneus avant / arrière	P225/55R19 / P225/55R19
Poids / Capacité de remorquage	1926 kg / 1134 kg (2500 lb)
Assemblage	Toluca MX

Composantes mécaniques

Ensemble valeur plus, SE Plus

Cylindrée, soupapes, alim.	4L 2,4 litres 16 s atmos.
Puissance / Couple	173 ch / 166 lb-pi
Tr. base (opt) / rouage base (opt)	A4 / Tr
0-100 / 80-120 / V.Max	12,5 s / 10,0 s / n.d.
100-0 km/h	45,6 m
Type / ville / route / CO_2	Ord / 12,7 / 9,1 l/100 km / 5097 kg/an

GT TI, Crossroad TI

Cylindrée, soupapes, alim.	V6 3,6 litres 24 s atmos.
Puissance / Couple	283 ch / 260 lb-pi
Tr. base (opt) / rouage base (opt)	A6 / Int
0-100 / 80-120 / V.Max	9,2 s / 7,9 s / n.d.
100-0 km/h	45,6 m
Type / ville / route / CO_2	Ord / 14,5 / 9,9 l/100 km / 5718 kg/an

<< LE JOURNEY N'EST PAS LE VÉHICULE LE PLUS MODERNE, MAIS SON BAS PRIX ET LES MULTIPLES CONFIGURATIONS POSSIBLES EN FONT UN CHOIX INTÉRESSANT. >>

Photos : Dodge

![DODGE logo] DODGE **VIPER**

((SiriusXM))

Prix : 117 995 $ à 147 995 $ (2016)
Catégorie : Coupé
Garanties :
3 ans/60 000 km, 3 ans/60 000 km
Transport et prép. : 2 595 $
Ventes QC 2015 : 12 unités
Ventes CAN 2015 : 110 unités

Cote du Guide de l'auto

72 %

Fiabilité
n.d.

Appréciation générale
■■■■■■■□□□

Sécurité
■■■■■■□□□□

Agrément de conduite
■■■■■■■□□□

Consommation
■■■□□□□□□□

Système multimédia
■■■■■□□□□□

Cote d'assurance
■■■■■■■□□□
$ $ $ $

➕ Performances brutes • Confort
en hausse • Habitacle plus soigné •
Une transmission manuelle !!

➖ Embrayage dur • Peu de rangement •
Diffusion limitée • Visibilité arrière difficile

Concurrents
Acura NSX, Aston Martin DB9, Audi R8,
Chevrolet Corvette, Jaguar F-Type,
Maserati GranTurismo,
Mercedes-AMG GT, Nissan GT-R,
Porsche 911

Malheureusement, elle nous quitte !

Sylvain Raymond

La majeure partie des constructeurs qui développent une super sportive ne le font pas nécessairement pour générer un gros volume de ventes et des profits, ils le font surtout pour démontrer leur savoir-faire et rehausser le prestige de la marque. Chez Dodge, c'est la Viper qui remplit ce rôle depuis son introduction en 1992. Cette dernière, le fruit d'une équipe de passionnés, s'est rapidement imposée au royaume des exotiques grâce à son style unique et surtout, à son V10 hors normes.

Malheureusement, la Viper est en fin de carrière et 2017 est sa dernière année de production. Le contexte financier du groupe FCA (Fiat Chrysler Automobiles), jumelé à des ventes timides, n'aide pas la cause du serpent venimeux. En effet, la 3e génération semble avoir davantage de difficulté à trouver preneur. Il faut avouer que la concurrence est devenue très féroce au royaume des ultras sportives avec une offre de plus en plus diversifiée et l'arrivée de nouvelles marques. Dans ce segment, c'est aussi la nouveauté qui vend et la Viper ne s'est pas véritablement renouvelée au fil des ans.

UN BOLIDE INÉDIT
Après sa réapparition en 2013, suite à la faillite de Chrysler, le développement de la Viper est passé sous le giron de SRT, la division haute performance du groupe. Seul le coupé a été ressuscité, le cabriolet, pourtant très populaire, est demeuré sur une tablette.

Chaque prise de contact avec la Viper est une expérience unique. Côté style, elle séduit avec ses lignes exotiques, son profil bas, son habitacle reculé et sa section arrière très large qui en impose. Son style est demeuré similaire depuis plusieurs années, même si la dernière mouture dispose de rondeurs un peu plus prononcées, notamment au toit, sur le capot et les ailes. Les sorties d'échappement latérales font aussi partie de l'ADN de la Viper, ces dernières nous assurant de bien entendre le moteur rugir à chaque accélération. D'ailleurs, il fallait être prudent à l'époque pour ne pas se brûler les mollets sur les échappements tellement la chaleur était importante.

Encore aujourd'hui, même si les échappements sont recouverts, c'est toujours un peu le cas.

Une fois glissé à l'intérieur, ce qui n'est pas évident pour tous, on découvre un habitacle fortement axé sur la performance, au détriment du luxe ou du confort. Assise basse, instrumentation sport, pédalier éloigné et tableau de bord orienté vers le conducteur, voilà des éléments qui ne trompent pas. Les ingénieurs ont tout de même rehaussé le confort et la qualité des matériaux dans le cas de la dernière génération, un peu plus facile à vivre au jour le jour.

Si l'espace de chargement n'est pas très imposant, les deux occupants profitent, en revanche, d'amplement de place. Les sièges sont confortables et leur soutien latéral important favorise une conduite plus sportive. Les pédales sont très rapprochées, ce qui est utile pour l'utilisation de la technique du talon-pointe.

Au-delà de son style, le cœur du bolide, c'est son moteur V10, une mécanique peu commune à une époque où l'on remplace les grosses cylindrées par des moteurs plus petits, mais turbocompressés. Ce dix cylindres atmosphérique de 8,4 litres développe 645 chevaux pour un couple astronomique de 600 lb-pi et le plus merveilleux, c'est que la seule transmission offerte est une manuelle à six rapports. Alléluia!

ELLE IMPOSE LE RESPECT

Quel plaisir que de démarrer le moteur et d'entendre sa riche sonorité! L'embrayage, un peu dur, raffermit les cuisses à la longue et ne deviendra pas notre meilleur ami dans le trafic. Toutefois, si l'on enfonce l'accélérateur, le couple nous cloue littéralement au siège. Chaque morceau de peau qui dépasse s'en trouve déformé! Il suffit de changer de rapport et le jeu recommence de nouveau, avec autant de puissance, jusqu'à ce qu'on atteigne la sixième. Impossible de ne pas impressionner tout passager qui aura bien voulu s'aventurer à nos côtés! Malgré le prix plus élevé de cette nouvelle génération, elle offre toujours un excellent ratio prix-puissance.

Exploiter pleinement les performances de la Viper demande une bonne dextérité puisque le conducteur est le seul maître à bord. Chaque entrée ou sortie de virage doit être effectuée avec doigté, car avec sa puissance et surtout, son couple, la Viper ne pardonne pas l'erreur, même si on lui a greffé un système de contrôle de la traction. Elle impose le respect en tout temps; c'est la voiture qui m'aura intimidé le plus dans ma carrière et c'est exactement pour cette raison que je l'adore.

Il faut toutefois plus que l'admiration d'un journaliste Québécois pour conserver un véhicule en production!

Du nouveau en 2017

Aucun changement majeur. Possiblement sa dernière année de commercialisation.

Châssis - GTC

Emp / lon / lar / haut	2510 / 4463 / 1941 / 1246 mm
Coffre / Réservoir	411 litres / 70 litres
Nbre coussins sécurité / ceintures	4 / 2
Suspension avant	ind., bras inégaux
Suspension arrière	ind., bras inégaux
Freins avant / arrière	disque / disque
Direction	à crémaillère, assistée
Diamètre de braquage	12,3 m
Pneus avant / arrière	P295/30ZR18 / P355/30ZR19
Poids / Capacité de remorquage	1537 kg / n.d.
Assemblage	Détroit MI US

Composantes mécaniques

GTC, GTS, ACR

Cylindrée, soupapes, alim.	V10 8,4 litres 20 s atmos.
Puissance / Couple	645 ch / 600 lb-pi
Tr. base (opt) / rouage base (opt)	M6 / Prop
0-100 / 80-120 / V.Max	3,5 s (est) / n.d. / 330 km/h (const)
100-0 km/h	n.d.
Type / ville / route / CO_2	Sup / 19,2 / 11,3 l/100 km / 7197 kg/an

« LA VIPER DEMEURE UNE **BRUTE** ISSUE D'UNE **RÉGNAIENT** ÉPOQUE OÙ LES BOÎTES MANUELLES ET LES GROSSES **CYLINDRÉES.** C'EST POUR CETTE RAISON **QU'ON L'AIME.** »

FERRARI **488 GTB**

Prix: 292 182$ à 325 000$ (2016) (estimé)
Catégorie: Coupé, Roadster
Garanties:
3 ans/illimité, 3 ans/illimité
Transport et prép.: n.d.
Ventes QC 2015: n.d.
Ventes CAN 2015: n.d.

Cote du Guide de l'auto

85%

Fiabilité	Appréciation générale
n.d.	■■■■■■■■□□
Sécurité	Agrément de conduite
■■■■■■■□□□	■■■■■■■■□□
Consommation	Système multimédia
■■■■□□□□□□	■■■■■■■□□□

Cote d'assurance

■■□■□□□□□□
$$$ $

➕ Puissance phénoménale • Excellente tenue de route • Aérodynamique étudiée • À la fine pointe sur le plan technique • Exclusivité assurée

➖ Prix élevé • Coût des options • Délai de livraison • Coûts d'entretien élevés

Concurrents
Aston Martin Vantage, Bentley Continental, Lamborghini Huracán, McLaren 650S, Porsche 911

À l'ère turbo

Gabriel Gélinas

Transformation radicale pour la récente évolution de la sportive à moteur central de Ferrari qui, l'an dernier, mettait au rancart le fabuleux V8 atmosphérique de la défunte 458 Italia, au profit d'un tout nouveau V8, turbocompressé, qui anime la nouvelle 488 GTB. Deuxième modèle de la marque à adopter la suralimentation par turbo, la 488 GTB fait la démonstration d'une grande maîtrise des motoristes de la marque italienne puisque le nouveau V8 turbo est à la fois plus puissant et possédant plus de couple que le V8 atmosphérique. La 488 GTB se montre donc plus rapide, en ligne droite et en virages, et une page d'histoire se tourne avec cette sportive accomplie.

La désignation GTB fait écho à la première 308 GTB, née il y a quarante ans, et le chiffre 488 évoque le volume de chaque cylindre du moteur, volume chiffré à 487,7 centimètres cubes.

Prendre le volant d'une Ferrari à moteur central qui mise, avant toute chose, sur la sportivité et sur la dynamique est toujours un événement en soi. Ayant eu l'occasion d'essayer les 360 Modena, F430, et 458 Italia, je n'ai pas eu de mal à retrouver mes repères à bord de la 488 GTB dont l'habitacle adopte, encore et toujours, une configuration de type cockpit.

Ici, les principales commandes sont regroupées sur le volant ou sur l'un ou l'autre des deux blocs orientés vers le conducteur. Le tachymètre, dont le fond est jaune sur notre voiture d'essai, est localisé en plein centre et deux écrans multifonctions en couleur sont disposés de part et d'autre du compte-tours. Dès le démarrage, le moteur prend vie avec cette sonorité typique du V8 à vilebrequin à plat, qui se retrouve toutefois un peu étouffée par les deux turbocompresseurs.

ÉVASION

En zone urbaine, en mode automatique, la boîte à double embrayage à sept rapports commande le passage aux rapports supérieurs rapidement, histoire de garder les révolutions-moteur à un niveau très bas et de bonifier la consommation. La 488 GTB se conduit aussi facilement en ville qu'une Honda Civic, dont la pédale de frein serait extrêmement sensible.

Pour exploiter le plein potentiel de performance de la 488 GTB, il faut s'évader... S'évader vers les routes secondaires, souvent désertes, où la voiture peut s'exprimer sans contraintes. C'est dans cet environnement moins restrictif que l'on se plaît à évaluer les différences de comportements routiers de la 488 GTB, dont la conduite est paramétrable au moyen du manettino, localisé sur le volant.

Par rapport à la 458 Italia, la 488 GTB livre plus. Plus de puissance, avec 100 chevaux supplémentaires, plus de couple et plus d'appui aérodynamique à haute vitesse. La livrée du couple est toute aussi immédiate et les changements de rapports sont plus rapides. Tous ces éléments font en sorte que la conduite de la 488 GTB devient rapidement physique lorsqu'on la pousse vers ses limites très élevées.

Les révolutions-moteur augmentent tellement vite qu'il faut se fier aux lumières, disposées sur la partie supérieure du volant, pour changer de rapport lorsqu'elles sont toutes allumées, signifiant que le régime maximal est atteint. La livrée de la puissance est très linéaire et la poussée vers l'avant, phénoménale.

La dynamique remarquable et l'excellente tenue de route de la 488 GTB s'expliquent par l'équilibre de son châssis et par l'efficacité des liaisons au sol, assurées par les amortisseurs magnétorhéologiques, dont la fermeté est ajustable. Il est facile d'apprivoiser le comportement de la 488 GTB à haute vitesse puisque l'on sent bien que la limite est atteinte, alors qu'un léger sous-virage se manifeste tout en douceur. La direction est un brin légère, une caractéristique partagée avec les modèles précédents, et les freins en composite de céramique sont d'une efficacité redoutable, assurant une décélération massive à chaque sollicitation.

UNE AÉRODYNAMIQUE ÉTUDIÉE

Toute en courbes, la plastique de la 488 GTB est frappante, mais son look est le résultat d'une obsession constante pour l'efficacité aérodynamique acquise par la marque en compétition. Aileron fixe sous le bouclier avant, volets mobiles sous le diffuseur arrière, flancs creusés, tout a été conçu afin de générer un appui aérodynamique de 325 kilos à 250 kilomètres/heure. Même les poignées des portières sont conçues afin de canaliser le flot d'air vers les prises d'air latérales. Avec la 488 GTB, Ferrari réussit avec brio la transition vers les moteurs turbocompressés plus performants et plus efficients en consommation, en conservant l'identité et le caractère très typé de cette exotique. Une belle réussite.

Châssis - Spider

Emp / lon / lar / haut	2650 / 4568 / 1952 / 1211 mm
Coffre / Réservoir	230 litres / 78 litres
Nbre coussins sécurité / ceintures	4 / 2
Suspension avant	ind., double triangulation
Suspension arrière	ind., multibras
Freins avant / arrière	disque / disque
Direction	à crémaillère, assistée
Diamètre de braquage	n.d.
Pneus avant / arrière	P245/35ZR20 / P305/30ZR20
Poids / Capacité de remorquage	1525 kg / n.d.
Assemblage	Maranello IT

Composantes mécaniques

GTB, Spider

Cylindrée, soupapes, alim.	V8 3,9 litres 32 s turbo
Puissance / Couple	661 ch / 561 lb-pi
Tr. base (opt) / rouage base (opt)	A7 / Prop
0-100 / 80-120 / V.Max	3,0 s (const) / n.d. / 330 km/h (const)
100-0 km/h	n.d.
Type / ville / route / CO_2	Sup / 14,7 / 10,7 l/100 km / 5934 (est) kg/an

> « LA CONDUITE DE LA **488 GTB** DEVIENT RAPIDEMENT **PHYSIQUE** LORSQU'ON LA POUSSE VERS SES **LIMITES** TRÈS ÉLEVÉES. »

Du nouveau en 2017

Aucun changement majeur

Photos: Gabriel Gélinas

FERRARI **CALIFORNIA T**

Prix : 231 606 $ (2016)
Catégorie : Roadster
Garanties :
3 ans/illimité, 3 ans/illimité
Transport et prép. : n.d.
Ventes QC 2015 : n.d.
Ventes CAN 2015 : n.d.

Cote du Guide de l'auto

76 %

Fiabilité
n.d.

Sécurité
■■■■■■■■□□

Consommation
■■■■■□□□□□

Appréciation générale
■■■■■■■□□□

Agrément de conduite
■■■■■■■■□□

Système multimédia
■■■■■□□□□□

Cote d'assurance
■■■□□□□□□□
$ $ $ $

➕ Prestige de la marque • Moteur suralimenté puissant • Excellente boîte de vitesses • Performances grisantes

➖ Prix et quantité des options • Entretien onéreux • Manque de support latéral des sièges • Système multimédia peu convivial

Concurrents
Aston Martin Vanquish,
Bentley Continental,
Maserati Gran Turismo, McLaren 650S,
Mercedes-Benz Classe SL, Porsche 911

Un rêve (presque) accessible

Sylvain Raymond

Chez Ferrari, c'est la California T qui fait office de modèle d'entrée de gamme, enfin, façon de parler vu son prix de base qui se situe dans les 200 000 $... Que voulez-vous, le prestige de la marque combiné à un héritage forgé d'une main de maître depuis des décennies, ça se monnaie ! L'envie que Ferrari suscite est indéniable et au volant d'une de ses voitures, vous devenez soudainement le héros de tous les enfants du quartier !

La California T, qui évoque la chaleur et la beauté du célèbre état américain, est sans aucun doute celle qui apporte le plus de nouveaux clients à la marque italienne. Son prix moins prohibitif jumelé à une production plus importante permet à Ferrari de l'utiliser comme tremplin et de diriger par la suite les acheteurs vers des modèles plus exclusifs.

PLUS CHIC QUE BESTIALE
Côté style, la California T n'est pas aussi racée que les autres bolides arborant le célèbre cheval cabré. Si l'avant est tout en rondeurs, l'arrière plus angulaire ajoute au caractère du modèle, surtout grâce aux diffuseurs d'air placés sous le pare-chocs qui abaissent la carrosserie. Le quadruple échappement nous rappelle qu'une symphonie magistrale se fera entendre une fois le moteur démarré. L'autre charme de la California T ? Son toit rigide qui, dans un ballet bien exécuté, se range dans le coffre en quelques secondes pour une conduite à ciel ouvert.

À bord, on a droit à un habitacle un peu plus classique que dans les autres Ferrari où les designers ont favorisé l'homogénéité plutôt que la sportivité extrême. L'emblème jaune sur le volant et l'inscription Ferrari figurant sous les buses de ventilation nous rappellent que nous ne sommes pas à bord de la voiture de M. Tout-le-Monde. Pareillement pour la *Manettino*, la commande rotative rouge sur le volant permettant de sélectionner les différents modes de conduite.

On retrouve au centre du tableau de bord un écran tactile, lequel permet de contrôler le système audio et de navigation alors qu'un peu plus haut, un nouveau cadran circulaire logé entre les buses de ventilation nous informe de l'état des turbocompresseurs. On peut modifier les informations affichées en effleurant simplement du doigt la bordure en aluminium du cadran, une belle touche. Grâce à sa configuration 2+2, la California T permet de jouir de son prestige en famille ou d'avoir un peu plus d'espace de rangement.

T COMME DANS TURBO

La Ferrari California T se présente plus comme une voiture de grand tourisme qu'une sportive pure et dure. On pourrait aisément la comparer à une Mercedes-Benz SL, en version AMG, ou à une Aston Martin Vantage. Ce qui la caractérise ? Son V8 situé à l'avant, une première dans le cas de Ferrari qui a toujours favorisé les moteurs arrière ou l'utilisation d'une cylindrée plus imposante dans le cas de moteurs avant.

Depuis deux ans, la California hérite de l'acronyme T, car son moteur V8 de 3,9 litres profite désormais de la turbocompression, un changement philosophique important de la part de Ferrari qui compte bien étendre cette technologie à plus de modèles. Ce qui motive cette décision ? Démontrer sa volonté de réduire la consommation et les émissions nocives du bolide. Ce qui fait passer la pilule ? La puissance supérieure de cette mécanique qui déballe 552 chevaux et 557 lb-pi de couple.

Une fois démarré, le huit cylindres charme par sa riche sonorité. À basse vitesse, il demeure assez sobre, mais si vous enfoncez l'accélérateur, il se met à rugir dès qu'il franchit les 4 000 tr/min alors que la symphonie culmine au régime maximal de 7 500 tr/min. Son couple est livré sans aucun délai, les ingénieurs ayant réussi à éliminer l'un des principaux irritants de la turbocompression (le délai) en utilisant un vilebrequin plat inspiré de la F1 et des turbines à double volute. Bref, le moteur répond au moindre de vos désirs grâce à un accélérateur ultraprécis. La boîte à sept rapports avec double embrayage est seulement agréable en zone urbaine, mais elle est d'une efficacité exemplaire. Même constat pour la direction qui permet d'inscrire la voiture dans une trajectoire parfaite, du bout des doigts.

Même si la California T est conçue pour sillonner les routes plus que les circuits, elle livre des performances de premier plan. Elle est la plus lourde de son écurie, mais les ingénieurs ont su pallier ses petits excès en positionnant le moteur derrière l'essieu avant, ce qui apporte une répartition de poids quasi idéale de 47 % à l'avant et 53 % à l'arrière.

S'il y a bien une Ferrari d'occasion qui risque d'être plus accessible pour ceux rêvant de posséder une voiture de cette marque légendaire, c'est bien la California T.

Châssis - T	
Emp / lon / lar / haut	2670 / 4570 / 1910 / 1322 mm
Coffre / Réservoir	240 à 340 litres / 78 litres
Nbre coussins sécurité / ceintures	4 / 4
Suspension avant	ind., double triangulation
Suspension arrière	ind., multibras
Freins avant / arrière	disque / disque
Direction	à crémaillère, ass. var.
Diamètre de braquage	n.d.
Pneus avant / arrière	245/40ZR19 / 285/40ZR19
Poids / Capacité de remorquage	1730 kg / n.d.
Assemblage	Maranello IT

Composantes mécaniques	
T	
Cylindrée, soupapes, alim.	V8 3,9 litres 32 s turbo
Puissance / Couple	552 ch / 557 lb-pi
Tr. base (opt) / rouage base (opt)	A7 (M6) / Prop
0-100 / 80-120 / V.Max	3,6 s / n.d. / 316 km/h
100-0 km/h	34,0 m
Type / ville / route / CO_2	Sup / n.d. / n.d. l/100 km / 5000 kg/an

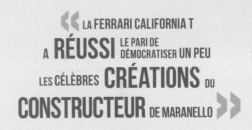

« LA FERRARI CALIFORNIA T A **RÉUSSI** LE PARI DE DÉMOCRATISER UN PEU LES CÉLÈBRES **CRÉATIONS** DU **CONSTRUCTEUR** DE MARANELLO »

Du nouveau en 2017

Aucun changement majeur

Photos : Marc-André Gauthier

FERRARI CALIFORNIA T

FERRARI **F12BERLINETTA**

Prix : 379 866 $ à 550 000 $ (2016)
(estimé)
Catégorie : Coupé
Garanties : 3 ans/illimité, 3 ans/illimité
Transport et prép. : n.d.
Ventes QC 2015 : n.d.
Ventes CAN 2015 : n.d.

Cote du Guide de l'auto

76 %

Fiabilité
n.d.

Appréciation générale
■■■■■■■■□□

Sécurité
■■■■■■■■□□

Agrément de conduite
■■■■■■■■■□

Consommation
■■■□□□□□□□

Système multimédia
■■■■■■■□□□

Cote d'assurance
■■□□□□□□□□

$$$ $

 Performances démentielles •
Style ravageur • Très avancée sur
le plan technique • Exclusivité assurée

➖ Prix stratosphérique • Options
nombreuses et chères • Coûts
d'entretien élevés • Délais de
livraison importants

Concurrents
Aston Martin Vanquish,
Bentley Continental,
Lamborghini Aventador

Racée et radicale

Gabriel Gélinas

À l'heure où tous les constructeurs, même Ferrari, adoptent
la suralimentation par turbocompresseur, en vue de réduire
la cylindrée de leurs moteurs pour atteindre de nouvelles
cibles de consommation et d'émissions polluantes, la F12berlinetta,
du constructeur italien, mise toujours sur un V12 atmosphérique
de 6,3 litres. Livrant plus de 700 chevaux aux seules roues arrière,
ce moteur permet à la très racée et très radicale italienne de
s'exprimer avec panache.

Avec une zone rouge qui débute à 8700 tours/minute, on peut dire que le
V12 aime la haute voltige et, selon Ferrari, la F12berlinetta accélère de
0 à 100 km/h en 3,1 secondes, de 0 à 200 en 8,5 secondes, et sa vitesse
de pointe est de 340 km/h. Comme c'est le cas avec toutes les exotiques
animées par des moteurs hyperpuissants, la contribution des systèmes
électroniques d'aide à la conduite s'avère aussi providentielle qu'essentielle.

L'ÉLECTRONIQUE AU SERVICE DE LA PERFORMANCE
C'est par le célèbre manettino, localisé sur le volant, que le conducteur peut
régler le degré d'intervention de l'électronique selon plusieurs modes, qui
rendent la voiture aussi docile qu'une berline conventionnelle ou aussi
furieuse qu'une véritable auto de course. Il est également possible de
désactiver complètement le contrôle électronique de la stabilité. Cette
assistance électronique au pilotage prend la forme du système de contrôle
de la traction, de celui de la stabilité F1-Trac, d'un différentiel piloté électro-
niquement, de suspensions adaptatives et d'un système de freinage ABS,
calibré en fonction des caractéristiques de performance des pneus Michelin
Pilot Super Sport qui équipent cette sportive de haut calibre.

La F12berlinetta a été créée conjointement par le Ferrari Style Center et par
le carrossier Pininfarina. Avec son style ravageur et ses proportions
classiques, elle respecte en tous points les critères d'une voiture de Grand
Tourisme, assurant ainsi une filiation directe avec les modèles antérieurs
que sont les 599 GTB et 575 Maranello. La forme est classique, avec un

très long capot recouvrant le V12 atmosphérique logé en position centrale avant, mais la technique est de pointe, la F12berlinetta étant construite sur un châssis de type *space frame*, réalisé avec douze types différents d'alliages d'aluminium et drapé d'une carrosserie faite de matières composites.Tout comme les autres voitures de la marque au cheval cabré, l'aérodynamisme de la F12berlinetta a fait l'objet de savantes études en soufflerie, ce qui explique son coefficient aérodynamique très bas, chiffré à 0,29, et le fait que la voiture génère 123 kilos d'appui aérodynamique à 200 km/h. Cette obsession de l'efficacité aérodynamique explique également pourquoi la F12berlinetta est dotée d'un système de refroidissement actif des freins, composé d'aubes directrices qui ne s'ouvrent que lorsque les températures de freinage sont suffisamment élevées, et qui demeurent closes lorsque le refroidissement maximal des freins n'est pas essentiel.

ENCORE PLUS RADICALE

Comme si ce n'était pas assez, la célèbre marque de Maranello a lancé, l'an dernier, une version encore plus radicale appelée F12tdf, les lettres « TDF » faisant référence à la désignation « Tour de France », utilisée par Ferrari pour certains modèles de la marque, développés pour la compétition dans les années cinquante et soixante. Pour cette évolution de la F12berlinetta, la puissance du moteur est portée à 769 chevaux à 8500 tours/minute alors que le couple passe de 509 à 519 livre-pied. La boîte à double embrayage passe les rapports plus rapidement et le poids est réduit de 110 kilos. Le rapport poids/puissance est donc encore plus favorable, ce qui explique pourquoi le sprint de 0 à 100 kilomètres/heure se fait en 2,9 secondes avec ce modèle spécial.

Par rapport à la F12berlinetta conventionnelle, tous les panneaux de carrosserie ont été modifiés, le look devenant ainsi encore plus typé. Avec ces modifications, l'appui aérodynamique est amélioré de 87 pour cent, selon les concepteurs. Les voies avant et arrière sont plus larges et les ingénieurs de la marque ont également développé un système de roues arrière directrices pour rendre la voiture plus agile en virages. À noter que l'exclusivité est assurée puisque Ferrari ne construira que 799 exemplaires de la F12tdf.

Comme toujours chez Ferrari, l'acheteur d'une F12berlinetta devra composer avec des délais de livraison chiffrés en mois, voire en années; peut-être devra-t-il faire l'acquisition d'une Ferrari d'occasion entretemps, histoire de montrer patte blanche et faire la preuve du sérieux de sa démarche. Quand l'offre est très nettement en deçà de la demande, c'est parfois le genre de concessions qu'il faut faire.

Châssis - tdf

Emp / lon / lar / haut	2720 / 4656 / 1961 / 1273 mm
Coffre / Réservoir	320 litres / 92 litres
Nbre coussins sécurité / ceintures	4 / 2
Suspension avant	ind., double triangulation
Suspension arrière	ind., multibras
Freins avant / arrière	disque / disque
Direction	à crémaillère, assistée
Diamètre de braquage	n.d.
Pneus avant / arrière	275/35ZR20 315/35ZR20
Poids / Capacité de remorquage	1523 kg / n.d.
Assemblage	Maranello IT

Composantes mécaniques

Berlinetta

Cylindrée, soupapes, alim.	V12 6,3 litres 48 s atmos.
Puissance / Couple	731 ch / 508 lb-pi
Tr. base (opt) / rouage base (opt)	A7 / Prop
0-100 / 80-120 / V.Max	3,1 s (const) / n.d. / 340 km/h (const)
100-0 km/h	n.d.
Type / ville / route / CO_2	Sup / 22,9 / 10,4 l/100 km / 7947 (est) kg/an

tdf

Cylindrée, soupapes, alim.	V12 6,3 litres 48 s atmos.
Puissance / Couple	769 ch / 519 lb-pi
Tr. base (opt) / rouage base (opt)	A7 / Prop
0-100 / 80-120 / V.Max	2,9 s (const) / n.d. / 340 km/h (const)
100-0 km/h	30,5 m
Type / ville / route / CO_2	Sup / 23,5 / 10,7 l/100 km / 8160 (est) kg/an

> « LA F12BERLINETTA
> MISE **TOUJOURS** SUR UN
> **V12 ATMOSPHÉRIQUE** DE
> **6,3 LITRES** LIVRANT PLUS DE
> **700 CHEVAUX** AUX SEULES
> **ROUES ARRIÈRE.** »

Du nouveau en 2017

Aucun changement majeur

Photos: Ferrari

FERRARI **GTC4LUSSO**

Prix : 340 000 $ (estimé)
Catégorie : Hatchback
Garanties :
3 ans/illimité, 3 ans/illimité
Transport et prép. : n.d.
Ventes QC 2015 : n.d.
Ventes CAN 2015 : n.d.

Cote du Guide de l'auto

n.d.

Fiabilité
Nouveau modèle
Sécurité
Nouveau modèle
Consommation
■■□■■■■■■■

Appréciation générale
Nouveau modèle
Agrément de conduite
Nouveau modèle
Système multimédia
Nouveau modèle

Cote d'assurance
n.d.

➕ Moteur V12 atmosphérique performant •
Rouage à quatre roues motrices •
Habitacle à configuration pratique •
Qualité de finition exemplaire •
Exclusivité assurée

➖ Prix très élevé • Coût des options •
Visibilité arrière limitée • Consommation
importante • Délai de livraison important

Concurrents
Audi R8, Bentley Continental,
Lamborghini Huracán, Porsche 911

Second souffle pour la plus pratique des Ferrari

Gabriel Gélinas

Avec la GTC4Lusso, dévoilée au Salon de l'auto de Genève
en février 2016, la marque au cheval cabré propose une
nouvelle version d'une Ferrari atypique, soit une voiture
dynamique et performante doublée d'un côté pratique qui n'est
égalé par aucun autre modèle en provenance des ateliers de
Maranello. On la connaissait autrefois sous l'appellation de FF,
pour Ferrari Four, mais le nom a changé afin de rendre hommage
à la 330 GTC et à la très élégante 250 GT Berlinetta Lusso,
dont les proportions étaient très similaires. Quant au chiffre 4,
il fait ici référence aux nombres de sièges.

La GTC4Lusso conserve la silhouette de style *fastback* ainsi que les
proportions de la FF, mais le changement de nom s'est accompagné d'un
restylage. Ainsi, le nouveau modèle est doté d'une calandre agrandie et
dépourvue de chrome, de nouveaux phares, d'ailes avant redessinées avec
ouvertures latérales fonctionnelles, d'un vitrage latéral modifié et d'une ligne
de toit plus fuyante vers l'arrière. Aussi, la GTC4Lusso reprend une signature
visuelle typique de Ferrari puisqu'elle est nantie de quatre feux arrière ronds,
soit deux de plus que la FF.

UN HABITACLE DE STYLE DOUBLE COCKPIT
Les très longues portières s'ouvrent pour donner accès à un habitacle
somptueusement drapé de cuir, réalisé sous le thème du double cockpit
avec une séparation physique entre le conducteur et le passager avant.
D'ailleurs, cette séparation se prolonge pour délimiter les deux places
arrière. Même si l'accès à bord est un peu difficile pour les passagers arrière,
ceux-ci trouveront amplement d'espace, une fois bien calés dans les
deux fauteuils enveloppants. Par rapport à la FF, la planche de bord a été
redessinée pour intégrer un écran tactile de 10,3 pouces et le conducteur
fait maintenant face à un volant plus compact qui permet une meilleure
visibilité de la partie supérieure du tableau de bord. La qualité de la finition
intérieure est tout simplement impeccable, rien de moins.

QUATRE ROUES MOTRICES ET QUATRE ROUES DIRECTRICES

Avec la GTC4Lusso, Ferrari résiste à la mouvance vers les motorisations turbocompressées en conservant le magnifique V12 atmosphérique de 6,3 litres dont la puissance passe de 660 à 690 chevaux pour livrer une puissance spécifique de 110 chevaux par litre de cylindrée. Notons que ce même moteur développe encore plus de puissance sous le capot de la F12tdf, mais la GTC4Lusso doit se contenter de moins en raison du respect d'une certaine hiérarchie au sein de la marque. Le couple maximal est chiffré à 515 livre-pied et 80% de ce couple est livré dès les 1750 tours/minute, ce qui est garant d'une grande souplesse pour la circulation en ville.

Plus que par sa puissance ou son couple, ce moteur séduit par sa sonorité exceptionnelle entre 4 000 et 8 000 tours/minute, soit juste avant l'intervention du rupteur. La consommation moyenne demeure élevée puisqu'elle est chiffrée à 15 litres aux 100 kilomètres selon le très optimiste cycle européen, malgré la contribution du système de coupure automatique à l'arrêt. Parions que la majorité des acheteurs n'atteindront jamais ce score en consommation réelle...

Sur le plan technique, la GTC4Lusso est très similaire à l'ancienne FF. Son rouage intégral comporte une deuxième boîte de vitesses, à deux rapports, devant le moteur pour envoyer une partie du couple aux roues avant lorsque le besoin s'en fait sentir, grâce à la contribution de l'électronique et de deux embrayages en bain d'huile contrôlés par l'ordinateur de bord. La voiture est donc une propulsion au comportement typique en conditions normales, mais devient une intégrale lorsque les conditions d'adhérence l'exigent.

Le choix du mode sport fera en sorte que le conducteur sera capable de provoquer de belles glissades du train arrière sur une chaussée enneigée tout en conservant une certaine marge de sécurité... ce qui aide à flatter l'égo du pilote! Par rapport à la FF, la GTC4Lusso ajoute le même système à quatre roues directrices développé pour la F12tdf qui permet à la voiture d'être plus agile, non négligeable lorsque l'on considère qu'elle mesure presque cinq mètres de long.

Comme c'est toujours le cas chez Ferrari, le client fera la lecture d'une très longue liste des options disponibles pour la sportive toutes saisons. Ainsi, il sera pratiquement impossible de trouver deux GTC4Lusso comportant les mêmes équipements en raison d'un choix quasi illimité de permutations possibles. C'est très certainement la plus pratique des Ferrari, un qualificatif qui ne s'applique pas aux autres voitures de la marque, ce qui contribue à faire de la GTC4Lusso l'ultime familiale. Si ce concept vous séduit, mais que les moyens ne sont pas au rendez-vous, vous pourrez toujours vous rabattre sur la Porsche Panamera Turbo S...

Du nouveau en 2017

Nouvelle appellation, carrosserie restylée,
puissance en hausse et ajout du système à quatre roues directrices.

Châssis - Base

Emp / lon / lar / haut	2990 / 4922 / 1980 / 1383 mm
Coffre / Réservoir	450 à 800 litres / 91 litres
Nbre coussins sécurité / ceintures	4 / 4
Suspension avant	ind., double triangulation
Suspension arrière	ind., multibras
Freins avant / arrière	disque / disque
Direction	à crémaillère, assistée
Diamètre de braquage	n.d.
Pneus avant / arrière	P245/35ZR20 / P295/35ZR20
Poids / Capacité de remorquage	1920 kg / n.d.
Assemblage	Maranello IT

Composantes mécaniques

Base

Cylindrée, soupapes, alim.	V12 6,3 litres 48 s atmos.
Puissance / Couple	690 ch / 515 lb-pi
Tr. base (opt) / rouage base (opt)	A7 / Int
0-100 / 80-120 / V.Max	3,4 s (const) / n.d. / 355 km/h (const)
100-0 km/h	34,0 m
Type / ville / route / CO_2	Sup / 19,0 / 13,0 l/100 km / 7498 (est) kg/an

« FERRARI RÉSISTE À LA MOUVANCE VERS LES MOTORISATIONS TURBOCOMPRESSÉES EN CONSERVANT LE MAGNIFIQUE V12 ATMOSPHÉRIQUE DE 6,3 LITRES. »

FERRARI GTC4LUSSO

FIAT **124 SPIDER**

Prix : 33 495 $ à 37 995 $
Catégorie : Roadster
Garanties :
3 ans/60 000 km, 5 ans/100 000 km
Transport et prép. : 1 845 $
Ventes QC 2015 : 0 unité
Ventes CAN 2015 : 0 unité

Cote du Guide de l'auto

86 %

Fiabilité
Nouveau modèle

Sécurité
■■■■■■■□□□

Consommation
■■■■■■□□□□

Appréciation générale
■■■■■■■■□□

Agrément de conduite
■■■■■■■■□□

Système multimédia
■■■■■■■□□□

Cote d'assurance
n.d.

➕ Look unique • Conduite plaisante et engageante • Belle sonorité (version Abarth Mopar) • Plus de couple que la MX-5

➖ Fiabilité à prouver • Boîte manuelle moins agréable que celle de la MX-5 • Moteur trop silencieux (versions Classica et Lussio) • Design controversé

Concurrents
Mazda MX-5, Nissan Z

On l'attendait de pied ferme

Marc-André Gauthier

Dire que la Fiat 124 Spider était attendue de pied ferme serait un euphémisme ! Dans les années 60, ce petit roadster a connu un succès mondial, et plus particulièrement aux États-Unis, où il a longtemps figuré en tant que modèle le plus populaire de la marque.

Pour souligner le retour de la 124, Fiat avait tout un défi à relever. Pourquoi ? Parce que la vente de ses produits, à l'heure actuelle, n'atteint pas les chiffres escomptés. Ses voitures sont trop dispendieuses et leur fiabilité n'est guère reluisante.

Un désastre annoncé, cette Fiat 124 Spider ? Pas vraiment, puisqu'elle est construite à Hiroshima, figurez-vous, par Mazda de surcroît. En voyant les photos, vous l'aurez peut-être deviné, mais cette voiture ne semble pas vraiment émaner de Fiat. À la base, il s'agit d'une MX-5 ! Championne de sa catégorie, cette MX-5 est difficile à imiter, et encore plus à surpasser. Fiat Chrysler Automobiles prétend tout de même avoir réussi à la dépasser avec la 124 Spider. Voilà une affirmation audacieuse, pourtant, assez près de la réalité.

DES SIMILITUDES ET DES DIFFÉRENCES

De front, on ne voit pas trop que la 124 Spider est basée sur la MX-5. En effet, Fiat a tenu à lui donner un look rétro. Tant à l'avant qu'à l'arrière, nous avons droit à un nouveau style, qui rompt définitivement avec celui de Mazda, pour une voiture allongée d'environ cinq pouces et demi (140 mm).

L'habitacle de la 124 est absolument identique à celui de la Mazda MX-5. Le design, la configuration et le fonctionnement de l'écran tactile, qui contrôle le système d'infodivertissement, sont les mêmes. Toutefois, les matériaux qui entrent dans la fabrication de l'habitacle sont supérieurs, surtout dans les versions plus équipées, avec un grand choix de couleurs originales. Dommage qu'on n'ait pas installé le système multimédia Uconnect de FCA à bord, qui propose l'un des interfaces les plus conviviaux sur le marché.

La suspension de la 124 Spider a été calibrée pour être plus souple, plus confortable dans la vie de tous les jours, et le châssis, lui, a été renforcé pour être plus rigide. Par contre, la mécanique demeure la principale différence entre les deux voitures. Alors que Mazda jette son dévolu sur une motorisation atmosphérique, Fiat y va pour un moteur turbocompressé de 1,4 litre, le même que l'on retrouve dans la 500 Abarth. Il développe 160 chevaux et un couple de 184 livre-pied, tandis que la MX-5, avec son 2,0 litres atmosphérique, développe 155 chevaux pour 148 livre-pied.

On se retrouve donc avec un véhicule qui a pris du poids et dont la puissance a augmenté. Pour éviter d'alourdir la voiture davantage, on a conservé le toit souple sans assistance électrique de la Mazda, toutefois facile à manipuler, même assis dans l'habitacle. En outre, les boîtes de vitesses offertes ne sont pas les mêmes. L'excellente manuelle à six rapports de la MX-5 disparaît au profit de celle que l'on retrouve dans la Mazda3 et la Mazda6, mais adapté pour la Fiat, tandis que l'automatique à six rapports provient de Aisin.

L'ÉPREUVE DES FAITS ET LES VERSIONS

Quand on prend place dans la 124 Spider, la première chose qui frappe, c'est la familiarité de l'environnement si l'on a déjà monté à bord d'une MX-5 de nouvelle génération. Cependant, après les premiers mètres, on remarque tout de suite une bonne différence au chapitre de la conduite. La 124 roule avec plus de douceur et plus de confort. Aussitôt que la route s'accentue en courbes, la 124 Spider conserve toutes les qualités dynamiques de la MX-5, soit un châssis impeccable et une direction précise.

Les boîtes de vitesses constituent la principale faiblesse de la 124. La manuelle n'est pas mal même si son embrayage est trop long, et on s'ennuie rapidement de celle de son alter ego. Mais bon, il semblerait que l'embrayage de la MX-5 ne tienne pas le couple additionnel du moteur Fiat, selon les ingénieurs. La boîte automatique fait un bon travail, surtout si lorsque le mode sport est activé.

Parlant de versions, il y en a trois et demie. À la base, la Classica s'avère abordable, mais elle déçoit par des matériaux de moindre qualité. Ensuite, la Lusso cible les gens qui recherchent avant tout les promenades. Finalement, il y a la Abarth, plus sportive, calibrée différemment avec des amortisseurs Bilstein, quatre chevaux additionnels et une peinture bicolore. Elle vous fera passer de bons moments. Si vous en voulez davantage, vous pouvez acheter un ensemble Mopar qui enjolive le son de l'échappement et rajoute des renforts de châssis.

Une belle réussite que cette 124 Spider, aussi bien que la MX-5, en fin de compte !

Châssis - Abarth

Emp / lon / lar / haut	2309 / 4054 / 1740 / 1232 mm
Coffre / Réservoir	140 litres / 45 litres
Nbre coussins sécurité / ceintures	4 / 2
Suspension avant	ind., double triangulation
Suspension arrière	ind., multibras
Freins avant / arrière	disque / disque
Direction	à crémaillère, ass. var. élect.
Diamètre de braquage	9,4 m
Pneus avant / arrière	P205/45R17 / P205/45R17
Poids / Capacité de remorquage	1105 kg / non recommandé
Assemblage	Hiroshima JP

Composantes mécaniques

Classica, Lusso

Cylindrée, soupapes, alim.	4L 1,4 litre 16 s turbo
Puissance / Couple	160 ch / 183 lb-pi
Tr. base (opt) / rouage base (opt)	M6 (A6) / Prop
0-100 / 80-120 / V.Max	7,5 s (est) / n.d. / 215 km/h (est)
100-0 km/h	n.d.
Type / ville / route / CO$_2$	Sup / 9,3 / 6,5 l/100 km / 3698 kg/an

Abarth

Cylindrée, soupapes, alim.	4L 1,4 litre 16 s turbo
Puissance / Couple	164 ch / 184 lb-pi
Tr. base (opt) / rouage base (opt)	M6 (A6) / Prop
0-100 / 80-120 / V.Max	n.d. / n.d. / 215 km/h (est)
100-0 km/h	n.d.
Type / ville / route / CO$_2$	Sup / 9,0 / 6,7 l/100 km / 3664 kg/an

❝ **FIAT** NOUS PROPOSE DES AUTOS **TROP DISPENDIEUSES** AVEC UNE FIABILITÉ **PEU RELUISANTE.** SOUHAITONS QUE LA 124 SPIDER **SOIT L'EXCEPTION...** ❞

Du nouveau en 2017

Nouveau modèle

Photos : Marc-André Gauthier

FIAT **500**

(((SiriusXM)))

Prix : 18 495 $ à 31 495 $ (2016)
Catégorie : Cabriolet, Hatchback
Garanties :
3 ans/60 000 km, 5 ans/100 000 km
Transport et prép. : 1 845 $
Ventes QC 2015 : 566 unités
Ventes CAN 2015 : 2 070 unités

Cote du Guide de l'auto

66 %

Fiabilité   Appréciation générale

Sécurité   Agrément de conduite

Consommation   Système multimédia

Cote d'assurance

$$$ $

➕ Charme indéniable • Style rétro
attrayant • Version décapotable
agréable • Maniabilité en ville •
Système Uconnect intuitif

➖ Prix élevé • Fiabilité à revoir •
Visibilité arrière limitée (500c) • Places
arrière étriquées • Consommation
avec la boîte automatique

Concurrents
Chevrolet Spark, Ford Fiesta,
MINI Hayon, Mitsubishi Mirage,
Nissan Micra, smart Fortwo

La lune de miel est terminée

Michel Deslauriers

Ah, l'amour ! Ça nous rend aveugles parfois, et quand le coup de foudre nous frappe, on est prêt à faire des choses sous le coup de l'émotion que l'on ne ferait pas nécessairement à tête reposée... Lorsque la Fiat 500 est apparue au Canada durant l'été de 2011, plus d'une personne est tombée sous le charme de cette belle petite citadine.

Avec raison, puisque ce segment de marché ne déborde pas de modèles excitants à conduire ni à regarder. La Cinquecento représentait un vent de fraîcheur à son arrivée, surtout au sein de la gamme de Fiat Chrysler Automobiles composée principalement de camions et de grosses berlines. En 2012, presque 8 500 Canadiens ont craqué pour la Fiat. Par la suite, les ventes n'ont cessé de décliner, et en 2015, seulement 3 000 unités ont trouvé preneur. En 2016, au moment d'écrire ces lignes, les ventes de la 500 étaient en baisse d'environ 60 %. La lune de miel est clairement finie. Que s'est-il passé ?

D'abord, la fiabilité de la Fiat 500 n'est pas des plus reluisantes, la marque prenant le tout dernier rang lors de la plus récente étude de la firme J.D. Power sur la qualité initiale des véhicules. Et au cours des dernières années, le prix de la 500 à hayon a grimpé au niveau des compactes, ce qui n'aide pas sa cause non plus. Malgré tout, cette bagnole italienne demeure charmante, même si elle possède des défauts que l'on connaît mieux aujourd'hui.

BOÎTE MANUELLE DE PRÉFÉRENCE

Le moteur des livrées 500 Pop et Lounge, un quatre cylindres de 1,4 litre, génère 101 modestes chevaux, mais c'est toutefois suffisant pour traîner les 1100 kilos de la voiture. Avec la boîte manuelle à cinq rapports, on peut même s'amuser un peu au volant, et sa consommation se chiffre générale-ment sous 7,0 l/100 km. En revanche, ça se gâte avec la boîte automatique, car malgré ses six rapports, elle ne semble pas être en mesure de tirer le maximum du moteur, et la consommation grimpe de plus d'un litre aux 100 km.

En 2017, la version 500 Turbo — et son moteur turbocompressé de 135 chevaux — a été retirée de la gamme, alors que la déclinaison 500 Sport est devenue un groupe d'apparence sport sur la 500 Pop, mais sans la suspension sport.

Enfin, la caractérielle 500 Abarth est la vraie sportive du lot, avec son moteur turbo de 1,4 litre et la sonorité unique (et bruyante) de son échappement. La puissance grimpe alors à 160 chevaux avec la boîte manuelle et à 157 avec l'automatique, procurant des accélérations de 0 à 100 km/h en moins de huit secondes. La version Abarth profite également d'une suspension abaissée, d'une direction plus rapide, de pneus plus larges et de freins de plus grandes dimensions. Une bête de la route, mais aussi de la piste.

UNE BEAUTÉ ÉTERNELLE

La version 500c décapotable permet de rouler les cheveux au vent, et malgré son prix qui franchit allègrement la barre des 20 000 $, elle est actuellement la décapotable la moins chère au Canada. Alors que les piliers et les cadres de porte demeurent en place, question de préserver la rigidité de la voiture, le toit peut se rétracter en partie ou complètement vers l'arrière. Toutefois, le toit compressé obstrue la visibilité arrière, déjà que dans toutes les versions de la 500, les larges piliers centraux créent des angles morts importants pour une si petite voiture...

L'habitacle est parsemé de plastiques bon marché, mais côté design, c'est très réussi avec des garnitures colorées et un ensemble de commandes relativement faciles d'utilisation. Le tissu des sièges de la version Pop est maintenant de meilleure qualité, et l'ajout l'an dernier du système Uconnect 5,0 constitue d'ailleurs une grande amélioration.

Il faut s'y attendre, l'espace à l'arrière n'est pas généreux. Des adultes peuvent y prendre place si les passagers à l'avant acceptent d'avancer leurs sièges, mais cette Fiat n'est pas idéale pour le covoiturage. Et lorsque les appuie-têtes sont relevés, on ne voit presque plus rien à travers la lunette arrière. Enfin, à noter que le goulot de remplissage du liquide lave-glace est petit et peu accessible.

Au fil du temps, FCA a proposé des éditions spéciales de la Fiat 500 afin de continuer à susciter l'intérêt du consommateur et fidéliser la clientèle avec de nouveaux ensembles. Par contre, il n'y en a pas cette année.

Même si la Cinquecento vieillit bien et demeure séduisante à bien des égards, une cure de rajeunissement, un prix plus abordable et une fiabilité améliorée ne seraient pas de refus.

Du nouveau en 2017

Aucun changement majeur. Versions Sport, Édition 1957 et Turbo abandonnées.

Châssis - LOUNGE (Auto)

Emp / lon / lar / haut	2300 / 3547 / 1627 / 1519 mm
Coffre / Réservoir	268 à 759 litres / 40 litres
Nbre coussins sécurité / ceintures	7 / 4
Suspension avant	ind., jambes force
Suspension arrière	semi-ind., poutre torsion
Freins avant / arrière	disque / disque
Direction	à crémaillère, ass. var. élect.
Diamètre de braquage	9,3 m
Pneus avant / arrière	P185/55R15 / P185/55R15
Poids / Capacité de remorquage	1106 kg / n.d.
Assemblage	Toluca MX

Composantes mécaniques

POP, LOUNGE (Auto)

Cylindrée, soupapes, alim.	4L 1,4 litre 16 s atmos.
Puissance / Couple	101 ch / 97 lb-pi
Tr. base (opt) / rouage base (opt)	M5 (A6) / Tr
0-100 / 80-120 / V.Max	12,3 s / 9,7 s / 182 km/h
100-0 km/h	42,0 m
Type / ville / route / CO_2	Ord / 8,7 / 6,9 l/100 km / 3629 kg/an

Abarth

Cylindrée, soupapes, alim.	4l 1,4 litre 16 s turbo
Puissance / Couple	160 ch / 170 lb-pi
Tr. base (opt) / rouage base (opt)	M5 (A6) / Tr
0-100 / 80-120 / V.Max	8,0 s / 5,2 s / 211 km/h
100-0 km/h	42,3 m
Type / ville / route / CO_2	Sup / 8,5 / 6,9 l/100 km / 3579 kg/an

TOUJOURS SÉDUISANTE, LA FIAT 500 RESPIRE LA JOIE DE VIVRE, MAIS SON PRIX ÉLEVÉ EST DE PLUS EN PLUS DIFFICILE À JUSTIFIER.

Photos : Fiat

FIAT **500L**

((SiriusXm))

Prix : 26 500 $ à 28 000 $ (estimé)
Catégorie : Compacte
Garanties :
3 ans/60 000 km, 5 ans/100 000 km
Transport et prép. : 1 845 $
Ventes QC 2015 : 427 unités
Ventes CAN 2015 : 1 948 unités

Cote du Guide de l'auto
60 %

Fiabilité
■■■□□□□□□□

Appréciation générale
■■■■■□□□□□

Sécurité
■■■■■■□□□□

Agrément de conduite
■■■■■□□□□□

Consommation
■■■■■■■□□□

Système multimédia
■■■■■■■□□□

Cote d'assurance
■■■■■■■□□□
$$$ $

➕ Espace intérieur • Bonne tenue
de route • Bon niveau d'équipement •
Capacité de chargement intéressant •
Visibilité vers l'extérieur

➖ Fiabilité perfectible • Design extérieur
discutable • Prix de départ plus élevé •
Pas de rouge intégral • Sièges avant qui
manquent de soutien latéral

Concurrents
Chevrolet Cruze hatchback, Ford Focus,
Hyundai Elantra GT, Kia Forte 5,
Mazda3 Sport, Mitsubishi Lancer
Sportback, Subaru Impreza,
Toyota Corolla iM, Volkswagen Golf

La beauté intérieure

Michel Deslauriers

Pour apprécier la 500L, il faut regarder au-delà de son design extérieur, qui ne fait pas l'unanimité. Le style de cette familiale, ou voiture à hayon, s'apparente à celui d'une belle petite Fiat 500 qui s'est laissée aller, en passant ses soirées devant la télé, s'empiffrant de pizza et de pâtisseries fourrées à la crème.

Peu importe, c'est le côté pratique de la 500L qui constitue son principal attrait, et c'est de loin le véhicule le plus polyvalent chez Fiat, au Canada et aux États-Unis, devançant le nouveau 500X, qui tarde sérieusement à trouver son lot d'acheteurs. Pour 2017, FCA a apporté quelques changements à la 500L, dans le but de réduire le nombre de déclinaisons et de caractéristiques, simplifiant ainsi l'offre au consommateur.

Et puisqu'on en parle, la 500L est une traction. Sa popularité accroîtrait probablement si elle offrait une transmission intégrale elle aussi, mais ce n'est pas le cas. Parmi ses concurrents directs, le Kia Rondo et la Mazda5 n'ont pas de rouage intégral non plus; pourtant, il est offert dans la Volkswagen Golf SportWagen Alltrack et dans la MINI Countryman.

On a fait le ménage du côté des boîtes de vitesses, puisque la manuelle à six rapports et l'automatique à double embrayage ont été mises au rancart. Il reste l'automatique conventionnelle à six rapports, fournie par l'équipementier Aisin. Au chapitre de l'économie de carburant, cette « grosse » Fiat ne s'en tire pas trop mal, bien que la boîte automatique, demeurée au catalogue, est celle qui fait davantage consommer le moteur. On peut tout de même arriver à garder la moyenne sous les 10 l/100 km.

La qualité de roulement est agréable, même si la suspension demeure un peu ferme sur les routes bosselées. En revanche, la 500L offre une belle maniabilité dans la circulation urbaine, et sa tenue de route, sur les routes secondaires, est loin d'être ennuyante.

DE L'ESPACE POUR LA FAMILLE

Grâce à son toit élevé, la Fiat 500L procure beaucoup de dégagement pour la tête de ses occupants, que ce soit à l'avant ou à l'arrière. Il s'agit d'une voiture compacte, mais on retrouve tout de même assez de place pour trois personnes à l'arrière, si elles sont prêtes à se frotter les épaules un peu. Les commandes du tableau de bord sont généralement bien disposées, à l'exception du bouton de réglage des rétroviseurs extérieurs, loin d'atteinte.

L'aire de chargement est vaste, avec un volume de 634 litres. En abaissant les dossiers arrière, on se retrouve avec un espace maximal de 1 926 litres, dépassant légèrement celui du Rondo et de la Golf familiale. Et avec la grande surface vitrée, la personne au volant profitera d'une bonne visibilité. En option, il est possible d'équiper la 500L d'un toit panoramique à double vitre, dont la portion avant peut s'ouvrir. Il s'agit d'un bel ajout, qui procure une luminosité additionnelle dans l'habitacle.

Comme les livrées Pop et Trekking Urbana ont été abandonnées pour 2017, la Sport ouvre la marche. Sa liste d'équipements comprend un climatiseur automatique bizone, des sièges avant chauffants, une connectivité Bluetooth, des jantes en alliage de 16 pouces et un système multimédia Uconnect, lié à un écran tactile de cinq pouces.

La version Trekking ajoute des parties avant et arrière au design plus robuste, des roues de dimensions plus importantes et du tissu de siège de meilleure qualité, alors que la version Lounge dispose d'une sellerie de cuir. Sa caméra de recul et son sonar de stationnement arrière sont livrables en déclinaisons plus abordables. En option, on peut également se procurer une puissante chaîne BeatsAudio, un système de navigation ainsi qu'un système Uconnect 6,5 et son écran surdimensionné. De plus, il est possible de faire peindre le toit de la voiture d'une couleur différente au reste de la carrosserie, les choix se limitant toutefois au rouge, au noir et au blanc.

La Fiat 500L est un choix intéressant dans le segment des compactes parce qu'elle est unique, et c'est ce qui charme les petites familles. Si on la compare au multisegment 500X, plus récent, on remarque aussi sa plus grande polyvalence. Cependant, il faut aimer son apparence, ou ne pas se laisser influencer par ceux qui la trouvent un peu bizarroïde. Il faut aussi réaliser que la marque Fiat a du chemin à faire pour améliorer sa réputation à propos de la fiabilité.

Châssis - LOUNGE

Emp / lon / lar / haut	2612 / 4249 / 2036 / 1670 mm
Coffre / Réservoir	343 à 1310 litres / 50 litres
Nbre coussins sécurité / ceintures	7 / 5
Suspension avant	ind., jambes force
Suspension arrière	semi-ind., poutre torsion
Freins avant / arrière	disque / disque
Direction	à crémaillère, ass. élect.
Diamètre de braquage	10,7 m
Pneus avant / arrière	P225/45R17 / P225/45R17
Poids / Capacité de remorquage	1453 kg / non recommandé
Assemblage	Kragujevac RS

Composantes mécaniques

SPORT, LOUNGE, TREKKING

Cylindrée, soupapes, alim.	4L 1,4 litre 16 s turbo
Puissance / Couple	160 ch / 183 lb-pi
Tr. base (opt) / rouage base (opt)	A6 / Tr
0-100 / 80-120 / V.Max	10,1 s (est) / 7,0 s (est) / n.d.
100-0 km/h	45,2 m
Type / ville / route / CO_2	Sup / 10,6 / 7,8 l/100 km / 4296 (est) kg/an

« ON PEUT NE PAS **AIMER L'APPARENCE** DE LA 500 L, MAIS SA **POLYVALENCE** EST **INDÉNIABLE** ET C'EST LA FIAT QUI CONVIENT **LE MIEUX** AUX BESOINS D'UNE **FAMILLE.** »

Du nouveau en 2017

Versions Pop et Trekking Urbana retirées, boîtes manuelle à et double embrayage abandonnées, quelques autres changements mineurs.

Photos : Fiat

FIAT **500X**

Prix : 21 495 $ à 32 690 $ (2016)
Catégorie : VUS sous-compact
Garanties :
3 ans/60 000 km, 5 ans/100 000 km
Transport et prép. : 1 695 $
Ventes QC 2015 : 207 unités
Ventes CAN 2015 : 609 unités

Cote du Guide de l'auto

60 %

Fiabilité	Appréciation générale
n.d.	■■■■■■□□□□
Sécurité	Agrément de conduite
■■■■■■■■□□	■■■■■■□□□□
Consommation	Système multimédia
■■■■■■□□□□	■■■■■■■□□□

Cote d'assurance
n.d.

➕ Style respectant l'ADN Fiat • Sièges confortables • Conduite européenne • Moteur turbo plaisant • Rouage intégral efficace

➖ Fiabilité respectant l'ADN Fiat • Horripilante boîte automatique • Certaines versions dispendieuses • Pas de combo manuel/intégral • Valeur de revente basse

Concurrents
Buick Encore, Chevrolet Trax, Honda HR-V, Jeep Renegade, Kia Soul, Mazda CX-3, MINI Countryman, Mitsubishi RVR, Nissan JUKE, Subaru Crosstrek

À la ville comme à la campagne

Frédérick Boucher-Gaulin

Avec la citadine 500, Fiat a réussi un coup de maître en ressuscitant une véritable icône d'entre les morts, tout en adaptant son style pour le 21e siècle. On en a profité pour changer sa raison d'être : la *cinquecento* originale était abordable et rustique, alors que la 500 moderne est luxueuse et vise une clientèle à la mode...

Par contre, quand est venu le temps de diversifier son offre en Amérique du Nord, le constructeur italien n'a pas connu un grand succès avec la familiale 500L, reconnue pour son style... particulier. Pour tenter sa chance dans le segment des VUS, Fiat a donc judicieusement choisi de concerter ses efforts avec Jeep : de cette union est né le 500X, un petit multisegment urbain, et le Jeep Renegade, un petit baroudeur rappelant le Cherokee des années 90.

UN BOULOT À L'ITALIENNE
Lancé l'an dernier, le Fiat 500X n'a pas tardé à se faire un nom. Son style, calqué sur la 500, est à la fois chic et dynamique, s'attirant des louanges autant chez l'acheteur moyen que chez les amateurs de la marque italienne. Ce petit véhicule affiche de belles courbes et est bien proportionné.

L'habitacle du 500X a aussi reçu un coup de crayon très italien : la longue planche de bord, bien droite, fait penser à celle de la 500, et les quelques modules qui en dépassent, tel que l'instrumentation devant le conducteur, les commandes de la climatisation et l'écran du système d'infodivertissement Uconnect sont incorporés de façon fluide. Rien ne donne l'impression d'avoir été ajouté à la dernière minute. Pas de doute, ceux qui étaient responsables de concevoir le 500X ont passé beaucoup de temps sur la planche à dessin. Il y a bien quelques plastiques qui craquent lorsqu'on les pousse de la main, mais dans l'ensemble, la qualité d'exécution est très bonne.

Les sièges avant sont relativement fermes et n'offrent pas énormément de support latéral. Bien que la vocation première du 500X n'est pas d'aller sur

FIAT 500X

un circuit, on aurait apprécié un peu plus de soutien dans les courbes de la part d'un véhicule offrant un mode sport (nous y reviendrons plus tard). Si vous transportez des passagers à l'arrière, faites-leur penser de baisser la tête en entrant, autrement, ils pourraient être victimes de la forme du toit incliné vers l'arrière.

MECCANICO : SQUALO TIGRE O TURBO ?

Plusieurs motorisations sont offertes dans le 500X, soit deux moteurs, deux boîtes de vitesses et deux rouages. Le diminutif VUS vient d'office avec un 1,4 litre MultiAir turbocompressé — qu'il partage d'ailleurs avec la sportive 500 Abarth —, une boîte manuelle à six rapports et un rouage à traction. Cette combinaison est de loin la plus plaisante à conduire : même si la boîte manuelle ne se démarque pas particulièrement, le couple à bas régime du moteur fait en sorte que le véhicule a du cœur au ventre. Avec une consommation annoncée de 6,9 litres aux 100 km sur l'autoroute, cette mécanique est également frugale.

Si vous voulez doter votre 500X de la transmission intégrale, vous avez droit à l'autre moteur au catalogue, le 2,4 litres Tigershark. Outre son nom absolument génial (la personne qui nomme les moteurs chez FCA mérite une médaille : Hellcat, Tigershark, Pentastar...), ce quatre cylindres développe 180 chevaux. Ce serait amplement suffisant pour un véhicule de cette taille, mais il y a un hic : la seule boîte offerte est l'automatique à neuf rapports de FCA. Celle-ci manque de raffinement, ne sait pas trop quel rapport choisir lorsqu'on enfonce l'accélérateur et a connu plusieurs ratés depuis sa mise en marché.

Il y a bien un mode Sport, mais à part retarder les montées en rapport de ladite boîte et laisser le moteur révolutionner à plus haut régime, il ne sert pas à grand-chose. Vous pensez utiliser le mode manuel pour améliorer l'expérience ? À moins d'être télépathe et de savoir, plusieurs secondes à l'avance, sur quel rapport vous devriez vous trouver, jouer du levier de vitesses ne servira à rien, en tout cas sur la voiture essayée.

Mis à part cette atroce boîte automatique, le 500X à rouage intégral est plutôt intéressant. Lorsque les roues avant ont suffisamment d'adhérence, l'essieu arrière se déconnecte, améliorant ainsi l'économie d'essence. Avec la garde au sol relevée du 500X, ce système sera apprécié des Québécois.

Comme une bonne sauce à spaghetti, la Fiat 500X renferme plusieurs bons ingrédients : un style à la page, de bons moteurs, un rouage intégral efficace et un confort supérieur à la moyenne. Reste à savoir si la fiabilité décevante de la marque et la boîte automatique viendront gâcher la recette en ce qui vous concerne. Ce serait dommage, parce que ce petit VUS urbain a beaucoup de beaux atouts.

Châssis - LOUNGE TI	
Emp / lon / lar / haut	2570 / 4247 / 2024 / 1618 mm
Coffre / Réservoir	524 à 1438 litres / 48 litres
Nbre coussins sécurité / ceintures	7 / 5
Suspension avant	ind., jambes force
Suspension arrière	ind., jambes force
Freins avant / arrière	disque / disque
Direction	à crémaillère, ass. var. élect.
Diamètre de braquage	11,1 m
Pneus avant / arrière	P215/60R17 / P215/60R17
Poids / Capacité de remorquage	1456 kg / non recommandé
Assemblage	Melfi IT

Composantes mécaniques	
POP, SPORT, TREKKING	
Cylindrée, soupapes, alim.	4L 1,4 litre 16 s turbo
Puissance / Couple	160 ch / 184 lb-pi
Tr. base (opt) / rouage base (opt)	M6 (A9) / Tr
0-100 / 80-120 / V.Max	10,1 s / 7,0 s / n.d.
100-0 km/h	45,2 m
Type / ville / route / CO$_2$	Sup / 9,5 / 6,9 l/100 km / 3832 kg/an
SPORT TI, LOUNGE, TREKKING Plus, TREKKING TI, LOUNGE TI, TREKKING PLUS TI	
Cylindrée, soupapes, alim.	4L 2,4 litres 16 s atmos.
Puissance / Couple	180 ch / 175 lb-pi
Tr. base (opt) / rouage base (opt)	A9 / Int (Tr)
0-100 / 80-120 / V.Max	9,5 s (est) / 6,5 s (est) / n.d.
100-0 km/h	n.d.
Type / ville / route / CO$_2$	Ord / 11,0 / 7,9 l/100 km / 4418 kg/an

« RESTE À SAVOIR SI LA FIABILITÉ DÉCEVANTE VIENDRA GÂCHER LA RECETTE... »

Du nouveau en 2017

Aucun changement majeur

Photos : Fiat

FORD **C-MAX**

Prix : 25 999 $ à 31 999 $ (2016)
Catégorie : Familiale
Garanties :
3 ans/60 000 km, 5 ans/100 000 km
Transport et prép. : 1 700 $
Ventes QC 2015 : 230 unités
Ventes CAN 2015 : 721 unités

Cote du Guide de l'auto

68 %

Fiabilité
■■■■■■■□□□

Appréciation générale
■■■■■■■□□□

Sécurité
■■■■■■■□□□

Agrément de conduite
■■■■■■□□□□

Consommation
■■■■■■■■□□

Système multimédia
■■■■■□□□□□

Cote d'assurance
■■■■■■■□□□
$$$ $

➕ Comportement routier sain •
Groupes propulseurs sophistiqués •
Polyvalence de l'habitacle • Bonne position
de conduite • Faible consommation

➖ Faible diffusion • Freins qui manquent
de progressivité • Prix peu compétitif
(Energi) • Certaines commandes non
conventionnelles • Coffre réduit (Energi)

Concurrents
Ford Focus, Kia Rondo, Mazda5

Doué, mais peu populaire

Denis Duquet

Parfois, il se peut qu'un véhicule bien conçu et possédant d'indéniables qualités soit boudé par le public. C'est le cas du Ford C-Max, qui connaît une carrière en demi-teinte depuis son lancement, en 2012. Pourtant, la plupart des essayeurs l'ont louangé lors de leur critique initiale et on s'attendait à ce que ce soit un succès. Deux éléments sont venus troubler les débuts de ce modèle. En tout premier lieu, cet hybride devait affronter la Toyota Prius, qui détenait, et détient toujours, la mainmise sur ce marché. De plus, une polémique, quant à la consommation de carburant annoncée par Ford, est venue gâcher la sauce.

En effet, la consommation mirobolante, annoncée au lancement, ne s'est pas manifestée. Ce qui a semé la controverse et est venu ajouter un autre élément négatif à une voiture qui affiche tout de même une consommation assez économique. Ford a révisé son tir, mais le mal était fait. Les gens qui désiraient un véhicule hybride ont préféré magasiner ailleurs, notamment chez Toyota.

ELLE A POURTANT FIÈRE ALLURE
Difficile d'expliquer les déboires du C-Max sur notre marché en raison de sa silhouette. Celle-ci est réussie et l'influence européenne des stylistes se fait sentir. La partie avant propose une grille de calandre similaire à celle de la Fusion, avec des languettes chromées horizontales qui le différencient des autres multisegments de Ford. En outre, la fenestration, se réduisant graduellement vers l'arrière, contribue à l'élégance de la silhouette et dynamise le look. L'arrière est également réussi avec un hayon bombé, dont la vitre arrière arrondie permet de donner de l'ampleur à la carrosserie, du moins sur le plan visuel.

Ce *hatchback* cinq portes se démarque également par une planche de bord qui se rapproche davantage des modèles Ford européens. C'est ainsi que la commande des phares n'a pas la même présentation que celle des modèles américains. Et il en est de même des pavés de commande du système audio, placés à plat, directement sous l'écran d'affichage. Malgré tout, c'est très intuitif comme démarche et il suffit de quelques minutes pour s'y adapter. C'est élégant et pratique à la fois.

Enfin, la finition est bonne et la qualité des matériaux, à la hauteur de la concurrence. Soulignons que la version Energi dispose d'une soute à bagages légèrement plus petite que celle de la version hybride en raison de la présence d'une batterie de plus grande capacité.

HYBRIDE OU ENERGI

Le C-Max est offert sous deux modèles. Le premier est un hybride traditionnel combinant un moteur 2,0 litres de type Atkinson de 141 chevaux, à un moteur électrique de 118 chevaux, pour offrir une puissance maximale combinée de 188 chevaux. Comme sur la plupart des véhicules de cette catégorie, la transmission est à rapports continuellement variables (CVT). On retrouve cette boîte également sur le modèle Energi. Ce dernier est un hybride rechargeable, ce qui lui permet de rouler sur une distance d'environ 30 km en mode électrique seulement. La motorisation thermique est identique à celle de l'hybride.

Bien que les cotes de consommation initiale annoncées par Ford étaient quelque peu exagérées, cela ne signifie pas pour autant que ce *hatchback* polyvalent consomme de façon éhontée. En effet, et même sans trop de précautions, nous avons observé une consommation d'un peu plus de 6 litres/100 km, avec la version hybride, et encore mieux avec la version Energi. Mais avec cette version, la consommation est tributaire du nombre de kilomètres parcourus en mode électrique pur. Comme on l'a vu plus tôt, la distance maximale est d'environ 30 km, ce qui est raisonnable compte tenu des dimensions du véhicule et de la capacité de la batterie. Avec une série de petits trajets, la consommation devient quasi-nulle.

Sur la route, le C-Max est agile tandis que ses performances sont dans la bonne moyenne de la catégorie. Par contre, le système de récupération d'énergie des freins est un peu trop sensible et comme il arrive souvent avec ce type de voiture, on a l'impression initiale que les freins ne fonctionnent pas pour ensuite mordre soudainement. On s'habitue à ce comportement à la longue. Il faut souligner que la transition entre le moteur à essence et le système hybride se fait en douceur et en toute transparence.

Le C-Max mérite donc un meilleur sort sur notre marché et il faut espérer que Ford fasse diligence en vantant les mérites de ce véhicule, qui devrait connaître une plus grande popularité. Pour l'instant, malgré ses qualités, il se perd dans la masse des modèles sur le marché.

Du nouveau en 2017

Aucun changement majeur

FORD C-MAX

Châssis - Hybrid SE

Emp / lon / lar / haut	2648 / 4410 / 2086 / 1624 mm
Coffre / Réservoir	694 à 1489 litres / 51 litres
Nbre coussins sécurité / ceintures	7 / 5
Suspension avant	ind., jambes force
Suspension arrière	ind., multibras
Freins avant / arrière	disque / disque
Direction	à crémaillère, ass. var. élect.
Diamètre de braquage	11,6 m
Pneus avant / arrière	P225/55R17 / P225/55R17
Poids / Capacité de remorquage	1636 kg / n.d.
Assemblage	Wayne MI US

Composantes mécaniques

Hybrid SE, Hybrid SEL

Cylindrée, soupapes, alim.	4L 2,0 litres 16 s atmos.
Puissance / Couple	141 ch / 129 lb-pi
Tr. base (opt) / rouage base (opt)	CVT / Tr
0-100 / 80-120 / V.Max	8,7 s / 5,7 s / 185 km/h
100-0 km/h	42,7 m
Type / ville / route / CO_2	Ord / 5,6 / 6,4 l/100 km / 2742 kg/an

Moteur électrique

Hybrid SE, Hybrid SEL

Puissance / Couple	118 ch (88 kW) / 177 lb-pi
Type de batterie	Lithium-Ion (Li-ion)
Énergie	1,4 kWh
Temps de charge (120V / 240V)	n.d.
Autonomie	n.d.

Energi

Cylindrée, soupapes, alim.	4L 2,0 litres 16 s atmos.
Puissance / Couple	141 ch / 129 lb-pi
Tr. base (opt) / rouage base (opt)	CVT / Ti
0-100 / 80-120 / V.Max	8,9 s / 6,5 s / 185 km/h
100-0 km/h	43,0 m
Type / ville / route / CO_2	Ord / 5,9 / 6,5 l/100 km / 2038 kg/an

Moteur électrique

Puissance / Couple	118 ch (88 kW) / 177 lb-pi
Type de batterie	Lithium-ion (Li-ion)
Énergie	7,6 kWh
Temps de charge (120V / 240V)	7,0 h / 2,5 h
Autonomie	33 km

FORD **EDGE**

Prix : 33 099 $ à 46 399 $ (2016)
Catégorie : VUS intermédiaire
Garanties :
3 ans/60 000 km, 5 ans/100 000 km
Transport et prép. : 1 790 $
Ventes QC 2015 : 2 529 unités
Ventes CAN 2015 : 16 580 unités

Cote du Guide de l'auto

77 %

Fiabilité
■■■■■■■■□□

Appréciation générale
■■■■■■■■□□

Sécurité
■■■■■■■■□□

Agrément de conduite
■■■■■■■□□□

Consommation
■■■■■■□□□□

Système multimédia
■■■■■■■■□□

Cote d'assurance
■■■■■■■■□□
$ $ $ $

➕ Choix de moteurs • Système
SYNC 3 convivial • Habitacle raffiné •
Sophistication technologique •
Version Sport réussie

➖ Consommation perfectible •
Pas d'ensemble remorquage (Sport) •
Certains modèles onéreux •
Deux rangées de sièges seulement

Concurrents
Hyundai Santa Fe, Kia Sorento,
Nissan Murano, Toyota Highlander

Si vous n'aimez pas les VUS

Denis Duquet

Pour bien des gens, la seule mention de l'acronyme VUS provoque la même réaction que si l'on avait prononcé le terrible mot anglais de quatre lettres commençant par « F ». En effet, on croit à tort qu'un utilitaire sport est un engin destiné à consommer du pétrole outrageusement, à polluer plus que la moyenne, tout en ayant une tenue de route élémentaire.

Inutile de préciser que le nombre sans cesse croissant de VUS sur nos routes leur donne des boutons. Pourtant, les véhicules de ce type se trouvent à des années-lumière des Bronco de la première heure et de leurs semblables. En fait, le Edge est à l'opposé de ces préjugés et l'on peut parier que si ses détracteurs prenaient le temps de le conduire, ils seraient charmés.

La première génération du Edge était davantage classée comme étant un multisegment plutôt qu'un VUS. En outre, la seconde, lancée l'an dernier, a accentué cette tendance en se raffinant, tant sur le plan de la mécanique que sur celui de l'esthétique.

PLUS STYLISÉ, PLUS LUXUEUX
La nouvelle silhouette, dévoilée l'an dernier, a plu à ceux qui apprécient les allures plus sophistiquées. D'autres ont déploré que l'Edge soit quelque peu rentré dans le rang avec son apparence retouchée qui, aux yeux de plusieurs, serait pourtant plus équilibrée et plus homogène. D'ailleurs, les stylistes de Ford ont retenu les commentaires positifs de cette présentation, car ils ont récidivé avec le nouvel Escape qui, lui, a emprunté plusieurs éléments visuels à son acolyte.

La grille de calandre aux extrémités, en forme de V, les nacelles triangulaires abritant les phares antibrouillard, les ondulations de chaque côté du capot ainsi que les feux de route débordant sur les ailes sont autant de traits partagés, leur conférant une allure plus urbaine.

L'habitacle du Edge est particulièrement bien réussi avec des matériaux de qualité, qui nous donnent l'impression d'être à bord d'une marque luxueuse, sans oublier la finition, également digne de mention. L'interface MyFord Touch a été remplacé par le système SYNC 3, nettement plus convivial et efficace. Les places avant et arrière sont spacieuses et confortables tandis que la soute à bagages est capable d'avaler de gros objets.

UNE FUSION TOUT USAGE?

S'il fallait n'utiliser que quelques mots pour qualifier le comportement routier du Edge, on pourrait tout simplement le décrire comme étant une «Fusion tout usage». En effet, ce multisegment utilise la plateforme de la berline, tout en offrant la polyvalence d'un utilitaire sport. Et c'est justement cette filiation avec une berline qui explique la conduite sans surprise, qui nous permet d'apprécier les routes sinueuses. Il faut préciser que la suspension est bien calibrée tandis que la direction adaptée varie constamment l'assistance en fonction de la situation, calculant sans cesse le nombre de tours des roues.

D'ailleurs, le Edge regorge d'éléments techniques qui se comparent à des véhicules se vendant beaucoup plus cher. Et pour les citadins, ce qui sera sans doute le plus apprécié, c'est le dispositif de stationnement assisté, lequel permet de se garer automatiquement, parallèlement ou perpendiculairement au trottoir. Soulignons également le régulateur de vitesse adaptatif et l'avertisseur de collision avant, avec assistance de freinage.

L'acheteur a l'embarras du choix en ce qui concerne la sélection du moteur. La motorisation de base est un quatre cylindres turbo de 2,0 litres, d'une puissance de 245 chevaux, et cette nouvelle génération de moteur peut maintenant être jumelé à une transmission intégrale. Pour les amateurs du V6 atmosphérique, Ford propose toujours l'incontournable 3,5 litres, dont les 280 chevaux permettent une meilleure capacité de remorquage (682 kg contre 909 kg – 1 500 livres contre 2 000). Toutefois, il consomme davantage que le 2,0 litres turbo.

Enfin, le Edge Sport est doté d'un V6 biturbo de 2,7 litres, produisant 315 chevaux et un couple de 350 lb-pi, du rouage intégral de série, de roues de 20 pouces (21 pouces en option), d'une suspension plus ferme et d'une apparence plus agressive. Cette dernière version est certainement la plus agréable à conduire aux yeux d'un conducteur sportif, mais ceux qui n'ont pas cette approche risquent de trouver que «ça porte dur», pour citer la «parlure automobile québécoise».

L'Edge propose donc un vaste choix à l'acheteur qui recherche les qualités d'un VUS sans en subir les inconvénients.

Du nouveau en 2017

Aucun changement majeur

Châssis - Sport TI	
Emp / lon / lar / haut	2849 / 4779 / 1928 / 1742 mm
Coffre / Réservoir	1111 à 2078 litres / 73 litres
Nbre coussins sécurité / ceintures	8 / 5
Suspension avant	ind., jambes force
Suspension arrière	ind., multibras
Freins avant / arrière	disque / disque
Direction	à crémaillère, ass. var. élect.
Diamètre de braquage	11,8 m
Pneus avant / arrière	P245/50R20 / P245/50R20
Poids / Capacité de remorquage	1860 kg / 909 kg (2004 lb)
Assemblage	Oakville ON CA

Composantes mécaniques	

4L 2,0 litres turbo

Cylindrée, soupapes, alim.	4L 2,0 litres 16 s turbo
Puissance / Couple	245 ch / 275 lb-pi
Tr. base (opt) / rouage base (opt)	A6 / Tr (Int)
0-100 / 80-120 / V.Max	n.d. / n.d. / n.d.
100-0 km/h	n.d.
Type / ville / route / CO2	Sup / 11,8 / 8,4 l/100 km / 4724 kg/an

V6 3,5 litres

Cylindrée, soupapes, alim.	V6 3,5 litres 24 s atmos.
Puissance / Couple	280 ch / 250 lb-pi
Tr. base (opt) / rouage base (opt)	A6 / Tr (Int)
0-100 / 80-120 / V.Max	n.d. / n.d. / n.d.
100-0 km/h	n.d.
Type / ville / route / CO2	Ord / 13,7 / 9,6 l/100 km / 5453 kg/an

V6 2,7 litres turbo

Cylindrée, soupapes, alim.	V6 2,7 litres 24 s turbo
Puissance / Couple	315 ch / 350 lb-pi
Tr. base (opt) / rouage base (opt)	A6 / Int
0-100 / 80-120 / V.Max	6,8 s / 4,4 s / n.d.
100-0 km/h	39,1 m
Type / ville / route / CO2	Sup / 13,6 / 9,8 l/100 km / 5469 kg/an

FORD **ESCAPE**

Prix: 25 099 $ à 35 999 $
Catégorie: VUS compact
Garanties:
3 ans/60 000 km, 5 ans/100 000 km
Transport et prép.: 1 790 $
Ventes QC 2015: 9 194 unités
Ventes CAN 2015: 47 726 unités

Cote du Guide de l'auto

77 %

Fiabilité
■■■■■■■■□□

Appréciation générale
■■■■■■■□□□

Sécurité
■■■■■■■□□□

Agrément de conduite
■■■■■■■□□□

Consommation
■■■■■■□□□□

Système multimédia
■■■■■■■□□□

Cote d'assurance
■■■■■■■□□□
$ $ $ $

➕ Grande polyvalence • Motorisation puissante (2,0 litres) • Habitacle spacieux et confortable • Système SYNC 3 très convivial

➖ Consommation supérieure à la moyenne • Nouveau style peu accrocheur • Performances un peu justes (1,5 litre) • Fiabilité des moteurs turbo à prouver

---

Concurrents
Chevrolet Equinox, GMC Terrain,
Honda CR-V, Hyundai Tucson,
Jeep Cherokee, Kia Sportage, Mazda CX-5,
Nissan Rogue, Subaru Forester,
Toyota RAV4, Volkswagen Tiguan

Le champion des ventes

Michel Deslauriers

Les années se suivent et se ressemblent pour l'Escape. Le VUS compact reçoit le titre du VUS le plus vendu au Canada depuis des lunes, et à l'instar de son segment de marché, sa popularité n'est guère sur le point de s'estomper.

Par contre, Ford ne peut s'asseoir sur ses lauriers, puisque la concurrence ne traîne pas très loin derrière, et le constructeur a cru bon d'apporter quelques changements à la génération actuelle, en vente depuis l'année-modèle 2013.

PLUS SÉCURITAIRE

Au chapitre des tests de collision aux États-Unis, l'Escape a reçu une cote « médiocre » lors de l'impact à chevauchement avant, l'empêchant d'obtenir la mention « meilleur choix sécurité » de l'IIHS. Toutefois, pour demeurer dans le coup face au Honda CR-V, Jeep Cherokee et Toyota RAV4, Ford a complété la liste d'équipements de sécurité avancée de son petit VUS.

Outre la surveillance des angles morts avec alerte de trafic transversal arrière, déjà offerte l'an dernier, l'Escape 2017 propose un régulateur de vitesse avec assistance au freinage, un système de prévention de sortie de voie, une détection de somnolence et d'alerte du conducteur ainsi que des feux de route automatiques.

L'habitacle du VUS n'a pas subi de changements profonds, mais il n'en avait pas nécessairement besoin. Les sièges demeurent confortables sur de longs trajets, alors que l'espace ne manque pas, du moins, pour un utilitaire compact. Le volume de chargement maximal de 1926 litres rivalise avec les plus polyvalents de la catégorie.

Un volant chauffant figure maintenant sur la liste d'options, alors que la console centrale a été redessinée offrant ainsi plus de possibilités de rangement pour nos appareils portatifs et pour le contenu de nos poches. Tout cela a été possible en déménageant le levier de vitesses et en remplaçant le frein de stationnement mécanique par un frein électronique.

Introduit l'an dernier, le système multimédia SYNC 3 est beaucoup plus convivial que l'oubliable MyFord Touch. Son écran tactile est beaucoup plus réactif, donc plus facile à utiliser en conduisant.

DU NOUVEAU SOUS LE CAPOT

D'abord, l'Escape S de base est toujours équipé d'un quatre cylindres atmosphérique de 2,5 litres, développant 168 chevaux, et d'une boîte automatique à six rapports. Selon Ford, seulement 3% des acheteurs du VUS choisissent la version la plus abordable, puisqu'elle n'est disponible qu'avec un rouage à traction.

La version SE mise désormais sur un quatre cylindres turbo EcoBoost de 1,5 litre. Ce dernier génère 179 chevaux et un couple de 177 lb-pi, soit une puissance similaire aux moteurs de base de la concurrence. Par contre, malgré sa faible cylindrée, celui-ci n'est pas moins énergivore, puisque le CR-V, le Rogue et le RAV4 affichent tous une consommation plus basse avec leurs moteurs de 2,4 et 2,5 litres.

En option dans l'Escape SE et de série dans l'édition Titanium, le quatre cylindres EcoBoost de 2,0 litres est une nouvelle génération qui dispose d'un turbocompresseur à double volutes pour produire 245 chevaux et un couple de 275 lb-pi.

Si le moteur de 1,5 L suffit à la tâche dans la circulation urbaine et lors des expéditions familiales chez Costco, le 2,0 L fournit le muscle nécessaire pour effectuer des dépassements sécuritaires sur les routes secondaires, faisant de l'Escape l'un des plus rapides de son segment. Le gros moteur EcoBoost permet aussi une capacité de remorquage de 1590 kg (3 500 lb), alors que le petit peut traîner une charge allant jusqu'à 907 kg (1500 lb).

C'est au chapitre de la conduite que le Ford Escape gagne beaucoup de points. Sa maniabilité et sa direction précise le rendent facile à conduire, et sa suspension propose un bel équilibre de conduite dynamique et confortable.

Enfin, l'Escape a aussi reçu des retouches esthétiques afin de le rapprocher du Ford Edge. De plus, un nouvel ensemble d'apparence sport est maintenant offert, qui comprend notamment des jantes en alliage noir, des blocs optiques noircis et des sièges mi-tissu, mi-cuir avec surpiqûres contrastantes.

Le Ford Escape n'est pas le plus dynamique, ni le plus écoénergétique de sa catégorie. Il n'est pas une aubaine non plus, même si son prix est raisonnable compte tenu de l'équipement. Ce n'est peut-être pas notre préféré du segment, mais l'ensemble de ses qualités en fait un choix très intéressant pour une petite famille.

Du nouveau en 2017

Deux nouveaux moteurs, retouches cosmétiques, révisions à l'habitacle et ajout d'aides électroniques à la conduite sécuritaire.

Châssis - Titanium 2.0 EcoBoost TI	
Emp / lon / lar / haut	2690 / 4524 / 1839 / 1684 mm
Coffre / Réservoir	963 à 1926 litres / 61 litres
Nbre coussins sécurité / ceintures	7 / 5
Suspension avant	ind., jambes force
Suspension arrière	ind., multibras
Freins avant / arrière	disque / disque
Direction	à crémaillère, ass. var. élect.
Diamètre de braquage	11,7 m
Pneus avant / arrière	P235/45R19 / P235/45R19
Poids / Capacité de remorquage	1711 kg / 1590 kg (3505 lb)
Assemblage	Louisville KY CA

Composantes mécaniques	
S	
Cylindrée, soupapes, alim.	4L 2,5 litres 16 s atmos.
Puissance / Couple	168 ch / 170 lb-pi
Tr. base (opt) / rouage base (opt)	A6 / Tr
0-100 / 80-120 / V.Max	10,5 s (est) / 8,0 s (est) / n.d.
100-0 km/h	n.d.
Type / ville / route / CO_2	Ord / 11,1 / 8,1 l/100 km / 4485 kg/an
SE	
Cylindrée, soupapes, alim.	4L 1,5 litre 16 s turbo
Puissance / Couple	179 ch / 177 lb-pi
Tr. base (opt) / rouage base (opt)	A6 / Tr (Int)
0-100 / 80-120 / V.Max	n.d. / n.d. / n.d.
100-0 km/h	n.d.
Type / ville / route / CO_2	Ord / 10,7 / 8,3 l/100 km / 4425 kg/an
Titanium	
Cylindrée, soupapes, alim.	4L 2,0 litres 16 s turbo
Puissance / Couple	245 ch / 275 lb-pi
Tr. base (opt) / rouage base (opt)	A6 / Int
0-100 / 80-120 / V.Max	7,8 s / 5,2 s / n.d.
100-0 km/h	42,5 m
Type / ville / route / CO_2	Sup / 11,5 / 8,7 l/100 km / 4710 kg/an

FORD EXPEDITION

FORD **EXPEDITION** / LINCOLN **NAVIGATOR**

((SiriusXM))

Prix: 51 899 $ à 68 499 $ (2016)
Catégorie: VUS grand format
Garanties:
3 ans/60 000 km, 5 ans/100 000 km
Transport et prép.: 1 665 $
Ventes QC 2015: 181 unités*
Ventes CAN 2015: 2 832 unités**

Cote du Guide de l'auto

69 %

Fiabilité
■■■■■■■□□□

Appréciation générale
■■■■■■■□□□

Sécurité
■■■■■■■□□□

Agrément de conduite
■■■■■■■□□□

Consommation
■■■□□□□□□□

Système multimédia
■■■■■■□□□□

Cote d'assurance
■■■■■■■□□□
$$$ $

 Capacité de charge étonnante •
Motorisation moins gourmande •
Très confortable • Finition améliorée

➖ Gabarit imposant • Toujours
gourmand • Certains détails de finition
ratés • Fiabilité de l'EcoBoost

Concurrents
Chevrolet Suburban, Chevrolet Tahoe,
Dodge Durango, GMC Yukon,
Infiniti QX80, Nissan Armada,
Toyota Sequoia

Gros jusqu'à la fin

Jacques Deshaies

Après tant d'années, ces deux dinosaures que sont les Ford Expedition et Lincoln Navigator tiennent encore la route. Pourtant, on a crié au scandale, à une certaine époque, lors de l'introduction du Hummer H2. Alerte à la pollution! Si vous regardez bien, nos deux invités offrent à peu près le même gabarit, sinon pire. Mais nos voisins américains les apprécient comme navettes entre les aéroports et les hôtels ou bien comme véhicule de fonction pour les politiciens et les membres des services secrets.

Mais chez nous, c'est une autre histoire. Particulièrement au Québec. Devant la vague d'électrification des transports, le Ford Expedition et le Lincoln Navigator sont devenus des extraterrestres. Cependant, ils ont toujours leur place sur le marché. À titre d'exemple, pour les gens qui ont quatre enfants et qui aiment voyager, ou pour ceux qui désirent remorquer une roulotte lors des vacances en famille, seul ce genre d'utilitaire peut accomplir ces tâches sans pour autant priver les passagers de confort et d'espace.

Mais sachant que ce genre de scénario se raréfie, ces deux produits Ford se font sévèrement juger. Ils consomment comme des ogres, malgré l'apport des nouvelles technologies, tandis que leurs dimensions demeurent embarrassantes.

OUBLIEZ LE STYLE
Dans les deux cas, les stylistes n'ont rien inventé. Depuis leurs tout débuts, ces immenses utilitaires ne sont rien d'autre qu'une déclinaison de la populaire camionnette pleine grandeur de F-150. On a simplement recouvert la boîte de chargement d'une section vitrée, ce qui explique leur gabarit pour le moins imposant. D'ailleurs, deux versions sont proposées, une courte, qui mesure tout de même plus de 5,20 m, et une longue, qui peut pratiquement accueillir une baignoire à remous ainsi que sept passagers. C'est vous dire à quel point il est énorme.

* Ford Expedition: 121 unités/Lincoln Navigator: 60 unités
** Ford Expedition: 2 282 unités/Lincoln Navigator: 550 unités

Concernant la visibilité, le panorama est parfait. Et c'est tant mieux, car les manœuvres de stationnement s'avèrent ardues. Puis, une fois le format clairement identifié, il faut monter à bord. Grimper à bord serait une expression plus appropriée dans ce cas-ci. Derrière le volant, on constate que le format impose sa loi pour certains éléments, comme la console centrale. On n'a pas affaire à un vide-poche, mais pratiquement à un coffre de sous-compacte. L'écran du système SYNC 3 est de grandes dimensions et s'intègre à l'instrumentation, facile à utiliser.

Ai-je vraiment besoin d'élaborer sur l'espace disponible ? Le coffre, particulièrement dans les versions MAX, est de dimension hors du commun. Il offre plus de 1 207 litres de volume de chargement, et ce, sans même avoir à replier la troisième banquette.

ECOBOOST UN JOUR, ECOBOOST TOUJOURS

Le gros moteur V8 Triton de 5,4 litres est disparu du catalogue en 2015. C'est maintenant un V6 de 3,5 litres, doté de la technologie EcoBoost, qui loge sous leur grand capot. Moins gourmand, il produit tout de même 365 chevaux dans l'Expedition. Dans le cas du Navigator, la puissance s'élève à 380 chevaux.

Comme ces gros utilitaires sont prisés pour leur capacité de remorquage, le couple prend une importance capitale. Le Ford affiche 420 lb-pi en la matière tandis que le Lincoln propose un couple de 460 lb-pi. Outre ses capacités de remorquage inégalables, le moteur EcoBoost offre des accélérations et des reprises plus qu'honnêtes pour un véhicule de cette taille.

Évidemment, la conduite manque nettement de dynamisme. Le confort est au rendez-vous, mais nos deux mastodontes sont aussi intéressants à conduire qu'un autobus. Puis, en circulation urbaine, ils sont assurément désagréables. Au moins, avec le V6, la consommation a diminué. Ce n'est pas la Dolce Vita, mais c'est mieux qu'avec le vieux V8 Triton. Ford annonce une moyenne de 14 l/100 km. Vous dépasserez cette prévision, je vous le dis !

Somme toute, ces deux utilitaires grand format sont adaptés pour des besoins bien spécifiques. Ils sont parfaits pour les familles nombreuses. Pour le reste, le marché regorge de véhicules plus modernes, moins énergivores et au gabarit beaucoup plus raisonnable. Et c'est sans compter la fiabilité de la technologie EcoBoost, qui fait défaut. Mais si jamais vous avez vraiment besoin d'un monstre semblable, sachez que les Ford Expedition et Lincoln Navigator sont toujours offerts.

Châssis - Expedition XLT 4x4	
Emp / lon / lar / haut	3023 / 5232 / 2332 / 1961 mm
Coffre / Réservoir	527 à 3067 litres / 106 litres
Nbre coussins sécurité / ceintures	6 / 8
Suspension avant	ind., double triangulation
Suspension arrière	ind., multibras
Freins avant / arrière	disque / disque
Direction	à crémaillère, ass. var. élect.
Diamètre de braquage	12,4 m
Pneus avant / arrière	P275/65R18 / P275/65R18
Poids / Capacité de remorquage	2600 kg / 4182 kg (9219 lb)
Assemblage	Louisville KY CA

Composantes mécaniques	
Cylindrée, soupapes, alim.	V6 3,5 litres 24 s turbo
Puissance / Couple	365 ch / 420 lb-pi
Tr. base (opt) / rouage base (opt)	A6 / 4x4
0-100 / 80-120 / V.Max	6,5 s (est) / 6,0 s (est) / n.d.
100-0 km/h	n.d.
Type / ville / route / CO_2	Sup / 16,4 / 12,0 l/100 km / 6633 kg/an

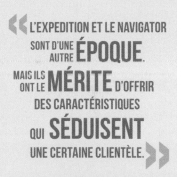

« L'EXPEDITION ET LE NAVIGATOR SONT D'UNE AUTRE ÉPOQUE. MAIS ILS ONT LE MÉRITE D'OFFRIR DES CARACTÉRISTIQUES QUI SÉDUISENT UNE CERTAINE CLIENTÈLE. »

Du nouveau en 2017

Aucun changement majeur

LINCOLN NAVIGATOR

FORD EXPEDITION

FORD EXPEDITION / LINCOLN NAVIGATOR

FORD **EXPLORER**

Prix : 32 999 $ à 60 389 $ (2016)
Catégorie : VUS intermédiaire
Garanties :
3 ans/60 000 km, 5 ans/100 000 km
Transport et prép. : 1 790 $
Ventes QC 2015 : 2 050 unités
Ventes CAN 2015 : 15 615 unités

Cote du Guide de l'auto

74 %

Fiabilité
■■■■■■■□□□

Appréciation générale
■■■■■■■□□□

Sécurité
■■■■■■■■□□

Agrément de conduite
■■■■■■■□□□

Consommation
■■■■■□□□□□

Système multimédia
■■■■■■■■□□

Cote d'assurance
■■■■■■■□□□
$$$ $

➕ Habitacle vaste • Rouage intégral
correct • Moteur de base qui consomme
peu • Version Platinum très bien
équipée • Bonne qualité de finition

➖ V6 3,5 litres EcoBoost consomme
beaucoup • Version Platinum très chère •
Système SYNC 3 pas encore parfait

Concurrents
Buick Enclave, Chevrolet Traverse,
GMC Acadia, Honda Pilot, Hyundai Santa Fe,
Infiniti QX60, Jeep Grand Cherokee,
Kia Sorento, Lincoln MKX, Mazda CX-9,
Nissan Pathfinder, Volkswagen Touareg

Au diable les fourgonnettes !

Daniel Melançon / Alain Morin

Sous ses allures robustes, le Ford Explorer convoite davantage les familles qui ne veulent pas nécessairement une traditionnelle fourgonnette. Qui plus est, aujourd'hui, une variété considérable de modèles s'avère disponible. Il n'est donc pas étonnant qu'il soit le véhicule le plus vendu de sa catégorie où l'on retrouve, entre autres, les **Chevrolet Traverse, Dodge Durango, Honda Pilot** et **Nissan Pathfinder.**

Côté motorisation, l'Explorer compte toujours sur deux V6 de 3,5 litres, l'un turbocompressé, l'autre atmosphérique. Ce dernier, que l'on retrouve aussi dans le Flex et la Taurus, génère 290 chevaux et un couple de 255 livres-pied. Ce moteur, de série dans les versions de base, XLT et Limited, conviendra à la plupart des gens, même si ses accélérations ne sont pas spectaculaires.

LES MOTEURS TURBO
L'autre V6 de 3,5 litres, l'EcoBoost (ou turbocompressé, si vous préférez), est réservé aux versions Sport et Platinum. Avec lui, votre dos risque de coller à votre dossier ! Il autorise des accélérations et des reprises dignes d'un coupé sport. Cependant, même si Ford avance des données de consommation à peu près identiques à celles du V6 atmosphérique, il ne faut pas se laisser berner. Il consomme au minimum un litre de plus à tous les 100 kilomètres. Et ça, c'est si le conducteur est gentil avec l'accélérateur ! Les moteurs turbocompressés peuvent être vraiment économes en essence, mais dès qu'ils sont moindrement poussés, ils consomment davantage.

Sinon, le quatre cylindres EcoBoost de 2,3 litres est un bon choix. Un peu moins puissant que le 3,5 atmosphérique, son couple est, par contre, supérieur. Ce moteur développe 280 chevaux pour un couple 310 livres-pied. Et sa sonorité en accélération nous a ravis !

Tous ces moteurs sont associés à une boîte automatique à six rapports, au fonctionnement généralement sans reproche. La traction (roues motrices avant) est proposée pour les livrées de base, tandis que le rouage intégral est optionnel. Dans les versions plus cossues, ce dernier est livré d'office.

Grâce au Terrain Management System, optionnel ou de série selon les versions, le conducteur peut choisir entre différents types de surfaces (normal, neige, sable et boue). En hors route, l'Explorer a des capacités somme toute modestes, mais il demeure un fidèle ami quand vient le temps d'aller passer un *weekend* entre amis à la montagne. Les variantes dotées du V6 de 3,5 litres, turbo ou non, peuvent remorquer jusqu'à 2 268 kilos (5 000 livres) tandis que celles équipées du quatre cylindres ne peuvent tirer que 908 kilos (2 000 livres).

POUR BEAUCOUP D'ÉQUIPEMENT, CHOISISSEZ LA VERSION PLATINUM !

Plus on monte dans la hiérarchie de l'Explorer, plus la finition devient luxueuse. La Platinum, offerte depuis l'an dernier, arrive totalement équipée et semble même agressive, avec ses roues de 20 pouces. Ce Platinum est tellement truffé de caractéristiques qu'il n'y a pratiquement pas d'options ! Il faut, par contre, s'attendre à débourser davantage, soit plus de 60 000 $.

Dans l'habitacle, on note la présence de plastiques imitant le métal sur la console centrale. Le système d'infodivertissement SYNC 3 évolue dans le bon sens. Loin d'être parfait, il demeure quand même convivial et efficace. Les espaces de rangement sont nombreux et pratiques. L'insonorisation est adéquate, mais ce que le conducteur appréciera surtout, c'est le champ de vision à l'avant, grâce à ses sièges à assise élevée. Le confort est au rendez-vous tant à l'avant qu'à la deuxième rangée.

Pour ce qui est de la troisième rangée, disons qu'elle est surtout conçue pour les enfants. Un adulte devra faire preuve de souplesse pour y déposer ses fesses ! Enfin, nous tenons à mentionner que la version Sport, dotée du moteur le plus puissant, s'avère évidemment un peu plus sportive que les autres. Son rouage intégral distribue davantage de couple aux roues arrière que dans les autres déclinaisons.

On apprécie la conduite de l'Explorer pour son confort de roulement et pour son vaste habitacle. Il est clair, cependant, que pour une conduite fréquente en ville, l'Explorer n'offre pas l'agilité d'une compacte ou même d'une berline intermédiaire. Pour obtenir un meilleur rendement écoénergétique, nous suggérons fortement le moteur EcoBoost à quatre cylindres.

L'Explorer, peu importe la version, est doté de plusieurs technologies qui amènent la sécurité à un niveau très élevé, qu'il s'agisse du système AdvanceTrac, qui prévient les capotages ou, en option, des ceintures de sécurité gonflables à l'arrière.

Châssis - Platinum

Emp / lon / lar / haut	2866 / 5037 / 2292 / 1803 mm
Coffre / Réservoir	595 à 2314 litres / 70 litres
Nbre coussins sécurité / ceintures	8 / 7
Suspension avant	ind., jambes force
Suspension arrière	ind., multibras
Freins avant / arrière	disque / disque
Direction	à crémaillère, ass. var. élect.
Diamètre de braquage	12,1 m
Pneus avant / arrière	P255/50R20 / P255/50R20
Poids / Capacité de remorquage	2223 kg / 2267 kg (4997 lb)
Assemblage	Chicago IL US

Composantes mécaniques

4L 2,3 litres turbo

Cylindrée, soupapes, alim.	4L 2,3 litres 16 s turbo
Puissance / Couple	280 ch / 310 lb-pi
Tr. base (opt) / rouage base (opt)	A6 / Tr (Int)
0-100 / 80-120 / V.Max	n.d. / n.d. / n.d.
100-0 km/h	n.d.
Type / ville / route / CO_2	Sup / 12,6 / 8,5 l/100 km / 4947 kg/an

V6 3,5 litres

Cylindrée, soupapes, alim.	V6 3,5 litres 24 s atmos.
Puissance / Couple	290 ch / 255 lb-pi
Tr. base (opt) / rouage base (opt)	A6 / Tr (Int)
0-100 / 80-120 / V.Max	8,8 s / 7,2 s / n.d.
100-0 km/h	42,0 m
Type / ville / route / CO_2	Ord / 14,4 / 10,4 l/100 km / 5796 kg/an

V6 3,5 litres turbo

Cylindrée, soupapes, alim.	V6 3,5 litres 24 s turbo
Puissance / Couple	365 ch / 350 lb-pi
Tr. base (opt) / rouage base (opt)	A6 / Int
0-100 / 80-120 / V.Max	6,0 s / n.d. / n.d.
100-0 km/h	n.d.
Type / ville / route / CO_2	Sup / 14,9 / 10,7 l/100 km / 5985 kg/an

Du nouveau en 2017

Aucun changement majeur

FORD **F-150**

Prix : 26 599 $ à 68 299 $ (2016) (estimé)
Catégorie : Camionnette grand format
Garanties :
3 ans/60 000 km, 5 ans/100 000 km
Transport et prép. : 1 800 $
Ventes QC 2015 : 18 423 unités
Ventes CAN 2015 : 118 837 unités

Cote du Guide de l'auto

81 %

Fiabilité
■ ■ ■ ■ ■ ■ ■ □ □ □

Appréciation générale
■ ■ ■ ■ ■ ■ ■ ■ □ □

Sécurité
■ ■ ■ ■ ■ ■ ■ □ □ □

Agrément de conduite
■ ■ ■ ■ ■ ■ ■ ■ □ □

Consommation
■ ■ ■ ■ ■ ■ □ □ □ □

Système multimédia
■ ■ ■ ■ ■ ■ ■ ■ □ □

Cote d'assurance
■ ■ ■ ■ ■ ■ ■ □ □ □
$$$ $

➕ Choix de moteurs • Raffinement impressionnant • Qualité d'assemblage • Fière allure

➖ Consommation d'essence sous-évaluée • Réparations complexes dues à l'aluminium • Boîte à 10 rapports qui doit faire ses preuves • Prix élevé des versions plus cossues

Concurrents
Chevrolet Silverado, GMC Sierra, Nissan Titan XD, RAM 1500, Toyota Tundra

Un rocher

Mathieu St-Pierre

Les « camionnetteurs » passent de longues journées à bord de leur véhicule. Surtout si le camion sert d'outil de travail où inspections, livraisons et visites de chantiers sont chose commune. Ces individus sont les principaux acheteurs de *pick-up* et ils dictent généralement leurs exigences aux constructeurs automobiles. Et dans le domaine hyperconcurrentiel des camionnettes pleine grandeur, les manufacturiers ont intérêt à bien les écouter.

Il faut croire que Ford est le plus attentif d'entre eux, car année après année, et ce, depuis des lunes, il vend le plus grand nombre de camionnettes en Amérique du Nord. En faire l'essai permet d'en comprendre les raisons. Et malgré le fait que le F-150 actuel ne soit âgé que de deux ans, il subit déjà des améliorations importantes.

TROP, C'EST JUSTE ASSEZ
La sélection d'options et le choix de groupes propulseurs sont les principaux critères des consommateurs de *pick-up*. Leurs besoins varient en fonction de l'utilisation qu'ils comptent en faire, que ce soit pour remorquer de la machinerie d'excavation ou, simplement, pour transporter les enfants à l'école. Peu importent les exigences, Ford a un F-150 pour eux. Il suffit de s'armer de patience lorsque vient le temps de cocher la bonne version et les bonnes options, ça peut être long.

La première étape consiste à choisir le type de cabine, qui sera généralement double, le nombre de roues motrices (deux ou quatre) et ensuite, le groupe propulseur. Ici, Ford nous gâte comme nul autre constructeur. Commençons par le V6 de 3,5 litres, conçu pour les petits travaux. Par la suite, ça devient intéressant.

Le V6 EcoBoost de 2,7 litres surprend par ses reprises et par sa douceur. Étant le plus économique du lot, il sacrifie à peine sa puissance et ses capacités. Le V8 de 5,0 litres, lui, est un pur délice. Sa sonorité s'avère inimitable, et que dire de la réponse de l'accélérateur de son moteur atmosphérique ! Les acheteurs traditionnels de camionnettes seront comblés par les performances du V8, par contre, il faut s'attendre à une consommation élevée.

Et maintenant, parlons du V6 EcoBoost de 3,5 litres. Cette année, il voit son couple passer à 470 lb-pi, surpassant celui du moteur turbodiesel du Ram 1500. Ce V6 est capable de tout, que ce soit de remorquer plusieurs milliers de kilos, lorsque adéquatement équipé, ou de transformer le F-150 en un bolide. Contrairement à certains moteurs turbocompressés, ce dernier émet une jolie mélodie. Toutefois, la consommation s'avère souvent plus importante que ce que Ford rapporte.

Ce qui est également nouveau pour 2017, c'est l'arrivée d'une boîte automatique à 10 rapports jumelée au V6 EcoBoost. Cette motorisation équipera notamment le F-150 Raptor, le dur à cuire du groupe. Reconnu pour être l'ultime outil pour franchir les terrains les plus escarpés, il est équipé, de série, de différentiels Torsen, d'amortisseurs Fox Racing, d'un sélecteur de modes de conduite et bien plus.

TRÈS CIVILISÉ, TOUT DE MÊME

Même s'il permet de traverser le désert du Nevada ou de remorquer une énorme pépine, le F-150 demeure tout de même très civilisé. Son châssis à cadre entièrement caissonné et l'utilisation importante d'aluminium et d'acier à haute résistance dans son assemblage font de lui un véhicule extrêmement solide.

Une fois en place dans le F-150, on peut se retrouver devant une planche de bord fonctionnelle, ou dans une opulence qui, jusqu'à récemment, était du jamais vu dans un camion. Les versions haut de gamme sont dotées de cuir, de bois, d'aluminium et d'écrans tactiles, tout pour rendre Lincoln jaloux.

Le degré de raffinement de cette camionnette impressionne. Le roulement est bien maîtrisé, particulièrement lorsque la boîte de chargement est vide. On irait jusqu'à dire que la tenue de route est sportive pour un tel véhicule, les pneumatiques des versions supérieures y jouent un rôle. Lorsque le Ford est chargé ou attelé à une remorque, son comportement demeure très prévisible, dégageant beaucoup de confiance. On parle évidemment ici d'un F-150 équipé d'un ensemble remorquage.

L'assistance de la direction est bien dosée et précise, tandis que les freins sont puissants. L'agrément de conduite et le niveau de confort sont tels que rouler dans un F-150 sur une base quotidienne n'impose aucun compromis. Évidemment, garer un pareil rocher peut présenter un défi, par contre, il peut être doté de multiples caméras et même d'un système actif d'aide au stationnement.

Du nouveau en 2017

Boîte automatique à 10 rapports, couple du V6 EcoBoost de 3,5 litres revu à la hausse, retour du F-150 Raptor.

Châssis - Raptor 4x4 V6 3.5 cab. Super Crew (5.5')	
Emp / lon / lar / haut	3683 / 5890 / 2610 / 1953 mm
Boîte / Réservoir	1 676 mm (66,0 pouces) / 136 litres
Nbre coussins sécurité / ceintures	6 / 5
Suspension avant	ind., double triangulation
Suspension arrière	essieu rigide, ress. à lames
Freins avant / arrière	disque / disque
Direction	à crémaillère, assistée
Diamètre de braquage	14,4 m
Pneus avant / arrière	LT31570R17 / LT31570R17
Poids / Capacité de remorquage	2300 kg / n.d.
Assemblage	Dearborn MI US

Composantes mécaniques

V6 3,5 litres

Cylindrée, soupapes, alim.	V6 3,5 litres 24 s atmos.
Puissance / Couple	282 ch / 253 lb-pi
Tr. base (opt) / rouage base (opt)	A6 / Prop (4x4)
Type / ville / route / CO_2	Ord / n.d. / n.d. / n.d.

V6 2,7 litres EcoBoost

Cylindrée, soupapes, alim.	V6 2,7 litres 24 s turbo
Puissance / Couple	325 ch / 375 lb-pi
Tr. base (opt) / rouage base (opt)	A6 / Prop
Type / ville / route / CO_2	Ord / 12,2 / 9,2 l/100 km / 4991 kg/an

V6 3,5 litres EcoBoost

Cylindrée, soupapes, alim.	V6 3,5 litres 24 s turbo
Puissance / Couple	375 ch / 470 lb-pi
Tr. base (opt) / rouage base (opt)	A10 / Prop (4x4, Int)
Type / ville / route / CO_2	Sup / n.d. / n.d / n.d.

V8 5,0 litres

Cylindrée, soupapes, alim.	V8 5,0 litres 32 s atmos.
Puissance / Couple	385 ch / 387 lb-pi
Tr. base (opt) / rouage base (opt)	A6 / Prop (4x4, Int)
Type / ville / route / CO_2	Ord / 16,0 / 11,3 l/100 km / 6387 (est) kg/an

Raptor

Cylindrée, soupapes, alim.	V6 3,5 litres 24 s turbo
Puissance / Couple	420 ch / 480 lb-pi
Tr. base (opt) / rouage base (opt)	A10 / 4x4
Type / ville / route / CO_2	Sup / 14,7 / 10,7 l/100 km / 5934 (est) kg/an

Photos : Ford

FORD **FIESTA**

(((SiriusXM)))

Prix : 15 399 $ à 24 999 $ (2016)
Catégorie : Berline, Hatchback
Garanties :
3 ans/60 000 km, 5 ans/100 000 km
Transport et prép. : 1 665 $
Ventes QC 2015 : 1 865 unités
Ventes CAN 2015 : 5 646 unités

Cote du Guide de l'auto
76 %

Fiabilité

■■■■■□□□□□

Appréciation générale

■■■■■■■□□□

Sécurité

■■■■■■■□□□

Agrément de conduite

■■■■■■■■□□

Consommation

■■■■■■■□□□

Système multimédia

■■■■■■■□□□

Cote d'assurance

■■■□□□□□□□

$$$ $

➕ Plaisir de conduite • Équipement
de pointe • Look moderne •
Fiesta ST enthousiaste

➖ Poids élevé • Dégagement limité
aux places arrière • Sonorité décevante
du moteur EcoBoost • Direction légère

Concurrents
Chevrolet Sonic, Honda Fit,
Hyundai Accent, Kia Rio,
Nissan Versa Note, Toyota Yaris

Le choix du conducteur

Michel Deslauriers

En général, les constructeurs automobiles tentent d'attirer les consommateurs vers leurs sous-compactes en mettant l'accent sur l'espace intérieur, la polyvalence et la quantité de caractéristiques technologiques. Toutefois, avec sa Fiesta, Ford mise plutôt sur l'agrément de conduite.

Introduite sur le marché canadien en 2010, en tant que modèle 2011, la Fiesta n'a pas beaucoup changé depuis. On lui a tout de même apporté des retouches esthétiques pour 2014 afin de la rapprocher des produits plus récents de la marque. Elle parvient à demeurer dans le coup, grâce à sa forme *jelly bean* sympathique, au design moderne de son habitacle et à son niveau d'équipement intéressant. Deux formats sont toujours proposés, soit la Fiesta cinq portes à hayon et la berline.

TROIS MOTEURS, DEUX TURBO

Lorsque Ford a annoncé son tout premier moteur EcoBoost, il y a quelques années, on avait promis que la turbocompression serait répandue à grande échelle dans les produits Ford et Lincoln. On a tenu parole, puisque tous ses modèles en offrent au moins un, à l'exception du C-MAX et de la Série F Super Duty.

C'est également le cas avec la petite Fiesta. Le moteur de base est un quatre cylindres atmosphérique de 1,6 litre qui produit 120 chevaux. Jumelée à une boîte manuelle à cinq rapports ou à une boîte automatisée à double embrayage à six rapports, cette motorisation rend la Fiesta suffisamment fougueuse et écoénergétique. Avec un mélange de ville et d'autoroute, on a réussi à consommer en moyenne 6,5 l/100 km.

En option, on peut équiper le Fiesta d'un trois cylindres turbocompressé EcoBoost de 1,0 litre. Malgré sa faible cylindrée, ce moteur parvient à développer 123 chevaux et un couple de 125 lb-pi. Un choix intéressant, mais il vibre sous les 1 500 tr/min et il nécessite de jouer beaucoup plus du levier de vitesses afin de le maintenir dans sa courbe de puissance. Le hic, c'est que le coût supplémentaire de ce trois cylindres est difficile à justifier, surtout qu'on ne peut le jumeler à la boîte automatique, ni à l'ensemble décor qui comprend des jantes en alliage. Par rapport au moteur de base, il permettrait d'économiser un litre d'essence aux 100 kilomètres, mais selon nos essais, l'écart n'est pas si grand.

Pour les amateurs de voitures sportives, la Fiesta ST propose un quatre cylindres turbo EcoBoost de 1,6 litre. Générant 197 chevaux et un couple de 202 lb-pi, assorti obligatoirement à une boîte manuelle à six rapports, ce moteur procure de vives accélérations.

Toutes les Fiesta sont amusantes à conduire. Elles sont maniables, avec un bon diamètre de braquage, une direction très précise et une suspension pas trop rigide, mais pas trop molle non plus. Évidemment, la Fiesta ST, seulement disponible en configuration cinq portes, obtient une suspension sport, des freins plus performants, des jantes de 17 pouces et une apparence plus racée.

POUR LA FAMILLE ? PAS VRAIMENT

La Fiesta est construite sur l'empattement le plus court de sa catégorie. Cela se traduit évidemment par un espace intérieur plus restreint, et ce sont les passagers arrière qui en paieront le prix. Deux adultes se sentiront confinés, au point où l'on doit avancer les sièges avant pour libérer un peu de place. La banquette peut en théorie accommoder trois occupants, mais n'y pensez même pas.

L'histoire se répète au chapitre de l'espace de chargement. Le volume maximal du coffre est de 720 litres dans la Fiesta à hayon, lorsque les dossiers arrière sont abaissés, alors que celui de la berline dispose d'un volume de 363 litres. Comparativement à la Nissan Versa Note et à la Honda Fit, surtout, la Fiesta est la plus désavantagée de sa catégorie. Pourtant, tout n'est pas négatif. À l'avant, c'est le bonheur, car il y a suffisamment d'espace pour être à l'aise, et les sièges sont assez confortables pour passer un bon bout de temps dans les embouteillages des grands centres urbains.

La Fiesta S de base dispose d'un système SYNC plus primitif, mais au moins on a droit à la connectivité Bluetooth, à un port USB pour brancher notre appareil portatif et à une chaîne audio à six haut-parleurs. Hélas, la Fiesta n'est pas des plus abordables quand on se laisse tenter par les options, ce qui diminue son attrait initial.

À noter que les petites familles se sentiront à l'étroit dans la Ford Fiesta, par contre, elle est la plus plaisante à conduire de sa catégorie.

Châssis - 1.0 EcoBoost Hatchback

Emp / lon / lar / haut	2489 / 4056 / 1977 / 1476 mm
Coffre / Réservoir	423 à 720 litres / 47 litres
Nbre coussins sécurité / ceintures	7 / 5
Suspension avant	ind., jambes force
Suspension arrière	semi-ind., poutre torsion
Freins avant / arrière	disque / tambour
Direction	à crémaillère, ass. var. élect.
Diamètre de braquage	10,5 m
Pneus avant / arrière	P195/60R15 / P195/60R15
Poids / Capacité de remorquage	1151 kg / n.d.
Assemblage	Cuautitlán Izcalli MX

Composantes mécaniques

S, SE, Titanium

Cylindrée, soupapes, alim.	4L 1,6 litre 16 s atmos.
Puissance / Couple	120 ch / 112 lb-pi
Tr. base (opt) / rouage base (opt)	M5 (A6) / Tr
0-100 / 80-120 / V.Max	10,7 s / 9,2 s / n.d.
100-0 km/h	43,2 m
Type / ville / route / CO_2	Ord / 8,5 / 6,5 l/100 km / 3496 kg/an

1.0 EcoBoost Hatchback

Cylindrée, soupapes, alim.	3L 1,0 litre 12 s turbo
Puissance / Couple	123 ch / 125 lb-pi
Tr. base (opt) / rouage base (opt)	M5 / Tr
0-100 / 80-120 / V.Max	9,4 s / n.d. / 196 km/h
100-0 km/h	43,2 m
Type / ville / route / CO_2	Ord / 7,5 / 5,6 l/100 km / 3057 kg/an

ST

Cylindrée, soupapes, alim.	4L 1,6 litre 16 s turbo
Puissance / Couple	197 ch / 202 lb-pi
Tr. base (opt) / rouage base (opt)	M6 / Tr
0-100 / 80-120 / V.Max	6,9 s / n.d. / 220 km/h
100-0 km/h	n.d.
Type / ville / route / CO_2	Sup / 8,9 / 6,8 l/100 km / 3659 kg/an

Du nouveau en 2017

Aucun changement majeur

Photos : Ford

FORD **FLEX**

Prix : 31 299 $ à 51 899 $ (2016)
Catégorie : VUS intermédiaire
Garanties :
3 ans/60 000 km, 5 ans/100 000 km
Transport et prép. : 1 790 $
Ventes QC 2015 : 149 unités
Ventes CAN 2015 : 1 789 unités

Cote du Guide de l'auto

74 %

Fiabilité	Appréciation générale
■■■■■■■□□□	■■■■■■■□□□
Sécurité	Agrément de conduite
■■■■■■■□□□	■■■■■■□□□□
Consommation	Système multimédia
■■■■□□□□□□	■■■■■□□□□□

Cote d'assurance

■■■■■■■■□□
$$$ $

➕ Style vraiment différent • Espace impressionnant • Plus polyvalent qu'un VUS • Bonne capacité de remorquage

➖ Style vraiment différent • V6 atmosphérique un peu juste • Consommation élevée • Moins polyvalent qu'une fourgonnette

Concurrents
Buick Enclave, Chevrolet Traverse, Honda Pilot, Hyundai Santa Fe

Bizarre, mais attachant

Alain Morin

« Les chars se ressemblent toutes astheure ! » ai-je souvent entendu. Cette affirmation, généralement suivie de « Dans mon temps, y'éta pas toutes pareilles », est en partie vraie. Les besoins de la société actuelle, les normes sévères que les constructeurs doivent respecter et le désir de chacun de se différencier tout en faisant partie d'un groupe le plus homogène possible font qu'effectivement, beaucoup de véhicules se ressemblent. Il y a des exceptions toutefois, et le Ford Flex en est toute une !

Carré comme un congélateur, imposant comme un paquebot, le Flex détonne dans le paysage automobile. On l'aime ou on le déteste. En fait, on pourrait affirmer sans risque de nous tromper qu'il est le chaînon manquant entre le VUS et la fourgonnette. Ses portes arrière, qui s'ouvrent grâce à des pentures plutôt que de coulisser, font davantage penser aux VUS mais son espace intérieur et l'aménagement amènent réfèrent à une fourgonnette. Peut-être parce qu'il est l'un et l'autre sans être totalement l'un ou l'autre, on en voit très peu sur nos routes. En 2015, au Québec, il ne s'en est vendu que 149 exemplaires.

Or, ce n'est pas parce qu'un véhicule n'est pas populaire qu'il ne vaut pas le détour. À l'inverse, certaines voitures ne valent pas grand-chose et sont populaires. Mais ça, c'est une autre histoire !

EFFLEURER LE MANQUE DE CONCENTRATION...
Le conducteur fait face à une instrumentation complète, quoique pas évidente à comprendre pour quelqu'un qui n'est pas habitué aux tableaux de bord complexes de Ford. Il est facile de se perdre dans les nombreux menus dont l'arborescence laisse parfois perplexe... à l'arrêt. Alors, imaginez lorsque le véhicule roule ! De son côté, le système SYNC, si dénigré lors de son apparition il y a quelques années, a pris du mieux et est désormais beaucoup plus facile à gérer. Ce n'est pas encore la perfection, cependant, il faut saluer l'effort.

Parmi les bémols, il y a les commandes à effleurement du système de chauffage/climatisation. Puisqu'il n'y a aucun relief, il est impossible de trouver la bonne commande sans quitter la route des yeux. Il devrait y avoir des lois contre ces abominations.

Assis (confortablement) à l'avant, il est difficile de se croire au volant d'une fourgonnette. Cependant, lorsque l'on regarde vers l'arrière, c'est nettement plus évident. L'espace pour les jambes et la tête des passagers de la deuxième rangée est abondant et le confort plutôt réussi. La troisième rangée, elle, tient plus du VUS que de la fourgonnette. L'espace pour la tête et les pieds est compté et les bosses, qui constituent une bonne partie de notre réseau routier, sont très bien senties.

DEUX V6 DE 3,5 LITRES

Deux moteurs sont proposés pour le Flex. Le premier, un V6 de 3,5 litres, peut être livré avec le rouage intégral ou la traction (roues avant motrices). Ce moteur a fait ses preuves et représente un bon choix même si sa puissance peut s'avérer un peu juste une fois que le véhicule est chargé. Nous recommandons le rouage intégral, une option de 2 000 $ offerte sur certaines versions, ne serait-ce que pour une meilleure valeur lors de la revente.

L'autre moteur est un V6 de 3,5 litres aussi, mais turbocompressé (EcoBoost) et vient avec le rouage intégral. Sa puissance et son couple supérieurs en font, à première vue, un choix judicieux. Or, il est plus dispendieux que le V6 atmosphérique, consomme davantage, surtout si l'on s'amuse à jouer de l'accélérateur, et il ne permet pas de remorquer plus (4 500 livres ou 2 041 kilos) lorsque l'option Remorquage Classe III est cochée.

Un petit mot au sujet de la consommation... Peu importe le moteur, un Flex, ça boit. Trop. Ce qui n'a rien de surprenant quand on parle d'un véhicule de plus de 2 000 kilos à l'aérodynamique qui semble fort peu étudiée.

Là où le Flex se rapproche sans doute le plus d'une fourgonnette, c'est au chapitre de la conduite. À son volant, personne n'a envie de s'éclater. La direction est plutôt engourdie et renseigne peu sur le travail des roues avant, la suspension favorise le confort, très relevé au demeurant, au détriment de la sportivité. Malgré tout, le Flex fait preuve d'une certaine agilité, un trait de caractère surprenant compte tenu de son poids important et de son centre de gravité élevé. Il assure des déplacements en toute sécurité, tout confort et silence. Et sans trop ressembler à une fourgonnette. Juste ça, c'est beaucoup !

Châssis - SE TA	
Emp / lon / lar / haut	2995 / 5126 / 2256 / 1727 mm
Coffre / Réservoir	566 à 2356 litres / 70 litres
Nbre coussins sécurité / ceintures	6 / 7
Suspension avant	ind., jambes force
Suspension arrière	ind., multibras
Freins avant / arrière	disque / disque
Direction	à crémaillère, ass. var. élect.
Diamètre de braquage	12,4 m
Pneus avant / arrière	P235/60R17 / P235/60R17
Poids / Capacité de remorquage	2018 kg / 907 kg (1999 lb)
Assemblage	Oakville ON CA

Composantes mécaniques

SE, SEL, Limited

Cylindrée, soupapes, alim.	V6 3,5 litres 24 s atmos.
Puissance / Couple	287 ch / 254 lb-pi
Tr. base (opt) / rouage base (opt)	A6 / Tr (Int)
0-100 / 80-120 / V.Max	9,0 s / n.d. / n.d.
100-0 km/h	n.d.
Type / ville / route / CO_2	Ord / 13,7 / 10,0 l/100 km / 5557 kg/an

Limited TI EcoBoost

Cylindrée, soupapes, alim.	V6 3,5 litres 24 s turbo
Puissance / Couple	365 ch / 350 lb-pi
Tr. base (opt) / rouage base (opt)	A6 / Int
0-100 / 80-120 / V.Max	7,2 s / 5,9 s / n.d.
100-0 km/h	40,9 m
Type / ville / route / CO_2	Sup / 14,6 / 10,4 l/100 km / 5847 kg/an

❝ BIEN QU'IL S'AGISSE D'UN VÉHICULE DIFFÉRENT (OU À CAUSE...), LE FORD FLEX N'EST PAS TRÈS POPULAIRE ET SON AVENIR EST LOIN D'ÊTRE ASSURÉ. ❞

Du nouveau en 2017

Aucun changement majeur

Photos : Ford

FORD **FOCUS**

((SiriusXM))

Prix : 17 199 $ à 47 969 $ (2016)
Catégorie : Berline, Hatchback
Garanties :
3 ans/60 000 km, 5 ans/100 000 km
Transport et prép. : 1 700 $
Ventes QC 2015 : 5 443 unités
Ventes CAN 2015 : 21 101 unités

Cote du Guide de l'auto

73 %

Fiabilité	Appréciation générale
Sécurité	Agrément de conduite
Consommation	Système multimédia

Cote d'assurance

$$$ $

➕ Grande variété de modèles • Vaste choix de motorisations • Deux variantes haute performance • Prix concurrentiels • Version électrique

➖ Rayon de braquage important • Moteur de 1,0 litre pourrait être plus frugal • Mode Drift pourrait vous mettre dans le trouble... (RS)

Concurrents
Chevrolet Cruze, Honda Civic, Hyundai Elantra, Kia Forte, Mazda3, Mitsubishi Lancer, Nissan Sentra, Subaru Impreza, Toyota Corolla, Volkswagen Golf

Normale, électrique, électrisante

Costa Mouzouris

La Ford Focus est probablement la seule voiture sur le marché à être offerte dans pratiquement toutes les déclinaisons possibles. Pour commencer, vous avez le choix entre huit niveaux de dotation incluant les versions berline et *hatchback*. Vous pouvez opter pour un moteur à aspiration naturelle ou pour l'un des trois moteurs turbo. Côté boîtes de vitesses, il y a des manuelles à cinq ou à six rapports et une automatique à six rapports, avec rouages à traction ou intégral. Vous n'aimez pas les moteurs à combustion interne ? Il y a aussi la Focus électrique.

Alors, avant de vous rendre chez le concessionnaire, vous avez sans doute intérêt à faire un petit travail de débroussaillage préliminaire à l'aide de l'outil « Équiper et obtenir un prix », proposé sur le site de Ford.

LES GROUPES MOTOPROPULSEURS

Le moteur de base de la Ford Focus 2017 demeure le quatre cylindres de 2,0 litres à injection directe (160 chevaux, couple de 146 lb-pi). Il est relié à une boîte manuelle à cinq rapports ou à une automatique à six rapports, en option. Ce moteur fonctionne bien avec les deux boîtes, mais si vous préférez les manuelles, attendez-vous à jouer souvent du levier lors des dépassements.

Si vous priorisez l'économie d'essence plutôt que les performances, vous pouvez payer un léger supplément pour le tricylindre turbo EcoBoost de 1,0 litre. Vous perdrez 37 chevaux et 21 lb-pi, mais vous obtiendrez une consommation nominale combinée de 6,9 l/100 km (contre 8,0 l/100 km pour le 2,0 litres de base). Toutefois, ce petit moteur coûtera plus cher à l'achat, ce qui contrebalance son économie d'essence.

Si, au contraire, vous voulez plus de performances, la Focus ST est livrée avec un quatre cylindres turbo de 2,0 litres très puissant (252 chevaux, couple de 270 lb-pi). Il est uniquement offert avec une boîte manuelle à six rapports.

Il y a aussi la Focus électrique, une des rares voitures électriques sur le marché à ne pas avoir l'air d'en être une... Elle est propulsée par un moteur de 107kWh (143 chevaux) avec un couple costaud de 184 lb-pi. La batterie lithium-ion de 23kWh hoffre une autonomie pouvant atteindre jusqu'à 122 km en conditions idéales.

La Focus doit faire face à une grande variété de concurrentes aguerries, notamment la très populaire Honda Civic, la Mazda3, la Subaru Impreza et même la Chevrolet Cruze récemment redessinée. Même si la Focus de base affiche une allure plutôt réservée, elle ne s'en laisse pas imposer par ses rivales grâce à sa tenue de route aiguisée, à sa conduite agréable et à sa suspension bien calibrée. Mais si vous avez vraiment un penchant pour les performances, tournez-vous plutôt du côté de la ST ou de la RS.

AH! LA RS

Lancée en 2016, la Focus RS est la voiture à hayon la plus *hot* sur le marché à l'heure actuelle. Elle est entraînée par un quatre cylindres turbo de 2,3 litres qui produit 350 chevaux et un couple de 350 lb-pi. Cette petite sportive, construite en Allemagne, bondit de 0 à 100 km/h en seulement 4,7 secondes. Elle est offerte uniquement avec une boîte manuelle à six rapports.

La RS se retrouve dans une classe à part de la gamme des modèles Focus. En plus de sa puissance presque obscène, elle est la seule qui soit munie d'une transmission intégrale. Elle est également dotée de différentes caractéristiques destinées à rehausser la tenue de route, notamment un sous-cadre arrière plus rigide et un renfort soudé au plancher, qui augmente la résistance à la torsion de 23%. Les ressorts de suspension sont plus fermes (33% de plus à l'avant, 38% de plus à l'arrière) et l'amortissement est ajustable à partir de l'habitacle. En mode Normal, il est le même que dans la ST, mais quand on passe au mode Sport, leur degré de fermeté grimpe de 40%. La direction est également plus directe: deux tours de volant d'une butée à l'autre.

La très électrisante RS propose deux autres modes de conduite, soit Track et Drift. Oui, vous avez bien lu, il y a un mode dérapage. Il réduit de beaucoup le niveau d'intervention de l'antipatinage et il ajuste la distribution du couple aux quatre roues, de façon à obtenir des dérapages réguliers et contrôlés (une fonction à utiliser de façon responsable, sur une piste de course).

En 2015, la Ford Focus est passée du huitième au septième rang des voitures les plus vendues au Canada. Avec toutes ses déclinaisons, elle réussira peut-être à faire encore mieux au top 10 cette année.

Châssis - S berline

Emp / lon / lar / haut	2648 / 4538 / 1823 / 1466 mm
Coffre / Réservoir	374 litres / 47 litres
Nbre coussins sécurité / ceintures	7 / 5
Suspension avant	ind., jambes force
Suspension arrière	ind., multibras
Freins avant / arrière	disque / tambour
Direction	à crémaillère, ass. var. élect.
Diamètre de braquage	11,0 m
Pneus avant / arrière	P195/65R15 / P195/65R15
Poids / Capacité de remorquage	1331 kg / non recommandé
Assemblage	Wayne MI US

Composantes mécaniques

Électrique

Puissance / Couple	143 ch (107 kW) / 184 lb-pi
Tr. base (opt) / rouage base (opt)	Rapport fixe / Tr
0-100 / 80-120 / V.Max	10,5 s / 7,3 s / 135 km/h (est)
100-0 km/h	42,3 m
Type de batterie	Lithium-ion (Li-ion)
Énergie	23 kWh
Temps de charge (120V / 240V)	20,0 h / 3,6 h
Autonomie	122 km

RS

Cylindrée, soupapes, alim.	4L 2,3 litres 16 s turbo
Puissance / Couple	350 ch / 350 lb-pi
Tr. base (opt) / rouage base (opt)	M6 / Int
0-100 / 80-120 / V.Max	5,0 s / n.d. / n.d.
100-0 km/h	n.d.
Type / ville / route / CO_2	Sup / 12,1 / 9,3 l/100 km / 4986 kg/an

ST

4L 2,0 l - 252 ch/270 lb-pi - M6 - 0-100: 6,9 s - 10,5/7,7 l/100 km

SE berline 1.0 EcoBoost

3L 1,0 l - 123 ch/125 lb-pi - M6 (A6) - 0-100: 11,2 s (est) - 7,8/5,7 l/100km

S, SE, Titanium

4L 2,0 l - 160 ch/146 lb-pi - M5 (A6) - 0-100: 9,3 s (est) - 8,9/6,0 l/100 km

Du nouveau en 2017

Ajout de la sportive RS.

Photos: Ford, Michel Deslauriers

FORD FOCUS

FORD **FUSION**

((SiriusXM))

Prix : 23 688 $ à 42 288 $ (estimé)
Catégorie : Berline
Garanties :
3 ans/60 000 km, 5 ans/100 000 km
Transport et prép. : 1 750 $
Ventes QC 2015 : 1 967 unités
Ventes CAN 2015 : 15 781 unités

Cote du Guide de l'auto

73 %

Fiabilité
■■■■■■■□□□

Appréciation générale
■■■■■■■□□□

Sécurité
■■■■■■■■□□

Agrément de conduite
■■■■■■■□□□

Consommation
■■■■■■■□□□

Système multimédia
■■■■■■■□□□

Cote d'assurance
■■■■■■■■□□
$$$ $

➕ Silence à bord impressionnant •
Énorme choix de moteurs • Habitacle
vaste • Système SYNC 3 amélioré

➖ Coffre étroit (Energi) • Moteur
EcoBoost 2,0 litres gourmand •
Boîte CVT (hybride et Energi) •
Fiabilité à prouver (1,5 litre) •
Valeur de revente inférieure aux japonaises

Concurrents
Buick Regal, Chevrolet Malibu,
Honda Accord, Hyundai Sonata,
Kia Optima, Mazda6, Nissan Altima,
Subaru Legacy, Toyota Camry,
Volkswagen CC, Volkswagen Passat

Diviser pour mieux régner

Frédérick Boucher-Gaulin

I**l n'est pas facile se démarquer dans le segment des berlines
intermédiaires. Les constructeurs japonais dominent dans
cette catégorie avec des produits jouissant d'une fiabilité
exemplaire ainsi qu'avec des chiffres de vente impressionnants.
C'est pourquoi quiconque veut terrasser les meneurs doit s'armer
d'arguments solides et variés pour avoir ne serait-ce qu'une
petite chance.**

Ça tombe bien, c'est exactement ce que la Ford Fusion apporte pour 2017 !
Une large sélection de moteurs est au programme, tout comme un style
renouvelé, des technologies plus avancées que jamais, suffisamment
d'équipement et un prix pour satisfaire un large éventail d'acheteurs.
Ford ne se retrouve pas dans ce segment pour jouer un rôle de second
plan, et ça paraît !

UNE CHIC BERLINE
Visuellement, la Fusion s'est toujours distinguée du lot : elle est élégante et
bien dessinée, affichant un style beaucoup plus recherché que la majorité
de ses rivales. Ses phares et sa grille s'attiraient souvent des commentaires
la comparant favorablement à certains produits Aston Martin !

L'édition 2017 apporte quelques petits changements esthétiques à sa jolie
bouille, mais les dimensions n'ont pas changé. Vous l'aurez deviné, cette
nouvelle Fusion n'est pas entièrement nouvelle. Dans le milieu de
l'automobile, on appelle ce type de changement un *facelift* de mi-génération.

L'habitacle reçoit aussi quelques modifications. La première chose que l'on
remarque, c'est que le levier de vitesses a cédé sa place à un bouton
rotatif. Ford annonce que cela a été fait pour donner une impression de
classe et de luxe. Je ne suis pas certain que l'effet soit réussi, mais bon, je
ne suis pas designer...

Sur la planche de bord, on retrouve également la troisième génération du système SYNC. Ce dernier est beaucoup plus convivial à utiliser.

UN MOTEUR POUR TOI, UN POUR TOI, UN AUTRE POUR TOI...

La sélection de motorisations de la Ford Fusion 2017 est vaste : sur les versions de base, on trouve le bon vieux quatre cylindres de 2,5 litres. Celui-ci développe 175 chevaux et fait un boulot plus qu'honnête. Si vous voulez doter votre berline du rouage intégral, il faudra vous tourner vers le 2,0 litres turbocompressé (qu'on peut également avoir sur une version à traction, soit dit en passant). Celui-ci a 245 chevaux, soit amplement pour donner du muscle à la Fusion.

Peut-être voulez-vous davantage de puissance ? Choisissez alors la nouvelle Fusion Sport. Cette variante dispose d'un V6 EcoBoost de 2,7 litres (le même qui sied dans certaines versions du F-150), en plus du rouage intégral et de palettes au volant pour contrôler la boîte automatique à six rapports. Avec 325 chevaux et un couple estimé à 350 livres-pied sous le capot, gageons que votre soif de vitesse sera étanchée...

De l'autre côté, on retrouve les options plus économiques. Ford offre, par exemple, le 1,5 litre EcoBoost dans la Fusion. Celui-ci développe 181 chevaux et n'est disponible qu'avec le rouage à traction. Selon le poids de votre pied droit, il peut consommer aussi peu que 8,7 litres aux 100 km en conduite combinée (contre 9,5 litres aux 100 km pour le quatre cylindres de base).

Puis, il y a la Fusion hybride, qui combine un 2,0 litres à cycle Atkinson à une automatique CVT pour une économie maximale. Ford annonce une économie moyenne de 5,6 litres aux 100 km. Finalement, on peut choisir la variante Energi, une hybride rechargeable. Celle-ci a la même motorisation que l'hybride, mais elle est équipée d'une batterie d'une plus grande capacité. Elle permet à cette Fusion de parcourir jusqu'à près de 35 kilomètres sans dépenser une seule goutte de pétrole, ce qui est beaucoup plus que ce que la concurrence offre.

Ford a judicieusement choisi de mettre en valeur le confort à bord de la Fusion 2017 : le silence à bord est amélioré par l'ajout de verre acoustique, et les bruits de vents sont grandement mitigés. La nouvelle variante Platinum ajoute des touches de luxe, comme des cuirs matelassés et une fonction ventilée pour les trônes avant.

Voilà donc l'angle que Ford a choisi pour attirer des acheteurs : une conduite plus raffinée, un confort revitalisé et une sélection de motorisations suffisamment vaste pour que chacun y trouve son compte.

Du nouveau en 2017

Nouvelle édition Fusion Sport avec moteur V6 EcoBoost de 2,7 litres, nouvelle édition Platinum, révisions mécaniques des versions hybride et hybride rechargeable, changements esthétiques extérieurs et intérieurs.

Châssis - Sport	
Emp / lon / lar / haut	2850 / 4871 / 1852 / 1478 mm
Coffre / Réservoir	453 litres / 68 litres
Nbre coussins sécurité / ceintures	8 / 5
Suspension avant	ind., jambes force
Suspension arrière	ind., multibras
Freins avant / arrière	disque / disque
Direction	à crémaillère, ass. var. élect.
Diamètre de braquage	11,4 m
Pneus avant / arrière	P235/40R19 / P235/40R19
Poids / Capacité de remorquage	1600 kg / n.d.
Assemblage	Hermosillo MX

Composantes mécaniques	
Hybride et Energi	
Cylindrée, soupapes, alim.	4L 2,0 litres 16 s atmos.
Puissance / Couple	141 ch / 129 lb-pi
Tr. base (opt) / rouage base (opt)	CVT / Tr
0-100 / 80-120 / V.Max	8,9 s / 5,7 s / n.d. (Hybride)
0-100 / 80-120 / V.Max	n.d. / n.d. / 164 km/h (Energi)
100-0 km/h	42,4 m
100-0 km/h	n.d. (Energi)
Type / ville / route / CO$_2$	Ord / 5,4 / 5,8 l/100 km / 2567 kg/an
Type / ville / route / CO$_2$	Ord / 5,9 / 6,3 l/100 km / 2797 kg/an (Energi)
Moteur électrique	
Puissance / Couple	118 ch (88 kW) / 177 lb-pi
Type de batterie	Lithium-ion (Li-ion)
Énergie	1,4 kWh
Énergie	7,6 kWh (Energi)
Temps de charge (120V / 240V)	7,0 h / 2,5 h (Energi)
Autonomie	35 km (Energi)

Sport

V6 2,7 l - 325 ch/350 lb-pi - A6 - 0-100: n.d. 13,5/9,0 l/100 km

SE TI, Titanium

4L 2,0 l - 245 ch/275 lb-pi - A6 - 0-100: 9,5 s - 9,5/7,0 l/100 km

S, SE

4L 2,5 l - 175 ch/175 lb-pi - A6 - 0-100: 9,2 s - 10,6/7,0 l/100km

SE TA 1.5 EcoBoost

4L 1,5 l - 181 ch/185 lb-pi - A6 (M6) - 0-100: n.d. - 9,9/6,5 l/100km

Photos : Frédérick Boucher-Gaulin

FORD **MUSTANG**

(((SiriusXM)))

Prix: 25 399 $ à 79 499 $ (2016)
Catégorie: Cabriolet, Coupé
Garanties:
3 ans/60 000 km, 5 ans/100 000 km
Transport et prép.: 1 665 $
Ventes QC 2015: 1 094 unités
Ventes CAN 2015: 6 933 unités

Cote du Guide de l'auto

75 %

Fiabilité
■■■■■□□□□□

Appréciation générale
■■■■■■□□□□

Sécurité
■■■■■□□□□□

Agrément de conduite
■■■■■■■□□□

Consommation
■■■■□□□□□□

Système multimédia
■■■■■■□□□□

Cote d'assurance
■■■■■□□□□□
$$$ $

➕ Tenue de route bonifiée •
Moteurs EcoBoost et V8 performants •
Style réussi • Exclusivité assurée
(GT350 et GT350R)

➖ Poids élevé • Dégagement limité
aux places arrière • Sonorité décevante
du moteur EcoBoost • Direction légère

Concurrents
Chevrolet Camaro, Dodge Challenger,
Infiniti Q60, Nissan Z, Subaru BRZ

De rapide à furieuse

Gabriel Gélinas

Pour Ford, la Mustang est le modèle le plus emblématique, celui qui fait rayonner la marque à travers le monde depuis plus de cinquante ans. Longtemps cantonnée au seul marché nord-américain, la Mustang connaît depuis peu une diffusion plus large, suite à la décision de la marque d'en faire l'exportation en Europe et ailleurs.

Au volant de la nouvelle Mustang, trois choses deviennent vite évidentes. Premièrement, la suspension arrière indépendante apporte une énorme amélioration pour ce qui est de la tenue de route. La Mustang équipée du moteur EcoBoost turbocompressé se montre plus agile dans les transitions latérales rapides d'un virage à l'autre, car plus légère que la GT animée par le V8, en prenant un bon appui en virage tout en présentant toutefois un certain roulis.

La GT est un peu plus lente dans les enchaînements de courbes, mais le couple plus abondant de son V8 lui permet d'accélérer plus rapidement d'un virage à l'autre. La boîte manuelle à six rapports fournie par l'équipementier Getrag s'avère précise et rapide, ce qui ajoute à l'agrément de conduite.

POIDS TOUJOURS ÉLEVÉ
Le deuxième aspect que l'on remarque au sujet de la nouvelle Mustang est son poids plutôt élevé puisque les modèles EcoBoost et GT font osciller la balance à plus de 3 500 et 3 700 livres (1 588 et 1 678 kilos) respectivement. Comme le poids est l'ennemi numéro un de la performance, en accélération comme en virage, on ne peut faire autrement qu'imaginer une Mustang encore meilleure si les ingénieurs avaient gardé un œil sur le poids de la voiture en cours de développement. La troisième chose qui frappe, c'est son degré de raffinement qui est plus élevé que celui du modèle précédent. Toutes ces améliorations rendent la Mustang plus agréable à vivre au quotidien.

LES GT350 ET GT350R

Dans le passé, les versions Shelby de la Mustang étaient rapides en ligne droite, mais la tenue de route était plutôt aléatoire, et c'est le moins que l'on puisse dire. Avec la nouvelle Shelby GT350, les ingénieurs de la division Ford Performance ont réussi l'exploit d'en faire une sportive de haut calibre nettement plus performante en virage.

Sur circuit, la GT350 est très stable et les mouvements de la caisse sont très bien contrôlés. La plongée au freinage est minime, même lorsque les immenses étriers Brembo monoblocs pincent au maximum les énormes disques mis au point spécialement pour cette voiture par l'équipementier SHW en Allemagne. Grâce à la boîte manuelle à six rapports Tremec 3160, les changements sont très rapides et l'embrayage est à la fois léger et progressif. La GT350 est de loin la meilleure Mustang à ce jour concernant la tenue de route.

Malgré tout, les lois de la physique s'appliquent et la GT350 ne peut en faire abstraction. Elle a beau être plus légère qu'une Mustang GT, elle affiche quand même 3 791 livres (1 720 kilos) à la pesée avec l'ensemble Track Pack. Cette masse se fait sentir même si la voiture fait preuve d'une grande précision en tenue de route. Aussi, l'immense V8 atmosphérique de 5,2 litres repose sur l'axe avant de la voiture et, comme cette masse doit être déplacée latéralement dans les transitions en virage, le comportement est moins incisif en entrée de courbe qu'avec une authentique sportive à moteur central dont la répartition des masses est plus équilibrée.

Par ailleurs, la direction est plutôt légère et manque un peu de rétroaction, c'est dommage compte tenu du potentiel de performance de la voiture en accélération latérale. Donc, c'est la meilleure Mustang jusqu'à maintenant, mais ça reste une Mustang...

La GT350R est d'un autre moule... Le poids est réduit à 3 655 livres (1 658 kilos), la voiture est abaissée et roule sur des Michelin Pilot Sport Cup 2 — très performants sur circuit — montés sur des jantes en fibre de carbone qui permettent de réduire le poids non suspendu de 60 livres (27,2 kilos) par rapport à la GT350. La réduction de poids jumelée à une monte pneumatique nettement plus efficace et à l'appui aérodynamique généré dans les virages rapides change complètement la donne. Avec la GT350R, on peut freiner un peu plus tard et entrer dans les virages un peu plus vite, ce qui permet d'en sortir également plus promptement. La génération actuelle de la Mustang, toujours offerte en coupé et en cabriolet, est la plus aboutie à ce jour pour le plus grand bonheur des amateurs de *pony cars*.

Du nouveau en 2017

Aucun changement majeur. Quelques modifications apportées aux couleurs.

Châssis - Shelby GT350	
Emp / lon / lar / haut	2720 / 4798 / 1928 / 1377 mm
Coffre / Réservoir	382 litres / 61 litres
Nbre coussins sécurité / ceintures	6 / 4
Suspension avant	ind., jambes force
Suspension arrière	ind., multibras
Freins avant / arrière	disque / disque
Direction	à crémaillère, ass. var. élect.
Diamètre de braquage	12,3 m
Pneus avant / arrière	P295/35ZR19 / P305/35ZR19
Poids / Capacité de remorquage	1705 kg / n.d.
Assemblage	Flat Rock MI US

Composantes mécaniques	
V6 3.7 litres	
Cylindrée, soupapes, alim.	V6 3,7 litres 24 s atmos.
Puissance / Couple	300 ch / 280 lb-pi
Tr. base (opt) / rouage base (opt)	M6 (A6) / Prop
0-100 / 80-120 / V.Max	6,9 s (est) / n.d. / n.d.
100-0 km/h	n.d.
Type / ville / route / CO$_2$	Ord / 12,4 / 8,4 l/100 km / 4876 (est) kg/an
4L 2.3 litres turbo	
Cylindrée, soupapes, alim.	4L 2,3 litres 16 s turbo
Puissance / Couple	310 ch / 320 lb-pi
Tr. base (opt) / rouage base (opt)	M6 (A6) / Prop
0-100 / 80-120 / V.Max	6,6 s / 3,8 s / n.d.
100-0 km/h	39,2 m
Type / ville / route / CO$_2$	Sup / 11,2 / 7,4 l/100 km / 4365 (est) kg/an
V8 5.0 litres	
Cylindrée, soupapes, alim.	V8 5,0 litres 32 s atmos.
Puissance / Couple	435 ch / 400 lb-pi
Tr. base (opt) / rouage base (opt)	M6 (A6) / Prop
0-100 / 80-120 / V.Max	6,2 s / 3,4 s / n.d.
100-0 km/h	39,5 m
Type / ville / route / CO$_2$	Sup / 14,7 / 9,4 l/100 km / 5005 (est) kg/an
Shelby GT350, Shelby GT350R	
Cylindrée, soupapes, alim.	V8 5,2 litres 32 s atmos.
Puissance / Couple	526 ch / 429 lb-pi
Tr. base (opt) / rouage base (opt)	M6 / Prop
0-100 / 80-120 / V.Max	5,4 s / 3,0 s / n.d.
100-0 km/h	37,1 m
Type / ville / route / CO$_2$	Sup / 16,8 / 11,2 l/100 km / 6569 (est) kg/an

Photos : Ford

FORD **TAURUS**

((SiriusXM))

Prix: 30 499 $ à 46 999 $ (2016)
Catégorie: Berline
Garanties:
3 ans/60 000 km, 5 ans/100 000 km
Transport et prép.: 1 750 $
Ventes QC 2015: 519 unités
Ventes CAN 2015: 3 259 unités

Cote du Guide de l'auto

71 %

Fiabilité	Appréciation générale
■■■■■□□□□□	■■■■■■□□□□
Sécurité	Agrément de conduite
■■■■■■■□□□	■■■■■□□□□□
Consommation	Système multimédia
■■■■■□□□□□	■■■■■■■□□□

Cote d'assurance

■■■■■■■■□□
$$$ $

➕ Bonne habitabilité • Choix de moteurs •
Finition sérieuse • Rouage intégral •
Suspension confortable

➖ Conduite peu inspirante • Visibilité
à revoir • SHO manque de sportivité •
Boîte automatique saccadée •
Important diamètre de braquage

Concurrents

Buick LaCrosse, Chevrolet Impala,
Chrysler 300, Dodge Charger,
Nissan Maxima, Toyota Avalon

Même les policiers l'apprécient

Denis Duquet

Depuis ses débuts dans les années 80, la Ford Taurus a connu une carrière mouvementée: après avoir été le véhicule le plus vendu en Amérique, elle a connu une longue descente aux enfers avant d'être abandonnée par son constructeur. Ford a ensuite utilisé cette appellation sur un modèle multisegment (Taurus X) qui n'a pas eu beaucoup de succès. Ce fut à nouveau l'oubli avant que Alan Mulally, alors le grand patron de Ford, trouve illogique de ne pas réutiliser un nom qui avait connu ses heures de gloire et qui avait encore une bonne valeur marchande aux yeux des acheteurs.

En 2008, ce fut donc le retour en force de la Taurus... qui était, en fait, une Ford Five Hundred. Mais, tant qu'à refaire cette dernière, pourquoi ne pas lui donner le nom de Taurus et plaire à Alan, s'est dit l'équipe de marketing? Afin de s'assurer de ne pas rater le coche, Ford, alors propriétaire de Volvo, avait décidé de faire appel à la plateforme de la S80. Un choix intelligent puisque cette berline était à l'époque l'une des plus sophistiquées sur le marché.

TAURUS BLANCHE AVEC GYROPHARES

Au cours des dernières années, Ford a développé une version «forces policières» qui est fort demandée aussi bien au pays de l'Oncle Sam qu'ici au Québec. Si vous enfreignez les limites de vitesse, il se peut même que vous soyez intercepté par un policier conduisant une Taurus *police pack* pour utiliser le jargon de la rue.

Même si cette berline possède d'indéniables qualités, ses ventes sont en demi-teinte tout simplement parce que le public québécois boude systématiquement les berlines de grand format, lui préférant des voitures intermédiaires ou mieux, des compactes. D'ailleurs, la plupart des autres modèles de cette catégorie, notamment la Chevrolet Impala et la Chrysler 300 ne font guère mieux à ce chapitre.

Il est vrai que les goûts ne se discutent pas, mais force est d'admettre que les stylistes de Ford ont eu le coup de crayon heureux en réalisant la silhouette de la Taurus. Cependant, cette orientation vers l'élégance a des effets négatifs sur la visibilité arrière qui est particulièrement limitée.

L'habitacle affiche une belle finition pour une voiture nord-américaine, les efforts que Ford a effectués à ce chapitre au cours des dernières années sont dignes de mention. La position de conduite est bonne et la plupart des commandes sont faciles d'accès tandis que le volant se prend bien en main.

Le système de gestion SYNC 3 qui permet de gérer les principales fonctions de la voiture au chapitre des communications et de la climatisation, s'est amélioré par rapport à l'ancienne interface MyFord Touch qui a connu son lot de détracteurs. L'équipement de série est passablement complet : radio satellite, caméra de recul, clé programmable MyKey, contrôle de la stabilité AdvanceTrac et clavier invisible SecuriCode.

Autrefois, la compagnie Ford était surtout identifiée pour ses moteurs V8. De nos jours, le constructeur ne se gêne plus pour innover dans les petites cylindrées. C'est ainsi qu'elle a fait le pari, quand même audacieux, de loger sous le capot de l'imposante Taurus un quatre cylindres de 2,0 litres. Malgré une cylindrée que l'on n'est pas tenté d'associer avec une berline pleine grandeur, il produit 240 chevaux et un couple de 270 livres-pied, grâce à sa turbocompression EcoBoost. Cette Taurus possède des performances tout de même plus qu'adéquates.

Si le quatre cylindres sous le capot vous inquiète, il sera possible d'opter pour un V6 3,5 litres atmosphérique de 288 chevaux. Ce dernier peut être commandé avec une transmission intégrale optionnelle qui se révèle efficace. Enfin, pour les conducteurs ayant des aspirations sportives, la version SHO et son 3,5 litres turbocompressé crachent 365 chevaux, associé de série au rouage intégral. Malgré cette fiche technique invitante, l'agrément de conduite n'est pas nécessairement de la partie en raison d'un manque de rétroaction de la direction et d'une suspension qui, calibrée davantage pour le confort, ne donne pas l'impression de conduire une auto sport.

Ce trio de moteurs est couplé à une boîte automatique à six rapports qui déçoit en raison d'un manque de rapidité à passer les vitesses et qui est parfois saccadée. La Taurus, peu importe le modèle, est une berline qui ne manque pas de qualités et qui propose un choix intéressant de moteurs. Cependant, sa conduite pourrait être plus dynamique.

Châssis - SHO TI

Emp / lon / lar / haut	2868 / 5154 / 2177 / 1542 mm
Coffre / Réservoir	569 litres / 72 litres
Nbre coussins sécurité / ceintures	6 / 5
Suspension avant	ind., jambes force
Suspension arrière	ind., multibras
Freins avant / arrière	disque / disque
Direction	à crémaillère, ass. var. élect.
Diamètre de braquage	12,0 m
Pneus avant / arrière	P245/45R20 / P245/45R20
Poids / Capacité de remorquage	1967 kg / 454 kg (1000 lb)
Assemblage	Chicago IL US

Composantes mécaniques

SE EcoBoost TA

Cylindrée, soupapes, alim.	4L 2,0 litres 16 s turbo
Puissance / Couple	240 ch / 270 lb-pi
Tr. base (opt) / rouage base (opt)	A6 / Tr
0-100 / 80-120 / V.Max	8,4 s / n.d. / n.d.
100-0 km/h	n.d.
Type / ville / route / CO_2	Sup / 10,5 / 7,4 l/100 km / 4188 kg/an

SE, SEL, Limited

Cylindrée, soupapes, alim.	V6 3,5 litres 24 s atmos.
Puissance / Couple	288 ch / 254 lb-pi
Tr. base (opt) / rouage base (opt)	A6 / Tr (Int)
0-100 / 80-120 / V.Max	6,7 s / n.d. / n.d.
100-0 km/h	n.d.
Type / ville / route / CO_2	Ord / 13,0 / 9,1 l/100 km / 5173 kg/an

SHO TI

Cylindrée, soupapes, alim.	V6 3,5 litres 24 s turbo
Puissance / Couple	365 ch / 350 lb-pi
Tr. base (opt) / rouage base (opt)	A6 / Int
0-100 / 80-120 / V.Max	5,9 s / 4,3 s / 215 km/h
100-0 km/h	40,3 m
Type / ville / route / CO_2	Sup / 13,9 / 9,5 l/100 km / 5483 kg/an

Du nouveau en 2017

Aucun changement majeur

Photos : Ford

FORD **TRANSIT CONNECT**

(((SiriusXM)))

Prix : 28 199 $ à 35 199 $ (2016)
Catégorie : Fourgonnette
Garanties :
3 ans/60 000 km, 5 ans/100 000 km
Transport et prép. : 1 665 $
Ventes QC 2015 : 502 unités
Ventes CAN 2015 : 2 800 unités

Cote du Guide de l'auto

62 %

Fiabilité	Appréciation générale
n.d.	■■■■■■■□□□
Sécurité	Agrément de conduite
■■■■■■■■□□	■■■■■■□□□□
Consommation	Système multimédia
■■■■■□□□□□	■■■■■■□□□□

Cote d'assurance
■■■■■■■■□□
$$$ $

➕ Structure solide • Bon comportement routier • Faible hauteur du plancher et du toit • Moteur de 2,5 litres • Finition intérieure

➖ Visibilité arrière • Gamme de prix élevée • Sensibilité au vent latéral • Absence d'un moteur diesel • Version tourisme non concurrentielle

Concurrents
Mercedes-Benz Metris,
RAM ProMaster City

Coffre à outils ambulant

Jean-François Guay

Il y a quelques années, on croyait que le marché de la fourgonnette était sur le point de disparaître. Les préparatifs de la cérémonie funéraire avaient débuté en 2007 alors que Ford avait porté la Freestar à son dernier repos. Hyundai avait enchaîné en enterrant l'Entourage en 2008. S'ensuivirent les Chevrolet Uplander et Pontiac Montana de GM en 2009. Du côté américain, seules les Dodge Grand Caravan et Chrysler Town & Country avaient survécu à cette hécatombe.

Malgré des ventes peu reluisantes, la Honda Odyssey et la Toyota Sienna avaient été branchées sur un respirateur artificiel en attendant des jours meilleurs. Quant à la Nissan Quest, elle est passée de vie à trépas en 2013, alors qu'une nouvelle Kia Sedona a vu le jour en 2015.

Or, les fourgonnettes n'avaient pas dit leur dernier mot et elles sont maintenant plus vivantes que jamais grâce avec la recrudescence des modèles à vocation commerciale. Si Ford avait été le premier constructeur à lancer la serviette il y a dix ans, c'est lui qui a revivifié le segment en important la Transit Connect en 2010. Ce modèle, qui était en fin de carrière en Europe, a connu un certain succès chez nous. Il n'en fallait pas plus pour que Ford continue à commercialiser la nouvelle génération.

CARBURANTS ALTERNATIFS
Tandis que l'ancienne génération du Transit Connect devait composer avec un châssis et une suspension obsolètes, un moteur de 2,0 litres et une boîte automatique à quatre rapports, un habitacle dépouillé et mal insonorisé, l'actuelle Transit Connect s'avère plus moderne à tous points de vue.

Le moteur de base est désormais un quatre cylindres Duratec de 2,5 litres qui développe 169 chevaux et un couple de 171 livres-pied. Ford offre, en option, un ensemble de conversion au gaz naturel comprimé (GNC).

Une autre façon de réduire ses factures d'essence est d'opter pour le quatre cylindres EcoBoost de 1,6 litre. Par rapport au 2,5 atmosphérique, le moteur turbo 1,6 permet de retrancher environ un litre aux 100 km. Mais, compte tenu de la différence de prix (environ 900 $) et de la conception plus sophistiquée du moteur EcoBoost, le 2,5 litres représente un choix plus judicieux. Et peu importe le moteur, la boîte automatique compte six rapports.

UTILITAIRE AVANT TOUT

Même si la Transit Connect est offerte en version tourisme avec trois rangées de sièges pouvant accueillir sept personnes, cette livrée représente une infime part des ventes à cause, entre autres, de sa gamme de prix corsée et des offres plus attrayantes de la concurrence.

Or, les acheteurs s'intéressent avant tout à la version utilitaire qui est pourvue, de série, d'une porte coulissante arrière du côté passager et de deux portes, s'ouvrant à 180 degrés, à arrière. En option, il est possible d'ajouter une porte coulissante du côté conducteur et un hayon à ouverture verticale. Les cloisons intérieures de la soute ont été aménagées pour accueillir des systèmes de rangement modulables : compartiments avec tiroirs, tablettes ou séparateurs, etc. On peut même transformer l'espace cargo en réfrigérateur pour les services alimentaires. De plus, le toit est assez solide pour recevoir un support d'échelle.

Le châssis et la configuration des suspensions ont permis de concevoir un plancher de chargement extrêmement bas pour faciliter l'embarquement et le débarquement. Pour éviter d'endommager les objets, le plancher est recouvert d'un tapis antidérapant en vinyle. On trouve également des crochets d'arrimage pour maintenir les objets en place. La faible hauteur du véhicule permet de circuler librement dans les garages intérieurs. Cependant, le diamètre de braquage pourrait être plus court pour faciliter la conduite urbaine. La charge utile dans l'habitacle est de 739 kg (1 629 lb) et la capacité de remorquage atteint 907 kg (2 000 lb).

Le comportement routier et le silence de roulement sont supérieurs à la génération précédente et surclassent les modèles concurrents, comme les Nissan NV et Ram ProMactor City. La rigidité du châssis, le réglage des suspensions et la faible garde au sol permettent d'aborder les virages avec aplomb. Au niveau de la visibilité, il faut être prudent lors de certaines manœuvres et la caméra de recul n'est pas superflue.

La finition intérieure est soignée et le design du tableau de bord s'inspire de la Focus et de l'Escape. Somme toute, la Transit Connect est la mieux aboutie des fourgonnettes commerciales que l'on retrouve sur le marché.

Du nouveau en 2017

Aucun changement majeur

Châssis - Fourgonnette XL

Emp / lon / lar / haut	2662 / 4417 / 2136 / 1844 mm
Coffre / Réservoir	2832 litres / 60 litres
Nbre coussins sécurité / ceintures	4 / 2
Suspension avant	ind., jambes force
Suspension arrière	semi-ind., poutre torsion
Freins avant / arrière	disque / tambour
Direction	à crémaillère, ass. élect.
Diamètre de braquage	11,7 m
Pneus avant / arrière	P215/55R16 / P215/55R16
Poids / Capacité de remorquage	1608 kg / 907 kg (1999 lb)
Assemblage	Valence ES

Composantes mécaniques

Fourgon XL

Cylindrée, soupapes, alim.	4L 2,5 litres 16 s atmos.
Puissance / Couple	169 ch / 170 lb-pi
Tr. base (opt) / rouage base (opt)	A6 / Tr
0-100 / 80-120 / V.Max	10,4 s / n.d. / n.d.
100-0 km/h	n.d.
Type / ville / route / CO_2	Ord / 11,9 / 8,6 l/100 km / 4791 kg/an

Fourgonnette XL, Fourgon XLT, Fourgon Titanium

Cylindrée, soupapes, alim.	4L 1,6 litre 16 s turbo
Puissance / Couple	178 ch / 184 lb-pi
Tr. base (opt) / rouage base (opt)	A6 / Tr
0-100 / 80-120 / V.Max	10,2 s / n.d. / n.d.
100-0 km/h	n.d.
Type / ville / route / CO_2	Sup / 10,8 / 8,0 l/100 km / 4388 kg/an

> « LE COMPORTEMENT ROUTIER ET LE SILENCE DE ROULEMENT SONT SUPÉRIEURS À LA GÉNÉRATION PRÉCÉDENTE ET SURCLASSENT LES MODÈLES CONCURRENTS. »

Photos : Ford

GENESIS G90

GENESIS **G80 / G90**

GENESIS G90

((SiriusXM))

Prix : 50 000 $ à 64 000 $ (estimé)
Catégorie : Berline
Garanties :
5 ans/100 000 km, 5 ans/100 000 km
Transport et prép. : 1 760 $
Ventes QC 2015 : 280 unités*
Ventes CAN 2015 : 2 406 unités*

Cote du Guide de l'auto

74 %*

Fiabilité	Appréciation générale
■■■■■■■□□□	■■■■■■■□□□
Sécurité	Agrément de conduite
■■■■■■■□□□	■■■■■■■□□□
Consommation	Système multimédia
■■■■□□□□□□	■■■■■■□□□□

Cote d'assurance

■■■■■■■□□□
$$$ $

➕ Voitures luxueuses • Puissantes
motorisations • Rapport prix équipement
avantageux • Style élégant et sophistiqué

➖ Perception de luxe à bâtir •
Réseau de concessionnaires à établir •
Gamme restreinte (pour l'instant) •
Consommation élevée prévue

Concurrents
Acura RLX, Buick Lacrosse, Lexus ES,
Lincoln MKZ

La suite logique

Michel Deslauriers

Lorsque la première génération de la berline Genesis est apparue sur le marché canadien pour l'année-modèle 2009, elle nous a démontré non seulement qu'elle pouvait rivaliser avec les marques de luxe déjà bien établies, mais aussi, elle a su illustrer la personnalité du constructeur coréen Hyundai. Loin d'être parfaite, la Genesis proposait une conduite raffinée, un habitacle doté d'une finition surpassant nos attentes et, une agréable surprise, un puissant moteur V8.

Toutefois, on se demandait comment Hyundai allait convaincre les acheteurs de voitures de luxe de se pointer chez leur concessionnaire pour jeter un regard sur une berline Genesis, flanquée d'une Accent à 13 000 $ portant le même écusson. Pas facile de rendre nos voisins jaloux avec une Hyundai de 50 000 $, tout en trouvant de solides arguments pour justifier notre achat. Pire, avec l'arrivée de la berline Equus, en 2011, Hyundai souhaitait qu'une centaine de Canadiens par année puissent trouver le moyen d'expliquer l'achat d'une voiture coréenne de 70 000 $.

Huit ans plus tard, le portrait se précise. Le modèle Genesis devient officiellement une marque, et selon Hyundai, sous cette bannière, on retrouvera six nouveaux modèles d'ici 2020, incluant des berlines, un coupé et, bien entendu, des VUS. Le sportif coupé Genesis a été mis au rancart, et son remplacement n'a pas encore été annoncé au sein de la gamme Hyundai. Par contre, les premières voitures Genesis offertes seront les G80 et G90, toutes deux des rescapées de la marque Hyundai.

LA G80, OU L'ANCIENNE BERLINE GENESIS
Redessinée pour l'année-modèle 2015, la berline intermédiaire Genesis devient la G80. Autrement, rien ne change au chapitre de l'esthétique et de la mécanique. On aura toujours droit à un V6 de 3,8 litres, développant 311 chevaux, et à un V8 de 5,0 litres, fort de 420 chevaux, alors que les deux seront jumelés à une boîte automatique à huit rapports et à un rouage intégral sophistiqué.

* Hyundai Genesis

La berline Genesis, pardon, la G80 propose un excellent confort de roulement, un comportement routier raffiné et silencieux ainsi que des performances intéressantes, surtout avec le V8. Elle est loin d'être sportive comme une BMW Série 5 ou une Cadillac CTS, mais la G80 demeure une rivale de taille pour les Buick LaCrosse, Acura RLX et Lincoln Continental.

Son habitacle est habillé de matériaux de qualité, la finition est presque sans reproches et le design est épuré, quoiqu'un peu conservateur. Évidemment, on a droit à une foule de caractéristiques dignes d'une grande voiture de luxe, comme un toit panoramique, des sièges ventilés et du cuir somptueux.

LA G90, OU LA RENAISSANCE DE L'EQUUS

L'an dernier, *le Guide de l'auto* a qualifié cette berline pleine grandeur de pissenlit poussé dans une fissure d'asphalte, qui survit sans que personne ne le remarque. Cette année, non seulement la voiture est-elle totalement redessinée en devenant la G90, mais son rôle est maintenant mieux défini. Elle passe de pissenlit au fleuron de la nouvelle marque Genesis.

Ses lignes sont inspirées de celles de la G80 et, observée de l'avant, on a de la difficulté à distinguer les deux voitures. La partie arrière est plus distincte, avec de larges feux qui ressemblent plutôt à ceux de la défunte Equus. L'habitacle propose un bel agencement de cuir à passepoils contrastants et de boiseries, avec un niveau d'équipement légèrement supérieur à celui de la G80. Le siège du conducteur permet jusqu'à 22 réglages électriques, alors qu'une chaîne audio à 17 haut-parleurs et un système de climatisation à trois zones sont offerts. Les passagers arrière seront choyés avec un bon dégagement pour les jambes, des sièges à réglages électriques et même des commandes auxiliaires du système multimédia, logées sur l'accoudoir central rabattable.

Sous le capot, la G90 introduira un V6 biturbo de 3,3 litres, développant environ 365 chevaux et un couple avoisinant les 376 lb-pi. Le V8 de 5,0 litres de la G80 et ses 420 chevaux sera également disponible, alors qu'on s'attend à ce que le rouage intégral soit de série au Canada. La G90 sera également équipée d'une suspension à amortissement variable ainsi que des habituels systèmes de sécurité avancés, tels que le freinage autonome d'urgence et la prévention de sortie de voie. Cette berline concurrencera, entre autres, la Lexus LS et la Cadillac CT6.

En 2009, on disait que Hyundai aurait dû créer une marque distincte pour ses grandes voitures de luxe. C'est maintenant chose faite.

Du nouveau en 2017

La Hyundai Genesis devient la G80 et la Hyundai Equus, redessinée, devient la G90 sous la nouvelle bannière Genesis.

Châssis - G80 3.8	
Emp / lon / lar / haut	3010 / 4990 / 1890 / 1480 mm
Coffre / Réservoir	433 litres / 73 litres
Nbre coussins sécurité / ceintures	9 / 5
Suspension avant	ind., multibras
Suspension arrière	ind., multibras
Freins avant / arrière	disque / disque
Direction	à crémaillère, ass. var. élect.
Diamètre de braquage	11,4 m
Pneus avant / arrière	P245/45R18 / P245/45R18
Poids / Capacité de remorquage	2069 kg / n.d.
Assemblage	Ulsan KR

Composantes mécaniques

G80 V6 3.8 litres

Cylindrée, soupapes, alim.	V6 3,8 litres 24 s atmos.
Puissance / Couple	311 ch / 293 lb-pi
Tr. base (opt) / rouage base (opt)	A8 / Int
0-100 / 80-120 / V.Max	7,1 s (est) / 4,7 s (est) / n.d.
100-0 km/h	44,1 m
Type / ville / route / CO_2	Ord / 14,4 / 9,4 l/100 km / 5589 kg/an

G80 V8 5.0 litres

Cylindrée, soupapes, alim.	V8 5,0 litres 2 s atmos.
Puissance / Couple	420 ch / 383 lb-pi
Tr. base (opt) / rouage base (opt)	A8 / Int
0-100 / 80-120 / V.Max	5,8 s (est) / 4,2 s (est) / n.d.
100-0 km/h	n.d.
Type / ville / route / CO_2	Sup / 17,3 / 10,5 l/100 km / 6550 kg/an

G90 V6 3.3 litres turbo

Cylindrée, soupapes, alim.	V6 3,3 litres 24 s turbo.
Puissance / Couple	365 ch / 376 lb-pi
Tr. base (opt) / rouage base (opt)	A8 / Int
0-100 / 80-120 / V.Max	n.d. / n.d. / n.d.
100-0 km/h	n.d.
Type / ville / route / CO_2	Ord / n.d. / n.d. / n.d.

G90 V8 5.0 litres

Cylindrée, soupapes, alim.	V8 5,0 litres 2 s atmos.
Puissance / Couple	420 ch / 383 lb-pi
Tr. base (opt) / rouage base (opt)	A8 / Int
0-100 / 80-120 / V.Max	n.d. / n.d. / n.d.
100-0 km/h	n.d.
Type / ville / route / CO_2	Sup / n.d. / n.d. / n.d.

GENESIS G80/G90

HYUNDAI GENESIS 2016

GENESIS G90

GMC GMC **ACADIA**

Prix: 29 995 $ à 47 845 $
Catégorie: VUS intermédiaire
Garanties:
3 ans/60 000 km, 5 ans/160 000 km
Transport et prép.: 2 050 $
Ventes QC 2015: 871 unités
Ventes CAN 2015: 6 452 unités

Cote du Guide de l'auto

n.d.

Fiabilité	Appréciation générale
Nouveau modèle	**Nouveau modèle**
Sécurité	Agrément de conduite
Nouveau modèle	**Nouveau modèle**
Consommation	Système multimédia
■■■■■□□□□□	**Nouveau modèle**

Cote d'assurance
■■■■■■■■□□
$ $ $ $

➕ Style plus moderne • Gabarit moins imposant • Liste d'équipements plus riche • Versions All Terrain et Denali

➖ Moteur de 2,5 litres semble peu intéressant • Espace intérieur réduit • Capacité de remorquage décevante • Accueille une personne de moins

---

Concurrents
Honda Pilot, Hyundai Santa Fe, Infiniti QX60, Nissan Pathfinder, Toyota Highlander, Volkswagen Touareg

---

Au goût du jour

Michel Deslauriers

Contrairement à ses cousins, les Chevrolet Traverse et Buick Enclave, le GMC Acadia se réinvente pour l'année-modèle 2017. La première génération de ce VUS intermédiaire a été vendue pendant dix ans sans transformations significatives, alors il était temps pour General Motors de lui donner un peu d'attention. Toutefois, le constructeur ne s'est pas contenté de simplement redessiner la carrosserie.

En effet, cette nouvelle génération marque un changement important, car on a réduit les dimensions de l'Acadia afin de le rendre moins imposant et moins énergivore. Néanmoins, des sacrifices ont dû être faits, particulièrement au chapitre de l'espace intérieur. L'Acadia est-il devenu trop petit? Ou l'ancien modèle était-il trop gros?

UN PASSAGER EN MOINS

Par rapport à l'édition 2016, l'Acadia 2017 voit son empattement diminuer de 163 millimètres, alors que sa longueur hors tout et sa largeur retroussent de 183 et de 88 mm, respectivement. Les occupants à l'avant sentiront à peine la différence entre les deux générations du VUS, et dans la deuxième rangée, on gagne de l'espace pour les jambes pour en perdre au niveau des épaules et des hanches.

En fait, c'est la troisième rangée qui paye le prix de la refonte, puisqu'elle ne peut accueillir que deux personnes au lieu de trois, et ce, dans un espace plus restreint. On suppose que les propriétaires actuels du trio Traverse, Enclave et Acadia ont dit à GM que la troisième rangée passait la majorité de sa vie repliée dans le plancher. Comme avant, on peut substituer la banquette centrale à deux sièges individuels, pour une capacité de six personnes.

Au chapitre de l'espace de chargement, ces trois VUS dominaient outrageusement par rapport à leurs rivaux. La capacité du nouvel Acadia passe de 1 985 à 1 181 litres avec la troisième rangée rabattue, la plaçant désormais dans la moyenne du segment. Le volume maximal chute de 3 288 litres à 2 237, une diminution de 32 %. C'est toute une différence !

Au moins, on a modernisé l'apparence de l'habitacle tout en utilisant des matériaux de meilleure qualité. Une clé intelligente avec bouton de démarrage est enfin offerte dans l'Acadia. La dernière version du système d'infodivertissement IntelliLink intègre Apple CarPlay ainsi qu'Android Auto.

DEUX CYLINDRES EN MOINS

Le format réduit de l'Acadia 2017 lui a permis d'amoindrir son poids de quelque 318 kilogrammes, selon GM. Cet amaigrissement considérable rend possible l'introduction d'une motorisation moins énergivore, en l'occurrence un quatre cylindres de 2,5 litres à injection directe, jumelé à une boîte automatique à six rapports. Ce moteur produit 193 chevaux et, toujours d'après GM, consomme aussi peu que 8,4 l/100 km sur l'autoroute lorsqu'il est associé au rouage à traction de série.

Nous n'avons pas pu prendre le volant du GMC Acadia 2017 au moment de mettre sous presse, mais la puissance modeste du 2,5 litres nous semble peu adéquate pour un véhicule fréquemment rempli d'enfants ou chargé à bloc, surtout si l'on opte pour la transmission intégrale. Le V6 de 3,6 litres optionnel génère 310 chevaux, en hausse par rapport à celui de l'ancien Acadia, et consommerait moins d'essence. C'est probablement un choix plus logique, même si le véhicule a été allégé. La capacité de remorquage chute malheureusement à 1 814 kg (4 000 lb).

Le nouveau rouage intégral peut fonctionner en mode automatique, qui acheminera la puissance aux roues arrière en cas de perte d'adhérence. Toutefois, on peut aussi activer le mode 2x4, qui découple l'essieu arrière lorsque l'on veut maximiser l'économie de carburant. De plus, l'Acadia profite non seulement d'un comportement routier que l'on dit plus dynamique, grâce à son poids plus favorable et ses dimensions réduites, mais aussi grâce à de nouveaux composants de suspension, une servodirection électrique et, en option, des amortisseurs autoréglables.

Le GMC Acadia est maintenant disponible en version All Terrain. Celle-ci dispose d'un rouage intégral à prise constante et d'un mode de conduite tout-terrain pour s'aventurer légèrement dans les sentiers. Détail intéressant : l'ensemble All Terrain retire la troisième rangée de sièges pour une capacité de cinq passagers.

Enfin, une autre bonne nouvelle, c'est que le prix de base de l'Acadia 2017 est plus abordable. Cependant, la facture sera évidemment beaucoup plus salée pour la version Denali, plus cossue.

Du nouveau en 2017

Modèle entièrement redessiné, nouvelle version All Terrain et nouveau moteur de base.

Châssis - SL 2.5 TA	
Emp / lon / lar / haut	2857 / 4917 / 1916 / 1745 mm
Coffre / Réservoir	362 à 2237 litres / 72 litres
Nbre coussins sécurité / ceintures	7 / 7
Suspension avant	ind., jambes force
Suspension arrière	ind., multibras
Freins avant / arrière	disque / disque
Direction	à crémaillère, ass. var. élect.
Diamètre de braquage	11,8 m
Pneus avant / arrière	P235/65R18 / P235/65R18
Poids / Capacité de remorquage	1794 kg / n.d.
Assemblage	Spring Hill TN US

Composantes mécaniques	
4L 2,5 litres	
Cylindrée, soupapes, alim.	4L 2,5 litres 16 s atmos.
Puissance / Couple	193 ch / 188 lb-pi
Tr. base (opt) / rouage base (opt)	A6 / Tr (Int)
0-100 / 80-120 / V.Max	n.d. / n.d. / n.d.
100-0 km/h	n.d.
Type / ville / route / CO_2	Ord / 12,7 / 8,4 l/100 km / 4779 (est) kg/an
V6 3,6 litres	
Cylindrée, soupapes, alim.	V6 3,6 litres 24 s atmos.
Puissance / Couple	310 ch / 271 lb-pi
Tr. base (opt) / rouage base (opt)	A6 / Tr (Int)
0-100 / 80-120 / V.Max	n.d. / n.d. / n.d.
100-0 km/h	n.d.
Type / ville / route / CO_2	Ord / 13,3 / 9,5 l/100 km / 5331 (est) kg/an

« L'ACADIA A ÉTÉ COMPLÈTEMENT REPENSÉ. **TOUTEFOIS,** IL PERD SON AVANTAGE MARQUANT VIS-À-VIS LA **CONCURRENCE,** C'EST-À-DIRE SON ESPACE INTÉRIEUR. »

HONDA **ACCORD**

((SiriusXm))

Prix : 24 350 $ à 36 190 $ (2016)
Catégorie : Berline, Coupé
Garanties :
3 ans/60 000 km, 5 ans/100 000 km
Transport et prép. : 1 810 $
Ventes QC 2015 : 2 808 unités
Ventes CAN 2015 : 14 465 unités

Cote du Guide de l'auto
76 %

Fiabilité
■■■■■■■□□□

Appréciation générale
■■■■■■■□□□

Sécurité
■■■■■■■□□□

Agrément de conduite
■■■■■■□□□□

Consommation
■■■■■□□□□□

Système multimédia
■■■■■□□□□□

Cote d'assurance
■■■■■■□□□□
$$$ $

➕ Style modernisé • Connectivité
pour Apple ET Android • Valeur sûre •
Consommation frugale •
Accélérations franches (V6)

➖ Infodivertissement rageant •
Effet de couple (V6) • Boîte manuelle
non offerte (berline V6) •
Visibilité arrière compromise (coupé)

Concurrents
Buick Regal, Chevrolet Malibu,
Ford Fusion, Hyundai Sonata, Kia Optima,
Mazda6, Nissan Altima, Subaru Legacy,
Toyota Camry, Volkswagen Passat

Favorite !

Frédérick Boucher-Gaulin

La Honda Accord est l'une des valeurs sûres de l'automobile :
sa réputation de fiabilité n'est plus à faire et sa valeur
de revente après quelques années de bons et loyaux
services est excellente. Il suffit de regarder le paysage automobile
pour constater que cette berline intermédiaire est un succès
commercial; il est difficile de passer cinq minutes dans la
circulation sans en croiser une !

Pour 2016, l'Accord a eu droit à quelques changements. Puisque la
génération actuelle est avec nous depuis 2013, la marque a cru bon de
légèrement bonifier la recette. Il n'était pas question de réinventer la roue,
mais bien de donner à la berline des arguments supplémentaires pour
convaincre un maximum de clients.

SOBRE ET MODERNE
Les phares de l'Accord sont depuis plus effilés et abritent des diodes
électroluminescentes, un accessoire bien à la mode ces temps-ci. La grille
est maintenant pourvue d'une large barre chromée en son centre et le capot
gagne quelques courbes discrètes. Celui-ci est à présent en aluminium,
permettant une réduction de poids de 8,1 kilos. Ces modifications ne
révolutionnent pas l'Accord, mais l'harmonisent avec les produits les plus
récents de la gamme, comme le Pilot et la nouvelle Civic. Le coupé est toujours
offert et, à quelques détails près, il a eu droit aux mêmes améliorations.

Il y a aussi des changements moins visibles. Les suspensions ont été
recalibrées pour absorber plus de roulis dans les virages, sans compromettre
le confort, et la direction est retravaillée pour être un peu plus nerveuse.
Rassurez-vous, l'Accord ne s'est pas transformée en sportive, elle est juste
un tantinet plus engageante à conduire.

MÉCANIQUE SANS SURPRISE
Vous vous en doutez bien, Honda n'a pris aucun risque quand est venu le
temps de motoriser l'Accord : pas de turbo et pas de rouage intégral.

Le moteur de base est un 2,4 litres de 185 chevaux (189 dans la version Sport), accouplé à une boîte automatique à variation continue. Celle-ci est fluide, on ne la sent pas travailler et il n'y a pas d'effet de « bande élastique » lorsque l'on accélère, comme c'est souvent le cas avec ce type de boîte.

Si vous préférez passer les rapports vous-même, vous serez heureux d'apprendre qu'une manuelle est encore proposée. Comptant six rapports, elle est installée dans presque toutes les versions équipées du quatre cylindres. Le V6 de 3,5 litres est également de retour avec ses 278 chevaux, mais il n'est malheureusement pas offert avec une manuelle dans la berline. Sa boîte automatique n'est pas du type CVT, mais conventionnelle à six rapports. Ces deux moteurs sont offerts autant pour la berline que le coupé.

Même si l'on reproche à tous les produits Honda l'absence de commandes physiques de leur interface d'infodivertissement — plus de molette pour le son, il faut passer par l'écran tactile —, on apprécie le fait que l'Accord dispose de commandes au volant.

La route au volant de l'Accord vous paraîtra très courte, puisque la berline a une capacité naturelle pour absorber les distances. Il suffit de mettre de la bonne musique et de relaxer, et les kilomètres défileront dans un confort impressionnant et un silence de roulement très apprécié. Le quatre cylindres est économe (7,2 litres aux 100 km sur l'autoroute) et vous mènera à bon port, peu importe la distance.

De son côté, le V6 ajoutera une bonne dose de puissance, mais vous paierez une facture plus salée à la pompe (consommation moyenne de 9,1 l aux 100 km), et il faudra faire attention à ne pas faire crier les pneus lors d'un démarrage agressif; rouage à traction et puissance élevée ne font pas bon ménage...

L'Accord hybride revient cette année. Son quatre cylindres à essence de 2,0 litres et son moteur électrique génèrent une puissance combinée de 212 chevaux. Selon Honda, cette Accord consommera aussi peu que 5,0 litres aux 100 km. Visuellement, on la reconnaîtra à ses jantes uniques et ses phares à DEL tointés de bleu. La marque japonaise a de grandes ambitions pour l'Accord hybride... Elle espère en vendre 28 000 par année en Amérique du Nord.

La Honda Accord 2017 représente, encore et toujours, un parfait compromis entre praticité, fiabilité et frugalité, et elle continuera de plaire à un large éventail de consommateurs. Vous ne surprendrez personne avec cette berline, en revanche, vous aurez choisi l'une des valeurs les plus sûres du marché.

Du nouveau en 2017

Aucun changement majeur. Retour de la version hybride.

Châssis - Touring

Emp / lon / lar / haut	2775 / 4907 / 1849 / 1465 mm
Coffre / Réservoir	439 litres / 65 litres
Nbre coussins sécurité / ceintures	6 / 5
Suspension avant	ind., jambes force
Suspension arrière	ind., multibras
Freins avant / arrière	disque / disque
Direction	à crémaillère, ass. var. élect.
Diamètre de braquage	12,1 m
Pneus avant / arrière	P235/40R19 / P235/40R19
Poids / Capacité de remorquage	1524 kg / n.d.
Assemblage	Marysville OH US

Composantes mécaniques

Hybride

Cylindrée, soupapes, alim.	4L 2,0 litres 16 s atmos.
Puissance / Couple	141 ch / 122 lb-pi
Tr. base (opt) / rouage base (opt)	CVT / Tr
0-100 / 80-120 / V.Max	8,0 s / 6,3 s / n.d.
100-0 km/h	46,3 m
Type / ville / route / CO_2	Ord / 3,7 / 4,0 l/100 km / 1745 kg/an

Moteur électrique

Puissance / Couple	166 ch (124 kW) / 226 lb-pi
Type de batterie	Lithium-ion (Li-ion)
Énergie	1,3 kWh

LX, EX, Touring et Sport

Cylindrée, soupapes, alim.	4L 2,4 litres 16 s atmos.
Puissance / Couple	185 ch / 181 lb-pi
Puissance / Couple	189 ch / 182 lb-pi (Sport)
Tr. base (opt) / rouage base (opt)	M6 (CVT) / Tr
0-100 / 80-120 / V.Max	8,7 s (est) / 5,8 s (est) / n.d.
100-0 km/h	46,6 m
Type / ville / route / CO_2	Ord / 10,3 / 7,2 l/100 km / 4096 kg/an

EX-L V6, Touring V6

Cylindrée, soupapes, alim.	V6 3,5 litres 24 s atmos.
Puissance / Couple	278 ch / 252 lb-pi
Tr. base (opt) / rouage base (opt)	A6 / Tr
0-100 / 80-120 / V.Max	6,7 s (est) / 4,1 s (est) / n.d.
100-0 km/h	47,3 m
Type / ville / route / CO_2	Ord / 11,3 / 7,0 l/100 km / 4308 kg/an

Photos : Honda

HONDA **CIVIC**

((SiriusXM))

Prix : 16 990 $ à 27 555 $ (2016)
Catégorie : Berline, Coupé
Garanties :
3 ans/60 000 km, 5 ans/100 000 km
Transport et prép. : 1 851 $
Ventes QC 2015 : 20 803 unités
Ventes CAN 2015 : 64 950 unités

Cote du Guide de l'auto

87 %

Fiabilité
Nouveau modèle

Appréciation générale
■■■■■■■■■■

Sécurité
■■■■■■■■■

Agrément de conduite
■■■■■■■■

Consommation
■■■■■■■■

Système multimédia
■■■■■■

Cote d'assurance
■■■■■■
$$$ $

➕ Style réussi • Design épuré de
l'habitacle • Moteur turbo performant •
Dynamique bonifiée

➖ Monte pneumatique d'origine
décevante • Aucun bouton physique
pour la radio • Boîte CVT moins inspirante
que la manuelle • Style peut ne pas
plaire à tous

Concurrents
Chevrolet Cruze, Ford Focus,
Hyundai Elantra, Kia Forte, Mazda3,
Mitsubishi Lancer, Nissan Sentra,
Subaru Impreza, Toyota Corolla,
Volkswagen Beetle, Volkswagen Jetta

Le retour de l'enfant prodige

Gabriel Gélinas

La Honda Civic revient de loin. La neuvième génération, lancée en 2012, était à ce point décevante que Honda a dû revoir sa copie dès l'année suivante pour corriger plusieurs défauts, dont la qualité des matériaux utilisés dans l'habitacle, l'insonorisation et la dynamique de conduite. Avec ces correctifs, la Civic a réussi à se maintenir au sommet du palmarès des ventes au Canada en raison, surtout, de la force du réseau de concessionnaires et des habitudes de consommation bien établies d'une clientèle résolument fidèle. Avec l'arrivée du modèle de dixième génération, lancé l'an dernier, Honda a retrouvé sa superbe et la Civic est redevenue ce qu'elle était autrefois, soit une compacte incontournable pour ses qualités intrinsèques.

Sur le plan technique, la Civic est à la fine pointe de la technologie avec sa plate-forme à la fois plus rigide et plus légère, ses nouveaux moteurs à quatre cylindres, dont l'un fait appel à la suralimentation par turbocompresseur, sa suspension arrière multibras et son style nettement plus accrocheur. Dans la gamme des berlines, la version Touring est certainement la plus intéressante avec son moteur turbo de 1,5 litre qui développe 174 chevaux et 162 livre-pied de couple. Jumelé à une boîte automatique à variation continue, ce moteur livre des accélérations toniques. En quelques mots, cette nouvelle Civic Touring largue complètement le modèle précédent en étant plus rapide d'environ deux secondes sur le sprint de 0 à 100 km/h.

La Civic d'entrée de gamme fait appel à un quatre cylindres de 2,0 litres de 158 chevaux qui est, lui aussi, plus puissant que le moteur de 1,8 litre de la génération précédente. La seule ombre au tableau pour ce qui est de cette motorisation : la boîte CVT a beau être efficace, il n'en demeure pas moins que la conduite est moins inspirante avec ce type de transmission. À ce sujet, Honda précise qu'il sera possible de jumeler le moteur turbo avec la boîte manuelle à six vitesses sur les modèles 2017, ce qui n'était pas le cas avant.

PLUS DYNAMIQUE ET PLUS CONFORTABLE

Dès les premiers tours de roue, on s'aperçoit que la Civic Touring offre une dynamique bonifiée par rapport au modèle antérieur. Grâce à sa structure plus rigide, à sa suspension arrière multibras et à ses barres antiroulis, les mouvements de la caisse sont toujours bien contrôlés et la voiture se montre carrément plus à l'aise en conduite sportive, même si ce n'est pas sa vocation première. Elle n'est pas aussi dynamique qu'une Volkswagen Golf ou qu'une Mazda3, principalement en raison d'une monte pneumatique d'origine moins bien adaptée, mais elle n'est maintenant plus carrément larguée par cette concurrence. Du beau travail. L'autre élément qui nous permet de mieux sentir les réactions de la voiture est le point d'ancrage plus bas des sièges avant dont le design permet d'obtenir un bon soutien latéral.

C'est le même constat pour ce qui est des coupés qui se différencient par leur allure, ainsi que par les modifications apportées aux réglages des amortisseurs et des barres antiroulis, mais qui partagent les mêmes mécaniques. Dans les longues bretelles d'accès aux autoroutes, il est facile de bien sentir l'adhérence, le *feedback* du châssis étant très bon.

STYLE DISTINCTIF ET INTÉRIEUR DE QUALITÉ

Côté style, la Civic actuelle marque un clivage évident avec la génération antérieure tant au chapitre du design de la carrosserie que de l'habitacle. Plus basse et plus large que le modèle précédent, la Civic affiche un look plus *premium* avec son style qui rappelle plus celui d'un coupé, même dans le cas de la berline. C'est une considération purement subjective, mais la partie arrière m'apparaît particulièrement réussie.

En prenant place à bord, on remarque immédiatement que le design et la qualité des matériaux ont fait l'objet d'une sérieuse analyse. Le résultat est probant et la Civic nous donne tout de suite cette impression haut de gamme avec des appliques en aluminium brossé et le design très épuré de son bloc d'instruments et de sa console centrale. C'est très réussi côté style, mais on se demande pourquoi la voiture n'est pas pourvue d'un simple bouton pour contrôler le volume de la chaîne audio...

La gamme Civic ajoute un troisième type de carrosserie avec le retour des versions à hayon, des cinq portes cette fois, qui sont construites à l'usine Honda de Swindon au Royaume-Uni. Les versions Si et Type R sont attendues avec impatience par les mordus de ces modèles au style distinctif dont les performances sont relevées d'un cran.

Avec la Civic de dixième génération, Honda retrouve sa superbe. À la fois plus raffinée et plus sportive, la nouvelle Civic permet de faire oublier la génération sacrifiée des modèles 2012-2016, pour notre plus grand plaisir.

Du nouveau en 2017

Nouveau modèle. Maintenant disponible avec la combinaison du moteur turbo et de la boîte manuelle. Modèles à hayon, Si et Type R à venir.

Châssis - Touring	
Emp / lon / lar / haut	2700 / 4631 / 1878 / 1416 mm
Coffre / Réservoir	416 litres / 47 litres
Nbre coussins sécurité / ceintures	6 / 5
Suspension avant	ind., jambes force
Suspension arrière	ind., multibras
Freins avant / arrière	disque / disque
Direction	à crémaillère, ass. var. élect.
Diamètre de braquage	10,8 m
Pneus avant / arrière	P215/50R17 / P215/50R17
Poids / Capacité de remorquage	1339 kg / n.d.
Assemblage	Alliston ON CA

Composantes mécaniques	
DX, LX, LX Coupé, LX Honda Sensing, EX	
Cylindrée, soupapes, alim.	4L 2,0 litres 16 s atmos.
Puissance / Couple	158 ch / 138 lb-pi
Tr. base (opt) / rouage base (opt)	M6 (CVT) / Tr
0-100 / 80-120 / V.Max	n.d. / n.d. / n.d.
100-0 km/h	n.d.
Type / ville / route / CO_2	Ord / 7,8 / 5,8 l/100 km / 3174 kg/an
EX-T, Touring	
Cylindrée, soupapes, alim.	4L 1,5 litre 16 s turbo
Puissance / Couple	174 ch / 162 lb-pi
Tr. base (opt) / rouage base (opt)	CVT (M6) / Tr
0-100 / 80-120 / V.Max	7,7 s / 5,2 s / n.d.
100-0 km/h	43,2 m
Type / ville / route / CO_2	Ord / 7,6 / 5,5 l/100 km / 3061 kg/an
EX-T coupé, Touring coupé	
Cylindrée, soupapes, alim.	4L 1,5 litre 16 s turbo
Puissance / Couple	174 ch / 162 lb-pi
Tr. base (opt) / rouage base (opt)	CVT (M6) / Tr
0-100 / 80-120 / V.Max	7,75 / 5,25 / n.d.
100-0 km/h	43,2 m
Type / ville / route / CO_2	Ord / 7,5 / 5,6 l/100 km / 3057 kg/an

Photos : Honda, Frédérick Boucher-Gaulin

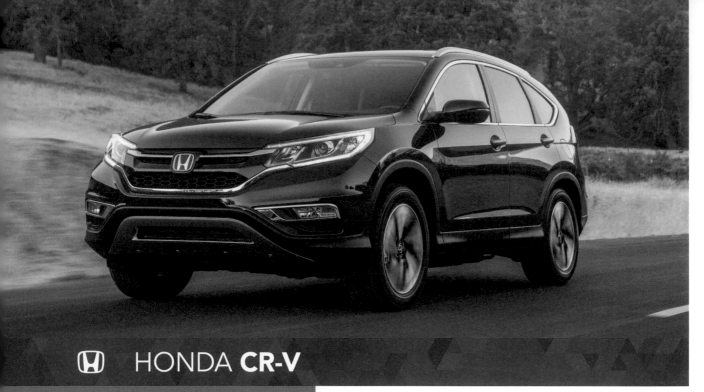

HONDA **CR-V**

Prix : 26 190 $ à 36 900 $ (2016)
Catégorie : VUS
Garanties :
3 ans/60 000 km, 5 ans/100 000 km
Transport et prép. : 1 810 $
Ventes QC 2015 : 9 385 unités
Ventes CAN 2015 : 38 961 unités

Cote du Guide de l'auto
78 %

Fiabilité
■■■■■■■■□□

Appréciation générale
■■■■■■■■□□

Sécurité
■■■■■■■■□□

Agrément de conduite
■■■■■■■□□□

Consommation
■■■■■■■□□□

Système multimédia
■■■■■□□□□□

Cote d'assurance
■■■■■■■□□□
$$$ $

➕ Fiabilité prouvée • Puissance adéquate • Habitacle logeable • Agrément de conduite relevé

➖ Écran double redondant • Commence à prendre de l'âge • Direction vague • Roulement sec

---

Concurrents
Chevrolet Equinox, Ford Escape, GMC Terrain, Hyundai Tucson, Jeep Cherokee, Kia Sportage, Mazda CX-5, Mitsubishi Outlander, Nissan Rogue, Subaru Forester, Toyota RAV4, Volkswagen Tiguan

L'efficacité même

Mathieu St-Pierre

D e nos jours, les gens veulent davantage qu'une berline. Ils recherchent la sécurité d'un rouage intégral et la solidité d'une camionnette mais sans l'encombrement. Ceci explique en partie la popularité et la croissance importante du nombre d'utilitaires sport compacts sur nos routes.

Le Honda CR-V est un des membres fondateurs de cette catégorie et le succès est au rendez-vous depuis maintenant 20 ans. Certes, il a évolué dans cette période de temps mais il a toujours su combiner polyvalence, économie, et surtout, fiabilité. 2017 s'annonce comme étant une autre année de ventes importantes et elles seront méritées.

JOINDRE L'UTILE...
Le CR-V rencontre très bien ses obligations en tant que véhicule familial. Commençons par le début. Le coffre du CR-V s'avère un de ses atouts principaux. Proposant un peu plus de 1 050 litres, il est en mesure de prendre poussette, parc, sacs et plus sans problème. Son seuil est peu élevé ce qui rend son chargement très facile.

Ensuite vient la banquette arrière, suffisamment grande pour accueillir deux sièges de bébés sans difficulté. Ce que l'on aime beaucoup aussi est l'imposante ouverture des portières arrière, rendant l'accès aisé et surtout, qui réduit les chances de se cogner la tête sur le rebord du toit en déposant les p'tits dans leurs coquilles. Si les enfants ne sont encore qu'un projet, on peut y asseoir trois adultes, quoique deux y seront plus à l'aise.

À l'avant, les occupants sont choyés par des sièges confortables et un généreux dégagement pour les jambes, les coudes et la tête. Les vide-poches sont nombreux et bien conçus. La planche de bord est simple d'utilisation et les commandes de climatisation sont facilement accessibles. Selon la version, tous les paramètres permettant de personnaliser le CR-V se modifient en passant par les menus de l'écran multifonction. L'affichage des deux écrans peut sembler redondant à l'occasion mais c'est une question d'habitude.

La technologie est à point. Côté sécurité, selon la version sélectionnée, on retrouve les systèmes d'alerte de collision avant et d'avertissement de sortie de voie. Pour l'infodivertissement, le CR-V offre le très efficace HondaLink, une prise HDMI, et la communication mains libres Bluetooth.

La forme extérieure du CR-V actuelle est une évolution du véhicule qui a été présenté en 2007. Les retouches récentes de 2015 ont redonné un peu de gueule à ce Honda qui rappelait plus un appareil électroménager qu'une voiture. Heureusement, les designers de Honda ont été en mesure d'apporter une dose appréciable d'émotivité pour en faire un produit plus attrayant.

Les versions haut de gamme, plus ornées, sont dotées de jantes en alliage, de phares antibrouillard et même d'une galerie de toit qui donne au CR-V beaucoup de classe. Malgré le fait qu'il commence à vieillir un peu, pour le moment, il paraît toujours bien.

... À L'AGRÉABLE

C'est simple : le CR-V est un Honda. Et qui dit Honda, dit agrément de conduite rehaussé et bonne tenue de route. Le CR-V ne déçoit point. Évidemment, on ne peut pas le comparer à la nouvelle Civic, qui est sublime, mais il est pratiquement la Civic de sa catégorie !

La suspension entièrement indépendante du CR-V apporte une bonne dose de confort tout en lui permettant de prendre une courbe avec un certain degré d'agressivité sans qu'il en résulte un drame. On ne peut qualifier le roulement de doux, par contre.

Le groupe propulseur est très connu chez Honda et on ne s'en plaint pas. Le quatre cylindres 2,4 litres jouit d'une certaine virilité, même en utilisation quotidienne. Son couple maximal est disponible assez bas dans les tours, permettant des accélérations et des reprises correctes. Puisqu'il s'agit d'un véhicule relativement petit, on peut aussi s'attendre à une consommation raisonnable, selon le genre de conduite que l'on adopte, évidemment. La boîte à variation continue (CVT) effectue un travail remarquable.

Le rouage intégral Real Time AWD avec contrôle intelligent n'est pas des plus sophistiqués ; par contre, en situation urbaine, même avec plus de 15 cm de neige au sol, il vous transportera à bon port. La direction à assistance électrique, de son côté, est un peu vague mais bien adaptée aux besoins du véhicule, de même que pour le système de freinage à disque aux quatre roues.

Grâce à sa fiabilité, sa polyvalence, sa frugalité et l'agrément de conduite qu'il procure le CR-V demeure un des meilleurs choix de la catégorie.

Châssis - EX 4RM	
Emp / lon / lar / haut	2620 / 4557 / 1820 / 1652 mm
Coffre / Réservoir	1054 à 2007 litres / 58 litres
Nbre coussins sécurité / ceintures	6 / 5
Suspension avant	ind., jambes force
Suspension arrière	ind., multibras
Freins avant / arrière	disque / disque
Direction	à crémaillère, ass. var. élect.
Diamètre de braquage	11,2 m
Pneus avant / arrière	P225/65R17 / P225/65R17
Poids / Capacité de remorquage	1619 kg / 680 kg (1499 lb)
Assemblage	Alliston ON CA

Composantes mécaniques	
Cylindrée, soupapes, alim.	4L 2,4 litres 16 s atmos.
Puissance / Couple	185 ch / 181 lb-pi
Tr. base (opt) / rouage base (opt)	CVT / Tr (Int)
0-100 / 80-120 / V.Max	9,4 s / 6,6 s / n.d.
100-0 km/h	43,3 m
Type / ville / route / CO2	Ord / 9,1 / 7,2 l/100 km / 3793 kg/an

> LE CR-V N'EST PAS AUSSI **MODERNE** QUE CERTAINS DE SES **COMPÉTITEURS**, MAIS IL DEMEURE UN CHOIX ASSURÉ DANS LA CATÉGORIE DES UTILITAIRES **COMPACTS**. >>

Du nouveau en 2017

Aucun changement majeur

Photos : Honda

HONDA **FIT**

((SiriusXM))

Prix : 14 730 $ à 21 530 $ (2016)
Catégorie : Hatchback
Garanties :
3 ans/60 000 km, 5 ans/100 000 km
Transport et prép. : 1 610 $
Ventes QC 2015 : 3 209 unités
Ventes CAN 2015 : 9 088 unités

Cote du Guide de l'auto

80 %

Fiabilité
■■■■■■■□□□

Appréciation générale
■■■■■■■■□□

Sécurité
■■■■■■■□□□

Agrément de conduite
■■■■■■■□□□

Consommation
■■■■■■■■□□

Système multimédia
■■■■■■□□□□

Cote d'assurance

■■■■■■■□□□
$ $ $ $

➕ Volume intérieur impressionnant •
Vaste aire de chargement • Réputation de
fiabilité établie • Valeur de revente

➖ Système Honda LaneWatch peu
pratique • Boîte manuelle manque de
précision • Écran tactile peu convivial •
Moteur bruyant sur l'autoroute
(boîte manuelle)

Concurrents
Chevrolet Sonic, Ford Fiesta,
Hyundai Accent, Kia Rio/Rio5,
Nissan Versa, Toyota Yaris

Efficacité maximale

Michel Deslauriers

La Honda Fit sillonne les routes du Québec depuis maintenant dix ans, et depuis ce temps, elle figure parmi les sous-compactes les plus spacieuses sur le marché. La troisième génération de la petite voiture est apparue pour le millésime 2015, et elle poursuit sa carrière cette année avec très peu de changements.

La vie d'une sous-compacte en Amérique de Nord n'est pas facile, surtout lorsqu'on partage le plancher de vente avec un modèle ultrapopulaire comme la Civic. Pour une mensualité de location ou de financement légèrement plus élevée, la grande sœur de la Fit semble, à première vue, un meilleur achat. Pourtant, la Civic n'est pas aussi polyvalente.

PLUS PUISSANTE QUE JAMAIS

La Honda Fit mise sur un quatre cylindres de 1,5 litre, faisant partie de la famille de moteurs *Earth Dreams* de Honda et qui est équipé de l'injection directe pour produire 130 chevaux. Une puissance plus que convenable, même si ses rivales Hyundai Accent et Kia Rio bénéficient de quelques étalons supplémentaires.

Au choix, une boîte manuelle à six rapports ou une automatique à variation continue (CVT). La manipulation de la boîte manuelle est agréable, mais la course du levier n'est pas aussi précise que ce à quoi Honda nous a habitués par le passé. De plus, à vitesse d'autoroute, le sixième rapport fait tourner le moteur à un régime élevé, et par conséquent, l'habitacle devient bruyant. Pour décourager davantage les amateurs de boîtes manuelles, la consommation de la Fit équipée de celle-ci est plus élevée que les versions munies de la boîte automatique.

Heureusement, cette dernière a été programmée pour conserver un bon équilibre entre réactivité du moteur et économie de carburant. Selon Honda, la Fit automatique ne consomme que 6,4 l/100 km en conduite mixte ville/route. Les livrées EX et EX-L NAVI incluent également des sélecteurs de rapport (simulés sur une CVT) au volant. Notre Fit à l'essai, dotée de la boîte manuelle, a consommé en moyenne 6,8 l/100 km.

UN AQUARIUM SUR ROUES

Peu de voitures sur le marché maximisent l'espace intérieur comme le fait la Honda Fit. Malgré son gabarit diminutif, le volume de l'habitacle dépasse celui de certaines voitures compactes. Que ce soit à l'avant ou à l'arrière, le dégagement pour la tête et les jambes est généreux. Dans la catégorie des sous-compactes, seule la Nissan Versa Note propose une banquette arrière plus accommodante, mais à peine.

Cette banquette est également très polyvalente, puisque l'on peut remonter les sièges contre les dossiers pour transporter de grands objets du plancher au plafond, ou rabattre les dossiers pour créer un plancher plat. L'aire de chargement de 1 492 litres est la plus volumineuse de sa catégorie. De plus, la grande fenestration à l'avant de la Fit permet une vue panoramique de la route, alors que la visibilité vers l'arrière est bonne sans être extraordinaire. Une caméra de recul est tout de même incluse dans toutes les versions de la Fit, même la finition DX de base avec son écran d'affichage de cinq pouces.

Au lieu d'un système de surveillance des angles morts conventionnels, le constructeur propose le dispositif Honda LaneWatch dans les livrées EX et EX-L NAVI. À l'aide d'une caméra montée sous le rétroviseur côté passager, une projection du flanc droit de la voiture s'affiche à l'écran sur la planche de bord en activant les clignotants vers la droite ou en appuyant sur un bouton. Le problème, c'est que le système n'aide aucunement à surveiller les angles morts côté conducteur. Dommage.

La liste d'équipements s'est allongée dans la Honda Fit, grâce en partie aux marques Hyundai et Kia qui proposaient un rapport prix/équipement très attrayant. Dans les versions plus coûteuses de la Fit, on a droit, entre autres, à un toit ouvrant, un climatiseur automatique, entre autre, et un écran tactile qui n'est pas des plus faciles à utiliser en conduisant. Toutes les Fit disposent d'une connectivité Bluetooth, alors que des sièges avant chauffants sont inclus dans toutes les livrées sauf celle de base.

Malgré un prix de base intéressant, la Fit DX n'est disponible qu'avec la boîte manuelle. Donc, si l'on fait partie de la majorité des consommateurs qui préfèrent une boîte automatique, on devra opter pour la LX mieux équipée, certes, mais dont le prix de vente s'approche des 20 000 $. À ce prix-là, la Civic berline semble drôlement intéressante.

Cela n'empêche pas la Fit d'être la sous-compacte offrant le meilleur équilibre d'agrément de conduite, d'économie d'essence et de polyvalence.

Châssis - DX

Emp / lon / lar / haut	2530 / 4064 / 1702 / 1524 mm
Coffre / Réservoir	470 à 1492 litres / 40 litres
Nbre coussins sécurité / ceintures	6 / 5
Suspension avant	ind., jambes force
Suspension arrière	semi-ind., poutre torsion
Freins avant / arrière	disque / tambour
Direction	à crémaillère, ass. var. élect.
Diamètre de braquage	10,4 m
Pneus avant / arrière	P185/60R15 / P185/60R15
Poids / Capacité de remorquage	1131 kg / n.d.
Assemblage	Celaya MX

Composantes mécaniques

Cylindrée, soupapes, alim.	4L 1,5 litre 16 s atmos.
Puissance / Couple	130 ch / 114 lb-pi
Tr. base (opt) / rouage base (opt)	M6 (CVT, Aucune) / Tr
0-100 / 80-120 / V.Max	10,2 s / 7,2 s / n.d.
100-0 km/h	43,6 m
Type / ville / route / CO_2	Ord / 8,1 / 6,4 l/100 km / 3374 kg/an

« LA FIT EST UNE EXCELLENTE PETITE VOITURE, SPACIEUSE ET POLYVALENTE, POUR SILLONNER LES ROUTES URBAINES OU PARCOURIR DE LONGUES DISTANCES. »

Du nouveau en 2017

Aucun changement majeur

HONDA **HR-V**

((SiriusXM))

Prix: 20 690 $ à 29 990 $ (2016)
Catégorie: VUS
Garanties:
3 ans/60 000 km, 5 ans/100 000 km
Transport et prép.: 1 651 $
Ventes QC 2015: 2 685 unités
Ventes CAN 2015: 8 959 unités

Cote du Guide de l'auto

77 %

Fiabilité
Nouveau modèle

Appréciation générale
■■■■■■■□□□

Sécurité
■■■■■■■■□□

Agrément de conduite
■■■■■□□□□□

Consommation
■■■■■■■□□□

Système multimédia
■■■■■■□□□□

Cote d'assurance
n.d.

➕ Espace intérieur impressionnant •
Siège arrière «magique» • Consommation correcte • Comportement routier sans histoire • Fiabilité déjà légendaire

➖ Commandes tactiles détestables •
Moteur trop peu puissant • Boîte CVT déplaisante • Plaisir de conduite bien peu relevé • Véhicule assez lourd

---

Concurrents
Buick Encore, Chevrolet Trax, Fiat 500X,
Jeep Renegade, Mazda CX-3,
MINI Countryman, MINI Paceman,
Mitsubishi RVR, Nissan JUKE,
Subaru Crosstrek

CR-V + FIT = HR-V

Alain Morin

Depuis quelques années, le marché des VUS sous-compacts, luxueux ou pas, est en pleine expansion et les constructeurs rivalisent d'ingéniosité pour concocter des véhicules pouvant répondre à la demande. Ils sont altruistes, que voulez-vous... Chez Honda, c'est le HR-V qui représente cette catégorie. Plus petit que le VUS compact CR-V et plus gros que la sous-compacte Fit dont il partage la plate-forme, le HR-V n'est toutefois ni un ni l'autre.

Même si l'on dit qu'il est bâti sur le châssis de la Fit, il convient de mentionner qu'il a passablement été transformé. Tout d'abord, son empattement de 2 610 mm est plus près de celui du CR-V (2 620 mm) que de celui de la Fit (2 530 mm). Son style général est plus près de celui du CR-V, néanmoins, plusieurs éléments intérieurs font davantage penser à la Fit. C'est bien beau tout ça, mais ça donne quoi au juste?

Les lignes bulbeuses du HR-V ne se démarquent pas vraiment dans la circulation, ce qui n'est pas nécessairement une mauvaise chose. Par contre, les poignées verticales dissimulées dans le pilier C (entre les vitres latérales arrière et la lunette arrière) ne sont pas suffisamment profondes et ne sont pas toujours faciles à manipuler l'hiver avec de gros gants. Pour le reste, c'est une question de goût.

(*$*+)_/! DE COMMANDES TACTILES!
Le tableau de bord, lui, est passablement moins anonyme! L'an dernier, lors d'un match comparatif mettant aux prises les VUS sous-compacts de l'heure (Chevrolet Trax, Kia Soul, Mazda CX-3, Mitsubishi RVR, Nissan Juke et Subaru Crosstrek), tous les essayeurs sans exception ont décrié l'absence d'un bouton pour régler le volume de la radio.

Pour ce faire, il faut trouver sur l'écran la petite icône du volume puis appuyer au bon endroit, ce qui implique de quitter la route des yeux et espérer qu'il n'y ait pas de soubresauts, au risque de devoir recommencer l'opération. On peut également passer par le bouton sur le volant mais, intuitivement, la main droite cherche un bouton à tourner. Les commandes du chauffage aussi sont tactiles et elles ne sont pas dupliquées au volant. Enrageant, sacrant, dangereux. Les nombreux espaces de rangement compensent. Mais pas suffisamment.

Pour le reste, c'est réussi. La console comporte une prise HDMI, même dans la version de base. Je persiste à croire qu'un bouton pour le volume de la radio serait infiniment plus important... Les sièges avant ne s'attirent aucun commentaire, positif ou négatif. À l'arrière, la banquette n'est pas des plus confortables et y accéder, via une ouverture étroite, n'est pas chose aisée. Cependant, l'assise peut se relever pour faciliter le transport d'objets encombrants. En plus, le plancher est presque plat. Lorsque la banquette ne sert pas, il est possible de baisser les dossiers pour former un fond plat et bas avec le coffre. Le designer responsable de ce «Magic Seat», similaire à celui dans la Fit, devrait être nommé responsable du design des commandes du chauffage...

LA PALICE ÉLOIGNE LA POLICE

Un seul moteur est offert. Il s'agit d'un 1,8 litre développant 141 chevaux à 6 500 tr/min et un couple de 127 livre-pied à 4 300 tr/min. Il est jumelé d'office à une boîte manuelle à six rapports ou, en option sur certaines versions, à une boîte automatique à rapports continuellement variables. Les livrées de base sont des tractions tandis que le rouage intégral est en option.

Dire que le moteur manque de puissance serait la lapalissade suprême. Déjà qu'il manque de chevaux, il fallait que Honda lui inflige une CVT qui semble bouffer la moitié de l'écurie. Et la moindre accélération se solde par une montée vertigineuse du nombre de décibels. Dans le genre désagréable, seule une radio aussi mal foutue que celle du HR-V peut atteindre un tel niveau de perfection. Heureusement, les versions à roues avant motrices ont une boîte manuelle beaucoup plus conciliante mais, finalement, elle consomme davantage. Lors d'un essai estival, notre moyenne s'était établie à 8,4 l/100 km (traction et CVT) tandis qu'un autre essai, hivernal celui-là, au volant d'une version tout équipée AWD a donné 9,6 l/100 km.

Sur la route, le HR-V adopte un comportement bien peu sportif, mais passablement confortable. Conduit dans le respect des limites légales, il ne décevra pas. Si l'on pousse le bouchon un peu loin, on lui découvre une personnalité plus trouble, moins affirmée. Toutefois, j'imagine que quand on opte pour un VUS Honda, l'on n'a aucune envie de troubler quoi que ce soit !

Le HR-V possède sans aucun doute l'un des meilleurs rapports dimensions extérieures / polyvalence du marché. Nous pourrions ajouter la fiabilité à cette équation.

Châssis - LX TI	
Emp / lon / lar / haut	2610 / 4294 / 1772 / 1605 mm
Coffre / Réservoir	657 à 1631 litres / 50 litres
Nbre coussins sécurité / ceintures	6 / 5
Suspension avant	ind., jambes force
Suspension arrière	semi-ind., poutre torsion
Freins avant / arrière	disque / disque
Direction	à crémaillère, ass. élect.
Diamètre de braquage	11,4 m
Pneus avant / arrière	P215/55R17 / P215/55R17
Poids / Capacité de remorquage	1389 kg / non recommandé
Assemblage	Celaya MX

Composantes mécaniques	
Cylindrée, soupapes, alim.	4L 1,8 litre 16 s atmos.
Puissance / Couple	141 ch / 127 lb-pi
Tr. base (opt) / rouage base (opt)	M6 (CVT) / Tr (Int)
0-100 / 80-120 / V.Max	10,1 s / 8,2 s / n.d.
100-0 km/h	43,9 m
Type / ville / route / CO_2	Ord / 8,8 / 7,2 l/100 km / 3717 kg/an

« LE **HONDA HR-V**
NE PEUT PAS ÊTRE CONSIDÉRÉ COMME UNE
GROSSE FIT OU UN
PETIT CR-V. IL EST UN PEU DES DEUX,
MAIS, SURTOUT
IL A SA **PROPRE**
PERSONNALITÉ. »

Du nouveau en 2017

Aucun changement majeur

Photos : Honda

MODÈLE 2016

HONDA **ODYSSEY**

((SiriusXM))

Données 2016

Prix : 30 690 $ à 48 750 $ (modèle 2016)
Catégorie : Fourgonnette
Garanties :
3 ans/60 000 km, 5 ans/100 000 km
Transport et prép. : 1 810 $
Ventes QC 2015 : 1 707 unités
Ventes CAN 2015 : 11 272 unités

Cote du Guide de l'auto

74 %

Fiabilité	Appréciation générale
■■■■■■■□□□	■■■■■■■□□□
Sécurité	Agrément de conduite
■■■■■■■□□□	■■■■■■□□□□
Consommation	Système multimédia
■■■■■□□□□□	■■■■■■■□□□

Cote d'assurance

■■■■■■■□□□
$$$ $

+ Fiabilité reconnue • Confort supérieur •
Plusieurs accessoires pratiques • Moteur
performant • Tenue de route rassurante

− Conduite ordinaire • Prix exorbitant •
Habitacle en manque de raffinement •
3e banquette qui manque d'espace •
Poids élevé

Concurrents

Chrysler Pacifica, Dodge Grand Caravan,
Kia Sedona, Toyota Sienna

Concurrencer la Pacifica

Marc-André Gauthier

L e monde des fourgonnettes, ou des minivans si vous préférez, est en pleine transformation. Longtemps fuies par les amateurs de conduite inspirée, elles font tout, désormais, pour concurrencer les VUS, qui eux, gagnent chaque année en popularité auprès des familles.

Car il faut l'avouer, la fourgonnette, bien qu'elle soit pratique pour la famille, représente tout ce qu'il y a de plus détestable sur une voiture; style drabe et ennuyeux, habitacle pratique, mais dénué de dynamisme, position de conduite rappelant celle d'un autobus, et comportement routier d'une zamboni. Pour l'amateur de conduite, elle représente l'ultime sacrifice, soit celui de mettre de côté toute forme de joie. Heureusement, elle est pratique ! Or, tranquillement, les choses changent, le bien triomphe du mal. On fait des blagues, mais pas tant que ça...

Le premier constructeur à avoir amorcé ce changement, en Amérique du Nord, a été Kia, étrangement. En introduisant la génération actuelle de sa Sedona sur le marché, nous avons eu droit à un véhicule raffiné, bien plus près d'un VUS de luxe que d'une fourgonnette. Cette année, arrive la Chrysler Pacifica, la nouvelle vedette des fourgonnettes. Rompant définitivement avec les horreurs du passé, la Pacifica redonne espoir aux amateurs de conduite amusante, en offrant à la fois l'aspect pratique recherché par les familles, du luxe et un dynamisme inédit.

Il semblerait que les gens de Honda réalisent, eux aussi, qu'il faut aller de l'avant, puisque pour 2017, ils proposent une réplique à la Pacifica.

QUOI DE NEUF POUR 2017 ?
Au moment d'écrire ces lignes, rien n'est certain à propos de l'Odyssey 2017. Nous savons qu'elle sera essentiellement basée sur la plateforme qui sert au Honda Pilot, au Honda Ridgeline et au Acura MDX. L'extérieur du véhicule sera renouvelé pour davantage incorporer le nouveau style Honda, pensez à la nouvelle Civic, et l'habitacle, lui, devrait recevoir une mise à jour importante.

Le moteur, que l'on retrouvera sous le capot de cette fourgonnette, sera vraisemblablement le V6 3,5 litres, déjà bien connu chez Honda / Acura, qui devrait développer quelque chose comme 280 chevaux et 260 livres de couple, si l'on se fie à ses performances sur l'ensemble de la gamme Honda. Pour assurer une meilleure économie de carburant, il ne serait pas surprenant de voir débarquer la transmission automatique ZF à neuf rapports qu'on retrouve aussi chez Jeep, mais qui fait bien mieux chez Honda / Acura en termes de performance et de comportement.

Si un rouage à traction sera offert par défaut, il semblerait bien qu'on puisse envisager un rouage intégral, selon ce que John Mendel, vice-président de Honda, a récemment déclaré à la presse spécialisée. Il faut s'attendre également à un dynamisme amélioré, si l'on considère les efforts déployés depuis quelques années par le constructeur pour rehausser le plaisir de conduire de ses véhicules.

Verrons-nous une version hybride arriver, comme ce sera le cas pour la Chrysler Pacifica ? Honda possède un tel groupe motopropulseur, facilement adaptable à diverses utilisations. On le retrouve déjà, sous différentes configurations dans les Acura NSX et RLX ainsi que dans le nouveau MDX. Le groupe moins puissant du lot, celui que l'on retrouvera dans le MDX, ferait parfaitement le travail, offrant plus de 300 chevaux, une bonne économie d'essence et des rejets moindres dans l'atmosphère tout en améliorant la sécurité, puisque ces motorisations hybrides sont toutes à rouage intégral.

ET LA 2016 DANS TOUT ÇA?

L'Odyssey telle que nous la connaissons, poursuit sa route sans changements. Cette édition 2016 n'offre pas de rouage intégral, sa consommation d'essence est plutôt élevée, son design vieillit, son habitacle est plutôt ordinaire, sa conduite, ennuyeuse, mais sa fiabilité demeure à toute épreuve, son confort tandis que sa logeabilité et ses accessoires pratiques, comme l'aspirateur intégré (sur certaines versions) font d'elle une fourgonnette classique impeccable. Avec l'arrivée d'une version 2017, il y aura sans doute de bonnes occasions à saisir sur des restes d'inventaire. D'autant plus que l'Odyssey est dispendieuse, voire hors de prix pour bien des gens à l'heure actuelle.

Si vous pensez acheter une nouvelle Odyssey, le conseil est donc d'attendre la prochaine génération. Soit vous aurez un bon prix pour une 2016, soit vous aurez une version 2017 raffinée, capable de rivaliser dans un nouveau monde, où les compromis extrêmes ne sont plus nécessaires.

Châssis - SE (Données 2016)

Emp / lon / lar / haut	3000 / 5153 / 2011 / 1737 mm
Coffre / Réservoir	846 à 4205 litres / 80 litres
Nbre coussins sécurité / ceintures	6 / 8
Suspension avant	ind., jambes force
Suspension arrière	ind., double triangulation
Freins avant / arrière	disque / disque
Direction	à crémaillère, ass. var.
Diamètre de braquage	11,2 m
Pneus avant / arrière	P235/65R17 / P235/65R17
Poids / Capacité de remorquage	2016 kg / 1588 kg (3500 lb)
Assemblage	Lincoln AL US

Composantes mécaniques

Cylindrée, soupapes, alim.	V6 3,5 litres 24 s atmos.
Puissance / Couple	248 ch / 250 lb-pi
Tr. base (opt) / rouage base (opt)	A6 / Tr
0-100 / 80-120 / V.Max	9,2 s / 6,3 s / n.d.
100-0 km/h	43,1 m
Type / ville / route / CO$_2$	Ord / 12,3 / 8,5 l/100 km / 4871 kg/an

« LONGTEMPS FUIES PAR LES AMATEURS DE CONDUITE INSPIRÉE, LES MINIVANS COMMENCENT À RATTRAPER LEUR RETARD PAR RAPPORT AUX VUS. »

Du nouveau en 2017

Nouveau modèle sera dévoilé en cours d'année.

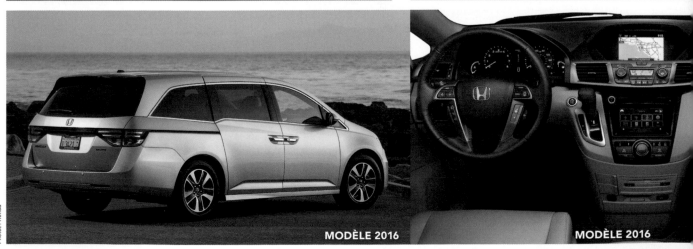

Photos : Honda

MODÈLE 2016

MODÈLE 2016

HONDA **PILOT**

(((SiriusXM)))

Prix : 35 490 $ à 50 490 $ (2016)
Catégorie : VUS
Garanties :
3 ans/60 000 km, 5 ans/100 000 km
Transport et prép. : 1 851 $
Ventes QC 2015 : 1 234 unités
Ventes CAN 2015 : 8 230 unités

Cote du Guide de l'auto

80 %

Fiabilité	Appréciation générale
■■■■■■■□□□	■■■■■■■■□□
Sécurité	Agrément de conduite
■■■■■■■■□□	■■■■■■■□□□
Consommation	Système multimédia
■■■■■□□□□□	■■■■■■■□□□

Cote d'assurance
■■■■■■□□□□
$$$ $

➕ Moteur bien adapté • Toujours aussi spacieux • Silence à bord digne d'une église • Plusieurs systèmes relatifs à la sécurité

➖ Style moins distinctif qu'avant • Version Touring dispendieuse • Boîte à neuf rapports uniquement sur Touring • HondaLink quelquefois rébarbatif

Concurrents
Buick Enclave, Chevrolet Traverse, Ford Explorer, Ford Flex, GMC Acadia, Infiniti QX60, Jeep Grand Cherokee, Lincoln MKX, Mazda CX-9, Nissan Pathfinder, Toyota Highlander

Moins original, toujours aussi polyvalent

Frédérick Boucher-Gaulin

Entièrement renouvelé l'an dernier, le Pilot ramène les éléments qui ont fait son succès — espace de chargement gargantuesque, mécanique éprouvée, de la place pour huit personnes — et les modernise, mieux les harmonise avec le reste des produits Honda. Puisque le segment des VUS est rudement disputé, il était grand temps que Honda donne à son Pilot les armes pour continuer d'attirer les acheteurs.

TOURNER LES COINS RONDS

Comparé au Pilot de seconde génération, le modèle actuel a perdu la majorité de ses angles droits. Le résultat est certes moderne, mais il a selon moi perdu son petit côté unique qui le démarquait des autres véhicules. De côté, il est facile de le confondre avec un produit Infiniti ou Buick... ce qui n'est peut-être pas une mauvaise chose, tout compte fait ! En le regardant, on pourrait penser qu'il est petit, mais c'est une illusion causée par ses courbes : il est plus long, plus large et affiche un empattement plus important que jamais. Grâce à l'utilisation d'aluminium et à sa construction moderne, le Pilot est même moins lourd qu'avant.

L'habitacle s'inspire très fortement du cousin germain du Pilot, l'Acura MDX. La console centrale est parée du même module de contrôle de la boîte de vitesses (on aurait auparavant appelé cette partie le levier de vitesses, mais comme il n'y a plus de levier, j'ai dû trouver une nouvelle nomenclature...) en version Touring ; dans les autres variantes, vous avez encore un bon vieux bâton servant à actionner l'automatique à six rapports.

Le volant est aussi similaire à ce qu'on retrouve chez Acura, de même que les instruments devant le conducteur. Le silence à bord du Pilot est impressionnant, grâce au système d'annulation active du bruit proposé de série peu importe la variante ; le modèle Touring en rajoute — littéralement — une couche, courtoisie des vitres latérales avant en verre acoustique. Même à vitesse d'autoroute, on n'entendra à bord du Pilot que le son du système audio à sept haut-parleurs (dix dans le Touring)... ou bien celui du DVD pour la marmaille assise à l'arrière, si vous avez choisi d'acheter la paix avec un film de Disney. L'écran de ce dispositif mesure neuf pouces, et avec des écouteurs sans fil sont heureusement incluses, utiles lorsque vous en avez assez d'entendre le film préféré de vos enfants pour la millième fois...

Peu importe où vous prenez place dans le Pilot, vous serez à l'aise : même la troisième rangée peut asseoir de vrais adultes, notamment grâce au toit relevé. Si vous repliez les dossiers de banquettes, vous obtenez 3 087 litres d'espace intérieur, serait assez pour trimballer l'équivalent d'un gros lamantin. De plus, le Pilot peut remorquer jusqu'à 2 268 kilos (5 000 livres) lorsqu'il est équipé du rouage intégral.

PLUS ÇA CHANGE, PLUS C'EST PAREIL

Mécaniquement, Honda annonce que le contenu du compartiment moteur a changé : au lieu de l'ancien V6 de 3,5 litres, on retrouve un... V6 de 3,5 litres. Bon, la cylindrée n'a pas changé, mais ce moteur incorpore maintenant plusieurs technologies modernes, comme la désactivation des cylindres (pouvant tourner sur quatre, ou même trois cylindres lorsque la demande en puissance est moindre), l'injection directe et les supports de moteur actifs. Grâce à tout cela, le V6 développe 280 chevaux et un couple de 262 livre-pied.

La majorité des Pilot est équipée d'une boîte automatique à six rapports; seul le modèle Touring a droit à une unité à neuf rapports. Celle-ci permet des accélérations plus rapides et une consommation moindre : avec une moyenne enregistrée à 10,6 litres aux 100 km en conduite mixte, ce VUS intermédiaire peut être qualifié de frugal pour son segment.

De base, le Pilot comprend un rouage à traction; à moins de vouloir le prix le plus bas possible, nous vous conseillons fortement d'aller vers le rouage intégral, de série dans toutes les autres versions. La conduite du Pilot n'a plus rien à voir avec celle de son prédécesseur : désormais, il est stable, affiche un roulis bien maîtrisé et m'a même surpris par sa direction précise. Finalement, Honda a rendu son Pilot aussi sécuritaire que possible, le bardant de systèmes de sécurité active (aide au maintien de voie, freinage en cas d'urgence, avertisseur de collision...) et passive.

Si le Honda Pilot n'est plus aussi unique que dans le passé, il a finalement gagné au change : plus apte que jamais à répondre aux besoins des familles nombreuses ou des aventuriers cherchant un véhicule fiable et spacieux pour leurs déplacements, on risque de le retrouver dans la cour de plus d'une maisonnée.

Châssis - LX 2RM	
Emp / lon / lar / haut	2820 / 4941 / 2296 / 1773 mm
Coffre / Réservoir	524 à 3087 litres / 74 litres
Nbre coussins sécurité / ceintures	6 / 8
Suspension avant	ind., jambes force
Suspension arrière	ind., multibras
Freins avant / arrière	disque / disque
Direction	à crémaillère, ass. var. élect.
Diamètre de braquage	11,5 m
Pneus avant / arrière	P245/60R18 / P245/60R18
Poids / Capacité de remorquage	1858 kg / 1590 kg (3505 lb)
Assemblage	Lincoln AL US

Composantes mécaniques	
Cylindrée, soupapes, alim.	V6 3,5 litres 24 s atmos.
Puissance / Couple	280 ch / 262 lb-pi
Tr. base (opt) / rouage base (opt)	A6 / Tr (Int)
0-100 / 80-120 / V.Max	n.d. / n.d. / n.d.
100-0 km/h	n.d.
Type / ville / route / CO_2	Ord / 12,4 / 9,3 l/100 km / 5062 kg/an

> « LA **CONDUITE** DU PILOT PERMET DE **DÉCOUVRIR** UN COMPORTEMENT ROUTIER SAIN, UNE BONNE **NEUTRALITÉ** EN VIRAGE ET UNE **INSONORISATION** POUSSÉE. »
>
> - DENIS DUQUET, *LE GUIDE DE L'AUTO* 2016

Du nouveau en 2017

Aucun changement majeur

HONDA **RIDGELINE**

(((SiriusXm)))

Prix : 36 590 $ à 48 590 $
Catégorie : Camionnette
Garanties :
3 ans/60 000 km, 5 ans/100 000 km
Transport et prép. : 1 851 $
Ventes QC 2015 : 27 unités
Ventes CAN 2015 : 229 unités

Cote du Guide de l'auto

80 %

Fiabilité	Appréciation générale
Nouveau modèle	■■■■■■■□□□
Sécurité	Agrément de conduite
■■■■■■■■■□	■■■■■■■□□□
Consommation	Système multimédia
■■■■■■□□□□	■■■■■■■□□□

Cote d'assurance
n.d.

➕ Relativement économique • Confort inédit pour une camionnette • Plusieurs rangements pratiques • Capacités hors route étonnantes • Look amélioré

➖ Prix élevé • Version « luxueuse » décevante • Capacité de remorquage sous la moyenne • Pas de vrai rouage « 4x4 » • Boîte un peu courte

Concurrents
Chevrolet Colorado, GMC Canyon, Nissan Frontier, Toyota Tacoma

Celui qui remet les choses en perspective

Marc-André Gauthier

Quand on parle de *pick-up*, l'opinion des gens est assez arrêtée. Soit on aime Ram, soit on aime Ford, soit on aime Chevrolet, avec quelques exceptions. Dans le segment des camionnettes intermédiaires, c'est un peu différent, car ce marché change constamment. Les modèles arrivent, et disparaissent. En ce moment, on retrouve le Toyota Tundra, le duo Chevrolet Colorado et GMC Canyon ainsi que le Nissan Frontier, même s'il est complètement dépassé. Les gens ont donc moins un sentiment d'appartenance.

Quand Honda a annoncé le retour de son Ridgeline, les réactions furent mitigées. D'un côté, il y a les fidèles du modèle, assez nombreux, paraît-il, et les puristes, qui crachent sur le Ridgeline prétextant qu'il ne serait pas un *pick-up*... Même au sein des bureaux du *Guide de l'auto*, le débat a eu lieu, à savoir, est-ce que le Ridgeline est un véritable *pick-up*, oui ou non ? Pourquoi ne le serait-il pas ? Il a une boîte ouverte, et Honda le vend comme une camionnette, n'est-ce pas suffisant ? D'autant plus que dans le dictionnaire, on définit un *pick-up* comme étant un « véhicule utilitaire léger, à cabine simple et à grand coffre découvert ».

Mais les puristes ont tout de même un bon point. Nonobstant la définition française, toutes les camionnettes sont bâties sur un modèle bien simple, soit celui d'une carrosserie posée sur un robuste châssis séparé. Le Ridgeline est monocoque, comme la plupart des VUS, et en fait, il est basé sur la même plateforme que le Pilot, le VUS intermédiaire de Honda.

Même moteur que le Honda Pilot, mêmes suspensions — renforcées, cependant —, plusieurs sont malgré tout cyniques, et avec raison. Pourtant, l'exécution du Ridgeline est impeccable. Le meilleur *pick-up* serait-il le plus VUS des *pick-up* ?

PENSÉ POUR LE CONFORT ET LES FINS DE SEMAINE D'ACTIVITÉ

Tous ses sièges tiennent du VUS, de par la position assise qu'ils procurent, et de par leur confort. Pratiques, les places arrière, comme dans toutes les bonnes camionnettes, se relèvent pour permettre de stocker davantage d'objets encombrants dans la cabine, comme un vélo de montagne, par exemple.

On ne retrouve qu'un seul moteur dans le Ridgeline, et il s'agit du V6 de 3,5 litres qui tourne déjà dans le Honda Pilot. Il développe 280 chevaux et un couple de 262 livre-pied. Il envoie sa puissance aux quatre roues à l'aide d'une boîte automatique à six rapports, et du même rouage intégral SH-AWD qui équipe les véhicules Acura. Ce V6 tire jusqu'à 5 000 livres (2 268 kilos), capacité similaire à celle de la plupart des VUS doté d'un tel moteur. Quand on considère qu'un Toyota Tacoma tire plus de 6 500 livres (2 948 kilos), cela ne semble pas beaucoup, mais il semblerait que 5 000 livres suffisent amplement aux plaisanciers qui ont besoin de traîner un bateau ou du matériel pour le chalet.

CONFORT INÉDIT

La boîte du Ridgeline mesure 50 pouces (127 cm) de large entre les puits de roues, et 64 pouces (162,5 cm) de long. Si cette longueur est plutôt ordinaire, on peut tout de même y déposer une charge de 1 571 livres (713 kilos)! Quand on sait que le poids maximal que l'on peut mettre dans la boîte d'un Ram 1500 V6 de base est de 1 440 livres (653 kilos), ça en dit long sur les capacités du Ridgeline. Ou sur celles du Ram! Le Ridgeline possède un grand coffre que l'on retrouve sous le plancher de cette boîte, parfait pour abriter notre épicerie, ou encore pour servir de glacière, puisqu'il y a un drain au fond.

Plusieurs amateurs doutaient des capacités du Ridgeline, qui n'a pas un «vrai» rouage 4x4 ni de gamme basse, et pourtant, sur les sentiers hors route, il arrive à suivre ses rivaux sans problème... et dans un confort accru!

Bien honnêtement, la plupart des *pick-up* ne sont pas si confortables que ça, leurs suspensions retransmettant fidèlement les bosses et les trous. Le Ridgeline a tout le confort d'un VUS, et des capacités de charge ou en hors route intéressantes. Il ne remplacera jamais un Ford F-150 ou même un Toyota Tacoma aux yeux d'un travailleur, mais pour quelqu'un qui veut une camionnette pour l'aspect «récréatif», il se veut une alternative trop bonne pour être ignorée.

HONDA RIDGELINE

Châssis - LX	
Emp / lon / lar / haut	3180 / 5335 / 2116 / 1798 mm
Coffre / Réservoir	207 litres / 74 litres
Nbre coussins sécurité / ceintures	6 / 5
Suspension avant	ind., jambes force
Suspension arrière	ind., multibras
Freins avant / arrière	disque / disque
Direction	à crémaillère, ass. var. élect.
Diamètre de braquage	12,4 m
Pneus avant / arrière	P245/60R18 / P245/60R18
Poids / Capacité de remorquage	2015 kg / 2268 kg (5000 lb)
Assemblage	Lincoln AL US

Composantes mécaniques	
Cylindrée, soupapes, alim.	V6 3,5 litres 24 s atmos.
Puissance / Couple	280 ch / 262 lb-pi
Tr. base (opt) / rouage base (opt)	A6 / Int
0-100 / 80-120 / V.Max	8,0 s (est) / n.d. / n.d.
100-0 km/h	n.d.
Type / ville / route / CO_2	Ord / 12,8 / 9,5 L/100 km / 5205 kg/an

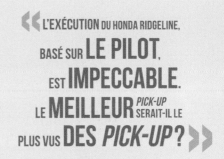

«« L'EXÉCUTION DU HONDA RIDGELINE, **BASÉ SUR LE PILOT, EST IMPECCABLE. LE MEILLEUR** *PICK-UP* SERAIT-IL LE **PLUS VUS DES** *PICK-UP* ? **»»**

Du nouveau en 2017

Modèle entièrement redessiné

HYUNDAI **ACCENT**

((SiriusXM))

Prix : 13 899 $ à 19 899 $ (2016)
Catégorie : Berline, Hatchback
Garanties :
5 ans/100 000 km, 5 ans/100 000 km
Transport et prép. : 1 595 $
Ventes QC 2015 : 9 363 unités
Ventes CAN 2015 : 19 371 unités

Cote du Guide de l'auto

77 %

Fiabilité
■■■■■■■□□□

Appréciation générale
■■■■■■■□□□

Sécurité
■■■■■■■■□□

Agrément de conduite
■■■■■■□□□□

Consommation
■■■■■■■□□□

Système multimédia
■■■■■□□□□□

Cote d'assurance

■■■■■■□□□□
$$$ $

➕ Version *hatchback* élégante et polyvalente • Bonne finition • Boîtes de vitesses efficaces • Commandes simples

➖ Accélérations peu véloces • Places arrière peu spacieuses • Visibilité arrière (*hatchback*) • Insonorisation perfectible

Concurrents

Chevrolet Sonic, Ford Fiesta, Honda Fit, Kia Rio, Nissan Versa, Toyota Yaris

Sous-compacte ne rime plus avec bas de gamme

Denis Duquet

Il n'y a pas si longtemps, on associait inévitablement l'Accent à une voiture économique plus robuste qu'agréable à conduire et dont le comportement routier était assez sommaire. On achetait ce modèle pour son prix, un point c'est tout. D'ailleurs, il y a environ une décennie, Hyundai avait fait la manchette en l'offrant pour moins de 10 000 $. Les ventes qui étaient alors stagnantes ont bondi. Depuis ce temps, les choses ont changé et le premier constructeur coréen a grandement amélioré sa sous-compacte. Elle est aujourd'hui en mesure de se défendre fort honorablement face à des modèles concurrents parfois plus modernes et plus sophistiqués.

Il faut également souligner que les stylistes ont affûté leurs crayons pour nous proposer deux modèles dotés d'une silhouette qui est toujours moderne et certainement élégante, surtout le *hatchback*. Comme c'est souvent le cas lorsqu'une voiture de cette catégorie est offerte en version à hayon et berline, c'est la première qui est jugée la plus belle des deux. La berline a une allure plus sage, tandis que le *hatchback*, en plus d'avoir un aspect plus dynamique, est en mesure de transporter des objets plus volumineux une fois le dossier arrière abaissé, en tout ou en partie.

ÉPURÉE ET SIMPLIFIÉE

Il est vrai que des modèles concurrents proposent des systèmes d'infodi-vertissement un peu plus évolués et une planche de bord plus moderne, mais pour plusieurs personnes, cette simplicité de l'Accent n'est pas tellement un défaut. Par ailleurs, les places avant sont suffisamment confortables, les sièges offrent un support latéral surprenant pour une voiture de ce prix et de cette catégorie. Bien entendu, à l'arrière, on est plus à l'étroit, mais il faut se souvenir qu'on est dans une sous-compacte.

Comme pour la plupart des modèles Hyundai, la qualité des matériaux et la finition sont correctes. Quant à la planche de bord, la présentation est simple, pas de fla-fla, que des commandes faciles à activer. Les cadrans principaux sont nichés dans une nacelle qui les abrite des rayons solaires, tandis que le petit centre d'information logé entre les deux se révèle fort pratique.

Par ailleurs, le seul écran présent au tableau de bord est celui du système audio. Soulignons que celui-ci est très simple d'opération et a conservé les commandes d'une autre époque aux yeux de certains, soit des boutons pour régler le volume et syntoniser les postes! D'autre part, il est possible d'obtenir des vitres à commande électrique alors que sur certains modèles, les commandes du régulateur de vitesse et de la gestion des postes de radio sont placées sur les rayons du volant.

DU MUSCLE

Si l'on prend le temps de vérifier la puissance de plusieurs modèles dans cette catégorie, on se rend compte que bon nombre sont dotés d'une motorisation d'environ 100 chevaux. L'Accent, pour sa part, est propulsée par un quatre cylindres de 1,6 litre produisant 137 chevaux, ce qui est quand même supérieur à la moyenne. Il est livré de série avec une boîte manuelle à six rapports tandis que l'automatique à six vitesses est optionnelle. Soulignons au passage que comme toutes les voitures de cette catégorie, la suspension arrière est à poutre de torsion, une configuration mécanique simple, efficace et légère tout en étant économique à fabriquer.

Compte tenu de cette puissance, on s'attend à des performances quelque peu musclées de la part de l'Accent. Malheureusement, ce n'est pas le cas puisque le traditionnel 0-100 km/h est bouclé en un peu plus de 10 secondes, ce qui est la norme pour une sous-compacte. En outre, le moteur devient passablement bruyant lorsqu'on le sollicite vigoureusement.

Malgré l'allure sportive du *hatchback*, on se rend vite compte qu'il s'agit d'un véhicule à vocation familiale et citadine, rien de plus. Et la berline adopte un comportement routier similaire. Il n'est donc pas recommandé de vous exciter au volant de cette voiture. D'ailleurs, grimpée sur des pneus relativement étroits et dotée d'une suspension calibrée pour le confort, l'Accent devient légèrement instable lorsqu'on la pousse avec zèle. De plus, la direction pourrait être d'une assistance moins importante. Heureusement, aussi bien la boîte manuelle que l'automatique ne se prêtent à aucun commentaire négatif.

Bref, peu importe le modèle choisi, l'Accent est une sous-compacte qui ne vous décevra pas dans la conduite quotidienne et qui accomplit son boulot sans surprise. En outre, il est possible — par le biais du catalogue des options — de l'équiper de façon à rendre la vie à bord plus agréable en se payant des petits luxes.

Châssis - GL hatchback

Emp / lon / lar / haut	2570 / 4115 / 1700 / 1450 mm
Coffre / Réservoir	600 à 1345 litres / 43 litres
Nbre coussins sécurité / ceintures	6 / 5
Suspension avant	ind., jambes force
Suspension arrière	semi-ind., poutre torsion
Freins avant / arrière	disque / disque
Direction	à crémaillère, ass. var. élect.
Diamètre de braquage	10,4 m
Pneus avant / arrière	P175/70R14 / P175/70R14
Poids / Capacité de remorquage	1129 kg / n.d.
Assemblage	Ulsan KR

Composantes mécaniques

Cylindrée, soupapes, alim.	4L 1,6 litre 16 s atmos.
Puissance / Couple	137 ch / 123 lb-pi
Tr. base (opt) / rouage base (opt)	M6 (A6) / Tr
0-100 / 80-120 / V.Max	10,4 s / 7,6 s / n.d.
100-0 km/h	44,7 m
Type / ville / route / CO_2	Ord / 8,9 / 6,3 l/100 km / 3556 kg/an

LES STYLISTES ONT AFFÛTÉ LEURS CRAYONS POUR NOUS PROPOSER DEUX MODÈLES DOTÉS D'UNE SILHOUETTE QUI EST TOUJOURS MODERNE ET CERTAINEMENT ÉLÉGANTE, SURTOUT LE *HATCHBACK*.

Du nouveau en 2017

Aucun changement majeur. Nouveau modèle anticipé.

Photos : Hyundai

HYUNDAI **ELANTRA**

(((SiriusXM)))

Prix : 15 999 $ à 28 799 $
Catégorie : Berline intermédiaire
Garanties :
5 ans/100 000 km, 5 ans/100 000 km
Transport et prép. : 1 695 $
Ventes QC 2015 : 16 965 unités
Ventes CAN 2015 : 47 722 unités

Cote du Guide de l'auto

83 %

Fiabilité	Appréciation générale
Nouveau modèle	■■■■■■■■■□
Sécurité	Agrément de conduite
■■■■■■■■■□	■■■■■■■□□□
Consommation	Système multimédia
■■■■■■■□□□	■■■■■■■□□□

Cote d'assurance

■■■■■■■■■□
$ $ $ $

➕ Boîte automatique efficace •
Bon niveau d'équipement • Excellente
garantie • Confort et silence de roulement

➖ Moteur moins puissant qu'avant •
Disparition du coupé • Boîte manuelle
peu agréable • Lignes assez génériques

Concurrents

Chevrolet Cruze, Ford Focus,
Honda Civic, Kia Forte, Mazda3,
Mitsubishi Lancer, Nissan Sentra,
Subaru Impreza, Toyota Corolla,
Volkswagen Golf, Volkswagen Jetta

Tout pour dominer

Sylvain Raymond

Pendant près de 100 ans, les constructeurs américains étaient rois et maîtres chez eux. Puis, dans les années 70, les Japonais se sont implantés. Au point où tout le monde croyait leur domination éternelle. Or, voilà que leur principale menace est venue de Hyundai, une marque qui était davantage reconnue pour le prix attrayant de ses modèles, que pour leur qualité. Le fabricant coréen s'est littéralement transformé depuis ce temps et l'Elantra fait partie de ses plus grands succès.

Quoi de neuf pour l'Elantra cette année ? Tout ! On a relégué aux oubliettes pratiquement tout de l'ancienne génération, pour repartir sur de nouvelles bases avec, comme point de départ, une nouvelle plate-forme plus légère et plus rigide. Hyundai s'est assurée d'améliorer les dynamiques de conduite de sa berline compacte tout en minimisant sa consommation, le nerf de la guerre dans ce segment.

MOINS PUISSANTE, PLUS ÉCONOMIQUE

Dans cette optique, on a mis au rencart les mécaniques antérieures pour faire appel à un seul moteur, un quatre cylindres de 2,0 litres à cycle Atkinson. Ce type de motorisation n'est pas nouveau, mais on l'utilise normalement dans véhicules hybrides puisque son couple réduit — son talon d'Achille — est compensé par celui du moteur électrique. Les ingénieurs de Hyundai ont réussi à minimiser les irritants de cette mécanique pour tabler sur ses avantages. En modifiant la durée d'ouverture des soupapes, le cycle Atkinson génère la puissance d'une cylindrée supérieure jumelée à l'économie de carburant d'une mécanique plus modeste.

Avec ses 147 chevaux et son couple de 132 lb-pi, le moteur est un peu plus puissant que l'ancien quatre cylindres de 1,8 litre, mais il concède 26 chevaux au moteur optionnel de 2,0 litres offert l'an dernier. On se garde bien chez Hyundai de nous parler de cette perte de puissance, mais on n'hésite pas à nous vanter l'économie de carburant supérieure. La version de base hérite de série d'une boîte manuelle à six rapports mais il vaut mieux opter pour l'excellente boîte automatique à six rapports. Les transmissions manuelles n'ont jamais été le fort de Hyundai. D'ici la fin 2016, Hyundai présentera l'Elantra Sport. Elle sera dotée d'un quatre cylindres 1,6 litre turbo de 200 chevaux. Boîte manuelle à six rapports et boîte à double embrayage à sept rapports seront au menu. La suspension arrière sera indépendante. Pour une fois, on risque de vraiment se retrouver avec une Elantra sportive !

CONFORT SUR ROUTE REHAUSSÉ

Sur la route, il ne faut pas s'attendre à piloter un bolide. La puissance moindre est perceptible mais suffisante pour la plupart des besoins. La guerre à la puissance est terminée, surtout chez les compactes. Heureusement, la transmission automatique fait un travail fort efficace pour exploiter les chevaux disponibles, ce qui améliore l'impression de puissance. Pour dynamiser le comportement du véhicule, il faut sélectionner le mode Sport qui favorise les régimes un peu plus élevés, mais dans l'ensemble, on est loin du comportement dynamique d'une Volkswagen Golf ou d'une Mazda3. Il semblerait toutefois que Hyundai planche sur une version plus puissante, tout n'est donc pas perdu pour les amateurs de sportivité. En revanche, oubliez l'Elantra coupé, elle ne reviendra pas. Quant à la version GT à hayon, elle profitera de la même refonte d'ici peu.

DES LIGNES PLUS COMMUNES

Côté design, les designers se sont éloignés des lignes de l'ancienne génération pour coller à la direction de design emprunté notamment par la nouvelle Sonata. C'est joli, mais aussi plus générique, on dirait que la voiture se fond dans la masse, ce qui ne semble pas une mauvaise chose dans ce créneau. La Civic et la Corolla, deux modèles à succès, n'ont rien de très émotif non plus.

C'est d'ailleurs perceptible dans l'habitacle alors que les dégagements sont supérieurs, tout comme l'espace de chargement. Le tableau de bord a été modernisé et son ergonomie est excellente. Un écran tactile (7 ou 8 pouces) permet de visualiser et de faire fonctionner la majeure partie des systèmes alors qu'une bande comprenant les commandes les plus utiles (volume, changement de chaîne, source) est placée juste en dessous. C'est l'un des plus simples à utiliser. On apprécie également le nouveau volant gainé de cuir, surtout sa bonne prise en main.

Les versions les plus prisées seront sans aucun doute la GL et particulièrement la GLS qui proposent un niveau d'équipement très intéressant pour le prix, notamment un climatiseur automatique à double zone, des sièges chauffants avant et arrière et des jantes de 16 pouces.

Châssis - GLS berline	
Emp / lon / lar / haut	2700 / 4550 / 1800 / 1435 mm
Coffre / Réservoir	407 litres / 53 litres
Nbre coussins sécurité / ceintures	7 / 5
Suspension avant	ind., jambes force
Suspension arrière	semi-ind., poutre torsion
Freins avant / arrière	disque / disque
Direction	à crémaillère, ass. var. élect.
Diamètre de braquage	10,6 m
Pneus avant / arrière	P215/45R17 / P215/45R17
Poids / Capacité de remorquage	1350 kg / non recommandé
Assemblage	Montgomery AL US, Ulsan KR

Composantes mécaniques	
Cylindrée, soupapes, alim.	4L 2,0 litres 16 s atmos.
Puissance / Couple	147 ch / 132 lb-pi
Tr. base (opt) / rouage base (opt)	M6 (A6) / Tr
0-100 / 80-120 / V.Max	n.d. / n.d. / n.d.
100-0 km/h	n.d.
Type / ville / route / CO$_2$	Ord / 8,4 / 6,4 l/100 km / 3450 (est) kg/an

LA HYUNDAI ELANTRA 2017 POURRAIT BIEN CONVERTIR LES PLUS FIDÈLES ACHETEURS DE PETITES JAPONAISES.

Du nouveau en 2017

Nouveau modèle

Photos : Hyundai

HYUNDAI **IONIQ**

((**SiriusXm**))

Prix: 30000$ à 36000$ (estimé)
Catégorie: Hatchback
Garanties:
5 ans/100000 km, 5 ans/100000 km
Transport et prép.: 1695$
Ventes QC 2015: 0 unité
Ventes CAN 2015: 0 unité

Cote du Guide de l'auto

n.d.

Fiabilité	Appréciation générale
Nouveau modèle	**Nouveau modèle**
Sécurité	Agrément de conduite
Nouveau modèle	**Nouveau modèle**
Consommation	Système multimédia
Nouveau modèle	**Nouveau modèle**

Cote d'assurance
n.d.

➕ Style plaisant • Consommation prometteuse (selon Hyundai) • Trois versions (hybride, hybride rechargeable et électrique)

➖ Données insuffisantes

Concurrents
Chevrolet Bolt EV, Chevrolet Volt, Ford C-Max, Lexus CT, Nissan LEAF, Toyota Prius

Virage vert oblige

Jacques Deshaies

Le voisin de bureau de Hyundai, Kia, a introduit sa Niro, sa première voiture dédiée au mode hybride. Du côté de Hyundai, c'est la Ioniq qui remplira ce rôle. Depuis quelques années, la Sonata et le Tucson assuraient la partie verte de la gamme.

Dans un premier temps, la Sonata se livre en mode hybride et hybride rechargeable tandis que le Tucson de génération précédente se présente en version à pile à combustible, créant sa propre électricité à partir d'hydrogène. Dans ces deux derniers cas, particulièrement pour le Tucson seulement offert dans la région de Vancouver, les unités se font plutôt rares sur nos routes. De plus, ce sont des déclinaisons de modèles existants. La Ioniq, elle, est entièrement dédiée aux nouvelles technologies de demain.

LA PRIUS CORÉENNE
Le style de la Ioniq n'est pas sans rappeler celui de la plupart de ses rivales. À l'avant, l'identité de la marque est sans équivoque avec une grille unique, mais qui reprend la forme de celle des modèles actuels. De profil, la partie arrière surélevée rappelle la Prius de Toyota et la défunte Insight de Honda. Cette caractéristique a pour seul but de réduire le coefficient de traînée, donc de résistance à l'air. D'ailleurs, les données recueillies annoncent un Cx de 0,24. Remarquez également l'ajout d'une petite lunette verticale afin d'augmenter la visibilité. En fin de compte, je préfère cette silhouette à celle de la nouvelle Prius qui jure de par sa partie arrière. Mais tout est question de goût, bien sûr.

À la limite, la Ioniq a aussi des airs de la Chevrolet Volt. Elle s'inscrit également dans la catégorie des compactes aux côtés de l'Elantra. L'habitacle est carrément plus réussi que celui de la Niro, son pendant chez Kia. Moins austère et beaucoup plus moderne, le tableau de bord est davantage dans la norme d'aujourd'hui.

TROIS TYPES

Dès le dévoilement de la Ioniq au Salon de l'auto de New York, la direction de Hyundai parlait d'une gamme complète de voitures écologiques, permettant la transition vers une motorisation adaptée à la réalité actuelle. Pour ce faire, cette nouvelle venue sera propulsée par un moteur quatre cylindres de 1,6 litre à injection directe qui produit 104 chevaux et qui s'accompagne d'un moteur électrique de 32kW(ou 43 ch), lequel s'alimente d'un ensemble de batteries lithium-ion-polymère de 1,56kWh. Voilà un autre terme auquel on devra s'habituer. Il faut souligner que ces batteries sont garanties à vie au Japon ! Espérons le même privilège de notre côté.

Comme sur la Niro de Kia, Hyundai opte pour une boîte de vitesse robotisée à double embrayage plutôt qu'une CVT (continuellement variable). Malgré une légère augmentation des émissions avec une boîte à double embrayage, le constructeur persiste et signe afin de mieux se mesurer aux produits Volkswagen qui proposent le même genre de mécanique. Le plaisir de conduire prime également chez Hyundai et une boîte CVT n'en offre pas autant.

Puisque nous n'avons pas eu le loisir de conduire la Ioniq, je miserai sur les impressions de conduite de la Niro que j'ai essayée en Corée. Au premier kilomètre, l'on se rend vite compte que nous sommes au volant d'une voiture traditionnelle. Et ce, contrairement à la conduite d'une voiture hybride concurrente, la Toyota Prius pour ne pas la nommer ! La boîte de vitesse répond rapidement et compense légèrement le manque de puissance de ce groupe. Les performances ne sont pas renversantes, mais l'économie de carburant et la réduction des émissions priment.

La direction est un peu floue tandis que la suspension demeure ferme. Cette Ioniq ne procurera probablement pas plus de plaisir que sa sœur de chez Kia. En contrepartie, la direction de Hyundai parle d'une consommation avoisinant 4,5 l/100 au combiné.

Mais il faut préciser que comme pour la Niro, elle se déclinera en version hybride rechargeable et en version entièrement électrique. Pour l'instant, nous n'avons pas de date de mise en marché pour ces deux dernières configurations. Ce qui est certain, c'est que cette Ioniq hybride sera proposée dès cette année sur notre territoire.

Est-ce que son arrivée annonce une entrée importante dans la voiture tout électrique au détriment des piles à combustible ? Rien n'est moins sûr puisque le Tucson à hydrogène est toujours inscrit au catalogue pour 2017. Et pour le prix, rien d'annoncé, mais l'on connaît le rapport prix/équipement des autres modèles de la gamme Hyundai et la Ioniq devrait s'inscrire dans cette stratégie.

Du nouveau en 2017

Nouveau modèle

Châssis - Hybride

Emp / lon / lar / haut	2700 / 4470 / 1821 / 1450 mm
Coffre / Réservoir	750 litres / 45 litres
Nbre coussins sécurité / ceintures	7 / 5
Suspension avant	ind., jambes force
Suspension arrière	ind., multibras
Freins avant / arrière	disque / disque
Direction	à crémaillère, ass. élect.
Diamètre de braquage	10,6 m
Pneus avant / arrière	P195/65R15 / P195/65R15
Poids / Capacité de remorquage	n.d. / n.d.
Assemblage	Asan KR

Composantes mécaniques

Électrique

Puissance / Couple	120 ch (89 kW) / 215 lb-pi
Tr. base (opt) / rouage base (opt)	Rapport fixe / Tr
0-100 / 80-120 / V.Max	n.d. / n.d. / 165 km/h (const)
Type de batterie	Lithium-ion polymère (Li-Po)
Énergie	28 kWh
Temps de charge (120V / 240V)	n.d.
Autonomie	175 km

Hybride rechargeable, Hybride

Cylindrée, soupapes, alim.	4L 1,6 litre 16 s atmos.
Puissance / Couple	104 ch / 109 lb-pi
Tr. base (opt) / rouage base (opt)	A6 / Tr
0-100 / 80-120 / V.Max	n.d. / n.d. / 185 km/h (const)
Type / ville / route / CO_2	Ord / n.d. / n.d. / 640 (est) kg/an (recharg.)
Type / ville / route / CO_2	Ord / n.d. / n.d. / 2070 (est) kg/an (hybride)

Moteur électrique (hybride rechargeable)

Puissance / Couple	60 ch (45 kW) / n.d. lb-pi
Type de batterie	Lithium-ion polymère (Li-Po)
Énergie	8,9 kWh
Temps de charge (120V / 240V)	n.d.
Autonomie	40 km

Moteur électrique (hybride)

Puissance / Couple	43 ch (32 kW) / 125 lb-pi
Type de batterie	Lithium-ion polymère (Li-Po)
Énergie	1,56 kWh
Temps de charge (120V / 240V)	n.d.
Autonomie	n.d.

HYUNDAI **SANTA FE**

(((SiriusXm)))

Prix : 31 099 $ à 44 599 $
Catégorie : VUS
Garanties :
5 ans/100 000 km, 5 ans/100 000 km
Transport et prép. : 1 895 $
Ventes QC 2015 : 5 159 unités
Ventes CAN 2015 : 33 246 unités

Cote du Guide de l'auto

79 %

Fiabilité
■■■■■■■■□□

Appréciation générale
■■■■■■■□□□

Sécurité
■■■■■■■■□□

Agrément de conduite
■■■■■■■□□□

Consommation
■■■■■□□□□□

Système multimédia
■■■■■■■□□□

Cote d'assurance
■■■■■■■□□□
$$$ $

➕ Comportement routier sain • Moteur
V6 bien adapté • Équipement complet •
Version XL inédite • Ergonomie réussie

➖ Moteur turbo rugueux • Visibilité
arrière pénible • Troisième rangée
peu conviviale (XL) • Dimensions
encombrantes (XL) • Direction
floue (Sport)

Concurrents
Ford Explorer, Honda Pilot, Jeep Grand
Cherokee, Kia Sorento, Mazda CX-9,
Mitsubishi Outlander, Nissan Murano,
Nissan Pathfinder, Subaru Forester,
Toyota Highlander, Volkswagen Tiguan

Le duo dynamique

Denis Duquet

Lorsque le Santa Fe fut dévoilé en 2001, tout le monde vantait les qualités de ce nouveau VUS urbain. Par contre, quand Hyundai a eu l'idée de s'intéresser à la catégorie des VUS plus luxueux avec le Veracruz, disons que les avis furent partagés. La carrière de ce dernier a été aussi courte que discrète. Mais pas question d'abandonner une mécanique qui avait été développée à grands frais. C'est alors que la gamme Santa Fe s'est étoffée d'un nouveau modèle en 2013, le XL, tandis que l'original est devenu la version Sport.

Dans les deux cas, on en a profité pour relever la fiche des systèmes de sécurité. Aussi bien le Sport que le XL sont maintenant équipés d'un système de détection de changement de voie, de détection de présence de piéton avec arrêt automatique en plus d'une caméra à angles multiples. Sans oublier l'ajout de plusieurs autres éléments de série afin d'augmenter le confort de l'habitacle et la polyvalence de ces deux utilitaires.

LE GRAND FRÈRE
Il est évident qu'avec le XL, doté d'une troisième rangée de sièges, Hyundai cible les familles. De plus, avec le jeu des options, il est possible de commander une version six ou sept places selon que l'on opte pour des sièges capitaines à la seconde rangée. Et même si la configuration permettant de transporter le maximum d'occupants peut répondre aux besoins d'une famille, la troisième rangée n'est pas nécessairement confortable ni facile d'accès. Comme les familles sont moins nombreuses de nos jours, il y a fort à parier que cette banquette sera remisée la plupart du temps.

Il faut par ailleurs souligner le sérieux de la finition, la qualité des matériaux et la présentation de la planche de bord qui s'apparente aux modèles haut de gamme. Mentionnons au passage l'impression positive qui se dégage de l'éclairage bleuté de la planche de bord.

Pour déplacer ce VUS de près de deux tonnes, les ingénieurs ont conservé le V6 3,3 litres qui équipait la version précédente. Ses 290 chevaux sont suffisants pour permettre des accélérations que l'on peut qualifier de nerveuses sans être exagérées. La transmission automatique passe ses six rapports rapidement et en douceur. La tenue de route est adéquate, tandis que la suspension confortable absorbe sans problème les imperfections de la route. Somme toute, un véhicule huppé vendu à prix d'aubaine.

IL NE FAUT PAS OUBLIER JUNIOR...

Si le XL en met plein la vue, cela ne veut pas dire pour autant que la version Sport — plus petite et plus agile — doive être ignorée. Si vous n'avez pas besoin d'un véhicule à sept places, ce VUS convient à la plupart des acheteurs et ses dimensions plus raisonnables le font apprécier en ville et même en conduite hors route alors que sa taille permet de négocier les passages étroits plus facilement. Il est également plus léger, ce qui signifie qu'un V6 est superflu.

Cette fois, deux moteurs sont au programme. Celui de base est un 2,4 litres atmosphérique produisant 185 chevaux. Pour ceux qui aiment avoir plus de puissance à leur disposition, un autre quatre cylindres est offert. D'une cylindrée de 2,0 litres, il génère 240 chevaux grâce à la turbocompression. Il faut préciser que le Sport Turbo est livré de série avec la transmission intégrale tandis que celle-ci est optionnelle avec le 2,4 litres. Dans les deux cas, la transmission automatique à six rapports est la seule disponible et elle ne se prête à aucun commentaire négatif. Par contre, lors de notre essai, le 2,0 litres Turbo nous a semblé plus rugueux que les versions à moteur 2,4 litres essayées précédemment. Rien de dramatique, mais perceptible tout de même.

Au fil des générations, le Santa Fe s'est bonifié tout en conservant les mêmes qualités initiales d'homogénéité, de saine tenue de route, sans oublier une bonne habitabilité. Comme sur le XL, la liste d'équipements de série est exhaustive car d'autres éléments se sont ajoutés pour 2017, dont des systèmes de sécurité sophistiqués et d'infodivertissement plus évolués.

Par ailleurs, il ne faut pas se laisser leurrer par la dénomination « Sport ». Les performances et la tenue de route n'ont rien de sportif même si le véhicule est très stable en virage. Par contre, elles placent le Santa Fe Sport dans le premier tiers de sa catégorie en la matière.

Pas surprenant que sa cote de popularité ne cesse de croître !

Châssis - XL TA	
Emp / lon / lar / haut	2800 / 4905 / 1885 / 1700 mm
Coffre / Réservoir	383 à 2265 litres / 71 litres
Nbre coussins sécurité / ceintures	7 / 7
Suspension avant	ind., jambes force
Suspension arrière	ind., multibras
Freins avant / arrière	disque / disque
Direction	à crémaillère, ass. var. élect.
Diamètre de braquage	11,2 m
Pneus avant / arrière	P235/60R18 / P235/60R18
Poids / Capacité de remorquage	1790 kg / 2268 kg (5000 lb)
Assemblage	West Point GA US

Composantes mécaniques	
4L 2,4 litres	
Cylindrée, soupapes, alim.	4L 2,4 litres 16 s atmos.
Puissance / Couple	185 ch / 178 lb-pi
Tr. base (opt) / rouage base (opt)	A6 / Tr (Int)
0-100 / 80-120 / V.Max	n.d. / n.d. / n.d.
100-0 km/h	n.d.
Type / ville / route / CO_2	Ord / 12,0 / 9,1 l/100 km / 4920 kg/an
4L 2,0 litres	
Cylindrée, soupapes, alim.	4L 2,0 litres 16 s turbo
Puissance / Couple	240 ch / 260 lb-pi
Tr. base (opt) / rouage base (opt)	A6 / Int
0-100 / 80-120 / V.Max	n.d. / n.d. / n.d.
100-0 km/h	n.d.
Type / ville / route / CO_2	Ord / 12,5 / 9,6 l/100 km / 5150 kg/an
V6 3,3 litres	
Cylindrée, soupapes, alim.	V6 3,3 litres 24 s atmos.
Puissance / Couple	290 ch / 252 lb-pi
Tr. base (opt) / rouage base (opt)	A6 / Tr (Int)
0-100 / 80-120 / V.Max	n.d. / n.d. / n.d.
100-0 km/h	n.d.
Type / ville / route / CO_2	Ord / 13,9 / 10,8 l/100 km / 5752 kg/an

Du nouveau en 2017

Moteurs quatre cylindres révisés. Révisions esthétiques.
Systèmes de sécurité plus sophistiqués.

Photos : Hyundai

HYUNDAI SANTA FE

HYUNDAI **SONATA**

((SiriusXM))

Prix : 24 749 $ à 43 999 $ (2016)
Catégorie : Berline
Garanties :
5 ans/100 000 km, 5 ans/100 000 km
Transport et prép. : 1 695 $
Ventes QC 2015 : 3 268 unités
Ventes CAN 2015 : 13 497 unités

Cote du Guide de l'auto

81 %

Fiabilité
■■■■■■■■□□

Appréciation générale
■■■■■■■■□□

Sécurité
■■■■■■■■□□

Agrément de conduite
■■■■■■■□□□

Consommation
■■■■■■□□□□

Système multimédia
■■■■■■■□□□

Cote d'assurance
■■■■■■■■□□
$$$ $

➕ Confortable • Spacieuse •
Joli habitacle • Places arrière de bonne
taille • Plusieurs moteurs intéressants

➖ Direction vague • Système multimédia
complexe • Fiabilité à long terme
inconnue • Petit coffre (hybride rechar-
geable) • Aides électroniques intrusives

Concurrents
Buick Regal, Chevrolet Malibu, Ford Fusion,
Honda Accord, Kia Optima, Mazda6,
Nissan Altima, Subaru Legacy, Toyota
Camry, Volkswagen CC, Volkswagen Passat

Que de préjugés !

Marc-André Gauthier

Il y a de ces mythes qui ont la vie dure. Ceux sur Hyundai et Kia, surtout ! Les journalistes automobiles sont bien placés pour le savoir… Combien de fois avons-nous recommandé des produits coréens à des consommateurs à la recherche d'une voiture confortable, bien finie, bien équipée et pas trop dispendieuse pour nous retrouver devant une moue désapprobatrice « Ah non, n'importe quoi sauf des chars coréens ». Pourtant, dans les sondages, Hyundai et Kia sont parmi les marques qui offrent la meilleure qualité initiale de produit, c'est-à-dire de celles qui arrivent à satisfaire le plus leurs clients.

Ce haut degré de satisfaction indique une chose, les marques coréennes font de bonnes voitures. Globalement, je dirais que les Coréens doivent encore travailler le dynamisme de la conduite de leurs autos, à quelques exceptions près. Pour le reste, Hyundai et Kia proposent un assemblage de qualité, de beaux designs, ainsi que bien plus d'équipement que leurs concurrents, pour le même prix.

La Sonata en est le meilleur exemple. Cette Hyundai n'est généralement pas considérée par les gens à la recherche d'une berline intermédiaire, et souvent, ils sont surpris de constater que ce produit est recommandé par une foule de journalistes… et souvent par ceux qui en possèdent déjà une. D'ailleurs, la Sonata a déjà gagné plusieurs prix, par l'Association des journalistes automobile du Canada, notamment. En plus, avec quatre groupes motopropulseurs, il y a une Sonata pour tout le monde.

QUATRE MOTORISATIONS, QUATRE TYPES D'ACHETEURS

Le moteur de base est un quatre cylindres de 2,4 litres qui développe 185 chevaux à 6 000 tr/min, et un couple de 178 livre-pied à 4 000 tr/min. Ce moteur — monté dans plusieurs autres produits coréens — est ici accouplé à une boîte automatique à six rapports, envoyant sa puissance aux roues avant. Quant à la version 2,0T, c'est un quatre cylindres turbocompressé de 2,0 litres qui y prend place. Engendrant 245 chevaux à 6 000 tr/min et 260 livre-pied de 1350 à 4 000 tr/min, il utilise la même transmission que le quatre cylindres de base. Alors que ce dernier offre une puissance suffisante, le 2,0 litres turbo rend la conduite plus épicée.

La version hybride recourt à quelque chose de bien différent. Son moteur à essence est un quatre cylindres de 2,0 litres à cycle Atkinson de 154 chevaux et 140 livre-pied, similaire à celui de la nouvelle Elantra. Il travaille en équipe, si on peut dire, avec un moteur électrique de 51 chevaux. On parle donc d'une puissance combinée de 193 chevaux, le tout géré par la même boîte automatique à six rapports que dans les autres versions. Petite déception... Aux États-Unis, la Sonata Eco dispose d'un moteur turbo de 1,6 litre et une boîte à double embrayage à sept rapports, que l'on aurait bien aimé avoir ici.

Enfin, il y a une version hybride rechargeable. La motorisation à essence est la même que dans la version hybride, à l'exception du moteur électrique plus puissant à 67 chevaux, pour un total de 202 chevaux. Cette hybride Plug-in, comme on l'appelle en anglais, peut rouler en mode 100 % électrique sur une distance de 35 km, selon Hyundai. Le temps de recharge de ces piles est de 5 heures sur du courant domestique, et de 2,5 heures sur une borne de 240 volts.

UN COMPORTEMENT SANS REPROCHE

Quelle que soit la version, les qualités de la Sonata demeurent. On apprécie la suspension confortable, mais pas trop molle en même temps. En version Sport, avec les roues optionnelles de 18 pouces et des pneus de performance, la Sonata a une bonne tenue de route. Par contre, sa direction est un peu floue, à des années-lumière du dynamisme que l'on retrouve dans la Mazda6 ou dans la Volkswagen Passat, par exemple.

La boîte automatique à six rapports fait un travail plus que convenable. Elle répond bien aux commandes de l'accélérateur, et l'on peut accentuer ou diminuer sa sensibilité, en fonction des modes de conduites choisis. Alors qu'habituellement les hybrides ou les hybrides rechargeables disposent d'une boîte à rapports continuellement variables (CVT), Hyundai ose l'automatique conventionnelle, ce qui se traduit par des accélérations beaucoup plus silencieuses. Peu importe la version, les roues motrices sont situées à l'avant.

L'habitacle de la Sonata fait preuve de plus de raffinement que bien d'autres berlines de la même catégorie, avec toutes les commandes à portée de la main, des sièges confortables, et des places arrière généreuses.

Il y en a pour tous les goûts avec la Sonata, et il s'agit d'une bagnole trop intéressante pour être ignorée. Oubliez les préjugés !

Du nouveau en 2017

Changements esthétiques mineurs

Châssis - Ultimate 2.0T	
Emp / lon / lar / haut	2805 / 4855 / 1865 / 1475 mm
Coffre / Réservoir	462 litres / 70 litres
Nbre coussins sécurité / ceintures	7 / 5
Suspension avant	ind., jambes force
Suspension arrière	ind., multibras
Freins avant / arrière	disque / disque
Direction	à crémaillère, ass. var. élect.
Diamètre de braquage	10,9 m
Pneus avant / arrière	P235/45R18 / P235/45R18
Poids / Capacité de remorquage	1640 kg / non recommandé
Assemblage	Montgomery AL US

Composantes mécaniques	
Hybride et Hybride rechargeable	
Cylindrée, soupapes, alim.	4L 2,0 litres 16 s atmos.
Puissance / Couple	154 ch / 140 lb-pi
Tr. base (opt) / rouage base (opt)	A6 / Tr
0-100 / 80-120 / V.Max	8,9 s (Hybride) / 6,7 s (Hybride) / n.d.
100-0 km/h	44,4 m (Hybride)
Type / ville / route / CO$_2$	Ord / 6,2 / 5,5 l/100 km / 2707 (est) kg/an

Moteur électrique (Hybride)	
Hybride, Hybride Limited	
Puissance / Couple	51 ch (38 kW) / 151 lb-pi
Type de batterie	Lithium-ion (Li-ion)
Énergie	1,6 kWh
Temps de charge (120V / 240V)	n.d.
Autonomie	n.d.

Moteur électrique (Hybride branchable)	
Puissance / Couple	67 ch (50 kW) / 151 lb-pi
Type de batterie	Lithium-ion (Li-ion)
Énergie	9,8 kWh
Temps de charge (120V / 240V)	5,0 h / 2,5 h
Autonomie	43 km

GL, GLS, Sport, Limited

4L 2,4 l - 185 ch / 178 lb-pi - A6 - 0-100: 8,8 s - 9,8/6,7 l/100 km

Ultimate 2.0T

4L 2,0 l - 245 ch/260 lb-pi - A6 - 0-100: 6,7 s (est) - 10,4/7,4 l/100km

Photos : Hyundai

HYUNDAI SONATA

HYUNDAI **TUCSON**

Prix : 24 399 $ à 39 599 $ (2016)
Catégorie : VUS
Garanties :
5 ans/100 000 km, 5 ans/100 000 km
Transport et prép. : 2 160 $
Ventes QC 2015 : 4 744 unités
Ventes CAN 2015 : 16 362 unités

Cote du Guide de l'auto

86 %

Fiabilité
Appréciation générale

Sécurité
Agrément de conduite

Consommation
Système multimédia

Cote d'assurance

$$$ $

➕ Style réussi • Bon rapport équipement/prix • Insonorisation améliorée • Boîte à double embrayage efficace

➖ Puissance un peu juste (2,0 litres) • Manque de précision de la direction • Consommation élevée (turbo) • Certains plastiques bas de gamme dans l'habitacle

Concurrents

Chevrolet Equinox, Dodge Journey, Ford Escape, GMC Terrain, Honda CR-V, Jeep Cherokee, Kia Sportage, Mazda CX-5, Mitsubishi Outlander, Nissan Rogue, Toyota RAV4, Volkswagen Tiguan

Une excellente recrue

Gabriel Gélinas

Dans le créneau des VUS compacts, où la concurrence est la plus vive à l'heure actuelle, on retrouve des *best-sellers* comme le Ford Escape, des valeurs sûres comme le CR-V de Honda ou le CX-5 de Mazda qui se démarque par sa dynamique. Dans ce segment ultracompétitif, le Tucson de Hyundai avait de la difficulté à suivre la parade en raison de ses dimensions plus compactes et d'un certain retard sur le plan technique. Avec le lancement l'an dernier d'une toute nouvelle mouture, Hyundai a corrigé le tir en mettant de l'avant une excellente recrue.

Sur le plan technique, le Tucson est maintenant à la page, surtout dans le cas des versions animées par le nouveau moteur turbocompressé jumelé avec la boîte à double embrayage à sept rapports, sans parler de la structure plus rigide partagée par toutes les déclinaisons. Le moteur turbo, fort de 175 chevaux, s'exprime tout en souplesse grâce à son couple élevé de 195 livre-pied, lequel est disponible sur une très large plage, soit de 1 500 à 4 500 tours/minute.

Le fait que le turbocompresseur soit à deux entrées explique aussi la vivacité de ce moteur dont la puissance n'est pas très élevée, mais dont le couple est plus que satisfaisant. Le résultat, c'est que le Tucson à moteur turbo n'éprouve aucune difficulté lors de certaines manœuvres, comme les entrées sur l'autoroute, par exemple. Le fait que ce moteur soit jumelé à une boîte à double embrayage est un autre élément qui permet au Tucson de se démarquer de la concurrence équipée de boîtes automatiques conventionnelles ou de boîtes à variation continue.

Cependant, la boîte à sept rapports du Tucson a beau être efficace, mais elle n'est pas particulièrement rapide. On note aussi une ombre au tableau avec une consommation observée qui a été largement supérieure à 10 litres aux 100 kilomètres lors d'un essai réalisé en hiver. Quant aux modèles équipés du moteur atmosphérique de 2,0 litres, précisons que la puissance est un peu juste, ce qui vient réduire l'agrément de conduite.

Concernant la dynamique, le Tucson impressionne avec une bonne tenue de route et un freinage performant. Les mouvements de la caisse sont bien contrôlés et les suspensions font un bon travail pour absorber les inégalités de la chaussée. Le Tucson n'est cependant pas l'égal du Mazda CX-5 concernant la dynamique, et sa direction manque un peu de précision et de retour d'information.

REMANIEMENT DE LA GAMME

Pour 2017, Hyundai apporte déjà des changements à la gamme des Tucson ainsi qu'à la dotation de série de plusieurs versions, à peine un an après son lancement. Du côté des véhicules à moteur de 2,0 litres, à traction ou à rouage intégral, une livrée appelée SE s'ajoute comprenant la sellerie en cuir, le toit panoramique, les éléments de chrome pour la carrosserie, le siège du conducteur à réglage électrique et la climatisation à bizone. Le SE prend place juste sous la version Luxe, qui lui reçoit une chaîne audio haut de gamme ainsi que l'assistant de stationnement à l'arrière. Précisons également que le volant chauffant est maintenant offert de série sur toutes les versions sauf celle de base.

Au sujet des Tucson animés par le moteur turbocompressé, la désignation SE remplace la désignation Premium alors que les livrées Limited et Ultimate reçoivent la chaîne audio haut de gamme en équipement de série. Avec ces changements, Hyundai bonifie le rapport équipement/prix qui était déjà très bon l'an dernier. Prière toutefois de conserver une certaine retenue avant de faire le choix du Tucson Ultimate, dont le prix avoisine quarante mille dollars, ce qui est très cher pour un VUS compact.

LA VERSION À HYDROGÈNE

Hyundai a également développé une version du Tucson fonctionnant avec une pile à combustible alimentée par hydrogène, dont la diffusion demeure presque confidentielle puisque seulement une poignée d'automobilistes, tous résidents de la région de Vancouver où se trouve une seule station de ravitaillement en hydrogène, ont pu choisir ce modèle.

En fait, le Tucson FCEV est un véhicule électrique qui fabrique au besoin sa propre électricité par le biais de la pile à combustible alimentée par l'hydrogène. Impossible de l'acheter, il n'est disponible qu'en location, à un coût de 529 $ par mois sur 36 mois, Hyundai payant l'hydrogène que le client consomme.

Si l'on fait abstraction de ce modèle à pile à combustible, le Tucson réussit à s'imposer par son rapport équipement/prix favorable et sa dynamique améliorée par rapport au modèle précédent, ce qui en fait une excellente recrue.

Châssis - 2.0 TA	
Emp / lon / lar / haut	2670 / 4475 / 1850 / 1650 mm
Coffre / Réservoir	877 à 1754 litres / 62 litres
Nbre coussins sécurité / ceintures	6 / 5
Suspension avant	ind., jambes force
Suspension arrière	ind., multibras
Freins avant / arrière	disque / disque
Direction	à crémaillère, ass. var. élect.
Diamètre de braquage	10,6 m
Pneus avant / arrière	P225/60R17 / P225/60R17
Poids / Capacité de remorquage	1508 kg / 454 kg (1000 lb)
Assemblage	Ulsan KR

Composantes mécaniques	
4L 2,0 litres	
Cylindrée, soupapes, alim.	4L 2,0 litres 16 s atmos.
Puissance / Couple	164 ch / 151 lb-pi
Tr. base (opt) / rouage base (opt)	A6 / Tr (Int)
0-100 / 80-120 / V.Max	n.d. / n.d. / n.d.
100-0 km/h	n.d.
Type / ville / route / CO_2	Ord / 11,0 / 9,0 l/100 km / 4646 kg/an
4L 1,6 litre	
Cylindrée, soupapes, alim.	4L 1,6 litre 16 s turbo
Puissance / Couple	175 ch / 195 lb-pi
Tr. base (opt) / rouage base (opt)	A7 / Int
0-100 / 80-120 / V.Max	8,7 s / 6,5 s / n.d.
100-0 km/h	41,1 m
Type / ville / route / CO_2	Sup / 9,9 / 8,4 l/100 km / 4244 kg/an

« POUR CE QUI EST DE LA **DYNAMIQUE,** LE TUCSON **IMPRESSIONNE** AVEC UNE BONNE TENUE DE ROUTE ET UN FREINAGE **PERFORMANT.** »

Du nouveau en 2017

Aucun changement majeur. Modifications apportées à la désignation des modèles, nouveaux équipements offerts de série.

Photos : Hyundai

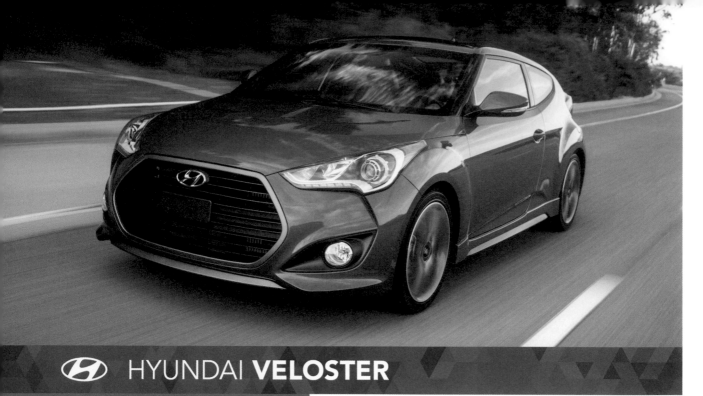

HYUNDAI **VELOSTER**

((SiriusXM))

Prix : 18 599 $ à 28 699 $ (2016)
Catégorie : Coupé
Garanties :
5 ans/100 000 km, 5 ans/100 000 km
Transport et prép. : 1 695 $
Ventes QC 2015 : 810 unités
Ventes CAN 2015 : 2 971 unités

Cote du Guide de l'auto

68 %

Fiabilité
■■■■■■□□□□

Appréciation générale
■■■■■■■□□□

Sécurité
■■■■■■□□□□

Agrément de conduite
■■■■■■■□□□

Consommation
■■■■■■■■□□

Système multimédia
■■■■■□□□□□

Cote d'assurance
■■■■■■□□□□
$$$ $

➕ Style qui se démarque • Maniabilité •
Bon rapport prix/équipement •
Consomme peu • Portière arrière pratique

➖ Manque de raffinement •
Pas aussi fougueuse que ses rivales •
Peu d'espace à l'arrière • Suspension
très rigide • Visibilité arrière compliquée

Concurrents
MINI Coupé, Subaru BRZ, Toyota 86

Seule de son camp

Michel Deslauriers

Avec le retrait du coupé Genesis, la petite Veloster devient la seule voiture sportive au sein de la gamme Hyundai. Elle aura donc la lourde tâche de se mesurer à une foule de concurrentes se situant entre 20 000 $ et 30 000 $, et en plus, elle commence à se faire vieille, puisqu'elle a été introduite à l'automne 2011.

La Veloster possède de belles qualités, mais aussi sa part de défauts. Saura-t-elle tenir le fort chez Hyundai d'ici à l'an prochain, quand le constructeur commercialisera ses premiers produits portant l'écusson N ? Rappelons qu'il y a deux ans, Hyundai a annoncé la création d'un portfolio de voitures sportives, et cette 14ᵉ lettre de l'alphabet sera l'emblème de ces modèles plus performants.

En attendant, nous avons la Veloster, cette petite bête bizarroïde à quatre portes, dont l'une d'entre elles est un hayon. Avec ses blocs optiques surdimensionnés, ses passages de roue gonflés et les surfaces concaves sur son hayon, elle ne laisse probablement personne indifférent. Soit on la trouve originale, soit on la trouve hideuse. Dans les deux cas, c'est mission accomplie pour le constructeur qui cherchait à se démarquer avec son produit.

RÉGULIÈRE OU EXTRA-FORTE
Sous le capot de la Veloster, on retrouve un quatre cylindres de 1,6 litre à injection directe, jumelé soit à une boîte manuelle à six rapports soit, en option, à une automatisée à six rapports avec double embrayage. Avec 132 chevaux et un maigre couple de 120 livre-pied, la version de base ne peut qu'offrir des performances adéquates tout au plus.

Il est difficile pour la Veloster de cacher le fait d'avoir été conçue en utilisant l'architecture de l'Elantra GT et la motorisation de l'Accent. On est loin d'un héritage de sportives pur-sang.

Pour pallier le manque de chevaux-vapeur, on peut également opter pour la version Turbo. Grâce à la suralimentation, on a droit à 201 étalons ainsi qu'à un couple de 195 livre-pied qui se manifeste de 1750 à 4000 tr/min. La boîte manuelle est toujours de série, mais dans ce cas-ci, c'est une boîte automatisée à sept rapports avec double embrayage qui est optionnelle. À noter que la Veloster Édition Rally à tirage limité vendue l'an dernier n'est pas reconduite en 2017.

La Veloster Turbo est donc rapide et agile. Toutefois, la livrée de puissance de son moteur n'est pas des plus linéaires, et malgré les chiffres sur papier, elle ne peut rivaliser avec la fougue des moteurs turbocompressés de la Volkswagen Golf GTI et de la Ford Fiesta ST, par exemple.

Et dans le cas des deux versions de la Veloster, la suspension est ferme au point d'être désagréable sur les routes le moindrement cahoteuses. C'est probablement le plus grand reproche que l'on peut adresser à cette sportive. En revanche, on apprécie sa faible consommation d'essence avec le moteur de base, alors qu'on peut facilement obtenir une moyenne sous la barre des 8,0 l/100 km, et le moteur turbo ne demande qu'environ un demi-litre de plus.

TOUT ÉQUIPÉE, OU PRESQUE

Évidemment, la particularité de la Veloster, comparée à la majorité des autres voitures sur la route, c'est son nombre asymétrique de portières. On en retrouve une longue du côté conducteur, alors que du côté passager, la portière avant est raccourcie pour faire place à une porte arrière. La poignée de cette dernière est même dissimulée dans le cadre de sa vitre pour conserver l'aspect visuel d'un coupé.

On peut donc faire monter plus facilement des passagers à l'arrière depuis la droite, et ces deux personnes qui y prendront place profiteront d'un espace plus tolérable que dans la Fiat 500 Abarth. Toutefois, n'allez surtout pas croire que la Veloster est un véhicule idéal pour transporter la famille grâce à cette porte arrière. Et tâchez de ne pas vous cogner la tête en montant à bord.

La version Turbo profite d'une sellerie de cuir, mais surtout d'une apparence plus agressive avec sa grille de calandre surdimensionnée, ses jupes de bas de caisse, son aileron arrière plus gros et ses embouts d'échappement circulaires.

En somme, il s'agit d'un petit coupé unique, intéressant et bien équipé, mais qui manque un peu de raffinement et de performances en ligne droite.

Châssis - Turbo

Emp / lon / lar / haut	2650 / 4220 / 1805 / 1399 mm
Coffre / Réservoir	440 litres / 50 litres
Nbre coussins sécurité / ceintures	6 / 4
Suspension avant	ind., jambes force
Suspension arrière	semi-ind., poutre torsion
Freins avant / arrière	disque / disque
Direction	à crémaillère, ass. var. élect.
Diamètre de braquage	10,4 m
Pneus avant / arrière	P215/40R18 / P215/40R18
Poids / Capacité de remorquage	1270 kg / n.d.
Assemblage	Ulsan KR

Composantes mécaniques

Base, TDE EcoShift, Ens. technologie

Cylindrée, soupapes, alim.	4L 1,6 litre 16 s atmos.
Puissance / Couple	132 ch / 120 lb-pi
Tr. base (opt) / rouage base (opt)	M6 (A6) / Tr
0-100 / 80-120 / V.Max	9,7 s / 7,0 s / n.d.
100-0 km/h	42,0 m
Type / ville / route / CO_2	Ord / 9,0 / 6,7 l/100 km / 3664 kg/an

Turbo

Cylindrée, soupapes, alim.	4L 1,6 litre 16 s turbo
Puissance / Couple	201 ch / 195 lb-pi
Tr. base (opt) / rouage base (opt)	M6 (A7) / Tr
0-100 / 80-120 / V.Max	8,1 s (est) / 5,6 s (est) / n.d.
100-0 km/h	43,1 m
Type / ville / route / CO_2	Sup / 8,9 / 7,1 l/100 km / 3721 kg/an

UNE PETITE SPORTIVE QUI SE DÉMARQUE DAVANTAGE PAR SON STYLE ET PAR SON NOMBRE INÉGAL DE PORTIÈRES QUE PAR SES PERFORMANCES.

Du nouveau en 2017

Aucun changement majeur. Retrait de la Veloster Édition Rally.

Photos : Hyundai

HYUNDAI VELOSTER

INFINITI Q50

INFINITI **Q50 / Q60**

((SiriusXM))

Prix : 39 900 $ à 57 000 $ (2016) (estimé)
Catégorie : Berline, Coupé
Garanties :
4 ans/100 000 km, 6 ans/110 000 km
Transport et prép. : 2 095 $
Ventes QC 2015 : 837
Ventes CAN 2015 : 3703

Cote du Guide de l'auto

72 %

Fiabilité
■■■■■□□□□□

Appréciation générale
■■■■■■■□□□

Sécurité
■■■■■■■□□□

Agrément de conduite
■■■■■■■□□□

Consommation
■■■■■■□□□□

Système multimédia
■■■■■■□□□□

Cote d'assurance
■■■■■■■□□□
$$$ $

➕ Style accrocheur (Q60) • Sportivité
en hausse • Nouveaux moteurs turbo •
Modèle Red Sport 400 performant
(Q50) • Rouage intégral offert de série

➖ Version Red Sport 400 manque
d'éléments distinctifs • Pas de boîte
double embrayage • Version hybride
peu intéressante (Q50)

Concurrents
Q50 : Acura TLX, Audi A4, BMW Série 3,
Cadillac ATS, Jaguar XE, Lexus IS, Lincoln
MKZ, Mercedes-Benz Classe C, Volvo S60
Q60 : Audi A5, BMW Série 4, Lexus RC,
Mercedes-Benz Classe C

À l'assaut de l'Allemagne

Sylvain Raymond / Gabriel Gélinas

La marque Infiniti a récemment connu des années mouvementées. Le changement de désignation de tous les modèles, le déménagement du siège social du Japon à Hong Kong et le départ du chef de la direction, maintenant chez Cadillac, sont autant d'éléments qui sont venus perturber la progression de la marque de luxe de Nissan. Cette tourmente étant maintenant chose du passé, il est maintenant temps de lancer une nouvelle offensive avec la berline Q50 et le coupé Q60, deux nouveaux modèles élaborés à partir de la plus récente plate-forme de la Nissan Z.

LA Q50

Jusqu'à cette année, l'absence d'une version vraiment sportive était le talon d'Achille de la berline Q50. Son V6 de 3,7 litres la plaçait en milieu de gamme, ne laissant aucun choix plus abordable ou plus sportif.

Infiniti s'est donc attardée à corriger ce problème en concoctant trois nouvelles versions, dont une de base qui hérite d'un nouveau quatre cylindres de 2,0 litres suralimenté. Il développe 208 chevaux pour un couple impressionnant de 258lb-pi, une puissance tout à fait en ligne avec ce que propose la concurrence. L'origine de cette mécanique n'est pas nipponne, mais bien germanique, Infiniti ayant conclu une entente avec Mercedes-Benz. D'ailleurs, on retrouve ce moteur sous le capot de la CLA.

Pendant qu'Infiniti sous-traitait la production de sa mécanique de base, elle s'est concentrée sur le développement d'un autre moteur en remplacement de son V6 de 3,7 litres. Bienvenue au 3,0 litres, biturbo qui, à bord de la 3,0t, développe 300 chevaux et un couple de 295lb-pi, une puissance tout de même moindre que l'ancienne mécanique qui produisait 308 chevaux.

Même si Infiniti n'a toujours pas de division de haute performance, la Q50 Red Sport 400, sans être aussi bestiale qu'une BMW M3 ou une Mercedes-AMG C 63, entre dans un club sélect puisqu'elle livre 400 chevaux, d'où son nom, et un couple 350lb-pi. Mais elle est trop discrète, cette Red Sport 400! Très peu d'éléments visuels la distinguent. Sur la route, la Q50 Red Sport 400 surprend par sa souplesse. Elle s'avère à la fois confortable et agréable durant les longs trajets et révèle un caractère sportif si vous la poussez. Toutes les Q50 vendues au Canada seront à rouage intégral, sauf l'hybride qui est une propulsion.

La Q50 hybride revient cette année. Totalement à l'opposé de la Red Sport 400, elle n'est quand même pas une limace avec ses 360 chevaux (moteur à essence et électrique combinés). Infiniti parle d'une consommation de moins de 9,0 l/100 km en ville.

ET LE Q60

Avec le nouveau coupé sport Q60, Infiniti cible directement les ténors allemands de la catégorie que sont les coupés Audi A5, BMW Série 4, Mercedes-Benz de Classe C, Cadillac ATS ainsi que Lexus RC. Comme dans la Q50, un quatre cylindres turbocompressé, partagé avec Mercedes-Benz, animera le modèle de base, alors que les versions plus typées recevront un V6 biturbo de 3,0 litres, développant 300 ou 400 chevaux selon les versions.

Le coupé Q60 affiche une carrosserie très frappante, grâce à des lignes ciselées. L'élément de design le plus marquant est sans contredit la calandre surdimensionnée, dont les dimensions sont supérieures à celle de la berline Q50. Le coupé Q60 sera livrable avec la seconde génération de sa direction adaptative, qui ajuste activement le rapport de direction en fonction de la vitesse du véhicule et des conditions de la route. Le rouage intégral sera lui aussi au programme pour le coupé Q60.

Il y a fort à parier qu'un cabriolet suivra le coupé, histoire d'opposer une concurrence directe aux rivales découvrables du trio allemand. Cet éventuel cabriolet partagera le style et les composantes mécaniques du coupé et on espère qu'il sera doté d'un coffre plus grand que celui du modèle antérieur.

Sous le capot du modèle Q60 Red Sport 400, ce même moteur développe 400 chevaux et un couple de 350 livre-pied grâce à une programmation informatique modifiée ainsi qu'à un capteur optique monté sur le turbocompresseur, qui amplifie sa puissance de 30 %, en faisant tourner les pales plus rapidement, soit jusqu'à 240 000 tours/minute.

Chez Infiniti, on attend beaucoup du nouveau coupé Q60 dont la mission est d'en découdre avec les valeurs sûres du créneau. De notre côté, on attend de pouvoir le conduire pour valider ou infirmer les affirmations de la marque.

Du nouveau en 2017

Q50 : Aucun changement majeur. Ajout de la version Red Sport 400.
Q60 : Nouveau modèle

Châssis - Q50 3.0t Sport berline TI

Emp / lon / lar / haut	2850 / 4803 / 1824 / 1453 mm
Coffre / Réservoir	382 litres / 75 litres
Nbre coussins sécurité / ceintures	6 / 5
Suspension avant	ind., bras inégaux
Suspension arrière	ind., multibras
Freins avant / arrière	disque / disque
Direction	à crémaillère, ass. var.
Diamètre de braquage	11,4 m
Pneus avant / arrière	P225/40R19 / P225/40R19
Poids / Capacité de remorquage	1835 kg / n.d.
Assemblage	Tochigi JP

Composantes mécaniques

Q50 Hybride

Cylindrée, soupapes, alim.	V6 3,5 litres 24 s atmos.
Puissance / Couple	302 ch / 258 lb-pi
Tr. base (opt) / rouage base (opt)	A7 / Int
0-100 / 80-120 / V.Max	5,8 s / 3,9 s / n.d.
100-0 km/h	42,4 m
Type / ville / route / CO_2	Sup / 8,7 / 7,6 l/100 km / 3774 kg/an

Moteur électrique

Puissance / Couple	67 ch (50 kW) / 214 lb-pi
Type de batterie	Lithium-ion (Li-ion)
Énergie	n.d.
Temps de charge (120V / 240V)	n.d.
Autonomie	n.d.

Q50 3.0t, Q60 3.0t

Cylindrée, soupapes, alim.	V6 3,0 litres 24 s turbo
Puissance / Couple	300 ch / 295 lb-pi
Tr. base (opt) / rouage base (opt)	A7 / Int
0-100 / 80-120 / V.Max	n.d. / n.d. / n.d.
100-0 km/h	n.d.
Type / ville / route / CO_2	Sup / 12,3 / 9,0 l/100 km / 4975 kg/an

Q50 Red Sport 400, Q60 Red Sport 400

Cylindrée, soupapes, alim.	V6 3,0 litres 24 s turbo
Puissance / Couple	400 ch / 350 lb-pi
Tr. base (opt) / rouage base (opt)	A7 / Int
0-100 / 80-120 / V.Max	5,2 s / 3,1 s / n.d.
100-0 km/h	42,5 m
Type / ville / route / CO_2	Sup / 12,8 / 9,1 l/100 km / 5122 kg/an

Q50 2.0t, Q60 2.0t

4 L 2,0 L - 208 ch/258 lb-pi - A7 - 0-100 : n.d. - 10,6/8,4 L/100 km

Photos : Infiniti

INFINITI Q60

INFINITI Q50

INFINITI **Q70**

Prix: 57 300 $ à 68 800 $ (2016)
Catégorie: Berline
Garanties:
4 ans/100 000 km, 6 ans/110 000 km
Transport et prép.: 2 095 $
Ventes QC 2015: 46 unités
Ventes CAN 2015: 217 unités

Cote du Guide de l'auto

66 %

Fiabilité
■■■■■■■□□□

Appréciation générale
■■■■■■■□□□

Sécurité
■■■■■■■■□□

Agrément de conduite
■■■■■■■□□□

Consommation
■■■■■□□□□□

Système multimédia
■■■■■■□□□□

Cote d'assurance
■■■■■■□□□□
$$$ $

➕ Moteurs performants • Silhouette toujours à la mode • Habitacle bien ficelé • Châssis solide • Tarifs intéressants

➖ Direction lourde • Suspension ferme • Freins brusques • Ergonomie perfectible • Modèle en fin de carrière

---

Concurrents
Acura RLX, Audi A6, BMW Série 5, Cadillac CTS, Jaguar XF, Kia K900, Lexus GS, Lincoln MKS, Mercedes-Benz Classe E, Volvo S80

Avoir les moyens de ses ambitions...

Jean-François Guay

Pendant que la berline Q50 et les multisegments QX60 et QX70 connaissent du succès dans leurs catégories respectives, la Q70 n'arrive toujours pas à soulever les passions. Depuis son entrée en scène en 2010, cette troisième génération n'a jamais eu la vie facile face aux pointures allemandes que sont les Mercedes-Benz Classe E, BMW Série 5 et Audi A6. En attendant le dévoilement d'une nouvelle Q70, Infiniti multiplie les tours de passe-passe pour donner un second souffle à sa grande berline. Toutefois, les acheteurs ne sont pas dupes et la Q70 éprouve de plus en plus de difficulté à cacher son âge.

Si les constructeurs japonais dominent le marché des petites voitures, ils ne remportent pas le même triomphe dans le créneau des grandes berlines de luxe. Autant la Q70 que les modèles GS et LS de Lexus et la RLX d'Acura se font battre à plate couture avec de minuscules parts de marché. Ces insuccès ne datent pas d'hier. On se rappellera que la première génération (2002-2005) et la deuxième (2005-2010) de la berline Infiniti M (un coupé M30 a existé de 1989 à 1992), l'ancêtre de la Q70, avaient connu une carrière en dents de scie.

À LA MODE CHINOISE
Pour apporter un peu de sang neuf, la Q70 propose depuis deux ans une version à empattement allongé qui lui permet de courtiser les acheteurs de berlines de luxe grand format comme les Mercedes-Benz Classe S, BMW Série 7 et Jaguar XJ. On s'accorde pour dire que la Q70 L n'a pas le prestige de ces dernières, mais elle a le mérite de se vendre à une fraction du prix. Cependant, la véritable intention d'Infiniti n'est pas de charmer le marché nord-américain avec cette pseudo limousine. La Q70 L, comme les modèles Q50 L et EX50 L, s'inscrit plutôt dans la stratégie d'Infiniti de conquérir le marché chinois qui raffole des véhicules à empattement allongé.

Par rapport à la Q70 ordinaire, l'empattement de la Q70 L est plus long de 15 cm. Cet espace additionnel pour les occupants arrière est agrémenté par des lampes individuelles, des sièges chauffants et un pare-soleil électrique. Et c'est tout ? Oui, malheureusement. Or, une voiture de cadre supérieur se doit de chouchouter davantage ses passagers avec des accessoires de luxe comme des fauteuils arrière climatisés, un système de divertissement avec des écrans individuels, un toit ouvrant panoramique, des tablettes pliantes, une console réfrigérante, etc. On peut toujours rêver... Mais, la Q70 L n'a pas les moyens de ses ambitions en n'offrant aucun de ces accessoires, même en option.

Même si la conception de la Q70 L semble improvisée, il est faux de croire qu'Infiniti a tourné les coins ronds. L'équipement est complet et comprend entre autres, une sellerie en cuir souple, un système de navigation avec écran couleur de 8 pouces, un système audio Bose à 16 haut-parleurs. Du côté de la sécurité, on trouve un système d'avertissement de collision frontale et un système de détection et de prévention des sorties de voies.

UNE MÉCANIQUE ÉPROUVÉE

Peu importe la version, on ne choisit pas nécessairement une Q70 ou une Q70 L pour ses beaux yeux, mais pour l'énergie et la fiabilité de sa mécanique à six ou huit cylindres. Reconnu comme étant l'un des meilleurs moteurs de l'industrie, le V6 atmosphérique de 3,7 litres et 330 chevaux ne se fait pas prier pour effectuer des accélérations et reprises soutenues. Ce moteur que l'on reconnaît à cent lieues à cause de sa sonorité rauque et atypique ne souffre d'aucun complexe face aux nouveaux V6 suralimentés qui pullulent sur le marché.

Pour se démarquer de la Q70, la Q70 L est le seul modèle à proposer le V8 de 5,6 litres en option. Plus doux et silencieux que le V6, les performances de ce gros bloc de 416 chevaux ont également plus de tonus pour déplacer cette caisse qui frise les 2 000 kg. Les deux moteurs sont reliés à une boîte automatique à sept rapports et un rouage intégral. Selon le style de conduite, le conducteur peut adapter la réaction de la transmission en fonction des modes : Eco, Normal et Sport. Quant à la motorisation hybride, elle a été supprimée du catalogue canadien il y a deux ans.

Étrangement, la Q70 est affublée d'une direction lourde, comparable à celle d'un VUS. Sur l'autoroute, on s'y habitue, mais à basse vitesse on aurait préféré que les ingénieurs assouplissent le dosage. D'autant plus que les manœuvres de stationnement ne sont pas de tout repos à cause du long rayon de braquage.

Malgré la présence de pneumatiques de 20 pouces, la conduite n'est pas aussi dynamique qu'une allemande en virage. Par ailleurs, il est important de choisir des pneus d'été et d'hiver qui sont reconnus pour leur douceur de roulement afin de contrebalancer la fermeté de la suspension.

Du nouveau en 2017

Aucun changement majeur

Châssis - 3.7 TI	
Emp / lon / lar / haut	2900 / 4945 / 1845 / 1515 mm
Coffre / Réservoir	422 litres / 76 litres
Nbre coussins sécurité / ceintures	6 / 5
Suspension avant	ind., double triangulation
Suspension arrière	ind., multibras
Freins avant / arrière	disque / disque
Direction	à crémaillère, ass. var. élect.
Diamètre de braquage	11,4 m
Pneus avant / arrière	P245/50R18 / P245/50R18
Poids / Capacité de remorquage	1752 kg / n.d.
Assemblage	Tochigi JP

Composantes mécaniques	
V6 3.7 litres	
Cylindrée, soupapes, alim.	V6 3,7 litres 24 s atmos.
Puissance / Couple	330 ch / 270 lb-pi
Tr. base (opt) / rouage base (opt)	A7 / Int
0-100 / 80-120 / V.Max	6,7 s / 4,7 s / n.d.
100-0 km/h	39,8 m
Type / ville / route / CO_2	Sup / 13,2 / 9,6 l/100 km / 5327 kg/an
V8 5.6 litres	
Cylindrée, soupapes, alim.	V8 5,6 litres 24 s atmos.
Puissance / Couple	416 ch / 414 lb-pi
Tr. base (opt) / rouage base (opt)	A7 / Int
0-100 / 80-120 / V.Max	n.d. / n.d. / n.d.
100-0 km/h	n.d.
Type / ville / route / CO_2	Ord / 15,0 / 10,2 l/100 km / 5906 kg/an

ON NE CHOISIT PAS UNE Q70 POUR SES BEAUX YEUX, MAIS POUR L'ÉNERGIE ET LA FIABILITÉ DE SON CŒUR MÉCANIQUE À SIX OU HUIT CYLINDRES.

Photos : Infiniti

INFINITI QX30

Prix : n.d
Catégorie : VUS Compact
Garanties :
4 ans/100 000 km, 6 ans/110 000 km
Transport et prép. : 2095 $
Ventes QC 2015 : 0 unité
Ventes CAN 2015 : 0 unité

Cote du Guide de l'auto

n.d.

Fiabilité
Nouveau modèle
Sécurité
Nouveau modèle
Consommation
n.d.

Appréciation générale
Nouveau modèle
Agrément de conduite
Nouveau modèle
Système multimédia
Nouveau modèle

Cote d'assurance
n.d.

➕ Style contemporain • Tableau de bord réussi • Plate-forme robuste • Mécanique connue

➖ Places arrière restreintes • Visibilité arrière promet d'être mauvaise • Certaines commandes font trop Mercedes

---

Concurrents
Audi Q3, Mercedes-Benz GLA, Volkswagen Tiguan

Infiniti se lance !

Alain Morin

Depuis déjà plusieurs années, les marques de prestige que sont Mercedes-Benz, BMW, Audi, Lexus et j'en passe, s'emploient à créer des voitures plus petites dans le but de rejoindre un public plus jeune et, si possible, de le conserver dans le giron question de lui vendre d'autres véhicules plus tard. Infiniti n'avait pas encore donné dans ce lucratif marché mais c'est maintenant chose faite avec le QX30.

Ce nouveau VUS sous-compact de luxe avait été dévoilé au Salon de Francfort en 2013. À ce moment, il s'agissait du Q30 Concept. Puis, au Salon de Genève en février 2015, nous avons eu droit au QX30 Concept qui ressemblait étrangement au Q30 Concept. Outre quelques détails de présentation, c'était surtout sous le véhicule que les choses étaient différentes puisque le QX30 avait droit à un rouage intégral alors que le Q30 était mû par les seules roues avant.

À ce moment, Infiniti parlait de deux véhicules différents quoiqu'à l'apparence à peu près identique. Même si sur d'autres marchés, Infiniti commercialise un Q30 à roues avant motrices et un QX30 à quatre roues motrices, au Canada seul le QX30 est offert en version traction ou toutes roues motrices.

Au moment où nous écrivons ces lignes, début juillet 2016, nous n'avons pas encore pu mettre la main sur ce nouveau venu. Et ce n'est pas faute d'avoir essayé ! Les constructeurs japonais protègent leurs nouveautés comme si le sort de l'Humanité en dépendait. Au moins, on en sait suffisamment pour avoir un bon portrait du véhicule.

DU MERCEDES-BENZ EN DESSOUS
Tout d'abord, il convient de savoir que le QX30 est construit dans une nouvelle usine de Sunderland au Royaume-Uni, sur la plate-forme du Mercedes-Benz GLA qui a aussi servi à la berline CLA et, auparavant, aux prolétaires Classe A et B. Appliquant à sa façon la formule Outback de Subaru (prendre une berline, lui donner une suspension relevée de plusieurs

millimètres et une allure plus costaude), Mercedes avait pris une Classe A (vendue en Europe) et l'avait transformée en petit VUS. Bingo, on avait une deuxième voiture! Grâce à un accord entre Nissan/Infiniti et Mercedes-Benz, Infiniti se retrouve donc avec un nouveau véhicule qui ne lui coûte pas très cher.

Si la carrosserie du QX30 est suffisamment différente pour que le public ne se doute pas qu'il s'agit d'un produit allemand, dans l'habitacle c'est beaucoup plus évident. Quiconque a conduit une Mercedes au cours des cinq dernières années sera en terrain connu! Plusieurs boutons du tableau de bord, la commande rotative du système multimédia située sur la console et même le pommeau du levier de vitesses sont identiques à ceux du GLA. Par contre, et bravo aux designers d'Infiniti, l'écran central est bien intégré au tableau de bord alors que chez Mercedes, on a l'impression qu'il a été collé là à la dernière minute, juste avant le début de la production.

Puisque le QX30 et le GLA ont des dessous à peu près identiques, on ne s'étonnera pas de constater que les places arrière ne sont pas des plus accueillantes et que l'ouverture du coffre est plutôt petite. Heureusement, le coffre s'avère assez logeable. Il serait surprenant que la visibilité arrière soit meilleure dans l'Infiniti que dans le Mercedes!

Au Canada, trois versions sont offertes. Il y a le QX30, connu ailleurs sur la planète sous le nom Q30. Vient ensuite le QX30 S aux suspensions abaissées et à la présentation extérieure un zeste différente. Puisque le S réfère à Sport, ce véhicule est doté de pneus de performance de 19 pouces et de freins avant perforés pour assurer un meilleur refroidissement. Enfin, le QX30 AWD offre, on s'en doute, le rouage intégral. Ailleurs, il s'appelle simplement QX30.

VETTEL, ES-TU LÀ?
Sous le capot du QX30, on retrouve un quatre cylindres turbocompressé de 2,0 litres générant 208 chevaux, et une boîte à sept rapports à double embrayage. Vous croyez lire la fiche technique du Mercedes GLA 250? Pour l'instant du moins, la marque allemande semble se réserver la version haute performance (45 AMG).

Un ingénieur affecté à la conception du QX30 nous a déclaré, lors du Salon de Francfort, que ce dernier respecterait la philosophie de conduite d'Infiniti et que Sebastian Vettel, le pilote de F1, avait participé à son développement. Méchant paradoxe... Si le QX30 se comporte comme les autres VUS d'Infiniti, la tenue de route promet d'être bonne et la conduite plutôt ennuyante. Il sera sans doute plus confortable que le Mercedes GLA. Nous avons bien hâte de voir la touche de Vettel dans ce véhicule! Mais tout ce qui concerne les sensations de conduite demeure hypothétique. Restez branché à www.guideautoweb.com, on vous tient au courant!

Du nouveau en 2017
Nouveau modèle sera dévoilé à l'été 2016.

Châssis - TI	
Emp / lon / lar / haut	2700 / 4425 / 1815 / 1515 mm
Coffre / Réservoir	430 litres / 56 litres
Nbre coussins sécurité / ceintures	8 / 7
Suspension avant	ind., jambes force
Suspension arrière	ind., multibras
Freins avant / arrière	disque / disque
Direction	à crémaillère, ass. élect.
Diamètre de braquage	11,4 m
Pneus avant / arrière	P235/50R18 / P235/50R18
Poids / Capacité de remorquage	1545 kg / 750 kg (1653 lb)
Assemblage	Sunderland GB

Composantes mécaniques	
Cylindrée, soupapes, alim.	4L 2,0 litres 16 s turbo
Puissance / Couple	208 ch / 258 lb-pi
Tr. base (opt) / rouage base (opt)	A7 / Tr (Int)
0-100 / 80-120 / V.Max	7,2 s (est) / n.d. / 235 km/h (est)
100-0 km/h	n.d.
Type / ville / route / CO_2	Sup / 8,7 / 5,5 l/100 km / 3340 (est) kg/an

> LE QX30 ET LE MERCEDES-BENZ GLA SONT INTIMEMENT **LIÉS**. LEUR **PLATE-FORME** ET LEURS **COMPOSANTES MÉCANIQUES** SONT STRICTEMENT LES MÊMES.

Photos : Infiniti

INFINITI QX50

Prix : 37 900 $ (2016)
Catégorie : VUS compact
Garanties :
4 ans/100 000 km, 6 ans/110 000 km
Transport et prép. : 2095 $
Ventes QC 2015 : 582 unités
Ventes CAN 2015 : 2 283 unités

Cote du Guide de l'auto

74 %

Fiabilité	Appréciation générale
■■■■■■■□□□	■■■■■■■□□□
Sécurité	Agrément de conduite
■■■■■■■□□□	■■■■■■■□□□
Consommation	Système multimédia
■■■■■□□□□□	■■■■■■■□□□

Cote d'assurance
n.d.

➕ Style sportif • Puissance du moteur •
Transmission automatique efficace •
Rouage intégral offert de série

➖ Pas de version haute performance •
Visibilité arrière • Assise élevée •
Dégagements à la tête réduits

Concurrents
Acura RDX, Audi Q5, BMW X3, Lexus NX,
Mercedes-Benz GLC, Volvo XC60

Pas éclatant,
mais très intéressant

Sylvain Raymond

Il n'est pas simple de prédire l'avenir dans l'automobile, mais Nissan le fait très bien avec Infiniti, sa marque de luxe. Non seulement ce constructeur japonais a été le précurseur du segment des VUS vraiment sportifs avec son FX, lancé plusieurs années avant les modèles concurrents, mais il s'est également rapidement positionné chez les VUS compacts de luxe grâce au QX50. Anciennement nommé EX, ce modèle connaît un bon succès depuis son introduction et il se défend très bien dans un segment en constante ébullition.

Cette année, le QX50 n'a rien de nouveau : il a profité d'une légère refonte l'an dernier, lui permettant ainsi de demeurer compétitif face à des concurrents récemment remaniés. La bataille est plus que féroce, le BMW X3 et l'Acura RDX, pour ne nommer que ces deux-là, lui font la vie dure. Qu'est-ce qui avantage donc le QX50 ? Son prix compétitif par rapport aux autres protagonistes, et ce, malgré une bonne hausse du prix de base l'an passé, une décision qu'Infiniti avait justifiée par quelques équipements de série supplémentaires, comme un toit ouvrant.

IL SE FOND DANS LA MASSE
Côté style, le QX50 comporte plusieurs éléments propres à la marque, notamment la nouvelle grille à arche double. Le toit et les portes ont été retravaillés afin de s'ajuster aux nouvelles dimensions du véhicule. Il est un tantinet plus haut et son empattement a été majoré de 30 mm, principalement afin de procurer davantage d'espace aux passagers arrière, un reproche souvent fait dans le passé.

Le QX50 vieillit bien, mais il se fond dans la masse. Si vous aimez les modèles plus extravertis, vous découvrirez que le QX50 n'a rien pour faire tourner les têtes, surtout que les couleurs disponibles pour la carrosserie n'ont rien de très éclatant. C'est un peu mieux si vous optez pour l'ensemble Privilège qui comprend entre autres des jantes de 19 pouces, ce qui procure un peu plus de prestance au modèle.

À bord, le remaniement de l'année dernière a apporté un peu de nouveau, mais on reste en terrain connu. Ce n'est pas très moderne, surtout face à la récente concurrence, mais au moins la présentation demeure efficace et de bon goût.

DES GROUPES D'OPTIONS MIEUX ÉTUDIÉS

La bonne nouvelle, c'est qu'Infiniti a revu les ensembles d'options et les a regroupés par thématiques, éliminant l'un des principaux irritants du QX50. Par exemple, l'ensemble qui comprenait le système de navigation comportait plusieurs autres ajouts qui pouvaient ne pas intéresser les acheteurs; ce n'est plus le cas cette année. Les trois groupes d'options sont beaucoup mieux étudiés, ce qui évite de forcer des choix.

La note la plus positive du QX50 touche son groupe motopropulseur. Son V6 de 3,7 litres développe 325 chevaux et un couple de 267 lb-pi, ce qui en fait l'un des plus puissants de sa catégorie. Jumelé à une excellente transmission automatique à sept rapports, il permet au QX50 de boucler le 0-100 km/h en 5,5 secondes, ce qui est plus que décent... selon Infiniti. Sa consommation reflète également sa cavalerie supérieure, mais ce n'est rien de majeur si l'on demeure posé avec l'accélérateur.

Puisqu'Infiniti n'a toujours pas de division haute performance, ce qui est très dommage, il n'y a pas de version survitaminée pour rivaliser avec d'autres VUS plus émancipés, notamment les modèles AMG de chez Mercedes ou M de BMW. Les choix sont donc simples côté mécanique, surtout que le rouage intégral est offert de série. Ce dernier favorise l'envoi du couple aux roues arrière en condition normale, question d'améliorer le comportement du véhicule et sa consommation. Il pourra, en cas de besoin, transférer jusqu'à 50 % du couple aux roues avant pour optimiser l'adhérence.

LA CONDUITE D'UNE BERLINE SPORT

Le mot d'ordre chez Infiniti, c'est « Performance inspirée ». Dans cette optique, Infiniti veut doter le QX50 d'une conduite certes confortable, mais tout de même dynamique. L'effet est réussi, le véhicule se conduit du bout des doigts et l'on apprécie sa grande agilité, son gabarit plus petit le servant bien. Sa direction est très bien calibrée, juste assez lourde et sans être surassistée. La suspension minimise adéquatement les transferts de poids et assure un bel aplomb. Il n'y a toutefois aucun dispositif pour ajuster sa fermeté ou les réglages généraux du véhicule. Pas de mode Confort ou plus dynamique. Seule la transmission dispose d'un mode Sport permettant de maintenir un peu plus les régimes, mais il n'y a pas de palonniers derrière le volant pour changer manuellement les rapports.

Le QX50 demeure un excellent choix, lui qui était jusqu'à cette année le plus petit des VUS Infiniti, un titre qu'il cède volontiers au nouveau QX30.

Châssis - TI	
Emp / lon / lar / haut	2880 / 4744 / 1803 / 1614 mm
Coffre / Réservoir	527 à 1342 litres / 76 litres
Nbre coussins sécurité / ceintures	6 / 5
Suspension avant	ind., bras inégaux
Suspension arrière	ind., multibras
Freins avant / arrière	disque / disque
Direction	à crémaillère, ass. var.
Diamètre de braquage	11,8 m
Pneus avant / arrière	P225/55R18 / P225/55R18
Poids / Capacité de remorquage	1831 kg / n.d.
Assemblage	Tochigi JP

Composantes mécaniques	
Cylindrée, soupapes, alim.	V6 3,7 litres 24 s atmos.
Puissance / Couple	325 ch / 267 lb-pi
Tr. base (opt) / rouage base (opt)	A7 / Int
0-100 / 80-120 / V.Max	5,5 s / 5,0 s (est) / n.d.
100-0 km/h	n.d.
Type / ville / route / CO$_2$	Sup / 13,7 / 9,7 l/100 km / 5474 kg/an

« LE QX50 N'EST PAS LE PLUS PRATIQUE SUR LE MARCHÉ. MAIS IL SE CONDUIT COMME UNE BERLINE SPORT AVEC EN PRIME UN ROUAGE INTÉGRAL TRÈS EFFICACE. »

Du nouveau en 2017

Aucun changement majeur

∞ INFINITI **QX60**

(((SiriusXM)))

Prix : 47 400 $ à 57 900 $ (2016)
Catégorie : VUS intermédiaire
Garanties :
4 ans/100 000 km, 6 ans/110 000 km
Transport et prép. : 2 095 $
Ventes QC 2015 : 699 unités
Ventes CAN 2015 : 3 863 unités

Cote du Guide de l'auto

74 %

Fiabilité
■■■■■□□□□□

Appréciation générale
■■■■■■■□□□

Sécurité
■■■■■■■■□□

Agrément de conduite
■■■■■■□□□□

Consommation
■■■■■□□□□□

Système multimédia
■■■■■■■□□□

Cote d'assurance
■■■■■■■□□□
$ $ $ $

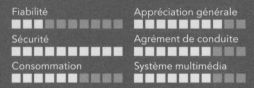
➕ Prix attrayant • Habitacle spacieux et bien fini • Équipement de série assez complet • Bonne capacité de remorquage

➖ Puissance un peu juste • Consommation élevée • Moins agile en zone urbaine • Boîte automatique CVT

Concurrents
Acura MDX, Audi Q7, BMW X5,
Buick Enclave, Ford Explorer,
Jeep Grand Cherokee, Land Rover LR4,
Lexus RX, Mercedes-Benz GLE,
Toyota Highlander, Volvo XC90

Transportez votre famille en première classe

Sylvain Raymond

Lorsque la marque de luxe de Nissan, Infiniti, a introduit le QX60 en 2013, baptisé JX à l'époque, nous avions des doutes sur son succès. Nous l'avions qualifié de fourgonnette de grand luxe, un ADN à des lieues de ce à quoi Infiniti nous avait habitués.

Apparemment, on s'est trompé puisque, trois ans plus tard, le QX60 est, étonnamment, le modèle le plus vendu de la marque au Canada. Il semble que beaucoup de familles apprécient sa capacité d'accueillir sept passagers et ses caractéristiques de luxe.

Le constructeur japonais a légèrement remanié ce modèle l'an passé, avec quelques retouches à l'avant et à l'arrière. Ainsi, la grille est un peu plus imposante et les phares antibrouillards sont cerclés de chrome. L'antenne de type aileron de requin, placée sur le toit à l'arrière, est pratiquement ce qui singularise le plus cette nouvelle édition !

Grâce au long capot, aux lignes élancées et au toit qui plonge un peu plus, l'« effet *minivan* » a été atténué, une excellente chose. Ce qui procure le plus de caractère au véhicule, c'est son montant D, à l'arrière, de forme parabolique et ses jantes surdimensionnées de 18 pouces, 20 en option.

Ce qui importe lorsque l'on se déplace en famille, c'est l'espace à bord, la convivialité et les équipements. Le QX60 a tout ça, avec un niveau de luxe relevé en prime, ce qui le distingue de son cousin, le Nissan Pathfinder. L'effet huppé est apporté par des sièges en cuir, des boiseries et une grande attention aux détails, typique à Infiniti. Côté ergonomie, le QX60 n'a pas trop changé ces dernières années, mis à part un nouveau sélecteur de vitesses qui reprend le design des plus récents véhicules de la marque.

BIEN ÉQUIPÉ POUR LE PRIX
À bord, l'espace est roi. Tous les passagers profitent de bons dégagements et il est possible de modifier aisément l'aménagement intérieur grâce aux sièges rabattables de seconde rangée (60/40) et de troisième rangée

(50/50). L'espace de chargement demeure intéressant même lorsque la banquette arrière est utilisée, le réel avantage des modèles plus imposants. L'accès à la troisième banquette est aussi facilité par un mécanisme simple qui rabat le siège médian complètement vers l'avant, libérant ainsi le passage.

Vendu à un prix de près de 50 000 $, le QX60 dispose d'une excellente valeur si on le compare à ses concurrents, un élément qui joue certainement en sa faveur au chapitre des ventes. Plutôt que de concevoir de multiples versions et forcer les choix, Infiniti a eu la bonne idée d'offrir une seule déclinaison, bien équipée, et de proposer quelques ensembles d'options en fonction de diverses thématiques comme Technologie, qui ajoute des systèmes rehaussant la sécurité ou Tourisme de luxe qui embellit le QX60 avec en prime, un niveau d'équipement supérieur. Même en livrée de base, il s'avère très intéressant, ce qui n'est souvent pas le cas des modèles germaniques.

SOUS LE THÈME DE L'ÉCONOMIE

Sous le capot, on retrouve à nouveau le V6 de 3,5 litres de la série VQ. Il développe 295 chevaux et un couple de 270 lb-pi. On se serait bien accommodé d'un surcroît de puissance avec le moteur de 3,7 litres, mais on comprend qu'Infiniti favorise l'économie de carburant à la puissance, un choix tout de même sensé dans les circonstances. C'est également pourquoi le constructeur a retenu une boîte automatique de type CVT, pour l'économie, non pas pour le plaisir de conduite. La bonne nouvelle, c'est que chez nous, le rouage intégral est de série.

Le QX60 est aussi commercialisé en version hybride, comprenant un moteur quatre cylindres suralimenté de 2,5 litres jumelé à un moteur électrique, pour une puissance combinée de 250 chevaux. Est-ce que ça vaut la peine ? Pas réellement, puisque l'économie sur l'autoroute n'est pas substantielle comparativement au prix demandé.

Afin de dynamiser son comportement, on a équipé le QX60 de composantes de suspensions plus fermes pour tenter de l'aligner un peu plus sur la philosophie sportive de la marque, mais il est difficile de réellement percevoir le changement. Avec sa hauteur et son gabarit, le QX60 n'est pas très svelte et son comportement reflète bien ses attributs physiques.

Sa grande force s'avère davantage son silence et son confort de roulement qui rendent les longs trajets beaucoup plus agréables. On n'entend pratiquement rien à bord, notamment grâce à un nouveau verre acoustique mieux insonorisant. Pour ne pas entendre les enfants se chamailler, le système de divertissement optionnel — qui comprend deux écrans à l'arrière — sera un succès garanti !

Du nouveau en 2017

Aucun changement majeur. Puissance du V6 3,5 litres augmentée.

Châssis - 3.5 TI	
Emp / lon / lar / haut	2900 / 4989 / 1960 / 1742 mm
Coffre / Réservoir	447 à 2166 litres / 74 litres
Nbre coussins sécurité / ceintures	6 / 7
Suspension avant	ind., jambes force
Suspension arrière	ind., multibras
Freins avant / arrière	disque / disque
Direction	à crémaillère, ass. var.
Diamètre de braquage	11,8 m
Pneus avant / arrière	P235/65R18 / P235/65R18
Poids / Capacité de remorquage	2048 kg / 2273 kg (5011 lb)
Assemblage	Smyrna TN US

Composantes mécaniques	
Hybride	
Cylindrée, soupapes, alim.	4L 2,5 litres 16 s surcompressé
Puissance / Couple	230 ch / 243 lb-pi
Tr. base (opt) / rouage base (opt)	CVT / Int
0-100 / 80-120 / V.Max	n.d. / n.d. / n.d.
100-0 km/h	n.d.
Type / ville / route / CO$_2$	Sup / 8,9 / 8,4 l/100 km / 3991 (est) kg/an
Moteur électrique	
Puissance / Couple	20 ch (15 kW) / 29 lb-pi
Type de batterie	Lithium-ion (Li-ion)
Énergie	n.d.
Temps de charge (120V / 240V)	n.d.
Autonomie	n.d.
3.5 TI	
Cylindrée, soupapes, alim.	V6 3,5 litres 24 s atmos.
Puissance / Couple	295 ch / 270 lb-pi
Tr. base (opt) / rouage base (opt)	CVT / Int
0-100 / 80-120 / V.Max	n.d. / n.d. / n.d.
100-0 km/h	n.d.
Type / ville / route / CO$_2$	Sup / 12,2 / 8,9 l/100 km / 4929 kg/an

INFINITI **QX70**

Prix : 53 800 $ à 60 450 $ (2016)
Catégorie : VUS intermédiaire
Garanties :
4 ans/100 000 km, 6 ans/110 000 km
Transport et prép. : 2095 $
Ventes QC 2015 : 102 unités
Ventes CAN 2015 : 528 unités

Cote du Guide de l'auto

69 %

Fiabilité
n.d.

Appréciation générale
■■■■■■■□□□

Sécurité
■■■■■■■■□□

Agrément de conduite
■■■■■■■□□□

Consommation
■■■■□□□□□□

Système multimédia
■■■■■■■□□□

Cote d'assurance
■■■■■■□□□□
$$$ $

➕ Conduite emballante •
Économie de carburant •
Prix attrayant • Bonne fiabilité

➖ Un seul moteur offert •
Modèle vieillissant • Visibilité arrière
pauvre • Espace de chargement réduit

Concurrents
BMW X6, Cadillac XT5,
Jeep Grand Cherokee, Lexus RX,
Mercedes-Benz GLE, Porsche Cayenne,
Volkswagen Touareg, Volvo XC90

De plus en plus discret

Sylvain Raymond

Lors de son apparition en 2004, l'Infiniti QX70, connu à l'époque sous le vocable FX, était en avance sur son temps. Croisement entre un VUS et une voiture sport, doté d'un style sportif à souhait et d'une conduite d'une étonnante vivacité, il a pavé la voie à plusieurs nouveautés chez les marques concurrentes.

Autant le FX était différent lors de son lancement, autant Infiniti n'apporte plus de nouveauté au QX70. On s'attend à l'arrivée d'une nouvelle génération depuis deux ans, mais ça ne s'est pas encore concrétisé. Ce ne sera pas pour cette année non plus puisqu'il demeure inchangé, mis à part une nouvelle version. On s'attendrait à une réplique plus féroce de la part d'Infiniti, histoire de maintenir l'intérêt pour le QX70 face à une concurrence de plus en plus marquée.

UNE NOUVELLE VERSION LIMITED
Ce qu'il y a de nouveau, c'est la version Limited, qui avait été présentée au dernier Salon de l'auto de New York. Elle se distingue par son pare-chocs qui intègre des feux de position au DEL au lieu de phares antibrouillard et par des jantes exclusives sur lesquelles sont montés des pneus toute saison 265/45R21 dotés d'une cote de vitesse élevée (V). Les prises d'air latérales sont également peintes de la couleur de la carrosserie alors que la plaque du protecteur de pare-chocs arrière est en acier inoxydable. Ce n'est pas majeur, mais ça apporte un peu de nouveauté... et une facture supérieure !

On a perdu la version la plus bestiale en 2016 lorsqu' Infiniti a cessé la distribution du FX équipé du V8 de 5,0 litres. Cette mécanique donnait à ce modèle ses lettres de noblesse et en faisait un bolide diabolique. Ce changement laisse depuis ce temps le champ libre aux autres VUS survitaminés que sont les BMW X6 xDrive50i, Jeep Grand Cherokee SRT ou Porsche Cayenne S. Depuis ce temps, le QX70 ne rivalise plus qu'avec des modèles davantage timides. Il le fait avec son valeureux V6 de 3,7 litres qui développe 325 chevaux et qui transmet cette puissance aux quatre roues via une boîte automatique à sept rapports.

OFFERT À UN PRIX COMPÉTITIF

Avec son poids et sa stature, le QX70 n'est pas surpuissant, mais en revanche, l'économie de carburant est favorisée. Là où il est avantagé par rapport à ses concurrents, c'est au chapitre du prix. Rares sont les modèles chez Infiniti qui jouent la carte de l'accessibilité, mais c'est le cas du QX70 qui est proposé à un prix de base de moins de 55 000 $, plusieurs milliers de dollars de moins que ses plus proches rivaux. C'est tout un avantage, surtout que les niveaux d'équipements sont souvent comparables. Si vous cherchiez le plus abordable des VUS sportifs, le voici!

Côté style, malgré son âge, le QX70 demeure au goût du jour. Son long capot et son habitacle reculé, sa ligne de toit basse tout comme ses porte-à-faux réduits lui donnent tout un style! Ce qui le met le plus en évidence? Les immenses jantes de 21 pouces de la version Sport. Ce n'est pas pour rien qu'à l'époque, on le qualifiait de «guépard bionique»... il semble toujours prêt à bondir.

Dans l'habitacle, on apprécie la qualité d'assemblage et l'attention aux détails. La présentation n'est pas des plus modernes, mais dégage quand même une bonne impression de luxe. Le tableau de bord est classique et émule ce que l'on retrouve dans les autres véhicules d'Infiniti, les plus anciens du moins.

À l'arrière, les sièges sont confortables, un peu moins en ce qui concerne la position centrale. La ligne de toit apporte un dégagement réduit à la tête alors que les jantes surdimensionnées créent de gros puits de roue qui envahissent la partie arrière de l'habitacle, ce qui ne facilite pas l'accès à bord.

UNE CONDUITE EMBALLANTE

Sur la route, le QX70 se conduit comme une berline sport. La position de conduite est bonne et la visibilité vers l'avant, excellente. Le volant sport au diamètre réduit augmente le sentiment de contrôle, on a l'impression de diriger le véhicule du bout des doigts.

Chaussé sur des roues de bonne taille, le QX70 affiche un aplomb inébranlable, même en conduite plus agressive. Puisque chez Infiniti la plupart des produits sont équipés du rouage intégral, le QX70 l'offre de série au Canada et c'est tant mieux. Il adhèrera mieux au pavé sous diverses conditions. Un bolide quatre saisons? Tout à fait!

Châssis - TI Sport	
Emp / lon / lar / haut	2885 / 4859 / 1928 / 1680 mm
Coffre / Réservoir	702 à 1756 litres / 90 litres
Nbre coussins sécurité / ceintures	6 / 5
Suspension avant	ind., double triangulation
Suspension arrière	ind., multibras
Freins avant / arrière	disque / disque
Direction	à crémaillère, ass. var.
Diamètre de braquage	11,2 m
Pneus avant / arrière	P265/45R21 / P265/45R21
Poids / Capacité de remorquage	2087 kg / 1588 kg (3500 lb)
Assemblage	Tochigi JP

Composantes mécaniques	
Cylindrée, soupapes, alim.	V6 3,7 litres 24 s atmos.
Puissance / Couple	325 ch / 267 lb-pi
Tr. base (opt) / rouage base (opt)	A7 / Int
0-100 / 80-120 / V.Max	6,5 s / 5,5 s / n.d.
100-0 km/h	n.d.
Type / ville / route / CO_2	Sup / 14,5 / 10,7 l/100 km / 5883 kg/an

« LE QX70 S'EST MALHEUREUSEMENT LAISSÉ DOUBLER PAR LA CONCURRENCE AU FIL DES ANNÉES. POURQUOI INFINITI N'A-T-ELLE PAS RÉAGI ? »

Du nouveau en 2017

Aucun changement majeur. Nouvelle version Limited.

Photos : Infiniti

INFINITI QX80

INFINITI **QX80** / NISSAN **ARMADA**

Prix : 59 828 $ à 74 650 $ (2016)
Catégorie : VUS grand format
Garanties :
4 ans/100 000 km, 6 ans/110 000 km
Transport et prép. : 2 095 $
Ventes QC 2015 : 120 unités*
Ventes CAN 2015 : 1 361 unités*

Cote du Guide de l'auto

64 %

Fiabilité
n.d.

Appréciation générale
■■■■■■■□□□

Sécurité
■■■■■■■□□□

Agrément de conduite
■■■■■■□□□□

Consommation
■■■□□□□□□□

Système multimédia
■■■■■■■□□□

Cote d'assurance
■■■■■■□□□□
$$$ $

➕ Confort et silence de roulement •
Mécanique moderne • Habitacle
spacieux et luxueux • Capacité de
remorquage élevée

➖ Consommation élevée •
Comportement routier quelconque •
Pneus de 22 po à éviter • Valeur de
revente moyenne

Concurrents
Cadillac Escalade, Chevrolet Suburban,
Chevrolet Tahoe, Ford Expedition,
GMC Yukon, Land Rover Range Rover
Sport, Lexus LX, Lincoln Navigator,
Mercedes-Benz GLS, Toyota Sequoia

Il y a de quoi inquiéter les écologistes

Jean-François Guay

On était convaincu que les grands VUS reposant sur un châssis en échelle étaient de l'histoire ancienne. Or, ces mastodontes sont revenus en force il y a deux ans avec le remodelage des Cadillac Escalade, Chevrolet Tahoe et GMC Yukon. De leur côté, les Ford Expedition et Lincoln Navigator ont abandonné leur V8 pour le remplacer par un V6 EcoBoost plus moderne et moins énergivore. Il n'en fallait pas plus pour que Nissan renouvelle le mandat de l'Infiniti QX80 et dévoile la nouvelle génération de l'Armada, alors que tout le monde s'accordait pour dire que les jours du gros VUS de Nissan étaient comptés. La reconduction du QX80 et la renaissance de l'Armada laissent supposer que Toyota s'affaire aussi à redessiner le Sequoia et le Lexus LX.

Ces boit-sans-soif doivent leur énième vie au faible coût de l'essence. Or, les ventes tendent à démontrer que les VUS grand format connaissent du succès aux États-Unis et dans l'Ouest canadien. Ils sont prisés également dans certains pays émergents où le prix de l'or noir est ridiculement bas. Chez nous, les acheteurs sont plus méfiants à l'égard des prix instables du carburant. Somme toute, la popularité grandissante de ces VUS a de quoi inquiéter les écologistes, car malgré la modernisation de leurs mécaniques, la consommation de ces colosses demeure gargantuesque.

UNE PLATEFORME ÉMÉRITE
Le QX80 partage maintenant sa plateforme avec le nouvel Armada, laquelle a d'abord été empruntée au Nissan Patrol qui s'est forgé une solide réputation en tant que véhicule logistique au sein des Nations Unies ou comme triple champion de sa catégorie au Rallye Paris-Dakar. L'empattement de l'Armada est identique au à celui du QX80 et la longueur est sensiblement la même. Cela dit, l'Armada est également plus large (+1,5 cm) et plus bas (-5,6 cm) qu'auparavant.

* Infiniti QX80 : 75 unités / Nissan Armada : 45 unités

** Infiniti QX80 : 727 unités / Nissan Armada : 634 unités

Le moteur du QX80 est un V8 de 5,6 litres doté de l'injection directe et de la technologie VVEL des soupapes, deux mécanismes qui diminuent la consommation et améliorent les performances. Sans surprise, l'Armada profite aussi de cette motorisation. Noblesse oblige, ce V8 développe 400 chevaux et un couple de 413 livre-pied dans le QX80 comparativement à 390 chevaux et 401 livre-pied dans l'Armada. Il s'agit d'un gain appréciable par rapport à l'ancien V8 de l'Armada qui produisait 317 chevaux et un couple de 385 livre-pied. Les deux modèles disposent d'une boîte automatique à sept rapports avec mode manuel.

Les QX80 et Armada sont de véritables VUS qui se caractérisent par des aptitudes hors route et des capacités de remorquage supérieures. Pour ce faire, ils sont équipés d'un système à quatre roues motrices à deux gammes permettant de sélectionner les modes : automatique, 2RM, 4H et 4 L.

Dans des conditions de conduite normales, le mode automatique fonctionne sur deux roues motrices, mais il peut répartir instantanément le couple aux quatre roues dès que la situation l'exige, soit jusqu'à 50 % du couple aux roues avant. Pour grimper les pentes ou descendre un bateau à l'eau, le rapport de démultiplication de 2,70 : 1 en mode 4 L offre une motricité exceptionnelle. Avec l'attelage approprié, tant le QX80 que l'Armada peuvent tracter un poids de 3 855 kg (8 500 lb).

ÉLÉGANT, MAIS BALOURD

L'intérieur de l'Armada est similaire et presque aussi élégant que celui du QX80 avec des appliques en bois véritable et des plastiques doux au toucher. Les deux modèles ont un habitacle plus volumineux que la concurrence. Même chose dans l'aire de chargement, laquelle est plus grande que celle des modèles de GM et Toyota, mais plus petite que ceux de Ford. Autant le QX80 que l'Armada peuvent peut accueillir sept ou huit personnes selon la configuration de sa deuxième rangée de sièges (capitaines ou banquette). Le silence de roulement s'apparente à la quiétude d'un monastère et l'Armada a fait des progrès grâce à l'ajout d'un pare-brise et de fenêtres avant en verre acoustique, ainsi qu'à l'utilisation accrue de matériaux insonores. Le design du pare-brise permet également d'atténuer les bruits éoliens.

Malgré les nombreux systèmes d'aide à la conduite, le QX80 et l'Armada affichent un léger roulis en virage, et en freinage appuyé la partie avant a tendance à piquer du nez à cause de la mollesse de la suspension. À ce chapitre, la tenue de route des VUS de GM est plus stable et ils virent avec plus d'aplomb en virage. Mais qui se soucie du comportement routier de ces gros balourds qui ont été conçus pour dorloter leurs occupants ou traîner un bateau ou une roulotte ?

Du nouveau en 2017

Nouvelle génération du Nissan Armada, quelques changements d'équipement et ajout d'un système anti louvoiement lors du remorquage pour le QX80.

Châssis - 5.6 (8 pass.)	
Emp / lon / lar / haut	3075 / 5305 / 2030 / 1925 mm
Coffre / Réservoir	470 à 2694 litres / 98 litres
Nbre coussins sécurité / ceintures	6 / 8
Suspension avant	ind., double triangulation
Suspension arrière	ind., double triangulation
Freins avant / arrière	disque / disque
Direction	à crémaillère, ass. var.
Diamètre de braquage	12,7 m
Pneus avant / arrière	P275/60R20 / P275/60R20
Poids / Capacité de remorquage	2672 kg / 3864 kg (8518 lb)
Assemblage	Ky?sh? JP

Composantes mécaniques

QX80

Cylindrée, soupapes, alim.	V8 5,6 litres 32 s atmos.
Puissance / Couple	400 ch / 413 lb-pi
Tr. base (opt) / rouage base (opt)	A7 / Int
0-100 / 80-120 / V.Max	7,5 s / 6,0 s / n.d.
100-0 km/h	44,0 m
Type / ville / route / CO_2	Sup / 16,9 / 11,9 l/100 km / 6739 kg/an

Armada

Cylindrée, soupapes, alim.	V8 5,6 litres 32 s atmos.
Puissance / Couple	390 ch / 401 lb-pi
Tr. base (opt) / rouage base (opt)	A7 / 4x4
0-100 / 80-120 / V.Max	n.d. / n.d. / n.d.
100-0 km/h	n.d.
Type / ville / route / CO_2	Ord / n.d. / n.d. / n.d.

INFINITI **QX80** / NISSAN ARMADA

Photos : Infiniti, Nissan

NISSAN ARMADA

INFINITI QX80

JAGUAR **F-PACE**

(((SiriusXM)))

Prix : 49 900 $ à 66 400 $
Catégorie : VUS compact
Garanties :
4 ans/80 000 km, 5 ans/80 000 km
Transport et prép. : 1 350 $
Ventes QC 2015 : 0 unité
Ventes CAN 2015 : 0 unité

Cote du Guide de l'auto

78 %

Fiabilité	Appréciation générale
Nouveau modèle	n.d.
Sécurité	Agrément de conduite
■■■■■■■■■□	n.d.
Consommation	Système multimédia
■■■■■□□□□□	n.d.

Cote d'assurance
n.d.

➕ Joli comme tout • Bon choix de moteurs • Belle présentation • Comportement dynamique

➖ Version de base dépouillée • Options dispendieuses • Places arrière limitées • Fiabilité inconnue

---

Concurrents
Acura RDX, Audi Q5, BMW X3, Buick Envision, Cadillac XT5, Infiniti QX60, Land Rover Range Rover Evoque, Lexus NX, Lincoln MKX, Mercedes-Benz GLC, Porsche Macan

Historique pour Jaguar

Jacques Deshaies

L'arrivée du F-PACE au sein de la famille Jaguar constitue un fait historique. Le constructeur britannique n'a jamais offert d'utilitaire depuis ses débuts. Certains disent que sa proximité avec Land Rover l'a toujours empêché de prendre cette direction. Néanmoins, ce nouveau F-PACE est peut-être unique dans l'histoire de la marque, mais ne révolutionne nullement le segment.

En effet, il n'est pas autre chose qu'une XE haute sur pattes. Il s'inscrit tout de même dans cette opération d'augmentation importante des parts de marché. La direction de Jaguar fonde de grands espoirs sur le F-PACE. Avec la popularité toujours grandissante des utilitaires compacts sur le marché nord-américain, Jaguar veut prendre part à cet essor.

Et pour s'assurer une place de choix, le F-PACE est proposé avec une sélection de trois motorisations sous quatre déclinaisons. Présenté à partir d'environ 50 000 $ dans sa version de base, il devrait faire sa niche rapidement.

COPIER-COLLER
Ne vous attendez pas à un véhicule unique en soi. Le F-PACE reprend largement l'esthétique de la compacte XE. Il est plus haut que la berline, voilà tout. Bien sûr, au chapitre du style, il porte bien la grille Jaguar, mais il assume des lignes plus imposantes. Malgré cela, il promène une silhouette fort réussie. Il est joli et impose sa présence sur la route. Lors de notre essai, nous avons fait tourner bien des têtes sur notre passage.

Les versions sont identifiables au dessin du bouclier et à la dimension des roues. D'ailleurs, la version S est proposée avec des roues de 20 pouces. À l'arrière, on reconnaît cette touche unique avec des feux effilés qui nous rappellent la belle F-TYPE. Force est d'admettre que le F-PACE est séduisant et c'est cette caractéristique qui devrait lui permettre de connaître un certain succès.

Pour ce qui est de l'habitacle, c'est un copier-coller de celui de la XE. Rien de différent si ce n'est la partie supérieure qui entoure le tableau de bord et qui se termine dans les portières. Cette portion pointe vers le bas tandis que celle de la XE pointe vers le haut. C'est tout! Pour le reste, le grand écran horizontal central se loge au-dessus des commandes de la climatisation et de la chaîne audio. Encore là, la livrée de base arbore une surface en plastique un peu bon marché. De plus, j'ai noté quelques défaillances au chapitre de l'exécution, et cette version d'entrée de gamme n'a pas d'appuie-bras rabattable à l'arrière.

Le coffre est logeable à souhait, mais c'est au détriment du dégagement offert aux passagers installés sur la banquette arrière : tout va pour la tête, mais pas pour les jambes. Ils pourront au moins se changer les idées en contemplant le ciel grâce au toit panoramique.

DEUX MOTEURS, TROIS PUISSANCES

Le F-PACE 2017 est proposé de série avec le moteur turbodiesel, le même que dans la berline XE. Ce moteur quatre cylindres de 2,0 litres libère 180 chevaux. Même constat que pour la berline, le couple de 318 lb-pi inscrit sur sa fiche ne semble pas être à la hauteur de nos attentes. Puisque nous avons essayé l'utilitaire dans les mêmes conditions que la XE, en altitude, on va se garder une certaine réserve.

Si la motorisation diesel ne vous dit rien, vous pouvez choisir le V6 de 3,0 litres à compresseur volumétrique qui propose deux plages de puissance. Un total de 340 chevaux sont extirpés de ce V6 dans toutes les versions, sauf pour le F-PACE S qui dispose de 40 chevaux supplémentaires. Cette déclinaison est probablement la plus intéressante du lot. Mais il faut y mettre le prix.

Derrière le volant, on constate cette même rigidité de châssis. Il adopte une conduite dynamique, ce qui n'est pas souvent le cas dans cette catégorie.

Si vous êtes amateur de versions exclusives, sachez qu'un F-PACE First Edition sera vendu au Canada à hauteur de 50 unités seulement. Il est équipé, entre autres, de roues stylisées de 22 pouces, de l'ouverture du hayon par la gestuelle, d'une chaîne audio de 825 W, d'une climatisation à quatre zones, d'un éclairage d'ambiance modulable et de sièges sport avec emblèmes embossés. Pour en devenir propriétaire, vous devez ajouter plus de 12 500 $ à la facture de la version S.

En conclusion, le F-PACE possède un solide ensemble d'arguments pour se tailler une place de choix. Reste maintenant à savoir comment la concurrence va réagir. Le F-PACE est aguichant par sa silhouette et se pointe avec une bonne variété de versions et de motorisations. Il faudra juste savoir si la fiabilité de la marque s'est améliorée. Le temps nous le dira.

Châssis - Premium 35t

Emp / lon / lar / haut	2874 / 4731 / 1936 / 1667 mm
Coffre / Réservoir	650 à 1740 litres / 63 litres
Nbre coussins sécurité / ceintures	6 / 5
Suspension avant	ind., double triangulation
Suspension arrière	ind., multibras
Freins avant / arrière	disque / disque
Direction	à crémaillère, ass. var. élect.
Diamètre de braquage	11,9 m
Pneus avant / arrière	P225/55R19 / P225/55R19
Poids / Capacité de remorquage	1821 kg / 2400 kg (5291 lb)
Assemblage	Solihull GB

Composantes mécaniques

Premium 20d

Cylindrée, soupapes, alim.	4L 2,0 litres 16 s turbo
Puissance / Couple	180 ch / 318 lb-pi
Tr. base (opt) / rouage base (opt)	A8 / Int
0-100 / 80-120 / V.Max	8,7 s (const) / n.d. / 208 km/h (const)
100-0 km/h	n.d.
Type / ville / route / CO$_2$	Dié / 6,2 / 4,7 l/100 km / 2984 (est) kg/an

Premium 35t

Cylindrée, soupapes, alim.	V6 3,0 litres 24 s surcompressé
Puissance / Couple	340 ch / 332 lb-pi
Tr. base (opt) / rouage base (opt)	A8 / Int
0-100 / 80-120 / V.Max	5,8 s (const) / n.d. / 250 km/h (const)
100-0 km/h	n.d.
Type / ville / route / CO$_2$	Sup / 12,2 / 7,1 l/100 km / 4556 (est) kg/an

S

Cylindrée, soupapes, alim.	V6 3,0 litres 24 s surcompressé
Puissance / Couple	380 ch / 332 lb-pi
Tr. base (opt) / rouage base (opt)	A8 / Int
0-100 / 80-120 / V.Max	5,0 s (const) / n.d. / 250 km/h (const)
100-0 km/h	n.d.
Type / ville / route / CO$_2$	Sup / 12,2 / 7,1 l/100 km / 4556 (est) kg/an

Du nouveau en 2017

Tout nouveau modèle.

Photos : Jacques Deshaies, Jaguar

JAGUAR **F-TYPE**

((SiriusXM))

Prix : 77 500 $ à 120 500 $ (2016)
Catégorie : Coupé, Roadster
Garanties :
4 ans/80 000 km, 5 ans/80 000 km
Transport et prép. : 1 350 $
Ventes QC 2015 : 94 unités
Ventes CAN 2015 : 462 unités

Cote du Guide de l'auto

72 %

Fiabilité
■■■■■□□□□□

Appréciation générale
■■■■■■■□□□

Sécurité
■■■■■■■□□□

Agrément de conduite
■■■■■■■■□□

Consommation
■■■■■□□□□□

Système multimédia
■■■■■■□□□□

Cote d'assurance
■■■■■□□□□□
$$$ $

➕ Style ravageur • Rouage intégral
offert en option • Moteur V8 performant •
Direction précise

➖ Fiabilité à démontrer •
Visibilité limitée • Volume du coffre •
Pétarades au démarrage

Concurrents
Alfa Romeo 4C, Audi TT, BMW Z4,
Chevrolet Corvette, Lotus Evora 400,
Mercedes AMG GT, Mercedes-Benz SLK,
Porsche 718

Une gueule d'enfer

Gabriel Gélinas

Lancée en version cabriolet en 2013, puis en coupé en 2014, la Jaguar F-TYPE possède une gueule d'enfer et évoque le passé glorieux de la marque, qui nous a donné l'une des voitures sport les plus sublimes de l'histoire de l'automobile, soit la fabuleuse E-Type.

Difficile de rester de glace devant les lignes exquises de la F-TYPE, qui mise avant tout sur son look et sur la sonorité envoûtante de ses moteurs pour séduire. L'habitacle est de facture on ne peut plus classique, et le cachet est typiquement *british* avec une approche *old school* désarmante. Au démarrage, le moteur rugit littéralement, comme si la voiture voulait absolument jouer les m'as-tu-vu et le soulèvement des buses de ventilation sur la planche de bord, au démarrage du moteur, produit toujours son petit effet.

Sur la route, les modèles à moteur V6 suralimenté par compresseur livrent des accélérations toniques, mais il faut opter pour le moteur V8 pour faire le plein de sensations en ligne droite avec la F-TYPE. Sur la route, la voiture fait preuve d'un comportement routier très axé sur la dynamique avec une direction aussi précise que directe, qui permet de bien sentir l'adhérence qui prévaut.

Malheureusement, la calibration plutôt ferme des suspensions affecte inversement le confort sur les routes dégradées et le poids plutôt élevé de la F-TYPE s'avère le principal facteur limitatif pour ce qui est de la dynamique. L'ajout du rouage intégral, offert en option depuis l'an dernier, permet maintenant à l'acheteur d'une F-TYPE de prolonger sa saison, mais pas nécessairement d'en faire une voiture adaptée aux rigueurs de nos hivers.

SVR, LA BÊTE...
Au printemps 2016, Jaguar a profité du Salon de l'auto de Genève pour dévoiler une nouvelle version encore plus rapide, soit la F-TYPE SVR 2017. Première Jaguar conçue et développée par la division Special Vehicle Operations de Jaguar Land Rover, ce modèle gonflé aux stéroïdes se veut l'expression la plus pure de la sportivité et de la dynamique pour la marque anglaise.

Côté moteur, la F-TYPE SVR hérite du V8 de 5,0 litres suralimenté par compresseur, développant 575 chevaux, qui a fait ses débuts sous le capot du concept Project 7 dont le look émulait celui de la célèbre Jaguar D-Type de compétition. Avec autant de puissance et un couple chiffré à 516 livre-pied, la F-TYPE SVR devient la référence de la gamme, avec un chrono de 3,7 secondes pour le sprint de 0 à 100 km/h et une vitesse de pointe de 322 km/h pour le modèle coupé.

Pour permettre à la F-TYPE SVR d'atteindre une vitesse maximale aussi élevée, les designers ont doté la voiture d'un bouclier avant plus aérodynamique, d'un fond plat, d'un diffuseur ainsi que d'un aileron arrière mobile, ces derniers réalisés en fibre de carbone. Côté châssis, on note la présence de nouveaux amortisseurs et barres antiroulis et de jantes forgées de 20 pouces plus légères. Précisons également que la F-TYPE SVR reçoit un système d'échappement en titane plus léger qui donne à la voiture une sonorité encore plus évocatrice que celle de la version R.

RESTYLAGE ET MOTEUR QUATRE CYLINDRES TURBO EN VUE

Après l'arrivée de versions équipés de la boîte manuelle ou de la transmission intégrale l'an dernier, il y a fort à parier que la gamme des F-TYPE s'élargira avec de nouvelles déclinaisons animées par le moteur quatre cylindres turbocompressé de 2,0 litres à essence, prélevé sur les Jaguar XE et XF commercialisées en Europe et aux États-Unis. L'ajout d'une motorisation de quatre cylindres suralimentée par turbocompresseur permettrait à la marque anglaise de cibler directement les Porsche 718 Boxster et 718 Cayman qui partagent le même type de moteur, alors que les F-TYPE à moteurs V6 et V8 continueront d'affronter la Porsche 911 Carrera.

On s'attend à ce que cette motorisation renouvelée fasse son entrée au Mondial de l'Automobile de Paris en septembre 2016, et que Jaguar profitera également de ce salon prestigieux pour dévoiler le restylage de la F-TYPE. Cette dernière devrait comporter un bouclier avant plus agressif ainsi qu'une calandre plus typée, histoire de rafraîchir le look de cette sportive qui, logiquement, adoptera le nouveau système multimédia inauguré sur la berline XF et le VUS F-PACE.

Avec l'arrivée de nouveaux modèles comme la XE et le F-PACE, Jaguar souhaite augmenter le volume de ses ventes ainsi que ses parts de marché, poursuivant sur cette lancée, où l'impulsion a été donnée en 2013 par la F-TYPE. Le style de cette dernière demeure, encore et toujours, ravageur, particulièrement dans le cas du coupé qui est encore plus réussi, à mon humble avis, que le cabriolet.

Du nouveau en 2017

Restylage de la carrosserie, arrivée des modèles SVR et gamme élargie avec moteur quatre cylindres turbo prévue.

Châssis - Décapotable

Emp / lon / lar / haut	2622 / 4470 / 1923 / 1308 mm
Coffre / Réservoir	200 litres / 70 litres
Nbre coussins sécurité / ceintures	4 / 2
Suspension avant	ind., double triangulation
Suspension arrière	ind., double triangulation
Freins avant / arrière	disque / disque
Direction	à crémaillère, ass. var. élect.
Diamètre de braquage	10,7 m
Pneus avant / arrière	P245/45R18 / P275/40R18
Poids / Capacité de remorquage	1597 kg / n.d.
Assemblage	Birmingham GB

Composantes mécaniques

Coupé, Décapotable

Cylindrée, soupapes, alim.	V6 3,0 litres 24 s surcompressé
Puissance / Couple	340 ch / 332 lb-pi
Tr. base (opt) / rouage base (opt)	A8 (M6) / Prop
0-100 / 80-120 / V.Max	5,3 s (const) / 4,0 s / 260 km/h (const)
100-0 km/h	36,9 m
Type / ville / route / CO₂	Sup / 11,8 / 8,4 l/100 km / 4724 kg/an

S Coupé, S Décapotable, S Coupé TI, S Décapotable TI

Cylindrée, soupapes, alim.	V6 3,0 litres 24 s surcompressé
Puissance / Couple	380 ch / 339 lb-pi
Tr. base (opt) / rouage base (opt)	A8 (M6) / Prop (Int)
0-100 / 80-120 / V.Max	4,9 s (const) / 3,6 s / 275 km/h (const)
100-0 km/h	37,9 m
Type / ville / route / CO₂	Sup / 12,4 / 6,9 l/100 km / 4566 (est) kg/an

R Coupé, R Décapotable

Cylindrée, soupapes, alim.	V8 5,0 litres 32 s surcompressé
Puissance / Couple	550 ch / 502 lb-pi
Tr. base (opt) / rouage base (opt)	A8 / Int
0-100 / 80-120 / V.Max	4,1 s (const) / 2,4 s / 300 km/h (const)
100-0 km/h	n.d.
Type / ville / route / CO₂	Sup / 16,2 / 8,5 l/100 km / 5858 (est) kg/an

SVR

Cylindrée, soupapes, alim.	V8 5,0 litres 32 s surcompressé
Puissance / Couple	575 ch / 516 lb-pi
Tr. base (opt) / rouage base (opt)	A8 / Int
0-100 / 80-120 / V.Max	3,7 s (const) / n.d. / 322 km/h (const)
100-0 km/h	n.d.
Type / ville / route / CO₂	Sup / n.d. / n.d. / n.d.

Photos : Jaguar

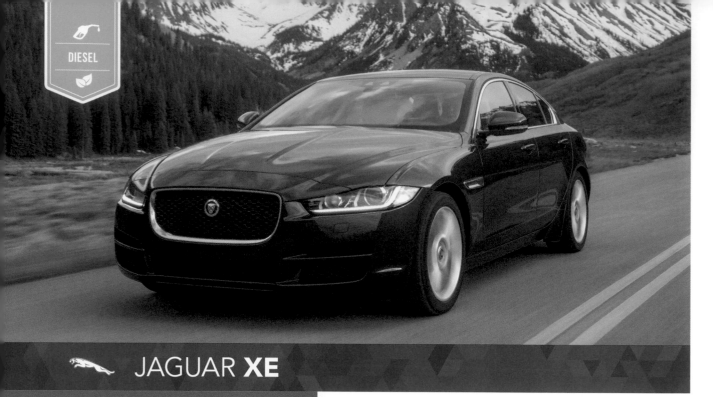

JAGUAR **XE**

(((SiriusXM)))

Prix : 45 000 $ à 57 500 $ (estimé)
Catégorie : Berline
Garanties :
4 ans/80 000 km, 5 ans/80 000 km
Transport et prép. : 1 350 $
Ventes QC 2015 : 0 unité
Ventes CAN 2015 : 0 unité

Cote du Guide de l'auto

80 %

Fiabilité	Appréciation générale
Nouveau modèle	n.d.
Sécurité	Agrément de conduite
■■■■■■■■□□	n.d.
Consommation	Système multimédia
■■■■■□□□□□	■■■■■■□□□

Cote d'assurance

n.d.

➕ Silhouette aguichante •
Châssis rigide • Sonorité du V6 •
Rouage intégral de série

➖ Performances timides •
Certains plastiques bon marché
(modèle de base) • Options
dispendieuses • Fiabilité inconnue

Concurrents

Acura TLX, Audi A4, BMW Série 3,
Cadillac ATS, Infiniti Q50, Lexus IS,
Lincoln MKZ, Mercedes-Benz Classe C,
Volvo S60

Par la grande porte

Jacques Deshaies

La Jaguar XF avait la mission d'accueillir les nouveaux clients au sein de la gamme britannique. Trop chère pour convaincre les acheteurs de faire le saut chez Jaguar, un modèle plus abordable était toutefois nécessaire. La XE vient combler le vide, et elle était attendue depuis longtemps, cette berline de format compact. Car il faut bien la catégoriser ainsi. Les ambitions de Jaguar sont claires : le fabricant veut atteindre le niveau de ventes de ses concurrents allemands.

Évidemment, la hausse du volume des ventes a le même effet sur les profits. Les trois grands fabricants de voitures de luxe, Audi, BMW et Mercedes-Benz, vendent entre 1,6 et 1,8 million de véhicules par année. Le rêve pour Jaguar ! Et la majeure partie de ces revenus proviennent des voitures compactes ainsi que des utilitaires de même gabarit.

Cette XE pourrait bien permettre d'atteindre ces objectifs. Mais est-elle en mesure d'affronter la concurrence confortablement installée ? En partie, je crois que oui. Le nom Jaguar porte tout de même une riche histoire et une certaine noblesse. D'ailleurs, je crois fermement que ce sont les constructeurs japonais qui vont en payer le prix. Entre une Acura TLX ou une Lexus IS, je choisis cette XE. Et sans me questionner au sujet de la fiabilité. Car avouons-le, sur ce plan, Jaguar n'a pas toujours pas eu un beau bulletin.

ELLE ACCROCHE

Pour ce qui est de l'apparence, je dois avouer qu'elle accroche le regard. Bien qu'elle soit un peu trop semblable à la XF, elle demeure séduisante. Oui, elle reprend la grille identitaire qui lui est propre, mais c'est devenu la norme dans l'industrie. Il faut bien savoir si c'est une Jaguar sans utiliser des jumelles !

Pour le reste, il y a des différences. Le capot est un peu plus plongeant tandis que les porte-à-faux sont écourtés. D'ailleurs, certains éléments, comme le pare-chocs arrière, rappellent étrangement ceux de la concurrence.

Sa silhouette propose un style très dynamique et s'approche des versions plus pointues — et plus puissantes — chez Jaguar, comme une SVR, par exemple. À l'ouverture des portières, on découvre une présentation de bon goût. Le tableau de bord se pointe avec un certain style, mais demeure tout de même assez épuré. Attention aux versions de base qui annoncent certains plastiques de mauvais goût, comme la surface complète de la planche de bord.

On retrouve néanmoins un écran multimédia de grande dimension et une ergonomie bien réalisée. Si Saab avait sa clé d'allumage dans la console centrale et Porsche, du côté gauche du volant, cette XE propose encore et toujours un levier de vitesse rotatif qui s'élève de la console centrale au démarrage et fait bonne impression aux premiers acheteurs. J'imagine toujours le jour où il ne voudra pas se montrer !

DIESEL SUR LA LIGNE

Trop tard, peut-être, mais Jaguar nous offre une XE à moteur diesel en sol canadien. C'est un signe que la direction se veut agressive à souhait dans le segment. Aurait-on préféré une motorisation hybride et, au mieux, rechargeable ? Honnêtement, je pense que oui. Le moteur diesel a connu ses heures de gloire et a créé des attentes à une certaine époque où Volkswagen dominait le marché. Aujourd'hui, nous sommes passés à autre chose, ou du moins, nous sommes sur le point de le faire.

De toute façon, cette XE se présente chez nous munie d'une motorisation turbodiesel, un quatre cylindres de 2,0 litres offrant une puissance de 180 chevaux. Pour le couple, pensez à 318 lb-pi. Jaguar annonce des 0-100 km/h en 7,9 secondes. À l'interne, on appelle cette nouvelle famille de moteurs compacts Ingenium.

Un seul autre moteur est proposé, soit un V6 de 3,0 litres à compresseur volumétrique, pour une puissance totale de 340 chevaux. Il faut également signaler que toutes les versions canadiennes sont équipées du rouage intégral de série. Pour ce qui est du comportement de cette XE, le châssis réalisé en grande partie en aluminium est rigide et assure un bel aplomb.

Notre essai étant réalisé dans les montagnes de l'état du Colorado, l'altitude a possiblement altéré les performances de nos voitures. Le moteur diesel semblait manquer de couple tandis que les accélérations du moteur V6 accusaient un certain recul par rapport à ses concurrentes directes.

Somme toutes, il nous faudra comparer les protagonistes de façon équitable pour mesurer la portée de l'introduction de ce nouveau joueur dans la catégorie des compactes de luxe.

Du nouveau en 2017

Tout nouveau modèle.

Châssis - Premium 20d	
Emp / lon / lar / haut	2835 / 4672 / 1850 / 1416 mm
Coffre / Réservoir	455 litres / 56 litres
Nbre coussins sécurité / ceintures	6 / 5
Suspension avant	ind., double triangulation
Suspension arrière	ind., multibras
Freins avant / arrière	disque / disque
Direction	à crémaillère, ass. var. élect.
Diamètre de braquage	11,7 m
Pneus avant / arrière	P205/55R17 / P205/55R17
Poids / Capacité de remorquage	1565 kg / n.d.
Assemblage	Solihull GB

Composantes mécaniques	
Premium 20d	
Cylindrée, soupapes, alim.	4L 2,0 litres 16 s turbo
Puissance / Couple	180 ch / 318 lb-pi
Tr. base (opt) / rouage base (opt)	A8 / Int
0-100 / 80-120 / V.Max	7,9 s (const) / n.d. / 225 km/h (const)
100-0 km/h	n.d.
Type / ville / route / CO_2	Dié / 6,0 / 4,2 l/100 km / 2803 (est) kg/an
Premium 35t, S, R-Sport	
Cylindrée, soupapes, alim.	V6 3,0 litres 24 s surcompressé
Puissance / Couple	340 ch / 332 lb-pi
Tr. base (opt) / rouage base (opt)	A8 / Int
0-100 / 80-120 / V.Max	5,1 s (const) / n.d. / 250 km/h (const)
100-0 km/h	n.d.
Type / ville / route / CO_2	Sup / 12,5 / 6,7 l/100 km / 4549 (est) kg/an

« JAGUAR A **BESOIN** D'**ÉLARGIR** SA GAMME AVEC DES PRODUITS DE **GRANDE DIFFUSION**. C'EST UNE SOURCE DE **PROFIT** ESSENTIELLE À **L'EXPANSION**. »

Photos : Jaguar

JAGUAR XF

((SiriusXM))

Prix : 61 400 $ à 72 900 $ (2016)
Catégorie : Berline
Garanties :
4 ans/80 000 km, 5 ans/80 000 km
Transport et prép. : n.d.
Ventes QC 2015 : 75 unités
Ventes CAN 2015 : 466 unités

Cote du Guide de l'auto

71 %

Fiabilité
■■■■■■■□□□

Appréciation générale
■■■■■■■□□□

Sécurité
■■■■■■■■□□

Agrément de conduite
■■■■■■■□□□

Consommation
■■■■■■□□□□

Système multimédia
■■■■■□□□□□

Cote d'assurance
■■■■■□□□□□
$$$ $

➕ Prestige de la marque • Moteurs peu énergivores • Structure solide • Belle finition • Coffre immense

➖ Fiabilité toujours à prouver • XF S pas assez sportive • Système multimédia lent • Belle silhouette, mais un peu fade • Manque général de vivacité

Concurrents
Acura RLX, Audi A6, BMW Série 5, Cadillac CTS, Infiniti Q70, Lexus GS, Maserati Ghibli, Mercedes-Benz Classe E, Volvo S80

Les griffes bien rangées

Michel Deslauriers

La berline intermédiaire XF, le modèle le plus populaire de la gamme Jaguar depuis quelques années, cèdera vraisemblablement ce titre à la nouvelle XE, une berline compacte, ou même au nouveau VUS F-PACE. Toutefois, la XF de première génération n'a pu se démarquer de ses rivales Audi A6, Mercedes-Benz Classe E et BMW Série 5, les ventes étant en baisse depuis un bout de temps. Heureusement, une nouvelle génération de la XF, avec sa structure en aluminium, est apparue l'an dernier et semble destinée à rendre la marque Jaguar un peu plus visible auprès d'une clientèle rajeunie.

Par contre, la hausse des ventes se fait toujours attendre. Si la XF arbore un style renouvelé, elle partage tout de même des éléments esthétiques avec sa devancière. Elle est non seulement plus légère, jusqu'à 190 kg selon la version, mais sa carrosserie paraît plus athlétique. Malgré tout, on trouve son style un peu trop conservateur, surtout pour ce qui est de la version XF S récemment essayée. Les gens semblent plus attirés par l'écusson sur la calandre et par la silhouette féline élancée sur le coffre que par la voiture elle-même. Il faut l'avouer, la marque Jaguar possède encore et toujours cette aura de prestige et d'exclusivité.

TRÈS DOCILE SANS LA LETTRE R

Au cours de 2016, Jaguar a introduit un moteur de base dans la XF, réduisant légèrement son prix d'entrée, et lui conférant une bien meilleure économie de carburant. Il s'agit d'un quatre cylindres turbodiesel de 2,0 litres, qui produit 180 chevaux ainsi qu'un couple de 318 lb-pi à partir de 1750 tr/min. Jumelé à une boîte automatique à huit rapports, ce moteur permet à la XF d'accélérer de 0 à 100 km/h en 8,5 secondes. Au moment d'aller sous presse, ni Jaguar ni Ressources naturelles Canada ou l'EPA n'ont statué sur la consommation de ce moteur. En extrapolant les chiffres très optimistes du marché européen et en comparant avec ses rivales à motorisation similaire, on estime la consommation mixte de la XF diesel à 7,5 l/100 km.

Sinon, on peut opter pour le V6 suralimenté de 3,0 litres, qui se retrouve dans presque chaque modèle Jaguar et Land Rover. Ici, ses 340 chevaux et son couple de 332 lb-pi permettent à la berline de franchir les 100 km/h départ arrêté en 5,4 secondes. La consommation mixte se chiffre à 10,4 l/100 km.

La plus sportive du lot, c'est la XF S, qui bénéficie de 40 étalons supplémentaires pour un total de 380. On ne retranche qu'un dixième de seconde sur le 0-100, mais au moins, l'économie d'essence demeure inchangée. Lors de notre essai, on a même obtenu une moyenne de 9,4 l/100 km.

En revanche, on a été quelque peu déçu de la XF S. Elle s'est montrée peu énergivore, mais elle n'a fait preuve d'aucun caractère, d'aucune agressivité, et la sonorité de son moteur ne s'est jamais manifestée outre mesure, même une fois le mode Dynamic activé et la molette de la boîte automatique placée à la position sport. La XF S est rapide, sans être violente, et c'est peut-être ce que les acheteurs typiques de Jaguar recherchent. Cependant, cette voiture nous a laissés sur notre faim, et en ce moment, il n'y a pas de variante XF R ou XFR-S qui apparait dans la boule de cristal. À ne pas confondre avec la version R-Sport et son apparence plus racée.

UN HABITACLE RAFFINÉ

Si les berlines de luxe pleine grandeur font dans l'élégance, les intermédiaires, elles, adoptent une approche plus conservatrice et épurée. Sur ce point, la Jaguar XF se mesure admirablement à la Classe E et à la Série 5 avec un habitacle élégant, doté d'une finition soignée et dont la disposition des commandes est ergonomique.

La structure en aluminium confère à la voiture une belle rigidité, et sur la route la cabine s'avère silencieuse, outre un léger bruit de vent. Au démarrage, la molette de la boîte de vitesses s'élève de la console centrale et les bouches d'aération, sur le tableau de bord, se découvrent, ce qui fait plutôt chic. On peut commander, entre autres, une chaîne audio de 825 watts avec 17 haut-parleurs et un affichage du conducteur numérique, avec écran de 12,3 pouces.

Enfin, l'espace intérieur est comparable à celui de ses adversaires, et accru comparativement à celui de la XF de la génération précédente. Le coffre est immense, surtout en profondeur, avec un volume de 505 litres.

En somme, la XF possède plusieurs atouts pour plaire aux acheteurs typiques de son segment, et le moteur diesel est un ajout intéressant. Toutefois, la version S n'a pas le caractère ni le muscle nécessaire pour se frotter aux S6, AMG E 63 et CTS-V, bien qu'elle soit légèrement moins chère à l'achat.

Du nouveau en 2017

Ajout du moteur turbodiesel au cours de 2016.

Châssis - R-Sport	
Emp / lon / lar / haut	2960 / 4954 / 2091 / 1457 mm
Coffre / Réservoir	505 litres / 74 litres
Nbre coussins sécurité / ceintures	6 / 5
Suspension avant	ind., double triangulation
Suspension arrière	ind., multibras
Freins avant / arrière	disque / disque
Direction	à crémaillère, ass. var. élect.
Diamètre de braquage	11,6 m
Pneus avant / arrière	P245/40R19 / P245/40R19
Poids / Capacité de remorquage	1764 kg / n.d.
Assemblage	Birmingham GB

Composantes mécaniques	
4L 2,0 litres turbodiesel	
Cylindrée, soupapes, alim.	4L 2,0 litres 16 s turbocompressé
Puissance / Couple	180 ch / 318 lb-pi
Tr. base (opt) / rouage base (opt)	A8 / Int
0-100 / 80-120 / V.Max	8,4 s (const) / n.d. / 195 km/h (const)
100-0 km/h	n.d.
Type / ville / route / CO_2	Die / n.d. / n.d. / n.d.
V6 3,0 litres	
Cylindrée, soupapes, alim.	V6 3,0 litres 24 s surcompressé
Puissance / Couple	340 ch / 332 lb-pi
Tr. base (opt) / rouage base (opt)	A8 / Int
0-100 / 80-120 / V.Max	5,4 s (const) / n.d. / 250 km/h (const)
100-0 km/h	n.d.
Type / ville / route / CO_2	Sup / 11,9 / 6,7 l/100 km / 4398 (est) kg/an
V6 3,0 litres surcompressé	
Cylindrée, soupapes, alim.	V6 3,0 litres 24 s surcompressé
Puissance / Couple	380 ch / 332 lb-pi
Tr. base (opt) / rouage base (opt)	A8 / Int
0-100 / 80-120 / V.Max	5,3 s (const) / n.d. / 250 km/h (const)
100-0 km/h	n.d.
Type / ville / route / CO_2	Sup / 11,9 / 6,7 l/100 km / 4398 (est) kg/an

JAGUAR XF

Photos : Jaguar

JAGUAR **XJ**

(((**SiriusXm**)))

Prix : 92 000 $ à 124 000 $ (2016)
Catégorie : Berline
Garanties :
4 ans/80 000 km, 5 ans/80 000 km
Transport et prép. : 3 069 $
Ventes QC 2015 : 75 unités
Ventes CAN 2015 : 343 unités

Cote du Guide de l'auto

67 %

Fiabilité	Appréciation générale
■■■■■□□□□□	■■■■■■■□□□
Sécurité	**Agrément de conduite**
■■■■■■■■□□	■■■■■■■□□□
Consommation	**Système multimédia**
■■■■□□□□□□	■■■■■■□□□□

Cote d'assurance

■■■■□□□□□□

$$$ $

➕ Lignes encore spectaculaires •
Habitacle très vaste (XJL) • Comportement
routier relevé • Mode *Dynamic*
vraiment dynamique

➖ Technologiquement limitée •
Visibilité arrière pauvre • Peu d'espaces
de rangement • Piètre réputation au
chapitre de la fiabilité

Concurrents
Audi A8, BMW Série 7, Cadillac XTS,
Lexus GS, Maserati Quattroporte,
Mercedes-Benz CLS,
Mercedes-Benz Classe S,
Porsche Panamera, Tesla Model S

Shocking, indeed

Alain Morin

En 2011, Jaguar créait une commotion chez ses amateurs, très conservateurs. La noble et surannée XJ, dont le style n'avait guère changé depuis la fin des années 60, faisait place à une toute nouvelle venue, parfaitement moderne. Certains n'en sont pas encore revenus. Pourtant, comme sa devancière, ses lignes longues, basses, voluptueuses même, lui donnent de la prestance, qu'elle soit immobile ou qu'elle roule à 200 km/h. L'an dernier, Jaguar a apporté quelques menus changements, les plus marquants étant de nouveaux phares, à cette nouveauté.

L'habitacle, lui, n'a pas changé depuis 2011. Seul le système multimédia a été révisé l'an dernier. Le InControl Touch Pro, qui fonctionne aussi bien avec iOS qu'avec Android, peut devenir une borne Wi-Fi. Ce système est davantage moderne et plus complet que celui qu'il remplace et ses graphiques sont nettement plus clairs qu'avant. En général, il est aussi plus convivial même si, après une semaine au volant d'une XJ, je n'avais toujours pas trouvé comment régler les stations de la radio. Dommage aussi que les designers n'aient pas profité du nouveau système pour doter la XJ d'un écran central plus grand. Au moins, lorsque la carte de navigation est activée, elle peut s'afficher en grand devant le conducteur.

Il convient de mentionner que malgré les ambitions luxueuses de la XJ, son équipement et surtout son niveau de technologie font plutôt pic-pic lorsque comparés à ce qu'offrent les BMW Série 7 ou Mercedes-Benz Classe S, plus chères on en convient.

TRADITION OBLIGE
Sur chaque portière de la XJ, on retrouve une large bande de bois (véritable, il va sans dire). Ces deux bandes sont reliées par une autre, plus mince, qui surplombe le tableau de bord. Autant je trouvais ça beau en 2011, autant aujourd'hui l'ensemble me laisse froid. Heureusement, il est possible d'opter pour du noir laqué ou de la fibre de carbone.

Les sièges sont fidèles à la tradition anglaise, procurant un haut niveau de confort, tant à l'avant qu'à l'arrière, même si l'espace pour la tête, surtout à l'avant, est compté. La version à empattement standard procure amplement d'espace pour les jambes. Imaginez alors quand le propriétaire a eu la sagesse de commander la livrée allongée! Certains plaideront que ces 13 cm supplémentaires en longueur ajoutent 7 000 $ au prix d'une XJ, mais quand on fait le calcul, cela donne à peine 538 $ le centimètre. Le nouveau pont Champlain coûtera bien davantage.

La XJ de base est dotée d'un très potable V6 de 3,0 litres développant 340 chevaux et 332 livre-pied. Il livre des performances décentes malgré les quelque 1900 kilos qu'il a à traîner. Sa sonorité est malheureusement étouffée par des kilos de matériel insonore et la boîte à huit rapports qui l'accompagne n'est pas la plus rapide qui soit. Cependant, son rouage intégral ajoute un élément de sécurité non négligeable.

LE SPORT DANS LA NOBLESSE

Les choses deviennent royalement intéressantes avec la XJR, offerte en version courte ou longue. Son V8 de 5,0 litres surcompressé développe 550 chevaux à et 502 livre-pied. C'est amplement suffisant pour effectuer des dépassements sécuritaires. Surtout, cette XJ adopte un comportement davantage sportif que la V6. La boîte à huit rapports n'est pas encore parfaite, mais elle réagit plus rapidement. Et là, du son en accélération, il y en a. Et du beau son! Contrairement à la XJ de base, la XJR est propulsée (roues arrière motrices).

L'amateur de voitures anglaises et de conduite inspirée (généralement, les deux vont de pair) sera parfaitement satisfait avec une version V6. Si les performances ne sont pas échevelées, le comportement général de la XJ fait preuve de dynamisme et de raffinement grâce, entre autres, à un châssis en aluminium aussi solide que moderne. La tenue de route est largement supérieure aux besoins de la plupart des gens, le confort est toujours préservé et la direction, autrefois un modèle de lenteur, est désormais précise et offre même un certain retour d'information. Le modèle V8 est beaucoup plus pointu, sportif même, surtout en mode *Dynamic*.

Si Jaguar pouvait améliorer la qualité de la finition (qui a fait d'immenses progrès, mais qui n'est toujours pas à la hauteur des Allemandes), augmenter l'offre technologique et enfin, rétablir sa piètre réputation au chapitre de la fiabilité, la XJ serait promise à un extraordinaire avenir. D'autant qu'au rythme où les choses changent pour elle, elle est là pour longtemps!

Châssis - R (SWB)

Emp / lon / lar / haut	3032 / 5127 / 2105 / 1456 mm
Coffre / Réservoir	430 litres / 82 litres
Nbre coussins sécurité / ceintures	6 / 5
Suspension avant	ind., double triangulation
Suspension arrière	ind., multibras
Freins avant / arrière	disque / disque
Direction	à crémaillère, ass. var.
Diamètre de braquage	12,3 m
Pneus avant / arrière	P245/40R20 / P275/35R20
Poids / Capacité de remorquage	1946 kg / n.d.
Assemblage	Birmingham GB

Composantes mécaniques

XJ 3.0 TI, XJ L 3.0 TI

Cylindrée, soupapes, alim.	V6 3,0 litres 24 s surcompressé
Puissance / Couple	340 ch / 332 lb-pi
Tr. base (opt) / rouage base (opt)	A8 / Int
0-100 / 80-120 / V.Max	6,4 s / n.d. / 195 km/h
100-0 km/h	n.d.
Type / ville / route / CO_2	Sup / 11,7 / 7,6 l/100 km / 4540 kg/an

XJ Supercharged, XJ L Supercharged

Cylindrée, soupapes, alim.	V8 5,0 litres 32 s surcompressé
Puissance / Couple	470 ch / 424 lb-pi
Tr. base (opt) / rouage base (opt)	A8 / Prop
0-100 / 80-120 / V.Max	5,2 s / 3,6 s / 250 km/h
100-0 km/h	37,7 m
Type / ville / route / CO_2	Sup / 16,9 / 7,9 l/100 km / 5910 (est) kg/an

R (SWB), R (LWB)

Cylindrée, soupapes, alim.	V8 5,0 litres 32 s surcompressé
Puissance / Couple	550 ch / 502 lb-pi
Tr. base (opt) / rouage base (opt)	A8 / Prop
0-100 / 80-120 / V.Max	4,4 s / n.d. / 280 km/h
100-0 km/h	35,4 m
Type / ville / route / CO_2	Sup / 14,2 / 8,6 l/100 km / 5370 (est) kg/an

Du nouveau en 2017

Aucun changement majeur

Photos : Jaguar

JAGUAR XJ

Jeep   JEEP **CHEROKEE**

(((SiriusXM)))

Prix: 25 495 $ à 34 895 $ (2016)
Catégorie: VUS compact
Garanties:
3 ans/60 000 km, 5 ans/100 000 km
Transport et prép.: 1 845 $
Ventes QC 2015: 7 152 unités
Ventes CAN 2015: 31 833 unités

Cote du Guide de l'auto

70 %

Fiabilité
■■■□□□□□□□

Appréciation générale
■■■■■■■□□□

Sécurité
■■■■■■■□□□

Agrément de conduite
■■■■■□□□□□

Consommation
■■■■□□□□□□

Système multimédia
■■■■■■■■□□

Cote d'assurance
■■■■■■■□□□
$$$ $

➕ Allure distincte • Capacités hors
route indéniables (Trailhawk) • Système
Uconnect impressionnant • V6 à privilégier •
Bonne capacité de remorquage (V6)

➖ Allure distincte • Coffre peu généreux
de ses litres • 2,4 litres très limité •
Boîte neuf rapports quelquefois bizarre •
Véhicule lourd

Concurrents

Chevrolet Equinox, Ford Escape,
GMC Terrain, Honda CR-V, Hyundai Tucson,
Kia Sportage, Mazda CX-5,
Mitsubishi Outlander, Nissan Rogue,
Subaru Outback, Toyota RAV4,
Volkswagen Tiguan

'tite face de singe !

Alain Morin

Scène de la vie quotidienne: un grand-père achète à son petit-fils
une crème glacée. Dès la première léchée, l'enfant se salit
le bout du nez, évidemment. Les deux se mettent à rire et
l'aïeul, le regard tendre, s'exclame: «Toi, ma 'tite face de singe!»

Après avoir moi-même goûté au plaisir estival que constitue la crème glacée,
je suis retourné vers le véhicule de presse que je conduisais cette semaine-là,
un Jeep Cherokee Trailhawk. En imaginant toutes les possibilités d'évasion
et de défis que promet cette version pour le moins impressionnante et en
regardant son visage auquel j'ai fini par m'habituer, j'ai eu envie de lui dire:
«Toi, ma 'tite face de singe!»

Bien que le Cherokee fasse partie de la catégorie des VUS compacts, il en
impose. Dans les faits, le Cherokee se situe dans la moyenne, tant au chapitre
de la longueur totale que de l'empattement. Cependant, les designers ont
réussi à lui donner une présence telle qu'on l'imagine plus gros qu'il ne l'est
en réalité. Il faut aussi dire que la garde au sol de la version Trailhawk est plus
haute de 40 mm que celle d'un Cherokee moins aventureux. Ça paraît!

ENGAGEANT

Si l'apparence du Cherokee ne laisse personne indifférent, l'habitacle
se veut beaucoup moins éclaté. Outre une assise légèrement relevée,
on pourrait facilement se croire à bord d'une berline Dodge ou Chrysler.
Le tableau de bord, comme c'est devenu la marque de commerce de FCA,
est constitué de matériaux de belle qualité, assemblés avec soin.

En plus, l'ergonomie est excellente. Pas besoin de chercher une commande
durant quelques secondes (vous saviez qu'en deux secondes, une voiture
lancée à 100 km/h parcourt 56 mètres?), elle tombe instantanément sous
la main. Le système multimédia Uconnect, propre à FCA, est sans aucun
doute l'un des meilleurs actuellement offert dans l'industrie automobile.
Simple, efficace et clair, parlez-moi de ça!

Le confort des sièges avant est correct, mais j'ai déjà vu mieux. Sous l'assise du siège du passager de certaines versions, on retrouve un pratique espace de rangement. Parlant d'espaces de rangement, il y en a beaucoup, ce qui est toujours apprécié. Quant à la banquette arrière, je serais surpris que des adultes tiennent absolument à y prendre place. Sa seule qualité est de pouvoir coulisser sur plusieurs centimètres, ce qui permet de créer un espace supplémentaire entre elle et le coffre. Ce dernier n'est pas tellement grand et son seuil de chargement est élevé. Sous le plancher, on retrouve, de série pour le Trailhawk et optionnel dans les autres, un pneu de secours pleine grandeur.

LE V6 D'ABORD

Deux moteurs sont proposés pour le Cherokee. Il y a d'abord un quatre cylindres 2,4 litres de 184 chevaux. S'il s'avère correct pour les versions à roues avant motrices (même après plusieurs années, je ne peux toujours pas admettre que Jeep commercialise de tels véhicules. Mais puisqu'ils permettent à la marque d'engranger des profits, qu'y puis-je?), il est carrément dépassé dès qu'il y a un rouage 4x4, plus lourd. À ce moment, il est de mise de choisir le V6 de 3,2 litres de 271 chevaux optionnel.

Malgré un accélérateur peu coopératif et une boîte automatique à neuf rapports qui ne cesse d'étonner par son comportement bizarre — changements tardifs et/ou brusques, hésitations — ce moteur procure des performances très correctes et quiconque n'abuse pas de l'accélérateur peut réussir une moyenne sous les 11 l/100 km. Ce qui demeure quand même assez élevé.

Les versions Latitude et Limited ont droit, en option, à un système 4x4 avec gamme basse qui est nettement plus débrouillard dans la boue ou sur les roches que n'importe quel système réactif à la Honda CR-V ou Hyundai Tucson, pour ne nommer que ces deux-là. De son côté, la livrée Trailhawk, la seule qui se mérite la mention Trail Rated, ajoute au rouage 4x4 un différentiel arrière verrouillable, des plaques de protection, des crochets assez visibles merci, à l'avant et à l'arrière, ainsi que des pneus tout terrain. Il convient ici de préciser que nous parlons de 4x4, pas de rouage intégral qui n'est généralement efficace que dans quelques centimètres de neige ou de boue.

Le prix du Jeep Cherokee débute aux alentours de 27 000 $ et l'Overland, la version la plus luxueuse, coûte près de 40 000 $. En cliquant allègrement dans le configurateur en ligne, il est facile de faire grimper la facture davantage. Pour un véhicule dont la valeur de revente n'est pas extraordinaire et dont la fiabilité l'est encore moins, c'est beaucoup de sous. Mais pour ceux qui ont le cœur tendre, il a tellement une belle 'tite face de singe qu'on lui pardonne tout !

Châssis - Trailhawk TI	
Emp / lon / lar / haut	2700 / 4623 / 1903 / 1722 mm
Coffre / Réservoir	702 à 1555 litres / 60 litres
Nbre coussins sécurité / ceintures	10 / 5
Suspension avant	ind., jambes force
Suspension arrière	ind., multibras
Freins avant / arrière	disque / disque
Direction	à crémaillère, ass. élect.
Diamètre de braquage	11,6 m
Pneus avant / arrière	P245/65R17 / P245/65R17
Poids / Capacité de remorquage	1862 kg / 2046 kg (4510 lb)
Assemblage	Toledo OH US

Composantes mécaniques	
Sport, North, Limited	
Cylindrée, soupapes, alim.	4L 2,4 litres 16 s atmos.
Puissance / Couple	184 ch / 171 lb-pi
Tr. base (opt) / rouage base (opt)	A9 / Tr (Int)
0-100 / 80-120 / V.Max	n.d. / n.d. / n.d.
100-0 km/h	n.d.
Type / ville / route / CO_2	Ord / 8,4 / 5,8 l/100 km / 3230 (est) kg/an
Trailhawk	
Cylindrée, soupapes, alim.	V6 3,2 litres 24 s atmos.
Puissance / Couple	271 ch / 239 lb-pi
Tr. base (opt) / rouage base (opt)	A9 / 4RM différentiel vérouillable
0-100 / 80-120 / V.Max	8,5 s / 6,5 s / n.d.
100-0 km/h	46,4 m
Type / ville / route / CO_2	Ord / 10,8 / 7,5 l/100 km / 4285 (est) kg/an

Du nouveau en 2017

Aucun changement majeur.
Quelques modifications aux groupes d'options et couleurs nouvelles.

Photos : Jeep

JEEP PATRIOT

((SiriusXM))

Prix : 19 495 $ à 30 290 $ (2016)
Catégorie : VUS compact
Garanties :
3 ans/60 000 km, 5 ans/100 000 km
Transport et prép. : 1 745 $
Ventes QC 2015 : 1 619 unités*
Ventes CAN 2015 : 13 101 unités**

Cote du Guide de l'auto

57 %

Fiabilité
■■■■□□□□□□

Appréciation générale
■■■■■□□□□□

Sécurité
■■■■■■□□□□

Agrément de conduite
■■■■□□□□□□

Consommation
■■■■■■□□□□

Système multimédia
■■■■□□□□□□

Cote d'assurance
■■■■■■□□□□
$$$ $

➕ Style pas ingrat du tout • Version de base très abordable • Très bon rouage intégral • Boîte automatique correcte

➖ Moteur 2,0 litres incompétent • Piètre qualité de finition • Insonorisation ratée • Dépréciation vertigineuse • Fiabilité atroce

Concurrents
Chevrolet Equinox, Ford Escape, GMC Terrain, Honda CR-V, Hyundai Tucson, Jeep Cherokee, Kia Sportage, Mazda CX-5, Subaru Outback, Toyota RAV4, Volkswagen Tiguan

Plus de résilience que de talent...

Alain Morin

L e duo Compass/Patriot est avec nous depuis... depuis trop longtemps. L'an dernier, alors que nous préparions *Le Guide de l'auto* 2016, nous avions toutes les raisons de croire que la fin de la production de ces deux véhicules était arrivée. Même les gens de Chrysler y croyaient ! En 2014 déjà, tout indiquait que seul le Patriot continuerait sa carrière, le Compass étant sur le point d'être abandonné. Notre avenir en tant que devins n'est pas très prometteur...

La décision de FCA (Fiat Chrysler Automobiles) de conserver son duo est tout de même facilement justifiable. Bien qu'ils soient d'une fiabilité carrément atroce, les Compass et Patriot ne coûtent pratiquement plus rien à construire, les matrices étant payées depuis belle lurette. Et puis, juste en 2015, il s'en est vendu plus de 13 000 au Canada. Alors...

Ces données non négligeables prouvent que bien des gens ne recherchent pas un véhicule, mais plutôt un paiement mensuel bas. Et c'est ce qu'ils obtiennent avec un Compass ou un Patriot. Souhaitons qu'il soit bas ce paiement, car pour ce qui est de ces véhicules... Déjà à leur arrivée sur le marché en 2007, on leur reprochait un moteur dépassé, un agrément de conduite à peu près nul et une finition intérieure d'une indicible pauvreté. Les choses n'ont pas vraiment changé.

PAS TROP PRÈS, SVP
Vrai que ce tandem possède une belle gueule. Quand on y regarde de plus près, par contre, la qualité de la peinture de certains exemplaires fait peur. Pareillement pour la qualité de plusieurs plastiques dans l'habitacle. De son côté, le style du tableau de bord n'est pas vilain mais il ne fait pas dans le futurisme, ça, c'est certain ! Et en général, il est mal assemblé, ce qui amènera tôt ou tard (plus tôt que tard...) des bruits indésirables.

*Jeep Compass : 467 unités / Jeep Patriot : 1 152 unités
**Jeep Compass : 3729 unités / Jeep Patriot : 9 372 unités

Les sièges avant sont relativement confortables. Ce qui est un net avantage par rapport à la banquette arrière qui est une insulte à l'œuvre grandiose qu'est le corps humain. Le coffre est plutôt grand, compte tenu des dimensions extérieures. En passant, ce duo fait partie de la catégorie des VUS compacts, dans laquelle on retrouve aussi le Jeep Cherokee, un peu plus gros. Et infiniment plus moderne.

Le moteur de base est un quatre cylindres de 2,0 litres développant 158 chevaux. Il peut être associé à une boîte automatique à six rapports (c'est très bien), à une manuelle à cinq rapports ou encore à une CVT. Seules les roues avant sont motrices. Pour obtenir le rouage intégral, il faut impérativement aller vers le quatre cylindres de 2,4 litres de 172 chevaux relié, selon les multiples versions, à une manuelle à cinq rapports, à l'automatique à six rapports ou à une boîte de type CVT II avec rapport ultra-bas pour le tout-terrain. On a souvent tendance à critiquer les boîtes CVT pour le nombre de décibels qu'elles apportent en accélération. Dans le cas des Compass et Patriot, elle a peu d'effet sur la hausse du bruit en accélération... car peu importe le moteur ou la transmission, ça hurle en avant. Au point où, les premières fois que l'on prend le volant d'un de ces deux modèles, on relâche aussitôt l'accélérateur, convaincu qu'il y a un problème sous le capot. Si nous devions recommander un moteur plus qu'un autre, ce serait le 2,4. Pas parce qu'il est bon mais parce qu'il est mieux que le 2,0 litres. En plus, il ne consomme guère davantage.

DU POSITIF!

Qui dit Jeep, dit 4x4. En cela, les Compass et Patriot ne déçoivent pas. Ils n'ont pas la prétention de pouvoir suivre un Wrangler jusqu'au fin fond de la forêt amazonienne, mais leur rouage Freedom II est suffisamment capable pour les sortir d'un mauvais pas. Ou de les y faire entrer! Cependant, il convient de souligner que les versions dotées du 2,0 litres sont mues par les roues avant, point à la ligne, le rouage intégral étant optionnel avec le moteur 2,4 seulement.

Tant que ces véhicules sont immobiles, ou qu'ils avancent lentement dans la boue, ils sont intéressants. C'est lorsqu'ils roulent sur la route que ça se complique. Outre le boucan d'enfer que mènent les moteurs, la visibilité périphérique est très mauvaise. À ce chapitre, le Patriot gagne un point, ses rétroviseurs extérieurs étant légèrement plus gros que ceux du Compass. Ce duo peut remorquer 454 kilos (1000 livres), par contre, s'il est doté du groupe Remorquage, on parle de 907 kilos (2000 livres).

Synonyme de résilience, le duo Jeep Compass/Patriot pourrait bien demeurer avec nous encore un bout de temps, le temps que son remplaçant, aperçu en tenue de camouflage sur les routes d'Europe, ne soit dévoilé chez nous. Pour l'instant, il y a tellement d'alternatives plus intéressantes.

Châssis - Sport 4RM

Emp / lon / lar / haut	2634 / 4448 / 1811 / 1651 mm
Coffre / Réservoir	643 à 1519 litres / 51 litres
Nbre coussins sécurité / ceintures	4 / 5
Suspension avant	ind., jambes force
Suspension arrière	ind., multibras
Freins avant / arrière	disque / disque
Direction	à crémaillère, assistée
Diamètre de braquage	10,9 m
Pneus avant / arrière	P215/60R17 / P215/60R17
Poids / Capacité de remorquage	1482 kg / 454 kg (1000 lb)
Assemblage	Belvidere IL US

Composantes mécaniques

Sport 2RM (2.0)

Cylindrée, soupapes, alim.	4L 2,0 litres 16 s atmos.
Puissance / Couple	158 ch / 141 lb-pi
Tr. base (opt) / rouage base (opt)	M5 (A6) / Tr
0-100 / 80-120 / V.Max	11,2 s / 9,8 s / n.d.
100-0 km/h	45,6 m
Type / ville / route / CO_2	Ord / 9,1 / 6,8 l/100 km / 3726 kg/an

Sport 4RM, North 4RM (auto)

Cylindrée, soupapes, alim.	4L 2,4 litres 16 s atmos.
Puissance / Couple	172 ch / 165 lb-pi
Tr. base (opt) / rouage base (opt)	M5 (CVT) / Int
0-100 / 80-120 / V.Max	11,8 s / 8,0 s / n.d.
100-0 km/h	46,9 m
Type / ville / route / CO_2	Ord / 10,0 / 7,4 l/100 km / 4060 (est) kg/an

« LES JEEP COMPASS ET PATRIOT DEVRAIENT NOUS QUITTER BIENTÔT. LE CHEROKEE, UN PEU PLUS GROS, FAIT TOUT MIEUX... MAIS IL EST PLUS CHER. »

Du nouveau en 2017

Aucun changement majeur, malheureusement.
Nouveau modèle prévu en cours d'année.

JEEP COMPASS

JEEP COMPASS

Photos : Jeep Canada, Fiat Chrysler Automobiles

Jeep JEEP **GRAND CHEROKEE**

((SiriusXM))

Prix : 42 895 $ à 71 195 $ (2016)
Catégorie : VUS intermédiaire
Garanties :
3 ans/60 000 km, 5 ans/100 000 km
Transport et prép. : 1 845 $
Ventes QC 2015 : 1 663 unités
Ventes CAN 2015 : 11 605 unités

Cote du Guide de l'auto

78 %

Fiabilité
■■■■■■■□□□

Appréciation générale
■■■■■■■□□□

Sécurité
■■■■■■■□□□

Agrément de conduite
■■■■■■□□□□

Consommation
■■■■■□□□□□

Système multimédia
■■■■■■■□□□

Cote d'assurance
■■■■■■□□□□
$ $ $ $

➕ Des moteurs pour tous les goûts •
Sérieux en hors route • Puissance
époustouflante (SRT) • Version
Trackhawk en préparation

➖ Consommation indécente (5,7 litres) •
Consommation très indécente (SRT) •
Direction peu enjouée (sauf SRT) •
Fiabilité à prouver

Concurrents
Ford Explorer, Hyundai Santa Fe,
Kia Sorento, Nissan Pathfinder,
Toyota 4Runner, Volkswagen Touareg,
Volvo XC90

Amenez-en des crédits-carbone !

Alain Morin

La marque Tesla, qui produit des véhicules 100 % électriques, peut compter sur l'aide financière de FCA (Fiat Chrysler Automobiles) pour arriver à ses fins. Quoi ? Eh oui ! Depuis déjà quelques années, un marché du carbone a été créé, question de régulariser les émissions de gaz à effet de serre. Dans le monde de l'automobile, une entreprise comme Tesla, qui produit de façon écologique des voitures ne polluant pas, dispose de beaucoup de crédits-carbone.

D'un autre côté, une entreprise telle FCA qui fabrique des véhicules consommant comme des alcooliques en rechute doit acheter des crédits-carbone, ce qui lui revient moins cher que de payer les énormes amendes imposées par le gouvernement américain. On peut donc dire, façon de parler en quelque sorte, que Chrysler et plusieurs constructeurs (Ferrari, Mercedes-Benz entre autres) financent des compagnies plus vertes (Tesla, Nissan, Honda, Toyota et d'autres). C'est ridicule, mais c'est ça. Le Grand Cherokee coûte sans doute une fortune en crédits-carbone à Jeep.

ENTRE ÉCOLOGIE ET POLLUTION

Le V6 3,0 litres diesel connaît une belle popularité, surtout auprès de ceux qui doivent remorquer une lourde charge (7 200 livres – 3 265 kilos). Cette donnée est identique à celles des deux V8, de 5,7 et de 6,4 litres, mais en mode remorquage, la consommation d'essence du diesel sera nettement moins affectée que celle des V8. Ce V6 consomme raisonnablement, compte tenu du poids indécent du véhicule qui approche les 2 400 kilos. Sans remorque. Ce moteur est certes un peu plus bruyant qu'un moteur à essence, mais rien qui rappelle les diesels américains des années 80.

L'autre V6, le Pentastar de 3,6 litres, est tout à fait indiqué pour ceux qui n'ont pas à traîner leur maison plusieurs fois par année. Il permet tout de même de tirer jusqu'à 6 200 livres (2 812 kilos). Il assure des performances très honorables, cependant, sa consommation est carrément honteuse. Même en jouant de l'accélérateur avec parcimonie, il est difficile de s'en tirer sous 13 l/100 km.

N'empêche que ce 3,6 est considérablement moins goinfre que le V8 HEMI de 5,7 litres avec lequel on ne s'en sort pas en deçà de 15 l/100 km. D'un autre côté, avoir 360 chevaux sous le pied droit devient vite une drogue, d'autant plus que la sonorité de l'échappement à la moindre accélération est tout simplement jouissive. Oh, il y a bien un mode Eco, mais il est sans doute utilisé aussi souvent qu'une caméra de recul dans une navette spatiale...

Le clou du spectacle, c'est la livrée SRT dont le 6,4 litres déballe 475 chevaux et pratiquement autant de couple. Malgré ses deux mille trois cent quelques kilos, le SRT abat le 0-100 km/h en cinq secondes pile, ce qui tient davantage de la métaphysique que de la physique. Et dans un grondement qui fait sourire les oreilles, de surcroît! Quiconque sait retenir ses hormones peut s'en tirer sous 16 litres aux cent kilomètres, ce qui est excellent dans les circonstances. Évidemment, quand on s'amuse à modifier brutalement l'angle de l'accélérateur, juste pour entendre l'échappement rugir, le 16 l/100 km se transforme rapidement en 18, voire 19...

C'est «trop extrême», vous dites-vous en ce moment... Eh bien, Jeep vient sans doute d'acheter quelques milliards de tonnes de crédits-carbone car elle est sur le point de dévoiler le Grand Cherokee Trackhawk, un monstre doté du V8 de 6,2 litres surcompressé des Dodge Charger et Challenger Hellcat. Oubliez les BMW X5 M, Porsche Cayenne Turbo S ou Range Rover Sport SVR, il s'agit d'enfants d'école en train de colorier, la langue à moitié sortie, un doigt dans le nez.

PLACIDE OU SPORTIF

Tous les Grand Cherokee jouissent d'un tableau de bord qui a été revu il y a deux ans et qui répond désormais aux critères modernes. Son système multimédia Uconnect est l'un des meilleurs présentement sur le marché. Le luxe, tout comme l'équipement, ne fait pas défaut peu importe la livrée, mais certains plastiques font bas de gamme.

Sur la route, les versions V6 adoptent un comportement plutôt réservé, avec une suspension confortable et une direction vague au centre et bien peu bavarde sur le travail des roues avant. Plus on monte dans la hiérarchie des moteurs, plus le Grand Cherokee est sportif. Par exemple, la direction du SRT est beaucoup plus vivante et sa suspension se montre assez sèche, surtout en mode Sport.

Le tableau serait presque parfait si ce n'était de la fiabilité pour le moins aléatoire des produits Jeep qui se classent, encore en 2016, dans les bas-fonds des sondages menés par J.D. Power, tout juste devant Land Rover, ce qui n'a rien d'une victoire! Ah, si Honda et Toyota vendaient des crédits-fiabilité...

Du nouveau en 2017

Aucun changement majeur. Version Trackhawk sera bientôt dévoilée.

Châssis - Laredo

Emp / lon / lar / haut	2916 / 4821 / 2154 / 1761 mm
Coffre / Réservoir	994 à 1945 litres / 93 litres
Nbre coussins sécurité / ceintures	6 / 5
Suspension avant	ind., bras inégaux
Suspension arrière	ind., multibras
Freins avant / arrière	disque / disque
Direction	à crémaillère, ass. var.
Diamètre de braquage	11,4 m
Pneus avant / arrière	P245/70R17 / P245/70R17
Poids / Capacité de remorquage	2121 kg / 2812 kg (6199 lb)
Assemblage	Détroit MI US

Composantes mécaniques

Overland D

Cylindrée, soupapes, alim.	V6 3,0 litres 24 s turbo
Puissance / Couple	240 ch / 420 lb-pi
Tr. base (opt) / rouage base (opt)	A8 / Int
0-100 / 80-120 / V.Max	9,3 s / 7,6 s / n.d.
100-0 km/h	43,4 m
Type / ville / route / CO2	Dié / 10,3 / 7,1 l/100 km / 4785 (est) kg/an

Laredo, Limited, Overland, Summit

Cylindrée, soupapes, alim.	V6 3,6 litres 24 s atmos.
Puissance / Couple	290 ch / 260 lb-pi
Tr. base (opt) / rouage base (opt)	A8 / Int
0-100 / 80-120 / V.Max	n.d. / n.d. / n.d.
100-0 km/h	n.d.
Type / ville / route / CO2	Ord / 12,4 / 8,3 l/100 km / 4860 (est) kg/an

Summit V8

Cylindrée, soupapes, alim.	V8 5,7 litres 16 s atmos.
Puissance / Couple	360 ch / 390 lb-pi
Tr. base (opt) / rouage base (opt)	A8 / Int
0-100 / 80-120 / V.Max	n.d. / n.d. / n.d.
100-0 km/h	n.d.
Type / ville / route / CO2	Ord / 15,6 / 9,9 l/100 km / 6000 (est) kg/an

SRT

Cylindrée, soupapes, alim.	V8 6,4 litres 16 s atmos.
Puissance / Couple	475 ch / 470 lb-pi
Tr. base (opt) / rouage base (opt)	A8 / Int
0-100 / 80-120 / V.Max	5,0 s / n.d. / n.d.
100-0 km/h	35,4 m
Type / ville / route / CO2	Sup / 16,6 / 10,7 l/100 km / 6420 (est) kg/an

Photos : Jeep

Jeep JEEP RENEGADE

Prix : 20495$ à 32495$ (2016)
Catégorie : VUS sous-compact
Garanties :
3 ans/60000 km, 5 ans/100000 km
Transport et prép. : 1845$
Ventes QC 2015 : 552 unités
Ventes CAN 2015 : 2261 unités

Cote du Guide de l'auto

72 %

Fiabilité
Nouveau modèle

Appréciation générale
■■■■■■■□□□

Sécurité
■■■■■■■■■□

Agrément de conduite
■■■■■■□□□□

Consommation
■■■■■■□□□□

Système multimédia
■■■■■■■■□□

Cote d'assurance
n.d.

⊕ Habiletés hors route • Bon choix de modèles • Roulement agréable • Design attrayant • Habitacle et coffre spacieux

⊖ Boîte automatique à 9 rapports fautive • Conduite peu dynamique • Visibilité ¾ avant restreinte • Bruits de vent à vitesse d'autoroute

Concurrents
Buick Encore, Chevrolet Trax, Fiat 500X, Honda HR-V, Kia Soul, Mazda CX-3, MINI Countryman, MINI Paceman, Mitsubishi RVR, Nissan JUKE, Subaru Crosstrek

Attitude mini-Jeep

Mathieu St-Pierre

Lorsque Jeep a annoncé la venue du Renegade dans la catégorie des VUS sous-compacts, peu de temps après l'arrivée du VUS compact Cherokee, nous étions convaincus de son grand potentiel. Voyez-vous, Jeep est la marque de VUS la plus reconnue au monde, alors le succès était assuré. Du moins, c'était le cas sur papier.

Malgré le fait que le Renegade soit un produit intéressant, ce sont les Cherokee et Compass/Patriot qui sont largement responsables de la croissance des ventes chez Jeep, et par conséquent, chez la maison-mère FCA (Fiat Chrysler Automobiles). Si la date de péremption des Compass et Patriot approche à grands pas, c'est à se demander si le dernier-né de la famille sera en mesure de porter le flambeau.

La pression sur le Renegade est plutôt grande. La catégorie dans laquelle il œuvre est en pleine croissance et la concurrence se fait féroce. Je parle ici, entre autres, des Mazda CX-3 et Honda HR-V qui trouvent régulièrement preneurs chez les petites familles.

LE PLUS TOUT-TERRAIN DU GROUPE

Pour démarquer le Renegade, Jeep met l'emphase sur le fait qu'il soit tout aussi habile en situation hors route que ses grands frères. Je vous confirme qu'il est particulièrement doué en la matière grâce, en grande partie, à la version Trailhawk et son système tout-terrain Selec-Terrain avec mode *Rock*.

Tout cela est bien beau mais, entre vous et moi, allez-vous vraiment vous diriger vers un sentier plus ou moins impraticable avec votre Jeep ou bien irez-vous plutôt à l'épicerie avant de prendre les enfants à l'école après le boulot ?

Ce qui est bien avec ce Jeep, c'est le choix de moteurs. Les quatre cylindres MultiAir de 1,4 litre turbo et Tigershark de 2,4 litres sont non seulement efficaces mais frugaux. Vous avez de plus l'occasion de sélectionner une version à traction avant ou parmi quelques systèmes à traction intégrale, selon le niveau d'équipement.

En cours de configuration, vous allez remarquer la présence d'une boîte automatique disponible qui propose neuf rapports. Il est là, le bat qui blesse. La transmission de base est une manuelle à six rapports, mais elle n'est offerte qu'avec le moteur de 1,4 litre. Dans la majorité des cas, vous vous retrouverez donc avec «la neuf vitesses».

Cette dernière fait un boulot acceptable si vos habitudes de conduite sont généralement pépères. Par contre, si vous êtes un peu plus énergique, vous découvrirez une boîte parfois récalcitrante, parfois paresseuse qui s'enfarge d'un rapport à l'autre. Cette transmission est, en fait, la principale raison pour laquelle on devrait regarder ailleurs. Sinon, le Renegade est bien.

Sur la route, le petit Renegade se débrouille avec brio. Sa suspension profite d'un débattement important, un élément important en hors route.Son roulement est souple et idéal pour la ville. Même si le roulis en virage est présent, il n'y a aucune raison de s'inquiéter car la tenue de route reste bonne. Ne vous attendez pas à une conduite dynamique, cependant! À ce chapitre, vaut mieux magasiner du côté de Mazda.

POUR LE DESIGN ET L'HABITACLE

La traditionnelle calandre avant de Jeep — à sept barres verticales — est au rendez-vous. Les dimensions extérieures compactes et la ligne de toit élevée du Renegade lui confèrent un look à la fois macho et, selon moi, beau. Parmi les membres de sa catégorie, il est de loin le plus distinctif.

Mis à part ses proportions extérieures, c'est l'habitabilité qui est importante à noter. Outre le HR-V de Honda, c'est ce Jeep qui offre le plus d'espace utile de la catégorie. Cinq adultes peuvent prendre place à bord, quoique le trajet devra être, de préférence, plus court que long.

La finition est plus qu'acceptable et ce, en dépit de la base du pilier A qui obstrue la visibilité quand on traverse une intersection, par exemple. Vu la carrure du Renegade, le dégagement pour la tête et les épaules est excellent. Le coffre et son ouverture sont tout aussi carrés, permettant un accès facile pour y ranger de gros items.

Le croisement de la marque Jeep et de la catégorie des VUS sous-compacts est un plan qui a beaucoup de bon sens. Il y a fort à parier que FCA mettra à profit cette marque légendaire en multipliant encore le nombre de modèles dans les salles d'exposition.

Pour le moment, le Jeep Renegade remplit ses obligations, mais le Cherokee vous sera probablement plus utile à long terme avec ses dimensions accrues sans compter qu'il ne coûte guère plus cher.

Du nouveau en 2017

Aucun changement majeur

Châssis - Limited 4x4	
Emp / lon / lar / haut	2570 / 4232 / 2023 / 1719 mm
Coffre / Réservoir	525 à 1440 litres / 48 litres
Nbre coussins sécurité / ceintures	7 / 5
Suspension avant	ind., jambes force
Suspension arrière	ind., jambes force
Freins avant / arrière	disque / disque
Direction	à crémaillère, ass. var. élect.
Diamètre de braquage	11,1 m
Pneus avant / arrière	P215/55R18 / P215/55R18
Poids / Capacité de remorquage	1519 kg / 907 kg (1999 lb)
Assemblage	Melfi IT

Composantes mécaniques	
Sport 4x2, Sport 4x4, North 4x2, North 4x4	
Cylindrée, soupapes, alim.	4L 1,4 litre 16 s turbo
Puissance / Couple	160 ch / 184 lb-pi
Tr. base (opt) / rouage base (opt)	M6 (A9) / Tr (Int)
0-100 / 80-120 / V.Max	n.d. / n.d. / n.d.
100-0 km/h	n.d.
Type / ville / route / CO_2	Sup / 10,0 / 7,8 l/100 km / 4145 (est) kg/an
Trailhawk 4x4, Limited 4x4	
Cylindrée, soupapes, alim.	4L 2,4 litres 16 s atmos.
Puissance / Couple	180 ch / 175 lb-pi
Tr. base (opt) / rouage base (opt)	A9 / 4x4 (Int)
0-100 / 80-120 / V.Max	n.d. / n.d. / n.d.
100-0 km/h	n.d.
Type / ville / route / CO_2	Ord / 10,0 / 7,8 l/100 km / 4145 (est) kg/an

« LE RENEGADE, AVEC SA CARROSSERIE AMUSANTE, SE DÉBROUILLE QUAND MÊME TRÈS BIEN EN HORS-ROUTE, SURTOUT EN VERSION TRAILHAWK. »

Jeep JEEP **WRANGLER**

(((SiriusXM)))

Prix: 25 995 $ à 41 495 $ (2016)
Catégorie: VUS intermédiaire
Garanties:
3 ans/60 000 km, 5 ans/100 000 km
Transport et prép.: 1 845 $
Ventes QC 2015: 3 378 unités
Ventes CAN 2015: 20 880 unités

Cote du Guide de l'auto

67 %

Fiabilité ■■■■■■■■□□□

Appréciation générale ■■■■■■■■□□

Sécurité ■■■■■■■□□□

Agrément de conduite ■■■■■■□□□□

Consommation ■■■■□□□□□□

Système multimédia ■■■■■■■□□□

Cote d'assurance
■■■■■■■■□□
$$$ $

➕ Robustesse assurée • Fiabilité en hausse • Habile comme pas deux • Polyvalent

➖ Suspension ferme • Consommation élevée • Insonorisation perfectible • Un seul moteur

---

Concurrents
Toyota 4Runner

Ça brasse en Jeep !

Jacques Deshaies

Je suis, ou plutôt, j'étais un grand défenseur de Jeep. À une autre époque, j'étais propriétaire d'un YJ personnalisé et j'étais fasciné par son aspect aventurier. Évidemment, le temps a fait son œuvre et j'ai perdu ce feu sacré pour le Jeep. Inconfort et consommation élevée sont les deux grands défauts relevés.

Depuis ce temps, le Jeep Wrangler s'est passablement raffiné. Il s'est même fait greffer deux portières supplémentaires. Mais il demeure malgré tout un animal de sentier à priori. Pour son usage domestique sur la route, il faut avoir encore la foi. Il offre toujours ce style unique et pratiquement indémodable. D'ailleurs, ma version d'essai, dénommée Willys Wheeler, rappelle ses origines avec une certaine nostalgie.

STYLE QUI PERDURE
Comme plusieurs icônes de l'industrie, difficile d'en changer la forme. Pour satisfaire la soif de nouveauté, les gens de Jeep s'amusent à nous offrir une multitude de versions comme le Sahara, le Rubicon et le Willys.

Une version 75e anniversaire viendra compléter la gamme, question d'honorer de belle façon ce célèbre membre de la famille. Il est offert en nombre limité puisque sa fabrication cessera en décembre 2016. Il se distingue par un pare-chocs différent à l'intérieur duquel s'installent des phares antibrouillard. De plus, il s'équipe de roues de couleur bronze, d'un capot au style plus agressif et de touches de couleur bronze à la grille et aux crochets de remorquage.

L'habitacle du Wrangler et de sa déclinaison Unlimited porte le poids des années. Il y a bien eu quelques rafraîchissements depuis, mais l'ensemble demeure plutôt archaïque. Avec une structure aussi vieillotte, il est difficile de faire mieux. Le tableau de bord rectiligne n'est que mieux enveloppé, c'est tout. À défense, les instruments sont à portée de main, mais vivement un écran multimédia de plus grande dimension et mieux adapté aux nouvelles applications.

Quant à l'espace, la version quatre portes est beaucoup plus intéressante. Grâce à son empattement plus long, les places arrière offrent plus de dégagement et le coffre s'en trouve plus volumineux. Comme le Jeep Wrangler se veut polyvalent en toutes circonstances, les deux configurations peuvent s'équiper d'un toit souple ou d'un toit rigide. Dans le premier cas, l'insonorisation fait évidemment défaut et votre chaîne audio aura peine à rendre votre musique préférée. Le toit rigide peut être retiré. C'est cette option que je choisirais.

LE PENTASTAR RÈGNE

Au moment d'écrire ces lignes, les rumeurs vont bon train quant à l'ajout d'autres motorisations au Wrangler. Certains parlent d'un moteur diesel par souci d'autonomie. La plus persistante, et elle provient du constructeur lui-même, c'est que l'icône de Jeep pourrait s'équiper d'un moteur quatre cylindres turbo de plus de 300 chevaux, développé à interne depuis quelque temps. C'est légèrement plus élevé que le V6 actuel, mais il devrait surtout être beaucoup plus économique.

Mais pour l'instant, l'on doit se contenter du seul moteur proposé, soit le V6 de 3,6 litres qui se couple à une boîte manuelle à six rapports ou à une vieillissante boîte automatique à cinq rapports. Il semble que la tradition est de mise pour ce Jeep. Et ce conservatisme est palpable autant sur que sous le véhicule. L'étude de l'aspect mécanique par l'un de mes collègues du *Guide de l'auto*, Marc-André Gauthier, le prouve hors de tout doute.

D'entrée, le moteur Pentastar contribue au degré de fiabilité en hausse de ce Jeep. Il est d'ailleurs le mieux positionné de la gamme en la matière. De plus, les éléments de suspension et de direction d'une autre époque lui confèrent une robustesse sans égal. C'est pour ces raisons qu'il est toujours le roi du hors route.

Mais attention, si vous choisissez le Wrangler comme véhicule principal et que les randonnées en sentier ne sont pas votre tasse de thé, vous devez y réfléchir à deux fois. Sa suspension vous donnera des maux de dos et de tête tellement elle est ferme. Sa direction imprécise rendra vos longs voyages interminables. Et c'est sans compter sa consommation trop élevée.

Mais une fois dans la nature, ces défauts marquants disparaissent comme neige au soleil. Le Wrangler sous toutes ses formes est toujours aussi original, polyvalent et débrouillard. Il pardonne la plupart des mauvaises manœuvres en mode hors route. Il est le plus fiable du lot Jeep et il conserve une bonne valeur de revente. En contrepartie, il commande une facture un peu trop salée selon moi. Malgré cela, les acheteurs sont invariablement au rendez-vous. Et parions qu'il sera encore là dans 20 ans!

Du nouveau en 2017

Ensemble hivernal et phares DEL offerts en option, deux nouvelles couleurs.

Châssis - Willys Wheeler	
Emp / lon / lar / haut	2423 / 4173 / 1872 / 1842 mm
Coffre / Réservoir	362 à 1600 litres / 70 litres
Nbre coussins sécurité / ceintures	2 / 4
Suspension avant	essieu rigide, multibras
Suspension arrière	essieu rigide, multibras
Freins avant / arrière	disque / disque
Direction	à billes, assistée
Diamètre de braquage	10,5 m
Pneus avant / arrière	LT255/75R17 / LT255/75R17
Poids / Capacité de remorquage	1709 kg / 907 kg (1999 lb)
Assemblage	Toledo OH US

Composantes mécaniques	
Cylindrée, soupapes, alim.	V6 3,6 litres 24 s atmos.
Puissance / Couple	285 ch / 260 lb-pi
Tr. base (opt) / rouage base (opt)	M6 (A5) / 4x4
0-100 / 80-120 / V.Max	n.d. / n.d. / n.d.
100-0 km/h	n.d.
Type / ville / route / CO_2	Ord / 15,0 / 11,4 l/100 km / 6155 kg/an

« IL CONSERVE LE MÊME STYLE DE BASE DEPUIS 75 ANS. PAR CONTRE, EN SENTIER, IL EST LE ROI. LE JEEP WRANGLER EST UN VÉRITABLE MODE DE VIE. »

KIA CADENZA

((SiriusXM))

Prix : 38 000 $ à 46 000 $ (estimé)
Catégorie : Berline
Garanties :
5 ans/100 000 km, 5 ans/100 000 km
Transport et prép. : 1 860 $
Ventes QC 2015 : 40 unités
Ventes CAN 2015 : 173 unités

Cote du Guide de l'auto

70 %

Fiabilité	Appréciation générale
■■■■■■■□□□	■■■■■■■□□□
Sécurité	**Agrément de conduite**
■■■■■■■□□□	■■■■■■■□□□
Consommation	**Système multimédia**
■■■■□□□□□□	■■■■■■■■□□

Cote d'assurance

■■■■■□□□□□
$$$ $

➕ Confortable à souhait •
Spacieuse • Prix de base alléchant •
Bon niveau d'équipement •
Style chic et moderne

➖ Pas de rouage intégral • Valeur de
revente basse • Consommation encore
élevée • Image de Kia peu associée aux
voitures de luxe

Concurrents
Acura TLX, Audi A4, BMW Série 3,
Cadillac ATS, Infiniti Q50, Jaguar XE,
Lexus IS, Lincoln MKZ,
Mercedes-Benz Classe C, Volvo S60

Quand confort et luxe riment avec Corée

Frédérick Boucher-Gaulin

Même si la Cadenza a été lancée chez nous en 2013, elle est distribuée sur les marchés internationaux — la Corée du Sud, notamment — depuis 2010. Bien que son style, une gracieuseté de Peter Schreyer, grand manitou du design chez Kia, n'était pas dramatiquement dépassé, la marque coréenne a néanmoins voulu la remettre au goût du jour en introduisant une nouvelle version de la Cadenza, dévoilée en primeur au dernier Salon de l'auto de New York.

CALIFORNIA STYLIN'

La Cadenza 2017 est visuellement différente de celle qu'on retrouvait chez les concessionnaires Kia l'an dernier (il reste probablement encore des modèles 2016, soit dit en passant). Dessinée par le studio de design californien de Kia, la berline pleine grandeur arbore un look plus musclé qu'auparavant : son nez conserve la grille *Tiger Nose* qui distingue les produits Kia, mais les phares sont agressifs et sont maintenant dotés d'une fine ligne de diodes électroluminescentes en forme d'éclairs. La ligne de toit a été allongée vers l'arrière, ce qui réduit la longueur du coffre. Cependant, la capacité de chargement de celui-ci est bonifiée. Parlant de dimensions, la nouvelle Cadenza est aussi longue qu'avant, mais elle est élargie et plus basse que jamais. Les feux arrière sont reliés entre eux par une bande chromée, et les échappements doubles reçoivent des embouts chromés, se logeant harmonieusement dans le bas du pare-chocs. Les roues de 18 pouces sont de série, tandis que les 19 pouces sont en option. La mission des stylistes était de rendre la Cadenza 2017 plus agressive et plus moderne. C'est chose faite.

MAIS QU'EN EST-IL DU RESTE ?

La mécanique de la Cadenza 2017 est, en apparence, très similaire à celle de l'ancienne génération : il s'agit encore d'un V6 de 3,3 litres, monté en position avant, qui envoie ses chevaux à l'axe situé directement en dessous de lui. Par contre, il a été optimisé pour être moins gourmand (l'ancienne

Cadenza affichait des cotes de consommation de 8,4 litres aux 100 km sur la route et 12,7 litres en ville).

La puissance oscille maintenant autour de 290 chevaux, ce qui est similaire à l'an dernier. Pour ceux qui doutent de la fiabilité de ce moteur, Kia affirme l'avoir testé à plein régime pendant 41 jours, ce qui équivaut à environ 160 000 kilomètres d'utilisation. Durant tout ce temps, le V6 n'a pas démontré de signes de faiblesse. La boîte automatique à six rapports a été remplacée par une unité à huit vitesses conçue maison, la première de Kia à être utilisée sur une voiture à traction (roues avant motrices).

Selon Kia, la nouvelle Cadenza se veut également plus plaisante à conduire. L'ancienne n'était pas exactement une révélation à ce chapitre, mais il est intéressant de savoir que l'agrément de conduite se trouvait sur la liste des priorités lors de la refonte.

La nouvelle plate-forme est non seulement plus volumineuse qu'avant, mais grâce à l'utilisation d'acier haute-densité, elle a gagné en légèreté. Avec l'utilisation d'adhésif structurel et de panneaux pressés à chaud, la rigidité de la caisse s'accroît de 35 %. Pour l'acheteur, cela se traduit par une conduite plus directe, mais aussi par moins de bruits de caisse et par un silence de roulement amélioré.

LUXE À LA CORÉENNE

C'est à l'intérieur que la Cadenza 2017 tente de nous impressionner davantage : selon Kia, la qualité des matériaux est en nette progression comparativement au modèle précédent. Il y a du cuir Nappa dans les versions haut de gamme, tandis qu'un nouveau coloris brun foncé s'ajoute au choix de couleurs de la cabine. Ceux qui préfèrent un intérieur plus pâle seront contents d'apprendre que le cuir blanc est de retour. Il est maintenant accentué de boiseries noires au fini lustré. À l'arrière, les passagers ont gagné de l'espace pour les jambes.

Somme toute, la Cadenza s'est entièrement modernisée, avec une nouvelle plate-forme, une motorisation optimisée, une boîte de vitesse à la fine pointe de ce qu'offre Kia et une qualité de finition plus poussée que jamais. Cependant, sa mission n'a pas changé : elle se veut une concurrente aux Chrysler 300 et Buick LaCrosse de ce monde, une berline pleine grandeur confortable et luxueuse, là où de plus en plus de constructeurs semblent associer luxe à sportivité. Si vous n'êtes pas de cet avis, prenez le temps de jeter un œil à la Cadenza, son côté luxueux, à la coréenne pourrait vous surprendre.

Châssis - Tech

Emp / lon / lar / haut	2855 / 4970 / 1869 / 1471 mm
Coffre / Réservoir	453 litres / 70 litres
Nbre coussins sécurité / ceintures	8 / 5
Suspension avant	ind., jambes force
Suspension arrière	ind., multibras
Freins avant / arrière	disque / disque
Direction	à crémaillère, ass. var. élect.
Diamètre de braquage	11,3 m
Pneus avant / arrière	P245/40R19 / P245/40R19
Poids / Capacité de remorquage	1661 kg / n.d.
Assemblage	Hwaseong KR

Composantes mécaniques

Cylindrée, soupapes, alim.	V6 3,3 litres 24 s atmos.
Puissance / Couple	290 ch / 253 lb-pi
Tr. base (opt) / rouage base (opt)	A8 / Tr
0-100 / 80-120 / V.Max	7,3 s (est) / 5,0 s (est) / n.d.
100-0 km/h	43,2 m
Type / ville / route / CO_2	Ord / 12,7 / 8,4 l/100 km / 4952 (est) kg/an

« LES VENTES DE LA KIA CADENZA N'ONT JAMAIS VRAIMENT DÉCOLLÉ, MAIS CETTE GÉNÉRATION SERA PEUT-ÊTRE LA BONNE. »

Du nouveau en 2017
Nouveau modèle

Photos : Kia

KIA FORTE

KIA **FORTE**

(((SiriusXM)))

Prix : 15 995 $ à 28 795 $ (2016)
Catégorie : Berline, Coupé, Hatchback
Garanties :
5 ans/100 000 km, 5 ans/100 000 km
Transport et prép. : 1 535 $
Ventes QC 2015 : 5 040 unités
Ventes CAN 2015 : 11 378 unités

Cote du Guide de l'auto

72 %

Fiabilité

Appréciation générale

Sécurité

Agrément de conduite

Consommation

Système multimédia

Cote d'assurance

$ $ $ $

➕ Jolies jantes (18 pouces) • Beau look
(version SX) • Boîte automatique compétente •
Tenue de route (version SX) • Moteur
1,6 litre dynamique

➖ Moins de puissance (2,0 litres) •
Moteur 1,6 litre gourmand • Offre
assez complexe • Silhouette anonyme
(sauf Forte5) • Faible valeur de revente

Concurrents

Chevrolet Cruze, Ford Focus, Honda Civic,
Hyundai Elantra, Mazda3, Mitsubishi
Lancer, Nissan Sentra, Subaru Impreza,
Toyota Corolla, Volkswagen Golf,
Volkswagen Jetta

Plus que jamais en retard, mais...

Marc-André Gauthier

Kia fait de très bonnes voitures, comme l'Optima et le Sorento, par exemple, et la qualité initiale de ses produits surpasse celle des constructeurs japonais et américains, si l'on se fie aux études de la firme de sondages J.D. Power.

Mais la qualité initiale n'est pas tout. Il y a l'âme aussi, et à ce chapitre, Kia a encore des croûtes à manger. Qu'est-ce que l'âme d'une auto ? Ce n'est rien de métaphysique, et ça ne tient pas du domaine du psychoverbiage non plus ! L'esprit d'une auto, c'est plutôt la philosophie qui s'y rattache.

Chez Mazda, une Mazda3 dégage avant tout le plaisir de conduire, dans un format pratique. Chez Honda, on découvre que la Civic est une voiture compacte sans compromis. Chez Nissan, il semble que la philosophie derrière la Sentra, c'est d'être la plus grande des petites voitures, silencieuse et confortable, comme une intermédiaire. Chez Toyota, la Corolla reflète le fait d'être une valeur sûre, confortable et d'une fiabilité inégalée.

Quelle est l'âme de la Kia Forte ? D'être une voiture bien équipée et abordable ? Ça, c'est l'affaire de Hyundai, qui le fait bien avec l'Elantra, la cousine de la Forte. Non, chez Kia, c'est un méchant casse-tête. Il y a trop de variantes et trop de groupes d'équipement. Malheureusement, elle ne peut plus rivaliser contre la Civic et la Mazda3, nos championnes de la catégorie des compactes.

Pour 2017, la Forte a droit à un nouveau moteur de base, à des changements esthétiques mineurs, à un tissu de meilleure qualité pour les sièges dans certains modèles, et à la compatibilité avec Android Auto et Apple CarPlay. Trop peu trop tard, dira-t-on. Il n'en demeure pas moins qu'il faut savoir chercher, car il y a une perle rare dans l'offre de Kia.

JAMES ATKINSON

Les moteurs à combustion interne existent depuis longtemps, voire très longtemps. En 1882, un ingénieur du nom de James Atkinson breveta un nouveau type de moteur à quatre temps plus efficace, mais moins puissant.

Encore aujourd'hui, les moteurs fonctionnant sur ce principe portent le nom d'«Atkinson», même si, à l'occasion, seuls certains principes sont utilisés, comme dans la Toyota Prius, par exemple. L'avantage du principe d'Atkinson est, on s'en doute, de favoriser l'économie d'essence.

Pour 2017, un nouveau quatre cylindres arrive dans la berline Forte. Il s'agit du 2,0 litres fonctionnant selon le principe Atkinson que l'on retrouve déjà dans la Hyundai Elantra. Dans les deux cas, ce moteur produit 147 chevaux et un couple de 132 livre-pied. Ce moteur vient remplacer le 1,8 litre que l'on retrouvait dans la Forte de base, alors qu'un autre 2,0 litres, à injection directe, propose 173 chevaux dans les livrées mieux équipées. Quant au 1,6 litre turbocompressé, il continuera d'exister sur les versions sportives, avec une puissance adéquate, à 201 chevaux et 195 livre-pied.

Avec le nouveau 2,0 litres, on retrouvera toujours la boîte manuelle à six rapports, dotée de l'un des pires embrayages de l'industrie, et l'automatique à six rapports, qui se comporte merveilleusement bien.

LA PERLE RARE

Comme mentionnée plus haut, l'offre de la Forte est complexe. Avec trois carrosseries (deux, quatre et cinq portes), des versions plus familiales et d'autres plus sportives, il est difficile de s'y retrouver. À la base, la Forte ne brille en rien, mais constitue néanmoins une bonne voiture. Cela dit, la version la plus intéressante, c'est la Forte5 SX, dotée du 1,6 litre.

Cette petite familiale fait penser à la Golf GTI, mais avec une puissance légèrement inférieure. Équipée d'une suspension sport, elle est plus agile et amusante à conduire que les Forte «normales». Son moteur turbo est vivant, et sa boîte automatique, lorsque programmée en mode sport, se fait oublier, pour faire vivre au conducteur de bons moments sur les routes sinueuses. Qui plus est, cette cinq portes arbore une allure plus sportive, ce qui la distingue avec bonheur des autres, et ses roues de 18 pouces sont tout simplement sublimes. Son habitacle offre beaucoup de confort, et juste assez de luxe.

La Forte5, surtout lorsque dotée du 1,6 turbocompressé, vaut la peine d'être essayée! Les Étasuniens ont droit à une boîte à sept rapports à double embrayage, mais, au moment de mettre sous presse, Kia Canada n'avait pas encore confirmé si elle traverserait la frontière. Nous le souhaitons sincèrement.

Si la Forte 5 est réussie, la berline et la Koup ne peuvent tout simplement plus rivaliser la concurrence. Il faudra plus qu'un nouveau moteur pour sortir la Kia Forte de l'anonymat.

Châssis - 5 SX	
Emp / lon / lar / haut	2700 / 4350 / 1780 / 1450 mm
Coffre / Réservoir	657 litres / 50 litres
Nbre coussins sécurité / ceintures	6 / 5
Suspension avant	ind., jambes force
Suspension arrière	semi-ind., poutre torsion
Freins avant / arrière	disque / disque
Direction	à crémaillère, ass. var. élect.
Diamètre de braquage	10,6 m
Pneus avant / arrière	P225/40R18 / P225/40R18
Poids / Capacité de remorquage	1347 kg / n.d.
Assemblage	Hwaseong KR

Composantes mécaniques

Berline

Cylindrée, soupapes, alim.	4L 2,0 litre 16 s atmos.
Puissance / Couple	147 ch / 132 lb-pi
Tr. base (opt) / rouage base (opt)	M6 (A6) / Tr
0-100 / 80-120 / V.Max	n.d. / n.d. / n.d.
100-0 km/h	n.d.
Type / ville / route / CO$_2$	Ord / n.d. / n.d. / n.d.

Berline, 5

Cylindrée, soupapes, alim.	4L 2,0 litres 16 s atmos.
Puissance / Couple	164 ch / 160 lb-pi
Tr. base (opt) / rouage base (opt)	M6 (A6) / Tr
0-100 / 80-120 / V.Max	n.d. / n.d. / n.d.
100-0 km/h	n.d.
Type / ville / route / CO$_2$	Ord / n.d. / n.d. / n.d.

Koup

Cylindrée, soupapes, alim.	4L 2,0 litre 16 s atmos.
Puissance / Couple	173 ch / 154 lb-pi
Tr. base (opt) / rouage base (opt)	M6 (A6) / Tr
0-100 / 80-120 / V.Max	n.d. / n.d. / n.d.
100-0 km/h	n.d.
Type / ville / route / CO$_2$	Ord / n.d. / n.d. / n.d.

5, Koup

Cylindrée, soupapes, alim.	4L 1,6 litre 16 s turbo
Puissance / Couple	201 ch / 195 lb-pi
Tr. base (opt) / rouage base (opt)	M6 (A6, Aucune) / Tr
0-100 / 80-120 / V.Max	7,5 s / 5,5 s / n.d.
100-0 km/h	n.d.
Type / ville / route / CO$_2$	Ord / 11,1 / 8,0 l/100 km / 4464 kg/an

Du nouveau en 2017

Nouveau moteur 2,0 litres remplaçant l'ancien 1,8 litre, compatibilité Android Auto & Apple CarPlay, nouvelle boîte automatique 6 rapports.

KIA FORTE 5

KIA FORTE

KIA **K900**

((SiriusXM))

Prix: 49 995 $ à 70 195 $ (2016)
Catégorie: Berline
Garanties:
5 ans/100 000 km, 5 ans/100 000 km
Transport et prép.: 1 860 $
Ventes QC 2015: 7 unités
Ventes CAN 2015: 36 unités

Cote du Guide de l'auto

63 %

Fiabilité
n.d.

Appréciation générale
■■■■■■□□□□

Sécurité
■■■■■■■■□□

Agrément de conduite
■■■■■■□□□□

Consommation
■■■■■□□□□□

Système multimédia
■■■■■■■□□□

Cote d'assurance
■■■■■■□□□□

$$$ $

➕ Confort assuré • Moteur V6
bien adapté • Finition relevée •
Spacieuse à souhait

➖ Manque de charisme • Poids élevé •
Valeur de revente • Gabarit imposant

Concurrents
Audi A8, BMW Série 7, Jaguar XJ, Lexus LS,
Mercedes-Benz Classe S

Pas facile la vie !

Jacques Deshaies

C'est avec un enthousiasme débordant que la direction de Kia nous avait présenté cette grande berline de luxe. D'entrée, ces gens nous avaient avoué que les ventes seraient timides. Mais à ce point? Pas sûr! Seulement sept unités ont trouvé preneur au Québec en 2015. Faire son entrée dans un club sélect comme celui des voitures de luxe n'est pas chose facile. Surtout que la Kia K900 est produite et vendue par un constructeur qui a fait sa réputation en vendant des voitures peu dispendieuses.

Je vous vois au beau milieu d'une soirée mondaine à exhiber votre clé Kia pendant que vos interlocuteurs parlent de leur Mercedes-Benz Classe S ou de leur BMW Série 7. Si votre ego n'est pas démesuré, vous devriez passer une belle soirée. C'est un peu ça, la réalité. Ce n'est pas que la K900 soit inconfortable, mais elle manque cruellement de charisme.

Malgré quelques retouches d'ordre esthétique et la possibilité de choisir entre deux moteurs, rien n'y fait. La K900 est aussi rare sur nos routes qu'un orignal en plein centre-ville de Montréal.

ELLE EST IMPOSANTE
Difficile de rendre une grande berline de luxe aussi séduisante qu'une voiture sport. Cependant, la concurrence sait y mettre du panache. Ce n'est malheureusement pas le cas avec la K900. À mon avis, elle est trop semblable à l'Optima mais dans un format plus grand. Les acheteurs de ce genre de voiture veulent quelque chose qui détonne du reste et qui affiche un brin d'exclusivité. Vous me direz que la Classe S de Mercedes-Benz ressemble aux autres modèles de la marque et je vous répondrai, oui. Mais elle affiche quand même une prestance non négligeable qui manque à la Kia. Et comme l'image compte pour beaucoup dans cette catégorie, la K900 ne peut pas se distinguer.

Sa silhouette souffre d'embonpoint et la partie arrière semble écraser le tout. Elle est quand même élégante. Son habitacle est cossu. Les cuirs sont omniprésents, tout comme les boiseries qui les accompagnent. Mais, svp, arrêtez de mettre du bois au volant! C'est du passé, ça. Par contre, rien à redire sur l'exécution. Les matériaux sont également d'excellente qualité. Pas de problèmes non plus quant à l'ergonomie.

La K900, rafraîchie de l'an dernier, s'est dotée d'un écran multimédia de 9,2 pouces pour en faciliter la lecture. Concernant l'espace, cette Kia est un véritable salon sur quatre roues. Les passagers arrière seront heureux d'y passer quelques heures, et ce, sans se plaindre de quoi que ce soit.

V6 OU V8

Au chapitre du châssis et des groupes moteurs, cette grande Kia reprend les mêmes technologies que sa défunte cousine, la Genesis de première génération (et dont le nom renaîtra bientôt en tant que marque de luxe de Hyundai... mais ça, c'est une autre histoire). Le V6 de 3,8 litres s'installe dans la version de base. Sa puissance est suffisante, mais on pourrait en prendre un peu plus. Il faut savoir que la K900 est plus lourde que la Genesis. Cependant, la clientèle cible devrait s'en accommoder. Couplée à la boîte automatique à huit rapports, cette berline de luxe se comporte comme il se doit. La direction offre peu de contact avec la réalité tandis que le roulis est relativement important en conduite un peu plus agressive.

Si c'est de la puissance à l'accélération et aux reprises que vous cherchez, le V8 de 5,0 litres devrait faire votre bonheur. Vous passerez ainsi de 311 chevaux à plus de 420. Et vous perdrez entre 3 à 4 l/100 km sur la fiche de la consommation... De plus, la facture grimpe allègrement. Toujours pour la même voiture. Je favorise donc le V6 qui est moins lourd et qui adopte une conduite un peu plus dynamique, le train avant s'en trouvant allégé.

Si elle n'a aucune prétention sportive, cette K900 vous fera vivre de longues randonnées dans un confort douillet. À la limite, plusieurs cafés seront nécessaires pour éviter de vous endormir au volant.

Somme toute, serez-vous l'un des rares propriétaires de cette K900? Si oui, assurez-vous de la conserver longtemps, car je parie quelques dollars que sa valeur de revente va chuter comme une roche sans parachute. De plus, ce ne sont pas tous les concessionnaires Kia qui peuvent prendre soin de votre Kia haut de gamme. Malgré cela, cette berline accorde de bien belles choses et à un prix plus que concurrentiel. Mais voulez-vous vraiment rouler en Kia pour ce prix-là? Sept clients ont répondu oui l'an dernier. Serez-vous le huitième?

Du nouveau en 2017

Aucun changement majeur

Châssis - V8	
Emp / lon / lar / haut	3046 / 5095 / 1890 / 1486 mm
Coffre / Réservoir	450 litres / 75 litres
Nbre coussins sécurité / ceintures	8 / 5
Suspension avant	ind., multibras
Suspension arrière	ind., multibras
Freins avant / arrière	disque / disque
Direction	à crémaillère, ass. var. élect.
Diamètre de braquage	11,4 m
Pneus avant / arrière	P245/45R19 / P275/40R19
Poids / Capacité de remorquage	2071 kg / n.d.
Assemblage	Gwangmyeong KR

Composantes mécaniques	
V6	
Cylindrée, soupapes, alim.	V6 3,8 litres 24 s atmos.
Puissance / Couple	311 ch / 293 lb-pi
Tr. base (opt) / rouage base (opt)	A8 / Prop
0-100 / 80-120 / V.Max	n.d. / n.d. / n.d.
100-0 km/h	n.d.
Type / ville / route / CO_2	Ord / 13,1 / 8,7 l/100 km / 5115 (est) kg/an
V8	
Cylindrée, soupapes, alim.	V8 5,0 litres 32 s atmos.
Puissance / Couple	420 ch / 376 lb-pi
Tr. base (opt) / rouage base (opt)	A8 / Prop
0-100 / 80-120 / V.Max	6,8 s /4,6 s / n.d.
100-0 km/h	45,4 m
Type / ville / route / CO_2	Sup / 15,7 / 10,2 l/100 km / 6080 (est) kg/an

> **IL EST NORMAL QUE KIA VEUILLE METTRE SON NEZ TOUS LES SEGMENTS. MAIS EST-CE VRAIMENT LE TEMPS DE PLONGER DANS UNE CATÉGORIE AUSSI RELEVÉE?**

KIA **NIRO**

(((SiriusXM)))

Prix: 30 000 $ (estimé)
Catégorie: VUS compact
Garanties:
5 ans/100 000 km, 5 ans/100 000 km
Transport et prép.: 1 840 $
Ventes QC 2015: 0 unité
Ventes CAN 2015: 0 unité

Cote du Guide de l'auto

76%

Fiabilité
n.d.

Sécurité
n.d.

Consommation
■■■■■■■□□□

Appréciation générale
■■■■■■■□□□

Agrément de conduite
■■■■■■□□□□

Système multimédia
■■■■■■■□□□

Cote d'assurance
n.d.

➕ Format intéressant • Comportement sain • Faible consommation • Motorisation moderne

➖ Silhouette anonyme • Présentation terne • Fiabilité inconnue • Valeur de revente à étudier

Concurrents
Buick Encore, Chevrolet Trax, Fiat 500X, Honda HR-V, Jeep Renegade, Mazda CX-3, MINI Countryman, Mitsubishi RVR, Nissan JUKE, Subaru Crosstrek

La Prius coréenne

Jacques Deshaies

Depuis quelques années, Kia, proche cousin de Hyundai, présente des modèles des plus expressifs. Tout le milieu spécialisé louange le style de l'ensemble de la gamme Kia. Que ce soit la sous-compacte, la grande berline ou les utilitaires, ils sont tous, disons-le, spectaculaires. Dans le cas du nouveau Niro, c'est une toute autre histoire.

Le virage vert est devenu une priorité pour Kia. Les piles à combustible, l'hydrogène, l'électrification, toutes ces technologies écologiques sont sur la table. Mais la recherche de résultats concluants et viables demande du temps. C'est d'ailleurs en partie pour cette raison que la direction a pris la décision d'offrir une gamme de véhicules dédiés à l'écologie. Le nouveau Niro est le premier de cette lignée. Lors de sa présentation à Séoul, il y a plus d'un an, les responsables du projet ont même déclaré que d'autres modèles uniquement hybrides feraient leur entrée sous peu.

MAUVAIS COUP DE CRAYON
Né en 1953, Peter Schreyer est devenu l'un des stylistes automobiles les plus célèbres du monde. Il a dessiné la première Audi TT avant de passer chez Kia, en 2006. Depuis, il nous offre des voitures et VUS des plus réussis, comme l'Optima. Dommage de constater que le Niro ait été réalisé pendant ses vacances! Soyons sérieux, ce nouveau membre de la famille n'est pas un désastre, mais disons que sa silhouette détonne du lot. À vrai dire, je me serais attendu à mieux. Heureusement pour lui, le Niro affronte la nouvelle Toyota Prius, elle aussi d'un style discutable.

Ce nouveau Kia arbore des lignes traditionnelles à la façon d'une familiale. À titre de référence, il est légèrement plus bas que le Soul, mais un brin plus long. Il porte également les traits du nouveau Sportage dans ses parties avant et arrière. Il va assurément se fondre dans le décor urbain avec son apparence très générique.

Même constat pour l'habitacle. Un tableau de bord rectiligne, décoré d'aluminium quelconque, déposé sur une partie de cuirette noire, dans laquelle se logent les contrôles de la climatisation et du chauffage. Une console centrale des plus standards complète le tout. Vraiment, l'imagination n'était pas la priorité lors de l'élaboration. Les sièges offrent un confort dans la norme. Même observation pour les places arrière comme pour le dégagement de la tête et des jambes.

Pour la structure de la voiture, les ingénieurs de Kia ont, évidemment, travaillé conjointement avec ceux de Hyundai. D'ailleurs, la Hyundai Ioniq partage la même base. L'acier haute résistance est mis à contribution dans sa réalisation. De plus, le poids étant le nerf de la guerre, beaucoup d'efforts ont été apportés à sa réduction. Près de 53 % du véhicule est assemblé avec cet acier ultra léger.

HYBRIDE POUR L'INSTANT

Toujours selon les dires de Kia, des versions rechargeable et tout électrique du Niro devraient voir le jour sous peu. Pour son introduction, seule une variante hybride combinant moteur à essence et électrique prend la route. Le quatre cylindres à cycle Atkinson de 1,6 litre prend place sous le capot. Afin de maximiser son efficacité ainsi que sa consommation de carburant, ce moteur à combustion est équipé de l'injection directe et couplé à une boîte à double embrayage à six rapports. Le moteur électrique de 43 chevaux est monté sur la transmission et s'accompagne d'une batterie lithium-ion polymère d'une capacité de 1,56 kWh La puissance combinée affiche plus de 146 chevaux et quelque 195 livre-pied de couple.

Au final, l'expérience de conduite n'a rien de comparable avec les sensations qu'on vit dans certains manèges de La Ronde. Encore une fois, c'est correct. Mais que demande le consommateur ? Des performances ? Non. Une consommation et des rejets polluants les plus faibles possibles ? Oui. Et ce devrait être le cas avec ce Kia Niro. Il se comporte comme toute bonne voiture que l'on utilise quotidiennement. La suspension offre un confort honnête, la direction fait le boulot et les performances sont idéales pour la circulation dense des grands centres. Au demeurant, son comportement sur la route se veut prévisible et dans le ton.

Sommairement, puisque son arrivée tardive sur notre marché ne nous a pas permis d'en profiter pleinement, le Niro s'annonce comme étant un produit s'adressant à une clientèle spécifique. Par la même occasion, Kia entre de plain-pied dans cette transformation profonde de l'industrie. Et le Niro est loin d'être le dernier membre de cette famille de voitures du futur. D'ici 2020, Kia annonce l'introduction de plus de 20 modèles à motorisation alternative. En plus de l'électrique, tout porte à croire que l'hydrogène sera également de la partie.

Châssis - Base

Emp / lon / lar / haut	2700 / 4355 / 1800 / 1535 mm
Coffre / Réservoir	421 à 722 litres / 45 litres
Nbre coussins sécurité / ceintures	7 / 5
Suspension avant	ind., jambes force
Suspension arrière	ind., multibras
Freins avant / arrière	disque / disque
Direction	à crémaillère, ass. élect.
Diamètre de braquage	n.d.
Pneus avant / arrière	P225/55R17 / P225/55R17
Poids / Capacité de remorquage	n.d. / n.d.
Assemblage	Hwaseong KR

Composantes mécaniques

Cylindrée, soupapes, alim.	4L 1,6 litre 16 s atmos.
Puissance / Couple	103 ch / 108 lb-pi
Tr. base (opt) / rouage base (opt)	A6 / Tr
0-100 / 80-120 / V.Max	n.d. / n.d. / n.d.
100-0 km/h	n.d.
Type / ville / route / CO_2	Ord / n.d. / n.d. l/100 km / 1780 (est) kg/an

Moteur électrique

Puissance / Couple	43 ch (32 kW) / 125 lb-pi
Type de batterie	Lithium-Ion polymère (LI-Po)
Énergie	1,56 kWh
Temps de charge (120V / 240V)	n.d.
Autonomie	n.d.

KIA A LA FERME **INTENTION** DE PRODUIRE **ÉCOLOGIQUES.** DES VOITURES APRÈS CETTE ÉTAPE, LA VOITURE **AUTONOME** EST ÉGALEMENT DANS LES PLANS.

Du nouveau en 2017

Nouveau modèle

Photos : Kia

KIA OPTIMA

((SiriusXM))

Prix : 23 495 $ à 34 995 $ (2016)
Catégorie : Berline
Garanties :
5 ans/100 000 km, 5 ans/100 000 km
Transport et prép. : 1 535 $
Ventes QC 2015 : 1 931 unités
Ventes CAN 2015 : 6 210 unités

Cote du Guide de l'auto

82 %

Fiabilité
■■■■■■■■□□

Appréciation générale
■■■■■■■■□□

Sécurité
■■■■■■■□□□

Agrément de conduite
■■■■■■■□□□

Consommation
■■■■■■■■□□

Système multimédia
■■■■■■■□□□

Cote d'assurance

■■■■■■■■□□
$$$ $

➕ Comportement routier équilibré •
Ergonomie générale impeccable •
Habitacle spacieux • Plein de
rangements pratiques

➖ Pédale de frein de stationnement
archaïque (LX et EX) • Pas de trappe
pour les skis ou planches •
Coffre limité (hybride rechargeable)

Concurrents
Buick Regal, Chevrolet Malibu,
Chrysler 200, Ford Fusion, Honda Accord,
Hyundai Sonata, Mazda6, Nissan Altima,
Subaru Legacy, Toyota Camry,
Volkswagen CC, Volkswagen Passat

Toujours belles et encore meilleures

Marc Lachapelle

On ne dirait pas au premier coup d'œil, mais la berline Optima a eu droit à une refonte complète l'an dernier. Un peu plus longue et large, sur un empattement qui a gagné quelques millimètres, son habitacle est plus spacieux, davantage cossu et mieux équipé. Ses moteurs familiers ont été retouchés et elle en a un nouveau, en plus d'un groupe propulseur hybride amélioré et d'un autre qui est rechargeable. Voilà ce qu'il faut aujourd'hui à une berline intermédiaire pour affronter les meilleures de sa catégorie.

Il est effectivement question ici d'une mue plutôt que d'une métamorphose, parce que la nouvelle Optima semble presque identique à la précédente. Ce qui n'a rien de mauvais quand il s'agit de l'une des plus jolies berlines sur nos routes. Ses formes et ses proportions n'ont pratiquement pas changé et sa silhouette est toujours aussi fine, grâce à une calandre, des phares et des feux arrière amincis et raffinés.

Cette calandre affiche maintenant une grille chromée évoquant celle de la berline K900 qui trône au sommet de la gamme chez Kia. Les SX et SXL, qui se veulent les sportives de la gamme Optima avec leur 2,0 litres turbo, ont des prises d'air verticales plus grandes à l'avant et deux embouts d'échappement à l'arrière en plus d'un jeu d'étriers rouges pour leurs freins dont les disques avant sont plus grands (320 mm au lieu de 300).

PLUS DE SOLIDITÉ ET DE FINESSE
N'en déplaise à l'incontournable Peter Schreyer, le designer allemand qui a transformé radicalement le style des Kia, pour le mieux, il est important de noter que plus de la moitié de la carrosserie autoporteuse de l'Optima est maintenant faite d'acier à haute résistance. Avec une rigidité améliorée de 58 % en torsion, les ingénieurs ont fixé les pivots de suspension plus loin vers l'extérieur et doublé le nombre de coussinets pour bonifier autant la qualité de roulement que la précision de la direction et la tenue de route.

Et ça marche! Les versions LX sont les plus accessibles et offrent malgré tout un bel aplomb en conduite. Le roulement est très correct sur toutes les surfaces, ce qui était prévisible avec des pneus de taille 205/65. Les jantes en alliage de 16 pouces qui équipent les LX et LX Eco Turbo font sûrement frémir d'horreur monsieur Schreyer parce qu'elles ne sont pas flatteuses pour le profil allongé de l'Optima.

À l'inverse, le comportement des SX et SXL est équilibré et raffiné même si elles roulent sur une suspension davantage ferme et des pneus de taille 235/45 dont le flanc est beaucoup plus bas. Ceux-là sont montés sur d'attrayantes jantes d'alliage de 18 pouces. Entre les deux, il y a des 17 pouces pour les LX+ et EX en milieu de gamme. Assez pour les roues!

MAIN COMPLÈTE CÔTÉ MOTEURS

Le nouveau moteur turbocompressé de 1,6 litre qui équipe la LX Eco Turbo est jumelé à une boîte à double embrayage et sept rapports presque aussi douce qu'une automatique conventionnelle. Ses 178 chevaux n'ont rien de léthargique, appuyés par un couple maximum de 195 lb-pi accessible à seulement 1 500 tr/min. Il est moins gourmand que le 2,4 litres atmosphérique de base qui consomme un peu plus que sur le modèle précédent à cause du gain en taille et en poids.

Le quatre cylindres turbo de 2,0 litres qui anime les SX et SXL a gagné nettement en souplesse et en caractère. Ses 245 chevaux et son couple de 260 lb-pi dès 1350 tr/min, lui permettent un 0-100 km/h en 6,9 secondes. C'est une bonne seconde de mieux que le modèle précédent qui était pourtant plus léger et plus puissant. Sur papier, à tout le moins.

Les hybride et hybride rechargeable promettent quant à elles une consommation amoindrie et un fonctionnement plus doux que leur devancière uniquement hybride, grâce à un moteur thermique à injection directe de 2,0 litres, un moteur/générateur qui remplace le convertisseur de couple et une boîte automatique à six rapports bonifiée. La nouvelle hybride rechargeable aurait 44 km d'autonomie avec sa batterie lithium-ion polymère de 9,8 kWh et un moteur électrique de 50kW. Elle y sacrifie le dossier arrière repliable 60/40 et le volume de son coffre est de 280 litres, contre 305 pour sa sœur hybride et 450 pour les autres modèles.

LA PREMIÈRE CLASSE À MEILLEUR PRIX

Pour dire les choses simplement, tous les modèles offrent des niveaux d'espace, de confort, de finition, de luxe, d'ergonomie, de rangement et d'équipement remarquables pour le prix demandé. Il ne manque en fait à ces berlines coréennes qu'une part de caractère et de tradition pour viser encore plus haut.

Du nouveau en 2017

Aucun changement majeur (essence).
Nouvelles versions hybride et hybride rechargeable.

Châssis - EX

Emp / lon / lar / haut	2805 / 4855 / 1860 / 1466 mm
Coffre / Réservoir	450 litres / 70 litres
Nbre coussins sécurité / ceintures	6 / 5
Suspension avant	ind., jambes force
Suspension arrière	ind., multibras
Freins avant / arrière	disque / disque
Direction	à crémaillère, ass. var. élect.
Diamètre de braquage	10,9 m
Pneus avant / arrière	P215/55R17 / P215/55R17
Poids / Capacité de remorquage	1528 kg / n.d.
Assemblage	West Point GA US

Composantes mécaniques

Hybride

Cylindrée, soupapes, alim.	4L 2,4 litres 16 s atmos.
Puissance / Couple	159 ch / 154 lb-pi
Tr. base (opt) / rouage base (opt)	A6 / Tr
0-100 / 80-120 / V.Max	8,9 s / 6,3 s / n.d.
100-0 km/h	45,5 m
Type / ville / route / CO_2	Ord / 6,7 / 6,1 l/100 km / 2958 (est) kg/an

Moteur électrique

Puissance / Couple	46 ch (34 kW) / 151 lb-pi
Type de batterie	Lithium-ion polymère (Li-Po)
Énergie	1,4 kWh
Temps de charge (120V / 240V)	n.d.
Autonomie	n.d.

LX Turbo

Cylindrée, soupapes, alim.	4L 1,6 litre 16 s turbo
Puissance / Couple	178 ch / 195 lb-pi
Tr. base (opt) / rouage base (opt)	A7 / Tr
0-100 / 80-120 / V.Max	n.d. / n.d. / n.d.
100-0 km/h	n.d.
Type / ville / route / CO_2	Ord / 8,4 / 6,0 l/100 km / 3367 (est) kg/an

SX Turbo

Cylindrée, soupapes, alim.	4L 2,0 litres 16 s turbo
Puissance / Couple	245 ch / 260 lb-pi
Tr. base (opt) / rouage base (opt)	A6 / Tr
0-100 / 80-120 / V.Max	6,9 s / n.d. / n.d.
100-0 km/h	n.d.
Type / ville / route / CO_2	Ord / 10,7 / 7,4 l/100 km / 4239 (est) kg/an

LX, EX

4L 2,4 l - 185 ch/178 lb-pi - A6 - 0-100: n.d. - 9,4/6,4 l/100km

KIA **RIO**

Prix : 14 295 $ à 20 395 $ (2016)
Catégorie : Berline, Hatchback
Garanties :
5 ans/100 000 km, 5 ans/100 000 km
Transport et prép. : 1 535 $
Ventes QC 2015 : 4 912 unités
Ventes CAN 2015 : 9 761 unités

Cote du Guide de l'auto

75 %

Fiabilité	Appréciation générale
■■■■■□□□□□	■■■■■■■□□□
Sécurité	Agrément de conduite
■■■■■■□□□□	■■■■■■□□□□
Consommation	Système multimédia
■■■■■■■□□□	■■■■■■■□□□

Cote d'assurance

■■■■■■■■□□
$$$ $

➕ Silhouette réussie • Équipement complet (version EX) • Belle finition • Polyvalente (Rio5)

➖ Direction floue • Moteur paresseux • Boîte manuelle imprécise • Consommation élevée

Concurrents

Chevrolet Sonic, Ford Fiesta, Honda Fit, Hyundai Accent, Nissan Versa, Toyota Yaris

Elle perd du terrain

Jacques Deshaies

La Rio perd du terrain... Et allez savoir pourquoi ! La sous-compacte de Kia est pourtant l'une des plus séduisantes de la catégorie. Mais la lutte est féroce et force est d'admettre que le prix est l'un des principaux arguments de vente. Évidemment, l'équipement offert est également un facteur important. À titre d'exemple, en 2015, il s'est vendu presque deux fois plus de Hyundai Accent que de Kia Rio. De plus, l'arrivée de nouveaux joueurs comme la Nissan Micra a changé la donne.

Et c'est sans compter les rabais et promotions spéciales offerts sur certaines compactes. Cette façon de faire a provoqué quelques changements de cap. Pourquoi acheter une sous-compacte quand l'on peut se procurer un modèle plus spacieux pour les mêmes versements mensuels ? En contrepartie dans le marché des sous-compactes, Mazda a abandonné sa 2 tandis que la Mirage de Mitsubishi n'est que l'ombre d'elle-même. Il ne faut pas négliger les Toyota Yaris et Honda Fit, tout comme la Nissan Versa Note qui vient s'ajouter au groupe. Cela fait beaucoup de monde pour un segment qui ne détient qu'une faible part de marché. Et ce, même si nous sommes friands, nous Québécois, de ce format de voiture.

ÉTONNANTE

Malgré son format, la petite Rio est remarquablement spacieuse. La plus intéressante demeure la Rio5. Avec ses pourtours d'ailes bien galbés, son capot plongeant et ses immenses phares, elle a du style. Et elle est aussi plus polyvalente. Vous avez un objet de grande taille à transporter ? Vous rabattez une partie du dossier arrière ou les deux et le tour est joué.

La Rio5 est probablement la plus jolie de la catégorie. D'ailleurs, Kia sait y faire en matière de voiture à hayon. On ne l'a pas chez nous, mais regardez la Kia Cee'd sur le web. Tout à fait irrésistible ! La Rio s'est refaite une beauté l'an dernier. Rien de majeur, mais suffisamment pour la rendre encore plus attrayante. Un petit museau tout neuf, des feux redessinés, un habitacle revu et corrigé et une insonorisation améliorée. Et pour un prix avoisinant

20 000 $, vous pourrez conduire une Rio ultrachic avec des roues stylisées de 17 pouces et un équipement des plus complets.

Même si elle se classe dans une catégorie bon marché, cette Rio en propose beaucoup pour la facture demandée. La présentation est dans le ton avec des matériaux de qualité, ce qui n'est pas le cas chez quelques concurrents. Le volant peut accueillir certaines commandes selon la version choisie. L'écran multimédia des modèles plus cossus renferme la toute dernière génération du système UVO alors que les versions LX et mieux garnies sont équipées de la climatisation de série. Les versions EX sont même nanties de sièges chauffants et d'une caméra de recul. Pas mal pour une sous-compacte!

Petite lacune toutefois, la visibilité surtout dans la version à hayon. La lunette arrière est étroite et le pilier C (entre la lunette et les vitres latérales) imposant.

PLAISIR DE CONDUIRE

Si Kia offre quelques niveaux d'équipements dans chacune des versions de la gamme, un seul groupe moteur est proposé. Le quatre cylindres de 1,6 litre livre 137 petits chevaux. C'est peu, mais c'est ce qu'il y a de mieux dans la catégorie. Pensez à la Mitsubishi Mirage qui ne crache que 78 chevaux. Presque la moitié moins! Pour ce qui est du couple de la Rio, on parle de 123 lb-pi. Vous ne battrez pas de records en accélération. Mais compte tenu de la vocation première de cette voiture, ce groupe motopropulseur est nettement suffisant.

Vous pouvez y joindre une boîte manuelle à six rapports ou une automatique, également à six rapports. La manuelle manque de précision malheureusement. C'est un des points faibles de Kia, peu importe le modèle. Cependant, la boîte automatique fait du bon travail.

La direction n'est pas très précise, mais la suspension est bien calibrée. En ville, son format la rend agile et amusante à conduire. Sur la route, elle fait le boulot, mais l'on s'aperçoit rapidement qu'elle n'est pas la plus grande routière qui soit. Si vous aimez une suspension encore plus ferme, la version SX possède des amortisseurs plus fermes et des pneus plus larges. Vous serez servi. Avec une moyenne de consommation qui frise 8,5 l/100, elle n'est pas la championne dans ce secteur. La Toyota Yaris fait nettement mieux.

Si la bataille est loin d'être terminée dans la catégorie des sous-compactes, il faut avouer qu'un changement de cap s'impose. Après consultation des chiffres de vente au Québec, il s'est vendu presque 2 000 Rio de moins en 2015 par rapport à 2014. Sur un chiffre total de 6 801 unités en 2014, la diminution est importante.

Châssis - 5 EX	
Emp / lon / lar / haut	2570 / 4050 / 1720 / 1455 mm
Coffre / Réservoir	425 à 1410 litres / 43 litres
Nbre coussins sécurité / ceintures	6 / 5
Suspension avant	ind., jambes force
Suspension arrière	semi-ind., poutre torsion
Freins avant / arrière	disque / disque
Direction	à crémaillère, ass. élect.
Diamètre de braquage	10,5 m
Pneus avant / arrière	P195/55R16 / P195/55R16
Poids / Capacité de remorquage	1187 kg / n.d.
Assemblage	Gwangmyeong KR

Composantes mécaniques	
Cylindrée, soupapes, alim.	4L 1,6 litre 16 s atmos.
Puissance / Couple	137 ch / 123 lb-pi
Tr. base (opt) / rouage base (opt)	M6 (A6) / Tr
0-100 / 80-120 / V.Max	10,3 s (est) / 7,4 s (est) / n.d.
100-0 km/h	44,7 m
Type / ville / route / CO_2	Ord / 8,7 / 6,3 l/100 km / 3505 kg/an

« LA KIA RIO EST JOLIE, BIEN ÉQUIPÉE ET AGRÉABLE À CONDUIRE, MAIS TOUT PORTE À CROIRE QU'ELLE DEVRA ÊTRE RAFRAÎCHIE DE NOUVEAU POUR REPRENDRE SA PLACE. »

Du nouveau en 2017

Aucun changement majeur

Photos: Kia

KIA **RONDO**

((SiriusXm))

Prix : 21 495 $ à 32 595 $ (2016)
Catégorie : Familiale
Garanties :
5 ans/100 000 km, 5 ans/100 000 km
Transport et prép. : 1 715 $
Ventes QC 2015 : 1 375 unités
Ventes CAN 2015 : 3 543 unités

Cote du Guide de l'auto

67 %

Fiabilité	Appréciation générale
n.d.	■■■■■■■□□□
Sécurité	Agrément de conduite
■■■■■■□□□□	■■■■■□□□□□
Consommation	Système multimédia
■■■■■■□□□□	■■■■■■□□□□

Cote d'assurance

■■■■■■■□□□
$ $ $ $

➕ Format intéressant • Excellent
rapport équipement/prix • Finition réussie
• Véhicule pratique • Garantie sérieuse

➖ Moteur manque de chevaux •
Coffre sévèrement amputé (si 3ᵉ rangée
relevée) • Comportement routier
bien peu dynamique • Troisième
rangée étriquée

Concurrents
Ford C-Max, Mazda5

N'importe quoi...
n'importe quand !

Alain Morin

L e marché de l'automobile est de plus en plus complexe. Si,
autrefois, il y avait des catégories bien distinctes, ce n'est
plus le cas. Pour grappiller des parts de marché ici et là, les
constructeurs offrent maintenant des véhicules qui chevauchent
deux, et quelquefois trois catégories ! C'est ainsi que l'Humanité
s'est retrouvée avec des multisegments, ces VUS en manque
d'ambition, qui n'étaient ni berlines ni familiales. Prenons le cas
du Kia Rondo qui pourrait passer pour une berline ayant gagné
en volume, une fourgonnette petit format ou un VUS, s'il pouvait
être doté d'un rouage intégral. Bref, c'est n'importe quoi... même
si le Rondo est loin d'être n'importe quoi !

Le Rondo est d'abord apparu en 2008. Déjà, à ce moment, il faisait bande
à part avec ses qualités intrinsèques (excellent rapport équipement/prix,
habitacle vaste, assemblage réussi) qui lui permettaient de se distinguer.
En 2013, il était devenu pratiquement de trop dans l'alignement Kia. Plutôt
que s'en débarrasser, la marque coréenne l'a plutôt entièrement revu pour
2014. Depuis, il n'a pas changé d'un iota. Ce qui n'est pas une mauvaise
chose, remarquez.

POUR SIX PERSONNES ?

Le Rondo nous revient donc avec sa bouille sympathique et son tableau
de bord moderne. La plupart des commandes sont disposées logiquement,
la finition est exemplaire et la qualité des matériaux généralement très bonne.
Selon les versions, plusieurs combinaisons de couleurs sont du plus bel
effet... ou manquent parfaitement de relief. Les espaces de rangement sont
nombreux, et c'est tant mieux. Compte tenu de la vocation du véhicule, le
contraire aurait été étonnant. On en retrouve même dans le plancher, sous
les pieds des passagers de la deuxième rangée !

Les sièges avant s'avèrent relativement confortables (mais comme la notion
de confort — et de l'adverbe « relativement » — varie d'un individu à l'autre,
je vous convie à vous faire votre propre idée), ceux de la deuxième rangée

sont pénibles et ceux de la troisième, insupportables. En plus, parvenir avec grâce à cette rangée demande une souplesse que mon âge ne me permet plus d'espérer. En passant, cette rangée est optionnelle sur certaines versions et incuse avec la livrée la plus huppée, EX Luxe. Lorsque les dossiers de ces bancs sont relevés, le coffre voit son espace réduit à 232 litres, ce qui implique de devoir laisser des bagages ou des personnes à la maison...

PARCIMONIE ÉQUESTRE

Sous le capot, un seul moteur est offert. Il s'agit d'un quatre cylindres atmosphérique de 2,0 litres développant 164 chevaux et un couple de 156 livre-pied. C'est bien peu pour un véhicule qui a fait de la polyvalence et du transport sa raison d'être. Allège, avec le conducteur comme seul poids ajouté, effectuer un 0-100 km/h en 10,0 secondes demande une route parfaitement plane, des pneus gonflés à la perfection, une chaussée à la bonne température et un taux d'humidité idéal. À ce moment, les chevaux émettent un grondement qui ne laisse présager aucun doute sur leur dégoût du travail sous pression. On imagine facilement le sentiment de persécution qui les envahit lorsque six adultes et quelques bagages prennent place à bord...

Si l'on demeure dans les limites prescrites par la loi et que l'on évite les départs en catastrophe, la consommation se montre plutôt retenue. Dans la vie de tous les jours, on peut s'en tirer sous 10,0 l/100 km. Toutefois, tenter d'extirper des performances de Corvette de la part du Rondo ou le conduire chargé à bloc dans une région montagneuse aura des conséquences désastreuses sur la moyenne de consommation.

Personne ne sera surpris d'apprendre que le Rondo n'a absolument aucun talent pour le sport. D'ailleurs, je crois qu'il ne sait même pas que ça existe. Une fois lancé, ce qui lui a déjà demandé un grand effort, il déplore le fait d'être appelé à modifier sa trajectoire à l'occasion. Sa direction est d'une indéniable légèreté et manque cruellement de retour d'information. Oh, il y a bien la «Direction Flex» qui permet de modifier sa résistance, mais ce système est d'une infinie nullité.

Une fois que la direction a décidé de se mettre au travail, c'est au tour de la suspension de se demander pourquoi on la réveille. Comme une ado à qui l'on demande de sortir les vidanges, elle finit par accepter son sort, non sans rouspéter, s'écrasant sur elle-même, ce qui imprime un fort mouvement de roulis au véhicule.

Malgré tout, le Kia Rondo est une réussite lorsqu'on le choisit pour ce qu'il est; un véhicule polyvalent et logeable, bien construit, bourré d'équipement et doté d'une très bonne garantie. Pour l'émotion, on passe à autre chose.

Châssis - EX luxe 7 places

Emp / lon / lar / haut	2750 / 4525 / 1805 / 1610 mm
Coffre / Réservoir	232 à 1840 litres / 58 litres
Nbre coussins sécurité / ceintures	6 / 7
Suspension avant	ind., jambes force
Suspension arrière	semi-ind., poutre torsion
Freins avant / arrière	disque / disque
Direction	à crémaillère, ass. élect.
Diamètre de braquage	11,0 m
Pneus avant / arrière	P225/45R18 / P225/45R18
Poids / Capacité de remorquage	1581 kg / n.d.
Assemblage	n.d.

Composantes mécaniques

Cylindrée, soupapes, alim.	4L 2,0 litres 16 s atmos.
Puissance / Couple	164 ch / 156 lb-pi
Tr. base (opt) / rouage base (opt)	M6 (A6) / Tr
0-100 / 80-120 / V.Max	n.d. / n.d. / n.d.
100-0 km/h	n.d.
Type / ville / route / CO_2	Ord / 10,1 / 7,6 l/100 km / 4129 kg/an

> **«AILLEURS** DANS LE MONDE, LE RONDO S'APPELLE CARENS. VOUS SAVIEZ QU'IL N'EST PAS VENDU AUX ÉTATS-UNIS, **FAUTE D'INTÉRÊT?»**

Du nouveau en 2017

Aucun changement majeur

KIA SEDONA

Prix : 27 695 $ à 41 195 $ (2016)
Catégorie : Fourgonnette
Garanties :
5 ans/100 000 km, 5 ans/100 000 km
Transport et prép. : 1 715 $
Ventes QC 2015 : 624 unités
Ventes CAN 2015 : 2 597 unités

(((SiriusXM)))

Cote du Guide de l'auto

74 %

Fiabilité	Appréciation générale
■■■■■■■□□□	■■■■■■■□□□
Sécurité	Agrément de conduite
■■■■■■■□□□	■■■■■□□□□□
Consommation	Système multimédia
■■■□□□□□□□	■■■■■□□□□□

Cote d'assurance

■■■■■■■□□□
$$$ $

➕ Style dynamique • Tableau de bord réussi • V6 peu regardant de ses chevaux • Confort certifié • Consommation plutôt retenue

➖ Sièges de la deuxième rangée peu polyvalents (SXL) • Véhicule lourd • Rayon de braquage important • Prix trop élevé des versions les plus luxueuses

Concurrents

Chrysler Pacifica, Dodge Grand Caravan, Honda Odyssey, Toyota Sienna

Direction Vacances !

Alain Morin

Au Canada en 2014, Kia a vendu 708 Sedona. En 2015, la marque coréenne a présenté une toute nouvelle génération de sa fourgonnette, qui s'est vendue à 2 597 unités. Même si ces chiffres sont beaucoup moins importants que ceux de n'importe quelle autre fourgonnette sur le marché, il n'en demeure pas moins que tripler, et même davantage, ses ventes, peu importe le créneau, tient pratiquement du miracle.

Il faut dire que la Sedona n'est plus le mièvre véhicule d'avant 2015. La nouvelle s'est améliorée à tous les niveaux. Tout d'abord, on ne peut passer sous silence son style extérieur bien défini, robuste sans l'être trop et, ma foi, dynamique. Le tableau de bord, lui, rappelle davantage l'automobile ou le VUS que le véhicule sans âme qu'est, habituellement, une fourgonnette. Tout d'abord, contrairement aux autres, la Sedona présente une console centrale comme celle d'une berline, avec levier de vitesses, porte-gobelets et espaces de rangement. C'est cool, mais si les designers en avaient profité pour ajouter davantage d'espaces de rangement, personne ne s'en plaindrait. D'autres fourgonnettes en offrent bien plus.

PETITES FRUSTRATIONS...

Selon le point de vue de l'auteur, et ça demeure éminemment personnel, le tableau de bord est franchement joli et, surtout, assemblé avec soin. Il est d'ailleurs difficile de trouver à redire sur l'ergonomie générale. Le système multimédia UVO est généralement convivial même si j'ai quelquefois eu à me battre contre le système de navigation pour pouvoir y entrer une nouvelle adresse. Aussi, je trouvais inutile le fait que l'écran donne un message avertissant que je venais de mettre les essuie-glaces hors fonction ! C'est le genre de truc qui peut devenir frustrant à la longue.

J'ai eu la chance de passer plusieurs heures derrière le volant d'une Sedona ou sur l'une des six autres places. Que l'on soit assis à l'avant ou à la deuxième rangée, le confort ne peut être remis en question. Il est vrai que la dernière version essayée sur une plus longue période était une SXL, donc la plus haut de gamme. Les sièges avec repose-pieds rabattable donnent l'impression de relaxer dans un fauteuil La-Z-Boy tant ils sont confortables.

En contrepartie, on ne peut les enlever, les rabattre sous le plancher comme dans les produits Chrysler/Dodge, ou les replier pour dégager davantage d'espace dans le coffre. Au chapitre de la polyvalence, le duo précité est en avance, et de beaucoup. D'ailleurs, c'est la Sedona qui offre la moins grande capacité de chargement de la catégorie — de peu, faut-il mentionner — une fois tous les sièges baissés ou avancés.

... GRANDES QUALITÉS

Comme c'est pratiquement toujours le cas pour les fourgonnettes, la Sedona n'offre qu'un seul moteur. Il s'agit du V6 de 3,3 litres que l'on retrouve dans la Cadenza, le Sorento et le Hyundai Santa Fe. Ce moteur semble parfaitement taillé pour le caractère placide de la Sedona. Il est doux et n'a pas peur d'ouvrir ses injecteurs lorsqu'il est sollicité.

La boîte de vitesses est une automatique à six rapports qui fonctionne suffisamment bien pour se faire oublier. Elle permet au moteur de ne tourner qu'à 1 700 tr/min à 100 km/h (2 000 à 120 km/h), ce qui réduit le niveau de bruit dans l'habitacle et améliore la consommation. Parlant de consommation, après trois semaines d'autoroutes et de routes secondaires souvent montagneuses, ma moyenne de consommation a été de 10,8 l/100 km. Vraiment super pour un véhicule de plus de 2 000 kilos.

Quiconque aime conduire devrait se tenir loin des fourgonnettes, dit l'adage. Cependant, la Sedona, sans se mériter le qualificatif «excitant», est sans doute la plus agréable à conduire de sa catégorie. La direction se permet même un certain retour d'information bien qu'elle soit très légère.

Les différents sonars qui parsèment la carrosserie de la Sedona gagneraient à être un peu moins prompts à avertir le conducteur faisant marche arrière du moindre bout de pollen qui se déplace dans l'air. J'exagère, mais pas tant que ça! Les systèmes d'aide à la conduite sont presque aussi sensibles et gèrent avec autorité le moindre comportement rebelle. Malgré cela, et au risque de me répéter, pour une fourgonnette, la Sedona est agréable à conduire.

Lorsque Kia est revenu dans le marché de la fourgonnette il y a deux ans, plusieurs se sont demandé si les dirigeants de l'entreprise coréenne n'avaient pas trop abusé des petites pilules vendues sur certains coins de rue. Eh non! Kia est arrivé avec une offre sérieuse qui risque, à moyen terme, de faire bouger ce créneau. Juste ça, c'est tout un exploit!

Du nouveau en 2017

Aucun changement majeur

Châssis - L	
Emp / lon / lar / haut	3060 / 5115 / 1985 / 1740 mm
Coffre / Réservoir	960 à 4022 litres / 80 litres
Nbre coussins sécurité / ceintures	6 / 7
Suspension avant	ind., jambes force
Suspension arrière	ind., multibras
Freins avant / arrière	disque / disque
Direction	à crémaillère, assistée
Diamètre de braquage	11,2 m
Pneus avant / arrière	P235/65R17 / P235/65R17
Poids / Capacité de remorquage	2002 kg / 1590 kg (3505 lb)
Assemblage	Gwangmyeong KR

Composantes mécaniques	
L, LX, SX, SXL	
Cylindrée, soupapes, alim.	V6 3,3 litres 24 s atmos.
Puissance / Couple	276 ch / 248 lb-pi
Tr. base (opt) / rouage base (opt)	A6 / Tr
0-100 / 80-120 / V.Max	8,8 s / 6,3 s / n.d.
100-0 km/h	45,3 m
Type / ville / route / CO_2	Ord / 14,2 / 10,5 l/100 km / 5766 kg/an

« LE **MARCHÉ** DE LA FOURGONNETTE AU **CANADA** REPRÉSENTE, BON AN MAL AN, **80 000 UNITÉS.** KIA SERAIT BIEN **FOU D'IGNORER** UN SI **BEAU** MARCHÉ. »

KIA **SORENTO**

(((SiriusXM)))

Prix: 27 495 $ à 46 695 $ (2016)
Catégorie: VUS intermédiaire
Garanties:
5 ans/100 000 km, 5 ans/100 000 km
Transport et prép.: 1 780 $
Ventes QC 2015: 4 409 unités
Ventes CAN 2015: 14 372 unités

Cote du Guide de l'auto

81 %

Fiabilité	Appréciation générale
■■■■■■■■□□	■■■■■■■■□□
Sécurité	Agrément de conduite
■■■■■■■■□□	■■■■■■■□□□
Consommation	Système multimédia
■■■■□□□□□□	■■■■■■■□□□

Cote d'assurance
■■■■■■■■□□
$$$ $

➕ Habitacle spacieux et confortable •
Versions et mécaniques multiples •
Qualité en hausse • Bonne garantie

➖ Visibilité arrière problématique •
Peut devenir onéreux • Direction imprécise •
Rouage intégral optionnel avec livrée
de base

Concurrents
Ford Edge, Honda Pilot, Hyundai Santa Fe,
Jeep Grand Cherokee, Lincoln MKX,
Mazda CX-9, Nissan Murano,
Nissan Pathfinder, Toyota 4Runner

L'alternative
aux fourgonnettes

Sylvain Raymond

Pour 2017, le plus imposant VUS de Kia nous revient pratiquement inchangé, lui qui a subi une refonte complète l'an passé, apportant la troisième génération depuis ses débuts en 2002. Nul doute que ce VUS, construit à l'usine Kia en Géorgie aux États-Unis, est important pour le constructeur puisqu'il a largement contribué à son succès ces dernières années. La bonne nouvelle, c'est que le Sorento est au sommet de son art et représente un excellent choix pour les familles recherchant un VUS spacieux et bien équipé.

Le Sorento ne déroge pas de la stratégie de Kia déployée depuis quelques années, soit de proposer des modèles disposant d'une excellente valeur. La qualité est maintenant au rendez-vous, mais surtout, le niveau d'équipement de chaque livrée est difficile à égaler, pouvant même dans certaines versions s'avérer supérieur à plusieurs VUS de luxe vendus à gros prix.

PLUS IMPOSANT QUE PAR LE PASSÉ

Le Kia Sorento 2017 est plus costaud et imposant, et ce n'est pas qu'une illusion apportée par son nouveau style. Son empattement et sa longueur totale ont été passablement majorés, ajoutant ainsi un peu plus d'espace à bord pour les cinq passagers, sept si vous optez pour la version équipée d'une troisième banquette.

On a modernisé son design et le tout est rapidement perceptible, principalement à l'avant avec des blocs optiques entièrement remaniés. Le Sportage emprunte aussi cette recette, il faudra s'y habituer. On apprécie les lignes raffinées du Sorento qui le font passer pour un modèle de luxe, mais en général, son design est quand même assez générique et se fond dans la masse. On est loin du style éclaté du Soul.

À l'intérieur, on note un souci du détail plus poussé. Il reste bien encore quelques plastiques durs ici et là, mais l'ensemble procure une bien meilleure impression de qualité, notamment avec l'ajout de matériel souple à des endroits stratégiques. Tout comme les autres produits de Kia, le Sorento se démarque par une bonne liste d'équipement de série, dont des sièges chauffants, la connectivité Bluetooth, une prise auxiliaire et USB et un dispositif de démarrage sans clé. Désormais, les systèmes Apple CarPlay et Android Auto font partie du Sorento.

ÉCONOMIE, REMORQUAGE OU AGRÉMENT DE CONDUITE?

De base, le Sorento profite toujours d'un quatre cylindres de 2,4 litres qui développe 185 chevaux, ce dernier est jumelé à une boîte automatique à six rapports qui d'ailleurs équipe tous les Sorento. Un déboursé d'environ 2 000 $ vous donnera droit au rouage intégral, un incontournable pour ce type de véhicule. Bien entendu, les versions équipées du 2,4 litres sont certes plus abordables et économiques en carburant, mais il ne faut pas vous attendre à des performances enlevantes, surtout lorsque le véhicule est chargé. On l'achète pour son prix abordable.

Le V6 de 3,3 litres à injection directe est aussi de retour avec ses 290 chevaux et son couple de 252 lb-pi. Il autorise une capacité de remorquage maximale majorée à 5 000 lb (2 268 kg), de loin supérieure aux 2 000 lb (907 kg) de la livrée de base. Cette fois, le rouage intégral est de série et c'est ce moteur qui équipe toutes les versions à sept passagers. On apprécie ce V6 qui, même à vitesse de croisière, conserve toute sa verve quand un surcroît de puissance est nécessaire. Lors de notre essai, nous avons obtenu une consommation très raisonnable, un peu plus de 11,0 l/100 km.

PLACE À LA TURBOCOMPRESSION

Afin d'offrir un peu plus de choix aux acheteurs, Kia a introduit un troisième moteur sous le capot du Sorento l'an passé, un quatre cylindres turbocompressé de 2,0 litres qui déploie 240 chevaux et un couple très intéressant de 260 lb-pi. Cette mécanique, qui fait le pont entre le quatre cylindres de base et le V6, représente un bon compromis pour ceux qui désirent plus de puissance tout en profitant d'une économie de carburant appréciable. Cette fois, on favorise le plaisir de conduite.

Bien entendu, le Sorento mise beaucoup plus sur le confort sur route que sur le dynamisme, et ce, malgré la présence du mode Sport qui modifie les réglages du moteur, de la boîte de vitesses et de la direction. La différence est perceptible, mais le Sorento avec sa stature et ses transferts de poids plus importants n'a rien d'une berline sport. Il demeure tout de même un tantinet plus plaisant à conduire que les fourgonnettes, ces véhicules de prédilection des familles.

La force du Sorento, c'est son aspect pratique. Ses dimensions généreuses en font un VUS spacieux et confortable et il dispose d'amplement d'espace de chargement. À ce chapitre, on n'a rien à redire, il remplit très bien sa mission.

Du nouveau en 2017

Intégration Apple CarPlay et Android Auto, ajout du freinage automatique d'urgence et de phares adaptatifs.

Châssis - EX turbo TI

Emp / lon / lar / haut	2780 / 4760 / 1890 / 1690 mm
Coffre / Réservoir	1099 à 2082 litres / 71 litres
Nbre coussins sécurité / ceintures	6 / 5
Suspension avant	ind., jambes force
Suspension arrière	ind., multibras
Freins avant / arrière	disque / disque
Direction	à crémaillère, ass. var. élect.
Diamètre de braquage	11,2 m
Pneus avant / arrière	P235/60R18 / P235/60R18
Poids / Capacité de remorquage	1864 kg / 1591 kg (3507 lb)
Assemblage	West Point GA US

Composantes mécaniques

LX, LX TI

Cylindrée, soupapes, alim.	4L 2,4 litres 16 s atmos.
Puissance / Couple	185 ch / 178 lb-pi
Tr. base (opt) / rouage base (opt)	A6 / Tr (Int)
0-100 / 80-120 / V.Max	n.d. / n.d. / n.d.
100-0 km/h	n.d.
Type / ville / route / CO_2	Ord / 11,4 / 9,2 l/100 km / 4789 kg/an

LX+ turbo, EX turbo TI, SX turbo TI

Cylindrée, soupapes, alim.	4L 2,0 litres 16 s turbo
Puissance / Couple	240 ch / 260 lb-pi
Tr. base (opt) / rouage base (opt)	A6 / Tr (Int)
0-100 / 80-120 / V.Max	n.d. / n.d. / n.d.
100-0 km/h	n.d.
Type / ville / route / CO_2	Ord / 12,3 / 9,3 l/100 km / 5087 kg/an

EX TI V6, SX V6 TI, SX+ V6 TI

Cylindrée, soupapes, alim.	V6 3,3 litres 24 s atmos.
Puissance / Couple	290 ch / 252 lb-pi
Tr. base (opt) / rouage base (opt)	A6 / Int
0-100 / 80-120 / V.Max	n.d. / n.d. / n.d.
100-0 km/h	n.d.
Type / ville / route / CO_2	Ord / 13,4 / 9,4 l/100 km / 5336 kg/an

Photos: Kia

KIA SOUL EV

KIA **SOUL**

((SiriusXm))

Prix: 17 195 $ à 34 995 $ (2016)
Catégorie: VUS compact
Garanties:
5 ans/100 000 km, 5 ans/100 000 km
Transport et prép.: 1 715 $
Ventes QC 2015: 4 165 unités
Ventes CAN 2015: 13 335 unités

Cote du Guide de l'auto

77 %

Fiabilité	Appréciation générale
■■■■■■■□□□	■■■■■■■□□□
Sécurité	Agrément de conduite
■■■■■■■■□□	■■■■■□□□□□
Consommation	Système multimédia
■■■■□□□□□□	■■■■■□□□□□

Cote d'assurance

■■■■■■■□□□
$ $ $ $

➕ Look assez unique • Sièges confortables •
Espace de chargement cubique •
Excellente version électrique •
Version de base abordable

➖ Moteur de 1,6 litre impotent •
Consommation d'essence trop élevée •
Finition intérieure moche •
Pas de rouage intégral

Concurrents

Buick Encore, Chevrolet Trax, Fiat 500X,
Honda HR-V, Jeep Renegade, Mazda CX-3,
Mitsubishi RVR

Pour la version électrique

Marc-André Gauthier

S i l'on se fie au nombre d'unités que l'on croise sur nos routes, le Kia Soul semble populaire. Un peu partout, on voit apparaitre sa forme joyeuse, une jolie petite boîte carrée... mais pas si carrée que ça, en même temps.

Son look particulier le différencie des autres véhicules, mais dans quelle catégorie peut-on le classer? Est-ce une voiture compacte? Pas vraiment, le Soul étant trop gros. Un VUS alors? Oui, c'est pourquoi on dit «le» Soul, et non «la» Soul. Maintenant, de quel type de VUS s'agit-il? À cheval entre les sous-compacts et les compacts, en raison de son prix, on doit le mettre dans la catégorie des sous-compacts, où s'affrontent le Honda CR-V, le Mazda CX-3 et le Nissan Juke, pour ne nommer que ces véhicules. Pourtant, le Soul n'est toujours pas offert avec une traction intégrale... Ce ne sont que les roues avant qui travaillent. Pour cette raison, on ne peut vraiment le qualifier de VUS. Devrions-nous plutôt dire qu'il s'agit d'une grosse voiture sous-compacte, une sorte de Kia Rio glorifiée? Ou encore le classer dans le fourre-tout des multisegments?

Mais ça, ce n'est que de la catégorisation. L'esprit humain en raffole. On classe tout: les insectes, les rochers, les cailloux, les animaux, les plantes, les eumycètes, etc. En automobile, c'est pareil. On a de la difficulté à avouer qu'une voiture puisse se classer dans une catégorie qui lui est propre. Le Soul est probablement le seul de son espèce.

PAS VRAIMENT UN VUS

Alors, notre petite boîte carrée? Ce qui nous frappe en premier chez le Soul, c'est évidemment son look plutôt unique. Est-ce une bonne ou une mauvaise chose? C'est à vous de juger. L'habitacle a le même effet. On y décèle les grandes lignes de la philosophie Kia, mais dans une interprétation propre au Soul et, malheureusement, dans une interprétation qui semble «bas de gamme».

Il y a trop de plastiques, et le design global de la planche de bord n'est pas des plus modernes. Pire, en montant à bord d'une Toyota Echo, Dieu ait son âme, j'ai eu l'impression de trouver des similitudes! Il faut un peu d'imagination, certes, mais...

Heureusement, le fait que le Soul soit carré implique un habitacle assez logeable, même pour quatre adultes. Les dossiers du siège arrière abaissés permettent 1 402 litres de chargement. Ce n'est pas beaucoup, quand on considère que le petit CX-3, lui, offre 1 528 litres dans la même situation Au moins, dans le Soul, c'est un espace cubique, donc plus polyvalent.

Côté motorisation, Kia offre deux mécaniques qu'on aimerait voir disparaître. La première est un quatre cylindre de 1,6 litre développant 130 chevaux et un couple de 118 livres/pied, accouplé à une boîte manuelle à six rapports, ou en option, à une transmission automatique à six rapports. La deuxième mécanique est composée d'un quatre cylindres de 2,0 litres, développant 164 chevaux et un couple de 151 livre-pied, accouplé à une transmission automatique à six rapports également.

Les moteurs atmosphériques de Kia ont un peu le même problème que les moteurs Honda d'il y a 15 ans. Ils offrent de la puissance, mais peu de couple, ce qui rend la conduite plus ou moins fluide en ville ou lorsqu'on veut dépasser, surtout dans le cas du moteur de 1,6 litre. Le 2,0 litres fait le travail, mais manque de souplesse, surtout si l'on compare le Soul avec les autres VUS sous-compacts. Au moins la boîte automatique répond présent et les accélérations sont potables.

LA VERSION ÉLECTRIQUE SAUVE LE PRODUIT
Au moins, la version électrique vient à sa rescousse, car oui, le Soul est offert en version électrique!

L'habitacle aussi, s'il ne change pas de forme, présente des matériaux écologiques aux couleurs différentes des plastiques foncés de la version à essence, et juste pour ça, le Soul EV mérite davantage notre considération.

En plus, la version électrique a un bon petit moteur! D'une puissance de 109 chevaux, mais surtout, d'un couple de 210 livre-pied qui répond instantanément à l'accélérateur, le Soul EV est bien plus agréable à conduire que la version polluante. Selon Kia, la batterie du Soul EV assure une autonomie de 150 km, en fonction de votre conduite. Ce véhicule est compatible avec les bornes à recharge rapide CHAdeMO de 400 volts, si vous optez pour la version tout équipée.

Si le Soul en 2017 est un VUS plus ou moins réussi, il est au moins une bonne voiture électrique. Kia devrait en faire sa Nissan Leaf.

Du nouveau en 2017

Aucun changement majeur

Châssis - EX

Emp / lon / lar / haut	2570 / 4140 / 1800 / 1600 mm
Coffre / Réservoir	532 à 1402 litres / 54 litres
Nbre coussins sécurité / ceintures	6 / 5
Suspension avant	ind., jambes force
Suspension arrière	semi-ind., poutre torsion
Freins avant / arrière	disque / disque
Direction	à crémaillère, ass. élect.
Diamètre de braquage	10,6 m
Pneus avant / arrière	P215/55R17 / P215/55R17
Poids / Capacité de remorquage	1287 kg / n.d.
Assemblage	Gwangju KR

Composantes mécaniques

EV

Puissance / Couple	109 ch (81 kW) / 210 lb-pi
Tr. base (opt) / rouage base (opt)	Rapport fixe / Tr
0-100 / 80-120 / V.Max	10,6 s / n.d. / 145 km/h
100-0 km/h	n.d.
Type de batterie	Lithium-ion polymère (Li-Po)
Énergie	27 kWh
Temps de charge (120V / 240V)	24,0 h / 5,0 h
Autonomie	150 km

LX (man), LX (auto)

Cylindrée, soupapes, alim.	4L 1,6 litre 16 s atmos.
Puissance / Couple	130 ch / 118 lb-pi
Tr. base (opt) / rouage base (opt)	M6 (A6) / Tr
0-100 / 80-120 / V.Max	10,5 s / 8,5 s / n.d.
100-0 km/h	n.d.
Type / ville / route / CO_2	Ord / 7,8 / 9,8 l/100 km / 4002 kg/an

EX, 3X

Cylindrée, soupapes, alim.	4L 2,0 litres 16 s atmos.
Puissance / Couple	164 ch / 151 lb-pi
Tr. base (opt) / rouage base (opt)	A6 / Tr
0-100 / 80-120 / V.Max	8,8 s / n.d. / n.d.
100-0 km/h	41,9 m
Type / ville / route / CO_2	Ord / 7,7 / 10,1 l/100 km / 4039 kg/an

KIA SOUL

KIA SOUL

Photos : Kia

KIA **SPORTAGE**

((·SiriusXM·))

Prix: 24 795 $ à 39 380 $
Catégorie: VUS compact
Garanties:
5 ans/100 000 km, 5 ans/100 000 km
Transport et prép.: 1 840 $
Ventes QC 2015: 2 125 unités
Ventes CAN 2015: 6 509 unités

Cote du Guide de l'auto

80 %

Fiabilité	Appréciation générale
Nouveau modèle	■■■■■■■■□□
Sécurité	Agrément de conduite
■■■■■■■□□□	■■■■■■■□□□
Consommation	Système multimédia
■■■■■■□□□□	■■■■■■□□□□

Cote d'assurance
■■■■■■■■□□
$$$ $

➕ Nouveau look réussi • Puissance du
2,0 litres turbo • Qualité d'assemblage
impressionnante • Habitacle luxueux •
Excellent rapport prix équipement

➖ Moteur turbo uniquement dans le SX •
Version SX près de 40 000 $ • Visibilité
arrière limitée • Fiabilité incertaine •
Style qui pourrait mal vieillir

Concurrents
Chevrolet Equinox, Ford Escape,
GMC Terrain, Honda CR-V, Hyundai
Tucson, Jeep Cherokee, Mazda CX-5,
Mitsubishi Outlander, Nissan Rogue,
Toyota RAV4, Volkswagen Tiguan

Parmi les meilleurs

Frédérick Boucher-Gaulin

Si l'on recule d'à peine quelques années, les Japonais domi-
naient le segment des VUS compacts: personne ne pouvait
égaler la qualité du Honda CR-V et le Toyota RAV4 était l'une
des valeurs les plus sûres sur le marché. Aujourd'hui, cependant,
les compétiteurs se sont installés et ont, quelques fois, surpassé
les meneurs.

Prenez par exemple le Kia Sportage: lors de son arrivée en sol nord-américain,
on reprochait à ce VUS sa piètre qualité d'assemblage et ses cotes de
sécurité désastreuses. Personne n'aurait pensé pouvoir comparer ce petit
Coréen à un Honda ou à un Toyota, à moins d'utiliser l'argument du prix,
les véhicules coréens étant notablement moins chers. Aujourd'hui cependant,
la donne a changé: le Sportage est vendu sensiblement au même prix que
les CR-V, RAV4 et autres CX -5. Côté qualité, il a donc dû faire des pas de
géant pour rattraper les leaders de sa catégorie.

DES LIGNES ORGANIQUES
Entièrement nouveau pour 2017, le Sportage est d'abord reconnaissable à
son nouveau style. Plutôt que de retravailler les angles affûtés de la génération
précédente, le styliste Peter Schreyer et son équipe ont dessiné un VUS
aux formes plus naturelles, plus musclées.

Les anciens phares, pointus, ont disparu, au profit de longs blocs optiques
s'allongeant presque jusqu'au milieu du capot, la grille *Tiger Nose* de la
marque a été placée en plein milieu de l'avant et les antibrouillards de la
variante SX comptent quatre lumières carrées ressemblant à un lance-missiles
Patriot (c'est la première comparaison que l'enfant en moi a trouvée... ah! les
jeux vidéo). Le profil du Sportage est plutôt dynamique; puisque la ligne de
caisse remonte vers l'arrière, le véhicule a l'air dynamique, même à l'arrêt.

À l'intérieur, le Sportage impressionne: tout comme les autres récents produits
Kia, dont l'Optima, la qualité des plastiques est sans failles, les surfaces sur
lesquelles on pose la main sont souvent couvertes de caoutchouc, de cuir

ou de tissu et même les boutons sont solides au toucher. Une mention particulière aux sièges de la version de base, qui sont d'excellente facture.

PERSONNALITÉ DISTINCTE

Le Kia Sportage partage plusieurs composantes mécaniques avec son cousin, le Hyundai Tucson, notamment du côté de la suspension. On pourrait donc s'attendre au même genre de conduite aseptisée, mais les ingénieurs de Kia ont décidé de mettre du piment dans le comportement de leur VUS. Le tangage est un peu mieux contrôlé et la direction plus ferme et incisive que sur le Tucson. Ces quelques modifications ont été apportées pour rendre le Sportage plus amusant à conduire, dans le but de dissocier les deux marques. Reste que ses suspensions sont très conciliantes et que la conduite du Sportage demeure très facile; il ne s'agit pas d'une sportive, mais bien d'un véhicule de tous les jours, agréable à piloter.

Deux motorisations sont disponibles pour le Sportage 2017: les versions de base ont droit à un quatre cylindres de 2,4 litres, fort de 181 chevaux et un couple de 175 livre-pied. Il s'agit d'un moteur honnête qui a suffisamment de puissance, pour les déplacements de tous les jours, et qui permet au Sportage d'enregistrer des cotes de consommation de 8,0 litres aux 100 km sur l'autoroute.

Si on recherche plus de puissance, on doit alors se tourner vers la version SX, qui hérite d'un 2,0 litres turbocompressé déployant 237 chevaux et un couple de 260 livre-pied. Celui-ci vient d'office avec le rouage intégral — optionnel sur le Sportage à moteur 2,4 litres — et ses accélérations se comparent à celles d'une voiture sport compacte !

Peu importe ce qui se trouve sous le capot, la seule boîte de vitesses proposée est une automatique à six rapports. Celle-ci fait un travail honnête et se fera rapidement oublier, ce qui est une belle qualité pour ce type de composant mécanique. Mentionnons aussi que, dans les modèles à quatre roues motrices, le différentiel central électronique peut envoyer 50 % du couple aux roues avant et autant aux roues arrière, ce qui est bien pratique pour profiter d'une adhérence maximale dans les conditions hivernales.

À L'ASSAUT DES MENEURS

Avec son nouveau Sportage, Kia peut se vanter d'offrir un produit plus que compétitif. Non seulement il est très bien équipé pour le prix, respectant ainsi l'apanage des produits coréens, mais il tient même tête aux meneurs en matière de qualité d'assemblage, de performance et de confort... Quand il ne les dépasse pas d'une tête ! Les Honda CR-V, Toyota RAV4 et Mazda CX-5 de ce monde doivent maintenant défendre leurs plates-bandes, puisque la concurrence les a rattrapés.

Du nouveau en 2017
Nouveau modèle

Châssis - SX TI

Emp / lon / lar / haut	2670 / 4480 / 1855 / 1645 mm
Coffre / Réservoir	798 à 1703 litres / 62 litres
Nbre coussins sécurité / ceintures	6 / 5
Suspension avant	ind., jambes force
Suspension arrière	ind., multibras
Freins avant / arrière	disque / disque
Direction	à crémaillère, ass. var. élect.
Diamètre de braquage	10,6 m
Pneus avant / arrière	P245/45R19 / P245/45R19
Poids / Capacité de remorquage	1813 kg / 907 kg (1999 lb)
Assemblage	Gwangju KR

Composantes mécaniques

LX, EX

Cylindrée, soupapes, alim.	4L 2,4 litres 16 s atmos.
Puissance / Couple	181 ch / 175 lb-pi
Tr. base (opt) / rouage base (opt)	A6 / Tr (Int)
0-100 / 80-120 / V.Max	n.d. / n.d. / n.d.
100-0 km/h	n.d.
Type / ville / route / CO_2	Ord / 11,3 / 9,5 l/100 km / 4825 kg/an

SX TI

Cylindrée, soupapes, alim.	4L 2,0 litres 16 s turbo
Puissance / Couple	237 ch / 260 lb-pi
Tr. base (opt) / rouage base (opt)	A6 / Int
0-100 / 80-120 / V.Max	n.d. / n.d. / n.d.
100-0 km/h	n.d.
Type / ville / route / CO_2	Ord / 11,9 / 10,2 l/100 km / 5122 kg/an

« LES **CLIGNOTANTS** ARRIÈRE DU SPORTAGE SONT PLACÉS DANS LES RÉFLECTEURS DU PARE-CHOCS CE CE QUI **DIFFICILES** LES REND À VOIR DANS LA CIRCULATION. »

KOENIGSEGG **REGERA**

Prix: 1 900 000 $
(estimé) (USD)
Catégorie: Coupé
Garanties: n.d.
Transport et prép.: n.d.
Ventes QC 2015: n.d.
Ventes CAN 2015: n.d.

Cote du Guide de l'auto

n.d.

Fiabilité	Appréciation générale
n.d.	**n.d.**
Sécurité	Agrément de conduite
n.d.	**n.d.**
Consommation	Système multimédia
n.d.	**n.d.**

Cote d'assurance
n.d

+ Puissance démentielle • Performances ahurissantes • Silhouette à faire saliver • Sophistication indéniable • Exclusivité assurée

− Prix magistral • Visibilité arrière nulle • Distribution au compte-gouttes • Petit réservoir d'essence • Fiabilité inconnue

Concurrents
Pagani Huayra

Mégavoiture verte

Michel Deslauriers

On qualifie souvent les Ferrari, Aston Martin et Lamborghini de supervoitures, des bolides aux performances extrêmes et qui affichent un prix tout aussi démesuré. Convaincue de pouvoir faire mieux, la petite firme suédoise Koenigsegg commercialise, selon son qualificatif, des mégavoitures.

Si l'on en parle dans les pages du *Guide de l'auto*, c'est parce qu'il est maintenant possible de se procurer une Koenigsegg au Canada. Bon, pour le moment, il n'y a que deux concessionnaires, à Vancouver et à Calgary, mais le billet d'avion pour s'y rendre en vaut la peine. Même en classe affaires.

La marque a été établie en 1994 par Christian von Koenigsegg, âgé de seulement 22 ans à l'époque. Son rêve de construire des supervoitures s'était alors réalisé avec la production en série de la CC8S en 2002. Environ 70 employés travaillent actuellement chez Koenisegg, et un seul modèle est offert, soit la Regera hybride rechargeable. La production du modèle précédent, l'Agera, vient de se terminer avec l'édition Agera Final, vendue en seulement trois exemplaires.

TOUR DE FORCE TECHNOLOGIQUE

Toutes les voitures produites par Koenigsegg ont été rapides comme l'éclair, mais ne sont pas aussi électrisantes que la Regera. Du moins, sur papier, car à part laisser nos empreintes digitales sur la carrosserie de cette mégavoiture lors de son dévoilement, au Salon de l'auto de Genève plus tôt cette année, on n'a pas encore pu témoigner de ses performances ahurissantes.

La motorisation de la Regera, qui en passant signifie « régner » en suédois, est techniquement complexe et monstrueusement puissante. Un V8 biturbo de 5,0 litres procure 1 100 chevaux et un couple de 944 lb-pi, appuyé par trois moteurs électriques produisant conjointement 700 chevaux. La Regera dispose d'un total combiné de 1 509 chevaux métriques et d'un couple dépassant 1 475 lb-pi. Les pauvres pneus 345/30R20 montés à l'arrière, conçus sur mesure pour la voiture, seront réduits en poudre en moins de deux, alors que les pneus avant de taille 275/35R19 auront la tâche moins difficile de garder la voiture dans sa trajectoire.

Koenigsegg a mis au point un arbre de transmission qui relie le moteur à combustion directement au train arrière, au lieu d'une boîte de vitesse conventionnelle qui engendre des pertes d'énergie. Deux des trois moteurs électriques sont montés à l'arrière, s'occupant chacun d'une roue, de la vectorisation du couple et de la récupération d'énergie au freinage. Le troisième moteur électrique est l'assistant personnel du moteur à essence, agissant aussi comme démarreur. Selon la firme, les batteries n'ajoutent que 75 kg au poids de la voiture, qui totalise 1 628 kg tous pleins faits.

UN BOULET DE CANON

Grâce à toute cette puissance et à son poids relativement léger, la Regera offre des performances hallucinantes, du moins, si l'on se fie au constructeur. Elle accélère de 0 à 100 km/h en 2,8 secondes, de 0 à 200 km/h en 6,6 secondes et de 0 à 300 km/h en 10,9 secondes. Ouf! Koenigsegg estime que la voiture pourrait franchir la barre des 400 km/h en moins de 20 secondes, et pourrait passer de 150 km/h à 250 km/h en aussi peu que 3,2 secondes. Juste à y penser, on est étourdi.

Malgré ces prouesses dynamiques, le Regera offrirait tout de même une expérience de conduite raffinée et paisible grâce à l'insonorisation poussée du luxueux habitacle et les amortisseurs réglables. On peut également rouler en mode 100 % électrique. Outre les performances, la Koenigsegg Regera propose la fonctionnalité inusitée d'une assistance électrique à la fois pour les portes ainsi que les capots avant et arrière. Ils peuvent tous s'ouvrir et se fermer à l'aide de la télécommande, et des capteurs de proximité interrompront leur déploiement si un obstacle se trouve dans leur trajectoire. Contrairement à nous au Salon de Genève, le propriétaire de cette voiture pourrait ne jamais mettre le doigt sur la carrosserie. Une carrosserie tout à fait sublime, faut-il le préciser.

L'immense aileron arrière se déploie également à haute vitesse, mais s'intègre à la partie arrière de la voiture lorsqu'il s'abaisse, afin de conserver sa silhouette élancée et épurée.

Parmis les points négatifs, le réservoir d'essence de 82 litres se videra aussi rapidement qu'une canette de boisson énergisante dans les mains d'un adolescent, et la lunette arrière est plus petite que la vitre d'un four micro-ondes, alors bonne chance lors des manœuvres de recul. Dernier petit détail : la Regera coûte plus de deux millions de dollars, et sa production limitée à seulement 80 unités à travers le monde est déjà presque toute vendue.

Du nouveau en 2017

Nouveau modèle d'une marque disponible depuis peu au Canada.

Châssis - Regera	
Emp / lon / lar / haut	2662 / 4560 / 2050 / 1110 mm
Coffre / Réservoir	150 litres / 82 litres
Nbre coussins sécurité / ceintures	n.d. / 2
Suspension avant	ind., multibras
Suspension arrière	ind., multibras
Freins avant / arrière	disque / disque
Direction	à crémaillère
Diamètre de braquage	12,5 m
Pneus avant / arrière	P275/35R19 / P345/30R20
Poids / Capacité de remorquage	1628 kg / n.d.
Assemblage	Ängelholm SE

Composantes mécaniques	
Cylindrée, soupapes, alim.	V8 5,0 litres 32 s turbo
Puissance / Couple	1100 ch / 944 lb-pi
Tr. base (opt) / rouage base (opt)	Rapport fixe / Prop
0-100 / 80-120 / V.Max	2,8 s (const) / n.d. / 400 km/h (const)
100-0 km/h	30,0 m (estimé)
Type / ville / route / CO_2	Sup / n.d. / n.d. / n.d.

Moteur électrique	
Puissance / Couple	704 ch (525 kW) / 642 lb-pi
Type de batterie	n.d.
Énergie	4,5 kWh
Temps de charge (120V / 240V)	n.d.
Autonomie	35 km

Photos : Koenigsegg

LAMBORGHINI **AVENTADOR**

Prix : 443 804 $ à 550 990 $ (2016)
Catégorie : Coupé, Roadster
Garanties :
3 ans/illimité, 3 ans/illimité
Transport et prép. : n.d.
Ventes QC 2015 : n.d.
Ventes CAN 2015 : n.d.

Cote du Guide de l'auto
76 %

Fiabilité
n.d.

Appréciation générale
■■■■■■■■□□

Sécurité
■■■■■■■□□□

Agrément de conduite
■■■■■■■■□□

Consommation
■■□□□□□□□□

Système multimédia
■■■■■■□□□□

Cote d'assurance
■■■□□□□□□□
$ $ $ $

+ Silhouette spectaculaire •
Motorisation impressionnante •
Rouage intégral sécuritaire •
Performances de haut niveau

– Prix salé • Visibilité réduite •
Rangements inexistants •
Voiture agressive

Concurrents
Aston Martin Vanquish, Bentley Continental,
Ferrari F12berlinetta, Mercedes AMG GT,
Pagani Huayra

Un beau ouf !

Jacques Deshaies

Qui aurait cru un jour qu'une chicane entre deux hommes donnerait un résultat aussi extraordinaire ? D'un côté, Enzo Ferrari a été à l'origine de l'une des marques les plus illustres de l'histoire de l'automobile. Et de l'autre, Ferruccio Lamborghini qui allait devenir le maître des voitures exotiques les plus spectaculaires de l'industrie. Pour la petite histoire, mentionnons que Lamborghini était propriétaire d'une problématique Ferrari. Après s'en être plaint à Enzo, ce dernier l'avait invité «à fabriquer sa propre voiture s'il n'était pas content». Ce qui fut fait...

Mais sur le plan technique, les Lamborghini n'avaient aucune chance de rivaliser avec la firme de Maranello. Par chance, le constructeur allemand Audi est venu sauver la mise. Aujourd'hui, Lamborghini profite de l'expérience unique de la société d'Ingolstadt. Le tout sous une robe des plus séduisantes, comme les Italiens savent si bien le faire.

AVION DE CHASSE
Le dessin d'une voiture exotique semble toujours débuter par le même trait. Une silhouette en pointe de flèche qui annonce un museau court et plat se terminant par une partie relevée à l'arrière afin de laisser tout l'espace au groupe moteur. Chez Lamborghini, les stylistes peuvent se targuer d'avoir amélioré la Countach (1974-1990), qui répondait à cette norme, par une carrosserie des plus spectaculaires. Et tout ça, sans sombrer dans le style kitch.

Même en version Superveloce, l'Aventador demeure empreinte d'une certaine sobriété. Il y a bien cet aileron et quelques éléments aérodynamiques qui laissent perplexe, mais l'ensemble conserve une certaine noblesse. Toutefois, soyons honnêtes, cette Lamborghini n'a rien de bien anonyme. Lors de mon essai, j'ai presque causé quelques accrochages tant les autres usagers de la route voulaient la prendre en photo.

Si l'admirer demande du temps, y prendre place offre la même sensation. L'on se glisse dans l'Aventador comme dans une capsule spatiale. Au premier coup d'œil, la présentation est intimidante. Les commandes de la console centrale et le bouton de démarrage laissent imaginer toute la cavalerie qui se loge derrière votre siège.

ET VOILÀ LE «OUF»!

Une fois que vous êtes en mesure de comprendre les commandes pas toujours intuitives, vous laissez votre doigt pousser le bouton rouge logé sous le petit panneau de couleur assortie. Et c'est là que l'histoire devient intéressante. Votre vaisseau crache ses 700 chevaux dans un élan symphonique des plus invitants. Le V12 de 6,5 litres se contente d'une aspiration normale. Pas de turbocompresseur. Cet aspect un peu vieillot par rapport à certaines concurrentes viendra pourtant séduire les purs et durs.

Avec toute cette puissance, vivement l'apport d'une boîte à double embrayage! Après un essai sur piste avec un pilote professionnel, du côté d'Estoril au Portugal, la voiture, poussée à fond, répondait violemment aux changements de rapport. Un peu trop à mon goût. Certaines concurrentes répondaient beaucoup mieux à ce brasse-camarade.

Si les 700 chevaux de l'Aventador ne vous suffisent pas, vous pourrez sauter à bord de la SV, ou Superveloce. Elle ajoute 50 chevaux et un peu plus d'appui aérodynamique. Vous y gagnerez 0,1 seconde en fin de compte. Croyez-moi, les 2,9 secondes pour atteindre 100 km/h sont amplement suffisantes pour vous accrocher un sourire au visage. La SV affichera 2,8 secondes pour le même exercice.

Le tableau serait incomplet sans l'addition d'un choix de modes de conduite, selon votre humeur. D'entrée, il faut savoir que l'Aventador peut se conduire au quotidien en mode Strada. En mode Sport, la voiture devient plus violente sans compter la sonorité de la mécanique qui en rajoute. Pour compléter, le mode Corsa permet d'exploiter à fond les attributs de votre Aventador sur une piste. Grâce à un rouage intégral efficace, l'Aventador se plaque au sol sans broncher.

Malgré son air de félin prêt à sauter, cette Lamborghini demeure relativement douillette. Ce n'est pas le confort d'une grande berline allemande, mais il est tout de même étonnant pour une voiture au caractère si bouillant. Si vous désirez profiter de la courte période estivale, la version cabriolet est pour vous.

Somme toute, Lamborghini peut profiter d'une certaine pérennité grâce à l'apport technologique d'Audi. Loin des bolides spectaculaires, mais difficiles à conduire, l'Aventador rivalise les plus belles exotiques du monde. Son seul handicap est son prix. En contrepartie, cette caractéristique lui confère toute l'exclusivité recherchée.

Châssis - LP 700-4 roadster	
Emp / lon / lar / haut	2700 / 4780 / 2030 / 1136 mm
Coffre / Réservoir	150 litres / 90 litres
Nbre coussins sécurité / ceintures	6 / 2
Suspension avant	ind., leviers triangulés
Suspension arrière	ind., leviers triangulés
Freins avant / arrière	disque / disque
Direction	à crémaillère, ass. var.
Diamètre de braquage	12,5 m
Pneus avant / arrière	P255/35ZR19 / P335/30ZR20
Poids / Capacité de remorquage	1625 kg / n.d.
Assemblage	Sant'Agata IT

Composantes mécaniques

LP 700-4 coupé, LP 700-4 roadster	
Cylindrée, soupapes, alim.	V12 6,5 litres 48 s atmos.
Puissance / Couple	700 ch / 509 lb-pi
Tr. base (opt) / rouage base (opt)	A7 / Int
0-100 / 80-120 / V.Max	2,9 s (const) / n.d. / 350 km/h (const)
100-0 km/h	n.d.
Type / ville / route / CO_2	Sup / 24,7 / 10,7 l/100 km / 8464 kg/an

LP 750-4 SV	
Cylindrée, soupapes, alim.	V12 6,5 litres 48 s atmos.
Puissance / Couple	750 ch / 507 lb-pi
Tr. base (opt) / rouage base (opt)	A7 / Int
0-100 / 80-120 / V.Max	2,8 s (const) / n.d. / 350 km/h (const)
100-0 km/h	30,0 m
Type / ville / route / CO_2	Sup / 24,7 / 10,7 l/100 km / 8464 kg/an

« LE **MEILLEUR** DES **DEUX MONDES** EST RÉUNI : LA TECHNOLOGIE ALLEMANDE ET LE DESSIN TYPIQUEMENT ITALIEN. LE MARIAGE EST PARFAIT! »

Du nouveau en 2017

Aucun changement majeur

Photos : Lamborghini

 LAMBORGHINI **HURACÁN**

Prix : 265 000 $ à 309 985 $ (2016) (estimé) (USD)
Catégorie : Coupé, Roadster
Garanties :
3 ans/illimité, 3 ans/illimité
Transport et prép. : n.d.
Ventes QC 2015 : n.d.
Ventes CAN 2015 : n.d.

Cote du Guide de l'auto

77 %

Fiabilité
n.d.

Appréciation générale
■■■■■■■□□□

Sécurité
■■■■■□□□□□

Agrément de conduite
■■■■■■■■□□

Consommation
■■■□□□□□□□

Système multimédia
■■■■■■□□□□

Cote d'assurance
■■■■■□□□
$ $ $ $

➕ Style fabuleux • Moteur puissant et souple • Sonorité très typée • Finition soignée • Exclusivité assurée

➖ Prix élevé • Tarif des options • Visibilité presque nulle vers l'arrière • Coffre minuscule à l'avant

Concurrents
Aston Martin DB11, Audi R8, Dodge Viper, Ferrari 488, Maserati GranTurismo, McLaren 650S, Mercedes-AMG GT, Nissan GT-R, Porsche 911

L'italo-germanique

Gabriel Gélinas

Alors que plusieurs marques rivales ont déjà fait la transition vers des motorisations suralimentées par turbocompression, Lamborghini demeure fidèle au moteur atmosphérique pour animer ses super-sportives et souhaite pouvoir conserver cette motorisation plus conventionnelle le plus longtemps possible. Un moteur turbocompressé se retrouvera sous le capot du futur VUS Urus, mais pour les Huracán et Aventador, l'atmosphérique reste de mise.

Une chose est certaine, rien ne se compare aux sensations ressentis au volant d'une voiture exotique dont le moteur atmosphérique tourne à pleine charge, surtout dans le cas du V10 de 5,2 litres, un moteur d'anthologie que la Huracán partage avec la Audi R8 V10 Plus. Les similitudes sur le plan technique entre la bagnole allemande et l'auto italienne sont nombreuses, les marques Audi et Lamborghini faisant toutes deux partie du groupe Volkswagen. La configuration ainsi que la répartition des masses sont très semblables, mais les subtiles différences de caractère entre les deux modèles font en sorte que l'on peut presque les considérer des variations sur un thème, la Lamborghini étant dotée d'un côté un peu extrême et plus typé que l'Audi.

LE THÈME DE L'HEXAGONE

Côté style, la Huracán LP 610-4 ne laisse personne insensible avec sa silhouette taillée au couteau pour créer une allure qui s'apparente plus à celle d'un avion furtif qu'à celle d'une automobile, et un look qui reprend la forme d'un hexagone, thème de design typique de la marque au taureau.

C'est le même constat du côté de l'habitacle. Alors que celui de la R8 reprend plusieurs éléments provenant d'autres modèles de la marque, permettant aux fidèles de trouver leurs repères rapidement, l'habitacle de la Huracán vous donne vraiment l'impression que vous êtes au volant d'une véritable voiture exotique. Précisons toutefois que la Huracán fait aussi appel à une version légèrement modifiée du cockpit virtuel développé par Audi, qui remplace le traditionnel bloc d'instruments par un écran couleur modulable de 12,3 pouces.

Dans le cas du modèle LP 610-4 Spyder, les concepteurs ont tenu à conserver une capote souple, non seulement pour marquer la filiation avec le modèle antérieur qu'était la Gallardo, mais aussi pour conserver la silhouette hexagonale du coupé. De plus, le recours à un toit rigide escamotable, comme sur la Ferrari 488 Spider ou la McLaren 650S, aurait entraîné un surpoids ainsi qu'une hausse du centre de gravité.

Le modèle Spyder affiche 120 kilos de plus à la pesée que le modèle coupé, ce qui n'affecte que marginalement les performances livrées par le V10. Ce dernier se cache derrière un couvercle avec deux bossages et n'est pas visible, le modèle Spyder étant dépourvu du vitrage que l'on retrouve sur le coupé.

On ne voit donc pas le moteur, mais on l'entend... Moins forte en mode Strada, la sonorité devient beaucoup plus évocatrice en mode Sport avec l'ouverture des soupapes d'échappement et, surtout, avec la montée en régime du moteur qui précède chaque rétrogradage. Tout cela incite à chercher un itinéraire comptant quelques tunnels ou, à tout le moins, à emprunter la portion recouverte de l'autoroute Ville-Marie, avec le toit remisé, le plus souvent possible.

Le modèle Spyder permet d'attirer encore plus les regards, mais il est également possible de se démarquer au volant du coupé LP 610-4 Avio, dévoilé au Salon de l'auto de Genève en mars 2016, et dont la production est limitée à 250 exemplaires. Le label Avio fait référence aux avions de chasse Eurofighter Tycoon de l'armée de l'air italienne, ces modèles adoptant une peinture spéciale comportant deux bandes reliant le capot et le toit ainsi que des cocardes figurant sur les portières.

AVEC OU SANS L'INTÉGRALE

Tout comme la Gallardo, la Huracán mise sur le rouage intégral, mais une version de type propulsion fait également partie de l'offre du constructeur. Dans le cas de la LP 580-2, les ingénieurs ont éliminé les composantes du rouage intégral, ce qui a permis de réduire le poids de 33 kilos, tout en amenuisant légèrement la puissance livrée par le V10 qui développe 580 chevaux. Cette réduction de la puissance s'explique partiellement par la volonté des concepteurs de ne pas porter ombrage aux modèles LP 610-4 qui demeurent plus rapides sur le sprint de zéro à cent kilomètres/heure, grâce au rouage intégral qui assure une motricité optimale dès les premiers mètres.

C'est une sacrée belle bête que cette Huracán dont le nom signifie ouragan en espagnol et qui évoque aussi un célèbre taureau, tout comme plusieurs modèles antérieurs de la marque. Racée et explosive, elle ne manque pas d'impressionner ceux qui la croisent sur sa route.

Châssis - LP 610-4 Spyder

Emp / lon / lar / haut	2620 / 4460 / 1924 / 1180 mm
Coffre / Réservoir	n.d. / 80 litres
Nbre coussins sécurité / ceintures	4 / 2
Suspension avant	ind., double triangulation
Suspension arrière	ind., double triangulation
Freins avant / arrière	disque / disque
Direction	à crémaillère, ass. élect.
Diamètre de braquage	11,5 m
Pneus avant / arrière	P245/30R20 / P305/30R20
Poids / Capacité de remorquage	1542 kg / n.d.
Assemblage	Sant'Agata IT

Composantes mécaniques

LP 580-2

Cylindrée, soupapes, alim.	V10 5,2 litres 40 s atmos.
Puissance / Couple	580 ch / 397 lb-pi
Tr. base (opt) / rouage base (opt)	A7 / Prop
0-100 / 80-120 / V.Max	3,4 s (const) / n.d. / 320 km/h (const)
100-0 km/h	n.d.
Type / ville / route / CO$_2$	Sup / 17,2 / 8,9 l/100 km / 6194 kg/an

LP 610-4, LP 610-4 Spyder

Cylindrée, soupapes, alim.	V10 5,2 litres 40 s atmos.
Puissance / Couple	610 ch / 412 lb-pi
Tr. base (opt) / rouage base (opt)	A7 / Int
0-100 / 80-120 / V.Max	3,2 s (const) / n.d. / 325 km/h (const)
100-0 km/h	n.d.
Type / ville / route / CO$_2$	Sup / 17,5 / 9,2 l/100 km / 6332 kg/an

« RIEN NE SE COMPARE AUX SENSATIONS RESSENTIES AU VOLANT D'UNE EXOTIQUE DONT LE MOTEUR ATMOSPHÉRIQUE TOURNE À PLEINE CHARGE. »

Du nouveau en 2017

Aucun changement majeur

Photos : Lamborghini

LAMBORGHINI HURACÁN

LAND ROVER **DISCOVERY SPORT**

Prix : 41 790 $ à 56 290 $ (2016)
Catégorie : VUS intermédiaire
Garanties :
4 ans/80 000 km, 4 ans/80 000 km
Transport et prép. : 2 170 $
Ventes QC 2015 : 205 unités
Ventes CAN 2015 : 991 unités

Cote du Guide de l'auto

65 %

Fiabilité	Appréciation générale
■■■■■□□□□□	■■■■■■■□□□
Sécurité	Agrément de conduite
■■■■■■■□□□	■■■■■■□□□□
Consommation	Système multimédia
■■■■□□□□□□	■■■■■■□□□□

Cote d'assurance
n.d.

➕ Silhouette réussie • Agilité garantie •
Polyvalence • Prix raisonnable

➖ Présentation intérieure un peu terne •
Fiabilité inconnue • Troisième banquette
inutile • Écran multimédia petit

Concurrents
Acura RDX, Audi Q5, BMW X3,
BMW X4, Lexus NX, Lincoln MKC,
Mercedes-Benz GLC, Porsche Macan,
Volvo XC60

Le p'tit dernier d'une famille traditionnelle

Jacques Deshaies

La tradition est de mise chez Land Rover qui ne peut se séparer de sa réputation aventurière. Par contre, les acheteurs, eux, ont changé. Profondément changé ! Le bon vieux LR2 a tenu le coup pendant sept ans, mais l'heure de la retraite avait sonné. À l'instar de son prédécesseur qui annonçait l'entrée au sein de la gamme, le Discovery Sport constitue le modèle le plus abordable du constructeur, tout juste sous le spectaculaire Evoque.

La marque britannique a toujours été l'inspiration des aventuriers d'un côté et des amateurs de prestige de l'autre. Le grand Range Rover attire encore et toujours les athlètes professionnels, entre autres. Curieux quand même ! De l'autre côté, l'Evoque est venu conquérir les femmes et les amateurs de VUS au style unique, et il réussit bien sa mission. Maintenant, place aux amateurs de véhicules polyvalents au caractère distinctif. Le nouveau Discovery Sport fera beaucoup mieux que le LR2 dans ce créneau.

SOBRIÉTÉ D'ABORD
Au chapitre de la silhouette, le Discovery Sport n'offre pas l'aspect dynamique de l'Evoque. Il est beaucoup plus sobre. Seul signe particulier, son pilier C, qui s'incline vers l'avant pour lui donner une allure plus sportive. Pour le reste, l'ensemble porte la signature de la marque. Sans bouleverser les normes esthétiques, le Discovery Sport devrait tout de même conserver une certaine modernité pendant quelques années.

Il est également plus imposant que le défunt LR2. Il s'offre 81 mm supplémentaires en empattement tandis que sa longueur hors tout s'étire sur 89 mm de plus. Le porte-à-faux plus long permet aussi d'installer une troisième banquette, proposée en option. Mais attention, elle accueille des enfants avec plaisir, les adultes auront toutefois de la difficulté à apprécier. Le Discovery Sport se porte beaucoup mieux en cinq places.

Confortablement installé derrière le volant, le coup d'œil est beaucoup plus réussi que chez le LR2. Plus moderne, la présentation est dans le ton des produits britanniques. Mais ne vous attendez pas à la touche prestigieuse des grands Range Rover. Les plastiques sont plus présents, mais il n'en demeure pas moins que le cuir des sièges et des intérieurs des portières est à la hauteur de la réputation de la marque. Vous aurez aussi droit à la fameuse molette centrale qui s'extirpe de la console au démarrage et qui tient lieu de sélecteur de vitesses. Comme chez Jaguar ! J'aurais apprécié plus d'exaltation au premier coup d'œil de l'habitacle, mais compte tenu du prix de base, la réalisation est très correcte. Sur le plan multimédia, le Discovery Sport propose la panoplie complète des dernières trouvailles. Selon votre budget, vous pourrez intégrer certaines applications de votre téléphone intelligent grâce au système InControl Apps.

MOTORISATION DE L'EVOQUE

Pas de grande surprise à ce chapitre. Les ingénieurs ont opté pour le quatre cylindres de 2,0 litres qui offre 240 chevaux et un couple de 250 livre-pied et qu'on retrouve dans l'Evoque. Accompagné de la boîte ZF à neuf rapports, ce Land Rover offre des performances honnêtes et une consommation d'essence tout de même raisonnable. En conduite tranquille et en situation idéale, vous pourrez atteindre les 8,5 l/100 km au combiné. Côté poids, la version cinq places affiche 106 kilos de moins que le LR2 pour un total de 1745 kilos. En version sept places, son poids augmente de 94 kilos.

La boîte de vitesses propose un premier rapport très court afin de faciliter son utilisation en mode hors route. Et c'est cette caractéristique qui annonce ses aptitudes en sentier. Une fois que vous avez quitté la route, le système *Terrain Response* permet de modifier certains paramètres, comme les rapports de boîte et la direction en fonction des difficultés à franchir. De plus, il est équipé du système de retenue en pente, qui ajuste la vitesse du véhicule en descente abrupte. Ce genre de situation est commun en sentier.

En conduite, le Discovery Sport dispose d'une suspension aussi bien calibrée pour la route que pour les durs combats à mener en mode hors route. Il est un digne membre de cette prestigieuse famille d'utilitaires. Le confort est toujours assuré. Au final, ce Discovery Sport assure la tradition tout en modernisant la gamme Land Rover. Il est relativement agile en situation difficile tandis que son comportement sur la route assure le confort de ses occupants. Si le Defender est mort et que le LR2 a fait son temps, reste à savoir maintenant si ce nouveau membre portera la réputation de la marque aussi longtemps.

Car il faut bien l'avouer, la tradition demeure importante chez Land Rover. Il suffit de voir à quelle fréquence les modèles subissent des transformations au fil des décennies. Alors longue vie au Discovery Sport !

Châssis - HSE luxe	
Emp / lon / lar / haut	2741 / 4589 / 2173 / 1724 mm
Coffre / Réservoir	981 à 1698 litres / 70 litres
Nbre coussins sécurité / ceintures	7 / 5
Suspension avant	ind., jambes force
Suspension arrière	ind., multibras
Freins avant / arrière	disque / disque
Direction	à crémaillère, ass. var. élect.
Diamètre de braquage	11,6 m
Pneus avant / arrière	P235/55R19 / P235/55R19
Poids / Capacité de remorquage	1744 kg / 2000 kg (4409 lb)
Assemblage	Halewood GB

Composantes mécaniques	
Cylindrée, soupapes, alim.	4L 2,0 litres 16 s turbo
Puissance / Couple	240 ch / 250 lb-pi
Tr. base (opt) / rouage base (opt)	A9 / Int
0-100 / 80-120 / V.Max	8,2 s (const) / n.d. / 200 km/h
100-0 km/h	n.d.
Type / ville / route / CO$_2$	Sup / 10,6 / 6,5 l/100 km / 4027 kg/an

> LAND ROVER **BRILLAIT** PAR SON ORIGINALITÉ. AVEC LA **VENUE** DE CE NOUVEAU MODÈLE, LE CONSTRUCTEUR **S'INSTALLE** DANS LA **FACILITÉ**, PROFITS OBLIGENT ! »

Du nouveau en 2017

Aucun changement majeur

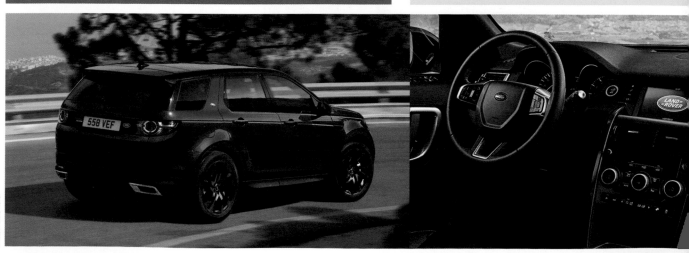

LAND ROVER **RANGE ROVER**

(((SiriusXM)))

Prix : 108 490 $ à 121 490 $ (2016)
Catégorie : VUS grand format
Garanties :
4 ans/80 000 km, 4 ans/80 000 km
Transport et prép. : 2 170 $
Ventes QC 2015 : 141 unités
Ventes CAN 2015 : 1 101 unités

Cote du Guide de l'auto

72 %

Fiabilité	Appréciation générale
■■■■■□□□□□	■■■■■■■□□□
Sécurité	Agrément de conduite
■■■■■■■□□□	■■■■■■■□□□
Consommation	Système multimédia
■■■□□□□□□□	■■■■■■□□□□

Cote d'assurance

■■■■■■□□□□

$$$ $

➕ Confort ultime • Spacieux à souhait •
Présentation princière • Capacités hors
route étonnantes

➖ Fiabilité aléatoire •
Gabarit imposant • Style vieillot •
Prix astronomique

Concurrents
Bentley Bentayga,
Cadillac Escalade, Lincoln Navigator,
Mercedes-Benz GLS

Êtes-vous hockeyeur ?

Jacques Deshaies

Range Rover égale hockeyeur. Ce grand utilitaire de luxe a cette réputation depuis que l'on aperçoit nos joueurs vedettes à son volant. Même constat chez nos voisins américains où les vedettes du sport et du cinéma se pavanent à bord de cet utilitaire très *british*. Et pour être bien sûr de faire plaisir à tout ce beau monde, une version allongée du Range Rover est proposée. Il faut le faire quand même !

À mon avis, ce mastodonte est presque inutile. Il est gros, il est lourd, mais dispose d'aptitudes hors route exceptionnelles. Les chiffres de ventes démontrent pourtant que malgré son prix démentiel, les acheteurs le veulent. Comme pour les Lincoln Navigator et autres dinosaures de cette catégorie, l'on pourrait qualifier ce Land Rover de monstre d'une autre époque.

Surtout avec cette lancée tous azimuts vers les véhicules plus écologiques. Allons-nous crier au scandale chaque fois que nous allons en apercevoir un ? Tant que les clients se pousseront aux portillons, Land Rover le proposera.

UNE ROLLS 4X4
Si aujourd'hui le design est l'un des principaux incitatifs pour les acheteurs, il faut penser que celui du Range Rover n'a aucune importance. Je pourrais résumer son style en un mot : boîte. Sauf pour les ouïes de requin sur les portières, la silhouette de cet utilitaire n'a rien de bien excitant. La ceinture de caisse horizontale se laisse annoncer par une partie avant légèrement inclinée. Sur cette dernière se dépose une grille rectangulaire conventionnelle qui s'entoure d'immenses phares. C'est tout !

La partie arrière est un peu plus élégante avec une lunette un tantinet en angle et des feux qui se prolongent sur les flancs. En termes de style, le Range Rover est au constructeur britannique ce que le Classe G est à Mercedes-Benz. Pour nostalgiques seulement ! Il a même dépassé le temps. Certains diront qu'il sera toujours beau.

À l'ouverture des portières, l'on comprend vite pourquoi les vedettes veulent s'y retrouver. Les cuirs de haute qualité et les boiseries rappellent étrangement leur salon! Si le dessin du tableau de bord n'a rien d'innovateur, l'habillage de l'habitacle nous incite presque à enlever nos souliers avant de monter à bord.

De la place, il y en a! Tout le monde profite d'un espace généreux et d'un confort ultime. Le coffre est immense avec ses 909 litres de volume de chargement avec le dossier de la banquette arrière relevé. Seul le Lincoln Navigator en version allongée fait mieux. Si vous poussez la facture à l'extrême, vous profiterez de la version Autobiography qui propose même un plancher de bois franc dans le coffre...

ON MET DE L'ESSENCE

Ce Range Rover de plus de 2 200 kilos s'offre avec un choix de deux motorisations. Si vous aimez les moteurs turbodiesel, le V6 de 3,0 litres du HSE fera votre bonheur. Ceux qui n'avaient pas beaucoup d'affinité avec ce type de moteur devront s'en contenter puisque le V6 à essence n'est plus au catalogue. De toute manière, les nouveaux moteurs diesel offerts sur le marché sont beaucoup moins bruyants et, surtout, ont un taux d'émissions dans la norme. Avec toutes les lois en vigueur, les constructeurs n'ont pas le choix. Parlez-en à Volkswagen...

D'un autre côté, il se peut que vous n'ayez rien à cirer de la consommation; dans ce cas, optez pour le bon gros V8. Avec sa cylindrée de 5,0 litres assistée d'un compresseur volumétrique, sa puissance passe à 550 chevaux. *Yes sir!* En conduite normale sur la route, vous pourrez peut-être faire 10 l/100 avec le vent dans le dos. En ville, vous éclipserez la concurrence, mais pas les pompes à essence.

Dans tous les cas, le confort est ultime. Le plaisir de conduire l'est un peu moins. Sur les grandes autoroutes, vous aurez cette impression de conduire un train à grande vitesse. Pas de secousses, la suspension absorbe presque tout. En virage, le tangage viendra vous rappeler que vous conduisez un utilitaire grand format. Si le cœur vous en dit, sachez que le Range Rover se débrouille très bien en mode hors route. Il est même exceptionnel. Seul son gabarit imposant vous empêchera de franchir certains obstacles.

En conclusion, le Range Rover s'adresse à ces célébrités qui ne veulent pas être vues dans un véhicule anonyme. Tout est question d'image et le Range Rover contribue aisément à la rehausser.

Châssis - Supercharged V8 (long)

Emp / lon / lar / haut	3120 / 5199 / 2220 / 1840 mm
Coffre / Réservoir	549 à 2345 litres / 105 litres
Nbre coussins sécurité / ceintures	6 / 5
Suspension avant	ind., pneumatique, double triangulation
Suspension arrière	ind., pneumatique, multibras
Freins avant / arrière	disque / disque
Direction	à crémaillère, ass. var. élect.
Diamètre de braquage	13,0 m
Pneus avant / arrière	P275/45R21 / P275/45R21
Poids / Capacité de remorquage	2523 kg / 3500 kg (7716 lb)
Assemblage	Solihull GB

Composantes mécaniques

HSE Td6

Cylindrée, soupapes, alim.	V6 3,0 litres 24 s turbo
Puissance / Couple	254 ch / 440 lb-pi
Tr. base (opt) / rouage base (opt)	A8 / Int
0-100 / 80-120 / V.Max	7,4 s (est) / n.d. / 209 km/h (const)
100-0 km/h	n.d.
Type / ville / route / CO_2	Dié / 12,6 / 8,6 l/100 km / 4968 (est) kg/an

Supercharged V8, Supercharged V8 (long)

Cylindrée, soupapes, alim.	V8 5,0 litres 32 s surcompressé
Puissance / Couple	550 ch / 502 lb-pi
Tr. base (opt) / rouage base (opt)	A8 / Int
0-100 / 80-120 / V.Max	5,0 s (est) / n.d. / 225 km/h (const)
100-0 km/h	n.d.
Type / ville / route / CO_2	Sup / 15,4 / 10,0 l/100 km / 5966 (est) kg/an

Du nouveau en 2017

Aucun changement majeur

Photos : Land Rover

LAND ROVER **RANGE ROVER EVOQUE**

((SiriusXM))

Prix : 49 990 $ à 64 990 $ (estimé)
Catégorie : VUS compact
Garanties :
4 ans/80 000 km, 4 ans/80 000 km
Transport et prép. : 2 565 $
Ventes QC 2015 : 425 unités
Ventes CAN 2015 : 2 162 unités

Cote du Guide de l'auto

71 %

Fiabilité
■■■■■□□□□□

Appréciation générale
■■■■■■■□□□

Sécurité
■■■■■■■□□□

Agrément de conduite
■■■■■■■□□□

Consommation
■■■■■□□□□□

Système multimédia
■■■■■■□□□□

Cote d'assurance
■■■■■■■■□□

$$$ $

➕ Look réussi • Sièges avant confortables •
Moteur adéquat • Agile et dynamique •
Aptitudes sérieuses en hors-route

➖ Fiabilité à démontrer •
Dégagement limité aux places arrière •
Visibilité arrière problématique •
Coût élevé des options • Système
d'infodivertissement irritant

Concurrents

Acura RDX, Audi Q5, BMW X3,
BMW X4, Lexus NX, Lincoln MKC,
Mercedes-Benz GLK, Porsche Macan,
Volvo XC60

Le VUS à ciel ouvert

Gabriel Gélinas

Avec le nouveau modèle Range Rover Evoque Cabriolet, Land Rover est convaincu de réussir là où Nissan a échoué en commercialisant une version décapotable d'un véhicule utilitaire sport. On se souviendra que le Murano CrossCabriolet a été brièvement commercialisé par Nissan aux États-Unis pour disparaître en 2014, victime d'un volume de ventes que l'on pouvait qualifier de symbolique. Si l'idée de conduire un VUS décapotable vous séduit, le seul véhicule qui répond à cette description (outre le Jeep Wrangler) est le Range Rover Evoque Cabriolet de Land Rover, et qui commande 15 000 $ de plus que le modèle conventionnel.

Présagé par un véhicule-concept présenté au Salon de l'auto de Genève en 2012, le modèle Cabriolet est entré en production en 2016 et constitue la grande nouveauté de la gamme. Son toit souple se replie ou se déploie en 18 secondes, et ces opérations peuvent se faire même lorsque le véhicule est en mouvement, tant et aussi longtemps que la vitesse ne dépasse pas 50 kilomètres/heure. Une fois replié, le toit épouse parfaitement la ceinture de caisse du véhicule, pour un look très réussi. Afin d'assurer la sécurité des occupants, des arceaux de sécurité se déploient en une fraction de seconde si les capteurs détectent que le véhicule risque de capoter. Pour ce qui est des considérations pratiques, précisons que le dégagement accordé aux passagers arrière est sérieusement limité et que le volume du coffre n'est que de 250 litres... Par ailleurs, il faut sacrifier les places arrière si l'on veut installer le déflecteur en toile qui permet de réduire la turbulence dans l'habitacle lors de la conduite à ciel ouvert.

UN *LOOK* HORS-NORME
Avec son look hors-norme, le Range Rover Evoque Cabriolet devient *de facto* le véhicule de choix pour les *m'as-tu-vu* de ce monde. Sur le plan mécanique, le modèle Cabriolet est en tout point identique au modèle conventionnel : même moteur quatre cylindres de 2,0 litres turbocompressé et même boîte automatique à neuf rapports avec rouage intégral.

Qu'il soit cabriolet ou conventionnel, le Range Rover Evoque présente les mêmes caractéristiques pour ce qui est du comportement routier, des performances et de la consommation. On se retrouve donc au volant d'un véhicule assez lourd, compte tenu de son gabarit, qui fait preuve d'une tendance marquée pour le sous-virage en conduite sportive, mais qui est relativement agile. Avec ses 240 chevaux et sa boîte automatique à neuf rapports, l'Evoque livre des performances adéquates en conduite de tous les jours, même s'il manque un peu de punch en accélération initiale. Aussi, la boîte rechigne à rétrograder rapidement de plusieurs rapports lors de manœuvres de dépassement sur des routes secondaires. On se serait toutefois attendu à mieux côté consommation puisque nous avons observé une moyenne supérieure à 11 litres aux 100 kilomètres lors d'un essai réalisé en hiver.

Comme les autres modèles de la marque, l'Evoque est équipé du système *Terrain Response* qui paramètre la réponse à la commande des gaz, la réactivité de la boîte automatique et l'antipatinage en fonction du type de surface sur lequel évolue le véhicule, ce qui lui confère de solides aptitudes en conduite hors route. Parions cependant que la très grande majorité des acheteurs ne quitteront jamais les routes asphaltées.

UN HABITACLE SOIGNÉ

L'habitacle du Range Rover Evoque partage une certaine filiation avec les modèles plus chers de la marque avec sa planche de bord au design épuré, mais l'interface du nouveau système d'infodivertissement InControl Touch prête flanc à la critique en raison de sa réactivité très lente lorsque l'on touche l'écran, et du fait qu'il est laborieux de naviguer entre les différents menus. En plein cœur de l'hiver québécois, on apprécie les sièges chauffants, n'est-ce pas ? Pour les activer sur l'Evoque, il faut d'abord appuyer sur un bouton localisé sur la console centrale pour voir ensuite apparaître une représentation graphique des sièges avec gradateurs sur l'écran central. Il faut appuyer sur l'écran pour sélectionner l'intensité désirée puis appuyer sur la touche marquée d'un « X » pour faire disparaître cette fonction et revenir au menu précédent. Ouf ! J'ai oublié de vous dire qu'il faut retirer son gant au préalable... C'est pareil pour tout le reste, que ce soit la chaîne audio, le système de navigation ou la téléphonie, entre autres. Bref, ce n'est pas très convivial.

On ne peut passer sous silence la fiabilité à long terme problématique qui afflige les véhicules de la marque Range Rover qui se classe au 29e rang sur les 32 marques répertoriées dans l'édition 2016 du sondage VDS (Vehicle Dependability Survey) de la firme J.D. Power and Associates qui mesure la fiabilité des véhicules après trois années d'utilisation. Compte tenu de l'image de Land Rover et du prix demandé pour ses véhicules, on s'attend à mieux.

Châssis - HSE Dynamic cabriolet

Emp / lon / lar / haut	2660 / 4370 / 1980 / 1609 mm
Coffre / Réservoir	251 litres / 70 litres
Nbre coussins sécurité / ceintures	7 / 4
Suspension avant	ind., jambes force
Suspension arrière	ind., jambes force
Freins avant / arrière	disque / disque
Direction	à crémaillère, ass. var. élect.
Diamètre de braquage	11,3 m
Pneus avant / arrière	P245/45R20 / P245/45R20
Poids / Capacité de remorquage	1936 kg / 750 kg (1653 lb)
Assemblage	Halewood GB

Composantes mécaniques

SE, HSE

Cylindrée, soupapes, alim.	4L 2,0 litres 16 s turbo
Puissance / Couple	240 ch / 250 lb-pi
Tr. base (opt) / rouage base (opt)	A9 / Int
0-100 / 80-120 / V.Max	7,6 s (const) / 5,9 s (est) / 217 km/h (const)
100-0 km/h	41,0 m
Type / ville / route / CO$_2$	Sup / 11,4 / 8,0 l/100 km / 4540 (est) kg/an

« AVEC LE NOUVEAU MODÈLE **CABRIOLET,** IMPOSSIBLE DE PASSER **INAPERÇU...** ON SE FAIT UN *SELFIE* ? »

Du nouveau en 2017

Aucun changement majeur. Nouveau modèle cabriolet.

LAND ROVER **RANGE ROVER SPORT**

(((**SiriusXM**)))

Prix : 81 490 $ à 124 990 $ (2016)
Catégorie : VUS grand format
Garanties :
4 ans/80 000 km, 4 ans/80 000 km
Transport et prép. : 2 170 $
Ventes QC 2015 : 476 unités
Ventes CAN 2015 : 2 680 unités

Cote du Guide de l'auto

75 %

Fiabilité
■■■■■■■□□□

Appréciation générale
■■■■■■■□□□

Sécurité
■■■■■■■■□□

Agrément de conduite
■■■■■■■■□□

Consommation
■■■■■□□□□□

Système multimédia
■■■■■■■■■□

Cote d'assurance
■■■■■□□□□□□
$$$ $

➕ Habitacle luxueux • Aptitudes en conduite hors route • Moteur diesel efficace • Performances relevées (SVR)

➖ Fiabilité à démontrer • Prix élevés des modèles plus équipés • Direction peu communicative • Certaines commandes non intuitives

Concurrents
Cadillac Escalade, Infiniti QX80, Lexus LX, Lincoln Navigator, Mercedes-Benz GLS

Une gamme élargie

Gabriel Gélinas

Sept modèles différents. Voilà l'étendue de la gamme offerte en 2017 pour le Range Rover Sport qui n'était disponible qu'en deux modèles à son arrivée sur le marché en 2007. Cette transformation complète s'est orchestrée par l'éclosion de toute une série de déclinaisons, dont une à motorisation turbodiesel lancéel'an dernier ainsi que le modèle SVR lancé à la chasse aux BMW X5 M et X6 M, Mercedes-Benz GLE 63 AMG, Porsche Cayenne Turbo et tous les autres véhicules appartenant à ce créneau des utilitaires ultrasportifs aux performances relevées.

On se serait attendu à ce que le Range Rover Evoque, plus compact et plus abordable, soit le champion des ventes de la marque au pays, mais ce n'est pas le cas puisque c'est le Range Rover Sport qui trône au sommet du palmarès chez Land Rover en raison de cette gamme plus étendue de modèles.

Au sujet du look, le Range Rover Sport propose un bel amalgame de classicisme et de sportivité avec une élégance toute britannique qui fait une grande partie de son charme. Même le SVR, le plus puissant et le plus performant de la gamme, fait preuve d'une certaine retenue pour ce qui est des éléments de design. Côté style, difficile de rester insensible.

On apprécie également la suspension pneumatique réglable sur trois niveaux, dont celui appelé «accès» qui abaisse la caisse pour faciliter la montée à bord. En prenant place derrière le volant, on remarque immédiatement la qualité des cuirs recouvrant les sièges et la planche de bord. Le design est à la fois épuré et chaleureux dans une certaine dualité qui ajoute au charme. Voilà pour le bel effet ressenti au premier contact mais, malheureusement, le Range Rover Sport déçoit avec son écran central dont la qualité graphique n'est pas à la hauteur de celle des concurrents et par certaines commandes guère intuitives.

UN MOTEUR DIESEL QUI SAIT SE FAIRE OUBLIER

Ce n'est qu'au démarrage du modèle HSE Td6 que l'on prend conscience qu'un moteur turbodiesel se met au boulot sous le capot, alors que l'on perçoit légèrement ce claquement feutré typique qui s'estompe en roulant et qui ne se rappelle à notre bon souvenir que lors des accélérations franches. En écrasant l'accélérateur, on doit composer avec un léger temps de réaction avant que le moteur ne livre son plein potentiel, ce qui fait que ce modèle ne nous paraît pas très rapide, mais il suffit amplement pour la conduite de tous les jours.

Un Land Rover à moteur diesel, c'est du nouveau pour nous en Amérique du Nord, mais c'est la norme en Europe où plus de 90 % des véhicules de la marque sont animés par des moteurs carburant au gazole. C'est un choix évident pour ces véhicules au poids imposant en raison d'une consommation moins élevée. Dans le cas du Ranger Rover Sport, la consommation du modèle HSE diesel est bonifiée d'environ 30 % par rapport au modèle à essence, ce qui n'est pas négligeable. Concernant le comportement routier, le Range Rover Sport fait preuve d'un bel aplomb en virage, malgré son poids, mais sa direction se montre peu communicative.

Si le HSE Td6 à motorisation turbodiesel déçoit un peu lors des accélérations à pleine charge, c'est tout le contraire dans le cas du SVR qui faisait appel au moteur V8 de 5,0 litres suralimenté par compresseur développé par Jaguar pour la F-Type R. Cependant, il y a fort à parier que le modèle 2017 sera animé par le moteur de la F-Type SVR, dévoilée au Salon de l'auto de Genève, qui déballe 575 chevaux, soit 25 de plus. Avec ce moteur, le Range Rover Sport SVR serait capable de retrancher 3 dixièmes de seconde au sprint de 0 à 100 kilomètres/heure pour l'expédier en 4,5 secondes. Quant au comportement routier, le SVR est plus affûté grâce à une monte pneumatique surdimensionnée et des suspensions plus fermes lui permettant de faire des prouesses étonnantes compte tenu de son gabarit et de son poids.

LA MISÈRE DES RICHES

On se répète, mais la fiabilité à long terme demeure encore et toujours le talon d'Achille de Land Rover. Pour des véhicules vendus à des prix à ce point élevés, on s'attend à mieux. Peut-être que les véhicules produits aujourd'hui s'avèreront plus fiables, mais il faudra attendre qu'ils aient circulé pendant trois ans aux mains de leurs propriétaires avant de pouvoir le certifier.

Le charme tout à fait britannique du Range Rover Sport lui permet de se démarquer des modèles allemands qui dominent ce créneau mais, comme la fiabilité reste à démontrer, nous émettons de sérieuses réserves.

Du nouveau en 2017

Puissance portée à 575 chevaux pour le modèle SVR

Châssis - Td6	
Emp / lon / lar / haut	2923 / 4856 / 2220 / 1780 mm
Coffre / Réservoir	874 à 1761 litres / 89 litres
Nbre coussins sécurité / ceintures	6 / 5
Suspension avant	ind., pneumatique, double triangulation
Suspension arrière	ind., pneumatique, multibras
Freins avant / arrière	disque / disque
Direction	à crémaillère, ass. var. élect.
Diamètre de braquage	12,1 m
Pneus avant / arrière	P255/55R20 / P255/55R20
Poids / Capacité de remorquage	2136 kg / 3500 kg (7716 lb)
Assemblage	Solihull GB

Composantes mécaniques

Td6	
Cylindrée, soupapes, alim.	V6 3,0 litres 24 s turbo
Puissance / Couple	254 ch / 440 lb-pi
Tr. base (opt) / rouage base (opt)	A8 / Int
0-100 / 80-120 / V.Max	7,6 s (const) / n.d. / 210 km/h (const)
100-0 km/h	n.d.
Type / ville / route / CO$_2$	Dié / 10,7 / 8,4 l/100 km / 5219 (est) kg/an

HSE V6	
Cylindrée, soupapes, alim.	V6 3,0 litres 24 s surcompressé
Puissance / Couple	380 ch / 332 lb-pi
Tr. base (opt) / rouage base (opt)	A8 / Int
0-100 / 80-120 / V.Max	7,1 s (const) / n.d. / 210 km/h (const)
100-0 km/h	n.d.
Type / ville / route / CO$_2$	Sup / 13,8 / 10,2 l/100 km / 5603 (est) kg/an

V8 suralimenté	
Cylindrée, soupapes, alim.	V8 5,0 litres 32 s surcompressé
Puissance / Couple	510 ch / 461 lb-pi
Tr. base (opt) / rouage base (opt)	A8 / Int
0-100 / 80-120 / V.Max	5,3 s (const) / n.d. / 225 km/h (const)
100-0 km/h	n.d.
Type / ville / route / CO$_2$	Sup / 16,6 / 12,3 l/100 km / 6746 (est) kg/an

SVR	
Cylindrée, soupapes, alim.	V8 5,0 litres 32 s surcompressé
Puissance / Couple	550 ch / 502 lb-pi
Tr. base (opt) / rouage base (opt)	A8 / Int
0-100 / 80-120 / V.Max	4,7 s (const) / n.d. / 260 km/h (const)
100-0 km/h	n.d.
Type / ville / route / CO$_2$	Sup / 17,3 / 12,2 l/100 km / 6902 (est) kg/an

LEXUS **CT**

((SiriusXM))

Prix : 33 749 $ à 40 749 $ (2016)
Catégorie : Hatchback
Garanties :
4 ans/80 000 km, 6 ans/110 000 km
Transport et prép. : 2 145 $
Ventes QC 2015 : 178 unités
Ventes CAN 2015 : 814 unités

Cote du Guide de l'auto

73 %

Fiabilité
■■■■■■■□□□

Appréciation générale
■■■■■■■□□□

Sécurité
■■■■■■■■□□

Agrément de conduite
■■■■■■□□□□

Consommation
■■■■■■■■□□

Système multimédia
■■■■■■■□□□

Cote d'assurance
■■■■■■□□□□
$$$ $

➕ Style engageant • Finition intérieure de haut niveau • Fiabilité impeccable • Consomme avec parcimonie • Conduite somme toute agréable

➖ Mauvaise visibilité arrière • Freins qui demandent une période d'acclimatation • Accélérations plus bruyantes que véloces • Aussi sportive qu'un chat de 12 kilos

---

Concurrents
Chevrolet Volt, Toyota Prius

La plus Toyota des Lexus

Alain Morin

Le «badge engineering» fait partie de l'histoire de l'automobile. Pratiquement dès les débuts de la voiture sans chevaux, les constructeurs se sont ingéniés à utiliser des pièces existantes, quand ce n'était pas la voiture au complet, pour créer d'autres voitures, quelquefois identiques, vendues sous un autre nom. Cette méthode permettait d'offrir des voitures relativement différentes à un coût de développement très bas. Et d'engranger davantage de profits. Encore aujourd'hui, le «badge engineering» est très populaire et certains constructeurs réussissent à l'utiliser sans que rien n'y paraisse. Prenez la Lexus CT 200h. Qui croirait qu'en dessous, il s'agit d'une vulgaire Toyota Prius ?

En fait, la plate-forme utilisée pour la CT 200h a aussi servi à la Prius de la génération précédente, à la Corolla de la génération précédente, à la feue Matrix et à la tout aussi feue Lexus HS 250h. Bref, cette plate-forme commence à avoir du vécu et même si ce n'est pas évident quand on regarde la CT 200h, son âge commence à la trahir.

La robe est effectivement encore dans le coup et la grille avant en forme de sablier qui oppose tant d'opinions ne semble pas aussi décriée ou admirée sur la CT 200h que sur d'autres Lexus. Dans l'habitacle, c'est du Lexus tout craché. S'il y a de la Prius là, ce n'est pas évident! Le design du tableau de bord est à des lieux de celui de la Toyota et les jauges sont placées devant le conducteur et non au centre. La qualité des matériaux, comme dans toute Lexus, est excellente, tout comme la qualité de l'assemblage. D'aucuns déplorent le maniement quelquefois erratique du *Remote Touch,* cette espèce de souris située sur la console centrale. D'autres n'ont que de bons mots pour cet appendice. À vous de juger !

Les sièges avant font preuve d'un grand confort. À l'arrière aussi, mais à un degré de zeste moindre. D'ailleurs, Lexus fait preuve d'un très grand optimisme, ou d'une totale déconnexion de la réalité, lorsqu'elle mentionne qu'il y a trois places à l'arrière. De son côté, le coffre demeure un modèle d'exiguïté.

LE PONT DE QUÉBEC N'EST PAS ENCORE PEINTURÉ...

Sous le capot, on retrouve un moteur à essence de 1,8 litre développant 98 chevaux, secondé par un moteur électrique de 80 chevaux. Ensemble, ils font 134 chevaux. Eh non! on ne peut pas simplement additionner les deux. De nos jours, 134 chevaux, c'est comme utiliser un gallon de peinture pour repeindre le pont de Québec... il en manque un peu. D'autant plus que cet ensemble est relié à une boîte de vitesse automatique de type CVT, une technologie qui a pour principal défaut d'amener les révolutions du moteur à des niveaux très élevés lors d'accélérations franches et de les y maintenir tant que le conducteur ne relâche pas l'accélérateur. Or, comme il semble manquer de matériel insonorisant dans la CT 200h, à la moindre accélération on a l'impression que le moteur est assis sur le siège du passager. Ça ne fait pas très Lexus.

Au chapitre des performances, cette *hatchback* fait figure de parent pauvre. Tout d'abord, le 0-100 km/h prend plus de 11 secondes ce qui, en 2017, est considéré comme une longue éternité, surtout pour une voiture qui se veut haut de gamme. Un arrêt d'urgence fait ressortir une pédale plutôt molle et un ABS bien peu discret pour une Lexus. Trois modes de conduite s'offrent au conducteur: Eco, Normal et Sport. Il faut vraiment, mais alors là vraiment, avoir le cœur vert pour utiliser le mode Eco tant il réduit la réponse de l'accélérateur. Le mode Normal est juste ça, normal. Quant au mode Sport, c'est celui qu'il faut choisir pour avoir le moindre plaisir. Après une semaine où nous avons conduit de façon tout à fait normale, en mode Sport la plupart du temps, nous avons obtenu une excellente moyenne de 5,8 l/100 km.

SPORTIVE DE SALON

La principale mission de la suspension est, de toute évidence, de sauvegarder le confort des occupants, peu importent les conditions de la route. Et c'est réussi! Ce n'est qu'en donnant un brusque coup de volant qu'on note un certain roulis. La direction est précise et offre un bon retour d'information. Moins placide que la Prius, la CT 200h s'avère plus agréable à conduire au quotidien et on la sent mieux plantée sur la route. De là à parler de conduite sportive, il y a toutefois une marge que je m'empresse de ne pas franchir...

Si je me fie à mon petit doigt, la CT 200h n'en aurait plus pour longtemps. Elle repose sur une plate-forme vieillissante, certains de ses comportements ne font pas très Lexus et, clou dans son cercueil, la Prius dont elle est en partie issue vient d'être entièrement redessinée. Décidément, ça ne s'annonce pas très bien pour la jolie CT 200h. Mais ça regarde bien pour en obtenir une à bon prix!

Châssis - 200h F Sport	
Emp / lon / lar / haut	2600 / 4320 / 1765 / 1440 mm
Coffre / Réservoir	405 à 900 litres / 45 litres
Nbre coussins sécurité / ceintures	8 / 5
Suspension avant	ind., jambes force
Suspension arrière	ind., double triangulation
Freins avant / arrière	disque / disque
Direction	à crémaillère, ass. var. élect.
Diamètre de braquage	11,2 m
Pneus avant / arrière	P215/45R17 / P215/45R17
Poids / Capacité de remorquage	1453 kg / n.d.
Assemblage	Kyushu JP

Composantes mécaniques	
Cylindrée, soupapes, alim.	4L 1,8 litre 16 s atmos.
Puissance / Couple	98 ch / 105 lb-pi
Tr. base (opt) / rouage base (opt)	CVT / Tr
0-100 / 80-120 / V.Max	11,4 s / 9,0 s / 182 km/h
100-0 km/h	41,1 m
Type / ville / route / CO_2	Ord / 5,5 / 5,9 l/100 km / 2613 kg/an

Moteur électrique	
Puissance / Couple	80 ch (60 kW) / 153 lb-pi
Type de batterie	Nickel-hydrure métallique (NiMH)
Énergie	1,3 kWh
Temps de charge (120V / 240V)	n.d.
Autonomie	n.d.

❝ LE SYSTÈME HYBRIDE DE TOYOTA / LEXUS DEMEURE L'UN DES PLUS RAFFINÉS SUR LE MARCHÉ. LA PLANÈTE NE S'EN PORTE QUE MIEUX... TANT PIS POUR LES PÉTROLIÈRES! ❞

Du nouveau en 2017

Aucun changement majeur. Prochaine génération pourrait être annoncée en cours d'année.

Photos: Lexus

LEXUS **ES**

((SiriusXM))

Prix: 41 499 $ à 44 599 $ (2016)
Catégorie: Berline
Garanties:
4 ans/80 000 km, 6 ans/110 000 km
Transport et prép.: 2 145 $
Ventes QC 2015: 311 unités
Ventes CAN 2015: 2 305 unités

Cote du Guide de l'auto

68 %

Fiabilité
■■■■■■■□□□

Appréciation générale
■■■■■■■□□□

Sécurité
■■■■■■■□□□

Agrément de conduite
■■■■■□□□□□

Consommation
■■■■■■■□□□

Système multimédia
■■■■■□□□□□

Cote d'assurance
■■■■■□□□□□
$$$ $

➕ Fiabilité assurée • Confort au
rendez-vous • Équipement complet •
Douceur de roulement

➖ Silhouette anonyme • Suspension
trop molle • Conduite soporifique •
Coffre plus petit (hybride)

Concurrents
Acura TLX, Lincoln MKS, Volvo S90

La Camry des mieux nantis

Jacques Deshaies

La Lexus ES a été introduite en 1989 et annonçait, avec la LS, l'introduction d'une nouvelle division au sein du géant japonais, Toyota. La marque Lexus était née! Malgré cette annonce fracassante, la ES avait beaucoup de difficulté à cacher ses origines. Longtemps décrite comme la Camry des mieux nantis, cette ES est, encore aujourd'hui, une voiture au conservatisme désarmant.

Elle s'est bien modernisée avec le temps, mais certains se demandent pourquoi elle est toujours des nôtres. Si la concurrence détermine sa gamme de façon claire, Lexus, elle, présente cette berline entre la sportive IS et la GS. Autant la IS que la GS affrontent des adversaires établis, autant il est difficile de trouver une équivalence pour la ES. Il suffirait d'ajouter une version plus soporifique de l'IS et le tour serait joué. Il faut donc croire qu'elle a sa clientèle bien à elle.

SOBRE À SOUHAIT
Si vous aimez sa livrée 2016, vous aimerez également sa version millésimée 2017. Aucun changement au programme. Comme tous les membres de la famille Lexus, elle porte une grille en forme de sablier et une silhouette toujours aussi conformiste. Comme pour ne pas déranger les habitudes de ses clients, elle conserve un style typique des berlines d'antan. Les goûts ne sont peut-être pas à discuter, mais il faut bien être de son temps!

Les panneaux de caisse sont rectilignes et aucun travail n'a été fait afin de dynamiser l'ensemble. Même constat pour la partie arrière qui pourrait être confondue avec n'importe quelle berline traditionnelle. Pourtant, c'est une Lexus, une voiture dite haut de gamme. Et le charisme est totalement absent. Les amateurs de voitures allemandes ne la connaissent probablement même pas.

Pour ce qui est de l'habitacle, là, c'est mieux. Rien à voir avec une Camry ou une Avalon, avec qui elle partage ses dimensions depuis quelque temps. Le choix des matériaux dans la ES reflète le rang auquel elle appartient. Le dessin du tableau de bord est également plus moderne. Les quelques boiseries, entourées de cuir dans une palette de couleurs contrastantes, offrent un coup d'œil réussi. Seules les parties du volant en bois finissent par être désagréables puisqu'elles sont trop glissantes, ce qui peut déranger lors d'une manœuvre d'urgence.

Au chapitre du confort, rien à redire. L'espace est nettement généreux et les sièges offrent tout le confort voulu. En ajoutant quelques dollars, vous aurez droit à la version Touring ainsi qu'à quelques éléments de confort supplémentaires comme les sièges et le volant gainé de cuir. Le groupe Exécutif, encore plus cher, amène la chaîne audio Mark Levinson avec ses 15 haut-parleurs et d'autres accessoires de haut niveau. Il comprend aussi l'ensemble Lexus Safety System+ qui englobe la détection de sortie de voie, le régulateur de vitesse adaptatif, les phares de route autoréglables et l'avertissement précollision.

EN MODE HYBRIDE

La Lexus ES est proposée avec un choix de deux groupes motopropulseurs. La version traditionnelle, l'ES 350, est équipée du V6 de 3,5 litres utilisé abondamment dans la famille Toyota/Lexus. Il offre 268 chevaux pour un couple de 248 livre-pied. Avec la boîte automatique à six rapports, ses performances demeurent honnêtes, sans plus. Elle est également la moins dispendieuse.

Une version hybride, la ES 300h, est aussi offerte et propose une économie d'essence exceptionnelle pour une voiture de ce gabarit. Difficile d'imaginer une grande berline qui offre une consommation moyenne d'environ 6 l/100. Toutefois, vous devrez en payer le prix pour ce qui est des performances. La fiche indique à peine 200 chevaux au combiné, moteur à essence et moteur électrique combinés. Le couple n'est guère plus attrayant avec 156 livre-pied au final. Cependant, la clientèle cible de cette berline n'a rien à cirer des performances relevées. Ajoutez une boîte automatique CVT à l'ensemble et vous voilà à bord d'une berline de luxe écologique.

Si les performances de la Lexus ES demeurent plutôt tranquilles, son comportement l'est tout autant. La suspension promet des promenades soporifiques et peu d'agrément de conduite. Vous serez probablement celui ou celle qui n'auront rien à redire de l'état de nos routes, au volant d'une grande routière qui avale les kilomètres pendant que vous combattez le sommeil.

La ES se positionne drôlement dans la gamme Toyota/Lexus, puisque son prix est presque équivalent à celui de la Toyota Avalon. Une des deux voitures est de trop. Est-ce que l'emblème prestigieux Lexus la sauve? La concurrence en aurait probablement éliminé une des deux depuis longtemps! De toute façon, la ES n'est peut-être pas exaltante à bien des chapitres, mais elle est fiable à souhait. Et ça, c'est une qualité que peu de concurrents peuvent offrir.

Du nouveau en 2017

Aucun changement majeur

Châssis - 350	
Emp / lon / lar / haut	2819 / 4910 / 1806 / 1450 mm
Coffre / Réservoir	430 litres / 65 litres
Nbre coussins sécurité / ceintures	10 / 5
Suspension avant	ind., jambes force
Suspension arrière	ind., jambes force
Freins avant / arrière	disque / disque
Direction	à crémaillère, ass. var. élect.
Diamètre de braquage	11,4 m
Pneus avant / arrière	P215/55R17 / P215/55R17
Poids / Capacité de remorquage	1623 kg / n.d.
Assemblage	Georgetown KY US

Composantes mécaniques

300h

Cylindrée, soupapes, alim.	4L 2,5 litres 16 s atmos.
Puissance / Couple	156 ch / 156 lb-pi
Tr. base (opt) / rouage base (opt)	CVT / Tr
0-100 / 80-120 / V.Max	8,1 s (est) / n.d. / 180 km/h (const)
100-0 km/h	n.d.
Type / ville / route / CO_2	Ord / 5,8 / 6,1 l/100 km / 2730 kg/an

Moteur électrique

Puissance / Couple	67 ch (50 kW) / n.d. lb-pi
Type de batterie	Nickel-hydrure métallique (NiMH)
Énergie	1,3 kWh
Temps de charge (120V / 240V)	n.d.
Autonomie	n.d.

350

Cylindrée, soupapes, alim.	V6 3,5 litres 24 s atmos.
Puissance / Couple	268 ch / 248 lb-pi
Tr. base (opt) / rouage base (opt)	A6 / Tr
0-100 / 80-120 / V.Max	7,0 s / 4,4 s / 209 km/h (const)
100-0 km/h	44,4 m
Type / ville / route / CO_2	Ord / 11,3 / 7,5 l/100 km / 4411 kg/an

« LA LEXUS ES EST LA
CINQUIÈME ROUE DU CARROSSE.
C'EST-À-DIRE, **INUTILE !** »

LEXUS **GS**

((SiriusXM))

Prix : 56 649 $ à 95 000 $ (2016)
Catégorie : Berline
Garanties :
4 ans/80 000 km, 6 ans/110 000 km
Transport et prép. : 2 145 $
Ventes QC 2015 : 50 unités
Ventes CAN 2015 : 290 unités

Cote du Guide de l'auto

73 %

Fiabilité	Appréciation générale
■■■■■■■■□□	■■■■■■■□□□
Sécurité	**Agrément de conduite**
■■■■■■■■□□	■■■■■■■□□□
Consommation	**Système multimédia**
■■■■■■■□□□	■■■■■■■■□□

Cote d'assurance

■■■■■□□□□□
$ $ $ $

➕ Confort assuré • Version hybride efficace • Version GS F enivrante • Fiabilité reconnue

➖ Silhouette un peu terne • Options onéreuses • Prix de la GS F ridicule • Manque de charisme

---

Concurrents

Acura RLX, Audi A6, BMW Série 5, Cadillac CTS, Infiniti Q70, Jaguar XF, Lincoln MKS, Mercedes-Benz Classe E, Volvo S90

La BMW Série 5 selon Lexus

Jacques Deshaies

Dans la gamme Lexus, la GS se trouve coincée entre la berline IS et la grande LS. Saut inévitable au passage ou simplement question de faire le pont, c'est selon. Chose certaine, la GS offre une série complète selon votre type de conduite. Tranquille, écologique ou sportif, vous y trouverez votre compte. Mais à quel prix ! Nous y reviendrons.

Introduite au sein de la gamme en 1993, la GS se veut une berline intermédiaire de luxe, sinon de grand format. Et pour se faire une place de choix au sein de cette catégorie, elle se décline sous plusieurs versions. Le marché des berlines stagne depuis des années, particulièrement dans le segment du luxe. La GS veut concurrencer les Mercedes-Benz Classe E, Audi A6 et BMW Série 5. Comme ces dernières, sauf, peut-être, pour la Classe E, elle est coincée entre les modèles vendus en volume plus important et les grandes berlines exécutives.

CONSTANCE

Pas de surprise pour cette GS. Elle aussi anonyme que sa petite sœur, la ES, enfin presque ! La grille si particulière de Lexus lui confère une certaine personnalité, mais sa silhouette n'a rien de bien exubérant. Elle n'est pas laide, mais quelques plis sur ses flancs pourraient la rendre encore plus séduisante. Même que le pilier C de grande dimension et sa lunette très inclinée lui font perdre quelques points au chapitre de la visibilité. Malgré cela, elle est plus intéressante que la berline ES.

L'habitacle ne révèle rien de bien différent des autres modèles de la marque. L'écran multimédia s'installe dans la surface supérieure du tableau de bord. Les accessoires, comme la climatisation, sont simples et à portée de main. La nacelle des instruments est presque la même que celle de l'IS. Même constat pour la console centrale abritant la manette qui contrôle le système de navigation, les paramètres de la voiture et la chaîne audio. À ce sujet, les techniciens de Lexus ont rendu cette manette un peu moins sensible qu'avant. Et c'est tant mieux !

Sur le plan de l'espace, les occupants retrouveront tout le confort des grandes berlines de luxe. Les cuirs et les appliqués sont de belle qualité et l'exécution, sans reproche. Comme la GS demeure inchangée pour 2017, l'ensemble Lexus Safety System+ est toujours offert en option. Il regroupe toutes les aides à la conduite, comme la détection de changement de voie et l'avertissement précollision, entre autres.

LE CHOIX EST VASTE

Côté motorisation, la GS a de quoi satisfaire tout le monde et son voisin. La version régulière, GS 350, dispose du V6 de 3,5 litres, le même utilisé dans plusieurs modèles Toyota et Lexus. Souple et économique, ce moteur, complété par une boîte automatique à six rapports est d'une grande douceur avec ses 311 chevaux, comme pour la Camry V6 ou l'Avalon, mais avec le badge Lexus en prime. À cet ensemble, il faut mentionner le rouage intégral de série.

C'est la même chose pour la version F Sport. Cette déclinaison reprend la même mécanique, mais sous une robe plus agressive avec l'ajout d'éléments aérodynamiques. Elle comprend aussi des roues de 19 pouces stylisées et une suspension plus dynamique. À l'autre bout du spectre, la GS 450h propose la solution écologique. Son V6 de 3,5 litres développe 286 chevaux. L'apport d'un moteur électrique offre 202 chevaux, le combiné des deux produit 338 chevaux. Dans ce cas, une boîte automatique de type continuellement variable (CVT) est de mise.

Et finalement, pour les amateurs de berlines ultrapuissantes, la version GS F trône au haut du podium. Dotée d'un V8 de 5,0 litres, la puissance de cette berline grimpe à 467 chevaux. Avec un couple de 389 livre-pied à 4800 tr/min, elle peut atteindre les 100 km/h en moins de 4,5 secondes. Pas mal pour une masse de plus de 1800 kilos. De plus, elle troque la boîte traditionnelle à six rapports pour s'équiper d'une huit rapports. Et comme toute bonne sportive qui se respecte, elle profite de la propulsion (roues arrière motrices). Pas de rouage intégral ici.

En résumé, la Lexus GS détient certaines qualités pour affronter ses plus féroces concurrentes. Elle dispose d'un gabarit relativement imposant, du confort voulu par sa clientèle et d'une fiabilité exemplaire. Mais tout cela à quel prix? La version d'entrée affiche une facture de 57 000 $ environ. Jusque-là, rien à redire.

Toutefois, la sportive GS F est proposée à un prix qui frise l'indécence. Plus de 95 000 $ pour une voiture qui doit démontrer, hors de tout doute, qu'elle a l'étoffe des expérimentées allemandes... C'est peut-être légèrement exagéré à mon avis. Comme pour toutes les Lexus, il manque encore ce je-ne-sais-quoi pour la positionner à ce niveau.

Du nouveau en 2017

Aucun changement majeur

Châssis - 350 TI	
Emp / lon / lar / haut	2850 / 4880 / 1840 / 1470 mm
Coffre / Réservoir	520 litres / 66 litres
Nbre coussins sécurité / ceintures	10 / 5
Suspension avant	ind., double triangulation
Suspension arrière	ind., multibras
Freins avant / arrière	disque / disque
Direction	à crémaillère, ass. var. élect.
Diamètre de braquage	10,8 m
Pneus avant / arrière	P235/45R18 / P235/45R18
Poids / Capacité de remorquage	1765 kg / n.d.
Assemblage	Tahara JP

Composantes mécaniques	
450h	
Cylindrée, soupapes, alim.	V6 3,5 litres 24 s atmos.
Puissance / Couple	286 ch / 257 lb-pi
Tr. base (opt) / rouage base (opt)	CVT / Prop
0-100 / 80-120 / V.Max	5,6 s (est) / n.d. / 220 km/h (const)
100-0 km/h	n.d.
Type / ville / route / CO_2	Sup / 8,1 / 6,9 l/100 km / 3478 kg/an
Moteur électrique	
Puissance / Couple	202 ch (151 kW) / n.d. lb-pi
Type de batterie	Nickel-hydrure métallique (NiMH)
Énergie	1,9 kWh
Temps de charge (120V / 240V)	n.d.
Autonomie	n.d.
350 TI	
Cylindrée, soupapes, alim.	V6 3,5 litres 24 s atmos.
Puissance / Couple	311 ch / 280 lb-pi
Tr. base (opt) / rouage base (opt)	A6 / Int
0-100 / 80-120 / V.Max	5,8 s (est) / n.d. / 209 km/h (const)
100-0 km/h	n.d.
Type / ville / route / CO_2	Sup / 12,4 / 9,0 l/100 km / 5000 kg/an
F	
Cylindrée, soupapes, alim.	V8 5,0 litres 32 s atmos.
Puissance / Couple	467 ch / 389 lb-pi
Tr. base (opt) / rouage base (opt)	A8 / Prop
0-100 / 80-120 / V.Max	4,5 s (est) / n.d. / 270 km/h (const)
100-0 km/h	n.d.
Type / ville / route / CO_2	Sup / 14,9 / 9,7 l/100 km / 5778 kg/an

Photos : Lexus

LEXUS **GX**

((SiriusXM))

Prix : 69 449 $ (2016)
Catégorie : VUS intermédiaire
Garanties :
4 ans/80 000 km, 6 ans/110 000 km
Transport et prép. : 2 145 $
Ventes QC 2015 : 29 unités
Ventes CAN 2015 : 662 unités

Cote du Guide de l'auto

65 %

Fiabilité
■■■■■■■■□□

Appréciation générale
■■■■■■■□□□

Sécurité
■■■■■■■□□□

Agrément de conduite
■■■■■■□□□□

Consommation
■■■■■□□□□□

Système multimédia
■■■■■■■□□□

Cote d'assurance
■■■■■■■□□□
$ $ $ $

➕ Fiabilité impressionnante • Rouage intégral sophistiqué • Insonorisation poussée • Finition sans faille • Niveau de luxe élevé

➖ Dimensions encombrantes • Aucune sensation provenant de la route • Consommation élevée • Conduite peu inspirante • Porte arrière à ancrage latéral

Concurrents
Audi Q7, BMW X5, Infiniti QX70, Jeep Grand Cherokee, Mercedes-Benz GL, Volkswagen Touareg, Volvo XC90

Luxe à l'ancienne

Denis Duquet

Si le luxe et la mécanique traditionnelle vous intéressent, et que vous possédez en plus un compte de banque bien garni, il y a des chances pour que le Lexus GX vous plaise. En effet, ce gros VUS a un châssis autonome de type échelle sur lequel on a monté une carrosserie aux dimensions généreuses. Cette technique est encore utilisée sur les camionnettes, mais n'est presque plus en vigueur pour les VUS. Toutefois, il ne faut pas uniquement se baser sur ces éléments pour conclure qu'il s'agit d'un véhicule vétuste.

Car si l'on a eu recours à des principes d'une autre époque avec un châssis autonome, l'exécution est sans faille et la plupart des composantes sont très modernes, faisant appel à de nombreux systèmes de contrôle électronique. D'ailleurs, au fil du temps, on a poursuivi le raffinement et l'évolution de ce modèle qui est en fait un cousin du Toyota 4Runner.

DES AIRS DE FAMILLE

Il y a quelques années, Lexus a modifié la partie avant afin d'y greffer la calandre trapézoïdale utilisée sur tous les modèles de la marque. Et compte tenu du gabarit hors normes de ce véhicule, le résultat est mitigé puisque le GX n'a pas la même élégance que les autres modèles. D'autant plus que le contour de cette grille est en relief, ce qui lui donne un aspect encore plus massif.

On a également profité de l'occasion pour modifier quelque peu la section arrière tandis que les parois latérales sont légèrement bombées. Un marche-pied facilite l'accès à bord. Cet accessoire n'est pas superflu et sera très apprécié car sans lui, il faudrait lever la jambe passablement haut.

L'habitacle a plus ou moins évolué au fil des ans, mais on y observe toujours la même qualité d'assemblage et de matériaux. Comme il s'agit d'une Lexus et non pas d'une Toyota, la finition est impeccable et le luxe supérieur à la moyenne. La sellerie est réalisée d'un cuir fin et des appliques en bois exotique viennent agrémenter cet habitacle aux dimensions plutôt généreuses.

Lorsque l'on est assis côté conducteur, on prend en main un volant doté d'un boudin partiellement en bois alors que les sections médianes sont garnies de cuir, histoire d'y placer des éléments chauffants et d'assurer ainsi des hivers moins durs sur les mains. Pour le reste, c'est on ne peut plus conservateur en fait de présentation, bien que les cadrans indicateurs soient à affichage électroluminescent, ce qui les rend très faciles à consulter.

L'espace ne fait pas défaut et même la seconde rangée permet à de très grandes personnes de s'asseoir sans problème. Son dossier est de type 40/20/40. Par contre, la troisième rangée est limitée autant sur le plan des dimensions que du confort. En plus, lorsque les dossiers sont relevés, les dimensions du coffre sont réduites de beaucoup. L'accès au coffre à bagages s'effectue par l'entremise d'une portière à ouverture latérale dont les pentures sont à la droite du véhicule. Selon le côté de la rue où vous êtes stationné, cette configuration se révèle pratique ou irritante.

MASTODONTE CONFORTABLE

La suspension cinétique fournit un niveau de confort supérieur à ce à quoi l'on pourrait s'attendre d'un véhicule à essieu arrière rigide.

D'ailleurs, cette suspension réglable permet de circuler hors route avec assurance, pourvu que le sentier soit assez large pour laisser passer le GX. De plus, le rouage intégral transmet le couple de façon continue aux quatre roues afin d'avoir une adhérence optimale. Le système A-Trac transfère la puissance aux roues qui ont le plus d'adhérence.

En outre, il est possible de sélectionner la gestion de l'intégrale en optant parmi quatre modes: boue et sable, terre et rocaille, bosses ainsi que rochers. Un ordinateur coordonne les freins, le moteur, la boîte automatique et les différents systèmes de contrôle de la traction pour générer la meilleure adhérence possible.

Un seul moteur est disponible, il s'agit de l'increvable V8 de 4,6 litres produisant 301 chevaux et un couple de 329 livre-pied. Ce moteur est d'une grande douceur et il est couplé à une boîte automatique à six rapports dont le passage de ces derniers est imperceptible. Par contre, la direction, bien qu'elle soit à crémaillère, ne transmet aucune sensation de la route et l'on se demande parfois si le volant est bien connecté au système de direction. En plus, l'insonorisation est telle que l'on est totalement isolé de la route. Mais pour bien des gens, c'est ça le luxe.

Châssis - 460

Emp / lon / lar / haut	2790 / 4880 / 1885 / 1885 mm
Coffre / Réservoir	692 à 1833 litres / 87 litres
Nbre coussins sécurité / ceintures	10 / 7
Suspension avant	ind., double triangulation
Suspension arrière	essieu rigide, ress. hélicoïdaux
Freins avant / arrière	disque / disque
Direction	à crémaillère, ass. var.
Diamètre de braquage	12,6 m
Pneus avant / arrière	P265/60R18 / P265/60R18
Poids / Capacité de remorquage	2332 kg / 2948 kg (6499 lb)
Assemblage	Tahara JP

Composantes mécaniques

460

Cylindrée, soupapes, alim.	V8 4,6 litres 32 s atmos.
Puissance / Couple	301 ch / 329 lb-pi
Tr. base (opt) / rouage base (opt)	A6 / Int
0-100 / 80-120 / V.Max	9,2 s / 7,1 s / 177 km/h (const)
100-0 km/h	42,0 m
Type / ville / route / CO_2	Ord / 15,7 / 11,7 l/100 km / 6394 kg/an

« CE VUS FAIT TOUJOURS APPEL À UN CHÂSSIS DE TYPE **ÉCHELLE** COMME SUR LES CAMIONNETTES, ET A MÊME **CONSERVÉ** UNE SUSPENSION ARRIÈRE RIGIDE. »

Du nouveau en 2017

Aucun changement majeur. Adoption en série du groupe d'options Sport design.

Photos : Lexus

LEXUS **IS**

((SiriusXM))

Prix: 39 349 $ à 51 999 $ (2016)
Catégorie: Berline
Garanties:
4 ans/80 000 km, 6 ans/110 000 km
Transport et prép.: 2 145 $
Ventes QC 2015: 698 unités
Ventes CAN 2015: 3 401 unités

Cote du Guide de l'auto

79 %

Fiabilité
■■■■■■■■■■□
Sécurité
■■■■■■■■■□□
Consommation
■■■■□□□□□□□

Appréciation générale
■■■■■■■■□□
Agrément de conduite
■■■■■■■□□□
Système multimédia
■■■■■■■■□□

Cote d'assurance
■■□■□□□□□□
$ $ $ $

➕ Conduite dynamique • Silhouette
réussie • Comportement sportif •
Fiabilité reconnue

➖ Certains matériaux ordinaires •
Version IS F toujours absente •
V6 de base rugueux •
Options dispendieuses

Concurrents
Acura TLX, Audi A4, BMW Série 3,
Cadillac ATS, Infiniti Q50, Lincoln MKZ,
Mercedes-Benz Classe C, Volvo S60

Une Lexus qui se prend pour une BMW?

Jacques Deshaies

Le constructeur Lexus a beau offrir des versions sportives
(F) sur certains de ses modèles, cela n'est pas suffisant pour
leur insuffler le caractère nécessaire pour affronter les
marques qui dominent en la matière – BMW ou Audi, entre autres.
Malgré tous les efforts de Lexus, elle demeure réputée bien
davantage pour ses voitures luxueuses et confortables!

L'IS est probablement la plus dynamique et plus amusante à conduire du
groupe. Elle se mesure, pour la cause, aux BMW Série 3, Mercedes-Benz
Classe C et Audi A4. On pourrait ajouter la Cadillac ATS à cette liste. Il ne
faudrait pas oublier que chez Lexus l'IS partage la vedette avec la RC,
sa version coupé

STYLE RAFFINÉ
Pour le millésime 2017, la Lexus IS se pointe avec quelques changements
d'ordre esthétique. Présentée lors du dernier Salon de l'auto de Beijing, elle
s'offre une partie avant plus agressive avec sa grille trois dimensions et ses
phares transformés. De chaque côté, des entrées d'air plus imposantes
viendront augmenter le flux d'air vers les freins avant. Les feux arrière sont
également rafraîchis tandis que les sorties d'échappement rectangulaires
s'enveloppent de chrome. Ajoutez à cela de nouvelles roues de 17 pouces
et deux autres couleurs.

Dans l'habitacle, quelques modifications sont apportées. D'entrée, l'écran
multimédia est de plus grande dimension. Si le dessin du tableau de bord
demeure inchangé, les matériaux utilisés sont de meilleure qualité. Il reste
que mon véhicule d'essai présentait des surfaces plutôt bon marché, comme
des plastiques bas de gamme et peu de contraste... pour ne pas dire pas
de contraste du tout. Dommage pour une voiture de ce rang.

De plus, sans vouloir faire ma fine gueule, je dirais que les porte-gobelets
sont mal positionnés. Vous me direz que ce n'est pas le temps de prendre
un café à bord? Mais quand même! Autre remarque, un bouton «Enter»

est ajouté afin de rendre la manipulation de la fameuse souris plus intuitive. L'appui pour l'avant-bras est aussi plus imposant et mieux rembourré. Simple question de détails! Cette berline propose toujours des sièges enveloppants et un volant de petite dimension. J'adore! Mais les places arrière offrent peu de dégagement. Attention aux grands gabarits.

PAS DE F POUR L'INSTANT

Dommage que l'IS F ne soit plus au programme. Du moins, pour l'instant. Introduite l'an dernier, une version à moteur quatre cylindres turbocompressé annonce l'entrée de gamme. Cette nouveauté s'inscrit dans la tendance du marché. Le turbo prend toute la place! L'IS 200t dispose d'un quatre cylindres de 2,0 litres de 241 chevaux et de plus de 258 livre-pied. Ce moteur à cycle Otto et Atkinson (il fonctionne sur l'un ou l'autre, selon les conditions) est équipé du calage variable intelligent des soupapes. Le tout s'accompagne d'une boîte automatique à huit rapports qui envoie la cavalerie aux seules roues arrière.

Les deux autres versions sont reconduites. L'IS 300 revient avec son V6 de 3,5 litres et sa boîte de vitesse à six rapports. Ce groupe livre 255 chevaux et 236 livre-pied de couple. L'ensemble effectue un bon boulot, mais il demeure un peu rugueux à l'accélération. De plus, sa consommation d'essence est toujours légèrement élevée. Avec une moyenne affichée aux alentours des 11,2 l/100, elle pourrait faire mieux. Et cela à une vitesse permise évidemment.

Finalement, on retrouve ce même V6 dans la IS350 où il développe 306 chevaux. Pour l'instant, cette version reste la plus performante du lot et, pour ma part, la plus intéressante. Dans les deux cas, le rouage intégral est de série. Au chapitre de la conduite, cette berline se débrouille très bien avec une puissance accrue. Si la version avec moteur V8 vous titille toujours, sachez que vous devrez sacrifier deux portières puisque c'est la RC qui profite de cette puissance supplémentaire. Personnellement, je trouve cela dommage. Vivement une berline régulière cachant autant de chevaux sous le capot.

Somme toute, l'IS continue à être une berline au format plus qu'intéressant et au comportement qui n'est pas sans rappeler ses ambitions dans le créneau des berlines sport à l'européenne. Les ingénieurs devront tout de même faire des efforts supplémentaires pour en arriver là. Cette Lexus peut tout de même se consoler par le simple fait qu'elle est la mieux achevée des japonaises dans cette catégorie très relevée.

Châssis - 200t

Emp / lon / lar / haut	2800 / 4665 / 2027 / 1430 mm
Coffre / Réservoir	306 litres / 66 litres
Nbre coussins sécurité / ceintures	10 / 5
Suspension avant	ind., double triangulation
Suspension arrière	ind., multibras
Freins avant / arrière	disque / disque
Direction	à crémaillère, ass. var. élect.
Diamètre de braquage	10,4 m
Pneus avant / arrière	P225/45R17 / P225/45R17
Poids / Capacité de remorquage	1629 kg / n.d.
Assemblage	Tahara JP

Composantes mécaniques

200t

Cylindrée, soupapes, alim.	4L 2,0 litres 16 s turbo
Puissance / Couple	241 ch / 258 lb-pi
Tr. base (opt) / rouage base (opt)	A8 / Prop
0-100 / 80-120 / V.Max	6,9 s (est) / n.d. / 230 km/h (const)
100-0 km/h	n.d.
Type / ville / route / CO_2	Sup / 7,4 / 10,7 l/100 km / 4087 (est) kg/an

300 TI

Cylindrée, soupapes, alim.	V6 3,5 litres 24 s atmos.
Puissance / Couple	255 ch / 236 lb-pi
Tr. base (opt) / rouage base (opt)	A6 / Int
0-100 / 80-120 / V.Max	6,1 s (est) / n.d. / 210 km/h (const)
100-0 km/h	n.d.
Type / ville / route / CO_2	Sup / 9,0 / 12,4 l/100 km / 4844 (est) kg/an

350 TI

Cylindrée, soupapes, alim.	V6 3,5 litres 24 s atmos.
Puissance / Couple	306 ch / 277 lb-pi
Tr. base (opt) / rouage base (opt)	A6 / Int
0-100 / 80-120 / V.Max	6,5 s (est) / 4,7 s (est) / 210 km/h (const)
100-0 km/h	40,7 m
Type / ville / route / CO_2	Sup / 9,0 / 12,4 l/100 km / 4844 (est) kg/an

Du nouveau en 2017

Quatre cylindres 2,0 litres turbo apparu au cours de 2016, Lexus Safety System + de série sur tous les modèles, retouches esthétiques, tableau de bord revu.

Photos : Lexus

LEXUS **LC**

(((**SiriusXM**)))

Prix: 120 000 $ à 125 000 $ (estimé)
Catégorie: Coupé
Garanties:
4 ans/80 000 km, 6 ans/110 000 km
Transport et prép.: 2 145 $
Ventes QC 2015: n.d.
Ventes CAN 2015: n.d.

Cote du Guide de l'auto

n.d.

Fiabilité	Appréciation générale
Nouveau modèle	**Nouveau modèle**
Sécurité	Agrément de conduite
Nouveau modèle	**Nouveau modèle**
Consommation	Système multimédia
Nouveau modèle	**Nouveau modèle**

Cote d'assurance
n.d

➕ Fiabilité et qualité Lexus • Habitacle soigné et de qualité • Sonorité et réponse du moteur • Lignes exotiques

➖ Dégagements infimes à l'arrière • Pas de rouage intégral • Tableau de bord très sobre • Pas de mécanique exclusive

Concurrents
Mercedes-Benz SL, BMW Série 6, Audi S5

Aux trousses des sportives de grand tourisme

Sylvain Raymond

Dans sa mission de ne plus jamais être associée au qualificatif de «véhicules endormants», Lexus a réussi tout un exploit ces dernières années en dynamisant complètement sa gamme. Après avoir percé le segment des superbolides avec sa LFA, il y a quelque temps, Lexus passe à une nouvelle étape en introduisant la LC 500, un coupé sport reprenant la philosophie et l'ADN de la LFA, mais offert à un prix beaucoup moins prohibitif.

La LC 500 repose sur une nouvelle plate-forme à roues motrices arrière baptisée GA-L. Sachant que Lexus a déjà réservé des droits de propriété pour le nom LS 500, on conclut que cette plate-forme servira à la future LS. Non, la LC 500 n'est pas destiné à s'attaquer à la Audi R8 ou à la Mercedes-AMG GT. Le nouveau modèle porte-étendard des sportives Lexus peut en fait être considéré comme une version coupé de la LS, et vise plutôt les modèles de grand tourisme, notamment la BMW de Série 6 et la Mercedes-Benz SL.

RAFFINEMENT PLUS QUE SPORTIVITÉ EXTRÊME

Grâce à ses deux sièges arrière, la LC 500 dispose d'une configuration 2+2, mais vu le dégagement très réduit pour les jambes et la tête, les propriétaires s'en serviront beaucoup plus comme espace de chargement supplémentaire que pour se balader avec des amis. L'environnement est tout nouveau avec peu d'affiliation aux autres modèles, mis à part le pavé tactile permettant de contrôler le système multimédia.

Si certaines sportives tentent de recréer l'atmosphère d'une voiture de course à bord, ce n'est pas le cas de la LC 500. On découvre un habitacle luxueux, élégant et très soigné qui fait penser à celui des berlines de luxe auquel Lexus nous a habitués. Le pédalier sport et les sièges enveloppants sont pratiquement les seuls témoins des aspirations dynamiques de la voiture, tout comme le bloc d'instrumentation qui est issu de la LFA. Les deux commandes placées de chaque côté sur la partie supérieure du tableau de bord ont aussi été empruntées à la supervoiture de Lexus.

Au chapitre du style, la LC 500 s'inspire fortement du concept LF-LC présenté en 2012. Au premier regard, nul doute qu'il s'agit d'une voiture au caractère sportif. L'image de marque est nette, avec l'imposante grille trapézoïdale en sablier à l'avant et son large devant intégrant de chaque côté des prises d'air et une bande aux DEL en guise de phares de jour. Le dynamisme est souligné par une ligne de toit plongeante et surtout, par de magnifiques jantes de 21 pouces en aluminium forgé.

La LC 500 a droit à une mécanique bien connue, soit un V8 de 5,0 litres, le même que l'on retrouve à bord des GS F et RC F. On espérait une mécanique exclusive pour la LC ou, du moins, quelques chevaux de plus de la part du V8, mais ce n'est pas le cas. Il développe la même puissance: 467 chevaux pour un couple de 389 lb-pi.

C'est tout de même supérieur aux modèles similaires chez BMW et Mercedes, mais bien moindre par rapport aux bestiales M6 et AMG SL 63. Une LC servie à la sauce F pourrait bien changer la donne! Chose certaine, le V8 atmosphérique, qui est placé derrière l'essieu avant afin d'optimiser la répartition de poids, ne déçoit pas au chapitre de la sonorité, c'est magique!

Grâce à l'utilisation massive de la fibre de carbone et d'acier haute rigidité, la LC 500 est selon Lexus la voiture qui offre la plus grande rigidité structurelle parmi tous ses modèles. Son poids réduit devrait favoriser ses performances, tout comme sa nouvelle boîte automatique à dix rapports, une première chez ce constructeur. Lexus annonce une efficacité à la hauteur des meilleures boîtes à double embrayage et un chrono 0-100 km/h en un peu moins de 4,5 secondes.

PUISSANCE ÉLECTRIQUE

Puisque Toyota croit toujours en ses modèles hybrides, la LC est aussi vendue en version 500h. La portion thermique est confiée à un V6 de 3,5 litres de 295 chevaux, alors que les 59 chevaux supplémentaires sont issus d'un moteur électrique connecté à un ensemble de batteries lithium-ion.

Afin de rehausser les aptitudes de cette voiture hybride sportive, les ingénieurs ont greffé une boîte automatique à quatre rapports au groupe motopropulseur en complément à la boîte à variation continue (CVT). Eh oui, la LC 500h n'a pas une mais bien deux transmissions! On appelle ça un système hybride multiphase. Ce dernier, selon Lexus, autorise une réaction plus naturelle et rapide de l'accélérateur tout en permettant de circuler plus rapidement en mode 100 % électrique.

La LC 500 contribuera certainement à casser l'image conservatrice de Lexus. Elle fera tourner les têtes et tout en conservant la qualité et la fiabilité typiques à Lexus.

Châssis - 500

Emp / lon / lar / haut	2870 / 4760 / 1920 / 1345 mm
Coffre / Réservoir	n.d. / n.d.
Nbre coussins sécurité / ceintures	n.d. / 4
Suspension avant	ind., multibras
Suspension arrière	ind., multibras
Freins avant / arrière	disque / disque
Direction	à crémaillère, ass. var. élect.
Diamètre de braquage	11,4 m
Pneus avant / arrière	P245/40R21 / P275/35R21
Poids / Capacité de remorquage	1950 kg / n.d.
Assemblage	Tahara JP

Composantes mécaniques

500h

Cylindrée, soupapes, alim.	V6 3,5 litres 24 s atmos.
Puissance / Couple	295 ch / 257 lb-pi
Tr. base (opt) / rouage base (opt)	CVT + A4 / Prop
0-100 / 80-120 / V.Max	5,0 s (est) / n.d. / n.d.
100-0 km/h	n.d.
Type / ville / route / CO_2	n.d. / 7,6 / 6,4 l/100 km / 3248 (est) kg/an

Moteur électrique

Puissance / Couple	59 ch (44 kW) / n.d. lb-pi
Type de batterie	Lithium-ion (Li-ion)
Énergie	n.d.
Temps de charge (120V / 240V)	n.d.
Autonomie	n.d.

500

Cylindrée, soupapes, alim.	V8 5,0 litres 32 s atmos.
Puissance / Couple	467 ch / 389 lb-pi
Tr. base (opt) / rouage base (opt)	A10 / Prop
0-100 / 80-120 / V.Max	4,5 s (est) / n.d. / n.d.
100-0 km/h	n.d.
Type / ville / route / CO_2	Sup / 13,8 / 9,0 l/100 km / 5354 (est) kg/an

« LEXUS PREND DE LA MATURITÉ ET LA LC 500 POURRAIT BIEN BOULEVERSER L'ORDRE ÉTABLI. »

Du nouveau en 2017

Nouveau modèle

Photos: Marc-André Gauthier, Lexus

LEXUS **LS**

((SiriusXM))

Prix : 92 649 $ à 147 299 $ (2016)
Catégorie : Berline
Garanties :
4 ans/80 000 km, 6 ans/110 000 km
Transport et prép. : 2 145 $
Ventes QC 2015 : 11 unités
Ventes CAN 2015 : 123 unités

Cote du Guide de l'auto

71 %

Fiabilité
■■■■■■■■□□

Appréciation générale
■■■■■■■■□□

Sécurité
■■■■■■■■□□

Agrément de conduite
■■■■■■□□□□

Consommation
■■■■■■□□□□

Système multimédia
■■■■■■■□□□

Cote d'assurance
■■■■■□□□□□
$$$ $

➕ Finition impeccable • Moteur
ultradoux • Fiabilité à toute épreuve •
Rouage intégral disponible • Places
arrière très spacieuses

➖ Agrément de conduite mitigé •
Version hybride éliminée •
Direction engourdie • Faible diffusion •
Silhouette anonyme

Concurrents
Audi A8, BMW Série 7,
Cadillac CT6, Jaguar XJ,
Mercedes-Benz Classe S,
Tesla Model S

Élégance et discrétion

Denis Duquet

Pour plusieurs, la marque Lexus est ce qu'il y a de mieux en fait de voitures de luxe, aussi bien en raison de leur impeccable finition que de leur incroyable fiabilité. Et puisque la berline LS est au sommet de la pyramide chez Lexus, elle est par conséquent le modèle le plus prestigieux de cette marque.

Comme toute berline de prestige qui se respecte, les stylistes l'ont dotée d'une silhouette élégante mais très discrète puisqu'il semble que les personnes aux comptes de banque bien étoffés n'aiment pas toujours afficher leur aisance. Il y a quelques années, la LS a toutefois acquis un peu plus de visibilité lorsque sa calandre a été remplacée par une autre en forme de sablier comme sur tous les autres modèles Lexus. Soulignons que cette berline existe deux versions : une à empattement allongé et une autre à empattement ordinaire.

CUIR ET BOISERIES
Généralement, dans une automobile, le luxe s'illustre grâce à des sièges en cuir, des appliques en bois exotique et une ambiance feutrée. C'est exactement ce que nous procure la famille LS alors que le cuir des sièges est très fin et très souple, tandis que la qualité des matériaux et de l'assemblage est impeccable. D'ailleurs, plusieurs marques concurrentes à la réputation bien établie admettent sans vergogne que Lexus est leur exemple en termes de qualité. Si vous avez du temps à perdre, tentez de trouver quelque chose qui cloche dans la finition d'une Lexus LS !

Une fois votre inspection terminée, vous aurez découvert que les sièges avant sont très moelleux et très confortables, mais sachez qu'en conduite un peu plus vigoureuse, leur support latéral n'est pas extraordinaire. Par contre, à l'arrière, c'est le confort total. Et c'est encore mieux dans la version allongée, car son empattement est plus long de 120 mm, ce qui permet de bénéficier de places arrière encore plus spacieuses dorlotant les occupants comme ce n'est pas possible.

Malgré tout, il faut dénoncer un irritant majeur au chapitre des commandes : la petite souris de contrôle qui sert à gérer le système d'infodivertissement est nettement trop sensible et nous fait donc commettre des erreurs lorsque l'on tente de modifier une commande.

LA DOUCEUR AVANT LA VIGUEUR

Malgré un poids très élevé, les performances sont loin d'être mauvaises. Le moteur est un V8 de 4,6 litres produisant 386 chevaux associé à une boîte automatique à huit rapports, ce qui permet de boucler le 0-100 km/h en moins de six secondes. Pas mal! En plus, le rouage intégral est de série. Il l'était aussi sur la version à moteur hybride, la 600h L qui ne sera pas reconduite en 2017. Ce modèle était le plus cher de la gamme LS et était propulsé par un V8 5,0 litres travaillant de concert avec deux moteurs électriques. Mais cette fois, la transmission en était une à rapports continuellement variables.

L'abandon de ce modèle est un constat d'échec pour Lexus. Avec cette 600h L, il semble que la marque de prestige de Toyota ait voulu donner une leçon aux fabricants allemands et leurs modèles haut de gamme à moteurs V12. Cette hybride nippone offrait des performances aussi élevées que ces grosses cylindrées tout en polluant et en consommant moins. Malheureusement pour Lexus, le public a plébiscité les grosses bagnoles allemandes en quantité impressionnante et a ignoré la 600h L aussi sophistiquée fut-elle.

La LS s'adresse à des conducteurs privilégiant le confort et le silence de roulement. Ils apprécient également la pléthore de gadgets livrés avec ce modèle. Bref, encapsulé dans un habitacle d'un luxe très relevé, le conducteur se trouve au volant d'une voiture qui ne transmet pas tellement les sensations de la route. Ce qui ne signifie pas pour autant que la voiture souffre d'un comportement routier déficient. La tenue de route est bonne, mais la direction engourdie n'encourage pas une conduite sportive. Mieux vaut se laisser dorloter par le luxe de la cabine et la douceur de la suspension tout en respectant les limites de vitesse affichées. Et pendant ce temps, s'il y a des passagers arrière, ils pourront se payer du bon temps dans un confort remarquable.

Il est important de souligner que la division Lexus tente en partie d'attirer des conducteurs aux aspirations plus sportives en offrant le groupe d'options F Sport sur la LS 460 à empattement ordinaire. On dénote une certaine amélioration, mais les propriétaires de Chevrolet Corvette n'ont pas à s'inquiéter.

Châssis - 460 TI

Emp / lon / lar / haut	2970 / 5090 / 1875 / 1480 mm
Coffre / Réservoir	510 litres / 84 litres
Nbre coussins sécurité / ceintures	10 / 5
Suspension avant	ind., pneumatique, multibras
Suspension arrière	ind., pneumatique, multibras
Freins avant / arrière	disque / disque
Direction	à crémaillère, ass. élect.
Diamètre de braquage	11,4 m
Pneus avant / arrière	P245/45R19 / P245/45R19
Poids / Capacité de remorquage	1940 kg / n.d.
Assemblage	Tahara JP

Composantes mécaniques

600h L

Cylindrée, soupapes, alim.	V8 5,0 litres 32 s atmos.
Puissance / Couple	389 ch / 385 lb-pi
Tr. base (opt) / rouage base (opt)	CVT / Int
0-100 / 80-120 / V.Max	5,6 s (const) / 4,7 s / 210 km/h
100-0 km/h	46,5 m
Type / ville / route / CO_2	Sup / 10,6 / 9,1 l/100 km / 4566 kg/an

Moteur électrique

Puissance / Couple	221 ch (165 kW) / 221 lb-pi
Type de batterie	Nickel-hydrure métallique (NiMH)
Énergie	n.d.
Temps de charge (120V / 240V)	n.d.
Autonomie	n.d.

460 TI, 460 L TI

Cylindrée, soupapes, alim.	V8 4,6 litres 32 s atmos.
Puissance / Couple	386 ch / 367 lb-pi
Tr. base (opt) / rouage base (opt)	A8 / Int
0-100 / 80-120 / V.Max	5,9 s / n.d. / 210 km/h (const)
100-0 km/h	42,6 m
Type / ville / route / CO_2	Sup / 13,5 / 8,7 l/100 km / 5216 kg/an

Du nouveau en 2017

Aucun changement majeur. Abandon de la 600h L.

LEXUS LS

![Lexus logo] **LEXUS LX**

((SiriusXM))

Prix : 105 000 $ (2016)
Catégorie : VUS grand format
Garanties :
4 ans/80 000 km, 6 ans/110 000 km
Transport et prép. : 2 244 $
Ventes QC 2015 : n.d.
Ventes CAN 2015 : n.d.

Cote du Guide de l'auto

67 %

Fiabilité
■■■■■■■□□□

Appréciation générale
■■■■■■■□□□

Sécurité
■■■■■■■□□□

Agrément de conduite
■■■■■□□□□□

Consommation
■■■□□□□□□□

Système multimédia
■■■■■□□□□□

Cote d'assurance
■■■□□□□□□□
$$$ $

➕ Finition et solidité sans reproche •
Équipement surabondant • Aptitudes
tout-terrain étonnantes • Sièges moelleux
et confortables •

➖ Conduite soporifique • Poids et encombrement substantiels • Ouverture du coffre
en deux parties • Sélecteur multimédia peu
convivial • Troisième rangée peu accueillante

Concurrents
Cadillac Escalade, Infiniti QX80,
Land Rover Range Rover, Lincoln Navigator,
Mercedes-Benz GLS,

Un mammouth plus moderne

Marc Lachapelle

L'imposant LX 570 appartient à cette espèce de plus en plus rare : l'utilitaire sport de luxe gigantesque dont la soif en hydrocarbures est proportionnelle à un poids et un prix substantiels. Lexus a malgré tout refait une beauté et sérieusement dépoussiéré l'équipement de ce pachyderme sympathique l'an dernier. Même s'il ne s'en est vendu qu'une cinquantaine chez nous. Concurrence oblige, le grand LX persiste donc au sommet de la gamme des utilitaires de la marque de prestige du géant japonais.

Chose certaine, il ne se fait toujours pas plus fiable, solide et durable que lui dans cette catégorie. Cela tient surtout au fait que le LX 570 soit le jumeau endimanché du légendaire Land Cruiser que Toyota réserve aux Américains depuis vingt ans. Ce camion costaud, réputé quasi indestructible depuis un demi-siècle, a effectivement cédé toute la place au LX quand il est apparu chez nous en 1997. Le vaisseau amiral des utilitaires Lexus en est déjà à sa troisième génération et sa dernière refonte complète remonte à 2008.

DE NOUVEAUX HABITS

Vous ne trouverez pas aujourd'hui de grand VUS de luxe plus conservateur que le LX en termes d'architecture. Sa carrosserie d'acier soudé repose effectivement sur un châssis séparé et le tout est fabriqué avec un tiers d'acier à haute résistance. Son moteur est un V8 de 5,7 litres et 383 chevaux, tous ses éléments mécaniques sont de taille conséquente et son habitacle est composé avec des matériaux de la meilleure qualité, sans lésiner sur la quantité. Tout ça explique son poids impressionnant de 2 680 kg, soit trois tonnes juste (6 000 lb).

Pour que ce mastodonte classique au profil haut et anguleux demeure le moindrement attrayant, Lexus l'a souvent retouché, mais jamais autant que l'an dernier alors que les portières furent les seules pièces de carrosserie à rester intactes. Le changement le plus évident fut certes l'adoption d'une version encore plus spectaculaire de la calandre en sablier qui est devenue la signature des Lexus.

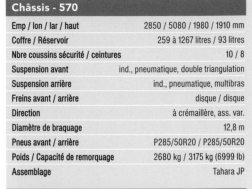

Que l'on aime ou pas, cette « gueule » immense donne un peu de présence et de prestance au LX face à des rivaux dont la silhouette n'a rien de timide. Ce qui ne fait quand même pas de cette boîte sur roues une reine de beauté.

UNE AMBIANCE DE SALON PRIVÉ

À défaut de redessiner entièrement l'habitacle, Lexus a mis le paquet sur la présentation, les accessoires et les systèmes. Cela nous vaut d'ailleurs une console encombrée d'une multitude de boutons, mais surtout de la grosse coquille oblongue du pointeur *Remote Touch* que l'on a dû installer à droite du levier de vitesses existant. Sa manipulation, déjà peu évidente, l'est encore moins à cette position... Les molettes pour les nombreux modes de conduite et les touches pour les réglages de la suspension et du rouage à quatre roues motrices sont heureusement claires et efficaces.

Il y a du cuir partout dans ce salon roulant, mais aussi de nouvelles boiseries et un volant (chauffant) bien taillé, à trois branches, qui combine les deux. On retrouve maintenant, à l'avant, le même écran de contrôle rectangulaire de 12,3 pouces précis et net qui fait merveille dans les RX et des cadrans classiques impeccablement clairs et complets. Je vais couper court en mentionnant que le LX 570 profite de tous les accessoires et systèmes que l'on veut retrouver dans une grande berline de luxe actuelle, y compris une chaîne audio Mark Levinson de 450 watts avec 19 haut-parleurs.

Les passagers arrière ont droit à des écrans de 11,6 pouces avec des prises USB et des contrôles pour la climatisation et le divertissement (audio et DVD) accessibles entre les fauteuils en cuir chauffants et ventilés — lorsque l'accoudoir est abaissé. Sinon, la place centrale est correcte. Les sièges à la troisième rangée sont beaucoup moins accueillants, par contre. Ces strapontins se rangent sur les côtés du coffre auquel on accède encore par deux battants horizontaux qui sont moins commodes qu'un hayon.

REMARQUABLEMENT DISCRET, SOLIDE ET FIABLE

La suspension à roues indépendantes à l'avant et essieu arrière rigide guidé par bras multiples à l'arrière repose sur des ressorts pneumatiques qui abaissent la carrosserie de 5 cm pour l'accès et la soulèvent de près de 8 cm pour le tout-terrain. Le LX s'y débrouille bien, malgré sa taille et son poids, avec un rouage à quatre roues motrices à différentiel central Torsen modulable et verrouillable.

Sans compter la puissance et le couple d'un V8 servi magnifiquement par sa nouvelle boîte automatique à huit rapports. Sur la route, le roulement est carrément ouateux, la sensation de vitesse nulle et l'agrément de conduite à peu près autant, mais ce gros LX ne vous laissera jamais tomber.

Du nouveau en 2017

Aucun changement majeur

Châssis - 570

Emp / lon / lar / haut	2850 / 5080 / 1980 / 1910 mm
Coffre / Réservoir	259 à 1267 litres / 93 litres
Nbre coussins sécurité / ceintures	10 / 8
Suspension avant	ind., pneumatique, double triangulation
Suspension arrière	ind., pneumatique, multibras
Freins avant / arrière	disque / disque
Direction	à crémaillère, ass. var.
Diamètre de braquage	12,8 m
Pneus avant / arrière	P285/50R20 / P285/50R20
Poids / Capacité de remorquage	2680 kg / 3175 kg (6999 lb)
Assemblage	Tahara JP

Composantes mécaniques

570

Cylindrée, soupapes, alim.	V8 5,7 litres 32 s atmos.
Puissance / Couple	383 ch / 403 lb-pi
Tr. base (opt) / rouage base (opt)	A8 / Int
0-100 / 80-120 / V.Max	7,6 s / 5,7 s / 220 km/h
100-0 km/h	42,6 m
Type / ville / route / CO_2	Sup / 18,3 / 12,9 l/100 km / 7300 kg/an

LE GRAND LEXUS LX 570 N'EST PEUT-ÊTRE PAS **AUSSI CHIC** QUE CERTAINS DE SES RIVAUX, MAIS LA **FIABILITÉ** ET LA **SOLIDITÉ** NE SE DÉMODENT JAMAIS.

Photos : Lexus

LEXUS **NX**

((SiriusXM))

Prix: 42 049 $ à 53 449 $ (2016)
Catégorie: VUS compact
Garanties:
4 ans/80 000 km, 6 ans/110 000 km
Transport et prép.: 2 145 $
Ventes QC 2015: 1 051 unités
Ventes CAN 2015: 6 127 unités

Cote du Guide de l'auto

81 %

Fiabilité
■■■■■■■■□□

Appréciation générale
■■■■■■■■□□

Sécurité
■■■■■■■■□□

Agrément de conduite
■■■■■■■□□□

Consommation
■■■■■□□□□□

Système multimédia
■■■■■□□□□□

Cote d'assurance

■■■■■□□□□□
$$$ $

➕ Style des versions F SPORT • Moteur turbo efficace • Beaucoup d'équipements disponibles • Bon espace à l'arrière • Version hybride peu énergivore

➖ Prix des groupes d'options élevés • Système multimédia à revoir • Moteur du NX 300h bruyant • Rouage intégral du NX 300h moins intéressant

Concurrents
Acura RDX, Audi Q3, BMW X3, Infiniti QX50, Land Rover Discovery Sport, Land Rover Range Rover Evoque, Lincoln MKC, Mercedes-Benz GLA, Porsche Macan, Volvo XC60

Dans les plates-bandes de la concurrence

Michel Deslauriers

Depuis l'arrivée de l'utilitaire NX au sein de sa gamme, Lexus peut maintenant rivaliser d'autres marques de VUS de luxe. Bien qu'il soit un peu gros pour un VUS compact, il se frotte aux BMW X1, Mercedes-Benz GLA et Audi Q3, entre autres, tant au niveau des motorisations que de l'espace intérieur.

Le NX est arrivé à point il y a deux ans, tandis que le segment des petits VUS connaissait une croissance extraordinaire, et cet engouement n'est pas sur le point de s'estomper. Toutefois, pour faire sa place dans ce groupe, ça prend plus que les habituels attributs de Lexus, c'est-à-dire un confort de roulement, des motorisations efficaces et une réputation de fiabilité. Ce Lexus mise aussi sur un style unique et même un petit côté sportif.

TURBO OU HYBRIDE
À l'instar de ses rivaux, le Lexus NX 200t est équipé d'un quatre cylindres turbo de 2,0 litres qui produit 235 chevaux et un couple de 258 lb-pi. Il est jumelé à une boîte automatique à six rapports, mais pour obtenir des sélecteurs montés au volant, il faut opter pour un des ensembles F SPORT.

Cette mécanique n'a aucun problème à traîner les 1 755 kg du NX 200t, alors que son couple maximal se manifeste de 1 650 à 4 000 tr/min. Par contre, il faut évidemment activer le mode Sport pour que la boîte automatique extirpe toute cette puissance. Autrement, elle se concentre à économiser du carburant, ce qu'elle fait très bien d'ailleurs, alors que notre essai s'est conclu par une moyenne de 9,1 l/100 km.

On peut rouler davantage sur les vapeurs d'essence en choisissant le NX 300h. Sa motorisation hybride consiste en un quatre cylindres de 2,5 litres à cycle Atkinson, de trois moteurs électriques et d'une boîte automatique à variation continue pour une puissance combinée de 194 chevaux. Ce système se retrouve également dans la berline ES 300h ainsi que dans la Toyota Camry.

On s'y attend, les performances du NX 300h ne sont pas aussi reluisantes que celles du NX 200t, et lors des accélérations à plein régime, le moteur à essence devient assez bruyant. Bref, un certain manque de raffinement, passable dans une Toyota, mais qui n'a pas vraiment sa place dans une Lexus. Notre moyenne observée de 8,3 l/100 km obtenue lors d'un voyage aller-retour de Montréal à Charlevoix était fort appréciée, quoique le NX 300h se sent plus à l'aise dans la circulation urbaine que sur les autoroutes en région montagneuse.

Le rouage intégral est de série dans les deux cas, bien qu'ils soient différents, car celui du NX 300h fonctionne à l'aide de ses moteurs électriques placés à chaque essieu arrière. Quant à la tenue de route, c'est du Lexus, c'est-à-dire sans histoire. Le NX est solide, bien planté au sol et se conduit comme un charme grâce à ses dimensions réduites, mais il aura de la difficulté à suivre le BMW X1 sur une route sinueuse. Est-ce grave? Pas du tout.

F SPORT DE PRÉFÉRENCE

Tous les goûts sont dans la nature, mais on préfère le caractère plus sportif que procurent les ensembles F SPORT. Les ajouts aérodynamiques et la calandre plus agressive rendent l'apparence du VUS découpée au couteau et distincte. On a l'impression que les stylistes se sont d'abord concentrés sur le look des versions F SPORT pour ensuite banaliser l'apparence des autres versions. Logique, puisque chez Lexus, on pousse à fond ce nouveau style plus dynamique.

Le NX propose un habitacle doté d'une finition soignée, avec un bel agencement de cuir à surpiqûres contrastantes et de garnitures argentées. Les commandes sont bien disposées, et la lecture de l'instrumentation du conducteur ne pourrait être plus claire. Par contre, l'interface du système multimédia, avec son pavé tactile similaire à celui d'un ordinateur portable, est très difficile à utiliser, surtout lorsque le véhicule est en mouvement.

Comme dans tout VUS compact, l'espace à l'avant est adéquat, mais la banquette arrière conviendra mieux à deux personnes qu'à trois. Ceci étant dit, le dégagement pour les jambes est passablement plus généreux que dans l'Audi Q3 et le Mercedes-Benz GLA, tout comme le coffre lorsque les dossiers arrière sont abaissés.

Le problème du NX, c'est son prix plus élevé que celui de ses adversaires. Ses nombreux groupes d'options font rapidement grimper la facture, même si ceux-ci regorgent de caractéristiques supplémentaires. La version hybride est particulièrement dispendieuse. Par contre, un NX 200t F SPORT demeure un choix attrayant, qui combine un côté sportif avec les qualités que l'on connaissait déjà chez Lexus.

Châssis - 200t AWD F sport	
Emp / lon / lar / haut	2660 / 4630 / 1845 / 1645 mm
Coffre / Réservoir	500 à 1545 litres / 60 litres
Nbre coussins sécurité / ceintures	8 / 5
Suspension avant	ind., jambes force
Suspension arrière	ind., double triangulation
Freins avant / arrière	disque / disque
Direction	à crémaillère, ass. var. élect.
Diamètre de braquage	12,2 m
Pneus avant / arrière	P225/60R18 / P225/60R18
Poids / Capacité de remorquage	1755 kg / 907 kg (1999 lb)
Assemblage	Ky?sh? JP

Composantes mécaniques	
300h AWD	
Cylindrée, soupapes, alim.	4L 2,5 litres 16 s atmos.
Puissance / Couple	154 ch / 152 lb-pi
Tr. base (opt) / rouage base (opt)	CVT / Int
0-100 / 80-120 / V.Max	9,1 s (est) / n.d. / 180 km/h (const)
100-0 km/h	n.d.
Type / ville / route / CO_2	Ord / 7,1 / 7,7 l/100 km / 3390 kg/an
Moteur électrique	
300h AWD	
Puissance / Couple	67 ch (50 kW) / n.d. lb-pi
Type de batterie	Nickel-hydrure métallique (NiMH)
Énergie	1,3 kWh
Temps de charge (120V / 240V)	n.d.
Autonomie	n.d.
200t AWD, 200t AWD F sport	
Cylindrée, soupapes, alim.	4L 2,0 litres 16 s turbo
Puissance / Couple	235 ch / 258 lb-pi
Tr. base (opt) / rouage base (opt)	A6 / Int
0-100 / 80-120 / V.Max	7,2 s (est) / n.d. / 200 km/h (const)
100-0 km/h	n.d.
Type / ville / route / CO_2	Sup / 10,8 / 8,8 l/100 km / 4554 kg/an

Du nouveau en 2017

Aucun changement majeur

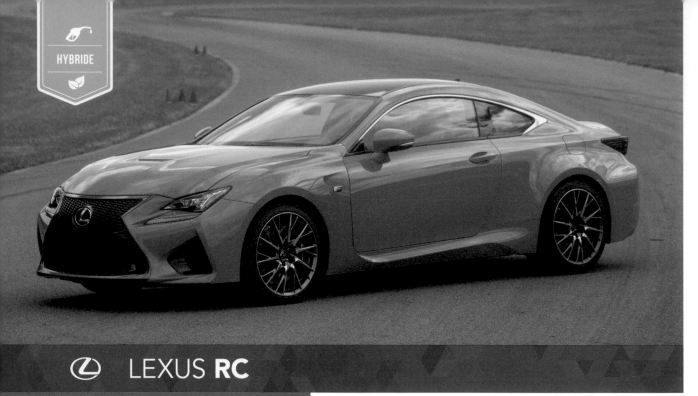

LEXUS **RC**

Prix: 58 349 $ à 83 499 $ (2016)
Catégorie: Coupé
Garanties:
4 ans/80 000 km, 6 ans/110 000 km
Transport et prép.: 2 145 $
Ventes QC 2015: 135 unités
Ventes CAN 2015: 792 unités

Cote du Guide de l'auto

80 %

Fiabilité
■■■■■■■■□□

Appréciation générale
■■■■■■■■□□

Sécurité
■■■■■■■■□□

Agrément de conduite
■■■■■■■□□□

Consommation
■■■■■■□□□□

Système multimédia
■■■■■■■□□□

Cote d'assurance

n.d.

➕ Style réussi • Fiabilité exemplaire •
Bon choix de modèles • Finition soignée

➖ Boîte à huit rapports • Pas de
AWD (RC F) • Trop dispendieuse •
Prise en main du volant

Concurrents
Audi A5, BMW Série 4, Cadillac ATS,
Cadillac CTS, Infiniti Q60, Jaguar F-Type,
Mercedes-Benz Classe C

Tout est dans le F !

Sylvain Raymond

S'il y a une marque qui mérite d'être reconnue pour le travail accompli ces dernières années, c'est bien Lexus. On a assisté à une véritable renaissance de la marque de luxe de Toyota alors qu'elle a littéralement transformé l'ensemble de ses modèles. Non seulement ils demeurent au sommet au chapitre de la fiabilité, mais ils sont mieux réussis esthétiquement et beaucoup plus emballants à conduire qu'auparavant. Le coupé RC incarne d'ailleurs parfaitement ce changement.

Introduite il y a deux ans, la RC est en fait la version coupé de la berline IS, une voiture qui a la difficile tâche de rivaliser avec la BMW Série 4, la Mercedes-Benz Classe C Coupé et l'Audi A5.

PAS LA PLUS ABORDABLE

Depuis l'an passé, la version de base RC 300 abrite un six cylindres de 3,5 litres, développant 255 chevaux pour un couple de 236 lb-pi. Le moteur est jumelé à une transmission automatique à six rapports, pas de manuelle offerte dans le cas de la RC malheureusement. Par contre, le rouage intégral est maintenant de série.

Pour un déboursé supplémentaire d'environ 10 000 $, vous obtenez la RC 350 AWD qui dispose du même V6 de 3,5 litres, mais cette fois il produit 307 chevaux pour un couple 277 livre-pied. Avec son prix de base d'environ 60 000 $, la RC 350 n'est pas une aubaine, elle qui est plus dispendieuse qu'une BMW 435i xDrive ou une Mercedes-AMG C 450... Si Lexus jouait davantage la carte de la sportivité, il en vendrait certainement beaucoup plus.

La plus aguichante de la gamme, c'est la RC F. Cette bête se frotte aux autres superbolides du segment avec un V8 de 5,0 litres qui déploie 467 chevaux et un couple de 389 livre-pied. Cette fois, pas de rouage intégral, la puissance est envoyée uniquement aux roues arrière via une transmission huit rapports exclusive à cette livrée. Si vous ajoutez l'ensemble Performance qui comprend un système de vectorisation du couple, un toit en fibre de carbone, un béquet arrière et des jantes de 19 pouces exclusives, vous obtenez un prix qui dépasse 90 000 $, ce qui, encore une fois, est plus élevé que la concurrence.

NOTRE CONSEIL D'EXPERT

Vous voulez le style et quelques équipements de performance de la RC F pour une fraction du prix? Alors optez pour une RC 300 munie de l'ensemble F Sport. Ce dernier rehausse non seulement le niveau d'équipements technologiques, mais apporte un peu plus de dynamisme côté style en émulant le design de la F. Cocher cet ensemble débloque aussi une palette de couleurs beaucoup plus éclatées comprenant notamment l'Orange solaire et le Bleu ultrasonic, deux teintes normalement réservées à la RC F. La RC 300 F Sport est le modèle qui vous en offre le plus pour votre argent et qui demeure abordable.

À bord, on a droit à la qualité Lexus. Le choix des matériaux et la qualité d'assemblage sans failles procurent un habitacle qui transcende le luxe. L'aspect sportivité est apporté par le groupe d'instruments reprenant le design de celui de la LF-A — l'ancienne supervoiture de Lexus —, le pédalier au fini métallisé ainsi que par l'intérieur deux tons dans certaines livrées. Avec sa configuration 2+2, ce coupé peut accommoder des passagers arrière, mais l'accès n'est pas aussi simple que dans le cas de la berline IS. L'espace de chargement est assez généreux alors que la banquette rabattable 60/40 permet de l'optimiser en cas de besoin.

À UNE TRANSMISSION D'ÊTRE ENCORE PLUS INTÉRESSANTE

Sur la piste avec la RC F, on apprécie la fougue du V8 qui livre sa puissance sans délai et surtout, avec une sonorité envoûtante. C'est beaucoup moins fréquent de nos jours avec l'arrivée des plus petites cylindrées turbocompressées. Pour bien exploiter la puissance disponible, il faut s'assurer d'activer le mode Sport ou Sport+ car sinon, on a l'impression de conduire un modèle à quatre cylindres, les différents dispositifs électroniques réduisant les ardeurs du conducteur, histoire de favoriser l'économie.

La RC F démontre un bel équilibre. Malgré un volant un peu trop imposant à notre goût, la direction est précise et on a l'impression de diriger la voiture du bout des doigts. La suspension est correctement adaptée, limitant les transferts de poids. La voiture s'agrippe bien à la piste et son poids légèrement supérieur ne la fait pas trop souffrir. Son talon d'Achille? Sa transmission automatique à huit rapports qui n'est pas à la hauteur de ce que propose la concurrence. Elle fait le boulot en conduite normale, mais elle est très lente à réagir lorsque l'on veut pousser la voiture un peu plus, et ce, même en utilisant les palettes situées derrière le volant. Une boîte à double embrayage s'avérerait drôlement intéressante.

Châssis - 350 AWD	
Emp / lon / lar / haut	2730 / 4695 / 1840 / 1400 mm
Coffre / Réservoir	295 litres / 66 litres
Nbre coussins sécurité / ceintures	8 / 4
Suspension avant	ind., double triangulation
Suspension arrière	ind., multibras
Freins avant / arrière	disque / disque
Direction	à crémaillère, ass. élect.
Diamètre de braquage	11,4 m
Pneus avant / arrière	P235/40R19 / P235/40R19
Poids / Capacité de remorquage	1769 kg / n.d.
Assemblage	Kyushu JP

Composantes mécaniques	
350 AWD, 350 AWD F sport	
Cylindrée, soupapes, alim.	V6 3,5 litres 24 s atmos.
Puissance / Couple	307 ch / 277 lb-pi
Tr. base (opt) / rouage base (opt)	A6 / Int
0-100 / 80-120 / V.Max	6,0 s (const) / n.d. / 209 km/h
100-0 km/h	n.d.
Type / ville / route / CO_2	Sup / 12,6 / 9,1 l/100 km / 5072 kg/an
F	
Cylindrée, soupapes, alim.	V8 5,0 litres 32 s atmos.
Puissance / Couple	467 ch / 389 lb-pi
Tr. base (opt) / rouage base (opt)	A8 / Prop
0-100 / 80-120 / V.Max	4,4 s / n.d. / 274 km/h
100-0 km/h	n.d.
Type / ville / route / CO_2	Sup / 15,2 / 9,5 l/100 km / 5812 kg/an

LA LEXUS RC REPRÉSENTE TRÈS BIEN LE **MEILLEUR** DE LEXUS EN TERMES DE SPORTIVITÉ. SA **FIABILITÉ** INÉBRANLABLE LA REND FORT INTÉRESSANTE DANS SON **CRÉNEAU.**

Du nouveau en 2017

Aucun changement majeur. Quelques nouvelles couleurs.

LEXUS **RX**

((SiriusXM))

Prix : 54 049 $ à 68 649 $ (2016)
Catégorie : VUS intermédiaire
Garanties :
4 ans/80 000 km, 6 ans/110 000 km
Transport et prép. : 2 145 $
Ventes QC 2015 : 694 unités
Ventes CAN 2015 : 7 063 unités

Cote du Guide de l'auto

76 %

Fiabilité
■■■■■■■□□□

Appréciation générale
■■■■■■■□□□

Sécurité
■■■■■■■□□□

Agrément de conduite
■■■■■■□□□□

Consommation
■■■■■■■□□□

Système multimédia
■■■■■■■■□□

Cote d'assurance
■■■■■■■□□□
$$$ $

➕ Qualité d'assemblage impression-
nante • Confort certifié • Groupe F Sport
intéressant • Version hybride presque
sportive • Fiabilité de haut niveau

➖ Style qui ne laisse pas indifférent •
Conduite assez ordinaire •
« Remote Touch » plus ou moins
apprécié • Version hybride pas donnée

Concurrents
Acura MDX, Audi Q7, BMW X5,
Infiniti QX70, Jeep Grand Cherokee,
Mercedes-Benz GLE, Volvo XC90

Pourquoi changer une recette gagnante ?

Alain Morin

Chez Lexus, un des postes les plus sécuritaires est sans doute celui de designer pour l'immense LX. Ce VUS se vend tellement peu que même si un nouveau style est raté, personne ne s'en rendra compte. À l'inverse, un designer doit se sentir à la fois plus important et davantage sur la sellette lorsqu'il doit réviser un VUS aussi populaire que le RX. Se tromper, même juste un peu, n'est pas une option.

L'été dernier, Lexus dévoilait son nouveau RX, un VUS intermédiaire de luxe. Lorsqu'il avait été présenté pour l'année-modèle 1999, le RX avait révolutionné le petit monde (il a grandi depuis !) des VUS de luxe. Allait-il, 17 ans plus tard, en faire autant ? Ben non, il ne révolutionne rien. C'est plate mais c'est ça.

Or, même s'il ne chamboule pas l'ordre établi, il demeure un sapré bon véhicule. Esthétiquement, il se dissocie du modèle qu'il remplace par une partie avant beaucoup plus dynamique. Un peu trop au goût de certains... mais ça reste, justement, une question de goût. La partie arrière se distingue surtout par une petite vitre triangulaire pratiquement invisible, incorporée dans le pilier D (entre les vitres latérales et la lunette du hayon) et surmontée d'une moulure de chrome en S. Nissan fait quelque chose de semblable avec son Murano.

LES BLASÉS SONT INVITÉS...
Si le design de la carrosserie remue les opinions, celui du tableau de bord, redessiné aussi, les rallie généralement. Tous les boutons et commandes sont bien placés, les jauges sont claires et le levier de vitesses qui prenait place au tableau de bord, un peu comme dans certaines fourgonnettes, occupe désormais un endroit plus conventionnel. Les versions de base reçoivent un écran central de 8 pouces tandis que les autres ont droit à une unité de 12,3 pouces dont la clarté est pratiquement absolue. Le « Remote Touch », cette protubérance qui sort de la console centrale et qui se manie un peu comme une souris d'ordinateur, demande un certain temps d'adaptation, surtout en conduisant. Personne ne sera surpris d'apprendre que les sièges, autant à l'avant qu'à

l'arrière, font preuve d'un grand confort et que l'espace ne fait pas défaut. Le coffre, au seuil plutôt élevé, est l'un des plus grands de sa catégorie et bénéficie d'utiles espaces de rangement sous le plancher.

MÉCANIQUE INCHANGÉE... TANT MIEUX!

Le V6 de 3,5 litres du RX des années passées est de retour avec un gain de 25 chevaux dans le RX 350, pour un total de 295 chevaux et un couple de 268 livre-pied et continue d'être l'un des plus doux et souples qui soit. Il est maintenant accompagné d'une boîte automatique à huit rapports qui a le don de se faire oublier, une belle qualité pour une transmission! Si les Américains ont droit à une version à roues avant motrices, nous avons uniquement le rouage intégral, une bonne chose.

De son côté, le RX 450h fait appel au V6 de 3,5 litres de 259 chevaux à cycle Atkinson associé à deux moteurs électriques totalisant 159 chevaux à l'avant et un autre de 67 chevaux à l'arrière. Au total, on parle de 308 chevaux maximum au combiné. La transmission est une automatique de type CVT. Si l'on décrie souvent ce genre de boîte parce qu'elle fait dramatiquement augmenter le nombre de décibels en accélération, il n'en est rien dans le cas du RX 450h. Tout comme la boîte automatique du RX 350, elle fonctionne de façon tout à fait transparente. Encore une fois, le rouage est intégral sauf que, dans ce cas-ci, au lieu d'avoir un différentiel arrière mécanique, c'est un moteur électrique qui fait tourner les roues arrière. Ce moteur interagit avec l'ensemble hybride situé à l'avant.

Malgré les prétentions de Lexus, le RX 350 est tout sauf sportif. Les performances en ligne droite ne sont pas à dédaigner mais une direction peu bavarde, une suspension qui a pour mandat de protéger le confort des occupants coûte que coûte et un habitacle ultrasilencieux remettent rapidement les pendules à l'heure. Certes, l'ensemble F Sport qui ajoute des pneus plus gros (20 pouces au lieu de 18) et surtout une suspension active améliore l'expérience de conduite. Le mode Sport + raffermit cette suspension et donne un peu de tonus à la direction tout en modifiant la gestion électronique du moteur. C'est beaucoup mieux mais le BMW X5 n'a encore rien à craindre... Curieusement, c'est la version hybride qui s'avère la plus agréable à conduire, surtout lorsque son propriétaire a eu la bonne idée de commander le groupe F Sport.

Partiellement revu — le châssis et la base des motorisations sont demeurés les mêmes —, le nouveau RX demeure un Lexus tout craché. Et c'est exactement ce que désirent plusieurs conducteurs davantage à la recherche de fiabilité et de tranquillité que d'émotions fortes.

Du nouveau en 2017

Aucun changement majeur

Châssis - 350	
Emp / lon / lar / haut	2790 / 4890 / 1895 / 1720 mm
Coffre / Réservoir	521 à 1594 litres / 73 litres
Nbre coussins sécurité / ceintures	10 / 5
Suspension avant	ind., jambes force
Suspension arrière	ind., double triangulation
Freins avant / arrière	disque / disque
Direction	à crémaillère, ass. var. élect.
Diamètre de braquage	11,6 m
Pneus avant / arrière	P235/65R18 / P235/65R18
Poids / Capacité de remorquage	2020 kg / 1588 kg (3500 lb)
Assemblage	Cambridge ON CA

Composantes mécaniques	
450h	
Cylindrée, soupapes, alim.	V6 3,5 litres 24 s atmos.
Puissance / Couple	259 ch / 247 lb-pi
Tr. base (opt) / rouage base (opt)	CVT / Int
0-100 / 80-120 / V.Max	8,0 s (est) / n.d. / 180 km/h (const)
100-0 km/h	n.d.
Type / ville / route / CO_2	Sup / 7,7 / 8,2 l/100 km / 3646 kg/an
Moteur électrique	
Puissance / Couple	67 ch (50 kW) / n.d. lb-pi
Type de batterie	Nickel-hydrure métallique (NiMH)
Énergie	n.d.
Temps de charge (120V / 240V)	n.d.
Autonomie	n.d.
350, 350 F sport	
Cylindrée, soupapes, alim.	V6 3,5 litres 24 s atmos.
Puissance / Couple	295 ch / 268 lb-pi
Tr. base (opt) / rouage base (opt)	A8 / Int
0-100 / 80-120 / V.Max	8,0 s (est) / n.d. / 200 km/h (const)
100-0 km/h	n.d.
Type / ville / route / CO_2	Ord / 12,2 / 8,9 l/100 km / 4929 kg/an

LINCOLN **MKC**

Prix : 45 000 $ à 50 150 $
Catégorie : VUS compact
Garanties :
3 ans/60 000 km, 5 ans/100 000 km
Transport et prép. : 2 000 $
Ventes QC 2015 : 733 unités
Ventes CAN 2015 : 2 970 unités

Cote du Guide de l'auto

71 %

Fiabilité
■■■■■□□□□□

Appréciation générale
■■■■■■■□□□

Sécurité
■■■■■■■■□□

Agrément de conduite
■■■■■■■□□□

Consommation
■■■■■□□□□□

Système multimédia
■■■■■■□□□□

Cote d'assurance
■■■■■■■■□□

$$$ $

➕ Comportement routier agréable •
Design élégant • Moteurs EcoBoost
puissants • Rouage intégral de série

➖ Consommation élevée • Sièges
avant manquent de support • À l'arrière,
dégagement pour les jambes restreint

Concurrents
Acura RDX, Audi Q5, BMW X3,
Land Rover Discovery Sport, Lexus NX,
Mercedes-Benz GLA, Volvo XC60

Pari gagné

Mathieu St-Pierre

En 2017, si un constructeur automobile de luxe n'offre pas d'utilitaires compacts, il risque de ne pas être considéré par les consommateurs. Dans le cas de Lincoln, il était grand temps que le MKC arrive. Disons-nous les vraies choses : Lincoln lutte pour se tailler une place parmi les grands joueurs depuis des années. La marque de prestige de Ford est encore loin des Allemands, mais elle se rapproche à grands pas des Japonais.

Le MKC est parmi nous depuis la fin de l'été 2014 et, en un rien de temps, il est devenu le meilleur vendeur chez Lincoln. Voici une belle preuve de l'importance de ce type de véhicule au sein d'une gamme de produits. L'espoir placé sur cet utilitaire a donc porté ses fruits.

Par contre, le MKC mérite-t-il le succès dont il jouit en ce moment ? La réponse est un grand « oui ». Cette réponse n'est pas basée sur le fait qu'il est plus abordable que la concurrence car sa gamme de prix est identique, ou presque, aux véhicules allemands et japonais. L'estime des consommateurs est donc purement méritée.

POUR JOUER AVEC LES AUTRES
Parfois, il vaut mieux ne pas tenter de réinventer la roue... Même si Lincoln aurait bien aimé introduire un design unique, elle s'est tournée vers l'Europe pour s'inspirer.

Le résultat est un utilitaire sobre et élégant. Trop souvent, les Américains se jettent sur le chrome pour rendre leurs véhicules plus « classe » mais les consommateurs d'aujourd'hui ne sont pas aussi facilement dupés. Sous tous les angles, le MKC a fière allure et dans son cas, il n'est pas nécessaire d'opter pour la version la plus huppée pour jouir de belles jantes ou d'accents haut de gamme. En cela, il est d'inspiration davantage européenne qu'américaine.

La présentation de l'habitacle est réussie. La planche de bord est conçue de façon à ce que toutes les commandes soient le plus près possible des occupants avant. Ce faisant, l'espace normalement réservé au levier de vitesses disparaît, ce qui explique la présence des boutons sélecteurs de la transmission. L'affichage tactile de l'écran de 8 pouces rend la navigation des menus d'infodivertissement simple, et le système SYNC 3 est une belle progression mais n'est toujours pas le plus convivial du genre. La finition d'ensemble est bonne et les matériaux utilisés sont d'une qualité plus qu'acceptable.

Le MKC est conçu pour le transport de quatre adultes dans un confort relatif et possède un coffre généreux. Les sièges avant manquent de support pour les cuisses tandis que le dégagement pour les jambes est limité à l'arrière.

ECOBOOST OU ECOBOOST?

En voilà un magnifique coup de marketing de la part de Ford! Le mot EcoBoost est devenu synonyme de «vert», par contre, nous sommes loin d'une technologie écoénergétique comme l'est une voiture hybride.

Le nom EcoBoost signifie la présence de moteurs turbocompressés qui développent beaucoup de puissance pour leurs cylindrées. Le quatre cylindres de 2,0 litres est emprunté au Ford Escape et ses 240 chevaux sont plus que suffisants pour s'attaquer à toutes les situations. Équipé comme tel, avec la traction intégrale et une boîte automatique à six rapports de série, le MKC se débrouille admirablement bien en ville comme sur l'autoroute. En fait, il est si efficace qu'il rend le 2,3 litres de 285 chevaux (qu'on retrouve aussi dans la Mustang) superflu car à part être légèrement plus rapide, la consommation réelle est identique, tout comme la capacité de remorquage qui peut aller jusqu'à 1 361 kilos.

Pour extirper le maximum de puissance des deux moteurs, Lincoln suggère fortement l'utilisation d'essence super, ce qui blesse un peu car les moyennes de consommation observées s'élèvent d'environ 10 % par rapport à ce qu'indique Ford. On peut malgré tout faire le plein de «régulier»; en revanche, une légère baisse du rendement des moteurs est possible.

Sur la route, le MKC démontre de belles aptitudes qui s'agencent à merveille avec son aura. En mode Confort, il se comporte comme une berline luxueuse tandis qu'en mode Normal, il fait preuve de stabilité, en particulier sur l'autoroute. Le mode Sport n'est pas calibré pour nos routes, célèbres pour leur piètre état.

Le MKC est le symbole de la relance de l'écusson de luxe de Ford. Ce dernier doit faire attention car la concurrence est en pleine évolution. Lincoln ne doit donc pas s'asseoir sur ces lauriers, car le progrès réalisé pourrait facilement et rapidement s'effacer.

Du nouveau en 2017

Aucun changement majeur. Nouvelles technologies dont SYNC 3 avec Apple CarPlay et Android Auto. Hayon électrique de série.

Châssis - 2.3 EcoBoost TI	
Emp / lon / lar / haut	2690 / 4552 / 2136 / 1656 mm
Coffre / Réservoir	714 à 1504 litres / 59 litres
Nbre coussins sécurité / ceintures	7 / 5
Suspension avant	ind., jambes force
Suspension arrière	ind., multibras
Freins avant / arrière	disque / disque
Direction	à crémaillère, ass. var. élect.
Diamètre de braquage	11,6 m
Pneus avant / arrière	P245/45R19 / P245/45R19
Poids / Capacité de remorquage	1813 kg / 907 kg (1999 lb)
Assemblage	Louisville KY CA

Composantes mécaniques

2.0 EcoBoost TI

Cylindrée, soupapes, alim.	4L 2,0 litres 16 s turbo
Puissance / Couple	240 ch / 270 lb-pi
Tr. base (opt) / rouage base (opt)	A6 / Int
0-100 / 80-120 / V.Max	9,0 s (est) / n.d. / n.d.
100-0 km/h	n.d.
Type / ville / route / CO_2	Sup / 12,4 / 9,0 l/100 km / 5000 kg/an

2.3 EcoBoost TI

Cylindrée, soupapes, alim.	4L 2,3 litres 16 s turbo
Puissance / Couple	285 ch / 305 lb-pi
Tr. base (opt) / rouage base (opt)	A6 / Int
0-100 / 80-120 / V.Max	7,4 s / 5,7 s / n.d.
100-0 km/h	39,6 m
Type / ville / route / CO_2	Sup / 12,9 / 9,2 l/100 km / 5768 kg/an

« LE MKC EST LE **PREMIER** NOUVEAU MODÈLE **SIGNIFICATIF** DE LINCOLN DEPUIS LONGTEMPS. LA SUITE RISQUE D'ÊTRE **INTÉRESSANTE.** »

LINCOLN **MKT**

Prix : 50 900 $ (2016)
Catégorie : VUS intermédiaire
Garanties :
4 ans/80 000 km, 6 ans/110 000 km
Transport et prép. : 2 000 $
Ventes QC 2015 : 44 unités
Ventes CAN 2015 : 217 unités

Cote du Guide de l'auto

70 %

Fiabilité
n.d.

Sécurité
■■■■■■■■□□

Consommation
■■■■■□□□□□

Appréciation générale
■■■■■■■□□□

Agrément de conduite
■■■■■■□□□□

Système multimédia
■■■■■■■□□□

Cote d'assurance
n.d.

➕ Style vraiment pas commun • Espace intérieur impressionnant • Silence rigoureux • Moteur volontaire • Finition réussie

➖ Style vraiment pas commun • Troisième rangée de sièges pénible • Visibilité arrière très mauvaise • Buveur invétéré • Prix qui peut grimper vite

Concurrents
Acura MDX, Audi Q7, BMW X5, Buick Enclave, Infiniti QX60, Lexus GX, Volvo XC90

Grosse fleur verte sur fond bleu pâle

Alain Morin

I l y a plusieurs années, l'auteur de cet essai travaillait pour une entreprise spécialisée dans la fabrication de partitions en tissu. Nous avions reçu trois rouleaux de tissu à motifs de grosses fleurs vertes sur fond bleu pâle. C'était... peu orthodoxe, disons. Puisqu'il s'agissait d'une erreur de codification de notre part, le fournisseur, trop heureux, avait refusé net de les reprendre. Qu'allions-nous faire de tout ce tissu ? C'est simple, on le proposerait à nos clients américains dont les goûts sont quelquefois... peu orthodoxes. Et vous savez quoi ? En quelques mois, notre stock de tissu « spécial » était épuisé !

Si le Lincoln MKT est encore offert, ce n'est assurément pas à cause de sa popularité au Canada où, l'an dernier, il ne s'en est vendu que 217 unités. Aux États-Unis, par contre, bon an mal an, il s'en écoule entre 4 500 et 5 000 ! Pas trop mal pour un véhicule qui est avec nous depuis 2010 et sans changements majeurs depuis.

GROS COMME UN AVION ET FAIT POUR LES AÉROPORTS

La présentation du MKT a de quoi surprendre. Il n'est pas seulement immense. Il est aussi dessiné de façon à ce qu'il paraisse encore plus gros. De couleur noire, on l'associe immédiatement à un corbillard sur les stéroïdes. Malgré tout ce qu'on peut en penser, ce véhicule est parfait pour les longues randonnées en tout confort. En plus, il peut engloutir une quantité phénoménale d'objets même si les six ou sept places (selon la version) sont occupées. Ce n'est pas pour rien qu'on le retrouve surtout aux alentours des aéroports américains, où il remplace avec brio les vieilles Continental qui s'en vont à la casse.

En 2013, le MKT a connu quelques changements de mi-génération. Parmi ceux-ci, on retrouve un tableau de bord modernisé, qui reprend le style et la technologie des autres produits Lincoln. L'an dernier, il a hérité de la technologie SYNC 3, plus conviviale que le MyLincoln Touch qu'il remplace. Dans la catégorie « Y'auraient dû changer ça en même temps », nommons les touches à effleurement sur lesquelles le conducteur doit glisser un doigt pour ajuster le volume de la radio ou la vitesse du ventilateur. On s'y habitue assez rapidement, mais le moindre trou fait bouger le doigt, ce qui fait échouer (ou amplifier) l'opération en cours. Sacrant.

Les sièges avant sont confortables, mais sans excès. Ceux de la deuxième rangée, facilement accessibles via de larges portières, sont du même moule. Au moins, l'espace pour la tête et les jambes n'est pas compté. La troisième rangée s'avère très peu accueillante et j'imagine qu'elle ne sert que dans des cas de nécessité extrême uniquement.

IGLOU, IGLOU, IGLOU...

Sous le capot, on retrouve un V6 3,5 litres EcoBoost, qui développe 365 chevaux et un couple de 350 livre-pied. Ne cherchez pas plus loin, c'est le même que celui du Ford Flex dont le MKT est dérivé. D'ailleurs, il suffit de regarder les deux véhicules de côté pour comprendre que, sans trop se ressembler, ils partagent le même goût pour les fleurs vertes sur fond bleu... Toujours est-il que ce 3,5 litres est lié à un rouage intégral (les Américains ont droit à une version à traction) par l'entremise d'une transmission à six rapports, sans histoire. Cet ensemble, associé au poids excessif du MKT, est responsable d'une consommation d'au bas mot 13,5 litres aux 100 km. Et il ne faut pas trop se fier à l'ordinateur de bord, d'un optimisme délirant.

Personne ne sera étonné d'apprendre que le MKT se comporte sur la route comme le suggère son style : pataud. La suspension privilégie, et de loin, le confort à la sportivité, la direction est déconnectée de la réalité et les freins manquent de vigueur. Par contre, l'habitacle très silencieux, la puissance toujours disponible et l'aménagement intérieur qui rappelle la polyvalence des fourgonnettes rendent la vie plus agréable. D'un autre côté, à peu près tout ce qu'on peut imaginer en fait de technologies relatives à la sécurité monte à bord, mais souvent en option (régulateur de vitesse adaptatif, avis de circulation transversale, aide au suivi de voie, etc.) Même à plus de 50 000 $ pour la version de base, il faut payer un supplément pour obtenir un simple volant chauffant.

Dès cet automne, le MKT aura de la compétition. Et provenant de l'interne en plus ! En effet, la Lincoln Continental s'apprête à faire un retour marqué. Beaucoup plus moderne que le MKT, cette nouvelle berline a toutes les chances de prendre le relais avec succès, surtout dans les parcs automobiles. La grosse fleur verte sur fond bleu, après de nombreuses années de valeureux services, devrait logiquement nous quitter bientôt. Ou pas.

Du nouveau en 2017
Aucun changement majeur

Châssis - TI EcoBoost	
Emp / lon / lar / haut	2995 / 5273 / 2177 / 1712 mm
Coffre / Réservoir	507 à 2149 litres / 70 litres
Nbre coussins sécurité / ceintures	6 / 7
Suspension avant	ind., jambes force
Suspension arrière	ind., multibras
Freins avant / arrière	disque / disque
Direction	à crémaillère, ass. var. élect.
Diamètre de braquage	12,7 m
Pneus avant / arrière	P235/55R19 / P235/55R19
Poids / Capacité de remorquage	2246 kg / 2041 kg (4499 lb)
Assemblage	Oakville ON CA

Composantes mécaniques	
Cylindrée, soupapes, alim.	V6 3,5 litres 24 s turbo
Puissance / Couple	365 ch / 350 lb-pi
Tr. base (opt) / rouage base (opt)	A6 / Int
0-100 / 80-120 / V.Max	7,0 s / 5,3 s / n.d.
100-0 km/h	48,0 m
Type / ville / route / CO$_2$	Sup / 13,1 / 8,8 l/100 km / 5152 kg/an

« AU-DELÀ DE SON APPARENCE POUR LE MOINS **DIFFÉRENTE**, LE LINCOLN MKT EST UN VÉHICULE POLYVALENT, SILENCIEUX ET **PUISSANT**. MAIS IL SE FAIT VIEUX ! **»**

Photos : Lincoln

LINCOLN **MKX**

((SiriusXM))

Prix : 44 963 $ à 52 954 $ (2016)
Catégorie : VUS intermédiaire
Garanties :
4 ans/80 000 km, 6 ans/110 000 km
Transport et prép. : 1 900 $
Ventes QC 2015 : n.d.
Ventes CAN 2015 : n.d.

Cote du Guide de l'auto

70 %

Fiabilité	Appréciation générale
■■■■■□□	■■■■■□□
Sécurité	Agrément de conduite
■■■■■■□	■■■■■□□
Consommation	Système multimédia
■■■■□□□	■■■■■■□

Cote d'assurance

■■■■■■□□□□
$$$ $

➕ Habitacle silencieux et luxueux •
Suspension confortable • Moteur 2,7 litres
puissant • Système audio Revel
de haute qualité • Fabriqué au Canada

➖ Encore trop près du Ford Edge •
Comportement peu inspirant •
V6 2,7 litres goinfre •
Valeur de revente inconnue

Concurrents
BMW X5, Cadillac XT5, Lexus RX,
Mercedes-Benz GLE, Volvo XC90

Second regard

Alain Morin

Les plus jeunes auront de la difficulté à le croire, mais la marque Lincoln a déjà été synonyme de prestige. Les Lincoln Continental MKII (1956-1957) ont fait école, tout comme les fabuleuses Zephyr construites entre 1936 et 1942. Au fil du temps, Lincoln a accouché de quelques autres belles créations, toutefois, depuis une trentaine d'années, la marque de prestige de Ford se cherche. Lentement mais sûrement, elle semble trouver sa voie.

Certes, les Lincoln sont toujours étroitement dérivées de véhicules Ford. Le MKX, dans le cas qui nous intéresse ici, repose sur la même plate-forme que le Ford Edge. La comparaison ne s'arrête pas là. Au moins, les designers et ingénieurs ont fait davantage que de modifier la grille avant et ajouter du matériel insonore, ce qui est tout à leur honneur, même s'ils auraient pu pousser l'exercice plus loin. Pour cela, ils auraient sans doute eu besoin d'un meilleur budget. Voyons-y de plus près.

À première vue, le MKX diffère totalement de son frangin fordien. Or, un second regard fait ressortir des similitudes, surtout au niveau de la partie vitrée, celle qui coûte le plus cher à modifier. Quoi qu'il en soit, les designers semblent avoir enfin trouvé le moyen de bien intégrer la grille avant si particulière des Lincoln modernes. S'il n'en tenait qu'à moi, il y a longtemps que je m'en serais débarrassé. Mais comme, en termes de design, j'en suis encore au stade des bonshommes allumettes, je n'insisterai pas sur ce point...

ENFIN, DES BOUTONS !
Dans l'habitacle, c'est réussi. Le tableau de bord est différent de celui du Ford Edge et c'est tant mieux. Et contrairement au MKX précédent, on y retrouve de vrais boutons. Fini les commandes à effleurement ou tactiles, aberration s'il en est une à une époque où les constructeurs automobiles investissent des milliards pour augmenter et promouvoir la sécurité de leurs voitures. Ford/Lincoln a enfin compris !

Aucun levier de vitesses ne vient perturber la console centrale. En lieu et place de cette protubérance, on retrouve un espace de rangement (il y en a tellement peu qu'il est bienvenu) et de bons porte-gobelets. Pour commander la boîte de vitesses, il suffit d'appuyer sur des boutons au tableau de bord, comme dans les années 50, en beaucoup plus fiable, cependant.

Les sièges avant sont confortables et supportent bien les cuisses tandis que ceux à l'arrière ne sont pas très affables pour les corps. Ce qui est surprenant, étant donné qu'un propriétaire de MKX a passablement de chances de transporter de la parenté ou des amis relativement âgés. Au moins, leur accès est facile.

POUR UN CAFÉ PAR JOUR... PENDANT 13 ANS.

Le MKX de base reçoit un V6 de 3,7 litres atmosphérique (lire non turbocompressé) développant 303 chevaux et 278 livre-pied de couple. Ce moteur est doux mais ceux qui aiment avoir du jus sous la pédale pourraient être déçus. Il ne faut pas oublier qu'il a la lourde tâche de traîner tout près de 2 000 kilos.

De son côté, le V6 turbocompressé de 2,7 litres déballe 32 chevaux de plus et 102 livre-pied de couple, ce qui est nettement plus intéressant. Certains pointilleux feront remarquer qu'il commande tout de même 8 000 $ de plus que le 3,7 litres et 10 000 $ de plus que le modèle équivalent du Ford Edge... On aura beau dire ce qu'on voudra, ce 2,7 est parfaitement adapté au caractère soyeux du MKX.

La transmission automatique compte six rapports, ce n'est pas beaucoup quand on se dit «luxueux». Son comportement très placide, peu importe le moteur, ne peut être pris en défaut. Les plus téméraires appuieront, sur le bouton S (pour Sport), anticipant un changement drastique dans le comportement du véhicule. Ils seront surpris d'apprendre que dans le MKX, le «S» veut davantage dire Sédentaire que Sport...

Même si les dirigeants de Lincoln tentent désespérément de rajeunir leur clientèle, ce n'est pas avec le comportement routier du MKX qu'ils y parviendront. Sa direction est plutôt floue et magistralement déconnectée de toute sensation. Dès que l'on tente de pousser le moindrement le véhicule en courbe, la caisse penche et les différents systèmes de contrôle prennent le relais, en toute discrétion mais avec une autorité certaine.

Alors que Cadillac, une autre marque de prestige américaine, a enfin trouvé sa voie après avoir connu sa large part de déboires, Lincoln commence à peine à trouver la sienne. En attendant, le MKX est loin d'être un mauvais véhicule... coincé entre la fiabilité d'un Lexus RX 350 ou d'un Acura MDX, le style explosif d'un Cadillac XT5 et la sportivité d'un BMW X5 ou d'un Audi Q7.

Châssis - 3.7 V6 TI

Emp / lon / lar / haut	2849 / 4827 / 2188 / 1681 mm
Coffre / Réservoir	1055 à 1948 litres / 72 litres
Nbre coussins sécurité / ceintures	8 / 5
Suspension avant	ind., jambes force
Suspension arrière	ind., multibras
Freins avant / arrière	disque / disque
Direction	à crémaillère, assistée
Diamètre de braquage	12,0 m
Pneus avant / arrière	P245/60R18 / P245/60R18
Poids / Capacité de remorquage	1990 kg / 1588 kg (3500 lb)
Assemblage	Oakville ON CA

Composantes mécaniques

3.7 V6 TI

Cylindrée, soupapes, alim.	V6 3,7 litres 24 s atmos.
Puissance / Couple	303 ch / 278 lb-pi
Tr. base (opt) / rouage base (opt)	A6 / Int
0-100 / 80-120 / V.Max	n.d. / n.d. / n.d.
100-0 km/h	n.d.
Type / ville / route / CO_2	Ord / 14,4 / 10,3 l/100 km / 5775 kg/an

2.7 V6 TI

Cylindrée, soupapes, alim.	V6 2,7 litres 24 s turbo
Puissance / Couple	335 ch / 380 lb-pi
Tr. base (opt) / rouage base (opt)	A6 / Int
0-100 / 80-120 / V.Max	6,9 s / 4,3 s. / n.d.
100-0 km/h	42,8 m
Type / ville / route / CO_2	Sup / 14,1 / 9,7 l/100 km / 5575 kg/an

> **LES AMÉRICAINS ONT DROIT À UN MKX À ROUES AVANT MOTRICES. ICI, SEUL LE ROUAGE INTÉGRAL EST OFFERT. AVEC NOS HIVERS, C'EST UNE BONNE CHOSE.**

Du nouveau en 2017

Aucun changement majeur

LINCOLN **MKZ**

((SiriusXm))

Prix : 42 000 $ à 50 500 $
Catégorie : Berline
Garanties :
4 ans/80 000 km, 6 ans/110 000 km
Transport et prép. : 2 000 $
Ventes QC 2015 : 280 unités
Ventes CAN 2015 : 1 130 unités

Cote du Guide de l'auto

68 %

Fiabilité
■■■■■■■□□□

Appréciation générale
■■■■■■■□□□

Sécurité
■■■■■■■□□□

Agrément de conduite
■■■■■■□□□□

Consommation
■■■■■■■□□□

Système multimédia
■■■■■■■□□□

Cote d'assurance
■■■■□□□□□□
$$$ $

➕ Nouveau look réussi • Super
consommation (hybride) • Bonne
transmission (2,0T) • CVT agréable
(hybride) • Traction intégrale livrable •
Sièges moelleux et confortables

➖ Conduite sans émotion • Assise des
sièges trop haute • Système GPS
troublant • Les prix grimpent rapidement

Concurrents
Acura TLX, Buick Regal,
Lexus IS, Volvo S60

Le capitalisme ne réussit pas à tout le monde

Marc-André Gauthier

On pourrait commenter ou déblatérer longtemps sur les bien-
faits, ou non, du capitalisme. Une chose est sûre, pour réussir
dans ce système, il faut savoir se démarquer et, pour y
arriver, le marketing est un outil efficace, capable de créer une image
positive, mieux, une aura. Toyota, par exemple, a une clientèle d'une
fidélité à rendre jaloux n'importe quel autre constructeur.

De son côté, Lincoln a de la difficulté à trouver sa voie. Elle vient de mettre
à jour sa MKZ, pour refléter davantage la direction que la marque souhaite
prendre à court terme. Elle vient finalement de décider qu'elle ne tenterait
plus de se comparer à des marques qui ont fait du dynamisme de la conduite
leur raison d'être, comme BMW par exemple.

CONTINENTAL, NAVIGATOR ET MKZ

À court terme, Lincoln mise sur deux produits pour faire rayonner sa marque,
la nouvelle Lincoln Continental dont la mise en marché est imminente, et
le futur Navigator.

Ces deux véhicules sont imposants, très luxueux, toutefois, ils ne focalisent
pas sur les performances. Avec leur moteur de 400 chevaux, il n'y a pourtant
pas de problème sur ce point, mais ces mastodontes ne sont pas très
dynamiques et ne vous donneront pas de frissons. Ces 400 chevaux
apportent toutefois énormément de souplesse, et ils vous permettront
d'exécuter des accélérations et des dépassements, rapides et sans efforts.
La MKZ 2017 reprend cette formule.

Premièrement, la grille avant de cette berline intermédiaire a été
complètement revue, pour ressembler à celle de la Continental. Esthétique-
ment, la mission s'avère accomplie ! Remarquez que c'est une question de
goût mais je trouve que la MKZ est beaucoup plus belle qu'auparavant.
Personne ne s'ennuiera de la grille qui ressemblait au filtre à plancton
d'une baleine !

L'arrière, cependant, résulte d'une belle occasion manquée. La ligne, n'ayant pas changé, jure complètement avec l'avant, comme si l'on avait pris deux autos différentes pour n'en faire qu'une seule. Parions qu'un rafraîchissement, d'ici un ou deux ans, réglera ce problème.

Dans l'habitacle, on retrouve désormais plusieurs accents métalliques importés de la Continental, comme des grillages de protection assez jolis sur les haut-parleurs. Pour ceux et celles qui n'aiment pas les contrôles tactiles du système d'infodivertissement, sachez qu'ils ont été remplacés par de bons vieux boutons physiques. Lincoln admet avoir écouté les plaintes de ses clients à ce sujet. Il faut croire que ces derniers apprécient le fait de commander la boîte de vitesse par l'entremise de boutons au tableau de bord plutôt que par un levier, car ils sont de retour ! Globalement, il s'agit d'un bel habitacle, assez classique, mais dont le style ne rivalise pas avec ce que les Allemands nous offrent.

Le système Sync 3 de Ford est offert dans la MKZ 2017. Ce système est sans doute le meilleur jusqu'à ce jour puisque les divers menus sont mieux organisés qu'avant, et l'on peut désormais brancher son téléphone intelligent par l'entremise d'Apple CarPlay ou d'Android Auto. Toutefois, lors de notre plus récent essai, le GPS éprouvait de graves ennuis quant au repérage, à la mise au point d'un itinéraire et à l'estimation du temps nécessaire pour le parcourir...

TROIS MOTEURS ASSEZ VARIÉS

En situation de conduite le moindrement sportive, on sent la MKZ plutôt lourde, mais bien agrippée à la route. Quand on la lance dans les virages, peu importe la version choisie, on se sent sans contredit en sécurité.

Il y a d'abord une version hybride offerte, mais elle ne s'adresse pas à tout le monde. Avec ses 188 chevaux au combiné et sa transmission CVT, vous vous déplacerez tout en confort et obtiendrez une consommation moyenne en bas de 6,5 l/100 km. Toutefois, vous l'aurez deviné, la puissance manque un peu.

Vient ensuite la 2,0T avec son 2,0 litres turbocompressé de 245 chevaux, pour un couple de 275 livre-pied, plus dynamique que l'hybride. Enfin, la version 3,0T est extrême avec ses 400 chevaux, gracieuseté d'un V6 de 3,0 litres biturbo, pas plus sportif, mais bien plus rapide en ligne droite.

Lincoln semble toutefois se contenter d'offrir des voitures confortables et luxueuses. Malheureusement pour elle, plusieurs autres marques arrivent à marier l'attention aux détails et le plaisir de conduire...

Du nouveau en 2017

Nouveau look, nouveaux moteurs et habitacle revu.

Châssis - 2.0 GTDI TI	
Emp / lon / lar / haut	2850 / 4925 / 1864 / 1476 mm
Coffre / Réservoir	436 litres / 66 litres
Nbre coussins sécurité / ceintures	8 / 5
Suspension avant	ind., jambes force
Suspension arrière	ind., multibras
Freins avant / arrière	disque / disque
Direction	à crémaillère, ass. var. élect.
Diamètre de braquage	11,6 m
Pneus avant / arrière	P245/45R18 / P245/45R18
Poids / Capacité de remorquage	1750 kg / 454 kg (1000 lb)
Assemblage	Hermosillo MX

Composantes mécaniques	
Hybride	
Cylindrée, soupapes, alim.	4L 2,0 litres 16 s atmos.
Puissance / Couple	141 ch / 129 lb-pi
Tr. base (opt) / rouage base (opt)	CVT / Tr
0-100 / 80-120 / V.Max	9,0 s / 6,5 s / n.d.
100-0 km/h	42,3 m
Type / ville / route / CO_2	Ord / 5,7 / 6,2 l/100 km / 2726 kg/an
Moteur électrique	
Puissance / Couple	118 ch (88 kW) / 177 lb-pi
Type de batterie	Lithium-ion (Li-ion)
Énergie	1,4 kWh
Temps de charge (120V / 240V)	n.d.
Autonomie	n.d.
2.0 GTDI TI	
Cylindrée, soupapes, alim.	4L 2,0 litres 16 s turbo
Puissance / Couple	245 ch / 275 lb-pi
Tr. base (opt) / rouage base (opt)	A6 / Int
0-100 / 80-120 / V.Max	n.d. / n.d. / n.d.
100-0 km/h	n.d.
Type / ville / route / CO_2	Sup / 11,8 / 8,4 l/100 km / 4724 kg/an
3.0 GTDI TI	
Cylindrée, soupapes, alim.	V6 3,0 litres 24 s turbo
Puissance / Couple	400 ch / 400 lb-pi
Tr. base (opt) / rouage base (opt)	A6 / Int
0-100 / 80-120 / V.Max	n.d. / n.d. / n.d.
100-0 km/h	n.d.
Type / ville / route / CO_2	Sup / 14,0 / 9,2 l/100 km / 5446 kg/an

Photos : Marc-André Gauthier

MODÈLE AMÉRICAIN

LOTUS **EVORA 400**

Prix : 125 000 $ à 127 000 $ (estimé)
Catégorie : Coupé
Garanties :
3 ans/60 000 km, 3 ans/60 000 km
Transport et prép. : n.d.
Ventes QC 2015 : n.d.
Ventes CAN 2015 : n.d.

Cote du Guide de l'auto

63 %

Fiabilité
Nouveau modèle
Sécurité
Nouveau modèle
Consommation
■■■■■■■□□□

Appréciation générale
Nouveau modèle
Agrément de conduite
Nouveau modèle
Système multimédia
Nouveau modèle

Cote d'assurance
n.d.

➕ Silhouette aguichante • Finition en progrès • Puissance en hausse • Tenue de cap impressionnante (Evora S 2016)

➖ Prix salé • Visibilité atroce • Fiabilité inconnue • Rangements lilliputiens • Evora 410 réservée aux Américains

Concurrents
Alfa Romeo 4C, Audi TT, Jaguar F-Type, Lexus RC, Porsche Cayman

Gardienne du fort

Jacques Deshaies

Encore aujourd'hui, le constructeur britannique (et malaisien) Lotus résiste à sa disparition. Après la promesse de quatre nouveaux modèles au Mondial de Paris il y a quelques années, il ne se passe plus rien. L'Elise et l'Exige sont disparues du marché nord-américain tandis que l'Evora fait cavalier seul. Si cette dernière assurait une certaine présence et surtout une accessibilité au chapitre du prix, disons que la nouvelle Evora 400 vous fera hésiter.

Il est difficile de comprendre la philosophie de mise en marché de Lotus. Si au moins la direction avait conservé l'Evora « ordinaire », les acheteurs auraient repris confiance et auraient pu goûter aux produits de la marque. Eh bien non ! Elle est carrément remplacée par une copie plus puissante qui coûtera presque 50 000 $ de plus. Et une fois le cap des 125 000 $ franchis, la concurrence devient plus virulente.

Il est vrai que les normes de sécurité de plus en plus sévères poussaient l'Evora de première génération vers la sortie. Mais à regarder sa remplaçante, il n'aurait sans doute suffi que d'un petit effort pour l'adapter à la nouvelle réalité. Néanmoins, parlons un peu de cette bête esseulée.

RAFFINEMENT

Au premier coup d'œil, l'Evora 400 porte la même silhouette que l'Evora tout court. Un profil élancé qui s'abaisse un peu pour laisser place aux entrées d'air du compartiment moteur. La partie arrière est toujours aussi trapue et est surmontée d'une lunette presque à l'horizontale. C'est en fait la structure type d'une voiture exotique.

Cette Evora 400 présente un bouclier avant plus agressif avec une grille plus imposante et des bandes DEL insérées dans les entrées sous les phares. Même exercice pour la partie arrière qui porte un diffuseur revu et qui s'intègre mieux au dessin de la carrosserie. Mais la base de la voiture demeure inchangée. Les seules parties modifiées sont remoulées. Question de budget, encore une fois.

C'est l'habitacle qui se transforme avec évidence. Au premier contact visuel, le tableau de bord est beaucoup plus moderne. À la manière des belles exotiques de ce monde, une large bande de cuir ou de suède traverse l'habitacle en sa largeur. Sur celle-ci se dépose la nacelle principale des instruments. Au centre, l'écran multimédia surplombé par les petits contrôles de certains accessoires assure la continuité avec la console centrale. Comme pour imiter certains modèles Ferrari et autres, les buses de ventilation sont mises en évidence de chaque côté de la planche de bord et au centre près du pare-brise. Le coup d'œil est plus joli que dans l'Evora de première génération.

Malgré ces changements, l'habitacle est toujours aussi exigu et la visibilité plutôt réduite. Les manœuvres dans les stationnements comme dans la circulation lourde commandent toute votre attention. Pour le rangement, il faudra également se contenter d'espaces limités. Une version 2+2 est encore au catalogue. À ce chapitre, cela frise le poisson d'avril. Les deux sièges arrière peuvent à peine recevoir un chaton. Rien de plus!

QUELQUES CHEVAUX SUPPLÉMENTAIRES

Cette Evora 400 annonce déjà ses couleurs. Elle porte en son cœur un V6 de 3,5 litres d'origine Toyota dont s'extirpent plus de 400 chevaux. Ce groupe motopropulseur demeure le même que celui de la précédente version S de l'Evora. Si la puissance grimpe de 55 chevaux, le couple, lui, passe de 295 à 302 livre-pied. Le groupe se complète par une boîte manuelle à six rapports ou, moyennant supplément, une boîte automatique également à six rapports. Le constructeur annonce un 0-100 km/h en moins de 4,2 secondes.

Au moment de mettre sous presse, cette nouvelle Evora n'avait toujours pas passé les tests d'homologation du côté des États-Unis. Pour cette raison, nous n'avons malheureusement pas pu mettre la main sur ladite Lotus que nous aurions aimé comparer avec la version S déjà essayée l'an passé.

C'est dire à quel point le petit constructeur britannique est en manque de ressources financières. Cette nouvelle Lotus devait se pointer le nez au Canada en décembre dernier. Pour l'instant, le concessionnaire de la marque au Québec nous indique qu'elle pourrait apparaître chez nous en août au plus tôt. Ce qui est d'autant plus navrant, c'est qu'avec le support d'un grand manufacturier, la société Lotus aurait bien pu se loger parmi les exotiques les plus prisées, comme les Lamborghini de ce monde. Par exemple, Toyota aurait bien pu mettre la main sur les actifs et consacrer l'énergie nécessaire à sa survie. Le résultat aurait été beaucoup plus probant que l'aventure Scion. Je dis ça de même...

Châssis - 400 (auto)	
Emp / lon / lar / haut	2575 / 4394 / 1978 / 1229 mm
Coffre / Réservoir	160 litres / 60 litres
Nbre coussins sécurité / ceintures	2 / 4
Suspension avant	ind., leviers triangulés
Suspension arrière	ind., leviers triangulés
Freins avant / arrière	disque / disque
Direction	à crémaillère, assistée
Diamètre de braquage	10,1 m
Pneus avant / arrière	P235/35R19 / P285/30R20
Poids / Capacité de remorquage	1422 kg / n.d.
Assemblage	Hethel GB

Composantes mécaniques	
Cylindrée, soupapes, alim.	V6 3,5 litres 24 s surcompressé
Puissance / Couple	400 ch / 302 lb-pi
Tr. base (opt) / rouage base (opt)	M6 (A6) / Prop
0-100 / 80-120 / V.Max	4,2 s (const) / n.d. / 300 km/h (const)
100-0 km/h	n.d.
Type / ville / route / CO_2	Sup / 14,1 / 7,1 l/100 km / 5037 (est) kg/an

UN PETIT COUP DE POUCE À LOTUS, UN CONSTRUCTEUR MORIBOND, SERAIT APPRÉCIÉ. LA BASE EST LÀ, IL NE MANQUE QUE LES SOUS.

Du nouveau en 2017

Nouveau modèle. Devrait arriver en cours d'année.

MODÈLE AMÉRICAIN

MODÈLE AMÉRICAIN

MASERATI **GRANTURISMO**

Prix : 152 600 $ à 184 900 $ (2016)
Catégorie : Cabriolet, Coupé
Garanties :
4 ans/80 000 km, 4 ans/80 000 km
Transport et prép. : n.d.
Ventes QC 2015 : n.d.
Ventes CAN 2015 : n.d.

Cote du Guide de l'auto

66 %

Fiabilité	Appréciation générale
n.d.	■■■■■□□□□□
Sécurité	Agrément de conduite
■■■■■■□□□□	■■■■■■□□□□
Consommation	Système multimédia
■■■□□□□□□□	■■■■■□□□□□

Cote d'assurance
n.d.

➕ Style classique, voire intemporel •
Qualité de finition intérieure • Sonorité
du moteur • Exclusivité assurée

➖ Poids élevé • Manque de couple
à bas et moyen régime • Boîte
automatique vétuste • Système
multimédia dépassé

Concurrents
Aston Martin Vantage, Audi R8,
BMW Série 6, Ferrari 458, Jaguar F-Type,
Jaguar XK, Mercedes-Benz CL,
Porsche 911

Le charme à l'italienne

Gabriel Gélinas

La célèbre marque au trident, propriété de Fiat Chrysler Automobiles, ne jouit pas du même prestige ou de la même adhésion que Ferrari, mais elle conserve tout de même un certain panache grâce au superbe design de certains de ses modèles. Parmi ceux-ci, il faut souligner la GranTurismo, déclinée en modèles coupé et cabriolet, dont le pouvoir d'attraction demeure bien réel, même après huit années de carrière.

Les designers de Pininfarina ont eu la main heureuse lorsqu'est venu le temps de concevoir la GranTurismo dont le design est inspiré par celui du concept Birdcage 75, dévoilé au Salon de l'auto de Genève en 2005. Côté style, la GranTurismo frappe un grand coup avec sa calandre ovale et sa silhouette galbée. Les proportions sont classiques, et la GranTurismo est tout à fait conforme à sa vocation de voiture de grand tourisme.

LE *LOOK* ET LE SON
Outre le design de sa carrosserie, les autres atouts de la GranTurismo sont la qualité de la finition intérieure et la sonorité très évocatrice de son V8 atmosphérique de 4,7 litres, mis au point par Ferrari. En prenant place à bord, on remarque que l'habitacle est habillé de cuirs très fins qui donnent un indéniable cachet luxueux à cette voiture, et il est possible de créer un modèle presque unique grâce aux nombreuses options de personnalisation. Toutefois, on note également que la GranTurismo accuse un très sérieux retard, par rapport à la concurrence, pour ce qui est du système d'infodivertissement, sans parler des contrôles pour la chaîne audio ou pour le système de chauffage/climatisation. Bref, c'est beau, mais ce n'est pas très techno...

Au démarrage, on est séduit par le son du V8 atmosphérique, surtout avec le système d'échappement sport, et le charme opère. Toutefois, on constate que ce moteur ne livre sa pleine puissance et son couple maximal que lorsqu'il atteint des régimes élevés, chiffrés à plus de 4700 tours/minute pour le couple et à plus de 7000 tours/minute pour la puissance. Le manque de couple à bas et moyen régime constitue donc un handicap de taille pour la conduite de tous les jours, où la souplesse du moteur devient un facteur important.

De plus, la boîte automatique ne compte que six rapports, ce qui n'aide pas les choses et, même si la voiture est dotée de sélecteurs de changement de rapport au volant, ça ne change rien à son tempérament. C'est en comparant la GranTurismo avec plusieurs rivales directes, lesquelles offrent toutes des moteurs plus coupleux et plus souples, ou encore des boîtes comptant plus de rapports ou à double embrayage, que l'on prend conscience du gouffre qui les sépare sur le plan technique. C'était bien il y a huit ans, mais c'est dépassé maintenant.

C'est le même constat à propos de la dynamique. Comme la GranTurismo affiche plus de 1 900 kilos à la pesée, son comportement routier manque de sportivité et on le sent très bien au freinage ou dans les virages. En quelques mots, cette voiture n'est tout simplement pas en mesure de livrer des performances à la hauteur des attentes créées par sa carrosserie ou par la sonorité de son moteur. Pour se balader avec style et un certain cachet d'exclusivité, ça va, mais il ne faut pas s'attendre à donner la chasse à une Porsche 911 Carrera sur une route sinueuse.

LA RELÈVE EN 2018 ?

Après une très longue carrière de plus de huit ans, le modèle actuel de la GranTurismo sera entièrement renouvelé, probablement pour 2018, mais en version coupé seulement, puisque la version décapotable, appelée GranCabrio en Europe, ne sera pas reconduite. La nouvelle GranTurismo devrait être plus axée sur les performances et la sportivité, histoire de combler le retard avec les rivales directes à ce chapitre.

Il ne serait d'ailleurs pas étonnant de trouver sous son capot une version légèrement moins performante du moteur V8 turbocompressé qui anime la Ferrari 488 GTB, ce qui permettrait de hausser le couple et la puissance de façon substantielle. La refonte devrait également permettre de doter la GranTurismo d'un système d'infodivertissement à la page, de même que de systèmes de sécurité avancés qui brillent par leur absence sur le modèle actuel.

C'est la plus âgée des voitures de la marque et ça se ressent, que ce soit en conduite sportive ou en conduite normale. Elle a une gueule d'enfer, une finition soignée et un moteur sonore, mais c'est tout. On attend la suite...

Châssis - Sport	
Emp / lon / lar / haut	2942 / 4933 / 2056 / 1343 mm
Coffre / Réservoir	173 litres / 72 litres
Nbre coussins sécurité / ceintures	6 / 4
Suspension avant	ind., bras inégaux
Suspension arrière	ind., bras inégaux
Freins avant / arrière	disque / disque
Direction	à crémaillère, ass. var. électro.
Diamètre de braquage	10,7 m
Pneus avant / arrière	P245/35ZR20 / P285/35ZR20
Poids / Capacité de remorquage	1973 kg / n.d.
Assemblage	Modène IT

Composantes mécaniques	
Convertible	
Cylindrée, soupapes, alim.	V8 4,7 litres 32 s atmos.
Puissance / Couple	444 ch / 376 lb-pi
Tr. base (opt) / rouage base (opt)	A6 / Prop
0-100 / 80-120 / V.Max	5,2 s (const) / n.d. / 283 km/h (const)
100-0 km/h	n.d.
Type / ville / route / CO_2	Sup / 18,5 / 12,2 l/100 km / 7206 (est) kg/an

Sport, Convertible Sport, MC, Convertible MC	
Cylindrée, soupapes, alim.	V8 4,7 litres 32 s atmos.
Puissance / Couple	454 ch / 384 lb-pi
Tr. base (opt) / rouage base (opt)	A6 / Prop
0-100 / 80-120 / V.Max	4,7 s (const) / n.d. / 298 km/h (const)
100-0 km/h	n.d.
Type / ville / route / CO_2	Sup / 18,5 / 12,2 l/100 km / 7206 (est) kg/an

>> CÔTÉ STYLE, LA GRANTURISMO FRAPPE UN GRAND COUP AVEC SA CALANDRE OVALE ET SA SILHOUETTE GALBÉE. >>

Du nouveau en 2017

Aucun changement majeur.
Refonte complète du modèle à prévoir.

Photos : Maserati

MASERATI **QUATTROPORTE**

Prix : 121 400 $ à 159 900 $ (2016)
Catégorie : Berline
Garanties :
4 ans/80 000 km, 4 ans/80 000 km
Transport et prép. : 8 708 $
Ventes QC 2015 : n.d.
Ventes CAN 2015 : n.d.

Cote du Guide de l'auto

71 %

Fiabilité
n.d.

Sécurité
■■■■■■□□□□

Consommation
■■□□□□□□□□

Appréciation générale
■■■■■■■■□□

Agrément de conduite
■■■■■■■■□□

Système multimédia
■■■■■■■□□□

Cote d'assurance
■■■□□□□□□□
$$$ $

 Puissantes motorisations • Sonorité de ces moteurs • Habitacle luxueux • Bonne dynamique de conduite • Charme italien

➖ Consommation d'essence • Prix élevé • Fonctionnement du levier de vitesses • Fiabilité à prouver • Réseau de concessionnaires minuscule

Concurrents
Audi A8, Jaguar XJ,
Mercedes-Benz Classe S

Toujours aussi fougueuse

Peter Bleakney

Quand Maserati a lancé la sixième génération de sa Quattroporte en 2013, il a volontairement mis de côté l'habituelle panoplie de systèmes d'aide au pilotage. La firme italienne se disait que les acheteurs potentiels de sa luxueuse berline à haute performance ne seraient pas intéressés par ce genre de gadgets.

Quelques années plus tard, il semble bien que le marché en ait décidé autrement. Dans la longue liste des changements apportés à la version remaniée de 2017, on trouve de nombreux systèmes de sécurité à base de radars ou de caméras. Cela dit, n'ayez crainte, la Quattroporte n'a rien perdu de sa fougue ou de son âme italienne.

Voici une petite anecdote pour en témoigner. En Sicile, en approchant d'un tunnel taillé dans le roc au volant d'une Quattroporte S Q4 GranSport, je me suis fait plaisir. J'ai abaissé la fenêtre côté conducteur, j'ai appuyé sur le bouton Sport et j'ai actionné à quelques reprises la longue palette en aluminium à gauche du volant pour faire rétrograder de quelques rapports la boîte automatique à huit rapports. Et j'ai mis le pied au fond. Spectaculaire !

Le V6 biturbo de 3,0 litres mis au point avec l'aide de Ferrari a déchaîné ses 404 chevaux dans une cacophonie digne d'un Caruso en quête de sa note la plus haute le lendemain d'une soirée trop arrosée au Limoncello. Et la grosse berline a bondi follement vers l'avant, passant les rapports en pétaradant. Vous ne retrouverez pas ce genre de *passione* à l'état pur au volant d'une Mercedes, d'une BMW ou d'une Audi.

Pour souligner plus nettement son tempérament, la Maserati Quattroporte 2017 a des lignes plus affirmées. Au Canada, nous aurons droit à la S Q4 à moteur V6 biturbo de 3,0 litres (rouage intégral, 404 ch, couple de 406 lb-pi) et à la GTS à V8 biturbo de 3,8 litres (propulsion, 523 ch, couple de 524 lb-pi). Sur les deux versions, la boîte ZF à huit rapports passe maintenant les rapports plus rapidement (en moins de 100 millisecondes). On s'attend à ce que les prix demeurent à peu près les mêmes, soit plus de 120 000 $ pour la version S et plus de 160 000 $ pour la GTS.

INTÉRIEURS LUXUEUX

Maserati a amélioré l'aménagement de l'habitacle, la qualité des matériaux et l'isolation sonore pour qu'ils reflètent mieux le prix de ses machines. Pour 2017, deux niveaux de dotation sont offerts. Le GranLusso met l'accent sur le luxe avec son intérieur impressionnant avec pièces de soie signées Ermenegildo Zegna. Avec le GranSport, on obtient un style plus mordant et des roues de 21 pouces (au lieu de 20).

Le système d'infodivertissement Maserati Touch Control Plus amélioré comprend un écran tactile de 8,4 pouces niché dans la console centrale. Il est toujours basé sur le système Uconnect de Chrysler (un des meilleurs de l'industrie), mais son graphisme est plus sophistiqué. Maserati a malheureusement conservé un mécanisme emprunté aux à certains produits FCA, qui a une fâcheuse tendance à sauter vers une autre position (*Park,* point mort ou *Drive*) quand on essaie de passer la marche arrière.

L'ensemble optionnel de dispositifs d'aide au pilotage comprend un régulateur de vitesse adaptatif, un avertisseur de changement de voie et un avertisseur de collision avant avec freinage d'urgence automatisé.

CONDUITE ENIVRANTE

La Quattroporte est dotée d'une direction à assistance hydraulique, ce qui donne une conduite naturelle, non déformée par les dispositifs électroniques. Merci Maserati.

Sur les routes en serpentins, la Quattroporte S Q4 est dans son élément. Pour une si grosse berline, elle enfile les virages avec énormément d'aplomb et son rouage intégral, qui met l'accent sur les roues arrière, permet des sorties de courbe dynamiques. La sélection du mode Sport agit sur la direction, la réponse de l'accélérateur, la boîte automatique et le système de stabilisation. Un autre bouton permet de paramétrer séparément la suspension adaptative Skyhook (résolument ferme même en mode Normal).

Ces améliorations en milieu de cycle étaient pleinement justifiées et elles font de la Quattroporte 2017 une concurrente sérieuse dans la catégorie des berlines de luxe européennes. La grosse Maserati propose maintenant un habitacle vraiment distinctif. De plus, il fallait que la firme suive le courant en matière de système d'infodivertissement et de dispositifs d'aide au pilotage. Mais la Quattroporte n'a rien perdu de son âme fondamentalement italienne.

Du nouveau en 2017

Révisions esthétiques, finition de l'habitacle à la hausse, ajouts d'équipement de sécurité avancé.

Châssis - S Q4 (V6) TI

Emp / lon / lar / haut	3171 / 5262 / 2100 / 1481 mm
Coffre / Réservoir	530 litres / 80 litres
Nbre coussins sécurité / ceintures	6 / 5
Suspension avant	ind., double triangulation
Suspension arrière	ind., multibras
Freins avant / arrière	disque / disque
Direction	à crémaillère, ass. var.
Diamètre de braquage	11,8 m
Pneus avant / arrière	P245/45ZR19 / P275/40ZR19
Poids / Capacité de remorquage	2091 kg / n.d.
Assemblage	Turin IT

Composantes mécaniques

S Q4 (V6) TI

Cylindrée, soupapes, alim.	V6 3,0 litres 24 s turbo
Puissance / Couple	404 ch / 406 lb-pi
Tr. base (opt) / rouage base (opt)	A8 / Int
0-100 / 80-120 / V.Max	4,9 s / n.d. / 283 km/h
100-0 km/h	n.d.
Type / ville / route / CO_2	Sup / 15,4 / 7,8 l/100 km / 5511 (est) kg/an

GTS (V8)

Cylindrée, soupapes, alim.	V8 3,8 litres 32 s turbo
Puissance / Couple	523 ch / 524 lb-pi
Tr. base (opt) / rouage base (opt)	A8 / Prop
0-100 / 80-120 / V.Max	4,7 s / n.d. / 307 km/h
100-0 km/h	34,0 m
Type / ville / route / CO_2	Sup / 17,4 / 8,5 l/100 km / 6162 (est) kg/an

MASERATI QUATTROPORTE

« UNE GRANDE BERLINE **SPECTACULAIRE** PAR SON STYLE, LA **SONORITÉ** DE SES MOTEURS ET SON ÂME **ITALIENNE.** »

Photos : Peter Bleakney

MASERATI **GHIBLI**

((SiriusXM))

Prix : 82 600 $ à 91 950 $ (2016)
Catégorie : Berline
Garanties :
4 ans/80 000 km, 4 ans/80 000 km
Transport et prép. : 5 508 $
Ventes QC 2015 : n.d.
Ventes CAN 2015 : n.d.

Cote du Guide de l'auto

70 %

Fiabilité **n.d.**	Appréciation générale ■■■■■■■□□□
Sécurité ■■■■■■□□□□	Agrément de conduite ■■■■■■■□□□
Consommation ■■■■□□□□□□	Système multimédia ■■■■■■■■□□

Cote d'assurance

■■■□□□□□□□
$$$ $

➕ Carrosserie à faire saliver •
Motorisations puissantes • Habitacle
somptueux • Coffre immense •
Exclusivité assurée (pour l'instant)

➖ Coûts d'entretien élevés à prévoir •
Fiabilité incertaine • Consommation
élevée • Commandes de climatisation
minuscules • Peu d'espace à l'arrière

Concurrents
Audi A6, Jaguar XF,
Mercedes-Benz Classe E

Un corps d'enfer

Michel Deslauriers

Pour découvrir la marque Maserati et son riche héritage, plusieurs acheteurs ont choisi la Ghibli. C'est la voiture la moins chère de la gamme, et grâce à elle, les ventes de ce constructeur italien ont doublé en 2014. En cours d'année, ça sera au tour du VUS Levante d'accroître les ventes.

La Ghibli, c'est une alternative aux BMW Série 5, Jaguar XF, Mercedes-Benz Classe E et Cadillac CTS dans le segment des berlines de luxe intermédiaires. Toutefois, elle joue la carte de la séduction dans un créneau misant sur le raffinement, la sophistication et le conservatisme.

Grâce à son empattement long et sa largeur supérieure à la moyenne, la Ghibli impose sa présence sur la route, même si elle semble bien petite lorsque flanquée de sa grande sœur Quattroporte. Les rondeurs de ses épaules et de ses hanches, la petite fenestration et le capot plongeant contrastent indéniablement avec le style moins tape-à-l'œil de ses concurrentes. Bref, on délaisse le tailleur pour la robe de bal, un pari audacieux qui fait néanmoins sortir cette Maserati du lot.

CARACTÈRE SPORTIF
La Ghibli propose un choix de deux motorisations, mis au point avec l'aide de Ferrari, paraît-il. Et une seule boîte de vitesse, une automatique à huit rapports avec sélecteurs montés au volant. D'entrée de jeu, un V6 biturbo de 3,0 litres développant 345 chevaux ainsi qu'un couple de 369 lb-pi qui se manifeste à partir de seulement 1 750 tr/min. Selon le constructeur, la voiture de base à propulsion accélère de 0 à 100 km/h en 5,6 secondes.

Toutefois, c'est la version Ghibli S Q4 qui est la plus intéressante pour deux raisons. D'abord, le moteur est le même, mais sa puissance passe à 404 chevaux et son couple, à 406 lb-pi. Selon Maserati, le temps requis pour boucler le 0-100 km/h est de 4,8 secondes, ce qui nous semble un tantinet optimiste après notre essai de la voiture. L'autre attrait, c'est son rouage intégral pour affronter nos hivers du Québec. En conduite normale, le système envoie 100 % de la puissance aux roues arrière, mais lorsqu'une perte d'adhérence est détectée, jusqu'à 50 % de la puissance est réassignée aux roues avant.

La Ghibli partage une partie de ses composantes mécaniques avec la Quattroporte. On a consenti une répartition des masses parfaite de 50/50 à l'avant et à l'arrière, et l'auto procure une dynamique de conduite sportive. Parmi les plus sportives du segment, en fait. En revanche, la consommation d'essence de cette berline n'est pas des plus reluisantes. Pas moins de 10 l/100 km de super sont nécessaires pour rouler tranquillement sur l'autoroute, alors que dans la circulation urbaine, la moyenne grimpe à plus de 14 l/100 km. Les Allemandes font mieux à ce chapitre avec leurs motorisations équivalentes, et même avec leurs V8 plus puissants.

BEAUX FAUTEUILS EN CUIR ITALIEN

On s'y attend, l'habitacle de la Maserati Ghibli est somptueux, avec des sièges en cuir bien rembourrés, mais pas trop mollasses non plus. Avec la collaboration de la maison de couture Ermenegildo Zegna, trois habillages sont offerts en option, et comprennent des sièges garnis d'empiècements de soie Zegna Mulberry. On peut également opter pour la soie Jersey afin de rehausser l'apparence des panneaux de porte, du pavillon de toit et des pare-soleil. Évidemment, le tout est assorti aux divers coloris de cuir proposés; l'effet est très chic.

Le confort est au rendez-vous, sauf peut-être pour les passagers arrière qui n'ont pas beaucoup de dégagement pour les jambes, alors que la banquette est sculptée pour deux postérieurs plutôt que trois. La chaîne audio à huit haut-parleurs de série peut être remplacée par un système ambiophonique Harman Kardon de 900 watts, ou bien une chaîne Bowers & Wilkins de 1 280 watts avec 15 haut-parleurs. Le système multimédia Maserati Touch Control est en fait un clone du Uconnect 8,4N de Fiat Chrysler Automobiles, l'un des plus conviviaux sur le marché.

Donc, une berline intermédiaire luxueuse, rapide et belle à croquer. Pourquoi Maserati n'en vend-elle pas davantage ? D'abord, le réseau de concessionnaires est minuscule, avec sept établissements au Canada, dont seulement deux au Québec. De plus, la réputation de fiabilité de la marque Maserati, et des bagnoles italiennes en général, puisqu'on en parle, n'est pas très positive.

D'un autre côté, si l'on est prêt à débourser plus de 80 000 $ pour une voiture, se soucie-t-on vraiment des coûts d'entretien et d'essence ? Probablement pas. Maserati a osé créer une berline intermédiaire de luxe séduisante, et qui sort de l'ordinaire par sa beauté et sa rareté. Maintenant, à nous de déterminer si l'on peut s'imaginer derrière le volant d'une telle machine.

Du nouveau en 2017

Aucun changement majeur

Châssis - S Q4

Emp / lon / lar / haut	2997 / 4971 / 2101 / 1461 mm
Coffre / Réservoir	500 litres / 80 litres
Nbre coussins sécurité / ceintures	6 / 5
Suspension avant	ind., double triangulation
Suspension arrière	ind., multibras
Freins avant / arrière	disque / disque
Direction	à crémaillère, assistée
Diamètre de braquage	11,7 m
Pneus avant / arrière	P235/50R18 / P275/45R18
Poids / Capacité de remorquage	1871 kg / n.d.
Assemblage	Turin IT

Composantes mécaniques

Base

Cylindrée, soupapes, alim.	V6 3,0 litres 24 s turbo
Puissance / Couple	345 ch / 369 lb-pi
Tr. base (opt) / rouage base (opt)	A8 / Prop
0-100 / 80-120 / V.Max	5,6 s (const.) / n.d. / 266 km/h
100-0 km/h	36,0 m
Type / ville / route / CO_2	Sup / 14,1 / 9,8 l/100 km / 5596 kg/an

S Q4

Cylindrée, soupapes, alim.	V6 3,0 litres 24 s turbo
Puissance / Couple	404 ch / 406 lb-pi
Tr. base (opt) / rouage base (opt)	A8 / Int
0-100 / 80-120 / V.Max	5,7 s / 3,4 s / 282 km/h
100-0 km/h	38,6 m
Type / ville / route / CO_2	Sup / 15,0 / 10,0 l/100 km / 5869 kg/an

> **LA GHIBLI EST INDÉNIABLEMENT UN CHOIX ÉMOTIONNEL DANS UN SEGMENT REMPLI DE VOITURES GÉNÉRALEMENT RATIONNELLES ET TOUTE UNE BEAUTÉ.**

Photos : Alain Morin, Maserati

MAZDA 3

((SiriusXM))

Prix: 15 550 $ à 30 275 $ (2016)
Catégorie: Berline, Hatchback
Garanties:
3 ans/illimité, 5 ans/illimité
Transport et prép.: 1 795 $
Ventes QC 2015: 13 869 unités
Ventes CAN 2015: n.d.

Cote du Guide de l'auto

84 %

Fiabilité

■■■■■■■□□□

Appréciation générale

■■■■■■■■□□

Sécurité

■■■■■■■□□□

Agrément de conduite

■■■■■■■■□□

Consommation

■■■■■■■■□□

Système multimédia

■■■■■■■□□□

Cote d'assurance

■■■■■■□□□□

$$$ $

➕ Conduite précise • Suspension bien calibrée • Finition intérieure impeccable • Mécaniques puissantes et économiques

➖ Manque de technologies récentes • Insonorisation de l'habitacle perfectible • Conduite raide avec les roues de 18 pouces • Pas de turbo ou d'hybride en vue

---

Concurrents
Chevrolet Cruze, Ford Focus, Honda Civic, Hyundai Elantra, Kia Forte, Mitsubishi Lancer, Nissan Sentra, Subaru Impreza, Toyota Corolla, Volkswagen Golf, Volkswagen Jetta

Elle s'est fait doubler

Marc-André Gauthier

L a Mazda3 a maintes fois été élue meilleure voiture compacte par vos serviteurs, et à juste titre. Bien que la Mazda3, et la Protegé auparavant, ont toujours été des véhicules agréables à conduire, la génération actuelle est plus que jamais au top de ce que peut être une berline compacte.

Stylée, sportive et économique, la Mazda3 représente l'ultime compromis, ce qui lui a valu tant de succès. Mais les temps changent. Elle doit aujourd'hui regarder dans son rétroviseur, puisque la concurrence se pointe, et la nouvelle Honda Civic a même réussi à la dépasser.

UNE VOITURE QUI VIEILLIT BIEN
Le design «KODO» qui habille la Mazda3 a déjà quelques années, et force est d'admettre qu'il vieillit bien. Lorsqu'il fut introduit, il se démarquait par ses lignes agressives, et par une calandre assez distinctive. Malgré cela, quelques modifications esthétiques pour 2017 lui apportent un vent de fraicheur.

À l'intérieur de la 3, le souci du détail est toujours présent. Plusieurs éléments, comme l'écran de navigation superposé à la planche de bord, sont empruntés à des modèles beaucoup plus dispendieux. Le système multimédia fonctionne bien, notamment grâce à une interface simple, mais le manque de compatibilité avec les systèmes Apple CarPlay et Android Auto est un problème, surtout quand on considère que de plus en plus de concurrents offrent cette intégration.

La version à hayon, baptisée Sport, convient parfaitement pour transporter des objets volumineux, tandis que la berline a tout de même un coffre de 350 litres. À titre d'exemple, la Corolla a 368 litres d'espace, et la nouvelle Civic, 427...

Pour la 3 de base, on retrouve un quatre cylindres de 2,0 litres développant 155 chevaux à 6 000 tr/min, et un couple de 150 livre-pied à 4 000 tr/min. En option, son grand frère, un autre quatre cylindres de 2,5 litres, génère 184 chevaux à 5 700 tr/min, et 185 livre-pied à 3 250 tr/min. Ces deux moteurs peuvent être jumelés à une boîte manuelle à six rapports, ou à une automatique à six rapports.

Le moteur de base démontre beaucoup de souplesse, et permet de suivre la circulation sans problème, tout en maintenant une moyenne de 7 l/100 km. Le 2,5 litres, plus puissant, confère à la Mazda3 des performances appréciables, sans compromettre la consommation, qui demeure près de 8 l/100 km. D'ailleurs, Mazda a gagné des prix pour la faible consommation de ses moteurs, notamment un de l'EPA, l'Agence de protection environnementale des États-Unis, la même agence qui a coincé Volkswagen, ironiquement. Cela dit, on ne perçoit aucun signe permettant de penser que Mazda dévoilerait bientôt des moteurs turbocompressés ou hybrides pour sa voiture compacte, ce qui amènerait davantage de puissance pour une consommation encore moindre.

Cette année, Mazda introduit un nouveau système baptisé «G-Vectoring». Cette technologie analyse la trajectoire en virage et ajuste la direction, le freinage, et le couple en conséquence. La stabilité, les performances en virage et le confort seront améliorés.

SAVOIR S'AJUSTER...

Lorsque vient le temps de faire des courses, la Mazda3 répond avec une grande agilité, qui facilite les manœuvres en ville. Le système de sécurité électronique freinera automatiquement la voiture afin de prévenir les collisions à basse vitesse. Si vous avez la chance de circuler sur de belles routes pas trop achalandées, c'est là que vous pourrez apprécier la 3 à sa juste valeur: la précision de sa direction et le calibrage de sa suspension font de cette compacte une sportive de tous les jours, rien de moins.

Néanmoins, elle doit réaliser qu'elle est encerclée par la concurrence. Au cours des dernières années, Hyundai, Honda, Subaru, et bien d'autres ont dévoilé des versions remaniées de leurs compactes, lesquelles intègrent plus de technologies que Mazda. Le meilleur exemple est celui de Honda, qui arrive avec une nouvelle Civic magistrale, amusante à conduire, économique, turbocompressée, bref tout simplement magnifique.

Malgré tout, la Mazda3 demeure une voiture de grande qualité, mais Mazda se doit de ne pas ignorer la concurrence, et d'ajuster son offre en conséquence. La compagnie est rendue là.

De plus, Mazda connaît quelques ratés côté fiabilité, un facteur qu'il est important de considérer quand vient le temps d'acheter une voiture censée nous servir tous les jours.

Du nouveau en 2017

Aucun changement majeur. Calandre rafraîchie.
Système G-Vectoring sera offert en cours d'année.

Châssis - Berline GT

Emp / lon / lar / haut	2700 / 4580 / 2053 / 1455 mm
Coffre / Réservoir	350 litres / 50 litres
Nbre coussins sécurité / ceintures	6 / 5
Suspension avant	ind., jambes force
Suspension arrière	ind., multibras
Freins avant / arrière	disque / disque
Direction	à crémaillère, ass. var. élect.
Diamètre de braquage	10,6 m
Pneus avant / arrière	P215/45R18 / P215/45R18
Poids / Capacité de remorquage	1359 kg / n.d.
Assemblage	Salamanca MX

Composantes mécaniques

Berline

Cylindrée, soupapes, alim.	4L 2,0 litres 16 s atmos.
Puissance / Couple	155 ch / 150 lb-pi
Tr. base (opt) / rouage base (opt)	M6 (A6) / Tr
0-100 / 80-120 / V.Max	9,6 s (est) / 9,0 s (est) / 200 km/h (const)
100-0 km/h	42,9 m
Type / ville / route / CO$_2$	Ord / 8,2 / 5,9 l/100 km / 3296 kg/an

Berline GT, Sport GT

Cylindrée, soupapes, alim.	4L 2,5 litres 16 s atmos.
Puissance / Couple	184 ch / 185 lb-pi
Tr. base (opt) / rouage base (opt)	M5 (A6) / Tr
0-100 / 80-120 / V.Max	8,1 s (est) / 5,2 s (est) / 200 km/h (const)
100-0 km/h	43,3 m
Type / ville / route / CO$_2$	Ord / 8,4 / 6,1 l/100 km / 3388 kg/an

« LA MAZDA3 **DEMEURE** UN **EXCELLENT** CHOIX DANS LE SEGMENT DES COMPACTES, MAIS LA **NOUVELLE** CIVIC A RÉUSSI À PRENDRE **LES DEVANTS.** »

MAZDA 5

((SiriusXM))

Prix : 21 995 $ à 27 995 $ (2016)
Catégorie : Familiale
Garanties : 3 ans/illimité, 5 ans/illimité
Transport et prép. : 2 010 $
Ventes QC 2015 : 640 unités
Ventes CAN 2015 : 2 523 unités

Cote du Guide de l'auto

67 %

Fiabilité
n.d.

Sécurité
■■■■■■■□□□

Consommation
■■■■■□□□□□

Appréciation générale
■■■■■■□□□□

Agrément de conduite
■■■■■■■□□□

Système multimédia
■■■■■■□□□□

Cote d'assurance
■■■■■■■■□□
$ $ $ $

+ Tenue de route agréable •
Logeable pour quatre passagers •
Boîte manuelle disponible •
Portes latérales coulissantes

− Accès à la 3ᵉ rangée difficile •
Confort de la 3ᵉ banquette mitigé •
Groupe propulseur daté •
Bruyante à vitesse d'autoroute

Concurrents
Ford C-Max, Kia Rondo

Un multisegment
qui n'en est pas un

Mathieu St-Pierre

L'Autobeaucoup de Chrysler a chambardé le monde de l'automobile il y a déjà près de 35 ans. Rapidement, plusieurs constructeurs se sont lancés dans la mêlée, incluant Mazda avec sa MPV. Cette dernière était plus qu'un VUS, c'était une minifourgonnette en avance sur les tendances, qui a évolué et dont l'héritage est assumé chez nous par la Mazda5 que nous connaissons aujourd'hui.

La microfourgonnette a fait ses débuts en 2004. Si, chez Mazda, la 5 faisait belle figure chez le concessionnaire, elle se heurta rapidement à un monde où les VUM compacts prenaient de plus en plus de place. Mazda avait prévu le coup en introduisant son CX-7 tout neuf. Peu de temps après, on a assisté au déclin, inévitable, de la *minivan*.

Pour la famille, la Mazda5 possède plusieurs atouts intéressants, mais de nombreuses contraintes pourraient rendre son utilisation moins aisée. Toutefois, si vous êtes en mesure d'évaluer parfaitement vos besoins, elle risque de vous plaire.

C'EST UNE MAZDA APRÈS TOUT

Rares sont les fourgonnettes qui peuvent se qualifier d'être agréables à conduire. Sans prétendre pouvoir vous convaincre que la Mazda5 est la Ferrari de sa catégorie, disons que vous risquez d'être surpris par son agrément de conduite.

Si vous considérez l'achat de cette automobile, retenez ceci : la Mazda5 2017 en est probablement à sa dernière année sur le marché, et elle n'a donc pas subi le traitement SKYACTIV, contrairement aux autres produits de la gamme. Si vous effectuez l'essai d'une Mazda3 ou d'un CX-5 au préalable, vous constaterez que la Mazda5 est beaucoup moins moderne.

La suspension est indépendante à l'avant, et à bras multiples à l'arrière. La microfourgonnette colle donc à la route. Son roulis est présent, mais très bien maitrisé. Il est facilement envisageable de s'élancer dans une courbe sans trop perturber les passagers. Les amortisseurs réussissent à procurer un niveau de confort convenable, surtout quand les petits «prouts» font dodo à l'arrière. Son comportement routier est facilement comparable à celui de plusieurs utilitaires compacts.

La direction électro-hydraulique répond bien grâce à un niveau d'assistance bien dosé. Le système de freinage à disques aux quatre coins fait un travail correct. Par contre, concernant le groupe propulseur, ça se corse un peu. Ce n'est pas qu'il est inefficace, mais disons plutôt qu'il a pris de l'âge.

Le quatre cylindres de 2,5 litres diffère de celui que l'on retrouve dans la Mazda3 ou dans le CX-5 2017. En l'absence de la technologie SKYACTIV, il est moins puissant que le moteur de ses voisins de salle d'exposition, mais son rendement semble plus que suffisant ici. La boîte manuelle à six rapports est une caractéristique ô comment rare dans un tel véhicule! Le levier se manipule bien et l'on se plaît à passer ses vitesses soi-même. L'automatique à cinq rapports, plus commune, s'agence adéquatement avec le moteur. Avec une conduite raisonnable, les changements de vitesse sont presque imperceptibles.

LE COMPROMIS, OU L'AVANTAGE

Sur le plan esthétique, nous avons de la difficulté à faire l'éloge de la Mazda5. D'autant plus que les autres véhicules de Mazda sont, disons-le, parmi les plus dynamiques de l'industrie. Si les portes coulissantes nuisent au look de la voiture, il est impossible d'ignorer leur utilité. Elles facilitent l'accès à la deuxième rangée, surtout si un bambin doit être installé dans un siège d'appoint. Se rendre à la troisième rangée est une tout autre histoire et même une fois en place, l'espace disponible pour les jambes et les pieds ne convient qu'aux préados.

La Mazda5 offre six places. Par contre, si l'utilisation du coffre est nécessaire, elle se transforme rapidement en une quatre places. Ce compromis peut brusquement devenir irritant en situations où le besoin d'assoir cinq passagers et de placer de l'équipement dans le coffre se répète souvent. À l'avant, les occupants disposent amplement d'espace. La position de conduite élevée, si prisée de nos jours, est agréable. On aurait aimé davantage de vide-poches, mais bon, on peut toujours s'organiser.

La planche de bord est fidèle à l'image des produits Mazda de l'ancienne génération, laquelle exclut un écran d'affichage et bien des technologies appréciées de nos jours. Le tout reste toutefois fonctionnel.

La soif de multisegments des consommateurs aura finalement sonné la fin de cette microfourgonnette, car la Mazda5 en est sans doute à sa dernière année.

Du nouveau en 2017

Aucun changement majeur

Châssis - GS	
Emp / lon / lar / haut	2750 / 4585 / 1750 / 1615 mm
Coffre / Réservoir	112 à 857 litres / 60 litres
Nbre coussins sécurité / ceintures	6 / 6
Suspension avant	ind., jambes force
Suspension arrière	ind., multibras
Freins avant / arrière	disque / disque
Direction	à crémaillère, ass. var. élect.
Diamètre de braquage	11,2 m
Pneus avant / arrière	P205/55R16 / P205/55R16
Poids / Capacité de remorquage	1560 kg / n.d.
Assemblage	Hiroshima JP

Composantes mécaniques	
Cylindrée, soupapes, alim.	4L 2,5 litres 16 s atmos.
Puissance / Couple	157 ch / 163 lb-pi
Tr. base (opt) / rouage base (opt)	M6 (A5) / Tr
0-100 / 80-120 / V.Max	10,2 s / 7,7 s / n.d.
100-0 km/h	44,5 m
Type / ville / route / CO_2	Ord / 10,8 / 8,3 l/100 km / 4451 kg/an

« LA MAZDA5 VIT DANS L'OMBRE DE SES CONFRÈRES ET consœurs. PLUS MODERNES ET INTÉRESSANTS. »

MODÈLE 2016

MAZDA 6

((SiriusXM))

Prix : 24 695 $ à 32 895 $ (2016)
Catégorie : Berline
Garanties :
3 ans/illimité, 5 ans/illimité
Transport et prép. : 1 695 $
Ventes QC 2015 : 765 unités
Ventes CAN 2015 : 2 703 unités

Cote du Guide de l'auto

83 %

Fiabilité
■■■■■■■■□□

Appréciation générale
■■■■■■■■□□

Sécurité
■■■■■■■■□□

Agrément de conduite
■■■■■■■■■□

Consommation
■■■■■■■■□□

Système multimédia
■■■■■■■□□□

Cote d'assurance
■■■■■■■■□□
$ $ $ $

+ Style ravageur • Consommation basse • Tellement plaisante à conduire • Moteur bien adapté • Boîte manuelle toujours offerte !

− Pas de rouage intégral • Visibilité arrière restreinte • Pas de moteur plus puissant • Diffusion limitée • Valeur de revente inférieure à celle de ses rivales

---

Concurrents
Buick Regal, Chevrolet Malibu, Chrysler 200, Ford Fusion, Honda Accord, Hyundai Sonata, Kia Optima, Nissan Altima, Subaru Legacy, Toyota Camry, Volkswagen CC, Volkswagen Passat

Championne invaincue... et boudée

Frédérick Boucher-Gaulin

La Mazda6 a gagné de nombreux prix et nous la recommandons chaudement à quiconque se demande quelle berline intermédiaire acheter. La presse spécialisée apprécie généralement son style fluide et sa conduite dynamique.

Malgré tout, les ventes ne sont pas proportionnelles aux éloges : l'an dernier, 765 Mazda6 ont trouvé preneur au Québec. Pendant ce temps, Volkswagen a vendu 1 665 Passat, Subaru a vendu 1 307 Legacy, Kia a vendu 1 931 Optima et Toyota a écoulé 4 252 Camry ! Mais pourquoi ?

SON STYLE ?
Peut-être est-ce à cause de ses lignes ? La Mazda6 est audacieuse, ayant été dessinée pour 2012 selon le style KODO, celui qui définit les produits de la marque. Pour le millésime 2017, Mazda a choisi de procéder à des changements très mineurs sur l'extérieur de la berline. Même sans ces subtiles modifications, la Mazda6 est non seulement plus belle que la plupart de ses rivales — ce qui, je l'admets, est subjectif —, mais elle est aussi plus dynamique et ose sortir de l'ordinaire. Elle est longue, basse et effilée, comme une voiture sport.

Dans les versions de base, des roues de 17 pouces sont au programme; sur les versions haut de gamme GT, on retrouve de grosses jantes en aluminium de 19 pouces, en plus de phares à DEL et d'une ceinture de diodes, illuminant le pourtour intérieur de la grille lorsqu'on allume les feux avant. Décidément, peu importe votre choix, la Mazda6 paraît bien. L'ennui, c'est que ses voluptueuses courbes n'influencent pas les acheteurs. Cherchons donc ailleurs.

L'HABITACLE, PEUT-ÊTRE ?
Encore une fois, ce n'est pas à l'intérieur que se cache la réponse des faibles ventes : la cabine de la Mazda6 est l'une des plus jolies et des mieux assemblées de son segment. Les sièges sont souples, facilement réglables pour trouver précisément la position de conduite idéale et le volant est juste

de la bonne taille. Cette berline vous donnera l'impression d'être aux commandes d'un véhicule ajusté pour vous, un peu comme un complet fait sur mesure. Même constat pour les passagers arrière, puisqu'il y a suffisamment d'espace pour les grands gabarits.

Une climatisation bizone vient sur les modèles GS et GT, tandis que le régulateur de vitesse est de série, tout comme le démarrage par bouton-poussoir et les sièges chauffants. Côté infodivertissement, Mazda offre un écran de sept pouces contrôlable via la molette située juste derrière le levier de vitesse. Le fonctionnement du système multimédia n'est pas parfait — on note quelques ralentissements, et une ou deux fois où la radio satellite et le lecteur MP3 ont refusé de lire une piste —, mais il est supérieur à celui de beaucoup de ses concurrentes.

SERAIT-CE LA MOTORISATION ?

Sous le stylisé capot de la Mazda6, il n'y a qu'une seule option : un quatre cylindres à injection directe de 2,5 litres et 184 chevaux. On peut cependant choisir la boîte de vitesses pour acheminer ces équidés aux roues avant : il y a une automatique à six rapports et une manuelle possédant le même nombre de vitesses. Ceci devrait donner un avantage à la Mazda6, puisqu'elle est l'une des seules, dans ce segment, à offrir une pédale d'embrayage. Néanmoins, un faible pourcentage des Mazda6 sont vendues avec cette configuration.

L'expérience de conduite de la Mazda6 se situe, honnêtement, à des années-lumière de ce qu'offre Honda ou Toyota : Elle est plus maniable et agile que ses concurrentes, et sa direction répond au doigt et à l'œil. De même, le moteur aime révolutionner haut et il délivre sa puissance de façon fluide. En fait, piloter la Mazda6, dans une suite de petits virages, fait ressortir toute l'ingénierie que le constructeur a apportée dans l'expérience de conduite; on voit immédiatement que la voiture partage plus d'un gène avec la MX-5.

TROP DOUÉE FINALEMENT

Tout compte fait, je crois que ce sont ses grandes qualités qui nuisent à la Mazda6; les clients de ce segment ne recherchent pas la sportivité, mais plutôt la fiabilité éprouvée et un style relativement anonyme. Ses suspensions, que nous adorons pour leur aplomb, sont jugées trop fermes par certains. Chez les berlines intermédiaires, l'acheteur moyen ne cherche pas à se démarquer... il suffit de regarder le nombre de Camry beiges, sur la route, pour s'en convaincre.

Malgré tout, si vous recherchez la plus plaisante, ou la plus jolie, tout simplement, LA berline intermédiaire que nous vous recommandons, n'allez pas plus loin, c'est la Mazda6.

Du nouveau en 2017

Aucun changement majeur.
Quelques modifications esthétiques mineures.

Châssis - GT	
Emp / lon / lar / haut	2830 / 4895 / 1840 / 1450 mm
Coffre / Réservoir	419 litres / 62 litres
Nbre coussins sécurité / ceintures	6 / 5
Suspension avant	ind., jambes force
Suspension arrière	ind., multibras
Freins avant / arrière	disque / disque
Direction	à crémaillère, ass. var. élect.
Diamètre de braquage	11,2 m
Pneus avant / arrière	P225/45R19 / P225/45R19
Poids / Capacité de remorquage	1444 kg / n.d.
Assemblage	H?fu JP

Composantes mécaniques	
Cylindrée, soupapes, alim.	4L 2,5 litres 16 s atmos.
Puissance / Couple	184 ch / 185 lb-pi
Tr. base (opt) / rouage base (opt)	M6 (A6) / Tr
0-100 / 80-120 / V.Max	8,3 s / 5,6 s / 215 km/h (est)
100-0 km/h	44,0 m
Type / ville / route / CO_2	Ord / 8,8 / 6,1 l/100 km / 3489 kg/an

« (...) ON APPRÉCIE LA MAZDA6 POUR CE QU'ELLE EST, UNE JOLIE VOITURE PROCURANT BEAUCOUP DE PLAISIR. »

- SYLVAIN RAYMOND

MODÈLE 2016

MODÈLE 2016

MAZDA **CX-3**

Prix : 20 695 $ à 28 995 $ (2016)
Catégorie : VUS
Garanties :
3 ans/illimité, 5 ans/illimité
Transport et prép. : 1 995 $
Ventes QC 2015 : 2 953 unités
Ventes CAN 2015 : 6 861 unités

Cote du Guide de l'auto

83 %

Fiabilité	Appréciation générale
Nouveau modèle	■■■■■■■□□□
Sécurité	Agrément de conduite
■■■■■■■□□□	■■■■■■■□□□
Consommation	Système multimédia
■■■■■□□□□□	■■■■■■■□□□

Cote d'assurance
n.d.

➕ Style accrocheur • Habitacle particulièrement bien fini (GT) • Plaisir de conduire indéniable • Habitacle silencieux (à vitesse de croisière)

➖ Sièges arrière et coffre très petits • Puissance très juste • Mode Sport trop extrême • Consommation élevée • Visibilité arrière limitée

Concurrents
Buick Encore, Chevrolet Trax, Fiat 500X, Honda HR-V, Jeep Renegade, Kia Soul, MINI Countryman, MINI Paceman, Mitsubishi RVR, Nissan JUKE, Subaru Crosstrek

Les couleurs de l'automne

Alain Morin

L'automne, les rouges, les verts, les jaunes et les ocres se mêlent pour offrir aux baladeurs des paysages extraordinaires que tout être humain vivant sur la planète devrait avoir vu au moins une fois dans sa vie. Et puis, il y a ces odeurs si particulières, mélange de bois, de feuilles et d'humidité que les rayons de soleil encore chauds amènent à leur paroxysme. L'automne, c'est aussi des matins frisquets, enneigés même. De la pluie froide, des arbres dénudés et des piscines fermées pour l'hiver. Le Mazda CX-3, c'est un peu tout ça...

Doté d'un physique qui plaît à la plupart des gens, le CX-3 se démarque nettement dans la jungle automobile. Il ressemble à son grand frère, le CX-5, mais ses lignes sont plus délicates, ce qui lui sied bien, à cause de son format réduit. Si les dimensions de ce VUS sous-compact en font un parfait candidat pour les centres-villes bondés, son habitacle risque toutefois d'en décevoir plusieurs. Les places arrière sont réservées à des enfants, et encore, s'ils sont dans des sièges d'appoint, il faudra se faire à leurs pieds poussant à tout moment dans le dossier du siège avant.

Quant au coffre, il demande de solides habiletés au jeu Tetris dès qu'il y a le moindrement de matériel à transporter... Après tout, il mesure 186 mm de MOINS qu'une Mazda3. Contrairement à ce que l'on pourrait croire, le CX-3 n'est pas construit sur la plateforme de la Mazda3, mais plutôt sur celle de la Mazda2 qui, elle, est vendue au Canada sous les traits de la Toyota Yaris berline.

Heureusement, le design du tableau de bord est réussi malgré cet écran planté en son milieu, comme si on l'avait oublié lors de la conception. Dieu merci, la dynamique créée par les lignes, le jeu des couleurs et la qualité de la finition sauvent royalement la mise.

Juste devant le conducteur, en plein centre du module d'information, trône, dans la version GT, un large compte-tours, à la manière Porsche. C'est bien la seule chose qui rappelle Porsche dans un CX-3... On peut lire la vitesse dans un recoin de ce compte-tours ou sur une petite plaque en plastique placée sur le dessus du tableau de bord qui se déploie dès que l'on met le contact. Sympa. Fiable ? Seul l'avenir nous le dira.

Il convient ici de mentionner que la quasi-totalité des essais menés par les journalistes le sont au volant de la livrée GT, la plus cossue. Et la plus chère. Les versions GX et GS sont moins bien nanties, tant au niveau du choix de couleurs que des accessoires, mais sont plus abordables. Le système d'infodivertissement Mazda Connect est réussi, même s'il est à peu près impossible de le gérer via la molette située sur la console centrale alors que l'appuie-bras est abaissé. Aussi, l'absence d'espaces de rangement risque d'en faire sacrer plus d'un.

Côté moteur, pas de choix possibles, toutes les versions sont mues par un quatre cylindres atmosphérique de 2,0 litres développant 146 chevaux et autant de livre-pied de couple. La boîte de vitesses est, invariablement, une automatique à six rapports, avec palettes au volant dans la livrée la plus luxueuse. Toutes les versions peuvent être dotées du rouage intégral, quelquefois en option. Cet élément ajoute à la sécurité et à la valeur de revente. Le 2 000 $ investi à l'achat en vaut la peine.

Bien que la motorisation du CX-3 soit aussi modeste que ses dimensions, il ne faut pas s'attendre à une consommation minime. Il n'est pas rare que l'on enregistre une moyenne de 8,5 l/100 km ou même davantage. Remarquez que c'est le lot de pratiquement tous les petits véhicules faiblement motorisés.

S'il est un domaine où le CX-3 se démarque de la concurrence, c'est au chapitre de la conduite (il avait d'ailleurs remporté notre match comparatif des VUS sous-compacts dans *le Guide de l'auto* 2016). Bien que ses 146 chevaux soient plus bruyants que puissants et qu'il faille pratiquement un vent de dos pour passer de 0 à 100 km/h en moins de 10 secondes, le secret du CX-3 réside dans sa dynamique.

Sa direction, d'une précision inhabituelle pour ce type de véhicule, et la suspension qui n'autorise qu'un roulis minime se conjuguent pour amener un sourire sur les lèvres de tout amateur de conduite inspirée. Si jamais l'enthousiasme n'était pas suffisamment contenu, les différents systèmes de contrôle s'occuperont de sauver la mise. En plus, les sièges retiennent bien en virage.

Le CX-3 possède un look d'enfer, un habitacle au design réussi et une dynamique de conduite peu commune. Cependant, il faut le voir davantage comme une grosse sous-compacte que comme un VUS. Les journées de soleil compensent toujours les premières neiges...

Du nouveau en 2017

Aucun changement majeur.
Quelques changements de couleurs.

Châssis - GS TA	
Emp / lon / lar / haut	2570 / 4274 / 2049 / 1547 mm
Coffre / Réservoir	452 à 1528 litres / 48 litres
Nbre coussins sécurité / ceintures	6 / 5
Suspension avant	ind., jambes force
Suspension arrière	semi-ind., poutre torsion
Freins avant / arrière	disque / disque
Direction	à crémaillère, ass. élect.
Diamètre de braquage	10,6 m
Pneus avant / arrière	P215/60R16 / P215/60R16
Poids / Capacité de remorquage	1275 kg / n.d.
Assemblage	Hiroshima JP

Composantes mécaniques	
Cylindrée, soupapes, alim.	4L 2,0 litres 16 s atmos.
Puissance / Couple	146 ch / 146 lb-pi
Tr. base (opt) / rouage base (opt)	A6 / Tr (Int)
0-100 / 80-120 / V.Max	9,7 s / 6,6 s / 192 km/h (const)
100-0 km/h	45,6 m
Type / ville / route / CO_2	Ord / 8,8 / 7,3 l/100 km / 3738 kg/an

« LA **JONCTION** **ENTRE** LE CAPOT ET LE PARE-BRISE A ASSURÉMENT ÉTÉ **CONÇUE** PAR UN **DESIGNER** QUI N'A JAMAIS VU UN **FLOCON** DE **NEIGE**... »

MAZDA **CX-5**

((SiriusXM))

Prix : 22 995 $ à 34 895 $ (2016)
Catégorie : VUS
Garanties :
3 ans/illimité, 5 ans/illimité
Transport et prép. : 1 895 $
Ventes QC 2015 : 7 934 unités
Ventes CAN 2015 : 22 281 unités

Cote du Guide de l'auto

87 %

Fiabilité	Appréciation générale
■■■■■■■□□□	■■■■■■■■□□
Sécurité	Agrément de conduite
■■■■■■■■□□	■■■■■■■■□□
Consommation	Système multimédia
■■■■■□□□□□	■■■■■■□□□□

Cote d'assurance

■■■■■■■□□□
$$$ $

➕ Excellent comportement routier •
Direction précise • Rouage intégral
performant • Moteur performant
et efficient (2,5 litres)

➖ Puissance un peu juste
(Moteur 2,0 litres) • Modèle de base
dépouillé • Visibilité vers l'arrière •
Version GT dispendieuse

Concurrents

Chevrolet Equinox, Ford Escape,
Honda CR-V, Hyundai Tucson,
Jeep Cherokee, Kia Sportage, Mitsubishi
Outlander, Nissan Rogue, Subaru Outback,
Toyota RAV4, Volkswagen Tiguan

Premier de classe

Gabriel Gélinas

Depuis ses débuts, le CX-5 s'est mérité les éloges de la presse spécialisée pour son comportement routier inspirant, qui en a fait la référence de la catégorie pour ce qui est de la dynamique. Dans ce créneau concurrentiel qu'est celui des VUS de taille compacte, le CX-5 se démarque par son homogénéité et par son agrément de conduite.

Plusieurs années après son lancement, le style du CX-5 est toujours aussi accrocheur et dynamique, avec ses porte-à-faux très courts et son aileron de toit, deux éléments qui donnent une bonne indication de son caractère plus sportif. Parmi les changements apportés l'an dernier, on note une nouvelle calandre à cinq lames, qui donne un cachet plus luxueux au CX-5.

UN INTÉRIEUR D'INSPIRATION AUDI

L'an dernier, la présentation intérieure du CX-5 a été revue et le nouveau design de la planche de bord est en phase avec celui du CX-3. Le look fait haut de gamme, d'inspiration Audi, avec des matériaux de qualité ainsi qu'une finition très soignée. Le système d'infodivertissement se contrôle par une molette, qui est localisée sur la console centrale et qui tombe facilement sous la main, Mazda émulant ainsi les marques de luxe allemandes.

Les sièges avant offrent un excellent maintien et un très bon soutien latéral en virages. Idem pour la banquette arrière, dont le coussin est assez long pour assurer un grand confort. L'habitacle est modulable grâce au dossier divisible de la banquette arrière, ce qui confère une très bonne polyvalence au CX-5. Et la vie à bord est agréable avec la présence d'un volant multifonctions, de deux ports USB, d'une prise auxiliaire et d'un compartiment de rangement localisé juste devant le levier de vitesse.

Par rapport à la concurrence directe, le CX-5 est dans une classe à part pour ce qui est de la dynamique et de l'agrément de conduite, point final. Je me souviendrai toujours de mon premier contact avec le CX-5, qui a eu lieu sur le mythique circuit de Laguna Seca en Californie, un environnement propice aux voitures exotiques et sportives, et où le CX-5 était tout à fait dans son élément. En bouclant des tours de ce circuit, je me suis dit que jamais il ne serait possible de rouler aussi vite avec un Honda CR-V.

L'ADN DE LA MX-5

En fait, on a carrément l'impression que les ingénieurs de la marque ont voulu transposer un peu d'ADN de la MX-5 dans le CX-5 en adoptant une géométrie de suspension semblable à celle de la sportive. Ainsi, la suspension avant du CX-5 affiche un angle de chasse de six degrés, ce qui permet au conducteur de bien sentir la route au travers le volant. La direction est à la fois rapide et précise, et les mouvements de la caisse sont toujours bien contrôlés.

Ce niveau élevé de dynamique, qui est relevé de plusieurs crans par rapport à la concurrence directe, s'avère un facteur de différenciation important. Ça peut sembler superflu de prime abord, mais lorsque le comportement routier d'un véhicule est à ce point sûr et prévisible, cela permet d'en garder le contrôle même lorsque l'on doit effectuer des manœuvres rapides, pour éviter un accident, à titre d'exemple.

Le rouage intégral du CX-5 est également très performant en hiver et s'avère plus efficace que celui du Honda CR-V ou du Subaru Forester dans certaines conditions particulières. Par exemple, lors de tests menés sur une pente enneigée, le CX-5 n'a eu aucun problème à se mettre en marche pour gravir la pente avec les roues avant tournées, le rouage intégral s'étant adapté aux intentions du conducteur pour livrer une motricité optimale, alors que le CR-V et le Forester n'ont pas été en mesure de réussir le même test. Quand on pense transmission intégrale, on ne pense pas spontanément à Mazda et c'est une belle surprise de constater jusqu'à quel point le rouage du CX-5 est performant.

Côté sécurité, précisons qu'il est possible d'opter pour toute une suite de dispositifs avancés comprenant un régulateur de vitesse adaptatif avec radar, un système d'avertissement de sortie de voie et un système intelligent d'aide au freinage, qui peut commander automatiquement le freinage en cas d'urgence, lors de la conduite en ville, lorsque la vitesse est inférieure à 30 kilomètres/heure.

Le CX-5 est le véhicule le plus agile et le plus dynamique de sa catégorie et les modifications apportées à sa présentation intérieure l'an dernier en font également le VUS de taille compacte le plus raffiné. Voilà pourquoi il est encore et toujours premier de classe.

Du nouveau en 2017

Aucun changement majeur

Châssis - GT TI

Emp / lon / lar / haut	2700 / 4555 / 1840 / 1710 mm
Coffre / Réservoir	966 à 1852 litres / 58 litres
Nbre coussins sécurité / ceintures	6 / 5
Suspension avant	ind., jambes force
Suspension arrière	ind., multibras
Freins avant / arrière	disque / disque
Direction	à crémaillère, ass. élect.
Diamètre de braquage	11,2 m
Pneus avant / arrière	P225/55R19 / P225/55R19
Poids / Capacité de remorquage	1629 kg / n.d.
Assemblage	Hiroshima JP

Composantes mécaniques

GX

Cylindrée, soupapes, alim.	4L 2,0 litres 16 s atmos.
Puissance / Couple	155 ch / 150 lb-pi
Tr. base (opt) / rouage base (opt)	M6 (A6) / Tr (Int)
0-100 / 80-120 / V.Max	10,7 s / 7,9 s / n.d.
100-0 km/h	40,3 m
Type / ville / route / CO$_2$	Ord / 9,0 / 6,8 l/100 km / 3685 kg/an

GS

Cylindrée, soupapes, alim.	4L 2,5 litres 16 s atmos.
Puissance / Couple	184 ch / 185 lb-pi
Tr. base (opt) / rouage base (opt)	A6 / Tr
0-100 / 80-120 / V.Max	8,6 s / 5,9 s / n.d.
100-0 km/h	46,7 m
Type / ville / route / CO$_2$	Ord / 8,9 / 7,1 l/100 km / 3721 kg/an (TA)
Type / ville / route / CO$_2$	Ord / 9,8 / 7,9 l/100 km / 4115 kg/an (TI)

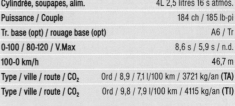

« PAR RAPPORT À LA **CONCURRENCE,** LE CX-5 EST DANS UNE CLASSE **À PART** AU CHAPITRE DE LA **DYNAMIQUE** ET DE **L'AGRÉMENT** DE CONDUITE, **POINT FINAL.** »

Photos : Mazda

MAZDA **CX-9**

Prix : 35 300 $ à 50 100 $ (2016)
Catégorie : VUS
Garanties :
3 ans/illimité, 5 ans/illimité
Transport et prép. : 1 995 $
Ventes QC 2015 : 329 unités
Ventes CAN 2015 : 1 139 unités

Cote du Guide de l'auto

87 %

Fiabilité
Nouveau modèle

Sécurité
■■■■■■■□□□

Consommation
■■■■■□□□□□

Appréciation générale
■■■■■■■■□□

Agrément de conduite
■■■■■■■□□□

Système multimédia
■■■■■■□□□□

Cote d'assurance
■■■■■■■□□□
$ $ $ $

➕ Silhouette du tonnerre • Qualité de
l'habitacle impressionnante • Moteur
coupleux • Silence à bord digne d'une
auto allemande • Conduite dynamique

➖ Fiabilité incertaine • Capacité de
remorquage basse (1 588 kg) • Rouage
intégral en option • Écran central juché
sur la planche de bord

Concurrents
Buick Enclave, Chevrolet Traverse,
Ford Flex, Honda Pilot,
Jeep Grand Cherokee, Kia Sorento,
Nissan Murano, Toyota Highlander

De bon dernier à premier de classe

Frédérick Boucher-Gaulin

Parmi les modèles de la gamme Mazda, le CX-9 faisait figure
d'enfant pauvre : pendant que les CX-5 et Mazda3 gardaient
la tête bien haute lorsqu'on les comparait aux meilleurs
vendeurs de leurs catégories respectives, le gros VUS était désuet
sur le plan technique, gourmand et souffrait d'un habitacle dépassé.
Pas de doute, ce lourdaud était mûr pour un changement !

On n'a plus à présenter la technologie SKYACTIV et le langage de design
KODO, deux parties intégrantes des récents véhicules Mazda. Le look du
nouveau CX-9 est maintenant bien différent d'auparavant. Il profite d'un long
capot, d'une partie frontale à angle droit et d'un pilier A incliné vers l'arrière
pour définir sa signature visuelle. De l'avant, on reconnaît rapidement qu'il
s'agit d'un produit Mazda. La combinaison de phares à projecteur ceinturant
une grande grille en forme d'aile est commune à presque toute la gamme
du constructeur. Le CX-9 se dote aussi de bandes chromées dans le bas
du pare-chocs avant et sur les portières dans ses versions GT et Signature.

Parlons un moment de ce nouveau groupe d'équipements : si auparavant
les modèles Mazda les mieux équipés étaient les GT, le CX-9 en ajoute une
couche avec la version Signature. Destinée à concurrencer les luxueux VUS
comme l'Acura MDX et le Lexus RX, celle-ci vient avec beaucoup de petits
extras : une grille de calandre incorporant un filament à DEL qui s'illumine
la nuit (comme sur la Mazda6), une console centrale et des panneaux de
portière garnis de bois de rose et pour finir, du cuir Nappa pour les trois
rangées de sièges. À plus de 50 000 $, cette variante du CX-9 devient le
véhicule le plus dispendieux actuellement produit par Mazda.

La première chose que l'on remarque en ouvrant la porte du CX-9, c'est à
quel point l'habitacle est bien fini et dessiné avec brio : la console centrale
élevée donne l'impression d'être assis dans un cockpit, le volant n'est pas
trop épais et le bouton de contrôle du système d'infodivertissement Mazda
tombe bien sous la main si notre coude repose sur l'appuie-bras. Dans la
variante Signature, les cuirs sont d'une qualité exemplaire; si je plaçais côte

MAZDA CX-9

à côte les bancs du CX-9 et ceux d'un produit allemand comparable, vous auriez beaucoup de mal à me dire lequel provient d'Hiroshima !

Pour le reste, les accents d'aluminium complémentent parfaitement le bois de rose. Finalement, si la banquette de seconde rangée est très confortable pour des adultes, celle du fond n'est pas conçue pour accueillir des joueurs de basket-ball; heureusement, elle est bien pensée, puisque l'on peut placer nos pieds sous l'assise de la seconde rangée, ce qui augmente un peu le confort.

UN TURBO QUI CHANGE LA DONNE

Sous le long capot du CX-9, il n'y a qu'une seule motorisation possible : il s'agit d'un quatre cylindres de 2,5 litres auquel on a greffé un turbocompresseur. Sur papier, ses 227 chevaux — 250 si vous faites le plein de super — semblent justes pour déplacer un véhicule de cet acabit. Par contre, les ingénieurs ont mis au point la motorisation pour produire du couple, qui est plus utile à basse vitesse : dès 2 000 tours/minute, 310 livre-pied sont disponibles !

La boîte automatique à six rapports a été optimisée pour ce moteur, préférant rester dans les régimes bas plutôt que de rétrograder à la première occasion. Au jour le jour, cela se traduira par une meilleure consommation (Mazda annonce 10,5 l/100 km en ville et 8,3 sur la route), une conduite plus douce — puisque la boîte ne rétrogradera pas inopinément — et un silence à bord remarquable.

Sur la route, c'est justement ce silence qui nous a d'abord impressionnés : non seulement le CX-9 vient avec une épaisse couche d'isolant sous le plancher, mais les versions plus huppées ont droit au système AudioPilot 2, qui « écoute » ce qui se passe dans l'habitacle pour générer des ondes sonores atténuant énormément les bruits indésirables. Dans les virages, le CX-9 s'est montré étonnamment agile : quand on nous a présenté le véhicule, on nous disait que les ingénieurs s'étaient basés sur la MX-5 pour peaufiner l'expérience de conduite; après quelques minutes derrière le volant, on constate qu'ils ont bien fait leurs devoirs !

SPECTACULAIRE REMONTÉE

Auparavant, personne n'aurait pu vous blâmer de ne pas considérer le CX-9 lorsque venait le temps de magasiner un gros VUS pouvant asseoir sept personnes. Aujourd'hui cependant, vous devez au moins en faire l'essai... Et si vous pensez que Mazda ne peut rivaliser avec votre Lexus RX ou votre Infiniti QX60, vous risquez fort d'être impressionné par le plus récent produit du petit constructeur japonais.

Châssis - GS TA

Emp / lon / lar / haut	2930 / 5065 / 1969 / 1716 mm
Coffre / Réservoir	407 à 2017 litres / 72 litres
Nbre coussins sécurité / ceintures	6 / 7
Suspension avant	ind., jambes force
Suspension arrière	ind., multibras
Freins avant / arrière	disque / disque
Direction	à crémaillère, ass. var.
Diamètre de braquage	11,8 m
Pneus avant / arrière	P255/60R18 / P255/60R18
Poids / Capacité de remorquage	1828 kg / 1588 kg (3500 lb)
Assemblage	Hiroshima JP

Composantes mécaniques

Cylindrée, soupapes, alim.	4L 2,5 litres 16 s turbo
Puissance / Couple	227 ch / 310 lb-pi
Tr. base (opt) / rouage base (opt)	A6 / Tr (Int)
0-100 / 80-120 / V.Max	n.d. / n.d. / n.d.
100-0 km/h	n.d.
Type / ville / route / CO_2	Ord / 11,2 / 8,8 l/100 km / 4655 kg/an

« (...) LE NOUVEAU CX-9 EST TRÈS SILENCIEUX, CE QUI BONIFIE SÉRIEUSEMENT LE CONFORT. »

- GABRIEL GÉLINAS

Du nouveau en 2017

Modèle entièrement revu cette année, vendu en tant que 2016.

Photos : Frédérick Boucher-Gaulin

MAZDA **MX-5**

((SiriusXM))

Prix : 31 900 $ à 39 200 $ (2016)
Catégorie : Roadster
Garanties :
3 ans/illimité, 5 ans/illimité
Transport et prép. : 1 795 $
Ventes QC 2015 : 210 unités
Ventes CAN 2015 : 630 unités

Cote du Guide de l'auto

90 %

Fiabilité	Appréciation générale
■■■■■■■■■□	■■■■■■■■■□
Sécurité	**Agrément de conduite**
■■■■■■■□□□	■■■■■■■■■□
Consommation	**Système multimédia**
■■■■■■■□□□	■■■■■■□□□□

Cote d'assurance
■■■■■■■■□□
$ $ $ $

➕ Conduite et tenue de route
réjouissantes (GS et GT) • Moteur
souple, animé et peu assoiffé • Boîte
manuelle divine, automatique efficace •
Capote étanche et très facile à manipuler

➖ Habitacle encore serré • Bruyante
sur l'autoroute • Volant non télescopique •
Porte-gobelets amovibles ridicules

Concurrents
MINI Roadster, Nissan Z

Mieux que parfaite

Marc Lachapelle

Une nouvelle MX-5 s'est pointée l'an dernier et cette quatrième édition de la magicienne qu'on appelle encore affectueusement Miata est plus svelte, jolie, légère et agile que jamais. Elle méritait pleinement le titre de Voiture de l'année que lui a décerné l'équipe du Guide de l'auto. Douze mois plus tard, son charme intact, elle continue de nous surprendre.

La première MX-5 Miata, lancée en 1990, a carrément ressuscité la voiture sport classique. Ses créateurs s'étaient d'ailleurs fortement inspirés des sports cars britanniques, toujours charmants et rarement fiables, qui ont connu leur âge d'or durant les années soixante. Vingt-sept ans plus tard, Mazda a enfin produit le millionième exemplaire de son roadster miracle.

La Miata ne perdra donc pas de sitôt son titre de voiture sport à deux places la plus populaire de l'histoire. Elle est aussi la voiture de course la plus prisée puisqu'il en tourne au-delà de 5 000 sur les circuits de la planète. Là encore, ça ne risque pas de changer avec la série monotype Global MX-5 Cup, disputée sur quatre continents.

UNE TRÈS SOUTENABLE LÉGÈRETÉ
Si cette nouvelle MX-5 est plus légère que sa devancière d'environ 68 kilos, même avec les systèmes de sécurité modernes et plein d'équipement, c'est qu'elle a été conçue selon la philosophie SKYACTIV qui vise la réduction systématique du poids pour améliorer les performances et l'efficacité.

Les ingénieurs ont conçu une carrosserie plus légère de 20 kg en intégrant plus d'acier à haute résistance à la structure et en utilisant l'aluminium pour tous les éléments amovibles de la carrosserie sauf les portières et le cadre du pare-brise. Les sièges sont également plus légers de 8 kilos chacun et montés plus bas pour abaisser le centre de gravité.

À bord, il y a tout juste l'espace pour l'adulte moyen et une ergonomie de conduite très correcte. Le volant gainé de cuir est superbe et les cadrans sont résolument classiques avec de fines inscriptions sur fond noir. Les contrôles sont simples et l'on apprivoise vite la molette qui permet de naviguer entre les menus sur l'écran tactile de sept pouces dans les GS et GT.

Pour le rangement, on se débrouille avec un coffret verrouillable entre les dossiers des sièges et des porte-gobelets amovibles que l'on peut installer à l'avant ou, bizarrement, à l'arrière de la console. Le coffre arrière est par contre plus grand qu'avant et vraiment pratique.Le toit souple se replie et se replace en trois secondes, d'un seul élan du bras droit, en restant bien assis. La visibilité est très correcte et la capote parfaitement étanche, même dans un lave-auto. En revanche, le bruit est assez intense sur la route lorsque la capote est en place. De toute manière, c'est à ciel ouvert qu'il faut conduire une MX-5! Le plus souvent possible.

UNE ÉQUILIBRISTE DÉGOURDIE

Le quatre cylindres de 2,0 litres et 155 chevaux est fixé plus bas et plus loin vers l'arrière, pour abaisser encore le centre de gravité et obtenir une répartition égale du poids. Sa consommation a été réduite du quart, grâce à l'injection directe, et la MX-5 exécute le 0-100 km/h en 7,0 secondes avec une boîte manuelle à six rapports merveilleusement rapide et précise ou en 7,6 secondes avec l'automatique optionnelle à six rapports qui mérite les mêmes compliments.

Pour tirer le meilleur de la MX-5, il faut choisir les GS et GT à boîte manuelle qui sont équipées d'un différentiel autobloquant, d'un jeu d'amortisseurs Bilstein et d'une barre antirapprochement pour les jambes de force avant. Mieux encore, on se paie une GS avec le groupe Sport qui ajoute des jantes BBS noires, des sièges Recaro et des freins avant Brembo. La GS est plus légère de 20 kg que la GT, plombée par ses sièges de cuir et sa kyrielle d'accessoires et de systèmes de sécurité additionnels. Les deux sont exceptionnellement agiles, avec une servodirection électrique précise et sensible, une suspension bien réglée et un freinage puissant et facile à moduler.

Alors, parfaite cette MX-5? Bien sûr que non! Elle est bruyante sur la route, ses porte-gobelets sont une blague, elle n'offre presque aucun rangement et les gens de grande taille s'y sentent à l'étroit. À vrai dire, la nouvelle Miata est mieux que parfaite puisqu'elle a du charme, du caractère et du style à revendre.

Et ce sera encore plus vrai puisque Mazda vient d'ajouter à la gamme la splendide version RF (pour Retractable Fastback), avec ses airs de coupé chic et un toit rigide électrique entièrement inédit qui se rétractera en 12 secondes jusqu'à 10 km/h. De quoi en faire une petite Grand Tourisme parfaitement unique qui lui gagnera sans doute une légion de nouveaux adeptes.

Du nouveau en 2017

Groupe Sport ajouté au milieu de 2016 pour la livrée GS, ajout de la version RF style coupé à toit rigide rétractable.

Châssis - GS	
Emp / lon / lar / haut	2309 / 3914 / 1918 / 1240 mm
Coffre / Réservoir	130 litres / 45 litres
Nbre coussins sécurité / ceintures	4 / 2
Suspension avant	ind., double triangulation
Suspension arrière	ind., multibras
Freins avant / arrière	disque / disque
Direction	à crémaillère, ass. var. élect.
Diamètre de braquage	9,4 m
Pneus avant / arrière	P205/45R17 / P205/45R17
Poids / Capacité de remorquage	1058 kg / n.d.
Assemblage	Hiroshima JP

Composantes mécaniques	
Cylindrée, soupapes, alim.	4L 2,0 litres 16 s atmos.
Puissance / Couple	155 ch / 148 lb-pi
Tr. base (opt) / rouage base (opt)	M6 (A6) / Prop
0-100 / 80-120 / V.Max	6,9 s / 4,7 s / n.d.
100-0 km/h	39,1 m
Type / ville / route / CO_2	Sup / 8,8 / 6,9 l/100 km / 3655 kg/an

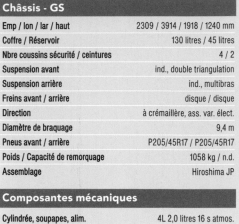

« LA **MERVEILLEUSE**
MAZDA **MX-5** EST PARFAITEMENT
RÉUSSIE ET SANS **RIVALE** SÉRIEUSE,
SURTOUTAVEC LA NOUVELLE RF
À TOIT RIGIDE RÉTRACTABLE. »

MCLAREN 570S

![McLaren logo] MCLAREN **570S / 540C**

Prix : 219 750 $ (estimé)
Catégorie : Coupé
Garanties :
3 ans/illimité, 3 ans/illimité
Transport et prép. : n.d.
Ventes QC 2015 : n.d.
Ventes CAN 2015 : n.d.

Cote du Guide de l'auto

79 %

Fiabilité
n.d.
Sécurité
n.d.
Consommation
■■■■■□□□□□

Appréciation générale
■■■■■■■■■□
Agrément de conduite
■■■■■■■■□□
Système multimédia
■■■■■□□□□□

Cote d'assurance
n.d.

➕ Look spectaculaire • Performances éblouissantes • Docile en usage normal • Gamme étendue de modèles

➖ Accès à bord un peu compliqué • Système de télématique perfectible • Très grand rayon de braquage • Options nombreuses et chères

Concurrents
Porsche 911, Mercedez-AMG GT, Audi R8, Acura NSX, Nissan GTR, Jaguar F-TYPE, Aston Martin Vantage

La nouvelle recrue

Gabriel Gélinas

Après la 650S, née MP4-12C, et l'extraordinaire P1 aux performances délirantes, McLaren a choisi d'investir dans le créneau des voitures sport haut de gamme, en développant la 570S, pour attaquer directement des rivales comme la Porsche 911 Turbo ou la nouvelle Acura NSX. Son look qui émule celui de la P1, particulièrement à l'arrière, avec son diffuseur agressif, nous permet presque de qualifier la 570S de super-voiture à prix abordable, une appellation que l'on doit cependant relativiser en fonction du créneau, puisque son prix est tout de même fixé à environ 220 000 dollars canadiens.

Monter à bord d'une McLaren produit toujours son petit effet, grâce à ses portières, qui s'ouvrent en élytre et qui permettent de découvrir l'habitacle entièrement recouvert de cuir, ou d'Alcantara comme dans notre modèle d'essai, lequel était aussi équipé de sièges sport à commande électrique. Contrairement à la Audi R8 V10 Plus ou à la Porsche 911 Turbo, le volant ne comporte aucun interrupteur ou commande, juste le klaxon. C'est sur la console centrale que l'on retrouve les boutons et les commandes pour le démarrage et pour la sélection des modes de conduite, et c'est au même endroit que l'on constate, avec étonnement, que la 570S est pourvue de porte-gobelets ainsi que de trois ports USB dans le rangement sous l'accoudoir central.

À LA FOIS DOCILE ET FÉROCE
Trois modes de conduite sont au programme, soit Normal, Sport et *Track,* la sélection s'effectuant au moyen de deux sélecteurs rotatifs, l'un agissant sur le groupe motopropulseur, l'autre sur l'ensemble suspensions-direction. En usage normal, la conduite d'une 570S est d'une facilité déconcertante, les suspensions conventionnelles filtrant remarquablement bien les inégalités de la chaussée et le V8 biturbo faisant preuve d'une grande souplesse. Comme la garde au sol est très limitée, il faut faire attention à la croisée des dos-d'âne et activer le mode de levage électrique pour éviter de frotter la caisse.

Pour exploiter tout le potentiel de performance de la 570S, on doit appuyer sur le bouton *Active*, pour passer au mode dynamique, et sélectionner le mode *Track* au moyen des deux contrôleurs rotatifs. La 570S abandonne alors toute prétention à la civilité pour devenir une machine redoutablement efficace en conduite sportive. Le train avant demeure léger, ce qui fait que la 570S exige une attention de tous les instants lorsque l'on roule à fond de train.

Le V8 biturbo s'exprime avec force et émet une sonorité très évocatrice, quoique moins présente que celle d'un moteur atmosphérique à pleine charge. Par rapport à la 650S, l'allumage de la 570S est coupé lorsque l'on commande le passage au rapport supérieur, ce qui fait que l'on sent un peu plus, physiquement, le changement de vitesse. Toujours en mode *Track*, le système de contrôle électronique de la stabilité permet de beaux angles de dérive, et il est également possible de le désactiver complètement, à l'occasion d'un usage sur circuit.

LE MODÈLE GT

McLaren propose également une version 570GT, dont la vocation est d'assurer une plus grande polyvalence pour un usage quotidien. Équipé d'un toit panoramique en verre ainsi que d'un hayon qui est composé d'une lunette arrière dont les charnières sont fixées latéralement, le modèle GT permet d'emporter un peu plus de bagages. En conjuguant cet espace à celui du coffre avant, la GT dispose d'un volume de chargement total accru à 370 litres. Par rapport à la 570S, le tarage des suspensions est assoupli de 15 pour cent à l'avant et de 10 pour cent à l'arrière. D'ailleurs, la direction est un brin plus légère, mais les deux modèles sont identiques sur le plan mécanique.

LA 540C, UNE LÉGÈRE COCHE EN DESSOUS

La 540C est également au programme et constitue le « vrai » modèle d'entrée de gamme de la marque. Dans le cas de la 540C, le chiffre déterminant est « 200 », car sa vitesse de pointe se situe juste en deçà de 200 miles à l'heure, et son prix est inférieur à 200 000 dollars canadiens.

Au premier coup d'œil, on note quelques différences avec la 570S, soit le profilage des éléments aérodynamiques au bas de la voiture ainsi que le design différent des jantes en alliage. Les disques de freins sont en acier et non en composite de céramique, et le calibrage des suspensions a été revu afin que la conduite soit un peu plus confortable, pour un usage au jour le jour. La puissance du V8 biturbo est de 533 chevaux, une trentaine de moins que la 570S.

La 570S a une gueule d'enfer et offre des performances éblouissantes, ce qui en fait une super-exotique à prix réduit. Superbe...

Du nouveau en 2017

Aucun changement majeur

Châssis - Coupé

Emp / lon / lar / haut	2670 / 4530 / 2095 / 1202 mm
Coffre / Réservoir	150 litres / 72 litres
Nbre coussins sécurité / ceintures	6 / 2
Suspension avant	ind., double triangulation
Suspension arrière	ind., double triangulation
Freins avant / arrière	disque / disque
Direction	à crémaillère, assistée
Diamètre de braquage	12,3 m
Pneus avant / arrière	P235/35R19 / P305/30R20
Poids / Capacité de remorquage	1440 kg / n.d.
Assemblage	Woking GB

Composantes mécaniques

540

Cylindrée, soupapes, alim.	V8 3,8 litres 32 s turbo
Puissance / Couple	533 ch / 398 lb-pi
Tr. base (opt) / rouage base (opt)	A7 / Prop
0-100 / 80-120 / V.Max	3,5 s (const) / n.d. / 320 km/h (const)
100-0 km/h	32,0 m
Type / ville / route / CO_2	Sup / 16,5 / 7,4 l/100 km / 5706 kg/an

570 S

Cylindrée, soupapes, alim.	V8 3,8 litres 32 s turbo
Puissance / Couple	562 ch / 443 lb-pi
Tr. base (opt) / rouage base (opt)	A7 / Prop
0-100 / 80-120 / V.Max	3,2 s (const) / n.d. / 328 km/h (const)
100-0 km/h	31,0 m
Type / ville / route / CO_2	Sup / 16,5 / 7,4 l/100 km / 5706 kg/an

570 GT

Cylindrée, soupapes, alim.	V8 3,8 litres 32 s turbo
Puissance / Couple	562 ch / 443 lb-pi
Tr. base (opt) / rouage base (opt)	A7 / Prop
0-100 / 80-120 / V.Max	3,4 s (const) / n.d. / 328 km/h (const)
100-0 km/h	33,0 m
Type / ville / route / CO_2	Sup / 16,5 / 7,4 l/100 km / 5706 kg/an

MCLAREN 570S

MCLAREN 570S

MCLAREN 650S / 675LT

Prix : 258 900 $ à 258 900 $ (2016)
Catégorie : Coupé, Roadster
Garanties :
3 ans/illimité, 3 ans/illimité
Transport et prép. : n.d.
Ventes QC 2015 : n.d.
Ventes CAN 2015 : n.d.

Cote du Guide de l'auto

83 %

Fiabilité **n.d.**	Appréciation générale
Sécurité	Agrément de conduite
Consommation	Système multimédia

Cote d'assurance

$$$ $

➕ Style ravageur • Performances exceptionnelles • Confort surprenant • Excellente visibilité vers l'avant

➖ Accès à bord problématique • Prix élevé • Tarifs des options • Système multimédia perfectible

Concurrents
Audi R8, Ferrari 458, Lamborghini Huracán, Nissan GT-R, Porsche 911

Une progression fulgurante

Gabriel Gélinas

Depuis ses débuts, McLaren Automotive connaît une progression fulgurante. En 2011, la marque produisait un seul modèle, soit la MP4-12C. Depuis ce temps, McLaren a produit la démentielle P1, ainsi que plusieurs variantes très typées de sa 650S, qui composent maintenant la Super Series, tout en lançant une nouvelle gamme avec les modèles de la Sport Series. Bref, chez la division automobile de McLaren, ça roule aussi vite qu'en Formule un.

Livrable en modèles coupé et spider, la 650S est en quelque sorte l'évolution de la toute première voiture de la marque depuis la fameuse F1 de 1993, dont l'appellation était alors MP4-12C. Au premier contact avec cette exotique, on constate qu'il faut faire un peu de gymnastique pour accéder à bord, en raison des seuils de portières larges qui font partie de la structure monocoque en fibre de carbone, mais que le confort est très bon une fois bien calé dans le siège sport hautement moulant.

UN MOTEUR EXCEPTIONNEL
L'essai d'un modèle Spider de la 650S m'a permis d'apprécier au plus haut point le degré de sophistication technique ainsi que la poussée phénoménale du V8 biturbo, qui livre 641 chevaux malgré le fait que sa cylindrée ne soit que de 3,8 litres. Ce moteur est à la fois efficient et performant, et ce n'est pas étonnant que Ferrari ait aussi choisi un moteur V8 biturbo de petite cylindrée pour sa récente 488 GTB. En mode manuel, les changements de rapports de la boîte à double embrayage sont immédiats et c'est un charme de jouer avec les paliers de commande au volant.

La 650S est dotée de suspensions hydrauliques, ce qui permet de paramétrer la conduite selon plusieurs modes, et le confort de la voiture est carrément surprenant en mode Normal puisque les inégalités de la chaussée sont absorbées avec aplomb, alors que le roulis en virages demeure minime. Le choix du mode *Track* a un effet transformatif immédiat sur la tenue de route et le roulis devient alors à peine perceptible. Si vous roulez un peu trop vite en entrée de virage, l'ingénieux système Brake Steer interviendra en freinant sélectivement la roue arrière intérieure, afin de faire pivoter la voiture dans la courbe, tout en éliminant presque toute trace de sous-virage.

LA 675LT

Produite à seulement 500 exemplaires, la 675LT est le modèle le plus radical de la Super Series avec ses éléments de carrosserie optimisés pour assurer un appui aérodynamique supérieur de quarante pour cent par rapport à la 650S. Légèrement plus longue que la 650S, la 675LT affiche une partie arrière redessinée, avec des tubulures d'échappement réalisées en alliage de titane, ainsi qu'une lunette arrière en polycarbonate.

La puissance du V8 biturbo passe de 641 à 666 chevaux et le poids de la voiture est réduit de 100 kilos, ce qui donne à la 675LT un rapport poids-puissance plus favorable, voire plus explosif, que celui de la 650S. Cette nouvelle variante plus typée se double d'une version découvrable avec la 675LT Spider.

Chez McLaren Automotive, il existe aussi une division spéciale appelée MSO, pour McLaren Special Operations, qui a comme mission de créer des versions encore plus exclusives et plus performantes que les modèles existants. C'est ainsi qu'est née la Carbon Series LT, dont la production en série est limitée à 50 exemplaires qui ont tous déjà trouvé preneur. Élaboré sur la base d'une 675LT Spider, ce modèle, à diffusion limitée, se démarque par un usage étendu de pièces de carrosserie réalisées en fibre de carbone, mais ne diffère pas du modèle conventionnel pour ce qui est de la mécanique.

La prochaine génération de la Super Series de McLaren devrait être dévoilée en mars 2017, à l'occasion du Salon de l'auto de Genève, où ont lieu presque tous les lancements de voitures exotiques, qu'elles proviennent de marques établies ou de petites firmes spécialisées. Selon les déclarations de membres de la direction, il faut s'attendre à ce que les performances soient en hausse par rapport aux 650S et 675LT actuelles afin que le clivage soit plus marqué entre les modèles de la Super Series et ceux de la récente Sport Series. De plus, le lancement du nouveau modèle à motorisation conventionnelle sera probablement suivi de celui à motorisation hybride.

McLaren, équipe la plus titrée en Formule un après Ferrari, n'est pas un constructeur automobile conventionnel. Son volume de production fait en sorte que la marque doit constamment innover et ainsi renouveler l'intérêt porté à ses modèles. Une chose est certaine, la progression de la marque est spectaculaire et les performances livrées par les modèles de la Super Series dépassent les attentes.

Du nouveau en 2017

Aucun changement majeur. Refonte complète de la Super Series à prévoir en 2017.

Châssis - Coupé

Emp / lon / lar / haut	2670 / 4512 / 2093 / 1199 mm
Coffre / Réservoir	144 litres / 72 litres
Nbre coussins sécurité / ceintures	6 / 2
Suspension avant	ind., double triangulation
Suspension arrière	ind., double triangulation
Freins avant / arrière	disque / disque
Direction	à crémaillère, ass. var. élect.
Diamètre de braquage	12,3 m
Pneus avant / arrière	P235/35R19 / P305/30R20
Poids / Capacité de remorquage	1428 kg / n.d.
Assemblage	Woking GB

Composantes mécaniques

650S

Cylindrée, soupapes, alim.	V8 3,8 litres 32 s turbo
Puissance / Couple	641 ch / 500 lb-pi
Tr. base (opt) / rouage base (opt)	A7 / Prop
0-100 / 80-120 / V.Max	3,0 s (const) / 2,5 s (est) / 333 km/h (const)
100-0 km/h	30,5 m
Type / ville / route / CO_2	Sup / 17,5 / 8,5 l/100 km / 5500 kg/an

675 LT

Cylindrée, soupapes, alim.	V8 3,8 litres 32 s turbo
Puissance / Couple	666 ch / 516 lb-pi
Tr. base (opt) / rouage base (opt)	A7 / Prop
0-100 / 80-120 / V.Max	2.9 s (const) / n.d. / 330 km/h (const)
100-0 km/h	30,2 m
Type / ville / route / CO_2	Sup / 17,5 / 8,5 l/100 km / 5500 kg/an

> « EN **QUELQUES** ANNÉES, MCLAREN A CONNU UNE PROGRESSION **FULGURANTE** ET LES PERFORMANCES DE LA **SUPER SERIES** DÉPASSENT LES ATTENTES. »

MERCEDES-AMG **GT**

Prix: 124 900 $ à 162 000 $ (estimé) (EUR)
Catégorie: Coupé
Garanties:
4 ans/80 000 km, 4 ans/80 000 km
Transport et prép.: n.d.
Ventes QC 2015: 25 unités
Ventes CAN 2015: 145 unités

Cote du Guide de l'auto

79 %

Fiabilité	Appréciation générale
n.d.	■■■■■■■□□□
Sécurité	Agrément de conduite
■■■■■■■□□□	■■■■■■■■□□
Consommation	Système multimédia
■■■■■□□□□□	■■■■■■■□□□

Cote d'assurance
n.d.

➕ V8 biturbo puissant et souple à tout
régime • Habitacle carrément somptueux •
Excellent confort et maintien des sièges •
Sonorité fantastique en mode Sport

➖ Roulement très ferme en mode Sport,
sec en Sport + • Direction plutôt légère
et peu tactile • Freinage sec en amorce •
Sélecteur installé trop loin vers l'arrière

Concurrents
Aston Martin DB9, Audi R8, Dodge Viper,
Ferrari 458, Jaguar F-Type, Jaguar XK,
Lamborghini Huracán, Maserati GranTurismo,
McLaren 650S, Nissan GT-R, Porsche 911

Symphonie sportive en biturbo majeur

Marc Lachapelle

Avec ses «flèches d'argent» qui dominent la F1 actuelle et tous les bolides qui s'illustrent sur les circuits et les routes depuis des décennies, Mercedes-Benz a maintes fois démontré sa maîtrise de la performance. Elle l'a prouvé encore l'an dernier avec la GT, deuxième grande sportive créée entièrement par AMG, sa division course et performance. Ce coupé fortement inspiré de la mythique 300 SLR s'est imposé aussitôt en version S, trame sonore d'enfer en prime. AMG en remettra bientôt une couche avec une nouvelle variation: la R.

Les sorciers d'AMG avaient la mission de créer une sportive aussi performante que sa devancière, la SLS, mais à la fois moins chère et plus conviviale. Ils ont touché la cible avec un coupé plus compact, léger, agile et performant.

Plus courte que la SLS de 9,2 cm et plus étroite de 13,6 cm, sur un empattement raccourci de 5 cm, la carrosserie et le châssis en treillis de la GT S sont faits d'aluminium à 97 %. Elle est aussi plus légère de 125 kg et sa batterie lithium-ion compacte fournit à elle seule une réduction de 10 kg.

UN COCKPIT DE GRANDE CLASSE
En dépit d'une ligne de toit plus haute de 2,6 cm qui facilite l'accès, le centre de gravité de la GT S néanmoins plus bas, ce qui la rend plus agile. Ce gain lui vient d'un moteur fixé plus bas dans le châssis parce qu'il est lubrifié par carter sec. Pour le reste, ce V8 à double turbo de 4,0 litres est identique à celui des C 63 S et sa puissance est de 503 chevaux. La GT, sans le S, dispose du même moteur, mais avec une puissance de 456 chevaux.

La console des GT impressionne avec sa kyrielle de boutons et de contrôles dont plusieurs en aluminium avec un fini satiné magnifique. Elle est large, mais l'on trouve quand même tout l'espace qu'il faut pour se tailler une bonne position de conduite. Le siège est fantastique, mais bonne chance pour mettre vos réglages en mémoire avec les boutons placés sur son côté, donc invisibles. Seul autre agacement : le sélecteur pour la boîte de vitesse est monté beaucoup trop loin vers l'arrière sur la console. Prêt pour le décollage.

Le mode départ-canon de la GT S est très efficace une fois que l'on a déniché les instructions dans les profondeurs du manuel électronique... il suffit de passer en mode RS (Race Start) et d'actionner les manettes derrière le volant. La GT S exécute alors le 0-100 km/h en 3,8 secondes, comme promis, et franchit le quart de mille en 11,77 secondes avec une pointe à 198,8 km/h. Un peu mieux que la SLS. Mais le plus réjouissant, au volant de la GT S, c'est le son fabuleux du V8 biturbo en pleine accélération avec l'échappement en mode Sport.

La boîte de vitesses à double embrayage et sept rapports est intégrée à l'essieu arrière pour une répartition de poids avant/arrière de 47/53 %. La motricité est contrôlée par un différentiel autobloquant électro-hydraulique et un antidérapage qui s'en mêle plus ou moins, selon le mode de conduite choisi. Il y en a cinq : C (Confort), S (Sport), S+ (Sport Plus), le mode *Race* réservé à la version S et le mode I* (individuel) qui permet de s'en tailler un sur mesure. Tous modifient les réglages de la suspension, de la boîte de vitesses, de la direction et de l'accélérateur.

BÊTE DE RACE
La suspension est à double triangle et presque toutes ses composantes sont en aluminium forgé pour réduire le poids non suspendu. On peut alléger encore en ajoutant les freins à disque en carbone-céramique, mais les freins métalliques de série, avec leurs étriers à six pistons à l'avant et quatre à l'arrière, suffisent amplement. À moins d'être un abonné des circuits.

Sur piste, en mode Sport Plus, les rapports qui passent à plus haut régime rendent la GT S nerveuse en virage. Sinon, la GT S est équilibrée, stable et précise. Plus agile et prévisible que la SLS aussi. Avec tout ce couple, le train arrière décroche facilement, toutefois. Et la servodirection hydraulique, plutôt légère et avare de sensations, n'est pas une alliée parfaite. Sur la route, le bruit de roulement est très présent. Avec ses larges pneus à taille très basse, la GT S louvoie fortement sur les ornières et roulières tracées dans l'asphalte. De toute manière, c'est exactement ce que l'on veut dans une sportive aussi exubérante et extrovertie que cette bête puissante et racée qui sait vous ravir et tenir tous vos sens en éveil.

Ce sera encore plus vrai avec la R dont le V8, doté de compresseurs plus gros, produit la bagatelle de 577 chevaux. Sa suspension, ses freins et son aérodynamique ont été modifiées mais on remarque surtout sa calandre Panamericana plus grande dont les lames verticales lui donnent des airs de grand carnassier. De quoi mieux croquer du Turbo.

Du nouveau en 2017
Ajout de la version GT de 456 chevaux.

Châssis - Coupé

Emp / lon / lar / haut	2630 / 4546 / 1939 / 1287 mm
Coffre / Réservoir	350 litres / 65 litres
Nbre coussins sécurité / ceintures	8 / 2
Suspension avant	ind., multibras
Suspension arrière	ind., multibras
Freins avant / arrière	disque / disque
Direction	à crémaillère, ass. var.
Diamètre de braquage	11,5 m
Pneus avant / arrière	P255/35R19 / P295/35R19
Poids / Capacité de remorquage	1540 kg / n.d.
Assemblage	Sindelfingen DE

Composantes mécaniques

Coupé

Cylindrée, soupapes, alim.	V8 4,0 litres 32 s turbo
Puissance / Couple	456 ch / 442 lb-pi
Tr. base (opt) / rouage base (opt)	A7 / Prop
0-100 / 80-120 / V.Max	4,0 s / n.d. / 304 km/h
100-0 km/h	n.d.
Type / ville / route / CO_2	Sup / n.d. / n.d. l/100 km / 4320 (est) kg/an

Coupé S

Cylindrée, soupapes, alim.	V8 4,0 litres 32 s turbo
Puissance / Couple	503 ch / 479 lb-pi
Tr. base (opt) / rouage base (opt)	A7 / Prop
0-100 / 80-120 / V.Max	3,8 s / n.d. / 310 km/h
100-0 km/h	n.d.
Type / ville / route / CO_2	Sup / 14,5 / 10,8 l/100 km / 5904 (est) kg/an

« LA GT S OFFRE LA **QUINTESSENCE** DES GRANDES SPORTIVES DE MERCEDES-BENZ AVEC DU CONFORT, UNE SONORITÉ **ENVOÛTANTE** ET QUELQUES SECOUSSES SUPERFLUES. »

Photos : Mercedes-Benz

MERCEDES-BENZ **CLA**

Prix : 35 300 $ à 51 800 $ (2016)
Catégorie : Berline
Garanties :
4 ans/80 000 km, 4 ans/80 000 km
Transport et prép. : 2 145 $
Ventes QC 2015 : n.d.
Ventes CAN 2015 : 3 870 unités

Cote du Guide de l'auto

70 %

Fiabilité
■■■■■■■□□□

Appréciation générale
■■■■■■■□□□

Sécurité
■■■■■■■■□□

Agrément de conduite
■■■■■■■□□□

Consommation
■■■■■■■■□□

Système multimédia
■■■■■■■□□□

Cote d'assurance
■■■■■■■□□□
$$$ $

➕ Lignes à la mode • Moteurs dynamiques • Rouage intégral apprécié • Prix très correct (CLA 250) • Comportement routier impressionnant (AMG)

➖ Espace habitable restreint • Suspension sèche (CLA 250) • Suspension très sèche (AMG) • Visibilité arrière nulle • Fiabilité en retrait

Concurrents
Acura ILX, Audi A3, Lexus IS

L'inconfort de la classe moyenne

Alain Morin

Depuis ses débuts, il y a déjà bien plus de cent ans, l'automobile n'a jamais cessé d'évoluer, de se raffiner. Le marché a également toujours été en mutation et s'est, lui aussi, raffiné. Il y a à peine 30 ans, si Mercedes-Benz avait offert une voiture accessible au commun des mortels, on aurait crié à l'hérésie et les concessionnaires auraient été mis à l'index. Or, aujourd'hui, la situation est tout autre. Cela signifie deux choses : soit la société a changé, soit Mercedes a réussi à bien intégrer ces modèles à son élitiste gamme. C'est peut-être un peu des deux...

La stratégie derrière la CLA (et la Classe B) n'est pas seulement d'offrir un produit plus accessible. C'est aussi, et surtout, pour amener une clientèle plus jeune dans le giron Mercedes et, éventuellement, la conserver longtemps. Car, après tout, c'est généralement en vieillissant que l'on devient plus à l'aise financièrement. J'espère que vous ne pensiez pas que Mercedes avait créé la CLA juste par altruisme !

La CLA se démarque d'abord par ses lignes ramassées et dynamiques, particulièrement dans sa version sportive AMG. Cette année, la CLA a droit à quelques changements mineurs, surtout à l'avant où les phares et la partie sous le pare-chocs ont été modifiés. Dans l'habitacle, outre des jauges redessinées (si peu) et un écran central plus mince, c'est le statu quo. Mais il y a des améliorations qu'on ne voit pas au premier coup d'œil. Par exemple, en option, le système multimédia peut intégrer les fonctionnalités Android Auto et Apple CarPlay.

S'ADAPTER À L'ERGONOMIE GERMANIQUE
La CLA présente des sièges avant confortables et qui retiennent bien dans les courbes. C'est encore plus vrai dans la AMG. La position de conduite idéale se trouve très rapidement, toutefois, les petites personnes qui doivent davantage avancer le siège du conducteur risquent d'avoir de la difficulté à manipuler la molette commandant le système... COMAND.

Ce système s'avère relativement facile à utiliser. L'écran central n'est pas tactile et semble avoir été placé là après coup. Toutes les autres commandes tombent bien sous la main sauf, peut-être, celles de la climatisation que j'ai trouvées un peu trop basses. Il faut aussi prendre le temps de s'habituer au levier de vitesses situé derrière le volant de la CLA 250, mais, une fois son fonctionnement assimilé, il est un charme à utiliser.

À l'arrière, c'est beaucoup plus pénible. Parvenir à la banquette demande une bonne gymnastique, qui s'acquiert facilement après s'être cogné la tête quelques fois... Une fois rendu, l'espace est très compté. D'ailleurs, l'habitacle de la CLA ne fait pas dans l'abondance d'espace. Même le coffre et son ouverture ne sont pas très grands.

La CLA 250 se déplace grâce à un quatre cylindres 2,0 litres turbocompressé de 208 chevaux et à une boîte de vitesses automatique à sept rapports. La motricité est assurée par les roues avant ou par un rouage intégral optionnel qui, dans notre coin de planète, est un allié de taille.

Lors de notre dernier essai estival, nous avons obtenu une très bonne moyenne de 8,1 l/100 km. Notre principal reproche concerne la fonction arrêt/redémarrage qui engendre de très désagréables vibrations. Il n'est pas long que l'on trouve le bouton pour désactiver ce dispositif. Cependant, je connais des gens que ce système ne dérange pas. Tant mieux !

AMG... AH *MY GOD!*
La CLA 45 AMG est une bête d'un autre ordre. Son 2,0 litres développe la bagatelle de 375 chevaux. Comme la voiture ne pèse que 1585 kilos, le rapport poids/puissance est plutôt favorable. Seul le rouage intégral est offert avec cette version, une sage décision puisqu'autant de chevaux aux seules roues avant deviendrait vite désagréable. Les accélérations sont hyper vives et la sonorité du moteur s'avère fort agréable... pour un quatre cylindres.

Sur la route, la CLA 250 fait preuve de nervosité et affiche bien peu de roulis en courbe. La direction est vive et précise et il n'est pas long que l'on se prend à plonger de plus en plus rapidement dans les courbes, protégé par une kyrielle de systèmes électroniques d'aide à la conduite.

La 45 AMG rehausse d'un bon cran toutes les qualités dynamiques de la 250. Malheureusement, cette sportive possède aussi une suspension ultraferme, allergique à notre réseau routier. Même la 250 brasse ses occupants sans vergogne, quoique dans une moindre mesure. Si, pour vous, la Mercedes-Benz de rêve est un cocon de confort, courez, courez jusqu'à plus de souffle vers d'autres modèles.

Châssis - CLA250 4Matic berline	
Emp / lon / lar / haut	2699 / 4630 / 1778 / 1438 mm
Coffre / Réservoir	470 litres / 55 litres
Nbre coussins sécurité / ceintures	7 / 5
Suspension avant	ind., jambes force
Suspension arrière	ind., multibras
Freins avant / arrière	disque / disque
Direction	à crémaillère, ass. var. élect.
Diamètre de braquage	11,0 m
Pneus avant / arrière	P225/45R17 / P225/45R17
Poids / Capacité de remorquage	1544 kg / non recommandé
Assemblage	Kecskemét HU

Composantes mécaniques

CLA250

Cylindrée, soupapes, alim.	4L 2,0 litres 16 s turbo
Puissance / Couple	208 ch / 258 lb-pi
Tr. base (opt) / rouage base (opt)	A7 / Tr (Int)
0-100 / 80-120 / V.Max	6,9 s / 4,9 s / 240 km/h
100-0 km/h	43,0 m
Type / ville / route / CO_2	Sup / 8,5 / 5,1 l/100 km / 3210 (est) kg/an

CLA45 AMG

Cylindrée, soupapes, alim.	4L 2,0 litres 16 s turbo
Puissance / Couple	375 ch / 350 lb-pi
Tr. base (opt) / rouage base (opt)	A7 / Int
0-100 / 80-120 / V.Max	4,2 s (const) / n.d. / 250 km/h (const)
100-0 km/h	n.d.
Type / ville / route / CO_2	Sup / 9,9 / 6,5 l/100 km / 3850 (est) kg/an

« LA CLA **FOURMILLE** DE BELLES **QUALITÉS**, MAIS DE QUELQUES **DÉFAUTS** AUSSI. UNE **CLASSE C**, POUR À PEU PRÈS LE MÊME PRIX, ÇA NE VOUS **TENTERAIT** PAS ? »

Du nouveau en 2017
Retouches à la partie avant, jauges un peu modifiées, nouveaux groupes d'options, nouvelles roues, Android Auto et Apple CarPlay, nouveau groupe Track pour la AMG.

Photos : Mercedes-Benz

MERCEDES-BENZ **CLASSE B**

Prix : 31 700 $ à 34 000 $ (2016)
Catégorie : Familiale
Garanties :
4 ans/80 000 km, 4 ans/80 000 km
Transport et prép. : 2 043 $
Ventes QC 2015 : 1 655 unités
Ventes CAN 2015 : 6 226 unités

Cote du Guide de l'auto

66 %

Fiabilité	Appréciation générale
n.d.	■■■■■■■□□□
Sécurité	Agrément de conduite
■■■■■■□□□□	■■■■■■□□□□
Consommation	Système multimédia
■■■■■■■□□□	■■■■■■■□□□

Cote d'assurance

■■■■■■■□□□
$$$ $

➕ Matériaux et finition de qualité • Groupe propulseur sophistiqué • Rouage intégral 4MATIC • Bon comportement routier • Coffre arrière modulable

➖ Insonorisation moyenne • Options nombreuses • Coût des options • Essence super seulement • Version à moteur électrique non vendue chez nous

Concurrents
Audi A3, MINI Clubman, Volvo V60

Le mouton noir

Jean-François Guay

Si l'on ne tient pas compte des ventes de VUS de Mercedes-Benz, quelle est, d'après vous, la voiture la plus vendue par la marque allemande au pays ? La Classe C, vous dites ? Vous avez raison. Ensuite, laquelle se classe au deuxième rang ? La CLA ? Vous gagnez encore un point. Et la troisième ? Hum ! Vous hésitez entre la Classe B, la Classe E et la Classe S ?

Eh bien ! Contre toute attente, c'est la Classe B qui l'emporte. Oui, vous avez bien lu. Bon an mal an, le mouton noir de Mercedes-Benz occupe le trio de tête des ventes de voitures au pays. Depuis son lancement en 2005, en Europe, ce modèle s'est vendu à plus d'un million d'exemplaires à l'échelle de la planète. À titre de comparaison, la Mercedes-Benz Classe C (et son ancêtre, la 190) est la plus populaire mondialement avec une production dépassant huit millions d'unités depuis 1982. Quant à la Classe E, qui a été introduite en 1953 sous le vocable W120, elle s'est écoulée à plus de 13 millions d'unités au cours des sept dernières décennies.

Développée expressément pour le marché nord-américain, qui trouvait la Classe A européenne trop petite, la Classe B avait été décriée par la critique nord-américaine comme étant indigne de porter le logo de Mercedes-Benz parce qu'elle disposait, notamment, d'un rouage à traction (que la Classe A avait inauguré en 1997) — un crime de lèse-majesté qui dénaturait la philosophie « propulsion » de la firme de Stuttgart. De même, on lui reprochait son manque de luxe et sa finition bâclée en comparaison avec les autres modèles de la marque. Elle est donc restée au Canada sans traverser la frontière américaine.

UNE ESPÈCE AMBIGUË

Or, beaucoup d'eau a coulé sous les ponts et la deuxième génération de la Classe B a progressé sur tous les fronts. Mais un fait demeure, on ne s'entend toujours pas sur sa définition : s'agit-il d'une familiale, d'une voiture cinq portes à hayon, ou d'un multisegment compact ? Pour éviter tout quiproquo, reprenons l'étiquette européenne, qui la présente comme étant un véhicule monospace.

La Classe B n'a pas de rivale naturelle puisque BMW ne commercialise pas la Série 2 Gran Tourer chez nous. À la limite, on peut l'opposer à la Volvo V60. Quant aux modèles Audi Q3 et BMW X1, ils rivalisent plutôt avec le Mercedes-Benz GLA. Dans une échelle de prix inférieure, les Kia Rondo et Ford C-MAX offrent des carrosseries similaires, mais chaque modèle possède ses propres caractéristiques : la Rondo offre une troisième banquette, la C-MAX se démarque par sa motorisation hybride tandis que la Classe B propose le rouage intégral en option.

Vendue un peu plus de 30 000 $ en version à traction (il faut ajouter environ 2 000 $ pour l'intégrale), la Classe B s'avère une aubaine quand on considère le prestige de la marque et l'équipement de série, dont les sièges chauffants en simili-cuir ARTICO et la sophistication des systèmes d'aide à la conduite. Par contre, les sièges électriques, la caméra de recul et le toit ouvrant sont optionnels.

Pour se convaincre de la valeur du produit face aux Rondo et C-MAX, il faut comparer l'épaisseur des tôles et la robustesse des charnières de porte pour comprendre la qualité de fabrication. De même, la Classe B prend l'ascendant sur ses rivales sur le plan de la mécanique avec son quatre cylindres turbo de 208 chevaux ainsi que sa boîte automatique à sept rapports avec double embrayage.

MOTEUR ÉLECTRIQUE...

Même si nous sommes à l'ère des véhicules à moteur électrique, Mercedes-Benz réserve la « Classe B Electric Drive » seulement à certains États américains. Procurant une autonomie estimée à 140 km, il est dommage que ce groupe propulseur ne soit pas disponible chez nous. Toutefois, il est presque assuré que la prochaine génération, qui sera dévoilée pour 2018, disposera d'une motorisation hybride rechargeable. De même, l'empattement de la future Classe B sera étiré afin d'accueillir une troisième rangée de sièges, et l'équipement multimédia évoluera pour en faire une voiture totalement connectée.

Grâce à la hauteur et à la largeur des portières, il est aisé d'accéder à l'habitacle et au coffre à bagages. La position de conduite surélevée procure une bonne vision. La tenue de route, typiquement allemande, est saine et gagne en sportivité avec l'option des pneus de 18 po et la suspension surbaissée, la direction et le freinage sont également plus performants avec l'ensemble sport. On peut juste maugréer contre la déficience de l'insonorisation, qui filtre mal les imperfections de la chaussée, et le manque de fluidité du système arrêt/démarrage du moteur, dont le fonctionnement en ville est plutôt agaçant.

Châssis - B250	
Emp / lon / lar / haut	2699 / 4393 / 2010 / 1562 mm
Coffre / Réservoir	488 à 1547 litres / 50 litres
Nbre coussins sécurité / ceintures	11 / 5
Suspension avant	ind., jambes force
Suspension arrière	ind., multibras
Freins avant / arrière	disque / disque
Direction	à crémaillère, ass. var. élect.
Diamètre de braquage	11,0 m
Pneus avant / arrière	P225/45R17 / P225/45R17
Poids / Capacité de remorquage	1465 kg / n.d.
Assemblage	Rastatt DE

Composantes mécaniques	
Cylindrée, soupapes, alim.	4L 2,0 litres 16 s turbo
Puissance / Couple	208 ch / 258 lb-pi
Tr. base (opt) / rouage base (opt)	A7 / Tr (Int)
0-100 / 80-120 / V.Max	7,2 s / 4,5 s / 210 km/h
100-0 km/h	37,0 m
Type / ville / route / CO_2	Sup / 10,0 / 7,5 l/100 km / 4083 kg/an

> « LA MERCEDES-BENZ **CLASSE B N'A PAS** DE RIVALE NATURELLE AU CANADA, PUISQUE BMW NE **COMMERCIALISE** PAS LA **SÉRIE 2** GRAN TOURER **CHEZ NOUS.** »

Du nouveau en 2017

Intégration Apple CarPlay et Android Auto, nouveaux groupes d'options, nouvelle couleur de carrosserie.

Photos : Mercedes-Benz

MERCEDES-BENZ **CLASSE C**

((SiriusXM))

Prix : 43 000 $ à 85 000 $ (estimé)
Catégorie : Berline, Cabriolet, Coupé, Familiale
Garanties :
4 ans/80 000 km, 4 ans/80 000 km
Transport et prép. : 2 041 $
Ventes QC 2015 : 2 392 unités
Ventes CAN 2015 : 9 992 unités

Cote du Guide de l'auto

81 %

Fiabilité	Appréciation générale
■■■■■■□□□□	■■■■■■■□□□
Sécurité	Agrément de conduite
■■■■■■■□□□	■■■■■■■□□□
Consommation	Système multimédia
■■■■■□□□□□	■■■■■■□□□□

Cote d'assurance

■■■■■□□□□□
$$$ $

➕ Boîte automatique à neuf rapports sur certains modèles • Performances stupéfiantes (C63 AMG S) • Disponibilité du rouage intégral •

➖ Prix élevé • Tarif des options • Dégagement limité pour la tête aux places arrière • Volume du coffre (cabriolet) • Puissance discutable (C300)

Concurrents
Acura TLX, Audi A4, BMW Série 3, Cadillac ATS, Infiniti Q50, Lexus ES, Lexus IS, Lincoln MKZ, Volvo S60

La pléiade

Gabriel Gélinas

Quatorze modèles. Voilà l'étendue de la gamme pour la Classe C, qui est composée de cinq berlines, quatre coupés, quatre cabriolets et une familiale. Côté motorisations, l'écart est large entre les 201 chevaux du moteur quatre cylindres diesel de 2,1 litres des berline et familiale C300d, et les 503 chevaux du V8 biturbo de 4,0 litres, qui anime le trio de berline, coupé et cabriolet C63 AMG S. Difficile de faire mieux comme pléiade avec cette gamme plus étendue de modèles et de versions, dont le prix passe très facilement du simple au double.

Avec son look de Classe S, la Classe C joue la carte du prestige en format compact avec son long capot, ses flancs fuselés et sa poupe plus courte, marquée de rondeurs. Les coupés et cabriolets partagent une même silhouette, un peu plus typée, caractérisée par un abaissement des suspensions, et une calandre à picots, traversée par une lame chromée. Pour tous les modèles, sauf la familiale, la ligne de toit fuyante compromet l'accès aux places arrière, et cet aspect est encore plus marqué dans le cas des coupés et des cabriolets. La planche de bord, partagée entre tous les modèles, affiche un design élégant et classique, typiquement Mercedes-Benz .

LORSQUE LE SOLEIL SE FAIT COMPLICE
L'arrivée des cabriolets constitue une première pour la gamme C. Le toit souple de ces modèles se replie ou se déploie dans un ballet mécanique, qui s'exécute en vingt secondes top chrono. L'opération est possible même lorsque la voiture est en mouvement, pourvu que sa vitesse ne dépasse pas les cinquante kilomètres/heure. Lorsque le soleil se fait complice et que la conduite à ciel ouvert nous interpelle, il suffit d'appuyer sur le bouton du système Aircap pour activer non pas un, mais bien deux déflecteurs et ainsi réduire la turbulence. Il y a d'abord le déflecteur avant, dissimulé dans le montant du pare-brise, qui se déploie juste au-dessus. En position relevée, il confère une allure étrange à la voiture, mais il est redoutablement efficace. Le second déflecteur est un filet anti-remous qui s'élève et qui prend place entre les appuis-des places arrière.

Sur le plan mécanique, seuls les berline et familiale sont livrables avec un quatre cylindres diesel biturbo de 2,1 litres, développant 201 chevaux, mais aussi 369 livre-pied de couple, jumelé au rouage intégral, alors que les moteurs à essence animent le trio berline, coupé et cabriolet. En entrée de gamme, le quatre cylindres turbocompressé de 2,0 litres fait un travail honnête, mais sans plus, et il ne conviendra qu'aux acheteurs pour qui l'agrément de conduite ne se situe pas au sommet des priorités. Il faut se tourner vers les modèles C43, dotés du V6 biturbo de 3,0 litres, développant 362 chevaux et 384 livre-pied de couple, jumelé à la nouvelle boîte automatique à neuf rapports et au rouage intégral, pour compter sur des performances plus relevées.

LA BOMBE C63 AMG S

Furieusement rapides, les modèles C63 AMG sont animés par le V8 biturbo de 4,0 litres, qui développe 469 chevaux, et même 503 chevaux dans le cas de la variante S. Toutefois, seule la propulsion est de mise pour ces modèles, dont le niveau de performance est comparable à celui d'authentiques sportives, en raison d'un rapport poids-puissance favorable.

Cela dit, l'essai d'une berline C63 AMG S a permis de déterminer que le poids de la voiture, chiffré à 1 730 kilos, devenait un facteur limitatif pour la performance en virages. Son moteur est carrément fabuleux, les accélérations sont foudroyantes et la sonorité est exceptionnelle, mais la berline C63 AMG S, malgré ses roues arrière motrices, se positionne juste en dessous de la BMW M3 pour ce qui est de la dynamique. Pour l'amateur de performances fidèle à la marque, il est clair que les modèles C63 AMG S se retrouvent au sommet de la pyramide. Cependant, les C43 ne sont pas à dédaigner non plus puisque le niveau de performance est relevé et la traction intégrale est au rendez-vous, ce qui s'avère providentiel compte tenu de notre climat hivernal.

Par ailleurs, la Classe C devrait subir un *lifting* en 2018 en recevant une version évoluée de sa calandre, de nouveaux phares et, surtout, le système multimédia à deux écrans de 12,3 pouces, inauguré sur la Classe S et sur la Classe E. Il faudra éventuellement ajouter à la gamme un modèle à motorisation hybride, déjà disponible chez nos voisins du sud, ainsi qu'un autre à motorisation purement électrique, Mercedes-Benz ayant clairement annoncé ses intentions d'offrir une version 100 % électrique de chacun de ses modèles dans l'avenir. La pléiade deviendra donc bientôt une constellation à part entière...

Châssis - 300d 4Matic berline

Emp / lon / lar / haut	2840 / 4686 / 1810 / 1442 mm
Coffre / Réservoir	480 litres / 66 litres
Nbre coussins sécurité / ceintures	7 / 5
Suspension avant	ind., multibras
Suspension arrière	ind., multibras
Freins avant / arrière	disque / disque
Direction	à crémaillère, ass. var. élect.
Diamètre de braquage	11,2 m
Pneus avant / arrière	P225/50R17 / P225/50R17
Poids / Capacité de remorquage	1680 kg / n.d.
Assemblage	Brême DE

Composantes mécaniques

300d 4Matic

Cylindrée, soupapes, alim.	4L 2,1 litres 16 s turbo
Puissance / Couple	201 ch / 369 lb-pi
Tr. base (opt) / rouage base (opt)	A7 / Int
0-100 / 80-120 / V.Max	6,9 s (const) / n.d. / 210 km/h (const)
100-0 km/h	n.d.
Type / ville / route / CO_2	Dié / 7,2 / 5,8 l/100 km / 3548 (est) kg/an

AMG C63

Cylindrée, soupapes, alim.	V8 4,0 litres 32 s turbo
Puissance / Couple	469 ch / 479 lb-pi
Tr. base (opt) / rouage base (opt)	A9 / Prop
0-100 / 80-120 / V.Max	5,2 s (est) / n.d. / 250 km/h (const)
100-0 km/h	n.d.
Type / ville / route / CO_2	Sup / 13,7 / 8,2 l/100 km / 5164 (est) kg/an

AMG C63S

Puissance / Couple	503 ch / 516 lb-pi
Tr. base (opt) / rouage base (opt)	A9 / Prop
0-100 / 80-120 / V.Max	4,6 s / 3,5 s / 290 km/h (const)
100-0 km/h	36,1 m
Type / ville / route / CO_2	Sup / 13,7 / 8,2 l/100 km / 5164 (est) kg/an

300 4Matic cabriolet, 300 4Matic, 300 4Matic coupé

4L 2,0 l - 241 ch/273 lb-pi - A9 - 0-100: n.d. - 10,1/6,6 l/100km

AMG C43 4Matic cabriolet, AMG C43, AMG C43 4Matic coupé

V6 3,0 l - 362 ch/384 lb-pi - A9 - 0-100: n.d. - 12,1/7,4 l/100km

Du nouveau en 2017

Nouveaux modèles C43. Nouveaux modèles cabriolet. Lancement retardé de la Classe C familiale.

Photos : Mercedes-Benz, Sylvain Raymond

MERCEDES-BENZ **CLASSE E**

((**SiriusXM**))

Prix : 66 000 $ à 81 500 $ (2016) (estimé)
Catégorie : Berline, Cabriolet, Familiale
Garanties :
4 ans/80 000 km, 4 ans/80 000 km
Transport et prép. : 2 092 $
Ventes QC 2015 : 551 unités
Ventes CAN 2015 : 3 162 unités

Cote du Guide de l'auto

83 %

Fiabilité ■■■■■□□□□□

Appréciation générale ■■■■■■□□□□

Sécurité ■■■■■■■□□□

Agrément de conduite ■■■■■■□□□□

Consommation ■■■■■□□□□□

Système multimédia ■■■■■■□□□□

Cote d'assurance

■■■■■■□□□□

$$$ $

➕ Habitacle spacieux et confortable •
Nombreuses technologies •
Conduite confortable • Finition soignée

➖ Plusieurs options onéreuses •
Puissance en baisse dans la version
de base • Fiabilité des éléments
technologiques ? • Style trop similaire
à la Classe S

Concurrents

Audi A6, BMW Série 5, Cadillac CTS,
Infiniti Q70, Jaguar XF, Lexus GS,
Maserati Ghibli, Volvo S80

Dans l'air du temps

Sylvain Raymond

S'il y a un véhicule mythique chez Mercedes-Benz, c'est bien la Classe E : elle s'est écoulée à plus de 13 millions d'unités depuis son introduction dans les années 50. Au fil du temps, cette dernière a cédé sa place à des modèles plus compacts et surtout, à une pelletée de VUS qui remplace désormais les berlines dans le cœur des acheteurs de véhicules de luxe.

Pour 2017, elle arrive sous une dixième génération marquée non pas par des performances plus relevées, mais bien par de nouveaux gadgets et technologies qui repoussent les limites à un niveau pratiquement supérieur à celui du modèle porte-étendard de Mercedes-Benz, la Classe S. D'ailleurs, on pourrait presque dire de la Classe E qu'il s'agit d'une Classe S format réduit tellement l'affiliation est marquée en matière de design.

UN HABITACLE TECHNO
Le tableau de bord émule plusieurs éléments de la Classe S, notamment les quatre buses de ventilation rondes placées au centre. L'ergonomie est sans reproche, tout comme la qualité des matériaux et le souci du détail. On nage dans le luxe et c'est exactement pourquoi on se paie une Classe E ! En plus, les passagers profitent d'un dégagement supérieur grâce à un empattement plus généreux, 65 mm. Quant à la familiale, qui résiste toujours au raz de marée des VUS, elle se distingue par sa polyvalence.

Deux écrans massifs, qui semblent n'en former qu'un, composent la partie supérieure du tableau de bord. Le premier comprend le système COMAND, un écran de 12,3 pouces et présente les informations du système multimédia et de navigation. Une molette avec pavé tactile et reprenant le style d'une souris d'ordinateur permet d'opérer le tout. Le second écran, optionnel avec l'ensemble Technologie, propose une instrumentation entièrement numérique disposant de plusieurs modes d'affichages selon vos besoins et vos goûts.

Il y a dix ans, jamais on n'aurait accepté la présence d'un quatre cylindres sous le capot d'une Classe E, mais il faut croire que les temps changent.

La E 300 profite du dernier-né des moteurs Mercedes, soit un quatre cylindres turbocompressé de 2,0 litres développant une puissance de 241 chevaux et un couple de 273 lb-pi. Une fois la pilule avalée, on découvre un moteur qui n'est pas surpuissant, mais qui convient à la plupart des besoins et qui apporte une meilleure économie de carburant. Il n'a toutefois pas la sonorité des plus grosses cylindrées.

Le choix le plus tentant est sans aucun doute le six cylindres à double turbocompresseur de 3,0 litres que l'on retrouve à bord de la E 400. Il déploie une cavalerie nettement plus intéressante, 329 chevaux et un couple de 354 lb-pi. Cette mécanique est mieux adaptée au gabarit du véhicule et c'est surtout son muscle à plus grande vitesse que l'on apprécie. Jumelé à une boîte automatique à neuf rapports, la seule proposée, il permet de boucler le sprint du 0-100 km/h en un peu plus de 5,2 secondes, un chrono plus qu'intéressant. Dans le cas de la familiale, c'est la seule mécanique qui sera initialement offerte.

Pour 2017, on n'a droit qu'à ces deux moteurs en attendant la bestiale AMG. Les deux possèdent le rouage intégral 4MATIC de série.

ELLE SE CONDUIT PRATIQUEMENT SEULE
La Classe E, le confort sur route, beaucoup plus que la sportivité et le dynamisme. La voiture avale les kilomètres et inhibe toutes les imperfections de la route, notamment grâce à une suspension pneumatique fort efficace.

Différents modes de conduites, Eco, Comfort, Sport, Sport+ et Individual interviennent sur la boîte automatique, l'accélérateur et la suspension afin de moduler la conduite selon vos goûts. La direction est cependant un peu moins communicative, c'est souvent le cas depuis l'arrivée des assistances électriques. On aimerait plus de fermeté et une meilleure impression de contrôle.

La Classe E 2017 comporte tout ce qu'il y a d'avancées technologiques chez Mercedes en matière d'assistance à la conduite. En fait, on s'approche d'une voiture semi-autonome. Une fois le régulateur de vitesse intelligent activé, ce dernier se conforme aux limites de vitesse et non seulement il peut freiner seul lors de présence d'obstacles, mais il maintient le véhicule automatiquement au centre de la voie, même dans les courbes.

Enfin, soulignons que le cabriolet et le coupé reviennent en 2017, mais sous la génération précédente, donc sans changements majeurs, et leur distribution risque d'être limitée. Deux moteurs sont au programme, le V6 3,0 litres de 329 chevaux (E 400) et le V8 de 402 chevaux (E 550) qui promet de belles performances. Ces deux voitures perdent en polyvalence ce qu'elles gagnent en prestige!

Du nouveau en 2017
La berline et la familiale ont été complètement redessinées, alors que le coupé et le cabriolet sont reconduits sans changements.

Châssis - 300 berline 4Matic	
Emp / lon / lar / haut	2939 / 4923 / 1872 / 1468 mm
Coffre / Réservoir	540 litres / 66 litres
Nbre coussins sécurité / ceintures	9 / 5
Suspension avant	ind., multibras
Suspension arrière	ind., multibras
Freins avant / arrière	disque / disque
Direction	à crémaillère, ass. var. élect.
Diamètre de braquage	11,6 m
Pneus avant / arrière	P245/45R18 / P245/45R18
Poids / Capacité de remorquage	1800 kg / n.d.
Assemblage	Sindelfingen DE

Composantes mécaniques

E300 berline 4Matic
Cylindrée, soupapes, alim.	4L 2,0 litres 16 s turbo
Puissance / Couple	241 ch / 273 lb-pi
Tr. base (opt) / rouage base (opt)	A9 / Int
0-100 / 80-120 / V.Max	n.d. / n.d. / 210 km/h (const)
100-0 km/h	n.d.
Type / ville / route / CO₂	Sup / n.d. / n.d. l/100 km / n.d. kg/an

E400, E400 4Matic
Cylindrée, soupapes, alim.	V6 3,0 litres 24 s turbo
Puissance / Couple	329 ch / 354 lb-pi
Tr. base (opt) / rouage base (opt)	A7 / Prop (Int)
0-100 / 80-120 / V.Max	5,3 s (const) / n.d. / 210 km/h (const)
100-0 km/h	n.d.
Type / ville / route / CO₂	Sup / 12,4 / 8,8 l/100 km / 4959 kg/an

E550 cabriolet
Cylindrée, soupapes, alim.	V8 4,7 litres 32 s turbo
Puissance / Couple	402 ch / 443 lb-pi
Tr. base (opt) / rouage base (opt)	A7 / Prop
0-100 / 80-120 / V.Max	4,9 s (const) / n.d. / 210 km/h (const)
100-0 km/h	n.d.
Type / ville / route / CO₂	Sup / 12,2 / 7,8 l/100 km / 4701 kg/an

Photos : Mercedes-Benz

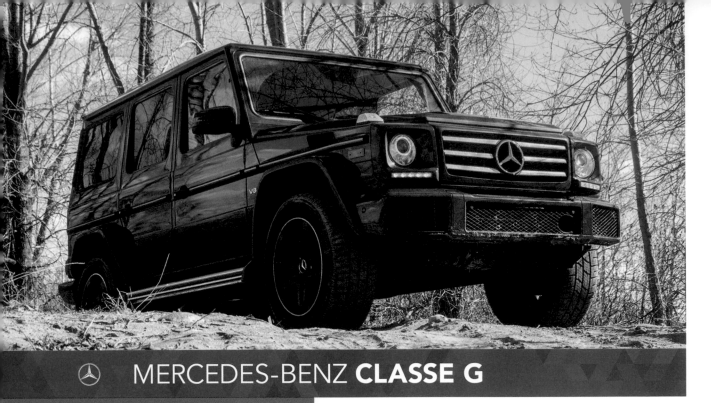

MERCEDES-BENZ **CLASSE G**

Prix: 127 200 $ à 249 000 $ (2016)
Catégorie: VUS intermédiaire
Garanties:
4 ans/80 000 km, 4 ans/80 000 km
Transport et prép.: n.d.
Ventes QC 2015: n.d.
Ventes CAN 2015: 2 742 unités

Cote du Guide de l'auto

65 %

Fiabilité
n.d.

Sécurité
■■■■■■□□□□

Consommation
■□■■■□□□□□

Appréciation générale
■■■■■■■□□□

Agrément de conduite
■■■■■■□□□□

Système multimédia
■■■■■□□□□□

Cote d'assurance
■■■■□□□□□□
$$$ $

+ Rien ne l'arrête • Moteurs sophistiqués •
Rouage intégral hors norme •
Équipement complet •
Prestige instantané

– Silhouette d'une autre époque •
Prix prohibitifs • Faible visibilité arrière •
Consommation élevée • Direction floue

Concurrents
BMW X6, Porsche Cayenne

Rétro et modernisé

Denis Duquet

L e Mercedes-Benz Classe G est sans aucun doute le véhicule le plus controversé de toute la gamme du constructeur. Plusieurs le détestent à s'en confesser, soulignant son allure d'une autre époque, son comportement routier «rural» et son prix de vente qu'ils jugent indécent pour une boîte carrée sur roues. Par ailleurs, ses défenseurs mentionnent ses allures de baroudeur, la puissance de ses moteurs et ses impressionnantes performances en conduite hors route.

Il semble que ce soit ce dernier point qui ait eu le dessus compte tenu de la progression des ventes des modèles de la Classe G. En effet, l'an dernier, les ventes ont progressé de 20 %. Ce qui a été suffisant pour inciter la direction de Daimler à apporter des améliorations au chapitre de la suspension, des moteurs et de l'habitacle de ce gros tout-terrain assemblé à la main à l'usine de Graz en Autriche.

UN IMPRESSIONNANT TRIO
Le G 550 bénéficie d'un moteur V8 4,0 litres double turbo dérivé de la nouvelle génération de V8 développé par AMG. Celui-ci produit 416 chevaux, et son couple de 450 lb-pi est également à souligner. Cette cavalerie permet de boucler le 0-100 km/h en moins de six secondes. Comme tous les autres modèles de la Classe G, ce V8 est couplé à une boîte automatique à sept rapports. Le prix à payer pour ces performances est une consommation observée de 18 litres/100 km.

Toutefois, il semble que les acheteurs potentiels d'un Geländewagen («tout-terrain», c'est ce que la lettre G signifie en allemand) en veuillent davantage en fait de puissance. Ces amateurs de chevaux-vapeur ont deux choix, un V8 de 5,5 litres biturbo de 563 chevaux propulsant le G 63 AMG ou le V12 6,0 litres biturbo de 621 chevaux du G 65 AMG. Ce dernier produit un couple de 738 lb-pi! Difficile de faire mieux. D'ailleurs, le G 65 se targue d'être le VUS le plus puissant sur le marché.

RETOUR DANS LE TEMPS

Les véhicules de la Classe G ont fait leurs débuts il y a 37 ans et ils étaient initialement destinés aux forces policières. Ce qui explique leur silhouette taillée à la hache qui n'a presque pas changé depuis. Les parois latérales sont ultraplates, les ouvertures des portières petites et le coefficient de pénétration dans l'air est de 0,54! Curieux détail sur un véhicule tout-terrain, les tuyaux d'échappement sont latéraux, juste sous les portières arrière. Il y a une explication technique à ça: l'angle de départ est ainsi plus élevé.

Si la présentation extérieure n'a presque pas changé, on a généreusement «pimpé» l'habitacle au fil des années, de sorte que l'on retrouve tout le luxe et tous les accessoires sophistiqués des autres modèles de la marque. La liste d'équipements de série est presque sans fin et plusieurs options sont également au catalogue. Cependant, indice de la vétusté des origines, un porte-gobelet est accroché à la paroi droite du tunnel de transmission.

Lors de notre essai du G 550, qui a même compris une randonnée de quelques heures consécutives, le confort des sièges avant a été apprécié tout comme les accélérations et les reprises. Soulignons qu'une courte randonnée au volant d'un G 63 dans le cadre de la présentation à la presse permet de ne conclure que par un seul mot: époustouflant.

Cependant, il faut nuancer. Si les performances de ce trio impressionnent en accélération, l'agrément de conduite est mitigé avec une direction qui semble parfois avoir le vague à l'âme, le prix à payer pour une direction à billes, surtout efficace en conduite hors route. À cause des appuie-têtes arrière et du pneu de secours boulonné sur la porte arrière à battant, la visibilité arrière est fort limitée.

Le Classe G propose un potentiel de performances élevées, mais ses prestations sur la route sont handicapées par un manque d'agilité et un centre de gravité élevé. On peut quand même s'éclater à son volant avec une bonne dose d'audace. Par ailleurs, difficile de trouver à redire quant au comportement hors route. Même un néophyte en conduite tout-terrain passera pour un expert à son volant. Aux mains d'un spécialiste, un Classe G franchit les obstacles les plus intimidants. Le secret: la possibilité de verrouiller les différentiels avant et arrière ainsi que la boîte de transfert centrale et de marier le tout à une généreuse garde au sol.

On peut toutefois se demander qui osera jouer les aventuriers dans la forêt boréale au volant d'un véhicule de ce prix... Ceux qui oseront seront impressionnés.

Châssis - AMG 65

Emp / lon / lar / haut	2850 / 4763 / 2055 / 1938 mm
Coffre / Réservoir	480 à 2250 litres / 96 litres
Nbre coussins sécurité / ceintures	4 / 5
Suspension avant	essieu rigide, ress. hélicoïdaux
Suspension arrière	essieu rigide, ress. hélicoïdaux
Freins avant / arrière	disque / disque
Direction	à billes, assistée
Diamètre de braquage	13,6 m
Pneus avant / arrière	P295/40R21 / P295/40R21
Poids / Capacité de remorquage	2580 kg / 3182 kg (7015 lb)
Assemblage	Graz AT

Composantes mécaniques

G 550

Cylindrée, soupapes, alim.	V8 4,0 litres 32 s turbo
Puissance / Couple	416 ch / 450 lb-pi
Tr. base (opt) / rouage base (opt)	A7 / Int
0-100 / 80-120 / V.Max	5,9 s (const) / n.d. / 210 km/h (const)
100-0 km/h	n.d.
Type / ville / route / CO2	Sup / 19,0 / 16,5 l/100 km / 8223 kg/an

AMG 63

Cylindrée, soupapes, alim.	V8 5,5 litres 32 s turbo
Puissance / Couple	563 ch / 560 lb-pi
Tr. base (opt) / rouage base (opt)	A7 / Int
0-100 / 80-120 / V.Max	5,4 s (const) / n.d. / 210 km/h (const)
100-0 km/h	n.d.
Type / ville / route / CO2	Sup / 20,0 / 16,6 l/100 km / 8496 kg/an

AMG 65

Cylindrée, soupapes, alim.	V12 6,0 litres 36 s turbo
Puissance / Couple	621 ch / 738 lb-pi
Tr. base (opt) / rouage base (opt)	A7 / Int
0-100 / 80-120 / V.Max	5,3 s (const) / n.d. / 230 km/h (const)
100-0 km/h	n.d.
Type / ville / route / CO2	Sup / 22,2 / 18,0 l/100 km / 9343 kg/an

Du nouveau en 2017

Modèle revu en 2016. Modifications mineures. Équipement encore plus complet.

Photos: Mercedes-Benz, Samuel Labrie-Ross

MERCEDES-BENZ **CLASSE S**

Prix : 102 600 $ à 275 000 $ (2016) (estimé)
Catégorie : Berline, Cabriolet, Coupé
Garanties :
4 ans/80 000 km, 4 ans/80 000 km
Transport et prép. : 2 199 $
Ventes QC 2015 : 203 unités
Ventes CAN 2015 : 1 126 unités

Cote du Guide de l'auto

79 %

Fiabilité	Appréciation générale
■■■■■■■□□□	■■■■■■■■□□
Sécurité	Agrément de conduite
■■■■■■■■■□	■■■■■■■□□□
Consommation	Système multimédia
■■■■□□□□□□	■■■■■■■■□□

Cote d'assurance

■■■□□□□□□□
$$$ $

➕ Gamme étendue de modèles •
Vaste choix de motorisations •
Sécurité à la fine pointe •
Tenue de route exemplaire

➖ Prix démesurés • Tarifs des options •
Poids élevé • Complexité de
certaines commandes

Concurrents

Audi A8, Bentley Flying Spur, BMW Série 7,
Jaguar XJ, Lexus LS, Maserati
Quattroporte, Porsche Panamera,
Tesla Model S

Le luxe pléthorique

Gabriel Gélinas

Véritable vitrine technologique du constructeur allemand, la Classe S compte aujourd'hui quatorze modèles déclinés en berlines, coupés et cabriolets, ainsi qu'une version Mercedes-Maybach, qui propose le summum du luxe et qui a été réintégrée à la gamme l'an dernier. Pour l'étoile de Stuttgart, les variations sur thème abondent et touchent même sa gamme la plus exclusive.

Le modèle de base, si l'on peut s'exprimer ainsi dans le cas de la berline de Classe S, est le S400 4Matic, qui est animé par un V6 biturbo de 3,0 litres, partagé avec la S550e à motorisation hybride rechargeable. Fort de ses 329 chevaux et 354 livre-pied de couple, ce moteur n'a aucun mal à abattre le 0-100 kilomètres/heure en 6,1 secondes, un chrono tout à fait respectable pour une berline de plus de deux tonnes métriques.

On gagne plus de 100 chevaux et plus de 150 livre-pied de couple en passant à la S550 4Matic, disponible en versions à empattement régulier et allongé. La S600 à empattement régulier, disponible comme propulsion seulement, pose un autre jalon avec son V12 biturbo, moins puissant cependant que le V8 biturbo de la S63 AMG, qui elle dispose du rouage intégral 4MATIC. Avec la S65 AMG, le V12 biturbo reprend ses droits avec ses 621 chevaux et ses 737 livre-pied de couple.

Chez les cabriolets et les coupés, le V6 est absent du catalogue, ces modèles se déclinant en S550, S63 AMG et S65 AMG. On note cependant une distinction importante, en ce qui a trait au rouage, puisque le S550 Cabriolet est de type propulsion seulement, alors que le même modèle S550 Coupé dispose du rouage intégral 4MATIC, partagé avec les modèles S63 AMG.

Les cabriolets sont les plus récents et partagent environ soixante pour cent des pièces de carrosserie avec les coupés exception faite, bien sûr, de la capote en toile souple, remarquablement bien isolée, qui se replie ou qui se déploie en 17 secondes. La filiation entre les coupés et les cabriolets s'exprime aussi par l'ajout, en option ou de série, selon les modèles, de cristaux Swarovski aux blocs optiques, une touche *bling-bling,* qui leur permet de se démarquer. Avec un look plus ravageur et des performances inspirées, les coupés et cabriolets permettent à Mercedes-Benz de reprendre contact avec une partie de la richissime clientèle qui avait déserté la marque à l'étoile, pour flirter avec les coupés et cabriolets de grand luxe, commercialisés par des marques rivales comme Aston Martin, Bentley et quelques autres.

La présentation intérieure et la disposition de la planche de bord sont semblables pour tous les modèles, y compris la somptueuse Mercedes-Maybach S 600, qui se distingue toutefois par ses places arrière plus spacieuses, composées de sièges individuels séparés par une console.

LA S550E

Signe des temps, la Classe S propose un modèle à motorisation hybride, rechargeable de surcroît, avec la S550e, dont le coefficient aérodynamique est chiffré à 0,24, un exploit remarquable pour une berline de cette taille, qui n'est cependant offerte qu'avec la propulsion. Notons également que l'autonomie en mode électrique est inférieure aux 33 kilomètres annoncés par la marque, mais que la S550e est capable de performances en accélération semblables à celles de la S550 et son moteur V8 biturbo. C'est en virages que ça se gâte, la dynamique de cette version hybride étant affectée par le poids des batteries qui ajoutent 155 kilos à la pesée.

Cet hybride rechargeable sera revu l'an prochain, alors que la Classe S fera l'objet d'un *lifting,* et que sa batterie passera à une puissance 13,5 kWh tout en conservant les mêmes dimensions physiques que le pack actuel. En augmentant la puissance de la batterie, l'autonomie, en mode électrique, devrait être portée à 50 kilomètres et il est également possible que cette batterie puisse être rechargée par induction, ce qui éviterait à son propriétaire d'avoir à brancher un câble d'alimentation.

LA CONDUITE AUTONOME COMPLÈTE EN 2018 ?

On s'attend également à ce que Mercedes-Benz profite du Salon de l'auto de Francfort, en septembre 2017, pour dévoiler la première Classe S dotée d'une conduite autonome complète, en tant que modèle 2018. Le constructeur a réussi l'exploit de faire rouler une Classe S, de façon entièrement autonome, en août 2013, sur le même parcours de Il est donc clair qu'il est maintenant possible de commercialiser un tel modèle.

Du nouveau en 2017

Nouveaux modèles cabriolets et boîte automatique à neuf rapports sur certains modèles.

Châssis - 550 cabriolet

Emp / lon / lar / haut	2945 / 5027 / 1899 / 1417 mm
Coffre / Réservoir	250 à 350 litres / 80 litres
Nbre coussins sécurité / ceintures	7 / 4
Suspension avant	ind., pneumatique, multibras
Suspension arrière	ind., pneumatique, multibras
Freins avant / arrière	disque / disque
Direction	à crémaillère, ass. var. élect.
Diamètre de braquage	11,6 m
Pneus avant / arrière	P245/45R19 / P275/40R19
Poids / Capacité de remorquage	2115 kg / n.d.
Assemblage	Sindelfingen DE

Composantes mécaniques

550e

Cylindrée, soupapes, alim.	V6 3,0 litres 24 s turbo
Puissance / Couple	329 ch / 354 lb-pi
Tr. base (opt) / rouage base (opt)	A7 / Prop
0-100 / 80-120 / V.Max	5,2 s (const) / n.d. / 210 km/h (const)
100-0 km/h	n.d.
Type / ville / route / CO_2	Sup / 10,0 / 7,8 l/100 km / 4145 kg/an
Moteur électrique	
Puissance / Couple	114 ch (85 kW) / 251 lb-pi
Type de batterie	Lithium-ion (Li-Ion)
Énergie	8,7 kWh
Temps de charge (120V / 240V)	n.d. / 4,1 h
Autonomie	33 km

400 4Matic

V6 3,0 l - 329 ch/354 lb-pi - A7 - 0-100: n.d. - n.d./n.d. l/100km

550 4Matic coupé, 550 cabriolet

V8 4,7 l - 449 ch/516 lb-pi - A7 - 0-100: 4,6 s - 12,2/7,5 l/100km

550 4Matic, 550 4Matic allongée

V8 4,6 l - 449 ch/516 lb-pi - A7 - 0-100: 4,8 s - 12,8/7,1 l/100km

600

V12 6,0 l - 523 ch/612 lb-pi - A7 - 0-100: 4,6 s - 16,2/8,2 l/100km

AMG S63 4Matic coupé, AMG S63 4Matic cabriolet

V8 5,5 l - 577 ch/664 lb-pi - A7 - 0-100: 3,9 s - 14,3/8,2 l/100km

AMG S65 cabriolet

V12 6,0 l - 621 ch/737 lb-pi - A7 - 0-100: 4,1 s (est) - 17,1/8,9 l/100 km

MERCEDES-BENZ CLASSE S

Photos : Mercedes-Benz

MERCEDES-BENZ **CLS**

Prix: 77 100 $ à 125 900 $ (2016)
Catégorie: Berline
Garanties:
4 ans/80 000 km, 4 ans/80 000 km
Transport et prép.: 2 150 $
Ventes QC 2015: n.d.
Ventes CAN 2015: n.d.

Cote du Guide de l'auto

70 %

Fiabilité	Appréciation générale
■■■■■□□□□□	■■■■■■■□□□
Sécurité	Agrément de conduite
■■■■■■■□□□	■■■■■■■□□□
Consommation	Système multimédia
■■■■□□□□□□	■■■■■■■□□□

Cote d'assurance

■■□■■■■■■■
$$$ $

➕ Ligne intemporelle • Tenue de route •
V6 biturbo de 3,0 litres •
Rouage intégral 4MATIC •
Performances exceptionnelles (AMG)

➖ Places arrière étriquées •
Suspension ferme • Visibilité moyenne •
Poids excessif • Essence super
seulement

Concurrents

Aston Martin Rapide, Audi A8,
BMW Série 7, Jaguar XJ,
Maserati Quattroporte,
Porsche Panamera, Tesla Model S

Entretenir le mystère pour mieux séduire

Jean-François Guay

Lors de son dévoilement, il y a une dizaine d'années, la Mercedes-Benz CLS avait fait tout un tabac. Tout le monde s'accordait pour dire qu'il s'agissait de la plus belle voiture au monde. À l'époque, les stylistes de Stuttgart avaient créé un design avant-gardiste consistant à entrelacer les formes d'une berline à celles d'un coupé.

Depuis, la mode a évolué et la CLS fait tourner les têtes un peu moins. Il faut dire que le design de Mercedes-Benz a été plagié par leurs rivaux qui ont accouché de l'Audi A7, de la BMW Série 6 Gran Coupé et de la Porsche Panamera, sans oublier l'Aston Martin Rapide. À voir la liste des protagonistes, on comprend que les constructeurs se battent pour d'infimes parts de marché. Or, il n'est pas surprenant que les chiffres de ventes de la CLS demeurent confidentiels. En entretenant le mystère, Mercedes-Benz tente tout simplement de mieux séduire sa clientèle.

Malgré les efforts de la concurrence, force est d'admettre qu'aucune rivale (à l'exception de la Rapide) n'approche la beauté de la CLS. Pour demeurer la chef de file de la catégorie, elle ne cesse d'apporter des retouches à sa carrosserie et à son habitacle. Comme il n'est jamais aisé de renouveler un modèle iconique, la CLS est soumise aux mêmes règles que les Porsche 911 et Ford Mustang, lesquelles sont condamnées à évoluer à pas de tortue. Toutefois, le concept IAA donne un aperçu de la silhouette que pourrait adopter la future CLS.

ATTENTION LA TÊTE!

Au cas où vous n'aviez pas remarqué, la CLS a consacré, il y a trois ans, le code vestimentaire de ses sœurs SL, GT et CLA, avec sa calandre à boutons et la sculpture musclée de sa caisse. Par la même occasion, le regard de la CLS a été affûté grâce à des projecteurs à DEL multifaisceaux, une version plus poussée des phares adaptatifs conventionnels. Cette technologie permet de mieux voir la nuit et d'éviter d'aveugler les automobilistes qui circulent en sens inverse.

La CLS a également innové en confectionnant en aluminium le capot, les ailes, les portières et le couvercle du coffre. Toutefois, le poids est demeuré inchangé ou presque, car les dimensions de la caisse ont été allongées. Si vous avez l'impression que l'habitacle de l'actuelle génération est plus accueillant aux places arrière, vous ne rêvez pas! Le coffre à bagages est également plus grand.

Malgré tout, l'accès à la banquette arrière demeure aussi problématique qu'à ses débuts, gare à ne pas se râper le cuir chevelu! Une fois assis, le dégagement pour les jambes et la tête est suffisant, mais à l'étroit. Pour accentuer la sportivité de sa CLS, Mercedes-Benz lui a boulonné quatre sièges individuels, séparés par une console centrale pleine longueur. De toute façon, une troisième place aurait été superflue dans un décor aussi étriqué. Le mobilier intérieur est élégant et chaleureux, on y trouve du cuir souple, des boiseries fines et un éclairage d'ambiance.

TROIS MOTEURS

Si vous trouvez que le design a peu évolué au cours des dernières années, il en va autrement de la mécanique. Sans tambour ni trompette, la CLS s'est convertie aux nouvelles tendances en accueillant un V6 biturbo de 3,0 litres à essence, développant 329 chevaux et un couple de 354 livre-pied. Il permet aux deux tonnes de la CLS 400 d'être projetées de 0 à 100 km/h en 5,3 secondes et des poussières.

Même si le V6 suffit à la tâche, il y aura toujours des acheteurs qui ne jurent que par les octaves d'un moteur à huit cylindres. Pour ce faire, le V8 biturbo de 4,7 litres demeure un *must*. Produisant 402 chevaux et 443 livre-pied, ce moteur catapulte la CLS 550 de 0 à 100 km/h en moins de cinq secondes. Pour diminuer la consommation de cette grosse cylindrée, les ingénieurs lui ont greffé l'an dernier une boîte automatique à neuf rapports. Quant au V6, il se contente d'une boîte à sept rapports.

Pour les amateurs de sensations fortes, il existe une CLS 63 S AMG équipée d'un tonitruant V8 biturbo de 5,5 litres. Cet engin décuple 577 chevaux et un couple de 590 livre-pied pour une accélération époustouflante de 0 à 100 km/h en 3,6 secondes. La vitesse de pointe est bridée à 300 km/h. Toutes les versions, y compris l'AMG, sont dotées d'un rouage intégral 4MATIC pour affronter les rudiments de l'hiver.

Il va de soi que la tenue de route et le freinage de la CLS sont sans reproche. Toutefois, on maugréera à l'occasion contre la fermeté de la suspension, qui n'a pas été conçue spécifiquement pour les routes du Québec! De même, le champ de vision n'est pas parfait à cause de l'inclinaison du pare-brise, de l'étroitesse des glaces latérales et de la lunette arrière.

Du nouveau en 2017

Aucun changement majeur

Châssis - CLS 400 4Matic

Emp / lon / lar / haut	2874 / 4937 / 2075 / 1418 mm
Coffre / Réservoir	520 litres / 80 litres
Nbre coussins sécurité / ceintures	10 / 4
Suspension avant	ind., multibras
Suspension arrière	ind., multibras
Freins avant / arrière	disque / disque
Direction	à crémaillère, ass. var. élect.
Diamètre de braquage	11,5 m
Pneus avant / arrière	P255/40R18 / P285/35R18
Poids / Capacité de remorquage	1835 kg / n.d.
Assemblage	Sindelfingen DE

Composantes mécaniques

CLS 400 4Matic

Cylindrée, soupapes, alim.	V6 3,0 litres 24 s turbo
Puissance / Couple	329 ch / 354 lb-pi
Tr. base (opt) / rouage base (opt)	A7 / Int
0-100 / 80-120 / V.Max	5,3 s (const) / n.d. / 210 km/h (const)
100-0 km/h	n.d.
Type / ville / route / CO_2	Sup / 12,1 / 8,5 l/100 km / 4821 kg/an

CLS 550 4Matic

Cylindrée, soupapes, alim.	V8 4,7 litres 32 s turbo
Puissance / Couple	402 ch / 443 lb-pi
Tr. base (opt) / rouage base (opt)	A9 / Int
0-100 / 80-120 / V.Max	4,8 s (const) / n.d. / 210 km/h (const)
100-0 km/h	n.d.
Type / ville / route / CO_2	Sup / 13,7 / 9,3 l/100 km / 5391 kg/an

CLS 63 AMG S-Model 4Matic

Cylindrée, soupapes, alim.	V8 5,5 litres 32 s turbo
Puissance / Couple	577 ch / 590 lb-pi
Tr. base (opt) / rouage base (opt)	A7 / Int
0-100 / 80-120 / V.Max	3,6 s (const) / n.d. / 300 km/h (const)
100-0 km/h	n.d.
Type / ville / route / CO_2	Sup / 15,1 / 10,8 l/100 km / 6056 kg/an

Photos: Mercedes-Benz

MERCEDES-BENZ **GLA**

Prix : 38 000 $ à 51 700 $ (2016)
Catégorie : VUS sous-compact
Garanties :
4 ans/80 000 km, 4 ans/80 000 km
Transport et prép. : n.d.
Ventes QC 2015 : 1 010 unités
Ventes CAN 2015 : 3 719 unités

Cote du Guide de l'auto

69 %

Fiabilité
■■■■■■■□□□

Appréciation générale
■■■■■■■□□□

Sécurité
■■■■■■■■□□

Agrément de conduite
■■■■■■■□□□

Consommation
■■■■■■□□□□

Système multimédia
■■■■■■■□□□

Cote d'assurance
■■■■■■□□□□
$$$ $

➕ Moteur bien adapté (GLA 250) •
Moteur performant et sonore (GLA
45 AMG) • Tenue de route sûre • Style
accrocheur • Systèmes de sécurité avancés

➖ Prix élevés • Options nombreuses et
chères • Dégagement limité aux places
arrière • Visibilité limitée vers l'arrière •
Suspensions fermes (GLA 45 AMG)

Concurrents
Audi Q3, BMW X1,
Land Rover Range Rover Evoque,
Lexus NX, Lincoln MKC,
Porsche Macan, Volvo XC60

Plus sport qu'utilitaire

Gabriel Gélinas

Lancé en 2014, le Mercedes-Benz GLA témoigne de l'obsession constante du constructeur allemand qui cherche à assurer sa présence dans tous les créneaux du marché. Élaboré sur la plateforme MFA, partagée avec la berline CLA ainsi que la Classe B... et avec certains nouveaux modèles Infiniti, le GLA peut facilement être qualifié de familiale surélevée dotée d'un rouage intégral. Le VUS de taille compacte de la marque à l'étoile se décline en deux versions, soit le GLA 250 et le GLA 45 AMG qui fait plutôt dans la démesure avec son moteur très performant et son style extraverti.

Le moteur du GLA 45 AMG, partagé avec la version AMG de la berline CLA, est le quatre cylindres turbocompressé de 2,0 litres, qui répond à la désignation M133, et qui développe 375 chevaux grâce à son turbo à double entrée pouvant atteindre une pression de suralimentation chiffrée à 26,1 bars. En quelques mots, la poussée de ce moteur permet au GLA 45 AMG de faire preuve de performances stupéfiantes, comme en témoigne son chrono de 4,4 secondes pour le sprint de zéro à cent kilomètres/heure. Le système de départ-canon automatisé, qui permet d'optimiser la motricité pour décoller le plus rapidement et le plus furieusement possible, rend le GLA 45 AMG très performant en accélération franche.

UN VUS GONFLÉ AUX STÉROÏDES
À pleine charge, ce quatre cylindres turbo s'exprime avec une sonorité évoquant celle d'un moteur de course et, comme l'allumage est momentanément interrompu lors du passage au rapport supérieur, on entend un *braaap* court et sonore qui ajoute une autre dimension au plaisir de l'accélération franche. Le rouage intégral priorise le train avant en conduite normale, mais la répartition du couple peut atteindre 50 % sur le train arrière en conduite sportive, et le passage très rapide des rapports de la boîte à double embrayage développée par la division AMG permet au GLA 45 AMG d'émuler une voiture sport.

C'est le même constat au sujet du comportement routier, le GLA 45 AMG faisant preuve d'un aplomb remarquable en virage grâce à sa caisse abaissée, par rapport à celle du GLA 250, et à ses suspensions aux calibrations plus fermes comportant des barres antiroulis de diamètre supérieur. Dans les enfilades de virages, le GLA 45 AMG est très performant, et seul son centre de gravité plus élevé que celui d'une authentique sportive vient limiter la vitesse de passage en courbe.

Le modèle plus conventionnel qu'est le GLA 250 n'adopte pas un comportement routier axé sur la sportivité, mais plutôt sur le confort qui est très relevé, sauf lors de la conduite à haute vitesse où les bruits de vent et de roulement viennent troubler la quiétude à bord. Concernant les performances, le GLA 250 peut compter sur la livrée très linéaire du couple maximum, chiffré à 258 livre-pied, disponible sur une large plage comprise entre 1250 et 4000 tours/minute.

L'habitacle du GLA ressemble beaucoup à celui de la berline CLA avec un look relativement moderne et de nombreuses touches de luxe, mais Audi fait mieux pour ce qui est de la qualité des matériaux.

On remarque immédiatement que l'ouverture des portes arrière n'est pas très grande et que le dégagement pour les jambes et la tête est un peu juste pour un adulte, mais le GLA conviendra bien à une famille comptant deux adultes à l'avant et deux enfants à l'arrière. L'espace de chargement est convenable avec 421 litres lorsque toutes les places sont occupées, et 1 235 litres avec les dossiers des places arrière repliés.

FIABILITÉ PERFECTIBLE

En terminant, soulignons que le GLA, ainsi que la CLA, obtient les moins bons scores de tous les véhicules Mercedes-Benz en ce qui a trait à la fiabilité. Par ailleurs, on s'attend à ce que le GLA fasse prochainement l'objet d'un *lifting* qui apportera certaines modifications à sa plastique avec l'adoption, par exemple, de feux de jours à diodes électroluminescentes ainsi que l'ajout de nouvelles fonctionnalités aux systèmes de sécurité avancés.

Il sera également intéressant de comparer le GLA 250 à son cousin germain qu'est l'Infiniti QX30, qui s'ajoutera au plateau des inscrits dans le créneau des VUS de luxe de taille compacte, puisque ces deux véhicules sont élaborés sur la même plateforme et animés par le même moteur quatre cylindres turbocompressé de 2,0 litres. Un beau cas de variations sur thème à prévoir.

Châssis - 250 4Matic	
Emp / lon / lar / haut	2699 / 4417 / 2022 / 1494 mm
Coffre / Réservoir	421 à 1235 litres / 56 litres
Nbre coussins sécurité / ceintures	8 / 5
Suspension avant	ind., jambes force
Suspension arrière	ind., multibras
Freins avant / arrière	disque / disque
Direction	à crémaillère, ass. var. élect.
Diamètre de braquage	11,8 m
Pneus avant / arrière	P235/50R18 / P235/50R18
Poids / Capacité de remorquage	1505 kg / n.d.
Assemblage	Rastatt DE

Composantes mécaniques	
GLA 250 4Matic	
Cylindrée, soupapes, alim.	4L 2,0 litres 16 s turbo
Puissance / Couple	208 ch / 258 lb-pi
Tr. base (opt) / rouage base (opt)	A7 / Int
0-100 / 80-120 / V.Max	7,1 s / n.d. / 210 km/h
100-0 km/h	n.d.
Type / ville / route / CO_2	Sup / 8,3 / 5,6 l/100 km / 3260 (est) kg/an
GLA 45 AMG 4Matic	
Cylindrée, soupapes, alim.	4L 2,0 litres 16 s turbo
Puissance / Couple	355 ch / 332 lb-pi
Tr. base (opt) / rouage base (opt)	A7 / Int
0-100 / 80-120 / V.Max	4,4 s (const) / n.d. / 250 km/h (const)
100-0 km/h	n.d.
Type / ville / route / CO_2	Sup / 9,2 / 6,4 l/100 km / 3650 (est) kg/an

« LE SYSTÈME DE DÉPART-CANON AUTOMATISÉ DU GLA 45 AMG OPTIMISE LA MOTRICITÉ POUR DÉCOLLER LE PLUS RAPIDEMENT ET LE PLUS FURIEUSEMENT POSSIBLE. »

Du nouveau en 2017

Modifications aux ensembles d'options, Apple CarPlay et Android Auto ajoutés à l'ensemble d'options Premium, nouvel ensemble AMG Track Package pour GLA 45 AMG.

Photos : Mercedes-Benz

MERCEDES-BENZ **GLC**

Prix : n.d.
Catégorie : VUS compact
Garanties :
4 ans/80 000 km, 4 ans/80 000 km
Transport et prép. : 2 098 $
Ventes QC 2015 : 1 018 unités
Ventes CAN 2015 : 5 307 unités

Cote du Guide de l'auto

82 %

Fiabilité
n.d.
Sécurité
■■■■■■■□□□
Consommation
■■■■■■■■□□

Appréciation générale
■■■■■■■□□□
Agrément de conduite
■■■■■■□□□□
Système multimédia
■■■■■■■□□□

Cote d'assurance
■■■■■□□□□□
$$$ $

➕ Gamme étendue de modèles •
Bonnes cotes de consommation •
Finition soignée • Intéressant
choix de moteurs

➖ Silhouette plutôt générique •
Ergonomie complexe • Comportement
routier pataud • Habitabilité limitée
des modèles Coupé

Concurrents
Acura RDX, Audi Q5, BMW X3,
BMW X4, Land Rover Range Rover Evoque,
Lexus NX, Lincoln MKC, Porsche Macan,
Volvo XC60

L'arrivée du Coupé

Gabriel Gélinas

L'an dernier, Mercedes-Benz a changé la désignation de presque tous ses VUS afin d'assurer un lien plus direct avec ses berlines et coupés. Par conséquent, le GLK est devenu le GLC, ce qui permet de souligner son appartenance à la gamme de la Classe C dont il est dérivé. Pour 2017, Mercedes-Benz ajoute le modèle Coupé ainsi qu'un moteur diesel et un V6 biturbo à la gamme GLC. C'est donc pas moins de six modèles, tous à rouage intégral, qui sont maintenant proposés à l'acheteur qui devra faire un choix basé à la fois sur le look et sur la performance.

La conduite du GLC est plus confortable que dynamique avec des suspensions calibrées très, voire même trop, souplement. Les performances livrées par le quatre cylindres turbocompressé à essence sont honnêtes, mais sans plus. L'ajout du moteur turbodiesel devrait permettre de bonifier la consommation, sans trop nuire aux performances en raison d'un couple plus élevé. Précisons aussi que tous les modèles sont équipés d'une boîte automatique à neuf rapports, ce qui explique, en partie, les bonnes cotes de consommation rendues par le GLC.

Avec une cavalerie de 362 chevaux, les modèles GLC 43 sont capables d'abattre le sprint de zéro à 100 kilomètres/heure en moins de cinq secondes. Si la puissance des GLC 43 n'est pas suffisante pour vous, Mercedes-Benz devrait dévoiler prochainement de nouvelles déclinaisons GLC 63 AMG qui seront animées par le V8 biturbo déjà présent sous le capot des modèles de la Classe C et développant 469 ou 503 chevaux, selon la version.

À bord, on a vraiment l'impression d'être monté dans un véhicule haut de gamme, la qualité de finition étant soignée et l'agencement des matériaux étant très réussi. Les places arrière sont confortables et le volume de chargement est adéquat avec une capacité de 550 litres si tous les sièges sont en place et 1 600 litres quand on replie les dossiers arrière. Le coupé, à cause de la configuration de sa partie arrière est moins généreux.

UN PAS DERRIÈRE

Mercedes-Benz a tardé à emboîter le pas à BMW, qui ajoute depuis longtemps des versions de style coupé à sa gamme de VUS, mais ce retard est comblé à la vitesse grand V, avec l'arrivée l'an dernier du modèle Coupé GLE, et celle, en 2017, du Coupé GLC qui affrontera directement le X4 du constructeur bavarois.

Sur le plan mécanique, les coupés sont identiques aux modèles conventionnels et les trois motorisations sont au rendez-vous. Ils se démarquent des modèles conventionnels du GLC par une silhouette beaucoup plus fuyante vers l'arrière, qui compromet le dégagement pour la tête des passagers au nom du style, ainsi que par une calandre et une partie arrière redessinées. Parions que les « Coupé » seront vendus plus cher que les modèles conventionnels, ce qui permettra au constructeur d'engranger des profits supplémentaires à peu de frais.

LE PREMIER VÉHICULE À PILE À COMBUSTIBLE RECHARGEABLE

Avec le modèle GLC F-Cell, qui sera commercialisé en très petite série en Europe, au Japon et en Californie dès 2017, Mercedes-Benz propose le premier véhicule à pile à combustible alimenté par hydrogène rechargeable. Il sera donc possible de le recharger au moyen d'une prise électrique en plus de remplir son réservoir avec de l'hydrogène comme carburant.

On le sait, un véhicule à pile à combustible produit sa propre électricité à partir de l'hydrogène stocké dans son réservoir, ce qui est le cas de la Toyota Mirai, de la Honda FCX ou du Hyundai Tucson Fuel Cell. Le GLC F-Cell adopte une motorisation semblable, avec une pile à combustible en lieu et place du moteur thermique conventionnel et deux réservoirs d'hydrogène réalisés en fibre de carbone. Il ajoute également une batterie rechargeable par câble d'alimentation, histoire d'assurer plus de flexibilité à sa clientèle. Soulignons que la pile à combustible a été développée conjointement avec Ford et qu'elle est assemblée au Canada !

Selon les ingénieurs de la marque à l'étoile, le GLC F-Cell serait capable de parcourir 450 kilomètres en consommant l'hydrogène stocké dans ses deux réservoirs et 50 kilomètres avec l'énergie contenue dans la batterie lithium-ion dont la capacité est de 9 kWh. Le plein d'hydrogène se fait en trois minutes, un délai comparable à celui du ravitaillement en essence d'un véhicule ordinaire. Ça, c'est si l'on a accès à une station d'hydrogène, ce qui est loin d'être évident à l'heure actuelle, et c'est pourquoi le GLC F-Cell peut aussi être rechargé en électricité par câble.

Châssis - 300d 4Matic coupé

Emp / lon / lar / haut	2873 / 4732 / 1890 / 1602 mm
Coffre / Réservoir	500 à 1400 litres / 50 litres
Nbre coussins sécurité / ceintures	7 / 5
Suspension avant	ind., multibras
Suspension arrière	ind., multibras
Freins avant / arrière	disque / disque
Direction	à crémaillère, ass. var. élect.
Diamètre de braquage	11,8 m
Pneus avant / arrière	P235/55R19 / P235/55R19
Poids / Capacité de remorquage	1845 kg / n.d.
Assemblage	Brême DE

Composantes mécaniques

GLC 300d

Cylindrée, soupapes, alim.	4L 2,1 litres 16 s turbo
Puissance / Couple	201 ch / 369 lb-pi
Tr. base (opt) / rouage base (opt)	A9 / Int
0-100 / 80-120 / V.Max	7,6 s (const) / n.d. / 220 km/h (const)
100-0 km/h	n.d.
Type / ville / route / CO_2	Dié / 7,5 / 6,0 l/100 km / 3686 (est) kg/an

GLC 300

Cylindrée, soupapes, alim.	4L 2,0 litres 16 s turbo
Puissance / Couple	241 ch / 273 lb-pi
Tr. base (opt) / rouage base (opt)	A9 / Int
0-100 / 80-120 / V.Max	6,3 s (const) / n.d. / 210 km/h (const)
100-0 km/h	n.d.
Type / ville / route / CO_2	Sup / 11,1 / 8,5 l/100 km / 4568 (est) kg/an

GLC 43

Cylindrée, soupapes, alim.	V6 3,0 litres 24 s turbo
Puissance / Couple	362 ch / 384 lb-pi
Tr. base (opt) / rouage base (opt)	A9 / Int
0-100 / 80-120 / V.Max	4,9 s (const) / n.d. / 210 km/h (const)
100-0 km/h	n.d.
Type / ville / route / CO_2	Sup / n.d. / n.d. / n.d.

Du nouveau en 2017

Arrivée des modèles Coupé GLC. Disponibilité du moteur diesel (GLC 300d). Nouveau moteur V6 biturbo (GLC 43). Jantes en alliage de 19 pouces de série. Jantes en alliage de 20 pouces en option.

Photos : Mercedes-Benz, Marc-André Gauthier

MERCEDES-BENZ **GLE**

(((SiriusXM)))

Prix : 63 200 $ à 116 500 $ (2016)
Catégorie : VUS intermédiaire
Garanties :
4 ans/80 000 km, 4 ans/80 000 km
Transport et prép. : 2 045 $
Ventes QC 2015 : 930 unités
Ventes CAN 2015 : 6 008 unités

Cote du Guide de l'auto
72 %

Fiabilité	Appréciation générale
■■■■■■□□□□	■■■■■■■□□□
Sécurité	Agrément de conduite
■■■■■■■□□□	■■■■■■■□□□
Consommation	Système multimédia
■■■■■□□□□□	■■■■■■□□□□

Cote d'assurance
■■■■■□□□□□
$$$ $

➕ Choix de moteurs • Versions AMG enivrantes • Excellente capacité de remorquage • Économie de carburant (GLE 350d) • Finition intérieure impeccable

➖ Groupes d'options dispendieux • Prix démesuré du Coupé GLE • Visibilité arrière (Coupé GLE) • Navigation des menus du système COMAND

Concurrents
Audi Q7, BMW X5, BMW X6,
Infiniti QX60, Infiniti QX70,
Land Rover Discovery Sport, Lexus RX,
Porsche Cayenne, Volvo XC90

Véhicule sport ET utilitaire

Michel Deslauriers

On ne sait plus qui est l'auteur de la définition d'un VUS (véhicule utilitaire sport), mais ce qui est sûr, c'est que la portion «sport» de cet acronyme ne s'applique pas souvent. Et dans le cas de quelques modèles sur le marché, la partie «utilitaire» peut aussi être trompeuse. Toutefois, les Allemands semblent être ceux qui appliquent le mieux cette définition à leurs produits, et le GLE en est un parfait exemple.

Autrefois nommé Classe M (ou ML), le Mercedes-Benz GLE, se décline désormais en deux formats et propose un choix de plusieurs motorisations. Outre le GLE conventionnel, l'an dernier, Mercedes a finalement créé un adversaire de taille au BMW X6 avec le Coupé GLE, dans un segment que tout le monde trouvait inutile, sauf les nombreux acheteurs de ces VUS plus sportifs, mais moins utilitaires.

DIESEL, ESSENCE... BEAUCOUP D'ESSENCE
Les GLE les plus abordables sont équipés d'un moteur turbodiesel. Les GLE 350d et Coupé GLE 350d disposent d'un V6 biturbo de 3,0 litres qui génère 249 modestes chevaux, mais d'un couple massif de 457 lb-pi à partir de 1600 tr/min. Ce muscle, acheminé aux quatre roues via une boîte automatique à neuf rapports, travaille de façon fluide et efficace.

Les décollages à bord des GLE 350d sont vifs, mais le moteur s'essouffle rapidement. Cependant, l'objectif de passer moins de temps à la station-service est atteint, puisque ce moteur diesel est peu énergivore, surtout sur l'autoroute, où il somnole à faible régime. Lors d'un récent essai, on a observé une moyenne, excellente pour ce type de véhicule, qui se situait sous les 9,0 l/100 km.

Le GLE 550 4MATIC mise sur un V8 biturbo de 4,7 litres développant 429 chevaux, associé à une automatique à sept rapports. Cette version se positionne entre deux variantes AMG, soit le GLE 43 et le GLE 63 S. D'abord, mentionnons que l'AMG GLE 43 est identique au GLE 450 AMG Sport de l'an dernier, mais renommé pour réduire la confusion des nomenclatures auprès de la clientèle. Ce n'est pas plus clair.

Bref, les AMG GLE 43 4MATIC sont équipés d'un V6 biturbo de 3,0 litres, produisant 362 chevaux, et de la boîte à neuf rapports. On a droit à un caractère sportif, à une belle sonorité de moteur, lorsque le mode sport est activé, et à une apparence plus agressive. On précisera ici que ce moteur n'est pas assemblé à la main à l'usine d'AMG au même titre que les V8, alors on triche un peu sur la philosophie de la division de performance de Mercedes. Toutefois, comme le marché canadien figure parmi les plus friands, *par personne,* des produits AMG, on comprend la stratégie de diluer cette sous-marque en offrant des variantes plus abordables.

La vraie version AMG, si l'on peut dire ainsi, c'est le GLE 63 S 4MATIC et son rutilant V8 biturbo de 5,5 litres. Grâce à ses 577 chevaux et à son couple de 560 lb-pi, il est possible d'accélérer de 0 à 100 km/h en 4,2 secondes, laissant dans son sillage une foule de voitures sportives. Les enfants finiront par trouver les manèges de la Ronde ennuyants. En revanche, on utilisera davantage la carte de crédit, en raison de la consommation du moteur qui dépassera allègrement les 13 l/100 km.

SOLIDES COMME LE ROC

Les GLE brillent aussi grâce à la finition irréprochable de leur habitacle, comme pour la plupart des produits Mercedes-Benz. On se retrouve devant un vaste choix d'agencements de cuir, de coloris, de garnitures en véritables boiseries ou en carbone.

Une liste exhaustive de caractéristiques relatives au confort et aux commodités est offerte, de série ou en option, et fera escalader le prix de ces VUS assez promptement. Quant au système multimédia COMAND, sa simplicité d'utilisation est quelque peu gâchée par une navigation des menus qui nécessite de quitter la route des yeux.

Les deux formats du GLE sont spacieux, mais les passagers arrière du coupé se frotteront la tête au plafond, après se l'être cognée dans le cadre de la porte en montant à bord. L'aire de chargement est fonctionnelle dans le GLE avec un volume maximal de 2010 litres, alors que la ligne de toit du coupé sacrifie quelque peu la polyvalence, réduisant l'espace, à 1720 litres, et la visibilité arrière. Néanmoins, dans les deux cas, la conduite est solide, le confort de roulement est rehaussé par la suspension pneumatique et l'habitacle est très bien insonorisé.

En somme, le GLE représente un rival de taille pour les BMW X5 et X6, l'Audi Q7 et le Volvo XC90. Son architecture date peut-être de 2011, mais il parvient à demeurer dans le coup grâce à de constantes améliorations année après année.

Du nouveau en 2017

Version GLE 450 AMG Sport renommée AMG GLE 43, aucun changement majeur.

Châssis - 350d 4Matic coupé	
Emp / lon / lar / haut	2915 / 4900 / 2129 / 1731 mm
Coffre / Réservoir	650 à 1720 litres / 93 litres
Nbre coussins sécurité / ceintures	9 / 5
Suspension avant	ind., double triangulation
Suspension arrière	ind., multibras
Freins avant / arrière	disque / disque
Direction	à crémaillère, ass. var. élect.
Diamètre de braquage	11,8 m
Pneus avant / arrière	P275/50R20 / P275/50R20
Poids / Capacité de remorquage	2250 kg / 3265 kg (7198 lb)
Assemblage	Tuscaloosa AL US

Composantes mécaniques

GLE 350d 4Matic

Cylindrée, soupapes, alim.	V6 3,0 litres 24 s turbo
Puissance / Couple	249 ch / 457 lb-pi
Tr. base (opt) / rouage base (opt)	A9 / Int
0-100 / 80-120 / V.Max	7,1 s (const) / n.d. / 225 km/h (const)
100-0 km/h	n.d.
Type / ville / route / CO_2	Dié / 10,0 / 8,0 l/100 km / 4914 kg/an

GLE 550 4Matic

Cylindrée, soupapes, alim.	V8 4,7 litres 32 s turbo
Puissance / Couple	429 ch / 516 lb-pi
Tr. base (opt) / rouage base (opt)	A7 / Int
0-100 / 80-120 / V.Max	5,3 s (const) / n.d. / 250 km/h (const)
100-0 km/h	n.d.
Type / ville / route / CO_2	Sup / 16,2 / 11,8 l/100 km / 6541 kg/an

GLE AMG 63 S 4Matic, AMG 63 S 4Matic coupé

Cylindrée, soupapes, alim.	V8 5,5 litres 32 s turbo
Puissance / Couple	577 ch / 560 lb-pi
Tr. base (opt) / rouage base (opt)	A7 / Int
0-100 / 80-120 / V.Max	4,2 s (const) / n.d. / 250 km/h (const)
100-0 km/h	n.d.
Type / ville / route / CO_2	Sup / 17,2 / 12,8 l/100 km / 7001 kg/an

GLE 400 4Matic

V6 3,0 l - 329 ch/354 lb-pi - A7 - 0-100: 6,1 s (const) - 13,3/10,4 l/100km

GLE AMG 43 4Matic

V6 3,0 l - 362 ch/384 lb-pi - A9 - 0-100: 5,7 s (const) - 13,6/10,2 l/100km

Photos : Mercedes-Benz

MERCEDES-BENZ **GLS**

((SiriusXM))

Prix : 81 000 $ à 133 000 $ (estimé)
Catégorie : VUS grand format
Garanties :
4 ans/80 000 km, 4 ans/80 000 km
Transport et prép. : 2 199 $
Ventes QC 2015 : n.d.
Ventes CAN 2015 : n.d.

Cote du Guide de l'auto

73 %

Fiabilité
■■■■■□□□□□

Appréciation générale
■■■■■■■□□□

Sécurité
■■■■■■■□□□

Agrément de conduite
■■■■■■■□□□

Consommation
■■■■■□□□□□

Système multimédia
■■■■■■□□□□

Cote d'assurance
■■■■■□□□□□
$$$ $

➕ Version AMG « sur le party » •
Habitacle silencieux • Châssis solide •
Rouage 4MATIC impressionnant •
Importante capacité de remorquage

➖ Poids indécent • Consommation
d'essence gênante (550 et AMG) •
Direction trop légère • Système multimédia
demande temps d'adaptation

Concurrents
Cadillac Escalade, Infiniti QX80,
Land Rover Range Rover, Lexus LX,
Lincoln Navigator

Sémantique et gros sous

Alain Morin

On le sait, les VUS de luxe sont très populaires par les temps
qui courent. Les constructeurs de véhicules de prestige
seraient bien fous de laisser passer la manne. À titre
d'exemple, en décembre dernier, Mercedes-Benz, a présenté un
GLS remanié. En fait, il s'agit de l'immense GL qui a hérité de
la récente nomenclature que la marque allemande donne à ses
nouveaux modèles. Puisque le GL est associé hiérarchiquement
à la prestigieuse berline Classe S, même s'il partage la plate-forme
(allongée) du GLE, il est devenu GLS. Vous suivez ?

Au risque de casser le *party,* on vous annonce tout de suite qu'il n'est pas
si nouveau que ça. Outre des motorisations retravaillées et quelques détails
cosmétiques, ça reste le bon vieux GL. Même si Mercedes aimerait bien
nous faire croire le contraire. Esthétiquement, la partie avant a été rajeunie
et est désormais davantage en harmonie avec les autres produits de la
marque. Dans l'habitacle, les changements sont un peu plus évidents, mais
rien pour dépenser de précieuses lignes dans un texte aussi court. Disons
seulement que le tableau de bord du GLS et du GLE est pratiquement
identique. Remarquez que tous les tableaux de bord de Mercedes se
ressemblent mais là, c'en est troublant...

DU MERCEDES TOUT CRACHÉ

À défaut de présenter un design éclaté, l'adjectif sobre est même de mise,
le tableau de bord bénéficie d'une ergonomie et d'un assemblage sans
faille. L'ensemble respire le luxe et la qualité. Les sièges sont juste assez
fermes et supportent bien les cuisses et le dos. Ceux de la rangée médiane
aussi. La banquette arrière, elle, c'est une autre histoire...

L'écran de huit pouces qui trône sur le dessus du tableau de bord semble
avoir été ajouté là après coup. Les informations qu'il relaie sont d'une très
grande clarté, mais nous ont moins impressionnés que celles transmises
par le virtual cockpit d'Audi. Sur la console centrale, on retrouve un bouton
rotatif qui permet de jouer dans les différents menus. Si le maniement de

ce bouton est très intuitif, nous vous recommandons de suivre un cours sur le système multimédia avant de quitter le concessionnaire. Bon sang que les menus peuvent être compliqués des fois !

DU SIMPLE AU DOUBLE

Les changements les plus importants ont eu lieu sous le capot. L'offre débute avec le GLS 350d, mû par un V6 3,0 litres turbodiesel d'à peine 249 chevaux, mais affichant un couple de 455 livre-pied. Ce moteur est très doux, très souple et lorsque l'on est assis dans le véhicule, il est à peu près impossible d'entendre le bruit caractéristique d'un diesel. Il est certain que les centaines de kilos de matériau isolant insérées dans chaque GLS y sont aussi pour quelque chose !

Ensuite, il y a un autre V6 de 3,0 litres, à double turbo celui-là, développant 362 chevaux (GLS 450 4MATIC). Sur la route, il nous a semblé plus enjoué que le diesel; néanmoins, sur un chemin montagneux, nous avons préféré le diesel, plus souple. L'offre se poursuit avec le GLS 550 doté d'un V8 de 4,7 litres de 449 chevaux. Personne n'a besoin d'autant de puissance dans un VUS. Surtout à plus de 100 000 $. Mais ceux qui ont les moyens de se le procurer seront ravis à chaque accélération tant la sonorité de l'échappement est mélodieuse. Et qu'est-ce que ça avance !

Et puis il y a le Mercedes-AMG GLS 63. 577 chevaux, 560 livre-pied... Mercedes promet un 0-100 km/h en 4,6 secondes, une donnée qui semble plutôt optimiste, surtout quand on apprend que ce VUS pèse 2 610 kilos. On a beau trouver ce VS (le U — pour utilitaire — n'est pas nécessaire ici) inutile et inviter Greenpeace à se révolter, cette version est assurément la plus admirée ! Par contre, son prix de près de 135 000 $ l'éloigne du petit peuple. Sa consommation d'essence super aussi.

Toutes les versions bénéficient d'une boîte à neuf rapports au fonctionnement parfait. La livrée AMG, de son côté, est encore dotée d'une « vieille » boîte à sept rapports. Toutes les moutures ont droit au rouage intégral 4MATIC, mais dans le AMG il est bien davantage axé sur les performances que sur le hors-route. Quant au dispositif Dynamic Select, il permet de choisir entre plusieurs modes de conduite, de Confort à Hors route en passant par Sport, Glissant et Individuel. Le mode Glissant *(Slippery)* essayé l'hiver dernier fait des miracles pour garder le véhicule sur la route et le mode Hors route *(Off Road)* fait des miracles pour garder le véhicule... en dehors de la route.

Sauf pour le AMG, le GLS n'est pas des plus excitants à conduire. Il n'est pas le plus fiable non plus et son coffre n'est pas le plus grand de la catégorie. Toutefois, il est solide comme un roc, silencieux, puissant et suffisamment cher pour épater la galerie. Ça compense !

Du nouveau en 2017

Changement de nomenclature (il est passé de GL à GLS), quelques changements esthétiques, nouveau V6 3,0 litres (450 4MATIC), moteurs plus puissants des GLS 550 et GLS 63.

Châssis - 63 AMG 4Matic

Emp / lon / lar / haut	3075 / 5162 / 1982 / 1850 mm
Coffre / Réservoir	295 à 2300 litres / 100 litres
Nbre coussins sécurité / ceintures	7 / 7
Suspension avant	ind., pneumatique, bras inégaux
Suspension arrière	ind., pneumatique, multibras
Freins avant / arrière	disque / disque
Direction	à crémaillère, ass. var. élect.
Diamètre de braquage	12,4 m
Pneus avant / arrière	P295/40R21 / P295/40R21
Poids / Capacité de remorquage	2610 kg / n.d.
Assemblage	Tuscaloosa AL US

Composantes mécaniques

GLS 350d 4Matic

Cylindrée, soupapes, alim.	V6 3,0 litres 24 s turbo
Puissance / Couple	249 ch / 455 lb-pi
Tr. base (opt) / rouage base (opt)	A9 / Int
0-100 / 80-120 / V.Max	7,8 s (const) / 6,2 s (est) / 210 km/h (const)
100-0 km/h	42,7 m
Type / ville / route / CO_2	Dié / 9,8 / 8,6 l/100 km / 5000 (est) kg/an

GLS 450 4Matic

Cylindrée, soupapes, alim.	V6 3,0 litres 24 s turbo
Puissance / Couple	362 ch / 369 lb-pi
Tr. base (opt) / rouage base (opt)	A9 / Int
0-100 / 80-120 / V.Max	6,6 s (const) / n.d. / 210 km/h (const)
100-0 km/h	n.d.
Type / ville / route / CO_2	Sup / 14,0 / 9,6 l/100 km / 5529 (est) kg/an

GLS 550 4Matic

Cylindrée, soupapes, alim.	V8 4,7 litres 32 s turbo
Puissance / Couple	449 ch / 516 lb-pi
Tr. base (opt) / rouage base (opt)	A9 / Int
0-100 / 80-120 / V.Max	5,3 s (const) / n.d. / 210 km/h (const)
100-0 km/h	n.d.
Type / ville / route / CO_2	Sup / 17,9 / 11,0 l/100 km / 6806 (est) kg/an

GLS 63 AMG 4Matic

Cylindrée, soupapes, alim.	V8 5,5 litres 32 s turbo
Puissance / Couple	577 ch / 560 lb-pi
Tr. base (opt) / rouage base (opt)	A7 / Int
0-100 / 80-120 / V.Max	4,6 s (const) / n.d. / 270 km/h (const)
100-0 km/h	n.d.
Type / ville / route / CO_2	Sup / 18,9 / 12,4 l/100 km / 7349 (est) kg/an

MERCEDES-BENZ **METRIS**

Prix : 33 900 $ à 37 900 $ (2016)
Catégorie : Fourgonnette
Garanties :
3 ans/60 000 km, 5 ans/100 000 km
Transport et prép. : 3 195 $
Ventes QC 2015 : 17 unités
Ventes CAN 2015 : 73 unités

Cote du Guide de l'auto

71 %

Fiabilité
n.d.

Appréciation générale
■■■■■■■■□□

Sécurité
■■■■■■■□□□

Agrément de conduite
■■■■■■■□□□

Consommation
■■■■■□□□□□

Système multimédia
■■■■■□□□□□

Cote d'assurance
n.d.

➕ Format pratique • Comportement routier surprenant • Matériaux résistants • Moteur bien adapté • Bonne capacité de charge et de remorquage

➖ Tableau de bord peu esthétique • Plastiques durs • Freinage capricieux • Essence super recommandée

Concurrents
Ford Transit Connect, Ram Promaster City

Un héritage à préserver

Denis Duquet

Le Metris est une fourgonnette intermédiaire, à vocation essentiellement commerciale, qui est arrivée sur notre marché sans tambour ni trompette à la fin de 2015. Face à la prolifération de modèles similaires initialement proposés par Ford, suivis par Ram, Nissan et Chevrolet, il était impératif que le constructeur allemand soit de la partie après avoir lancé le Sprinter, la première fourgonnette utilitaire européenne pleine grandeur sur notre continent. Histoire de préserver un héritage pour avoir pavé la voie à ce type de véhicule.

L'appellation Metris est unique à l'Amérique du Nord. En fait, ce modèle est une version de la Vito européenne adaptée pour notre marché. Il semble qu'on ait voulu s'éloigner de la connotation italienne du nom original et insister surtout sur la vocation « métropolitaine » de ce nouveau venu.

CARGO OU PASSAGERS ?
Comme son grand frère, le Sprinter, le Metris est offert en version Combi (mini bus) et Fourgon (cargo). Dans la version pour passagers, il faut se rappeler qu'il s'agit d'un véhicule fait pour le commerce et que la cabine n'est pas aussi luxueuse que dans une fourgonnette exclusivement destinée à des passagers. Le Metris est essentiellement conçu pour être utilisé par des auberges, des pourvoiries et autres institutions du genre. Quant à la version cargo, la soute à bagages se limite à des parois dénudées permettant des aménagements plus spécialisés.

Toujours en raison de ces applications anticipées, le plastique utilisé est d'une grande dureté et, on peut présager, d'une grande durabilité. On en fait un usage pratiquement abusif sur la planche de bord, dont le design laisse songeur. Sans doute pour des raisons de praticabilité, un module central, sans trop de qualité esthétique, accueille l'écran d'affichage, les commandes audio et de climatisation, en plus d'être encadré par deux buses de ventilation verticales. Deux cadrans indicateurs, de consultation facile, sont logés dans une nacelle ovoïde et séparés par un centre d'information fort pratique. Le volant, qui semble emprunté à la Classe B, est réglable en hauteur, mais pas en profondeur, ce qui est curieux puisqu'il s'agit d'un véhicule susceptible d'être conduit par plusieurs personnes.

SURPRENANT

Les fourgonnettes commerciales ne sont pas nécessairement reconnues pour leur agrément de conduite et leur agilité en conduite urbaine. Pourtant, le Metris est de nature à nous surprendre. En tout premier lieu, on aurait raison d'être inquiet du rendement du quatre cylindres 2,0 litres à essence, associé à une boîte automatique à sept rapports. Sa puissance est de 208 chevaux et son couple, de 258 lb-pi. Si la puissance maximale est atteinte à plus de 5 000 tours/minute, le couple atteint son apogée à 1 250 tours-minute. Ce qui explique une capacité de chargement de 1 135 kilos (2 500 livres) et une capacité de remorquage de 4 960 livres ou 2 250 kilos si on choisit le groupe remorquage. Il faut souligner, en passant, que le catalogue des options est très exhaustif et permet d'agencer votre Metris selon vos besoins et vos goûts. Détail à ne pas négliger, il est possible de choisir des portes arrière à battants ou un hayon.

Malgré nos inquiétudes, ce groupe propulseur se révèle être à la hauteur de la situation, sous pratiquement toutes les conditions, et la boîte automatique à sept rapports est bien adaptée. Il permet des accélérations en moins de 9 secondes pour boucler le 0-100 km/h, ce qui est acceptable. Par contre, une fois chargé, on perd quelques secondes, mais c'est quand même correct.

En général, les fourgonnettes sont plus difficiles à conduire lorsque soumises à des vents latéraux. Dans le cas qui nous concerne, le système « Crosswind Assist » du Metris permet de contrer l'instabilité causée par ces vents. Toujours sur la grande route, la stabilité directionnelle est excellente et ce Mercedes en habit de travail garde le cap de telle façon que le système de maintien de voie ne manifeste presque jamais sa présence. Toutefois, le freinage n'est pas facile à moduler et cela prend un certain temps à s'habituer.

Ses dimensions, inférieures à celles du Sprinter, rendent la circulation urbaine presque agréable pour une fourgonnette. Le moteur ne semble jamais être pris au dépourvu et il est facile de se faufiler dans la circulation. De plus, le système de stationnement assisté PARKTRONIC sera grandement apprécié par les personnes qui doivent se garer fréquemment en ville. Et cette fourgonnette se bonifie au fil et à mesure de l'ajout de nombreuses options disponibles. L'agrément de conduite progresse de façon proportionnelle, tout comme le prix d'achat. Malgré tout, il ne faut jamais oublier qu'il s'agit d'une fourgonnette commerciale avec les limitations que cela impose.

Du nouveau en 2017

Nouveau modèle

Châssis - Fourgon	
Emp / lon / lar / haut	3200 / 5141 / 2244 / 1890 mm
Coffre / Réservoir	5270 litres / 70 litres
Nbre coussins sécurité / ceintures	6 / 2
Suspension avant	ind., jambes force
Suspension arrière	ind., multibras
Freins avant / arrière	disque / disque
Direction	à crémaillère, ass. élect.
Diamètre de braquage	11,8 m
Pneus avant / arrière	P225/55R17 / P225/55R17
Poids / Capacité de remorquage	1915 kg / 2250 kg (4960 lb)
Assemblage	Vitoria-Gasteiz ES

Composantes mécaniques	
Fourgon, Combi	
Cylindrée, soupapes, alim.	4L 2,0 litres 16 s turbo
Puissance / Couple	208 ch / 258 lb-pi
Tr. base (opt) / rouage base (opt)	A7 / Prop
0-100 / 80-120 / V.Max	11,0 s / 8,1 s / n.d.
100-0 km/h	43,9 m
Type / ville / route / CO_2	Sup / 12,3 / 10,8 l/100 km / 5348 (est) kg/an

« L'APPELLATION METRIS EST UNIQUE À L'AMÉRIQUE DU NORD. IL S'AGIT D'UNE VERSION DE LA VITO EUROPÉENNE ADAPTÉE POUR NOTRE MARCHÉ. »

MERCEDES-BENZ **SL**

Prix : 110 000 $ à 250 000 $ (estimé)
Catégorie : Roadster
Garanties :
4 ans/80 000 km, 4 ans/80 000 km
Transport et prép. : 2092 $
Ventes QC 2015 : 58 unités
Ventes CAN 2015 : 281 unités

Cote du Guide de l'auto

79 %

Fiabilité	Appréciation générale
n.d.	■■■■■■■■□□
Sécurité	Agrément de conduite
■■■■■■■□□□	■■■■■■■■□□
Consommation	Système multimédia
■■■■■■□□□□	■■■■■■■■□□

Cote d'assurance

■■■■■■□□□□
$$$ $

➕ Nouvelle calandre plus élégante •
Gamme complète de modèles •
Très avancée sur le plan technique •
Fonction « Curve » bonifie le confort •
Performances élevées (SL 63 et SL 65)

➖ Prix élevés • Coût des options •
Poids élevé • Agilité compromise •
Volume du coffre avec toit replié

Concurrents

Aston Martin Vantage, Ferrari California,
Maserati Gran Turismo, Porsche 911

La *Dolce Vita*, façon germanique

Gabriel Gélinas

L a SL de Mercedes-Benz fait partie de ces modèles qui ont atteint le statut d'icône dans l'histoire de l'automobile. Depuis son lancement dans les années cinquante, la SL assure le rayonnement de la marque et les tout premiers modèles de série, dérivés de la voiture de course qui a remporté les honneurs de la *Carrera Panamericana* en 1952, sont aujourd'hui parmi les voitures les plus convoitées par les collectionneurs. Les lettres SL veulent dire *Sport Leicht*, ce qui signifie Sport et Légère en allemand. Si c'était vrai au début, ce ne l'est plus du tout aujourd'hui...

Le changement le plus évident pour le modèle 2017 de la SL est l'adoption d'une nouvelle calandre dont le design rappelle justement celui de la célèbre 300 SL Gullwing de course en 1952, afin de corriger un point faible relevé par la clientèle qui trouvait que la partie avant du modèle précédent manquait de présence. Plus imposante et profilée, cette calandre représente un nouvel élément composant la signature visuelle de la SL, et ce nouveau look sera partagé avec d'autres modèles de la marque. On peut donc parler d'un simple *lifting*.

La SL conserve donc son toit rigide rétractable à commande électrique, cependant doté d'une nouvelle fonctionnalité permettant de le replier ou de le déployer lorsque la voiture est en mouvement, pourvu que la vitesse ne dépasse pas les 40 km/h.

Connectivité oblige, la SL intègre cette année de nouvelles fonctionnalités comme l'interface Apple CarPlay et l'écran du système de télématique présente un nouveau look pour les fonctions de navigation, de téléphonie, de la chaine audio et de la navigation sur Internet. Notons également qu'une fente pour carte SD et deux ports USB ont été ajoutés dans cet habitacle dont le style est essentiellement inchangé, bien que le bloc d'instruments ait été revampé, comme le volant d'ailleurs.

MERCEDES-BENZ SL

QUATRE MOTEURS, QUATRE VOCATIONS

Pour le marché canadien, quatre modèles, tous avec des motorisations turbocompressées, sont proposés à la clientèle. Ainsi, la nouvelle SL 450 devient d'office la version d'entrée de gamme avec son V6 biturbo de 3,0 litres développant 362 chevaux, jumelé à une nouvelle boîte automatique à neuf rapports partagée avec la SL 550. Cette dernière conserve son V8 biturbo développant 449 chevaux.

Pour les modèles AMG, on peut parler de statu quo, les moteurs étant inchangés tout comme la boîte de vitesses AMG Speedshift à sept rapports. La Mercedes-AMG SL 63 a donc toujours son V8 biturbo de 5,5 litres développant 577 chevaux alors que le fabuleux V12 biturbo de 6,0 litres et 621 chevaux se retrouve toujours sous le capot de cette voiture d'exception qu'est l'AMG SL 65.

Prendre le volant d'une AMG SL 63, c'est prendre contact avec une voiture remarquablement équilibrée dont la répartition des masses est presque idéale, puisque 51 pour cent du poids de la voiture repose sur le train avant et 49 pour cent sur l'arrière. Cette excellente répartition est le gage d'une très bonne tenue de route dont le seul facteur limitatif demeure le poids élevé de la voiture qui fait osciller la balance à 1 845 kilos, soit presque deux tonnes métriques. Bref, on ne peut pas donner la chasse à une Porsche 911 Turbo sur une route sinueuse, mais en ligne droite, ça peut se jouer alors que le paysage défile à la vitesse Grand V...

Le comportement routier de cette SL est paramétrable sur cinq modes, les suspensions adoptant des calibrations différentes selon que le conducteur sélectionne le mode Confort, Sport, Sport plus, Individuel ou *Race*.

LES SL S'INCLINENT...

Les SL qui ne sont pas des modèles AMG, soit les SL 450 et SL 550, sont maintenant dotées de la fonction «Curve», qui a été mise au point pour le coupé S 63 AMG il y a deux ans, et qui permet d'incliner la caisse de la voiture jusqu'à 2,65 degrés dans les courbes pour réduire l'effet de l'accélération latérale. Contrairement à ce que l'on pourrait croire, la fonction première de ce dispositif n'est pas d'augmenter la vitesse de la voiture en virages, mais plutôt de bonifier le confort des occupants. Le système fonctionne entre 15 et 180 km/h et on ressent assez bien l'inclinaison de la caisse même si 2,65 degrés semblent peu de prime abord.

C'est par le grand tourisme en tout confort avec beaucoup de pédale en réserve sous le pied droit que l'on prend conscience de la vraie nature de la SL. Prendre la route au crépuscule, à ciel ouvert, avec sa musique préférée et le système AIRSCARF qui nous souffle de l'air chaud à la base de la nuque, c'est ça la *Dolce Vita...*

Du nouveau en 2017

Ajout du modèle SL 450, boîte automatique à neuf rapports (SL 450 et SL 550), nouvelle calandre et ajout de l'intégration Apple CarPlay.

Châssis - 450

Emp / lon / lar / haut	2585 / 4631 / 1877 / 1315 mm
Coffre / Réservoir	345 à 485 litres / 65 litres
Nbre coussins sécurité / ceintures	8 / 2
Suspension avant	ind., multibras
Suspension arrière	ind., multibras
Freins avant / arrière	disque / disque
Direction	à crémaillère, ass. var. élect.
Diamètre de braquage	11,0 m
Pneus avant / arrière	P255/35R19 / P285/30R19
Poids / Capacité de remorquage	1735 kg / n.d.
Assemblage	Brême DE

Composantes mécaniques

SL 450

Cylindrée, soupapes, alim.	V6 3,0 litres 24 s turbo
Puissance / Couple	362 ch / 369 lb-pi
Tr. base (opt) / rouage base (opt)	A9 / Prop
0-100 / 80-120 / V.Max	4,9 s (const) / n.d. / 250 km/h (const)
100-0 km/h	n.d.
Type / ville / route / CO₂	Sup / 11,6 / 6,6 l/100 km / 4301 (est) kg/an

SL 550

Cylindrée, soupapes, alim.	V8 4,7 litres 32 s turbo
Puissance / Couple	449 ch / 516 lb-pi
Tr. base (opt) / rouage base (opt)	A9 / Prop
0-100 / 80-120 / V.Max	4,3 s (const) / 2,9 s (est) / 250 km/h (const)
100-0 km/h	37,8 m
Type / ville / route / CO₂	Sup / 13,6 / 7,7 l/100 km / 5035 (est) kg/an

SL 63 AMG

Cylindrée, soupapes, alim.	V8 5,5 litres 32 s turbo
Puissance / Couple	577 ch / 664 lb-pi
Tr. base (opt) / rouage base (opt)	A7 / Prop
0-100 / 80-120 / V.Max	4,1 s (const) / n.d. / 250 km/h (const)
100-0 km/h	n.d.
Type / ville / route / CO₂	Sup / 14,7 / 9,4 l/100 km / 5665 (est) kg/an

SL 65 AMG

Cylindrée, soupapes, alim.	V12 6,0 litres 36 s turbo
Puissance / Couple	621 ch / 737 lb-pi
Tr. base (opt) / rouage base (opt)	A7 / Prop
0-100 / 80-120 / V.Max	4,0 s (const) / n.d. / 300 km/h (const)
100-0 km/h	n.d.
Type / ville / route / CO₂	Sup / 16,7 / 11,2 l/100 km / 6544 (est) kg/an

Photos : Mercedes-Benz

MERCEDES-BENZ **SLC**

Prix: 59 000 $ à 84 000 $ (estimé)
Catégorie: Roadster
Garanties:
4 ans/80 000 km, 4 ans/80 000 km
Transport et prép.: 2 100 $
Ventes QC 2015: 51 unités
Ventes CAN 2015: 270 unités

Cote du Guide de l'auto

80 %

Fiabilité
Nouveau modèle

Appréciation générale
■■■■■■■■□□

Sécurité
■■■■■■■□□□

Agrément de conduite
■■■■■■■□□□

Consommation
■■■■■■□□□□

Système multimédia
■■■■■■■□□□

Cote d'assurance
■■■■■□□□□□
$$$ $

➕ Moteur V6 musclé (SLC 43) •
Toit bien insonorisé • Tenue de route en
progrès • Système multimédia amélioré •
SLC 43 moins chère que la SLK 55

➖ Peu changée par rapport à la SLK •
Système COMAND peu convivial •
Le toit sacrifie un tiers du coffre •
Abandon du moteur V8

Concurrents
Audi TT, BMW Z4, Chevrolet Corvette,
Jaguar F-type, Porsche Boxster

Nouveau nom,
même bon goût

Michel Deslauriers

L'an dernier, Mercedes-Benz a brassé sa « soupe à l'alphabet » afin d'aider le consommateur à mieux comprendre le positionnement de chaque produit au sein de sa vaste gamme. La plupart des modèles ont donc été renommés, y compris le petit roadster SLK, désormais connu sous le nom SLC. En troquant le « K » pour un « C », on cherche simplement à créer un rapprochement familial avec la Classe C compacte.

La SLC n'est pas un tout nouveau modèle, mais une version rafraîchie de sa devancière, dont la dernière refonte remonte à 2012. Toutefois, le constructeur a apporté de nombreux changements à la voiture, dont une nouvelle motorisation.

DEUX MOTEURS, FINI LE V8
Au Canada, la SLC 300 sera équipée du même quatre cylindres turbocompressé de 2,0 litres qui était disponible l'an dernier dans la SLK, associé à une boîte automatique à neuf rapports. Ses 241 chevaux procurent à ce biplace des accélérations vives, sans être foudroyantes, accompagnées d'une sonorité de moteur rehaussée artificiellement, comme le veut la tendance actuelle chez plusieurs constructeurs.

La SLK 350 à motorisation six cylindres n'aura pas son équivalent dans la gamme SLC, tout comme la SLK 55 AMG et son moteur V8 atmosphérique. Pour remplacer les deux, on a créé la Mercedes-AMG SLC 43, qui mise sur un V6 biturbo de 3,0 litres produisant 362 chevaux et un couple de 384 lb-pi. Malgré sa puissance amoindrie par rapport à l'ancienne SLK 55, son couple à mi-régime est plus généreux, et elle parvient à boucler le 0-100 km/h en 4,7 secondes.

Au-delà des temps d'accélérations, la SLC 43 affiche un caractère beaucoup plus féroce, et un rugissement de moteur plus prononcé lorsque l'on active le mode de conduite Sport Plus. À ce moment, des volets s'ouvrent dans le système d'échappement pour laisser le V6 s'exprimer davantage. Ce n'est pas un V8 AMG, mais son énergie et sa sonorité sont néanmoins très agréables. En choisissant un des autres modes, la voiture devient un peu trop docile et silencieuse, ce qui n'est toutefois pas mauvais lorsque l'on croise une auto-patrouille...

En option, la SLC 43 propose un ensemble Performance qui comprend un différentiel arrière à glissement limité, un volant plus sportif, des étriers de frein rouges et une suspension AMG RIDE CONTROL plus dynamique. Malgré tout, la SLC n'est pas une bête viscérale comme sa rivale, la Porsche 718 Boxster, se comparant plutôt à la BMW Z4 comme roadster grand tourisme.

Cependant, la SLC 300 d'entrée de gamme n'est pas en reste côté conduite, puisqu'un ensemble Tenue de route dynamique abaisse la suspension de 10 mm tout en ajoutant des amortisseurs adaptatifs, une servodirection qui varie son ratio selon l'angle du volant et une vectorisation du couple aux roues arrière afin de réduire le sous-virage.

UNE DÉCAPOTABLE QUATRE SAISONS

L'attrait de la SLC, c'est son toit rigide à commande électrique, qui assure un confort et une insonorisation durant toute l'année, un point non négligeable pour le marché canadien. La portion vitrée du toit peut, en option, disposer d'une opacité variable au toucher d'un bouton. Cette fonction intitulée MAGIC SKY CONTROL élimine la nécessité d'un écran pare-soleil rétractable. Dans le coffre, on retrouve un séparateur amovible qui permet de loger le toit une fois replié. Et si l'on a oublié de le replacer avant de prendre la route et tenter d'abaisser le toit, le mécanisme va dorénavant le faire pour vous. À moins, bien sûr, que le coffre soit plein.

Dans son évolution de SLK à SLC, le tableau de bord a subi de légers changements afin de le rendre plus moderne et offrir une finition plus raffinée. La taille de l'écran central passe de 5,0 à 7 pouces, et le système COMAND peut maintenant intégrer Apple CarPlay. Autrement, l'interface manque toujours de convivialité par rapport aux systèmes de la concurrence.

De plus, il est difficile de distinguer la SLC de sa devancière, malgré quelques modifications esthétiques. Une nouvelle calandre, des pare-chocs plus agressifs, des blocs optiques et des feux arrière redessinés ont été ajoutés, mais on aurait souhaité un peu plus de distinction.

Au final, la Mercedes-Benz SLC n'est qu'une évolution de la SLK mais ses améliorations en font une voiture plus agréable au quotidien. De plus, la Mercedes-AMG SLC 43 est beaucoup moins dispendieuse que l'ancienne SLK 55 AMG.

Du nouveau en 2017

Changement de nom, retouches stylistiques, système multimédia amélioré, retrait de la version SLK 350, Mercedes-AMG SLC 43 remplace la SLK 55 AMG.

Châssis - 43	
Emp / lon / lar / haut	2430 / 4143 / 1854 / 1303 mm
Coffre / Réservoir	225 à 335 litres / 60 litres
Nbre coussins sécurité / ceintures	8 / 2
Suspension avant	ind., jambes force
Suspension arrière	ind., multibras
Freins avant / arrière	disque / disque
Direction	à crémaillère, ass. var.
Diamètre de braquage	10,5 m
Pneus avant / arrière	P225/40R17 / P245/35R17
Poids / Capacité de remorquage	1595 kg / n.d.
Assemblage	Brême DE

Composantes mécaniques	
SLC 300	
Cylindrée, soupapes, alim.	4L 2,0 litres 16 s turbo
Puissance / Couple	241 ch / 273 lb-pi
Tr. base (opt) / rouage base (opt)	A9 / Prop
0-100 / 80-120 / V.Max	5,8 s (const) / n.d. / 210 km/h (const)
100-0 km/h	n.d.
Type / ville / route / CO$_2$	Sup / 7,8 / 5,2 l/100 km / 3050 (est) kg/an
SLC 43	
Cylindrée, soupapes, alim.	V6 3,0 litres 24 s turbo
Puissance / Couple	362 ch / 384 lb-pi
Tr. base (opt) / rouage base (opt)	A9 / Prop
0-100 / 80-120 / V.Max	4,7 s (const) / n.d. / 250 km/h (const)
100-0 km/h	n.d.
Type / ville / route / CO$_2$	Sup / 10,7 / 6,2 l/100 km / 3991 (est) kg/an

« UNE **SUPERBE** PETITE DÉCAPOTABLE TOUTE SAISON QUI REÇOIT UN NOUVEAU NOM, MAIS CONSERVE SON **CARACTÈRE** ÉQUILIBRANT CONFORT ET **DYNAMISME**. »

MERCEDES-BENZ SLC

 MINI **CLUBMAN**

Prix, caractéristiques

(((SiriusXM)))

Prix: 24 990 $ à 30 490 $ (2016)
Catégorie: Familiale
Garanties:
4 ans/80 000 km, 4 ans/80 000 km
Transport et prép.: 2 595 $
Ventes QC 2015: n.d.
Ventes CAN 2015: n.d.

Cote du Guide de l'auto

71 %

Fiabilité ■■■■■■■□□□
Appréciation générale ■■■■■■■□□□
Sécurité ■■■■■■■□□□
Agrément de conduite ■■■■■■■□□□
Consommation ■■■■■□□□□□
Système multimédia ■■■■■■□□□□

Cote d'assurance
■■■■■■□□□□
$$$ $

➕ Proportions extérieures réussies •
Partie arrière originale • Comportement
routier enjoué • Version S animée •
Rouage intégral bienvenu

➖ Prix des options quelquefois
indécent • Montants des portes arrière
qui bloquent la vue • Fiabilité tout juste
correcte • Pas de version JCW

Concurrents
BMW X1, Mercedes-Benz GLA

L'autre MINI

Alain Morin

En 1994, la marque MINI était achetée par BMW. Sept années
plus tard, une toute nouvelle MINI remplaçait la première.
Pas nécessairement très grosse, mais beaucoup plus que
l'ancienne, cette MINI moderne n'allait pas tarder à proliférer. Il y
a eu l'inévitable cabriolet, la Clubman avec ses portes de grange
à l'arrière, la gonflée Countryman, la Roadster, la bizarroïde Coupé,
la Paceman et la rapidement oubliée Clubvan. Il y a même eu une
MINI E (électrique) qui n'a pas été distribuée au Canada.

Cette année marque le retour de la Clubman. Si, auparavant, à peu près
personne ne remarquait cette énième itération de la MINI, la nouvelle
mouture est beaucoup plus intéressante. Tout d'abord, précisons que la
Clubman est la première voiture d'une nouvelle génération de MINI. Les
MINI Cooper 3 Portes à hayon, la cabriolet et la 5 Portes reposent sur une
même plateforme tandis que les Countryman et Paceman ont droit à la leur.
La Clubman, elle, partage son châssis avec le nouveau BMW X1. Elle est la
plus imposante MINI jamais construite.

Chapeau bas aux designers qui ont réussi le tour de force de la faire paraître
plus petite que la bulbeuse Countryman. Cette Clubman ressemble d'ailleurs
beaucoup plus à une MINI que ladite Countryman, sans doute à cause de
son toit 120 mm plus bas (4,75 pouces).

NE SOYONS PAS NAÏFS
Dans l'habitacle, c'est du MINI tout craché, avec un volant agréable à tenir en
main, une position de conduite à peu près parfaite, peu d'espaces de range-
ment et un système multimédia qui demande une période d'adaptation. Une
longue période dans le cas de l'auteur de ces lignes... Les sièges avant sont
très confortables et supportent parfaitement les cuisses. Les sièges arrière
se méritent les mêmes qualificatifs, mais dans une moindre mesure. Cependant,
l'accès à ces deux places n'est pas des plus aisés, l'ouverture des portières
étant plutôt étroite. Oui, je sais, j'ai écrit deux places alors qu'il y a trois ceintures.
Vous croyez vraiment que quelqu'un s'assiéra au centre un jour ?

Même avec les sièges baissés, l'espace de chargement n'est pas le plus grand de la catégorie. Mais comme la Clubman n'est pas la plus grande de sa catégorie... Les Mazda3 Sport, Ford Focus et Volkswagen Golf font figure de géants à ses côtés. Pourtant, même si elle fait moins VUS que la Countryman, la Clubman offre davantage d'espace de chargement. Ses portes arrière à battant ne constituent pas la trouvaille du siècle, mais elles assurent à la voiture de se démarquer visuellement et leur maniement ne requiert que peu d'efforts. Toutefois, leur montant central bloque la vue.

La Clubman de base est mue par le même trois cylindres turbo 1,5 litre de 134 chevaux que la MINI 3 Portes. Dans cette dernière, il assure des performances peut-être pas sportives, mais à tout le moins respectables. Puisque la Clubman pèse au-delà de 200 kilos supplémentaires, les quelques chevaux devront travailler plus fort ici.

Il est nettement préférable d'allonger quelques milliers de dollars et d'opter pour la livrée S. Son quatre cylindres 2,0 litres de 189 chevaux n'en fait pas une bombe, mais les accélérations se calculent avec un chronomètre, non avec un calendrier. Les deux moteurs peuvent être accouplés à une délicieuse boîte manuelle à six rapports, au levier précis et à l'embrayage juste assez ferme. Le modèle de base peut aussi recevoir une boîte automatique à six rapports et la S, à huit rapports. Si la première fait bien son travail mais sans passion, la seconde y met beaucoup plus d'entrain.

LE COÛT ET LE COUP

La version de base se déplace grâce à ses roues avant motrices. La S aussi, mais elle peut également être dotée du rouage intégral ALL4. Franchement, pour 1 000 $ de plus, ça ne vaut pas la peine de s'en passer. Certes, l'on perd un peu en matière de performances, car ce rouage alourdit la voiture d'une centaine de kilos. Mais, dans une contrée comme la nôtre, un rouage intégral vaut le coût et le coup.

Sur la route, la Clubman adopte le comportement amusant des autres MINI, mais on la sent plus lourde qu'une MINI à hayon équivalente. Par rapport à la Countryman, la Clubman est moins lourdaude et son centre de gravité plus bas, donc mieux plantée sur la route, mais un peu moins confortable. Les trois modes de conduite proposés au conducteur (*Green, Mid* et Sport) sont très marqués, à tel point que le mode *Mid* convient la plupart du temps, le *Green* étant trop gentil et le Sport, trop affirmé !

Difficile de croire que cette MINI et le BMW X1 partagent les mêmes dessous. C'est tout à l'honneur des ingénieurs allemands qui ont réussi à ne pas trop germaniser la petite anglaise.

Châssis - Cooper S All4

Emp / lon / lar / haut	2670 / 4260 / 1800 / 1441 mm
Coffre / Réservoir	360 à 1250 litres / 50 litres
Nbre coussins sécurité / ceintures	8 / 5
Suspension avant	ind., jambes force
Suspension arrière	ind., multibras
Freins avant / arrière	disque / disque
Direction	à crémaillère, ass. var. élect.
Diamètre de braquage	11,3 m
Pneus avant / arrière	P225/45R17 / P225/45R17
Poids / Capacité de remorquage	1563 kg / n.d.
Assemblage	Oxford GB

Composantes mécaniques

Cooper

Cylindrée, soupapes, alim.	3L 1,5 litre 12 s turbo
Puissance / Couple	134 ch / 162 lb-pi
Tr. base (opt) / rouage base (opt)	M6 (A6) / Tr
0-100 / 80-120 / V.Max	9,1 s (const) / n.d. / 205 km/h (const)
100-0 km/h	n.d.
Type / ville / route / CO$_2$	Sup / 9,5 / 6,6 l/100 km / 3770 kg/an

Cooper S, Cooper S All4, Cooper S (auto)

Cylindrée, soupapes, alim.	4L 2,0 litres 16 s turbo
Puissance / Couple	189 ch / 207 lb-pi
Tr. base (opt) / rouage base (opt)	M6 (A8) / Tr
0-100 / 80 120 / V.Max	7,0 s (est) / n.d. / 228 km/h (const)
100-0 km/h	n.d.
Type / ville / route / CO$_2$	Sup / 9,7 / 7,0 l/100 km / 3903 (est) kg/an

> MINI A RÉUSSI À **INTÉGRER** LE MOT CLUBMAN ENTRE LES DEUX BATTANTS ARRIÈRE. POURTANT, IL Y A QUATRE **LETTRES** SUR UNE PORTE ET TROIS SUR L'AUTRE !

Du nouveau en 2017

Modèle entièrement redessiné.

MINI PACEMAN

MINI **COUNTRYMAN / PACEMAN**

Prix : 29 950 $ à 38 500 $ (2016)
Catégorie : VUS sous-compact
Garanties :
4 ans/80 000 km, 4 ans/80 000 km
Transport et prép. : 2 545 $
Ventes QC 2015 : 352 unités
Ventes CAN 2015 : 1 412 unités

Cote du Guide de l'auto

72 %

Fiabilité
■■■■■■■□□□

Appréciation générale
■■■■■■■□□□

Sécurité
■■■■■■■□□□

Agrément de conduite
■■■■■■■□□□

Consommation
■■■■■□□□□□

Système multimédia
■■■■■■□□□□

Cote d'assurance
■■■■■■□□□□
$ $ $ $

➕ Comportement routier amusant •
Habitacle logeable (Countryman) •
Version JCW d'attaque •
Rouage intégral intéressant

➖ Version Paceman parfaitement inutile •
Véhicules assez dispendieux •
Manipulation des sièges arrière difficile •
Entretien assez dispendieux •

Concurrents
Kia Soul, Mazda CX-5, Nissan JUKE,
Honda HR-V, Subaru Crosstrek

Quand le génie devient inutile

Alain Morin

Sir Alec Issigonis, le créateur de la Mini originale, était un génie. Il fut le premier à la fin des années 50 à créer une voiture vraiment compacte, avec roues avant motrices et moteur transversal. Cette voiture allait rester en production de 1959 à 2000, preuve qu'elle était bien née. Tellement, que plusieurs versions ont vu le jour, des sportives Cooper aux familiales Countryman en passant par les Mini Van et les amusantes Mini Moke. On a vu les Mini en ville, en campagne et même dans des courses de rallye où elles ont excellé. Toujours avec cette attitude je-m'en-foutiste sympathique qui caractérise encore ces Mini vraiment mini.

Aujourd'hui, la MINI n'est plus ce qu'elle était. Déjà que le modèle de base a pris du poids et des centimètres, il fallait, pour étoffer la gamme et engranger davantage de profits, que BMW (la très britannique MINI appartient à la très allemande BMW) se mette à créer modèle par-dessus modèle. Tous plus imposants les uns que les autres, il va sans dire. C'est ainsi qu'en 2010 est née la bulbeuse Countryman. Deux années plus tard, on en tirait une version à deux portes, la Paceman. Si l'on peut trouver une certaine raison d'être à la première, on s'interroge encore sur le bien-fondé de la Paceman. En 2015, il ne s'en est vendu que 126 unités au pays...

Toujours est-il que la Countryman continue son petit bonhomme de chemin. Dire qu'elle est plus imposante que la MINI tout court serait un euphémisme. Elle fait partie de la catégorie des VUS sous-compacts, ce qui en dit long sur ses dimensions. L'an dernier, lors d'un match comparatif du *Guide de l'auto*, la Countryman avait terminé en milieu de peloton devant le Nissan Juke, le Mitsubishi RVR et le Chevrolet Trax mais derrière les Mazda CX-3, Kia Soul, Honda HR-V et Subaru XV Crosstrek (devenu Subaru Crosstrek cette année).

Les opinions concernant la Countryman sont pour le moins partagées. Certains adorent son style, d'autres le détestent. Parmi ces derniers, on en retrouve plusieurs qui ont connu les premières Mini les « vraies ». Même constat dans l'habitacle où le design du tableau de bord perpétue celui de la première génération. Les commandes sont déroutantes au début mais l'on s'y fait assez rapidement. On se fait toutefois moins rapidement au système multimédia dont l'écran se situe dans le grand cercle au centre du tableau de bord. C'est mieux qu'avant, sans toutefois atteindre la simplicité et l'efficacité d'un système comme le UConnect de FCA.

TABARNOUCHE DE P'TIT CITRON EN PAIN D'ÉPICE...

Heureusement, la visibilité est bonne tout le tour et les sièges avant sont confortables et soutiennent bien les cuisses. À l'arrière, on se sent évidemment moins étouffé que dans une MINI de base et l'espace pour les jambes est nettement meilleur. Utiliser le mot « confort » serait toutefois un peu exagéré... Ces sièges arrière coulissent passablement, ce qui permet d'agrandir le coffre. On peut aussi abaisser les dossiers, ce qui, par le fait même, actionne la machine à blasphème qui se met automatiquement en marche tellement le mécanisme est mal foutu !

Au moins, il y a la route pour faire apprécier la Countryman. Sans avoir l'agilité de la MINI Cooper, la Countryman livre des performances qui ne sont pas à dédaigner, même en version de base S All4. Le 1,6 litre double turbo est suffisamment puissant pour entraîner ce mini VUS de zéro à 100 km/h en moins de 9,0 secondes. La sportive JCW en rajoute et retranche environ deux secondes à ce chrono en plus d'améliorer de beaucoup la dynamique de conduite. À tel point qu'on se prend rapidement pour un pilote de course ! Cependant, quand on pousse vraiment la machine (pas celle à blasphème, je parle de la voiture) à fond, les quelque 273 kilos supplémentaires par rapport à la MINI Cooper JCW se font cruellement sentir. Peu importe que le propriétaire ait choisi la boîte manuelle à six rapports ou l'automatique à six rapports aussi, les deux se comportent de belle façon.

JCW ou simple S, la direction est précise et son retour d'information est notable. La suspension varie de dure pour la S à très dure pour la JCW et est responsable d'une solide tenue de route. Les freins, par contre, pourraient être plus performants, surtout dans la S.

ET LA PACEMAN ?

De son côté, la Paceman est une Countryman amputée de deux portes, offrant moins d'espace dans l'habitacle et dans le coffre. Comme si ce n'était pas suffisant, elle est plus dispendieuse. Pourtant, avec ses X4 et X6, BMW a prouvé qu'elle est passée maître dans l'art de concocter des véhicules inutiles et dispendieux qui se vendent bien. Ça ne peut pas fonctionner à tous les coups !

Du nouveau en 2017
Aucun changement majeur

Châssis - Countryman JCW ALL4

Emp / lon / lar / haut	2595 / 4110 / 1996 / 1561 mm
Coffre / Réservoir	450 à 1170 litres / 47 litres
Nbre coussins sécurité / ceintures	7 / 5
Suspension avant	ind., jambes force
Suspension arrière	ind., multibras
Freins avant / arrière	disque / disque
Direction	à crémaillère, ass. var. élect.
Diamètre de braquage	11,6 m
Pneus avant / arrière	P225/45R18 / P225/45R18
Poids / Capacité de remorquage	1480 kg / non recommandé
Assemblage	Graz AT

Composantes mécaniques

Cooper S All4, Cooper S All4 auto

Cylindrée, soupapes, alim.	4L 1,6 litre 16 s turbo
Puissance / Couple	181 ch / 177 lb-pi
Tr. base (opt) / rouage base (opt)	M6 (A6) / Int
0-100 / 80-120 / V.Max	7,9 s (const) / 6,0 s / 205 km/h (const)
100-0 km/h	42,7 m
Type / ville / route / CO_2	Sup / 10,1 / 7,8 l/100 km / 4170 kg/an

John Cooper Works All4

Cylindrée, soupapes, alim.	4L 1,6 litre 16 s turbo
Puissance / Couple	208 ch / 192 lb-pi
Tr. base (opt) / rouage base (opt)	M6 (A6) / Int
0-100 / 80-120 / V.Max	6,9 s / 7,7 s / 205 km/h (const)
100-0 km/h	n.d.
Type / ville / route / CO_2	Sup / 9,5 / 7,6 l/100 km / 3977 kg/an

> DE TOUS LES VUS SOUS-COMPACTS, LA COUNTRYMAN EST L'UN DES PLUS **AGRÉABLES** À CONDUIRE ! MAIS IL FAUT ÊTRE PRÊT À FAIRE QUELQUES **SACRIFICES**.

MINI COUNTRYMAN

 MINI **HAYON/5 PORTES**

((SiriusXM))

Prix: 21 490 $ à 33 240 $ (2016)
Catégorie: Hatchback, Cabriolet
Garanties:
4 ans/80 000 km, 4 ans/80 000 km
Transport et prép.: 2 545 $
Ventes QC 2015: 1 503 unités
Ventes CAN 2015: 5 512 unités

Cote du Guide de l'auto

75 %

Fiabilité
■■■■■■■□□□

Appréciation générale
■■■■■■■■□□

Sécurité
■■■■■■■□□□

Agrément de conduite
■■■■■■■■□□

Consommation
■■■■■■■□□□

Système multimédia
■■■■■■□□□□

Cote d'assurance
■■■■■■□□□□
$$$ $

➕ Style inimitable • Plaisir de conduire indéniable (S et JCW) • Agilité confirmée • Places arrière presque décentes (5 portes) • Tableau de bord enfin convivial

➖ Niveau de confort très relatif • Espace habitable très juste (3 portes et cabriolet) • Fiabilité encore incertaine • Certaines commandes frustrantes

Concurrents
Fiat 500, Fiat 500L, Ford Focus, Nissan Versa, Volkswagen Golf

Moteurs à explosion

Alain Morin

Depuis quelques années, la famille MINI est devenue de plus en plus grande. Pourtant, une seule demeure la «vraie» MINI, celle de base à trois portes appelée Cooper. Ceux qui ont connu la belle époque des «bébés Austin» avec des roues de 10 pouces (eh oui, ça existait!) et un moteur de 60 chevaux ne trouvent généralement pas leur compte dans les «immenses» Countryman, Clubman et autres itérations.

Une MINI Cooper, même en version de base, dégage une impression d'énergie latente, toujours sur le point d'exploser. Il n'en est rien, évidemment. Tout ce qui peut exploser, c'est le permis de conduire de celui ou celle qui ne peut rester dans les limites de la légalité.

La MINI Cooper est, on s'en doute, beaucoup plus imposante que son illustre devancière. Et un peu plus longue et lourde que celle qui était apparue en 2000 en tant que modèle 2001. Il existe trois Cooper. La «trois portes», la décapotable et une version à cinq portes. Chacun de ces modèles se décline en livrées de base, S et JCW (John Cooper Works), sauf la 5 portes (c'est vraiment son nom!) qui n'a pas goûté à la magie JCW.

DE BASE, S OU JCW?
Peu importe le nombre de portes ou la présence d'un toit, les versions de base sont mues par un trois cylindres turbocompressé de 1,5 litre développant 134 chevaux et un couple de 162 livre-pied. Évidemment, on ne parle pas de performances à tout casser mais le 0-100 km/h s'effectue en moins de neuf secondes, ce qui est satisfaisant pour quiconque désire une MINI simplement pour son look. Et ils sont nombreux. La consommation est retenue. On peut s'en tirer avec 7 l/100 km, à moins de s'amuser à faire rugir (un bien grand mot...) le moteur et ainsi activer le turbo. Deux boîtes à six rapports — automatique et manuelle — amènent le couple aux roues avant.

Les livrées S sont nettement plus délurées avec leur quatre cylindres turbo 2,0 litres crachant 55 chevaux et, surtout, 45 livre-pied supplémentaires.

Là, ça commence à être vraiment intéressant. Certes, il faut compter environ un litre de plus tous les cent kilomètres mais les performances le valent amplement. Les deux transmissions déjà mentionnées pour la version de base (automatique et manuelle à six rapports) sont mariées à ce moteur.

Les choses se corsent carrément avec les JCW. Un moteur de 228 chevaux et 236 livre-pied de couple dans une voiture de moins de 1 100 kilos, ça dépeigne... particulièrement dans le cabriolet! Il n'est pas long que l'on se prenne à changer les rapports — au volant pour l'automatique ou, pour la manuelle, avec le levier à la course précise et relativement courte — le plus tard possible, ce qui fait hurler le moteur et sourire le pilote. En n'abusant pas de l'accélérateur, ce qui n'est pas toujours évident, il est même possible de contenir la consommation (d'essence super, comme pour les deux autres versions) sous les 10 l/100 km.

SAUF QUE...

Pour un court galop d'essai, la version JCW semble donc tout indiqué. Sauf que... Tout d'abord, une MINI JCW trois portes coûte près de 35 000 $, soit environ 12 000 $ de plus que la version de base. Elle a beau être très agréable à conduire, ça demeure une toute petite voiture de près de 35 000 $. C'est des bidous, ça. En plus, une JCW, ça possède une suspension assez rigide, merci. Déjà qu'une Cooper de base n'est pas réputée pour la douceur de ses amortisseurs, imaginez quand ils sont hyper-rigides, que les pneus sont durs et à taille basse (45), et que la direction est encore plus directe... Rendu là, ce n'est plus une voiture, c'est un go-kart! Oui, c'est du plaisir à l'état brut. Néanmoins, au jour le jour, ça peut devenir un tantinet déplaisant. D'autant plus que nos routes sont rarement dans un parfait état...

De son côté, la 5 portes est, en fait, une MINI dont l'empattement a été allongé de 72 mm et la longueur totale de 161 mm, ajoutant 65 kilos par la même occasion. On peut ne pas aimer le style de cette MINI allongée mais le côté sportif a été préservé. On peut aussi déblatérer contre la véritable utilité des sièges arrière... MINI a beau dire que cette 5 portes s'adresse aux petites familles, on est en droit de se questionner sur la facilité d'installer ou enlever un siège de bébé.

On n'achète pas une MINI 3 ou 5 portes ou décapotable pour ses qualités utilitaires. Ni pour son niveau de confort. Surtout pas pour son système multimédia qui, bien qu'il se soit amélioré depuis quelques années, demande toujours une certaine période d'apprentissage. On achète une MINI souvent pour son style et la plupart du temps pour le plaisir de conduite qu'elle procure. Il faut juste savoir dans quoi on s'embarque avant l'achat!

Du nouveau en 2017

Aucun changement majeur

Châssis - Cooper

Emp / lon / lar / haut	2495 / 3837 / 1727 / 1414 mm
Coffre / Réservoir	211 à 731 litres / 44 litres
Nbre coussins sécurité / ceintures	8 / 4
Suspension avant	ind., jambes force
Suspension arrière	ind., multibras
Freins avant / arrière	disque / disque
Direction	à crémaillère, ass. var. élect.
Diamètre de braquage	10,8 m
Pneus avant / arrière	P195/55R16 / P195/55R16
Poids / Capacité de remorquage	1191 kg / non recommandé
Assemblage	Oxford GB

Composantes mécaniques

Cooper, 5-portes Cooper

Cylindrée, soupapes, alim.	3L 1,5 litre 12 s turbo
Puissance / Couple	134 ch / 162 lb-pi
Tr. base (opt) / rouage base (opt)	M6 (A6) / Tr
0-100 / 80-120 / V.Max	7,9 s (const) / n.d. / 210 km/h (const)
100-0 km/h	43,6 m
Type / ville / route / CO2	Sup / 8,2 / 5,9 l/100 km / 3296 kg/an

Cooper S, 5-portes Cooper S

Cylindrée, soupapes, alim.	4L 2,0 litres 16 s turbo
Puissance / Couple	189 ch / 207 lb-pi
Tr. base (opt) / rouage base (opt)	M6 (A6) / Tr
0-100 / 80-120 / V.Max	6,8 s (const) / n.d. / 235 km/h (const)
100-0 km/h	n.d.
Type / ville / route / CO2	Sup / 10,0 / 7,0 l/100 km / 3979 kg/an

John Cooper Works

Cylindrée, soupapes, alim.	4L 2,0 litres 16 s turbo
Puissance / Couple	228 ch / 236 lb-pi
Tr. base (opt) / rouage base (opt)	M6 (A6) / Tr
0-100 / 80-120 / V.Max	6,3 s (const) / 5,6 s (const) / 246 km/h (const)
100-0 km/h	n.d.
Type / ville / route / CO2	Sup / 10,4 / 7,7 l/100 km / 4225 kg/an

MINI COOPER CABRIOLET

MITSUBISHI **I-MIEV**

Prix: 27 998 $
Catégorie: Hatchback
Garanties:
3 ans/60 000 km, 5 ans/100 000 km
Transport et prép.: 1 820 $
Ventes QC 2015: 81 unités
Ventes CAN 2015: 9 490 unités

Cote du Guide de l'auto

60 %

Fiabilité	Appréciation générale
n.d.	■■■■■■□□□□
Sécurité	Agrément de conduite
■■■■■■■□□□	■■■■■■□□□□
Consommation	Système multimédia
■■■■■■■■■□	■■■■■■□□□□

Cote d'assurance

■■■■■■■■□□
$$$ $

➕ Prix abordable • De la place pour quatre • Maniable en ville • Performances adéquates • Polyvalence certaine

➖ Design intérieur vétuste • Sensible aux vents latéraux • Chaîne audio de base décevante • Gare aux nids-de-poule avec les minuscules pneus

Concurrents
BMW i3, Chevrolet Spark, Fiat 500, Scion iQ, smart Fortwo

Simplicité volontaire

Michel Deslauriers

Croyez-le ou non, la diminutive i-MiEV est de retour sur le marché canadien en 2017. Avec ses ventes sporadiques, on aurait cru que le constructeur japonais Mitsubishi, qui importe la petite voiture électrique de son pays natal, aurait lancé la serviette face à cet échec commercial.

Mais est-ce vraiment un échec? La i-MiEV représente parfaitement le virage vert entrepris par ce constructeur il y a quelques années maintenant. Cette année, il commercialisera une version hybride rechargeable du Outlander, et a retiré les versions performantes de la gamme Lancer.

Au moment d'écrire ces lignes, c'est Mitsubishi qui offre la voiture électrique la plus abordable. Elle coûte des milliers de dollars de moins qu'un Kia Soul, qu'une Ford Focus électrique ou qu'une Nissan Leaf. Par contre, il y a certains compromis à faire pour obtenir cette mensualité plus modique.

TOUJOURS DE BONNE HUMEUR

Lorsqu'on regarde la i-MiEV, affichant éternellement son plus grand sourire, il est difficile de ne pas l'imiter. Bon, on peut bien se moquer de son apparence en forme d'œuf dur, mais cette auto est indéniablement distincte, même si son look n'a pas vraiment changé depuis son arrivée en sol canadien en 2012. En fait, la i-MiEV est la version 100 % électrique de la Mitsubishi i à essence, vendue sur d'autres marchés depuis 2006. Son design remonte donc à plus de 10 ans.

Le moteur électrique de la Mitsubishi i-MiEV est placé tout juste devant l'essieu arrière, et alimente les roues boulonnées à l'essieu en question. Ce moteur développe une cavalerie de 66 chevaux, ce qui semble bien peu, mais son couple de 145 lb-pi compense bien, et après tout, la voiture n'affiche un poids que de 1148 kg.

Les accélérations sont suffisamment vives au décollage pour ne pas nuire aux gens pressés qui se trouvent derrière, et le véhicule n'a aucun problème à suivre la cadence sur l'autoroute, même qu'elle peut dépasser la limite permise. Toutefois, les pneus étroits et la légèreté de la i-MiEV la rendent un peu sensible aux vents latéraux. On finit par s'adapter. Sur la route, la i-MiEV effectue son trajet en silence, mais sa conduite n'est pas très raffinée, alors que la suspension fait son possible pour amortir les imperfections de la route. Lors de notre essai, on s'est même permis une balade avec quatre adultes à bord, et la petite Mitsubishi s'est néanmoins bien débrouillée.

Mitsubishi avance une autonomie maximale de 155 km pour la i-MiEV. Ça, c'est dans les meilleures conditions possible, au printemps ou à l'automne, alors qu'il ne fait ni trop froid, ni trop chaud, et que les routes sont belles. Et pas trop de collines, s'il vous plaît. En conduite réelle, on devrait en extirper entre 100 et 120 km/h. Réduisez ça d'au moins 30 % durant l'hiver, alors que le chauffage tourne à plein régime.

Le temps de recharge avec une borne de 240 V prend environ sept heures, et il faut compter entre 14 et 22 heures avec une prise de courant domestique, selon l'ampérage. Heureusement, de série, la i-MiEV est munie d'une prise à recharge rapide spéciale, alors on peut renflouer 80 % de la capacité de la batterie en 30 minutes. À l'aide d'une télécommande d'allure rétro (munie d'une antenne rétractable!), on peut aussi programmer les temps de charge et préchauffer ou refroidir l'habitacle à distance, ce qui fait économiser temps et énergie.

UN HABITACLE QUI TRAHIT SON ÂGE

L'allure extérieure de la i-MiEV a beau défier le temps, la finition de son habitacle n'y parvient pas. Le design est épuré, d'un minimalisme rarement vu sur le marché des autos neuves d'aujourd'hui, et les sièges n'offrent pas le soutien pour demeurer confortables sur de longs trajets. Une seule finition est disponible pour 2017, la version ES, et elle ne comprend qu'une chaîne audio des plus rudimentaires. On a tout de même droit à des sièges chauffants à l'avant et à un climatiseur. Le groupe optionnel Navigation ajoute un peu d'agrément comme un écran tactile, un port USB, un système Bluetooth et des commandes au volant, une caméra de recul, une chaîne de 400 watts avec haut-parleurs et, comme son nom l'indique, un système de navigation.

La Mitsubishi i-MiEV n'est pas un objet de désir ou un symbole de son statut social. C'est un outil, un appareil ménager servant à transporter les passagers du point A au point B, sans dépenser une goutte d'essence, et nécessitant un minimum d'entretien. Ce qu'elle fait très bien. Par contre, si l'agrément de conduite figure parmi vos critères d'achat, aussi bien magasiner autre chose.

Châssis - ES	
Emp / lon / lar / haut	2550 / 3675 / 1585 / 1615 mm
Coffre / Réservoir	377 à 1430 litres / s.o.
Nbre coussins sécurité / ceintures	6 / 4
Suspension avant	ind., jambes force
Suspension arrière	De Dion
Freins avant / arrière	disque / tambour
Direction	à crémaillère, ass. var. élect.
Diamètre de braquage	9,4 m
Pneus avant / arrière	P145/65R15 / P175/60R15
Poids / Capacité de remorquage	1148 kg / non recommandé
Assemblage	Kurashiki JP

Composantes mécaniques	
Puissance / Couple	66 ch (49 kW) / 145 lb-pi
Tr. base (opt) / rouage base (opt)	Rapport fixe / Prop
0-100 / 80-120 / V.Max	15,2 s / 14,4 s / 130 km/h (const)
100-0 km/h	42,5 m
Type de batterie	Lithium-ion (Li-ion)
Énergie	16 kWh
Temps de charge (120V / 240V)	14,0 h / 7,0 h
Autonomie	96 km

> **POUR LES GENS QUI VEULENT ADOPTER UN TRAIN DE VIE MINIMALISTE, LA i-MiEV EST UNE VOITURE ÉLECTRIQUE PEU SOPHISTIQUÉE, MAIS ABORDABLE.**

Du nouveau en 2017

Aucun changement majeur, retrait de la couleur bleue.

Photos : Mitsubishi

MITSUBISHI **LANCER**

SiriusXM

Prix : 14 317 $ à 25 317 $ (2016)
Catégorie : Berline, Hatchback
Garanties :
5 ans/100 000 km, 10 ans/160 000 km
Transport et prép. : 2 300 $
Ventes QC 2015 : 2 037 unités
Ventes CAN 2015 : 5 459 unités

Cote du Guide de l'auto

67 %

Fiabilité	Appréciation générale
■■■■■■□□□□	■■■■■■□□□□
Sécurité	Agrément de conduite
■■■■■■■■■□	■■■■■■□□□□
Consommation	Système multimédia
■■■■■■□□□□	■■■■■■■□□□

Cote d'assurance

■■■■□□□□□□
$$$ $

⊕ Comportement routier solide • Fiabilité étonnante • Garantie sécurisante • Une des seules compactes à rouage intégral • Version Sportback à découvrir

⊖ Habitacle qui vieillit mal • Moteurs qui manquent de chevaux • Insonorisation ratée • Gamme de plus en plus étiolée • Modèle en fin de carrière (encore !)

Concurrents
Chevrolet Cruze, Ford Focus, Honda Civic, Hyundai Elantra, Kia Forte, Mazda3, Nissan Sentra, Subaru Impreza, Toyota Corolla, Volkswagen Golf, Volkswagen Jetta

Une centenaire encore en forme

Alain Morin

La Mitsubishi Lancer que nous connaissons aujourd'hui est apparue pour l'année-modèle 2008. Cela fait dix ans. Une éternité en années automobile. Depuis ce temps, toutes les autres berlines compactes ont été renouvelées. Et toutes se vendent bien mieux que la Lancer. En effet, au Canada, depuis 2012, cette Mitsubishi fait figure de « peanuts » par rapport aux canons que sont les Honda Civic, Hyundai Elantra et Toyota Corolla. Même la marginale Subaru Impreza se vend davantage. Mais est-ce que cela fait de la Lancer une mauvaise voiture ?

Oui et non. Pour celui qui ne jure que par le dernier gadget, qui s'attend à trouver dans une voiture neuve des plastiques haut de gamme, un design moderne et une finition à l'avenant, la réponse est assurément OUI. Pour tous les autres, c'est NON !

MÉMÉ ET LA TECHNOLOGIE…

Malgré son âge vénérable, la carrosserie de la Lancer est encore dans le coup. L'an dernier, les designers ont apporté quelques changements à la partie avant, ce qui l'aide à avoir l'air moderne. L'imposant aileron arrière fait très 2010 et il bloque la visibilité, mais d'aucuns trouvent qu'il ajoute du dynamisme à l'ensemble. Des goûts, ça ne se discute pas, à ce qu'il paraît. C'est davantage dans l'habitacle que les années ont fait le plus de ravages. Entre le tableau de bord d'un 2008 et celui d'un 2017, on remarque certes de subtiles modifications… mais on reste sur notre faim.

Il ne faut pas non plus dramatiser. L'environnement n'est peut-être pas très lumineux (il y a beaucoup de noirs, de gris foncés, de gris anthracite, de gris ardoise et de gris fer), mais les divers boutons et commandes sont aux bons endroits. Le confort des sièges avant n'est pas mauvais du tout, même si le tissu qui les recouvre ne paie pas de mine. Le système multimédia a été rafraîchi l'an dernier, mais il est encore à des siècles-lumière (on ne parle pas d'années-lumière, une mesure de temps qui ne convient pas à la

Lancer) de ce que fait Audi, par exemple. Même le site internet de Mitsubishi au Canada n'est pas des plus conviviaux. ENTK, comme on dit en langage texto...

LES JAMBES SONT VIEILLES, MAIS ELLES TIENNENT BON

Sous le capot des Lancer de base, on retrouve un quatre cylindres de 2,0 litres atmosphérique de 148 chevaux plus bruyant que puissant, mais fiable. Une boîte manuelle plutôt agréable à utiliser ou une CVT (automatique à rapports continuellement variables) le relie aux roues avant avec plus ou moins de bonheur.

Si les moyens financiers le permettent, le 2,4 litres de 168 chevaux est un choix infiniment mieux avisé. Pas nécessairement une jeunesse, il n'ajoute pas beaucoup de *pep* à la Lancer, mais il est plus agréable à vivre que le 2,0 litres. Mieux, il peut être associé à un rouage intégral étonnamment performant, une alternative intéressante à la Subaru Impreza. Il est même possible de verrouiller le boîtier de transfert pour obtenir une répartition du couple égale avant / arrière. Ce tableau est toutefois trop beau pour être vrai. Entre le 2,4 litres et les quatre roues motrices, on retrouve l'ineffable boîte CVT, qui semble faire disparaître une bonne partie des chevaux et, inversement, faire dramatiquement apparaître des décibels.

Sur la route, on est agréablement surpris par le comportement routier de la Lancer. En courbes, la voiture ne penche pas indûment et elle s'accroche au bitume avec ténacité. On ne parle pas de sportivité, mais on peut employer le qualificatif dynamique sans avoir peur de s'attirer l'opprobre général. La suspension réussit même à procurer un bon niveau de confort.

Au fil des années, des versions sont apparues, d'autres sont parties. L'an dernier, les modèles les plus intéressants, les sportives Evolution et Ralliart, ont été éliminés, ce qui nous laisse songeurs sur l'orientation que Mitsubishi entend donner à sa gamme. Au moins, la Sportback, une *hatchback* avec un beau nom, est avec nous depuis déjà quelques années et ne semble pas près de nous quitter, même si ses ventes restent confidentielles. Dommage, car c'est la meilleure Lancer actuellement offerte. Elle reprend tous les bons et les moins bons côtés de la berline, en y ajoutant une polyvalence bienvenue.

De toute évidence, la Lancer est sur ses derniers kilomètres. Remarquez qu'on disait ça il y a quatre ans! Il semblerait que Mitsubishi n'a pas les moyens, ou la volonté, de s'établir fermement chez nous. Ses récents déboires à propos de tests de consommation truqués au Japon ont amené Nissan à acquérir 34 % des parts de Mitsubishi Motors. C'est sans doute la meilleure chose qui pouvait arriver à Mitsubishi. Ou pas. Seul l'avenir nous le dira.

Du nouveau en 2017

Aucun changement majeur

Châssis - DE	
Emp / lon / lar / haut	2635 / 4625 / 1760 / 1480 mm
Coffre / Réservoir	348 litres / 59 litres
Nbre coussins sécurité / ceintures	7 / 5
Suspension avant	ind., jambes force
Suspension arrière	ind., multibras
Freins avant / arrière	disque / disque
Direction	à crémaillère, ass. élect.
Diamètre de braquage	10,0 m
Pneus avant / arrière	P205/60R16 / P205/60R16
Poids / Capacité de remorquage	1305 kg / n.d.
Assemblage	Kurashiki JP

Composantes mécaniques

4L 2,0 litres	
Cylindrée, soupapes, alim.	4L 2,0 litres 16 s atmos.
Puissance / Couple	148 ch / 145 lb-pi
Tr. base (opt) / rouage base (opt)	M5 (CVT) / Tr
0-100 / 80-120 / V.Max	9,1 s / 6,8 s / n.d.
100-0 km/h	n.d.
Type / ville / route / CO_2	Ord / 9,9 / 7,2 l/100 km / 3995 kg/an

4L 2,4 litres	
Cylindrée, soupapes, alim.	4L 2,4 litres 16 s atmos.
Puissance / Couple	168 ch / 167 lb-pi
Tr. base (opt) / rouage base (opt)	CVT / Int (Tr)
0-100 / 80-120 / V.Max	9,2 s / 6,3 s / n.d.
100-0 km/h	46,5 m
Type / ville / route / CO_2	Ord / 10,2 / 7,8 l/100 km / 4195 kg/an

« LA SPORTBACK, PLUS **POLYVALENTE** QUE LA BERLINE, N'EST OFFERTE QU'AVEC LE 2,0 LITRES. BONNE NOUVELLE, ELLE PEUT RECEVOIR LA BOÎTE **MANUELLE !** »

Photos : Mitsubishi

MITSUBISHI **MIRAGE**

Prix : 12 797 $ à 18 397 $
Catégorie : Hatchback, Berline
Garanties :
5 ans/100 000 km, 10 ans/160 000 km
Transport et prép. : 1 470 $
Ventes QC 2015 : 1 469 unités
Ventes CAN 2015 : 3 361 unités

Cote du Guide de l'auto

59 %

Fiabilité	Appréciation générale
n.d.	■■■■■■□□□□
Sécurité	Agrément de conduite
■■■■■■□□□□	■■■■□□□□□□
Consommation	Système multimédia
■■■■■■■■□□	■■■■□□□□□□

Cote d'assurance

■■■■■■■□□□
$$$ $

➕ Berline spacieuse • Consommation
dérisoire • Meilleure finition • Plus
d'équipement • Comportement
routier plus sain

➖ Sensible aux vents latéraux •
Moteur bruyant et peu puissant •
Dossier arrière non rabattable (G4) •
Pourrait être moins chère

Concurrents
Chevrolet Spark, Fiat 500,
Nissan Micra, smart Fortwo

« *Tu vas me le payer, Micra !* »

Michel Deslauriers

Alors que Mitsubishi avait bon espoir de se tailler une place dans le segment des citadines en introduisant la Mirage, voilà que Nissan lui vole la vedette, quelques mois plus tard, avec sa sympathique Micra. Pourtant, la Mirage était prête à démontrer au Canada qu'une voiture n'a pas besoin d'être puissante ou dispendieuse pour convenir au besoin essentiel de se déplacer du point A au point B.

Disons que la campagne publicitaire de Nissan était significativement plus importante que celle de Mitsubishi. La Mirage a dû passer de longues soirées, bien seule sur le plancher du concessionnaire, le liquide de refroidissement en train de bouillir dans son radiateur. «*Je la déteste, cette Micra! Elle a tout gâché!* »

« ELLE A TOUT GÂCHÉ ! »
Entre nous, il faut avouer que même sans l'arrivée du chouchou de la catégorie, la Mirage avait tout un défi à relever. Conçue pour rendre la vie plus agréable dans des marchés émergents, la Mitsubishi au format réduit n'a impressionné personne ici avec son design banal et son petit moteur.

Toutefois, la Mirage riposte en 2017 avec l'arrivée de la berline G4, au look légèrement plus sportif et à laquelle on a apporté des améliorations ici et là. «*Hep! je suis la seule berline du segment. Et v'lan dans les dents, Nissan!* »

PUISSANCE EN HAUSSE DE 5 %
Lors de son arrivée, on vantait la Mirage comme étant la voiture la moins énergivore sur le marché. Exception faite des hybrides. Et c'était l'une des moins dispendieuses avant que la Micra n'épate la foule en dansant le limbo tout juste sous la barre des 10 000 $.

Mitsubishi a adopté le bon vieux principe d'utiliser une plus petite cylindrée, son trois cylindres de 1,2 litre développant 74 chevaux. À première vue, ça semblait bien peu. Surtout que la Micra disposait d'un moteur plus gros et de 109 chevaux. C'était un bolide comparativement à la Mirage. «*Avez-vous* regardé ma fiche technique ? Je pèse à peine 900 kg ! » C'est vrai qu'elle était légère, 150 kilos de moins que la Micra.

Néanmoins, les consommateurs ont probablement douté des performances de la mini Mitsubishi. « La Corolla avait 74 chevaux dans les années 80, et Toyota en vendait des tonnes, alors je ne vois pas le problème ! » La Mirage marque un point, mais nous ne sommes plus dans les années 80. La Mirage a compris. Elle a passé l'automne et l'hiver 2016 cachée dans son sous-sol à s'entraîner, alors que les concessionnaires liquidaient les modèles 2015 restants. La voilà maintenant en 2017 plus musclée que jamais, avec une cavalerie de 78 chevaux. Une hausse de 5 %. Les performances ne décoiffent pas plus, mais la voiture se débrouille dans la jungle urbaine. Si vous savez manipuler une boîte manuelle, c'est le meilleur choix ici. L'automatique à variation continue rend le moteur légèrement moins énergivore, mais lors des accélérations, elle le rend bruyant aussi. Et ce bruit n'est pas très mélodieux.

Ses dimensions et son diamètre de braquage sont appréciés quand vient le temps de stationner et de se faufiler dans le trafic. On a raffermi la suspension et ajouté de plus gros freins, ainsi le comportement routier est moins spongieux. Si on la compare à la version à hayon, la Mirage G4 roule sur un empattement allongé de 100 mm, et sa banquette arrière est étonnamment spacieuse. Avec un volume de 348 litres, son coffre est suffisamment grand pour contenir les sacs d'épicerie ou pour transporter un sac d'équipement de hockey.

En fin de compte, la Mirage offre une consommation mixte de 6,0 l/100 km pour la version à hayon, et de 6,4 pour la berline G4. En conduite réelle, c'est un peu plus que ça, mais cela dépend de vos habitudes de conduite. « Hé !, le journaliste automobile, je ne suis pas une voiture de course ! »

FINITION EN PROGRÈS

Dans la Mirage 2017, le tissu des sièges est de meilleure qualité, l'habillage du volant a été revu, et la nouvelle livrée SEL comprend une chaîne audio avec un écran tactile, une intégration Apple CarPlay et Android Auto ainsi qu'une caméra de recul. Un tel système multimédia est offert de série dans une Spark à 10 000 $. Pour se faire pardonner, la Mirage SEL à hayon comprend des phares au xénon.

L'ajout de la berline rend la Mirage nettement plus intéressante. Toutefois, on aurait aimé un plus grand nombre de chevaux, une meilleure insonorisation de l'habitacle et un prix plus alléchant pour faire taire la Micra. « Journaliste, fais donc ta job et mentionne ma garantie de 10 ans sur le groupe motopropulseur, la meilleure couverture au Canada ! » Ouais, OK.

Châssis - Mirage ES	
Emp / lon / lar / haut	2450 / 3795 / 1665 / 1510 mm
Coffre / Réservoir	487 litres / 35 litres
Nbre coussins sécurité / ceintures	7 / 5
Suspension avant	ind., jambes force
Suspension arrière	semi-ind., poutre torsion
Freins avant / arrière	disque / tambour
Direction	à crémaillère, ass. élect.
Diamètre de braquage	9,2 m
Pneus avant / arrière	P165/65R14 / P165/65R14
Poids / Capacité de remorquage	915 kg / n.d.
Assemblage	Laem Chabang TH

Composantes mécaniques	
Cylindrée, soupapes, alim.	3L 1,2 litre 12 s atmos.
Puissance / Couple	78 ch / 74 lb-pi
Tr. base (opt) / rouage base (opt)	M5 (CVT) / Tr
0-100 / 80-120 / V.Max	14,9 s / 12,7 s / n.d.
100-0 km/h	45,4 m
Type / ville / route / CO_2	Ord / 6,4 / 5,5 l/100 km / 2716 kg/anMi

« C'EST INJUSTE ! POURQUOI LA MICRA SE VEND-ELLE TANT COMPARATIVEMENT À MOI ? Y'A PAS JUSTE LES CHEVAUX-VAPEUR DANS LA VIE ! »

-MITSUBISHI MIRAGE

Du nouveau en 2017

Ajout de la berline Mirage G4, révisions esthétiques de la suspension et des freins de la version à hayon, ajout d'équipement.

Photos : Mitsubishi

MITSUBISHI **OUTLANDER**

((SiriusXM))

Prix: 25 998 $ à 42 000 $ (2016)
Catégorie: VUS compact
Garanties:
5 ans/100 000 km, 10 ans/160 000 km
Transport et prép.: 1 700 $
Ventes QC 2015: 2 188 unités
Ventes CAN 2015: 6 108 unités

Cote du Guide de l'auto

71 %

Fiabilité	Appréciation générale
■■■■■□□□□□	■■■■■■■□□□
Sécurité	Agrément de conduite
■■■■■■■□□□	■■■■■■■□□□
Consommation	Système multimédia
■■■■□□□□□□	■■■■■■□□□□

Cote d'assurance

■■■■■■□□□□
$$$ $

➕ Choix de motorisations • Version PHEV intéressante • Moteur 2,4 litres et CVT améliorés • Présentation et finition en progrès • Excellente garantie

➖ Fiabilité inconnue du système PHEV • Consommation du V6 • Troisième banquette futile • On s'ennuie du hayon rabattable (pour les tailgate *party*)

Concurrents

Chevrolet Equinox, Ford Escape, GMC Terrain, Honda CR-V, Hyundai Santa Fe, Jeep Cherokee, Kia Sportage, Mazda CX-5, Nissan Rogue, Subaru Forester, Toyota RAV4, Volkswagen Tiguan

Prouesses énergétiques

Jean-François Guay

Depuis le temps qu'on l'attend, l'Outlander PHEV arrive enfin en Terre d'Amérique. La venue de ce VUS compact à motorisation hybride rechargeable avait été annoncée il y a belle lurette par Mitsubishi. Toutefois, la commercialisation avait été limitée, jusqu'à maintenant, au Japon et en Europe, où il a connu un immense succès. Les ventes européennes, depuis 2014, plus de 50 000 unités, ont surpassé celles des véhicules hybrides rechargeables offerts par la concurrence. On peut supposer que l'Outlander PHEV fera également bonne fortune chez nous puisqu'il est, pour l'instant, fin seul dans son segment. L'autre hybride de la catégorie étant le Toyota RAV4, mais n'est pas branchable.

Inopportunément, l'arrivée de l'Outlander PHEV se fait sur un fond de scandale puisque Mitsubishi a admis, le printemps dernier, avoir manipulé les données de consommation de certains modèles. Même si ce tohu-bohu a eu moins de répercussions médiatiques que le « Dieselgate » de Volkswagen — c'est surtout au Japon que la réputation de Mitsubishi a été ternie —, il est normal que les consommateurs soient suspicieux face aux prouesses énergétiques de cet Outlander électrifié.

AUTONOMIE À LA BAISSE

Or, les acheteurs peuvent dormir l'esprit tranquille, car l'Outlander PHEV offre une autonomie en mode électrique évaluée à plus ou moins 35 kilomètres (selon le style de conduite et les conditions routières). Même si le rendement est en deçà des promesses initiales de franchir 52 kilomètres, il bat celui des Ford C-MAX Energi, Porsche Cayenne S E-Hybrid et Volvo XC90 T8.

La mécanique est constituée de trois moteurs : un quatre cylindres de deux litres à essence et deux moteurs électriques, l'un pour entrainer les roues avant et l'autre pour les roues arrière. La puissance combinée des trois moteurs atteint 202 chevaux, alors que la capacité de charge des batteries au lithium-ion est de 12 kWh

Quand les batteries sont chargées, l'Outlander PHEV se comporte comme un véhicule électrique. Le silence de fonctionnent apporte un état de plénitude, sachant que l'on contribue à réduire la pollution atmosphérique. Toutefois, cette harmonie des sens s'estompe lorsqu'on appuie à fond sur l'accélérateur, car le moteur à essence se réveille pour prêter main-forte aux moteurs électriques. En effet, l'habitacle gagnerait à être plus insonorisé afin de mieux filtrer les grognements du quatre cylindres. Une fois l'Outlander passé en mode hybride, la conduite alterne entre l'électrique et le thermique, où la programmation de fonctionnement utilise davantage le mode électrique que la concurrence.

Comparativement à la plupart des véhicules électriques, la transmission intégrale de l'Outlander PHEV lui permet de s'aventurer en terrain accidenté. Mais attention, ces aptitudes de baroudeur ne sont pas les mêmes que celles de l'Outlander classique.

Malgré la présence de la commande Lock qui permet de répartir le couple 50 :50 entre les essieux avant et arrière, la garde au sol est basse et ses moteurs électriques ne sont pas nécessairement conçus pour la conduite hors route extrême. Qui plus est, ses pneus à faible résistance au roulement ne sont pas façonnés pour mordre et s'agripper aux surfaces glissantes. Mais n'ayez crainte, en hiver, le rouage intégral sera d'un grand secours pour vous sortir d'un banc de neige.

MÉCANIQUE CONVENTIONNELLE

Il est important de rappeler que Mitsubishi a fait ses preuves en matière de véhicules tout-terrain, et l'Outlander conventionnel possède de bonnes aptitudes. Il est possible de contrôler la répartition du couple aux quatre roues motrices grâce à un sélecteur de mode : 4RM Eco, Auto ou Lock. De son côté, le mécanisme optionnel S-AWC est plus sophistiqué puisqu'il ajoute la sélection neige (Snow).

Deux moteurs sont proposés. De base, le quatre cylindres de 2,4 litres peut être jumelé à un rouage à traction ou intégrale. Quant au V6 de 3,0 litres, il est offert uniquement avec l'intégrale. Ce dernier est tout désigné pour tracter une remorque, avec sa capacité de 1587 kg (3500 lb). De même, sa puissance et son couple s'avèrent utiles pour rouler sur les routes de montagne ou lorsque le véhicule est lourdement chargé. À ce propos, la troisième banquette est symbolique au chapitre de l'espace et du confort.

Concernant le moteur de 2,4 litres, il a été amélioré l'an dernier et sa consommation a diminué grâce à la mise au point d'une boîte CVT plus efficace, qui réduit la perte de couple. Quant à la capacité de remorquage, elle est limitée à 680 kg (1500 lb).

Du nouveau en 2017

Version hybride rechargeable (PHEV).

Châssis - SE 4RM	
Emp / lon / lar / haut	2670 / 4695 / 1810 / 1680 mm
Coffre / Réservoir	292 à 1792 litres / 60 litres
Nbre coussins sécurité / ceintures	7 / 7
Suspension avant	ind., jambes force
Suspension arrière	ind., multibras
Freins avant / arrière	disque / disque
Direction	à crémaillère, ass. var. élect.
Diamètre de braquage	10,6 m
Pneus avant / arrière	P215/70R16 / P215/70R16
Poids / Capacité de remorquage	1595 kg / 1591 kg (3507 lb)
Assemblage	Nagoya JP

Composantes mécaniques	
PHEV	
Cylindrée, soupapes, alim.	4L 2,0 litres 16 s atmos.
Puissance / Couple	119 ch / 140 lb-pi
Tr. base (opt) / rouage base (opt)	Rapport fixe / Int
0-100 / 80-120 / V.Max	11,0 s (const) / n.d. / 170 km/h (const)
100-0 km/h	n.d.
Type / ville / route / CO_2	Sup / n.d. / n.d. l/100 km / 840 (est) kg/an
Moteur électrique	
Puissance / Couple	80 ch (60 kW) / 101 lb-pi
Type de batterie	Lithium-ion (Li-ion)
Énergie	12 kWh
Temps de charge (120V / 240V)	5,0 h / 3,5 h
Autonomie	52 km
ES 2RM, ES 4RM	
Cylindrée, soupapes, alim.	4L 2,4 litres 16 s atmos.
Puissance / Couple	166 ch / 162 lb-pi
Tr. base (opt) / rouage base (opt)	CVT / Tr (Int)
0-100 / 80-120 / V.Max	9,5 s (est) / n.d. / n.d.
100-0 km/h	n.d.
Type / ville / route / CO_2	Ord / 9,7 / 8,1 l/100 km / 4131 kg/an
SE 4RM, GT-S 4RM	
Cylindrée, soupapes, alim.	V6 3,0 litres 24 s atmos.
Puissance / Couple	224 ch / 215 lb-pi
Tr. base (opt) / rouage base (opt)	A6 / Int
0-100 / 80-120 / V.Max	8,3 s / 5,7 s / n.d.
100-0 km/h	43,2 m
Type / ville / route / CO_2	Sup / 11,9 / 8,5 l/100 km / 4770 kg/an

MITSUBISHI OUTLANDER

Photos : Mitsubishi

MITSUBISHI **RVR**

(((SiriusXM)))

Prix: 19 417 $ à 29 117 $ (2016)
Catégorie: VUS sous-compact
Garanties:
5 ans/100 000 km, 10 ans/160 000 km
Transport et prép.: 2 400 $
Ventes QC 2015: 2015 unités
Ventes CAN 2015: 5 786 unités

Cote du Guide de l'auto

69 %

Fiabilité	Appréciation générale
■■■■■□□	■■■■■□□
Sécurité	Agrément de conduite
■■■■■■□	■■■■■□□
Consommation	Système multimédia
■■■■□□□	■■■■□□□

Cote d'assurance

■■■■■□□□□□
$$$ $

➕ Versions de base bien équipées •
Rouage intégral efficace • Bonne
fiabilité • Garantie intéressante •
Espace intérieur

➖ Nombre de concessionnaires •
Consommation perfectible •
Versions plus équipées chères •
Boîte automatique désagréable

Concurrents

Buick Encore, Chevrolet Trax, Fiat 500X,
Honda HR-V, Jeep Renegade, Kia Soul,
Mazda CX-3, Nissan JUKE

Tenir le coup

Michel Deslauriers

Présent sur le marché canadien depuis 2003, le constructeur japonais Mitsubishi semble bien petit considérant sa gamme de modèles offerts chez nous. Toutefois, sa présence en Asie et en Europe est significativement plus importante. Ici, les ventes tardent à prendre leur envol, mais ce n'est pas dû à un manque de motivation de la part de Mitsubishi. Si la Mirage peine à s'adapter au marché nord-américain et que la Lancer prend de l'âge, au moins, ses VUS répondent aux besoins des consommateurs canadiens.

Le RVR est l'un des vétérans des multisegments urbains, qui comptent désormais les Mazda CX-3, Honda HR-V et Jeep Renegade. Pour demeurer dans le coup vis-à-vis de ses nouveaux adversaires, il a subi, l'automne dernier, non pas une refonte complète, mais plutôt d'autres améliorations et changements esthétiques.

Est-ce suffisant pour permettre au RVR de figurer sur la liste d'achat de tous les consommateurs de petits VUS? Non, mais c'est mieux que rien. Et l'intérêt pour celui-ci dépend inévitablement des critères d'achat desdits consommateurs. Ceux qui préfèrent conserver leur véhicule le plus longtemps possible seront séduits par la garantie du groupe motopropulseur de dix ans ou de 160 000 km. À l'inverse, ceux qui aiment changer de véhicule tous les trois ou quatre ans s'en balanceront.

DEUX MOTEURS, DEUX ROUAGES

Deux déclinaisons à traction et trois à rouage intégral du RVR sont proposées pour 2017. Les versions ES et SE de base sont équipées d'un quatre cylindres de 2,0 litres qui produit 148 chevaux. Pas de turbo, pas d'injection directe, pas de technologies dernier cri pour bonifier la puissance et l'économie de carburant, mais une mécanique simple et éprouvée. Une boîte manuelle à cinq rapports procure un peu de plaisir au volant, toutefois, la plupart des acheteurs préféreront l'automatique optionnelle à variation continue (CVT).

Le RVR SE AWC ajoute une transmission intégrale fort efficace dans la neige, qui répartit automatiquement la puissance du moteur aux roues arrière en cas de perte d'adhérence. À l'aide d'un bouton situé sur la console centrale, on peut également verrouiller le système en une répartition 50:50 dans les conditions plus difficiles. Par ailleurs, la boîte automatique est incluse.

Enfin, les livrées SE Édition limitée AWC et GT AWC ont droit à un moteur de 2,4 litres assorti à la boîte automatique. Si la puissance du moteur d'entrée de gamme est suffisante, les 168 chevaux de la grosse cylindrée sont les bienvenus et permettent des performances plus relevées. D'ailleurs, la pénalité à la pompe n'est que d'un demi-litre aux 100 km, et en conduite mixte, toutes les versions du RVR consomment sous la barre des 10 l/100 km.

Le talon d'Achille du RVR, c'est la boîte à variation continue, ayant pour mission de maximiser l'économie de carburant, et minimiser l'agrément de conduite. Et comme ces deux moteurs ne sont pas des plus silencieux à plein régime, on a tendance à lever le pied lors d'accélérations soutenues, ce qui n'aide pas la boîte CVT à faire son travail adéquatement. Mitsubishi a modifié la programmation de la boîte, il y a deux ans, afin de rendre les décollages et les accélérations plus animés. C'est réussi, mais il y a toujours place à amélioration. Au moins, en conduite relaxe, le RVR se sent beaucoup plus à l'aise.

UN PETIT VUS LOGEABLE

Au fil du temps, Mitsubishi a ajouté des caractéristiques de confort et de commodité au RVR afin de le garder au goût du jour. La SE AWC offre le meilleur rapport prix équipement, alors que la GT AWC fait le plein de caractéristiques avec un toit vitré panoramique, des phares au xénon, une clé intelligente, etc. En ajoutant les sièges en cuir, la chaîne Rockford Fosgate de 710 watts et la navigation, on dépasse largement les 30 000 $, un tarif élevé pour un multisegment urbain qui n'offre pas les technologies de sécurité avancées, la norme d'aujourd'hui.

En revanche, le RVR figure parmi les VUS sous-compacts les plus spacieux. Et grâce à son toit plus élevé, le volume de son aire de chargement est très bien réparti. Aussi, il dispose d'une généreuse garde au sol, presque autant que celles des Subaru Crosstrek et Jeep Renegade.

Joli, relativement bien équipé, efficace dans la neige et profitant de la meilleure garantie au Canada, le Mitsubishi RVR possède bon nombre d'atouts. Par contre, il prend de l'âge. Pour l'instant, l'Outlander et lui tiennent le coup en attendant l'arrivée de nouveaux modèles chez la marque aux trois diamants.

Du nouveau en 2017

Aucun changement majeur

Châssis - SE TI	
Emp / lon / lar / haut	2670 / 4295 / 1770 / 1630 mm
Coffre / Réservoir	614 à 1402 litres / 60 litres
Nbre coussins sécurité / ceintures	7 / 5
Suspension avant	ind., jambes force
Suspension arrière	ind., multibras
Freins avant / arrière	disque / disque
Direction	à crémaillère, ass. élect.
Diamètre de braquage	10,6 m
Pneus avant / arrière	P225/55R18 / P225/55R18
Poids / Capacité de remorquage	1470 kg / n.d.
Assemblage	Normal IL US

Composantes mécaniques	
ES TA, SE TA, SE TI	
Cylindrée, soupapes, alim.	4L 2,0 litres 16 s atmos.
Puissance / Couple	148 ch / 145 lb-pi
Tr. base (opt) / rouage base (opt)	M5 (CVT) / Tr (Int)
0-100 / 80-120 / V.Max	11,5 s / 9,2 s / n.d.
100-0 km/h	41,6 m
Type / ville / route / CO$_2$	Ord / 9,6 / 7,7 l/100 km / 4023 kg/an

GT TI 2.4	
Cylindrée, soupapes, alim.	4L 2,4 litres 16 s atmos.
Puissance / Couple	168 ch / 167 lb-pi
Tr. base (opt) / rouage base (opt)	CVT / Int
0-100 / 80-120 / V.Max	10,5 s / 7,7 s / n.d.
100-0 km/h	43,2 m
Type / ville / route / CO$_2$	Ord / 10,4 / 8,9 l/100 km / 4474 kg/an

> **LE RVR EST PARTICULIÈREMENT DESTINÉ AUX GENS QUI VEULENT GARDER LEUR VÉHICULE LONGTEMPS, GRÂCE À SA FIABILITÉ ET SA LONGUE GARANTIE.**

Photos : Mitsubishi

NISSAN **370Z**

((SiriusXM))

Prix : 29 998 $ à 54 998 $ (2016)
Catégorie : Coupé, Roadster
Garanties :
3 ans/60 000 km, 5 ans/100 000 km
Transport et prép. : 1 800 $
Ventes QC 2015 : 165 unités
Ventes CAN 2015 : 688 unités

Cote du Guide de l'auto

70 %

Fiabilité
n.d.

Sécurité
■■■■■□□□□□

Consommation
■■■■■□□□□□

Appréciation générale
■■■■■■■□□□

Agrément de conduite
■■■■■■■□□□

Système multimédia
■■■■■■□□□□

Cote d'assurance
■■■■■□□□□□
$$$ $

➕ Version de base à privilégier •
Moteur V6 puissant • Belle coupe •
Suspension sportive

➖ Version NISMO peu intéressante •
Boîte automatique encore moins
intéressante • Roulement sec •
Voiture peu pratique

Concurrents
BMW Série 3, Chevrolet Camaro,
Ford Mustang, Mazda MX-5,
Toyota 86, Subaru BRZ

Comment sauver 10 000 $

Mathieu St-Pierre

L'essentiel d'une voiture sport est un groupe propulseur, un volant, des freins et un design provocateur. Le reste n'est que du flafla pour ceux qui cherchent à se pavaner au volant de leur bolide cossu, silencieux, et même luxueux. Les puristes seront d'accord.

Les vrais amateurs de voitures sport s'intéressent surtout à la tenue de route, la réponse de la direction, la puissance de freinage, les reprises et à quel point ils font corps avec leur voiture. Les 10 000 $ exigés en supplément pour la version plus opulente de la Z devraient plutôt servir comme budget pour des cours de pilotage, des séances de *lapping*, un casque et éventuellement, de nouveaux pneus plus performants et des plaquettes de frein plus endurantes.

D'ailleurs, trop souvent, les manufacturiers exagèrent en ajoutant plein d'accessoires dans leurs voitures, histoire de justifier un prix de détail plus élevé. Les autos hybrides sont particulièrement assujetties à cette pratique qui camoufle les éléments essentiels avec des accessoires superflus.

UNE BONNE VOITURE À LA BASE
La vision de Nissan/Datsun derrière la 240Z originale était de créer une voiture sportive abordable pour monsieur et madame Tout-le-Monde, et elle connut un succès important. Au fil des générations, la Z est devenue moins accessible, mais pour l'année-modèle 2016, Nissan a redressé son tir. Aujourd'hui, pour environ 30 000 $, vous vous retrouverez avec tout le nécessaire de la Nissan 370Z, et c'est selon nous la seule Z dont vous avez vraiment besoin.

De série, le V6 VQ37 de 3,7 litres vous propulse grâce à ses 332 chevaux. Entre ce moteur et le différentiel arrière se trouve une bonne boîte manuelle à six rapports. Les freins sont à disques ventilés aux quatre coins et la suspension est à double bras à l'avant, et à lien multiples à l'arrière. Il y a de quoi veiller tard et s'amuser sur une piste !

L'embrayage de la Z est lourd. La course du levier est courte et le point de friction peut être capricieux. Un moment d'inattention nous fera passer pour un amateur au volant de la voiture. On aime ça! La direction est lourde et peu communicative, à l'instar de la GT-R, mais une fois en appui, elle commence à transmettre les informations critiques au pilotage. L'ajustement de la suspension est principalement axé pour contrer les forces G qui peuvent s'accumuler en route vers le point de corde. Sur une surface moins que parfaite, on doit donc s'attendre à un roulement sec.

Le moteur exige des montées en régime assez importantes pour produire sa puissance maximale. Dès 4 000 tr/min, on ressent une belle poussée qui nous incite à garder le pied droit bien enfoncé. C'est entre 5 000 et 7 000 tr/min que le plaisir est au maximum. Les reprises sont expéditives, en revanche, les accélérations d'un départ arrêté sont moins fulgurantes.

La version NISMO est aussi au menu et elle propose un tantinet plus de chevaux et de couple. Par contre, la différence est négligeable sur la route. Elle pèse une cinquantaine de kilos de plus, ce qui explique ce phénomène. Ici, la surcharge approximative de 20 000 $ pour se l'approprier est mal investie. Les pneus et plaquettes mentionnés au préalable feront de votre Z de base une voiture plus rapide sur une piste que la NISMO. Les jantes de 19 pouces et l'ensemble de jupes aérodynamique (beau, mais totalement inutile) ne valent pas le coût. Quant à la 370Z Roadster, c'est une voiture axée davantage sur le grand tourisme que la conduite sportive pure.

POSTE DE PILOTAGE

L'habitacle de la 370Z est restreint, rien de neuf ici. Il n'y a rien de spécial dans la version à 30 000 $ autre que le strict minimum. La version Touring, 10 000 $ plus chère, inclut la navigation, le cuir et tout ce qui n'est pas essentiel à cette voiture. Si vous recherchez ces accessoires, Nissan sera ravi de vous livrer une Maxima neuve.

Les sièges en tissu ne sont pas extraordinaires. C'est le matériel les recouvrant qui nous tient en place, et non les supports latéraux. La position de conduite est bonne malgré l'absence d'une colonne de direction non télescopique. L'instrumentation est désuète, mais l'on y retrouve l'information vitale. La planche de bord est inspirée de celle qui figurait dans la 240Z il y a plus de 40 ans et aurait bien besoin d'une cure de jeunesse...

Datant de 2009 dans sa forme actuelle, la 370Z demeure pertinente dans son créneau, mais uniquement dans sa version la plus dénudée.

Châssis - 370Z Coupe

Emp / lon / lar / haut	2550 / 4255 / 1845 / 1315 mm
Coffre / Réservoir	195 litres / 72 litres
Nbre coussins sécurité / ceintures	6 / 2
Suspension avant	ind., double triangulation
Suspension arrière	ind., multibras
Freins avant / arrière	disque / disque
Direction	à crémaillère, ass. var.
Diamètre de braquage	10,0 m
Pneus avant / arrière	P225/50R18 / P245/45R18
Poids / Capacité de remorquage	1497 kg / n.d.
Assemblage	Tochigi JP

Composantes mécaniques

370Z

Cylindrée, soupapes, alim.	V6 3,7 litres 24 s atmos.
Puissance / Couple	332 ch / 270 lb-pi
Tr. base (opt) / rouage base (opt)	M6 / Prop
0-100 / 80-120 / V.Max	5,8 s / 4,9 s / n.d.
100-0 km/h	42,1 m
Type / ville / route / CO_2	Sup / 13,1 / 9,6 l/100 km / 5302 kg/an

370Z NISMO

Cylindrée, soupapes, alim.	V6 3,7 litres 24 s atmos.
Puissance / Couple	350 ch / 276 lb-pi
Tr. base (opt) / rouage base (opt)	M6 / Prop
0-100 / 80-120 / V.Max	5,7 s (est) / 6,2 s (est) / n.d.
100-0 km/h	n.d.
Type / ville / route / CO_2	Sup / 13,3 / 9,3 l/100 km / 5290 kg/an

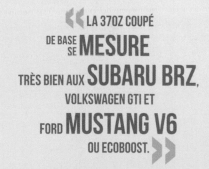

❝ LA 370Z COUPÉ DE BASE SE **MESURE** TRÈS BIEN AUX **SUBARU BRZ**, **VOLKSWAGEN GTI** ET FORD **MUSTANG V6** OU ECOBOOST. ❞

Du nouveau en 2017

Aucun changement majeur

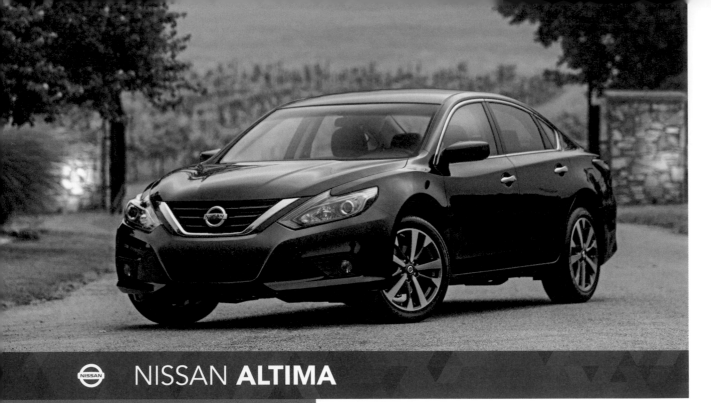

NISSAN **ALTIMA**

Prix : 23 998 $ à 35 498 $ (2016)
Catégorie : Berline
Garanties :
3 ans/60 000 km, 5 ans/100 000 km
Transport et prép. : 1 800 $
Ventes QC 2015 : 1 170 unités
Ventes CAN 2015 : 7 293 unités

Cote du Guide de l'auto

67 %

Fiabilité
■■■■■■■□□□

Appréciation générale
■■■■■■■□□□

Sécurité
■■■■■■■□□□

Agrément de conduite
■■■■■■□□□□

Consommation
■■■■■■■□□□

Système multimédia
■■■■■■□□□□

Cote d'assurance
■■■■■■■□□□
$ $ $ $

➕ Silence de roulement impressionnant • Conduite douce et sereine • Version SR plutôt jolie • Mécanique éprouvée

➖ Infodivertissement vieillissant • Version SR peu sportive • V6 glouton • Manque quelques options modernes

---

Concurrents
Chevrolet Malibu, Chrysler 200, Ford Fusion, Honda Accord, Hyundai Sonata, Kia Optima, Mazda6, Subaru Legacy, Toyota Camry, Volkswagen CC, Volkswagen Passat

Pourquoi réparer ce qui n'est pas cassé ?

Frédérick Boucher-Gaulin

La Nissan Altima mène la vie dure à la **Toyota Camry** et à la **Hyundai Sonata** dans un segment hautement contesté, celui des berlines intermédiaires, où chaque manufacturier tente d'avoir un ascendant décisif sur ses rivaux.

Pour l'année-modèle 2016, Nissan a choisi de raviver son Altima quelque peu, en lui donnant un nouveau style et en changeant quelques détails, pour continuer à intéresser les acheteurs. La berline n'était pas vilaine à regarder, mais son style n'a jamais soulevé les passions. Cela n'a pas **changé** avec la refonte de l'an dernier...

LE NEZ À LA SAUCE V-MOTION

Le nez est maintenant plus effilé, les phares des versions huppées ont droit à des feux de jour à DEL, le pare-chocs est retravaillé et la grille V-Motion, remontant de chaque côté des phares, un design propre aux produits Nissan, est maintenant partie intégrante de la partie avant de la berline. De même, les phares en forme de boomerang, qu'on a découverts il y a quelques années sur le Murano et sur la Maxima, ont été adaptés sur l'Altima. À l'arrière, les feux sont plus pointus et le pare-chocs a aussi été redessiné. Selon les ingénieurs, ces changements ont apporté deux résultats majeurs. Premièrement, l'Altima a maintenant un coefficient aérodynamique de 0,26, par rapport à 0,29 en 2015. Techniquement, l'Altima 2017 est donc aussi aérodynamique que la Nissan GT-R l'était à son lancement !

L'autre avantage de ce remoulage concerne le silence de l'habitacle : Nissan a travaillé fort pour réduire le bruit à bord, notamment en diminuant au maximum les bruits de vent. Ceux que le constructeur n'a pas réussi à éliminer, elle s'est employée à les filtrer, grâce à un pare-brise en verre laminé, des supports de moteurs atténuant les vibrations, un échappement plus silencieux et une couche d'insonorisation plus dense qu'auparavant. L'Altima est plus silencieuse que jamais. Arrêté à un feu rouge, il faut tendre l'oreille ou consulter le compte-tours pour savoir si le moteur tourne.

Dans l'habitacle, on retrouve aussi quelques nouveautés: la console centrale est plus svelte et donne une impression d'espace, tandis qu'un écran tactile de cinq pouces a été ajouté dans les livrées de milieu de gamme. Les sièges «gravité zéro» du constructeur nippon soutiennent admirablement bien les passagers, permettant à l'Altima de franchir de grandes distances, sans rendre le trajet désagréable.

SR, POUR «SPORTIVITÉ»

Parmi les nouveautés de l'an dernier, on a vu apparaître l'Altima SR, et comme dans la Maxima, cette version se veut plus sportive (la barre n'était pas haute à la base, me direz-vous...). Elle se démarque par des éléments stylistiques uniques, comme des roues de 18 pouces, des blocs optiques peints en noir, un aileron et des phares antibrouillard. Le levier de vitesses ainsi que le volant sont gainés de cuir, et on retrouve maintenant des palettes de sélection de rapports au volant. La seule vraie modification affectant la performance consiste en des barres antiroulis plus épaisses.

Mécaniquement, l'Altima ne change pas. Sa motorisation de base est encore un quatre cylindres de 2,5 litres développant 182 chevaux et un couple de 180 livres-pied, tandis que le V6 de 3,5 litres et 270 chevaux nous revient sans grands changements. La puissance est encore transmise aux roues avant par l'entremise d'une boîte automatique à variation continue. Celle-ci est à des années-lumière des premières unités de ce type, procurant une bonne économie d'essence et des accélérations linéaires. Elle serait un sacrilège dans une voiture sport, mais dans l'Altima, elle convient plutôt bien.

Si vous avez déjà conduit une Altima ces dix dernières années, vous ne serez pas dépaysé ici. La conduite est molle et pas très communicative et le roulis est assez présent. Mais vous savez quoi? Ce sont là d'excellentes qualités pour une routière! Elle est prévisible, file droit sur la route sans qu'on ait besoin de corriger le volant toutes les deux secondes et ses sièges permettent de s'étirer un peu, ce qui aide à tolérer une longue balade en voiture. Mentionnons finalement que la banquette arrière pourra accueillir deux adultes confortablement et que le coffre logera sans peine des bagages pour quatre personnes.

La Nissan Altima 2017 demeure donc fidèle à sa mission d'offrir une berline confortable, fiable et logeable. Grâce à une mécanique éprouvée ainsi qu'à un prix de base plus que raisonnable, elle a su se maintenir dans le top trois des meilleurs vendeurs de son segment aux États-Unis. Elle n'a pas réinventé la roue, mais c'est une bonne chose, puisque personne ne lui a demandé de le faire!

Du nouveau en 2017

Aucun changement majeur. Modèle renouvelé en 2016.

Châssis - 3.5 SL berline	
Emp / lon / lar / haut	2776 / 4874 / 1829 / 1470 mm
Coffre / Réservoir	436 litres / 72 litres
Nbre coussins sécurité / ceintures	6 / 5
Suspension avant	ind., jambes force
Suspension arrière	ind., multibras
Freins avant / arrière	disque / disque
Direction	à crémaillère, ass. var. élect.
Diamètre de braquage	11,4 m
Pneus avant / arrière	P235/45R18 / P235/45R18
Poids / Capacité de remorquage	1571 kg / n.d.
Assemblage	Smyrna TN US, Canton MS US

Composantes mécaniques

4L 2,5 litres	
Cylindrée, soupapes, alim.	4L 2,5 litres 16 s atmos.
Puissance / Couple	182 ch / 180 lb-pi
Tr. base (opt) / rouage base (opt)	CVT / Tr
0-100 / 80-120 / V.Max	8,6 s / 5,7 s / n.d.
100-0 km/h	47,1 m
Type / ville / route / CO_2	Ord / 8,7 / 6,0 l/100 km / 3443 kg/an

V6 3,5 litres	
Cylindrée, soupapes, alim.	V6 3,5 litres 24 s atmos.
Puissance / Couple	270 ch / 251 lb-pi
Tr. base (opt) / rouage base (opt)	CVT / Tr
0-100 / 80-120 / V.Max	3,5 s / n.d. / n.d.
100-0 km/h	n.d.
Type / ville / route / CO_2	Ord / 10,3 / 7,4 l/100 km / 4138 kg/an

«« DANS UN SEGMENT OÙ FIABILITÉ ET **CONFORT** PRIMENT SUR **L'AGRÉMENT** DE CONDUITE, LA NISSAN ALTIMA RESTE UN **CHOIX SÛR.** »»

Photos : Nissan

![NISSAN] NISSAN **FRONTIER**

((SiriusXM))

Prix : 23 148 $ à 38 348 $ (2016)
Catégorie : Camionnette intermédiaire
Garanties :
3 ans/60 000 km, 5 ans/100 000 km
Transport et prép. : 1 860 $
Ventes QC 2015 : 111 unités
Ventes CAN 2015 : 3 622 unités

Cote du Guide de l'auto

67 %

Fiabilité
n.d.

Appréciation générale
■■■■■■□□□□

Sécurité
■■■■■■■■□□

Agrément de conduite
■■■■■■□□□□

Consommation
■■■■□□□□□□

Système multimédia
■■■■■□□□□□

Cote d'assurance
■■■■■■■□□□
$$$ $

➕ Châssis d'une robustesse confirmée
• Impressionnant en hors route (4x4) •
V6 adéquat • Bonne capacité de
remorquage (V6)

➖ Habitacle dépassé • Consommation
abusive (V6) • Diamètre de braquage
ferroviaire • Places arrière minuscules
(King Cab)

Concurrents
Chevrolet Colorado, GMC Canyon,
Honda Ridgeline, Toyota Tacoma

L'avenir, c'est pas tout de suite

Alain Morin

Il y a quelques années, le marché des camionnettes intermédiaires se mourait. Le principal responsable de cette chute est Ford qui, au lieu de revitaliser son (très) vieux Ranger, a préféré s'en départir pour mieux diriger toutes les lumières vers le déjà très populaire F-150. Il est vrai qu'une version le moindrement équipée du Ranger coûtait le même prix, sinon davantage, que le F-150 tout en étant moins gros et bien moins moderne.

Or, lentement mais sûrement, ce marché reprend du vent dans les poils de la bête, comme on dit chez certains anciens entraîneurs du Canadien. L'an passé, General Motors a présenté son duo Chevrolet Colorado / GMC Canyon alors que Toyota revampait son Tacoma. Cette année, Honda revient avec un tout nouveau Ridgeline. Et Nissan traîne de la patte avec un Frontier carrément dépassé. Remarquez que c'est mieux que Ford, qui n'offre absolument rien ! Au chapitre des ventes, le Frontier tire de l'arrière et c'est fort compréhensible. Il suffit d'avoir conduit n'importe quels de ses adversaires pour constater à quel point il n'est plus dans le coup.

LE PASSÉ, C'EST AUJOURD'HUI
Esthétiquement parlant, pourtant, il ne paraît pas trop âgé. Certes, c'est une question de goût, mais les gens semblent bien aimer son style robuste. C'est dans l'habitacle que ça se gâte. Le tableau de bord a visiblement été dessiné à une autre époque et les plastiques sont d'une qualité pour le moins douteuse. La nuit venue, l'éclairage jaune du tableau de bord rappelle les années 50 (1850, pas 1950). Alors que Nissan réussit à créer des coffres à gants de dimensions olympiques dans ses petites voitures, celui du Frontier est trop petit. On retrouve d'autres espaces de rangement ici et là, mais pas suffisamment. Par charité chrétienne, je n'irai pas plus loin.

Mais juste avant de passer à un autre sujet, je ferai remarquer que l'espace pour les jambes du conducteur est réduit par la présence d'une imposante bosse qui abrite la transmission. Enfin, pour se rendre compte à quel point l'habitacle du Frontier n'a pas changé depuis belle lurette, il suffit de regarder les photos du site public de Nissan, du moins au moment d'écrire ces lignes, en mai 2016. La plupart des appareils électroniques qui y sont représentés se retrouvent maintenant dans des musées !

Si les sièges avant sont passablement confortables, ceux en arrière sont loin de mériter le même qualificatif. Et ça, c'est pour la version à cabine double. Imaginez la King Cab avec ses petits strapontins ! Même une personne perdue dans le désert depuis des mois refuserait d'y prendre place pour s'en sortir. C'est tout dire. Oups ! J'avais oublié la charité chrétienne.

MÉCANIQUE PRESQUE MODERNE

Le Frontier, comme on vient de le voir, offre deux cabines : Double et King Cab. Il propose aussi deux longueurs de boîte, régulière et allongée, cette dernière n'étant offerte qu'avec la cabine double. L'acheteur a le choix entre un quatre cylindres de 2,5 litres et un V6 de 4,0 litres. Le premier n'est offert qu'avec la version de base à deux roues motrices. Bien que l'on soit porté à l'ignorer, ce moteur s'avère très fiable et robuste à souhait. Sa consommation d'essence, sans être un modèle de sobriété, n'est pas trop dure sur le portefeuille. Il permet de remorquer jusqu'à 3 500 livres (1 588 kilos), ce qui est suffisant pour bien des gens.

Ceux qui désirent exploiter davantage le côté utilitaire du Frontier opteront pour le V6. Ils devront toutefois composer avec une consommation ahurissante. En revanche, il peut remorquer jusqu'à 6 500 livres (2 948 kilos) selon la version. Bien que la livrée SV puisse être mue uniquement par les roues arrière, la plupart voudront avoir les quatre roues motrices. Comble du bonheur, le Pro-4X peut recevoir une boîte manuelle à six rapports. Toutefois, le guidage de son levier manque de précision.

Sur la route, personne ne sera surpris d'apprendre que le comportement routier du Frontier nous ramène à une époque révolue. La direction est d'un vague océanique et la suspension arrière sautille allègrement sur la moindre bosse, tandis que celle d'en avant réagit quelquefois horizontalement au lieu de verticalement. Heureusement, le rouage 4x4 inspire une totale confiance et on sent qu'avec lui, on peut aller très loin dans le bois sans aucun problème. La version Pro-4X possède même un différentiel arrière à blocage électronique. Des heures de plaisir !

Il ne fait aucun doute que le Frontier n'en a plus pour longtemps dans cette forme. La concurrence est devenue trop forte et il se pourrait bien que Ford réplique dans un avenir pas très lointain. Et maintenant que le grand frère du Frontier, le Titan, a été révisé, Nissan peut se consacrer à sa camionnette intermédiaire. À suivre sur www.guideautoweb.com.

Châssis - S 4x2 King Cab	
Emp / lon / lar / haut	3200 / 5220 / 1850 / 1745 mm
Coffre / Réservoir	n.d. / 80 litres
Nbre coussins sécurité / ceintures	6 / 4
Suspension avant	ind., double triangulation
Suspension arrière	essieu rigide, ress. à lames
Freins avant / arrière	disque / disque
Direction	à crémaillère, ass. var.
Diamètre de braquage	13,3 m
Pneus avant / arrière	P265/75R16 / P265/75R16
Poids / Capacité de remorquage	1691 kg / 1588 kg (3500 lb)
Assemblage	Canton MS US

Composantes mécaniques	
4L 2,5 litres (4x2)	
Cylindrée, soupapes, alim.	4L 2,5 litres 16 s atmos.
Puissance / Couple	152 ch / 171 lb-pi
Tr. base (opt) / rouage base (opt)	M5 (A5) / Prop
0-100 / 80-120 / V.Max	11,2 s / 8,5 s / n.d.
100-0 km/h	n.d.
Type / ville / route / CO_2	Ord / 10,8 / 8,6 l/100 km / 4515 kg/an
V6 4,0 litres (4x2, 4x4)	
Cylindrée, soupapes, alim.	V6 4,0 litres 24 s atmos.
Puissance / Couple	261 ch / 281 lb-pi
Tr. base (opt) / rouage base (opt)	A5 / Prop (4x4)
0-100 / 80-120 / V.Max	9,0 s / 7,4 s / n.d.
100-0 km/h	n.d.
Type / ville / route / CO_2	Ord / 14,9 / 10,4 l/100 km / 5934 kg/an

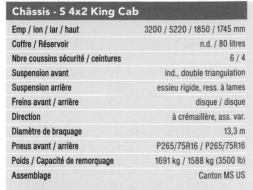

❝ MÊME SI SA PRÉSENTATION INTÉRIEURE EST DÉPASSÉE, TOUT COMME SON COMPORTEMENT ROUTIER, LE FRONTIER MÉRITE QUAND MÊME UN ESSAI. ❞

Du nouveau en 2017

Aucun changement majeur

NISSAN **GT-R**

Prix : 110 000 $ à 119 500 $ (2016)
Catégorie : Coupé
Garanties :
3 ans/60 000 km, 5 ans/100 000 km
Transport et prép. : 2 400 $
Ventes QC 2015 : 14 unités
Ventes CAN 2015 : 130 unités

Cote du Guide de l'auto

77 %

Fiabilité
n.d.

Appréciation générale
■■■■■■■□□□

Sécurité
■■■■■■□□□□

Agrément de conduite
■■■■■■■■□□

Consommation
■■■□□□□□□□

Système multimédia
■■■■■■□□□□

Cote d'assurance
■■■■■■□□□□
$$$ $

➕ Puissance imposante • Se rue
vers l'horizon • Freinage puissant •
Tableau de bord plus épuré

➖ Design qui commence à prendre
de l'âge • Un peu trop cossue,
ou pas assez • Gabarit imposant en
conduite urbaine • Poids important

Concurrents
Aston Martin DB9, Audi R8, Dodge Viper,
Ferrari 458, Jaguar F-Type, Lamborghini
Huracán, Maserati GranTurismo,
McLaren 650S, Mercedes-AMG GT,
Porsche 911

Civilisée, la GT-R ?

Mathieu St-Pierre

Pour 2017, la GT-R de Nissan délaisse son côté hyper-sportif, sans compromis, pour adopter une image plus luxueuse. La compagnie nippone se prévaut de matériaux plus chics et de designs intérieur et extérieur plus matures pour y arriver. Si, sur papier, cette nouvelle réalité peut faire peur aux amateurs purs et durs de Godzilla, l'affectueux surnom de la voiture, ne vous inquiétez pas, la GT-R est toujours rapide, mais un peu moins folle.

L'AÉRODYNAMISME POUR TOUTES LES RAISONS

L'aérodynamisme sert à limiter la résistance que pose l'air sur une voiture lorsqu'elle est en mouvement. Les ingénieurs cherchent à augmenter l'efficacité énergétique du moteur, ce qui en résulte une meilleure consommation d'essence et même une vitesse de pointe plus élevée. Dans le cas de la GT-R, une des raisons pour lesquelles on y a apporté des améliorations était de réduire les bruits qui pénètrent dans l'habitacle.

À cet effet, c'est réussi. Nous avons pu entretenir une conversation dans l'auto qui roulait à 250 km/h, sur l'autobahn en Allemagne. Selon Nissan, c'est possible de le faire jusqu'à 300 km/h... Les modifications de la carrosserie touchent le capot, la calandre, le pare-chocs avant et son déflecteur d'air, les jupes de bas de caisse ainsi qu'une nouvelle partie arrière adoucie. Les prises d'air à l'avant aident au refroidissement de la mécanique, et le coefficient de traînée a passé de 0,29 à 0,26. Son aérodynamisme se trouve donc supérieur à la moyenne des voitures actuellement sur le marché. Les changements ne sont toutefois pas évidents à première vue.

Dans l'habitacle, c'est une tout autre histoire. Commençons avec la planche de bord, qui est épurée et qui fait un peu plus cockpit qu'auparavant. Le nombre de boutons est passé de 27 à seulement 11 et l'écran tactile est maintenant plus grand, mesurant huit pouces. Ici, on remarque que la GT-R est passée de l'ère des jeux vidéo aux choses bien plus sérieuses. On retrouve tout de même un affichage complet de la télématique de la voiture.

Le coup d'œil a aussi beaucoup changé puisqu'on y retrouve du cuir un peu partout. Les portières, la planche de bord, le volant et les sièges semblent tout droit sortis d'une Mercedes-Benz, et non d'une Nissan. Les baquets sont fermes, proposant beaucoup de soutien. Par contre, leur niveau de confort, sur de longues routes, est discutable. La version Premium ajoute du cuir semi-aniline, disponible avec un choix de trois coloris.

RAPIDE, ET COMMENT!

Pour 125 000 $ et des poussières, la GT-R décoiffe sérieusement. Son V6 biturbo de 3,8 litres, assemblé à la main, en passant, produit dorénavant 565 chevaux et un couple de 467 lb-pi, soit 20 étalons et 4 livre-pied de plus qu'auparavant. Cette augmentation est loin d'être impressionnante sur papier, mais sur la route, c'est tout le contraire.

Grâce au contrôle individuel de l'allumage, emprunté à la version NISMO, et davantage de pression de suralimentation, le couple du moteur est accessible sur une plage de puissance plus large. Ceci veut donc dire que presque en tout temps, la GT-R déménage à la moindre sollicitation de l'accélérateur. La boîte automatisée à six rapports fait un superbe boulot, gérant parfaitement tout ce beau couple moteur.

La GT-R est livrée de série avec une transmission intégrale ATTESA E-TS, qui est en mesure de transférer 100 % de la puissance du moteur à l'arrière ou de la répartir 50/50 avant/arrière. Sur une piste, on peut ressentir les différentiels se partager la motricité, qui s'avère particulièrement étonnante. Dans des conditions moins qu'idéales, on remarque le travail des roues avant qui nous tirent du pétrin. Tout aussi saisissante est l'action des freins: malgré une utilisation abusive sur piste, ils n'ont jamais donné signe de faiblesse.

En ce qui concerne la tenue de route, la suspension réglable et révisée de la GT-R promet un roulement plus confortable en mode confort et encore plus pointu en mode «R». L'adhérence et le contrôle du poids (tout de même importante) se font bien, mais c'est au niveau de la direction que ça se gâte.

On doit faire confiance à la voiture. La direction transmet à peine l'information au pilote, ce qui joue sur ses ardeurs. Par contre, c'est seulement quand les amortisseurs sont bien en appui qu'on remarque les vraies capacités du véhicule. Avec un peu de foi, la GT-R arrache le bitume tellement elle colle.

La nouvelle GT-R de Nissan est sans aucun doute un féroce bolide plus civilisé qu'autrefois. Totuefois, son niveau de raffinement ne l'approche pas suffisamment de la concurrence allemande. Le rapport prix/performance n'est que rivalisé par la Corvette.

Châssis - Premium

Emp / lon / lar / haut	2780 / 4710 / 1895 / 1370 mm
Coffre / Réservoir	249 litres / 74 litres
Nbre coussins sécurité / ceintures	6 / 4
Suspension avant	ind., double triangulation
Suspension arrière	ind., multibras
Freins avant / arrière	disque / disque
Direction	à crémaillère, ass. var.
Diamètre de braquage	11,2 m
Pneus avant / arrière	P255/40ZR20 / P285/35ZR20
Poids / Capacité de remorquage	1746 kg / n.d.
Assemblage	Tochigi JP

Composantes mécaniques

Cylindrée, soupapes, alim.	V6 3,8 litres 24 s turbo
Puissance / Couple	565 ch / 467 lb-pi
Tr. base (opt) / rouage base (opt)	A6 / Int
0-100 / 80-120 / V.Max	3,4 s (est) / 3,4 s (est) / 315 km/h (est)
100-0 km/h	36,5 m (est)
Type / ville / route / CO$_2$	Sup / 14,3 / 10,5 l/100 km / 5800 (est) kg/an

RAPIDE, CERTES, MAIS ELLE NE GÉNÈRE PLUS LE MÊME NIVEAU D'ÉMOTIONS FORTES QUE CERTAINS ENTHOUSIASTES RECHERCHENT.

Du nouveau en 2017

Améliorations aérodynamiques, puissance en hausse de 20 chevaux, habitacle amélioré, nouvelles jantes.

Photos: Nissan

NISSAN **JUKE**

Prix: 20 698 $ à 31 998 $ (2016)
Catégorie: VUS sous-compact
Garanties:
3 ans/60 000 km, 5 ans/100 000 km
Transport et prép.: 1 800 $
Ventes QC 2015: 1 296 unités
Ventes CAN 2015: 4 473 unités

Cote du Guide de l'auto

68 %

Fiabilité
■■■■■■□□□□

Appréciation générale
■■■■■■■□□□

Sécurité
■■■■■■■□□□

Agrément de conduite
■■■■■■■□□□

Consommation
■■■■■□□□□□

Système multimédia
■■■■■■□□□□

Cote d'assurance
■■■■■■■□□□
$$$ $

➕ Conduite emballante • Puissance
du moteur • Versions NISMO géniales •
Habitacle hors-norme

➖ Essence super requise • Places
arrière moins spacieuses • Espace
de chargement limité • Boîte CVT
obligatoire avec rouage intégral

Concurrents
Buick Encore, Chevrolet Trax, Fiat 500X,
Honda HR-V, Jeep Renegade,
Mazda CX-3, MINI Countryman,
Mitsubishi RVR, Subaru Crosstrek

Fécondation in vitro!

Sylvain Raymond

Introduit en 2011, le Nissan JUKE devenait l'un des premiers VUS sous-compacts offerts sur le marché. Nissan nous prouvait une fois de plus qu'il savait très bien maîtriser les tendances futures puisque de nos jours, ce créneau ne cesse de gagner en popularité alors que plusieurs nouveaux modèles sont venus le rejoindre.

Pas de changements majeurs cette année, le JUKE nous revient comme on le connaît depuis sa dernière refonte esthétique de 2015. « Pratique », « spacieux » et « sobre » ne sont pas des qualificatifs qui s'appliquent au véhicule. Il est extraverti, petit, sa conduite est rigide et c'est un véritable bolide sport qui semble être le résultat d'une mutation entre les imposants VUS et les voitures sportives du constructeur. Une erreur de laboratoire que l'on n'a pas euthanasiée par empathie et qui, finalement, a fini par séduire ses créateurs et surtout, les acheteurs.

PLUS PUISSANT QUE SES COMPÉTITEURS
De série, le JUKE propose depuis deux ans une version de seconde génération de son moteur turbocompressé et à injection directe de 1,6 litre. Sa puissance se situe toujours à 188 chevaux pour un couple de 177 lb-pi. Ce n'est pas surpuissant, mais c'est tout de même supérieur à ce qu'offre Honda, Mazda et Subaru avec leurs modèles rivaux. Il est possible d'obtenir une version du JUKE à traction, mais on serait malvenu de ne pas recommander une des livrées possédant le rouage intégral, pas pour s'aventurer en forêt, mais pour optimiser le comportement du véhicule en toutes conditions. De série, c'est la boîte manuelle qui l'accompagne alors qu'une CVT est aussi proposée.

Là où le JUKE se distingue de ses rivaux, c'est dans l'offre de versions plus bestiales. Aucun rival n'emprunte le chemin de la sportivité extrême, mais le JUKE le fait avec les versions NISMO et NISMO RS. Si votre budget le permet, le JUKE NISMO, se distingue par ses accessoires dynamisant son look, notamment sa calandre plus typée. Les améliorations ne sont que cosmétiques dans ce cas-ci, mais les performances sont tout de même rehaussées avec un appui aérodynamique supérieur et des apports supplémentaires en air frais pour le moteur et les freins.

Le JUKE NISMO RS repousse les limites avec une formule encore plus concentrée. Non seulement il peut compter sur une suspension, des freins et une direction reflétant sa personnalité, mais son moteur de 1,6 litre dispose d'un peu plus de puissance, 215 chevaux et un couple de 210 lb-pi dans le cas de la livrée à traction, et 211 chevaux pour 184 lb-pi dans le NISMO RS à rouage intégral.

Ce regain d'énergie est apporté principalement par une gestion plus agressive du moteur et par un échappement moins restrictif. C'est d'ailleurs cette version que nous avons mise à l'essai. Si le JUKE s'avère l'un des plus agréables à conduire de sa catégorie aux côtés du Mazda CX-3, la livrée NISMO RS repousse l'expérience pour quiconque favorise la sportivité.

On a intégré le meilleur du savoir-faire de Nissan dans un véhicule au format ultracompact, qui se dirige du bout des doigts. La boîte automatique à variation continue, qui équipe la majeure partie des modèles vendus, comporte moins d'irritants que celles de la concurrence. Les ingénieurs l'ont programmée afin qu'elle émule le comportement d'une boîte automatique. Concernant le RS, on aurait préféré une boîte un peu plus dynamique. Le rouage intégral est fort efficace et surtout très apprécié en hiver, ajoutant à l'impression de contrôle et au plaisir dans la neige.

UN HABITACLE DÉROUTANT

À l'intérieur, on apprécie l'attention portée aux détails. Aucune composante de l'habitacle et du tableau de bord n'a quelque chose de commun avec ce que l'on retrouve dans les véhicules conventionnels. C'est carrément déroutant au début, mais l'on s'y fait rapidement. Si les deux passagers avant ont suffisamment d'espace, à l'arrière, c'est plus exigu. Même si l'on a l'impression que le JUKE n'a que deux portes, car ses poignées arrière sont bien masquées, l'accès aux places est assez simple. Le volume de son coffre n'est pas très imposant, et c'est son véritable talon d'Achille. On est loin d'un modèle familial.

Lancez votre liste de musique favorite et la qualité de la chaîne audio de marque Rockford Fosgate vous surprendra alors que le système NissanConnect avec son écran tactile de 5,8 pouces facilite le contrôle des différents éléments. Le JUKE passe aussi le test au chapitre techno, un élément qui intéresse de plus en plus les acheteurs.

Malgré ses lignes peu orthodoxes et son petit gabarit, on se surprend à aimer le JUKE si l'on a le courage d'être différent...

Du nouveau en 2017

Édition Black Pearl à tirage limité, ensemble Premium ajouté à la version SV à rouage intégral.

Châssis - NISMO RS TI

Emp / lon / lar / haut	2530 / 4160 / 1770 / 1570 mm
Coffre / Réservoir	297 à 1016 litres / 45 litres
Nbre coussins sécurité / ceintures	6 / 5
Suspension avant	ind., jambes force
Suspension arrière	ind , multibras
Freins avant / arrière	disque / disque
Direction	à crémaillère, ass. var. élect.
Diamètre de braquage	11,2 m
Pneus avant / arrière	P225/45R18 / P225/45R18
Poids / Capacité de remorquage	1451 kg / n.d.
Assemblage	Yokosuka JP

Composantes mécaniques

SV, NISMO, SL

Cylindrée, soupapes, alim.	4L 1,6 litre 16 s turbo
Puissance / Couple	188 ch / 177 lb-pi
Tr. base (opt) / rouage base (opt)	M6 (CVT) / Tr (Int)
0-100 / 80-120 / V.Max	8,0 s / 5,7 s / n.d.
100-0 km/h	42,1 m
Type / ville / route / CO_2	Sup / 8,8 / 7,5 l/100 km / 3779 kg/an

NISMO RS TI

Cylindrée, soupapes, alim.	4L 1,6 litre 16 s turbo
Puissance / Couple	211 ch / 184 lb-pi
Tr. base (opt) / rouage base (opt)	CVT / Int
0-100 / 80 120 / V.Max	8,6 s / n.d. / n.d.
100-0 km/h	n.d.
Type / ville / route / CO_2	Sup / 9,4 / 8,1 l/100 km / 4055 kg/an

NISMO RS TA

Cylindrée, soupapes, alim.	4L 1,6 litre 16 s turbo
Puissance / Couple	215 ch / 210 lb-pi
Tr. base (opt) / rouage base (opt)	M6 / Tr
0-100 / 80-120 / V.Max	7,8 s / n.d. / n.d.
100-0 km/h	n.d.
Type / ville / route / CO_2	Sup / 8,9 / 7,5 l/100 km / 3804 kg/an

Photos : Newspress.co.uk

NISSAN **LEAF**

((SiriusXM))

Prix : 30 608 $ à 38 458 $ (2016)
Catégorie : Hatchback
Garanties :
3 ans/60 000 km, 5 ans/100 000 km
Transport et prép. : 2 090 $
Ventes QC 2015 : 742 unités
Ventes CAN 2015 : 1 233 unités

Cote du Guide de l'auto

75 %

Fiabilité	Appréciation générale
Sécurité	Agrément de conduite
Consommation	Système multimédia

Cote d'assurance

$$$ $

➕ Agréable à piloter • Confortable •
Logeable • Couple moteur à bas régime

➖ Plus chère qu'une sous-compacte
conventionnelle • Colonne de direction
non télescopique • Design extérieur
vieillissant • Moins efficace sur
l'autoroute

Concurrents
BMW i3, Ford Focus Électrique,
Kia Soul EV

Tout le nécessaire

Mathieu St-Pierre

O n doit rendre à César ce qui appartient à César ou, dans ce cas-ci, à Carlos Ghosn. Il y a quelques années, M. Ghosn caressait une vision où une voiture 100 % électrique serait non seulement accessible à tous, mais qui proposerait aussi une autonomie plus que suffisante pour la majorité des déplacements quotidiens. Cette vision est devenue réalité depuis quelques années.

Le LEAF a vu le jour en 2011 au Canada et depuis elle ne cesse de s'améliorer. En 2016, pour les versions SV et SL, la batterie est passée de 24 à 30 kWh et du même coup, son autonomie a grimpé de 133 à 172 km (sous conditions idéales). Si on réfléchit sérieusement à nos véritables besoins quotidiens, pour la plupart d'entre nous, 170 km d'autonomie est plus qu'assouvissant.

Malgré les efforts de Nissan, l'auto électrique demeure un mythe, un risque, un inconnu. Et c'est plutôt malheureux, car nous sommes persuadés que suite à un essai routier, vous serez convaincu de la validité d'un tel véhicule. En effet, la LEAF a tout ce qu'il vous faut.

LOOK DIFFÉRENT, HABITACLE ACCOMMODANT
Pour certains, il est important de se faire remarquer. Pour d'autres, c'est tout le contraire. La Leaf se veut distincte, au service de ceux qui insistent pour que le voisinage soit au courant du geste vert qu'ils ont posé. Du même coup, certains ne sont qu'intéressés par le fait que les fluctuations quotidiennes du prix de l'essence ne les rendront pas malades.

Si le design extérieur ne fait pas l'unanimité, l'environnement réservé aux passagers plaît à tous. De prime abord, il est spacieux, pouvant facilement accueillir cinq adultes, sans oublier tous leurs effets. N'oublions pas que la LEAF a été conçue d'emblée en tant que voiture électrique, donc les batteries font partie de l'ensemble, sans amputer le coffre.

La planche de bord est simple et surtout très conviviale. On s'attendrait à des écrans et à des boutons partout dans une telle automobile, mais les designers de Nissan ont bien visé en gardant le tout accessible. L'instrumentation est complète et, encore une fois, peu complexe. On y retrouve les données concernant l'autonomie, l'état de la batterie et du groupe propulseur.

Les sièges à l'avant sont accommodants, par contre l'absence d'une colonne de direction télescopique complique la recherche d'une position de conduite idéale. La banquette arrière est grande et confortable. Peu importe où l'on se retrouve dans l'auto, le roulement paisible et le silence sont fantastiques.

CONDUIRE PAISIBLEMENT... OU BIEN, FAIRE LE FOU

Nous n'encourageons évidemment pas le fait de conduire comme un voyou, mais sachez que la LEAF est tout de même performante. Son moteur électrique synchrone, à courant alternatif de 80kW propose des accélérations intéressantes, grâce à son généreux couple de 187 lb-pi, disponible dès que l'on appuie sur l'accélérateur.

Le mythe qui veut que les voitures électriques soient désagréables à conduire ou même lentes est complètement dépassé. Et l'on n'a pas à débourser 100 000 $ pour une Tesla non plus! La conduite normale avec une LEAF se fait sans compromis. Grâce à sa fougue au décollage, la Nissan démontre qu'elle est championne en situations urbaines. Une fois sur l'autoroute, les dépassements sont aisés, mais les reprises ne sont pas aussi énergiques — ce qui est typique pour la majorité des véhicules électriques. Le couple instantané la rend amusante, ou loin d'être plate, si vous préférez.

Le sélecteur de modes de conduite est l'élément le plus *flyé* dans la LEAF. Par contre, on s'y fait rapidement. De notre côté, particulièrement pour une utilisation en ville, la position « B » du sélecteur de vitesses est intéressante. Dans ce mode, la récupération d'énergie au freinage et la réaction des freins sont amplifiées. Dans plusieurs circonstances, la voiture ralentit tellement que l'application des freins devient pratiquement inutile, sans compter le fait que l'autonomie souffre moins.

Sur la route, la Leaf se comporte comme un petit charme. La suspension avant indépendante et à poutre de torsion à l'arrière est calibrée de manière à ne pas renverser son café du matin. Le roulement est doux, mais tout de même très stable et équilibré. La direction est juste, sans plus.

La LEAF est une voiture impressionnante. Si vous lui donnez une chance, en prenant le volant, il est fort à parier que vous allez vous convertir.

Châssis - SV	
Emp / lon / lar / haut	2700 / 4445 / 1770 / 1550 mm
Coffre / Réservoir	668 à 850 litres / s.o.
Nbre coussins sécurité / ceintures	6 / 5
Suspension avant	ind., jambes force
Suspension arrière	scmi-ind., poutre torsion
Freins avant / arrière	disque / disque
Direction	à crémaillère, ass. var. élect.
Diamètre de braquage	10,4 m
Pneus avant / arrière	P215/50R17 / P215/50R17
Poids / Capacité de remorquage	1515 kg / n.d.
Assemblage	Smyrna TN US

Composantes mécaniques	
S	
Puissance / Couple	107 ch (80 kW) / 187 lb-pi
Tr. base (opt) / rouage base (opt)	Rapport fixe / Tr
0-100 / 80-120 / V.Max	11,3 s / 10,5 s (est) / n.d.
100-0 km/h	42,9 m
Type de batterie	Lithium-ion (Li-ion)
Énergie	24 kWh
Temps de charge (120V / 240V)	21,0 h / 5,0 h
Autonomie	133 km
SV, SL	
Puissance / Couple	107 ch (80 kW) / 187 lb-pi
Tr. base (opt) / rouage base (opt)	Rapport fixe / Tr
0-100 / 80-120 / V.Max	11,3 s (est) / 10,5 s (est) / n.d.
100-0 km/h	42,9 m
Type de batterie	Lithium-ion (Li-ion)
Énergie	30 kWh
Temps de charge (120V / 240V)	26,0 h / 6,0 h
Autonomie	172 km

« CONDUIRE LA LEAF DE NISSAN, UNE VOITURE ÉLECTRIQUE QUI NÉCESSITE QUE PEU DE COMPROMIS, EST UN PLAISIR SANS CULPABILITÉ. »

Du nouveau en 2017

Aucun changement majeur.

Photos : Nissan

NISSAN **MAXIMA**

((SiriusXM))

Prix : 37 720 $ à 45 120 $ (2016)
Catégorie : Berline
Garanties :
3 ans/60 000 km, 5 ans/100 000 km
Transport et prép. : 1 820 $
Ventes QC 2015 : 356 unités
Ventes CAN 2015 : 1 706 unités

Cote du Guide de l'auto

81 %

Fiabilité
■■■■■■■■□□

Appréciation générale
■■■■■■■■□□

Sécurité
■■■■■■■□□□

Agrément de conduite
■■■■■■□□□□

Consommation
■■■■■■■□□□

Système multimédia
■■■■■■■□□□

Cote d'assurance

■■■□■■■□□□
$$$ $

➕ *Look* accrocheur • Finition
de l'habitacle • Confort et silence
de roulement • Dispositifs de sécurité
avancés livrables

➖ Pas vraiment sportive • Direction
qui manque de feedback • Absence
de rouage intégral • Places arrière
un peu justes

Concurrents

Chevrolet Impala, Chrysler 300,
Dodge Charger, Ford Taurus,
Toyota Avalon

4DSC ?

Gabriel Gélinas

Nissan décrivait la Maxima de troisième génération (1988-1994) avec le qualificatif 4DSC pour, en anglais, *4 Door Sports Car*, ou sportive à quatre portes, si vous préférez. Cette appellation, disparue au fil du temps, est revenue avec le modèle de huitième génération, dévoilé au Salon de l'auto de New York en avril 2015. La Maxima actuelle est-elle vraiment une sportive à quatre portes ? La réponse est oui pour le look, mais pas vraiment pour la dynamique...

Fortement inspiré par le style du Nissan Sports Sedan Concept, dévoilé au Salon de l'auto de Détroit en janvier 2014, l'actuelle Maxima affiche un style très typé pour une berline de grande taille. La calandre chromée en forme de « V », les phares et feux en forme de boomerang et le toit qui semble « flotter » au-dessus de la voiture, en raison d'un pilier « C » obscurci, sont autant d'éléments qui permettent à ce modèle de se démarquer et d'afficher une allure sport très affirmée.

CACHET LUXE

L'habitacle affiche un cachet luxe indéniable, surtout dans le cas des modèles SR et Platinum qui sont munis de sièges en cuir matelassé, avec motifs en forme de diamants, à la fois très beaux et très confortables. Contrairement à ce que l'on pourrait croire au premier coup d'œil, l'accès aux places arrière n'est pas compromis par la ligne fuyante du toit.

On retrouve aussi de nombreuses touches luxueuses un peu partout à l'intérieur et l'on remarque aussi que la dotation d'équipements est relevée puisque toutes les versions sont dotées du système de navigation avec écran tactile, en couleurs, de huit pouces, et de sièges avant chauffants à commande électrique, entre autres. Les SR et Platinum sont également équipés d'un système actif de réduction du bruit dans l'habitacle, ce qui rend la vie à bord nettement plus agréable. Au Canada, chaque Maxima comprend notamment des sièges avant chauffants, un volant gainé de cuir avec partie inférieure aplatie, un démarreur à distance et un système de climatisation intelligent.

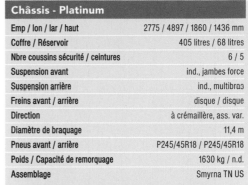

Pour l'année-modèle 2017, Nissan ajoute le système Apple CarPlay à toutes les versions de la Maxima, qui devient le premier véhicule de la marque à adopter cette connectivité pour téléphones iPhone, et il y a fort à parier que la connectivité avec les appareils Android suivra bientôt.

SUR LA ROUTE

Avec la Maxima, Nissan reste fidèle au V6 atmosphérique alors que la suralimentation par turbocompresseur est en vogue actuellement. La seule et unique motorisation est donc composée du moteur VQ35 de 3,5 litres, qui développe 300 chevaux et un couple de 261 livre-pied, et toute la cavalerie est livrée aux seules roues avant par l'entremise d'une boîte automatique à variation continue. La version SR comprend également des palettes de sélection de rapport montées au volant.

Les cotes de consommation officielles sont de 11,1 litres aux 100 km en ville et de 7,8 litres aux 100 km sur la route, alors que nous avons observé une moyenne supérieure à 10 litres aux 100 km lors de l'essai. La Maxima est présentée comme étant une voiture sport à quatre portes et c'est peut-être vrai, mais seulement si l'on se fie uniquement aux performances en accélération, la voiture étant capable d'un chrono de 6,1 secondes pour le sprint de 0 à 100 kilomètres/heure.

Pour ce qui est de la dynamique, la Maxima ne peut faire abstraction des lois les plus élémentaires de la physique et doit composer avec une répartition des masses qui s'avère être un élément limitatif. Comme plus de 61 pour cent du poids de la voiture repose sur le train avant et que la Maxima est une traction, elle tend fortement au sous-virage en conduite sportive, ce qui n'inspire pas vraiment confiance et invite le conducteur à tempérer ses ardeurs.

De plus, la direction ne procure pas beaucoup de *feedback*, ce qui est pourtant une qualité essentielle pour une voiture à vocation sportive. À un rythme normal, la conduite est sûre et prévisible, et ce n'est que lorsque l'on est tenté de voir si la Maxima est vraiment une sportive à quatre portes que l'on prend conscience que ce n'est pas le cas. Cela étant dit, le silence de roulement est à ce point impressionnant que la Maxima nous donne l'impression qu'elle est un véritable véhicule de luxe.

Somme toute, la Maxima est une berline de grande taille qui propose un look accrocheur, un habitacle bien fini, une dotation d'équipement relevée et un niveau de confort que l'on ne soupçonne pas au premier coup d'œil. Pour ce qui est de la qualification «voiture sport à quatre portes», vaut mieux oublier ça...

Du nouveau en 2017

Aucun changement majeur.
Intégration Apple CarPlay de série.

Châssis - Platinum	
Emp / lon / lar / haut	2775 / 4897 / 1860 / 1436 mm
Coffre / Réservoir	405 litres / 68 litres
Nbre coussins sécurité / ceintures	6 / 5
Suspension avant	ind., jambes force
Suspension arrière	ind., multibras
Freins avant / arrière	disque / disque
Direction	à crémaillère, ass. var.
Diamètre de braquage	11,4 m
Pneus avant / arrière	P245/45R18 / P245/45R18
Poids / Capacité de remorquage	1630 kg / n.d.
Assemblage	Smyrna TN US

Composantes mécaniques	
Cylindrée, soupapes, alim.	V6 3,5 litres 24 s atmos.
Puissance / Couple	300 ch / 261 lb-pi
Tr. base (opt) / rouage base (opt)	CVT / Tr
0-100 / 80-120 / V.Max	8,6 s / 5,7 s / n.d.
100-0 km/h	47,1 m
Type / ville / route / CO$_2$	Sup / 10,9 / 7,8 l/100 km / 4372 kg/an

«LA MAXIMA ACTUELLE EST-ELLE **VRAIMENT** UNE SPORTIVE À QUATRE PORTES? LA RÉPONSE EST OUI POUR **LE LOOK**, MAIS PAS VRAIMENT POUR **LA DYNAMIQUE...»**

NISSAN **MICRA**

Prix : 9 998 $ à 15 748 $ (2016)
Catégorie : Hatchback
Garanties :
3 ans/60 000 km, 5 ans/100 000 km
Transport et prép. : n.d.
Ventes QC 2015 : 6 192 unités
Ventes CAN 2015 : 11 909 unités

Cote du Guide de l'auto

85 %

Fiabilité	Appréciation générale
n.d.	■■■■■■■□□□
Sécurité	Agrément de conduite
■■■■■■□□□□	■■■■■■□□□□
Consommation	Système multimédia
■■■■■■■■□□	■■■■■■□□□□

Cote d'assurance

■■■■■■■■□□
$ $ $ $

➕ Prix attrayant (version S) • Belle bouille •
Confort surprenant • Rayon de
braquage court • Format urbain

➖ Absence d'une boîte CVT • Manque
un 6e rapport (manuelle) • Bluetooth
non offert (version S) • Glaces à manivelle
(version S) • Tenue de cap peu assurée
lors d'épisodes de vent

Concurrents
Chevrolet Spark, Fiat 500,
Mitsubishi Mirage, smart Fortwo

Seuil psychologique

Jean-François Guay

Ressusciter une légende du passé est une chose, la maintenir
en vie en est une autre. Si l'exhumation a réussi aux Fiat 500,
à la Volkswagen Beetle et à la famille MINI, il arrive que les
réjouissances soient éphémères. Pour éviter de casser le *party*,
Nissan a habilement orchestré le retour de la Micra en l'offrant sous
la barre des 10 000 $. De mémoire, cela faisait longtemps qu'un
constructeur n'avait pas osé franchir ce seuil psychologique,
les derniers en liste étant Hyundai et Kia, à une certaine époque,
et plus récemment, General Motors lors de la liquidation
de la Chevrolet Aveo.

Le nom Micra est aussi connu en Europe, tandis qu'au Japon elle porte le
nom de March. Chez nous, la Micra a été commercialisée de 1984 à 1991 et
rivalisait dans le temps avec la Renault 5. Même si elle livre dorénavant une
lutte fratricide à la Nissan Versa Note, avec qui elle partage sa mécanique,
la nouvelle Micra a été concoctée pour concurrencer la Chevrolet Spark,
la Fiat 500 et la Mitsubishi Mirage.

SIMPLICITÉ VOLONTAIRE
Vendue à partir de 9 998 $ (au moment d'écrire ces lignes), on s'entend pour
dire que la version S de base ne pullule pas chez les concessionnaires. Il s'agit
davantage d'un astucieux coup de marketing visant à attirer la clientèle dans
les salles d'exposition, car il est rare qu'un client ressorte de chez un
concessionnaire au volant d'une Micra toute nue. Et dire qu'il s'agit d'un véhicule
essentiellement pour les étudiants relève de la fable urbaine. En discutant
librement avec des concessionnaires, on comprend que ce type de véhicule
est plutôt recherché par des entreprises, qui fournissent une voiture à leurs
employés ou qui s'en servent comme véhicule de livraison. Selon nos sources,
les jeunes familles en quête d'un deuxième véhicule s'en accommodent
également. Comme quoi la crise de l'endettement pousse les consommateurs
vers la simplicité volontaire puisque la Micra S est dépourvue de climatiseur et
de glaces électriques. Malgré tout, l'équipement de série comprend une colonne
de direction inclinable, des essuie-glaces à balayage intermittent, un lecteur CD

et des sièges arrière rabattables 60/40. On peut cependant reprocher à Nissan de ne pas offrir de série le système téléphonique Bluetooth, ni même en option, sur la «S».

Mesurant moins de 3,9 mètres, la Micra est plus petite que sa sœur, la Versa Note, dont l'empattement s'étire sur 15 centimètres additionnels. Concrètement, l'espace pour les passagers arrière est plus étriqué et le volume du coffre s'avère 24% moins grand que celui de la Versa Note. Pour se consoler, sachez que le coffre à bagages du Nissan JUKE est 17% plus petit que celui de la Micra quand les dossiers de la banquette sont relevés. Néanmoins, on se demande encore comment un groupe de 17 personnes ont pu s'engouffrer à bord d'une Micra pour ensuite publier la vidéo sur YouTube! Même si cette micro-japonaise convient davantage à un équipage de quatre personnes, la banquette arrière compte trois ceintures. Il faudra donc jouer du coude pour se tailler une place à l'arrière.

AUSTÈRE, MAIS MIGNONNE
Moins déroutante que la Fiat 500 ou la smart Fortwo, l'ergonomie de la Micra ne prête pas flanc à la critique. L'instrumentation et les commandes sont bien regroupées, faciles d'accès et simples à comprendre. Toutefois, on aurait apprécié un brin de folie dans la confection du tableau de bord. Austère, mais sans être terne, le mobilier intérieur ressemble à celui de la Versa Note. Compte tenu des tarifs, il est «normal» que les plastiques soient durs et les tissus des sièges plus rugueux qu'un linge en soie.

En ville, la Micra baigne dans son élément. Agile et vive comme pas une dans la circulation urbaine, on se surprend à faire quelques excès. Même chose dans les stationnements, où elle se faufile entre deux pare-chocs en deux ou trois coups de volant. À part les policiers et petits bonshommes verts, il faudra aussi se méfier des nids-de-poule, car les pneus de 15 pouces peuvent s'en ressentir. La suspension est sèche et ça cogne un peu! Toutefois, les éléments suspenseurs filtrent mieux les imperfections de la chaussée que la 500 ou la smart. Sur les autoroutes, la tenue de cap est sensible aux vents latéraux et l'on devra veiller à ne pas dépasser les limites de vitesse.

Du côté de la mécanique, le moteur à quatre cylindres de 1,6 litre et 109 chevaux a déjà fait ses preuves dans la Versa Note. À quelques dixièmes près, il offre un meilleur rapport poids/puissance (9,57 kg/ch) dans la Micra que dans la Versa Note (10,05 kg/ch). La boîte manuelle compte cinq vitesses alors que la transmission automatique à quatre rapports est offerte en option. À noter que la Versa mise en option sur une boîte CVT, ce qui explique sa consommation moindre.

Châssis - S	
Emp / lon / lar / haut	2450 / 3827 / 1665 / 1527 mm
Coffre / Réservoir	407 à 820 litres / 41 litres
Nbre coussins sécurité / ceintures	6 / 5
Suspension avant	ind., jambes force
Suspension arrière	semi ind., poutre torsion
Freins avant / arrière	disque / tambour
Direction	à crémaillère, ass. var. élect.
Diamètre de braquage	9,3 m
Pneus avant / arrière	P185/60R15 / P185/60R15
Poids / Capacité de remorquage	1044 kg / n.d.
Assemblage	Aguascalientes MX

Composantes mécaniques	
Cylindrée, soupapes, alim.	4L 1,6 litre 16 s atmos.
Puissance / Couple	109 ch / 107 lb-pi
Tr. base (opt) / rouage base (opt)	M5 (A4) / Tr
0-100 / 80-120 / V.Max	11,5 s / 9,2 s / n.d.
100-0 km/h	44,1 m
Type / ville / route / CO_2	Ord / 8,6 / 6,6 l/100 km / 3542 kg/an

Du nouveau en 2017
Aucun changement majeur

NISSAN **MURANO**

Prix: 29 998 $ à 43 998 $ (2016)
Catégorie: VUS intermédiaire
Garanties:
3 ans/60 000 km, 5 ans/100 000 km
Transport et prép.: 1 860 $
Ventes QC 2015: 1 984 unités
Ventes CAN 2015: 10 128 unités

Cote du Guide de l'auto

72 %

Fiabilité	Appréciation générale
■■■■■□□□□□	■■■■■■■□□□
Sécurité	Agrément de conduite
■■■■■■□□□□	■■■■■□□□□□
Consommation	Système multimédia
■■■■□□□□□□	■■■■■■■□□□

Cote d'assurance

■■■■□□□□□□
$$$ $

➕ Style réussi • Bonne dotation
de série • Sièges confortables •
Silence et confort de roulement

➖ Absence d'agrément de conduite •
Performances correctes, sans plus •
Boîte CVT moins adaptée à la conduite
sportive • Seuil de chargement élevé

Concurrents
Ford Edge, Honda Pilot,
Hyundai Santa Fe, Kia Sorento,
Mazda CX-9, Toyota Highlander

Le style avant tout

Gabriel Gélinas

Avec sa silhouette très stylisée, le Murano se démarque dans le créneau des VUS, et sa silhouette, plus affirmée, est fortement inspirée du concept Resonance, présenté au Salon de l'auto de Detroit, en 2013. À l'avant, la calandre en forme de « V » assure la filiation avec les autres véhicules de la marque, mais les autres éléments, comme le toit, qui donne l'impression de flotter au-dessus du véhicule grâce au pilier « C » obscurci, contribuent à lui donner une allure haut de gamme.

La mission principale du Murano est d'affronter ses rivaux directs, qui sont le Ford Edge, le Hyundai Santa Fe et plusieurs autres, mais son look « premium » lui permet également de jouer sur deux tableaux à la fois, en se mesurant aussi à d'authentiques véhicules de luxe, comme le Lexus RX, par exemple.

SILENCE, ON ROULE
En prenant place à bord, on remarque immédiatement que l'habitacle du Murano adopte une allure plus haut de gamme que les autres VUS de la marque, et que la dotation d'équipement de série est l'un de ses points forts. C'est vrai, non seulement pour les livrées SL et Platinum, mais aussi pour l'ensemble de la gamme, puisque toutes les versions sont dotés du système de navigation, de la caméra de recul, de l'écran tactile de huit pouces et du régulateur de vitesse. De plus, ils sont tous équipés d'un toit ouvrant panoramique, sauf la version S. Par contre, il faut opter pour l'édition Platinum si l'on veut faire le plein d'équipements de sécurité avancés, comme le système de freinage d'urgence ou le détecteur prédictif de collision frontale.

Les sièges sont confortables et l'insonorisation est réussie, grâce au pare-brise à verre acoustique, qui réduit beaucoup le bruit du vent. Les dossiers des places arrière sont inclinables et l'espace cargo, généreux, quoique le seuil de chargement soit élevé. On apprécie particulièrement le système Around View Monitor, qui utilise plusieurs caméras pour afficher une image claire et précise de l'environnement immédiat, facilitant grandement les manœuvres de stationnement.

Avec la version 2017 de la Maxima, Nissan a amorcé l'intégration du système Apple CarPlay à sa gamme de berlines, et il y a fort à parier que le Murano le reçoive aussi, dans un avenir rapproché, étant donné que le Murano et la Maxima partagent le même système de télématique.

De toute évidence, le comportement routier du Murano mise sur le confort plutôt que sur la dynamique, et toute notion de sportivité est carrément occultée. Le moteur V6 atmosphérique de 3,5 litres développe 260 chevaux, ce qui représente une puissance convenable pour une utilisation quotidienne, mais il ne permet pas de prétendre qu'il offre une conduite sportive.

Le Murano est aussi équipé d'une boîte automatique à variation continue qui n'aide pas sa cause, puisque toute accélération franche signale la montée en régime du moteur qui maintient un régime de 4 000 tours/minute, pendant une longue période, avant que la boîte ne fasse son travail et que la quiétude revienne à bord. En usage normal, cette CVT ne pose pas problème, et ce n'est que lorsque l'on sollicite fortement le moteur que le niveau sonore augmente au point de devenir désagréable.

Pour ce qui est du comportement routier, on note que la direction est vague et que le roulis en virage est assez présent. Bref, le Murano ne vous invite pas du tout à la conduite sportive et la notion d'agrément de conduite brille par son absence. Cependant, pour l'automobiliste qui ne priorise pas la dynamique ou les performances, le Murano conviendra très bien au quotidien.

UN MODÈLE HYBRIDE EN VUE ?

Par ailleurs, on s'attend à ce que Nissan annonce l'arrivée prochaine, en Amérique du Nord, d'une version à motorisation hybride du Murano, déjà commercialisée en Chine. C'est du moins ce que l'on peut déduire à la suite de la publication, par l'agence américaine EPA, de cotes de consommation pour cette version, avant même que Nissan fasse une annonce officielle.

Ce Murano, à motorisation hybride, est animé par le moteur quatre cylindres turbocompressé de 2,5 litres, jumelé au moteur électrique que l'on retrouvait auparavant sous le capot du Pathfinder hybride. Si cela s'avère, nous espérons que ce nouveau venu du Murano sera plus efficient que le défunt Pathfinder hybride, dont la consommation n'était que légèrement bonifiée comparativement au modèle conventionnel.

Somme toute, le Murano marque des points pour sa dotation d'équipement, son confort et son style. Il conviendra à ceux qui sont à la recherche d'un véhicule fiable et bien équipé, mais il risque de décevoir ceux pour qui l'agrément de conduite est important.

Du nouveau en 2017

Aucun changement majeur. Arrivée possible d'une version hybride.

Châssis - S TA

Emp / lon / lar / haut	2825 / 4888 / 1916 / 1689 mm
Coffre / Réservoir	1121 à 1979 litres / 72 litres
Nbre coussins sécurité / ceintures	7 / 5
Suspension avant	ind., jambes force
Suspension arrière	ind., multibras
Freins avant / arrière	disque / disque
Direction	à crémaillère, ass. var. élect.
Diamètre de braquage	11,8 m
Pneus avant / arrière	P235/65R18 / P235/65R18
Poids / Capacité de remorquage	1721 kg / 680 kg (1499 lb)
Assemblage	Canton MS US

Composantes mécaniques

Cylindrée, soupapes, alim.	V6 3,5 litres 24 s atmos.
Puissance / Couple	260 ch / 240 lb-pi
Tr. base (opt) / rouage base (opt)	CVT / Tr (Int)
0-100 / 80-120 / V.Max	7,5 s (est) / 6,0 s (est) / n.d.
100-0 km/h	n.d.
Type / ville / route / CO_2	Ord / 11,2 / 8,3 l/100 km / 4552 kg/an

« LE COMPORTEMENT ROUTIER DU MURANO MISE SUR LE CONFORT PLUTÔT QUE SUR LA DYNAMIQUE, ET TOUTE NOTION DE SPORTIVITÉ EST CARRÉMENT OCCULTÉE. »

Photos : Nissan

NISSAN **PATHFINDER**

(((SiriusXM)))

Prix: 31 198 $ à 46 998 $ (2016)
Catégorie: VUS intermédiaire
Garanties:
3 ans/60 000 km, 5 ans/100 000 km
Transport et prép.: 1 860 $
Ventes QC 2015: 1 549 unités
Ventes CAN 2015: 9 898 unités

Cote du Guide de l'auto

73 %

Fiabilité
■■■■■■■□□□

Appréciation générale
■■■■■■■□□□

Sécurité
■■■■■■■□□□

Agrément de conduite
■■■■■□□□□□

Consommation
■■■■■■□□□□

Système multimédia
■■■■■□□□□□

Cote d'assurance
■■■■■■■□□□
$$$ $

➕ Habitacle confortable et silencieux •
Mariage moteur / CVT réussi •
Consommation relativement faible •
Bon dossier de fiabilité • Conduite
sans histoire

➖ Apparence sans histoire, tout comme
la conduite • Direction plutôt vague •
Troisième rangée peu conviviale

Concurrents
Ford Explorer, Honda Pilot, Jeep Grand
Cherokee, Mazda CX-9, Toyota 4Runner,
Toyota Highlander

Camion un jour,
VUS toujours

Alain Morin

Dans *le Guide de l'auto* 1988, un match comparatif avait été organisé entre huit VUS et le Nissan Pathfinder l'avait remporté haut la main. À la page 58, on peut même lire ceci: «Cette fois-ci, elle (ndlr: Nissan) frôle le chef-d'œuvre avec son premier 4x4. Il nous fut difficile, en effet, de trouver la moindre faille à l'élégante armure du Pathfinder... » Vingt-huit ans plus tard, sommes-nous aussi dithyrambiques?

Pantoute! Il n'est pas mauvais, remarquez. Juste ordinaire. Il ne fait rien parfaitement mal, mais rien parfaitement bien non plus. Toutefois, les choses s'amélioreront peut-être un peu, car 2017 nous apporte un Pathfinder rajeuni. Mais puisqu'il s'agit de modifications de milieu de cycle, les changements sont plutôt discrets. La partie avant reçoit la grille V-Motion qu'on retrouve sur de plus en plus de VUS Nissan et de nouveaux feux parent la partie arrière.

Jusqu'à sa refonte, apparue à l'automne 2012, le Pathfinder était construit sur le châssis, modifié, du Titan. Sauf que les consommateurs ne voulaient plus de VUS peu raffinés qui pouvaient facilement les amener au chalet, eusse-t-il été situé dans le fin fond des Everglades, mais qui brassaient un peu trop leurs douillets popotins. C'est alors qu'est apparu le modèle actuel, un VUS beaucoup plus civilisé qu'auparavant.

ÇA COULISSE BIEN
La carrosserie «redessinée» du Pathfinder n'est pas laide (il s'agit d'une opinion tout à fait personnelle) bien que personne ne se retournera sur son passage. Même constat pour l'habitacle. Il est correct. Le design du tableau de bord est réussi et 2017 nous apporte, selon le communiqué de presse de Nissan, une console centrale redessinée. Si un constructeur automobile fait une telle affirmation, ça doit être vrai mais si je ne l'avais pas lu, jamais je n'aurais remarqué les changements. On parle désormais d'un écran de 8 pouces plutôt que de 7 comme auparavant. Les commandes sont bien placées et intuitives, toutefois les espaces de rangement pourraient être plus nombreux.

Les sièges avant et ceux de la deuxième rangée s'avèrent confortables, alors que ceux de la troisième rangée ne m'ont pas impressionné outre mesure. Sans doute que des enfants les apprécieront le temps de quelques kilomètres... Au moins, leur accès est facilité par un dispositif permettant aux sièges de la deuxième rangée de coulisser aisément, ce qui libère davantage d'espace. Génial ! De son côté, le coffre est l'un des plus petits de sa catégorie mais, au moins, on peut compter sur un gros bac de rangement sous le plancher.

LE V6 DE 3,5 LITRES, QUOI D'AUTRE ?

Sous son capot, le Pathfinder cache le V6 de 3,5 litres. Pour 2017, il gagne l'injection directe, ce qui lui amène quelques chevaux et livre-pied de plus (284 chevaux au lieu de 260 et 259 livres-pied au lieu de 240). Sans transformer le Pathfinder en machine à contraventions, cette amélioration devrait le rendre un peu plus agréable à conduire. Surtout, la capacité de remorquage passe de 5 000 livres (2 268 kilos) à 6 000 (2 722).

Le Pathfinder reçoit une automatique de type CVT (continuellement variable). Eh oui ! Mais attention... Alors qu'on croit avoir affaire à une vulgaire boîte CVT, qui autorise le moteur à hurler son désespoir tant que l'accélérateur n'est pas relâché, on est tout surpris de constater que ladite boîte se fait oublier après quelques kilomètres tant elle est bien adaptée au moteur.

Une autre caractéristique qui permet de constater à quel point le Pathfinder d'aujourd'hui n'a plus rien à voir avec celui qui s'attirait tout plein d'éloges en 1988, c'est le rouage d'entraînement. Imaginez-vous donc que la version de base est une traction (roues avant motrices) ! Au moins, les autres variantes ont droit à un rouage intégral. Et un rouage intégral passablement compétent en hors route à part ça. Oh, rien pour suivre notre surdoué de 88, mais il s'avère amplement suffisant pour répondre aux besoins de la plupart des gens.

En mode 2WD, seules les roues avant travaillent tandis qu'en mode Auto, le couple est expédié à la roue qui a le plus d'adhérence. Le mode 4RM répartit le couple également entre les roues avant et arrière et permet de se tirer d'un mauvais pas. Il n'y a pas si longtemps, il existait un modèle hybride, mais devant le manque d'intérêt des consommateurs, il a été retiré du catalogue.

Même si le Pathfinder connaît quelques changements pour 2017, il faudra attendre encore une couple d'années pour sortir le dictionnaire des superlatifs !

Châssis - S 2RM	
Emp / lon / lar / haut	2900 / 5042 / 1961 / 1768 mm
Coffre / Réservoir	453 à 2260 litres / 74 litres
Nbre coussins sécurité / ceintures	6 / 7
Suspension avant	ind., jambes force
Suspension arrière	ind., multibras
Freins avant / arrière	disque / disque
Direction	à crémaillère, ass. var. élect.
Diamètre de braquage	11,8 m
Pneus avant / arrière	P235/65R18 / P235/65R18
Poids / Capacité de remorquage	1951 kg / 2268 kg (5000 lb)
Assemblage	Smyrna TN US

Composantes mécaniques	
Cylindrée, soupapes, alim.	V6 3,5 litres 24 s atmos.
Puissance / Couple	284 ch / 259 lb-pi
Tr. base (opt) / rouage base (opt)	CVT / 2RM/2RM (4x4)
0-100 / 80-120 / V.Max	8,2 s (est) / 5,7 s (est) / n.d.
100-0 km/h	41,2 m
Type / ville / route / CO_2	Ord / 12,1 / 8,9 l/100 km / 4904 kg/an

LE PATHFINDER N'EST PLUS AUSSI COMPÉTENT EN HORS ROUTE QU'AVANT... MAIS AUJOURD'HUI, LES GENS VEULENT DU CONFORT BIEN AVANT DU SPORT.

Du nouveau en 2017

Parties avant et arrière rajeunies, moteur gagne l'injection directe et est un peu puissant, capacité de remorquage plus élevée.

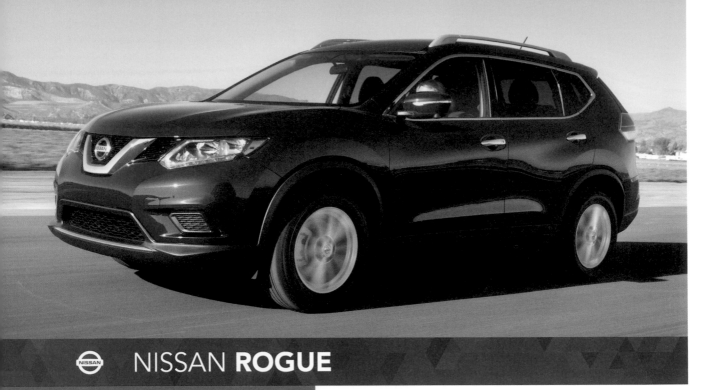

NISSAN **ROGUE**

((SiriusXM))

Prix : 24 648 $ à 35 248 $ (2016)
Catégorie : VUS compact
Garanties :
3 ans/60 000 km, 5 ans/100 000 km
Transport et prép. : 1 860 $
Ventes QC 2015 : 9 408 unités
Ventes CAN 2015 : 35 841 unités

Cote du Guide de l'auto

73 %

Fiabilité	Appréciation générale
■■■■■■□□□□	■■■■■■■□□□
Sécurité	Agrément de conduite
■■■■■■■□□□	■■■■■□□□□□
Consommation	Système multimédia
■■■■■□□□□□	■■■■■■■□□□

Cote d'assurance

■■■■■■■□□□
$$$ $

+ Habitacle logeable et bien conçu •
Design extérieur moderne et plaisant •
Économie d'essence • Confort de
roulement

– Manque d'agrément de conduite •
Troisième rangée réduit l'espace cargo •
Puissance juste • Manque quelques
caractéristiques populaires

Concurrents

Chevrolet Equinox, Ford Escape,
Honda CR-V, Hyundai Tucson,
Jeep Cherokee, Kia Sportage, Mazda CX-5,
Mitsubishi Outlander, Subaru Forester,
Toyota RAV4, Volkswagen Tiguan

Gagner en popularité

Mathieu St-Pierre

Pour se faire remarquer, on doit inévitablement se démarquer. Devant l'abondance d'utilitaires compacts qui se trouvent sur le marché, se distinguer s'avère d'autant plus ardu. Et la concurrence étant ce qu'elle est, il faut parfois redoubler d'efforts pour attirer l'attention et c'est ce que fait Nissan avec son Rogue.

Ce dernier est l'un des rares petits utilitaires qui chevauchent la gamme supérieure, grâce à sa troisième banquette, disponible en option. Mais est-ce la seule raison qui explique la popularité du Rogue auprès des Canadiens ? Les besoins familiaux des consommateurs évoluent depuis quelques années. Les minifourgonnettes ayant perdu beaucoup d'attrait, les utilitaires spacieux et abordables sont fortement en demande. Pour les gens ne désirant pas compromettre qualité, équipement et accessoires de luxe au profit de l'espace, le Rogue est là.

LES PRESSIONS SONT FORTES

Un chat de trois ans n'est certainement pas vieux, mais un véhicule automobile de trois ans, lui, est pratiquement une antiquité, si l'on suit de près les tendances de renouvèlement des constructeurs. L'évolution de la première à la deuxième génération du Rogue en 2015 fut plutôt une révolution. Et elle fut remarquée. On ne parle pas d'un simple *lifting*, mais bel et bien d'un véhicule entièrement redessiné.

Pour 2017, on s'attend à retouches esthétiques pour le Rogue, question de rapprocher son style à celui de ses confrères des salles d'exposition, comme le Murano et l'Armada. La calandre avant sera probablement dotée d'une grille « V-Motion » plus imposante, commune sur les produits Nissan, tandis que le fessier sera légèrement plus musclé, possiblement à l'image du très populaire Qashqai européen.

Au sujet de l'habitacle, une légère cure de jeunesse ne lui fera pas de tort, surtout en ce qui a trait à la technologie. Les jeunes acheteurs de véhicules de la catégorie du Rogue recherchent non seulement l'espace et la sécurité, mais aussi des accessoires pour connecter leur moyen de transport à leur univers numérique.

La prochaine génération du système NissanConnect avec Apple CarPlay, comme celui maintenant offert dans la Maxima, serait le bienvenue, de même qu'un léger remaniement de la planche de bord.

CONDUITE POUR LA MOYENNE

Le Rogue de Nissan est toujours apprécié pour ses qualités, et beaucoup moins pour d'autres aspects. Le point négatif qul revient le plus souvent concerne son agrément de conduite, ou plutôt, l'absence presque absolue du plaisir qu'elle procure.

La vocation principale du Rogue est de transporter ses passagers et leurs biens jusqu'à la destination voulue, sans plus. Cette description se rapproche de celle d'une fourgonnette, un véhicule généralement bien peu intéressant à conduire. Ce qui explique pourquoi plusieurs essayeurs semblent peu emballés par le Rogue.

C'est son rapport poids/puissance qui lui nuit le plus. Le quatre cylindres de 170 chevaux, bien connu, fait du mieux qu'il peut pour déplacer les quelque 1600 kilos et plus du Rogue. À titre comparatif, le Murano pèse moins de 1800 kilos et jouit d'un V6 de 260 chevaux. Ajoutons à cela une boîte automatique CVT mettant l'accent sur l'économie d'essence, et nous sommes loin de parler de performances...

Une version hybride du Rogue est attendue pour faire face à la concurrence venant du RAV4 hybride, entre autres. Les détails, au moment d'écrire ces lignes, sont pratiquement nuls, mais parions que cette version sera abordable. La venue de ladite motorisation ne sera donc pas révolutionnaire, ce qui nous laisse présager que le moteur de 2,5 litres sera celui à qui l'on greffera un moteur électrique. Ainsi, l'agrément de conduite et l'économie d'essence seront au rendez-vous.

Les indications portent aussi à croire que le quatre cylindres turbo de 1,6 litre du JUKE pourrait se retrouver sous le capot du Rogue révisé. Avec 188 chevaux, ou les 215 chevaux de la version NISMO, n'est pas trop difficile à prévoir, mais une chose est certaine, les performances risquent de s'améliorer. En 2017, seule une poignée de constructeurs proposent plus d'un groupe propulseur dans leur utilitaire compact. Si Nissan s'ajoute à ce groupe, le Rogue ressortira du lot, encore une fois.

De plus en plus, les véhicules utilitaires compacts remplacent les berlines et les voitures familiales. Ainsi, on ne doit pas être surpris de constater que l'évolution de ces utilitaires entraîne un transfert de la technologie et de l'équipement, d'un type de véhicule à un autre. Quant au Rogue, il brille par son habitacle bien conçu, son économie d'essence et son prix concurrentiel.

Châssis - SV TI	
Emp / lon / lar / haut	2706 / 4630 / 1840 / 1715 mm
Coffre / Réservoir	1112 à 1982 litres / 55 litres
Nbre coussins sécurité / ceintures	6 / 5
Suspension avant	ind., jambes force
Suspension arrière	ind , multibras
Freins avant / arrière	disque / disque
Direction	à crémaillère, ass. var. élect.
Diamètre de braquage	11,4 m
Pneus avant / arrière	P225/65R17 / P225/65R17
Poids / Capacité de remorquage	1631 kg / 454 kg (1000 lb)
Assemblage	Smyrna TN US, Ky?sh? JP

Composantes mécaniques	
Cylindrée, soupapes, alim.	4L 2,5 litres 16 s atmos.
Puissance / Couple	170 ch / 175 lb-pi
Tr. base (opt) / rouage base (opt)	CVT / Tr (Int)
0-100 / 80-120 / V.Max	10,7 s / 7,6 s / n.d.
100-0 km/h	42,6 m
Type / ville / route / CO_2	Ord / 9,5 / 7,4 l/100 km / 3935 kg/an

❝ LE ROGUE ALLIE FIABILITÉ ET HABITABILITÉ À UN PRIX ABORDABLE. SON STYLE RAJEUNI ATTIRERA ENCORE PLUS DE CLIENTS. ❞

Du nouveau en 2017

Calandre et partie arrière redessinées, nouvelles motorisations attendues.

NISSAN **SENTRA**

((•SiriusXM•))

Prix : 15 898 $ à 25 998 $ (2016)
Catégorie : Berline
Garanties :
3 ans/60 000 km, 5 ans/100 000 km
Transport et prép. : 1 600 $
Ventes QC 2015 : 5 618 unités
Ventes CAN 2015 : 14 940 unités

Cote du Guide de l'auto

71 %

Fiabilité
■■■■■■■□□□

Appréciation générale
■■■■■■■□□□

Sécurité
■■■■■■■□□□

Agrément de conduite
■■■■■■□□□□

Consommation
■■■■■■■■□□

Système multimédia
■■■■■■□□□□

Cote d'assurance
■■■■■■■□□□
$$$ $

➕ Confort relevé • Bonne économie
de carburant • Boîte CVT améliorée •
Look amélioré • Spacieuse à l'arrière

➖ Moteur vieillissant et manque de
puissance • Accélérations quelconques •
Conduite à améliorer davantage •
Habitacle peu esthétique

Concurrents
Chevrolet Cruze, Ford Focus, Honda Civic,
Hyundai Elantra, Kia Forte, Mazda3,
Mitsubishi Lancer, Subaru Impreza, Toyota
Corolla, Volkswagen Jetta

Améliorée un peu ou un peu moins pire ?

Marc-André Gauthier

Nissan mise beaucoup sur sa Sentra, au Québec, un modèle qui se vend d'ailleurs plutôt bien. Toutefois, la Sentra commençait à vieillir, et il fallait lui apporter des changements importants pour qu'elle puisse prétendre concurrencer d'autres modèles, comme la populaire Honda Civic. Nissan, d'ailleurs, est fière d'annoncer que 20 % des composantes de la nouvelle Sentra sont nouvelles. Voyons ça de plus près...

Au lieu d'une nouvelle génération de sa berline compacte, Nissan a plutôt opté pour un rafraîchissement. Autrement dit, on prend la voiture qui existe déjà, on change la devanture, et le tour est joué. Habituellement, on réserve cette chirurgie aux bagnoles dont la génération est en milieu de parcours, question d'attirer vers elles les caméras des journalistes et ainsi faire parler d'elles dans les médias spécialisés et ce, à faible coût.

Dans le cas de la Nissan Sentra, cette métamorphose arrive tardivement, mais à sa défense, le style a été passablement modifié. La partie avant est celle qui a connu le plus de changements et s'aligne sur celui des plus grandes Altima et Maxima. À l'arrière, il y a aussi du changement, mais il est moins apparent. Dans l'ensemble, on peut dire que c'est réussi, et ces formes font paraître la Sentra plus grosse qu'elle ne l'est réellement.

Quand on regarde les rivales de la Sentra, que l'on pense à la Mazda3, la Honda Civic ou même la nouvelle Chevrolet Cruze, nous avons droit à un bel exemple de design. En clair, c'est beau ! À ce chapitre, la Sentra déçoit, surtout dans l'habitacle. Il a beau avoir été modernisé, incorporant notamment un nouvel écran multimédia, il n'est toujours pas à la hauteur des concurrentes. On remarque également un nouveau volant inspiré de celui du Nissan JUKE et de la 370Z. Le design de l'habitacle est simple, composé de beaucoup trop de plastiques, et l'écran multimédia semble avoir été mis dans un trou que l'on a coupé à la hâte dans la planche de bord. Bref, esthétiquement, ça manque de recherche.

ENCORE LOIN DU BUT

Le reste des améliorations concerne principalement le dynamisme de la voiture, la Sentra d'avant n'ayant jamais brillé à ce chapitre. Nissan promet une suspension 10 % plus ferme, sans compromettre le confort de la voiture, et une direction plus précise. Et effectivement, la Sentra est plus dynamique qu'avant. La direction est plus communicative et on sent que la suspension apporte une certaine vitalité à la conduite.

La Sentra a conquis sa clientèle, assez fidèle, en offrant un grand confort pour une petite voiture. Cet aspect est conservé, mais avec un peu plus de saveur, ce qui est assurément une bonne chose! S'il était question du comportement routier amélioré un peu plus haut, il convient de dire que le résultat est encore loin de la concurrence. Ce qui nous séduit chez la Mazda3 et la Honda Civic est un habile mélange entre le plaisir de conduite, la précision de la direction, le confort, et le raffinement. Si la Sentra est confortable et assez raffinée, sa conduite manque encore de piquant pour pouvoir rivaliser ses concurrentes à ce niveau.

LÀ OÙ ÇA NE CHANGE PAS

Côté motorisation, c'est toujours la même chose. Le quatre cylindres de 1,8 litre continue de développer 130 chevaux et un couple de 128 livre-pied. Heureusement, l'ennuyeuse boîte CVT qui amenait le niveau sonore à des échelons rarement atteints a été remplacée par une nouvelle génération, basée sur celle qui officie dans la Maxima et le Murano. Globalement, elle fait un meilleur travail, maintenant la consommation aux alentours de 7,5 l/100 km. Considérant que cette consommation est atteinte par des moteurs bien plus puissants chez les autres constructeurs, il est grand temps que Nissan pense à trouver un groupe motopropulseur plus musclé à sa Sentra.

Heureusement, la Sentra demeure abordable. À moins de 18 000 $ pour la version de base, on peut mettre la main sur une version tout équipée pour moins de 28 000 $, alors que les concurrentes dépassent souvent les 30 000 $.

Cette mise à jour pousse la Sentra dans la bonne direction. La prochaine génération devra continuer d'offrir le confort auquel elle a habitué ses propriétaires, mais avec un design à couper le souffle, et un comportement routier irréprochable. En attendant, la Sentra s'adresse aux chercheurs d'aubaine préoccupés surtout par une bonne auto qui les amènera du point A au point B.

Châssis - 1.8 SV (man)

Emp / lon / lar / haut	2700 / 4625 / 1760 / 1495 mm
Coffre / Réservoir	428 litres / 50 litres
Nbre coussins sécurité / ceintures	6 / 5
Suspension avant	ind., jambes force
Suspension arrière	semi-ind., poutre torsion
Freins avant / arrière	disque / tambour
Direction	à crémaillère, ass. var. élect.
Diamètre de braquage	10,6 m
Pneus avant / arrière	P205/55R16 / P205/55R16
Poids / Capacité de remorquage	1296 kg / n.d.
Assemblage	Aguascalientes MX

Composantes mécaniques

Cylindrée, soupapes, alim.	4L 1,8 litre 16 s atmos.
Puissance / Couple	130 ch / 128 lb-pi
Tr. base (opt) / rouage base (opt)	M6 (CVT) / Tr
0-100 / 80-120 / V.Max	10,5 s / 8,7 s / n.d.
100-0 km/h	43,6 m
Type / ville / route / CO$_2$	Ord / 8,0 / 6,1 l/100 km / 3287 (est) kg/an

« ALORS QUE LA CONCURRENCE PROPOSE DES PRODUITS ÉPOUSTOUFLANTS, NISSAN SE CONTENTE DE REMPLACER 20 % DES PIÈCES DE SA SENTRA, POUR LE MOMENT. »

Du nouveau en 2017

Aucun changement majeur. Plusieurs améliorations ont eu lieu pour l'année-modèle 2016 : parties avant et arrière rafraichies, nouveau volant, suspension plus ferme, nouvelle boîte CVT, direction améliorée.

Photos : Nissan

NISSAN **TITAN XD**

(((SiriusXm)))

Prix : 44 900 $ à 73 900 $ (2016)
Catégorie : Camionnette grand format
Garanties :
3 ans/60 000 km, 5 ans/100 000 km
Transport et prép. : 1 730 $
Ventes QC 2015 : 345 unités
Ventes CAN 2015 : 3 226 unités

Cote du Guide de l'auto

74 %

Fiabilité	Appréciation générale
Nouveau modèle	■■■■■■□□□□
Sécurité	Agrément de conduite
■■■■■■■□□□	■■■■■■■□□□
Consommation	Système multimédia
■■■□□□□□□□	■■■■■■□□□□

Cote d'assurance

■■■■■■■□□□
$$$ $

➕ Grand confort • Moteurs puissants •
Robuste à la tâche • Capacités 4x4
impressionnantes • Design impeccable

➖ Performances du V6 inconnues •
Prix qui grimpent rapidement •
Écran multimédia trop petit •
Finition ordinaire dans les versions de base •
Moteurs gourmands

Concurrents
Ford F-150, Chevrolet Silverado,
GMC Sierra, Ram 1500

Formule 2000

Marc-André Gauthier

Nissan veut absolument se tailler une place dans le marché des camionnettes. Pour ce faire, elle adopte une stratégie différente de celle de Toyota qui se contente de consolider sa base de fidèles clients. Non, elle vise beaucoup plus que le faible pourcentage qui constitue sa part de marché en Amérique du Nord. Son TITAN change complètement en 2017, et l'objectif de cette nouvelle génération consiste à défier les fabricants américains. En fait, Nissan voudrait que les consommateurs américains, qui affichent une admiration éternelle pour les *pick-up*, oublient qu'elle est une compagnie japonaise.

Le constructeur commandite maintenant le stade des Titans du Tennessee. Eh oui, les Titans jouent au stade Nissan... Il faut le faire quand même ! D'ailleurs, c'est au Tennessee que sont fabriqués les camions TITAN.

Pour séduire les Américains, Nissan a créé une nouvelle classe de *pick-up* qu'on peut appeler « 2000 ». Se nommant TITAN XD, cette camionnette se positionne entre les Ford F-150 et F-250. Entre le Ram 1500 et le Ram 2500. Entre les Chevrolet Silverado/GMC Sierra 1500 et 2500. Pour 2017, Nissan a aussi complètement revu sa version à usage « léger », baptisée tout simplement TITAN.

À l'heure d'écrire ses lignes, peu de gens ont vu et touché une version de production du TITAN, mais le TITAN XD, lui, introduit pour le millésime 2016, a eu le temps de faire son chemin. Heureusement, la version XD nous donne une bonne idée de la direction qu'emprunte Nissan.

1500 ET 2000

Il y a une rivalité dans l'industrie de la camionnette, visant à savoir qui arrivera à créer l'habitacle le plus raffiné. Toutefois, ce qui compte vraiment, ce sont les capacités de ces véhicules, même si beaucoup de gens possèdent des *pick-up* qui ne verront jamais un chemin de gravier. Mais ça, c'est une autre histoire...

De plus, Nissan était consciente que, dans sa position, il était inutile de se lancer dans la course aux camionnettes 2500 et 3500 à usage plus commercial. Elle a donc créé sa propre catégorie, et le TITAN XD est actuellement son unique représentant.

Lors de son lancement, il n'y avait qu'un moteur disponible dans le XD, et il n'avait rien de japonais. Il s'agissait d'un V8 turbodiesel Cummins de 5,0 litres, développant 310 chevaux et un couple de 555 lb-pi. La boîte qui l'accompagne, elle, est d'origine japonaise. Il s'agit d'une automatique Aisin à six rapports, qui se retrouve au sommet de son art. Il est maintenant possible de se procurer un TITAN XD avec un V8 atmosphérique à essence. D'une cylindrée de 5,6 litres, ce moteur Nissan développe 390 chevaux et 401 lb-pi. Il est jumelé à une boîte automatique à sept rapports. Parlant remorquage, le V8 Cummins est capable de traîner jusqu'à 5 460 kg (12 037 lb), et la version à essence, elle, 4 989 kg (10 999 lb). Dans la grande boîte de plus de 6,4 pieds, la charge utile est de 909 kg (2 005 livres) dans la version diesel, et 1 145 kg (2 524 livres) dans la version à essence.

Ces deux motorisations s'adressent à des utilisateurs différents. Celle à essence intéressera celui ou celle qui utilise surtout la boîte. Celle au diesel, à celui ou celle qui doit tracter une lourde remorque. Le TITAN normal, lui, recevra le même V8 de 5,6 litres de puissance vraisemblablement similaire, ainsi qu'un moteur V6 pour offrir une camionnette pleine grandeur d'entrée de gamme. Il existe une version PRO-4X du TITAN XD, qui le transforme en un véhicule hors route, capable d'affronter les pires obstacles. Avec un châssis robuste, le XD n'aura jamais peur de travailler.

LUXUEUX, ROBUSTE, ET CAPABLE

À l'intérieur, l'espace réservé aux occupants est raffiné, et à condition d'y mettre de l'argent, on obtient des matériaux de grande qualité. Toutefois, l'écran multimédia est trop petit compte tenu de toutes les tâches qui lui incombent, comme partager les images du système des caméras à 360 degrés, entre autres.

Côté confort, le TITAN XD, avec sa suspension classique, est de loin l'un des *pick-ups* les plus confortables sur le marché. Si le Titan ordinaire se base un tant soit peu sur le XD, autant dire que Nissan arrivera enfin à offrir un produit véritablement capable de concurrencer les marques américaines

Mais tout n'est pas rose, Nissan doit encore parfaire sa réputation, et elle devra merveilleusement bien jouer ses cartes pour conquérir des acheteurs vendus d'avance aux autres marques, bien établies. Et qui plus est, le TITAN et le TITAN XD n'offrent pas de moteurs technologiquement avancés, de plus petite cylindrée et turbocompressés, comme le font Ram et Ford, respectivement.

Du nouveau en 2017

Introduction en cours d'année du Titan régulier.

Châssis - PRO-4X 4x4 5.0 cab. double	
Emp / lon / lar / haut	3850 / 6187 / 2049 / 1988 mm
Coffre / Réservoir	n.d. / 98 litres
Nbre coussins sécurité / ceintures	6 / 5
Suspension avant	ind., double triangulation
Suspension arrière	essieu rigide, ress. a lames
Freins avant / arrière	disque / disque
Direction	à billes, assistée
Diamètre de braquage	16,4 m
Pneus avant / arrière	LT275/65R18 / LT275/65R18
Poids / Capacité de remorquage	3299 kg / 5345 kg (11783 lb)
Assemblage	Canton MS US

Composantes mécaniques

V8 5,0 litres

Cylindrée, soupapes, alim.	V8 5,0 litres 32 s turbo
Puissance / Couple	310 ch / 555 lb-pi
Tr. base (opt) / rouage base (opt)	A6 / 4x4
0-100 / 80-120 / V.Max	n.d. / n.d. / n.d.
100-0 km/h	n.d.
Type / ville / route / CO_2	Dié / 14,9 / 11,3 l/100 km / 7171 (est) kg/an

V8 5,6 litres

Cylindrée, soupapes, alim.	V8 5,6 litres 32 s atmos.
Puissance / Couple	390 ch / 401 lb-pi
Tr. base (opt) / rouage base (opt)	A7 / 4x4
0-100 / 80-120 / V.Max	n.d. / n.d. / n.d.
100-0 km/h	n.d.
Type / ville / route / CO_2	Ord / 17,5 / 13,5 l/100 km / 7222 (est) kg/an

« AVEC LE TITAN **ORDINAIRE** ET LE TITAN XD, NISSAN ARRIVERA-T-ELLE ENFIN À **OFFRIR** UN PRODUIT À LA HAUTEUR DES CAMIONNETTES **AMÉRICAINES ?** »

NISSAN **VERSA NOTE**

(((SiriusXM)))

Prix : 14 498 $ à 19 748 $ (2016)
Catégorie : Hatchback
Garanties :
3 ans/60 000 km, 5 ans/100 000 km
Transport et prép. : 1 700 $
Ventes QC 2015 : 3 526 unités
Ventes CAN 2015 : 9 120 unités

Cote du Guide de l'auto

75 %

Fiabilité	Appréciation générale
■■■■■■■□□□	■■■■■■■□□□
Sécurité	**Agrément de conduite**
■■■■■■□□□□	■■■■■■■□□□
Consommation	**Système multimédia**
■■■■■■■■□□	■■■■■■□□□□

Cote d'assurance
n.d.

➕ Habitacle spacieux • Peu gourmand •
Roulement confortable • Bon volume de
chargement • Prix intéressant

➖ Direction floue • Design peu
inspirant • Performances suffisantes •
Aides électroniques à la conduite
absentes • Version SR pas plus sportive

Concurrents
Chevrolet Sonic, Ford Fiesta, Honda Fit,
Hyundai Accent, Kia Rio, Toyota Prius c,
Toyota Yaris

Dans l'ombre de la Micra

Michel Deslauriers

Depuis l'arrivée de la Micra au Canada il y a deux ans, les ventes de la Versa à hayon ont baissé d'environ 30 %. Nissan a tellement investi d'efforts à promouvoir sa nouvelle venue et son prix de base sous la barre des 10 000 $, que la pauvre Versa a dû se contenter d'un rôle de second plan.

Et pourtant, ce n'est pas parce que la Micra est nécessairement une meilleure voiture. En effet, la Versa mise sur plusieurs atouts qui la rendent intéressante non seulement vis-à-vis sa petite sœur, mais aussi par rapport à ses rivales dans le segment des voitures sous-compactes.

La Versa Note entame sa quatrième année sur le marché canadien sous sa forme actuelle. Elle n'est disponible qu'en version cinq portes à hayon, la berline Versa ayant été retirée en faveur de la Micra il y a deux ans.

DE L'ESPACE À REVENDRE
En dépit de sa petite taille, la Versa Note offre une des cabines les plus spacieuses de sa catégorie. Les sièges avant procurent un bon soutien, mais il faut délaisser la finition de base pour obtenir une assise réglée en hauteur et un accoudoir central pour le conducteur. Les places arrière sont particulièrement généreuses en espace pour la tête et les jambes, et deux adultes s'y installeront en tout confort. Pour les familles à la recherche d'une petite voiture abordable, la Versa accommodera parfaitement les bambins qui deviendront bientôt grands.

L'aire de chargement de la Versa est tout aussi spacieuse. Son volume passe de 532 à 1 084 litres lorsque les dossiers arrière sont rabattus, et à ce chapitre, seule la Honda Fit peut faire mieux dans sa catégorie.

Quatre variantes de la Versa Note sont proposées, et même la version de base inclut un climatiseur et une connectivité Bluetooth. Toutefois, pour avoir droit à un port USB, une caméra de recul et un régulateur de vitesse, il faut passer à la livrée SV. Dans les versions SR et SL, on peut aussi bénéficier d'un système de navigation, d'une clé intelligente et de sièges avant chauffants, le tout à prix raisonnable. En revanche, et contrairement à certaines de ses rivales, le toit ouvrant et la sellerie de cuir ne sont pas disponibles. La finition intérieure est honnête, avec un design sobre et une disposition logique des commandes. On se contente ici de boutons rotatifs pour régler la climatisation, et c'est parfait ainsi. L'écran tactile de 5,8 pouces de la SL fait le travail, bien que les graphiques du système de navigation ne soient pas très détaillés.

CONDUITE PEU INSPIRÉE

Grâce à son empattement long, la qualité de roulement de la Versa Note est appréciable, et malgré une suspension un peu bruyante sur les surfaces abîmées, on a l'impression de conduire une voiture plus grosse. Par contre, personne ne louangera la Versa pour ses qualités dynamiques. Son moteur de 1,6 litre, produisant 109 chevaux, suffit à la tâche, mais ses performances ne sont pas éclatantes. Évidemment, la priorité ici, c'est l'économie d'essence, et nous avons enregistré une moyenne de 6,5 l/100 km, ce qui n'est pas mal du tout. Une boîte manuelle à cinq rapports, disponible sur les versions S et SV, permet d'engager le conducteur un peu plus, mais l'automatique à variation continue comblera les besoins de la vaste majorité des acheteurs.

Il faut l'avouer, la Micra est plus agréable à conduire que la Versa Note, la Ford Fiesta et la berline Toyota Yaris. La direction de la Versa transmet peu de sensations de la route à son conducteur, ce que l'on remarque surtout lorsque la chaussée est glissante, alors que l'on ressent difficilement les pertes d'adhérence.

Même la version SR, la plus sportive du lot, n'offre pas de puissance additionnelle ou de réglages de suspension plus dynamiques, et n'est livrable qu'avec la boîte automatique. Son côté sportif n'est qu'esthétique, puisqu'elle est habillée d'un ensemble de jupes aérodynamiques, de roues en alliage de 16 pouces, des blocs optiques noircis et d'un aileron sur le dessus du hayon.

Côté sécurité, la Versa se tire bien d'affaire avec six sacs gonflables, mais ne possède pas de systèmes électroniques d'aide à la conduite tels qu'un avertissement précollision, une surveillance des angles morts et un avertissement de sortie de voie.

En fin de compte, c'est la finition SV qui propose le meilleur rapport prix/équipement, et il faut plonger dans le catalogue d'accessoires pour franchir la barre des 20 000 $ lors de l'achat d'une Versa Note. Elle n'est pas la plus divertissante de sa catégorie, ni la plus rapide ou la plus puissante. Toutefois, elle comble les besoins d'espace et d'économie de carburant à prix raisonnable.

Du nouveau en 2017

Aucun changement majeur

Châssis - Note SR hayon (CVT)	
Emp / lon / lar / haut	2600 / 4141 / 1695 / 1537 mm
Coffre / Réservoir	532 à 1084 litres / 41 litres
Nbre coussins sécurité / ceintures	6 / 5
Suspension avant	ind., jambes force
Suspension arrière	semi-ind., poutre torsion
Freins avant / arrière	disque / tambour
Direction	à crémaillère, ass. var. élect.
Diamètre de braquage	10,4 m
Pneus avant / arrière	P195/55R16 / P195/55R16
Poids / Capacité de remorquage	1116 kg / n.d.
Assemblage	Aguascalientes MX

Composantes mécaniques	
Cylindrée, soupapes, alim.	4L 1,6 litre 16 s atmos.
Puissance / Couple	109 ch / 107 lb-pi
Tr. base (opt) / rouage base (opt)	M5 (CVT) / Tr
0-100 / 80-120 / V.Max	11,4 s / 8,3 s / n.d.
100-0 km/h	43,6 m
Type / ville / route / CO_2	Ord / 7,4 / 5,4 l/100 km / 2990 (est) kg/an

« UNE VOITURE SOUS-COMPACTE QUI OFFRE L'ESPACE ET LA QUALITÉ DE ROULEMENT D'UNE COMPACTE, MAIS AU PRIX D'UNE SOUS-COMPACTE. »

Photos : Nissan

PAGANI **HUAYRA**

Prix : 1 400 000 $ (2016) (USD)
Catégorie : Coupé
Garanties :
n.d.
Transport et prép. : n.d.
Ventes QC 2015 : n.d.
Ventes CAN 2015 : n.d.

Cote du Guide de l'auto

80 %

Fiabilité
n.d.

Sécurité
■■■■■■■□□□

Consommation
■■■■■■□□□□

Appréciation générale
■■■■■■■■□□

Agrément de conduite
■■■■■■■■□□

Système multimédia
■■■■■□□□□□

Cote d'assurance
n.d.

 Silhouette spectaculaire •
Performances dignes de mention •
Châssis exceptionnel •
Conception unique

➖ Coffre minuscule • Rangements
inexistants • Entretien exorbitant •
Prix démentiel

Concurrents
Ferrari LaFerrari, Koenigsegg Regara

Qui vivra Huayra

Jacques Deshaies

Que ce soit Ferrari, Lamborghini, McLaren et autres, les voitures exotiques ont la cote. Si elles finissent par procurer le même niveau de plaisir, certaines se démarquent royalement. C'est le cas de la Pagani Huayra. Encore une fois, c'est la passion italienne pour l'automobile qui nous livre cette pure merveille de performance.

Devant de véritables empires de l'industrie, Horacio Pagani a su se démarquer par son style et surtout par son côté marginal. Argentin d'origine, il a d'abord travaillé chez Lamborghini comme directeur du département des composites. Il planchera entre autres sur l'édition 25e anniversaire de la Countach ainsi que sur les concepts P140 et de la Diablo.

C'est en 1992 que la société Pagani fût officiellement mise en place. Pagani travaille sur sa supervoiture, nommée Zonda C12, qui fera sa première apparition au salon de Genève en 1999. Fort de son association avec Mercedes, Pagani présente sa deuxième réalisation en 2011. Elle s'appelle « Huayra », et c'est cette bête que nous avons eu le bonheur de découvrir.

L'AUDACE DU STYLE
Le nom Huayra est une déclinaison de *Wayra Tata*, une expression quecha, une langue péruvienne, qui signifie « Dieu des vents ». Il aura fallu plus de huit ans de recherche et développement pour aboutir à cette voiture unique dont la silhouette répond parfaitement à la dénomination.

Elle se distingue facilement de ses concurrentes. Sur sa structure ultralégère en fibre de carbone et titane, cette Huayra porte un nez court plongeant sur lequel se déposent des phares effilés tout en arborant cette grande grille qui en fait la largeur complète. Notre version était équipée d'un becquet inférieur et d'ailettes en appui pour un aérodynamisme accru.

Son profil se défile tout en douceur pour laisser place aux portes en ailes de mouette et à sa longue partie arrière. La cabine se retrouve en position très avancée par rapport à l'ensemble. Bonne nouvelle, cette Pagani propose une visibilité plus intéressante que celle des concurrentes de la catégorie qui s'appellent Bugatti Chiron ou Koenigsegg Regera. De grandes prises d'air se reposent sur ses flancs tandis que les feux sur trois niveaux entourent une grille d'évacuation d'air qui porte en son centre le quadruple échappement.

La Huayra est encore plus spectaculaire une fois les portes, le coffre avant et le capot arrière ouverts. Elle laisse à ce moment entrevoir toute la complexité de sa conception, plus près de la voiture de course que de la voiture traditionnelle. Et que dire des rétroviseurs qui semblent avoir poussé comme une fleur qui s'extirpe du sol? L'habitacle est à la hauteur du design extérieur. Les cuirs, les chromes et la fibre de carbone se marient dans un amalgame spectaculaire. Le tableau de bord se divise en deux portions distinctes, l'imposante nacelle derrière le volant et une autre partie verticale au milieu. La console centrale se retrouve sur deux niveaux avec une ouverture pour laisser passer le levier de vitesses. Quand on dit unique en son genre!

PRÊT À DÉCOLLER?

Juste démarrer le moteur demeure une expérience en soi. La Pagani Huayra émet une sonorité bien à elle. Question de se mettre dans l'ambiance, sachez que cette bête de race est dotée d'un V12 biturbo placé en position centre arrière. Au régime de 5 800 tr/min, la puissance délivrée est démentielle. Plus de 750 chevaux s'expriment pour une séquence sur piste enivrante. Les accélérations sont tout simplement foudroyantes avec moins de 3 secondes pour atteindre 100 km/h. Le couple de 738 livre-pied vous colle littéralement à votre dossier!

Assistée d'une boîte séquentielle à sept rapports, cette motorisation empruntée de la division AMG de Mercedes-Benz vous propulse vers le premier virage dans un élan démesuré. Mais soyez tranquille, la Pagani assume les courbes les plus serrées avec une aisance digne d'une formule 1, trimbalant ses 1 350 kilos avec une finesse incroyable.

Elle se dompte tout de même facilement dès que l'on en a apprivoisé les secrets, après quelques tours de piste. Mais attention, elle impose un respect constant. Son poids plume accompagné de freins carbone-céramique permet de l'immobiliser en un temps record. De plus, en mode circuit, elle commande de courtes distances de freinage en entrée de virage.

Résumons: elle est unique, ses performances sont hallucinantes, mais son prix l'est tout autant. Vous voulez une voiture exclusive et vous avez les moyens de vous la payer? Cette Huayra devrait figurer en haut de votre liste.

Du nouveau en 2017
Aucun changement majeur

Châssis Huayra	
Emp / lon / lar / haut	2795 / 4605 / 2356 / 1169 mm
Coffre / Réservoir	n.d. / 85 litres
Nbre coussins sécurité / ceintures	n.d. / 2
Suspension avant	ind., bras inégaux
Suspension arrière	ind., bras inégaux
Freins avant / arrière	disque / disque
Direction	à crémaillère, assistée
Diamètre de braquage	n.d.
Pneus avant / arrière	P255/35ZR19 / P335/30ZR20
Poids / Capacité de remorquage	1350 kg / n.d.
Assemblage	San Cesario sul Panaro IT

Composantes mécaniques	
Base	
Cylindrée, soupapes, alim.	V12 6,0 litres 36 s turbo
Puissance / Couple	750 ch / 738 lb-pi
Tr. base (opt) / rouage base (opt)	A7 / Prop
0-100 / 80-120 / V.Max	3,0 s (est) / n.d. / 360 km/h (est)
100-0 km/h	n.d.
Type / ville / route / CO_2	Sup / 23,5 / 16,8 l/100 km / 9400 (est) kg/an

Photos: Pagani

PORSCHE 718 BOXSTER

PORSCHE **718**

((SiriusXM))

Prix : 63 900 $ à 81 660 $
Catégorie : Roadster, coupé
Garanties :
4 ans/80 000 km, 4 ans/80 000 km
Transport et prép. : 1 085 $
Ventes QC 2015 : 157 unités*
Ventes CAN 2015 : 682 unités**

Cote du Guide de l'auto

90 %

Fiabilité
Nouveau modèle

Appréciation générale
■■■■■■■■□□

Sécurité
■■■■■■■■□□

Agrément de conduite
■■■■■■■■□□

Consommation
■■■■■■□□□□

Système multimédia
■■■■■■■□□□

Cote d'assurance
■■■■■■□□□□
$ $ $ $

➕ Performances exaltantes •
Tenue de route exceptionnelle •
Direction empruntée à la 911 Turbo •
Nouveau look envoûtant

➖ Prix élevés • Options nombreuses
et chères • Sonorité moins évocatrice
des moteurs • Plus efficaces, sonorités
moins enivrantes

Concurrents
Alpha Romeo 4C, Audi TT, Jaguar F-TYPE,
Lexus RC, Lotus Evora 400, BMW Z4,
Mercedez-Benz SLC

Top chrono

Gabriel Gélinas

Histoire d'assurer une filiation plus directe entre ses Boxster et Cayman et son modèle le plus emblématique, soit la 911 Carrera, Porsche a décidé d'ajouter le label 718 à ses voitures sport à deux places. Pourquoi le label 718 ? Tout simplement pour évoquer le passé glorieux de la voiture de course 718 RSK qui a remporté plusieurs courses d'envergure comme les 24 Heures du Mans ou la Targa Florio vers la fin des années cinquante et le début des années soixante.

Outre cette désignation, les modèles Boxster et Boxster S affichent un nouveau look, la carrosserie ne partageant aucun élément avec les modèles antérieurs, sauf pour le pare-brise, le toit souple et le couvercle du coffre. Le coupé 718 Cayman, présenté au Salon de l'auto de Pékin, adopte lui aussi ce style, coupé et roadster partageant les mêmes boucliers avant et arrière.

LES MOTEURS DE LA 911 CARRERA, DEUX CYLINDRES EN MOINS

Les nouveaux blocs quatre cylindres turbo, de 2,0 litres pour les modèles «de base» et de 2,5 litres pour les modèles S, sont dérivés des moteurs à plat de type «boxer» qui animent les récentes 911 Carrera et 911 Carrera S. En fait, il s'agit essentiellement des mêmes blocs, mais amputés de deux cylindres.

Cette transformation radicale des motorisations se traduit par une puissance et un couple nettement supérieurs que celui des modèles antérieurs animés par des moteurs «boxer» atmosphériques de six cylindres. Dès les premiers kilomètres, on constate que la force d'accélération de la 718 Boxster est carrément plus vive qu'avant et l'on se met à penser que même le modèle de base pourrait faire l'affaire, ce qui n'était pas le cas précédemment.

Fort de 350 chevaux, le 2,5 litres de la 718 Boxster S permet d'abattre le sprint de zéro à 100 km/h en seulement 4,2 secondes lorsque la voiture est équipée du *pack* Sport Chrono et de la boîte à double embrayage PDK.

* Porsche 718 Boxster : 106 unités / Porsche 718 Cayman : 51 unités
** Porsche 718 Boxster : 360 unités / Porsche 718 Cayman : 322 unités

Juste pour placer cette puissance en contexte, précisons que le moteur de la Porsche 911 Carrera S des années 2004 à 2012 développait 355 chevaux. C'est fou comme c'est beau, le progrès...

SOUS PRESSION

Les moteurs turbocompressés des 718 Boxster et 718 Cayman héritent même de deux fonctionnalités développées pour le moteur de la 911 Turbo, soit la précharge du turbocompresseur et, surtout, la fonction Dynamic Boost qui maintient la pression du turbo même lorsque le conducteur lève le pied de l'accélérateur avant de freiner pour un virage. Le conducteur peut donc profiter de la pleine charge dès la réaccélération en sortie de virage, sans délai. Pour l'avoir expérimenté au volant de la 911 Turbo et de la 718 Boxster, je peux affirmer sans l'ombre d'un doute que cette technologie est d'une efficacité remarquable.

Côté performances, rien à redire, mais c'est plutôt pour ce qui est de la sensation ressentie au volant que le bât blesse. Le son presque lyrique des anciens moteurs six cylindres atmosphériques est remplacé par une nouvelle sonorité à la fois rauque, grave et saccadée qui ne suscite pas la même émotion chez le conducteur et son passager. C'est le dommage collatéral du recours aux motorisations turbocompressées en vue d'assurer la conformité aux normes antipollution et de consommation de carburant.

Aucun reproche à faire au sujet de la dynamique, laquelle a toujours été une caractéristique dominante de la Boxster, et qui se retrouve bonifiée sur le nouveau modèle dont la direction, prélevée sur la 911 Turbo, est plus directe de 10 % par rapport au modèle précédent. La 718 Boxster est donc encore plus incisive en entrée de virage, et le train arrière colle davantage au bitume grâce à une nouvelle monte pneumatique qui repose sur des jantes arrière plus larges d'un demi-pouce.

Au volant de la 718 Boxster, on note immédiatement que l'ergonomie est sans failles et que la qualité de la finition intérieure est très soignée. La connectivité est assurée par l'ajout, en option, d'un module qui permet de connecter le téléphone intelligent à l'antenne extérieure et intégrer Apple CarPlay avec commande vocale Siri. Par ailleurs, les 718 Boxster et 718 Cayman sont dotées de la toute dernière version du système de télématique avec écran tactile de sept pouces.

La transformation radicale apportée aux 718 Boxster et 718 Cayman amène une expérience de conduite bonifiée par rapport aux modèles antérieurs. Il est toutefois dommage que ces modèles à vocation sportive aient perdu la signature vocale évocatrice des moteurs atmosphériques à pleine charge.

Châssis 718 Boxster S	
Emp / lon / lar / haut	2475 / 4379 / 1801 / 1280 mm
Coffre / Réservoir	275 litres / 64 litres
Nbre coussins sécurité / ceintures	6 / 2
Suspension avant	ind., jambes force
Suspension arrière	ind., jambes force
Freins avant / arrière	disque / disque
Direction	à crémaillère, ass. var. élect.
Diamètre de braquage	11,0 m
Pneus avant / arrière	P235/40ZR19 / P265/40ZR19
Poids / Capacité de remorquage	1355 kg / n.d.
Assemblage	Osnabrück DE

Composantes mécaniques

718 Boxster

Cylindrée, soupapes, alim.	H4 2,0 litres 16 s turbo
Puissance / Couple	300 ch / 280 lb-pi
Tr. base (opt) / rouage base (opt)	M6 (A7) / Prop
0-100 / 80-120 / V.Max	4,9 s (const) / n.d. / 275 km/h (const)
100-0 km/h	n.d.
Type / ville / route / CO_2	Sup / 9,0 / 5,7 l/100 km / 3457 (est) kg/an

718 Boxster S

Cylindrée, soupapes, alim.	H4 2,5 litres 16 s turbo
Puissance / Couple	350 ch / 310 lb-pi
Tr. base (opt) / rouage base (opt)	M6 (A7) / Prop
0-100 / 80-120 / V.Max	4,4 s (const) / n.d. / 285 km/h (const)
100-0 km/h	n.d.
Type / ville / route / CO_2	Sup / 9,5 / 6,0 l/100 km / 3646 (est) kg/an

« UNE NOUVELLE **SONORITÉ** À LA FOIS RAUQUE, **GRAVE ET SACCADÉE** QUI NE SUSCITE PAS **ÉMOTION** LA MÊME CHEZ LE CONDUCTEUR ET SON **PASSAGER**. »

Du nouveau en 2017

Refonte de la Boxster et la Cayman qui se nomme désormais 718 Boxster et 718 Cayman. Nouvelles motorisations quatre cylindres turbo.

PORSCHE 718 CAYMAN

PORSCHE 718 BOXSTER

Photos : Porsche

PORSCHE 911

MEILLEUR ACHAT DE SA CATÉGORIE

((SiriusXM))

Prix : 110 100 $ à 228 800 $
Catégorie : Cabriolet, Coupé
Garanties :
4 ans/80 000 km, 4 ans/80 000 km
Transport et prép. : 1 085 $
Ventes QC 2015 : 167 unités
Ventes CAN 2015 : 859 unités

Cote du Guide de l'auto

88 %

Fiabilité
■ ■ ■ ■ ■ ■ □

Appréciation générale
■ ■ ■ ■ ■ ■ ■ □ □

Sécurité
■ ■ ■ ■ ■ ■ ■ □ □

Agrément de conduite
■ ■ ■ ■ ■ ■ ■ ■ □ □

Consommation
■ ■ ■ ■ □ □

Système multimédia
■ ■ ■ ■ ■ ■ □ □ □

Cote d'assurance
■ ■ ■ ■ ■ ■ ■ □ □
$$$ $

➕ Moteurs puissants et offrant beaucoup de couple • Excellente tenue de route • Freinage très performant • Superbe boîte manuelle à sept rapports • Look classique et intemporel

➖ Prix élevés • Coût des options • Places arrière symboliques • Coûts d'utilisation élevés

Concurrents
Aston Martin Vantage, Audi R8, Chevrolet Corvette, Dodge Viper, Jaguar F-Type, McLaren 650S, Mercedes-AMG SLS, Nissan GT-R

Une évolution continue

Gabriel Gélinas

Porsche roule actuellement à la vitesse « grand V », si l'on en juge par le rythme accéléré avec lequel elle décline les versions de sa « nouvelle » 911 Carrera, alors que presque toutes ses variantes sont désormais animées par des moteurs turbocompressés, conformité aux normes antipollution oblige.

Dès les premiers kilomètres, on constate que le nouveau moteur turbocompressé de 3,0 litres, qui équipe les Carrera et Carrera S, pousse très fort, en raison de son couple maximal, livré sur une plage qui s'étend de 1 700 à 5 000 tours/minute. En quelques mots, la réserve de puissance est toujours disponible et la poussée vers l'avant demeure constante en accélération franche. Avec la boîte à double embrayage, une Carrera S est capable d'atteindre 100 kilomètres/heure en 3,9 secondes, ce qui est très rapide.

Pour satisfaire les puristes, les ingénieurs de Porsche ont même développé un nouvel embrayage à deux disques pour la boîte manuelle à sept rapports, mais, signe des temps, la boîte à double embrayage est plus efficace pour ce qui est des performances et de la consommation. Même s'il est maintenant turbocompressé, le moteur des 911 Carrera et Carrera S conserve la sonorité typique d'un moteur à configuration de type « boxer », quoiqu'elle soit moins évocatrice qu'avant, et on perçoit facilement le sifflement des turbos, particulièrement lors de la conduite à ciel ouvert avec les modèles Cabriolet.

UNE TENUE DE ROUTE EXCEPTIONNELLE
Laisser la 911 Carrera s'exprimer sur une route sinueuse, là où elle se retrouve dans son élément, est un véritable plaisir. La direction est d'une grande précision, on sent vraiment la route au travers du volant en entrée de virage et on est toujours en mesure d'évaluer l'adhérence du train avant. En sortie de courbe, on sent le transfert de la masse sur le train arrière en accélération ainsi que la poussée vers l'avant.

Aussi, la suspension adaptative fait maintenant partie de la dotation de série, ce qui permet de paramétrer le comportement de la voiture, selon les conditions routières, afin d'assurer une dynamique optimale. Les freins sont très puissants et ceux en composite de céramique, offerts en option, assurent une décélération maximale sans perte d'efficacité, même lors de freinages à répétition.

LA 911 TURBO ET LA TURBO S

Parmi les voitures les plus enivrantes, actuellement offertes sur le marché, on retrouve la nouvelle 911 Turbo. Ses éléments aérodynamiques mobiles, à l'avant comme à l'arrière, lui permettent de générer un appui aérodynamique de 132 kilos à 300 kilomètres/heure, selon les ingénieurs de Porsche.

Le six cylindres à plat biturbo, de 3,8 litres, de la 911 Turbo développe maintenant 540 chevaux, 580 chevaux dans le cas de la Turbo S. En plus de développer 20 chevaux de plus qu'avant, ce moteur intègre maintenant une fonction appelée Dynamic Boost. Cette dernière maintient la pression des turbos, même lorsque le conducteur lève le pied de l'accélérateur pour freiner avant d'aborder un virage, redonnant ensuite la pleine puissance dès la réaccélération, sans aucun délai. À elle seule, cette nouvelle fonction permet de dynamiser la conduite au point où la 911 Turbo passe presque pour une sportive à moteur atmosphérique, en éliminant le temps de réponse à la commande des gaz, caractéristique typique des moteurs turbocompressés.

L'autre nouveauté, qui rend la 911 Turbo encore plus joueuse qu'avant, est la fonction PSM Sport, qui autorise de bons angles de dérive en virage. Elle permet d'exploiter le plein potentiel de cette machine exceptionnelle, tout en conservant la fonctionnalité du système PSM (Porsche Stability Management) en cas d'excès d'enthousiasme ou d'erreur de jugement du conducteur sur circuit. Bref, elle fait en sorte de toujours avoir recours à un filet de sécurité. A elles seules, ces deux nouveautés rendent la nouvelle 911 Turbo plus facile d'approche.

De nouvelles fonctionnalités ont été ajoutées au système PCM 4 (Porsche Communication Management). On parle, entre autres, de la navigation en ligne et de l'écran tactile réagissant à l'approche de la main et qui passe automatiquement du mode affichage au mode commande. Le PCM 4 intègre aussi le système Apple CarPlay, mais non le Android Auto.

Voiture mythique pour Porsche, la 911 Carrera continue son évolution et s'adapte à la nouvelle réalité pour ce qui est de la conformité aux normes antipollution, tout en bonifiant les performances. On aime ça, le progrès...

Du nouveau en 2017

Nouveaux moteurs turbocompressés (911 Carrera et Carrera S), suspension adaptative de série, fonction Dynamic Boost et hausse de puissance (911 Turbo et Turbo S), nouveau système de télématique avec Apple CarPlay.

PORSCHE 911

Châssis - Turbo	
Emp / lon / lar / haut	2450 / 4507 / 1880 / 1297 mm
Coffre / Réservoir	115 litres / 68 litres
Nbre coussins sécurité / ceintures	6 / 4
Suspension avant	ind., jambes force
Suspension arrière	ind., multibras
Freins avant / arrière	disque / disque
Direction	à crémaillère, ass. var. élect.
Diamètre de braquage	10,6 m
Pneus avant / arrière	P245/35ZR20 / P305/30ZR20
Poids / Capacité de remorquage	1595 kg / n.d.
Assemblage	Stuttgart DE

Composantes mécaniques	
Carrera 4, Targa 4	
Cylindrée, soupapes, alim.	H6 3,0 litres 24 s turbo
Puissance / Couple	370 ch / 331 lb-pi
Tr. base (opt) / rouage base (opt)	M7 (A7) / Int
0-100 / 80-120 / V.Max	4,5 s (const) / 5,6 s (const) / 292 km/h (const)
100-0 km/h	n.d.
Type / ville / route / CO_2	Sup / 12,4 / 6,9 l/100 km / 4566 kg/an
Carrera 4S, Targa 4S	
Cylindrée, soupapes, alim.	H6 3,0 litres 24 s turbo
Puissance / Couple	420 ch / 368 lb-pi
Tr. base (opt) / rouage base (opt)	M7 (A7) / Int
0-100 / 80-120 / V.Max	4,2 s (const) / 4,9 s (const) / 305 km/h (const)
100-0 km/h	n.d.
Type / ville / route / CO_2	Sup / 12,6 / 6,8 l/100 km / 4595 kg/an
Turbo	
Cylindrée, soupapes, alim.	H6 3,8 litres 24 s turbo
Puissance / Couple	540 ch / 524 lb-pi
Tr. base (opt) / rouage base (opt)	A7 / Int
0-100 / 80-120 / V.Max	3,0 s (const) / 1,9 s (est) / 320 km/h (est)
100-0 km/h	n.d.
Type / ville / route / CO_2	Sup / 12,1 / 7,6 l/100 km / 4635 kg/an
Turbo S	
Cylindrée, soupapes, alim.	H6 3,8 litres 24 s turbo
Puissance / Couple	580 ch / 553 lb-pi
Tr. base (opt) / rouage base (opt)	A7 / Int
0-100 / 80-120 / V.Max	2,9 s (const) / 1,8 s (const) / 330 km/h (const)
100-0 km/h	n.d.
Type / ville / route / CO_2	Sup / 12,1 / 7,6 l/100 km / 4635 kg/an

Photos: Porsche

PORSCHE **CAYENNE**

((SiriusXM))

Prix : 67 400 $ à 178 100 $ (2016)
Catégorie : VUS intermédiaire
Garanties :
4 ans/80 000 km, 4 ans/80 000 km
Transport et prép. : 2 365 $
Ventes QC 2015 : 465 unités
Ventes CAN 2015 : 2 389 unités

Cote du Guide de l'auto

86 %

Fiabilité
Appréciation générale

Sécurité
Agrément de conduite

Consommation
Système multimédia

Cote d'assurance

$$$ $

➕ Style unique • Performances relevées (GTS, Turbo et Turbo S) • Version hybride rechargeable • Bon choix de modèles

➖ Entretien onéreux • Consommation élevée (Turbo, Turbo S) • Prix salé • Options dispendieuses

Concurrents
Acura MDX, Audi Q7, BMW X5,
BMW X6, Infiniti QX70,
Lexus RX, Mercedes-Benz GLE,
Volkswagen Touareg, Volvo XC90

Le hors route selon Porsche

Jacques Deshaies

Le hors route selon Porsche... Disons que c'est peut-être un peu fort. Quels sont les propriétaires de Cayenne qui l'utilisent en mode hors route, pour faire des activités de plein air ? Si vous en connaissez, s'il vous plaît, veuillez en faire part à l'équipe du *Guide de l'auto.* Vous me direz que c'est la même chose pour la majorité des utilitaires et vous avez raison. Mais tant qu'à se payer un VUS de prestige, aussi bien avoir du plaisir à le conduire.

Les puristes de la marque ne voulaient pas du Cayenne pour tout l'or du monde. Aujourd'hui, force est d'admettre que les profits faramineux de la société Porsche passent par lui. Il a même fait un petit, le Macan. Au rythme où vont les choses, le Cayenne va atteindre le cap du million de ventes d'ici peu.

Et c'est par lui que passent les technologies hybride et hybride rechargeable. Le dernier en liste est le Cayenne S E-Hybrid. Ce n'est pas le plus intéressant de la gamme, mais il offre au moins une consommation d'essence plus raisonnable que les autres versions. Toutefois, il est aussi plus tranquille à tous points de vue. Les amateurs de performances seront déçus.

GTS ET TURBO S

Les GTS et Turbo S sont les versions les plus caractérielles du groupe. La GTS est moins puissante, soit, mais propose un plus bel équilibre en tous points, selon moi. Le gros V8 cède sa place afin de répondre aux nouvelles normes de consommation et d'émissions. Terminé le ronronnement exaltant que livrait la génération d'origine ! Dommage. Par contre, cette transformation permet également de diminuer le poids. Il est donc moins lourdaud et plus agile. Son V6 biturbo livre tout de même 440 chevaux et un couple plus élevé que le V8. Et l'on diminue sa consommation d'environ un litre aux 100 km. Ce n'est pas beaucoup, mais c'est ça de gagné.

Pour souligner son côté sportif, soulignons l'abaissement de la garde au sol de 20 mm, de roues stylisées de 20 pouces et de la fameuse suspension

Porsche Active Suspension Management. Cette dernière, qui est active, vient assister celle à ressort traditionnelle.

Les mieux nantis, mais surtout, les amateurs à la recherche de puissance pure et dure, se tourneront vers le Turbo S, qui demeure le plus violent du lot, avec 570 chevaux sous le capot pour des accélérations animées. Installée sur des roues de 21 pouces, le Cayenne Turbo S annonce ses couleurs par des prises d'air plus agressives.

Les capacités hors route du Cayenne sont indéniables, avec une suspension pneumatique à hauteur variable, un différentiel arrière à gestion électronique, des angles d'approche et de départ prononcés et jusqu'à trois modes *Off-road* qui modifient les paramètres de la mécanique pour maximiser l'adhérence et l'équilibre. Un système de vectorisation du couple est également offert.

En ce qui concerne l'aménagement de l'habitacle du Cayenne, peu importe la version, est toujours des plus réussis. La console centrale élevée ainsi que la qualité de la finition sautent aux yeux. Les sièges offrent un confort et, surtout, un soutien bien au-dessus de la moyenne. Le système multimédia s'est amélioré, mais parions qu'il sera supérieur dans la prochaine génération.

TROISIÈME GÉNÉRATION EN VUE

La prochaine génération du Cayenne est déjà passablement développée. Les premières informations indiquent une carrosserie encore plus affinée, comme celle du Macan par exemple, avec des embossures aux portières et un bouclier plus sculpté. Certaines images nous ont dévoilé une partie avant plus détaillée et un capot qui envelopperait les deux ailes avant.

Cependant, la rumeur la plus intéressante réside sur le plan technique. Le nouveau Cayenne afficherait une diminution de poids d'environ 200 kg. Si cette information est exacte, il pourrait s'approcher du poids de celui du Macan. Tout indique, heureusement, que les groupes motopropulseurs seraient à peu près les mêmes que maintenant. Les V8 turbocompressés continueraient d'épater, tandis que la version hybride rechargeable prendrait le relais écologique.

Pour l'instant, le Cayenne a peut-être sacrifié quelques ventes au profit du Macan, il demeure tout de même le plus populaire des utilitaires de la catégorie. Et la direction n'est pas sans se soucier de l'arrivée d'autres joueurs dans le segment Les Lamborghini Urus et Bentley Bentayga s'ajouteront, mais à des prix beaucoup plus salés. Il ne faut pas non plus ignorer le Jaguar F-PACE, qui se dévoile à grand bruit depuis quelques mois.

Châssis - Base

Emp / lon / lar / haut	2895 / 4855 / 2165 / 1705 mm
Coffre / Réservoir	670 à 1780 litres / 85 litres
Nbre coussins sécurité / ceintures	6 / 5
Suspension avant	ind., double triangulation
Suspension arrière	ind., multibras
Freins avant / arrière	disque / disque
Direction	à crémaillère, ass. var.
Diamètre de braquage	11,9 m
Pneus avant / arrière	P255/55R18 / P255/55R18
Poids / Capacité de remorquage	2040 kg / 3500 kg (7716 lb)
Assemblage	Leipzig DE

Composantes mécaniques

S E-Hybrid

Cylindrée, soupapes, alim.	V6 3,0 litres 24 s surcompressé
Puissance / Couple	333 ch / 325 lb-pi
Tr. base (opt) / rouage base (opt)	A8 / Int
0-100 / 80-120 / V.Max	5,9 s / n.d. / 243 km/h
100-0 km/h	n.d.
Type / ville / route / CO$_2$	Sup / 11,2 / 9,8 l/100 km / 4862 (est) kg/an

Moteur électrique

Puissance / Couple	95 ch (71 kW) / 229 lb-pi
Type de batterie	Lithium-ion (Li-ion)
Énergie	10,4 kWh
Temps de charge (120V / 240V)	n.d. / 2,3 h
Autonomie	36 km

Base

V6 3,6 l - 300 ch/295 lb-pi - A8 - 0-100: 7,7 s - 12,3/7,5 l/100 km

S

V6 3,6 l - 420 ch/406 lb-pi - A8 - 0-100: 5,5 s - 13,0/8,0 l/100km

GTS

V6 3,6 l - 440 ch/443 lb-pi - A8 - 0-100: 5,2 s - 13,2/8,3 l/100km

Turbo

V8 4,8 l - 520 ch/553 lb-pi - A8 - 0-100: 4,5 s - 15,9/8,9 l/100km

Turbo S

V8 4,8 l - 570 ch/590 lb-pi - A8 - 0-100: 4,1 s - 15,9/8,9 l/100 km

Du nouveau en 2017

Aucun changement majeur. Une nouvelle génération attendue d'ici l'an prochain.

Photos : Porsche

PORSCHE **MACAN**

((SiriusXM))

Prix : 52 700 $ à 85 800 $
Catégorie : VUS compact
Garanties :
4 ans/80 000 km, 4 ans/80 000 km
Transport et prép. : 1 115 $
Ventes QC 2015 : 472 unités
Ventes CAN 2015 : 2 121 unités

Cote du Guide de l'auto

87 %

Fiabilité	Appréciation générale
■■■■■■■□□□	■■■■■■■■□□
Sécurité	Agrément de conduite
■■■■■■■■□□	■■■■■■■■□□
Consommation	Système multimédia
■■■■■□□□□□	■■■■■■■■□□

Cote d'assurance

■■■■■■■■□□
$$$ $

➕ Moteurs six cylindres performants •
Très bonne tenue de route •
Qualité de finition exemplaire •
Agrément de conduite

➖ Prix élevé des modèles haut
de gamme • Options chères •
Dégagement limité aux places
arrière • Poids important

Concurrents
Audi Q5, BMW X4,
Land Rover Discovery Sport,
Mercedes-Benz GLA

L'œil du tigre

Gabriel Gélinas

Chez Porsche, la 911 Carrera est assurément le modèle le plus emblématique, mais ce sont les VUS qui lui permettent d'engranger des profits records, année après année. Le Cayenne, qui devait autrefois s'acquitter de cette tâche en solo, est secondé par le Macan depuis 2015. Ce VUS, dont le nom signifie « tigre » en indonésien, est très porteur pour la marque de Stuttgart qui a entrepris d'étoffer sa gamme en proposant de nouvelles déclinaisons de son VUS de luxe de taille compacte.

Lancé au dernier Salon de l'auto de New York, le nouveau Macan « tout court » se pointe comme version d'entrée de gamme avec son moteur quatre cylindres de 2,0 litres turbocompressé qui développe 252 chevaux. Précisons tout de go que celui-ci n'a rien à voir avec les quatre cylindres turbocompressés qui animent les nouvelles 718 Boxster et Cayman, ces sportives ayant droit à un moteur de type « boxer » alors que le Macan reçoit le même quatre cylindres en ligne que l'on retrouve sous le capot de l'Audi A4. Très avancé sur le plan technique, ce moteur est composé d'un bloc en aluminium et dispose de l'injection directe de carburant ainsi que du calage variable des soupapes.

Côté look, le Macan se différencie des autres variantes de la gamme par ses étriers de frein noirs ainsi que par ses échappements doubles de forme rectangulaire. Sa mission est de permettre un accès plus facile à la constellation Porsche en devenant le modèle le moins cher de la marque.

LE GTS EN MILIEU DE GAMME
Avec l'arrivée du nouveau Macan de base et celle du GTS, Porsche a doublé son offre dans ce créneau très lucratif. Positionné entre le Macan S et le Macan Turbo, le GTS comble l'écart séparant ces deux déclinaisons en faisant appel à une version un peu plus performante du V6 turbocompressé de 3,0 litres qui équipe le Macan S.

Le gain de puissance se chiffre à 20 chevaux, c'est peu, et le chrono du 0-100 kilomètres/heure n'est amélioré que de deux dixièmes de seconde. Pas de modifications techniques en jeu ici, c'est plutôt une recalibration du système électronique de gestion du moteur qui lui permet de développer un peu plus de muscle. Ce n'est donc pas tant au chapitre de la puissance et du couple que le GTS se distingue, mais c'est plutôt du côté de la dynamique qu'il exprime sa différence.

Lors d'un parcours sur des routes de montagne, le GTS s'est montré particulièrement à l'aise et n'éprouvait aucun problème à suivre le rythme imposé, ce qui s'explique par son châssis abaissé de 15 millimètres, ses freins avant avec disque de 14,2 pouces empruntés au Macan Turbo et ses jantes en alliage de 20 pouces au fini noir mat de série.

L'ajout de l'ensemble Sport Chrono, offert en option, permet de rendre le comportement du GTS encore plus sportif en optimisant les paramètres du châssis, du moteur et de la boîte à double embrayage à sept rapports. Précisons également que le rouage intégral livre 70 % du couple aux roues arrière en temps normal, ce qui aide le GTS à faire preuve d'une dynamique comparable à celle d'une sportive. Cette répartition peut migrer vers l'avant ou l'arrière dans une proportion de 100 % lorsque les conditions d'adhérence deviennent plus marginales. Pour compléter le portrait, soulignons que le GTS reçoit d'office un échappement sport plus sonore.

HABITACLE DE FINITION SOIGNÉE

Les divers systèmes du véhicule sont contrôlés par une série de touches localisées de part et d'autre de la console centrale. Il est donc plus facile et plus rapide d'interagir avec le véhicule de cette façon que de passer par toute une série de menus affichés à l'écran central. Au chapitre de la connectivité, le Macan intègre aussi Apple CarPlay qui permet de contrôler les applications de votre iPhone à partir de l'écran tactile.

Pour ce qui est des considérations pratiques, précisons que le dégagement accordé aux passagers arrière est limité. Aussi, comme c'est toujours le cas chez Porsche, les possibilités sont presque illimitées concernant la dotation d'équipements et de la personnalisation. Il suffit de porter à la hausse le montant du chèque, et c'est réglé...

Le gabarit plus compact du Macan lui permet de faire preuve d'une belle sportivité malgré le fait qu'il s'agit d'un VUS. Le choix du nouveau modèle de base à moteur quatre cylindres turbocompressé permet d'accéder à la marque à bon prix, mais ses performances ne sont pas aussi exaltantes que celles des variantes S, GTS et Turbo animées par des six cylindres plus musclés.

Du nouveau en 2017

Nouvelle version de base à moteur quatre cylindres turbocompressé, nouvelle version GTS positionnée entre le Macan S et le Macan Turbo.

Châssis - Base

Emp / lon / lar / haut	2807 / 4697 / 1923 / 1624 mm
Coffre / Réservoir	500 à 1500 litres / 65 litres
Nbre coussins sécurité / ceintures	6 / 5
Suspension avant	ind., double triangulation
Suspension arrière	ind., multibras
Freins avant / arrière	disque / disque
Direction	à crémaillère, ass. var. élect.
Diamètre de braquage	11,8 m
Pneus avant / arrière	P235/60R18 / P255/55R18
Poids / Capacité de remorquage	1770 kg / n.d.
Assemblage	Leipzig DE

Composantes mécaniques

Base

Cylindrée, soupapes, alim.	4L 2,0 litres 16 s turbo
Puissance / Couple	252 ch / 273 lb-pi
Tr. base (opt) / rouage base (opt)	A7 / Int
0-100 / 80-120 / V.Max	6,7 s (const) / 4,8 s (const) / 229 km/h (const)
100-0 km/h	n.d.
Type / ville / route / CO_2	Sup / 11,6 / 9,3 l/100 km / 4860 kg/an

S

Cylindrée, soupapes, alim.	V6 3,0 litres 24 s turbo
Puissance / Couple	340 ch / 339 lb-pi
Tr. base (opt) / rouage base (opt)	A7 / Int
0-100 / 80-120 / V.Max	5,2 s / 4,6 s / 254 km/h (const)
100-0 km/h	38,1 m
Type / ville / route / CO_2	Sup / 13,7 / 10,3 l/100 km / 5698 kg/an

GTS

Cylindrée, soupapes, alim.	V6 3,0 litres 24 s turbo
Puissance / Couple	360 ch / 369 lb-pi
Tr. base (opt) / rouage base (opt)	A7 / Int
0-100 / 80-120 / V.Max	5,2 s (const) / 3,4 s (const) / 256 km/h (const)
100-0 km/h	n.d.
Type / ville / route / CO_2	Sup / 13,8 / 10,3 l/100 km / 5624 kg/an

Turbo

Cylindrée, soupapes, alim.	V6 3,6 litres 24 s turbo
Puissance / Couple	400 ch / 406 lb-pi
Tr. base (opt) / rouage base (opt)	A7 / Int
0-100 / 80-120 / V.Max	4,8 s (const) / 3,1 s (const) / 266 km/h (const)
100-0 km/h	n.d.
Type / ville / route / CO_2	Sup / 14,2 / 10,1 l/100 km / 5683 kg/an

Photos : Porsche, Gabriel Gélinas

PORSCHE **PANAMERA**

(((SiriusXm)))

Prix: 114 300 $ à 167 700 $
Catégorie: Berline
Garanties:
4 ans/80 000 km, 4 ans/80 000 km
Transport et prép.: 2 280 $
Ventes QC 2015: 57 unités
Ventes CAN 2015: 341 unités

Cote du Guide de l'auto

81 % (2016)

Fiabilité
■■■■■■□□□□

Appréciation générale
■■■■■■■■□□

Sécurité
■■■■■■■□□□

Agrément de conduite
■■■■■■■■□□

Consommation
■■■■■■■□□□

Système multimédia
■■■■■■■■□□

Cote d'assurance
■■□□□□□□□□
$$$ $

➕ Look nettement réussi •
Nouveaux moteurs puissants •
Consommation en baisse • Design
moderne de la planche de bord

➖ Prix élevés des versions haut de
gamme • Options chères et nombreuses •
Poids important • Pas de version diesel
pour le Canada

Concurrents
Aston Martin Rapide, Audi A8,
Bentley Flying Spur, BMW Série 7,
Jaguar XJ, Lexus LS,
Mercedes-Benz Classe S

Deuxième opus

Gabriel Gélinas

Lancée en 2009, la Porsche Panamera s'est vendue à plus
de 150 000 exemplaires à travers le monde et, avec le modèle
de deuxième génération, Porsche réinvente sa sportive
à quatre places, en la dotant de nouvelles technologies, de
nouvelles motorisations et surtout, en lui offrant un *look*
redessiné qui assure une filiation plus directe avec la légendaire
Porsche 911 Carrera.

La Panamera 2017 est élaborée sur la nouvelle plateforme MSB, développée
par Porsche, et affiche une silhouette nettement plus élancée, malgré son
gabarit plus imposant que celui du modèle de première génération. Avec
ses flancs davantage sculptés, son empattement allongé, son porte-à-faux
avant plus court et, surtout, sa ligne de toit très fuyante maintenant infléchie
de 20 millimètres vers l'arrière, la nouvelle Panamera est beaucoup plus
racée que la précédente, dont le design manquait d'homogénéité et de
cohésion. La filiation avec la 911 Carrera devient plus évidente lorsqu'on
contemple la nouvelle Panamera de profil ou de l'arrière, puisqu'elle reprend
la signature visuelle de la première avec l'ajout d'une étroite bande de diodes
reliant les deux feux arrière.

EXIT LES BOUTONS ET PLACE AUX ÉCRANS
La planche de bord et la console centrale de la Panamera de première
génération étaient parées de 46 à 49 boutons de commande (selon les
versions) pour permettre au conducteur d'interagir avec les divers systèmes
de la voiture. Avec cette seconde génération, Porsche conserve le
compte-tours analogique, mais celui-ci est maintenant encadré par deux
écrans de sept pouces, qui relaient les informations jadis télégraphiées par
des cadrans de facture conventionnelle. Un écran multimédia de 12,3 pouces,
tactile et en couleurs, prend maintenant place au centre de la planche de
bord, alors que d'autres commandes tactiles sont disséminées auprès
du levier de vitesse.

Avec ce *look* plus moderne, la Panamera se démarque du modèle antérieur. Côté techno, tous les systèmes de sécurité avancés répondent présent, et la Panamera peut même se conduire de façon semi-autonome tant et aussi longtemps que la vitesse ne dépasse pas les 60 km/h.

VARIATIONS SUR THÈME

Chez nous, la commercialisation débute avec deux versions, soit la Panamera 4S et la Panamera Turbo. De nouveaux moteurs sont au programme, notamment un V8 biturbo de 4,0 litres et 550 chevaux pour la Panamera Turbo qui trône au sommet de la pyramide, alors que le V6 biturbo de 2,9 litres développant 440 chevaux, emprunté chez Audi, se retrouve sous le capot de la 4S.

La boîte à double embrayage PDK compte maintenant huit rapports et le rouage intégral est de série sur les 4S et Turbo. Ces deux moteurs se targuent d'offrir plus de puissance, ainsi qu'un couple supérieur, et le V8 biturbo est même capable de désactiver quatre de ses huit cylindres en vitesse de croisière pour assurer une meilleure efficience.

Il y a fort à parier que cette première vague sera suivie d'une déferlante avec l'arrivée de nouvelles variantes comme le modèle à motorisation hybride branchable, composée d'un V6 à essence et d'un moteur électrique, qui suivra vraisemblablement vers le milieu de 2017, avec une puissance combinée de 440 chevaux.

Deux moteurs diesel sont également au programme pour certains marchés, soit un V6 de 3,0 litres et 320 chevaux ainsi que le fabuleux moteur V8 biturbo de 4,0 litres et 435 chevaux, inauguré dans le Audi SQ7 TDI. Toutefois, Porsche ne prévoit pas commercialiser ces modèles à moteur diesel au Canada, du moins, pas pour l'instant.

Sur le fameux circuit du Nordschleife en Allemagne, la Panamera Turbo a enregistré un temps de 7 minutes 38 secondes, soit un chrono égal à celui de la 911 GT3 de la génération précédente. La Panamera peut également être équipée des roues arrière directrices, inaugurées sur la 918 Spyder et sur la 911 Turbo et qui permettent une plus grande agilité, une suspension pneumatique adaptative, un système de stabilisation active du roulis ainsi qu'une nouvelle direction électromécanique.

Le style de la nouvelle Panamera est plus athlétique que celui des modèles antérieurs, les performances annoncées sont supérieures, la consommation est en baisse et le design de l'habitacle suit les courants actuels. Tous ces éléments font en sorte que la plus récente Panamera marque un progrès évident en tous points.

Du nouveau en 2017

Modèle complètement redessiné.

Châssis - Turbo	
Emp / lon / lar / haut	2950 / 5049 / 1937 / 1423 mm
Coffre / Réservoir	495 à 1304 litres / 90 litres
Nbre coussins sécurité / ceintures	8 / 4
Suspension avant	ind., double triangulation
Suspension arrière	ind., multibras
Freins avant / arrière	disque / disque
Direction	à crémaillère, ass. var.
Diamètre de braquage	12,0 m
Pneus avant / arrière	P255/40ZR20 / P295/35ZR20
Poids / Capacité de remorquage	1995 kg / n.d.
Assemblage	Leipzig DE

Composantes mécaniques

4S

Cylindrée, soupapes, alim.	V6 2,9 litres 24 s turbo
Puissance / Couple	440 ch / 405 lb-pi
Tr. base (opt) / rouage base (opt)	A8 / Int
0-100 / 80-120 / V.Max	4,4 s (const) / n.d. / 289 km/h (const)
100-0 km/h	n.d.
Type / ville / route / CO_2	Sup / 10,9 / 6,6 l/100 km / 4124 (est) kg/an

Turbo

Cylindrée, soupapes, alim.	V8 4,0 litres 32 s turbo
Puissance / Couple	550 ch / 567 lb-pi
Tr. base (opt) / rouage base (opt)	A8 / Int
0-100 / 80-120 / V.Max	3,8 s (const) / n.d. / 306 km/h (const)
100-0 km/h	n.d.
Type / ville / route / CO_2	Sup / 12,8 / 7,2 l/100 km / 4729 (est) kg/an

❝ LA NOUVELLE PANAMERA EST BEAUCOUP PLUS **RACÉE** QUE LE MODÈLE DE PREMIÈRE GÉNÉRATION DONT LE DESIGN **MANQUAIT** D'HOMOGÉNÉITÉ ET DE **COHÉSION.** ❞

RAM **1500**

((SiriusXM))

Prix : 26 440 $ à 60 540 $ (2016)
Catégorie : Camionnette grand format
Garanties :
3 ans/60 000 km, 5 ans/100 000 km
Transport et prép. : 1 845 $
Ventes QC 2015 : 12 018 unités
Ventes CAN 2015 : 91 195 unités

Cote du Guide de l'auto

83 %

Fiabilité
■■■■■□□□□□

Appréciation générale
■■■■■■■□□□

Sécurité
■■■■■■□□□□

Agrément de conduite
■■■■■■□□□□

Consommation
■■■■■■□□□□

Système multimédia
■■■■■■■□□□

Cote d'assurance
■■■■■■□□□□
$$$ $

➕ Style encore d'actualité • Diesel musclé et frugal • Longue liste d'équipement • Sonorité divine du V8 HEMI • Des milliers de combinaisons possibles !

➖ Facture qui grimpe rapidement • Diesel : une option de 4 000 $ • Dimensions encombrantes • Suspension à air limite la capacité de chargement

Concurrents
Chevrolet Silverado, Ford F-150, GMC Sierra, Nissan Titan, Toyota Tundra

Âgé, mais loin d'être désuet !

Frédérick Boucher-Gaulin

La décision d'acheter un camion de la catégorie 1500 (trois quart de tonne) est généralement prise en fonction de plusieurs facteurs : les besoins en puissance, le prix, la capacité de chargement et de remorquage, les dimensions et les accessoires que l'on trouve absolument indispensables. Toutefois, la loyauté envers la marque est toujours un critère qui figure en haut de la liste. En effet, essayez de convaincre un irréductible du Ford F-150 de s'acheter un Ram, et il vous sortira un répertoire d'excuses (factuelles ou pas) justifiant sa décision de ne jamais franchir la porte d'un concessionnaire FCA (Fiat Chrysler Automobiles).

2017 n'amène pas de grandes nouveautés dans la gamme du Ram 1500, on se contente de continuer à nous vendre l'excellent camion qui est avec nous depuis déjà... huit ans !

SAVOIR VIEILLIR EN BEAUTÉ

À le regarder, on n'a pas l'impression que cette génération de la camionnette de FCA a été lancée sur le marché en 2009. Elle a plutôt bien vieilli, obtenant notamment des retouches esthétiques en 2013. Les quelques modifications apportées aux blocs optiques et à la calandre ont suffi à lui redonner un coup de jeune.

Mécaniquement parlant, le Ram 1500 a reçu quelques mises à jour au cours des dernières années. On lui a assigné une boîte automatique à huit rapports pour remplacer la désuète boîte à cinq rapports initialement offerte, et l'on s'est débarrassé du V8 de 4,7 litres. Actuellement, il y a quelques options sous le capot du 1500 ; l'offre de base est un V6 de 3,6 litres développant 305 chevaux et un couple de 269 livre-pied. Il ne déborde pas de puissance, mais il peut remorquer jusqu'à 3 452 kilos (7 610 livres) selon les options choisies.

Si vous avez besoin de tirer jusqu'à 4 826 kilos (10 640 livres) toujours selon les options, c'est ce V8 qu'il vous faut. Vous aurez alors 395 chevaux et un couple de 410 livre-pied disponibles sous votre pied droit, vous permettant d'effectuer de franches accélérations pendant que les échappements doubles jouent une bande sonore digne de la belle époque des *Muscle Cars*. Et la consommation sur route de ce V8 de 5,7 litres n'est pas si déplorable, se chiffrant à 10,9 l/100 km grâce à la boîte à huit rapports. Mais elle est passablement plus élevée que celle du V6 à essence!

Pour une réelle économie d'essence, vous devez vous tourner vers le V6 EcoDiesel de 3,0 litres: FCA est le seul constructeur à offrir un camion 1500 avec une motorisation diesel. Ce dernier n'a peut-être que 240 chevaux, mais son couple de 420 livre-pied compense amplement, d'autant plus que la boîte de vitesses est calibrée pour le garder dans sa plage de puissance. Si vous faites attention, il est possible d'obtenir une consommation de 8,0 l/100 km, soit l'équivalent à celle d'une berline intermédiaire... Notez que ce six cylindres vous coûtera plus de 4 000 $ à l'achat et qu'il doit être abreuvé en urée (il faut remplir le réservoir séparé tous les 16 000 kilomètres environ)...

GENTLEMAN TRUCKER

Aujourd'hui, il y a de moins en moins d'écart entre le confort d'une berline et celui d'une camionnette pleine grandeur, et c'est en partie grâce au Ram 1500. À l'époque, Chrysler avait été le premier à tenter de faire d'un camion un véhicule populaire pour le grand public, et pas seulement pour les entrepreneurs et les fermiers.

Le 1500 actuel est le plus confortable de son segment. Ses sièges sont bien rembourrés, l'habitacle est bien insonorisé et la direction est calibrée pour ne pas être trop assistée. De plus, la suspension pneumatique, optionnelle sur certaines versions, élimine complètement le sautillement du train arrière associé normalement aux camionnettes. Puisque plusieurs acheteurs n'utiliseront leur camion que pour se promener au jour le jour, sans aucune charge, il est logique de vouloir améliorer le confort.

Cette philosophie se traduit aussi par un habitacle richement paré de cuir dans les versions haut de gamme. Par contre, il faut être prêt à payer la facture: selon la version choisie, un Ram 1500 pourra vous coûter près de 75 000 $...

Au final, beaucoup d'acheteurs de camionnette ne se donneront jamais la peine de magasiner lorsque viendra le temps de changer de véhicule. Les Fordistes iront chez le concessionnaire à l'ovale bleu, tandis que ceux qui prient à l'autel de Saint-Chevrolet (ou encore de Notre-Dame-de-la-GMC) se rallieront sous la bannière de General Motors. Par contre, les fidèles qui ont choisi la marque à la tête de bouc n'ont pas à se justifier: le Ram 1500 est un excellent camion, et ce, peu importe son âge. Reste qu'on a très hâte de voir ce que FCA nous réserve pour la suite!

Du nouveau en 2017

Aucun changement majeur. Modifications dans les groupes d'équipements et nouvelle couleur pour le Laramie.

Châssis - SLT 4x2 cab. simple (8')

Emp / lon / lar / haut	3556 / 5867 / 2017 / 1890 mm
Boîte / Réservoir	2497 mm (98,3 pouces) / 121 litres
Nbre coussins sécurité / ceintures	6 / 3
Suspension avant	ind., bras inégaux
Suspension arrière	essieu rigide, multibrac
Freins avant / arrière	disque / disque
Direction	à crémaillère, ass. var. élect.
Diamètre de braquage	13,8 m
Pneus avant / arrière	P265/70R17 / P265/70R17
Poids / Capacité de remorquage	2134 kg / 2186 kg (4819 lb)
Assemblage	Saltillo MX

Composantes mécaniques

V6 3,0 litres

Cylindrée, soupapes, alim.	V6 3,0 litres 24 s turbo
Puissance / Couple	240 ch / 420 lb-pi
Tr. base (opt) / rouage base (opt)	A8 / Prop (4x4)
Type / ville / route / CO_2	Dié / 12,1 / 8,8 l/100 km / 5732 (est) kg/an

V6 3,6 litres

Cylindrée, soupapes, alim.	V6 3,6 litres 24 s atmos.
Puissance / Couple	305 ch / 269 lb-pi
Tr. base (opt) / rouage base (opt)	A8 / Prop (4x4)
Type / ville / route / CO_2	Ord / 14,6 / 10,1 l/100 km / 6254 (est) kg/an

V8 5,7 litres

Cylindrée, soupapes, alim.	V8 5,7 litres 16 s atmos.
Puissance / Couple	395 ch / 410 lb-pi
Tr. base (opt) / rouage base (opt)	A6 / Prop (4x4)
Type / ville / route / CO_2	Ord / 16,2 / 11,5 l/100 km / 6479 (est) kg/an

> AVEC LE V8 DE 5,7 LITRES, ON OBTIENT UNE BONNE **PUISSANCE.** CEPENDANT, C'EST SON COUPLE DE **410 LB-PI** QUI DONNE TOUT **LE MUSCLE.**
>
> — SYLVAIN RAYMOND

Photos : Ram

RAM **PROMASTER CITY**

Prix : 28 995 $ à 30 995 $ (2016)
Catégorie : Fourgonnette
Garanties :
3 ans/60 000 km, 5 ans/100 000 km
Transport et prép. : 1 845 $
Ventes QC 2015 : 524 unités
Ventes CAN 2015 : 2 059 unités

Cote du Guide de l'auto

66 %

Fiabilité	Appréciation générale
n.d.	■■■■■■■□□□
Sécurité	Agrément de conduite
■■■■■■□□□□	■■■■■■□□□□
Consommation	Système multimédia
■■■■■■■□□□	■■■■■□□□□□

Cote d'assurance
n.d.
$$$ $

➕ Volume de chargement important •
Bonnes performances • Facile à garer •
Comportement routier agréable •
Espace passager à l'avant

➖ Fiabilité de la boîte automatique
à prouver • Cher pour un véhicule familial
(Minibus) • Mode Manuel inutile •
Courte liste d'équipements (Minibus)

Concurrents
Ford Transit Connect

Le cœur à l'ouvrage

Michel Deslauriers

L e règne du bon vieux Ford Econoline ainsi que des vénérables Chevrolet Savana et GMC Express, autrefois les rois du camion de transport et de livraison, est bien révolu. Ils roulent toujours leur bosse, pour l'instant, mais les entrepreneurs peuvent désormais se tourner vers des véhicules commerciaux plus petits, moins énergivores et mieux adaptés à leurs besoins.

Le Ram ProMaster City, introduit en 2015, figure parmi ce groupe de camions à traction et au format réduit qui comprend le Ford Transit Connect, le Nissan NV200 et le Chevrolet City Express. Il est basé sur le Fiat Doblo, vendu dans sa forme actuelle depuis 2010 en Europe. Par contre, et contrairement à ces deux derniers, le Ram et le Ford proposent à la fois des versions purement utilitaires et des versions passager. Le ProMaster City fait-il bonne figure comme véhicule familial ?

ASPECT UTILITAIRE INTÉRESSANT

À l'instar de ses rivaux avec des gabarits similaires, le ProMaster City offre une vaste aire de chargement en version utilitaire, mais dans un format maniable pour se faufiler en ville. C'est celui qui propose le plus grand espace pour les passagers avant ainsi que la plus grande aire de chargement, suivi de très près du Ford.

Le Ram peut aussi accommoder une charge utile allant jusqu'à 854 kg (1 883 livres), et à l'aide d'un chariot élévateur, on peut y insérer directement une palette de bois soutenant le matériel à transporter. Cette manœuvre est d'ailleurs facilitée par les portes arrière qui peuvent s'ouvrir dans un angle de 180 degrés. La capacité de remorquage est évaluée à 907 kg (2 000 livres).

Une seule motorisation est disponible dans le ProMaster City. Il s'agit d'un quatre cylindres de 2,4 litres jumelé à une boîte automatique à neuf rapports.

Grâce à ses 178 chevaux et son couple de 174 lb-pi, le petit Ram se déplace avec aisance, du moins, à vide et lorsque chargé à mi-capacité.

Depuis son introduction dans les produits Fiat Chrysler Automobiles, la boîte automatique fournie par l'équipementier allemand ZF connaît son lot de problèmes, de changements de rapport saccadés à des défaillances mécaniques, si l'on se fie aux multiples forums de discussion sur Internet. Pendant notre essai, nous avons noté quelques à-coups lors du passage de ses rapports. Et même sur l'autoroute, la boîte n'a jamais engagé le neuvième rapport, et ignorait nos directives lorsque l'on utilisait le mode manuel. Autrement, elle fonctionnait bien, contribuant également à obtenir une moyenne de consommation sous la barre des 10 l/100 km.

Malgré le diamètre de braquage le plus grand de sa catégorie, le Ram ProMaster City n'est pas maladroit dans la circulation urbaine. Ses dimensions compactes et sa direction bien dosée le rendent facile à stationner et la position de conduite contribue à une bonne visibilité de la route devant. En fait, sa conduite s'apparente plus à celle d'un VUS que d'un camion de travail, ce qui est fort appréciable.

ASPECT FAMILIAL DISCUTABLE

Le ProMaster City en version passager, portant le nom peu flatteur de Minibus, est équipé d'une banquette arrière, permettant une capacité de cinq personnes. Comme une minifourgonnette, les portes coulissantes sont très pratiques dans les endroits restreints, surtout avec les enfants à bord qui ne risqueront pas de cogner les portes sur les autres véhicules en débarquant. Et même avec la banquette installée, on a droit à un volume de chargement maximal de 2 880 litres, soit plus que dans un Dodge Durango. Amenez-en des sacs de hockey !

En revanche, la vocation commerciale du petit Ram — et aussi son prix — le rend moins attrayant pour une famille qui ne veut rien savoir d'une fourgonnette conventionnelle ou d'un VUS. Même doté d'une surface vitrée importante et de belles jantes en alliage optionnelles dans la livrée SLT et malgré sa bouille sympathique, le ProMaster City ne peut cacher son look de camion de travail.

Les caractéristiques de confort et de commodité ne sont pas nombreuses non plus... Sans système de divertissement à l'arrière, de toit ouvrant et de climatisation arrière, les voyages en famille ne seront pas des plus mémorables.

Comme véhicule commercial, le ProMaster City demeure un choix intéressant, même si les NV200 et City Express sont vendues à un prix de base plus alléchant. La version Minibus, quant à elle, constitue une solution de rechange peu attirante à un VUS.

Châssis - Wagon SLT	
Emp / lon / lar / haut	3109 / 4740 / 1831 / 1880 mm
Coffre / Réservoir	2880 litres / 61 litres
Nbre coussins sécurité / ceintures	6 / 5
Suspension avant	ind., jambes force
Suspension arrière	ind., multibras
Freins avant / arrière	disque / tambour
Direction	à crémaillère, assistée
Diamètre de braquage	12,8 m
Pneus avant / arrière	P215/55R16 / P215/55R16
Poids / Capacité de remorquage	1680 kg / 907 kg (1999 lb)
Assemblage	Baltimore MD US

Composantes mécaniques	
Cylindrée, soupapes, alim.	4L 2,4 litres 16 s atmos.
Puissance / Couple	178 ch / 174 lb-pi
Tr. base (opt) / rouage base (opt)	A9 / Tr
0-100 / 80-120 / V.Max	n.d. / n.d. / n.d.
100-0 km/h	n.d.
Type / ville / route / CO_2	Ord / 11,2 / 8,1 l/100 km / 4510 kg/an

> LE RAM PROMASTER CITY EST UN **BON** PETIT CAMION POUR LE TRAVAIL ET LE TRANSPORT, ET OFFRE AU BESOIN LA **POLYVALENCE** D'UNE BANQUETTE **ARRIÈRE.**

Du nouveau en 2017

Aucun changement majeur

Photos : Ram

ROLLS-ROYCE **DAWN / GHOST / WRAITH**

((SiriusXM))

Prix : 412 623 $
Catégorie : Cabriolet, Coupé, Berline
Garanties :
4 ans/illimité, 4 ans/illimité
Transport et prép. : n.d.
Ventes QC 2015 : n.d.
Ventes CAN 2015 : n.d.

Cote du Guide de l'auto

72 %

Fiabilité
n.d.

Appréciation générale
■■■■■■■□□□

Sécurité
■■■■■■■■□□

Agrément de conduite
■■■■■■■□□□

Consommation
■■■■■□□□□□

Système multimédia
■■■■■■■□□□

Cote d'assurance
n.d.

➕ Personnalisables à l'infini • Groupes motopropulseurs modernes • Vous pouvez snober les Bentley et les Maybach

➖ Absence de certaines technologies récentes • Attention aux couleurs (évitez le vert lime) • Longue période d'attente pour en avoir une • Prix élevés • Taxe de 3 000 $ pour véhicules énergivores

Concurrents
Bentley Flying Spur,
Mercedes-Maybach S600,
Bentley Continental GT,
Aston Martin Vanquish,
Mercedes-Benz Classe S coupé

Le choix des jeunes

Peter Bleakney

La Phantom de septième génération est en fin de carrière et sa remplaçante n'arrivera pas avant 2018. Les trois autres voitures de la gamme Rolls-Royce sont un peu plus petites et moins chères ou, disons, moins exorbitantes.

LA BERLINE GHOST

Lancée en 2010, la Ghost est construite à partir d'une architecture de BMW de Série 7 et elle a su séduire des acheteurs plus jeunes (40 à 50 ans, soit 10 de moins que les acheteurs de Phantom). La berline a eu droit à une révision en 2014, et nous revient pratiquement inchangée pour 2016.

La Ghost est dotée des caractéristiques classiques de la marque automobile la plus prestigieuse au monde : porte-à-faux court à l'avant et long à l'arrière, portières arrière à ouverture inversée, calandre imposante et *Spirit of Ecstasy* sur le capot. Côté motorisation, on peut compter sur un V12 biturbo de 6,6 litres qui produit 563 chevaux et un couple de 605 lb-pi de 1 500 à 5 000 tr/min. Il actionne les roues arrière via une boîte automatique à huit rapports. L'accélération est très autoritaire.

Au volant de cette Rolls-Royce au silence déconcertant, vous n'avez pas à vous embêter avec la sélection d'un mode de conduite. Elle anticipe la route grâce à un système par positionnement global qui commande le comportement de la boîte de vitesses. En 2016, Rolls-Royce a même lancé une version Black Badge plus puissante (603 chevaux, 620 lb-pi) et dotée d'une suspension pneumatique plus ferme

La Ghost est aussi offerte avec un empattement allongé et on peut la personnaliser à l'infini en choisissant parmi des milliers de couleurs extérieures, des centaines de teintes de cuir et d'innombrables finis de bois. Vous aimeriez un cuir d'alligator de la couleur de l'œil gauche de votre husky ? Vous n'avez qu'à le demander ! Soigneusement réalisés à la main, les habitacles de Rolls-Royce sont des œuvres d'art.

LE COUPÉ WRAITH

La Wraith est élaborée à partir d'une plate-forme de Ghost raccourcie. C'est la Rolls la plus axée sur le plaisir de conduite, et c'est aussi la plus rapide jamais construite. Son V12 biturbo de 6,6 litres (624 chevaux, couple de 590 lb-pi) la propulse de 0 à 100 km/h en 4,6 secondes. 85 % des acheteurs de Wraith sont des nouveaux venus chez Rolls-Royce.

Les sièges arrière peuvent accueillir deux adultes, mais cette machine est surtout conçue pour transporter les passagers avant dans la plus grande opulence. À l'intérieur, on trouve un charmant mélange d'artisanat à l'ancienne et de nouvelles technologies, dont un système de type iDrive de BMW.

Avec la déclinaison Black Badge lancée en 2016, le chrome cède sa place au noir ultralustré et l'on obtient des roues en fibre de carbone. À l'intérieur, les panneaux de bois traditionnels sont remplacés par l'aluminium et la fibre de carbone, et les sièges en cuir sont noir et bleu cobalt. En relevant la tête, vous pourrez admirer la doublure de toiture ciel étoilé (une option à 16 000 $ sur les autres modèles). La puissance maximale de la Black Badge est la même, mais le couple est à la hausse (642 lb-pi). Elle est dotée d'une suspension pneumatique révisée, de plus gros freins avant et d'une boîte automatique plus réactive.

LE CABRIOLET DAWN

Le massif cabriolet Phantom quitte la scène au profit de la nouvelle Dawn 2017. Pour simplifier, on pourrait dire que la Dawn est une Wraith décapotable avec un groupe motopropulseur de Ghost. Mais en réalité, 80 % des panneaux de carrosserie sont tout nouveaux, le pare-brise est plus bas et la silhouette arrière du toit est plus effilée. Une élégante bande d'acier inoxydable marque la jonction entre le toit et la carrosserie.

La Dawn fait partie des rares cabriolets qui peuvent accueillir confortablement quatre personnes. Les sièges en cuir proviennent de taureaux élevés en haute altitude en Allemagne, là où les moustiques et les clôtures ne peuvent pas abîmer leur peau. Les tapis sont en laine d'agneau. La Dawn est polie à la main pendant huit heures avant de sortir de l'usine de Goodwood, en Angleterre. Le logo R-R sur les roues est mobile, de sorte qu'il revient toujours à l'endroit quand vous arrêtez la voiture. En cas de pluie, il y a les parapluies cachés dans les ailes avant.

Si vous voulez une Rolls-Royce, vous devrez faire preuve de patience. Tous les modèles destinés au Canada pour 2016 ont déjà trouvé preneur, de même que toutes les Dawn 2017.

Du nouveau en 2017

Ajout des versions Black Badge pour la Ghost et la Wraith, ajout de la cabriolet Dawn.

Châssis - Base

Emp / lon / lar / haut	3112 / 5285 / 1947 / 1502 mm
Coffre / Réservoir	244 à 295 litres / n.d.
Nbre coussins sécurité / ceintures	6 / 4
Suspension avant	ind., pneumatique, double triangulation
Suspension arrière	ind , pneumatique, multibras
Freins avant / arrière	disque / disque
Direction	à crémaillère, assistée
Diamètre de braquage	12,7 m
Pneus avant / arrière	P255/45R20 / P285/40R20
Poids / Capacité de remorquage	2560 kg / n.d.
Assemblage	Goodwood GB

Composantes mécaniques

Dawn

Cylindrée, soupapes, alim.	V12 6,6 litres 48 s turbo
Puissance / Couple	563 ch / 575 lb-pi
Tr. base (opt) / rouage base (opt)	A8 / Prop
0-100 / 80-120 / V.Max	5,0 s (const) / n.d. / 250 km/h (const)
100-0 km/h	n.d.
Type / ville / route / CO₂	Sup / 22,1 / 10,0 l/100 km / 7661 (est) kg/an

Ghost (SWB)

Cylindrée, soupapes, alim.	V12 6,6 litres 48 s turbo
Puissance / Couple	563 ch / 575 lb-pi
Tr. base (opt) / rouage base (opt)	A8 / Prop
0-100 / 80-120 / V.Max	5,0 s (const) / n.d. / 250 km/h (const)
100-0 km/h	n.d.
Type / ville / route / CO₂	Sup / 17,1 / 10,5 l/100 km / 6540 (est) kg/an

Ghost (LWB)

Cylindrée, soupapes, alim.	V12 6,6 litres 48 s turbo
Puissance / Couple	563 ch / 575 lb-pi
Tr. base (opt) / rouage base (opt)	A8 / Prop
0-100 / 80-120 / V.Max	5,1 s (const) / n.d. / 250 km/h (const)
100-0 km/h	n.d.
Type / ville / route / CO₂	Sup / 17.3 / 10,5 l/100 km / 6570 (est) kg/an

Wraith

Cylindrée, soupapes, alim.	V12 6,6 litres 48 s turbo
Puissance / Couple	624 ch / 590 lb-pi
Tr. base (opt) / rouage base (opt)	A8 / Prop
0-100 / 80-120 / V.Max	16.9 s (const) / n.d. / 250 km/h (const)
100-0 km/h	n.d.
Type / ville / route / CO₂	Sup / 16.9 / 10,0 l/100 km / 6346 (est) kg/an

ROLLS-ROYCE **DAWN/GHOST/WRAITH**

ROLLS-ROYCE DAWN

ROLLS-ROYCE WRAITH

ROLLS-ROYCE PHANTOM

ROLLS-ROYCE **PHANTOM / PHANTOM COUPÉ / DROPHEAD COUPÉ**

(((SiriusXM)))

Prix : 460 000 $ à 587 223 $ (2016) (estimé)
Catégorie : Berline, Cabriolet, Coupé
Garanties :
4 ans/illimité, 4 ans/illimité
Transport et prép. : n.d.
Ventes QC 2015 : n.d.
Ventes CAN 2015 : n.d.

Cote du Guide de l'auto

66 %

Fiabilité **n.d.**	Appréciation générale ■■■■■■□□
Sécurité ■■■■■■□□	Agrément de conduite ■■■■■■■□
Consommation ■■■□□□□□	Système multimédia ■■■■■□□□

Cote d'assurance
■■□□□□□□□□
$$$ $

➕ Prestige et envie assurés • Habitacle somptueux • Confort de roulement princier • Comportement routier étonnant • Exclusivité absolue

➖ Prix démesuré • Consommation scandaleuse • Style controversé • Gabarit imposant • Aspect environnemental nul

Concurrents
Bentley Mulsanne

Sa Majesté prend sa retraite

Michel Deslauriers

Après une glorieuse carrière de 14 ans sur le marché des voitures de prestige, la Phantom VII se retirera pour faire place à un tout nouveau modèle. Elle prépare tranquillement sa sortie avec une dernière édition spéciale qui devrait attirer les collectionneurs et les riches vedettes de la musique hip-hop.

En cette période de transition, deux des trois configurations de la Phantom cesseront d'être fabriquées au mois de novembre 2016. La Phantom Coupé et la décapotable Phantom Drophead Coupé proposeront la collection Zenith, une dernière édition spéciale produite en 50 exemplaires chacune.

Au moment de mettre sous presse, très peu d'informations ont été révélées au sujet de sa remplaçante, qui devrait s'appeler Phantom VIII. Elle sera construite sur une nouvelle architecture en aluminium qui servira de base aux prochains modèles de la marque anglaise, et sera en vente au début de 2018. Cette plate-forme appartiendrait à Rolls-Royce, au lieu d'être empruntée de BMW, propriétaire de la marque depuis 1998. Pour le moment, concentrons-nous donc sur le présent.

LE RÈGNE DE LA LIMOUSINE
Quatorze ans, c'est long pour une génération de voiture, surtout une qui soit aussi visible et enviée sur la scène automobile. Dès son apparition en 2003, la Phantom a été critiquée pour son apparence carrée et massive. On aime ou l'on déteste, mais chose certaine, le style de cette Rolls ne laisse personne indifférent.

Des retouches cosmétiques ont été apportées en 2009, mais il faut vraiment connaître le produit pour percevoir les différences. Si les 44 000 choix de couleurs de carrosserie ne nous plaisent pas, vous pouvez fournir un échantillon de la couleur désirée et le constructeur se fera un plaisir de la reproduire, moyennant supplément, bien sûr. Chaque Phantom est donc unique, en théorie.

Les propriétaires de Phantom préfèrent probablement se faire conduire, surtout s'ils ont opté pour la version allongée qui offre un dégagement supplémentaire de 250 mm pour les jambes. Avec les portes arrière à charnières inversées, un habitacle des plus somptueux et un roulement douillet comme de la ouate, on profite d'un havre de paix pour relaxer, prendre un verre ou consulter nos investissements sur le marché boursier.

Pourtant, cette voiture procure une expérience de conduite inouïe, du moins, lorsque l'on finit par s'habituer à ses dimensions. Sa direction est légère et son diamètre de braquage est étonnamment court. Sa suspension filtre toutes les imperfections de la route, mais réussit à bien contrôler les mouvements de caisse.

Et pour déplacer cette carcasse de près de 2 700 kg, ça prend une motorisation puissante, mais fluide pour ne pas brusquer les occupants. Depuis son introduction, la Phantom mise sur un V12 de 6,75 litres qui génère 453 onctueux chevaux et un couple massif de 531 lb-pi, le tout géré par une boîte automatique à huit rapports ayant été ajoutée en 2012. Cette grosse Rolls effectue le 0-100 km/h en 5,9 secondes.

Pas de bruyants rugissements de moteur ici, mais une sonorité qui s'apparente plutôt au soufflement d'une tornade qui frappe, et le sentiment de puissance qui s'y attache. Évidemment, la consommation d'essence surpassera fréquemment la barre des 20 l/100 km, un léger détail pour ceux qui ont les moyens de se payer cette voiture!

ATTEINDRE LE ZÉNITH

Les Coupé et Drophead Coupé, voitures lancées en 2008 et en 2007, respectivement, effectueront leur tournée d'adieu avec les versions Phantom Zenith Collection qui, selon Rolls-Royce, seront les plus raffinées et les plus rares jamais assemblées par la marque. Chacune de ces 100 unités sera livrée avec une section du rail de la chaîne de montage, transformée en œuvre d'art et présentée dans un compartiment confectionné sur mesure dans la planche de bord des voitures. Oui, monsieur.

Sous le capot de ces deux mastodontes à portes inversées, on retrouve la même motorisation que dans les berlines Phantom. Un choix de trois peintures bicolores sera proposé, soit bleu marine et blanc, rouge et noir ainsi que coquillage et gris. Le Phantom Coupé inclut un plafonnier éclairé au motif de nuit étoilée. Et dans le coffre se trouve un ensemble de piquenique avec compartiment réfrigéré, tablette en verre et siège en cuir pour deux personnes. Avis aux romantiques.

Châssis - Coupé	
Emp / lon / lar / haut	3320 / 5612 / 1987 / 1598 mm
Coffre / Réservoir	395 litres / 100 litres
Nbre coussins sécurité / ceintures	6 / 4
Suspension avant	ind., pneumatique, double triangulation
Suspension arrière	ind., pneumatique, multibras
Freins avant / arrière	disque / disque
Direction	à crémaillère, ass. var.
Diamètre de braquage	13,1 m
Pneus avant / arrière	P255/50R21 / P285/45R21
Poids / Capacité de remorquage	2629 kg / n.d.
Assemblage	Goodwood GB

Composantes mécaniques	
Cylindrée, soupapes, alim.	V12 6,7 litres 48 s atmos.
Puissance / Couple	453 ch / 531 lb-pi
Tr. base (opt) / rouage base (opt)	A8 / Prop
0-100 / 80-120 / V.Max	5,8 s / 5,5 s / 250 km/h
100-0 km/h	40,0 m
Type / ville / route / CO_2	Sup / 16,8 / 10,4 l/100 km / 6383 kg/an

> « COMME SYMBOLE DE **RICHESSE** ET DE **SNOBISME**, IL EXISTE PEU DE VOITURES AUSSI **CONVAINCANTES** QUE **CELLE-CI.** »

Du nouveau en 2017

La berline Phantom VII remplacée l'an prochain par une nouvelle Phantom VIII. Abandon définitif des modèles Coupé et Drophead Coupé.

ROLLS-ROYCE DROPHEAD COUPÉ

ROLLS-ROYCE PHANTOM

Photos : Rolls-Royce

ROLLS-ROYCE PHANTOM/PHANTOM COUPÉ / DROPHEAD COUPÉ

smart SMART **FORTWO**

Prix : 17 300 $ à 21 500 $ (2016) (estimé)
Catégorie : Cabriolet, Hatchback
Garanties :
4 ans/80 000 km, 4 ans/80 000 km
Transport et prép. : 817 $
Ventes QC 2015 : 160 unités
Ventes CAN 2015 : 716 unités

Cote du Guide de l'auto

70 %

Fiabilité	Appréciation générale
n.d.	■■■■■■□□□□
Sécurité	Agrément de conduite
■■■■■□□□□□	■■■■■■□□□□
Consommation	Système multimédia
■■■■■□□□□□	■■■■■□□□□□

Cote d'assurance

■■■■■■□□□□
$ $ $ $

➕ Nouveau moteur turbo • Habitacle
plus spacieux • Roulement plus sain •
Consommation peu élevée •
Boîte manuelle disponible

➖ Voiture peu pratique • Prix élevé •
Colonne de direction non réglable •
Sous-vireuse • Version forfour (à quatre
places) non offerte au Canada

Concurrents
BMW i3, Chevrolet Spark, Fiat 500,
MINI Cooper

Le défi d'être petit

Mathieu St-Pierre

Maintenant à sa troisième génération, la smart fortwo n'a jamais été plus « normale », sauf pour son aspect extérieur. Son habitacle a été repensé et conçu pour les besoins du consommateur moyen, question technologie et espace.

La smart fortwo mérite désormais un meilleur sort que celui qui lui est réservé depuis son arrivée en sol canadien en 2004. Au début, les ventes étaient bonnes, mais une fois que les inconditionnels et les curieux se sont procuré la leur, convaincre les consommateurs de payer environ 17 500 $ ou plus pour une deux places est une tâche plutôt ardue...

Malgré certains feux rouges contre la fortwo, elle demeure une voiture à découvrir pour son côté parfaitement urbain, sa maniabilité exemplaire et, en toute honnêteté, son agrément de conduite.

PUISSANCE À LA TURBO
Les hics des deux premières générations de la fortwo se résumaient principalement par le manque d'espace intérieur et à un groupe propulseur plus ou moins désagréable.

En ce qui a trait à ce dernier point, Mercedes a mis fin aux plaintes. Dorénavant, la citadine est mue par un moteur turbocompressé à trois cylindres de 900 cc qui produit un couple de 100 lb-pi. Pour une voiture compacte, ce n'est guère reluisant, mais dans une voiture affichant un poids d'à peine plus de 900 kilos, c'est plus intéressant.

Que se soit avec la boîte manuelle à cinq rapports ou bien l'automatique Twinmatic à six rapports avec double embrayage, et grâce au maximum de couple disponible dès 2 500 tr/min, les accélérations et même les reprises sont vives. Au sujet de la manuelle, elle travaille très bien tandis que l'automatique ne génère plus d'à-coups comme avant. De plus, smart a corrigé la réponse de la pédale de frein qui jadis était lente et déplaisante, particulièrement en situation d'urgence.

Le nouveau châssis plus rigide est une collaboration Renault/smart et constitue sans aucun doute un atout considérable pour la voiture – c'est comme si elle était passée d'adolescente à adulte, d'un seul coup! La structure de carrosserie surnommée Tridion joue un rôle important dans cette transformation, car elle amène un niveau de raffinement qui, jusque-là, n'existait à peu près pas chez la fortwo.

La suspension revue marie tenue de route et confort à l'instar d'une voiture plus grosse. On ne la comparera pas à une Mercedes de Classe C, mais pour une mini-bagnole de 2,69 m, c'est même très bon. L'assistance de la direction est bien dosée et permet un minuscule diamètre de braquage de seulement 6,95 mètres.

PAS SI PETIT QUE ÇA!

Malgré le fait que l'on remarque des fortwo sur nos routes depuis plus de 12 ans, on a toujours l'idée que c'est ridiculement petit comme voiture. Certes, la smart n'est pas grosse, mais prendre place à bord nous ouvre grand les yeux.

Mercedes a remédié au manque d'espace intérieur en élargissant la largeur de la voiture de 10 cm. Outre le gain en volume pour les passagers, c'est la stabilité de roulement qui gagne plusieurs points. Contre toute attente, l'habitacle de la fortwo donne l'impression d'être vaste tant la surface vitrée est grande, qu'il y a de l'espace pour les jambes, les coudes et la tête.

Le confort est au rendez-vous et l'on se sent bien dans la fortwo. La planche de bord est maintenant fabriquée à l'aide d'un matériel plus sophistiqué que l'ancien plastique rigide, ce qui fait plus classe. L'instrumentation est dotée d'un écran numérique de 3,5 pouces et les buses de ventilation sont intégrées à même la planche. Il faut dire que l'on aimait bien le style unique intérieur des voitures précédentes, et on aurait souhaité une colonne de direction ajustable dans la nouvelle voiture. Côté technologie, smart propose un système multimédia qui comprend un écran tactile de sept pouces dédié à la navigation, la téléphonie et la lecture audio Bluetooth.

La fortwo reprend son élan grâce à cette nouvelle génération puisque les ventes après les six premiers mois de 2016 dépassaient déjà celles de 2015. L'arrivée du cabriolet ajoute du piquant à la gamme, et on devrait bientôt voir réapparaître la version *electric drive*. On s'attend à ce que l'autonomie de cette version 100% électrique soit augmentée par rapport aux 145 km de l'ancienne génération. Dommage toutefois qu'on n'ait pas droit à la forfour, version à quatre portes de la petite smart qui est offerte en Europe.

Châssis - Cabriolet	
Emp / lon / lar / haut	1873 / 2695 / 1663 / 1552 mm
Coffre / Réservoir	260 à 340 litres / 35 litres
Nbre coussins sécurité / ceintures	5 / 2
Suspension avant	ind., jambes force
Suspension arrière	De Dion
Freins avant / arrière	disque / tambour
Direction	à crémaillère, assistée
Diamètre de braquage	7,0 m
Pneus avant / arrière	P165/65R15 / P185/60R15
Poids / Capacité de remorquage	995 kg / n.d.
Assemblage	Hambach FR

Composantes mécaniques	
Cylindrée, soupapes, alim.	3L 0,9 litre 12 s turbo
Puissance / Couple	89 ch / 100 lb-pi
Tr. base (opt) / rouage base (opt)	M5 (A6) / Prop
0-100 / 80-120 / V.Max	10,7 s (const) / n.d. / 155 km/h (const)
100-0 km/h	n.d.
Type / ville / route / CO_2	Sup / 7,5 / 6,1 l/100 km / 3160 kg/an

SUR L'AUTOROUTE, QUAND JE DÉPASSE UNE PLUS GROSSE VOITURE AUX COMMANDES D'UNE FORTWO, QUEL PLAISIR DE VOIR LA TÊTE DE L'AUTRE CONDUCTEUR!

Du nouveau en 2017

La fortwo cabriolet s'ajoute à la gamme et, bientôt, la version 100% électrique. Quelques nouvelles couleurs, nouvelles jantes et un ensemble sport Brabus.

SUBARU **BRZ** / TOYOTA **86**

Prix: 26 618 $ à 27 798 $ (2016)
Catégorie: Coupé
Garanties:
3 ans/60 000 km, 5 ans/100 000 km
Transport et prép.: 1 795 $
Ventes QC 2015: 409 unités*
Ventes CAN 2015: 2 129 unités**

Cote du Guide de l'auto

76 %

Fiabilité	Appréciation générale
■■■■■■■□□□	■■■■■■■■□□
Sécurité	Agrément de conduite
■■■■■■■□□□	■■■■■■■■□□
Consommation	Système multimédia
■■■■■■■□□□	■■■■■■□□□□

Cote d'assurance

■■■■■■□□□□
$$$ $

➕ Look unique • Tenue de route renversante • Boîte manuelle géniale • Habitacle de course • Plutôt confortable pour un coupé sport

➖ Prix élevé • 205 chevaux seulement • Fiabilité pas si bonne • Matériaux bon marché • Places arrière inutilisables

Concurrents
Nissan Z

Une vraie petite sportive !

Marc-André Gauthier

S'il y a bien un segment qui a disparu au fil des ans, c'est celui des coupés sport. Alors que l'Amérique était dominée par les gros *muscle cars* et les *pony cars,* en Europe, on retrouvait plein de petits coupés et de roadsters pas mal sympathiques. L'Angleterre, entre autres, était la mère patrie de plusieurs constructeurs qui aujourd'hui n'existent plus.

C'est dommage, parce qu'aussi intéressantes que puissent être les grosses voitures puissantes, elles n'arriveront jamais à nous faire apprécier la route comme une agile petite bagnole. Oui, ces voitures manquent souvent de puissance, voire d'adhérence, mais c'est justement lorsqu'elle est à la limite de ses capacités qu'une sportive s'apprécie le plus. Et vous savez, les petites autos sport pas trop puissantes, on peut souvent les pousser à leur limite, sans risquer de perdre son permis ou d'aller en prison pour conduite dangereuse.

En 2017, des voitures du genre, il n'y en a plus beaucoup. On pense à la Mazda MX-5, à la nouvelle Fiat 124 Spider, à la MINI, même si elle est de plus en plus grosse, et au duo Scion FR-S / Subaru BRZ. Scion FR-S? Pardon, je voulais dire Toyota 86. Scion, c'est fini. Toyota, propriétaire de cette marque peu populaire, a tiré la « plug », comme disent les Anglais.

Toyota récupère donc quelques modèles Scion, et par quelques modèles, on parle de la Scion iM, qui devient la Corolla iM, et de la FR-S, rebaptisée Toyota 86. Autrement dit, ce coupé sport a maintenant la même dénomination que dans le reste du monde, puisque Scion était une expérience nord-américaine uniquement.

Pour profiter de l'occasion, Toyota a décidé d'en revoir légèrement l'esthétisme, tout comme Subaru, et nous offre quelques chevaux de plus... tout comme Subaru. Il faut dire que la Toyota 86 et la Subaru BRZ sont nées d'un projet commun entre les deux constructeurs. Entre autres, Toyota avait dessiné la plateforme tandis que Subaru avait contribué le moteur et la suspension.

*Subaru BRZ: 158 unités / Toyota 86 (Scion FR-S): 257 unités
**Subaru BRZ: 800 unités / Toyota 86 (Scion FR-S): 1 329 unités

Pratiquement identiques, ces deux véhicules méritent toute votre considération si vous recherchez une expérience unique en 2017.

MÉCANIQUE SIMPLE, EFFICACE, MAIS ASSEZ PUISSANTE ?

Le moteur est un quatre cylindres de 2,0 litres qui développe 205 chevaux, cinq de plus que l'année dernière. On s'entend, ce n'est pas une grosse différence ! Ceux qui possèdent un modèle qui date de quelques années, ne vous lancez pas dans le refinancement de votre maison pour mettre à jour votre auto !

Pour envoyer sa puissance aux roues arrière, cette mécanique peut-être accouplée à une boîte automatique, mais si vous optez pour celle-ci, honte à vous, vous vous priveriez de toute l'expérience qu'a à offrir cette auto. En effet, la boîte manuelle à six rapports est un délice avec lequel on peut composer tous les jours.

Les BRZ et 86 ne sont pas très rapides, par contre. En ligne droite, vous vous ferez facilement éclipser par la plupart des autres véhicules sport abordables. Même par une Camry V6.

Les puristes diront que ce duo n'a pas besoin de plus de puissance, que son mandat a toujours été d'offrir une tenue de route exceptionnelle, pas d'effectuer le quart de mille en 10 secondes. Peut-être, mais 40 petits chevaux additionnels auraient été les bienvenus, d'autant plus que depuis le lancement de ce modèle, il y a quelques années maintenant, on parle d'une version STI plus puissante pour la BRZ, et d'une version *COOL* (un département que je viens d'inventer) pour la FR-S / 86. Tout comme le cabriolet que l'on nous avait promis... Tant que ces coupés ne se vendront pas mieux, il serait surprenant que « Toyobaru » veuille investir davantage.

LAQUELLE CHOISIR

Maintenant, laquelle choisir ? Comme mentionné un peu plus haut, les deux voitures sont très semblables. Leurs habitacles varient en style, mais dans les deux cas, des matériaux bon marché envahissent un habitacle étroit, centré sur le conducteur, qui nous rappelle le cockpit d'une auto de course !

La force de ce duo réside justement là, soit de nous donner l'impression d'être au volant d'une auto de course ! Sur une belle route sinueuse, peu de véhicules peuvent rivaliser son agilité, et la précision avec laquelle on peut la piloter.

Alors, laquelle ? Bonne question ! Essayez les deux, et faites-vous votre propre impression.

Châssis - Base	
Emp / lon / lar / haut	2570 / 4235 / 1775 / 1320 mm
Coffre / Réservoir	196 litres / 50 litres
Nbre coussins sécurité / ceintures	6 / 4
Suspension avant	ind., jambes force
Suspension arrière	ind., multibras
Freins avant / arrière	disque / disque
Direction	à crémaillère, ass. élect.
Diamètre de braquage	11,4 m
Pneus avant / arrière	P215/45R17 / P215/45R17
Poids / Capacité de remorquage	1251 kg / n.d.
Assemblage	Ota JP

Composantes mécaniques	
H4 2,0 litres	
Cylindrée, soupapes, alim.	H4 2,0 litres 16 s atmos.
Puissance / Couple	205 ch / n.d. lb-pi
Tr. base (opt) / rouage base (opt)	M6 (A6) / Prop
0-100 / 80-120 / V.Max	7,1 s (est) / 5,3 s (est) / n.d.
100-0 km/h	40,8 m
Type / ville / route / CO_2	Sup / 9,6 / 7,0 l/100 km / 3878 kg/an

> **ON PEUT SOUVENT POUSSER CES PETITS COUPÉS SPORTIFS PEU PUISSANTS À LEUR LIMITE, SANS RISQUER DE PERDRE SON PERMIS !**

Du nouveau en 2017

Changements esthétiques mineurs, la Scion FR-S devient la Toyota 86, cinq chevaux additionnels à la fois pour le BRZ et la 86.

SUBARU **BRZ** / TOYOTA **86**

SUBARU **FORESTER**

Prix : 25 995 $ à 36 795 $ (2016)
Catégorie : VUS compact
Garanties :
3 ans/60 000 km, 5 ans/100 000 km
Transport et prép. : 1 650 $
Ventes QC 2015 : 2 941 unités
Ventes CAN 2015 : 12 706 unités

Cote du Guide de l'auto

77 %

Fiabilité
■■■■■■■■□□

Appréciation générale
■■■■■■■□□□

Sécurité
■■■■■■■■■□

Agrément de conduite
■■■■■■□□□□

Consommation
■■■■■■■□□□

Système multimédia
■■■■■■□□□□

Cote d'assurance
■■■■■■□□□□
$$$ $

➕ Capacités hors route remarquables •
Sécurité irréprochable • Système
EyeSight efficace • Beaucoup d'espace
à l'intérieur • Boîte CVT convaincante

➖ Peu de plaisir à la conduite •
Insonorisation perfectible • Certains
matériaux bas de gamme • Prix élevé •
Boîte manuelle déconseillée

Concurrents
Chevrolet Equinox, Ford Escape, GMC
Terrain, Honda CR-V, Hyundai Tucson,
Jeep Cherokee, Kia Sportage, Mazda
CX-5, Mitsubishi Outlander, Nissan
Rogue, Toyota RAV4, Volkswagen Tiguan

Si bien

Marc-André Gauthier

Depuis quelques années, on parle de moins en moins de VUS et de plus en plus de multisegments. Les constructeurs ont tellement voulu rendre leurs VUS confortables et raffinés, qu'ils ont fini par créer de grosses berlines avec de grosses suspensions plutôt que de petits utilitaires prêts à tout moment à affronter le désert ou la forêt. Heureusement que la marque Subaru existe ! Elle produit l'un des derniers vrais utilitaires sport sur le marché, le Forester.

SAUTEZ SUR LE MOTEUR TURBO

En 2015, le Forester a représenté plus de 25 % des ventes chez Subaru. C'est un modèle important pour la marque japonaise, et l'on ne s'étonne pas qu'il ait bénéficié de beaucoup d'attention du constructeur dans les dernières années. Pour 2017, nous avons droit à quelques modifications esthétiques mineures, mais surtout, à l'arrivée d'un système électronique qui pimentera la conduite.

Avant de parler de cette nouveauté, il convient de décortiquer l'offre. S'il y a bien une chose à reprocher au Forester, c'est le nombre de versions proposées au consommateur ! Du modèle de base à celui plus sportif équipé du meilleur système de prévention d'accidents au monde, il y en a pour tous les goûts et ce n'est pas toujours évident de s'y retrouver. En gros, on pourrait toutefois diviser la gamme Forester en deux, les variantes 2,5i et les 2,0XT.

À la base, donc, on retrouve un Forester 2,5i muni d'une boîte manuelle à six rapports, accouplée à un quatre cylindres de 2,5 litres, développant 170 chevaux et un couple de 174 livre-pied et pouvant transporter avec aisance cinq personnes. On monte quelques échelons, et l'on retrouve le même moteur que celui de la WRX, soit un quatre cylindres de 2,0 litres turbocompressé de 250 chevaux pour un couple de 258 livre-pied. Ce dernier moteur ne peut être jumelé qu'à la boîte automatique CVT, cependant. Cette même CVT peut aussi être appareillée au 2,5 litres.

La manuelle déçoit, par contre. Elle est plus douce que celle de la Subaru WRX, mais semble mal adaptée au moteur. Le deuxième rapport est trop long, ce qui nous force, par moments, à étirer le premier rapport lorsque l'on démarre dans une pente, question de profiter d'un régime moteur plus élevé, ce qui assure de meilleures performances. Même chose sur l'autoroute, où l'on se surprend à rétrograder en cinquième simplement pour maintenir une vitesse de 120 km/h s'il y a une inclinaison. Heureusement, la boîte CVT fait un bon travail avec le moteur de 2,5 litres, ce qui permet à celui-ci de justifier sa place dans la gamme Forester.

Cependant, la palme d'or revient au turbo de 2,0 litres. Avec sa puissance, il est plus souple que le 2,5 et plus agréable, puisqu'il permet d'exécuter certaines manœuvres de dépassement plus rapidement. En outre, sur la version tout équipée, en 2017, le Forester reçoit un système de variation active du couple (*torque vectoring*) que l'on retrouve sur la sportive WRX et qui permet entre autres de contrôler le couple lors des décélérations, afin de réduire le sous-virage caractéristique aux véhicules quatre roues motrices. C'est ça la nouveauté dont nous vous parlions au début !

SPACIEUX, ET UN BON 4X4
Le Forester est très spacieux. En fait, avec 1 940 litres (2 115 pour les versions de base) d'espace de chargement, il est l'un des meilleurs de sa catégorie. Si vous préférez troquer les bagages pour des occupants, la banquette arrière offre pas mal d'espace.

Environ 99 % des acheteurs de VUS compacts n'utiliseront jamais leur « camion » pour aller jouer dans la boue. Pourtant, le Forester pourrait aisément relever le défi. Sa boîte CVT peut être mise en mode « X », ce qui permet d'améliorer encore la motricité lorsque l'adhérence est réduite. À part le Jeep Cherokee Trailhawk, peu de VUS peuvent se vanter d'être aussi efficaces, du moins dans cette catégorie.

Mais que vaut le Forester dans la vie de tous les jours ? Pour l'automobiliste moyen, il demeure un bon petit VUS confortable qui dispose dorénavant toutes les commodités modernes, comme un grand écran pour contrôler la radio et le système de navigation. La cerise sur le gâteau : il est possible d'équiper son Forester du système de sécurité EyeSight, un ensemble de radars et de capteurs qui détectent l'éventualité d'une collision et qui peuvent même stopper le véhicule si le conducteur est distrait. Le Forester a d'ailleurs reçu la meilleure cote possible de la réputée agence américaine IIHS (*Insurance Institute for Highway Safety*).

Sincèrement, on ne peut être contre la vertu, et l'on ne peut être contre le Forester. C'est le VUS par excellence, pratique, sécuritaire, il vous rendra de fiers services. C'est dommage que les versions les plus intéressantes coûtent si cher.

Châssis - 2.5i	
Emp / lon / lar / haut	2640 / 4595 / 2031 / 1735 mm
Coffre / Réservoir	974 à 2115 litres / 60 litres
Nbre coussins sécurité / ceintures	7 / 5
Suspension avant	ind., jambes force
Suspension arrière	ind., double triangulation
Freins avant / arrière	disque / disque
Direction	à crémaillère, ass. var. élect.
Diamètre de braquage	10,6 m
Pneus avant / arrière	P225/60R17 / P225/60R17
Poids / Capacité de remorquage	1498 kg / remorque freinée
Assemblage	?ta JP

Composantes mécaniques	
Cylindrée, soupapes, alim.	H4 2,5 litres 16 s atmos.
Puissance / Couple	170 ch / 174 lb-pi
Tr. base (opt) / rouage base (opt)	M6 (CVT) / Int
0-100 / 80-120 / V.Max	9,0 s (est) / n.d. / 196 km/h
100-0 km/h	n.d.
Type / ville / route / CO_2	Ord / 9,6 / 7,5 l/100 km / 3981 kg/an
Cylindrée, soupapes, alim.	H4 2,0 litres 16 s turbo
Puissance / Couple	250 ch / 258 lb-pi
Tr. base (opt) / rouage base (opt)	CVT / Int
0-100 / 80-120 / V.Max	7,4 s / 5,3 s / 221 km/h
100-0 km/h	43,5 m
Type / ville / route / CO_2	Sup / 10,2 / 8,5 l/100 km / 4340 (est) kg/an

> **LE FORESTER EST LE VUS PAR EXCELLENCE. PRATIQUE, SÉCURITAIRE, IL VOUS RENDRA DE FIERS SERVICES. C'EST DOMMAGE** QU'IL NE SOIT PAS DONNÉ.

Du nouveau en 2017
Changements esthétiques mineurs, système de vectorisation du couple dans la version XT.

Photos : Subaru

SUBARU IMPREZA

SUBARU **IMPREZA / CROSSTREK**

((SiriusXm))

Prix: 20 500 $ à 21 000 $ (estimé)
Catégorie: Berline, Hatchback
Garanties:
3 ans/60 000 km, 5 ans/100 000 km
Transport et prép.: 1 595 $
Ventes QC 2015: 6 406 unités*
Ventes CAN 2015: 16 741 unités**

Cote du Guide de l'auto

79 % (2016)

Fiabilité
■■■■■■■□□□
Sécurité
■■■■■■■■□□
Consommation
■■■■■■□□□□

Appréciation générale
■■■■■■■□□□
Agrément de conduite
■■■■■■□□□□
Système multimédia
■■■■■□□□□□

Cote d'assurance
■■■■■□□□□□
$ $ $ $

➕ Avantage du rouage intégral •
Davantage d'espace intérieur (Impreza) •
Bon rapport qualité-prix (Crosstrek)

➖ Cinq rapports seulement pour la boîte
manuelle • Espace restreint à l'arrière
(Crosstrek) • Gain minime en puissance
(Impreza) • Version hybride peu
recommandable (Crosstrek)

Concurrents
Chevrolet Cruze, Ford Focus, Honda
Civic, Hyundai Elantra, Kia Forte, Mazda3,
Mitsubishi Lancer, Nissan Sentra,
Toyota Corolla, Volkswagen Golf,
Volkswagen Jetta

À la conquête de l'Amérique

Michel Deslauriers

Subaru gagne du terrain sur le marché nord-américain, surtout aux États-Unis où ses ventes ont augmenté de presque 35 % en deux ans. Pendant ce temps, au Canada, ce constructeur japonais a vu ses ventes croître de 25 %. Il faut dire que nos hivers interminables soutiennent notre intérêt pour des véhicules à rouage intégral, contrairement à la population des États du sud.

Subaru cherche à continuer sur cette belle lancée avec une Impreza complètement redessinée, et dont l'assemblage sera effectué dans son usine de l'Indiana, fraîchement agrandie pour l'occasion. Ce modèle 2017 arrivera sur le marché tard en 2016, et très peu d'informations étaient disponibles au moment de mettre sous presse.

Quant au Crosstrek, ce petit multisegment basé sur l'Impreza à cinq portes qui rivalise notamment les Mazda CX-3, Honda HR-V et Jeep Renegade, on ne sait pas encore s'il subira une refonte ou non pour 2017, puisque rien n'a été dévoilé à ce sujet, du moins, au moment d'écrire ces lignes. Toutefois, il a reçu des retouches esthétiques et quelques autres améliorations pour 2016, alors on suppose que sa refonte sera reportée en 2018.

NOUVEAUX INGRÉDIENTS DANS LA RECETTE
La prochaine génération de l'Impreza, la cinquième depuis l'apparition de cette compacte sur le marché en 1992, pourra compter sur une toute nouvelle plate-forme. Cette architecture porte le nom très original de Subaru Global Platform, et servira comme base à de nombreux futurs modèles de la marque. On précise également que cette plate-forme, par ailleurs plus rigide, peut aussi accommoder des motorisations hybrides.

La carrosserie de l'Impreza 2017 est lourdement inspirée des concepts ayant été présentés dans les divers salons automobiles au cours de la dernière année. Évidemment, on ne révolutionne d'aucune façon la catégorie des compactes au chapitre du design, mais les stylistes

*Subaru Impreza: 3547 unités / Subaru Crosstrek: 2859 unités
**Subaru Impreza: 8319 unités / Subaru Crosstrek: 8422 unités

de Subaru semblent bénéficier d'une plus grande liberté créative. L'Impreza revêt notamment une apparence plus musclée ainsi qu'une ligne de caractère qui s'amorce au bloc optique et qui s'étend comme une vague sur le flanc pour aboutir au feu arrière.

Les dimensions intérieures n'ont pas encore été révélées, mais Subaru promet un habitacle plus spacieux. Par rapport à sa devancière, cette Impreza profite d'un empattement allongé de 25 mm, elle est plus longue et plus large, avec un centre de gravité plus bas et une révision de la suspension pour une dynamique de conduite rehaussée.

Évidemment, chaque Impreza est équipée du rouage intégral à prise constante de Subaru, qui a depuis longtemps démontré sa grande efficacité en conditions hivernales. Et sous le capot, le quatre cylindres à plat de 2,0 litres reçoit l'injection directe; sa puissance passe ainsi de 148 à 152 chevaux. C'est mieux que rien.

Quatre déclinaisons de l'Impreza sont proposées à la fois pour la berline et la cinq portes, soit 2,0i, Touring, Sport et Sport-tech. Les versions les mieux équipées recevront des phares à DEL, une clé intelligente, une chaîne audio Harman/Kardon et un système multimédia rehaussé des fonctionnalités STARLINK. Évidemment, l'excellent ensemble de sécurité active EyeSight est toujours disponible.

DANS LES SENTIERS ET LA JUNGLE URBAINE

Le Crosstrek poursuit sa mission d'offrir un style plus robuste, un rouage intégral efficace et un rapport prix-équipement attractif. Son quatre cylindres de 2,0 litres produit 148 chevaux et un couple de 145 lb-pi, lui procurant des performances adéquates et une consommation raisonnable. Avec une conduite mixte ville/route, on peut consommer entre et 8,5 et 9,5 l/100 km, pas si mal par rapport aux bagnoles concurrentes. Par contre, on aurait bien aimé que la boîte manuelle ait un sixième rapport, question de baisser le régime moteur à vitesse d'autoroute, et par conséquent, le bruit dans l'habitacle. L'automatique à variation continue, offerte en option, fonctionne bien.

Le Crosstrek permet aux gens actifs d'aller se promener hors des sentiers battus, grâce à sa garde au sol élevée, son espace de chargement adéquat et la polyvalence offerte par ses longerons de toit. L'espace pour les passagers n'est pas des plus accommodants, mais la concurrence directe ne peut faire mieux. Enfin, la version hybride du Crosstrek est peu intéressante. Elle devrait consommer un à deux litres aux 100 km de moins en ville, mais nos essais de cette voiture n'ont pas donné les résultats escomptés.

Châssis - Impreza 2.0 Berline	
Emp / lon / lar / haut	2670 / 4625 / 1777 / 1455 mm
Coffre / Réservoir	340 litres / 55 litres
Nbre coussins sécurité / ceintures	7 / 5
Suspension avant	ind., jambes force
Suspension arrière	ind., double triangulation
Freins avant / arrière	disque / disque
Direction	à crémaillère, ass. var. élect.
Diamètre de braquage	10,6 m
Pneus avant / arrière	P205/55R16 / P205/55R16
Poids / Capacité de remorquage	1370 kg / n.d.
Assemblage	Lafayette IN US

Composantes mécaniques	
Cylindrée, soupapes, alim.	H4 2,0 litres 16 s atmos.
Puissance / Couple	152 ch / n.d. lb-pi
Tr. base (opt) / rouage base (opt)	CVT / Int
0-100 / 80-120 / V.Max	12,0 s (est) / 8,5 s (est) / n.d.
100-0 km/h	45,3 m
Type / ville / route / CO_2	Ord / 8,5 / 6,4 l/100 km / 3475 (est) kg/an

« AVEC SON APPARENCE PLUS **DYNAMIQUE** ET SON ASSEMBLAGE FAIT AUX ÉTATS-UNIS, SUBARU VISE **GRAND** AVEC LA NOUVELLE GÉNÉRATION DE **L'IMPREZA.** »

Du nouveau en 2017

Nouveau modèle (Impreza berline et à cinq portes)
Aucun changement pour le Crosstrek.

SUBARU CROSSTREK

SUBARU IMPREZA

Photos : Subaru

SUBARU IMPREZA/CROSSTREK

SUBARU LEGACY

SUBARU **LEGACY / OUTBACK**

Prix : 23 495 $ à 34 295 $ (2016)
Catégorie : Berline, Familiale
Garanties :
3 ans/60 000 km, 5 ans/100 000 km
Transport et prép. : 1 595 $
Ventes QC 2015 : 4 887 unités*
Ventes CAN 2015 : 13 250 unités**

Cote du Guide de l'auto

75 %

Fiabilité	Appréciation générale
■■■■■■□□□□	■■■■■■■□□□
Sécurité	Agrément de conduite
■■■■■■■□□□	■■■■■■□□□□
Consommation	Système multimédia
■■■■■■■□□□	■■■■■■■□□□

Cote d'assurance

■■■■■■■■□□

$ $ $ $

➕ Style très discret • Qualité des matériaux meilleure qu'avant • Voiture très pratique (Outback) • Six cylindres bien adaptés • Rouage intégral sérieux

➖ Style trop discret • Habitacle sans relief • Voitures aussi passionnantes qu'un poteau de clôture • 2,5 litres bruyant en accélération...

Concurrents
Buick Regal, Chevrolet Malibu, Chrysler 200, Ford Fusion, Honda Accord, Hyundai Sonata, Kia Optima, Mazda6, Nissan Altima, Toyota Camry, Volkswagen Passat

Appel à la résistance

Alain Morin

Il y a deux ans, Subaru remaniait de fond en comble son populaire duo Legacy / Outback. Le constructeur aurait pu en profiter pour lui donner ne serait-ce qu'un millième du *charme* de la Legacy Concept vue au Salon de Los Angeles en novembre 2013, mais il n'en fut rien. Remarquez qu'une Subaru qui sort du rang n'est jamais populaire. Il n'y a qu'à regarder la cocasse XT de la fin des années 80, l'étonnante SVX de la décennie suivante ou l'excentrique Baja du début du nouveau millénaire pour comprendre pourquoi les dirigeants de Subaru ont décidé de respecter le credo de la marque depuis des décennies : logique, robustesse, simplicité.

Clarifions tout de suite la différence majeure entre la Legacy et l'Outback. La première est une berline, la seconde, une familiale haute sur pattes. Voyons ça de plus près...

Il serait facile d'affirmer que si la Legacy est pratiquement invisible sur nos routes, c'est à cause de son style passe-partout. Mais il n'y a pas que cela. Dans la catégorie des berlines intermédiaires, seule la Mazda6 se vend moins qu'elle (2 703 unités pour cette dernière au Canada en 2015 contre 3 258 pour la Legacy). Elle est même beaucoup moins populaire que l'Outback (9 992). On est loin des 16 805 Toyota Camry écoulées durant la même période.

La Legacy et l'Outback partagent un habitacle terne et peu en accord avec les thèmes modernes. Ici, pas de flaflas, pas de belles petites courbes pour faire joli. Par contre, des matériaux de qualité et du fonctionnel, en veux-tu, en v'là ! Les sièges sont confortables et chauffants même dans la version de base, les espaces de rangement sont nombreux et le système multimédia StarLink s'avère intuitif et facile à utiliser au quotidien. Même pour quelqu'un qui commence à peine à comprendre son terminal Illico. C'est tout dire...

* Subaru Legacy : 1 307 unités / Subaru Outback : 3 580 unités
** Subaru Legacy : 3 258 unités / Subaru Outback : 9 992 unités

TECHNOLOGIE, MON ŒIL...

Un mot sur le système EyeSight, qui fait partie de l'ensemble Technologie optionnel. Il ajoute à la sécurité en surveillant constamment ce qui se passe devant. Cependant, il ne faut jamais faire entièrement confiance à ce genre de système (et pas juste dans le cas de Subaru). Ça demeure de l'informatique. Les yeux humains et une bonne dose de jugement s'avèrent encore les systèmes les plus sécuritaires.

Personne ne sera surpris d'apprendre qu'au chapitre de la polyvalence, l'Outback se démarque avantageusement par rapport à la Legacy. Le coffre de cette dernière est de bonnes dimensions, mais sa petite ouverture nuit au transport de gros objets. L'Outback, de son côté, est l'une des dernières familiales sur le marché... même si l'on pourrait s'obstiner longtemps à savoir s'il s'agit d'une familiale, d'un VUS ou d'un multisegment! Et pour ne pas clore le débat, soulignons que son coffre est vaste comme celui d'un VUS compact...

Les deux voitures reçoivent les mêmes moteurs à plat, un peu comme sur certaines Porsche. Quoique beaucoup moins puissants, on s'entend. D'ailleurs, on l'entend cette différence... et ce n'est pas à l'avantage de Subaru, croyez-moi! Le moteur de base est un quatre cylindres de 2,5 litres développant 175 chevaux et un couple de 174 lb-pi.

VIVEMENT LE SIX CYLINDRES!

L'autre moteur est un six cylindres de 3,6 litres nettement plus enjoué. Pas au point de faire d'une Legacy ou d'une Outback une voiture sport, que non, mais sa vivacité sera appréciée dès le premier dépassement. En plus, ce moteur permet, avec l'Outback, de tirer une remorque freinée pesant jusqu'à 1360 kilos (3 000 livres) contre 1224 (2700) pour le 2,5 litres, tout en consommant à peine davantage.

Là où le 2,5 a un avantage, c'est au chapitre des boîtes de vitesses car il peut être accouplé à une manuelle à six rapports, une des très rares à être offertes de concert avec un rouage intégral. Sinon, on retrouve une automatique à rapports continuellement variables (CVT). Son comportement est à l'image de notre duo de voitures, sans problèmes mais sans passion non plus. Quant au rouage symétrique de Subaru, nul besoin d'en faire l'apologie, son excellente réputation parlant pour lui.

Sur la route, les placides Legacy et Outback sont confortables, relativement silencieuses et... plates à conduire. Dans un monde où les changements arrivent à un rythme d'enfer, les Subaru Legacy et Outback représentent une valeur sûre. Leur résistance au changement, qui serait décriée chez d'autres constructeurs, constitue ici un bel avantage pour quiconque ne ressent pas le besoin ou le goût d'avoir tous les regards braqués sur lui.

Du nouveau en 2017

Aucun changement majeur

Châssis - 2.5i Legacy

Emp / lon / lar / haut	2750 / 4796 / 1840 / 1500 mm
Coffre / Réservoir	425 litres / 70 litres
Nbre coussins sécurité / ceintures	8 / 5
Suspension avant	ind., jambes force
Suspension arrière	ind., double triangulation
Freins avant / arrière	disque / disque
Direction	à crémaillère, ass. var. élect.
Diamètre de braquage	11,2 m
Pneus avant / arrière	P225/55R17 / P225/55R17
Poids / Capacité de remorquage	1543 kg / 453 kg (998 lb)
Assemblage	Lafayette IN US

Composantes mécaniques

H4 2,5 litres

Cylindrée, soupapes, alim.	H4 2,5 litres 16 s atmos.
Puissance / Couple	175 ch / 174 lb-pi
Tr. base (opt) / rouage base (opt)	M6 (CVT) / Int
0-100 / 80-120 / V.Max	10,0 s / 7,0 s / n.d.
100-0 km/h	43,3 m
Type / ville / route / CO_2	Ord / 9,0 / 6,5 l/100 km / 3623 kg/an

H6 3,6 litres

Cylindrée, soupapes, alim.	H6 3,6 litres 24 s atmos.
Puissance / Couple	256 ch / 247 lb-pi
Tr. base (opt) / rouage base (opt)	CVT / Int
0-100 / 80-120 / V.Max	7,2 s (est) / n.d. / n.d.
100-0 km/h	n.d.
Type / ville / route / CO_2	Ord / 11,9 / 8,2 l/100 km / 4708 kg/an

> EN PLUS D'ÊTRE TRÈS **POLYVALENTE**, L'OUTBACK JOUIT D'UNE EXCELLENTE **VISIBILITÉ** TOUT LE TOUR. AUJOURD'HUI, C'EST TRÈS RARE!

SUBARU OUTBACK

SUBARU LEGACY

SUBARU WRX STI

SUBARU **WRX / STI**

((SiriusXM))

Prix : 29 995 $ à 45 395 $
Catégorie : Berline
Garanties :
3 ans/60 000 km, 5 ans/100 000 km
Transport et prép. : 1 765 $
Ventes QC 2015 : 971 unités*
Ventes CAN 2015 : 3 107 unités*

Cote du Guide de l'auto
76 %

Fiabilité
■■■■■■■□□□

Appréciation générale
■■■■■■■□□□

Sécurité
■■■■■■■■□□

Agrément de conduite
■■■■■■■■□□

Consommation
■■■■■□□□□□

Système multimédia
■■■■■■■□□□

Cote d'assurance
■■■■■■■□□□□
$$$ $

➕ Excellent rouage intégral •
Tenue de route sûre et précise •
Habitacle spacieux • Châssis solide (STI)

➖ Suspensions fermes (STI) •
Léger manque de couple à bas régime
(STI) • Design excentrique •
Lacunes côté confort (STI)

Concurrents
Mercedes-Benz CLA, Mitsubishi Lancer,
Volkswagen Golf, Ford Focus

Statu quo pour les moutons noirs

Gabriel Gélinas

Dans le monde de l'automobile, il y a de ces modèles qui font figure de mouton noir et le tandem WRX/STI correspond parfaitement à cette description. Surtout dans le cas de la STI, qui est presque une voiture de rallye avec une plaque d'immatriculation. Ce statut particulier fait en sorte qu'elle est presque devenue un objet de culte pour ses nombreux fans à travers le monde.

Sur le plan technique, la Subaru WRX STI est une voiture hors normes, comme en témoigne son différentiel central ajustable au moyen d'une commande localisée sur la console centrale. En temps normal, la répartition du couple est de 41 pour cent vers le train avant et de 59 vers le train arrière, mais le conducteur peut envoyer à sa guise plus de couple au train avant ou arrière.

Bref, il est possible de paramétrer le comportement de la STI et d'en faire une voiture très joueuse, mais encore faut-il avoir accès à un terrain de jeu qui le permette. Sur une route déserte, en terre ou en gravier, l'agrément de conduite est certainement au rendez-vous.

CHÂSSIS PERFORMANT
Sur les routes asphaltées ou balisées, on aime aussi le comportement du châssis et les réactions très directes de la voiture, qui répond instantanément à la moindre sollicitation, ainsi que l'étagement serré des rapports de la boîte manuelle, qui ajoute à l'agrément de conduite. Il faut toutefois composer avec un relatif manque de couple à bas régime et avec un léger délai de réponse à la commande des gaz avant de sentir la pleine poussée du couple.

Le freinage, assuré par des étriers fournis par l'équipementier Brembo, est hautement performant. De plus, le comportement routier s'avère sûr et prévisible en toutes circonstances. Le roulis en virages est minime et les mouvements de la caisse sont bien maîtrisés, mais on peut également dire

* Ventes combinées

que la STI a les défauts de ses qualités dans la mesure où le confort est inversement affecté par des suspensions aux calibrations très fermes.

Bref, autant elle peut être exaltante à conduire, autant elle peut être pénalisante dans la vie de tous les jours. Son moteur turbocompressé développe 305 chevaux, ce qui était beaucoup autrefois, mais qui n'a rien d'exceptionnel à notre époque. Ce statu quo, pour ce qui est de la motorisation et de la technique, fait en sorte que la WRX STI se retrouve rattrapée par de nouvelles rivales.

ET LA WRX ?

Moins radicale et moins typée, la WRX est animée par un moteur quatre cylindres turbocompressé de 2,0 litres, de conception plus récente qui peut être jumelé à une boîte manuelle conventionnelle ou encore à une automatique à variation continue. Cette dernière fait un assez bon boulot pour l'acheteur qui ne place pas les performances au sommet de ses priorités. Pour un usage quotidien, peu importe les conditions météo, la WRX est une voiture redoutablement efficace, qui dispose aussi d'un côté pratique indéniable grâce à son habitacle spacieux, au volume de son coffre et à sa banquette arrière modulable.

Précisons également que les WRX et STI ont reçu, l'an dernier, de nouvelles interfaces multimédias à écran tactile plus modernes et plus conviviales, mais que le reste de la planche de bord conserve le look «old school» des modèles antérieurs.

Pour l'année-modèle 2017, Subaru apporte quelques changements à la gamme des modèles WRX et STI. Ainsi, les modèles de base adoptent une doublure de pavillon en tissu, une fonction de levée et descente automatique de la vitre côté passager avant et la couleur bleu lapis est retirée du catalogue. Les modèles Sport ne subissent aucun changement, mais les modèles Sport-tech s'enrichissent de la compatibilité avec les systèmes Siri Eyes Free et Mirrorlink.

Longtemps seule sur son étoile, la STI subit maintenant les assauts de deux nouvelles rivales, soit les Ford Focus RS, dotée d'un rouage intégral lui permettant de faire de véritables prouesses, et la Volkswagen Golf R, qui s'avère très performante, mais qui fait preuve de plus de raffinement avec une présentation intérieure nettement plus soignée et un comportement routier qui pénalise moins le confort.

La STI demeure fidèle à sa vocation, elle est toujours capable de performances éblouissantes, mais on attend qu'une évolution s'opère chez ce modèle mythique afin qu'il puisse lutter à armes égales avec ses nouvelles rivales au comportement très affûté. C'est bien connu, quand on ne va pas de l'avant, on recule...

Du nouveau en 2017

Nouvelle doublure de pavillon en tissu, fonction automatique de levée/descente de la vitre côté passager, systèmes Siri Eyes Free et Mirrorlink sur modèles Sport-tech.

Châssis - STI berline

Emp / lon / lar / haut	2650 / 4595 / 1795 / 1475 mm
Coffre / Réservoir	340 litres / 60 litres
Nbre coussins sécurité / ceintures	7 / 5
Suspension avant	ind., jambes force
Suspension arrière	ind., double triangulation
Freins avant / arrière	disque / disque
Direction	à crémaillère, ass. var.
Diamètre de braquage	11,0 m
Pneus avant / arrière	P245/40R18 / P245/40R18
Poids / Capacité de remorquage	1526 kg / n.d.
Assemblage	Ota JP

Composantes mécaniques

WRX

Cylindrée, soupapes, alim.	H4 2,0 litres 16 s turbo
Puissance / Couple	268 ch / 258 lb-pi
Tr. base (opt) / rouage base (opt)	M6 (CVT) / Int
0-100 / 80-120 / V.Max	6,3 s / 4,1 s / 240 km/h (const)
100-0 km/h	36,2 m
Type / ville / route / CO2	Ord / 11,3 / 8,5 l/100 km / 4618 kg/an

STI

Cylindrée, soupapes, alim.	H4 2,5 litres 16 s turbo
Puissance / Couple	305 ch / 290 lb-pi
Tr. base (opt) / rouage base (opt)	M6 / Int
0-100 / 80-120 / V.Max	5,4 s / 3,7 s / 255 km/h (const)
100-0 km/h	35,7 m
Type / ville / route / CO2	Sup / 13,8 / 10,2 l/100 km / 5603 kg/an

« LONGTEMPS SEULE SUR SON ÉTOILE, LA STI SUBIT MAINTENANT LES ASSAUTS DE DEUX NOUVELLES RIVALES, SOIT LES FORD FOCUS RS ET VOLKSWAGEN GOLF R. »

SUBARU WRX STI

TESLA **MODEL S**

Prix : 86 000 $ à 143 200 $
Catégorie : Berline
Garanties :
4 ans/80 000 km, 4 ans/80 000 km
Transport et prép. : 1 300 $
Ventes QC 2015 : n.d.
Ventes CAN 2015 : n.d.

Cote du Guide de l'auto

85 %

Fiabilité	Appréciation générale
■■■■■□□□□□	■■■■■■■■■□
Sécurité	Agrément de conduite
■■■■■■■■■□	■■■■■■■■□□
Consommation	Système multimédia
■■■■■■■■□□	■■■■■□□□□□

Cote d'assurance

■■■■■■■□□□
$$$ $

➕ Performances hallucinantes •
Design qui vieillit bien • Spacieuse
et confortable • Plaisante en conduite
quotidienne

➖ Fiabilité douteuse • Prix corsés •
Finition intérieure moyenne •
Réseau de centre de service restreint

Concurrents

Aston Martin Rapide, Audi A8,
BMW Série 7, Mercedes-Benz Classe S,
Porsche Panamera, Volvo S80

La meilleure voiture au monde ?

Mathieu St-Pierre

Il fut un temps où tout le monde croyait que la Model S de Tesla était le nec plus ultra de l'automobile, toutes catégories confondues. Quoique cette croyance ait quelque peu changé, Tesla n'est devenue rien de moins qu'une religion. Vous en doutez ? Allez dire à l'un de ceux qui attendent leur Model 3 qu'ils ont perdu la carte, et qu'ils sont fous de s'acheter une voiture sans même l'avoir vue de leurs propres yeux...

La Model S de Tesla continue de faire des vagues dans le monde automobile, malgré le fait que son design commence à se faire vieillot. D'une manière ou d'une autre, elle fera partie de l'éventail des produits Tesla offerts, pour encore quelques années, et sa présence est cruciale si Elon Musk, le fondateur de Tesla, veut atteindre son but, celui de vendre 500 000 véhicules d'ici 2020. Quoi qu'il en soit, la Model S demeure hautement séduisante, peu importe la version.

LE RAFFINEMENT DÉSIRÉ
Introduite au milieu de l'année 2012, la Model S, une électrique à 100 %, avait tout d'une voiture sans compromis. Sa bouleversante autonomie et son design ensorceleur de grande berline de luxe en avaient surpris plus d'un. Du jamais vu !

Toutes les Model S que nous avons essayées nous ont épatées dès les premiers instants. La nouvelle calandre de la berline, plus de famille, la rapproche des Model X et Model 3, et il faut dire qu'un peu de renouveau lui fait du bien. Bien que le reste de la voiture demeure inchangé, on admettra qu'elle vieillit très bien. La Model S propose toujours deux coffres, s'adaptant ainsi aux besoins de toute la famille.

L'habitacle, dans son ensemble, s'avère l'aspect le plus décevant de la Model S. À des prix frôlant les 110 000 $ pour une version milieu de gamme, les matériaux et la finition sont loin d'être à la hauteur du prix demandé.

Les nouveaux sièges sont plus confortables, ce qui amplifie le niveau de bien-être. N'oublions pas qu'elle est particulièrement spacieuse et qu'elle peut accueillir cinq ou sept passagers (les deux derniers devront être très courts et très flexibles). Dans l'habitacle, c'est l'écran tactile de 17 pouces qui continue d'accaparer toute l'attention. Une fois traversée la période d'adaptation, nécessaire afin de bien maîtriser la navigation, l'utilisation devient aisée.

PASSONS AUX CHOSES SÉRIEUSES... ET SÉRIEUSEMENT RAPIDES

Depuis l'arrivée de la «D», la version à double moteur, les vidéos opposant une Model S P85D ou, plus récemment, une P90D, se multiplient sur YouTube et ailleurs sur le web. Dans la majorité des cas, la Tesla déculotte une voiture sport, comme une Porsche 911 Turbo ou une Nissan GT-R. Épatant, non?

Cette année marque le retour de la 60, ou de la vraie version de base. Malgré le fait qu'elle arbore une batterie de 60kWh elle peut franchir la barre des 100 km/h en 5,8 secondes, soit l'équivalent d'une Volkswagen GTI. L'ancienne version 70D devient une combinaison de deux options sur la 60, soit l'addition du deuxième moteur et d'une batterie de 75kWh Certes, la 75D n'est pas donnée, mais elle est la version la plus logique. Son autonomie est de l'ordre de 466 km, tandis que le sprint de 0 à 100 km/h est bouclé en seulement 5,4 secondes, de quoi faire rougir les propriétaires d'un coupé sport. Et parlant de rougir, les versions 60, 70 et 75 traînent la même batterie, dont la capacité se débloque par les ondes en échange de vos (nombreux) dollars.

Ensuite viennent les fameuses 90D. Ces bolides, et c'est le cas de le dire, de plus de 2 200 kilos et qui remplacent les 85D, sont au sommet de leur art. Non seulement elles sont capables de se catapulter vers l'horizon dès que l'on effleure l'accélérateur, mais, en plus, leur autonomie est franchement impressionnante. La 90D roule 473 km avant de nécessiter un plein et la P90D parcourt 434 km.

Parlons un peu plus de la P90D. Elle est le rêve de votre chiro, et le cauchemar de votre coiffeur, tant les accélérations et les reprises se réalisent de manière frénétique. Avec le mode «ludicrous speed», ou «vitesse démesurée», cette S fracasse le 0-100 km/h en trois toutes petites secondes. La violence avec laquelle la voiture se déplace est si intense que votre passeport-saison à la Ronde aura perdu toute sa valeur.

La saga Tesla est saisissante. Nous sommes témoins de ses hauts et de ses bas, mais en dépit de tout, nous aimons la direction que prend ce petit constructeur qui continue de chambarder l'industrie automobile.

Châssis - 60D

Emp / lon / lar / haut	2960 / 4970 / 1963 / 1427 mm
Coffre / Réservoir	745 à 1645 litres / s.o.
Nbre coussins sécurité / ceintures	8 / 5
Suspension avant	ind., double triangulation
Suspension arrière	ind., multibras
Freins avant / arrière	disque / disque
Direction	à crémaillère, ass. var. électro.
Diamètre de braquage	11,3 m
Pneus avant / arrière	P245/45R19 / P245/45R19
Poids / Capacité de remorquage	2200 kg / non recommandé
Assemblage	Fremont CA US

Composantes mécaniques

60

Puissance / Couple	315 ch (235 kW) / 325 lb-pi
Tr. base (opt) / rouage base (opt)	Rapport fixe / Prop
0-100 / 80-120 / V.Max	5,8 s (const) / n.d. / 210 km/h (const)
Type de batterie	Lithium-ion (Li-ion)
Énergie / Autonomie:	60 kWh / 372 km
Temps de charge (120V / 240V)	n.d. / 10,0 h

75

Électrique - 315 ch/n.d. lb-pi / Rapport fixe - 0-100: 5,8 s (est) - 75 kWh - Autonomie: 450 km - Temps de charge 240V: 8,25 h

60D

Électrique - 328 ch/387 lb-pi - Rapport fixe - 0-100: 5,4 s (const) - 60 kWh - Autonomie: 381 km - Temps de charge 240V: 10,25 h

75D

Électrique - 329 ch/n.d. lb-pi - Rapport fixe - 0-100: 5,4 s (est) - 75 kWh - Autonomie: 466 km - Temps de charge 240V: 8,25 h

90D

Électrique - 417 ch/n.d. lb-pi - Rapport fixe - 0-100: 4,4 s (const) - 90 kWh - Autonomie: 499 km - Temps de charge 240V: 12,75 h

P90D

Électrique - 463 ch/713 lb-pi - Rapport fixe - 0-100: 3,5 s (const) - 90 kWh - Autonomie: 499 km - Temps de charge 240V 12,2 h

Du nouveau en 2017

Nouvelle calandre avant, nouvelles finitions intérieures, l'option d'une batterie de 75 kWh, retour de la version de base 60 ainsi que de la 60D.

Photos: Tesla Motors

TESLA **MODEL X**

(((SiriusXM)))

Prix : 106 000 $ à 150 100 $
Catégorie : VUS intermédiaire
Garanties :
4 ans/80 000 km, 4 ans/80 000 km
Transport et prép. : 1 300 $
Ventes QC 2015 : 0 unité
Ventes CAN 2015 : 0 unité

Cote du Guide de l'auto

n.d.

Fiabilité	Appréciation générale
Nouveau modèle	**Nouveau modèle**
Sécurité	Agrément de conduite
Nouveau modèle	**Nouveau modèle**
Consommation	Système multimédia
■■■■■■■■□□	**Nouveau modèle**

Cote d'assurance

Nouveau modèle

➕ Bonne autonomie • Design réussi •
Habitacle spacieux • Technologies et
sécurité de pointe • Performances
hors norme

➖ Finition ordinaire • Qualité d'assemblage
moyenne • Problèmes de fiabilité •
Prix démesuré • Réparations coûteuses

Concurrents
Aucun concurrent

Un VUS électrisant,
mais très dispendieux

Marc-André Gauthier

Elon Musk a le trait de bien des génies. Un peu étrange, communicateur ordinaire, il n'en demeure pas moins qu'il sera l'une des figures marquantes du XXIe siècle. Avec sa compagnie SpaceX, il souhaite démocratiser le transport vers l'espace, que l'on parle de marchandises ou d'individus. Il a même développé une fusée capable d'atterrir sur une plate-forme téléguidée en pleine mer. Une fusée réutilisable ?! Vous ne rêvez pas...

Il veut ensuite révolutionner les transports rapides, en inventant une sorte de train magnétique évoluant dans un tube sous vide, capable d'emmener 840 personnes à la fois à la vitesse de 1 350 km/h, ce qui en ferait le moyen de transport le plus rapide au monde. Et le plus sûr, semble-t-il.

Finalement, Musk a l'intention de mettre fin aux voitures roulant au pétrole en commercialisant sa première voiture électrique de masse, la Tesla Model 3. Pour financer cet ambitieux projet, il compte sur plusieurs investissements gouvernementaux, et sur quelques individus convaincus qui auront payé plusieurs milliers de dollars pour mettre la main sur l'un des deux modèles actuellement offerts chez Tesla, la Model S et le Model X.

La Model S, dont nous traitons dans un autre texte, est une voiture d'une qualité indéniable et très désirable Le Model X, de son côté, a une feuille de route un peu moins rose. Délais considérables dans la livraison, prix astronomique, désaveu du processus de développement par Elon Musk lui-même, plusieurs sont enclins à condamner à l'avance le Model X. Or, quoi qu'on en dise, quoi qu'on en pense, le Model X est le VUS qui accélère le plus rapidement au monde, et il recèle de qualités !

BEAUCOUP D'OPTIONS QUI COÛTENT CHER
Au lancement montréalais du Model X, les gens qui avaient déjà réservé leurs copies étaient invités à essayer un véhicule démonstratif, tout équipé avec le moteur le plus puissant, avant de passer du côté du bureau des

ventes où ils choisiraient la version qu'ils allaient acheter. À la surprise de plusieurs, les prix sont fort élevés.

Le Model X se décline en configurations à 5, 6, ou 7 places. Rendons à César ce qui revient à César : tous les sièges du Model X sont confortables, par contre, les deux places de la troisième rangée n'offrent pas beaucoup de dégagement pour la tête et les jambes.

Le gros écran qui compose l'essentiel de la planche de bord est d'un design moderne, qui rappelle la même attention à l'apparence que l'on retrouve chez Apple ou Ikea. La finition du véhicule se compare à celle d'une Honda Accord. Dans une auto à 35 000 $ ça passe, mais dans une voiture dont le prix de base se situe aux alentours de 100 000 $, avant le rabais gouvernemental de 8 000 $, c'est inacceptable.

Parlons-en, du prix ! Si vous voulez que votre voiture se conduise seule sur l'autoroute, payez 3 500 $ supplémentaires (et soyez attentifs !). L'ensemble Luxe Premium, qui comprend des matériaux plus raffinés pour l'habitacle, et un filtre à air antibactérien de cabine de grade hôpital, ce sera 6 400 $. La suspension à air ajustable, et très confortable, coûte 3 500 $. L'ensemble Hivernal, qui inclut le volant chauffant et des sièges chauffants à toutes les places, 1 400 $. Une chaîne audio de haute qualité vous fera débourser 3 500 $. L'ensemble Remorquage, qui vous permet de tracter jusqu'à 5 000 livres (2 268 kilos), 1 050 $. Enfin, la compatibilité aux bornes de recharge rapide réclame 2 100 $.

En plus des options énumérées plus haut, on doit choisir son groupe motopropulseur. À la base, le Model X 75D vient avec une pile de 75kWh et deux moteurs de 259 chevaux, un à l'avant, l'autre à l'arrière, pour un système quatre roues motrices évolué. L'ensemble produit l'équivalent de 328 chevaux combinés, pour un 0-100 km/h en 6,2 secondes et une autonomie de 381 km.

Vient ensuite le 90D, avec une pile de 90kWh et les mêmes moteurs que dans la version 75D. Toutefois, comme la batterie est plus puissante, on parle de 417 chevaux et de 413 km d'autonomie. La version de performance, la P90D, nous donne de 463 à 532 chevaux électriques, en fonction des options, qui répondent en un éclair, c'est le cas de le dire. Le 0-100 km/h se fait en 3,4 secondes, malgré une autonomie qui demeure près des 400 km. Mais là, on parle approximativement de 180 000 $ en version tout équipée...

Le Model X est un plaisir à conduire, confortable, voire sportif dans son comportement. Il est simplement très dispendieux. D'ailleurs, avec plus de 380 km d'autonomie, au minimum, il convient à pas mal de gens... très fortunés !

Du nouveau en 2017

Nouveau modèle

Châssis - 75D

Emp / lon / lar / haut	2965 / 5036 / 1999 / 1684 mm
Coffre / Réservoir	736 à 2180 litres / s.o.
Nbre coussins sécurité / ceintures	12 / 7
Suspension avant	ind., double triangulation
Suspension arrière	ind., multibras
Freins avant / arrière	disque / disque
Direction	à crémaillère, ass. var. électro.
Diamètre de braquage	12,4 m
Pneus avant / arrière	P265/45R20 / P275/45R20
Poids / Capacité de remorquage	2350 kg / 2273 kg (5011 lb)
Assemblage	Fremont CA US

Composantes mécaniques

75D

Puissance / Couple	328 ch (245 kW) / n.d. lb-pi
Tr. base (opt) / rouage base (opt)	Rapport fixe / Int
0-100 / 80-120 / V.Max	6,2 s (const) / n.d. / 210 km/h (const)
100-0 km/h	n.d.
Type de batterie	Lithium-ion (Li-ion)
Énergie	75 kWh
Temps de charge (120V / 240V)	n.d. / 15,5 h
Autonomie	381 km

90D

Puissance / Couple	417 ch (311 kW) / 485 lb-pi
Tr. base (opt) / rouage base (opt)	Rapport fixe / Int
0-100 / 80-120 / V.Max	5,0 s (const) / n.d. / 250 km/h (const)
100-0 km/h	n.d.
Type de batterie	Lithium-ion (Li-ion)
Énergie	90 kWh
Temps de charge (120V / 240V)	n.d. / 16,5 h
Autonomie	413 km

P90D

Puissance / Couple	463 ch (345 kW) / 713 lb-pi
Tr. base (opt) / rouage base (opt)	Rapport fixe / Int
0-100 / 80-120 / V.Max	4,0 s (const) / n.d. / 250 km/h (const)
100-0 km/h	n.d.
Type de batterie	Lithium-ion (Li-ion)
Énergie	90 kWh
Temps de charge (120V / 240V)	n.d. / 16,5 h
Autonomie	402 km

TOYOTA **4RUNNER**

Prix : 42 125 $ à 49 460 $ (2016)
Catégorie : VUS intermédiaire
Garanties :
3 ans/60 000 km, 5 ans/100 000 km
Transport et prép. : 1 830 $
Ventes QC 2015 : 651 unités
Ventes CAN 2015 : 5 736 unités

Cote du Guide de l'auto

69 %

Fiabilité
■■■■■■■□□□

Appréciation générale
■■■■■■■□□□

Sécurité
■■■■■■■□□□

Agrément de conduite
■■■■■■□□□□

Consommation
■■■■□□□□□□

Système multimédia
■■■■■■□□□□

Cote d'assurance
■■■■■■□□□□
$$$ $

➕ Capacités hors route supérieures •
Capacité de remorquage intéressante •
Mécanique robuste et fiable •
Bonne valeur de revente

➖ Consommation élevée • Suspension
arrière sautillante • Troisième banquette
superflue • Nouveau V6 de 3,5 litres
non offert • Plafond trop bas

Concurrents
Ford Explorer, Jeep Grand Cherokee,
Jeep Wrangler, Nissan Pathfinder

Le dernier des Mohicans

Jean-François Guay

Il y a déjà sept ans, on disait que la disparition des Chevrolet Trailblazer et GMC Envoy favoriserait les ventes du Toyota 4Runner qui demeurait l'un des rares « 4x4 », en compagnie des Ford Explorer, Jeep Grand Cherokee et Nissan Pathfinder.

À l'époque, les trois rivaux du 4Runner étaient assemblés comme lui, sur un châssis en échelle qui les dotait de capacités hors route exceptionnelles grâce à une garde au sol surélevée, une suspension arrière à ressorts hélicoïdaux et un rouage à quatre roues motrices avec boîte de transfert à deux gammes de vitesse. Or, les choses ont évolué au cours des dernières années et seul le 4Runner a conservé les caractéristiques d'un VUS alors que ses concurrents ont adopté un châssis monocoque s'apparentant davantage à un véhicule multisegment.

Même si les Explorer, Grand Cherokee et Pathfinder possèdent de bonnes aptitudes en conduite tout-terrain, gare à celui qui serait tenté de suivre un 4Runner dans un sentier de boue ou de neige ! À ce chapitre, la motricité du 4Runner est dans une classe à part où les acteurs sont de moins en moins nombreux.

Depuis que le Nissan Xterra a pris sa retraite il y a deux ans, et si l'on fait exception du Jeep Wrangler Unlimited, les modèles pouvant batailler avec le 4Runner sont plus chers et luxueux comme les Land Rover LR4 et Lexus GX, sans oublier le très dispendieux Toyota Land Cruiser vendu aux États-Unis.

Même si la conception du 4Runner paraît dépassée, les acheteurs sont toujours au rendez-vous. L'an dernier, les ventes au Québec ont presque doublé pour talonner celles du GMC Acadia. Certes, il est moins populaire que les Ford Explorer, Honda Pilot et Hyundai Santa Fe XL, mais la demande toujours présente devrait inciter Toyota à maintenir l'offre. D'autant plus que le 4Runner est un véhicule vendu à l'échelle mondiale et qu'il a son utilité dans des régions du globe où le réseau routier est moyenâgeux.

MOTEUR IMMUABLE

Par souci de réduire la consommation du 4Runner, on aurait cru que Toyota lui boulonnerait le nouveau V6 de 3,5 litres à cycle Atkinson inauguré l'an dernier dans la camionnette Tacoma. Or, il n'en est rien. Le robuste et fiable V6 de 4,0 litres revient donc sans changement sous le capot du 4Runner. Développant 270 chevaux et un couple de 278 livre-pied, le fonctionnement de ce moteur sied parfaitement à un baroudeur conçu pour monter les pentes ou tracter une remorque de 2 268 kg (5 000 lb). Si l'on se fie au rendement du Tacoma, la venue du V6 de 3,5 litres dans le 4Runner pourrait réduire sa consommation d'environ 1,5 l/100 km.

À cause de la surélévation du véhicule, l'accès aux places avant et arrière nécessite une certaine agilité malgré la présence de marchepieds. À ce propos, il faudra prendre garde de ne pas les abîmer au passage des ornières et des bosses. Une fois à l'intérieur, le conducteur et les passagers profitent de sièges confortables et d'une bonne visibilité, sauf parfois à un feu rouge alors que la faible hauteur du pare-brise empêche une vision à la verticale. Le design du tableau de bord est de forme rectiligne et l'instrumentation est aisée à consulter. De même, les commandes de la radio et de la climatisation sont faciles à manipuler grâce à de gros boutons, et la recherche d'une position de conduite agréable est simplifiée par une colonne de direction inclinable et télescopique.

ACTIVITÉ 4X4

À l'arrière, les passagers devront composer avec une bosse dans le plancher, laquelle réduit l'espace pour les pieds. En contrepartie, la modularité de l'espace de chargement jouit d'une banquette divisée 40/20/40, d'un plancher entièrement plat et d'un plateau de chargement coulissant. Quant à la troisième rangée de sièges offerte en option, elle convient uniquement à des enfants. Pour profiter du grand air, le hayon comprend une lunette électrique escamotable et le toit ouvrant est installé de série. Le comportement routier du 4Runner met l'accent sur le confort et la conduite est similaire à celle d'une camionnette avec une suspension qui sautille à la moindre imperfection de la chaussée. La tenue de route sera meilleure quand le véhicule est lourdement chargé.

Toutes les versions sont équipées d'un système à quatre roues motrices permanentes, d'un système d'assistance en descente et de démarrage en pente. Pour des performances hors route supérieures, la version Trail dispose en plus d'un différentiel à désaccouplement automatique, d'un verrou du différentiel arrière, d'un sélecteur tout-terrain, d'une commande de marche lente et d'une suspension cinétique dynamique.

Du nouveau en 2017

Aucun changement majeur

Châssis - Limited 7 places	
Emp / lon / lar / haut	2790 / 4820 / 1925 / 1780 mm
Coffre / Réservoir	200 à 2500 litres / 87 litres
Nbre coussins sécurité / ceintures	8 / 7
Suspension avant	ind., double triangulation
Suspension arrière	essieu rigide, multibras
Freins avant / arrière	disque / disque
Direction	à crémaillère, ass. var.
Diamètre de braquage	11,4 m
Pneus avant / arrière	P245/60R20 / P245/60R20
Poids / Capacité de remorquage	2111 kg / 2268 kg (5000 lb)
Assemblage	Hamura JP

Composantes mécaniques	
Cylindrée, soupapes, alim.	V6 4,0 litres 24 s atmos.
Puissance / Couple	270 ch / 278 lb-pi
Tr. base (opt) / rouage base (opt)	A5 / Int (4x4)
0-100 / 80-120 / V.Max	8,6 s / 6,6 s / n.d.
100-0 km/h	44,2 m
Type / ville / route / CO_2	Ord / 14,2 / 11,1 l/100 km / 5890 kg/an

« ON NE PEUT **NÉGLIGER** QUE LA BAISSE DU PRIX DE L'ESSENCE ET L'ABSENCE DE CONCURRENCE ONT DONNÉ UN SÉRIEUX **COUP DE POUCE** AUX VENTES DU 4RUNNER. »

Photos : Toyota

TOYOTA **AVALON**

((SiriusXM))

Prix : 39 155 $ à 43 935 $ (2016)
Catégorie : Berline
Garanties :
3 ans/60 000 km, 5 ans/100 000 km
Transport et prép. : 1 760 $
Ventes QC 2015 : 177 unités
Ventes CAN 2015 : 765 unités

Cote du Guide de l'auto

77 %

Fiabilité
■■■■■■■■□□

Appréciation générale
■■■■■■■■□□

Sécurité
■■■■■■■□□□

Agrément de conduite
■■■■■■■□□□

Consommation
■■■■■■□□□□

Système multimédia
■■■■■■■□□□

Cote d'assurance
■■■■■■■■□□
$$$ $

➕ Confort assuré • Spacieuse à souhait •
Fiabilité reconnue • Exécution exemplaire

➖ Silhouette discutable • Direction
floue • Suspension trop molle •
Version hybride non offerte au Canada

Concurrents
Chevrolet Impala, Chrysler 300,
Dodge Charger, Ford Taurus,
Nissan Maxima

De la caverne de mon oncle

Jacques Deshaies

Bien avant que Toyota se lance dans les voitures de luxe avec sa division Lexus, la gamme devait inclure une grande berline de luxe. C'était l'époque de la Cressida qui occupa le haut du podium jusqu'en 1992. Après une courte pause, l'Avalon prit le relais en 1995.

Depuis son introduction, la berline de Toyota porte une réputation de voiture tranquille. Elle a toujours suscité des commentaires du genre « voiture de mononcle ». Et il est difficile de penser autrement. Son gabarit demeure imposant et sa silhouette plus que traditionnelle. Elle se présente sous une robe plus moderne pour cette quatrième génération, mais elle n'en demeure pas moins toujours aussi générique...

L'Avalon offre espace, confort et la fiabilité reconnue du constructeur. Voilà des arguments de taille pour les acheteurs en quête de ces caractéristiques. Mais ils se font rares. À peine 177 unités ont trouvé preneur au Québec et quelques 765 au Canada. Juste penser que la Lexus ES s'est vendue à 2 300 unités, vous comprendrez un peu mieux à quel point l'Avalon est délaissée.

Parmi ses concurrentes, seules les Nissan Maxima et Dodge Charger ont un caractère plus sportif sans négliger les avantages d'une grande berline. Les autres sont tous aussi aseptisées. Depuis sa refonte en 2013, l'Avalon affiche un style plus réussi. Elle obéit à l'image de marque de Toyota avec une immense grille. Sans oublier la lunette inclinée presqu'à la façon d'un hayon comme pour lui octroyer une allure plus sportive.

ÉQUIPEMENT COMPLET
Si sa silhouette demeure discutable malgré tout, son habitacle est lui aussi beaucoup plus joli que celui de la génération qui la précède. Le tableau de bord se présente habillé de matériaux de qualité. Le cuir, l'aluminium et le bois composent un ensemble des plus réussis. Comme pour tous les modèles de la gamme Toyota, l'exécution est sans reproche. Pas de bruits suspects à l'horizon. Le confort des sièges est irréprochable, mais le soutien

latéral est absent... Sous cet aspect, la vocation ultraconfort de l'Avalon commande des fauteuils plutôt que des sièges sport.

Le dégagement pour les jambes et pour la tête est généreux pour tous les occupants. Même constat pour le coffre qui propose un volume de 453 litres. Petit bémol quant à son ouverture qui se voit légèrement réduite compte tenu de l'inclinaison de la lunette arrière. Le look a toujours ses contraintes !

Au chapitre de l'équipement, il ne manque rien. La liste comprend le climatiseur automatique à deux zones, le purificateur d'air, la chaîne audio JBL et ses onze haut-parleurs, le système de navigation, la reconnaissance vocale évoluée et j'en passe.

MOTORISATION DÉPASSÉE

Cette berline japonaise n'est proposée qu'avec un seul groupe motopropulseur. Le V6 de 3,5 litres prend de l'âge. Il est complété par une boîte automatique à six rapports. Pas de motorisation hybride pour cette Toyota au Canada. Plutôt surprenant !

Pour le comportement, pas de surprise. Cette Avalon offre une douceur de roulement remarquable pour nous faire oublier le mauvais état de nos routes. La suspension s'annonce même un peu trop molle. La direction surassistée n'est pas plus amusante. L'entrée en virage serré commande une réduction importante de la vitesse, le roulis étant une caractéristique négative à ce type de berline. Du côté de la consommation, le résultat est raisonnable, mais loin d'être exemplaire. Avec une moyenne qui avoisine 10 l/100 km, une version plus écologique serait un atout.

Si son tempérament est plutôt réservé, cette Toyota peut avaler des milliers de kilomètres dans un confort douillet. De plus, sa fiabilité lui procure une place choix dans la catégorie. La clientèle cible recherche toutefois la paix, rien de plus !

Toutefois, il faut vraiment se poser la question sur le choix de cette berline. La division Lexus offre son équivalent avec la ES. Elle est vendue dans une fourchette de prix presque semblable et une version hybride est proposée. Si la facture s'avérait nettement plus élevée, la présence de cette Toyota grand format serait justifiée. Mais ce n'est pas le cas. De plus, en optant pour la Lexus, vous obtenez le prestige de la marque en bonus. Seule l'absence d'un concessionnaire Lexus à proximité devrait vous faire hésiter. Et encore là, l'argument est faible devant le haut degré de fiabilité. Avec l'Avalon, la devise de Toyota est respectée : être présent dans tous les créneaux !

Châssis - Touring	
Emp / lon / lar / haut	2820 / 4960 / 1835 / 1460 mm
Coffre / Réservoir	453 litres / 64 litres
Nbre coussins sécurité / ceintures	10 / 5
Suspension avant	ind., jambes force
Suspension arrière	ind., jambes force
Freins avant / arrière	disque / disque
Direction	à crémaillère, ass. var. élect.
Diamètre de braquage	12,2 m
Pneus avant / arrière	P225/45R18 / P225/45R18
Poids / Capacité de remorquage	1610 kg / 455 kg (1003 lb)
Assemblage	Georgetown KY US

Composantes mécaniques	
Cylindrée, soupapes, alim.	V6 3,5 litres 24 s atmos.
Puissance / Couple	268 ch / 248 lb-pi
Tr. base (opt) / rouage base (opt)	A6 / Tr
0-100 / 80-120 / V.Max	7,2 s / 4,5 s / n.d.
100-0 km/h	42,5 m
Type / ville / route / CO_2	Ord / 11,4 / 7,6 l/100 km / 4457 kg/an

« LA DIVISION LEXUS OFFRE SON **ÉQUIVALENT** AVEC LA ES, VENDUE DANS UNE FOURCHETTE DE PRIX PRESQUE **SEMBLABLE** ET ELLE PROPOSE UNE VERSION **HYBRIDE** EN PLUS. »

Du nouveau en 2017

Aucun changement majeur. Systèmes électroniques de sécurité avancés proposés de série.

TOYOTA **CAMRY**

((SiriusXM))

Prix : 24 670 $ à 36 150 $ (2016)
Catégorie : Berline
Garanties :
3 ans/60 000 km, 5 ans/100 000 km
Transport et prép. : 1 760 $
Ventes QC 2015 : 4 252 unités
Ventes CAN 2015 : 16 805 unités

Cote du Guide de l'auto
77 %

Fiabilité
■■■■■■■□□□

Appréciation générale
■■■■■■■□□□

Sécurité
■■■■■■■□□□

Agrément de conduite
■■■■■□□□□□

Consommation
■■■■■■□□□□

Système multimédia
■■■■■□□□□□

Cote d'assurance
■■■■■■■□□□
$$$ $

➕ Fiabilité assurée • Moteur de base bien adapté • Confortable et spacieuse • Prix de base intéressant • V6 puissant

➖ Technologie vieillissante • Aucune, mais aucune sportivité • Direction aseptisée • Infodivertissement ordinaire • Groupes d'options onéreux

Concurrents
Buick Regal, Chevrolet Malibu, Chrysler 200, Ford Fusion, Honda Accord, Hyundai Sonata, Kia Optima, Mazda6, Nissan Altima, Subaru Legacy, Volkswagen CC, Volkswagen Passat

La voiture américaine par excellence

Frédérick Boucher-Gaulin

C omment la Toyota Camry, une berline vendue par un constructeur japonais, pourrait-elle prétendre être une voiture américaine au même titre que les Chevrolet Malibu, la Ford Mustang ou la Dodge Charger ? Il y a deux raisons à cela : premièrement, la Camry représente ce que beaucoup d'acheteurs recherchent dans un véhicule américain. Elle est abordable pour la majorité, confortable et relativement économique. En plus, elle est fiable au possible, permettant à son propriétaire de la conserver pendant de nombreuses années, et de lui prodiguer le moins de soins possible.

La seconde raison est mathématique... Selon une étude annuelle de cars. com, American-Made Index, recensant le pourcentage de parties d'un véhicule fabriquées et assemblées aux États-Unis (moteur, châssis, transmission, développement, assemblage final...), c'est la Camry qui en possède le plus, détrônant même le plus récent Ford F-150 !

MOTEURS CONNUS, LIGNES RAVIVÉES
Mécaniquement, il n'y a aucune surprise dans la Camry : le choix de base est un quatre cylindres de 2,5 litres de 178 chevaux, accouplé à une transmission automatique à six rapports, relayant ces chevaux aux roues avant. En option, on retrouve un V6 de 3,5 litres et 268 chevaux. La boîte de vitesse et le rouage ne changent pas.

En conduite normale, le quatre cylindres sera amplement suffisant pour trimballer deux ou trois passagers et tous leurs bagages ; c'est généralement le moteur que l'on retrouve dans les taxis de Montréal, par exemple. Le six cylindres ne transforme pas la Camry en voiture sport, mais il permet à la berline d'atteindre 100 km/h, à partir d'un arrêt complet, en moins de six secondes, ce qui est suffisant pour humilier plus d'une sportive !

Il y a également une hybride ; en étant le leader mondial dans ce domaine, il est logique que Toyota offre ce type de mécanique dans le plus de véhicules possible. Ici, le quatre cylindres de 2,5 litres est associé à un moteur électrique pour produire environ 200 chevaux. Selon Toyota, ce duo peut consommer aussi peu que 6,0 litres aux 100 km.

Le châssis de la Camry date de 2001, mais sa carrosserie a été modernisée en 2015. Ses lignes ne sont pas parfaitement dynamiques, mais elles ont au moins le mérite de ne pas aliéner la clientèle cible. Tout dépendant des versions, la Camry sera munie de roues en acier de 16 pouces, cachées par des enjoliveurs en plastique, ou de roues en alliage de 16, 17 ou 18 pouces.

L'habitacle, encore une fois, a été conçu pour ne déplaire à personne : les plastiques sont de bonne facture, tandis que les quelques accents argentés ajoutent une touche de luxe. Les sièges sont mous et soutiennent étonnamment bien et conviendront pour de longs trajets.

COMME DANS SES VIEILLES PANTOUFLES...

Personne ne sera surpris par la conduite d'une Camry. La conduite est aseptisée, presque déconnectée de la route (notez que la mise à jour de 2015 a redonné un peu de tonus à la direction de la Camry, mais personne ne la confondra avec une sportive pour autant !), le silence à bord est plus qu'adéquat et les dimensions intérieures font en sorte que l'espace pour les jambes des passagers à l'arrière est très convenable.

Comme on le mentionnait plus haut, la motorisation de base sera amplement suffisante pour la majorité des acheteurs : ses accélérations sont correctes dans la circulation, tandis que son couple fait en sorte qu'il peut rester à bas régime et demeurer silencieux. La transmission est un exemple de fluidité, passant les rapports sans aucun à-coup. Il y a un mode manuel sur le levier de vitesse, mais vous ne l'utiliserez probablement jamais; cette berline n'est pas conçue pour être pilotée sur un circuit (malgré tout ce que le département de marketing de Toyota ainsi que les récentes victoires du manufacturier en NASCAR pourraient vous faire croire...).

LE CHOIX SENSÉ

Pourquoi croise-t-on autant de Camry sur la route ? C'est simple : Toyota a compris, depuis longtemps, que ce n'est pas la nouveauté, les technologies novatrices ou les designs accrocheurs qui créent un succès commercial. C'est grâce à leur confort, à leurs motorisations bien adaptées, à leurs dimensions généreuses, à leur valeur de revente et à leur fiabilité pratiquement légendaire qu'un si grand nombre de ces berlines trouvent preneurs. Heureusement, cette année rien n'a changé, mais une toute nouvelle Camry nous est promise pour 2018.

Du nouveau en 2017

Aucun changement majeur, nouvelle version arrive pour 2018.
Sièges avant chauffants de série (SE), davantage d'accessoires de sécurité (XSE V6) et quelques changements de couleurs.

Châssis - LE	
Emp / lon / lar / haut	2775 / 4850 / 1820 / 1470 mm
Coffre / Réservoir	436 litres / 64 litres
Nbre coussins sécurité / ceintures	10 / 5
Suspension avant	ind., jambes force
Suspension arrière	ind., jambes force
Freins avant / arrière	disque / disque
Direction	à crémaillère, ass. var. élect.
Diamètre de braquage	11,2 m
Pneus avant / arrière	P205/65R16 / P205/65R16
Poids / Capacité de remorquage	1467 kg / n.d.
Assemblage	Georgetown KY US

Composantes mécaniques	
Hybride	
Cylindrée, soupapes, alim.	4L 2,5 litres 16 s atmos.
Puissance / Couple	156 ch / 156 lb-pi
Tr. base (opt) / rouage base (opt)	CVT / Tr
0-100 / 80-120 / V.Max	8,0 s / 5,9 s / n.d.
100-0 km/h	43,9 m
Type / ville / route / CO$_2$	Ord / 5,7 / 6,1 l/100 km / 2705 kg/an
Moteur électrique	
Puissance / Couple	141 ch (105 kW) / 199 lb-pi
Type de batterie	Nickel-hydrure métallique (NiMH)
Énergie	1,6 kWh
Temps de charge (120V / 240V)	n.d.
Autonomie	n.d.
4L 2,5 litres	
Cylindrée, soupapes, alim.	4L 2,5 litres 16 s atmos.
Puissance / Couple	178 ch / 170 lb-pi
Tr. base (opt) / rouage base (opt)	A6 / Tr
0-100 / 80-120 / V.Max	9,4 s / 6,7 s / 220 km/h (est)
100-0 km/h	45,3 m
Type / ville / route / CO$_2$	Ord / 9,7 / 6,9 l/100 km / 3882 kg/an
V6 3,5 litres	
Cylindrée, soupapes, alim.	V6 3,5 litres 24 s atmos.
Puissance / Couple	268 ch / 248 lb-pi
Tr. base (opt) / rouage base (opt)	A6 / Tr
0-100 / 80-120 / V.Max	7,4 s / 6,1 s / 220 km/h (est)
100-0 km/h	42,8 m
Type / ville / route / CO$_2$	Ord / 11,0 / 7,7 l/100 km / 4377 kg/an

TOYOTA CAMRY

Photos : Toyota

TOYOTA **COROLLA**

Prix: 16 160 $ à 21 055 $ (2016)
Catégorie: Berline
Garanties:
3 ans/60 000 km, 5 ans/100 000 km
Transport et prép.: 1 660 $
Ventes QC 2015: 16 078 unités
Ventes CAN 2015: 47 198 unités

Cote du Guide de l'auto

76 %

Fiabilité	Appréciation générale
■■■■■■■■□□	■■■■■■■■□□

Sécurité	Agrément de conduite
■■■■■■■■□□	■■■■■■□□□□

Consommation	Système multimédia
■■■■■■■■□□	■■■■■■□□□□

Cote d'assurance

■■■■■■■□□□
$ $ $ $

➕ Fiabilité éprouvée • Conduite plus emballante • Style modernisé • Bonne fête, la Corolla !

➖ Version de base moins intéressante • Sièges arrière qui ne se rabattent pas à plat • Puissance moindre que la compétition • Un seul choix de moteur

---

Concurrents

Chevrolet Cruze, Ford Focus, Honda Civic, Hyundai Elantra, Kia Forte, Mazda3, Mitsubishi Lancer, Nissan Sentra, Subaru Impreza, Volkswagen Jetta

Bon 50ᵉ anniversaire !

Sylvain Raymond

La Toyota Corolla franchit une étape marquante de sa vie puisqu'elle célèbre cette année ses cinquante ans au Canada. Depuis ses débuts, pas moins de 43 millions d'unités ont trouvé preneur un peu partout dans le monde, alors que onze générations se sont succédées. Afin de marquer cet anniversaire, la Corolla 2017 arrive avec certaines modifications esthétiques et quelques changements, selon les versions.

La Corolla se bat dans un créneau ultra compétitif dominé au Canada, depuis des années, par la Honda Civic. Depuis sa dernière refonte majeure, la Corolla s'efforce de faire oublier son étiquette de voiture fiable, mais peu emballante à conduire. Pour ce faire, Toyota s'est tout d'abord attaqué au design, en la rendant plus typée, notamment à l'avant, en lui donnant une calandre plus angulaire.

PAS LA PLUS PUISSANTE

Il n'y a pas de changement du côté des mécaniques, la Corolla hérite toujours du quatre cylindres de 1,8 litre, qui développe 132 chevaux pour un couple de 128 lb-pi. Cette puissance est moindre que celle de beaucoup de ses rivales, notamment les Ford Focus, Mazda3, Honda Civic et Hyundai Elantra. La Corolla LE ECO est légèrement plus puissante avec ses 140 chevaux, ce qui est ironique vu sa vocation plus économique. Son moteur est environ 5 % plus frugal grâce à son système Valvematic qui intègre le calage variable des soupapes, selon la révolution du moteur.

On retrouve toujours, de base, la livrée CE, qui peut être équipée d'une boîte manuelle à six rapports. Exit l'automatique à quatre rapports offerte précédemment, on l'a finalement mise au rencart pour ne conserver que la boîte à variation continue CVT comme deuxième choix.

À bord, on a droit à un habitacle modernisé depuis la dernière refonte. Toyota a grandement rehaussé la qualité des matériaux ainsi que la présentation générale. L'instrumentation marie bien les aspects classique et contemporain, alors que l'éclairage bleuté, omniprésent à bord, apporte une belle touche en soirée. Les différentes commandes sont simples à comprendre et l'on apprécie le système multimédia qui, grâce à son écran tactile, est enfantin à activer. D'ailleurs, la nouvelle version XSE profite, cette année, d'un écran de sept pouces un peu plus imposant alors que les autres Corolla conservent celui de 6,1 pouces.

Tous les occupants disposent de bons dégagements, mais, bien entendu, il s'agit d'une voiture compacte et les passagers arrière doivent s'attendre à un peu moins d'intimité. Le coffre est doté d'une bonne capacité, davantage que celui des berlines Civic et Mazda3, cependant, son ouverture étroite ne facilite pas le rangement d'objets encombrants. En outre, il n'y a pas de poignée à l'intérieur pour refermer le couvercle, on se salit alors constamment les mains en hiver.

SÉCURITÉ SUPPLÉMENTAIRE DE SÉRIE

Côté sécurité, toutes les Corolla sont maintenant équipées de série du Toyota Safety Sense, qui comprend quatre éléments principaux, dont le système de précollision, un régulateur de vitesse avec radar, un système d'avertissement de sortie de voie et des phares de route automatiques.

Au volant, on remarque les efforts faits par Toyota pour insonoriser l'habitacle. Celui de la Corolla est silencieux et les bruits de la route sont bien contrôlés. Malgré sa puissance inférieure, cette berline ne souffre pas d'un manque de puissance criant. Les ingénieurs ont fait du beau boulot en ce qui a trait à la transmission CVT, tellement qu'il faut porter une grande attention pour la remarquer. On a programmé des changements de rapport imitant une boîte automatique, éliminant ainsi un des principaux reproches faits à ce type de transmission.

Sous le châssis, il y a très peu de nouveautés. On retrouve le même type de suspension (MacPherson, à l'avant, et à poutre de torsion, à l'arrière) qui, selon Toyota, a été optimisée pour une conduite plus dynamique. En fait, elle est beaucoup plus axée sur le confort.

La Corolla reste une voiture facile à vivre qui assure à son propriétaire une tranquillité d'esprit certaine. Cette nouvelle mouture est indéniablement supérieure à l'ancienne génération, ce qui fait lentement remonter la Corolla dans le palmarès des véhicules agréables à conduire. Et puisqu'une partie de la production est faite en Ontario, il y a un peu de nous autres là-dedans !

Châssis - CE

Emp / lon / lar / haut	2700 / 4639 / 1776 / 1455 mm
Coffre / Réservoir	368 litres / 50 litres
Nbre coussins sécurité / ceintures	8 / 5
Suspension avant	ind., jambes force
Suspension arrière	semi-ind., poutre torsion
Freins avant / arrière	disque / tambour
Direction	à crémaillère, ass. var. élect.
Diamètre de braquage	11,5 m
Pneus avant / arrière	P195/65R15 / P195/65R15
Poids / Capacité de remorquage	1265 kg / non recommandé
Assemblage	Cambridge ON CA

Composantes mécaniques

CE, SE, LE

Cylindrée, soupapes, alim.	4L 1,8 litre 16 s atmos.
Puissance / Couple	132 ch / 128 lb-pi
Tr. base (opt) / rouage base (opt)	M6 (CVT) / Tr
0-100 / 80-120 / V.Max	10,5 s / 7,3 s / n.d.
100-0 km/h	44,6 m
Type / ville / route / CO_2	Ord / 8,2 / 6,2 l/100 km / 3558 kg/an

LE ECO

Cylindrée, soupapes, alim.	4L 1,8 litre 16 s atmos.
Puissance / Couple	140 ch / 126 lb-pi
Tr. base (opt) / rouage base (opt)	CVT / Tr
0-100 / 80-120 / V.Max	10,9 s / n.d. / n.d.
100-0 km/h	n.d
Type / ville / route / CO_2	Ord / 7,7 / 5,6 l/100 km / 3107 kg/an

« LA TOYOTA COROLLA SE **DÉBARRASSE** LENTEMENT DE SON ÉTIQUETTE DE VOITURE **UNIQUEMENT** FIABLE ET DEVIENT PLUS *SEXY* ET DYNAMIQUE. »

Du nouveau en 2017

Arrivée de la version XSE, version SE remplace la S, système de sécurité Toyota Safety Sense de série pour toutes les versions, quelques modifications esthétiques.

MODÈLE 2016

TOYOTA **COROLLA IM**

((SiriusXM))

Prix : 21 165 $ à 21 990 $ (2016)
Catégorie : Hatchback
Garanties :
3 ans/60 000 km, 5 ans/100 000 km
Transport et prép. : 1 923 $
Ventes QC 2015 : n.d.
Ventes CAN 2015 : n.d.

Cote du Guide de l'auto

70 %

Fiabilité	Appréciation générale
n.d.	■■■■■■■□□□
Sécurité	Agrément de conduite
■■■■■■□□□□	■■■■■■■□□□
Consommation	Système multimédia
■■■■■■■□□□	■■■■■■■□□□

Cote d'assurance
n.d.

➕ Style dynamique • Aspect pratique rehaussé • Bon niveau d'équipement • Consommation correcte

➖ Pas de choix de versions • Embrayage rébarbatif • Tableau de bord trop sobre • Une orpheline dans une nouvelle gamme

Concurrents
Ford Focus, Mazda3, Subaru Impreza, Volkswagen Golf

Transfuge politique

Sylvain Raymond

On a longuement souhaité l'arrivée de la division Scion au Canada, elle qui s'adressait à un public plus jeune en proposant des véhicules plus éclatés que ceux offerts par Toyota. L'expérience ne fut pas facile pour la marque puisqu'au même moment, Toyota amorçait une refonte complète de sa gamme et présentait des véhicules beaucoup plus emballants.

Plutôt que d'investir massivement pour soutenir Scion, Toyota a décidé l'an passé de mettre fin à une aventure qui avait débuté en 2003 chez nos voisins du sud. Dans cette hécatombe, seuls deux modèles ont été épargnés et ont trouvé refuge sous la bannière principale, le coupé deux portes FR-S et la iM, la petite compacte à hayon fraîchement lancée. Compte tenu de ses qualités, il n'est pas étonnant que l'on ait décidé de la sauver, mais on se demande si elle survivra longtemps.

ON L'A REBAPTISÉE
D'ailleurs, afin de marquer sa nouvelle allégeance, la iM change de nom et devient la Toyota Corolla iM. Basée sur la Toyota Auris, la familiale de Toyota vendue en Europe et au Japon, la iM permettra au constructeur de bonifier son offre en proposant une Corolla *hatchback*. Le modèle pourra ainsi rivaliser avec les autres « hatch » du segment, notamment la Ford Focus, la Kia Forte5, la Subaru Impreza et la Mazda3, pour ne nommer que celles-là.

Cette année, la iM demeure pratiquement inchangée, on lui a simplement ajouté de série des sièges chauffants et l'ensemble de sécurité TSS-C de Toyota qui comprend le système de détection de sortie de voie, d'avertissement précollision frontal et les feux de route automatiques.

Côté style, elle conserve sa robe Scion, rien à voir avec la Corolla. Il y a fort à parier que Toyota va uniformiser le tout bientôt. Grâce à ses jantes de 17 pouces, à ses pneus à profil bas et à ses éléments aérodynamiques, la iM affiche un certain dynamisme qui plaira assurément à une clientèle plus jeune. Bon point aussi pour le choix de couleurs de la carrosserie, beaucoup plus vivant que chez ses rivales et chez la Corolla également.

À bord, on remarque l'esprit de jeunesse insufflé à la voiture. Du côté de la qualité des matériaux et de la finition, rien à critiquer. Toyota nous a habitués à une finition soignée, c'est le cas de la iM. Le tableau de bord brille par sa sobriété alors que le système d'infodivertissement tient dans un large écran tactile de sept pouces. Cet écran, justement, semble un peu perdu, lui qui est placé au centre d'un imposant panneau au fini noir lustré. La iM peut transporter cinq personnes, dont quatre aisément, alors que son volume de chargement peut atteindre jusqu'à 1 199 litres une fois la banquette arrière 60/40 rabattue.

UNE SEULE VERSION BIEN ÉQUIPÉE
Sous le capot, elle hérite d'un quatre cylindres de 1,8 litre qui développe 137 chevaux et un couple de 126 lb-pi. C'est en fait le moteur qui équipe la Corolla ECO. Légèrement plus puissant, il se distingue par son économie supérieure de carburant apportée par son système Valvematic qui autorise la variation continue des soupapes. Toyota promet une moyenne de 7,4 l/100 km, mais dans la vie de tous les jours, c'est un peu plus.

Le choix du modèle est assez simple puisque la iM n'est proposée qu'en une seule version, tout de même bien équipée. Vous pouvez ensuite sélectionner quelques accessoires offerts par le concessionnaire. La seule décision importante à prendre concerne la boîte de vitesses. De série, on retrouve une manuelle à six rapports alors qu'une automatique à variation continue (CVT) est vendue pour un peu moins de 1 000 $. Bien entendu, la manuelle rehausse le plaisir de conduite, mais la CVT demeure tout de même intéressante.

D'ailleurs, un bouton permet de sélectionner le mode Sport, ce dernier haussant les points de changements des sept rapports préprogrammés. Il ajoute un peu de dynamisme, mais peu importe le mode, la iM n'est pas ultrarapide. On aurait bien aimé avoir un peu plus de puissance sous le pied droit afin de mieux appuyer les prétentions «sportives» de la voiture. Au moins, celle-ci adopte une conduite silencieuse et raffinée, on n'a pas l'impression d'être au volant d'un modèle bon marché.

On peut tout de même saluer la décision de Toyota de conserver la iM puisqu'elle apporte à la gamme Corolla une configuration additionnelle. Étant donné qu'au Québec on affectionne particulièrement les petites familiales, elle a tout pour devenir populaire.

Châssis - Base	
Emp / lon / lar / haut	2600 / 4330 / 1760 / 1405 mm
Coffre / Réservoir	588 à 1199 litres / 53 litres
Nbre coussins sécurité / ceintures	7 / 5
Suspension avant	ind., jambes force
Suspension arrière	ind., double triangulation
Freins avant / arrière	disque / disque
Direction	à crémaillère, ass. élect.
Diamètre de braquage	11,4 m
Pneus avant / arrière	P225/45R17 / P225/45R17
Poids / Capacité de remorquage	1335 kg / n.d.
Assemblage	Toyota JP

Composantes mécaniques	
Cylindrée, soupapes, alim.	4L 1,8 litre 16 s atmos.
Puissance / Couple	137 ch / 126 lb-pi
Tr. base (opt) / rouage base (opt)	M6 (CVT) / Tr
0-100 / 80-120 / V.Max	10,0 s (est) / 7,6 s (est) / n.d.
100-0 km/h	n.d.
Type / ville / route / CO$_2$	Ord / 8,3 / 6,3 l/100 km / 3404 kg/an

« LA IM CHANGE D'ÉQUIPE POUR 2017 MAIS, TEL UN JOUEUR DE HOCKEY, IL SE POURRAIT QU'ELLE PERFORME MIEUX AVEC SA NOUVELLE FAMILLE. »

Du nouveau en 2017
Remplace la Scion iM.
Sièges avant chauffants de série. Équipement de série rehaussé.

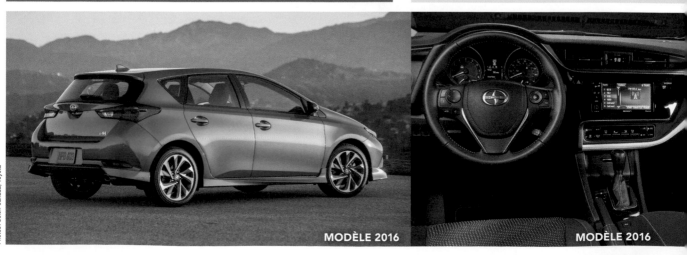

MODÈLE 2016   MODÈLE 2016

Photos : Scion Canada, Toyota

TOYOTA **HIGHLANDER**

Prix: 31 520 $ à 55 125 $ (2016) (estimé)
Catégorie: VUS intermédiaire
Garanties:
3 ans/60 000 km, 5 ans/100 000 km
Transport et prép.: 1 830 $
Ventes QC 2015: 1 241 unités
Ventes CAN 2015: 10 412 unités

Cote du Guide de l'auto

81 %

Fiabilité	Appréciation générale
■■■■■■■■□□	■■■■■■■■□□

Sécurité	Agrément de conduite
■■■■■■■■□□	■■■■■■□□□□

Consommation	Système multimédia
■■■■■■■□□□	■■■■■□□□□□

Cote d'assurance

■■■■■■■□□□
$$$ $

➕ Polyvalence indéniable • Roulement
confortable • Motorisations puissantes •
Peu énergivore, hybride ou non •
Équipement de sécurité bonifié

➖ Manque de caractère • Petit réservoir
d'essence (hybride) • Sièges qui
manquent de soutien • Capacité de
remorquage (hybride) • Prix élevé (hybride)

Concurrents
Buick Enclave, Chevrolet Traverse,
Ford Flex, Honda Pilot, Mazda CX-9,
Nissan Murano

Maintenant plus sportif

Michel Deslauriers

Le Toyota Highlander a toujours représenté un choix
rationnel dans le segment des VUS intermédiaires à trois
rangées de sièges. Il jouit d'une réputation de fiabilité et
propose un habitacle spacieux, des motorisations efficaces et un
confort de roulement appréciable. Toutefois, il faut l'avouer,
il est peu excitant à conduire.

Ce polyvalent VUS a reçu une piqûre d'adrénaline pour l'année-modèle
2017, si l'on se fie aux dires de Toyota. Non seulement le Highlander arbore
un look plus dynamique, mais il obtient une nouvelle motorisation plus
puissante et moins énergivore. On a également ajouté une finition SE qui
se veut plus sportive, du moins, en apparence.

DE LA NOUVEAUTÉ SOUS LE CAPOT

Le V6 de 3,5 litres que l'on retrouvait dans le Highlander ainsi que dans une
myriade de produits de la marque a été remplacé par une génération inédite
dece moteur, maintenant dotée de l'injection directe. Il est géré par une
nouvelle boîte automatique à huit rapports, que l'on dit plus compacte et
plus rapide d'exécution que l'ancienne automatique à six rapports.

Le V6 est équipé d'un système automatique arrêt/redémarrage, qui aide à
préserver du carburant dans la circulation urbaine. La transmission intégrale
du Highlander n'a pas changé, favorisant les roues avant en conduite
normale, et acheminant une partie de la puissance disponible aux roues
arrière lors des pertes d'adhérence.

La version hybride est de retour, une exclusivité dans son segment, et elle
misera également sur le nouveau V6, jumelé à une boîte automatique à
variation continue et à un rouage intégral à gestion électronique. Dans le
cas des deux motorisations, on gagne à la fois en puissance et en économie
de carburant. Le Highlander hybride est particulièrement efficace en ville,
et en s'efforçant d'écoconduire, sa consommation descendra sous la barre

des 10 l/100 km. Dommage que le réservoir d'essence soit si petit, ce qui gâche l'autonomie entre les ravitaillements.

UNE GUEULE MUSCLÉE

En vente depuis 2013 en tant que modèle 2014, la génération actuelle du Toyota Highlander proposait un style plus affirmé que sa devancière. Pour 2017, on a procédé à des retouches cosmétiques pour lui donner encore plus de caractère, y compris une grille de calandre plus massive ainsi que des pare-chocs et des feux arrière redessinés. On peut distinguer les versions plus abordables des éditions plus luxueuses grâce à la finition de la calandre, et de nouveaux choix de couleurs sont également offerts.

Sur la route, le Highlander impressionne par son confort de roulement et par le silence de son habitacle. Les sièges sont confortables pour les trajets quotidiens, mais lors de longues randonnées, leur manque de soutien se fait sentir. Les sièges capitaine, dans la deuxième rangée, sont plus accueillants que la banquette et, de toute façon, l'assise centrale de celle-ci est trop étroite pour être vraiment confortable. La troisième rangée offre suffisamment d'espace pour deux préados, mais tenter d'en asseoir trois à cet endroit provoquera des chicanes.

Sinon, on note peu de changements dans l'habitacle pour 2017. Par contre, on retrouve maintenant cinq ports USB pour recharger les appareils portatifs de toute la famille, et la finition Limited propose un nouvel habillage en cuir brun, se joignant au noir et au beige déjà offerts. La liste de caractéristiques de sécurité avancée a été allongée avec l'ajout de l'ensemble Toyota Safety Sense, de série sur toutes les versions.

Le Highlander devient très logeable lorsqu'on rabaisse tous les sièges arrière, avec un volume maximal de 2 370 litres, et la lunette peut s'ouvrir séparément du hayon, très pratique. Sa capacité de remorquage de 2 268 kg (5 000 livres) est dans la moyenne pour un VUS intermédiaire, par contre, celle de l'hybride est moins élevée à 1 588 kg (3 500 livres).

Comme véhicule familial, difficile de faire mieux que le Highlander, du moins, si l'on ne veut rien savoir d'une fourgonnette. C'est un VUS spacieux et très polyvalent, et sa version hybride est surtout intéressante pour des déplacements fréquents en ville et en banlieue. Tout ce qu'il manque à ce véhicule, c'est davantage d'agrément de conduite, mais Toyota travaille là-dessus. Actuellement, le Highlander est beaucoup plus utilitaire que sportif, ce qui n'est pas nécessairement une mauvaise chose.

Châssis - 4RM SE

Emp / lon / lar / haut	2790 / 4855 / 1925 / 1780 mm
Coffre / Réservoir	390 à 2356 litres / 73 litres
Nbre coussins sécurité / ceintures	8 / 7
Suspension avant	ind., jambes force
Suspension arrière	ind., double triangulation
Freins avant / arrière	disque / disque
Direction	à crémaillère, ass. var. élect.
Diamètre de braquage	11,8 m
Pneus avant / arrière	P245/55R19 / P245/55R19
Poids / Capacité de remorquage	2035 kg / 2268 kg (5000 lb)
Assemblage	Princeton IN US

Composantes mécaniques

Hybride

Cylindrée, soupapes, alim.	V6 3,5 litres 24 s atmos.
Puissance / Couple	292 ch / n.d. lb-pi
Tr. base (opt) / rouage base (opt)	CVT / Int
0-100 / 80-120 / V.Max	n.d. / n.d. / n.d.
100-0 km/h	n.d.
Type / ville / route / CO_2	Ord / 6,8 / 7,2 l/100 km / 3211 (est) kg/an

Moteur électrique

Hybride XLE, Hybride Limited

Puissance / Couple	68 ch (51 kW) / 103 lb-pi
Type de batterie	Nickel-hydrure métallique (NiMH)
Énergie	4,5 kWh
Temps de charge (120V / 240V)	n.d.
Autonomie	n.d.

LE, XLE, SE, Limited

Cylindrée, soupapes, alim.	V6 3,5 litres 24 s atmos.
Puissance / Couple	295 ch / 234 lb-pi
Tr. base (opt) / rouage base (opt)	A8 / Tr (Int)
0-100 / 80-120 / V.Max	7,0 s (est) / 5,5 s (est) / n.d.
100-0 km/h	42,2 m
Type / ville / route / CO_2	Ord / 11,5 / 8,2 l/100 km / 4607 (est) kg/an

Du nouveau en 2017

Moteur V6 à injection directe et boîte automatique à huit rapports, version SE d'apparence plus sportive, ajout d'équipements de sécurité.

Photos : Toyota

TOYOTA **PRIUS**

(((SiriusXM)))

Prix : 25 995 $ à 29 330 $ (2016)
Catégorie : Hatchback
Garanties :
3 ans/60 000 km, 5 ans/100 000 km
Transport et prép. : 1 955 $
Ventes QC 2015 : 6 279 unités
Ventes CAN 2015 : 7 150 unités

Cote du Guide de l'auto

78 %

Fiabilité	Appréciation générale
■■■■■■■■□□	■■■■■■■□□□
Sécurité	**Agrément de conduite**
■■■■■■■□□□	■■■■■□□□□□
Consommation	**Système multimédia**
■■■■■■□□□□	■■■■■□□□□□

Cote d'assurance

■■■■■■■□□□
$$$ $

➕ Très faible consommation •
Dynamique bonifiée • Nouvelle structure
plus rigide • Habitacle spacieux et
fonctionnel

➖ Prix élevé des modèles plus équipés •
Look polarisant • Certains agencements
de couleur discutables •
Insonorisation perfectible

Concurrents
Lexus CT, Nissan LEAF

Le fleuron de la marque

Gabriel Gélinas

Avec sa nouvelle Prius de quatrième génération, Toyota s'est donné comme mission d'élargir le bassin d'acheteurs potentiels pour sa voiture hybride, qui est devenue une marque de commerce à part entière. Évidemment, les responsables de la mise en marché du constructeur japonais seront heureux si des clients déjà acquis à la Prius veulent remplacer leur véhicule actuel par le dernier modèle !

Toyota vise donc plus large, mais avec une voiture au look très polarisant, avec des phares au design futuriste et des lignes très profilées vers l'arrière. Bref, côté design, la nouvelle Prius ne fait pas l'unanimité, mais elle s'avère toutefois efficace sur le plan de l'efficacité aérodynamique grâce à son coefficient de traînée, remarquablement bas, de 0,24.

La Prius de quatrième génération reçoit une nouvelle suspension arrière multibras à doubles leviers triangulés, laquelle remplace la poutre de torsion qui équipait les générations précédentes. Le résultat est probant, puisque la Prius est nettement plus à l'aise en conduite sportive, ce qui peut cependant sembler paradoxal compte tenu de sa vocation de voiture écologique. Elle n'est cependant pas devenue aussi dynamique qu'une Mazda3 ou qu'une Volkswagen Golf, mais elle fait montre d'un comportement routier vraiment plus inspiré qu'avant.

MOINS DE 4,0 LITRES AUX 100 KM, C'EST RÉALISABLE !
En adoptant un rythme normal, soit en roulant à des vitesses qui me permettaient de suivre le flot de la circulation, en ville comme sur l'autoroute, la consommation moyenne observée a été inférieure à 4,0 litres aux 100 kilomètres. Les cotes de consommation officielles sont respectivement de 4,4 l/100 km en ville et de 4,6 sur la route, pour une moyenne de 4,5 litres aux 100 kilomètres, ce qui est tout à fait crédible à la lumière de notre essai.

La puissance de la nouvelle Prius est chiffrée à 121 chevaux, versus 135 pour le modèle précédent. À la lecture de ces données, on pourrait croire que le moteur du nouveau modèle est moins puissant que celui de l'ancien, mais ce n'est pas le cas, la «perte» de puissance n'étant que théorique puisqu'elle est établie sur les bases de récentes normes de calcul de la SAE (Society of Automotive Engineers) adoptées au Japon. Sur la route, on constate que les performances du nouveau modèle sont comparables à celles du modèle antérieur, tant en accélération franche qu'en reprises. Il est toutefois dommage que les bruits de roulement filtrent encore dans l'habitacle, signe que l'insonorisation demeure perfectible.

C'est toujours un look «high-tech» qui prime pour la planche de bord sur laquelle on remarque un nouvel écran tactile en couleurs, à l'usage très convivial. Toutes les commandes sont facilement repérables et l'ergonomie est sans failles.

LE MODÈLE PRIME

Avec la Prius Prime, Toyota poursuit son offensive en renouant avec la motorisation hybride rechargeable (*plug in*). Grâce à l'optimisation de la motorisation hybride partagée avec la Prius conventionnelle et, surtout, grâce à l'adoption d'une batterie de 8,8kWh la Prime serait capable d'une consommation moyenne estimée à moins de 1,96 litre aux 100 kilomètres, selon les ingénieurs de Toyota, qui précisent que son autonomie serait de 965 kilomètres avec une batterie pleinement chargée et un réservoir de 43 litres plein d'essence.

Pour ce qui est de la recharge complète de la batterie, il faut compter cinq heures et demie sur une prise domestique de 120 volts, ce délai étant réduit de moitié si la voiture est branchée sur une borne de 240 volts. La Prius Prime est aussi capable de parcourir 35 kilomètres sur la seule puissance de son système électrique, une autonomie doublée comparativement au modèle antérieur.

La Prius Prime n'offre que quatre places puisque la console centrale se prolonge entre les sièges arrière. Certains modèles peuvent aussi être équipés d'un nouvel écran couleur haute définition de 11,6 pouces, Toyota reprenant ainsi l'apparence des voitures électriques Tesla. La Prime se démarque du modèle conventionnel avec des feux qui ceinturent la partie arrière et des phares de type DEL.

Avant la refonte, la gamme Prius était composée de quatre modèles comprenant la Prius V à vocation plus familiale et la Prius C à vocation citadine, en plus de la Prius conventionnelle et de sa version rechargeable (qui avait discrètement été retirée du marché). Comme l'année 2016 aura été marquée par l'arrivée du modèle de quatrième génération, suivi de près par sa version rechargeable, il faut s'attendre à ce que de nouvelles versions de la Prius voient le jour prochainement, alors que Toyota continuera de développer le créneau de la voiture hybride qu'il a créé.

Châssis - Base

Emp / lon / lar / haut	2700 / 4540 / 1760 / 1470 mm
Coffre / Réservoir	697 litres / 43 litres
Nbre coussins sécurité / ceintures	7 / 5
Suspension avant	ind., jambes force
Suspension arrière	ind., multibras
Freins avant / arrière	disque / disque
Direction	à crémaillère, ass. var. élect.
Diamètre de braquage	10,2 m
Pneus avant / arrière	P195/65R15 / P195/65R15
Poids / Capacité de remorquage	1390 kg / n.d.
Assemblage	Toyota JP

Composantes mécaniques

Base, Technologie, Touring

Cylindrée, soupapes, alim.	4L 1,8 litre 16 s atmos.
Puissance / Couple	95 ch / 105 lb-pi
Tr. base (opt) / rouage base (opt)	CVT / Tr
0-100 / 80-120 / V.Max	n.d. / n.d. / n.d.
100-0 km/h	n.d.
Type / ville / route / CO$_2$	Ord / 4,4 / 4,6 l/100 km / 2065 kg/an

Moteur électrique

Puissance / Couple	71 ch (53 kW) / 120 lb-pi
Type de batterie	Nickel-hydrure métallique (NiMH) (Base)
Type de batterie	Lithium-ion (Li-ion) (Technologie, Touring)
Énergie	1,3 kWh (Base)
Énergie	0,7 kWh (Technologie, Touring)

Prime (hybride rechargeable)

Cylindrée, soupapes, alim.	4L 1,8 litre 16 s atmos.
Puissance / Couple	95 ch / 105 lb-pi
Tr. base (opt) / rouage base (opt)	CVT / Tr
0-100 / 80-120 / V.Max	10,0 s (est) / n.d. / n.d.
100-0 km/h	n.d.
Type / ville / route / CO$_2$	Ord / 4,4 / 4,6 l/100 km / 2065 (est) kg/an

Moteur électrique

Puissance / Couple	71 ch (53 kW) / n.d. lb-pi
Type de batterie	Lithium-ion (Li-ion)
Énergie	8,8 kWh
Temps de charge (120V / 240V)	n.d. / 5,5 h
Autonomie	35 km

Du nouveau en 2017

Arrivée du modèle Prime hybride-rechargeable.

Photos: Toyota

TOYOTA **RAV4**

((SiriusXM))

Prix : 25 155 $ à 34 630 $ (2016)
Catégorie : VUS compact
Garanties :
3 ans/60 000 km, 5 ans/100 000 km
Transport et prép. : 1 830 $
Ventes QC 2015 : 10 361 unités
Ventes CAN 2015 : 42 246 unités

Cote du Guide de l'auto

79 %

Fiabilité ■■■■■■■■□□

Appréciation générale ■■■■■■■■□□

Sécurité ■■■■■■■■□□

Agrément de conduite ■■■■■■□□□□

Consommation ■■■■■■□□□□

Système multimédia ■■■■■■■□□□

Cote d'assurance

■■■■■■□□□□
$$$ $

➕ Style enfin différent • Qualité de l'habitacle en hausse • Fiabilité en béton • Bonne consommation (hybride) • Valeur de revente assurée

➖ Version hybride chère • Puissance juste (modèle à essence) • Aucun plaisir de conduite • Pas d'hybride rechargeable

Concurrents

Chevrolet Equinox, Ford Escape, Honda CR-V, Hyundai Tucson, Jeep Cherokee, Kia Sportage, Mazda CX-5, Mitsubishi Outlander, Nissan Rogue, Subaru Forester, Volkswagen Tiguan

L'expérience parle d'elle-même

Frédérick Boucher-Gaulin

La prochaine fois que vous prendrez la route, portez une attention particulière aux véhicules autour de vous : je vous garantis que vous verrez au moins un RAV4 d'une ou l'autre génération (il a été lancé ici en 1994, vous avec donc l'embarras du choix !). Le RAV4 est le second meilleur vendeur chez Toyota — après la Corolla —; il est aussi l'un des leaders dans un segment populaire, celui des VUS compacts.

L'an dernier, Toyota a remis à jour son petit VUS : si sa mécanique et sa plate-forme n'ont pas changé dramatiquement, la marque japonaise a quand même tenu à moderniser son apparence et son habitacle pour le garder désirable face aux Ford Escape, Honda CR-V et Nissan Rogue.

ENFIN PLUS DYNAMIQUE... VISUELLEMENT
Pendant longtemps, on a pu accuser Toyota de faire preuve de complaisance : alors que ses compétiteurs prenaient des risques au niveau du style en créant des designs hauts en couleur (le meilleur exemple est le Mazda CX-5), le géant japonais se contentait d'ajouter une ligne de lampes à DEL ici, une bande chromée là...

En 2014, le RAV4 s'est finalement déluré : son bouclier avant a été revu et il est maintenant plus aplati, ce qui lui confère un look plus macho. Les feux sont angulaires, et de type projecteur tandis que la grille avant a été amincie. Même constat à l'arrière : les feux sont de forme plus élancée et ils sont maintenant à DEL. Sommes toute, on ne peut plus reprocher au RAV4 d'afficher une bouille générique; il se démarque du lot, et c'est tant mieux !

Une fois que l'on prend place dans le RAV4, on est accueilli par des matériaux de bonne qualité, notamment les belles surpiqûres sur le tableau de bord coussiné, des sièges confortables sans trop de renforts latéraux et une visibilité étudiée pour offrir une conduite rassurante pour la majorité des conducteurs.

DU RÉCHAUFFÉ SOUS LE CAPOT

La mécanique du RAV4 est à l'image de ce que la Toyota fait de meilleur : rien de superflu, rien d'extravagant, que du fiable et éprouvé. C'est un quatre cylindres de 2,5 litres qui est chargé de déplacer ce VUS, déployant 176 chevaux et un couple de 172 livre-pied. La seule transmission offerte est une automatique à six rapports, la manuelle s'étant fait la malle il y a belle lurette. Côté rouage, le RAV4 est une traction (roues avant motrices). En option, on peut le doter de l'intégrale.

Cette quantité relativement modeste de chevaux ne donne pas des ailes au RAV4, mais puisqu'il a peu de chances de se retrouver sur une piste d'accélération, ce n'est pas trop grave. On peut néanmoins dépasser sans trop de peine, et ce moteur permet de remorquer jusqu'à 680 kilos (1 500 livres). Toyota annonce une consommation de 10,5 litres aux 100 km en ville et 8,2 litres aux 100 km sur la route pour les modèles à quatre roues motrices — que nous vous recommandons avant le modèle de base à traction, puisque nous sommes au Québec... Pour le modèle à traction, on parle plutôt 10,0 litres aux 100 km en ville et 7,6 litres aux 100 km sur la route.

Ces données de consommation vous semblent encore trop élevés ? Bonne nouvelle : depuis l'an dernier, Toyota offre une motorisation hybride dans le RAV4 ! Celui-ci troque son quatre cylindres pour une autre unité de cylindrée identique ; le moteur atmosphérique déplace toujours 2,5 litres, mais c'est celui du Lexus NX300h. Il est donc à cycle Atkinson, et il est accouplé à une transmission automatique de type CVT. Entre ces deux pièces, il y a évidemment un petit moteur électrique. Notez que même si le RAV4 hybride vient d'office avec la traction intégrale, il n'y a pas d'arbre de transmission au centre du véhicule : c'est un autre moteur électrique qui est chargé de faire tourner les roues arrière. Si l'on est très doux avec l'accélérateur, on peut enregistrer des moyennes de 6,9 litres aux 100 km en ville et de 7,6 sur l'autoroute, ce qui est très impressionnant compte tenu de la taille du véhicule.

La conduite du RAV4 est neutre, sa direction surassistée, les bruits de route sont bien étouffés, les suspensions sont molles et confortables... Mentionnons que la variante hybride nous rappelle beaucoup la conduite de la Prius : on peut rouler jusqu'à 40 km/h en mode tout électrique, et le moteur à essence se réactivera automatiquement au-dessus de cette vitesse.

Avec le temps, Toyota a prouvé que sa recette pour le RAV4 était la bonne : les acheteurs qui vont vers ce véhicule ne recherchent pas la nouveauté ni les gadgets à la mode. Ils ont besoin d'un mode de transport fiable, peu gourmand et qui peut les amener à bon port beau temps mauvais temps. À ce chapitre, le petit VUS mérite pleinement son succès.

Du nouveau en 2017

Suite d'équipements de sécurité Toyota Safety Sense-P maintenant de série, nouvelle version Platinum, changements dans les coloris.

Châssis - 4RM XLE	
Emp / lon / lar / haut	2660 / 4570 / 1845 / 1705 mm
Coffre / Réservoir	1090 à 2080 litres / 60 litres
Nbre coussins sécurité / ceintures	8 / 5
Suspension avant	ind., jambes force
Suspension arrière	ind., double triangulation
Freins avant / arrière	disque / disque
Direction	à crémaillère, ass. élect.
Diamètre de braquage	10,6 m
Pneus avant / arrière	P225/65R17 / P225/65R17
Poids / Capacité de remorquage	1615 kg / 680 kg (1499 lb)
Assemblage	Woodstock ON CA

Composantes mécaniques	
4RM hybride	
Cylindrée, soupapes, alim.	4L 2,5 litres 16 s atmos.
Puissance / Couple	156 ch / 156 lb-pi
Tr. base (opt) / rouage base (opt)	CVT / Int
0-100 / 80-120 / V.Max	n.d. / n.d. / n.d.
100-0 km/h	n.d.
Type / ville / route / CO_2	Ord / 7,8 / 7,0 l/100 km / 3422 (est) kg/an
Moteur électrique	
Puissance / Couple	141 ch (105 kW) / 199 lb-pi
Type de batterie	Nickel-hydrure métallique (NiMH)
Énergie	1,6 kWh
LE, XLE, Limited	
Cylindrée, soupapes, alim.	4L 2,5 litres 16 s atmos.
Puissance / Couple	176 ch / 172 lb-pi
Tr. base (opt) / rouage base (opt)	A6 / Tr (Int)
0-100 / 80-120 / V.Max	9,9 s / 6,9s / n.d.
100-0 km/h	44,1 m
Type / ville / route / CO_2	Ord / 10,7 / 8,3 l/100 km / 4425 kg/an

TOYOTA **SEQUOIA**

(((SiriusXM)))

Prix: 55 475 $ à 70 380 $ (2016)
Catégorie: VUS grand format
Garanties:
3 ans/60 000 km, 5 ans/100 000 km
Transport et prép.: 1 830 $
Ventes QC 2015: 71 unités
Ventes CAN 2015: 663 unités

Cote du Guide de l'auto

63 %

Fiabilité
■■■■■■■□□□

Appréciation générale
■■■■■■□□□□

Sécurité
■■■■■■■□□□

Agrément de conduite
■■■■■□□□□□

Consommation
■■■□□□□□□□

Système multimédia
■■■■■■■□□□

Cote d'assurance

■■■■■■■□□□
$$$ $

➕ Espace intérieur impressionnant •
Douceur de roulement confirmée •
Confort très relevé • Excellentes capacités
de remorquage et en hors route

➖ Conception d'une autre époque •
Dimensions extrêmes • Poids santé
dépassé depuis longtemps •
Consommation terrorisante

Concurrents
Chevrolet Tahoe, Dodge Durango,
Ford Expedition, GMC Yukon,
Infiniti QX80, Lincoln Navigator,
Nissan Armada

Autres temps, autres mœurs

Alain Morin

La tendance est au vert. La mode est aux hybrides rechargeables et aux autos électriques. Les voitures mues par des moteurs plus conventionnels deviennent, lentement mais sûrement, moins goinfres et rejettent moins d'émissions nocives grâce, entre autres, à la turbocompression et une foule d'autres astuces. Les temps changent...

Comme chaque mouvement de société, ce tournant vert n'est pas pris à la même vitesse, ni avec le même enthousiasme, par tous les véhicules. Même chez Toyota qui a fait de l'hybridation son cheval de bataille, il reste des irréductibles du carburant fossile.

PÉRIODE D'ENTRAÎNEMENT REQUISE

Parmi ces objets roulants à contresens, le Toyota Sequoia fait figure dominante. D'abord par ses dimensions. Dire qu'il est gros ne rendrait aucunement justice à la réalité. Il est immense. Bonne chance à quiconque veut déblayer son toit après une bordée de neige ! Pour le stationner comme il faut, il est préférable d'avoir appris à reculer avec une remorque de 53 pieds.

L'habitacle du Sequoia, on s'en doute, est du même acabit que l'enveloppe extérieure. Si le conducteur et son passager avant se touchent du coude, c'est assurément davantage grâce à une attirance physique que par manque d'espace ! On est dans le domaine du camion et ça paraît, ne serait-ce que par la présence de certains plastiques assez ordinaires, merci. Les jauges et les commandes sont surdimensionnées tout comme les nombreux espaces de rangement.

Les sièges avant sont confortables et dessinés pour supporter les «formats américains». D'ailleurs, on serait porté à croire que la seule raison pour laquelle le Sequoia est offert au Canada c'est qu'il connaît du succès aux États-Unis, pays où la démesure fait partie du quotidien. Or, il n'en est rien. L'an dernier, il s'est écoulé à peine plus de 12 000 Sequoia au sud du 45e parallèle. Au nord, on parle de 663. Et de 71 au Québec.

DIRECTEMENT DU JURASSIQUE

Un véhicule pesant plus de 2 700 kilos a besoin d'un moteur à l'avenant pour assurer ses déplacements. Il y a quelques années, Toyota offrait un V8 de 4,6 litres de 310 pauvres petits chevaux. Devant la demande de moins en moins intéressée du public et des chevaux de plus en plus stressés quand le conducteur approchait la clé du contact, Toyota a eu la bonne idée de s'en départir et de ne conserver que le V8 de 5,7 litres. Si son écurie de 381 chevaux n'impressionne plus la galerie, son couple de 401 livre-pied est nettement plus intéressant. Le 0-100 km/h est l'affaire d'à peine 7,1 secondes, ce qui est prodigieux.

La boîte de vitesses égrène ses six rapports avec une infinie douceur et une certaine lenteur qui sied bien au caractère placide de ce dinosaure des routes. Bien qu'elle conserve les révolutions du moteur très basses à vitesse de croisière, la consommation moyenne d'essence se situe à 14,0 l/100 km. Et ça, c'est en conduite tout à fait pépère sur l'autoroute. Bref, à ne pas inviter dans un *party* de Prius.

Le Sequoia est construit autour du châssis du Tundra, une camionnette qui ne donne pas sa place non plus en termes de grosseur. Contrairement à ce dernier, toutefois, sa conduite est plus raffinée, moins «truck». Attention, j'ai écrit plus raffinée, pas plus sportive. L'habitacle est d'un silence monacal, sauf en accélération alors que le V8 émet une douce mélodie qui enterre le bruit des pièces de 2 $ qui tombent de l'échappement.

La direction est vague et donner la moindre sensation au conducteur ne fait absolument pas partie de ses fonctions. Le passage de trous et de bosses se fait sans soubresaut grâce à une suspension axée sur le confort. Il ne suffit que de quelques mètres pour se rendre compte que le Sequoia n'est pas très à l'aise dès qu'un rayon modifie le tracé de la route alors que la caisse penche allègrement. Placer cet édifice avec précision dans une courbe demande une certaine dose de chance.

Par contre, le Sequoia peut remorquer jusqu'à 7 100 livres (3 220 kilos), ce qui fait oublier ses lacunes. En plus, grâce à un rouage intégral robuste, il excelle en conduite hors route, à condition que la voie soit dégagée de chaque côté, son importante largeur restreignant passablement ses capacités dans les bois.

Il est évident que le Sequoia n'en a plus pour bien des années dans sa forme actuelle. Bien qu'il réponde à une certaine demande, il devra bientôt se doter d'une mécanique moins gourmande et, surtout, moins polluante. Il a beau éviter la tendance, la tendance, elle, ne l'évitera pas.

Du nouveau en 2017
Aucun changement majeur

Châssis - Platinum V8 5.7L	
Emp / lon / lar / haut	3100 / 5210 / 2030 / 1955 mm
Coffre / Réservoir	540 à 3400 litres / 100 litres
Nbre coussins sécurité / ceintures	8 / 7
Suspension avant	ind., double triangulation
Suspension arrière	ind., pneumatique, double triangulation
Freins avant / arrière	disque / disque
Direction	à crémaillère, ass. var.
Diamètre de braquage	12,5 m
Pneus avant / arrière	P275/55R20 / P275/55R20
Poids / Capacité de remorquage	2721 kg / 3175 kg (6999 lb)
Assemblage	Princeton IN US

Composantes mécaniques	
Cylindrée, soupapes, alim.	V8 5,7 litres 32 s atmos.
Puissance / Couple	381 ch / 401 lb-pi
Tr. base (opt) / rouage base (opt)	A6 / 4x4
0-100 / 80-120 / V.Max	8,0 s / 5,0 s / n.d.
100-0 km/h	42,9 m
Type / ville / route / CO_2	Ord / 18,8 / 14,0 l/100 km / 7654 kg/an

« LE SEQUOIA EST LOIN D'ÊTRE POPULAIRE, MAIS IL RESTE DES GENS QUI ONT BESOIN DE REMORQUER UNE LOURDE CHARGE TOUT EN TRANSPORTANT 7 OU 8 PERSONNES. »

TOYOTA **SIENNA**

(((SiriusXM)))

Prix : 31 305 $ à 46 490 $ (2016)
Catégorie : Fourgonnette
Garanties :
3 ans/60 000 km, 5 ans/100 000 km
Transport et prép. : 1 760 $
Ventes QC 2015 : 2 085 unités
Ventes CAN 2015 : 13 981 unités

Cote du Guide de l'auto

75 %

Fiabilité	Appréciation générale
■■■■■■■□□□	■■■■■■■□□□
Sécurité	Agrément de conduite
■■■■■■■■□□	■■■■■□□□□□
Consommation	Système multimédia
■■■■■□□□□□	■■■■■■□□□□

Cote d'assurance

■■■■■■■□□□
$$$ $

➕ Très grand habitacle •
« Fiabilité canine » • Confort relevé •
La seule fourgonnette à rouage intégral •
Très bonne valeur de revente

➖ Dimensions importantes • Sièges
médians peu polyvalents • Véhicule
éminemment triste à conduire •
Sensible aux vents latéraux

Concurrents
Dodge Grand Caravan, Honda Odyssey,
Kia Sedona

En attendant LA révolution

Alain Morin

Si l'on se fie à cet allié des moins fiables qu'est Internet et de sa mère, Mme Rumeur, la placide Toyota Sienna serait sur le point d'être renouvelée. En juin 2016, le constructeur japonais n'avait toutefois rien confirmé et aucune Sienna n'a été présentée durant la saison des salons de l'auto. Nous nous en tiendrons donc à la Sienna que nous connaissons depuis 2011.

Il y a deux ans, la Sienna a reçu quelques changements cosmétiques et, quelques années auparavant, elle avait perdu son moteur quatre cylindres, une perte que personne n'a pleurée. Que personne n'a remarqué en fait... Pour l'instant, donc, la Sienna poursuit sa route avec son style passe-partout et une mécanique enfin moderne. Nous y reviendrons.

C'EST GRAND !

Là où la Sienna brille, c'est au chapitre de l'habitabilité. Bon sang que c'est grand en dedans ! Et c'est exactement ce à quoi on s'attend d'une fourgonnette. La banquette de la troisième rangée peut s'escamoter dans une cavité, comme le font toutes les fourgonnettes. Les sièges de la deuxième rangée, par contre, ne peuvent en faire autant, contrairement à ceux de la Dodge Grand Caravan qui bénéficient du magique système Stow 'n Go. Pour le transport d'objets très volumineux, il faut les enlever. Et pour ça, ça prend une caméra vidéo. Soit pour prouver à votre employeur comment vous vous êtes fait mal dans le dos en tentant de déplacer des sièges de 32 kilos chacun, soit pour faire rire parents et amis.

Pour compenser cet infâme manque de polyvalence, ces sièges capitaines de deuxième rangée sont beaucoup plus confortables que ceux de la Dodge. Ceux qui doivent transporter beaucoup de monde peuvent opter pour une banquette à la rangée médiane, pour un total de huit personnes.

La troisième rangée, pour sa part, est facile d'accès puisque les sièges de la deuxième rangée s'avancent beaucoup, ce qui libère un large passage. Son confort n'est évidemment pas extraordinaire, mais l'on a déjà vu bien pire… dans la Grand Caravan, par exemple. Quant aux sièges avant, leur confort ne peut être remis en question. Ils ne fournissent à peu près aucun support latéral dans les courbes, néanmoins, au rythme où sont généralement conduites les Sienna, cela n'a sans doute que bien peu d'importance.

Le tableau de bord de la Sienna n'est pas des plus contemporains, mais ses commandes sont placées de façon ergonomique — sauf pour les boutons situés à l'extrémité droite, difficiles à rejoindre pour les gens aux bras courts. Preuve que la Sienna commence à prendre de l'âge, on retrouve encore certains plastiques durs à la qualité douteuse, d'autres striés comme si Toyota voulait leur apporter un petit côté boiserie. Si c'est le but, l'effet est totalement raté. Au moins, les espaces de rangement sont nombreux, les jauges sont facilement lisibles et la visibilité tout le tour n'est pas mauvaise du tout, gracieuseté de rétroviseurs extérieurs de bonnes dimensions.

AVANTAGE AWD
Pour mouvoir sa fourgonnette, Toyota fait appel à un nouveau V6 de 3,5 litres à injection directe. Ici, il développe 295 chevaux, une écurie plus que suffisante pour imprimer à la Sienna des accélérations et des reprises sécuritaires. La boîte automatique compte désormais huit rapports. La Sienna est la seule fourgonnette à offrir le rouage intégral (AWD). La plupart des versions sont plutôt des tractions (roues avant motrices).

À cause de la puissance élevée du moteur et sans doute des pneus souvent bas de gamme qui équipent la Sienna à sa sortie d'usine, on dénote un effet de couple marqué en accélération vive, et les roues patinent facilement sur une chaussée humide ou enneigée. On ne retrouve pas ce comportement dans la Sienna AWD. Évidemment, le prix de cette version est plus élevé, mais le rouage intégral apporte un élément de sécurité indéniable. Lors de nos différents essais par le passé, nous avons obtenu une moyenne d'environ 11 l/100 km. Avec l'AWD, il faut prévoir un litre de plus pour la même distance. Selon Toyota, le nouveau V6 serait moins énergivore.

La Sienna est une fourgonnette silencieuse, confortable et d'une grande fiabilité malgré les rappels dont elle a fait l'objet. La moindre courbe prise avec un zeste trop de vélocité entraîne un important roulis. De plus, la direction n'est guère plus enjouée et ne procure aucune sensation.

La Sienna s'apprête à entreprendre une nouvelle vie. Gageons cependant qu'elle demeurera fidèle à elle-même en étant toujours aussi logeable, confortable et sécuritaire. Toyota n'a rien à cirer d'une fourgonnette agréable à conduire. Et si Toyota nous surprenait ?

Châssis - LE 8 Places	
Emp / lon / lar / haut	3030 / 5085 / 1985 / 1795 mm
Coffre / Réservoir	1110 à 4250 litres / 79 litres
Nbre coussins sécurité / ceintures	7 / 8
Suspension avant	ind., jambes force
Suspension arrière	semi-ind., poutre torsion
Freins avant / arrière	disque / disque
Direction	à crémaillère, ass. var. élect.
Diamètre de braquage	11,3 m
Pneus avant / arrière	P235/60R17 / P235/60R17
Poids / Capacité de remorquage	1965 kg / 1588 kg (3500 lb)
Assemblage	Princeton IN US

Composantes mécaniques	
Cylindrée, soupapes, alim.	V6 3,5 litres 24 s atmos.
Puissance / Couple	295 ch / 234 lb-pi
Tr. base (opt) / rouage base (opt)	A8 / Tr (Int)
0-100 / 80-120 / V.Max	8,0 s (est) / 5,0 s (est) / n.d.
100-0 km/h	42,6 m
Type / ville / route / CO_2	Ord / 13,0 / 9,5 l/100 km / 5256 (est) kg/an

LES FOURGONNETTES SONT SOUVENT IGNORÉES AU PROFIT DES VUS DISPOSANT D'UN ROUAGE INTÉGRAL, PLUS SÉCURITAIRE. LA SIENNA EN A UN AUSSI…

Du nouveau en 2017
Ajout du moteur V6 de 3,5 litres à injection directe, plus puissant, et d'une boîte automatique à huit rapports.

Photos : Toyota, Jeremy Alan Glover

TOYOTA **TACOMA**

(((SiriusXM)))

Prix : 28 160 $ à 44 440 $ (2016)
Catégorie : Camionnette intermédiaire
Garanties :
3 ans/60 000 km, 5 ans/100 000 km
Transport et prép. : 1 830 $
Ventes QC 2015 : 1 714 unités
Ventes CAN 2015 : 11 772 unités

Cote du Guide de l'auto

72 %

Fiabilité	Appréciation générale
■■■■■■■□□□	■■■■■■■□□□
Sécurité	Agrément de conduite
■■■■■□□□□□	■■■■■□□□□□
Consommation	Système multimédia
■■■□□□□□□□	■■■■■□□□□□

Cote d'assurance

■■■■■■□□□□
$$$ $

➕ Capacité hors route très élevées •
Système « marche lente » efficace •
Fiabilité éprouvée • Moteur V6 innovateur •
Support de caméra GoPro de série

➖ Accès à bord difficile • Suspension
arrière rétive • Version TRD Pro quasi
inutile • Planche de bord rétro •
Sièges avant trop bas

Concurrents
Chevrolet Colorado, GMC Canyon,
Nissan Frontier

Le spécialiste

Denis Duquet

L'arrivée des Chevrolet Colorado et GMC Canyon, il y a presque deux ans maintenant, a dynamisé la catégorie des camionnettes intermédiaire qui était à l'agonie. Non seulement ces deux modèles ont élargi l'offre pour les acheteurs, mais l'apparition un peu plus tard d'un Toyota Tacoma de nouvelle génération est venue ajouter du piquant à la sauce.

Les deux camionnettes produites par GM sont à usage urbain ou récréatif, mais le Tacoma a une vocation beaucoup plus ciblée : celle de la conduite hors route. C'était déjà son point fort, mais cette fois Toyota a insisté davantage.

L'ALLURE DU MÉTIER
Un peu comme le Nissan Frontier, les stylistes de Toyota se sont appliqués à donner des airs de costaud au Tacoma. La grille avant est protubérante tandis que les passages de roue sont bombés. Et comme si ce n'était pas assez, un pourtour en relief des passages de roue ajoute du *punch* à la présentation. Les phares avant et les feux arrière sont légèrement dégagés par rapport à la carrosserie, ce qui donne une allure plus moderne à cette camionnette.

La planche de bord est du même acabit avec une présentation que l'on pourrait qualifier de « rétro futuriste », qui plaira à certains et en irriteront d'autres. Peu importe, il est certain que ce design n'est à nul autre pareil. Par contre, bien que l'orientation du module central soit horizontale, toutes les commandes sont à la portée de la main. Les plastiques sont durs, mais la qualité des matériaux et de la finition est à la hauteur de la réputation de Toyota.

Deux cabines sont offertes. Il y a la cabine allongée appelée Accès et la Double Cab quatre portes. Peu importe le modèle choisi, l'accès à bord n'est pas nécessairement facile pour les grandes personnes alors que le seuil des portières est haut et le toit relativement bas. Cette configuration était indispensable pour assurer une généreuse garde au sol. Toujours dans la même veine, l'assise des sièges avant est basse afin d'offrir un dégagement adéquat pour la tête, il en résulte un confort nettement perfectible. Il faut également ajouter que le dossier de la banquette arrière du Double Cab sera trop droit aux goûts de certains.

VOCATION CONFIRMÉE

La motorisation propose une valeur sûre, soit le quatre cylindres de 2,7 litres de l'édition précédente. Par ailleurs, le V6 de 3,5 litres à cycle Atkinson est nouveau, et le premier à intégrer cette technologie dans une camionnette. Le rouage 4x4 est offert avec les deux motorisations. Et pour optimiser la vocation de camionnette tout-terrain, Toyota a développé le système *Crawl Control* qui gère la puissance et le freinage de la camionnette pour se sortir d'un ensablement ou de négocier un parcours très accidenté, alors que le pilote n'a qu'à s'occuper du volant. Enfin, un sélecteur multi-terrain permet d'affronter plus efficacement les conditions changeantes.

Toujours pour consolider l'image de costaud et de baroudeur hors route du Tacoma, une nouvelle version TRD Pro est proposée. Il s'agit d'une mouture encore plus « pimpée » du TRD 4x4 Double Cab à caisse courte, avec boîte manuelle à six rapports et fonction spéciale permettant de démarrer avec la boîte embrayée (particulièrement utile en hors route extrême), ou avec boîte automatique à six rapports. Offert en trois couleurs exclusives, ce TRD Pro est équipé de roues en alliage noir de 16 pouces avec pneus Goodyear Wrangler renforcés de Kevlar, de phares antibrouillards à DEL, d'une plaque de protection avant, de feux de jour à DEL ainsi que d'une myriade d'éléments cosmétiques.

Mais peu importe le modèle, on se retrouve au volant d'une camionnette robuste et solide adoptant un comportement routier sans surprise, bien que le train arrière des versions 4x4 ait tendance à sautiller. Et il faut se demander pourquoi les versions de base à deux roues motrices, livrés avec le moteur quatre cylindres, peuvent seulement être commandées avec une boîte automatique. C'est d'ailleurs le seul Tacoma 4x2 offert, tous les autres sont des 4x4 avec moteur 2,7 litres ou 3,5 litres. Et il y a fort à parier que ce sont les V6 qui auront la cote.

Face à une concurrence plus diversifiée, le « Tacoma 2,0 » marque une nette amélioration par rapport à la version précédente et se distingue de ses rivaux au chapitre de la conduite hors route. Le TRD Pro ne s'adresse qu'à quelques experts en hors route, mais il ne faut pas croire que les autres Tacoma 4x4 ne sont pas doués pour la conduite tout-terrain; ils le sont tous. Et si cette camionnette est moyennement populaire chez nous, elle enregistre d'excellentes ventes sur la côte ouest-américaine.

Du nouveau en 2017

Arrivée de la nouveau version TRD Pro.

Châssis - 4x4 cab. accès V6 TRD Hors-route

Emp / lon / lar / haut	3235 / 5392 / 1910 / 1793 mm
Coffre / Réservoir	n.d. / 80 litres
Nbre coussins sécurité / ceintures	8 / 4
Suspension avant	ind., double triangulation
Suspension arrière	essieu rigide, ress. à lames
Freins avant / arrière	disque / tambour
Direction	à crémaillère, ass. var.
Diamètre de braquage	12,4 m
Pneus avant / arrière	P265/70R16 / P265/70R16
Poids / Capacité de remorquage	1927 kg / 2950 kg (6503 lb)
Assemblage	San Antonio TX US

Composantes mécaniques

4L 2,7 litres

Cylindrée, soupapes, alim.	4L 2,7 litres 16 s atmos.
Puissance / Couple	159 ch / 180 lb-pi
Tr. base (opt) / rouage base (opt)	A6 / Prop (4x4)
0-100 / 80-120 / V.Max	n.d. / n.d. / n.d.
100-0 km/h	n.d.
Type / ville / route / CO_2	Ord / 12,7 / 10,5 l/100 km / 5387 kg/an

V6 3,5 litres

Cylindrée, soupapes, alim.	V6 3,5 litres 24 s atmos.
Puissance / Couple	278 ch / 265 lb-pi
Tr. base (opt) / rouage base (opt)	A6 / 4x4
0-100 / 80-120 / V.Max	9,1 s / 6,3 s / n.d.
100-0 km/h	46,2 s
Type / ville / route / CO_2	Ord / 13,1 / 10,5 l/100 km / 5488 kg/an

> « POUR OPTIMISER LA VOCATION **TOUT-TERRAIN** DE SON TACOMA, TOYOTA L'A **DOTÉ D'UN SYSTÈME** *CRAWL CONTROL*. LE TRD PRO EN **RAJOUTE** UNE COUCHE. »

TOYOTA **TUNDRA**

Prix : 29 200 $ à 57 450 $ (2016)
Catégorie : Camionnette grand format
Garanties :
3 ans/60 000 km, 5 ans/100 000 km
Transport et prép. : 1 830 $
Ventes QC 2015 : 2 345 unités
Ventes CAN 2015 : 10 829 unités

Cote du Guide de l'auto

74 %

Fiabilité	Appréciation générale
■■■■■■■■□□	■■■■■■■□□□
Sécurité	Agrément de conduite
■■■■■■■□□□	■■■■■■■□□□
Consommation	Système multimédia
■■■□□□□□□□	■■■■■□□□□□

Cote d'assurance

■■■■■■■□□□
$$$ $

➕ Mécanique fiable • Puissant à
souhait (5,7 litres) • Habitacle simple et
efficace • Excellente valeur de revente •
Bonne capacité de remorquage

➖ Modèle vieillissant • Consommation
abominable • Finition décevante (1794) •
Direction surassistée •
La compétition offre mieux

Concurrents
Chevrolet Silverado, Ford F-150,
GMC Sierra, Nissan Titan, RAM 1500

Être bon dans un monde d'excellence

Frédérick Boucher-Gaulin

Dans le monde des constructeurs de camionnettes pleine grandeur, il y a les Trois Grands : Ford, RAM (FCA) et General Motors. Derrière eux, on retrouve Toyota avec son Tundra. À l'instar de d'Artagnan dans les Trois Mousquetaires, il est à peu près aussi qualifié que le Ford F-150, le Ram 1500 et le duo Chevrolet Silverado / GMC Sierra, mais ne réussit pas à gagner le même respect. En plus, depuis quelques années, ses rivaux américains se sont parés de nouveautés mécaniques (que ce soit des turbocompresseurs, des diesels ou encore des transmissions à huit rapports). Pendant ce temps, le Tundra reste au même point, n'offrant que des V8 gloutons à essence.

FIABLES, MAIS DATÉS

Parlons-en, de ces V8. Tout d'abord, la version de base SR5 du Tundra à cabine double vient avec un moteur de 4,6 litres. Celui-ci développe 310 chevaux et un couple de 327 livre-pied. Il offre un avantage distinct par rapport au moteur de 5,7 litres dont nous vous entretiendrons bientôt : sa consommation n'est pas aussi gargantuesque, se chiffrant à 15,9 l/100 km en ville et 12,3 l/100 km sur la route. Ce moteur permet tout de même remorquer jusqu'à 3 080 kilos (6 790 livres).

Dans tous les autres Tundra, on retrouve le V8 iForce de 5,7 litres. Si ce moteur a la même cylindrée que le HEMI de Ram, ils sont très différents : Toyota a choisi une configuration à double arbre à cames en tête, tandis que FCA préfère encore les moteurs culbutés. Le V8 Toyota a beau être plus « moderne », il n'est pas pour autant plus puissant, affichant 381 chevaux contre les 395 du Ram. Même constat du côté du couple : à 401 livre-pied, il en offre neuf de moins que son concurrent...

N'allez cependant pas croire que ce moteur est faiblard : il peut remorquer jusqu'à 4 760 kilos (10 494 livres), et ses accélérations sont suffisantes pour laisser en plan plus d'une sportive. De plus, sa sonorité est la meilleure de tous les produits Toyota, spécialement lorsqu'il est équipé de l'échappement double optionnel du TRD Pro. La consommation annoncée de ce V8 est de 17,3 l/100 km en ville et 13,0 sur la route. On peut vous affirmer que les chiffres réels sont beaucoup plus élevés, pouvant même avoisiner les 20 litres aux 100 km en ville...

Accouplée à ces moteurs, on retrouve une transmission automatique à six rapports. Si elle fonctionne bien et passe les rapports sans à-coups, on ne peut s'empêcher de se demander ce que le Tundra pourrait offrir comme consommation moyenne avec deux rapports supplémentaires... Sur les versions SR5 des modèles à cabine simple et double, seules les roues arrière sont motrices; sur toutes les autres variantes, le rouage 4x4 est de série.

CONFIGURATION SIMPLE, ÉQUIPEMENT MULTIPLE

Le modèle SR à cabine simple est le premier sur la liste, et s'adresse surtout aux flottes de véhicules de travail. Viennent ensuite les modèles SR5, Limited, Platinum et 1794. Finalement, on retrouve la version TRD Pro. Ce dernier s'adresse aux amateurs de hors route : il est muni de suspensions Bilstein, conçues à cet effet, de roues noires de 18 pouces, de plaques de protection sous le châssis, de sièges en cuir noir surpiqués de rouge et d'un plus grand nombre d'accessoires TRD dans la cabine. Finalement, il vient avec l'excellent échappement mentionné plus haut.

En prenant place à l'intérieur du Tundra, on se rend compte qu'il est mûr pour quelques changements. Certains plastiques sont de piètre qualité et le design, autrefois plutôt joli, n'impressionne plus. Les boutons du tableau de bord sont bien proportionnés et utilisables, même avec des gants. Il y a beaucoup d'espace pour la tête et les jambes, surtout dans la cabine CrewMax.

Sur la route, la conduite est surassistée. La suspension arrière à lames est très ferme, ce qui est un avantage lorsqu'on charge le Tundra (qui peut accommoder jusqu'à 775 kilos — 1 708 livres — dans sa boîte). Par contre, en roulant à vide, le train arrière sautille dès que la chaussée se dégrade. C'est normal dans un camion, direz-vous, mais la concurrence américaine semble réussir à mieux gérer ce problème.

LA VIEILLE GARDE MÉRITE D'ÊTRE REMPLACÉE

Le Toyota Tundra n'est pas un mauvais camion, loin de là. Son plus gros problème, c'est qu'il évolue dans une catégorie où tous les compétiteurs sont devenus excellents. Lors du lancement de cette version en 2007 (il a reçu un nouveau style en 2014, mais la base demeure identique), nous n'avions que de bons mots pour ce camion. Lorsque Toyota prendra le temps de le renouveler — avec un diesel cette fois ? —, il y a de fortes chances qu'il nous impressionne encore.

Châssis - 4x4 Limited 5.7L Crew Max	
Emp / lon / lar / haut	3700 / 5815 / 2030 / 1930 mm
Coffre / Réservoir	n.d. / 144 litres
Nbre coussins sécurité / ceintures	8 / 5
Suspension avant	ind., double triangulation
Suspension arrière	essieu rigide, ress. à lames
Freins avant / arrière	disque / disque
Direction	à crémaillère, ass. var.
Diamètre de braquage	13,4 m
Pneus avant / arrière	P275/55R20 / P275/55R20
Poids / Capacité de remorquage	2570 kg / 4345 kg (9579 lb)
Assemblage	San Antonio TX US

Composantes mécaniques

V8 4,6 litres

Cylindrée, soupapes, alim.	V8 4,6 litres 32 s atmos.
Puissance / Couple	310 ch / 327 lb-pi
Tr. base (opt) / rouage base (opt)	A6 / Prop (4x4)
0-100 / 80-120 / V.Max	10,9 s / 9,0 s / n.d.
100-0 km/h	39,5 m
Type / ville / route / CO_2	Ord / 16,9 / 12,9 l/100 km / 6760 kg/an

V8 5,7 litres

Cylindrée, soupapes, alim.	V8 5,7 litres 32 s atmos.
Puissance / Couple	381 ch / 401 lb-pi
Tr. base (opt) / rouage base (opt)	A6 / Prop (4x4)
0-100 / 80-120 / V.Max	7,3 s / 0,2 s / n.d.
100-0 km/h	40,3 m
Type / ville / route / CO_2	Ord / 18,2 / 14,1 l/100 km / 7523 kg/an

« LORSQUE TOYOTA **PRENDRA** LE TEMPS DE LE RENOUVELER - AVEC UN DIESEL CETTE FOIS ? -, IL Y A DE **FORTES** CHANCES QU'IL NOUS IMPRESSIONNE **ENCORE**. »

Du nouveau en 2017

Aucun changement majeur. Quelques modifications dans les groupes d'options, nouvelles couleurs.

TOYOTA **YARIS**

Prix : 14 940 $ à 20 365 $ (2016)
Catégorie : Berline, Hatchback
Garanties :
3 ans/60 000 km, 5 ans/100 000 km
Transport et prép. : 1 635 $
Ventes QC 2015 : 4 719 unités
Ventes CAN 2015 : 8 196 unités

Cote du Guide de l'auto

81 %

Fiabilité	Appréciation générale
■■■■■■■□□□	■■■■■■■■□□
Sécurité	**Agrément de conduite**
■■■■■■■□□□	■■■■■□□□□□
Consommation	**Système multimédia**
■■■■□□□□□□	■■■■■□□□□□

Cote d'assurance

■■■■■■□□□□
$$$ $

➕ Prix intéressant (hayon) • Tenue de route (berline) • Fiabilité prouvée (hayon) • Valeur de revente intéressante

➖ Manque d'espace à l'arrière • Prix de base élevé (berline) • Design extérieur discutable (berline) • Design intérieur discutable (hayon) • Boîtes de vitesse vieillissantes (hayon)

Concurrents

Chevrolet Sonic, Ford Fiesta, Honda Fit, Hyundai Accent, Kia Rio, Nissan Versa

La surprise et la valeur sûre

Michel Deslauriers

Depuis l'an passé, on retrouve deux configurations de la sous-compacte Yaris dans la gamme de produits Toyota. La version à hayon a subi une profonde refonte en 2015, et l'on a maintenant droit à une berline Yaris. Toutefois, cette dernière n'est pas un produit purement Toyota, mais un clone de la nouvelle Mazda2 qui ne sera plus vendue au Canada.

En effet, la berline Yaris est le premier résultat tangible d'une collaboration entre les deux constructeurs nippons, annoncée il y a quatre ans. Elle est assemblée dans une usine Mazda au Mexique, tandis que la Yaris *Hatchback* est construite en France.

DE L'AGRÉMENT DE CONDUITE CHEZ TOYOTA

Alors que les produits Toyota ont longtemps été ennuyants à conduire, chez Mazda, c'est tout l'inverse. Et c'est pourquoi la Yaris à quatre portes détonne autant au sein de la gamme Toyota.

Elle est équipée d'un quatre cylindres de 1,5 litre qui produit 106 chevaux, jumelé à une boîte manuelle ou automatique à six rapports dans les deux cas. Contrairement au moteur de la Yaris à hayon, celui-ci est doté de l'injection directe, mais leur puissance est identique. La différence, c'est au chapitre de l'économie d'essence : la berline Yaris avec sa boîte automatique affiche une consommation sur route de 5,6 l/100 km, alors que la version à hayon consomme un litre de plus. Lors de notre essai de la berline, on a enregistré une excellente moyenne de 5,8 l/100 km.

Les performances sont plus qu'adéquates pour une petite voiture sans prétentions sportives, mais sa dynamique de conduite rend le trajet tellement plus plaisant. Ce n'est rien de nouveau pour un propriétaire de Mazda, mais toute une révélation pour un fidèle client de Toyota...

Outre la calandre et des blocs optiques uniques à cette Yaris, le reste demeure un design purement Mazda. Par contre, ce nouveau nez ne s'agence pas très bien avec l'ensemble de la carrosserie ni avec les autres produits de la gamme. Pas de problème, puisque Toyota se cherche toujours côté style, donc ça ne paraît pas trop!

C'est lorsque l'on s'installe dans la berline Yaris que tous les doutes se dissipent quant à l'origine de la voiture. On se retrouve dans un environnement presque identique à celui du Mazda CX-3 — qui partage sa plate-forme à la Mazda2/Toyota Yaris berline — avec une belle finition, une planche de bord recouverte de similicuir cousu et un style résolument moderne. La connectivité Bluetooth et un port USB sont de série, mais fait à noter, il n'y a pas de lecteur de CD dans la berline. Bienvenue en 2017!

En optant pour l'ensemble Premium, on a même droit au système d'infodivertissement avec molette multifonction et écran tactile de sept pouces. Toyota s'est contentée d'apposer son logo sur le volant, ce qui est bien peu, et il faut avouer que l'habitacle de la Yaris ne gagnerait rien à être «toyotaïsé» davantage.

LA FIABILITÉ AVANT TOUT

La Yaris à hayon n'a pas changé depuis deux ans. Elle est toujours proposée en version dénudée CE à trois portes ou bien avec plus d'équipement en format cinq portes sous des livrées LE et SE. Son quatre cylindres de 1,5 litre produit lui aussi 106 chevaux, mais dans ce cas-ci, on doit choisir entre une boîte manuelle à cinq rapports et une automatique comptant seulement quatre rapports.

Contrairement à la berline, la Yaris à hayon mise sur le confort de roulement avant la conduite sportive. Il faut dire qu'en 2015, Toyota a révisé la suspension et la direction pour donner un peu plus de mordant à la voiture. Sa consommation est plus élevée que celle de la berline, mais demeure tout de même intéressante.

Le prix de la Toyota Yaris trois portes à hayon est concurrentiel, et celui de la version à cinq portes l'est tout autant, puisque l'on obtient un climatiseur, le télédéverrouillage et un régulateur de vitesse. Par contre, elle n'offre pas de sièges chauffants ou de toit ouvrant, peu importe la finition. Quant à la berline, son prix de base est plus élevé que celui de la Toyota Corolla, mais son niveau d'équipement est plus substantiel.

Deux voitures portant le même nom, mais deux caractères différents. À vous de choisir entre la berline plus dynamique, ou la *hatchback* plus polyvalente.

Châssis - LE 5 portes Hatchback	
Emp / lon / lar / haut	2510 / 3950 / 1695 / 1510 mm
Coffre / Réservoir	286 à 580 litres / 42 litres
Nbre coussins sécurité / ceintures	9 / 5
Suspension avant	ind., jambes force
Suspension arrière	semi-ind., poutre torsion
Freins avant / arrière	disque / tambour
Direction	à crémaillère, ass. var. élect.
Diamètre de braquage	9,6 m
Pneus avant / arrière	P175/65R15 / P175/65R15
Poids / Capacité de remorquage	1030 kg / n.d.
Assemblage	Valenciennes FR

Composantes mécaniques

Berline

Cylindrée, soupapes, alim.	4L 1,5 litre 16 s atmos.
Puissance / Couple	106 ch / 103 lb-pi
Tr. base (opt) / rouage base (opt)	M6 (A6) / Tr
0-100 / 80-120 / V.Max	10,7 s / 8,8 s / n.d.
100-0 km/h	41,3 m
Type / ville / route / CO_2	Ord / 7,2 / 5,6 l/100 km / 3146 kg/an

Hatchback

Cylindrée, soupapes, alim.	4L 1,5 litre 16 s atmos.
Puissance / Couple	106 ch / 103 lb-pi
Tr. base (opt) / rouage base (opt)	M5 (A4) / Tr
0-100 / 80-120 / V.Max	10,3 s / 8,5 s / n.d.
100-0 km/h	41,8 m
Type / ville / route / CO_2	Ord / 7,7 / 6,3 l/100 km / 3252 kg/an

MALGRÉ DES PERSONNALITÉS ET UNE CONDUITE DIFFÉRENTES, L'ÉCONOMIE D'ESSENCE DEMEURE AU RENDEZ-VOUS, PEU IMPORTE LA YARIS CHOISIE.

Du nouveau en 2017

Aucun changement majeur

Photos: Toyota

VOLKSWAGEN **BEETLE**

Prix : 19 990 $ à 26 850 $ (2016)
Catégorie : Cabriolet, Hatchback
Garanties :
4 ans/80 000 km, 5 ans/100 000 km
Transport et prép. : 1 395 $
Ventes QC 2015 : 744 unités
Ventes CAN 2015 : 2 347 unités

Cote du Guide de l'auto

65 %

Fiabilité
■■■■■□□□□□

Appréciation générale
■■■■■■■□□□

Sécurité
■■■■■■■□□□

Agrément de conduite
■■■■■■□□□□

Consommation
■■■■■■□□□□

Système multimédia
■■■■■■■□□□

Cote d'assurance
■■■■■■■□□□
$$$ $

➕ Plusieurs versions thématiques •
Boîtes manuelle et automatique
offertes • Bonne vision périphérique •
Version cabriolet amusante

➖ Un seul moteur proposé •
Puissance un peu juste • Coffre réduit •
Peut devenir dispendieuse

Concurrents
Fiat 500, MINI Cabriolet, MINI hayon

Bipolaire !

Sylvain Raymond

L a Volkswagen Beetle, qui succède à la New Beetle depuis 2012, se veut l'interprétation moderne de la célèbre coccinelle originale, reprenant les lignes de cette icône du passé. Bien entendu, le constructeur l'a mise au goût du jour en y ajoutant les derniers gadgets à la mode, mais il a su conserver toute la saveur qui en a fait le succès au fil des ans. C'est aussi celle qui permet à Volkswagen de s'éclater et de démontrer toute sa créativité.

On dit que les voitures n'ont pas de sexe, mais certains modèles semblent attirer un peu plus la gent féminine, c'est le cas de la Beetle, et ce, même si l'on a retiré le pot à fleurs qui était placé sur le tableau de bord dans la précédente génération. La version qui fait craquer ? La Beetle cabriolet, proposant non seulement un style fort réussi, mais surtout, permettant de conduire les cheveux au vent en quelques secondes grâce à sa capote souple rétractable. À une époque où il reste peu de cabriolets offerts à un prix relativement abordable, cette dernière demeure fort intéressante.

DIFFÉRENTS THÈMES
Côté style, Volkswagen a apporté quelques changements mineurs cette année. Le pare-chocs de l'ancienne version R-Line est maintenant de série, tout comme l'aileron arrière. Ce n'est rien de majeur, mais ça apporte un peu plus de dynamisme au modèle. À bord, on retrouve un nouveau bloc d'instruments alors que la console centrale est peinte de la couleur de la carrosserie. Le tout ajoute une belle touche et rend l'habitacle encore plus extraverti.

Du côté des versions, Volkswagen aime jouer avec les thématiques. Et dans le cas de la Beetle, c'est encore plus vrai cette année avec plusieurs ajouts. Si vous aimez les modèles reprenant les lignes du passé, la version Classic vous séduira certainement.

Vous pourriez également vous pointer à un défilé de mode à bord de la version Denim, celle qui reprend la thématique du jeans bleu. Cette dernière hérite de jantes distinctives et d'appliqués en tissu bleu brossé sur les sièges ainsi que sur le tableau de bord. L'édition Denim est offerte en version coupé pour 2017. Et non, il n'est pas possible de «délaver» la voiture.

Le Beetle Dune, quant à elle, réfère au style des «Baja Bugs» avec sa suspension surélevée et ses pneus surdimensionnés. L'autre grande nouveauté cette année, c'est l'arrivée de la version #PinkBeetle, une édition limitée uniquement à 200 exemplaires pour le Canada. Il faudra faire vite pour s'en procurer une! Elle se distingue par sa carrosserie peinte en fuchsia alors que les sièges, le volant et le tableau de bord comportent des appliqués du même ton. Ce n'est certainement pas une variante masculinisée!

UNE SEULE MÉCANIQUE

Malgré toutes ses déclinaisons, la Beetle n'offre qu'un seul choix de moteur depuis la disparition de la version R-Line. On n'a droit qu'au quatre cylindres turbocompressé de 1,8 litre, ce dernier développant une puissance de 170 chevaux pour un couple de 184 lb-pi. C'est loin d'être énorme, il ne faut donc pas vous attendre à remporter une course, à moins qu'Herbie décide de se réveiller soudainement. Le quatre cylindres de 2,0 litres avec ses 210 chevaux ajoutait une belle dose de puissance à la Beetle, dommage qu'il ne soit plus offert. La bonne nouvelle, c'est que vous avez le choix entre la boîte manuelle à cinq rapports et l'automatique à six rapports.

La vie à bord de la Beetle s'apparente un peu à celle d'une MINI. On a droit à un véhicule hors du commun au chapitre du style de l'habitacle. Toutefois, la Beetle exige certains compromis. Les places arrière ne sont pas très spacieuses, ce qui les rend moins confortables pour un adulte. Quant à l'espace de chargement, il n'est pas des plus généreux non plus. Ce n'est pas la voiture idéale pour les jeunes familles, mais elle s'avère certainement une belle récompense une fois que les enfants auront quitté le nid familial.

Malgré sa puissance modeste, la Beetle demeure agréable à conduire, heureusement que les Allemands sont des experts en matière de dynamisme. Sa direction est précise, sa suspension est juste assez ferme pour contenir les transferts de poids et son châssis est très rigide, un peu moins, toutefois, dans le cas du cabriolet. Ses grandes sections vitrées facilitent aussi la vision périphérique et surtout, elle s'avère un plaisir à laver puisqu'elle est toute en rondeur. Suffit de passer la mitaine d'un pare-chocs à l'autre!

La Volkswagen Beetle continue de séduire par ses lignes intemporelles et le plaisir qu'elle dégage. Grâce à de nombreuses versions, le constructeur sait comment entretenir la flamme et s'assure qu'elle traverse bien les années.

Châssis - 1.8 Trendline+ décapotable	
Emp / lon / lar / haut	2540 / 4278 / 1808 / 1473 mm
Coffre / Réservoir	200 litres / 55 litres
Nbre coussins sécurité / ceintures	4 / 4
Suspension avant	ind., jambes force
Suspension arrière	ind., multibras
Freins avant / arrière	disque / disque
Direction	à crémaillère, assistée
Diamètre de braquage	10,8 m
Pneus avant / arrière	P215/60R16 / P215/60R16
Poids / Capacité de remorquage	1463 kg / n.d.
Assemblage	Puebla MX

Composantes mécaniques	
Cylindrée, soupapes, alim.	4L 1,8 litre 16 s turbo
Puissance / Couple	170 ch / 184 lb-pi
Tr. base (opt) / rouage base (opt)	M5 (A6) / Tr
0-100 / 80-120 / V.Max	8,9 s /5,7 s / n.d.
100-0 km/h	n.d.
Type / ville / route / CO$_2$	Ord / 9,8 / 7,3 l/100 km / 3991 kg/an

« LA VOLKSWAGEN BEETLE SÉDUIT PAR SON **CARACTÈRE EXTRAVERTI** ET SES **NOMBREUSES** PERSONNALITÉS. »

Du nouveau en 2017

Version Dune coupé ajoutée en cours d'année 2016. Versions Dune décapotable et #PinkBeetle ajoutées. Abandon du moteur turbo de 2,0 litres.

VOLKSWAGEN **CC**

((SiriusXM))

Prix : 42 000 $ (2016) (estimé)
Catégorie : Berline
Garanties :
4 ans/80 000 km, 5 ans/100 000 km
Transport et prép. : 1 760 $
Ventes QC 2015 : n.d.
Ventes CAN 2015 : n.d.

Cote du Guide de l'auto

73 %

Fiabilité
■■■■■■■□□□

Appréciation générale
■■■■■■■□□□

Sécurité
■■■■■■■■□□

Agrément de conduite
■■■■■■■□□□

Consommation
■■■■■□□□□□

Système multimédia
■■■■■■□□□□

Cote d'assurance
■■■■■■■□□□
$$$ $

➕ Style toujours aussi apprécié •
Finition de qualité • Tenue de route
solide • V6 qui carbure maintenant au
régulier • Retour du rouage intégral

➖ Modèle en toute fin de carrière
• Design du tableau de bord un peu
dépassé • V6 plutôt assoiffé •
Suspensions quelquefois raides

Concurrents
Acura TLX, Audi A4, BMW Série 3,
Lexus IS, Mercedes-Benz Classe C

Choisir la bonne boule

Alain Morin

L'avenir, disait un sage, se trouve dans une boule de cristal. J'ajouterais qu'il suffit de trouver la bonne… L'an passé, nous étions persuadés que la Volkswagen CC en était à ses derniers tours de roue. Elle avait perdu la moitié de ses moteurs, la moitié de ses boîtes de vitesses, la moitié de ses roues motrices et son design commençait à prendre de l'âge. Sans doute que même Volkswagen ne détenait pas la bonne boule de cristal. De toute évidence, si elle l'avait eue entre les mains, on ne parlerait pas du scandale du diesel ! Mais, ça, c'est une autre histoire.

Pour 2017, la CC, autrefois connue sous le nom de Passat CC, continue son périple parmi nous sans changements. Son style extérieur demeure tel quel et c'est tant mieux. S'il y a une voiture qui vieillit bien, c'est bien la CC. Sa ligne de coupé quatre portes est réussie, tout comme la partie arrière, tout en rondeurs. Elle ne fait pas son âge, comme on dit, et ses petites rides ne font qu'accentuer son charme.

Dans l'habitacle, le poids des années se fait davantage sentir. Oh, vraiment rien de dramatique, juste quelques lignes un peu trop droites ici et là, des branches de volant un peu minces, quelques plastiques durs. L'ensemble est même assez joli, mais il manque cruellement d'olé olé. Par contre, la finition est réussie, tout comme l'ergonomie. Et l'an dernier, elle a gagné un port USB. C'est sans doute pour rentabiliser cet accessoire que Volkswagen a décidé de garder la CC sur le marché un an de plus…

Les sièges, malgré leur fermeté initiale, s'avèrent très confortables. Même constat à l'arrière, mais y accéder est beaucoup plus pénible, gracieuseté d'une ligne de toit fortement courbée. L'espace pour la tête et les jambes est correct, en tout cas, correct pour un journaliste de 5' 6''. Le coffre, pour sa part, n'est pas très profond mais, en revanche, son ouverture est grande, ce qui prouve son âge presque vénérable. Aujourd'hui, les ouvertures de coffre des nouveaux modèles permettent à peine de passer un bâton de Popsicle à la fois. Bon, ok, deux.

ELLE DANSE... MAIS SUR QUEL PIED?

Chez Volkswagen, on a sans doute un sens de l'humour plutôt développé (remarquez que c'est une bonne chose quand on tous les environnementalistes de la planète à dos!). Il y a deux ans, la CC avait deux moteurs. Tout d'abord, un quatre cylindres 2,0 litres turbocompressé développant 200 chevaux. Les roues motrices étaient situées à l'avant. Il y avait aussi un V6 3,6 litres de 280 chevaux, marié à une boîte automatique à six rapports et à un rouage intégral.

Pour 2016, Volkswagen laissait tomber le V6 qui, de toute façon, n'était pas reconnu comme étant un exemple de frugalité, pour ne conserver que le quatre cylindres. Une décision qui nous apparaissait logique. Cette année, déjà qu'on est surpris du retour de la CC, on apprend, en plus, que le seul moteur qu'elle propose est... le V6! Encore une fois, seul le rouage intégral 4MOTION est offert.

Si ce V6 ne promet pas une sobriété exceptionnelle, on peut au moins se consoler en se disant que contrairement aux années passées, il peut maintenant s'abreuver d'essence régulière. Notre dernier essai d'une CC à moteur V6 avait donné une moyenne de 11,5 l/100 km, ce qui n'est pas si mal, mais qui est loin des 9,3 d'une version à moteur de 2,0 litres, essayée dans le froid plutonien de février 2015.

Le V6, très souple, est secondé par une boîte automatique à six rapports efficace, ce qui autorise des performances très respectables. Le 0-100 km/h est l'affaire de 6,5 secondes et une reprise entre 80 et 120 km/h ne prend que 5,3 secondes, dans une belle sonorité en plus! Mais puissance et sportivité ne vont pas toujours de pair. La CC préfère les autoroutes et les larges boulevards californiens, là où elle peut le mieux s'exprimer, surtout en version V6.

LA FIN D'UNE ÉTOILE INCONNUE

Pour cette ultime année — la production de la CC cessera en décembre 2016 —, seule la version Wolfsburg est offerte aux alentours de 42 000 $ (prix non officiel au moment d'écrire ces lignes). Pour environ 3 700 $ supplémentaires, on pourra commander l'ensemble R-Line, qui comprend un toit ouvrant panoramique et quelques accessoires esthétiques.

Cette fois, la Volkswagen CC est vraiment sur ses derniers miles. Elle devrait être remplacée par un des nombreux concepts vus ici et là dans les différents salons automobiles à travers le monde. On chuchote qu'il s'agirait du Sport Coupe GTE Concept vu à Genève, en 2015. Mais comme l'an dernier, la rumeur qui circulait disait que la CC en était à sa dernière année de production, nous préférons ne pas nous fier à notre boule de cristal. Ce n'est pas toujours la bonne.

Châssis - Wolfsburg V6	
Emp / lon / lar / haut	2711 / 4802 / 1855 / 1417 mm
Coffre / Réservoir	374 litres / 70 litres
Nbre coussins sécurité / ceintures	8 / 5
Suspension avant	ind., jambes force
Suspension arrière	ind., multibras
Freins avant / arrière	disque / disque
Direction	à crémaillère, ass. var. élect.
Diamètre de braquage	11,4 m
Pneus avant / arrière	P235/40R18 / P235/40R18
Poids / Capacité de remorquage	1748 kg / n.d.
Assemblage	Emden DE

Composantes mécaniques	
Cylindrée, soupapes, alim.	V6 3,6 litres 24 s atmos.
Puissance / Couple	280 ch / 265 lb-pi
Tr. base (opt) / rouage base (opt)	A6 / Int
0-100 / 80-120 / V.Max	6,5 s / 5,3 s / 209 km/h (const)
100-0 km/h	n.d.
Type / ville / route / CO_2	Sup / 13,9 / 9,3 l/100 km / 5442 (est) kg/an

« LA VOLKSWAGEN CC EST UNE **EXCELLENTE** VOITURE MÉCONNUE. DANS QUELQUES ANNÉES, LES **CONNAISSEURS** SE L'ARRACHERONT SUR LE MARCHÉ DE LA VOITURE **ANCIENNE.** »

Du nouveau en 2017

Dernière année de commercialisation. Abandon du 2,0 litres, retour du V6 3,6 litres. Abandon des versions Sportline et Highline et apparition de la Wolfsburg.

MEILLEUR ACHAT DE SA CATÉGORIE

VOLKSWAGEN GOLF ALLTRACK

VOLKSWAGEN **GOLF**

(((SiriusXM)))

Prix : 18 995 $ à 39 995 $ (2016) (estimé)
Catégorie : Familiale, Hatchback
Garanties :
4 ans/80 000 km, 5 ans/100 000 km
Transport et prép. : 1 395 $
Ventes QC 2015 : 7 056 unités
Ventes CAN 2015 : 17 890 unités

Cote du Guide de l'auto

79 %

Fiabilité
▪▪▪▪▪▫▫▫▫▫

Appréciation générale
▪▪▪▪▪▪▪▪▫▫

Sécurité
▪▪▪▪▪▪▪▪▫▫

Agrément de conduite
▪▪▪▪▪▪▪▪▫▫

Consommation
▪▪▪▪▪▪▪▫▫▫

Système multimédia
▪▪▪▪▪▪▪▫▫▫

Cote d'assurance
▪▪▪▪▪▫▫▫▫▫
$ $ $ $

➕ Conduite dynamique • Voiture de course déguisée en voiture de route (R) • Boîte manuelle exquise • Version SportWagen Alltrack prometteuse

➖ Moteur diesel non offert (pour le moment) • Coffre trop étroit pour un sac de golf • Fiabilité quelquefois erratique • Places arrière étroites

Concurrents
Ford Focus, Hyundai Elantra, Kia Forte, Mazda3, Mitsubishi Lancer, Subaru Impreza

Pour tout... sauf pour le golf !

Daniel Melançon / Alain Morin

Quand vient le temps de faire le choix d'une voiture, le plaisir de conduire est un critère qui se situe assez haut dans la liste des priorités de passablement de gens. Les milliers de kilomètres avalés depuis quelques années au volant de la Volkswagen Golf, tant en ville que sur les routes sinueuses, et autant avec des versions de base qu'avec les plus dispendieuses, nous ont prouvé que Volkswagen s'y connaît en matière de conduite dynamique.

Ce qui fait aussi la popularité et la force de la Golf, c'est la panoplie de modèles disponibles : trois portes, cinq portes, familiale, sportive, très sportive et aussi, depuis cette année, à rouage intégral. Il y a même une version tout électrique qui pourrait débarquer au Canada. Mais ça, c'est loin d'être confirmé par Volkswagen !

D'entrée, la Golf propose le moteur quatre cylindres turbo de 1,8 litre développant 170 chevaux. C'est idéal, à notre avis, pour les gens qui recherchent surtout une conduite urbaine. Avec la boîte automatique, on obtient des changements de rapports tout en douceur et relativement rapides, tandis que la manuelle n'est pas à dédaigner. La tenue de route de la Golf est quasiment impeccable et l'on se prend vite pour un pilote de course !

CÔTÉ GIVRÉ
On retrouve le côté givré de la Golf avec la GTI et, plus récemment, avec la R, qui propose un rouage intégral. Avec leur design intemporel, ces deux modèles s'adressent à ceux qui recherchent la sportivité d'abord et avant tout. La GTI est dotée d'un quatre cylindres turbo de 2,0 litres qui génère 210 chevaux. Le groupe Performance amène cette puissance à 220 chevaux. Disponible avec une boîte manuelle, dont le levier se manie à la perfection, ou avec une boîte automatique à double embrayage, la GTI, autant en version trois que cinq portes, offre une tenue de route très relevée.

Si vous n'êtes pas rassasié, sachez que la R vous amènera à bon port avec 292 chevaux sous le capot! La prise sur le volant donne envie de pousser la cavalerie au maximum. La direction est vive et son *feedback* est parfait. Chacun des six rapports de la boîte manuelle exploite parfaitement la puissance du moteur et les accélérations, en sortie de virage, sont tout simplement explosives. Que du bonheur à piloter! La boîte DSG passe ses rapports encore plus rapidement, mais on y perd un peu de plaisir.

Côté insonorisation, la vigueur de la R est bien perceptible dès que l'on enfonce l'accélérateur. Tellement, qu'on a le sentiment que le tuyau d'échappement est directement relié à la chaîne audio Fender, disponible en option. Si vous en avez les moyens, procurez-vous une R et conservez-la pendant des dizaines d'années. Un jour, il s'agira d'un classique!

CÔTÉ SÉRIEUX

Bien que la GTI et la R soient les plus désirables, la plupart des gens optent pour quelque chose de plus terre à terre. La Golf régulière est offerte en modèles trois et cinq portes. La grande nouvelle de l'année, c'est l'arrivée d'une version familiale SportWagen Alltrack ou, si vous préférez, à rouage intégral. Ce système envoie 100 % du couple aux roues avant en temps normal, mais, si l'adhérence diminue, il peut envoyer la totalité du couple aux roues arrière. Au Québec, où l'on aime les produits Volkswagen, les familiales et les voitures à rouage intégral, cette Alltrack est quasiment assurée de connaître le succès!

Toutes les Golf ont une finition intérieure soignée et, outre la GTI et la R, s'avèrent très confortables, surtout à l'avant. À l'arrière, les passagers seront un peu plus à l'étroit. Sa grande sœur, la Jetta, se veut un meilleur choix pour ceux qui transportent plusieurs passagers. Évidemment, l'accès à la banquette arrière est plus difficile avec la version trois portes.

De plus, bien que cela puisse paraître anodin, il est apprécié que la caméra de recul soit dissimulée sous le logo VW. Ainsi, en marche arrière, l'image projetée sur l'écran, situé sur le tableau de bord, n'est jamais obstruée par des saletés. C'est surtout efficace par temps de pluie ou l'hiver.

Côté fiabilité, nous n'avons jamais rencontré de problème majeur avec les nombreuses Golf essayées au fil des années, si ce n'est une climatisation bruyante à faible intensité. En fait, un des rares points négatifs, à notre humble avis de golfeur, c'est l'étroitesse du coffre arrière de la *hatchback*. Comment peut-on baptiser une voiture Golf alors qu'il est impossible d'y insérer un sac et ses 14 bâtons?

Châssis - Sportwagen Alltrack Highline

Emp / lon / lar / haut	2630 / 4578 / 1799 / 1516 mm
Coffre / Réservoir	605 à 1620 litres / 55 litres
Nbre coussins sécurité / ceintures	6 / 5
Suspension avant	ind., jambes force
Suspension arrière	ind., multibras
Freins avant / arrière	disque / disque
Direction	à crémaillère, ass. var. élect.
Diamètre de braquage	10,9 m
Pneus avant / arrière	P225/45R18 / P225/45R18
Poids / Capacité de remorquage	1540 kg / n.d.
Assemblage	Puebla MX

Composantes mécaniques

Trendline, Comfortline, Highline, Familiale, Sportwagen Alltrack

Cylindrée, soupapes, alim.	4L 1,8 litre 16 s turbo
Puissance / Couple	170 ch / 185 lb-pi
Tr. base (opt) / rouage base (opt)	M5 (M6, A6) / Tr (Int)
0-100 / 80-120 / V.Max	8,4 s / 5,4 s / 210 km/h (est)
100-0 km/h	41,4 m
Type / ville / route / CO_2	Ord / 9,3 / 6,5 l/100 km / 3698 (est) kg/an

GTI

Cylindrée, soupapes, alim.	4L 2,0 litres 16 s turbo
Puissance / Couple	210 ch / 258 lb-pi
Tr. base (opt) / rouage base (opt)	M6 (A6) / Tr
0-100 / 80-120 / V.Max	6,8 s / 3,9 s / 246 km/h
100-0 km/h	45,6 m
Type / ville / route / CO_2	Sup / 9,4 / 6,9 l/100 km / 3807 (est) kg/an

R

Cylindrée, soupapes, alim.	4L 2,0 litres 16 s turbo
Puissance / Couple	292 ch / 280 lb-pi
Tr. base (opt) / rouage base (opt)	A6 / Int
0-100 / 80-120 / V.Max	5,8 s / 3,3 s / 250 km/h (const)
100-0 km/h	37,6 m
Type / ville / route / CO_2	Sup / 10,2 / 7,8 l/100 km / 4195 (est) kg/an

Du nouveau en 2017

Arrivée de la familiale SportWagen Alltrack, quelques changements dans les options.

VOLKSWAGEN GOLF GTI

VOLKSWAGEN GOLF GTI

Photos : Volkswagen, Marc-André Gauthier

VOLKSWAGEN **JETTA**

((SiriusXM))

Prix : 15 995 $ à 36 195 $ (2016)
Catégorie : Berline
Garanties :
4 ans/80 000 km, 5 ans/100 000 km
Transport et prép. : 1 395 $
Ventes QC 2015 : 9 224 unités
Ventes CAN 2015 : 27 719 unités

Cote du Guide de l'auto

74 %

Fiabilité
■■■■■■■□□□

Appréciation générale
■■■■■■■□□□

Sécurité
■■■■■■■■□□

Agrément de conduite
■■■■■■■□□□

Consommation
■■■■■■■■□□

Système multimédia
■■■■■□□□□□

Cote d'assurance
■■■■■■■□□□
$$$ $

➕ Bien insonorisé • Moteur 1,4 litre
puissant et économe • Bonne sélection
de versions • Coffre vaste

➖ Lignes (trop) sobres ? • Facture
qui grimpe rapidement • Moins
nerveuse qu'une Golf • Certains
plastiques bas de gamme

Concurrents
Chevrolet Cruze, Ford Focus,
Honda Civic, Hyundai Elantra, Kia Forte,
Mazda3, Mitsubishi Lancer, Nissan Sentra,
Subaru Impreza, Toyota Corolla

Américano-Allemande

Frédérick Boucher-Gaulin

Si la Volkswagen Golf a longtemps été considérée la plus abordable des voitures allemandes, sa consœur, la Jetta, n'a pas la même réputation. Conçue avec le marché nord-américain en tête, qui préférait les berlines aux voitures à hayon, la dernière génération de cette compacte est plus américanisée que jamais. Lancée en 2011, l'actuelle Jetta est offerte en plusieurs versions qui vont de l'abordable à la luxueuse, en passant par la sportive. De plus, elle est sensiblement plus accessible que la Golf.

Récemment, le compartiment moteur de la Jetta a obtenu une amélioration notoire : le vénérable quatre cylindres de 2,0 litres à huit soupapes a finalement pu prendre sa retraite. Installé dans une Jetta pour la première fois en 1993, ce moulin n'avait plus grand-chose à voir avec les nouveaux produits concurrents. Ses 115 chevaux n'étaient plus suffisants pour déplacer une voiture devenant de plus en plus lourde, et sa consommation moyenne de 9,5 litres aux 100 km n'impressionnait plus personne.

C'est donc un nouveau quatre cylindres de 1,4 litre qui sert de motorisation de base pour la Jetta. Ça peut sembler petit, mais c'est sans compter l'aide de la turbocompression; ce petit moteur moderne développe 150 chevaux et un impressionnant couple de 184 livre-pied. Associé à la boîte automatique à six rapports, il permet à la Jetta de consommer aussi peu que 6,0 litres d'essence par 100 km. Sur la route, ce moteur est nettement plus agréable que l'ancien 2,0 litres. Il a énormément de couple à bas régime et est très bien balancé, n'émettant presque pas de vibrations. De plus, le temps de réponse du turbocompresseur est minime; dès qu'on appuie sur l'accélérateur, la Jetta décolle avec entrain.

DE TOUT, POUR TOUS

Il y a deux versions distinctes de la Jetta 2017 : la variante populaire (incluant les gammes Trendline, Trendline+, Comfortline et Highline) et la sportive GLI. La version hybride a quant à elle été abandonnée. En plus du moteur

1,4 litre dans les versions plus abordables, les Jetta mieux équipées offrent un quatre cylindres turbocompressé de 1,8 litre produisant 170 chevaux.

La GLI plaîra à ceux qui apprécient la performance de la Golf GTI, mais qui préférerait l'espace arrière d'une berline. Son 2,0 litres turbocompressé développe 210 chevaux et un couple de 207 livres-pied, et on peut l'équiper d'une manuelle à six rapports ou d'une automatique DSG. La GLI est fougueuse, vive et précise dans les virages. C'est en partie grâce à sa suspension sport, mais c'est surtout à cause de son châssis bien calibré.

Théoriquement, il y a encore une motorisation TDI au catalogue, mais Volkswagen a stoppé les ventes de ce moteur turbodiesel tant qu'elle n'aura pas trouvé une façon de se conformer aux normes antipollution.

L'habitacle de la Jetta reflète le pur style germanique : il est de bonne qualité et garni de matériaux bien choisis, mais son design est très austère et peu inspiré. La visibilité est bonne, et on apprécie le confort des sièges avant; ceux-ci sont moelleux et offrent un bon soutien, même pendant un trajet de plusieurs heures. Si vous transportez souvent des passagers, vous serez content d'apprendre que les places arrière sont généreuses et que le coffre est étonnamment spacieux pour une compacte.

La plus récente génération du système d'infodivertissement de Volkswagen est présente dans la Jetta 2017; mentionnons que ce système est simple à utiliser, peu importe votre niveau d'aisance envers la technologie, qu'il incorpore les fonctions Android Auto et Apple CarPlay et qu'il comprend maintenant une prise USB à partir de la version Trendline+. On n'arrête pas le progrès !

La version Trendline de base est plutôt dénudée d'équipement, afin de conserver un prix de base alléchant. Toutefois, la Jetta Trendline+ ajoute un climatiseur, des sièges avant chauffants et un appuie-bras central à l'avant. Une édition Wolfsburg remplace la version Comfortline pour 2017, offrant des jantes en alliage, des feux de jour à DEL, un aileron sur le coffre, une garniture de sièges bicolore, une clé intelligente, une détection des angles morts et un avertissement précollision frontal.

SON PETIT BONHOMME DE CHEMIN

Même si elle n'est plus toute jeune, cette génération étant parmi nous depuis 2011, la Jetta tire bien son épingle du jeu. Elle possède suffisamment d'atouts pour plaire à un large éventail d'acheteurs, elle est proposée à un prix de base plus que raisonnable et a su se maintenir relativement moderne en diversifiant ses motorisations et ses technologies à bord.

Du nouveau en 2017

Abandon de la version hybride et de la version de base de la GLI. Ajout de l'édition Wolfsburg. Système d'alerte du conducteur, feux de jour à DEL et changements de couleurs de carrosserie.

Châssis - 1.4 Comfortline (auto)	
Emp / lon / lar / haut	2651 / 4628 / 1778 / 1453 mm
Coffre / Réservoir	440 litres / 55 litres
Nbre coussins sécurité / ceintures	6 / 5
Suspension avant	ind., jambes force
Suspension arrière	ind., multibras
Freins avant / arrière	disque / disque
Direction	à crémaillère, ass. var. élect.
Diamètre de braquage	11,1 m
Pneus avant / arrière	P205/55R16 / P205/55R16
Poids / Capacité de remorquage	1379 kg / n.d.
Assemblage	Puebla MX

Composantes mécaniques

4L 1,4 litre turbo

Cylindrée, soupapes, alim.	4L 1,4 litre 16 s turbo
Puissance / Couple	150 ch / 184 lb-pi
Tr. base (opt) / rouage base (opt)	M5 (A6) / Tr
0-100 / 80-120 / V.Max	9,6 s / 6,1 s / n.d.
100-0 km/h	44,6 m
Type / ville / route / CO2	Ord / 8,4 / 6,0 l/100 km / 3367 (est) kg/an

4L 1,8 litre turbo

Cylindrée, soupapes, alim.	4L 1,8 litre 16 s turbo
Puissance / Couple	170 ch / 184 lb-pi
Tr. base (opt) / rouage base (opt)	A6 / Tr
0-100 / 80-120 / V.Max	8,2 s / 5,0 s / n.d.
100-0 km/h	n.d.
Type / ville / route / CO2	Ord / 9,4 / 6,5 l/100 km / 3724 (est) kg/an

4L 2,0 litres turbo

Cylindrée, soupapes, alim.	4L 2,0 litres 16 s turbo
Puissance / Couple	210 ch / 207 lb-pi
Tr. base (opt) / rouage base (opt)	M6 (A6) / Tr
0-100 / 80-120 / V.Max	6,6 s / 5,0 s / 201 km/h (est)
100-0 km/h	44,2 m
Type / ville / route / CO2	Sup / 9,8 / 7,1 l/100 km / 3949 (est) kg/an

Photos : Volkswagen

VOLKSWAGEN **PASSAT**

((SiriusXM))

Prix : 25 695 $ à 39 000 $ (2016) (estimé)
Catégorie : Berline
Garanties :
4 ans/80 000 km, 5 ans/100 000 km
Transport et prép. : 1 705 $
Ventes QC 2015 : 1 665 unités
Ventes CAN 2015 : 5 838 unités

Cote du Guide de l'auto

74 %

Fiabilité
▪▪▪▪▪▪▪▫▫▫

Appréciation générale
▪▪▪▪▪▪▪�▫▫

Sécurité
▪▪▪▪▪▪▪▪▫▫

Agrément de conduite
▪▪▪▪▪▪▫▫▫▫

Consommation
▪▪▪▪▪▪▪▫▫▫

Système multimédia
▪▪▪▪▪▪▪▫▫▫

Cote d'assurance
▪▪▪▪▪▪▪▪▫▫
$$$ $

➕ Comportement routier étonnant •
Habitacle et coffre très vastes • Finition
réussie • Moteur 1,8 litre bien adapté •
Voiture sécuritaire

➖ Style anonyme • Direction lente et
peu communicative • Certaines versions
chères • Fiabilité pas encore parfaite •
Absence du moteur diesel (pour le moment)

Concurrents
Chevrolet Malibu, Chrysler 200,
Ford Fusion, Honda Accord, Hyundai
Sonata, Kia Optima, Mazda6, Nissan
Altima, Subaru Legacy, Toyota Camry,
Volkswagen CC

Le plaisir,
c'est pour les autres

Daniel Melançon / Alain Morin

Si vous êtes à la recherche d'une berline au look conservateur, qui a un habitacle spacieux et confortable ainsi qu'un coffre généreux, il est bien possible que la Volkswagen Passat soit pour vous. Par contre, si vous aimez attirer les regards ou bien sentir les moindres vibrations d'une voiture, quitte à vous faire brasser un peu... cessez immédiatement la lecture de cet essai !

En 2012, quand Volkswagen a dévoilé l'actuelle Passat, plusieurs amateurs des produits de la marque ont crié au scandale en raison de l'américanisation de cette berline. En effet, pour plaire au lucratif marché américain, Volkswagen a fait de sa Passat une voiture qui se compare désormais aux Chevrolet Malibu, Ford Fusion et Nissan Altima, tant en termes de dimensions qu'en termes de sensations de conduite.

Mais alors, que vient faire une japonaise (Altima) dans cette liste ? Eh bien, comme la Passat, elle est maintenant construite au Tennessee, dans le sud des États-Unis. À cette liste, nous aurions même pu ajouter la Subaru Legacy, assemblée en Indiana, la Honda Accord, en Ohio, la Kia Optima, en Georgie et la Toyota Camry, au Kentucky !

PAS DE QUOI FAIRE UN TOPO
C'est vrai qu'elle est un peu drabe, la Passat. Son style neutre passe tout à fait inaperçu. Il faut l'admettre, au volant d'une Passat, on mise sur le confort bien avant la dynamique. Pourtant, elle n'est pas démunie lorsque vient le temps d'accélérer. Son quatre cylindres, de 1,8 litre turbocompressé de 170 chevaux et un couple de 184 livre-pied, l'amène de 0 à 100 km/h en 8,0 secondes. Personne n'aura de vertèbres fracturées après un tel départ, mais c'est suffisant pour dégager rapidement lorsque le feu passe au vert. Ce moteur est associé à une boîte automatique à six rapports qui relaie le couple aux roues avant. L'ensemble est responsable d'une consommation relativement bonne de 9,6 l/100 km, en ville, et de 6,7, sur l'autoroute. C'est correct, mais on est loin d'en faire un topo à *Salut Bonjour* !

La Passat peut aussi recevoir un puissant V6 de 3,6 litres. Cette année, on le retrouve en option dans la version Highline, l'Execline ayant tiré sa révérence. La transmission est à double embrayage (DSG) et un 0-100 km/h se fait en moins de 6,5 secondes! Pour être bien franc, ce moteur n'est pas vraiment utile, d'autant plus que le mariage entre 280 chevaux et les roues avant motrices n'est pas toujours heureux, car la direction souffre d'un effet de couple en accélération vive. Au moment où ces lignes sont écrites, le moteur diesel n'était pas disponible, suite au scandale des données falsifiées par Volkswagen pour répondre aux normes antipollution.

Mais ce qu'on retiendra surtout de la cuvée actuelle, c'est que l'accent est mis sur la sécurité. Selon les versions, on y retrouve, entre autres, un système de freinage automatisé, un système de détection d'angles morts, un détecteur de changement de voie et un avertisseur de collision frontale. Sans blague, il ne manque qu'un casque pour le conducteur et les passagers et ce sera le summum de la sécurité! Il faut aussi noter qu'il est possible, sur certaines versions, d'opter pour l'ensemble R-Line, qui ajoute des éléments esthétiques, rendant ainsi le style de la Passat un peu plus dynamique.

SOBRIÉTÉ EN AMÉRIQUE, JOIE EN EUROPE

L'habitacle de la Passat est très vaste, très très vaste même, hyper-confortable et fort silencieux, même en accélération. Le tableau de bord est d'un design plutôt sobre et très ergonomique. Les matériaux sont d'excellente qualité et bien assemblés. La visibilité tout le tour n'est pas mauvaise du tout et les sièges, autant à l'avant qu'à l'arrière, sont confortables.

Sur la route, on ne peut pas dire que la Passat laisse un souvenir impérissable. Sa direction ne transmet que bien peu de feedback et elle n'est pas très dégourdie. On semble conduire un tapis volant. Cependant, la tenue de route est surprenante et, sans pouvoir qualifier la voiture de sportive, on se sent en confiance dans les courbes.

La Passat que nous avons en Amérique est différente de celle des Européens. Ces derniers ont droit à des versions plus olé olé, dont une familiale toutes roues motrices (Alltrack) qui ferait un malheur ici. Au Québec, du moins! Mais son prix risquerait d'en refroidir plusieurs.

Les Québécois se souviennent encore de la version familiale de la Passat et nombre d'amateurs souhaiteraient bien la revoir. Qui sait, peut-être que Volkswagen nous réservera une petite surprise d'ici quelques années? Mais ne partez pas en peur... c'est plus un fantasme d'amateurs de Volkswagen et de familiale qu'une éventualité!

Châssis - Comfortline 1.8 TSI	
Emp / lon / lar / haut	2803 / 4875 / 1834 / 1472 mm
Coffre / Réservoir	450 litres / 70 litres
Nbre coussins sécurité / ceintures	6 / 5
Suspension avant	ind., jambes force
Suspension arrière	ind., multibras
Freins avant / arrière	disque / disque
Direction	à crémaillère, ass. var. élect.
Diamètre de braquage	11,1 m
Pneus avant / arrière	P215/55R17 / P215/55R17
Poids / Capacité de remorquage	1503 kg / n.d.
Assemblage	Chattanooga TN US

Composantes mécaniques

Trendline+ 1.8 TSI, Comfortline 1.8 TSI
Cylindrée, soupapes, alim.	4L 1,8 litre 16 s turbo
Puissance / Couple	170 ch / 184 lb-pi
Tr. base (opt) / rouage base (opt)	A6 / Tr
0-100 / 80-120 / V.Max	8,0 s (est) / 6,2 s (est) / n.d.
100-0 km/h	n.d.
Type / ville / route / CO$_2$	Ord / 9,4 / 6,3 l/100 km / 3682 kg/an

Highline 3.6
Cylindrée, soupapes, alim.	V6 3,6 litres 24 s atmos.
Puissance / Couple	280 ch / 258 lb-pi
Tr. base (opt) / rouage base (opt)	A6 / Tr
0-100 / 80-120 / V.Max	6,3 s / 3,8 s / n.d.
100-0 km/h	n.d.
Type / ville / route / CO$_2$	Sup / 11,9 / 8,5 l/100 km / 4770 kg/an

« LES QUÉBÉCOIS SE SOUVIENNENT ENCORE DE LA VERSION FAMILIALE DE LA PASSAT ET NOMBRE D'AMATEURS SOUHAITERAIENT BIEN LA REVOIR. »

Du nouveau en 2017

Aucun changement majeur. Versions Trendline et Execline éliminées.
Quelques accessoires et options ajoutés.

Photos : Volkswagen

VOLKSWAGEN **TIGUAN**

((SiriusXM))

Prix : 26 390 $ à 36 998 $ (2016)
Catégorie : VUS compact
Garanties :
4 ans/80 000 km, 5 ans/100 000 km
Transport et prép. : 1 610 $
Ventes QC 2015 : 3 327 unités
Ventes CAN 2015 : 11 459 unités

Cote du Guide de l'auto

76 %

Fiabilité	Appréciation générale
■■■■■■■□□□	■■■■■■■□□□
Sécurité	Agrément de conduite
■■■■■■■□□□	■■■■■■■□□□
Consommation	Système multimédia
■■■■■□□□□□	■■■■■■□□□□

Cote d'assurance
■■■■■■□□□□
$ $ $ $

➕ Silhouette élégante • Excellente tenue de route • Finition impeccable • Rouage intégral efficace • Caméra de recul de série

➖ Coffre à bagages limité • Modèle de remplacement anticipé • Écran d'affichage petit • Essence super recommandée • Versions haut de gamme onéreuses

Concurrents
Chevrolet Equinox, Ford Escape, GMC Terrain, Honda CR-V, Hyundai Tucson, Jeep Cherokee, Kia Sportage, Mazda CX-5, Mitsubishi Outlander, Nissan Rogue, Subaru Forester, Toyota RAV4

Patience ! Patience !

Denis Duquet

Il y a belle lurette que l'on attend la seconde génération du Tiguan. Alors que la plupart des modèles sont révisés ou transformés tous les trois ou quatre ans, ce VUS compact introduit en 2007 fait toujours partie de la gamme du constructeur allemand sans avoir subi de transformation majeure. Avec le dévoilement d'une nouvelle version dans le cadre du Salon de l'auto de Francfort en septembre 2015, plusieurs croyaient que c'était dorénavant chose faite, mais il faudra encore patienter, puisque l'on nous annonce que la relève n'arrivera sur notre marché que tard en 2017.

En attendant, Volkswagen continuera d'offrir l'actuel Tiguan avec peu de changements. Cela ne signifie pas qu'on doive l'ignorer pour autant, puisqu'il a d'intéressants atouts, tant au chapitre de l'équipement que du comportement routier. Par contre, surtout chez nos voisins américains, on lui reproche une taille plus petite que la moyenne.

HABITACLE SONGÉ

Même s'il est sur le marché depuis quasiment une décennie, ce véhicule n'est pas désuet, bien au contraire. Nous en avons la preuve dans l'habitacle alors que la présentation de la planche de bord est pratique avec que ses multiples buses de ventilation, ses boutons de climatisation à la portée de la main et les diverses commandes placées sur les rayons du volant. En plus, les deux principaux cadrans indicateurs sont de consultation facile et très élégants grâce à la bande en aluminium brossé qui les encercle.

S'il faut trouver à redire, c'est essentiellement au sujet de l'écran d'affichage qui est nettement trop petit avec ses 6,33 pouces, alors que la plupart des modèles concurrents offrent des écrans plus grands. Sur une note plus positive, le système audio Fender est optionnel tandis qu'il est possible d'intégrer Apple CarPlay et Android Auto au système d'infodivertissement.

La qualité de la finition est supérieure à la moyenne, pareillement pour le confort des sièges qui fournissent d'ailleurs un excellent support latéral et permettent de trouver une bonne position de conduite sans trop de tâtonnements. Comme dans la plupart des produits de cette marque, nombreuses sont les personnes qui affirment que ces sièges sont trop fermes initialement, néanmoins, au fil des kilomètres, elles se surprennent à vanter leur confort !

Les places arrière pourraient être plus spacieuses, mais à moins d'avoir une anatomie hors normes, on s'y sent quand même à l'aise. Par contre, le coffre à bagages n'est pas excessivement grand. En fait, il est à peine plus grand que celui d'une Golf, autant avec les dossiers de la banquette arrière relevés qu'abaissés. Parlant de cette banquette, soulignons qu'elle est de type 60/40, que son assise est coulissante de quelques centimètres et que son dossier possède même une ouverture pour passer les skis. Et mentionnons aussi que le dossier du siège avant se replie vers l'avant afin de faciliter le transport d'objets longs.

CONDUITE DE PRÉCISION

Ce que les propriétaires de véhicule Volkswagen apprécient le plus, c'est l'impression de contrôle que l'on ressent à leur volant. Le Tiguan ne fait pas exception alors que la direction est précise, la tenue en virage rassurante tandis que le rapport confort/tenue de route de la suspension est à mentionner. En fait, il s'agit d'un des VUS compacts les plus sportifs, avec le Mazda CX-5.

Le 2,0 litres turbocompressé produit 200 chevaux et un couple de 207 livres-pied. C'est suffisant pour livrer des performances correctes avec un temps de moins de 10 secondes pour boucler le 0-100 km/h, cependant, plusieurs modèles de cette catégorie font mieux. Toutes les versions sont livrées uniquement avec la boîte automatique Tiptronic à six rapports associée au rouage intégral 4MOTION. Ce dernier est totalement transparent et se fait apprécier sur les routes à faible adhérence ou encore dans la neige. De plus, il n'alourdit pas inutilement le véhicule. La version de base est offerte avec les roues avant motrices mais la boîte manuelle n'est plus offerte.

Quant à la prochaine génération, la version nord-américaine sera construite sur la nouvelle plateforme MQB du conglomérat Volkswagen. Elle aura un empattement plus long, sera dotée des dernières technologies en fait de sécurité active et passive et offrira sans doute un choix plus élaboré de moteurs. Cela permettra de répondre aux désirs des acheteurs américains et rendra ce VUS plus concurrentiel par rapport aux ténors de cette catégorie. La silhouette demeurera plus ou moins similaire, mais sera modernisée. Souhaitons à ce futur Tiguan de conserver son dynamisme sur la route.

Châssis - 4Motion Comfortline	
Emp / lon / lar / haut	2604 / 4427 / 1809 / 1730 mm
Coffre / Réservoir	674 à 1589 litres / 63 litres
Nbre coussins sécurité / ceintures	6 / 5
Suspension avant	ind., jambes force
Suspension arrière	ind., multibras
Freins avant / arrière	disque / disque
Direction	à crémaillère, ass. var. élect.
Diamètre de braquage	11,9 m
Pneus avant / arrière	P235/50R18 / P235/50R18
Poids / Capacité de remorquage	1629 kg / 998 kg (2200 lb)
Assemblage	Wolfsburg DE

Composantes mécaniques	
Cylindrée, soupapes, alim.	4L 2,0 litres 16 s turbo
Puissance / Couple	200 ch / 207 lb-pi
Tr. base (opt) / rouage base (opt)	A6 / Tr (Int)
0-100 / 80-120 / V.Max	9,2 s / 7,2 s / 200 km/h (est)
100-0 km/h	44,3 m
Type / ville / route / CO_2	Sup / 11,7 / 9,4 l/100 km / 4906 kg/an

« MALGRÉ SON ÂGE, L'ACTUEL TIGUAN POSSÈDE D'INTÉRESSANTS ATOUTS, TANT AU CHAPITRE DE L'ÉQUIPEMENT QUE DU COMPORTEMENT ROUTIER. »

Du nouveau en 2017

L'édition Wolfsburg remplace la version SE de 2016.
Nouvelle couleur de carrosserie et nouvelles jantes en alliage.

Photos : Volkswagen

VOLKSWAGEN **TOUAREG**

(((SiriusXM)))

Prix : 50 975 $ à 64 275 $ (2016)
Catégorie : VUS intermédiaire
Garanties :
4 ans/80 000 km, 5 ans/100 000 km
Transport et prép. : 1 760 $
Ventes QC 2015 : 516 unités
Ventes CAN 2015 : 2 028 unités

Cote du Guide de l'auto

75 %

Fiabilité
n.d.

Appréciation générale
■■■■■■■□□□

Sécurité
■■■■■■■□□□

Agrément de conduite
■■■■■■■□□□

Consommation
■■■■□□□□□□

Système multimédia
■■■■■■■□□□

Cote d'assurance
■■■■■■■■□□
$$$ $

➕ Matériaux de qualité • Bonne capacité de remorquage • Rouage intégral compétent • Comportement routier intéressant

➖ Absence du diesel (au moment d'écrire ces lignes) • Certaines versions chères • Coffre relativement exigu • Peu d'équipements pour le prix • Véhicule assez lourd

Concurrents
Acura MDX, Audi Q7, BMW X5, Cadillac XT5, Infiniti QX70, Lexus RX, Mercedes-Benz GLE, Toyota Highlander, Volvo XC90

Profiter de la vie avant la retraite

Alain Morin

Volkswagen ne l'a pas facile ces temps-ci. Le scandale des données manipulées pour faire mieux paraître les moteurs diesel n'a pas l'air de vouloir se résorber. Pourtant, depuis les débuts du *dieselgate,* d'autres constructeurs donnent joyeusement dans « l'inapproprié », mais c'est Volks qui semble le mieux donner vie au mot « scandale ». Dans toute la gamme du constructeur allemand, le Touareg est sans doute le véhicule qui s'accommodait le mieux du diesel. Maintenant, et en attendant que Volkswagen trouve une solution qui plaise aux autorités américaines, il ne reste plus que le V6 3,6 litres à essence. Qui n'est pas à dédaigner, soit dit en passant !

Ce V6 atmosphérique est doux et souple. Ses 280 chevaux et son couple de 266 livres-pied n'en font pas un parangon d'accélération, mais avec un 0-100 km/h en 9,0 secondes, on ne s'en plaindra pas ! Une reprise entre 80 et 120 km/h demande à peine plus de six secondes, merci à la boîte automatique à huit rapports qui agit avec rapidité. Lorsque les conditions de la route sont optimales, son rouage intégral 4MOTION expédie 60 % du couple aux roues avant. Ce pourcentage varie dès que le coefficient de friction se dégrade. Ce rouage permet au Touareg de de passer là où bien d'autres VUS s'enliseraient mais, comme on le sait, les VUS, même les plus compétents en hors route, demeurent généralement sur le bitume.

UN PEU D'AUDI Q7 DANS LE NEZ
Bien qu'il partage sa plateforme avec le luxueux Audi Q7 et le sportif Porsche Cayenne, le Touareg se démarque de ses deux compères par un confort supérieur. Il est toutefois loin d'être un poids plume, ce qui se ressent quand on tente de le conduire avec un peu trop d'entrain. Par exemple, lorsqu'on le pousse plus que de raison dans une courbe, on note un certain roulis. La direction, heureusement, est vive et offre un certain retour d'information. D'autre part, elle est responsable d'un rayon de braquage relativement court, ce qui est toujours apprécié en conduite urbaine.

Sans avoir le dynamisme d'un Porsche Cayenne, le Touareg se débrouille fort bien pour un VUS intermédiaire. Ses freins le stoppent avec autorité malgré une pédale un peu trop molle dans un des véhicules essayés et un tantinet trop dure dans un autre. Néanmoins, j'éviterais de trop les mettre à l'épreuve avec une remorque (d'au maximum 3 500 kilos ou 7716 livres) accrochée à l'arrière. Dans ces conditions, le TDI était nettement plus économique que le moteur à essence qui doit travailler davantage, donc consommer davantage, pour en arriver au même résultat.

Pour 2017, le Touareg connaît bien peu de changements. Tout d'abord, adieu aux versions Comfortline et Highline et bonjour à la Wolfsburg. Volkswagen a ajouté quelques nouvelles couleurs (Rouge malbec en remplacement du Gris silex et Bleu clair de lune) et des roues tout aussi nouvelles. Tous les Touareg recevront quelques accessoires supplémentaires, tandis que les ensembles Technologie ne sont pas de retour cette année.

TRANQUILLE

L'habitacle du Touareg continue d'être aussi sobre et carrément sombre dans les versions de base. Le tableau de bord est un modèle d'ergonomie… et d'austérité. Chaque bouton est au bon endroit, les jauges sont simples à regarder et faciles à lire. Pratiquement inchangé depuis la refonte de 2011, l'ensemble n'est pas laid du tout. Ce qu'ils peuvent être sérieux chez Volkswagen!

Il est difficile de prendre les sièges en défaut puisque le confort qu'ils procurent est très relevé. La console centrale, de son côté, est un peu trop large et les gens de forte taille peuvent se sentir à l'étroit… ce qui est tout de même ironique dans un véhicule de ce gabarit! À l'arrière, la banquette surprend par la dureté de son assise, mais l'on s'y fait. L'espace pour les jambes n'est cependant pas aussi important que l'on pourrait le croire. Contrairement au Q7 d'Audi qui offre une troisième banquette, le Touareg, à l'empattement plus court, se contente de deux rangées. Le coffre n'est pas le plus imposant de la catégorie mais, au moins, sur la simple pression d'un bouton, les dossiers de la banquette se rabattent et forment un fond plat.

De toute évidence, le Touareg tel que nous le connaissons est en fin de vie. D'ici un an ou deux, il sera remplacé par un nouveau modèle sans aucun doute plus long, plus large et doté d'une motorisation plus moderne, se rapprochant davantage du Audi Q7 actuel. Il sera aussi plus confortable, plus sportif et consommera moins. En attendant, le Touareg est une très bonne affaire… malgré son prix plutôt élevé et une fiabilité qui n'est pas sans failles, s'il faut en croire «les Internet».

Châssis - Execline

Emp / lon / lar / haut	2893 / 4795 / 1940 / 1732 mm
Coffre / Réservoir	900 à 1801 litres / 100 litres
Nbre coussins sécurité / ceintures	6 / 5
Suspension avant	ind., double triangulation
Suspension arrière	ind., multibras
Freins avant / arrière	disque / disque
Direction	à crémaillère, assistée
Diamètre de braquage	11,9 m
Pneus avant / arrière	P275/45R20 / P275/45R20
Poids / Capacité de remorquage	2130 kg / 3500 kg (7716 lb)
Assemblage	Bratislava SK

Composantes mécaniques

Cylindrée, soupapes, alim.	V6 3,6 litres 24 s atmos.
Puissance / Couple	280 ch / 266 lb-pi
Tr. base (opt) / rouage base (opt)	A8 / Int
0-100 / 80-120 / V.Max	9,0 s / 6,3 s / n.d.
100-0 km/h	42,9 m
Type / ville / route / CO_2	Sup / 13,8 / 10,3 l/100 km / 5624 kg/an

« LE **TOUAREG** FAIT FACE À UNE **CONCURRENCE** AUSSI MODERNE QUE RAFFINÉE. EN PLUS, CERTAINS DE CES RIVAUX PORTENT UN EMBLÈME PLUS **PRESTIGIEUX**… »

Du nouveau en 2017

Versions Comfortline et Highline abandonnées. Apparition de la version Wolfsburg. Deux nouvelles couleurs. Nouvelles roues proposées.

Photos: Volkswagen

VOLVO S60

VOLVO **S60 / V60**

Prix : 38 800 $ à 67 050 $
Catégorie : Berline, Familiale
Garanties :
4 ans/80 000 km, 4 ans/80 000 km
Transport et prép. : 1 815 $
Ventes QC 2015 : 149 unités
Ventes CAN 2015 : 665 unités

Cote du Guide de l'auto

68 %

Fiabilité
■■■■■■■■□□

Appréciation générale
■■■■■■■□□□

Sécurité
■■■■■■■■□□

Agrément de conduite
■■■■■■□□□□

Consommation
■■■■■□□□□□

Système multimédia
■■■■■■□□□□

Cote d'assurance
■■■■■■■□□□
$$$ $

➕ Confort des sièges • Motorisations
plus modernes • Boîte à huit rapports
efficace • Versions Polestar emballantes

➖ Fiabilité erratique • Effet de couple
(versions FWD) • Design commence à
dater • Assez dispendieuse

Concurrents
Acura TLX, Audi A4, Audi allroad,
BMW Série 3, Cadillac ATS, Infiniti Q50,
Lexus IS, Mercedes-Benz Classe C,
Subaru Outback

La variété en attendant la nouveauté

Sylvain Raymond

I l y a quelques années, Volvo a entamé sa renaissance, le XC90 étant le premier véhicule doté du nouvel ADN du constructeur. Et maintenant, ce sont les nouvelles S90 et V90 qui prennent l'affiche. La gamme complète aura bientôt passé au bistouri, mais dans le cas des S60 et V60, la berline et la familiale compactes de Volvo, il faudra patienter encore un peu.

Il n'est pas facile de rivaliser dans le créneau des compactes de luxe. Volvo s'était bâti une réputation axée sur la sécurité, mais de nos jours, c'est devenu le credo de tous les constructeurs. Même si la S60 et la V60 passent les tests de collision avec mérite, il faut désormais en faire un peu plus pour attirer les acheteurs dans les salles d'exposition.

V60, POUR LES AMATEURS DE FAMILIALE
Un des éléments clés dans cette catégorie, c'est d'être en mesure de décliner un modèle en de multiples versions. Volvo l'a compris et a créé quelques variantes. Outre la berline S60, les amateurs de familiales seront heureux d'apprendre que la V60 est toujours au catalogue, elle qui survit à l'invasion des VUS.

À mi-chemin entre la familiale et le VUS XC60 se trouve la V60 Cross Country, avec son rouage intégral de série et son dégagement au sol supérieur. Elle représente un choix intéressant pour ceux qui regardent du côté des Subaru Outback et Audi A4 allroad. Et question d'élargir la gamme davantage, on propose aussi la berline S60 Cross Country, unique en son genre.

Ce qui distingue le tandem S60 / V60, c'est surtout la qualité de son habitacle et son haut niveau de confort. L'insonorisation est excellente, filtrant tous les bruits ambiants alors que la présentation du tableau de bord, malgré l'âge du modèle, demeure fonctionnelle. La position de conduite est optimale grâce aux nombreux ajustements de la colonne de direction et l'ergonomie est sans reproche. La cerise sur le gâteau ? Le confort des sièges ! Volvo est passée maître dans cet art.

Pour 2017, Volvo a abandonné ses cinq cylindres 2,5 litres et six cylindres 3,0 litres turbocompressés. De série, on trouve un quatre cylindres de 2,0 litres turbocompressé qui équipe les versions T5 FWD et AWD, lui qui développe 240 chevaux et un couple de 258 lb-pi. Son principal avantage ? Sa consommation plus que raisonnable ! Il est jumelé à une boîte automatique à huit rapports et son système arrêt/démarrage contribue à réduire la consommation. Il vaut mieux également opter pour le rouage intégral, non seulement il est fort efficace sur les routes glissantes, mais il élimine l'effet de couple ressenti au volant.

Ce même moteur est offert en version T6 avec une puissance supérieure, 302 chevaux, grâce à un compresseur qui travaille de pair avec le turbocompresseur. Ce combo ajoute en puissance tout en réduisant à néant le temps de réponse du turbo.

POLESTAR, LA CHASSE AUX SPORTIVES

Puisque la sportivité vend dans ce créneau, Volvo s'est aussi attardée à offrir des choix plus dynamiques. C'est le mandat des éditions R-Design qui profitent d'un traitement visuel distinct. Cette année, on perd un peu de puissance avec la disparition du six cylindres. Le moteur de la T6 livre 302 chevaux. C'est un peu moins que les 325 chevaux de l'ancien modèle. On y gagne toutefois en économie de carburant.

AMG et M, ça vous dit quelque chose ? Ce sont les divisions haute performance de Mercedes-Benz et de BMW, chargées de produire des bolides hauts en couleur. De son côté, Volvo s'est porté acquéreur de Polestar, un préparateur qui collabore avec elle depuis le milieu des années 90. Dans le cas du tandem S60 / V60, on s'est basé sur la version R-Design.

Le quatre cylindres 2,0 litres de la Polestar développe 367 chevaux pour un couple de 347 lb-pi. Par rapport à l'ancien six cylindres, sa puissance accrue est apportée par un plus gros turbo, de nouvelles bielles, des arbres à cames redessinés, une plus grande prise d'air et une pompe de carburant à plus grand débit. Équipées d'un rouage intégral, ces bolides bouclent le 0-100 km/h en moins de cinq secondes. On est tout de même loin de la puissance de chez AMG et M, mais pour le prix, on obtient toute une voiture !

Misant toujours sur leur aspect sécuritaire, les S60 et V60 séduisent par leur confort et leur excellente qualité de fabrication. Elles demeurent deux modèles intéressants et il y a fort à parier que la prochaine génération pourrait bien changer la donne et propulser la série 60 sur le podium.

Chassis - S60 Polestar

Emp / lon / lar / haut	2776 / 4635 / 1825 / 1484 mm
Coffre / Réservoir	380 litres / 68 litres
Nbre coussins sécurité / ceintures	6 / 5
Suspension avant	ind., jambes force
Suspension arrière	ind., multibrac
Freins avant / arrière	disque / disque
Direction	à crémaillère, ass. var. élect.
Diamètre de braquage	11,9 m
Pneus avant / arrière	P245/35R20 / P245/35R20
Poids / Capacité de remorquage	1751 kg / n.d.
Assemblage	Gand BE

Composantes mécaniques

Cross-Country T5 AWD

Cylindrée, soupapes, alim.	4L 2,0 litres 16 s turbo
Puissance / Couple	240 ch / 266 lb-pi
Tr. base (opt) / rouage base (opt)	A8 / Int
0-100 / 80-120 / V.Max	n.d. / n.d. / n.d.
100-0 km/h	n.d.
Type / ville / route / CO_2	Ord / 10,2 / 7,1 l/100 km / 4050 (est) kg/an

T5 Drive-E FWD, T5 AWD

Cylindrée, soupapes, alim.	4L 2,0 litres 16 s turbo
Puissance / Couple	240 ch / 258 lb-pi
Tr. base (opt) / rouage base (opt)	A8 / Tr (Int)
0-100 / 80-120 / V.Max	6,0 s (est) / n.d. / n.d.
100-0 km/h	37,0 m
Type / ville / route / CO_2	Sup / 10,2 / 7,1 l/100 km / 4050 (est) kg/an

T6 Drive-E AWD, T6 Drive-E AWD R-Design

Cylindrée, soupapes, alim.	4L 2,0 litres 16 s turbo et surcompressé
Puissance / Couple	302 ch / 295 lb-pi
Tr. base (opt) / rouage base (opt)	A8 / Int
0-100 / 80-120 / V.Max	5,9 s (const) / 4,0 s (est) / 250 km/h (const)
100-0 km/h	42,8 m
Type / ville / route / CO_2	Sup / 11,3 / 8,2 l/100 km / 4556 (est) kg/an

Polestar

Cylindrée, soupapes, alim.	4L 2,0 litres 16 s turbo et surcompressé
Puissance / Couple	367 ch / 347 lb-pi
Tr. base (opt) / rouage base (opt)	A8 / Int
0-100 / 80-120 / V.Max	4,7 s (const) / n.d. / 250 km/h (const)
100-0 km/h	n.d.
Type / ville / route / CO_2	Sup / 12,0 / 9,0 l/100 km / 4899 (est) kg/an

Du nouveau en 2017

Moteurs cinq et six cylindres remplacés par les motorisations Drive-E de 2,0 litres.
Nouvelle génération des S60 et V60 sera dévoilée en cours d'année.

VOLVO V60 / S60

VOLVO S60

Photos : Volvo

VOLVO S90

VOLVO **S90/V90**

Prix: 56 900 $
Catégorie: Berline, Familiale
Garanties:
4 ans/80 000 km, 4 ans/80 000 km
Transport et prép.: 1 815 $
Ventes QC 2015: 0 unité
Ventes CAN 2015: 0 unité

Cote du Guide de l'auto

n.d.

Fiabilité
n.d.

Sécurité
n.d.

Consommation
n.d.

Appréciation générale
■■■■■■■□□□

Agrément de conduite
■■■■■□□□□□

Système multimédia
■■■■■■■□□□

Cote d'assurance
n.d.

➕ Si belle... (surtout la V90!) • Moteur puissant (T6) • Sièges au confort inouï • Infodivertissement bien pensé • Spacieuse et confortable

➖ Sonorité qui manque de punch • Fiabilité inconnue • Diesel non disponible ici • Valeur de revente encore incertaine

Concurrents
Audi A6, BMW Série5,
Mercedes-Benz Classe E, Jaguar XF,
Cadillac CTS, Lexus GS

La plus belle familiale du monde

Frédérick Boucher-Gaulin

L e fabricant Volvo est réputé pour offrir des voitures sécuritaires. On l'associe également à ses berlines et à ses familiales luxueuses. Pour beaucoup d'entre nous, une mention de la marque suédoise invoque immédiatement l'image mentale d'une grosse voiture carrée, de préférence peinte en brun, derrière laquelle se trouve un gros chien!

Au chapitre de l'esthétisme, Volvo a, une fois de plus, mis la barre un peu plus haute. À mon avis, cette familiale est de loin la plus belle sur le marché. Vous avez le droit d'être en désaccord mais vous avez tort, tout simplement...

UN RENOUVEAU, GRACIEUSETÉ DU YEN

Lorsqu'on nous a présenté le duo S90/V90 (la S90 étant la berline, la V90, la familiale), on a compris que la direction de Volvo était satisfaite des relations établies avec Geely, le nouveau propriétaire chinois. Puisque la marque suédoise a réussi le VUS XC90, Geely lui a donné carte blanche pour la création de la S90 (pour alléger le texte, nous nous contenterons de mentionner la version berline, qui arrivera la première en concession).

La S90 repose sur la plate-forme SPA (*Scalable Product Architecture*) du groupe Volvo, la même que celle du XC90. Avec une longueur totale de 4 963 mm — 4 936 mm pour la V90 —, cette berline mesure environ 60 mm de plus que la BMW Série 5 et 40 mm de plus que la Mercedes-Benz Classe E. L'empattement de 2 941 mm est relativement similaire à celui du XC90; dans le futur, on peut s'attendre à ce que d'autres produits de la marque — comme les prochains modèles de la gamme 60 (S60, V60, XC60) — s'inspirent aussi de cette architecture.

Mécaniquement, la S90 ne vous donne pas le choix: la seule configuration possible est un quatre cylindres de 2,0 litres, transmettant sa puissance aux quatre roues via une boîte automatique. Ça ne semble pas bien intéressant au premier abord, mais tout se retrouve dans les détails.

La version T6 développe 316 chevaux et 295 livres-pied de couple; cette impressionnante puissance est accomplie grâce à la magie de la surcompression. Volvo utilise un petit compresseur de suralimentation qui génère le couple à bas régime; à partir de 3 000 tours/minute, un embrayage le découple. C'est à ce moment que le turbocompresseur prend le relais. Le résultat final s'apparente beaucoup à un V8 à aspiration naturelle: le temps de réponse est pratiquement immédiat, et il y a beaucoup de puissance disponible, peu importe la vitesse du véhicule. Une version T5, développant 250 chevaux — qui n'a pas de compresseur de suralimentation, seulement un turbo- est aussi offerte.

La boîte automatique compte huit rapports et est d'une fluidité impressionnante. En conduite normale, il est difficile de la sentir travailler. En utilisant le mode Sport, cependant, elle devient beaucoup moins transparente, marquant brusquement chaque passage de vitesse.

Volvo n'a pas voulu donner à sa S90 des prétentions sportives; c'est une bonne chose, la marque ayant compris que personne n'utilise un véhicule de ce type sur une piste de course. Néanmoins, la voiture maîtrise très bien son roulis dans les virages et le rouage intégral n'occasionne pas de sous-virage.

Volvo a mis beaucoup d'efforts à rendre l'habitacle le plus luxueux possible; les sièges donnent l'impression de parfaitement soutenir votre corps, le petit volant se prend bien en main et la visibilité, tout autour de la berline, est plus qu'acceptable (même constat pour la familiale, mais l'angle mort est plus large à l'arrière). Quant à l'immense écran d'infodivertissement mesurant 9,5 pouces, il renferme une litanie d'applications technologiques, comme la radio internet Spotify, Apple CarPlay et Android Auto. On peut également y insérer une carte SIM avec un forfait cellulaire actif, ce qui aura pour effet de transformer votre Volvo en borne WiFi.

Côté sécurité, la marque a fait honneur à sa réputation: la S90 incorpore suffisamment de senseurs pour détecter un gros animal qui traverse la chaussée, et son système PilotAssist permet une conduit semi-autonome, jusqu'à 130 km/h sur l'autoroute.

VOLVO EST DE RETOUR

Après plusieurs années à jouer un rôle de second plan, Volvo est pleinement de retour. Que ce soit avec le VUS XC90 ou maintenant avec la berline S90 et la familiale V90, la petite marque a, sans contredit, la capacité de concurrencer les Allemands, directement dans leurs plates-bandes. Elle apporte aussi sa philosophie distincte, qui pourrait bien vous intéresser si vous en avez marre des voitures mises au point sur le Nürburgring...

Châssis - S90 T6 AWD	
Emp / lon / lar / haut	2941 / 4963 / 1890 / 1443 mm
Coffre / Réservoir	382 litres / 60 litres
Nbre coussins sécurité / ceintures	7 / 5
Suspension avant	ind., bras inégaux
Suspension arrière	ind., pneumatique, multibras
Freins avant / arrière	disque / disque
Direction	à crémaillère, ass. var. élect.
Diamètre de braquage	11,4 m
Pneus avant / arrière	P245/45R18 / P245/45R18
Poids / Capacité de remorquage	1919 kg / 2090 kg (4607 lb)
Assemblage	Torslanda SE

Composantes mécaniques	
T6 AWD	
Cylindrée, soupapes, alim.	4L 2,0 litres 16 s turbo et surcompressé
Puissance / Couple	316 ch / 295 lb-pi
Tr. base (opt) / rouage base (opt)	A8 / Int
0-100 / 80-120 / V.Max	5,9 s (const) / n.d. / 250 km/h (const)
100-0 km/h	35,0 m
Type / ville / route / CO_2	Sup / n.d. / n.d. l/100 km / 3800 (est) kg/an

« LES GOÛTS
NE SE DISCUTENT PAS, MAIS SI VOUS
N'AIMEZ PAS LA V90,
VOUS ÊTES DANS **L'ERREUR ! »**
- FRÉDÉRICK BOUCHER-GAULIN

Du nouveau en 2017
Nouveau modèle

VOLVO V90

Photos : Frédérick Boucher-Gaulin

VOLVO **XC60**

Prix: 42 000 $ à 57 850 $
Catégorie: VUS intermédiaire
Garanties:
4 ans/80 000 km, 4 ans/80 000 km
Transport et prép.: 1 815 $
Ventes QC 2015: 356 unités
Ventes CAN 2015: 1 646 unités

Cote du Guide de l'auto

74 %

Fiabilité	Appréciation générale
■■■■■□□□□□	■■■■■■■□□□
Sécurité	Agrément de conduite
■■■■■■■□□□	■■■■■□□□□□
Consommation	Système multimédia
■■■■■■□□□□	■■■■□□□□□□

Cote d'assurance
■■■■■□□□□□
$$$ $

➕ Logeable à souhait • Sièges ultraconfortables • Frugal pour sa taille • Matériaux intérieurs de haute qualité

➖ Style vieillissant • Infodivertissement désuet • Planche de bord fade • Fiabilité à prouver (Drive-E)

Concurrents
Acura RDX, Audi Q5, BMW X3, BMW X4, Land Rover Range Rover Evoque, Mercedes-Benz GLK, Porsche Macan,

---

Le nouveau s'en vient... mais l'actuel est bien !

Frédérick Boucher-Gaulin

Pendant que le XC90 était complètement redessiné et que la S80 tirait sa révérence pour laisser sa place au duo S90/V90, le reste de la gamme Volvo attend patiemment son tour. C'est le cas notamment du XC60, le luxueux multisegment lancé en 2009. Il a bien reçu un petit *lifting* en 2014 et un nouveau moteur Drive-E en 2015 mais, dans l'ensemble, il est demeuré relativement inchangé. Ça ne signifie pas qu'il s'agit d'un mauvais véhicule, bien au contraire.

UNE BASE SAINE

Le Volvo XC60 est basé sur l'architecture de la S60 et de sa version familiale, la V60. Il a donc sensiblement le même empattement et la même longueur. Par contre, son toit plus élevé de 229 mm par rapport aux S60/V60 lui donne une apparence plus robuste, mais aussi un habitacle plus logeable.

Les voitures de la série 60 ont également partagé leur habitacle avec le XC60. Ce VUS a droit à une longue planche de bord sans fioritures et une partie centrale surélevée, généreusement garnie de boutons. Les gros écrans tactiles des XC90 et S90 n'ont pas encore trouvé leur chemin jusqu'ici, c'est donc un écran de taille ordinaire qui affiche les informations du système d'infodivertissement.

En outre, Volvo propose toujours un bon vieux clavier alphanumérique pour ce système; s'en servir rappelle les balbutiements de la messagerie texte, où il fallait appuyer plusieurs fois sur la même touche pour obtenir la bonne lettre ! Taper Sainte-Catherine-de-la-Jacques-Cartier dans le système de navigation pourrait devenir une épreuve olympique... Heureusement, vous pouvez toujours recourir à une molette pour choisir les lettres via l'écran. Notez que pour 2017, on peut utiliser sa Volvo comme un point de connexion WiFi. Il suffit de prendre un forfait de données et de payer la facture mensuelle, comme pour un téléphone portable.

Bonne nouvelle, les sièges proviennent aussi de la berline de Volvo. Il s'agit donc, ni plus ni moins, des meilleurs fauteuils de l'industrie automobile, parfaitement rembourrés, avec juste assez de soutien latéral pour vous maintenir en place sans toutefois vous restreindre dans vos mouvements. Leurs réglages accommodent une large gamme de gabarits.

MOTEURS : JUSTE DU NEUF

Dans les nouveaux produits de Volvo, on retrouve uniquement des quatre cylindres. D'une cylindrée de 2,0 litres, ce petit moteur est adjoint d'un turbocompresseur dans sa version T5, alors que le T6 est équipé à la fois d'un turbo et d'un compresseur volumétrique.

Le premier est proposé dans les variantes XC60 T5 Drive-E, que ce soit à traction ou à rouage intégral. Il produit 240 chevaux et un couple de 258 livres-pied. Sur la route, ce petit moteur se débrouille bien, surtout qu'il est accouplé à une excellente boîte automatique à huit rapports. Le second, on le retrouve dans le XC60 T6 Drive-E, et développe un maximum de 302 chevaux et 295 livres-pied. Lorsqu'on le sollicite, on pourrait penser que l'on a affaire à un V8 tant il répond instantanément et avec force. Pour 2017, Volvo a judicieusement choisi de ne pas reconduire ses anciens moteurs, donc le cinq cylindres de 2,5 litres du T5 et le six cylindres turbocompressé de 3,0 litres du T6 ont pris le chemin du Grand Ferrailleur Céleste. Ce n'est pas qu'ils étaient désagréables à conduire – on s'ennuiera spécialement de la sonorité du six cylindres à haut régime, mais ils étaient gloutons et n'attiraient plus les acheteurs.

Le XC60 possède un comportement routier typiquement européen. Sa conduite communicative incite à prendre les virages avec enthousiasme, et le temps de réponse de l'accélérateur est rapide. La suspension n'offre pas beaucoup de roulis, et le silence à bord est plus qu'adéquat.

Les passagers arrière auront de l'espace pour leurs jambes, et leur tête ne sera pas maltraitée, même s'ils mesurent plus de six pieds. L'aire de chargement dispose d'un volume intéressant de 873 litres avec le dossier arrière relevé, et ce dernier peut être rabattu en trois sections (40/20/40) afin de maximiser la polyvalence du véhicule. Quant à sa capacité de remorquage, elle se chiffre à 1588 kg (3500 lb), peu importe le moteur.

Le Volvo XC60 est sur le point d'être renouvelé. Entre les branches, on entend que la prochaine génération reposera sur la plateforme SPA, utilisée par le XC90 et le duo S90/V90. Il est fort probable que ce nouveau venu soit aussi technologiquement poussé que les plus nouveaux produits de la marque suédoise.

Cependant, l'actuel XC60 n'est pas à dédaigner, surtout que les concessionnaires risquent de vous le laisser à bon prix pour faire de la place !

Du nouveau en 2017

Abandons des moteurs à cinq et à six cylindres, remplacés par la famille de motorisations Drive-E de 2,0 litres. Changements de niveaux d'équipement.

Châssis - T5 SE TI

Emp / lon / lar / haut	2774 / 4644 / 2120 / 1713 mm
Coffre / Réservoir	873 litres / 70 litres
Nbre coussins sécurité / ceintures	6 / 5
Suspension avant	ind., jambes force
Suspension arrière	ind., multibras
Freins avant / arrière	disque / disque
Direction	à crémaillère, assistée
Diamètre de braquage	11,7 m
Pneus avant / arrière	P235/60R18 / P235/60R18
Poids / Capacité de remorquage	2429 kg / 1588 kg (3500 lb)
Assemblage	Gand BE

Composantes mécaniques

T5 Drive-E TA, T5 SE TI

Cylindrée, soupapes, alim.	4L 2,0 litres 16 s turbo
Puissance / Couple	240 ch / 258 lb-pi
Tr. base (opt) / rouage base (opt)	A8 / Tr (Int)
0-100 / 80-120 / V.Max	7,2 (est) / n.d. / 210 km/h (const)
100-0 km/h	n.d.
Type / ville / route / CO_2	Sup / n.d. / n.d. l/100 km / n.d. kg/an

T6 Drive-E AWD

Cylindrée, soupapes, alim.	4L 2,0 litres 16 s turbo et surcompressé
Puissance / Couple	302 ch / 295 lb-pi
Tr. base (opt) / rouage base (opt)	A8 / Int
0-100 / 80-120 / V.Max	6,9 s (const) / n.d. / 210 km/h (const)
100-0 km/h	n.d.
Type / ville / route / CO_2	Sup / n.d. / n.d. l/100 km / n.d. kg/an

« À L'ÉCHELLE **GLOBALE**, **MALGRÉ** SON **ÂGE**, LE **XC60** S'EST AVÉRÉ LE MODÈLE LE PLUS **POPULAIRE** DE LA **GAMME** VOLVO EN 2016. »

Photos : Volvo

VOLVO **XC90**

((SiriusXM))

Prix : 55 650 $ à 118 900 $
Catégorie : VUS intermédiaire
Garanties :
4 ans/80 000 km, 4 ans/80 000 km
Transport et prép. : 1 195 $
Ventes QC 2015 : 211 unités
Ventes CAN 2015 : 957 unités

Cote du Guide de l'auto

80 %

Fiabilité	Appréciation générale
n.d.	■■■■■■■□□□
Sécurité	Agrément de conduite
■■■■■■■■□□	■■■■■■■□□□
Consommation	Système multimédia
■■■■□□□□□□	■■■■■□□□□□

Cote d'assurance

■■■■■■□□□□

$$$ $

➕ Silhouette élégante • Habitacle haut de gamme • Motorisation d'avant-garde • Confort assuré

➖ Écran tactile trop distrayant • Troisième banquette exiguë • Prix élevé • Fiabilité inconnue

Concurrents

Acura MDX, Audi Q7, BMW X5, Infiniti QX70, Jeep Grand Cherokee, Lexus RX, Mercedes-Benz GLE Porsche Cayenne, Volkswagen Touareg

Le virage est amorcé

Jacques Deshaies

Nous restons bouche bée devant tant de changements, alors que le constructeur Volvo présente maintenant de très belles choses. Pourtant, plusieurs avaient annoncé sa mort il y a peu de temps. Mais, depuis plus de deux ans, le vent a tourné. Les ingénieurs de la compagnie suédoise avaient les coudées franches lors de la conception d'une nouvelle plateforme, d'un nouveau moteur modulaire et de technologies encore plus avancées.

Le résultat est étonnant. La gamme des modèles Volvo est maintenant renouvelée grâce au nouveau XC90, qui est en voie de nous faire oublier la première génération de cet utilitaire, d'une fiabilité désastreuse. Et pourtant, les acheteurs se ruaient aux portes des concessionnaires pour s'en procurer un. Signe que la marque est encore aujourd'hui empreinte d'une bonne réputation.

Le XC90 repensé s'inscrit dans ce grand virage de Volvo qui a compris que l'industrie automobile connaîtra une autre grande révolution. À preuve, il a gagné le titre du *North American Truck of the Year* à Détroit, en janvier dernier. La direction de Volvo a reçu le prix, lors de la tenue du salon, avec un brin d'émotion et beaucoup de fierté.

TOUJOURS UNIQUE

Il a du style, ce XC90. Il ne ressemble à rien de ce qui se fait actuellement sur le marché. Au premier coup d'œil, la grille arbore toujours ce fameux logo qui identifie les produits de la marque, depuis ses tout débuts. Toutefois, les stylistes ont résisté à la tentation de tomber dans l'excès. Les phares sont discrets et parfaitement intégrés aux lignes générales.

La partie inférieure du bouclier est, elle aussi, sobre et bien intégrée au design. Habillé de noir, le XC90 laisse entrevoir le travail des stylistes quant à sa silhouette. Il est carré, soit, mais bien proportionné. À l'arrière, il fallait bien reprendre ses feux montés, verticalement, de chaque côté du hayon. Une autre tradition Volvo.

À l'intérieur, la sobriété et la simplicité sont toujours de mise. Mais quelle finition ! Les matériaux, jumelés au bois de façon remarquable, sont agréables au toucher. La console centrale ne prend pas toute la place. On se retrouve aux antipodes de certains fabricants qui tendent vers la démesure. Ici, l'essentiel y est, mais le tout demeure épuré. J'ai tout de même une réserve face à l'immense écran tactile situé au centre. Je le trouve difficile à manipuler et, surtout, dangereusement distrayant. Le grand confort des sièges respecte la tradition de la marque. J'ai toujours dit que Volvo offrait les meilleurs sièges de l'industrie.

MOTORISATION = RÉVOLUTION

Voilà l'autre partie de cette grande métamorphose chez Volvo. Les ingénieurs de la compagnie ont concocté un quatre cylindres modulable, nommé Drive-E. Il peut être associé soit à un turbocompresseur, soit à un turbo et un compresseur volumétrique simultanément. Dans le cas du modèle d'entrée, le XC90 T5, c'est le quatre cylindres turbocompressé de 2,0 litres, produisant 254 chevaux, qui se loge sous le capot. Accompagnée de la boîte automatique à huit rapports, cette motorisation répond aux attentes. La douceur et la consommation d'essence plus que raisonnable sont les principaux avantages de ce moteur.

Si votre budget vous le permet, optez pour une technologie plus avancée avec le T6 et ses déclinaisons. C'est ici que l'on unit les forces du turbocompresseur et du compresseur volumétrique, permettant une puissance de 316 chevaux.

Si votre petit côté écologique prend le dessus, et surtout, si votre portefeuille est plus volumineux que le mien, le T8 PHEV est pour vous. Il s'équipe du même moteur à essence que le T6, assisté, toutefois, d'un moteur électrique qui, à lui seul, propose 87 chevaux. Au final, la puissance délivrée grimpe à 400 chevaux combinés.

Le XC90 peut aussi être équipé des systèmes de sécurité actifs tels que l'assistance au stationnement, le régulateur de vitesse adaptatif et la prévention de sortie de voie.

De plus, la déclinaison Excellence de la version T8 pourrait faire sauter la banque si l'on y inclut tout l'équipement proposé. On bénéficie, entre autres, d'un levier de vitesses orné de cristal, d'une clé intelligente enrobée de cuir, du cuir nappa pour les sièges et certaines composantes de l'habillage intérieur, sans oublier des porte-gobelets chauffants et refroidissants. La liste est démesurée, tout comme son prix, qui avoisine les 120 000 $.

Somme toute, il faut avouer que le constructeur suédois, dirigé par des intérêts chinois, a réussi à se réinventer alors que le milieu prédisait sa fin. Le XC90 est l'un des beaux fleurons de cette nouvelle lignée.

Du nouveau en 2017

Ajout des versions XC90 T5 de base et T8 Excellence au sommet de la gamme.

Châssis - T5 AWD

Emp / lon / lar / haut	2984 / 4950 / 1923 / 1775 mm
Coffre / Réservoir	249 à 2427 litres / 71 litres
Nbre coussins sécurité / ceintures	7 / 7
Suspension avant	ind., jambes force
Suspension arrière	ind., multibras
Freins avant / arrière	disque / disque
Direction	à crémaillère, assistée
Diamètre de braquage	12,5 m
Pneus avant / arrière	P235/60R18 / P235/60R18
Poids / Capacité de remorquage	n.d. / 2250 kg (4960 lb)
Assemblage	Torslanda SE

Composantes mécaniques

T8 Excellence

Cylindrée, soupapes, alim.	4L 2,0 litres 16 s turbo et surcompressé
Puissance / Couple	320 ch / 295 lb-pi
Tr. base (opt) / rouage base (opt)	A8 / Int
0-100 / 80-120 / V.Max	6,3 s (const) / 4,7 s / 210 km/h (const)
100-0 km/h	42,8 m
Type / ville / route / CO$_2$	Ord / n.d. / n.d. l/100 km / 1280 (est) kg/an
Moteur électrique	
Puissance / Couple	87 ch (65 kW) / 177 lb-pi
Type de batterie	Lithium-ion (Li-Ion)
Énergie	9,2 kWh
Temps de charge (120V / 240V)	n.d. / 8,0 h
Autonomie	43 km

T5 AWD

Cylindrée, soupapes, alim.	4L 2,0 litres 16 s turbo
Puissance / Couple	254 ch / 258 lb-pi
Tr. base (opt) / rouage base (opt)	A8 / Int
0-100 / 80-120 / V.Max	n.d. / n.d. / n.d.
100-0 km/h	n.d.
Type / ville / route / CO$_2$	Sup / n.d. / n.d. l/100 km / n.d. kg/an

T6 AWD, T8 AWD

Cylindrée, soupapes, alim.	4L 2,0 litres 16 s turbo et surcompressé
Puissance / Couple	316 ch / 295 lb-pi
Tr. base (opt) / rouage base (opt)	A8 / Int
0-100 / 80-120 / V.Max	7,9 s / 6,5 s / 210 km/h (const)
100-0 km/h	38,5 m
Type / ville / route / CO$_2$	Ord / 11,8 / 9,5 l/100 km / 4952 (est) kg/an

BUGATTI **CHIRON**

Descendante de la Bugatti Veyron, la nouvelle Chiron reprend les éléments qui ont fait le succès de sa devancière et les amène à un niveau supérieur. Ce bolide est propulsé par un W16 à quatre turbos crachant 1 500 chevaux et un couple de 1180 livres-pied. Encore une fois, Bugatti a réussi à repousser les limites de la performance. La Chiron peut théoriquement atteindre une vitesse de pointe de 465 km/h. Le 0-100 km/h est abattu en moins de 2,5 secondes et le 0-300 km/h en moins de 13,6.

À pleine vitesse, ce véritable monstre videra son réservoir d'essence en neuf minutes chrono. Ses dix radiateurs feront circuler 800 litres de liquide de refroidissement en une minute, tandis que pas moins de 60 000 litres d'air seront gavés dans le moteur durant cette même minute. Si vous en voulez une, dépêchez-vous : seulement 500 exemplaires seront produits. Petit détail, chaque exemplaire coûtera 2,6 millions US.

Au départ, on ne devait produire que 499 unités de la Ferrari LaFerrari. En 2015, la production a cessé, chaque exemplaire ayant trouvé preneur. Mais voilà que la célèbre marque italienne ramène sa supervoiture d'entre les morts. Nous avons récemment eu vent de la création d'une nouvelle version décapotable. Au moment d'écrire ces lignes, on ne savait pas encore le nom exact du bolide; c'est au prochain Salon de l'auto de Paris qu'on le verra pour la première fois.

Pour décoiffer ses occupants, la Ferrari fera confiance à un moteur atmosphérique et à un moteur électrique d'appoint. Le duo développera 950 chevaux. Afin de pallier le retrait du toit, les ingénieurs ont renforci la structure en fibre de carbone. Les occupants seront protégés des intempéries par un toit repliable en tissu ou en fibre de carbone.

FORD **GT**

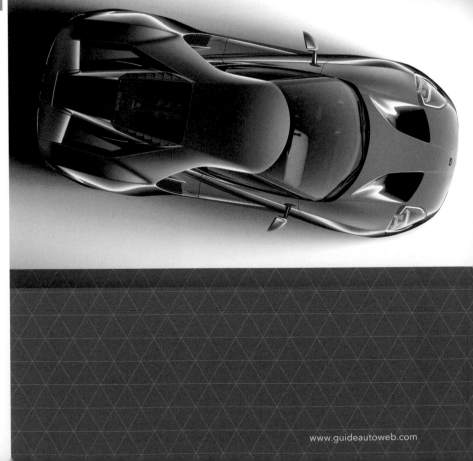

Véritable renaissance d'une légende, la Ford GT a fait couler beaucoup d'encre, de son dévoilement venu gâcher la grande rentrée de l'Acura NSX au Salon de l'auto de Detroit en janvier 2015 jusqu'à sa récente victoire au 24 Heures du Mans.

Tout sur cette fusée est peaufiné pour la vitesse : elle possède un V6 Ecoboost de plus de 600 chevaux, elle est majoritairement faite de fibre de carbone (même les roues !) et elle a droit à un système d'aérodynamique actif. Seulement 250 unités seront produites cette année, elles coûteront plus de 400 000 $ US et il faut passer une audition pour en réserver une... Qu'importe, pour les rares privilégiés qui en recevront une, la GT sera assurément une expérience inoubliable.

Si l'idée d'un VUS Lamborghini peut paraître saugrenue, sachez que ce n'est pas la première fois que la marque italienne va jouer dans la boue. Tout d'abord, Lamborghini a commencé en vendant des tracteurs. Puis, dans les années 80-90, elle a produit le LM002, un 4x4 équipé du V12 de la spectaculaire Countach.

C'est en réponse au succès du Porsche Cayenne et à l'arrivée récente du Bentley Bentayga que Lamborghini a décidé de wsortir un VUS. L'Urus pourra accueillir jusqu'à quatre personnes et aura évidemment droit à la traction intégrale. Sous le capot, on retrouvera une vraie nouveauté, un V8 biturbo d'une cylindrée de 4,0 litres. Ce sera la première fois que la marque italienne utilisera des turbocompresseurs. Côté plate-forme, l'Urus sera monté sur celle de l'Audi Q7.

LINCOLN **CONTINENTAL**

La Lincoln Continental représente un retour aux sources pour la marque américaine. Plutôt que d'offrir des versions rehaussées de produits Ford, Lincoln a recommencé la commercialisation des grosses berlines capables de rivaliser avec les plus luxueuses bagnoles allemandes.

Le style de la nouvelle Continental est visuellement très différent de ce que Lincoln produisait il y a à peine quelques années : l'auto est longue, ses lignes sont droites et sa large grille avant chromée respire le luxe.

Les technologies seront aussi à la page : on note par exemple l'arrivée d'une suspension ajustable qui lit l'état de la route des milliers de fois par seconde et un nouveau V6 biturbo de 3,0 litres développant 400 chevaux. Celui-ci sera à la fois puissant et silencieux.

Maserati est en train de renaître, gracieuseté de l'empire FCA. Après la berline Ghibli dévoilée l'an dernier, c'est au tour de l'Alfieri – une version de production du séduisant concept dévoilé à Genève en 2015 – d'être produit. Ce coupé ira jouer dans les plates-bandes des Jaguar F-Type et Porsche 911 de ce monde.

Maserati a confirmé que l'Alfieri abritera un V6 à double turbo générant 404 chevaux en version de base, et pouvant aller jusqu'à 513 chevaux pour les modèles les plus équipés. Si tout va bien, on aura aussi droit à une décapotable plus tard dans l'année. Pour rester fidèle à la nouvelle image de la marque (luxe et prestige italien, mais accessible pour le public fortuné... un peu comme Porsche), l'Alfieri aura une diffusion plus limitée que ses rivales.

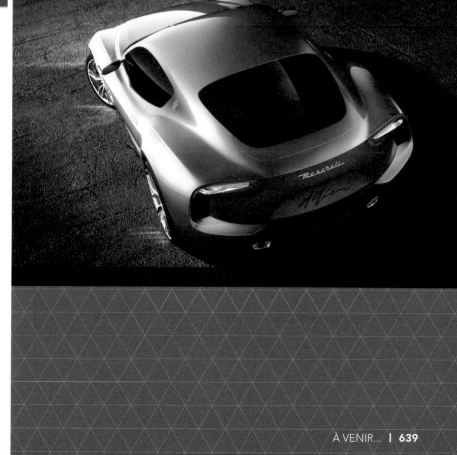

MASERATI **LEVANTE**

L'arrivée du Maserati Levante ne surprend pas vraiment : le marché des VUS luxueux est plus que lucratif, et il serait ridicule pour un constructeur comme Maserati de ne pas utiliser son aura pour envahir ce segment. Le Levante est fondé sur la même plate-forme que la Ghibli et la Quattroporte (et bientôt l'Alfieri). Esthétiquement, il aura des ressemblances avec la Ghibli... et le Jeep Grand Cherokee.

Étant donné qu'il est basé sur la Ghibli, il est probable que le Levante utilise le même moteur qu'elle, soit un V6 biturbo développant entre 345 et 404 chevaux. La seule transmission est une automatique à huit rapports. Puisqu'il s'agit d'un VUS, le rouage intégral Q4 sera de mise.

Nissan a l'intention de remplir une zone grise dans sa gamme. Entre le JUKE et le Rogue, il n'y a présentement rien. Du côté de la concurrence, on a le Volkswagen Tiguan, le Kia Sportage, le Hyundai Tucson... Le constructeur nippon fabrique pourtant déjà un véhicule qui serait parfaitement adapté à ce segment, le Nissan Qashqai, lequel est vendu en Europe. Il semblerait que la marque pourrait bientôt décider de l'importer sur nos côtes, justement!

Mécaniquement, le Qashqai hériterait probablement du même moteur que le Rogue, soit un quatre cylindres de 2,5 litres associé à une boîte CVT. La traction avant sera de série, et l'on nous offrira sans doute le rouage intégral en option. Pendant son voyage en porte-conteneurs, gageons cependant qu'il se trouvera un nouveau nom, puisque le sien est plutôt difficile à prononcer...

TESLA **MODEL 3**

M̂ême si les Tesla Model S et Model X ont chamboulé l'industrie automobile ces dernières années, ils ne sont pas pour tout le monde. Avec un prix de base avoisinant – ou dépassant allègrement – les 100 000 $, il faut avoir un solide compte en banque pour se payer l'une ou l'autre...

Mais avec l'arrivée de la Model 3, ça va changer. Tesla a confirmé qu'elle serait vendue autour de 35 000 $ US et qu'elle aurait une autonomie d'environ 344 km, ce qui la rendra attrayante pour plus d'un acheteur. Elle aura droit aux gadgets typiques de Tesla: pilotage semi-autonome, accès (optionnel) au réseau Supercharger et cote de sécurité supérieure à la moyenne. Grâce à sa motorisation électrique, elle pourra aussi atteindre 100 km/h en moins de 6 secondes.

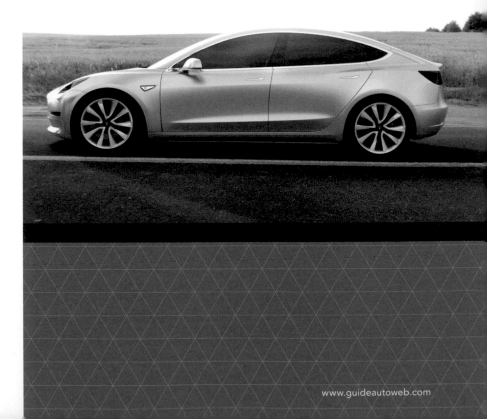

Le segment des VUS sous-compacts a connu un extraordinaire essor ces dernières années, et tous les constructeurs veulent une part du gâteau: ainsi, il y a, par exemple, le Honda HR-V, le Mazda CX-3, le Jeep Renegade, le Fiat 500X... Toyota, qui se fait un point d'honneur d'être présent dans tous les segments, était mystérieusement absente de celui-ci. Avec l'arrivée vers la fin de 2016 du C-HR (qui devait à l'origine être lancé sous la bannière Scion), ce manquement sera rectifié.

Le nouveau venu sera basé sur la plate-forme TNGA, que l'on retrouve aussi sous la nouvelle Prius. La traction sera de série, mais un rouage intégral sera bien évidemment offert. Mécaniquement, le C-HR devrait hériter d'un frugal petit quatre cylindres. Puisqu'il est apparenté à la Prius, et connaissant l'amour de Toyota pour ce type de motorisation, une version hybride est aussi à prévoir.

TOYOTA **MIRAI**

Avec la Mirai, Toyota fera un grand pas en avant. Non seulement la marque est-elle connue pour son ingéniosité dans le domaine des autos vertes, mais cette berline deviendra la première voiture de grande série à se mouvoir en utilisant l'hydrogène comme carburant. Cette Toyota ne polluera donc pas lorsqu'elle se déplacera: en effet, le seul rejet de ce type de motorisation, c'est de la vapeur d'eau!

La Mirai aura une autonomie d'environ 480 kilomètres entre chaque plein, et ceux-ci ne devraient pas prendre plus de cinq minutes. Il suffira juste de trouver une station de recharge... Le prix de base devrait avoisiner 57 500$, mais il y aura probablement des rabais gouvernementaux pour véhicules écologiques... du moins, on l'espère. On attend toujours de savoir si Toyota commercialisera la Mirai ici, chose certaine, elle sera vendue aux États-Unis.

W MOTORS **FENYR SUPERSPORT**

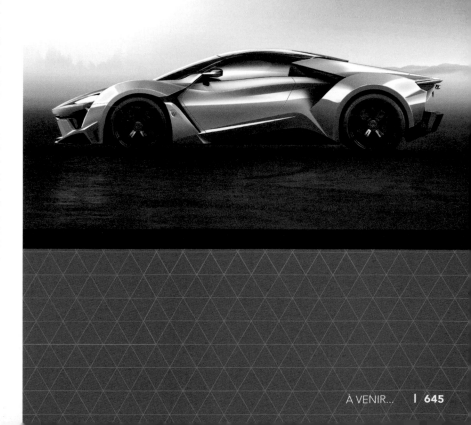

Lorsque la petite société libanaise W Motors avait annoncé son premier supercar, la Lykan Hypersport, on avait aussi entendu parler d'une version plus abordable baptisée Supersport. Voici donc, la Fenyr Supersport. W Motors en construira 25, et les vendra environ 1,6 million $ US chacune. Pour la disponibilité au grand public, on repassera!

Au cœur de ce monstre, on retrouve un six cylindres à plat développé par le préparateur RUF faisant vrombir 1000 chevaux. La Fenyr Supersport partagera aussi son châssis avec la Hypersport, et empruntera une transmission PDK de chez Porsche. Les données de performance n'ont pas été révélées, mais quand on sait que la Lykan Hypersport peut passer de 0 à 100 km/h en 2,8 secondes avec « seulement » 750 chevaux, on est plus qu'impatient d'en savoir davantage...

LISTE DE PRIX

ACURA

IILX	29 590 $	
ILX Premium	32 090 $	
ILX Technologie	33 590 $	
ILX A-Spec	34 990 $	
MDX	53 250 $	x
MDX Navigation	56 250 $	x
MDX Technologie	60 250 $	x
MDX Elite	65 250 $	x
MDX Sport Hybride	n.d.	
NSX	189 900 $	
RDX	42 190 $	
RDX Technologie	45 190 $	
RDX Elite	46 790 $	
RLX Technologie	65 490 $	
RLX Elite	69 990 $	
TLX	35 490 $	x
TLX Technologie	39 190 $	x
TLX SH-AWD	40 490 $	x
TLX SH-AWD Technologie	44 390 $	x
TLX SH-AWD Elite	47 990 $	x

ALFA ROMEO

4C Coupe	66 495 $	
4C Spider	78 495 $	
Giulia	n.d.	
Giulia Ti	n.d.	
Giulia Quadrifoglio	72 000 $	

ASTON MARTIN

DB11	255 000 $ est.	
DB11 Volante	n.d.	
Rapide S	218 600 $	
V8 Vantage GT	109 400 $	
V8 Vantage	128 100 $	
V8 Vantage S	141 900 $	
V8 Vantage Roadster GT	124 900 $	
V8 Vantage Roadster	143 100 $	
V8 Vantage Roadster S	156 900 $	
V12 Vantage S	194 700 $	
V12 Vantage Roadster S	209 700 $	
Vanquish	305 000 $	
Vanquish Volante	325 650 $	

AUDI

A3 Berline 2.0 TFSI Komfort	31 600 $	x
A3 Berline 2.0 TFSI Progressiv	34 700 $	x
A3 Berline 2.0 TFSI quattro Komfort	36 400 $	x
A3 Berline 2.0 TFSI quattro Progressiv	39 500 $	x
A3 Berline 2.0 TFSI quattro Technik	43 300 $	x
A3 Cabriolet 2.0 TFSI quattro Komfort	42 600 $	x
A3 Cabriolet 2.0 TFSI quattro Progressiv	45 100 $	x
A3 Cabriolet 2.0 TFSI quattro Technik	48 900 $	x
A3 Sportback e-tron Progressiv	39 900 $	x
A3 Sportback e-tron Technik	44 600 $	x
A4 Berline TFSI quattro Komfort	43 200 $	
A4 Berline TFSI quattro Progressiv	47 000 $	
A4 Berline TFSI quattro Technik	50 600 $	
A4 allroad TFSI quattro Komfort	47 300 $	x
A4 allroad TFSI quattro Progressiv	51 300 $	x
A4 allroad TFSI quattro Technik	53 700 $	x
A5 Coupé 2.0 TFSI quattro Komfort man	44 700 $	
A5 Coupé 2.0 TFSI quattro Progressiv man	47 600 $	
A5 Coupé 2.0 TFSI Technik quattro man	50 100 $	
A5 Cabriolet 2.0 TFSI quattro Progressiv	60 400 $	
A5 Cabriolet 2.0 TFSI quattro Technik	64 500 $	
A6 2.0 TFSI quattro Progressiv	58 400 $	
A6 2.0 TFSI quattro Technik	65 950 $	
A6 3.0 TFSI quattro Progressiv	65 250 $	
A6 3.0 TFSI quattro Technik	72 950 $	
A6 3.0 TFSI quattro Competition	77 650 $	
A6 TDI quattro Progressiv	67 700 $	
A6 TDI quattro Technik	75 350 $	
A7 3.0 TFSI quattro Progressiv	75 950 $	
A7 3.0 TFSI quattro Technik	81 200 $	
A7 3.0 TFSI quattro Competition	85 900 $	
A7 3.0 TDI quattro Progressiv	78 400 $	
A7 3.0 TDI quattro Technik	83 750 $	
A8 3.0 TFSI quattro	86 150 $	
A8 4.0 TFSI quattro	104 600 $	
A8L 4.0 TFSI quattro	112 200 $	
Q3 2.0 TFSI FWD Komfort	34 600 $	
Q3 2.0 TFSI FWD Progressiv	37 400 $	
Q3 2.0 TFSI FWD Technik	41 700 $	
Q3 2.0 TFSI Komfort quattro	37 100 $	
Q3 2.0 TFSI Progressiv quattro	39 900 $	
Q3 2.0 TFSI Technik quattro	44 200 $	
Q5 2.0 TFSI Komfort quattro	43 800 $	
Q5 2.0 TFSI Progressiv quattro	46 100 $	
Q5 2.0 TFSI Technik quattro	48 200 $	
Q5 3.0 TFSI Progressiv quattro	48 600 $	
Q5 3.0 TFSI Technik quattro	50 700 $	
Q7 3.0 TFSI Komfort quattro	65 200 $	
Q7 3.0 TFSI Progressiv quattro	70 400 $	
Q7 3.0 TFSI Technik quattro	73 500 $	
R8 Coupe 5.2 FSI V10	184 000 $	
R8 Coupe 5.2 FSI V10 plus	213 900 $	
RS 7 4.0 TFSI quattro	120 400 $	
RS 7 4.0 TFSI Performance quattro	143 100 $	
S3 Berline Progressiv quattro	45 400 $	x
S3 Berline Technik quattro	48 900 $	x
S5 Coupé Progressiv quattro	57 800 $	
S5 Coupé Technik quattro	60 600 $	
S5 Coupé Dynamic quattro	63 200 $	
S5 Cabriolet Progressiv quattro	70 700 $	
S5 Cabriolet Technik quattro	73 650 $	
S6 4.0 TFSI quattro	90 850 $	
S7 4.0 TFSI quattro	97 250 $	
S8 plus 4.0 TFSI quattro	135 500 $	
SQ5 quattro Progressiv	58 500 $	
SQ5 quattro Technik	60 700 $	
SQ5 quattro Dynamic	64 900 $	
TT Coupé 2.0 TFSI quattro	52 400 $	
TT Roadster 2.0 TFSI quattro	56 400 $	
TTS Coupé 2.0 TFSI quattro	62 700 $	

BENTLEY

Bentayga	275 000 $	
Continental GT	236 100 $	
Continental GT V8	218 400 $	
Continental GT V8 S	231 800 $	
Continental GT Convertible	259 800 $	
Continental GT Convertible V8	240 300 $	
Continental GT Convertible V8 S	255 000 $	
Continental Flying Spur V8	221 100 $	
Continental Flying Spur W12	244 500 $	
Mulsanne	334 100 $	
Mulsanne S	369 200 $	

BMW

i3	46 900 $	
i8	149 800 $	
M2 Coupé	63 000 $	
M3 Berline	75 500 $	
M4 Coupé	76 500 $	
M4 Cabriolet	86 000 $	
M6 Coupé	126 000 $	
M6 Gran Coupé	130 000 $	
M6 Cabriolet	130 500 $	
Série 2 Coupé 230i	36 700 $	
Série 2 Coupé 230i xDrive	40 450 $	
Série 2 Convertible 230i xDrive	46 000 $	
Série 2 Coupé 240i	45 700 $	
Série 2 Coupé 240i xDrive	49 450 $	
Série 2 Convertible 240i	52 700 $	
Série 2 Convertible 240i xDrive	56 450 $	
Série 3 320i xDrive	40 990 $	
Série 3 328d xDrive	44 000 $	
Série 3 330i xDrive	47 500 $	
Série 3 330e	51 900 $	
Série 3 340i	52 550 $	
Série 3 340i xDrive	55 250 $	
Série 3 330i xDrive Gran Turismo	50 140 $	
Série 3 340i xDrive Gran Turismo	58 140 $	
Série 3 Touring 328d xDrive	45 500 $	
Série 3 Touring 330i xDrive	49 000 $	
Série 4 Coupé 430i xDrive	50 950 $	
Série 4 Coupé 440i	56 350 $	
Série 4 Coupé 440i xDrive	57 050 $	
Série 4 Gran Coupé 430i xDrive	50 950 $	
Série 4 Gran Coupé 440i xDrive	57 050 $	
Série 4 Cabriolet 430i xDrive	61 250 $	
Serie 4 Cabriolet 440i xDrive	70 550 $	
Série 5 528i xDrive	60 500 $	x
Série 5 535i xDrive	67 000 $	x
Série 5 550i xDrive	82 500 $	x
Série 5 535d xDrive	68 500 $	x
Série 5 535i xDrive Gran Turismo	71 900 $	x
Série 5 550i xDrive Gran Turismo	81 900 $	x
Série 6 Gran Coupé 640i xDrive	90 900 $	
Série 6 Gran Coupé 650i xDrive	102 000 $	
Série 6 Gran Coupé ALPINA B6	102 000 $	
Série 6 Coupé 650i xDrive	100 500 $	
Série 6 Cabriolet 650i xDrive	111 500 $	
Série 7 740Le xDrive	107 900 $	
Série 7 750i xDrive	113 900 $	
Série 7 750Li xDrive	117 900 $	
Série 7 ALPINA B7	155 900 $	
X1 xDrive28i	39 500 $	
X3 xDrive28i	45 950 $	
X3 xDrive28d	47 650 $	
X3 xDrive35i	51 250 $	
X4 xDrive28i	48 700 $	
X4 M40i	60 700 $	
X5 xDrive35i	67 000 $	
X5 xDrive40e	74 700 $	
X5 xDrive50i	81 200 $	
X5 M	107 900 $	
X6 xDrive35i	70 400 $	
X6 xDrive50i	86 700 $	
X6 M	110 200 $	
Z4 sDrive28i	56 200 $	x
Z4 sDrive35i	66 900 $	x
Z4 sDrive35is	77 900 $	x

BUICK

Enclave	48 935 $	x
Enclave Haut de gamme (TI)	56 435 $	x
Encore	28 505 $	x
Encore Sport Touring	31 415 $	x
Encore Haut de gamme	33 475 $	x
Envision	45 905 $	x
LaCrosse	36 525 $	x
LaCrosse Haut de gamme II	43 375 $	x
Regal	33 695 $	x
Regal Sport Touring	34 195 $	x
Regal Haut de gamme II	37 695 $	x
Regal GS	41 095 $	x
Verano	24 190 $	x
Verano Cuir 1ST	32 235 $	x

CADILLAC

ATS 2.5	36 360 $	
ATS 2.0 Turbo	38 165 $	x
ATS 3.6 Luxe	45 105 $	x
ATS 3.6 Haut de gamme TI	55 685 $	x
ATS Coupé 2.0 Turbo	41 490 $	x
ATS Coupé 3.6 Luxe	48 735 $	x
ATS Coupé 3.6 Performance	55 885 $	x
ATS Coupé 3.6 Haut de gamme	55 645 $	x
ATS-V Berline	66 000 $	x
ATS-V Coupé	68 305 $	x
CT6 2.0 Turbo	63 995 $	x
CT6 3.0 Twin-Turbo Platinum TI	99 670 $	x
CTS 2.0 Turbo	49 405 $	x
CTS 3.6 Luxe	57 055 $	x
CTS 3.6 Haut de gamme TI	70 365 $	x
CTS 3.6 Twin-Turbo Vsport Haut de gamme	76 940 $	x
CTS-V	92 135 $	x
Escalade	84 145 $	x
Escalade Platine	103 745 $	x
Escalade ESV	87 620 $	x
Escalade ESV Platinum	107 220 $	x
XT5	45 100 $	
XT5 Platinum TI	68 595 $	

CHEVROLET

Bolt	40 000 $ est.	
Camaro LT	29 095 $	x
Camaro 1SS	43 000 $	x
Camaro Convertible LT	37 000 $	x
Camaro Convertible SS	49 455 $	x
Colorado cabine allongée 2RM	21 320 $	x
Colorado cabine allongée Z71 2RM	31 230 $	x
Colorado cabine multiplace WT 4RM	31 925 $	x
Colorado cabine multiplace LT 4RM	37 840 $	x
Colorado cabine multiplace Z71 4RM	37 930 $	x
Corvette Coupé Stingray 1LT	64 395 $	x
Corvette Coupé Stingray Z51 1LT	70 145 $	x
Corvette Z06	92 745 $	x
Corvette Cabriolet Stingray 1LT	69 395 $	x
Corvette Cabriolet Stingray Z51 1LT	75 145 $	x
Corvette Cabriolet Z06	97 645 $	x
Cruze L	15 995 $	x
Cruze LS	18 845 $	x
Cruze LT	19 845 $	x
Cruze Premier	23 895 $	x
Cruze hatchback LT	n.d.	
Cruze hatchback Premium	n.d.	
Cruze hatchback RS	n.d.	
Equinox LS	27 170 $	x
Equinox LTZ TI	34 870 $	x
Impala LS	29 295 $	x
Impala LTZ	40 495 $	x
Malibu L	21 745 $	x
Malibu LT	25 245 $	x
Malibu Premier	32 045 $	x
Silverado 1500 classique normale 2RM	29 505 $	x
Silverado 1500 multi courte WT 2RM	36 155 $	x
Silverado 1500 double normale LT 4RM	42 740 $	x
Silverado 1500 multi normale LTZ 4RM	54 265 $	x
Silverado 1500 multi normale H. Ctry 4RM	61 445 $	x
Sonic Berline LS	14 395 $	x
Sonic Berline LT	18 045 $	x
Sonic 5 portes LT	19 045 $	x
Spark LS man	9 995 $	x
Spark 1LT man	14 195 $	x
Spark EV	32 345 $	x
Suburban LS 2RM	56 815 $	x
Suburban LT 4RM	67 535 $	x
Suburban LTZ 4RM	75 485 $	x
Tahoe LS 2RM	53 790 $	x
Tahoe LT 4RM	64 510 $	x
Tahoe LTZ 4RM	72 460 $	x
Traverse LS	34 530 $	x
Traverse 1LT TI	40 985 $	x
Traverse LTZ TI	51 170 $	x
Trax LS	19 795 $	x
Trax LT TI	27 760 $	x
Trax LTZ TI	31 295 $	x
Volt LT	38 390 $	
Volt Premier	42 490 $	

CHRYSLER

200 LX	25 595 $	x
200 Limited	28 995 $	x
200S	30 995 $	x
200C	31 995 $	x
300 Touring	39 995 $	x
300S	42 695 $	x
300C	43 695 $	x
300C Platinum	45 695 $	x
Pacifica Touring-L	43 995 $	
Pacifica Touring-L Plus	46 995 $	
Pacifica Limited	52 995 $	

DODGE

Challenger SXT	31 795 $	x
Challenger R/T	39 895 $	x
Challenger R/T 392	48 895 $	x
Challenger SRT 392	57 495 $	x
Challenger SRT Hellcat	76 445 $	x
Charger SE	35 295 $	x
Charger SXT	38 395 $	x
Charger R/T	42 395 $	x
Charger R/T 392	49 395 $	x
Charger SRT 392	55 995 $	x
Charger SRT Hellcat	76 945 $	x
Durango SXT	43 395 $	x
Durango GT	48 395 $	x
Durango R/T	55 695 $	x
Durango Citadel	56 395 $	x
Grand Caravan Ensemble Valeur Plus	28 995 $	x
Grand Caravan SXT	35 595 $	x
Grand Caravan Crew	38 795 $	x
Grand Caravan GT	43 995 $	x
Journey SE Ensemble Valeur Plus	22 495 $	x
Journey SXT V6	31 095 $	x
Journey Crossroad	33 295 $	x
Journey GT TI	36 495 $	x
Viper GTC	117 995 $	x
Viper GTS	129 995 $	x
Viper ACR	147 995 $	x

FERRARI

488 GTB Coupe	292 000 $	
488 GTB Spider	325 000 $	
California	231 000 $	
F12 Berlinetta	380 000 $	
GTC4 Lusso	340 000 $	

FIAT

124 Spider Classica	33 495 $	
124 Spider Lusso	42 190 $	
500 Pop	18 995 $	x
500 Lounge	23 995 $	x
500 Abarth	27 995 $	x
500c Pop	22 995 $	x
500c Lounge	27 395 $	x
500c Abarth	31 995 $	x
500L Sport	24 995 $	x

J5

Le hockey partout en tout temps

Téléchargez l'application J5 sur votre téléphone intelligent et installez-la sur votre Apple Watch. Personnalisez votre actualité, recevez les dernières nouvelles et activez vos alertes.

500L Trekking	26 495 $	x
500L Lounge	27 995 $	x
500X Pop	22 995 $	x
500X Sport	27 495 $	x
500X Trekking TI	32 190 $	x
500X Lounge TI	33 690 $	x
500X Trekking Plus TI	34 190 $	x

FORD

C-MAX Hybride SE	25 999 $	x
C-MAX Hybride SEL	31 444 $	x
C-MAX Energi	31 999 $	x
Edge SE	33 099 $	x
Edge SEL TI	37 899 $	x
Edge Titanium TI	41 899 $	x
Edge Sport TI	46 399 $	x
Escape S	25 099 $	
Escape SE TI	29 799 $	
Escape Titanium TI	35 999 $	
Expedition XLT	53 148 $	x
Expedition Limited	67 248 $	x
Expedition Platinum	69 248 $	x
Expedition MAX Limited	69 748 $	x
Expedition MAX Platinum	71 748 $	x
Explorer	33 999 $	x
Explorer XLT TI	40 999 $	x
Explorer Limited TI	48 899 $	x
Explorer Sport TI	51 999 $	x
Explorer Platinum	59 599 $	x
F-150 classique normale XL 2RM	25 799 $	x
F-150 SuperCab normale XLT 2RM	37 999 $	x
F-150 SuperCrew courte Lariat 4RM	43 649 $	x
F-150 SuperCrew courte King Ranch 4RM	66 199 $	x
F-150 SuperCrew courte Limited 4RM	75 999 $	x
F-150 Raptor	n.d.	
Fiesta berline S	16 049 $	x
Fiesta berline SE	17 049 $	x
Fiesta berline Titanium	20 899 $	x
Fiesta hatchback S	16 049 $	x
Fiesta hatchback SE	17 049 $	x
Fiesta hatchback Titanium	20 899 $	x
Fiesta hatchback ST	25 649 $	x
Flex SE	31 799 $	x
Flex SEL TI	40 799 $	x
Flex Limited TI	45 599 $	x
Focus Berline S	17 199 $	x
Focus Berline SE	19 599 $	x
Focus Berline Titanium	26 499 $	x
Focus 5 portes SE	19 599 $	x
Focus 5 portes Titanium	26 499 $	x
Focus 5 portes ST	30 749 $	x
Focus 5 portes RS	47 969 $	x
Focus 5 portes Électrique	31 999 $	x
Fusion S	23 688 $	
Fusion SE	25 588 $	
Fusion SE EcoBoost 2.0 L TI	30 988 $	
Fusion Titanium TI	34 488 $	
Fusion Platinum TI	42 288 $	
Fusion Sport TI	42 288 $	
Fusion Hybride S	28 888 $	
Fusion Hybride SE	29 588 $	
Fusion Hybride Titanium	34 988 $	
Fusion Hybride Platinum	41 988 $	
Fusion Energi SE	35 088 $	
Fusion Energi Titanium	37 288 $	
Fusion Energi Platinum	45 088 $	
Mustang Coupé V6	26 398 $	
Mustang Coupé EcoBoost	29 398 $	
Mustang Coupé EcoBoost Premium	34 898 $	
Mustang Coupé GT	38 398 $	
Mustang Coupé GT Premium	43 898 $	
Mustang Cabriolet V6	31 398 $	
Mustang Cabriolet EcoBoost Premium	40 448 $	
Mustang Cabriolet GT Premium	49 448 $	
Mustang Shelby GT350	73 678 $	
Mustang Shelby GT350 R	83 678 $	
Taurus SE	30 999 $	x
Taurus SEL	35 999 $	x
Taurus Limited TI	43 499 $	x
Taurus SHO TI	48 499 $	x
Transit Connect Fourgonnette XL	30 599 $	x
Transit Connect Fourgonnette XLT	31 999 $	x
Transit Connect Fourgonnette Titanium	35 799 $	x

GENESIS

G80 3.8	43 000 $	x
G80 5.0	62 000 $	x
G90 V6 biturbo	n.d.	
G90 V8	n.d.	

GMC

Acadia SLE-1	34 995 $	
Acadia SLT-1 TI	47 295 $	
Acadia Denali TI	54 695 $	
Canyon cabine allongée SL 2RM	22 020 $	x
Canyon cabine allongée SLE 2RM	34 785 $	x
Canyon cabine multiplace SLE 4RM	37 885 $	
Canyon cabine multiplace SLT 4RM	40 970 $	
Canyon cabine multiplace Denali 4RM	n.d.	
Sierra 1500 classique norm. 2RM	30 140 $	x
Sierra 1500 multiplace courte 4RM	36 790 $	
Sierra 1500 double norm. SLE 4RM	44 340 $	x
Sierra 1500 multiplace norm. SLT 4RM	54 780 $	x
Sierra 1500 multiplace norm. Denali 4RM	64 825 $	x
Terrain SLE-1	28 590 $	x
Terrain SLT TI	35 750 $	x
Terrain Denali TI	42 740 $	x
Yukon SLE 2RM	54 995 $	x
Yukon SLT 4RM	68 270 $	x
Yukon Denali	77 660 $	x
Yukon XL SLE 2RM	58 120 $	x
Yukon XL SLT 4RM	71 395 $	x
Yukon XL Denali 4RM	80 785 $	x

HONDA

Accord LX	24 350 $	x
Accord Sport	26 890 $	x
Accord EX-L	30 190 $	x
Accord Touring	31 290 $	x
Accord EX-L V6	33 690 $	x
Accord Touring V6	36 190 $	x
Accord Hybrid	n.d.	
Accord Coupé EX	27 290 $	x
Accord Coupé Touring	31 690 $	x
Accord Coupé Touring V6	35 990 $	x
Civic Berline DX	16 155 $	x
Civic Berline LX	19 055 $	x
Civic Berline EX	22 755 $	x
Civic Berline EX-T	25 155 $	x
Civic Berline Touring	27 155 $	x
Civic Coupé LX	19 455 $	x
Civic Coupé EX-T	24 555 $	x
Civic Coupé Touring	27 555 $	x
CR-V LX 2RM	26 290 $	x
CR-V LX	28 590 $	x
CR-V SE	30 290 $	x
CR-V EX	32 290 $	x
CR-V EX-L	34 290 $	x
CR-V Touring	37 090 $	x
Fit DX	14 790 $	x
Fit LX	17 590 $	x
Fit EX	19 490 $	x
Fit EX-L NAVI	21 590 $	x
HR-V LX 2RM	20 790 $	x
HR-V EX 2RM	23 290 $	x
HR-V LX	24 390 $	x
HR-V EX	26 890 $	x
HR-V EX-L NAVI	30 090 $	x
Odyssey LX	30 790 $	x
Odyssey SE	32 890 $	x
Odyssey EX	35 890 $	x
Odyssey EX-L RES	42 890 $	x
Odyssey Touring	48 890 $	x
Pilot LX 2RM	35 590 $	x
Pilot LX	38 590 $	
Pilot EX	41 590 $	x
Pilot EX-L	44 690 $	x
Pilot Touring	50 790 $	x
Ridgeline LX	36 590 $	
Ridgeline Sport	39 590 $	
Ridgeline EX-L	42 590 $	
Ridgeline Touring	47 090 $	
Ridgeline Black Edition	48 590 $	

HYUNDAI

Accent 5 portes L	13 899 $	x
Accent 5 portes LE	16 299 $	x
Accent 5 portes GL	16 599 $	x
Accent 5 portes GLS	18 649 $	x
Accent 5 portes SE	18 749 $	x
Accent Berline L	13 899 $	x
Accent Berline LE	16 299 $	x
Accent Berline GL	17 849 $	x
Accent Berline SE	18 749 $	x
Accent Berline GLS	19 899 $	x
Elantra Berline L	15 999 $	
Elantra Berline LE	18 499 $	
Elantra Berline GL man	20 349 $	
Elantra Berline GLS man	22 699 $	
Elantra Berline Limited	26 249 $	
Elantra Berline Ultimate	28 799 $	
IONIQ Hybride	n.d.	
IONIQ Hybride rechargeable	n.d.	
IONIQ Électrique	n.d.	
Santa Fe Sport 2.4L FWD	28 599 $	
Santa Fe Sport 2.4L Premium FWD	31 099 $	
Santa Fe Sport 2.4L SE	34 899 $	
Santa Fe Sport 2.4L Luxe	37 899 $	
Santa Fe Sport 2.0T SE	37 299 $	
Santa Fe Sport 2.0T Limited	41 299 $	
Santa Fe Sport 2.0T Ultimate	44 599 $	
Santa Fe XL FWD	32 199 $	
Santa Fe XL Premium	37 049 $	
Santa Fe XL Luxe	42 199 $	
Santa Fe XL Limited	44 399 $	
Santa Fe XL Ultimate	48 099 $	
Sonata GL	24 749 $	
Sonata GLS	27 349 $	
Sonata Sport Tech	30 399 $	
Sonata Limited	34 099 $	
Sonata Ultimate 2.0T	35 699 $	
Sonata Hybrid	29 649 $	
Sonata Hybrid Limited	33 799 $	
Sonata Hybrid Ultimate	37 499 $	
Sonata Hybrid PHEV Ultimate	43 999 $	
Tucson 2.0L	24 399 $	x
Tucson 2.0L Premium	26 699 $	x
Tucson 2.0L Luxe TI	33 099 $	x
Tucson 1.6T Premium TI	31 549 $	x
Tucson 1.6T Limited TI	36 649 $	x
Tucson 1.6T Ultimate TI	39 599 $	x
Veloster	18 599 $	x
Veloster SE	20 199 $	x
Veloster Ensemble Technologie	24 249 $	x
Veloster Turbo	27 199 $	x

INFINITI

Q50 2.0t	39 990 $	x
Q50 3.0t	45 900 $	x
Q50 Red Sport 400	54 600 $	x
Q50 Hybrid	56 400 $	x
Q60 Coupé 2.0t	n.d.	
Q60 Coupé 3.0t	n.d.	
Q60 Coupé Red Sport 400	n.d.	
Q70 3.7	57 300 $	x
Q70 3.7 Sport	63 200 $	x
Q70L 3.7	64 300 $	x
Q70L 5.6	68 800 $	x
QX30	n.d.	
QX30 S	n.d.	
QX30 TI	n.d.	
QX50	37 900 $	x
QX60 3.5	47 400 $	x
QX60 Hybrid	57 900 $	x
QX70	53 800 $	x
QX70 Sport	60 450 $	x
QX80	74 650 $	x
QX80 Limited	92 800 $	x

JAGUAR

F-PACE 20d Premium	49 900 $	
F-PACE 20d Prestige	54 400 $	
F-PACE 20d R-Sport	59 900 $	
F-PACE 35t Premium	53 900 $	
F-PACE 35t Prestige	58 400 $	
F-PACE 35t R-Sport	63 900 $	
F-PACE S	66 400 $	
F-TYPE Coupé	78 500 $	
F-TYPE Coupé S	89 500 $	
F-TYPE Coupé R	118 500 $	
F-TYPE Coupé SVR	142 000 $	
F-TYPE Cabriolet	81 500 $	
F-TYPE Cabriolet S	92 500 $	
F-TYPE Cabriolet R	121 500 $	
F-TYPE Cabriolet SVR	145 000 $	
XE 20d Premium	45 000 $	
XE 20d Prestige	49 500 $	
XE 20d R-Sport	54 000 $	
XE 35t Premium	48 500 $	
XE 35t Prestige	53 000 $	
XE 35t R-Sport	57 500 $	
XF 20d Premium	60 000 $	
XF 20d Prestige	65 000 $	
XF 20d R-Sport	68 500 $	
XF 35t Premium	62 000 $	
XF 35t Prestige	67 000 $	
XF 35t R-Sport	70 500 $	
XF S	74 000 $	
XJ R-Sport TI	92 000 $	
XJ Portfolio TI	96 000 $	
XJL Portfolio TI	99 000 $	
XJR	121 000 $	
XJR (empattement long)	124 000 $	

JEEP

Cherokee Sport	26 695 $	x
Cherokee North	30 395 $	x
Cherokee Limited TI	36 095 $	x
Cherokee Trailhawk	34 895 $	x
Cherokee Overland TI	45 095 $	x
Compass Sport	20 495 $	x
Compass North	28 940 $	x
Compass High Altitude TI	32 285 $	x
Grand Cherokee Laredo	43 395 $	x
Grand Cherokee Limited	51 695 $	x
Grand Cherokee Trailhawk	n.d.	
Grand Cherokee Overland	62 645 $	x
Grand Cherokee Summit	67 645 $	x
Grand Cherokee SRT	71 695 $	x
Patriot Sport	19 495 $	x
Patriot North	27 640 $	x
Patriot High Altitude TI	30 985 $	x
Renegade Sport	21 495 $	x
Renegade North TI	28 995 $	x
Renegade Trailhawk	32 495 $	x
Renegade Limited	33 495 $	x
Wrangler Sport	27 695 $	x
Wrangler Sport S	33 145 $	x
Wrangler Sahara	37 295 $	x
Wrangler Rubicon	40 295 $	x
Wrangler Unlimited Sport S	35 695 $	x
Wrangler Unlimited Sahara	39 695 $	x
Wrangler Unlimited Rubicon	42 695 $	x

KIA

Cadenza	37 995 $	x
Cadenza Technologie	45 595 $	x
Forte LX	15 995 $	x
Forte EX	20 995 $	x
Forte SX	26 695 $	x
Forte5 LX	19 495 $	x
Forte5 EX	22 495 $	x
Forte5 SX	24 195 $	x
Forte5 SX Luxe	28 795 $	x
Forte Koup EX	21 295 $	x
Forte Koup SX	24 195 $	x
Forte Koup SX Luxe	28 795 $	x
K900 V6	49 995 $	
K900 V6 Premium	61 295 $	x
K900 V8 Elite	70 195 $	x
Niro	n.d.	
Optima LX	23 695 $	x
Optima LX ECO Turbo	27 495 $	x
Optima EX	29 595 $	x
Optima SX Turbo	35 195 $	x
Optima SXL Turbo	37 795 $	x
Optima Hybride LX	30 095 $	x
Optima Hybride EX	33 695 $	x
Rio LX	14 495 $	x
Rio LX+	16 095 $	x
Rio EX	18 595 $	x
Rio SX	20 595 $	x
Rio 5 portes LX	14 895 $	x
Rio 5 portes LX+	16 495 $	x
Rio 5 portes EX	18 995 $	x
Rio 5 portes SX	19 695 $	x
Rondo LX	21 695 $	x
Rondo EX	27 395 $	x
Rondo EX Luxe	29 695 $	x
Sedona L	27 895 $	x
Sedona LX	30 395 $	x
Sedona SX	35 995 $	x
Sedona SXL	41 395 $	x
Sedona SXL+	46 395 $	x
Sorento LX	27 695 $	
Sorento LX Turbo	33 095 $	
Sorento LX V6 TI	34 295 $	
Sorento EX Turbo	35 995 $	
Sorento EX V6 TI	37 095 $	
Sorento SX Turbo	42 495 $	
Sorento SX+ V6 TI	47 095 $	
Soul LX	17 195 $	x
Soul EX	21 195 $	x
Soul SX	23 995 $	x
Soul SE Sport	25 995 $	x
Soul SX Luxe	27 495 $	x
Soul EV	35 195 $	x
Soul EV Luxe	38 195 $	x
Sportage LX	24 795 $	
Sportage EX	27 795 $	
Sportage EX Premium TI	32 695 $	
Sportage EX Tech TI	36 995 $	
Sportage SX Turbo TI	39 395 $	

LAMBORGHINI

Aventador LP700-4	445 000 $	
Aventador LP700-4 Rdster	490 000 $	
Aventador LP750-4 Superveloce	533 000 $	
Aventador LP750-4 Superveloce Rdster	583 000 $	
Huracan LP580-2	220 000 $	
Huracan LP610-4	263 000 $	
Huracan LP610-4 Spyder	290 000 $	

LAND ROVER

Discovery Sport SE	41 490 $	
Discovery Sport HSE	46 490 $	
Discovery Sport HSE Luxe	49 990 $	
LR4	59 990 $	x
LR4 HSE	54 990 $	x
LR4 HSE Luxe	72 990 $	x
Range Rover TdV6 HSE	108 490 $	x
Range Rover Supercharged	116 490 $	x
Range Rover Supercharged allongé	121 490 $	x
Range Rover Autobiography	151 990 $	x
Range Rover Autobiography allongé	156 990 $	x
Range Rover Evoque SE	49 990 $	x
Range Rover Evoque HSE	57 490 $	x
Range Rover Evoque HSE Dynamic	61 190 $	x
Range Rover Evoque Autobiography	66 990 $	x

PRENEZ LA VOIE MUSICALE

5:30
RYTHMEZ VOS MATINS
JEAN-FRANÇOIS & SASKIA

8:30
RYTHME au TRAVAIL
JULIE BÉLANGER

11:30
MITSOU &
SÉBASTIEN

16:00
LE SHOW DU RETOUR
MARIE-SOLEIL & PATRICK

18:00
LE 6 À 8
DENIS FORTIN

rythme 105.7
Montréal

Range Rover Evoque Cabriolet HSE	65 990 $	x
Range Rover Sport SE	75 990 $	x
Range Rover Sport HSE	81 490 $	x
Range Rover Sport HST	90 990 $	x
Range Rover Sport Supercharged	92 990 $	x
Range Rover Sport Supercharged Dynamic	97 490 $	x
Range Rover Sport Autobiography Dynamic	107 490 $	x
Range Rover Sport SVR	124 990 $	x

LEXUS

CT 200h	31 800 $	x
CT 200h Touring	35 000 $	x
CT 200h F SPORT	38 000 $	x
CT 200h Exécutif	40 050 $	x
ES 300h	44 700 $	x
ES 300h Touring	49 350 $	x
ES 300h Exécutif	54 350 $	x
ES 350	41 600 $	x
ES 350 Touring	46 300 $	x
ES 350 Executive	52 600 $	x
GS 350 AWD	56 550 $	x
GS 350 AWD Premium	61 000 $	x
GS 350 AWD F SPORT	69 250 $	x
GS 350 AWD Exécutif	69 950 $	x
GS 450h	75 500 $	x
GS F	95 000 $	x
GX 460	69 850 $	x
GX 460 Technologie	73 000 $	x
GX 460 Exécutif	77 900 $	x
IS 200t	39 450 $	x
IS 200t F SPORT	43 450 $	x
IS 300 AWD	41 900 $	x
IS 300 Premium	44 300 $	x
IS 300 F SPORT	45 950 $	x
IS 300 Luxe	48 900 $	x
IS 350 AWD	52 100 $	x
IS 350 F SPORT	52 800 $	x
IS 350 Exécutif	54 400 $	x
LC 500	n.d.	
LS 460 AWD	93 050 $	x
LS 460 AWD F SPORT	101 550 $	x
LS 460 AWD Technologie	101 550 $	x
LS 460 L AWD	128 850 $	x
LS 600h L	147 900 $	x
LX 570	105 000 $	x
NX 200t	42 150 $	x
NX 200t Premium	45 600 $	x
NX 200t F SPORT	48 700 $	x
NX 200t Luxe	51 150 $	x
NX 200t Exécutif	53 950 $	x
NX 300h	53 550 $	x
NX 300h Exécutif	60 200 $	x
RC 300 AWD	48 350 $	x
RC 300 AWD F SPORT	53 700 $	x
RC 350 AWD	58 550 $	x
RC 350 AWD F SPORT	61 850 $	x
RC F	83 150 $	x
RX 350	54 350 $	x
RX 350 Luxe	61 950 $	x
RX 350 F SPORT	63 100 $	x
RX 350 Exécutif	68 400 $	x
RX 450h	68 950 $	x
RX 450h Exécutif	75 400 $	x
RX 450h F SPORT	76 200 $	x
RX 450h Exécutif Plus	77 950 $	x

LINCOLN

MKC EcoBoost 2.0L Select	43 000 $	
MKC EcoBoost 2.0L Ultra	48 000 $	
MKC EcoBoost 2.3L Ultra	50 150 $	
MKT	50 900 $	x
MKT Elite	54 350 $	x
MKX 3.7L Select	47 000 $	x
MKX 3.7L Ultra	52 100 $	x
MKX EcoBoost 2.7L Ultra	55 050 $	x
MKZ EcoBoost 2.0L Select	42 000 $	
MKZ EcoBoost 2.0L Ultra	46 000 $	
MKZ EcoBoost 3.0L Ultra	50 500 $	
MKZ Hybride Select	42 000 $	
MKZ Hybride Ultra	46 000 $	
Navigator Select	77 400 $	x
Navigator Ultra	83 900 $	x
Navigator L Select	80 400 $	x
Navigator L Ultra	86 900 $	x

LOTUS

Evora 400	125 000 $ est.	

MASERATI

Ghibli	83 800 $	
Ghibli S Q4	92 950 $	
GranTurismo Sport	152 600 $	
GranTurismo MC	172 950 $	
GranTurismo MC Centennial Edition	189 900 $	
GranTurismo Convertible	167 450 $	
GranTurismo Convertible Sport	172 650 $	
GranTurismo Convertible MC	184 900 $	
GranTurismo Convertible MC Centennial Edition	199 900 $	
Levante	88 900 $	
Levante S	98 600 $	
Quattroporte S Q4	121 400 $	
Quattroporte Sport GTS	161 400 $	

MAZDA

CX-3 GX	20 695 $	
CX-3 GS	22 695 $	
CX-3 GT TI	28 995 $	
CX-5 GX	22 995 $	x
CX-5 GS	29 245 $	x
CX-5 GT TI	34 895 $	x
CX-9 GS	35 300 $	x
CX-9 GS-L TI	41 500 $	x
CX-9 GT TI	45 500 $	x
CX-9 Signature TI	50 100 $	x
Mazda3 berline G	15 550 $	x
Mazda3 berline GX	18 350 $	x
Mazda3 berline GS	19 850 $	x
Mazda3 berline GT	25 350 $	x
Mazda3 Sport GX man	19 350 $	x
Mazda3 Sport GS man	20 850 $	x
Mazda3 Sport GT man	26 350 $	x
Mazda5 GS	21 995 $	x
Mazda5 GT	26 795 $	x
Mazda6 GX	24 695 $	x
Mazda6 GS	27 995 $	x
Mazda6 GT	32 895 $	x
MX-5 GX	31 900 $	x
MX-5 GS	35 300 $	x
MX-5 GT	39 200 $	x

MCLAREN

540C	196 500 $	
570GT	236 400 $	
570S	219 750 $	x
650S Coupé	295 750 $	
650S Spider	314 750 $	
675LT Coupé	296 000 $	
675LT Spider	326 000 $	
P1	1 500 000 $	x

MERCEDES-BENZ

AMG GT	133 600 $	
AMG GT S	150 700 $	
B 250	31 700 $	x
B 250 4MATIC	34 000 $	x
C 300 Berline 4MATIC	43 800 $	x
C 450 Berline AMG 4MATIC	55 900 $	x
C 63 Berline	74 800 $	x
C 63 S Berline	83 700 $	x
C 300 Coupé	48 100 $	x
CLA 250	35 300 $	x
CLA 250 4MATIC	37 500 $	x
CLA 45 AMG	51 800 $	x
CLS 400	77 100 $	x
CLS 550	88 400 $	x
CLS 63 AMG	125 900 $	x
E 300 Berline 4MATIC	61 200 $	x
E 400 Familiale 4MATIC	77 000 $	x
E 63 S Familiale	116 300 $	x
E 400 Coupé 4MATIC	64 500 $	x
E 550 Coupé	74 500 $	x
E 400 Cabriolet	71 300 $	x
E 550 Cabriolet	81 500 $	x
G 550	127 200 $	x
G 63 AMG	155 000 $	x
G 65 AMG	249 000 $	x
GLA 250 4MATIC	38 000 $	x
GLA 45 AMG 4MATIC	51 700 $	x
GLC 300 4MATIC	44 950 $	x
GLE 350d 4MATIC	63 200 $	x
GLE 450 AMG 4MATIC	70 800 $	x
GLE 550 4MATIC	81 100 $	x
GLE 63 S AMG	113 700 $	x
GLE 350d Coupé 4MATIC	72 300 $	x
GLE 450 Coupé AMG 4MATIC	77 600 $	x
GLE 63 S Coupé AMG 4MATIC	116 500 $	x
GLS 450 4MATIC	82 900 $	x
GLS 550 4MATIC	104 300 $	x
GLS 63 AMG	132 900 $	x
Maybach S 600	231 200 $	x
S 400 4MATIC	102 600 $	x
S 550 4MATIC empattement court	110 700 $	x
S 550 4MATIC empattement allongé	119 500 $	x
S 550e PHEV	117 300 $	x
S 600	206 500 $	x
S 63 AMG 4MATIC	159 400 $	x
S 65 AMG	252 000 $	x
S 550 Coupé 4MATIC	151 300 $	x
S 63 Coupé AMG	178 300 $	x
S 65 Coupé AMG	262 500 $	x
S 550 Cabriolet	164 300 $	
S 63 Cabriolet AMG 4MATIC	193 600 $	
S 65 Cabriolet AMG	273 200 $	
SL 450	104 900 $	
SL 550	126 000 $	
SL 63 AMG	165 200 $	
SL 65 AMG	244 400 $	
SLC 300	58 800 $	
SLC 43 AMG	70 900 $	
Metris Combi	37 900 $	x
Sprinter Combi	49 500 $	x
Sprinter 4x4 Combi	59 500 $	x

MINI

3 portes Cooper	21 490 $	x
3 portes Cooper S	25 740 $	x
3 portes John Cooper Works	33 240 $	x
5 portes Cooper	22 740 $	x
5 portes Cooper S	26 990 $	x
Cabriolet Cooper	27 990 $	x
Cabriolet Cooper S	32 240 $	x
Cabriolet John Cooper Works	39 740 $	x
Clubman Cooper	24 990 $	x
Clubman Cooper S	28 990 $	x
Clubman Cooper S ALL4	29 990 $	x
Countryman Cooper S ALL4	29 950 $	x
Countryman John Cooper Works ALL4	38 500 $	x
Paceman Cooper S ALL4	31 200 $	x
Paceman John Cooper Works ALL4	39 600 $	x

MITSUBISHI

i-MiEV ES	27 998 $	
Lancer DE	14 998 $	x
Lancer SE	17 498 $	x
Lancer SE Limited Edition	19 998 $	
Lancer ES AWC	20 998 $	x
Lancer GTS	22 998 $	x
Lancer SE AWC Limited Edition	23 498 $	x
Lancer GTS AWC	25 998 $	x
Lancer Sportback SE	19 798 $	x
Lancer Sportback SE Limited	20 698 $	x
Lancer Sportback GT	24 698 $	x
Mirage ES	12 698 $	
Mirage ES Plus	13 998 $	
Mirage SE	17 398 $	
Mirage SEL	18 298 $	
Mirage Berline G4 ES	14 498 $	
Mirage Berline G4 SEL	18 298 $	
Outlander ES 2RM	25 998 $	x
Outlander ES AWC	27 998 $	x
Outlander SE AWC	31 198 $	x
Outlander GT S-AWC	36 498 $	x
RVR ES 2RM	19 998 $	x
RVR SE 2RM	23 598 $	x
RVR SE AWC	26 298 $	x
RVR SE Limited Edition AWC	27 498 $	x
RVR GT AWC	28 898 $	x

NISSAN

370Z Coupé	29 998 $	
370Z Coupé Tourisme	39 998 $	
370Z Coupé Tourisme Sport	43 998 $	
370Z Coupé NISMO	47 998 $	
370Z Roadster Tourisme	49 498 $	
370Z Roadster Tourisme Sport	53 498 $	
Altima Berline 2.5	23 998 $	x
Altima Berline 2.5 S	25 498 $	x
Altima Berline 2.5 SV	26 898 $	x
Altima Berline 2.5 SR	27 798 $	x
Altima Berline 2.5 SL	32 298 $	x
Altima Berline 3.5 SL	35 498 $	x
Armada SL	n.d.	
Armada Platine	n.d.	
Frontier King Cab S	23 298 $	x
Frontier King Cab SV	24 763 $	x
Frontier King Cab PRO-4X 4X4	31 108 $	x
Frontier Cabine double SV	31 913 $	x
Frontier Cabine double PRO-4X	36 258 $	x
Frontier Cabine double SL 4X4	38 498 $	x
GT-R Premium	125 000 $	
GT-R NISMO	n.d.	
Juke SV	20 698 $	x
Juke SL TI	30 178 $	x
Juke NISMO TI	28 978 $	x
Juke NISMO RS	28 798 $	x
Leaf S	32 698 $	
Leaf SV	37 398 $	
Leaf SL	40 548 $	
Maxima S	34 400 $	
Maxima SV	36 500 $	
Maxima SL	39 600 $	
Maxima SR	41 700 $	
Maxima Platinum	43 900 $	
Micra S	9 988 $	x
Micra SV	13 848 $	x
Micra SR	15 988 $	x
Murano S	29 998 $	x
Murano SV	34 898 $	x
Murano SL	40 298 $	x
Murano Platine	43 998 $	x
NV Tourisme	38 398 $	x
NV200	22 748 $	x
Pathfinder S	31 598 $	x
Pathfinder SV	38 098 $	x
Pathfinder SL	41 198 $	x
Pathfinder Platine	47 398 $	x
Rogue S	24 948 $	x
Rogue SV Édition Spéciale TI	29 548 $	x
Rogue SL Premium TI	35 548 $	x
Sentra S	15 898 $	x
Sentra SV	18 698 $	x
Sentra SR	22 598 $	x
Sentra SL	25 998 $	x
Titan XD S	45 900 $	x
Titan XD S Diesel	53 400 $	x
Titan XD SV	49 800 $	x
Titan XD SV Diesel	57 300 $	x
Titan XD PRO-4X	57 450 $	x
Titan XD PRO-4X Diesel	64 950 $	x
Titan XD SL	63 750 $	x
Titan XD SL Diesel	71 250 $	x
Titan XD Platine	67 400 $	x
Titan XD Platine Diesel	74 900 $	x
Versa Note S man	14 498 $	x
Versa Note SV man	16 398 $	x
Versa Note SR CVT	18 898 $	x
Versa Note SL man	19 748 $	x

PAGANI

Huayra	1 400 000 $	

PORSCHE

718 Boxster	63 900 $	
718 Boxster S	78 000 $	
718 Cayman	61 500 $	
718 Cayman S	75 600 $	
911 Carrera	102 200 $	
911 Carrera Cabriolet	116 200 $	
911 Carrera 4	110 100 $	
911 Carrera 4 Cabriolet	124 100 $	
911 Carrera Black Edition	101 300 $	
911 Carrera Cabriolet Black Edition	112 400 $	
911 Carrera 4 Black Edition	108 200 $	
911 Carrera 4 Cabriolet Black Edition	119 300 $	
911 Carrera S	118 200 $	
911 Carrera S Cabriolet	132 200 $	
911 Carrera 4S	126 100 $	
911 Carrera 4S Cabriolet	140 100 $	
911 Carrera GTS	130 300 $	
911 Carrera GTS Cabriolet	143 900 $	
911 Carrera 4 GTS	137 900 $	
911 Carrera 4 GTS Cabriolet	151 500 $	
911 GT3 RS	200 700 $	
911 R	211 000 $	
911 Targa 4	124 100 $	
911 Targa 4S	140 100 $	
911 Targa 4 GTS	151 500 $	
911 Turbo	181 800 $	
911 Turbo Cabriolet	195 800 $	
911 Turbo S	214 800 $	
911 Turbo S Cabriolet	228 800 $	
Cayenne	68 900 $	
Cayenne Platinum	75 100 $	
Cayenne S	86 100 $	
Cayenne S E-Hybrid	89 400 $	
Cayenne S E-Hybrid Platinum	92 100 $	
Cayenne GTS	110 100 $	
Cayenne Turbo	131 500 $	
Cayenne Turbo S	180 700 $	
Macan	52 700 $	
Macan S	59 200 $	
Macan GTS	73 100 $	
Macan Turbo	85 800 $	
Panamera 4S	114 300 $	
Panamera Turbo	167 700 $	

RAM

1500 classique normale ST 2RM	31 095 $	x
1500 classique normale SXT 4RM	38 895 $	x
1500 Quad Cab normale SLT 4RM	45 695 $	x
1500 Quad Cab longue Outdoorsman 4RM	46 695 $	x
1500 Crew Cab longue Big Horn 4RM	51 695 $	x
1500 Crew Cab longue Sport 4RM	53 795 $	x
1500 Crew Cab courte Rebel 4RM	54 395 $	x
1500 Crew Cab courte Laramie Ltd 4RM	66 495 $	x
Promaster City Minibus ST	30 995 $	x
Promaster City Minibus SLT	31 995 $	x

ROLLS-ROYCE

Dawn	415 000 $	
Ghost	338 000 $	
Ghost empattement long	376 000 $	
Phantom	477 000 $	
Phantom empattement long	562 000 $	
Phantom Coupé	513 000 $	

PLUS DE 250 MATCHS DE LA LNH

TOUS LES MATCHS DES
CANADIENS DE MONTRÉAL
LES SAMEDIS SOIRS

TOUS LES MATCHS DES
SÉRIES ÉLIMINATOIRES
DE LA COUPE STANLEY

Diffuseur francophone officiel

ABONNEZ-VOUS MAINTENANT!

Phantom Drophead Coupé	561 000 $		Tacoma Double Cab V6 4X4 SR5	37 020 $ x
Wraith	347 000 $		Tacoma Access Cab V6 TRD Off-Road	37 245 $ x
			Tacoma Double Cab V6 Limited	44 625 $ x

SMART

fortwo Coupé Pure	17 300 $
fortwo Coupé Passion	18 800 $
fortwo Coupé Prime	20 900 $
fortwo Cabriolet Passion	21 800 $
fortwo Cabriolet Prime	23 900 $

SUBARU

BRZ	27 395 $ x
BRZ Sport-tech	29 395 $ x
Crosstrek Tourisme	24 995 $ x
Crosstrek Sport	26 995 $ x
Crosstrek Limited	29 395 $ x
Crosstrek Hybride	30 495 $ x
Forester 2.5i	25 995 $
Forester 2.5i Commodité	29 195 $
Forester 2.5i Touring	30 495 $
Forester 2.5i Limited	35 795 $
Forester 2.0XT Touring	33 995 $
Forester 2.0XT Limited	37 995 $
Impreza 4 portes 2.0i	19 995 $ x
Impreza 4 portes 2.0i Tourisme	21 695 $ x
Impreza 4 portes 2.0i Sport	23 895 $ x
Impreza 4 portes 2.0i Limited	26 995 $ x
Impreza 5 portes 2.0i	20 895 $ x
Impreza 5 portes 2.0i Tourisme	22 595 $ x
Impreza 5 portes 2.0i Sport	24 795 $ x
Impreza 5 portes 2.0i Limited	27 895 $ x
Legacy 2.5i	23 495 $
Legacy 2.5i PZEV	25 495 $
Legacy 2.5i Touring	26 595 $
Legacy 2.5i Sport	30 395 $
Legacy 2.5i Limited	31 395 $
Legacy 3.6R Touring	30 895 $
Legacy 3.6R Limited	34 395 $
Outback 2.5i	27 995 $ x
Outback 2.5i PZEV	29 995 $ x
Outback 2.5i Touring	31 195 $ x
Outback 2.5i Limited	35 995 $ x
Outback 3.6R Touring	35 495 $ x
Outback 3.6R Limited	38 995 $ x
WRX	29 995 $
WRX Sport	32 795 $
WRX Sport-tech	36 095 $
WRX STI	37 995 $
WRX STI Sport	40 795 $
WRX STI Sport-tech	45 395 $

TELSA

Model S 60	86 000 $
Model S 60D	92 600 $
Model S 75	97 300 $
Model S 75D	103 900 $
Model S 90D	116 800 $
Model S P90D	143 200 $
Model X 75D	106 000 $
Model X 90D	121 900 $
Model X P90D	149 900 $

TOYOTA

4Runner	44 090 $ x
4Runner Edition Trail	46 010 $ x
4Runner Limited 5 places	49 595 $ x
4Runner Limited 7 places	50 790 $ x
86	26 490 $ x
Avalon Touring	38 990 $ x
Avalon Limited	44 170 $ x
Camry LE	24 970 $
Camry SE	26 580 $
Camry XSE	29 025 $
Camry XLE	31 805 $
Camry XSE V6	35 495 $
Camry XLE V6	36 520 $
Camry Hybride LE	29 550 $
Camry Hybride SE	31 930 $
Camry Hybride XLE	36 450 $
Corolla CE	15 995 $ x
Corolla S	19 780 $ x
Corolla LE	20 140 $ x
Corolla LE Eco	20 890 $ x
Corolla iM	19 665 $ x
Highlander LE	33 555 $ x
Highlander LE TI	36 055 $ x
Highlander XLE AWD	41 990 $ x
Highlander Limited AWD	47 180 $ x
Highlander Hybride LE	45 955 $ x
Highlander Hybride XLE	48 485 $ x
Highlander Hybride Limited	55 160 $ x
Prius	25 995 $ x
Prius Technologie	28 730 $ x
Prius Touring	29 330 $ x
Prius c	21 235 $ x
Prius c Technologie	26 890 $ x
Prius v	28 875 $
Prius v Luxe	30 880 $
Prius v Technologie	34 860 $
RAV4 LE	25 240 $ x
RAV4 LE TI	27 505 $ x
RAV4 XLE	29 750 $ x
RAV4 XLE TI	31 900 $ x
RAV4 SE TI	34 870 $ x
RAV4 Limited TI	37 750 $ x
RAV4 Hybride XLE	34 715 $ x
RAV4 Hybride Limited	38 515 $ x
Sequoia SR5	55 810 $ x
Sequoia Limited	62 450 $ x
Sequoia Platinum	70 715 $ x
Sienna 7 places	31 675 $ x
Sienna LE 8 places	34 955 $ x
Sienna LE AWD 7 places	37 790 $ x
Sienna SE 8 places	38 480 $ x
Sienna Limited 7 places	46 865 $ x
Sienna XLE AWD 7 places	42 375 $ x
Sienna XLE Limited AWD 7 places	49 700 $ x
Tacoma Access Cab 4X2	28 345 $ x
Tacoma Access Cab 4X4 SR+	31 635 $ x
Tacoma Access Cab 4X4 SR5	34 110 $ x
Tacoma Access Cab V6 4X4 SR5	35 775 $ x
Tacoma Double Cab V6 4X4 TRD Sport	36 840 $ x

Tundra cab régulière 5 7L 2RM	29 535 $ x
Tundra cab double 4 6L 2RM	34 790 $ x
Tundra cab régulière 5 7L 4RM	33 795 $ x
Tundra cab double SR5 4 6L 4RM	37 350 $ x
Tundra cab double SR5 5 7L 4RM	39 620 $ x
Tundra CrewMax SR5 5 7L 4RM	42 995 $ x
Tundra cab double Limited 5 7L 4RM	53 500 $ x
Tundra CrewMax Platinum 5 7L 4RM	57 345 $ x
Yaris Berline	16 995 $ x
Yaris Berline Premium	20 200 $ x
Yaris Hatchback 3 portes CE	14 775 $ x
Yaris Hatchback 5 portes LE	16 195 $ x
Yaris Hatchback 5 portes SE	17 945 $ x

VOLKSWAGEN

Beetle Trendline	19 990 $ x
Beetle Classic	21 990 $ x
Beetle Denim	n.d.
Beetle Dune	26 990 $ x
Beetle #PinkBeetle	n.d.
Beetle Cabriolet Trendline	26 850 $ x
Beetle Cabriolet Classic	n.d.
Beetle Cabriolet #PinkBeetle	n.d.
CC Wolfsburg VR6 4MOTION	n.d.
Golf 3 portes Trendline	18 995 $ x
Golf 5 portes Trendline	20 995 $ x
Golf 5 portes Comfortline	23 695 $ x
Golf 5 portes Highline	29 495 $ x
Golf 5 portes TDI Trendline	n.d.
Golf 5 portes TDI Comfortline	n.d.
Golf 5 portes TDI Highline	n.d.
Golf Familiale Trendline	22 895 $ x
Golf Familiale Comfortline	25 595 $ x
Golf Familiale Highline	31 795 $ x
Golf Familiale TDI Trendline	n.d.
Golf Familiale TDI Comfortline	n.d.
Golf Familiale TDI Highline	n.d.
Golf Familiale Alltrack	n.d.
Golf GTI 3 portes	28 595 $ x
Golf GTI 3 portes Autobahn	33 095 $ x
Golf GTI 5 portes Autobahn	33 095 $ x
Golf R	39 995 $ x
Jetta Trendline	15 995 $ x
Jetta Trendline+	18 995 $
Jetta Wolfsburg	n.d.
Jetta Highline	27 995 $ x
Jetta TDI Comfortline	n.d.
Jetta TDI Highline	n.d.
Jetta GLI Autobahn	34 795 $ x
Passat Trendline+	25 695 $ x
Passat Comfortline	29 295 $ x
Passat Highline	33 795 $ x
Tiguan Trendline	24 990 $ x
Tiguan Wolfsburg	
Tiguan Comfortline	33 998 $ x
Tiguan Highline	36 998 $ x
Touareg Sportline	50 975 $ x
Touareg Wolfsburg	n.d.

Touareg Exceline	64 275 $ x
Touareg TDI Sportline	n.d.
Touareg TDI Comfortline	n.d.
Touareg TDI Highline	n.d.
Touareg TDI Exceline	n.d.

VOLVO

S60 T5	38 800 $
S60 T5 AWD SE	52 350 $
S60 T6 AWD	47 350 $
S60 T6 AWD R-Design	52 300 $
S60 T6 AWD Polestar	67 050 $
S60 CC T5 AWD	50 700 $
S90 T6 AWD	56 900 $
V60 T5	40 600 $
V60 T5 AWD SE	53 050 $
V60 T6 AWD	48 200 $
V60 T6 AWD R-Design	53 300 $
V60 T6 AWD Polestar	69 000 $
V60 CC T5 AWD	45 200 $
V90	n.d.
V90 R-Design	n.d.
XC60 T5	42 000 $
XC60 T5 AWD SE	57 850 $
XC60 T6 AWD	50 800 $
XC60 T6 AWD R-Design	57 650 $
XC90 T5	55 650 $
XC90 T6	61 300 $
XC90 T8	77 650 $
XC90 T8 Polestar	n.d.
XC90 T8 Excellence	118 900 $

NOTE: LES PRIX IDENTIFIÉS AVEC UN X SONT LES PRIX DES MODÈLES 2016. CES PRIX ÉTAIENT VALIDES À LA MI-JUILLET 2016. IL NE S'AGIT PAS D'UNE LISTE EXHAUSTIVE.POUR PLUS DE RENSEIGNEMENTS VEUILLEZ CONTACTER LE CONCESSIONNAIRE.

Tous mes magazines préférés à volonté

molto

mon kiosque numérique

Seulement 8⁴⁹$ par mois

Téléchargez l'application et profitez d'un mois gratuit !

MODÈLE	VERSION	EMPATTEMENT (MM)	LONGUEUR (MM)	LARGEUR (MM)	HAUTEUR (MM)	POIDS (KG)	CAPACITÉ REMORQUAGE (KG)	MOTEUR	CYLINDRÉE (LITRE)	ALIMENTATION	PUISSANCE (CH)	COUPLE (LB-PI)	TRANSMISSION BASE	ROUAGE BASE	CONSOMMATION VILLE (L/100 KM)	CONSOMMATION ROUTE (L/100 KM)
ACURA																
IV	A-SPEC	2670	4620	1794	1412	1424	N.D.	4L	2,4	ATMO	201	180	AUTO, 8	TR	9,3	6,6
ILX	BASE	2670	4620	1794	1412	1397	N.D.	4L	2,4	ATMO	201	180	AUTO, 8	TR	9,3	6,6
ILX	TECH	2670	4620	1794	1412	1415	N.D.	4L	2,4	ATMO	201	180	AUTO, 8	TR	9,3	6,6
MDX	BASE	2820	4984	1962	1713	1871	1588	V6	3,5	ATMO	290	267	AUTO, 9	INT	12,7	9,1
MDX	TECHNOLOGIE	2820	4984	1962	1713	1925	1588	V6	3,5	ATMO	290	267	AUTO, 9	INT	12,7	9,1
NSX	BASE	2629	4470	2217*	1214	1725	N.D.	V6	3,5	TURBO	500	406	AUTO, 9	INT	13,5	12,3
RDX	BASE TI	2685	4685	1872	1650	1770	680	V6	3,5	ATMO	279	252	AUTO, 6	INT	12,4	8,4
RLX	ELITE SH-AWD	2850	4982	1890	1465	1980	N.D.	V6	3,5	ATMO	310	273	AUTO, 7	INT	8	7,5
RLX	TECH SH-AWD	2850	4982	1890	1465	1960	N.D.	V6	3,5	ATMO	310	273	AUTO, 7	INT	8	7,5
TLX	BASE	2775	4832	2091*	1447	1579	N.D.	4L	2,4	ATMO	206	182	AUTO, 8	TR	9,6	6,6
TLX	SH-AWD TECHNOLOGIE	2775	4832	2091*	1447	1710	N.D.	V6	3,5	ATMO	290	267	AUTO, 9	INT	11,2	7,5
TLX	TECHNOLOGIE	2775	4832	2091*	1447	1592	N.D.	4L	2,4	ATMO	206	182	AUTO, 8	TR	9,6	6,6
ALFA ROMEO																
4C	SPIDER	2380	3989	2024*	1185	1128	N.D.	4L	1,7	TURBO	237	258	AUTO, 6	PROP	9,7	6,9
GIULIA	BASE	2819	4638	2024*	1425	1524	N.D.	4L	2	TURBO	276	295	AUTO, 8	PROP	12,8	7,5
GIULIA	Q4	2819	4638	2060*	1425	1524	N.D.	4L	2	TURBO	276	295	AUTO, 8	INT	12,8	7,5
GIULIA	QUADRIFOGLIO	2819	4638	2140*	1425	1524	N.D.	V6	2,9	TURBO	505	443	MAN, 6	PROP	12,8	7,5
ASTON MARTIN																
DB11	COUPÉ	2805	4739	1960*	1279	1770	N.D.	V12	5,2	TURBO	600	516	AUTO, 8	PROP	0	0
VANQUISH	COUPÉ 2+0	2740	4728	2039*	1294	1739	N.D.	V12	6	ATMO	568	465	AUTO, 8	PROP	19,3	9,1
VANQUISH	VOLANTE	2740	4728	2067*	1294	1844	N.D.	V12	6	ATMO	568	465	AUTO, 8	PROP	19,3	9,1
VANTAGE	V12 COUPÉ S	2600	4385	2022*	1250	1665	N.D.	V12	6	ATMO	565	457	AUTO, 7	PROP	24,1	11,6
AUDI																
A3	KOMFORT 2.0 TSFI BERLINE QUATTRO	2637	4456	1960*	1416	1525	N.D.	4L	2	TURBO	220	258	AUTO, 6	INT	9,8	7,2
A3	PROGRESSIV E-TRON SPORTBACK	2630	4312	1960*	1424	1640	N.D.	4L	1,4	TURBO	150	184	AUTO, 7	TR	7,1	6,4
A3	TECHNIK 2.0 TFSI CABRIOLET QUATTRO	2595	4421	2086*	1409	1625	N.D.	4L	2	TURBO	220	258	AUTO, 6	INT	10,1	7,5
A4	ALLROAD QUATTRO 2.0	2818	4750	2022*	1493	1655	750	4L	2	TURBO	252	272	AUTO, 7	INT	9,3	6,7
A4	S4 PROGRESSIV BERLINE 3.0 TFSI QUATTRO	2825	4745	2022*	1404	1675	N.D.	V6	3	TURBO	349	369	AUTO, 8	INT	13,8	8,5
A4	TECHNIK BERLINE 2.0 TFSI QUATTRO S TRONIC	2820	4726	2022*	1427	1645	N.D.	4L	2	TURBO	252	272	AUTO, 7	INT	8,7	6
A5	2.0 TFSI PROGRESSIV QUATTRO	2751	4626	2020*	1372	1625	N.D.	4L	2	TURBO	220	258	MAN, 6	INT	10,6	7,3
A5	2.0 TFSI PROGRESSIV QUATTRO CABRIOLET	2751	4626	2020*	1383	1835	N.D.	4L	2	TURBO	220	258	AUTO, 8	INT	11,3	8
A5	S5 3.0 PROGRESSIV QUATTRO COUPÉ S TRONIC	2751	4640	2020*	1369	1780	N.D.	V6	3	SURCOMP	333	325	AUTO, 7	INT	13	8,5
A6	2.0T	2912	4915	2086*	1468	1725	N.D.	4L	2	TURBO	252	272	AUTO, 8	INT	10,7	7,4
A6	3.0T	2912	4915	2086*	1468	1895	N.D.	V6	3	SURCOMP	333	326	AUTO, 8	INT	11,8	7,8
A6	S6	2916	4931	2086*	1443	2035	N.D.	V8	4	TURBO	450	406	AUTO, 7	INT	13,1	8,7
A7	3.0 TFSI QUATTRO PROGRESSIV	2914	4974	2139*	1420	1945	N.D.	V6	3	SURCOMP	333	326	AUTO, 8	INT	11,6	7,9
A7	4.0 RS7 QUATTRO	2915	5012	2139*	1419	2030	N.D.	V8	4	TURBO	560	516	AUTO, 8	INT	16,2	9,3
A7	4.0 TFSI S7 QUATTRO	2917	4981	2139*	1398	2070	N.D.	V8	4	TURBO	450	406	AUTO, 7	INT	13,4	8,8
A7	QUATTRO COMPETITION	2914	4974	2139*	1420	1945	N.D.	V6	3	SURCOMP	340	0	AUTO, 8	INT	11,6	7,9
A8	3.0 TFSI QUATTRO TIPTRONIC	2992	5135	2111*	1460	1980	750	V6	3	SURCOMP	333	326	AUTO, 8	INT	12,6	8
A8	S8 PLUS 4.0 TFSI QUATTRO TIPTRONIC	2994	5147	2111*	1458	2130	750	V8	4	TURBO	605	517	AUTO, 8	INT	15,2	8,7
Q3	2.0 TFSI KOMFORT	2603	4388	2019*	1608	1585	N.D.	4L	2	TURBO	200	207	AUTO, 6	TR	12	8,2
Q3	2.0 TFSI QUATTRO KOMFORT	2603	4388	2019*	1608	1670	N.D.	4L	2	TURBO	200	207	AUTO, 6	INT	11,9	8,4
Q3	2.0 TFSI QUATTRO TECHNIK	2603	4388	2019*	1608	1670	N.D.	4L	2	TURBO	200	207	AUTO, 6	INT	11,9	8,4
Q5	KOMFORT 2.0 TFSI QUATTRO	2807	4629	2089*	1655	1850	2000	4L	2	TURBO	220	258	AUTO, 8	INT	12	8,5
Q5	TECHNIK 2.0 TFSI QUATTRO	2807	4629	2089*	1655	1850	2000	4L	2	TURBO	220	258	AUTO, 8	INT	12	8,5
Q5	TECHNIK 3.0 TFSI QUATTRO	2807	4629	2089*	1655	1975	2000	V6	3	SURCOMP	272	295	AUTO, 8	INT	13,2	9,2
Q7	3.0 TFSI QUATTRO PROGRESSIV	2994	5052	2212*	1740	2240	3500	V6	3	SURCOMP	333	325	AUTO, 8	INT	12,6	9,4
Q7	3.0 TFSI QUATTRO TECHNIK	2994	5052	2212*	1740	2240	3500	V6	3	SURCOMP	333	325	AUTO, 8	INT	12,6	9,4
R8	V10 COUPÉ	2650	4427	2037*	1240	1659	N.D.	V10	5,2	ATMO	533	398	AUTO, 7	INT	16,7	8,4
R8	V10 PLUS COUPÉ	2650	4427	2037*	1240	1624	N.D.	V10	5,2	ATMO	602	413	AUTO, 7	INT	17,5	9,3
TT	COUPÉ	2505	4177	1966*	1353	1410	N.D.	4L	2	TURBO	220	273	AUTO, 6	INT	8,3	5,4
TT	ROADSTER	2505	4177	1966*	1355	1500	N.D.	4L	2	TURBO	220	273	AUTO, 6	INT	8,5	5,6
TT	S COUPÉ	2505	4191	1966*	1343	1440	N.D.	4L	2	TURBO	290	280	AUTO, 6	INT	9,2	5,9
BENTLEY																
BENTAYGA	BASE	2992	5141	2223*	1742	2440	N.D.	W12	6	TURBO	600	664	AUTO, 8	INT	19	9,6
CONTINENTAL	GT	2746	4806	2227*	1404	2320	N.D.	W12	6	TURBO	582	531	AUTO, 8	INT	18,1	11,8

MODÈLE	VERSION	EMPATTEMENT (MM)	LONGUEUR (MM)	LARGEUR (MM)	HAUTEUR (MM)	POIDS (KG)	CAPACITÉ REMORQUAGE (KG)	MOTEUR	CYLINDRÉE (LITRE)	ALIMENTATION	PUISSANCE (CH)	COUPLE (LB-PI)	TRANSMISSION BASE	ROUAGE BASE	CONSOMMATION VILLE (L/100 KM)	CONSOMMATION ROUTE (L/100 KM)
BENTLEY																
CONTINENTAL	GT CONVERTIBLE	2746	4806	2227*	1403	2495	N.D.	W12	6	TURBO	582	531	AUTO, 8	INT	19,6	11,8
CONTINENTAL	GT V8 S	2746	4806	2227*	1404	2295	N.D.	V8	4	TURBO	520	502	AUTO, 8	INT	15,7	9,8
CONTINENTAL	GT V8 S CONVERTIBLE	2746	4806	2227*	1403	2470	N.D.	V8	4	TURBO	520	502	AUTO, 8	INT	16,8	9,8
FLYING SPUR	BASE	3065	5295	2208*	1488	2475	N.D.	W12	6	TURBO	616	590	AUTO, 8	INT	19,6	11,8
FLYING SPUR	V8	3066	5299	2208*	1488	2425	N.D.	V8	4	TURBO	500	487	AUTO, 8	INT	16,8	9,0
MULSANNE	BASE	3266	5575	2208*	1521	2685	N.D.	V8	6,8	TURBO	505	752	AUTO, 8	PROP	19,6	12,4
MULSANNE	SPEED	3266	5575	2208*	1521	2685	N.D.	V8	6,8	TURBO	530	811	AUTO, 8	PROP	19,6	12,4
BMW																
I3	LOFT DESIGN	2570	4008	2039*	1578	1297	N.D.	ÉLECT	0		0	0	RAPP FIXE	PROP	0	0
I3	RANGE EXTENDER	2570	4008	2039*	1578	1420	N.D.	2L	0,65	ATMO	38	41	RAPP FIXE	PROP	5,7	6,3
I8	BASE	2800	4697	1942	1291	1567	N.D.	3L	1,5	TURBO	228	236	AUTO, 6	INT	8,4	8,1
SÉRIE 2	228I XDRIVE CABRIOLET	2690	4437	1984*	1413	1712	N.D.	4L	2	TURBO	241	258	AUTO, 8	INT	10,6	7,2
SÉRIE 2	228I XDRIVE COUPÉ	2690	4457	1984*	1418	1579	N.D.	4L	2	TURBO	241	258	AUTO, 8	INT	10,3	6,7
SÉRIE 2	M2 COUPÉ	2693	4468	1984*	1410	1570	N.D.	6L	3	TURBO	365	343	MAN, 6	PROP	11,6	6,7
SÉRIE 3	320I XDRIVE BERLINE	2810	4643	2031*	1434	1592	N.D.	4L	2	TURBO	180	280	AUTO, 8	INT	10,3	6,7
SÉRIE 3	328D BERLINE	2810	4633	2031*	1429	1596	N.D.	4L	2	TURBO	184	280	AUTO, 8	PROP	7,4	5,4
SÉRIE 3	328D XDRIVE BERLINE	2810	4643	2031*	1434	1676	N.D.	4L	2	TURBO	184	280	AUTO, 8	INT	7,6	5,5
SÉRIE 3	330E BERLINE	2810	4633	2031*	1429	1780	N.D.	4L	2	TURBO	184	215	AUTO, 8	PROP	0	0
SÉRIE 3	330I XDRIVE BERLINE	2810	4643	2031*	1434	1592	N.D.	4L	2	TURBO	248	258	AUTO, 8	INT	10	6,8
SÉRIE 3	340I XDRIVE BERLINE	2810	4643	2031*	1434	1733	N.D.	6L	3	TURBO	320	330	AUTO, 8	INT	10,7	7,1
SÉRIE 3	340I XDRIVE GRAN TURISMO	2920	4824	2047*	1506	1800	N.D.	6L	3	TURBO	320	330	AUTO, 8	INT	12,1	7,6
SÉRIE 3	M3 BERLINE	2812	4671	2037*	1430	1595	N.D.	6L	3	TURBO	425	406	MAN, 6	PROP	13,7	9
SÉRIE 4	430I XDRIVE CABRIOLET	2810	4638	2017*	1384	1887	N.D.	4L	2	TURBO	248	258	AUTO, 8	INT	9,6	5,7
SÉRIE 4	430I XDRIVE COUPÉ	2810	4638	2017*	1377	1649	N.D.	4L	2	TURBO	248	258	AUTO, 8	INT	8,6	5,8
SÉRIE 4	440I XDRIVE GRAN COUPÉ	2810	4638	2017*	1404	1763	N.D.	6L	3	TURBO	320	330	AUTO, 8	INT	10,9	6,6
SÉRIE 4	M4 CABRIOLET	2812	4671	2014*	1386	1843	N.D.	6L	3	TURBO	425	406	MAN, 6	PROP	12,4	7,2
SÉRIE 4	M4 COUPÉ	2812	4671	2014*	1383	1497	N.D.	6L	3	TURBO	425	406	MAN, 6	PROP	11,6	7,4
SÉRIE 5	528I XDRIVE	2968	4899	2094*	1464	1815	750	4L	2	TURBO	241	258	AUTO, 8	INT	8,8	5,9
SÉRIE 5	535I XDRIVE	2968	4899	2094*	1464	1920	750	6L	3	TURBO	300	300	AUTO, 8	INT	9,7	6,6
SÉRIE 5	550I XDRIVE	2968	4899	2094*	1464	2050	750	V8	4,4	TURBO	445	480	AUTO, 8	INT	13,0	8,3
SÉRIE 5	535D XDRIVE	2968	4899	2094*	1464	1930	N.D.	6L	3	TURBO	255	413	AUTO, 8	INT	7,9	5,3
SÉRIE 6	640I GRAN COUPÉ XDRIVE	2968	5009	2081*	1392	1964	N.D.	6L	3	TURBO	315	330	AUTO, 8	INT	12,1	8,1
SÉRIE 6	650I GRAN COUPÉ XDRIVE	2968	5009	2081*	1392	2089	N.D.	V8	4,4	TURBO	445	480	AUTO, 8	INT	15,1	9,8
SÉRIE 6	M6 COUPÉ	2851	4903	2106*	1374	1930	N.D.	V8	4,4	TURBO	560	500	AUTO, 7	PROP	17,3	11,5
SÉRIE 6	M6 GRAN COUPÉ	2964	5011	2106*	1393	2009	N.D.	V8	4,4	TURBO	560	500	AUTO, 7	PROP	17,3	11,5
SÉRIE 7	750LI XDRIVE	3210	5248	2169*	1479	2091	N.D.	V8	4,4	TURBO	445	479	AUTO, 8	INT	11,9	6,5
SÉRIE 7	M760LI XDRIVE	3210	5248	2169*	1479	2195	N.D.	V12	6,6	TURBO	600	590	AUTO, 8	INT	15,7	8,7
X1	XDRIVE 28I	2670	4455	2060*	1598	1660	N.D.	4L	2	TURBO	228	258	AUTO, 8	INT	10,7	7,4
X3	XDRIVE 28D	2810	4657	2098*	1661	1820	750	4L	2	TURBO	180	280	AUTO, 8	INT	6,2	5
X3	XDRIVE 28I	2810	4657	2098*	1661	1845	750	4L	2	TURBO	241	258	AUTO, 8	INT	9,1	6,2
X3	XDRIVE 35I	2810	4657	2098*	1661	1890	750	6L	3	TURBO	300	300	AUTO, 8	INT	10,7	6,9
X4	M40I	2810	4671	2069*	1624	1921	750	6L	3	TURBO	355	343	AUTO, 8	INT	12,8	9,5
X4	XDRIVE 28I	2810	4671	2089*	1624	1873	750	4L	2	TURBO	240	260	AUTO, 8	INT	11,7	8,4
X5	M	2933	4080	1985	1717	2350	750	V8	4,4	TURBO	567	553	AUTO, 8	INT	16,6	12,1
X5	XDRIVE 50I	2933	4908	2184*	1762	2336	750	V8	4,4	TURBO	445	479	AUTO, 8	INT	16	10,9
X5	XDRIVE 40E	2933	4886	2184*	1762	2305	N.D.	4L	2	TURBO	241	258	AUTO, 8	INT	10,2	9,4
X6	M	2933	4909	2170*	1689	2340	750	V8	4,4	TURBO	567	553	AUTO, 8	INT	16,6	12,1
X6	XDRIVE 35I	2933	4909	2170*	1702	2155	750	6L	3	TURBO	300	300	AUTO, 8	INT	13	8,9
X6	XDRIVE 50I	2933	4909	2170*	1702	2345	750	V8	4,4	TURBO	445	480	AUTO, 8	INT	16	10,9
Z4	SDRIVE 28I	2496	4239	1951*	1291	1480	N.D.	4L	2	TURBO	241	258	MAN, 6	PROP	9	5,6
BUICK																
ENCLAVE	CUIR TA	3020	5128	2202*	1821	2143	907	V6	3,6	ATMO	288	270	AUTO, 6	TR	14,2	9,9
ENCLAVE	CUIR TI	3020	5128	2202*	1821	2233	907	V6	3,6	ATMO	288	270	AUTO, 6	INT	14,6	10,2
ENCORE	BASE TA	2555	4278	1774	1658	1468	N.D.	4L	1,4	TURBO	138	148	AUTO, 6	TR	9,5	7,2
ENCORE	BASE TI	2555	4278	1774	1658	1523	N.D.	4L	1,4	TURBO	138	148	AUTO, 6	INT	10,2	8
ENVISION	HAUT DE GAMME I	2740	4666	1839	1697	1840	680	4L	2	TURBO	252	260	AUTO, 6	INT	11,8	9,1

MODÈLE	VERSION	EMPATTEMENT (MM)	LONGUEUR (MM)	LARGEUR (MM)	HAUTEUR (MM)	POIDS (KG)	CAPACITÉ REMORQUAGE (KG)	MOTEUR	CYLINDRÉE (LITRE)	ALIMENTATION	PUISSANCE (CH)	COUPLE (LB-PI)	TRANSMISSION BASE	ROUAGE BASE	CONSOMMATION VILLE (L/100 KM)	CONSOMMATION ROUTE (L/100 KM)
BUICK																
ENVISION	HAUT DE GAMME II	2740	4666	1839	1697	1840	680	4L	2	TURBO	252	260	AUTO, 6	INT	11,8	9,1
LACROSSE	CUIR TA	2905	5017	1859	1460	1670	N.D.	V6	3,6	ATMO	305	268	AUTO, 8	TR	13,3	8,5
LACROSSE	CUIR TI	2905	5017	1859	1460	1790	N.D.	V6	3,6	ATMO	305	268	AUTO, 8	INT	13,5	8,9
REGAL	EASSIST	2738	4831	1857	1483	1633	N.D.	4L	2,4	ATMO	182	172	AUTO, 6	TR	8,3	5,4
REGAL	GS TI	2738	4831	1857	1483	1683	N.D.	4L	2	TURBO	259	295	AUTO, 6	INT	10,9	7,3
REGAL	TURBO TI	2738	4831	1857	1483	1733	N.D.	4L	2	TURBO	259	295	AUTO, 6	INT	10,9	7,3
VERANO	BASE	2685	4671	1815	1475	1551	454	4L	2,4	ATMO	180	171	AUTO, 6	TR	11,1	7,4
VERANO	TURBO	2685	4671	1815	1475	1610	N.D.	4L	2	TURBO	250	260	AUTO, 6	TR	11,4	7,9
CADILLAC																
ATS	3.6 V6	2776	4643	1806	1420	1570	454	V6	3,6	ATMO	321	275	AUTO, 8	PROP	10,6	7,3
ATS	2.0 TURBO	2776	4643	1806	1420	1530	N.D.	4L	2	TURBO	272	295	AUTO, 8	PROP	10,5	7,6
ATS	2.0 TURBO COUPÉ	2776	4663	1842	1399	1550	N.D.	4L	2	TURBO	272	295	AUTO, 8	PROP	10,5	7,6
ATS	2,5	2776	4643	1806	1420	1505	N.D.	4L	2,5	ATMO	202	191	AUTO, 8	PROP	10,6	7,3
ATS	ATS-V COUPÉ	2776	4691	1841	1384	1600	N.D.	V6	3,6	TURBO	464	445	MAN, 6	PROP	14,2	10,2
CT6	3.6L PLATINUM TI	3109	5182	1880	1471	1933	454	V6	3,6	ATMO	335	284	AUTO, 8	INT	12,4	8,4
CT6	2.0L TURBO	3109	5182	1880	1471	1654	N.D.	4L	2	TURBO	265	295	AUTO, 8	PROP	10,7	7,6
CT6	3.0L LUXE BITURBO TI	3109	5182	1880	1471	1853	N.D.	V6	3	TURBO	404	400	AUTO, 8	INT	13,1	9
CTS	3.6L HAUT DE GAMME TI	2910	4966	1833	1454	1764	454	V6	3,6	ATMO	333	285	AUTO, 8	INT	12,2	8,5
CTS	3.6L LUXE	2910	4966	1833	1454	1704	454	V6	3,6	ATMO	333	285	AUTO, 8	PROP	11,6	7,9
CTS	3.6L LUXE TI	2910	4966	1833	1454	1764	454	V6	3,6	ATMO	333	285	AUTO, 8	INT	12,2	8,5
CTS	VSPORT BITURBO 3.6L	2910	4966	1833	1454	1793	454	V6	3,6	TURBO	420	430	AUTO, 8	PROP	14,7	9,8
CTS	#NAME?	2911	5019	1834	1453	1884	N.D.	V8	6,2	SURCOMP	640	630	AUTO, 8	PROP	16,6	11,1
CTS	2.0L TURBO	2910	4966	1833	1454	1640	N.D.	4L	2	TURBO	268	295	AUTO, 8	PROP	11,5	7,9
CTS	2.0L TURBO TI	2910	4966	1833	1454	1711	N.D.	4L	2	TURBO	268	295	AUTO, 8	INT	11,2	8,1
ESCALADE	ESV	3302	5697	2045	1890	2740	3583	V8	6,2	ATMO	420	460	AUTO, 8	INT	16,4	11,7
ESCALADE	BASE	2946	5179	2045	1890	2649	3674	V8	6,2	ATMO	420	460	AUTO, 8	INT	15,9	11,1
XT5	BASE TA	2857	4815	1903	1675	1808	1588	V6	3,6	ATMO	310	271	AUTO, 8	TR	12,1	8,6
XT5	HAUT DE GAMME TI	2857	4815	1903	1675	1931	1588	V6	3,6	ATMO	310	271	AUTO, 8	INT	12,9	8,9
XT5	LUXE TA	2857	4815	1903	1675	1808	1588	V6	3,6	ATMO	310	271	AUTO, 8	TR	12,1	8,6
XT5	LUXE TI	2857	4815	1903	1675	1931	1588	V6	3,6	ATMO	310	271	AUTO, 8	INT	12,9	8,9
XT5	PLATINUM TI	2857	4815	1903	1675	1931	1588	V6	3,6	ATMO	310	271	AUTO, 8	INT	12,9	8,9
XTS	COLLECTION LUXE TI	2837	5131	1852	1501	1912	454	V6	3,6	ATMO	304	264	AUTO, 6	INT	13,9	8,9
XTS	V-SPORT PLATINUM BITURBO TI	2837	5131	1852	1501	1912	454	V6	3,6	TURBO	410	369	AUTO, 6	INT	15	10,2
CHEVROLET																
BOLT EV	BASE	2600	4166	1765	1594	1625	N.D.	ÉLECT	0		0	0	RAPP FIXE	TR	0	0
CAMARO	LT 2.0	2812	4783	1897	1349	1530	N.D.	4L	2	TURBO	275	295	MAN, 6	PROP	13,5	7,8
CAMARO	SS	2812	4783	1897	1349	1685	N.D.	V8	6,2	ATMO	455	455	MAN, 6	PROP	14,3	9,4
CAMARO	ZL1	2812	4783	1897	1349	1780	N.D.	V8	6,2	SURCOMP	640	640	MAN, 6	PROP	15,9	12
COLORADO	LT 4X4 CAB. MULTIPLACE (5.2')	3259	5403	1886	1794	1987	1588	V6	3,6	ATMO	305	269	AUTO, 6	4X4	12,4	9,4
COLORADO	Z71 4X2 CAB. MULTIPLACE (5.2')	3259	5403	1886	1795	1819	1588	4L	2,5	ATMO	200	191	AUTO, 6	PROP	11,9	8,8
COLORADO	Z71 4X2 CAB. MULTIPLACE (6.2')	3569	5715	1886	1793	1919	3175	V6	3,6	ATMO	305	269	AUTO, 6	PROP	13,1	9
COLORADO	Z71 4X4 CAB. MULTIPLACE (6.2')	3569	5715	1886	1791	2019	3175	V6	3,6	ATMO	305	269	AUTO, 6	4X4	13,8	9,8
CORVETTE	STINGRAY CABRIOLET	2710	4492	1877	1243	1525	N.D.	V8	6,2	ATMO	455	460	MAN, 7	PROP	12,2	6,9
CORVETTE	STINGRAY Z51 CABRIOLET	2710	4492	1877	1243	1525	N.D.	V8	6,2	ATMO	455	460	MAN, 7	PROP	12,2	6,9
CORVETTE	Z06 CABRIOLET	2710	4492	1957	1235	1628	N.D.	V8	6,2	SURCOMP	650	650	MAN, 7	PROP	15,7	10,6
CRUZE	LIMITED LS	2685	4597	1796	1476	1399	454	4L	1,8	ATMO	138	125	MAN, 6	TR	9,4	6,6
EQUINOX	LS TA	2857	4770	1842	1684	1713	680	4L	2,4	ATMO	182	172	AUTO, 6	TR	10,5	7,3
EQUINOX	LS TI	2857	4770	1842	1684	1781	680	4L	2,4	ATMO	182	172	AUTO, 6	INT	11,5	8,2
IMPALA	LS ECOTEC 2.5	2837	5113	1854	1496	1661	454	4L	2,5	ATMO	196	186	AUTO, 6	TR	10,6	7,5
IMPALA	LT V6	2837	5113	1854	1496	1717	454	V6	3,6	ATMO	305	264	AUTO, 6	TR	12,5	8,2
MALIBU	HYBRIDE	2829	4922	1854	1465	1568	N.D.	4L	1,8	ATMO	122	129	CVT	TR	4,9	5,2
SILVERADO	WT 4X2 CAB. MULTIPLACE (6.5')	3886	6085	2032	1873	2268	2242	V6	4,3	ATMO	285	305	AUTO, 6	PROP	11,9	8,4
SILVERADO	LTZ 4X2 CAB. MULTIPLACE (5.7')	3645	5843	2032	1884	2344	3084	V8	5,3	ATMO	355	383	AUTO, 6	PROP	13	8,7
SILVERADO	LTZ 4X2 CAB. ALLONGÉE (6.5')	3645	5843	2032	1876	2301	3130	V8	5,3	ATMO	355	383	AUTO, 6	PROP	13	8,7
SILVERADO	HIGH COUNTRY 4X4 CAB. MULTIPLACE (6.5')	3886	6085	2032	1875	2460	4309	V8	5,3	ATMO	355	383	AUTO, 6	4X4	13,3	9
SILVERADO	HIGH COUNTRY 4X4 CAB. MULTIPLACE (5.7')	3645	5843	2032	1879	2424	4355	V8	5,3	ATMO	355	383	AUTO, 6	4X4	13,3	9

SALON DE L'AUTO 2017

20 AU 29 JANVIER

PALAIS DES CONGRÈS DE MONTRÉAL

Pour faire un choix éclairé!

salonautomontreal.com

#monsalondelauto

MARQUE	MODÈLE	VERSION	EMPATTEMENT (MM)	LONGUEUR (MM)	LARGEUR (MM)	HAUTEUR (MM)	POIDS (KG)	CAPACITÉ REMORQUAGE (KG)	MOTEUR	CYLINDRÉE (LITRE)	ALIMENTATION	PUISSANCE (CH)	COUPLE (LB-PI)	TRANSMISSION BASE	ROUAGE BASE	CONSOMMATION VILLE (L/100 KM)	CONSOMMATION ROUTE (L/100 KM)
CHEVROLET	SONIC	LS BERLINE	2525	4397	1735	1516	1240	N.D.	4L	1,8	ATMO	138	125	MAN, 5	TR	9	6,8
	SONIC	LS HATCHBACK	2525	4039	1735	1516	1234	N.D.	4L	1,8	ATMO	138	125	MAN, 5	TR	9	6,8
	SONIC	RS BERLINE	2525	4397	1735	1506	1313	N.D.	4L	1,4	TURBO	138	148	AUTO, 6	TR	9,5	7,1
	SONIC	RS BERLINE (MAN)	2525	4397	1735	1506	1313	N.D.	4L	1,4	TURBO	138	148	MAN, 6	TR	8,7	6,9
	SPARK	LT (AUTO)	2385	3636	1595	1483	1049	N.D.	4L	1,4	ATMO	98	94	CVT	TR	7,5	5,9
	SUBURBAN	1500 LS 4X4	3302	5699	2044	1889	2674	3628	V8	5,3	ATMO	355	383	AUTO, 6	4X4	15,7	10,7
	SUBURBAN	1500 LS 4X2	3302	5699	2044	1889	2569	3765	V8	5,3	ATMO	355	383	AUTO, 6	PROP	14,7	10,2
	TAHOE	LTZ 4X4	2946	5181	2044	1889	2577	3765	V8	5,3	ATMO	355	383	AUTO, 6	4X4	15,1	10,4
	TRAVERSE	1LT TA	3021	5173	1993	1792	2112	2359	V6	3,6	ATMO	281	266	AUTO, 6	TR	12,7	8,4
	TRAX	LTZ	2555	4280	2035*	1674	1382	N.D.	4L	1,4	TURBO	138	148	AUTO, 6	TR	8,1	5,9
	TRAX	LTZ TI	2555	4280	2035*	1674	1476	N.D.	4L	1,4	TURBO	138	148	AUTO, 6	INT	8,7	6,5
	VOLT	PREMIER	2695	4582	1808	1433	1607	N.D.	4L	1,5	ATMO	101	0	CVT	TR	5,5	5,6
CHRYSLER	200	C	2742	4885	1871	1491	1575	N.D.	4L	2,4	ATMO	184	173	AUTO, 9	TR	10,2	6,4
	200	C AWD	2742	4885	1871	1491	1725	N.D.	V6	3,6	ATMO	295	262	AUTO, 9	INT	12,8	8,1
	300	C	3052	5044	1902	1485	1828	454	V6	3,6	ATMO	292	260	AUTO, 8	PROP	12,4	7,7
	300	C AWD	3052	5044	1902	1504	1921	454	V6	3,6	ATMO	292	260	AUTO, 8	INT	12,8	8,6
	PACIFICA	TOURING-L	3089	5172	2297*	1777	1964	1633	V6	3,6	ATMO	287	262	AUTO, 9	TR	12,9	8,4
	PACIFICA	TOURING-L HYBRIDE	3089	5172	2297*	1777	2242	N.D.	V6	3,6	ATMO	248	230	CVT	TR	0	0
DODGE	CHALLENGER	HEMI SCAT PACK (AUTO)	2946	5022	2179*	1450	1891	N.D.	V8	6,4	ATMO	485	475	AUTO, 8	PROP	15,7	9,5
	CHALLENGER	SRT HELLCAT	2946	5022	2179*	1450	2031	N.D.	V8	6,2	SURCOMP	707	650	AUTO, 8	PROP	18	10,7
	CHARGER	R/T	3052	5040	1905	1479	1934	454	V8	5,7	ATMO	370	395	AUTO, 8	PROP	14,8	9,3
	CHARGER	SE	3052	5040	1905	1479	1785	454	V6	3,6	ATMO	292	260	AUTO, 8	PROP	12,4	7,7
	CHARGER	HELLCAT	3058	5100	1905	1480	2075	N.D.	V8	6,2	SURCOMP	707	650	AUTO, 8	PROP	18	10,7
	DURANGO	CROSSROAD TI	3042	5110	2172*	1801	2262	2812	V6	3,6	ATMO	290	260	AUTO, 8	INT	13,9	9,8
	GRAND CARAVAN	CREW	3078	5151	2247*	1725	2050	1633	V6	3,6	ATMO	283	260	AUTO, 6	TR	13,7	9,4
	JOURNEY	SE PLUS	2891	4887	2127*	1692	1735	454	4L	2,4	ATMO	173	166	AUTO, 4	TR	12,7	9,1
	JOURNEY	GT TI	2891	4887	2127*	1692	1926	1134	V6	3,6	ATMO	283	260	AUTO, 6	INT	14,5	9,9
	VIPER	ACR	2510	4463	1941	1246	1539	N.D.	V10	8,4	ATMO	645	600	MAN, 6	PROP	19,2	11,3
	VIPER	GTS	2510	4463	1941	1246	1549	N.D.	V10	8,4	ATMO	645	600	MAN, 6	PROP	19,2	11,3
FERRARI	488	GTB	2650	4568	1952	1213	1475	N.D.	V8	3,9	TURBO	661	561	AUTO, 7	PROP	14,7	10,7
	488	SPIDER	2650	4568	1952	1211	1525	N.D.	V8	3,9	TURBO	661	561	AUTO, 7	PROP	14,7	10,7
	CALIFORNIA	T	2670	4570	1910	1322	1730	N.D.	V8	3,9	TURBO	552	557	AUTO, 7	PROP	0	0
	F12	BERLINETTA	2720	4618	1943	1273	1633	N.D.	V12	6,3	ATMO	731	508	AUTO, 7	PROP	22,9	10,4
	F12	TDF	2720	4656	1961	1273	1523	N.D.	V12	6,3	ATMO	769	519	AUTO, 7	PROP	23,5	10,7
	GTC4LUSSO	BASE	2990	4922	1980	1383	1920	N.D.	V12	6,3	ATMO	690	515	AUTO, 7	INT	19	13
FIAT	500	ABARTH	2300	3667	1866	1502	1142	N.D.	4L	1,4	TURBO	160	170	MAN, 5	TR	8,5	6,9
	124 SPIDER	ABARTH	2309	4054	1740	1232	1105	N.D.	4L	1,4	TURBO	164	184	MAN, 6	PROP	9	6,7
	500C	LOUNGE (AUTO)	2300	3547	1627	1519	1130	N.D.	4L	1,4	ATMO	101	97	AUTO, 6	TR	7,9	6,3
	500L	LOUNGE	2612	4249	2036*	1670	1453	N.D.	4L	1,4	TURBO	160	183	AUTO, 6	TR	10,6	7,8
	500X	LOUNGE	2570	4247	2024*	1602	1346	N.D.	4L	2,4	ATMO	180	175	AUTO, 9	TR	10,6	7,6
	500X	LOUNGE TI	2570	4247	2024*	1618	1456	N.D.	4L	2,4	ATMO	180	175	AUTO, 9	INT	11	7,9
FORD	C-MAX	ENERGI	2648	4410	2086*	1620	1750	N.D.	4L	2	ATMO	141	129	CVT	TR	5,9	6,5
	C-MAX	HYBRID SE	2648	4410	2086*	1624	1636	N.D.	4L	2	ATMO	141	129	CVT	TR	5,6	6,4
	EDGE	SE TA	2849	4779	2179*	1742	1778	682	4L	2	TURBO	245	275	AUTO, 6	TR	11,5	7,8
	EDGE	SE TI	2849	4779	2179*	1742	1854	682	4L	2	TURBO	245	275	AUTO, 6	INT	11,8	8,4
	EDGE	SEL V6 TA	2849	4779	2179*	1742	1800	909	V6	3,5	ATMO	280	250	AUTO, 6	TR	13,4	9
	EDGE	SEL V6 TI	2849	4779	2179*	1742	1860	909	V6	3,5	ATMO	280	250	AUTO, 6	INT	13,7	9,6
	ESCAPE	S 2.5 TA	2690	4524	2078*	1684	1615	680	4L	2,5	ATMO	168	170	AUTO, 6	TR	11,1	8,1
	ESCAPE	SE 1.5 ECOBOOST TA	2690	4524	2078*	1684	1603	909	4L	1,5	TURBO	181	185	AUTO, 6	TR	10,2	7,8
	ESCAPE	SE 1.5 ECOBOOST TI	2690	4524	2078*	1684	1672	909	4L	1,5	TURBO	181	185	AUTO, 6	INT	10,7	8,3
	EXPLORER	BASE ECOBOOST TA	2866	5037	2292*	1803	2004	908	4L	2,3	TURBO	280	310	AUTO, 6	TR	12,6	8,5
	EXPLORER	BASE ECOBOOST TI	2866	5037	2292*	1803	2078	908	4L	2,3	TURBO	280	310	AUTO, 6	INT	13,1	9,1
	EXPLORER	BASE V6 4WD	2866	5037	2292*	1803	2106	2267	V6	3,5	ATMO	290	255	AUTO, 6	INT	14,4	10,4

MODÈLE	VERSION	EMPATTEMENT (MM)	LONGUEUR (MM)	LARGEUR (MM)	HAUTEUR (MM)	POIDS (KG)	CAPACITÉ REMORQUAGE (KG)	MOTEUR	CYLINDRÉE (LITRE)	ALIMENTATION	PUISSANCE (CH)	COUPLE (LB-PI)	TRANSMISSION BASE	ROUAGE BASE	CONSOMMATION VILLE (L/100 KM)	CONSOMMATION ROUTE (L/100 KM)
F-150	KING RANCH 4X4 CAB. SUPER CREW (5.5')	3683	5890	2459*	1953	2220	N.D.	V8	5	ATMO	385	387	AUTO, 6	INT	16	11,3
F-150	KING RANCH 4X4 CAB. SUPER CREW (6.5')	3983	6190	2459*	1953	2300	N.D.	V8	5	ATMO	385	387	AUTO, 6	INT	16	11,3
F-150	XL ECOBOOST 4X2 CAB. DOUBLE (6.5')	3683	5890	2459*	1910	2050	N.D.	V6	3,5	TURBO	365	420	AUTO, 6	PROP	13,7	9,9
F-150	XLT 4X2 CAB. DOUBLE (8.0')	4140	6363	2459*	1945	2160	N.D.	V6	3,5	TURBO	365	420	AUTO, 6	PROP	13,7	9,9
F-150	XLT 4X4 CAB. SUPER CREW (6.5')	3983	6190	2459*	1953	2275	N.D.	V6	3,5	TURBO	365	420	AUTO, 6	4X4	14,2	10,4
FIESTA	1.0 ECOBOOST HATCHBACK	2489	4056	1977*	1476	1151	N.D.	3L	1	TURBO	123	125	MAN, 5	TR	7,5	5,6
FIESTA	ST	2489	4067	1977*	1454	1244	N.D.	4L	1,6	TURBO	197	202	MAN, 6	TR	8,9	6,8
FIESTA	TITANIUM BERLINE	2489	4406	1977*	1475	1169	N.D.	4L	1,6	ATMO	120	112	MAN, 5	TR	8,5	6,5
FIESTA	TITANIUM HATCHBACK	2489	4056	1977*	1476	1151	N.D.	4L	1,6	ATMO	120	112	MAN, 5	TR	8,5	6,5
FLEX	LIMITED TI	2995	5126	2256*	1727	2108	907	V6	3,5	ATMO	287	254	AUTO, 6	INT	13,7	10
FLEX	SEL TI	2995	5126	2256*	1727	2108	907	V6	3,5	ATMO	287	254	AUTO, 6	INT	13,7	10,1
FOCUS	ÉLECTRIQUE	2648	4391	2044*	1478	1661	N.D.	ÉLECT	0		0	0	RAPP FIXE	TR	0	0
FOCUS	RS	2648	4390	2044*	1472	1599	N.D.	4L	2,3	TURBO	350	350	MAN, 6	INT	12,1	9,3
FOCUS	S BERLINE	2648	4538	2044*	1466	1331	N.D.	4L	2	ATMO	160	146	MAN, 5	TR	9,2	6,6
FOCUS	SE HATCHBACK	2648	4360	2044*	1466	1350	N.D.	4L	2	ATMO	160	146	MAN, 5	TR	9,2	6,6
FOCUS	ST	2648	4391	2044*	1471	1462	N.D.	4L	2	TURBO	252	270	MAN, 6	TR	10,5	7,7
FOCUS	TITANIUM BERLINE	2648	4538	2044*	1466	1386	N.D.	4L	2	ATMO	160	146	AUTO, 6	TR	8,9	6
FOCUS	TITANIUM HATCHBACK	2648	4360	2044*	1466	1380	N.D.	4L	2	ATMO	160	146	AUTO, 6	TR	8,9	6
FUSION	S	2850	4869	2121*	1478	1511	N.D.	4L	2,5	ATMO	175	175	AUTO, 6	TR	10,6	7
FUSION	S HYBRIDE	2850	4872	2121*	1473	1651	N.D.	4L	2	ATMO	141	129	CVT	TR	5,4	5,8
FUSION	SE TA 1.5 ECOBOOST	2850	4869	2121*	1478	1563	N.D.	4L	1,5	TURBO	181	185	AUTO, 6	TR	9,9	6,5
MUSTANG	2.3 TURBO CABRIOLET	2720	4783	1915	1395	1660	N.D.	4L	2,3	TURBO	310	320	MAN, 6	PROP	11,2	7,4
MUSTANG	GT 5.0 COUPÉ	2720	4783	1915	1382	1684	N.D.	V8	5	ATMO	435	400	MAN, 6	PROP	14,7	9,4
MUSTANG	SHELBY GT350	2720	4798	1928	1377	1705	N.D.	V8	5,2	ATMO	526	429	MAN, 6	PROP	16,8	11,2
MUSTANG	SHELBY GT350R	2720	4818	1928	1361	1655	N.D.	V8	5,2	ATMO	526	429	MAN, 6	PROP	16,8	11,2
MUSTANG	V6 3.7 CABRIOLET	2720	4783	1915	1395	1660	N.D.	V6	3,7	ATMO	300	280	MAN, 6	PROP	12,4	8,4
TAURUS	LIMITED TI	2868	5154	2177*	1542	1882	454	V6	3,5	ATMO	288	254	AUTO, 6	INT	13	9,1
TAURUS	SE ECOBOOST TA	2868	5154	2177*	1542	1754	454	4L	2	TURBO	240	270	AUTO, 6	TR	10,5	7,4
TAURUS	SHO TI	2868	5154	2177*	1542	1967	454	V6	3,5	TURBO	365	350	AUTO, 6	INT	13,9	9,5
TRANSIT CONNECT	FOURGON TITANIUM	3063	4818	2136*	1829	1786	907	4L	1,6	TURBO	178	184	AUTO, 6	TR	10,8	8
G80	3,8	3010	4990	1890	1480	2069	N.D.	V6	3,8	ATMO	311	293	AUTO, 8	INT	14,4	9,4
G80	5	3010	4990	1890	1480	2143	N.D.	V8	5	ATMO	420	383	AUTO, 8	INT	17,3	10,5
ACADIA	ALL TERRAIN	2857	4917	1916	1745	1885	1814	V6	3,6	ATMO	310	271	AUTO, 6	INT	13,3	9,5
ACADIA	DENALI	2857	4917	1916	1745	1885	1814	V6	3,6	ATMO	310	271	AUTO, 6	INT	13,3	9,5
ACADIA	SL 2.5 TA	2857	4917	1916	1745	1794	N.D.	4L	2,5	ATMO	193	188	AUTO, 6	TR	11	9,2
CANYON	4X2 CAB. ALLONGÉE (6.2')	3259	5403	1885	1791	1778	1588	4L	2,5	ATMO	200	191	MAN, 6	PROP	12,2	9,1
CANYON	4X2 CAB. MULTIPLACE (5.2')	3259	5403	1885	1793	1805	1588	4L	2,5	ATMO	200	191	AUTO, 6	PROP	11,9	8,8
CANYON	SLE 4X4 CAB. MULTIPLACE (5.2')	3259	5403	1885	1793	2005	3175	V6	3,6	ATMO	305	269	AUTO, 6	4X4	13,5	9,8
SIERRA	BASE 4X2 CAB. CLASSIQUE (6.5')	3023	5207	2032	1879	1990	2903	V6	4,3	ATMO	285	305	AUTO, 6	PROP	11,9	8,4
SIERRA	SLT 4X4 CAB. MULTIPLACE (6.5')	3886	6071	2032	1873	2460	2948	V8	5,3	ATMO	355	383	AUTO, 6	4X4	13,3	9
TERRAIN	DENALI TI	2857	4707	1850	1760	1839	680	4L	2,4	ATMO	182	172	AUTO, 6	INT	10,1	6,9
TERRAIN	DENALI TI (V6)	2857	4707	1850	1760	1873	1588	V6	3,6	ATMO	301	272	AUTO, 6	INT	13,2	8,4
YUKON	XL 1500 SLT 4X4	3302	5697	2045	1890	2637	3629	V8	5,3	ATMO	355	383	AUTO, 6	4X4	16,3	11,8
YUKON	SLT 4X4	2946	5179	2045	1890	2533	3765	V8	5,3	ATMO	355	383	AUTO, 6	4X4	15,1	10,4
YUKON	XL 1500 SLT 4X2	3302	5697	2045	1890	2529	3765	V8	5,3	ATMO	355	383	AUTO, 6	PROP	14,9	10,1
YUKON	SLT 4X2	2946	5179	2045	1890	2426	3856	V8	5,3	ATMO	355	383	AUTO, 6	PROP	14,9	10,1
ACCORD	COUPÉ TOURING	2725	4832	1854	1436	1497	N.D.	4L	2,4	ATMO	185	181	MAN, 6	TR	10,3	7,2
ACCORD	COUPÉ TOURING V6	2725	4832	1854	1436	1559	N.D.	V6	3,5	ATMO	278	251	AUTO, 6	TR	11,4	7,3
ACCORD	HYBRIDE	2775	4882	1849	1460	1617	N.D.	4L	2	ATMO	141	122	CVT	TR	3,7	4
ACCORD	LX BERLINE	2775	4907	1849	1465	1466	N.D.	4L	2,4	ATMO	185	181	MAN, 6	TR	10,3	7,2
CIVIC	EX BERLINE	2700	4631	2087*	1416	1276	N.D.	4L	2	ATMO	158	138	CVT	TR	7,8	5,8
CIVIC	EX-T BERLINE	2700	4631	2087*	1416	1324	N.D.	4L	1,5	TURBO	174	162	CVT	TR	7,6	5,5
CIVIC	EX-T COUPÉ	2700	4492	2087*	1395	1313	N.D.	4L	1,5	TURBO	174	162	CVT	TR	7,5	5,6

FORD

GENESIS

GMC

HONDA

MODÈLE	VERSION	EMPATTEMENT (MM)	LONGUEUR (MM)	LARGEUR (MM)	HAUTEUR (MM)	POIDS (KG)	CAPACITÉ REMORQUAGE (KG)	MOTEUR	CYLINDRÉE (LITRE)	ALIMENTATION	PUISSANCE (CH)	COUPLE (LB-PI)	TRANSMISSION BASE	ROUAGE BASE	CONSOMMATION VILLE (L/100 KM)	CONSOMMATION ROUTE (L/100 KM)
HONDA																
CR-V	LX 2RM	2620	4557	1820	1642	1531	680	4L	2,4	ATMO	185	181	CVT	TR	8,6	6,9
CR-V	LX 4RM	2620	4557	1820	1652	1586	680	4L	2,4	ATMO	185	181	CVT	INT	9,1	7,2
FIT	LX (CVT)	2530	4064	1702	1524	1157	N.D.	4L	1,5	ATMO	130	114	CVT	TR	7	5,7
HR-V	EX CVT	2610	4294	1772	1605	1332	N.D.	4L	1,8	ATMO	141	127	CVT	TR	8,3	6,7
HR-V	EX TI	2610	4294	1772	1605	1407	N.D.	4L	1,8	ATMO	141	127	CVT	INT	8,8	7,2
ODYSSEY	TOURING	3000	5153	2011	1737	2090	1588	V6	3,5	ATMO	248	250	AUTO, 6	TR	12,3	8,5
PILOT	LX 2RM	2820	4941	2296*	1773	1858	1590	V6	3,5	ATMO	280	262	AUTO, 6	TR	12,4	8,8
PILOT	LX 4RM	2820	4941	2296*	1773	1927	1590	V6	3,5	ATMO	280	262	AUTO, 6	INT	13	9,3
RIDGELINE	TOURING	3180	5335	2279*	1798	2054	2268	V6	3,5	ATMO	280	262	AUTO, 6	INT	12,8	9,5
HYUNDAI																
ACCENT	GL BERLINE	2570	4370	1700	1450	1155	N.D.	4L	1,6	ATMO	132	120	AUTO, 6	TR	8,9	6,3
ACCENT	GL HATCHBACK	2570	4115	1700	1450	1129	N.D.	4L	1,6	ATMO	132	120	MAN, 6	TR	8,7	6,3
ELANTRA	L BERLINE	2700	4550	1800	1435	1255	N.D.	4L	2	ATMO	147	132	MAN, 6	TR	8,7	6,3
ELANTRA	ULTIMATE BERLINE	2700	4550	1860	1435	1350	N.D.	4L	2	ATMO	147	132	AUTO, 6	TR	8,4	6,4
IONIQ	ÉLECTRIQUE	2700	4470	1821	1450	0	N.D.	ÉLECT	0		0	0	RAPP FIXE	TR	0	0
IONIQ	HYBRIDE	2700	4470	1821	1450	0	N.D.	4L	1,6	ATMO	104	109	AUTO, 6	TR	0	0
IONIQ	HYBRIDE RECHARGEABLE	2700	4470	1821	1450	0	N.D.	4L	1,6	ATMO	104	109	AUTO, 6	TR	0	0
SANTA FE	SPORT 2.4 PREMIUM TA	2700	4690	1880	1690	1711	909	4L	2,4	ATMO	185	178	AUTO, 6	TR	11,1	8,6
SANTA FE	SPORT 2.4 PREMIUM TI	2700	4690	1880	1690	1782	909	4L	2,4	ATMO	185	178	AUTO, 6	INT	12	9,1
SANTA FE	SPORT 2.0T LTD TI	2700	4690	1880	1680	1823	1591	4L	2	TURBO	240	260	AUTO, 6	INT	12,5	9,6
SANTA FE	XL PREMIUM TI	2800	4905	1885	1700	1968	2268	V6	3,3	ATMO	290	252	AUTO, 6	INT	13	9,7
SANTA FE	XL TA	2800	4905	1885	1700	1790	2268	V6	3,3	ATMO	290	252	AUTO, 6	TR	12,9	9,4
SONATA	GL	2805	4855	1865	1475	1475	N.D.	4L	2,4	ATMO	185	178	AUTO, 6	TR	9,8	6,7
SONATA	HYBRIDE	2805	4855	1865	1421	1590	N.D.	4L	2	ATMO	154	140	AUTO, 6	TR	5,7	5,3
SONATA	HYBRIDE BRANCHABLE	2805	4855	1865	1421	1721	N.D.	4L	2	ATMO	154	140	AUTO, 6	TR	6,2	5,5
SONATA	ULTIMATE 2.0T	2805	4855	1865	1475	1640	N.D.	4L	2	TURBO	245	260	AUTO, 6	TR	10,4	7,4
TUCSON	1.6T LIMITED TI	2670	4475	1850	1650	1587	454	4L	1,6	TURBO	175	195	AUTO, 7	INT	9,9	8,4
TUCSON	2.0 LUXE TI	2670	4475	1850	1650	1634	454	4L	2	ATMO	164	151	AUTO, 6	INT	11	9
TUCSON	2.0 TA	2670	4475	1850	1650	1508	454	4L	2	ATMO	164	151	AUTO, 6	TR	10,1	7,6
VELOSTER	BASE	2650	4220	1790	1399	1172	N.D.	4L	1,6	ATMO	132	120	MAN, 6	TR	9	6,7
VELOSTER	TURBO	2650	4220	1805	1399	1270	N.D.	4L	1,6	TURBO	201	195	MAN, 6	TR	9,4	7
INFINITI																
Q50	2.0T BERLINE TI	2850	4783	1824	1453	1744	N.D.	4L	2	TURBO	208	258	AUTO, 7	INT	10,6	8,4
Q50	3.0T SPORT BERLINE TI	2850	4803	1824	1453	1835	N.D.	V6	3	TURBO	300	295	AUTO, 7	INT	12,3	9
Q50	HYBRIDE PREMIUM BERLINE TI	2850	4800	1824	1453	1857	N.D.	V6	3,5	ATMO	302	258	AUTO, 7	INT	8,7	7,6
Q50	RED SPORT 400	2850	4803	1824	1453	1839	N.D.	V6	3	TURBO	400	350	AUTO, 7	INT	12,8	9,1
Q60	COUPÉ 2.0	2850	4683	1850	1385	1683	N.D.	4L	2	TURBO	208	258	AUTO, 7	PROP	10,4	8,2
Q60	COUPÉ 3.0	2850	4683	1850	1385	1700	N.D.	V6	3	TURBO	300	295	AUTO, 7	PROP	12,1	8,3
Q70	3.7 TI SPORT	2900	4945	1845	1515	1841	N.D.	V6	3,7	ATMO	330	270	AUTO, 7	INT	13,2	9,6
Q70	L 5.6 TI	3051	5131	1845	1515	1978	N.D.	V8	5,6	ATMO	416	414	AUTO, 7	INT	15	10,2
QX30	BASE	2700	4425	2073*	1495	1488	730	4L	2	TURBO	208	258	AUTO, 7	TR	8,2	5,1
QX30	TI	2700	4425	2083*	1515	1545	750	4L	2	TURBO	208	258	AUTO, 7	INT	8,7	5,5
QX50	TI	2880	4744	1803	1614	1831	N.D.	V6	3,7	ATMO	325	267	AUTO, 7	INT	13,7	9,7
QX60	3.5 TI	2900	4989	1960	1742	2048	2273	V6	3,5	ATMO	265	248	CVT	INT	12,2	8,9
QX70	TI	2885	4859	1928	1680	1989	1588	V6	3,7	ATMO	325	267	AUTO, 7	INT	14,5	10,7
QX80	5.6 (7 PASS.)	3075	5305	2030	1925	2560	3864	V8	5,6	ATMO	400	413	AUTO, 7	INT	16,9	11,9
JAGUAR																
F-PACE	PREMIUM 20D	2874	4731	2175*	1667	1775	2400	4L	2	TURBO	180	318	AUTO, 8	INT	6,2	4,7
F-PACE	PREMIUM 35T	2874	4731	2175*	1667	1821	2400	V6	3	SURCOMP	340	332	AUTO, 8	INT	12,2	7,1
F-TYPE	COUPÉ	2622	4470	1923	1311	1577	N.D.	V6	3	SURCOMP	340	332	AUTO, 8	PROP	11,8	8,4
F-TYPE	S DÉCAPOTABLE TI	2622	4470	1923	1308	1694	N.D.	V6	3	SURCOMP	380	339	AUTO, 8	INT	12,4	6,9
XE	PREMIUM 20D	2835	4672	2075*	1416	1565	N.D.	4L	2	TURBO	180	318	AUTO, 8	INT	6	4,2
XE	PREMIUM 35T	2835	4672	2075*	1416	1665	N.D.	V6	3	SURCOMP	340	332	AUTO, 8	INT	12,5	6,7
XE	R-SPORT	2835	4672	2075*	1416	1665	N.D.	V6	3	SURCOMP	340	332	AUTO, 8	INT	12,5	6,7
XF	R-SPORT	2960	4954	2091*	1457	1764	N.D.	V6	3	SURCOMP	340	332	AUTO, 8	INT	11,9	6,7
XF	S	2960	4954	2091*	1457	1764	N.D.	V6	3	SURCOMP	380	332	AUTO, 8	INT	11,9	6,7
XJ	XJ L 3.0 TI	3157	5252	2105	1456	1878	N.D.	V6	3	SURCOMP	340	332	AUTO, 8	INT	11,7	7,6

Marque	Modèle	Version	Empattement (mm)	Longueur (mm)	Largeur (mm)	Hauteur (mm)	Poids (kg)	Capacité remorquage (kg)	Moteur	Cylindrée (litre)	Alimentation	Puissance (ch)	Couple (lb-pi)	Transmission base	Rouage base	Consommation ville (L/100 km)	Consommation route (L/100 km)
JAGUAR	XJ	XJ L SUPERCHARGED	3157	5252	2105	1486	1965	N.D.	V8	5	SURCOMP	470	424	AUTO, 8	PROP	16,9	7,9
	XJ	XJ SUPERCHARGED	3032	5127	2105	1456	1946	N.D.	V8	5	SURCOMP	470	424	AUTO, 8	PROP	16,9	7,9
JEEP	CHEROKEE	LIMITED TA	2700	4623	1859	1669	1650	907	4L	2,4	ATMO	184	171	AUTO, 9	TR	7,7	5,3
	CHEROKEE	LIMITED TI	2700	4623	1859	1682	1834	907	4L	2,4	ATMO	184	171	AUTO, 9	INT	8,4	5,8
	COMPASS	SPORT 4RM	2634	4448	1811	1651	1482	454	4L	2,4	ATMO	172	165	MAN, 5	INT	9,2	7,2
	COMPASS	SPORT 2RM (2.0)	2634	4448	1811	1651	1408	N.D.	4L	2	ATMO	158	141	MAN, 5	TR	9,1	6,8
	GRAND CHEROKEE	LAREDO	2916	4821	2154*	1761	2121	2812	V6	3,6	ATMO	290	260	AUTO, 8	INT	12,4	8,3
	GRAND CHEROKEE	OVERLAND D	2916	4821	2154*	1761	2393	3265	V6	3	TURBO	240	420	AUTO, 8	INT	10,3	7,1
	GRAND CHEROKEE	SRT	2916	4859	2156*	1756	2336	3266	V8	6,4	ATMO	475	470	AUTO, 8	INT	16,6	10,7
	PATRIOT	SPORT 4RM	2634	4414	1757	1697	1497	454	4L	2,4	ATMO	172	165	MAN, 5	INT	9,2	7,2
	PATRIOT	SPORT 2RM (2.0)	2634	4414	1757	1664	1426	N.D.	4L	2	ATMO	158	141	MAN, 5	TR	9,1	6,8
	RENEGADE	TRAILHAWK 4X4	2570	4232	2023*	1739	1621	907	4L	2,4	ATMO	180	175	AUTO, 9	4X4	10	7,8
	RENEGADE	SPORT 4X2	2570	4232	2023*	1689	1381	N.D.	4L	1,4	TURBO	160	184	MAN, 6	TR	9,8	7,6
	RENEGADE	SPORT 4X4	2570	4232	2023*	1719	1444	N.D.	4L	1,4	TURBO	160	184	MAN, 6	INT	10	7,8
	WRANGLER	RUBICON	2423	4173	1872	1842	1862	907	V6	3,6	ATMO	285	260	MAN, 6	4X4	14,2	11
	WRANGLER	RUBICON UNLIMITED	2946	4697	1877	1844	1957	1588	V6	3,6	ATMO	285	260	MAN, 6	4X4	15	11,4
KIA	CADENZA	TECH	2855	4970	1869	1471	1661	N.D.	V6	3,3	ATMO	290	253	AUTO, 8	TR	12,7	8,4
	FORTE	5 EX	2700	4350	1780	1450	1321	N.D.	4L	2	ATMO	147	132	AUTO, 6	TR	0	0
	FORTE	5 LX+	2700	4350	1780	1450	1298	N.D.	4L	2	ATMO	147	132	MAN, 6	TR	0	0
	FORTE	BERLINE EX	2700	4560	1780	1430	1295	N.D.	4L	2	ATMO	147	132	MAN, 6	TR	0	0
	FORTE	BERLINE LX	2700	4560	1780	1430	1272	N.D.	4L	1,8	ATMO	145	130	MAN, 6	TR	9,3	6,3
	FORTE	KOUP EX	2700	4530	1780	1410	1279	N.D.	4L	2	ATMO	147	132	MAN, 6	TR	0	0
	FORTE	KOUP SX	2700	4530	1780	1410	1327	N.D.	4L	1,6	TURBO	201	195	MAN, 6	TR	9,4	6,8
	K900	V6	3046	5095	1890	1486	1944	N.D.	V6	3,8	ATMO	311	293	AUTO, 8	PROP	13,1	8,7
	K900	V8	3046	5095	1890	1486	2071	N.D.	V8	5	ATMO	420	376	AUTO, 8	PROP	15,7	10,2
	NIRO	BASE	2700	4355	1800	1535	0	N.D.	4L	1,6	ATMO	103	108	AUTO, 6	TR	0	0
	OPTIMA	HYBRIDE EX	2795	4845	1830	1450	1643	N.D.	4L	2,4	ATMO	159	154	AUTO, 6	TR	6,7	6,1
	OPTIMA	SX TURBO	2805	4855	1860	1466	1588	N.D.	4L	2	TURBO	245	260	AUTO, 6	TR	10,7	7,4
	RIO	5 EX	2570	4050	1720	1455	1187	N.D.	4L	1,6	ATMO	137	123	AUTO, 6	TR	8,7	6,3
	RIO	BERLINE EX	2570	4370	1720	1455	1185	N.D.	4L	1,6	ATMO	137	123	AUTO, 6	TR	8,7	6,3
	RIO	BERLINE LX	2570	4370	1720	1455	1131	N.D.	4L	1,6	ATMO	137	123	MAN, 6	TR	8,8	6,4
	RONDO	LX 7 PLACES (AUTO)	2750	4525	1805	1610	1505	N.D.	4L	2	ATMO	164	156	AUTO, 6	TR	10,1	7,6
	SEDONA	SXL	3060	5115	1985	1755	2127	1590	V6	3,3	ATMO	276	248	AUTO, 6	TR	14,2	10,5
	SORENTO	EX TURBO TI	2780	4760	1890	1690	1864	1591	4L	2	TURBO	240	260	AUTO, 6	INT	12,3	9,3
	SORENTO	EX TI V6 (7 PLACES)	2780	4760	1890	1690	1970	2268	V6	3,3	ATMO	290	252	AUTO, 6	INT	13,4	9,4
	SORENTO	SX+ V6 TI (7 PLACES)	2780	4760	1890	1690	1970	2268	V6	3,3	ATMO	290	252	AUTO, 6	INT	13,4	9,4
	SOUL	EV	2570	4140	1800	1600	1476	N.D.	ÉLECT	0		0	0	RAPP FIXE	TR	0	0
	SOUL	SX	2570	4140	1800	1600	1287	N.D.	4L	2	ATMO	164	151	AUTO, 6	TR	7,7	10,1
	SPORTAGE	EX	2670	4480	1855	1645	1634	907	4L	2,4	ATMO	181	175	AUTO, 6	TR	10,4	8
	SPORTAGE	EX TI	2670	4480	1855	1645	1696	907	4L	2,4	ATMO	181	175	AUTO, 6	INT	11,3	9,5
	SPORTAGE	LX TI	2670	4480	1855	1635	1696	907	4L	2,4	ATMO	181	175	AUTO, 6	INT	11,3	9,5
	SPORTAGE	SX TI	2670	4480	1855	1645	1813	907	4L	2	TURBO	237	260	AUTO, 6	INT	11,9	10,2
*	REGERA	BASE	2662	4560	2050	1110	1628	N.D.	V8	5	TURBO	1100	944	RAPP FIXE	PROP	0	0
LAMBORGHINI	AVENTADOR	LP 700-4 COUPÉ	2700	4780	2030	1136	1575	N.D.	V12	6,5	ATMO	700	509	AUTO, 7	INT	24,7	10,7
	AVENTADOR	LP 700-4 ROADSTER	2700	4780	2030	1136	1625	N.D.	V12	6,5	ATMO	700	509	AUTO, 7	INT	24,7	10,7
	AVENTADOR	LP 750-4 SV	2700	4835	2030	1136	1525	N.D.	V12	6,5	ATMO	750	507	AUTO, 7	INT	24,7	10,7
	HURACÁN	LP 580-2	2620	4460	2236*	1165	1389	N.D.	V10	5,2	ATMO	580	397	AUTO, 7	PROP	17,2	8,9
	HURACÁN	LP 610-4	2620	4460	2236*	1165	1422	N.D.	V10	5,2	ATMO	610	412	AUTO, 7	INT	17,8	9,4
	HURACÁN	LP 610-4 SPYDER	2620	4460	2236*	1180	1542	N.D.	V10	5,2	ATMO	610	412	AUTO, 7	INT	17,5	9,2
LAND ROVER	DISCOVERY SPORT	HSE	2741	4589	2173*	1724	1744	2000	4L	2	TURBO	240	250	AUTO, 9	INT	10,6	6,5
	LR4	BASE V6	2885	4829	2176*	1882	2567	N.D.	V6	3	SURCOMP	340	332	AUTO, 8	INT	14,5	9,9
	RANGE ROVER	HSE TD6	2922	4999	2220*	1835	2215	3500	V6	3	TURBO	254	440	AUTO, 8	INT	12,6	8,6

*KOENIGSEGG

FAITE POUR
[CHANGER LES
PERCEPTIONS]

« Au premier rang des véhicules compacts multi-segment pour la qualité initiale aux É.-U. »

SOUL

La plus récente étude de J.D. Power sur la qualité initiale[SM] nous confirme que la Kia Soul 2016 s'est hissée au sommet pour une deuxième année consécutive, parmi tous les véhicules compacts multi-segment. Plus que jamais, Kia s'engage à construire des véhicules de qualité supérieure et à maintenir un niveau d'excellence inégalé afin de vous offrir le pouvoir de surprendre. Pour en savoir plus sur notre gamme primée, **visitez kia.ca.**

Le pouvoir de surprendre

MODÈLE	VERSION	EMPATTEMENT (MM)	LONGUEUR (MM)	LARGEUR (MM)	HAUTEUR (MM)	POIDS (KG)	CAPACITÉ REMORQUAGE (KG)	MOTEUR	CYLINDRÉE (LITRE)	ALIMENTATION	PUISSANCE (CH)	COUPLE (LB-PI)	TRANSMISSION BASE	ROUAGE BASE	CONSOMMATION VILLE (L/100 KM)	CONSOMMATION ROUTE (L/100 KM)
LAND ROVER																
RANGE ROVER	SUPERCHARGED V8	2922	4999	2220*	1840	2330	3500	V8	5	SURCOMP	550	502	AUTO, 8	INT	15,4	10
RANGE ROVER EVOQUE	SE	2660	4355	2090*	1635	1658	750	4L	2	TURBO	240	250	AUTO, 9	INT	11,3	7,9
RANGE ROVER SPORT	HSE V6	2923	4856	2220*	1780	2144	3500	V6	3	SURCOMP	380	332	AUTO, 8	INT	13,8	10,2
RANGE ROVER SPORT	TD6	2923	4856	2220*	1780	2136	3500	V6	3	TURBO	254	440	AUTO, 8	INT	10,7	8,4
RANGE ROVER SPORT	V8 SURALIMENTÉ	2923	4856	2220*	1780	2310	3500	V8	5	SURCOMP	510	461	AUTO, 8	INT	16,6	12,3
LEXUS																
CT	200H F SPORT	2600	4320	1765	1440	1453	N.D.	4L	1,8	ATMO	98	105	CVT	TR	5,5	5,9
ES	300H	2819	4910	1806	1450	1674	N.D.	4L	2,5	ATMO	156	156	CVT	TR	5,8	6,1
ES	350	2819	4910	1806	1450	1623	N.D.	V6	3,5	ATMO	268	248	AUTO, 6	TR	11,3	7,5
GS	350 TI	2850	4880	1840	1470	1765	N.D.	V6	3,5	ATMO	311	280	AUTO, 6	INT	12,4	9
GS	450H	2850	4880	1840	1455	1865	N.D.	V6	3,5	ATMO	286	257	CVT	PROP	8,1	6,9
GS	F	2850	4915	1845	1440	1834	N.D.	V8	5	ATMO	467	389	AUTO, 8	PROP	14,9	9,7
GX	460	2790	4880	1885	1885	2332	2948	V8	4,6	ATMO	301	329	AUTO, 6	INT	15,7	11,7
IS	200T	2800	4665	2027*	1430	1629	N.D.	4L	2	TURBO	241	258	AUTO, 8	PROP	7,4	10,7
IS	300 TI	2800	4665	2027*	1430	1699	N.D.	V6	3,5	ATMO	255	236	AUTO, 6	INT	9	12,4
IS	350 TI	2800	4665	2027*	1430	1699	N.D.	V6	3,5	ATMO	306	277	AUTO, 6	INT	9	12,4
LC	500	2870	4760	1920	1345	1950	N.D.	V8	5	ATMO	467	389	AUTO, 10	PROP	13,8	9
LC	500H	2870	4760	1920	1345	2000	N.D.	V6	3,5	ATMO	295	257	CVT	PROP	7,6	6,4
LS	460 L TI	3090	5210	1875	1465	1980	N.D.	V8	4,6	ATMO	386	367	AUTO, 8	INT	13,5	8,7
LX	570	2850	5080	1980	1910	2680	3175	V8	5,7	ATMO	383	403	AUTO, 8	INT	18,3	12,9
NX	300H AWD	2660	4630	2131*	1645	1835	680	4L	2,5	ATMO	154	152	CVT	INT	7,1	7,7
NX	200T AWD	2660	4630	2131*	1645	1755	907	4L	2	TURBO	235	258	AUTO, 6	INT	10,6	8,4
RC	350 AWD	2730	4695	1840	1400	1769	N.D.	V6	3,5	ATMO	307	277	AUTO, 6	INT	12,6	9,1
RC	F	2730	4705	1845	1390	1795	N.D.	V8	5	ATMO	467	389	AUTO, 8	PROP	15,2	9,5
RX	450H	2790	4890	1895	1720	2150	1585	V6	3,5	ATMO	259	247	CVT	INT	7,7	8,2
RX	350	2790	4890	1895	1720	2020	1588	V6	3,5	ATMO	295	268	AUTO, 8	INT	12,2	8,9
LINCOLN																
MKC	2.0 ECOBOOST TI	2690	4552	2136*	1656	1798	907	4L	2	TURBO	240	270	AUTO, 6	INT	12,4	9
MKC	2.3 ECOBOOST TI	2690	4552	2136*	1656	1813	907	4L	2,3	TURBO	285	305	AUTO, 6	INT	12,9	9,2
MKS	TI ECOBOOST	2868	5222	2172*	1565	1940	454	V6	3,5	TURBO	365	350	AUTO, 6	INT	12,2	7,8
MKT	TI ECOBOOST	2995	5273	2177*	1712	2246	2041	V6	3,5	TURBO	365	350	AUTO, 6	INT	13,1	8,8
MKX	2.7 V6 TI	2849	4827	2188*	1681	1990	1588	V6	2,7	TURBO	335	380	AUTO, 6	INT	14,1	9,7
MKX	3.7 V6 TI	2849	4827	2188*	1681	1990	1588	V6	3,7	ATMO	303	278	AUTO, 6	INT	14,4	10,3
MKZ	3.0 GTDI TI	2850	4925	2116*	1476	1819	454	V6	3	TURBO	400	400	AUTO, 6	INT	14	9,2
MKZ	HYBRIDE	2850	4925	2116*	1476	1740	N.D.	4L	2	ATMO	141	129	CVT	TR	5,7	6,2
NAVIGATOR	4X4 L	3327	5646	2231*	1981	2862	3810	V6	3,5	TURBO	380	460	AUTO, 6	4X4	16,1	12,3
LOTUS																
EVORA	400	2575	4394	1978*	1229	1415	N.D.	V6	3,5	SURCOMP	400	302	MAN, 6	PROP	13,6	7,3
MASERATI																
GHIBLI	BASE	2997	4971	2101*	1461	1811	N.D.	V6	3	TURBO	345	369	AUTO, 8	PROP	14,1	9,8
GHIBLI	S Q4	2997	4971	2101*	1461	1871	N.D.	V6	3	TURBO	404	406	AUTO, 8	INT	15	10
GRANTUR-ISMO	CONVERTIBLE	2942	4933	2056*	1343	1980	N.D.	V8	4,7	ATMO	444	376	AUTO, 6	PROP	18,5	12,2
LEVANTE	BASE	3004	5003	2158*	1679	2108	2700	V6	3	TURBO	345	369	AUTO, 8	INT	15	8,5
LEVANTE	S	3004	5003	2158*	1679	2108	2700	V6	3	TURBO	424	428	AUTO, 8	INT	15	8,5
QUATTRO-PORTE	GTS (V8)	3171	5262	2100*	1481	2039	N.D.	V8	3,8	TURBO	523	524	AUTO, 8	PROP	17,4	8,5
QUATTRO-PORTE	S Q4 (V6) TI	3171	5262	2100*	1481	2091	N.D.	V6	3	TURBO	404	406	AUTO, 8	INT	15,4	7,8
MAZDA																
CX-3	GS TA	2570	4274	2049*	1547	1275	N.D.	4L	2	ATMO	146	146	AUTO, 6	TR	8,2	6,7
CX-3	GS TI	2570	4274	2049*	1547	1339	N.D.	4L	2	ATMO	146	146	AUTO, 6	INT	8,8	7,3
CX-5	GT TI	2700	4555	1840	1710	1629	N.D.	4L	2,5	ATMO	184	185	AUTO, 6	INT	9,8	7,9
CX-5	GX TA	2700	4555	1840	1710	1458	N.D.	4L	2	ATMO	155	150	MAN, 6	TR	9,3	7,6
CX-9	GT TI	2930	5065	2207*	1716	1917	1588	4L	2,5	TURBO	227	310	AUTO, 6	INT	11,2	8,8
CX-9	SIGNATURE	2930	5065	2207*	1716	1917	1588	4L	2,5	TURBO	227	310	AUTO, 6	INT	11,2	8,8
MAZDA3	BERLINE GS	2700	4580	2053*	1455	1299	N.D.	4L	2	ATMO	155	150	MAN, 6	TR	8	5,8
MAZDA3	SPORT GS	2700	4460	2053*	1455	1300	N.D.	4L	2	ATMO	155	150	MAN, 6	TR	8,2	5,9
MAZDA5	GT (AUTO)	2750	4585	1750	1615	1578	N.D.	4L	2,5	ATMO	157	163	AUTO, 5	TR	10,8	8,3
MAZDA6	GS	2830	4895	1840	1450	1444	N.D.	4L	2,5	ATMO	184	185	MAN, 6	TR	9,4	6,4

MODÈLE	VERSION	EMPATTEMENT (MM)	LONGUEUR (MM)	LARGEUR (MM)	HAUTEUR (MM)	POIDS (KG)	CAPACITÉ REMORQUAGE (KG)	MOTEUR	CYLINDRÉE (LITRE)	ALIMENTATION	PUISSANCE (CH)	COUPLE (LB-PI)	TRANSMISSION BASE	ROUAGE BASE	CONSOMMATION VILLE (L/100 KM)	CONSOMMATION ROUTE (L/100 KM)
MAZDA																
MAZDA6	GX (AUTO)	2830	4895	1840	1450	1474	N.D.	4L	2,5	ATMO	184	185	AUTO, 6	TR	8,8	6,1
MX-5	GS	2309	3914	1918*	1240	1058	N.D.	4L	2	ATMO	155	148	MAN, 6	PROP	8,8	6,9
MX-5	GT	2309	3914	1918*	1240	1078	N.D.	4L	2	ATMO	155	148	MAN, 6	PROP	8,8	6,9
MCLAREN																
540S	COUPÉ	2670	4530	2095	1202	1438	N.D.	V8	3,8	TURBO	533	398	AUTO, 7	PROP	16,5	7,4
570GT	COUPÉ	2670	4530	2095	1201	1495	N.D.	V8	3,8	TURBO	562	443	AUTO, 7	PROP	16,5	7,4
570S	COUPÉ	2670	4530	2095	1202	1440	N.D.	V8	3,8	TURBO	562	443	AUTO, 7	PROP	16,5	7,4
650S	COUPÉ	2670	4512	2093	1199	1428	N.D.	V8	3,8	TURBO	641	500	AUTO, 7	PROP	17,5	8,5
650S	SPIDER	2670	4512	2093	1203	1468	N.D.	V8	3,8	TURBO	641	500	AUTO, 7	PROP	17,5	8,5
675LT	COUPÉ	2670	4546	2095	1188	1328	N.D.	V8	3,8	TURBO	666	516	AUTO, 7	PROP	17,5	8,5
675LT	SPIDER	2670	4546	2095	1192	1368	N.D.	V8	3,8	TURBO	666	516	AUTO, 7	PROP	17,5	8,5
MERCEDES-BENZ																
AMG GT	COUPÉ	2630	4546	1939	1287	1540	N.D.	V8	4	TURBO	462	442	AUTO, 7	PROP	0	0
AMG GT	COUPÉ S	2630	4546	1939	1288	1570	N.D.	V8	4	TURBO	503	479	AUTO, 7	PROP	14,5	10,8
CLASSE B	B250 4MATIC	2699	4393	2010*	1562	1505	N.D.	4L	2	TURBO	208	258	AUTO, 7	INT	10	7,5
CLASSE C	300D 4MATIC BERLINE	2840	4686	2020*	1442	1680	N.D.	4L	2,1	TURBO	201	369	AUTO, 7	INT	7,3	6
CLASSE C	AMG C43 4MATIC COUPÉ	2840	4696	2016*	1405	1735	N.D.	V6	3	TURBO	362	384	AUTO, 9	INT	12,1	7,4
CLASSE C	AMG C63S CABRIOLET	2840	4686	2016*	1410	0	N.D.	V8	4	TURBO	503	516	AUTO, 9	PROP	0	0
CLASSE C	AMG C63S COUPÉ	2840	4750	2016*	1402	1800	N.D.	V8	4	TURBO	503	516	AUTO, 7	PROP	13,7	8,2
CLASSE CLA	CLA250 4MATIC BERLINE	2699	4630	1778	1438	1544	N.D.	4L	2	TURBO	208	258	AUTO, 7	INT	8,5	5,1
CLASSE CLA	CLA45 AMG 4MATIC	2699	4691	1777	1416	1585	N.D.	4L	2	TURBO	375	350	AUTO, 7	INT	9,9	6,5
CLASSE CLS	CLS 550 4MATIC	2874	4956	2075*	1419	1940	N.D.	V8	4,7	TURBO	402	443	AUTO, 9	INT	13,7	9,3
CLASSE CLS	CLS 63 AMG S-MODEL 4MATIC	2874	4995	2075*	1416	1870	N.D.	V8	5,5	TURBO	577	590	AUTO, 7	INT	15,1	10,8
CLASSE E	300 BERLINE 4MATIC	2939	4923	2065*	1468	1800	N.D.	4L	2	TURBO	241	273	AUTO, 9	INT	0	0
CLASSE E	400 BERLINE 4MATIC	2939	4923	2065*	1468	1845	N.D.	V6	3	TURBO	329	354	AUTO, 9	INT	0	0
CLASSE E	E400 4MATIC FAMILIALE	2874	4905	2071*	1509	1935	N.D.	V6	3	TURBO	329	354	AUTO, 7	INT	12,4	8,8
CLASSE E	E400 CABRIOLET	2760	4703	2016*	1398	1845	N.D.	V6	3	TURBO	329	354	AUTO, 7	PROP	10,6	7,1
CLASSE G	AMG 65	2850	4763	1855*	1938	2580	3182	V12	6	TURBO	621	737	AUTO, 7	INT	22,2	18
CLASSE G	G 550	2850	4764	1867*	1954	2595	3182	V8	4	TURBO	416	450	AUTO, 7	INT	19	16,5
CLASSE GLA	250 4MATIC	2699	4417	2022*	1494	1505	N.D.	4L	2	TURBO	208	258	AUTO, 7	INT	8,3	5,6
CLASSE GLA	45 AMG 4MATIC	2699	4445	2022*	1479	1585	N.D.	4L	2	TURBO	355	332	AUTO, 7	INT	9,2	6,4
CLASSE GLC	300 4MATIC	2873	4656	2096*	1644	1815	1558	4L	2	TURBO	241	273	AUTO, 9	INT	11,1	8,5
CLASSE GLC	43 4MATIC	2873	4661	2096*	1627	1880	1558	V6	3	TURBO	362	384	AUTO, 9	INT	0	0
CLASSE GLC	300 4MATIC COUPÉ	2873	4732	2096*	1602	1785	N.D.	4L	2	TURBO	241	273	AUTO, 9	INT	10,5	7,8
CLASSE GLE	350D 4MATIC	2915	4819	2141*	1796	2175	3265	V6	3	TURBO	249	457	AUTO, 9	INT	10	8
CLASSE GLE	350D 4MATIC COUPÉ	2915	4900	2129*	1731	2250	3265	V6	3	TURBO	249	455	AUTO, 9	INT	10,4	8,2
CLASSE GLE	AMG 63 S 4MATIC COUPÉ	2915	4918	2129*	1718	2350	3265	V8	5,5	TURBO	577	560	AUTO, 7	INT	17,2	12,8
CLASSE GLS	350D 4MATIC	3075	5130	2141*	1850	2480	N.D.	V6	3	TURBO	249	455	AUTO, 9	INT	9,8	8,6
CLASSE GLS	63 AMG 4MATIC	3075	5162	2141*	1850	2610	N.D.	V8	5,5	TURBO	577	560	AUTO, 7	TR	18,9	12,4
CLASSE S	550 4MATIC	3035	5116	2130*	1496	2050	N.D.	V8	4,6	TURBO	449	516	AUTO, 7	INT	12,1	6,4
CLASSE S	550 4MATIC ALLONGÉE	3165	5246	2130*	1494	2070	N.D.	V8	4,6	TURBO	449	516	AUTO, 7	INT	12,8	7,1
CLASSE S	550 4MATIC COUPÉ	2945	5027	2108*	1411	2090	N.D.	V8	4,7	TURBO	449	516	AUTO, 7	INT	12,5	7,1
CLASSE S	550 CABRIOLET	2945	5027	2108*	1417	2115	N.D.	V8	4,7	TURBO	449	516	AUTO, 9	PROP	12,2	7,5
CLASSE S	550E BERLINE	3165	5246	2130*	1494	2215	N.D.	V6	3	TURBO	329	354	AUTO, 7	PROP	10	7,8
CLASSE S	AMG S65 CABRIOLET	2945	5027	2108*	1417	2255	N.D.	V12	6	TURBO	621	737	AUTO, 7	PROP	17,1	8,9
CLASSE SL	450	2585	4631	2099*	1315	1735	N.D.	V6	3	TURBO	362	369	AUTO, 9	PROP	11,6	6,6
CLASSE SL	65 AMG	2584	4640	2099*	1308	1950	N.D.	V12	6	TURBO	621	737	AUTO, 7	PROP	16,7	11,2
CLASSE SLC	300	2430	4133	2006*	1303	1505	N.D.	4L	2	TURBO	241	273	AUTO, 9	PROP	7,8	5,2
CLASSE SLC	43	2430	4143	2006*	1303	1595	N.D.	V6	3	TURBO	362	384	AUTO, 9	PROP	10,7	6,2
MAYBACH	S600	3365	5453	2130*	1496	2335	N.D.	V12	6	TURBO	523	612	AUTO, 7	PROP	16,9	8,7
METRIS	COMBI	3200	5141	2244*	1910	2200	2250	4L	2	TURBO	208	258	AUTO, 7	PROP	12,3	10,8
MINI																
CABRIOLET	COOPER	2495	3837	1727	1415	1295	N.D.	3L	1,5	TURBO	134	162	MAN, 6	TR	8,2	6
CLUBMAN	COOPER S ALL4	2670	4260	2022*	1441	1563	N.D.	4L	2	TURBO	189	207	MAN, 6	TR	11	8,6
COUNTRYMAN	COOPER S ALL4	2595	4110	1789	1561	1563	N.D.	4L	1,6	TURBO	181	177	MAN, 6	INT	9,5	7,6
HAYON	COOPER S	2495	3858	1727	1414	1263	N.D.	4L	2	TURBO	189	207	MAN, 6	TR	10	7
PACEMAN	JOHN COOPER WORKS ALL4	2596	4120	1789	1527	1479	N.D.	4L	1,6	TURBO	208	192	MAN, 6	INT	9,5	7,6

MODÈLE	VERSION	EMPATTEMENT (MM)	LONGUEUR (MM)	LARGEUR (MM)	HAUTEUR (MM)	POIDS (KG)	CAPACITÉ REMORQUAGE (KG)	MOTEUR	CYLINDRÉE (LITRE)	ALIMENTATION	PUISSANCE (CH)	COUPLE (LB-PI)	TRANSMISSION BASE	ROUAGE BASE	CONSOMMATION VILLE (L/100 KM)	CONSOMMATION ROUTE (L/100 KM)
MITSUBISHI																
I-MIEV	ES	2550	3675	1585	1615	1148	N.D.	ÉLECT	0		0	0	RAPP FIXE	PROP	0	0
LANCER	ES	2635	4625	1760	1480	1320	N.D.	4L	2	ATMO	148	145	MAN, 5	TR	9,6	7
LANCER	ES AWC	2635	4625	1760	1480	1420	N.D.	4L	2,4	ATMO	168	167	CVT	INT	10,2	7,8
LANCER	SPORTBACK SE	2635	4640	1760	1505	1355	N.D.	4L	2	ATMO	148	145	MAN, 5	TR	9,9	7,2
MIRAGE	ES	2450	3795	1665	1510	915	N.D.	3L	1,2	ATMO	78	74	MAN, 5	TR	7,1	5,8
MIRAGE G4	SEL	2550	4305	1670	1505	995	N.D.	3L	1,2	ATMO	78	74	CVT	TR	6,9	5,7
OUTLANDER	ES 2RM	2670	4695	1810	1680	1475	682	4L	2,4	ATMO	166	162	CVT	TR	9,2	7,5
OUTLANDER	PHEV	2670	4655	2120*	1680	1810	750	4L	2	ATMO	119	140	RAPP FIXE	INT	0	0
RVR	SE TA	2670	4295	1770	1630	1370	N.D.	4L	2	ATMO	148	145	MAN, 5	TR	9,9	7,6
RVR	SE TI	2670	4295	1770	1630	1470	N.D.	4L	2	ATMO	148	145	CVT	INT	9,6	7,7
NISSAN																
ALTIMA	2.5 BERLINE	2776	4874	1829	1468	1450	N.D.	4L	2,5	ATMO	182	180	CVT	TR	8,7	6
ALTIMA	3.5 SL BERLINE	2776	4874	1829	1470	1571	N.D.	V6	3,5	ATMO	270	251	CVT	TR	10,3	7,4
ARMADA	PLATINE	3076	5306	2029	1925	2705	3855	V8	5,6	ATMO	390	401	AUTO, 7	4X4	0	0
FRONTIER	PRO-4X 4X4 CAB. DOUBLE	3200	5220	1850	1780	2034	2767	V6	4	ATMO	261	281	MAN, 6	4X4	14,9	10,4
FRONTIER	PRO-4X 4X4 KING CAB	3200	5220	1850	1770	1980	2858	V6	4	ATMO	261	281	MAN, 6	4X4	13,8	10,4
GT-R	BLACK EDITION	2780	4710	1895	1370	1738	N.D.	V6	3,8	TURBO	565	467	AUTO, 6	INT	14,3	10,5
JUKE	NISMO RS TA	2530	4160	1770	1570	1345	N.D.	4L	1,6	TURBO	215	210	MAN, 6	TR	8,9	7,5
JUKE	NISMO RS TI	2530	4160	1770	1570	1451	N.D.	4L	1,6	TURBO	211	184	CVT	INT	9,4	8,1
JUKE	SV TI	2530	4125	1765	1570	1443	N.D.	4L	1,6	TURBO	188	177	CVT	INT	8,8	7,5
LEAF	S	2700	4445	1770	1550	1447	N.D.	ÉLECT	0		0	0	RAPP FIXE	TR	0	0
MAXIMA	SV	2775	4897	1860	1436	1583	N.D.	V6	3,5	ATMO	300	261	CVT	TR	10,9	7,8
MICRA	S	2450	3827	1665	1527	1044	N.D.	4L	1,6	ATMO	109	107	MAN, 5	TR	8,6	6,6
MURANO	S TA	2825	4888	1916	1689	1721	680	V6	3,5	ATMO	260	240	CVT	TR	11	8,2
MURANO	SL TI	2825	4888	1916	1689	1804	680	V6	3,5	ATMO	260	240	CVT	INT	11,2	8,3
PATHFINDER	SV 4RM	2900	5042	1961	1783	2021	2268	V6	3,5	ATMO	284	259	CVT	4X4	12,1	8,9
ROGUE	S TA	2706	4630	1840	1715	1550	454	4L	2,5	ATMO	170	175	CVT	TR	9,1	7,1
ROGUE	S TI	2706	4630	1840	1715	1610	454	4L	2,5	ATMO	170	175	CVT	INT	9,5	7,4
SENTRA	1.8 SV (CVT)	2700	4625	1760	1495	1300	N.D.	4L	1,8	ATMO	130	128	CVT	TR	8	6,1
SENTRA	1.8 SV (MAN)	2700	4625	1760	1495	1296	N.D.	4L	1,8	ATMO	130	128	MAN, 6	TR	8,9	6,6
TITAN XD	PLATINUM 4X4 5.0 CAB. DOUBLE	3850	6173	2020	1999	3400	4812	V8	5	TURBO	310	555	AUTO, 6	4X4	14,9	11,3
TITAN XD	PRO-4X 4X4 5.0 CAB. DOUBLE	3850	6187	2049	1988	3299	5345	V8	5	TURBO	310	555	AUTO, 6	4X4	14,9	11,3
TITAN XD	PLATINUM 4X4 5.6 CAB. DOUBLE	3850	6173	2020	1999	3250	N.D.	V8	5,6	ATMO	390	401	AUTO, 7	4X4	17,5	13,5
VERSA	NOTE SL HAYON	2600	4141	1695	1537	1126	N.D.	4L	1,6	ATMO	109	107	MAN, 5	TR	7,4	5,4
VERSA	NOTE SR HAYON (CVT)	2600	4141	1695	1537	1116	N.D.	4L	1,6	ATMO	109	107	CVT	TR	7,6	6,7
VERSA	NOTE SV HAYON (CVT)	2600	4141	1695	1537	1116	N.D.	4L	1,6	ATMO	109	107	CVT	TR	6,1	4,8
Z	370Z COUPE	2550	4255	1845	1315	1497	N.D.	V6	3,7	ATMO	332	270	MAN, 6	PROP	13,3	9,3
Z	370Z COUPÉ NISMO	2550	4330	1870	1315	1547	N.D.	V6	3,7	ATMO	350	276	MAN, 6	PROP	13,3	9,3
Z	370Z ROADSTER TOURISME SPORT	2550	4246	1845	1326	1599	N.D.	V6	3,7	ATMO	332	270	MAN, 6	PROP	13,6	9,7
Z	370Z ROADSTER TOURISME SPORT (AUTO)	2550	4246	1845	1326	1599	N.D.	V6	3,7	ATMO	332	270	AUTO, 7	PROP	13,1	9,6
*																
HUAYRA	BASE	2795	4605	2356*	1169	1350	N.D.	V12	6	TURBO	750	738	AUTO, 7	PROP	23,5	16,8
PORSCHE																
718	BOXSTER	2475	4379	1994*	1281	1335	N.D.	H4	2	TURBO	300	280	MAN, 6	PROP	9,9	6
718	BOXSTER (PDK)	2475	4379	1994*	1281	1365	N.D.	H4	2	TURBO	300	280	AUTO, 7	PROP	9	5,7
718	BOXSTER S	2475	4379	1994*	1280	1355	N.D.	H4	2,5	TURBO	350	310	MAN, 6	PROP	10,7	6,5
911	CARRERA 4	2450	4499	1978*	1295	1480	N.D.	H6	3	TURBO	370	331	MAN, 7	INT	12,2	6,7
911	CARRERA 4 CABRIOLET	2450	4499	1978*	1290	1550	N.D.	H6	3	TURBO	370	331	MAN, 7	INT	12,4	6,9
911	CARRERA 4S	2450	4499	1978*	1298	1490	N.D.	H6	3	TURBO	420	368	MAN, 7	INT	12,4	6,8
911	CARRERA 4S CABRIOLET	2450	4499	1978*	1293	1560	N.D.	H6	3	TURBO	420	368	MAN, 7	INT	12,6	6,8
911	TARGA 4	2450	4499	1978*	1288	1570	N.D.	H6	3	TURBO	370	331	MAN, 7	INT	12,4	6,9
911	TURBO S	2450	4507	1978*	1297	1600	N.D.	H6	3,8	TURBO	580	553	AUTO, 7	INT	11,8	7,5
911	TURBO S CABRIOLET	2450	4507	1978*	1294	1670	N.D.	H6	3,8	TURBO	580	553	AUTO, 7	INT	12,1	7,6
CAYENNE	BASE	2895	4855	2165*	1705	2040	3500	V6	3,6	ATMO	300	295	AUTO, 8	INT	12,3	7,5
CAYENNE	GTS	2895	4855	2165*	1688	2110	3500	V6	3,6	TURBO	440	443	AUTO, 8	INT	13,2	8,3
CAYENNE	S E-HYBRID	2895	4855	2165*	1705	2350	3500	V6	3	SURCOMP	333	325	AUTO, 8	INT	11,2	9,8

*PAGANI

Marque	MODÈLE	VERSION	EMPATTEMENT (MM)	LONGUEUR (MM)	LARGEUR (MM)	HAUTEUR (MM)	POIDS (KG)	CAPACITÉ REMORQUAGE (KG)	MOTEUR	CYLINDRÉE (LITRE)	ALIMENTATION	PUISSANCE (CH)	COUPLE (LB-PI)	TRANSMISSION BASE	ROUAGE BASE	CONSOMMATION VILLE (L/100 KM)	CONSOMMATION ROUTE (L/100 KM)
PORSCHE	CAYENNE	TURBO S	2895	4855	2165*	1702	2235	3500	V8	4,8	TURBO	570	590	AUTO, 8	INT	15,9	8,9
	MACAN	GTS	2807	4692	2098*	1609	1895	2400	V6	3	TURBO	360	369	AUTO, 7	INT	13,8	10,3
	MACAN	S	2807	4681	2098*	1624	1865	2400	V6	3	TURBO	340	339	AUTO, 7	INT	13,7	10,3
	MACAN	TURBO	2807	4699	2098*	1624	1925	2400	V6	3,6	TURBO	400	406	AUTO, 7	INT	14,2	10,1
	MACAN	BASE	2807	4697	2098*	1624	1770	N.D.	4L	2	TURBO	252	273	AUTO, 7	INT	11,6	9,3
	PANAMERA	4S	2950	5049	1937	1423	1870	N.D.	V6	2,9	TURBO	440	405	AUTO, 8	INT	10,9	6,6
	PANAMERA	TURBO	2950	5049	1937	1423	1995	N.D.	V8	4	TURBO	550	567	AUTO, 8	INT	12,8	7,2
RAM	1500	REBEL 4X4 CAB. DOUBLE (5.6')	3556	5817	2017	1984	2338	1887	V6	3,6	ATMO	305	269	AUTO, 8	4X4	14,6	10,1
	1500	LARAMIE LONGHORN DIESEL 4X4 CAB. DOUBLE (5.6')	3556	5817	2017	1984	2780	3452	V6	3	TURBO	240	420	AUTO, 8	4X4	12,1	8,8
	1500	BIG HORN 4X2 CAB. DOUBLE (5.6')	3556	5817	2017	1954	2410	3706	V8	5,7	ATMO	395	410	AUTO, 8	PROP	15,8	10,9
	1500	BIG HORN 4X4 CAB. ALLONGÉE (6.3')	3556	5817	2017	1974	2466	3742	V8	5,7	ATMO	395	410	AUTO, 8	4X4	16,2	11,5
	1500	BIG HORN 4X2 CAB. ALLONGÉE (6.3')	3556	5817	2017	1961	2381	3824	V8	5,7	ATMO	395	410	AUTO, 8	PROP	15,8	10,9
	PROMASTER CITY	WAGON SLT	3109	4740	1831	1880	1680	907	4L	2,4	ATMO	178	174	AUTO, 9	TR	11,2	8,1
ROLLS-ROYCE	DAWN	BASE	3112	5285	1947	1502	2560	N.D.	V12	6,6	TURBO	563	575	AUTO, 8	PROP	22,1	10
	GHOST SERIES II	ALLONGÉE	3465	5569	1948	1550	2570	N.D.	V12	6,6	TURBO	563	575	AUTO, 8	PROP	17,3	10,5
	GHOST SERIES II	COURTE	3295	5399	1948	1550	2490	N.D.	V12	6,6	TURBO	563	575	AUTO, 8	PROP	17,3	10,5
	PHANTOM	ALLONGÉE	3820	6092	1990	1640	2694	N.D.	V12	6,7	ATMO	453	531	AUTO, 8	PROP	16,8	10,3
	PHANTOM	COUPÉ	3320	5612	1987	1598	2629	N.D.	V12	6,7	ATMO	453	531	AUTO, 8	PROP	16,8	10,3
	PHANTOM	DROPHEAD COUPE	3320	5612	1987	1566	2719	N.D.	V12	6,7	ATMO	453	531	AUTO, 8	PROP	16,8	10,4
	WRAITH	BASE	3112	5281	1947	1507	2440	N.D.	V12	6,6	TURBO	624	590	AUTO, 8	PROP	16,9	10
SMART	FORTWO	CABRIOLET	1873	2695	1663	1552	995	N.D.	3L	0,9	TURBO	89	100	MAN, 5	PROP	7,5	6,1
	FORTWO	PASSION	1873	2695	1663	1555	915	N.D.	3L	0,9	TURBO	89	100	MAN, 5	PROP	7,5	6,1
SUBARU	BRZ	SPORT-TECH	2570	4235	1775	1425	1260	N.D.	H4	2	ATMO	205	0	MAN, 6	PROP	10,9	7,9
	CROSSTREK	LIMITED (AUTO)	2635	4450	2019*	1615	1455	680	H4	2	ATMO	148	145	CVT	INT	9,1	7
	CROSSTREK	HYBRIDE	2635	4450	2019*	1615	1595	N.D.	H4	2	ATMO	148	145	CVT	INT	7,9	6,9
	FORESTER	2.0XT TOURISME	2640	4595	2031*	1735	1657	N.D.	H4	2	TURBO	250	258	CVT	INT	10,2	8,5
	FORESTER	2.5I	2640	4595	2031*	1735	1498	N.D.	H4	2,5	ATMO	170	174	MAN, 6	INT	10,6	8,4
	IMPREZA	2.0 5 PORTES	2670	4460	1777	1455	1365	N.D.	H4	2	ATMO	152	0	CVT	INT	8,5	6,4
	IMPREZA	2.0 BERLINE	2670	4625	1777	1455	1370	N.D.	H4	2	ATMO	152	0	CVT	INT	8,5	6,4
	LEGACY	2.5I	2750	4796	2066*	1500	1543	453	H4	2,5	ATMO	175	174	MAN, 6	INT	10,7	7,8
	LEGACY	3.6R TOURISME	2750	4796	2080*	1500	1677	453	H6	3,6	ATMO	256	247	CVT	INT	11,9	8,2
	OUTBACK	2.5I	2745	4817	2066*	1680	1614	1224	H4	2,5	ATMO	175	174	MAN, 6	INT	11	8,2
	OUTBACK	3.6R LIMITED	2745	4817	2080*	1680	1744	1360	H6	3,6	ATMO	256	247	CVT	INT	12	8,6
	WRX	BERLINE SPORT-TECH	2650	4595	2053*	1475	1590	N.D.	H4	2	TURBO	268	258	MAN, 6	INT	11,3	8,5
	WRX	STI BERLINE	2650	4595	2053*	1475	1526	N.D.	H4	2,5	TURBO	305	290	MAN, 6	INT	13,8	10,2
TESLA	MODEL S	60	2960	4970	2189*	1427	2100	N.D.	ÉLECT	0		0	0	RAPP FIXE	PROP	0	0
	MODEL S	60D	2960	4970	2189*	1427	2200	N.D.	ÉLECT	0		0	0	RAPP FIXE	INT	0	0
	MODEL S	90D	2960	4970	2189*	1427	2240	N.D.	ÉLECT	0		0	0	RAPP FIXE	INT	0	0
	MODEL S	P90D	2960	4970	2189*	1427	2240	N.D.	ÉLECT	0		0	0	RAPP FIXE	INT	0	0
	MODEL X	75D	2965	5036	2272*	1684	2350	2273	ÉLECT	0		328	0	RAPP FIXE	INT	0	0
	MODEL X	90D	2965	5036	2272*	1684	2391	2273	ÉLECT	0		417	0	RAPP FIXE	INT	0	0
	MODEL X	P90D	2965	5036	2272*	1684	2441	2273	ÉLECT	0		463	0	RAPP FIXE	INT	0	0
TOYOTA	86	BASE	2570	4235	1775	1320	1251	N.D.	H4	2	ATMO	205	0	MAN, 6	PROP	10,9	7,9
	4RUNNER	LIMITED 7 PLACES	2790	4820	1925	1780	2111	2268	V6	4	ATMO	270	278	AUTO, 5	INT	14,2	11,1
	AVALON	TOURING	2820	4960	2096*	1460	1610	455	V6	3,5	ATMO	268	248	AUTO, 6	TR	11,4	7,6
	CAMRY	HYBRIDE LE	2775	4850	1820	1470	1577	N.D.	4L	2,5	ATMO	156	156	CVT	TR	5,5	6
	CAMRY	XLE	2775	4850	1820	1470	1482	N.D.	4L	2,5	ATMO	178	170	AUTO, 6	TR	9,7	6,9
	CAMRY	XLE V6	2775	4850	1820	1470	1552	N.D.	V6	3,5	ATMO	268	248	AUTO, 6	TR	11	7,7
	COROLLA	LE ECO	2700	4639	1776	1455	1290	N.D.	4L	1,8	ATMO	140	126	CVT	TR	7,7	5,6
	COROLLA	SE	2700	4650	1776	1455	1285	N.D.	4L	1,8	ATMO	132	128	MAN, 6	TR	8,4	6,4
	COROLLA IM	BASE	2600	4330	1760	1405	1335	N.D.	4L	1,8	ATMO	137	126	MAN, 6	TR	8,6	6,6

ALBI
AUTO CRÉDIT
.COM

VOTRE EXPERT EN FINANCEMENT ET EN PRÊT AUTOMOBILE

DE TYPE 1RE, 2^{E} ET 3^{E} CHANCE AU CRÉDIT.

- ✓ Faillite
- ✓ Reprise de finance
- ✓ Bon ou mauvais crédit
- ✓ Travailleur autonome
- ✓ Divorce
- ✓ Remise volontaire

Financement
à partir de

0%

+

Approbation
garantie à

100%

Livraison partout au Québec

ON VOUS ATTEND !

MODÈLE	VERSION	EMPATTEMENT (MM)	LONGUEUR (MM)	LARGEUR (MM)	HAUTEUR (MM)	POIDS (KG)	CAPACITÉ REMORQUAGE (KG)	MOTEUR	CYLINDRÉE (LITRE)	ALIMENTATION	PUISSANCE (CH)	COUPLE (LB-PI)	TRANSMISSION BASE	ROUAGE BASE	CONSOMMATION VILLE (L/100 KM)	CONSOMMATION ROUTE (L/100 KM)
HIGHLANDER	HYBRIDE LIMITED	2790	4855	1925	1780	2205	1588	V6	3,5	ATMO	292	0	CVT	INT	6,8	7,2
HIGHLANDER	2RM LE	2790	4855	1925	1730	1925	2268	V6	3,5	ATMO	295	234	AUTO, 8	TR	11,1	7,9
HIGHLANDER	4RM LE	2790	4855	1925	1730	1995	2268	V6	3,5	ATMO	295	234	AUTO, 8	INT	11,5	8,2
PRIUS	BASE	2700	4540	1760	1470	1390	N.D.	4L	1,8	ATMO	95	105	CVT	TR	4,4	4,6
PRIUS	PRIME	2700	4540	1760	1470	1450	N.D.	4L	1,8	ATMO	95	105	CVT	TR	4,4	4,6
PRIUS C	BASE	2550	3995	1695	1445	1132	N.D.	4L	1,5	ATMO	73	82	CVT	TR	3,6	4
PRIUS V	BASE	2780	4630	1775	1575	1505	N.D.	4L	1,8	ATMO	98	105	CVT	TR	5,4	5,8
RAV4	4RM LE	2660	4570	1845	1660	1600	680	4L	2,5	ATMO	176	172	AUTO, 6	INT	10,5	8,2
RAV4	4RM HYBRIDE	2660	4570	1845	1660	1800	N.D.	4L	2,5	ATMO	156	156	CVT	INT	7,8	7
SEQUOIA	SR5 5.7L V8	3100	5210	2030	1955	2707	3220	V8	5,7	ATMO	381	401	AUTO, 6	4X4	18,8	14
SIENNA	LE 8 PLACES	3030	5085	1985	1795	1965	1588	V6	3,5	ATMO	295	234	AUTO, 8	TR	13	9,5
SIENNA	LE AWD 7 PLACES	3030	5085	1985	1810	2045	1588	V6	3,5	ATMO	295	234	AUTO, 8	INT	14,4	10,2
TACOMA	4X4 CAB. DOUBLE V6 LIMITED	3571	5727	1910	1793	1975	2720	V6	3,5	ATMO	278	265	AUTO, 6	4X4	13,1	10,5
TACOMA	4X4 CAB. ACCÈS V6 TRD HORS-ROUTE	3235	5392	1910	1793	1927	2950	V6	3,5	ATMO	278	265	MAN, 6	4X4	13,8	11,7
TUNDRA	4X4 4.6L CAB. DOUBLE	3700	5815	2030	1940	2450	2945	V8	4,6	ATMO	310	327	AUTO, 6	4X4	16,9	12,9
TUNDRA	4X4 5.7L CAB. DOUBLE	3700	5815	2030	1940	2480	4490	V8	5,7	ATMO	381	401	AUTO, 6	4X4	18,2	14,1
YARIS	BERLINE	2570	4361	1695	1485	1082	N.D.	4L	1,5	ATMO	106	103	MAN, 6	TR	7,6	5,7
YARIS	CE 3 PORTES HATCHBACK	2510	3950	1695	1510	1030	N.D.	4L	1,5	ATMO	106	103	MAN, 5	TR	7,7	6,3
YARIS	LE 5 PORTES HATCHBACK	2510	3950	1695	1510	1030	N.D.	4L	1,5	ATMO	106	103	MAN, 5	TR	7,7	6,3
BEETLE	1.8 TRENDLINE	2537	4278	1808	1486	1337	386	4L	1,8	TURBO	170	184	MAN, 5	TR	9,9	7,2
BEETLE	1.8 TRENDLINE+ DÉCAPOTABLE	2540	4278	1808	1473	1463	N.D.	4L	1,8	TURBO	170	184	AUTO, 6	TR	9,8	7,3
CC	WOLFSBURG V6	2711	4802	1855	1417	1748	N.D.	V6	3,6	ATMO	280	265	AUTO, 6	INT	13,9	9,3
GOLF	COMFORTLINE 5-PORTES	2637	4268	1799	1443	1318	N.D.	4L	1,8	TURBO	170	185	MAN, 6	TR	9,3	6,4
GOLF	FAMILIALE SPORT	2635	4562	1799	1481	1434	N.D.	4L	1,8	TURBO	170	185	MAN, 5	TR	9,5	6,6
GOLF	GTI 3-PORTES	2631	4268	1790	1442	1378	N.D.	4L	2	TURBO	210	258	MAN, 6	TR	9,4	6,9
GOLF	GTI AUTOBAHN 5-PORTES	2631	4268	1799	1442	1378	N.D.	4L	2	TURBO	210	258	MAN, 6	TR	9,4	6,9
GOLF	R 5-PORTES	2630	4276	1799	1436	1518	N.D.	4L	2	TURBO	292	280	AUTO, 6	INT	10,2	7,8
GOLF	SPORTWAGEN ALLTRACK COMFORTLINE	2630	4578	2027*	1516	1540	N.D.	4L	1,8	TURBO	170	185	AUTO, 6	INT	9,3	6,5
JETTA	1.4 COMFORTLINE	2651	4628	1778	1453	1334	N.D.	4L	1,4	TURBO	150	184	MAN, 5	TR	8,4	5,9
JETTA	1.8 HIGHLINE (AUTO)	2651	4628	1778	1453	1393	N.D.	4L	1,8	TURBO	170	184	AUTO, 6	TR	9,4	6,5
JETTA	GLI 2.0 AUTOBAHN DSG	2651	4628	1778	1453	1432	N.D.	4L	2	TURBO	210	207	AUTO, 6	TR	9,8	7,1
PASSAT	COMFORTLINE 1.8 TSI	2803	4875	1834	1472	1503	N.D.	4L	1,8	TURBO	170	184	AUTO, 6	TR	9,4	6,3
PASSAT	HIGHLINE 3.6	2803	4875	1834	1472	1622	N.D.	V6	3,6	ATMO	280	258	AUTO, 6	TR	11,9	8,5
TIGUAN	4MOTION SE	2604	4427	1809	1730	1629	998	4L	2	TURBO	200	207	AUTO, 6	INT	11,7	9,4
TOUAREG	EXECLINE	2893	4795	1940	1732	2130	3500	V6	3,6	ATMO	280	266	AUTO, 8	INT	13,8	10,3
S60	CROSS-COUNTRY T5 AWD	2776	4637	2097*	1539	1750	1500	4L	2	TURBO	240	266	AUTO, 8	INT	10,2	7,1
S60	T5 DRIVE-E FWD	2776	4635	2097*	1484	1605	1500	4L	2	TURBO	240	258	AUTO, 8	TR	9,6	6,7
S60	T6 DRIVE-E AWD	2776	4635	2097*	1484	1751	1500	4L	2	TURBO SURCOMP	302	295	AUTO, 8	INT	11,3	8,2
S60	POLESTAR	2776	4635	2097*	1484	1751	N.D.	4L	2	TURBO SURCOMP	367	347	AUTO, 8	INT	12	9
S90	T6 AWD	2941	4963	2019*	1443	1919	2090	4L	2	TURBO SURCOMP	316	295	AUTO, 8	INT	0	0
V60	T5 DRIVE-E FWD	2776	4635	2097*	1484	1670	1500	4L	2	TURBO	240	258	AUTO, 8	TR	9,6	6,7
V60	T6 DRIVE-E AWD	2776	4635	2097*	1484	1820	1500	4L	2	TURBO SURCOMP	310	295	AUTO, 8	INT	11,3	8,2
V60	CROSS-COUNTRY T5 AWD	2776	4635	2097*	1484	1800	1588	4L	2	TURBO	240	258	AUTO, 8	INT	10,2	7,1
V60	POLESTAR	2776	4635	2097*	1484	1796	N.D.	4L	2	TURBO SURCOMP	367	347	AUTO, 8	INT	12	9
V90	T6 AWD	2941	4936	2019*	1475	2100	2200	4L	2	TURBO SURCOMP	316	295	AUTO, 8	INT	0	0
XC60	T5 DRIVE-E TA	2774	4644	2120*	1713	2330	1588	4L	2	TURBO	240	258	AUTO, 8	TR	8,8	7,6
XC60	T6 DRIVE-E AWD	2774	4644	2120*	1713	2440	1588	4L	2	TURBO SURCOMP	302	295	AUTO, 8	INT	0	0
XC90	T5 AWD	2984	4950	2140*	1775	0	2250	4L	2	TURBO	240	258	AUTO, 8	INT	0	0
XC90	T6 AWD	2984	4950	2140*	1775	0	2250	4L	2	TURBO SURCOMP	316	295	AUTO, 8	INT	11,8	9,5
XC90	T8 AWD	2984	4950	2140*	1775	0	2250	4L	2	TURBO SURCOMP	316	295	AUTO, 8	INT	11,8	9,5

Rows grouped under: TOYOTA, VOLKSWAGEN, VOLVO

* Largeur incluant rétroviseurs

ALBI
OCCASION
.COM

PLUS DE 1000 VÉHICULES PRESQUE NEUFS À PRIX D'OCCASION

1-855-711-**ALBI**

MASCOUCHE | MONT-TREMBLANT | JOLIETTE

L'OCCASION DE FAIRE UNE BONNE AFFAIRE!

FINANCEMENT FACILE | LIVRAISON RAPIDE

Le plus grand choix

ON VOUS ATTEND!

ALAIN MORIN

LA MUSTANG

CINQ DÉCENNIES DE SUCCÈS

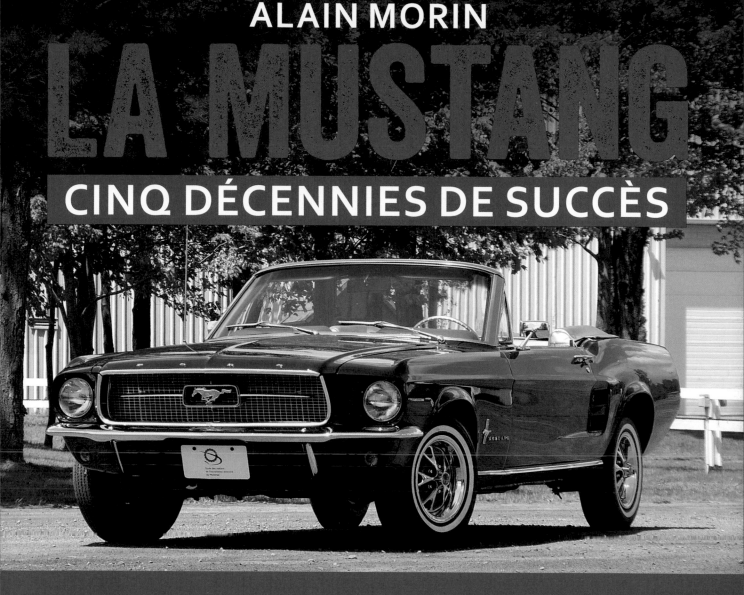

Découvrez-en davantage sur la Mustang au
guideautoweb.com/essais-et-dossiers/voitures-anciennes/dossier-mustang/

TOUT A DÉJÀ ÉTÉ DIT SUR LA MUSTANG

O ui, tout a été dit et écrit sur la Ford Mustang. De ses débuts à la génération actuelle, de ses données techniques à ses chiffres de vente, de son influence sur la société à l'amour que lui portent ses admirateurs, en passant par la haine de ses détracteurs, il n'y a plus rien à apprendre sur ce célèbre *pony car*. Pourtant, vous avez entre les mains une énième publication portant sur la Mustang. Pourquoi ?

L'an dernier, pour souligner la 50ᵉ parution du *Guide de l'auto*, l'équipe de LC Média inc., l'éditeur de ce succès de vente, avait décidé de faire restaurer une voiture de l'année 1967, année du premier *Guide*, écrit par Jacques Duval. Notre choix s'est naturellement arrêté sur la Mustang. Plusieurs raisons expliquent cette préférence. Il s'agit d'un modèle connu de tout le monde (ou presque), aimé tant des hommes que des femmes, et qui peut convenir à une petite famille grâce à ses quatre places. Qui plus est, les pièces requises pour sa restauration sont faciles à trouver et peu coûteuses. Déjà, nous étions conquis par la Mustang.

Au cours de la restauration de notre Mustang, nous avons été en mesure de constater l'ampleur de la popularité de cette voiture. À tel point que nous avons décidé d'ajouter quelques pages au *Guide de l'auto 2017*, question d'apporter un éclairage différent sur ce cheval mythique.

Par éclairage différent, nous entendons « présentation différente ». Plutôt que de raconter son histoire de façon chronologique, de la première génération apparue en avril 1964 à la dernière en 2014 (comme il est d'usage dans des centaines de livres et sites Internet), nous avons voulu relater son évolution à travers ses concepts et ses prototypes, ses modèles spéciaux et les personnages importants qui l'ont façonnée. C'est aussi l'histoire de la société dans laquelle la Mustang a évolué que nous vous exposons.

Avec l'espace et le temps qui nous étaient impartis, il aurait été impensable de tout raconter. À elle seule, la première génération pourrait contenir 300 pages ! Nous avons dû effectuer des choix, souvent déchirants. Nous avons aussi privilégié une présentation moderne, dégagée, qui rend le contenu agréable à lire et à regarder, tout simplement.

Malgré une industrie qui change rapidement, le *Guide de l'auto* version imprimée demeure un succès, année après année, et la Mustang continue d'être plus qu'une voiture. Vous avez entre les mains la rencontre entre deux institutions.

Bonne lecture !

Alain Morin

AVANT LA MUSTANG : LONGUE HISTOIRE, SUCCÈS INSTANTANÉ

Officiellement, la Mustang est née le 17 avril 1964. Cette journée-là, à l'Exposition internationale de New York, Ford dévoile une jolie sportive compacte. En réalité, Ford ne le sait pas encore, mais elle expose bien plus qu'une voiture. Ce sera une icône, une géante de la culture américaine, qui aura une influence monstre dans l'industrie automobile. La Mustang est, à cette époque, le reflet de la société dans laquelle elle a été créée. Elle est tributaire du mode de vie américain, des voitures qui ont vu le jour avant elle et de la façon dont on les a construites. Elle sera pourtant différente.

Comme beaucoup de créations automobiles apparues dans la seconde moitié du XXe siècle, la Mustang trouve ses racines dans la Deuxième Guerre mondiale. Durant ce conflit, la technologie connaît de spectaculaires avancées, par exemple l'électronique, qui fait un bond prodigieux grâce aux Anglais, lesquels ont développé des ordinateurs pour pouvoir décrypter les messages des Allemands.

Volkswagen Beetle 1959

Malgré les pertes humaines, l'Amérique sort de ce conflit grandie. Les « p'tits gars » reviennent à la maison avec de l'argent plein les poches et un avenir rempli de promesses. Ils retrouvent leur copine, se marient et fondent des familles. S'ensuit un « baby-boom » sans précédent. La vie est belle.

Au début des années 1960, la folie s'estompe un peu. De plus en plus de couples habitent en banlieue et les deux membres travaillent à l'extérieur. Le besoin d'une deuxième voiture se fait rapidement sentir. Plutôt que de se tourner vers une autre américaine immense et puissante, ils désirent quelque chose de plus terre à terre. Justement, une drôle de bibitte allemande, la Coccinelle, commence à circuler sur les routes des États-Unis.

Après avoir tenté d'importer des voitures européennes mal adaptées à la réalité nord-américaine pour contrer la Volkswagen, General Motors, Ford et Chrysler créent des voitures qui répondent davantage aux goûts des Américains. Pour l'année-modèle 1960, Chevrolet dévoile la Corvair, une voiture révolutionnaire (pour les États-Unis) qui reprend le concept mécanique de la populaire Volkswagen Beetle. Ford présente la Falcon, nettement moins audacieuse. En même temps, Chrysler commercialise la Valiant. La compacte Falcon remporte un succès retentissant dès sa première année sur le marché.

Depuis déjà une quinzaine d'années, un jeune cadre de Ford se distingue. Lido Anthony Iacocca est ambitieux, juste assez arrogant, charismatique et excellent vendeur. Il gravit les échelons et, en

Ford Falcon Futura 1963

Chevrolet Corvair Monza

novembre 1960, devient vice-président et directeur général de Ford. Il forme alors un comité qui
explorera le futur de la marque à l'ovale bleu. Puisque le
groupe de huit cadres se réunit (après les heures de travail) au Fairlane Inn, sur l'avenue
Michigan de Dearborn, il s'agira du comité Fairlane ! Même s'il n'accouchera pas tout de
suite de la Mustang, il donnera à Iacocca des indications sur ce que le public désire et sur ce
que Ford peut lui offrir.

Iacocca demande à Gene Bordinat, le chef styliste de Ford, de créer un prototype qui
refléterait le niveau technique de la marque et qui la mettrait sous les feux de la rampe.
L'équipe de Bordinat conçoit un superbe roadster à moteur central, entouré d'un châssis
composé d'aluminium tubulaire, comme les voitures de course. Ce spectaculaire concept
est baptisé Mustang, car le designer John Najja a toujours admiré l'avion de chasse
P-51 Mustang. Mais, finalement, c'est un cheval fougueux, un mustang, qui représentera
la voiture.

La première sortie officielle de la Mustang 1 Concept se déroule le 7 octobre 1962 au
Grand Prix de Watkins Glen, dans l'État de New York, où elle surprend tout le monde en
atteignant plus de 120 mph (193 km/h), le réputé pilote Dan Gurney étant aux commandes.

La réaction du public est fantastique et la Mustang réussit parfaitement sa mission !
Sauf que la Mustang n'est qu'une voiture de promotion, et il est clair dans l'esprit du bouillant Iacocca qu'elle le demeurera. Il sait déjà que sa future voiture de production aura quatre
places. Un biplace est, inévitablement, relégué à des ventes limitées puisqu'il s'adresse,
dans la plupart des cas, à de jeunes couples ou à des célibataires. La Thunderbird illustre
bien cette réalité, elle qui, alors qu'elle était biplace – entre 1955 et 1957 – s'est vendue à
53 166 exemplaires. Lors des trois premières années de sa transformation en quatre places
(1958, 1959 et 1960), 198 146 unités ont trouvé preneur… Cependant, une voiture peut avoir
quatre places, mais il n'est point besoin qu'elle affiche une ligne triste ou des performances
en retrait !

Le projet, alors secret, ne s'appelle pas encore Mustang. Il s'appelle T-5. La voiture qui
en résultera devra être dévoilée à l'Exposition universelle de New York, en avril 1964.
Iacocca dispose d'un budget de 40 millions et d'à peine plus de 18 mois. Dire que le temps
presse est un euphémisme !

Même si elle porte le nom
de Mustang I Concept, rien de
cette voiture ne se retrouvera
sur la Mustang de production.

IDÉES, DESSINS, MAQUETTES, CONCEPTS, PROTOTYPES...

1965 À 1973

À l'automne 1962, Ford promène son très joli roadster Mustang I Concept partout aux États-Unis, mais n'a encore rien de concret sur les planches à dessin… même si la date de lancement (avril 1964) approche à grands pas. Avant même le dévoilement du joli roadster, Lee Iacocca organise un concours à l'interne, dans le but de motiver le côté créatif de ses troupes tout en accélérant le processus.

Le 16 août 1962, sept maquettes sont présentées. Celle dessinée par Gale Halderman, baptisée Cougar, se démarque. Il faut attendre 1963 pour qu'un prototype fonctionnel soit présenté au public. Nommé Mustang II, il montre déjà plusieurs éléments stylistiques qui se retrouveront sur la Mustang de production. On remar-

quera qu'au fil du processus de création, les designers ont exploré différents thèmes pour finalement revenir aux premiers. Désormais, il y a du concret ! Il reste encore énormément à faire, et trouver un nom n'est pas la moindre des tâches. Depuis le début, le nom Mustang est privilégié, mais chaque département qui touche au projet T-5 (le nom de code du projet) y va de sa propre dénomination. À cause de la nature de la voiture en devenir, on décide d'explorer le monde des chevaux. Les noms Colt, Bronco, Pinto et, bien entendu, Mustang, sont retenus. Ce dernier nom rappelle le succès remporté par la biplace de 1962 et porte l'image d'un cheval jeune et fougueux galopant dans une vaste prairie, monté par un cowboy… Difficile d'être plus américain !

Ce dessin, créé par Gene Halderman, fut choisi parmi sept candidats. On y voit très bien la future Mustang.

Cette maquette d'argile, basée sur le dessin de la page précédente, a été photographiée le 4 juin 1963 et porte le logo de la Cougar.

Ce dessin, créé par le designer Phil Clark pour le concept Mustang I, illustre bien le caractère fougueux de la Mustang.

Bien que l'idée d'une sportive à quatre portes ait déjà été écartée, les designers tentent quand même l'expérience.

Au fil du temps, d'autres maquettes d'argile seront fabriquées. Celle-ci représente une Mustang à deux places.

Et bon nombre des prototypes ne vivent pas vieux, car ils sont détruits. Cette Mustang « Shorty » a réussi à passer à travers les mailles et, en 2015, elle a été vendue plus de 500 000 $ à un particulier !

Moins de deux semaines avant le lancement officiel de la Mustang, il reste encore quelques petits détails à régler. Le cheval n'a pas encore sa forme finale et il court vers la droite. Il changera de direction très bientôt, et pour longtemps !

Parmi les nombreuses Mustang qui ne verront jamais le jour, il y a cette familiale créée en octobre 1966. Sa ligne rappelle davantage les *shooting brakes* européens que les familiales américaines.

1974 À 1978

Au fil des années, la Mustang prend de l'embonpoint. En 1970, en plein apogée de la puissance, les autorités de Ford, Lee Iacocca en tête, savent que cette course folle au cheval-vapeur ne pourra pas continuer indéfiniment. De plus, de sévères normes de sécurité pointent à l'horizon. Déjà, il faut penser plus petit, plus léger et, puisque les temps changent, plus luxueux. On vise l'année-modèle 1974 pour dévoiler la future Mustang.

Encore une fois, le temps presse. À l'automne 1971, cinq maquettes sont proposées. Celle qui l'emporte représente un véhicule à hayon. Une version coupé n'est pas retenue, du moins pour le moment. Il faudra attendre février 1972 pour qu'on décide de la produire, soit à peine 16 mois avant la mise en marché. Quant à la décapotable, elle est rapidement abandonnée, ce type de voitures étant de moins en moins populaire à ce moment-là.

Iacocca désire une Mustang plus luxueuse que sportive, une petite Mercedes-Benz en quelque sorte. Plutôt que de partir d'une feuille blanche, les ingénieurs reprennent la recette qui avait si bien fonctionné avec la première Mustang. Ils ne peuvent évidemment plus se baser sur la Falcon... mais il y a maintenant la Pinto.

Pour parvenir au résultat désiré, ils modifient un élément ici, une pièce là... À la fin, il ne restera de la Pinto que les puits de roues arrière, le plancher du coffre, les bras de suspension avant et l'essieu arrière. Lors de la présentation, Ford admet que la base de sa Mustang II est celle d'une Pinto. Rétrospectivement, il s'agit d'une erreur, le public n'étant pas prêt pour un tel «déclassement»!

Puisque la nouvelle venue reprend certains éléments stylistiques de la Mustang qu'elle remplace, et comme elle se veut le reflet de la société actuelle tout comme la première le fut dix ans auparavant, le nom Mustang II s'impose de lui-même.

Les premières esquisses sont davantage près d'une «Hot Wheels» que d'un concept! Bien malin celui ou celle qui pourrait trouver dans ce dessin des éléments de la Mustang II!

Cet essai est passablement réussi, du moins selon les goûts de l'auteur en 2016, mais à l'époque, il n'est pas sûr qu'il aurait été accepté des Américains. C'est surtout ce qu'il y a derrière qui est intéressant. En arrière-plan, au-dessus du capot, on remarque une Mustang à quadruples phares, dotée d'entrées d'air latérales comme sur la Shelby GT500 1969, mais avec une ligne arrière inédite. Ce concept ne semble être répertorié nulle part dans les archives de Ford. À l'arrière de la maquette principale, il y a un autre concept, très proche de la Mustang II. Malheureusement, on ne peut la voir au complet.

En novembre 1971, le style de la partie avant est déjà déterminé.

Au début de 1972, les designers s'attardent beaucoup à la partie arrière. L'idée des trois gros feux de chaque côté fera son chemin jusqu'aux chaînes de montage, mais leur style sera différent.

Pour promouvoir sa toute nouvelle Mustang II, Ford trimballe ce joli concept dans les différents salons de l'auto américains en 1974. Basée sur une Mustang II de préproduction, la Sportiva II présente un toit targa doté de panneaux amovibles. Cette version n'allait pas entrer en production.

GÉNÉRATION 3

1979 À 1993

La Mustang II a été une Mustang de transition. Déjà, l'année suivant sa mise en marché, les designers planchent sur la prochaine génération. Les décideurs de Ford (et d'ailleurs) sont conscients que la mondialisation sera le prochain enjeu et le pétrole, la nouvelle économie.

Pour épargner sur les coûts de fabrication qui augmentent drastiquement, les voitures devront répondre à plusieurs marchés. Les Japonais, avec leurs petites Toyota et Honda, l'ont compris depuis des années, mais pour les Américains, il s'agit d'un nouveau défi. Hal Sperlich, vice-président de Ford et apôtre de voitures aux

dimensions plus raisonnables, est à la tête d'un groupe qui accouche, au début de l'année 1973 – avant la crise du pétrole – de la polyvalente plateforme Fox, qui sera utilisée pour plusieurs voitures, entre autres le duo Ford Fairmont/Mercury Zephyr ainsi que la Mustang 1979, bien sûr.

Très tôt dans le long processus de création de la Mustang de troisième génération, les ingénieurs déterminent les dimensions clés. Par exemple, l'empattement sera de 100,4 po (2550 mm), soit 4,2 po (107 mm) de plus que celui de la Mustang II. Ce sont les passagers arrière qui profiteront le plus de cette générosité.

La plateforme Fox, sur laquelle reposera la Mustang de 1979 à 2004, a aussi servi à plusieurs autres modèles, dont la Ford Fairmont (ici, une version familiale 1981).

Si les proportions générales de la Mustang, qui verra le jour en 1979, sont déjà passablement établies, il reste encore beaucoup de travail à faire avant de créer une voiture qui ne ressemble pas à la Mustang II.

Présentant une partie avant qui sera reprise, en partie, par Datsun quelques années plus tard sur sa Maxima, cette maquette semble très sage pour une Mustang. Remarquez le logo sur la grille. Il s'agit de la tête d'un cheval, une création qu'on avait considérée pour la première Mustang.

En juin 1976, la forme générale de la Mustang de troisième génération est déjà bien avancée. Une foule de détails restent toutefois à peaufiner. L'aile arrière foncée est, en fait, une pièce amovible qui sert à tester différentes solutions.

Sur cette photo datée du 7 septembre 1976, le design du coupé est arrêté. Encore une fois, il y aura une foule de modifications avant 1979. Lentement mais sûrement, la puissance revient à la mode, mais la consommation doit demeurer la plus faible possible. L'aérodynamique sert ces deux maîtres.

1994 À 2004

Bien avant que ne commencent les premiers travaux menant à la quatrième génération de la Mustang (1994 à 2004), les amateurs du célèbre *pony car* avaient eu raison de s'inquiéter de son avenir. En effet, dès 1982, des ingénieurs de Ford travaillent à une nouvelle plateforme, qui pourrait remplacer la Fox dès 1989. Particularité de cette nouvelle plateforme : les roues motrices sont situées à l'avant, respectant ainsi la mouvance de l'époque. Dans son édition du 13 avril 1987, le magazine *Autoweek* montre des photos de la Mustang 1989 et dévoile ses détails techniques.

Devant le tollé, Ford fait marche arrière et abandonne le projet. En réalité, il ne l'abandonne pas. Cette plateforme donnera naissance à la Ford Probe et à la Mazda MX-6, Ford étant, à cette époque, actionnaire de la marque japonaise.

Ce n'est qu'après avoir décidé de conserver la propulsion pour la Mustang que les travaux débutent pour la prochaine génération. En 1988, le responsable du programme Mustang, Ken Dabrowski, et l'ingénieur en chef, John Coletti, se voient accorder un milliard de dollars pour concevoir et mettre en production le futur cheval.

Quelques points sont réglés très rapidement. La future Mustang sera une propulsion et elle offrira un V8. Aussi, elle sera physiquement très différente de celle qu'elle remplace et son style sera davantage près de celui de la Taurus. Elle reposera toujours sur le châssis Fox, qui sera toutefois sérieusement amélioré.

Cette maquette représente une Mustang honnie des amateurs puisque les roues motrices ne sont pas situées à l'arrière. Ironiquement, le cheval ne va pas dans la bonne direction !

La version de production de la Mustang à roues avant motrices deviendra la Ford Probe.

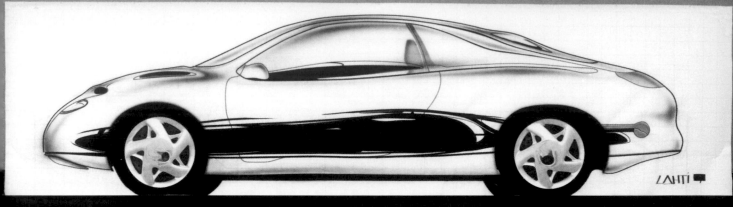

Une des premières esquisses de la future Mustang. Au moment de la photo, Ford ne semblait pas avoir arrêté son choix entre la Probe et la Mustang. Le Mach III, un concept que nous verrons plus loin, retiendra plusieurs éléments de cette étude.

Trop sage pour devenir une Mustang, la ligne de cette maquette a toutefois été retenue pour la Mercury Cougar 1999, surtout au chapitre de la ligne du toit arquée et de la ceinture de caisse.

Ce prototype d'une Mustang décapotable montre un couvercle rigide au-dessus du toit replié. Saviez-vous qu'un toit rigide a déjà été offert pour la Mustang décapotable ? Ford désirait l'offrir en option, mais des problèmes de conception ont retardé son introduction. Finalement, seulement 499 de ces toits ont été vendus pour les Cobra SVT 1995. Certaines sources parlent de 586 toits.

En juin 1990, Ford présente cette maquette baptisée Bruce Jenner en raison de ses lignes nettes et musclées. À l'époque, Jenner, médaillé olympique, était pilote de course IMSA à ses heures. Aujourd'hui, on le connaît sous le nom de Caitlyn Jenner.

Après « Bruce Jenner », les designers proposent une autre maquette, beaucoup plus agressive, nommée... Rambo ! On reconnaît les lignes générales de la Mustang 1995, mais elles sont jugées trop agressives.

Dotés d'un solide sens de l'humour, les designers créent la maquette Arnold Schwarzenegger. Celle-ci se situe à peu près à mi-chemin entre « Bruce Jenner » et « Rambo » et son design général ne changera pratiquement pas.

En mai 1992, John Coletti apprend que General Motors dévoilera ses nouvelles Camaro et Firebird au prochain Salon de Detroit (janvier 1993), devançant Ford d'un an. Plutôt que de se laisser démonter, il prend la décision de créer un concept qui en mettra plein la vue, comme la Mustang Concept I l'avait fait en 1962. Dérivé de « Rambo », le concept Mach III reçoit un V8 4,6 litres développant 450 chevaux. Grâce à sa carrosserie rouge flamme, Mach III vole la vedette au duo de GM... et fera la page couverture du *Guide de l'auto 1994* !

2005 À 2014

Vers la fin de 1999 et au début de 2000, les designers, sous la férule de J. Mays, commencent à travailler sur ce qui deviendra la Mustang 2005. Cette année-là, la quatrième génération aura 20 ans, ce qui représente une éternité dans le monde de l'automobile.

Et cette fois, pas question d'envisager, ne serait-ce qu'une seconde, la possibilité d'une Mustang à roues avant motrices! Or, en cette fin de millénaire, Ford possède seulement deux plateformes qui sont destinées aux propulsions (Crown Victoria et Lincoln LS). C'est cette dernière qui est choisie pour la Mustang et la future Thunderbird.

Avec son avant long et son arrière court, combinés à un moteur avant, la Mustang a toujours eu un équilibre des masses peu avantageux (la quatrième génération, par exemple, avait un rapport de 57 % à l'avant et 43 % à l'arrière), ce qui occasionnait un comportement routier sous-vireur (en courbes, l'avant veut continuer tout droit). En 1999, Ford Racing dévoilait la Mustang FR500, une version course du célèbre *pony.* Pour améliorer la tenue de route, la Mustang 2005 roulera sur un empattement de 107,1 po (2 720 mm), le même que celui de la Thunderbird 2002, une amélioration de 5,8 po (147 mm) par rapport au modèle précédent.

Vers l'été 2000, plusieurs choix esthétiques sont déjà déterminés, entre autres la ligne du toit. La partie avant, toutefois, est trop ronde.

Ce dessin montre une évolution du design New Edge qu'arborait la Mustang 1999, une Mustang de mi-génération. Dommage que les superbes roues n'aient pas été retenues. En 2004, année du dévoilement de la Mustang 2005, la voiture aura 40 ans. Les designers ont tout le loisir de piger dans son riche passé pour créer cette future génération.

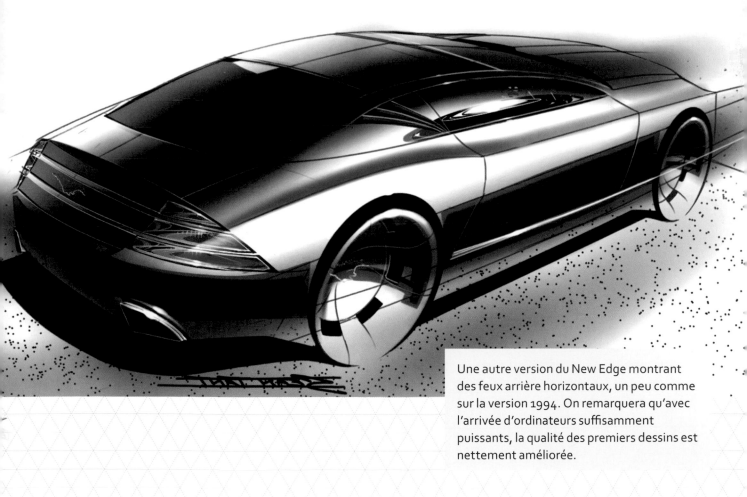

Une autre version du New Edge montrant des feux arrière horizontaux, un peu comme sur la version 1994. On remarquera qu'avec l'arrivée d'ordinateurs suffisamment puissants, la qualité des premiers dessins est nettement améliorée.

Cette maquette en argile, une des premières pour cette génération, montre un museau proéminent que les designers auront tôt fait d'aplatir.

Les designers ont beaucoup joué avec l'idée des feux arrière en groupe de trois, comme sur les premières Mustang.

La section qui semble avoir le plus divisé les designers a été la partie arrière, alors que plusieurs solutions ont été testées au fil des mois. En mars 2001, ces derniers tentaient deux approches différentes concernant les feux.

Ce cliché, pris à la fin de 2001, montre une Mustang pratiquement « stock ». Les feux de signalisation, sous chaque phare, se retrouveront finalement dans le pare-chocs.

Une autre maquette, un autre devant ! La partie centrale est encore un peu trop avancée.

Voilà ! La Mustang 2005 est née. Il reste encore beaucoup de détails à régler : bouchon du réservoir d'essence, poignées de porte, feux de freinage central, relief dans la partie inférieure du pare-chocs...

2015 À AUJOURD'HUI

Les travaux menant à cette sixième génération commencent au milieu de 2009, au pire de la crise économique qui secoue le monde entier. La Mustang ne doit souffrir d'aucun retard ! Curieusement, et pour la première fois, beaucoup de documents, tant écrits que visuels, mentionnent à quel point la pression est grande sur les designers et les ingénieurs.

Il faut à ces décideurs conserver ce qui fait la personnalité d'une Mustang. Elle doit combiner style, puissance et facilité d'utilisation au quotidien. Elle doit avoir un *look* contemporain, mais ressembler en tout point à une Mustang. Aussi, pour la première fois de son histoire, ce *pony* sera offert sur tous les marchés. Une conduite à droite est donc prévue. Il faut plaire aux Américains, mais aussi aux Français, aux Britanniques, aux Allemands, aux Chinois… Et aux normes gouvernementales américaines, mais aussi françaises, britanniques, allemandes, chinoises…

Bien que la plateforme soit toute nouvelle, l'empattement demeure exactement le même qu'avant, soit 107,1 po (2 720 mm). Cependant, pour assurer une meilleure tenue de route, la voie arrière est élargie de 2,8 po (70 mm) et celle à l'avant de 0,6 po (15 mm). Cela lui permettra d'avoir une carrosserie plus large et un *look* plus agressif.

Pour une fois, les contraintes budgétaires n'existent pas. Enfin, presque pas. L'ingénieur en chef, Dave Pericak, disait d'ailleurs dans le magazine *Car & Driver* : « S'il faut un nouveau plancher, nous le ferons. » En ne partant pas d'une structure existante, les designers ont davantage de latitude. Ici, ils ont repris la ligne presque horizontale du hayon du SportsRoof (1971 à 1973).

Un épaulement arrière très fort, des renflements d'aile marqués, un hayon étroit et un aileron de coffre surélevé caractérisent ce dessin, sans doute l'un des premiers.

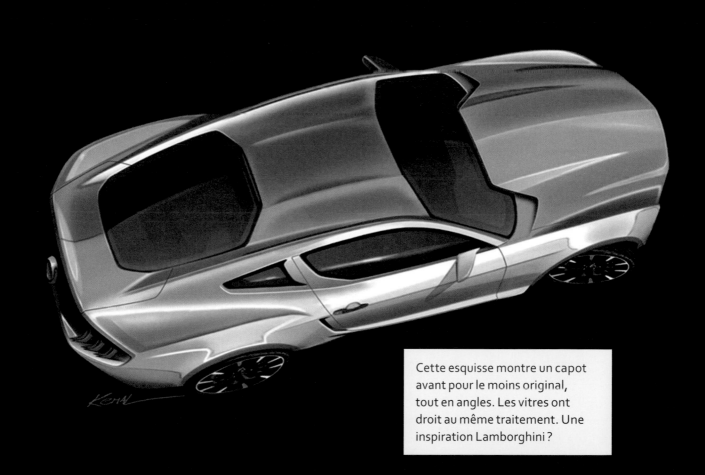

Cette esquisse montre un capot avant pour le moins original, tout en angles. Les vitres ont droit au même traitement. Une inspiration Lamborghini ?

Sur ce rendu par ordinateur, le style des feux avant n'est pas sans rappeler ceux de la plus récente Ford Taurus.

Ici, plusieurs éléments ne passeront pas à l'Histoire (la partie avant très bulbeuse, entre autres), mais les travaux sur la Mustang 2015 vont bon train.

Parmi les centaines de dessins soumis, celui-ci montre bien l'évolution du projet S550 (le nom de code de la sixième génération). La forme des phares n'est pas encore définie, mais on voit les trois ouïes qui se retrouveront sur la version de production. Entre-temps, les côtés perdront leur relief, le pilier B sera davantage caché, la partie avant sera raffinée, etc.

Avec l'avènement de l'informatique, les designers n'ont plus à modeler des maquettes en argile des heures durant. Un bras robotisé fait le travail, et de façon parfaite en plus... pour autant que les bons paramètres aient été entrés dans le système. Le travail humain se fait en amont pour, justement, déterminer les dimensions exactes requises. Le fait que le système d'échappement soit installé laisse à penser qu'en dessous de l'argile se trouve un châssis, sans doute recouvert de bois.

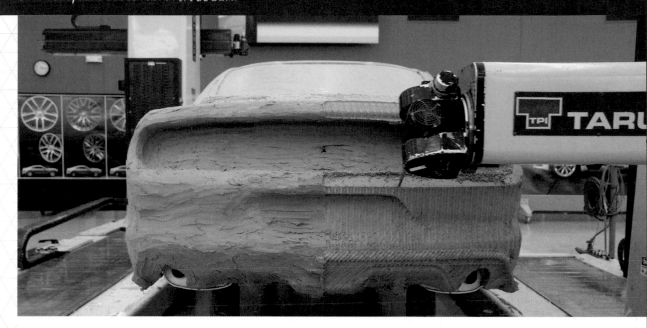

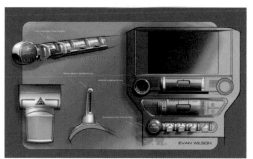

Voici l'une des premières esquisses du tableau de bord. Les commandes à bascule font partie du projet depuis le début.

Même l'habitacle a été modelé à l'argile.

Le produit, presque final.

APRÈS LE RÊVE, LA RÉALITÉ

LA NAISSANCE D'UNE ÉTOILE

ON RACONTE SOUVENT QUE LA MUSTANG A ÉTÉ DÉVOILÉE LE 17 AVRIL 1964. C'EST VRAI. EN PARTIE.

Le 9 mars 1964, la première Mustang (la Job One dans le jargon des constructeurs automobiles) sort des chaînes de montage. Cette voiture est la 151e à avoir été produite, les 150 premières servant à tester la production et à régler les inévitables problèmes avant les « vraies » Mustang.

Le 13 avril, quatre jours avant le lancement officiel, 150 journalistes automobiles sont conviés au pavillon Ford de l'Exposition internationale de New York. Lee Iacocca leur présente sa création, dont il n'est pas peu fier. Aucune, ou presque aucune, information à propos de la Mustang n'avait coulé. C'était avant Internet et les médias sociaux, rappelez-vous. Iacocca donne aux journalistes les clés de 75 Mustang qu'ils conduisent jusqu'à Detroit.

Le jeudi 16 avril en soirée, ABC, CBS et NBC diffusent les premières publicités montrant la Mustang. Le lendemain matin, le public peut enfin voir cette fameuse voiture à l'Exposition de New York, mais aussi chez les concessionnaires. C'est la ruée, littéralement. Cette journée-là, 22 000 Mustang sont vendues. Une année plus tard, jour pour jour, ce sont 418 812 unités qui auront trouvé preneur. Dans ses prédictions les plus folles, Iacocca parlait de 360 000 voitures...

Pourtant, si l'on ne tient pas compte de son style à rendre une rose jalouse, cette Mustang n'a rien de bien exceptionnel. Après tout, elle est basée sur une très ordinaire compacte, la Ford Falcon. Sa fulgurante popularité est due à son joli physique, certes, mais aussi à son prix de base de 2368 $ et à un niveau d'équipement de série très relevé. En plus, chacun pouvait choisir parmi un vaste choix d'options, question de personnaliser sa voiture.

Et la Falcon dans tout ça ? En fait, il faut remonter un peu dans le temps. Pour l'année-modèle 1963, Ford offrait, pour la première fois, un V8 de 221 pouces cubes de l'intermédiaire Fairlane dans sa Falcon. Pour ce faire, plusieurs autres pièces de la Fairlane ont dû être empruntées (freins, parties de la direction, de la transmission et de l'embrayage, radiateur, etc.). À la fin, cette Falcon V8, baptisée Futura Sprint, est davantage une Fairlane qu'une Falcon !

Lee Iacocca présente la Mustang
à la presse spécialisée.

Les coûts de développement de cette Falcon V8 sont si élevés que les ingénieurs responsables du projet cherchent un moyen de la rentabiliser. De son côté, Iacocca cherche une voiture sport peu coûteuse à produire... Même si la Falcon possède une partie avant courte et un arrière long – exactement le contraire d'une voiture sport, ce qui implique une infinité de modifications –, les coûts de production de la future Mustang demeurent relativement bas.

Les premiers prototypes Mustang essayés sur une surface raboteuse se désintègrent, littéralement. C'est alors qu'on

décide de fabriquer un cabriolet, car ce type de voiture doit avoir un châssis très solide pour compenser l'absence de toit. On peut donc dire que la Mustang est née décapotable.

Les moteurs offerts vont du six en ligne de 170 pouces cubes de 101 chevaux au V8 de 289 pouces cubes en développant 210. En juin 1964, une version 271 chevaux de ce 289 sera ajoutée au catalogue (Mustang GT). Les transmissions, elles, sont des manuelles à trois ou à quatre rapports ou une automatique à trois rapports.

La toute première Mustang (Job One, numéro de série 5F08F100001) à quitter les chaînes de montage est une décapotable. Le premier chiffre « 5 » représente l'année-modèle, soit 1965. Contrairement à la croyance populaire, il n'y a pas eu de Mustang 1964 ½.

Le 17 avril 1964, les consommateurs peuvent se procurer une Mustang en version coupé ou décapotable.

Bien que les visiteurs de l'Exposition universelle de New York pouvaient admirer une superbe Mustang Fastback, il faudra attendre septembre pour que ce type de carrosserie s'ajoute à la gamme.

Même s'il apparaît spartiate selon les normes de 2016, l'habitacle de la Mustang 1965 est fort réussi. Juste au-dessus de la colonne de direction, on remarque l'ensemble optionnel Rally-Pac qui ajoute un tachymètre à gauche et une horloge à droite.

La Mustang 1965 ayant été un succès énorme, très peu de changements ont été apportés au modèle 1966. En fait, il s'agissait surtout de détails esthétiques. Pour 1967, toutefois, Ford retravaille un peu son *pony*, afin de demeurer au goût du jour devant les nouvelles Camaro et Firebird. Le *look* général de la Mustang 1965 est préservé même si les dimensions extérieures progressent (de 181,6 à 183,6 po en longueur et 68,2 à 70,9 po en largeur [4613 à 4663 mm et 1732 à 1801 mm respectivement]). L'empattement demeure le même.

Comme la partie avant, l'arrière connaît plusieurs changements, les plus évidents portant sur les feux, maintenant concaves. Le toit souple de la décapotable peut être commandé électriquement, une option à 53 $.

Le style du tableau de bord n'a pas beaucoup changé depuis 1965, mais il compte désormais cinq jauges, peu importe la version. Malheureusement, l'option GT, qui comprend le tachymètre, n'a pas été sélectionnée.

Ce V8 de 289 pouces cubes développe 200 ou 225 chevaux (carburateur deux ou quatre corps). Il en fait 271 dans sa version la plus poussée.

Le 30 septembre 1966, la Mustang accueille une petite sœur, la Mercury Cougar ! En réalité, cette Cougar est plus grande, plus puissante et plus luxueuse, hiérarchiquement située entre la Mustang et la Thunderbird. Elle conservera ce statut jusqu'en 1970. Après, elle deviendra une intermédiaire et tendra de plus en plus vers le luxe.

Pour l'année-modèle 1969, la Mustang gagne en dimensions et en puissance. Ce n'est plus la gentille voiture qui a créé la catégorie des *pony cars*. Elle est désormais un *muscle car* qui s'assume. On retrouve bien deux six cylindres en ligne de 200 ou 250 pouces cubes développant 115 ou 155 chevaux, mais la vaste majorité des acheteurs opte pour un des nombreux V8 dont la puissance varie entre 220 et 335 chevaux.

En 1969, Ford n'a d'yeux que pour les nouvelles Mach 1 et Boss 302 et 429 (dont nous traitons plus loin). À preuve, l'incroyable quantité de documentation offerte pour ces dernières comparativement à celle fournie pour les versions régulières. Cette même année, le Fastback devient le SportsRoof, son toit plus bas de 1,3 po (33 mm) par rapport à l'année précédente accentuant son *look* sportif.

En 1971, la Mustang connaît ses plus grands changements depuis 1965. Chaque révision précédente (1967 et 1969) avait apporté son lot de pouces et de livres supplémentaires. L'empattement augmente de 1 po (25,4 mm) pour se retrouver à 109 po (2769 mm) et la longueur totale de 2,1 po (53,3 mm) pour s'étirer à 189,5 po (4813 mm). La Mustang est plus large de 2,4 po (60,1 mm) pour un total de 74,1 po (1882 mm).

Pour la première fois depuis son introduction, la 'Stang, comme l'appellent les amateurs, ne subira aucun changement majeur pendant trois années consécutives (1971, 1972 et 1973). On voit ici la gamme 1972. Le public ne reconnaît plus sa Mustang. Les ventes s'en ressentent, passant de 191 522 unités en 1970 à 149 682 l'année suivante. L'année 1972 sera la pire depuis 1965 avec à peine plus de 125 000 Mustang écoulées. Dans les officines de Ford, ça grenouille ferme. Dès 1970, on planche sur ce que deviendra la Mustang II.

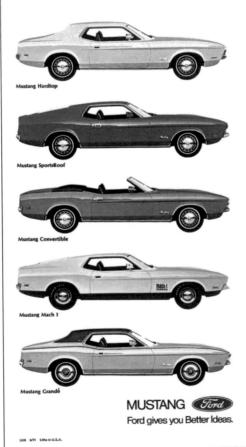

Mustang Hardtop

Mustang SportsRoof

Mustang Convertible

Mustang Mach I

Mustang Grandé

MUSTANG Ford
Ford gives you Better Ideas.

Mustang Specifications

Color and Trim: 16 Super Diamond Lustre Enamel exterior finishes (12 on Mach I and with Decor Group); 6 standard all-vinyl interior colors; 6 knitted vinyl colors in Convertible and in Mach I Sports Interior Option; 5 cloth and vinyl trims in Grandé; 5 vinyl roof colors. Check your local Ford Dealer for full details on color and trim availability.

ENGINES*
250 CID 1V Six—3.68" bore x 3.91" stroke; 7 main bearings; regular fuel.†
302 CID 2V V-8—4.00" bore x 3.00" stroke; regular fuel.†
351 CID 2V V-8—4.00" bore x 3.50" stroke; regular fuel.†
351 CID 4V V-8—4.00" bore x 3.50" stroke; regular fuel.†

*It is estimated that with all controls on the 1972 Mustang, more than 85% of hydrocarbon emissions and nearly 70% of carbon monoxide emissions are eliminated.
†All 1972 Mustang engines are designed to operate on regular gasoline with octane rating of at least 91 when the engine is adjusted to factory recommended specifications.

ENGINES	TRANSMISSIONS		
	3-Speed Floor-Mounted Manual	SelectShift	4-Speed Floor-Mounted Manual
250 1V Six	X	X	
302 2V V-8	X‡	X	
351 2V V-8	X‡	X	
351 4V V-8		X	X

NOTE: Availability of engines and transmissions is contingent upon Federal Emission Certification and production schedules.
‡Not available in California.

Engine Features: 6000-mile (or 6-month) maintenance schedule with full-flow disposable type oil filter; dry element air cleaner; automatic choke; self-adjusting valves with hydraulic lifters; 12-volt electrical system; 38-amp. alternator with 250 Six, 302 and 351 2V V-8's (42-amp. with 302 and 351 2V V-8's on Mach I), 55 amp. with 351 4V V-8; 45 amp-hr battery with 250 Six and 302 & 351 2V V-8's, 55 amp-hr with 351 4V V-8.

MODEL	STANDARD ENGINES	OPTIONAL V-8's
Hardtop, SportsRoof, Grandé, Convertible	250 1V Six	302 2V 351 2V 351 4V
Mach I	302 2V V-8	351 2V 351 4V

Rear Axle: semi-floating hypoid type; permanently lubricated rear wheel bearings.
Front Suspension: angle-poised ball-joint type with coil springs; strut-stabilized lower arms; link-type stabilizer.
Rear Suspension: asymmetrical variable-rate design longitudinal 4-leaf springs. (Diagonally mounted shocks for 351 4V V-8 only.)
Steering: recirculating ball-type, permanently lubricated. 30.2 to 1 overall ratio (22.1 to 1 power). Turning diameter 39.8 feet.
Brakes: dual hydraulic system with dual master cylinder. Self-adjusting, self-energizing design. Lining areas: 163.6 sq. in. (250 Six, 302 V-8); 173.3 sq. in. (351 V-8's).

NOTE: Your 1972 Mustang comes with factory-engineered Autolite/Motorcraft battery, oil filter, shock absorbers; Autolite spark plugs and other Ford approved precision parts. For continued top performance, be sure to specify Autolite spark plugs and Autolite/Motorcraft parts whenever replacement is necessary.

NOTE: Information shown was correct when approved for printing. Ford Division reserves the right to discontinue, or change at any time, its product specifications or design without incurring obligations. Some items illustrated or described are optional at extra cost. Many options are offered on all models. Some are required in combination with other options. Always consult your Ford Dealer for complete details.

LA MUSTANG CHERCHE SA VOIE

À la fin des années 1960, la société prend conscience des conséquences de la pollution sur l'environnement. Elle commence aussi à s'interroger sérieusement sur la sécurité automobile (merci à Ralph Nader qui, en 1965, avait publié un livre sur le sujet, marquant l'imaginaire collectif, *Unsafe at Any Speed*) et les primes d'assurances demandées pour les voitures puissantes reflètent bien cette préoccupation. Comme si ce n'était pas suffisant, en Europe, les petites voitures se vendent allègrement et cette tendance est en train de gagner les États-Unis. Par exemple, la petite Volkswagen, dont les débuts avaient été chancelants en Amérique du Nord 20 ans plus tôt, est en cette fin de décennie toujours aussi petite, mais elle prolifère à vitesse grand V. De son côté, la Mustang ne cesse de devenir plus imposante, plus lourde, et les ventes baissent, baissent...

En septembre 1973, la Mustang II arrive chez les concessionnaires. La réponse du public n'est pas celle anticipée par Ford. Sans doute à cause d'une publicité moins agressive que celle d'avril 1964, les gens ne se ruent pas dans les salles de montre. Ceux qui y vont font face à des Mustang II souvent équipées au bouchon dont le prix gravite autour de 4500 $ (US), ce qui freine bien des ardeurs.

La chance, dit le proverbe, sourit aux audacieux. En effet, le 16 octobre 1973, à la suite d'altercations avec Israël, protégé par les États-Unis, les pays membres de l'OPEP (Organisation des pays exportateurs de pétrole) décident unilatéralement d'augmenter le prix de leur précieux liquide de 70 % et de diminuer la production de 5 % par mois, en plus d'imposer un embargo sur les livraisons de pétrole aux États-Unis et en Europe. En un an, le prix du baril de pétrole passe de 3 à 12 dollars.

Chez les automobilistes américains, c'est la panique. Les files d'attente s'allongent dans l'espoir d'accéder à une pompe à essence... Les consommateurs espérant qu'elle ne soit pas tarie lorsqu'ils y arriveront. Alors que la plupart des gens regardaient avec dédain les petites voitures, ces dernières représentent soudainement une solution au nouveau problème.

Un mois à peine après sa présentation au public, la Mustang II devient la coqueluche des automobilistes à la recherche d'une voiture économique et d'une image sportive. À la fin de l'année-modèle 1974, pas moins de 385 993 Mustang II ont été vendues, soit presque trois fois plus qu'en 1973. Pour couronner ce succès, le magazine *Motor Trend* en fait sa voiture de l'année !

La Mustang II qui entre chez les concessionnaires à l'automne 1973 est offerte en deux configurations ; coupé et à hayon. Tant qu'à rapetisser la voiture, se sont dit les dirigeants de Ford, on va la rapetisser comme il faut ! La Mustang II mesure 14,5 po (368,4 mm) de moins que celle qu'elle remplace. La version de base est plus légère de 619 livres (281 kilos) que celle de 1973. Cette photo montre un modèle 1975. En 1974, pour la seule fois de son histoire, la Mustang n'offre aucun V8, même en option.

Le coupé se décline en versions de base et Ghia. Cette dernière amène la Mustang à un niveau de luxe surprenant (tachymètre, jauges à essence, ampèremètre et température du moteur, rétroviseurs extérieurs à commande à distance, toit de vinyle et on en passe) et remplace l'ancienne version Grande. Près de 90 000 de ces coupés Ghia 1974 sont écoulés, ce qui tend à montrer que bien des gens recherchent désormais le luxe plutôt que la puissance.

Malgré que la Mustang II soit complètement différente de celle qu'elle remplace, on remarque certains clins d'œil au passé... même s'il est récent. Les plus évidents concernent l'embossage des côtés et la grille avant. Aucun modèle décapotable ne sera offert pour cette génération, ce type de carrosserie n'ayant plus la cote à ce moment-là. En 1977, un toit ouvrant en T (mieux connu sous le nom de T-Top) sera offert en option.

La Mach 1, qui apparaît en 1974 (ici, une 1976), est une bien pâle copie de ce qu'elle a déjà été... Elle a droit au V6 (105 chevaux), ce qui est la moindre des choses quand on annonce qu'on peut briser le mur du son... Comble de la crise pétrolière, ceux qui misent seulement sur l'apparence peuvent opter pour le quatre cylindres de 2,3 litres de 88 chevaux (option remboursable).

Summum du kitsch pour certains, simple reflet de l'époque disco pour d'autres, la King Cobra apparaît en 1978, dernière année de production de la Mustang II. Malheureusement, les babines ne suivent pas les bottines, comme on dit au Québec, et la King Cobra n'est pas aussi rapide qu'on veut le faire croire, avec son V8 de 302 pouces cubes de 139 chevaux.

APPROCHE GLOBALE

Il est facile aujourd'hui de porter un regard condescendant sur ce que fut la Mustang II. Il faut toutefois ne jamais perdre de vue que l'époque était différente et que l'industrie automobile américaine, aux prises avec des contraintes aussi nouvelles que complexes, se cherchait. Dès l'année suivante, elle commencera à trouver sa voie...

La Mustang II, tout comme la première, avait été créée à partir d'une voiture existante (la Falcon dans le premier cas, la Pinto dans le second). Cette façon de faire permet d'économiser sur les coûts de développement et de fabrication, mais faire du neuf avec du vieux a ses limites.

La société évolue rapidement. Les années 1970 sont marquées par une tendance à la mondialisation, même si ce mot n'est pas encore à la mode. La Mustang 1979 profite à sa façon de ce mouvement. En effet, dès le début des travaux sur la plateforme Fox, il est clair que cette Mustang bénéficiera de l'influence européenne en termes de tenue de route, de design et de dimensions. Par exemple, alors que les Mustang précédentes étaient toutes équipées de pneus américains, les ingénieurs font des essais avec des Michelin, d'origine française.

La Mustang qu'on dévoile le 6 octobre 1978 marque une coupure nette avec la génération précédente. La nouvelle Mustang est plus longue que sa devancière (4,1 po – 104,1 mm) tandis que l'empattement a crû de 4,2 po – 106,7 mm. L'habitacle, on s'en doute, est nettement plus logeable qu'avant.

La Mustang de troisième génération se décline en deux configurations seulement ; coupé, comme ici, ou à hayon. Le cabriolet n'est toujours pas au catalogue, mais l'acheteur peut opter pour un toit en T, fort populaire à ce moment-là.

La livrée Cobra montrée ici n'est pas uniquement constituée de décalques. Elle a droit à la nouvelle suspension sport TRX (développée en collaboration avec Michelin) et à un tachymètre gradué jusqu'à 8000 tr/min. La Cobra est offerte avec un quatre cylindres turbo de 2,3 litres tandis qu'un V8 5,0 litres (302 pouces cubes) est optionnel. Ces deux moteurs déploient 140 chevaux, mais leur couple diffère (environ 144 contre 250 pour le V8).

Depuis 1970, Ford importait d'Allemagne une jolie sportive, la Capri. En 1979, reprenant la recette appliquée à la Cougar en 1967, Ford décide de prendre une Mustang et d'en faire une Capri. Sauf que cette fois, pas grand-chose sous la carrosserie ne la distingue de sa populaire jumelle de chez Ford. La Capri est offerte en version à hayon seulement.

Les quatre premières années de la Mustang Fox (c'est ainsi que les amateurs appellent la troisième génération) ont connu très peu de changements physiques. C'est sous le capot que la nouveauté se situe. Par exemple, le V8 5,0 litres offert en 1979 a été mis de côté en 1980 et 1981. Il revient en 1982, et de belle façon ! Ce 5.0 H.O. (pour *High Output*) développe 157 chevaux, ce qui est beaucoup pour l'époque.

En 1983, la Mustang a droit à des changements cosmétiques relativement importants. Une nouveauté vole cependant la vedette : pour la première fois depuis 1973, la Mustang se décline en version décapotable. En réalité, il s'agit d'un coupé dont le toit a été... coupé. Sous le capot, on trouve quatre moteurs (mais pas en même temps...). Du quatre cylindres 2,3 litres de 90 chevaux au V8 5,0 litres en développant 175, il y en a pour tous les goûts !

Comme cela semble devenu la norme, la Mustang évolue plutôt lentement. Depuis 1979, elle avait peu changé et il faut avoir l'œil pour déterminer rapidement l'année-modèle. En 1987, la situation est différente. La Mustang se fait greffer une toute nouvelle partie avant, plus aérodynamique. La longueur totale ne sera augmentée que de quelques millimètres. Côté moteur, on parle d'un quatre cylindres 2,3 litres de 90 chevaux et d'un V8 5,0 litres de 225 chevaux. Dans le genre tout ou rien, c'est dur à battre...

LA RENAISSANCE

La Mustang qui est arrivée sur le marché en 1989 a été comme une bouffée de fraîcheur pour ses nombreux amateurs qui n'avaient pu se faire à la Mustang II. Quinze ans plus tard, il était plus que temps de passer à autre chose. La Mustang de troisième génération aurait dû arriver en 1989 mue par les roues avant, ce que ne lui auraient jamais pardonné ses fans. Cette mauvaise stratégie de Ford a retardé de cinq ans l'arrivée d'une nouvelle Mustang... un an après les Camaro et Firebird. On ne peut pas toujours gagner !

La Mustang 1994 repose sur une évolution de la plateforme Fox, baptisée Fox-4. Les ingénieurs explorent l'idée d'offrir une suspension arrière indépendante, mais la direction de Ford refuse, jugeant les coûts d'une telle suspension trop élevés. Parions que c'est davantage pour ne pas déplaire à sa frileuse clientèle que cette décision fut prise...

Par rapport à la Fox, l'empattement de la Fox-4 est allongé de 0,8 po (20,3 mm) pour un total de 101,3 po (2573 mm) et les voies avant et arrière sont plus larges (60,6 po – 1539 mm et 59,1 po – 1501 mm respectivement). La rigidité en torsion du coupé est améliorée de 44 % par rapport à la plateforme initiale, et de 80 % par rapport à celle du cabriolet. Toutes les versions, et pas uniquement les GT, ont droit à des barres antiroulis. Toutes ces améliorations permettent une tenue de route plus relevée. Les élans d'hormones mal contenus sont ralentis par des freins à disque aux quatre roues, une autre première. L'antiblocage est optionnel.

La Mustang se déplace grâce à un nouveau V6 de 3,8 litres de 145 chevaux qui remplace le quatre cylindres de 2,3 litres. Le V8 5,0 litres, lui, en dégage 215. Une boîte manuelle à cinq rapports ou une automatique à quatre rapports relaie la puissance aux roues arrière.

Pour son 30e anniversaire, la Mustang se paie une nouvelle génération ! Les clins d'œil au passé sont nombreux. Sur les côtés, on remarque les écopes en forme de C, un peu comme sur les Mustang de première et de deuxième génération. À l'arrière, les feux sont triples. Notez qu'une fois replié, le toit de toile est égal au coffre, améliorant la visibilité arrière et le coup d'œil.

La Mustang prend des rondeurs jusque dans l'habitacle ! Pour une première fois, le moyeu du volant cache un coussin gonflable. La largeur des places arrière n'est pas trop diminuée par la présence du toit.

Depuis ses débuts il y a 30 ans, la Mustang est devenue un symbole de l'Amérique. L'arrivée sur le marché d'une nouvelle génération est suffisamment importante pour qu'un président se déplace. Ici, Bill Clinton examine une décapotable sous le regard d'employés de Ford. Saviez-vous que ce président est un grand amateur de Mustang et qu'il possède une 1967 décapotable ? En tout cas, aux dernières nouvelles, il la possédait toujours...

En 1999, la Mustang célèbre ses 35 ans sans tambours ni trompettes. Après tout, quand on est numéro un au chapitre des ventes, pourquoi trop en faire ?

Même si la Mustang ne fête pas en grande pompe son 35e anniversaire, cela ne l'empêche pas de se payer du bon temps ! Tout d'abord, elle se pare d'une toute nouvelle robe New Edge. Cette carrosserie se caractérise par des angles plus affirmés. Cette photo montre bien les différences entre les modèles 1999 et 1994, alors que la Mustang venait d'être entièrement révisée. La livrée 1965 fait partie du décor pour rappeler la riche histoire de cette voiture.

Même si ce n'est pas évident au premier regard, la Mustang 1999 est plus large de 1,3 po (33 mm), car la voie arrière a été augmentée (de 1,4 po – 36 mm – pour être précis). Parmi les autres modifications à la plateforme, on note un plancher et des bas de caisse mieux isolés contre les bruits provenant de la route. Le châssis de la version décapotable est renforcé. Pour la première fois de son histoire, la Mustang offre, en option, le contrôle de la traction.

Dans l'habitacle, les changements sont beaucoup moins importants. En fait, ils sont presque inexistants !

Depuis 1994, il s'en est passé des choses sous le capot de la Mustang. Tout d'abord, en 1996, un nouveau V8 de 4,6 litres de 215 chevaux est venu remplacer le vieillissant 5,0 litres à tiges-poussoir. En 1999, ce même 4,6 litres développe 260 chevaux. Le V6 3,8 litres déballait 145 chevaux lors de son arrivée en 1994. Cinq ans plus tard, il en fait 190. C'est ce dernier qu'on voit sur la photo.

Le 10 mai 2004, une Mustang GT décapotable rouge quitte la chaîne de montage de l'usine Ford de Dearborn (DAP). Ce sera la dernière Mustang à y être construite. C'est là-bas que la toute première avait vu le jour en 1964. Après le 10 mai 2004, la production a été transférée à l'usine de Flat Rock au Michigan (photo). La Mustang actuelle y est encore produite.

RETOUR VERS LE FUTUR

Depuis 2002, alors que GM a mis fin à la Camaro, la Mustang n'a pas de compétition. Mais chez Ford, on se doute bien que le General ne fera pas du surplace longtemps et qu'il pourrait bien présenter une Camaro nettement plus au point. En plus, il y a la silencieuse Chrysler, qui n'a pas les moyens financiers des deux autres, mais qui pourrait préparer quelque chose elle aussi, d'autant plus que, historiquement, les coupés puissants ne lui ont jamais fait peur. Qu'on se souvienne, pour ne nommer que ceux-là, des Charger, 'Cuda et Challenger. Une telle perspective garde les ingénieurs et designers de GM et de Ford sur le qui-vive...

La génération précédente de la 'Stang affichait certes des clins d'œil au passé, mais ce n'était rien comparativement à ce que sera la cinquième. Cette Mustang, sans tomber dans le rétro à outrance, est celle qui rappelle le plus l'originale. Elle est l'œuvre de J. Mays, qui remplace Jack Telnack

depuis 1997 à la tête du département de design de Ford.

Comme ç'a été le cas pour toutes les générations précédentes, le châssis choisi (celui de la Lincoln LS et de la Thunderbird à venir, baptisé DEW98) sera énormément modifié avant de devenir celui de la Mustang. Même si la LS a une suspension arrière indépendante, cette idée est rejetée pour la Mustang, qui recevra un essieu rigide. En fin de compte, il restera très peu du DEW98. Seulement la suspension avant, en fait.

La Mustang, qui est dévoilée au Salon de l'auto de Detroit en janvier 2004, ne comporte pas de chrome. La grille avant en angle et les phares ronds rappellent celle produite entre 1967 et 1969, tandis que l'embossement en forme de C et les feux arrière sont des références aux toutes premières. Quant aux petites vitres latérales triangulaires, ne ressemblent-elles pas à celles des Shelby 1966 ? Lorsque la Camaro reviendra, elle aura du pain sur la planche !

La cuvée 2005 est la première à offrir, de base avec la GT, 300 chevaux. Cette année-là, 159 587 Mustang trouveront un propriétaire, soit 16 275 de plus que l'année précédente et 6 175 de moins que la suivante.

Outre celles construites entre 1974 et 1982, toutes les Mustang ont été offertes en version décapotable. La livrée 2005 ne fait pas exception.

Le tableau de bord, comme la carrosserie, joue à fond le néo-rétro. Plusieurs éléments rappellent la première génération, mais l'ensemble est de facture contemporaine. Le conducteur a le choix entre pas moins de 250 couleurs pour éclairer les jauges.

L'édition 2005 a visiblement gagné en dimensions (et en poids) par rapport au modèle original.

Les versions dotées du V8 font toujours l'envie des amateurs de performance, mais celles dotées du V6 ne font quand même pas pitié avec 210 chevaux et 240 livres-pied de couple.

La Mustang s'est incroyablement raffinée au fil des années. Toutefois, même si elle tient la route dans les courbes comme jamais auparavant, les départs fumants demeurent sa spécialité. Ici, un modèle 2009 en action.

En 2010, la Mustang a été redessinée, question de toujours se démarquer par rapport à la Camaro qui, comble de hasard, revient en force cette année-là. Il y a aussi une certaine Dodge Challenger qui chatouille les susceptibilités fordiennes... La photo montre une Mustang 2013.

La calandre est beaucoup plus inclinée qu'auparavant, ce qui accentue l'air agressif de la Mustang.

Comme en fait foi l'icône de l'arbre de Noël donnant le feu vert lors d'un départ dans une course d'accélération, cette Mustang est dotée du Track Apps, une option qui montre, entre autres, les forces G et les temps d'accélération, du quart de mille et les distances de freinage.

LE TEMPS DE L'INDÉPENDANCE

Redessiner un succès n'est jamais chose aisée. Un changement trop drastique serait mal reçu, mais pas assez de changement serait mal perçu. Il faut jouer sur le passé, mais pas trop, en cherchant à dessiner un produit qui sera encore au goût du jour cinq ans plus tard... tout en ne sachant pas quel sera le goût du jour dans cinq ans. Beau contrat.

En 2005, les designers avaient joué (prudemment) d'audace et la cinquième Mustang avait été très bien reçue. Pour la sixième génération, Ford a plutôt misé sur la continuité, du moins esthétiquement. L'audace se retrouve en dessous de la carrosserie !

Tout d'abord, et sans doute le plus important, la suspension arrière est désormais indépendante. Pour le commun des mortels, ce n'est qu'une mise à jour normale, mais pour ceux qui ont la Mustang dans la peau, il s'agit presque d'une insulte. Il faut savoir que Ford utilisait une suspension arrière à essieu rigide pour une question de coûts, évidemment, mais aussi parce que ce type de suspension est parfaitement adapté aux courses d'accélération (*drag*). En effet, sous la pression d'un départ très brusque, une suspension rigide peut supporter plus de poids qu'une indépendante. C'est pour cette raison que la suspension arrière de la plupart des camionnettes est rigide. En plus, ce type de suspension permet aux pneus arrière de demeurer d'avantage à plat au sol, ce qui favorise la fraction. Étant de conception plus simple, elle est aussi plus facile à réparer et moins coûteuse. Il convient toutefois de souligner qu'entre 1999 et 2004, les SVT Cobra avaient une suspension arrière indépendante.

En prenant le pari de mettre une suspension arrière indépendante à sa Mustang, Ford sait qu'elle offusquera certains amateurs, mais le gain en tenue de route, et surtout en confort, ravira la majorité des acheteurs potentiels. Et ceux qui désirent une nouvelle Mustang avec une suspension arrière rigide opteront pour l'édition très limitée Cobra Jet.

La plus récente Mustang demeure une Mustang dans l'âme ; *look* accrocheur (certains aiment, d'autres pas) avec un capot long et un arrière court, rapport puissance/prix à peu près imbattable, simple à entretenir (moins qu'avant, mais davantage que la plupart des voitures sport contemporaines) et avec des moteurs qui sonnent merveilleusement bien.

Les feux triples représentent sans doute l'élément visuel qui contribue le plus à perpétuer les origines de la 'Stang. Leur style général est le même depuis 2010.

Au moment où ces lignes sont écrites (mai 2016), les designers de Ford travaillent assurément à une version de mi-génération. Si le passé est garant de l'avenir, la ligne générale ne devrait pas changer, mais les parties avant et arrière, ainsi que le tableau de bord, oui. Et je mettrais ma main au feu qu'une toute nouvelle Mustang sera présentée en 2024 en tant que modèle 2025, question de respecter la tradition.

Décidément, le présent ne peut plus se passer du passé. Dans la Mustang, du moins !

Le V8 5,0 litres est un incontournable pour l'amateur de Mustang. Le V6 de 3,7 litres développe 135 chevaux et 130 livres-pied de couple de moins, mais avec ses 300 équidés et 270 livres-pied, il impose quand même le respect. Signe des temps, le quatre cylindres turbo de 2,3 litres est plus puissant que le V6 (10 chevaux et 50 livres-pied de plus).

CES MUSTANG DE RÊVE

SHELBY
ET CIE

Shelby, SVT, SVO, Mach 1, Cobra... Ces Mustang ont beau sortir de chaînes de production ordinaires (ou presque!), elles ne le sont pas pour autant. Ce sont des Mustang bonifiées, des Mustang suprêmes en quelque sorte. Elles font rêver ceux qui n'ont pas les moyens de se les procurer et elles font le bonheur de ceux qui ont la chance de les conduire, les piloter serait plus juste.

Ce ne sont pas des versions de course à proprement parler, même si leur comportement en piste et leurs performances en font des bêtes qui commandent le respect. Juste le son de leur moteur et celui de leurs échappements imposent une déférence certaine. Leur prix aussi, et, par conséquent, leur rareté sur le marché.

SHELBY

La plus connue de ces Mustang extrêmes est sans contredit la Shelby. Un peu d'histoire. En février 1962, un Texan du nom de Carroll Shelby, pilote de course retiré à cause de problèmes de santé, a la drôle d'idée de mettre un V8 260 pouces cubes Ford dans une AC Ace, un petit roadster britannique. L'AC Ace devient l'AC Cobra (un nom que Shelby aurait vu dans un rêve). Évidemment, mettre un moteur puissant

dans une petite voiture a des effets plutôt bénéfiques sur les performances, ce qui ne passe pas inaperçu dans le monde des amateurs de sensations fortes, et bientôt, les circuits de course, partout dans le monde, seront envahis par des Cobra! Shelby se fait rapidement un nom chez Ford qui, en 1964, n'hésite pas à l'engager pour préparer des GT40 qui, jusque-là, ne gagnaient pas grand-chose.

Dès son dévoilement en avril 1964, la Mustang connaît un succès foudroyant. Or, personne n'est dupe chez le géant américain; ce feu de joie finira bien par s'éteindre. Iacocca sait aussi que la concurrence fait rarement dans la contemplation et que la Chrysler Corporation ne restera pas sans réponse. Et dans le domaine de la puissance, une réponse de Chrysler peut faire mal. Le 1er avril 1964, 17 jours avant la Mustang, Plymouth dévoile une Valiant Barracuda, une voiture qui ne représente aucun danger pour la Mustang... pour l'instant. Il y a aussi General Motors, dont les ressources financières et techniques sont énormes. Il n'y a qu'à regarder la Corvette, celle de course comme celle qu'on voit sur les routes, pour s'en rendre compte. Et Pontiac, qui vient tout juste de sortir une Tempest GTO...

L'AC Cobra, qui allait faire de Carroll Shelby une légende.

Après s'être fait tirer l'oreille, Carroll Shelby accepte de préparer des Mustang pour la course, question d'humilier la Corvette. Car, tout le monde le sait, il n'y a rien comme la course pour vendre des voitures de production ! Mais pour que les Mustang soient acceptées dans les événements sanctionnés par la SCCA (Sports Car Club of America), 100 voitures doivent être produites pour le 1er janvier 1965.

À la suite d'une entente avec Iacocca, il est décidé que certaines de ces Shelby seront converties pour la course, et d'autres pour la route. En septembre 1964, les premières Mustang Shelby sont construites. La Shelby G.T.350 (à l'époque, on mettait des points après les lettres) et la G.T.350 R (version course – Race) sont présentées le 27 janvier 1965 au Riverside Raceway en Californie. Et vous savez d'où vient l'appellation 350 ? La légende veut qu'un jour, alors que la G.T.350 était en gestation, Carroll Shelby ait pointé un édifice et demandé à un de ses employés : « À quelle distance penses-tu que se trouve cet édifice ? » « Bof, environ 350 pieds. » Bingo ! D'ailleurs, Shelby dira plus tard que si la voiture est réussie, le nom a peu d'impor-

tance. Et si elle est ratée, le nom n'a plus d'importance...

Le moteur demeure le V8 de 289 pouces cubes, mais quelque peu modifié pour en extirper 306 chevaux dans la version route et entre 325 et 360, selon la source, dans la livrée R. Le numéro de série des Mustang dotées de ce moteur est identifié par la lettre K, ce qui a mené à l'appellation K-Code.

La relation entre Ford et Shelby a rarement été simple. Par exemple, entre 1965 et 1967, les Shelby sont construites dans les locaux de Shelby. Puis, en 1968, 1969 et 1970, elles le seront chez Ford. L'entreprise Shelby-American a été créée par Carroll Shelby en 1962. Elle changera de nom au cours de son histoire pour redevenir Shelby-American en 2009. Aujourd'hui, Shelby-American modifie des Mustang GT de série pour les amener à un niveau très relevé (V8 surcomprimé de près de 700 chevaux, freins, transmission, différentiel et suspension adaptés en conséquence). Il s'agit alors d'une Shelby GT. L'entreprise de Las Vegas fabrique aussi d'autres modèles tout aussi performants... sinon davantage ! Les Ford Shelby d'aujourd'hui sont construites chez Ford.

En février 1965, un prototype de la future Shelby G.T. 350 roule déjà. Remarquez les roues de métal du côté du conducteur et les roues Cragar de l'autre côté. Toutes les G.T.350 1965 sont des Fastback blanc Wimbledon et sont livrées sans siège arrière.

Cette photo a été prise à la Foire internationale de New York, mais assurément pas en même temps que la Mustang, qui avait été dévoilée en avril 1964. La production des Shelby G.T.350 n'a débuté qu'en septembre 1964. Il faut savoir que la Foire de New York s'est déroulée d'avril à octobre 1964 et d'avril à octobre 1965.

En août 2012, cette G.T.350R s'est vendue à l'encan pour la modique somme de 990 000 $. Pour une voiture qui en coûtait environ 4 300 $ neuve, c'est un bon placement !

À l'automne 1965, Ford et Hertz passent un accord. Ford fournira 1001 Shelby G.T.350 1966 à l'entreprise de location d'automobiles. Ces voitures sont identifiées par un « H » à la suite du G.T.350. Hertz et Ford font chacun un bon coup de marketing. L'offre d'une telle voiture puissante amène des clients chez Hertz, et Ford peut ainsi mettre d'éventuels acheteurs au volant d'une Shelby à peu de frais. Pour les consommateurs, il n'en coûte que 17 $ par jour et 17 cents le mille (1,6 km). Beaucoup louent une G.T.350-H le vendredi et la ramènent le lundi matin après être allés à la piste d'accélération la fin de semaine. Les frais de réparation reviennent à celui qui a signé l'entente... Ces G.T.350-H 1966 valent aujourd'hui une fortune. Quarante ans plus tard, les deux marques répétent l'expérience.

En 1967, la G.T.350 n'est plus la seule Shelby à être offerte. Désormais, il y a la G.T.500 et les deux cohabiteront jusqu'en 1970. Si en 1965, les Shelby étaient visuellement assez proches des modèles de production, elles auront tendance à s'en éloigner à mesure que les années passeront. Cette photo, prise au Granby International à l'été 2012, montre un modèle 1968, beaucoup plus agressif qu'une Mustang de base. Cette année-là, les G.T.350 étaient dotées du 289 pouces cubes de 306 chevaux, tandis que les G.T.500 avaient droit à un 428 de 355 chevaux.

En 2005, après une longue période loin de Shelby, la Mustang revient à ses anciennes amours ! Le groupe SVT ayant été mis sur la touche, c'est Shelby qui reprend le flambeau avec une GT500 de 500 chevaux et un 0-96 km/h en 4,6 secondes. Respect.

Véritable brute capable de performances démentielles, la Shelby GT350 2016 est davantage une bête de circuits qu'une voiture de route... d'autant plus que nos routes défoncées ne font pas tellement bon ménage avec ses suspensions assez dures, même en mode Confort.

BOSS

La guerre entre Chevrolet et Ford ne date pas d'hier. Vers la fin des années 1960, en réponse à la Mustang, Chevrolet crée la Camaro (et son pendant chez Pontiac, la Firebird). En livrée Z/28, la version course de la Camaro représente une véritable menace pour la Mustang. Ford doit réagir vite.

Ainsi sont créés les Boss, qui s'avèrent être parmi les Mustang les plus désirables sur le marché de la voiture classique. Un peu comme les Shelby, ce sont des machines ultra-performantes, mais les Boss sont davantage conçues pour une utilisation sur piste ou, dans le contexte de l'époque, pour faire de la course de rues, publiques ou non. Elles sont moins confortables et moins luxueuses, et leur mission est de battre la Camaro Z/28 à son propre jeu.

C'est grâce à la Camaro Z/28 que la Boss 302 a été créée.

En 1968, Henry Ford II donne le poste de président de son entreprise à Bunkie S. Knudsen, un transfuge de GM. Ce dernier amène avec lui Larry Shinoda, un designer de grand talent qui a accouché, entre autres, de la version production de la Corvette Stingray 1963 et, auparavant, du concept CRV I 1960 et de la Chevrolet Corvair Monza GT 1962.

Shinoda donne à la Boss 302 plusieurs particularités qui la rendent fort attrayante. Par exemple, il peint le capot et le coffre en noir mat et dessine la célèbre bande en « C » avec le « 302 » sur chaque côté de la voiture. Aussi, il crée une imposante lèvre sous le pare-chocs avant afin d'améliorer la portance (*downforce*) de la voiture à haute vitesse.

C'est aussi Shinoda qui trouve le nom de Boss. En effet, Ford veut nommer cette version « course » de la Mustang Trans-Am, mais Shinoda sait que Pontiac a déjà les droits pour ce nom. À cette époque, le nom de Boss est souvent utilisé dans le langage populaire pour désigner quelqu'un qui est le maître de son domaine ou qui a réussi un exploit. Et Shinoda a toujours eu l'habitude de s'adresser à Knudsen en l'appelant Boss. C'est donc en l'honneur de ce dernier que Shinoda a donné le nom de Boss à cette nouvelle Mustang.

Moments intenses à la piste d'essai de Dearborn au Michigan avec un prototype de la Boss 302. Pour l'époque, la tenue de route est très, très relevée. Ce qui n'empêche pas un certain roulis... Le moteur est un V8 de 302 pouces cubes développant 290 chevaux et autant de livres-pied de couple. En 1969, 1628 Boss 302 sont construites, et 7013 en 1970.

À la fin des années 1960, Ford possède, dans son immense catalogue, un V8 de 302 pouces cubes (5,0 litres). Les ingénieurs en tireront une version plus puissante et plus robuste qui sera baptisée, à juste titre, Boss 302. En fin de compte, il diffère passablement de celui duquel il est issu. Capable de 290 chevaux à 5200 tr/min et 290 livres-pied de couple à 4300 tr/min, ce moteur marquera tellement l'histoire de la Mustang qu'il reviendra presque 40 ans plus tard.

Si la 302 a pour rivale la Camaro Z/28, la 429 vise plutôt la série NASCAR. Pour des fins d'homologation une version de route doit être vendue : 859 Boss 429 sont construites en 1969 et 499 en 1970. Aujourd'hui, une Boss 429 en parfait état peut facilement valoir plus de 500 000 $ sur le marché américain.

L'immense V8 de 429 pouces cubes déballe 375 chevaux et 450 livres-pied de couple. Évidemment, la puissance dévoilée par Ford était nettement inférieure à la réalité pour que les propriétaires n'aient pas à payer des primes d'assurances astronomiques. On raconte que ce moteur faisait en réalité environ 430 chevaux. Les Boss 302 et 429 ont été construites dans les ateliers de Kar Kraft Engineering de Brighton, au Michigan.

En 1970, les normes environnementales et le coût exorbitant des assurances nuisent énormément aux ventes de la Mustang toutes versions confondues. Ford revoit sa stratégie commerciale en se retirant de la compétition automobile. Dans ce contexte, l'apparition d'une nouvelle Boss surprend. Le V8 de 351 pouces cubes de 330 chevaux et 370 livres-pied est lié à une transmission manuelle à quatre rapports. La production cesse après la construction de 1806 Boss 351. Il faudra attendre 2012 avant le retour de la Boss.

Boss 302

En 2012, la Boss 302 revient ! Comme dans le temps, la voiture n'a pas seulement l'air méchante, elle l'est ! Sous son capot, le célèbre 5,0 litres (comme dans 302 pouces cubes) livre 444 chevaux et 380 livres-pied. Plusieurs pièces du moteur, du différentiel et de la suspension sont bonifiées et l'assistance électronique est un peu plus permissive. Une version encore plus pointue, la Boss 302 Laguna Seca, du nom du circuit californien, reçoit des sièges Recaro et perd la banquette arrière au profit d'une barre de renforcement. Ces deux Boss ne seront offertes que durant deux années. Pour chacune, 3250 Boss et 750 Boss Laguna Seca seront assemblées (8000 au total).

Boss 302 Laguna Seca

MACH 1

La première Mach 1 voit le jour en 1969. Même si son nom réfère à la vitesse du son, elle est plus civilisée que les Shelby et les Boss, mais elle s'avère quand même très puissante et son comportement routier est à l'avenant. Son capot invariablement noir, sa prise d'air conventionnelle ou de type « Shaker », ses tiges de verrouillage de capot et ses rétroviseurs profilés lui donnent un style incomparable. Aucun six cylindres n'est au menu. L'offre débute avec un V8 de 351 pouces cubes de 250 ou 290 chevaux (carburateur à double ou à quatre corps respectivement), se poursuit avec un 390 pouces cubes de 325 chevaux et, enfin, avec un 428 Cobra Jet de 335 chevaux.

Dès sa présentation, la Mustang Mach 1 connaît un réel succès : 72 468 unités sont écoulées dès la première année. Cela s'explique par un positionnement judicieux et un prix de détail bien étudié (à 3139 $, elle est seulement 399 $ plus chère qu'une version standard équivalente).

En 1971, la Mustang prend du poids et demande plus d'espace pour se stationner. Encore une fois, la Mach 1 est bien davantage qu'un exercice esthétique. Comme auparavant, elle vient avec la suspension Competition. Le V8 de 302 pouces cubes ne rend pas vraiment justice à la dénomination Mach 1, mais le 429 Cobra Jet, lui, oui !

Ford a sans doute un bon sens de l'humour... ou du front tout le tour de la tête ! Apposer un badge Mach 1 sur une voiture de 105 chevaux a de quoi faire sourire. C'était en 1974, première année de la Mustang II. Dès l'année suivante, la Mach 1 pourra recevoir un V8 302 pouces cubes. Selon plusieurs publications de l'époque, la Mach 1 jouit d'un très bon comportement routier. Elle continuera à être offerte jusqu'en 1978, puis prendra une pause de plusieurs années.

La Mach 1 revient en 2003 et, encore une fois, il s'agit d'un choix judicieux pour quiconque recherche de la puissance, une tenue de route solide et un prix correct. Elle est moins exclusive que la SVT Cobra, mais son V8 de 4,6 litres 32 soupapes de 305 chevaux, sa suspension abaissée de 0,39 po (1 cm) et son différentiel 3.55 la rendent plus désirable qu'une GT... qui n'est quand même pas mal fagotée ! L'aventure Mach 1 se termine après 2004. Il y a fort à parier qu'au moment où vous lisez ces lignes, les ingénieurs de Ford sont en train de penser à une future Mach 1...

SVO

La crise du pétrole de 1973 laisse l'industrie automobile américaine exsangue. Chez Ford, qui misait énormément sur la Mustang pour promouvoir son image sportive, le coup est dur, d'autant plus que la marque ne s'implique plus en course automobile depuis 1970. La Mustang II ne fait rien pour rallumer les passions. En 1979, l'arrivée d'une Mustang construite sur la nouvelle plateforme Fox redonne espoir aux amateurs.

Avec des moyens financiers et des ressources techniques hors du commun, Ford peut se permettre la création d'équipes spécialisées en produits très pointus. Par exemple, en 1981, Ford lance une nouvelle division qui a le mandat de superviser le programme de course et la production d'éditions limitées de voitures de haute performance. Cette division, dont les racines se trouvent en Europe, est le Special Vehicle Operation Department, mieux connu sous l'appellation SVO.

Comme on peut s'y attendre, la Mustang est la voiture de choix pour développer une vraie sportive de route. La Mustang SVO, qui apparaît à l'automne 1983 en tant que modèle 1984, fait taire les nombreuses critiques concernant le manque de puissance de la Mustang Fox. Le moteur est le 2,3 litres turbocompressé de la Turbo GT, mais il est considérablement remanié : le turbo Garrett AiResearch T3, l'ajout d'un échangeur d'air (intercooler) et l'injection électronique portent la puissance de 145 à 175 chevaux. Plusieurs autres améliorations donnent du caractère au comportement routier de la SVO.

La Mustang SVO 1984 se démarque de la Mustang standard grâce à une partie avant beaucoup plus aérodynamique. Sur le capot, on remarque une prise d'air fonctionnelle, asymétrique, car elle s'aligne avec l'échangeur d'air. Arrivée chez les concessionnaires à la mi-avril 1984, la SVO aura une courte carrière et s'éteindra après l'année-modèle 1986, vendue seulement à 1954 unités. Au début, Ford en avait prévu 15 000 par année...

Mis à part quelques subtiles différences, le tableau de bord d'une SVO est le même que celui d'une Mustang standard. Par contre, les sièges sont particuliers à ce modèle, le pédalier est étudié pour faciliter la technique du talon-pointe et on trouve un repose-pied à gauche.

SVT COBRA

En 1993, General Motors lance avec fracas ses nouvelles Camaro et Firebird. Ford ne peut laisser passer cet acte vilain sans réponse. Or, la marque de Dearborn n'a qu'une Mustang vieillissante à opposer à l'insupportable insulte. Qu'à cela ne tienne, Ford ressort des boules à mites un nom populaire, Cobra, effectue quelques travaux d'usage et peut ainsi offrir un produit fort potable en attendant la prochaine génération de la Mustang, l'année suivante.

Cette Cobra est élaborée par le Special Vehicle Team (SVT), fondé en 1991, qui reprend en quelque sorte là où le SVO s'était arrêté quelques années auparavant. Son 5,0 litres provient de la GT, mais il est considérablement revampé. Au final, il fait 235 chevaux, 30 de plus que la GT. La suspension de la Cobra est un mélange de celle de la Mustang de base et de la GT dans le but de rendre la voiture plus confortable, tout en offrant une tenue de route supérieure. L'année suivante, en 1994, la Mustang est entièrement redessinée. Ainsi va la SVT Cobra, maintenant offerte en versions coupé ou décapotable. Son V8 fait 240 chevaux.

Si la Mustang SVT Cobra commence sa carrière en 1993 aux États-Unis, il faut attendre 1996 avant de l'avoir de notre côté du 45e parallèle. Cette année-là, le vieux 5,0 litres est abandonné au profit d'un V8 4,6 litres de 305 chevaux.

Attention, toutefois, de ne pas associer les SVT Cobra à la King Cobra 1978, dont nous parlions dans le chapitre précédent, ni aux Cobra produites entre 1979 et 1981, qui ne consistaient qu'en des autocollants ou quelques accessoires tirés du *pace car* de 1979.

La première année de la SVT Cobra est aussi la dernière de la Mustang Fox. Offerte uniquement en version coupé, elle affiche, pour la première fois depuis 1978, un cheval galopant sur sa calandre. Coûtant près de 20 000 $ à l'époque, elle offrait davantage que des décalques. Une autre SVT Cobra apparaît la même année, la Cobra R, que nous présentons dans le chapitre des Mustang spéciales.

À partir de 1996, les SVT Cobra reçoivent un nouveau V8 4,6 litres. La transmission manuelle à cinq rapports Borg-Warner s'invite elle aussi à la fête. En 1999, année-modèle du prototype photographié ici à Sanair en 2014, Ford redessine la Mustang, qui adopte ainsi le style New Edge. Le moteur développe maintenant 320 chevaux. Le plus important est la suspension arrière, qui devient indépendante, ce qui améliore grandement le comportement routier. Le 6 août 1999, Ford stoppe la production des Cobra, car le moteur ne développe pas la puissance indiquée. Les correctifs sont apportés, mais cela cause l'annulation de l'année-modèle 2000 pour la Cobra. Aujourd'hui, un tel manquement à l'éthique coûterait une fortune à Ford !

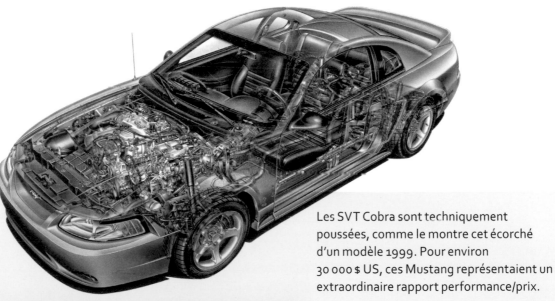

Les SVT Cobra sont techniquement poussées, comme le montre cet écorché d'un modèle 1999. Pour environ 30 000 $ US, ces Mustang représentaient un extraordinaire rapport performance/prix.

Pour ses deux dernières années de production (2003 et 2004), le 4,6 litres de la SVT Cobra reçoit un surcompresseur, ce qui lui permet d'offrir 390 chevaux. Les freins et la suspension sont affinés, pour pouvoir maîtriser une telle puissance. Baptisée à juste titre Terminator, cette Mustang fut construite à 13 476 unités en 2003 et 5664 en 2004. Après l'année-modèle 2004, le groupe SVT se fera beaucoup plus discret. En 2010, il présentera le F-150 Raptor, une camionnette de hors route ultra-performante adaptée pour la route.

CES MUSTANG SPÉCIALES...

DAVANTAGE QUE DES MUSTANG

Les Shelby, Mach 1 ou SVT ne sont pas suffisamment uniques pour vous ? Qu'à cela ne tienne, Ford a prévu le coup ! Au-delà de ces séries à tirage limité, plusieurs Mustang ont été construites pour des occasions spéciales, soit pour souligner le côté sportif d'un modèle en particulier, soit pour de la promotion. D'un autre côté, certaines de ces Mustang n'ont rien de vraiment distinctif, sauf d'avoir été au bon endroit au bon moment et d'avoir ainsi marqué l'histoire (avec un petit « h », à défaut d'avoir marqué l'Histoire !).

Faute d'espace, nous ne pouvons pas inclure toutes les Mustang qui sont inaccessibles au commun des mortels. Si elles ne sont pas à la portée de tous, c'est souvent à cause de leur prix dément, mais surtout à cause de leur rareté... le premier étant directement relié au second. Parmi ces Mustang spéciales, les modèles de course sont les plus prisés aujourd'hui et constituent un des plus beaux hommages que Ford pouvait rendre à son cheval fougueux.

Lorsqu'il devient vice-président de Ford au début des années 1960, Lee Iacocca revoit la stratégie commerciale de l'entreprise. Une des premières actions qu'il mène est le programme Total Performance qui vise, entre autres, à démontrer le savoir-faire technologique de Ford en dotant les voitures de série de certaines caractéristiques développées pour la course automobile. Ce programme marque en quelque sorte le début de la course à la puissance qui ponctuera les années 1960. Le moment choisi est parfait pour Ford qui, en avril 1964, lance sa Mustang. Dès ses débuts, le déjà célèbre *pony* fait sa marque sur les pistes, qu'elles soient ovales, routières, d'un quart de mille, pavées ou non, qu'elles durent moins de 6 secondes ou 12 heures. « *Win on Sunday, sell on Monday* », dit l'adage (gagnez le dimanche, vendez le lundi).

Inutile de préciser que nous n'avons recensé qu'une infime partie des courses auxquelles la Mustang, quelquefois fortement modifiée, a participé au fil des ans. Tout comme nous avons dû passer outre plusieurs Mustang spéciales. L'éditeur du *Guide de l'auto* n'aurait pas aimé se retrouver avec un supplément de 700 pages !

À peine un mois après sa mise en marché, la Mustang se retrouve à la tête du peloton aux 500 Milles d'Indianapolis. Cet honneur était initialement réservé à la Galaxie, mais devant l'engouement de la population pour le petit cheval, Ford change d'avis : 190 répliques de cette Mustang coupé *pace car* ont été construites. Sur la photo, Benson Ford, le petit-fils d'Henry Ford, est au volant.

Parallèlement à la G.T.350 de route, Shelby a produit une version course, la G.T.350R. En fait, si la Shelby « standard » existe en 1965, c'est uniquement pour satisfaire à la réglementation sur l'homologation, en vue de participer aux courses sanctionnées par le SCCA (Sports Car Club of America). Cette G.T.350R était présentée au Salon de l'auto de Detroit en janvier 2016. Il s'agit du premier prototype construit par Shelby et il aurait été testé par des pilotes de renom : Ken Miles, Jerry Titus, Peter Brock et Bob Bondurant. Récemment restauré, il a été l'une des vedettes du Concours d'Élégance d'Amelia Island en 2014. Sa valeur ? 1 000 000 $, minimum...

Cette Mustang de première
génération répond en tout
point aux normes des voitures
de course de l'époque.
Celle-ci fait partie de l'écurie
Expérience de Course Vintage,
une entreprise de Delson, sur
la rive sud de Montréal, qui
permet à des amateurs de
piloter une véritable voiture de
course, ancienne de surcroît,
sans qu'il en coûte une
fortune.

Au milieu des années 1960, une nouvelle
catégorie de voitures apparaît sur les pistes
d'accélération. Ces bolides, au moteur placé
devant le pilote, ont un châssis hautement
modifié. Pour assurer une traction maximale
aux roues arrière, ces dernières sont
avancées par rapport au châssis, de même
que les roues avant. Cette catégorie
est baptisée A/FX (Altered Wheelbase
Experimental). Très tôt, cependant, elle
prend le nom de Funny Car à cause de l'allure
bizarre conférée par l'emplacement des
roues. Cette Mustang 1966 n'a de Mustang
que le nom et le *look*. Tout le reste est fait
main. Le moteur est un 429 pouces cubes,
lui aussi hautement modifié.

Jamais à court d'idées pour promouvoir la Mustang, les gens de Ford s'entendent avec
ceux de l'Empire State Building pour qu'un exemplaire soit en démonstration au poste
d'observation... au 86e étage ! Il est rapidement déterminé que l'utilisation d'un hélicoptère
est impossible car trop dangereux. Les ingénieurs de Ford décident donc de couper une
Mustang en pièces, de transporter celles-ci dans l'ascenseur réservé au public et de la
remonter une fois rendue en haut. Cela se passait les 20 et 21 octobre 1965. L'histoire ne dit
pas ce qu'il est advenu de cette voiture. Ford répète l'expérience les 16 et 17 avril 2014 avec
une Mustang 2015 (voir page suivante).

Une Mustang… qui n'en est pas une. C'est une Ford T-5. À l'époque, Ford veut vendre sa Mustang en Europe, mais le nom est déjà enregistré en Allemagne. Plutôt que de payer les 10 000 $ demandés, Ford décide de lui donner le nom de code du projet qui a mené à la Mustang, T-5. Cette décision s'explique mal, car il en a coûté bien davantage à Ford pour modifier les badges, la documentation, la paperasse, etc. Cet exemplaire a été acheté par un militaire américain, qui l'a ramené avec lui après son service en Allemagne. Elle a paru dans le *Guide de l'auto 2006*.

Cette Mustang 1967 pourrie, abandonnée dans un champ de la région de Berthierville, n'a, à première vue, rien d'extraordinaire. On dit toutefois qu'elle aurait appartenu à nul autre que Gilles Villeneuve. Elle serait née avec un V8 289 pouces cubes à carburateur quatre corps. On se doute bien que les 225 chevaux de ce moteur n'étaient pas suffisants pour Villeneuve. Il l'a donc remplacé par un 427, qui seyait mieux à ses « besoins ».

Cette Mustang rose n'a pas été peinturée de cette couleur dans un moment d'égarement ! Pratiquement chaque année, et pour différentes promotions, Ford a recouvert quelques rares Mustang de rose. Aussi, il y a eu plusieurs teintes (Playboy Rose, Dusk Rose, Passionnate Pink, etc.). Celle-ci est une Playboy Rose. Sur les 472 209 Mustang produites en 1967, seulement 86 ont été déclarées *Special Paint*, dont celle-ci.

Avant de s'appeler Circuit du Mont-Tremblant, la célèbre piste des Laurentides s'appelait St-Jovite, comme le nom du village qui fut fusionné à Mont-Tremblant en 2000. Ici, durant une course de la série Trans-Am, Bud Moore, un grand nom du NASCAR, fait changer le moteur de sa Mustang.

Course de la série Trans-Am à Laguna Seca en 1970. Parnelli Jones, au volant d'une Boss 302R 1970, attend que ses mécanos aient terminé leur travail. Jones remportera le titre à la fin de la saison, et Ford se retirera de la compétition.

En 1972, les Jeux olympiques d'été sont tenus à Munich en Allemagne et les Jeux d'hiver à Sapporo au Japon. Ford encourage les troupes américaines en créant le Sprint Decor Option, offert sur les Mustang Pinto et Maverick entre mars et juin 1972 : 9383 Mustang ont reçu ces décalques typiques. L'habitacle a droit aux mêmes couleurs bleues et blanches. Au Canada, une feuille d'érable remplace le médaillon américain.

"I know Ford built or powered cars have won most major performance events in the world. But the one they're proudest of is this specially modified

1979 FORD MUSTANG.

Chosen as the Official Pace Car of the 1979 Indianapolis '500'...

Gentlemen, start your engines.'

OFFICIAL PACE CAR
63rd ANNUAL INDIANAPOLIS 500 MILE RACE MAY 27 1979

FORD MUSTANG
FORD DIVISION

La Mustang étant entièrement renouvelée en 1979, il aurait été de mauvais goût de ne pas l'inviter à parader devant les voitures de course du célèbre Indianapolis 500. Trois Mustang sont spécialement créées pour la piste et 10 478 répliques sont vendues au public. C'est l'Écossais Jacquie Stewart, champion du monde de F1, qui a eu l'insigne honneur de faire le tour... d'honneur !

Par une journée quelque peu humide, cette Mustang GTP de l'équipe Zakspeed/Roush pilotée par Tim Coconis et Klaus Ludwig est en route pour remporter le Budweiser 500 de Road America de 1983.

En 1988, une Mustang décapotable bien spéciale voit le jour. La ASC/McLaren n'a que deux places et offre un toit en toile rétractable manuellement qui vient se loger sous un couvercle en fibre de verre. Les lettres ASC représentent American Sunroof Corporation, tandis que McLaren n'aurait selon certaines sources aucun lien avec la firme anglaise œuvrant en F1. Selon d'autres sources, il y aurait un lien très lointain. Quoi qu'il en soit, le moteur est un 5,0 litres à peu près identique à celui de la GT. En quatre ans (1986 à 1990), 2678 ASC/McLaren ont été construites et chacune se vendait à un prix qui pouvait aller jusqu'au double de celui demandé pour une Mustang standard.

Attention, il ne faut pas confondre ces ASC/McLaren avec la Mustang McLaren M81 1981, une véritable bête de course construite à 259 exemplaires et vendue aux alentours de 25 000 $.

POLICE
Ford
VEHICLES

1992 FORD MUSTANG SPECIAL SERVICE PACKAGE

Au début des années 1980, lassée de voir ses grosses et lourdes berlines se faire distancer par les puissantes voitures des malfrats, la police des autoroutes californiennes (California Highway Patrol – ou CHP – vous vous souvenez de l'émission *C.H.I.P.S*?) demande à Ford de lui concevoir une voiture avec un peu plus de punch. Cette voiture, c'est la Mustang SSP, pour Special Service Package. Entre 1982 et 1993, Ford produira environ 15 000 de ces Mustang « de police ». Toutes possèdent le V8 5,0 litres et sont modifiées en vue d'une utilisation intensive (radiateur d'huile transmission, alternateur *heavy duty* de 130 ou 135 ampères, odomètre certifié, planchers renforcés, pneu de secours pleine grandeur, etc.). Beaucoup de ces Mustang ont surtout servi à des fins promotionnelles. Au Canada, la Gendarmerie royale en a utilisé quelques-unes.

Pour la troisième et dernière fois de son histoire, la Mustang est choisie pour rouler devant le peloton aux 500 Milles d'Indianapolis. Les deux autres fois étaient en 1964 et 1979. Mille répliques seront construites, toutes rouges, avec un habitacle couleur sable. Le moteur est un V8 5,0 litres et la transmission est invariablement une manuelle, sauf pour les vrais *pace cars*, qui ont reçu une automatique. Les décalques étaient livrés dans une boîte dans le coffre au cas où le propriétaire ne les aurait pas désirés.

Il y a de ces Mustang dont on ne sait trop si elles devraient faire partie du chapitre des voitures de production ou des voitures de course... La SVT Cobra R est sans doute la voiture de production (très limitée) qui se rapproche le plus d'une voiture de course. En 1993, Ford avait produit 107 Cobra R, des voitures prêtes pour la compétition, mais qui se sont plutôt retrouvées enfermées dans des garages en attendant que leur valeur monte ! En décembre 1994, Ford annonce une nouvelle Cobra R pour 1995. Cette fois, elle ne sera vendue qu'à des personnes qui auront, au préalable, prouvé qu'elles s'en serviront pour faire de la compétition. Pour le confort, on repassera... Pas de radio ni de climatiseur ni de siège arrière. Le V8 de 5,0 litres développe 300 chevaux et le réservoir d'essence conventionnel est remplacé par un réservoir de course. Cette voiture n'a pas été offerte au Canada.

Contrairement aux éditions de couleur rose du passé, l'édition Warrior in Pink offerte entre 2007 et 2009 n'est pas totalement rose et, au lieu de garnir les coffres de Ford, elle rapporte de l'argent qui sert à promouvoir la recherche et la sensibilisation au cancer du sein. L'ensemble Warrior in Pink est offert pour les Mustang coupé ou décapotable à moteur V6, et propose des bandes décoratives roses ainsi que des badges sur les côtés, des surpiqûres roses sur les sièges, le volant et les tapis.

Depuis 1997, l'honneur de diriger les 500 Milles d'Indianapolis revient invariablement à General Motors, dont 10 fois pour la Corvette ! En 2010, Ford s'est donc tournée vers le Daytona 500 pour promouvoir sa Mustang. Celle-ci est dotée du 5,0 litres (412 chevaux) qui sera offert pour l'année-modèle 2011 et est pilotée par le King, Richard Petty.

Le champion de la « Formula Drift Champion » et pilote pour Ford, Vaughn Gittin Jr., fait la démonstration de son talent sur la piste du centre de développement de Ford à Dearborn, Michigan. Gittin Jr. fait partie de l'équipe d'instructeurs de l'école de pilotage Ford, Octane Academy. Ford, comme plusieurs constructeurs de voitures sport (BMW, Mercedes-AMG, Porsche, etc.), offre des cours de pilotage aux nouveaux propriétaires de ses voitures, puissantes ou non. Ici, une Mustang 2010 V6.

Les noms de Cobra et Jet ont d'abord été associés aux fameux V8 428 ou 429. En 2010, toutefois, ils sont apposés sur 50 Mustang hors normes, conçues pour les courses d'accélération. Étonnamment, le V8 5,4 litres surcomprimé ne fait que 425 chevaux, quoiqu'une version 475 soit aussi offerte, ainsi que deux versions atmosphériques. Ces 50 voitures sont construites sur la même chaîne de montage que les Mustang standard, à l'usine de Flat Rock, au Michigan. Il existe aussi une livrée 2016 de la Cobra Jet, tout comme il y en a eu en 2012, 2013 et 2014. En 2010, ces voitures coûtaient 75 000 $ et étaient livrées sans numéro de série, donc impossibles à immatriculer.

Associé à Ford depuis le début de l'aventure Boss à la fin des années 1960, le clan Roush est encore et toujours impliqué en ce qui concerne la course. Sur la photo, prise en septembre 2011 au EMCO Gears Classic sur le circuit de Mid-Ohio à Lexingon, en Ohio, la Boss 302R est pilotée par Jack Roush Jr. et Billy Johnson.

En 2014, pour célébrer les 60 ans des Thunderbirds, cet escadron d'avions de chasse qui donne des sueurs froides aux spectateurs avec ses manœuvres spectaculaires, Ford a créé une Mustang GT U.S. Air Force Thunderbirds Edition. Une seule voiture a été produite et elle a été vendue tout près de 400 000 $ à un encan. Les profits ont été remis à un organisme donnant des cours de pilotage à de jeunes recrues.

À première vue, rien de spécial. Pourtant, en y regardant bien, on remarque que le volant est à droite. Pour la première fois de son histoire, la Mustang est offerte dans les pays qui roulent à gauche. Les exemplaires à conduite à droite sont construits à l'usine de Flat Rock au Michigan. Vous saviez que depuis 1964, 161 000 Mustang ont été vendues en dehors de l'Amérique du Nord ? Puisqu'on dit que plus de 9,2 millions de Mustang ont été construites, cela représente 1,75 % de la production. Ce chiffre pourrait augmenter un peu au cours des prochaines années.

En 1984, Steve Saleen, un pilote de course au talent indéniable, fonde une entreprise qui modifie des Mustang. Au fil des années, elle transformera aussi d'autres produits Ford (F-150 et Explorer, entre autres) ainsi que des Dodge Challenger, et créera une super sportive, la S7. Malgré plusieurs déboires et même si Steve Saleen n'en fait plus partie, la compagnie existe toujours et continue de modifier des Mustang, dont cette S302 2015.

Des dizaines de coureurs de renom ont piloté des Mustang lors de compétitions d'envergure. Faute d'espace, nous n'en avons sélectionné qu'un… mais tout un ! Toute une serait plus juste. Lyn St-James, née en 1947, a fait rêver une génération de jeunes hommes et, mieux, a prouvé à une génération de jeunes femmes que le sexe n'avait aucune importance en course automobile. Détentrice de plusieurs records de vitesse, St-James a remporté deux fois les 24 Heures et une fois les 12 Heures de Daytona, et a été *Rookie of the Year* aux 500 Milles d'Indianapolis 1992. Elle a couru au volant de Mustang en IMSA (GT) et en Trans-Am. Aujourd'hui retirée de la compétition, Lyn St-James s'amuse au volant de voitures de course « vintage » – où elle demeure plutôt compétitive – et continue d'être une inspiration pour les femmes.

L'HUMAIN DERRIÈRE LA MUSTANG

CES PERSONNAGES IMPORTANTS

On a beau consacrer un livre à une voiture, il ne faut jamais perdre de vue que ce sont avant tout des hommes et des femmes qui l'ont créée et qui lui ont ensuite donné une histoire. Voici quelques personnages qui ont marqué le parcours de la Mustang. Bien entendu, il y en a bien plus que ceux présentés dans ces quelques pages, mais voici les plus importants.

LEE IACOCCA

Lido Anthony Iacocca, mieux connu sous le prénom de Lee, naît le 15 octobre 1924 à Allentown en Pennsylvanie. En 1946, il entre au département des ventes de Ford où il se fait rapidement un nom. Charismatique et juste assez arrogant, il se fraie un chemin jusqu'à la vice-présidence en 1960. Comme on a pu le constater dans les pages précédentes, Iacocca n'a pas inventé la Mustang. Il a plutôt su deviner ce que désiraient les baby-boomers, qui arrivaient alors en masse sur le marché du travail. Ensuite, les astres se sont alignés et ont mené à ce cheval, aussi fougueux que Iacocca. En 1970, il devient président de la Ford Motor Company.

En 1979, pour des raisons obscures (on dit qu'Henry Ford II trouvait que Iacocca lui faisait trop d'ombre), il est renvoyé de Ford. Il se retrouvera ensuite chez l'agonisante Chrysler Corporation, qu'il réussira à relever magistralement grâce aux K-cars (Plymouth Reliant K, Dodge Aries K) et à la Dodge Caravan, bâtie sur la même plateforme et qui révolutionnera le transport des familles.

CARROLL SHELBY

Dans l'histoire de la Mustang, peu de gens auront eu autant d'influence que Carroll Shelby. Ce Texan aux manières rudes commence sa vie professionnelle en élevant des poulets. Puis, il entreprend une carrière en course automobile en empruntant des MG-TC et des Allard à des connaissances. Au volant de ces dernières, il connaît beaucoup de succès, souvent vêtu de ses habits de ferme, ce qui deviendra sa marque de commerce !

Fort de ses succès, il reçoit des invitations pour piloter des Aston Martin et des Maserati d'usine. Entre autres succès, il gagne les 24 Heures du Mans en 1959. Il se retire de la course l'année suivante. On peut sortir le gars du char, mais pas le char du gars, dit-on... Peu de temps après, il propose à la firme anglaise AC de mettre un moteur Ford dans sa petite Ace. En février 1962, il pose un V8 de 260 pouces cubes dans une AC Ace, un petit roadster anglais qu'il rebaptise Cobra. Une future légende vient de créer une légende.

Chez Ford, on suit avec intérêt les péripéties de la petite compagnie californienne qu'est Shelby-American. En août 1964, Lee Iacocca demande à Shelby de développer une version haute performance pour sa Mustang Fastback. Le reste appartient à l'histoire...

Carroll Shelby est décédé le 10 mai 2012 à l'âge de 89 ans.

BULLITT (STEVE MCQUEEN)

Quel est le personnage principal du film *Bullitt* ? La Mustang Fastback 1968 ou son pilote, Frank Bullitt, joué par Steve McQueen ? Difficile à dire.

Frank Bullitt, un policier sans peur et sans reproche, doit protéger un truand qui s'est enfui avec l'argent de la mafia de Chicago. Bullitt se retrouve ainsi au centre d'un conflit entre un politicien corrompu et des membres de la pègre qui, chacun de leur côté, veulent la peau du mécréant. Une série d'événements mènera Bullitt et deux tueurs à gages dans une affolante poursuite automobile dans les étroites et très inclinées rues de San Francisco. L'autre voiture est une Dodge Charger 1968.

La poursuite dure 9 minutes 42 secondes, pendant lesquelles les spectateurs se rongeaient littéralement les ongles. Selon les

standards d'aujourd'hui, cette poursuite, bien que toujours passionnante, a perdu de son intensité dramatique. Il est maintenant facile de faire reculer l'image et de constater que la Charger perd pas moins de six enjoliveurs et que la même Volkswagen Beetle verte a été dépassée plusieurs fois !

On dit souvent que McQueen, pilote de course accompli, a effectué lui-même ses cascades. C'est en partie vrai. Puisqu'il aurait effectué quelques dérapages bien peu contrôlés, il a été remplacé par un cascadeur. Anecdote : le conducteur de la Charger n'est pas un acteur, mais bien un cascadeur (Bill Hickman) qui avait le physique de l'emploi.

Bullitt est aujourd'hui un film culte, rien de moins. Grâce à la technologie, McQueen, décédé en 1980 à l'âge de 50 ans, apparaîtra dans une publicité pour la toute nouvelle Mustang 2005.

Quant à la Mustang Bullitt, il y en a eu trois. La première, une GT Fastback 1968 Highland Green dotée d'un V8 de 390 pouces cubes, est considérée par plusieurs comme la « vraie » Bullitt même si on ne lui a pas donné ce nom en 1968. C'est après la sortie du film que les gens ont commencé à l'appeler ainsi. En 2001 et 2009, Ford répétait l'expérience sans toutefois frapper autant l'imaginaire.

LARRY SHINODA

Lawrence Kiyoshi Shinoda, mieux connu sous le prénom de Larry, naît le 25 mars 1930 à Los Angeles. Jeune, il s'amuse à créer des voitures dynamisées (*hot-rods*) qu'il essaie sur la voie publique, comme c'était la norme à l'époque. Très doué pour les arts, il amorce sa carrière dans le domaine de l'automobile en 1955 chez Ford. Puis, on l'engage chez General Motors où il travaille avec un des plus grands designers automobiles américains, Bill Mitchell. Chez GM, il fait aussi la

rencontre de Zora Arkus-Duntov, ingénieur en chef de la Corvette. Ses travaux sur différents concepts mèneront à la Corvette Split Window 1963 et la Corvette 1968. Il a également participé au restylage de la Chevrolet Corvair 1965.

En 1968, lorsque Bunkie Knudsen, son patron chez General Motors, quitte ses fonctions pour aller chez Ford, Shinoda le suit. Il sera affecté à revitaliser l'image sportive de la Mustang, ce qu'il réussira à merveille, créant même un des noms les plus respectés dans le domaine de la voiture sport américaine, Boss. Nous vous invitons à lire, ou à relire, le passage sur les Boss à la page 57. L'aventure Ford ne dure qu'un temps et, dès la fin de 1969, Shinoda part pour lancer sa propre entreprise, qui obtiendra notamment des contrats de AMC (American Motor Corporation). Il décède en 1997 d'une crise cardiaque.

STANLEY TUCKER

Stanley Tucker fait partie de l'histoire de la Mustang bien malgré lui ! Dans les semaines précédant le 17 avril 1964, des milliers de Mustang sont expédiées aux quatre coins de l'Amérique pour répondre à la demande. Tucker, un pilote d'avion de Montréal résidant à Saint-Jean de Terre-Neuve, voit une superbe Mustang décapotable blanc Wimbledon chez le concessionnaire George Parsons Ford.

Cette Mustang 1965 est, somme toute, bien ordinaire. Sauf pour son numéro de série, qui est 5F08F100001. C'est la première Mustang de production à être sortie de la chaîne de montage. Cette Mustang #001 n'était toutefois pas destinée à la vente, mais plutôt à la formation des employés et à des fins promotionnelles. Peut-être le concessionnaire n'avait-il pas été mis au courant de ce « détail », ou n'avait-il pas voulu rater une vente, toujours est-il que Tucker est devenu propriétaire de la voiture.

Dans les semaines qui suivent, Ford fait des pieds et des mains pour ravoir sa #001, mais peine perdue, Tucker ne veut pas s'en défaire tellement il l'apprécie ! En 1966, lorsque Ford lui promet la millionième Mustang équipée à son goût, il se laisse convaincre. La toute première Mustang réside désormais au musée Henry Ford à Dearborn, là où elle se doit d'être.

LA MUSTANG AU CINÉMA

Comme la Ford Model T, la Mustang a été la vedette de plusieurs films et chansons. Au grand écran, selon le site imcdb.com, on l'a vue dans *Bullitt*, mais aussi dans *Gone in 60 Seconds* (Sportsroof 1971), *Death Race* (GT 2006), *Need for Speed* (GT 2014), *Un homme et une femme* (1965) et dans les séries *Team Knight Rider* (Cobra SVT 1996), *Saxondale* (Mach 1 1973) et *Charlie's Angels* (Mustang II Ghia et Cobra II 1976). On l'a également vue avec Louis de Funès sur une plage de Saint-Tropez et conduite par la Bondgirl Tilly Masterson (Tania Mallet). Le site imcdb.com a recensé au-delà de 5000 films où une Mustang fait son apparition !

LE SUCCÈS AMÈNE
LE SUCCÈS

À ses débuts, la Mustang n'avait assurément pas besoin de publicité pour se vendre. Si le bouche-à-oreille faisait une bonne partie du travail, le désir de s'afficher dans la voiture la plus *hot* de l'heure était encore le meilleur moyen d'assurer des ventes éléphantesques.

Or, quand le succès est là, tout le monde veut en profiter! Qu'il s'agisse de concessionnaires qui espèrent augmenter l'achalandage dans leurs salles de démonstration, de compagnies pétrolières ou de Chambres de Commerce, tous tentent de se coller à la déjà légendaire Mustang. Une quantité presque infinie d'objets de toutes sortes (jeux, jouets, verres, tasses, vêtements, parapluies, thermomètres, décorations, etc.) débarque chez les concessionnaires et dans les magasins. Et ce ne sont pas les célébrations des 50 ans de la Mustang en 2014 qui ont calmé les ardeurs. Bien au contraire!

Ford Mustang II Ghia. A new word for small car luxury.

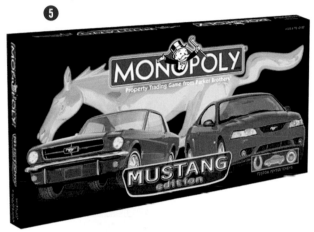

1. Diffusée pendant le Super Bowl de février 2005, cette publicité montre un propriétaire tellement heureux de sa Mustang décapotable qu'il en fait l'essai même en plein hiver !

2. Une des très nombreuses promotions où la Mustang est davantage en vedette que le produit lui-même !

3. En mai 1967, le Club Mustang, sans doute le premier au Québec, publiait la première édition de son magazine. Sur la page couverture, on apprend que le local est situé au 2032, boulevard Labelle à Laval. On y apprend aussi que Guy St-Jean, gérant de la mise en marché des automobiles Ford du Canada, et Marcel Bessette, président de Chomedey Ford, s'investissent beaucoup dans le club.

4. Quiconque a la chance de tomber sur une brochure de vente (de la Mustang ou de tout autre modèle) peut en apprendre beaucoup sur les données techniques et sur l'équipement de base ou en option. Il en apprend aussi beaucoup sur les innombrables qualités de la voiture en question !

5. Tant qu'à jouer des heures durant, aussi bien le faire avec des Mustang ! Il s'agit d'une façon ludique d'apprendre l'histoire de la Mustang tout en gagnant de « l'argent ».

6. Les machines « Pinball » ne semblent plus aussi populaires qu'il y a quelques décennies. Mais rappelez-vous que les amateurs de Mustang sont souvent des baby-boomers qui ont la nostalgie facile. Ce flipper, le nom français de « pinball », a été créé par la société Stern Pinball pour commémorer les 50 ans de la Mustang et a été présenté au Salon de l'auto de Chicago en 2014.

7. Des Mustang jouets, il y en a eu des tonnes. De tous les formats, fabriquées avec tous les matériaux imaginables, de toutes les couleurs, de toutes les années, parfaitement réalistes ou grossièrement détaillées, à assembler ou toutes montées, à pédale, à moteur à essence ou électrique, pour les bébés, pour les jeunes, pour les vieux…

PROJET MUSTANG

En 2015, le *Guide de l'auto* fêtait sa 50e parution. Pour célébrer l'événement, Jean Lemieux, président de LC Média et éditeur du *Guide*, a eu l'idée de restaurer une voiture ancienne de 1967, année de la première parution du désormais célèbre livre, dans le but d'avoir un « véhicule » promotionnel original. L'idée étant lancée, il ne restait plus qu'à la réaliser...

Nous sommes au début de l'hiver 2013. Le choix de la Mustang est dicté par la logique. Il nous faut une voiture qui est connue du grand public puisqu'à la fin de sa restauration, on procédera à son tirage. De plus, les pièces doivent être faciles à se procurer et abordables. Peu de voitures correspondent à cette description.

Nous avons trouvé notre Mustang en Ontario au moyen d'un site de petites annonces. Il s'agit d'une décapotable conçue avec un six cylindres en ligne de 200 pouces cubes, mais entre 1967 et 2013, quelqu'un a changé le moteur pour un V8 de 289 pouces cubes provenant d'une Mustang coupé 1967. La transmission est une automatique à trois rapports. Le numéro de série 7T03T220823 indique qu'il s'agit bien d'une 1967 (7), qu'elle a été fabriquée à Metuchen au New Jersey (T), que c'est une décapotable (03), qu'elle avait été construite avec un six cylindres (T), et les six autres chiffres réfèrent à la séquence de production. Puisque les numéros de série débutaient par 100 001, on sait que notre Mustang est la 120 822e manufacturée cette année-là.

La Mustang, payée 5000 $ (ce qui nous semblait « dans les prix » à ce moment-là), est arrivée aux bureaux de LC Média en février 2013. Certes, son état général était assez délabré, mais ce n'était pas suffisant pour altérer notre enthousiasme.

Après quelques mois de farniente, notre Mustang a été transférée à l'école des métiers en équipement motorisé de Montréal (ÉMEMM) où étudiants et professeurs l'ont prise en charge.

Quand la réalité fait mal... Ce n'est qu'en démontant une voiture qu'on prend la pleine mesure des ravages du temps. Et des abrasifs sur les routes. La Mustang demandera beaucoup plus de travail que prévu, le châssis étant pourri en plusieurs endroits cruciaux...

Le moteur, comme le reste de la Mustang 1967, demande une restauration complète. On a trouvé de l'essence dans l'huile, le carburateur étant défectueux, ce qui a causé une usure prématurée des segments, de l'arbre à cames et des soupapes. Le réusinage des pièces a été effectué par des entreprises spécialisées, et le moteur a été réassemblé à l'école.

La transmission, une C4, a eu une vie moins mouvementée. Seuls les joints, ainsi que la bande de marche arrière (*reverse band*) et son piston, ont dû être changés. Elle est donc revenue à l'école, prête à reprendre du service.

Avant de penser à installer un moteur et une transmission dans une voiture, encore faut-il qu'il y ait une voiture ! Un châssis neuf a été commandé et repose maintenant sur une table de mesures. Avant même d'entreprendre l'étape de la soudure, il faut assembler toutes les pièces et les ajuster parfaitement à l'aide de boulons ou de pinces spéciales.

Après des semaines d'ajustements, de peaufinage et de manipulations, on peut maintenant commencer à souder les pièces entre elles. On peut toutefois déjà affirmer que la Mustang finale sera mieux construite que l'originale. En effet, lors du démontage, les étudiants et les professeurs de l'ÉMEMM ont constaté avec stupeur qu'une partie de la carrosserie de la voiture n'était retenue au châssis que par deux ou trois points de soudure... sur une vingtaine, et ce, depuis le début de sa fabrication !

À l'été 2015, afin d'accélérer le processus, notre Mustang est expédiée chez Denis Lépine, un restaurateur de Mustang qui installe une foule d'accessoires. Juste avant, les étudiants ont peinturé le dessous de la voiture, le coffre, le compartiment moteur et l'habitacle. Denis Lépine installe le pédalier, la chaufferette, le tableau de bord, le câblage électrique, la direction, etc.

La Mustang 1967 est revenue à sa couleur d'origine, Nightmist Blue. La qualité du travail est, encore une fois, nettement supérieure à ce qu'elle était lorsque la voiture est sortie de l'usine en avril 1967.

Notre Mustang 1967 est finalement terminée. Elle a été exposée au Salon de l'auto de Montréal du 15 au 24 janvier 2016, où on pouvait acheter des billets pour participer à son tirage la dernière journée. Pas moins de 25 550 $ ont été remis à diverses fondations ayant pour mission la persévérance scolaire et l'aide à l'enfance.

Denis Arpin, l'heureux gagnant de la Mustang, et sa conjointe ont pris possession de la Mustang 1967 par une belle journée du printemps 2016. Ce qu'ils possèdent, c'est bien plus qu'une Mustang. Ils ont contribué à une belle cause sociale et ils partagent maintenant la passion Mustang avec un exemplaire qui avait toutes les chances de se retrouver à la casse.

ET LE FUTUR ?

BUSINESS AS USUAL, COMME ON DIT...

La Mustang est née à une époque où l'Amérique connaissait de profonds changements sociologiques, économiques et politiques. Le réseau autoroutier des États-Unis était maintenant bien en place et invitait aux longs trajets. L'essence n'était pas chère, il y avait des restaurants rapides à peu près partout et la musique rock poussait à la vitesse grand V. À cette époque, le nouveau cheval de Ford représentait parfaitement la liberté des grands espaces.

Au fil des années et des différentes générations, la Mustang a changé, tout comme la société qu'elle représente, sans doute mieux que n'importe quelle autre voiture ou objet de consommation. Elle a survécu à deux crises majeures du pétrole, elle a failli devenir une traction, elle a connu la turbocompression alors que cette technologie peinait à s'imposer et elle est devenue plus écologique, plus raffinée.

De quoi sera faite la Mustang de demain ? Bien malin qui pourrait le prédire ! Cependant, si le futur est à l'image du passé, elle saura s'adapter. En 1964, elle pouvait recevoir une radio AM. Cinquante-deux ans plus tard, elle a droit à toutes les technologies multimédias imaginables. Il s'agit d'un exemple parmi une foule d'autres démontrant à quel point elle est aussi moderne aujourd'hui qu'en 1964.

L'automobile n'est plus un objet de convoitise comme avant. Il s'agit d'un objet, souvent sans âme, qui nous amène du point A au point B sans coup férir. Un produit la plupart du temps construit sans passion qu'on consomme sans passion. Outre quelques irréductibles, plus personne ne veut s'investir dans la conduite d'une voiture. Si la Mustang était demeurée le cheval sauvage qu'elle a déjà été, elle ne se vendrait plus, tout simplement. Il suffit de conduire une voiture des années 1960 pour se rendre compte de l'évolution de l'automobile et pour comprendre pourquoi les gens préfèrent la quiétude d'un véhicule moderne.

Aujourd'hui, les voitures des années 1920 et 1930 se font de plus en plus rares sur les terrains d'exposition et sont reléguées dans des musées. D'ici quelques années, le même sort attendra celles des années 1940 et 1950. Puis, dans 20 ou 30 ans, les représentantes des années 1960 et 1970 subiront le même sort. La création de musées réservés à la Mustang constitue donc une façon de préserver cet important patrimoine tout en poursuivant le but pédagogique de relater l'histoire de l'Amérique de la seconde moitié du XXᵉ siècle. Curieusement, bien peu de musées au Canada et aux États-Unis sont consacrés uniquement à la Mustang. On en trouve deux ou trois, et un nouveau, le National Mustang Museum, devrait ouvrir ses portes à l'été 2017, à Concord en Caroline du Nord. Heureusement, tous les musées automobiles qui se respectent se doivent d'avoir au moins un exemplaire de la Mustang.

D'ici quelques années, on pourra conduire la Mustang... les yeux fermés, parce qu'elle offrira la conduite autonome. Au nom de la sacro-sainte sécurité, les berlines et VUS de Ford/Lincoln et de tout autre constructeur auront depuis longtemps cédé à cette tendance lourde et la Mustang ne pourra y échapper *ad vitam aeternam*. Pour s'amuser, on peut imaginer qu'il y aura toujours le son caractéristique de l'échappement à l'accélération ou la possibilité de désactiver le système d'autopilotage sur une petite route. Même si elle sera autopilo-

tée, les ingénieurs de Ford trouveront bien un moyen d'y injecter un peu de passion !

On peut penser qu'elle sera plus que jamais connectée à Internet, ou communiquera des informations aujourd'hui insoupçonnées. Elle sera aussi confortable qu'une Lincoln 2016, comme la dernière Mustang l'est tout autant qu'une Lincoln 1966 ! Remarquez que la notion de confort a changé avec les années et qu'elle continuera de le faire. La Mustang a toujours eu un devant long et un arrière court. Nous serions surpris que ça change ! Mais quand les lignes des voitures en général deviendront plus angulaires, la Mustang en aura, et quand elles s'adouciront, celles de la Mustang en feront autant.

La Mustang n'a jamais été en avant de son temps. Elle a cependant été le reflet parfait du monde dans lequel elle était conçue, et cela devrait durer encore longtemps. De cette façon, si nous pouvions prévoir les mouvements de société, nous pourrions savoir de quoi sera faite la Mustang du futur !

EN FIN DE COMPTE...

Écrire un livre, même court, sur la Mustang, des débuts de sa conception aux modèles les plus récents, n'est pas une mince tâche. Habituellement, les photos sont les documents les plus difficiles à trouver. Il faut commencer par faire des recherches, souvent interminables, puis trouver des documents visuels, qui doivent être de préférence de la meilleure qualité possible. Ensuite, il est primordial de faire la lecture de nombreux documents écrits, afin de bien cerner le sujet principal de notre histoire. Avant même d'écrire la première phrase, des centaines d'heures ont déjà été investies dans le projet.

Pour ce supplément sur la Mustang, ç'a été tout le contraire. Les archives de Ford regorgent de photos et chacune est généralement bien documentée. Des centaines, que dis-je, des milliers de livres et d'articles ont été écrits sur l'histoire de la Mustang et couvrent tous les angles imaginables. Le problème n'était donc pas de chercher de l'information, mais bien de la trier, un heureux problème que je souhaite à tous les auteurs !

Avec autant de documentation, il est difficile de se tromper, d'autant plus que j'ai été aidé tout au long de la rédaction par un fin connaisseur de Mustang, Denis Lépine. Denis m'a épaulé et conseillé, et a souvent apporté une nuance ou un éclairage différent sur un modèle en particulier, ou encore un événement. S'il y a quelque erreur que ce soit dans cet ouvrage, j'en prends l'entière responsabilité. Également, comment ne pas mentionner la précieuse collaboration de mes complices, Jean Lemieux, Marie-France Rock, Marie-Odile Thellen, Jean-Charles Lajeunesse et Karina Veilleux, ainsi que de la joyeuse bande du Groupe Homme, Fabienne Boucher, Sylvie Tremblay, Diane Denoncourt, François Lespérance, François Daxhelet et Julien Rodrigue.

Raconter la vie de la Mustang a été une expérience formidable. Même si je connaissais les grandes lignes de son histoire et de son influence en Amérique, jamais je n'avais imaginé que les répercussions étaient aussi variées et importantes. La Mustang jouit aux États-Unis du même statut que le hamburger et le football. Dans le domaine de l'automobile, seule la Corvette peut mériter autant d'égards, mais elle n'a que deux places et coûte trop cher pour bien des Américains. Elle est à la Mustang ce que le caviar est aux frites, c'est-à-dire un produit de luxe, inaccessible, mais pas dénuée d'intérêt, loin de là !

La Mustang a marqué des générations d'hommes et de femmes. Dans les expositions de voitures anciennes, on commence à voir poindre des modèles du début des années 1990, les années Fox. Les plus vieux les regardent avec un peu de condescendance, préférant les voitures des années 1960. Pourtant, un jour on commencera à voir apparaître dans ces rassemblements des Mustang des années 2010. Et ceux qui possèdent aujourd'hui des modèles Fox les regarderont avec un peu de condescendance...

Tout au long de sa longue vie, la Mustang a été une voiture conçue par des passionnés, pour des passionnés. Nul doute qu'elle le sera encore dans 20, 30 ou 60 ans. C'est comme ça que s'écrit l'Histoire.

Alain Morin

BIBLIOGRAPHIE ET CRÉDITS PHOTOS

Cars & Parts Magazine. « Catalog of Mustang ID Numbers 1964 ½ - 1993 », Amos Press Inc., 26 février 1994.

CORCORAN, Tom et Earl DAVIS. *Mustang 64 ½ - '70 Restauration Guide*, Minneapolis, Motorbooks, 1999.

COVERT, Pat. *Ford Mustang 1964 ½ to 1973*, Forest Lake (Minnesota), Specialty Press Publishers and Wholesalers, 2005.

DATE, Colin. *Original Mustang 1967-1970 – The Restorer's Guide*, Minneapolis, Motorbooks, 2006.

HEASLEY, Jerry. *Mustang Chronicle – 35th Anniversary*, Morton Grove (Illinois), Publications International LTD, 1998.

LEFFINGWELL, Randy. *Mustang Forty Years*, Minneapolis, Motorbooks, 2005.

MUELLER, Mike. *The Complete Book of Mustang*, Minneapolis, Motorbooks, 2004.

SESSLER, Peter C. *Illustrated Mustang Buyer's Guide*, Minneapolis, Motorbooks, 1995.

Site Internet
mediaford.com

Découvrez-en davantage sur la Mustang au
guideautoweb.com/essais-et-dossiers/voitures-anciennes/dossier-mustang/

Cet ouvrage a été achevé d'imprimer sur les presses de
Imprimerie Transcontinental, Beauceville, Canada